ジュニアクラウン

中学和英辞典
第12版
新装版
オールカラー

田島伸悟＋三省堂編修所 編

JUNIOR CROWN

Japanese-English Dictionary

三省堂

© Sanseido Co., Ltd. 2022

First Edition 1969	Seventh Edition 1996
Second Edition 1972	Eighth Edition 2002
Third Edition 1977	Ninth Edition 2006
Fourth Edition 1981	Tenth Edition 2012
Fifth Edition 1988	Eleventh Edition 2017
Sixth Edition 1992	Twelfth Edition 2022

Printed in Japan

編　者　　　田島伸悟
　　　　　　　三省堂編修所

執筆・校閲　三省堂編修所
　　　　　　　森口稔（巻頭ページ：日本を紹介しよう）
　　　　　　　石井康毅（巻頭ページ：場所や動きを伝える表現）
　　　　　　　田上芳彦（オンライン辞書追加語）

校正・編集協力　浅田花梨　加瀬小夜子　佐々木憲子　永野真希子　Jesse Davis

デザイン　　　　九鬼浩子（STUDIO PRESS Inc.）
巻頭ページイラスト　有田ようこ　向井勝明（SUNNY.FORMMART）
本文イラスト　　ナイトウカズミ　宮部珠江
写　真　　　　　imagemart　amanaimage PLUS
見返しイラスト　ナイトウカズミ

装　丁　　　　　吉野愛
ケース装画　　　ナイトウカズミ

11版までの執筆・校閲　平野幸治　瀧澤恵美子

JUNIOR CROWN
日本を紹介しよう！

日本ってどんな国？

Japan is in East Asia, and made up of four main islands as well as other islands. The country has a lot of mountains, and is often hit by earthquakes or typhoons. Each local area has its own unique climate and culture.

日本は東アジアにあり、4つの大きな島とそのほかの島々からなる国です。山がちで地震や台風による災害がたびたび起こります。地域ごとに気候や文化などに特徴があります。

I'm from Nagoya. You can enjoy foods with miso there.

私は名古屋出身です。
名古屋ではみそ味の料理が楽しめます。

I'm from Niigata. We have a lot of snow in winter

私は新潟出身です。
冬にはたくさん雪が降ります。

日本の1年

花見

Cherry-blossom viewing is from late March to early April, when the cherry flowers have bloomed. People eat and drink, with family or friends under a cherry tree.

花見は、3月下旬から4月上旬、桜の花が咲くころに行います。家族や友人と桜の木の下で食事をしたりお酒を飲んだりします。

入学式

Entrance ceremonies are held in April at elementary schools, junior and senior high schools, and universities. Along with the students, many parents join the ceremony.

入学式は、4月に小中高等学校や大学で行われます。児童、生徒、学生と一緒に親も式に参加することが多いです。

学期

Many elementary, junior high, and senior high schools use a three-term system in Japan. The new school year starts in April. The second term starts in September, and the third term in January. Some schools use a two-term system.

日本では多くの小中高等学校は3学期制です。4月に新学期を迎えます。2学期は9月、3学期は1月に始まります。一部の学校では2学期制を導入しています

ゴールデンウィーク

Golden Week is a series of holidays from the end of April to the beginning of May. It includes Showa Day on April 29, Constitution Day on May 3, Greenery Day on May 4, and Children's Day on May 5.

ゴールデンウィークは、4月の終わりから5月の初めにかけての休日が連続する期間です。4月29日の昭和の日、5月3日の憲法記念日、5月4日のみどりの日、5月5日のこどもの日を含みます。

> What are you going to do for the next Golden Week?
> ゴールデンウィークは何をするの？

> I'll visit my grandfather and grandmother in Okinawa.
> 沖縄のおじいちゃんおばあちゃんに会いに行くよ。

梅雨

The **rainy season** is from June to July. It is said that Hokkaido has no rainy season.

6月から7月にかけては梅雨です。北海道には梅雨はないと言われています。

夏休み

From late July to the end of August, most schools are on **summer holidays**. Many students take part in special events, or visit their relatives. They have a lot of homework to do, so they need to plan well.

7月下旬から8月の終わりまで、ほとんどの学校は夏休みです。多くの生徒が特別なイベントに参加したり、親戚のところに遊びに行ったりします。宿題がたくさん出るため、計画的にこなす必要があります。

お盆

The *Bon* Festival is held from August 13 to 15, or in July in some areas. The spirits of the dead come home during this period, and relatives get together to welcome them.

お盆は8月13日から15日、一部の地域では7月に行われます。この期間には、亡くなった人たちの霊が家に帰ってくるので、親戚が集まり彼らを迎えます。

I've already finished my summer research project.
夏休みの自由研究はもう終わったよ。

Wow! I haven't even read the book for my book report yet.
すごい！ 私はまだ読書感想文の本すら読んでいないよ。

花火

Fireworks events are held all over Japan during the summer. They are very popular and attract a lot of people. Some people wear casual summer *kimono* called *yukata*, and enjoy looking around food stands.

夏には全国各地で花火大会が開かれます。賑やかで、多くの人が集まります。そこでは、浴衣と呼ばれる夏の略式の和服を着る人がいたり、屋台を見て回るのを楽しんだりします。

文化祭と体育祭

School and sports festivals are usually held in the fall. In the **school festivals**, students show the works they have created in class and club activities, and give choir [choral] or drama performances. At the **sports festivals**, students compete against other classes, take part in cheer contests, and so on.

文化祭と体育祭はたいてい秋に行われます。文化祭では授業やクラブ活動で制作した作品や合唱や演劇などを披露します。体育祭ではクラス対抗で競技を行ったり、応援合戦をしたりします。

台風

Typhoons usually hit Japan from July to October. They bring strong wind and rain. Schools are sometimes closed because of the rough weather.

台風は例年、7月から10月にかけて日本を直撃します。強風と大雨をもたらします。荒天(こうてん)のために学校が休校になることもあります。

冬休み

Most schools have a two-week **winter holiday** between the second and third terms, from the end of December to the beginning of January. Some students are given homework unique to this season, such as New Year's calligraphy.

多くの学校では2学期と3学期の間、12月の終わりから1月の始めにかけて、2週間程度の冬休みがあります。書き初めなど、この季節ならではの宿題が出されることもあります。

クリスマス

At **Christmas** many Japanese people hold Christmas parties just for fun, though only 1% of the population is Christian in Japan. In particular, young people consider Christmas Eve special, and tend to spend it with their romantic partners.

日本では人口の1%しかキリスト教徒がいないにもかかわらず、多くの日本人は楽しみのためだけにクリスマスパーティーをひらきます。特に、若い人たちはクリスマスイブを特別だと思っていて、恋人と過ごす傾向にあります。

大みそか・お正月

At midnight on **New Year's Eve**, Buddhist temples in Japan ring their bells. On **New Year's Day**, people visit Shinto shrines or Buddhist temples. The entrances of houses are decorated, and people enjoy special dishes prepared for the New Year. Children receive New Year's pocket money called *otoshidama* from their parents and relatives.

大みそかの夜にお寺では除夜の鐘が鳴ります。お正月になると人々は神社やお寺に初詣に出かけます。家の入り口を飾り付け、家族でおせち料理を食べます。子どもたちは親や親戚からお年玉というおこづかいをもらいます。

What do you eat on New Year's Day in Japan?
日本ではお正月には何を食べますか？

We eat *soba*, or buckwheat noodles, on New Year's Eve. On New Year's Day, we eat special dishes called *osechi*, and rice cake soup called *zouni*.
大みそかに「そば」というそば粉の麺を食べ、お正月は「おせち」という特別な料理と「雑煮」というお餅のスープを食べます。

バレンタインデー

On **St. Valentine's Day**, February 14, women give chocolate to men in Japan.

日本では、2月14日のバレンタインデーに、女性が男性にチョコレートを贈ります。

卒業式

Students usually complete their courses and graduate from school in late February or early March. The **graduation ceremony** is very formal, and most students wear formal clothes, such as their school uniform, a suit, or a *kimono*.

生徒はふつう2月下旬から3月上旬に課程を終えて卒業します。卒業式は厳かにとり行われ、多くの生徒は、学校の制服、スーツ、着物などのフォーマルな服を着て出席します。

日本の食べ物

In **Japanese cooking**, seasonings such as soy sauce and miso are used very often. Seasonal foods, such as bamboo shoots in spring, and *matsutake* mushrooms in autumn, are also used. Japanese food contains lots of vegetables and little oil, so it is popular as a healthy meal even in foreign countries. Dishes from abroad are often eaten in a Japanese style, such as curry and rice, or pork cutlet.

日本料理では、しょうゆやみそなどの調味料をよく使います。春のタケノコや秋のマツタケのような季節の食材も使われます。野菜を多く使う一方で油をあまり含まない食べ物が多く、外国でもヘルシーな食事として人気があります。カレーライスや豚カツのように、外国からもたらされた料理でも、日本風にして食べることが多いです。

朝食（洋風・和風）

Traditional Japanese **breakfast** consists of rice, grilled fish, boiled vegetables, pickles, miso soup, and so on. Some families have western style breakfast though. For example, toast, eggs, fruit, milk, and so on.

伝統的な和風の朝食はご飯、焼き魚、野菜の煮物、つけもの、みそ汁などからなっています。一方で、トースト、卵、フルーツ、牛乳などの洋風の朝食をとる家庭もあります。

What did you take for breakfast?
朝ご飯は何を食べたの？

I had a fried egg and a slice of bread.
私は目玉焼きとパンを1枚食べたよ。

カレーライス

Curry and rice in the Japanese style usually contains meat, potatoes, carrots and onions. It was born in India and reached Japan in the Meiji period through Britain.

日本風のカレーライスには、通常、肉・ジャガイモ・ニンジン・タマネギが入っています。インドで生まれ、明治時代にイギリス経由で日本に伝わりました。

ラーメン

Ramen is Chinese-style noodles in soup. You can enjoy different flavors such as soy sauce, salt, and miso. Toppings include sliced roast pork, pickled bamboo shoots, chopped green onions, and more.

ラーメンは中華風のスープに入った麺です。しょうゆ、塩、みそなどさまざまな味があります。トッピングにはチャーシュー、メンマ、刻んだネギなどがあります。

インスタントラーメン

Instant ramen was invented in Japan after World War II, and has now become popular around the world because it is easy to prepare.

インスタントラーメンは第二次世界大戦後の日本で発明され、現在では、その調理の手軽さから、世界中に普及しています。

スパゲッティ

Some pasta dishes were created in Japan. An example is **spaghetti** containing cod roe. The ketchup-flavored spaghetti called *naporitan* (Napolitan) has nothing to do with Naples in Italy.

日本で創作されたパスタ料理もあります。例えば、たらこ入りのスパゲッティです。また、ケチャップで味付けされたナポリタンというスパゲッティは、イタリアのナポリとは関係がありません。

鍋料理

A one-pot dish, or *nabe*, is cooked at the table, not in the kitchen. People sit around the pot while the food is cooking, pick out their favorite ingredients from the pot, and place them in their individual bowls. A special dipping sauce is sometimes used.

鍋料理は台所ではなく食卓で調理します。調理中はみんなで鍋を囲み、それぞれの好きな具材を鍋から取り出して、個別の器に盛り付けます。特製のつけだれを使うこともあります。

そば・うどん

Noodles made from buckwheat are called *soba*, and the white ones made from wheat flour are called *udon*. There are hot ones and cold ones. They are eaten with soup, but the soups taste different between eastern and western Japan.

そばの実から作った麺をそば、小麦粉で作った白いものをうどんと言います。それぞれ冷たいものと温かいものとがあります。出汁と一緒に食べますが、東日本と西日本では出汁の味が異なります。

寿司

There are various styles of **sushi**. Typical sushi is *nigiri-zushi*; hand-formed sushi with a topping of fish. Among others are hand-rolled sushi, and sushi rice in a bowl with various toppings. In recent years, conveyer-belt sushi restaurants are becoming very popular because of their lower prices.

寿司にはさまざまな種類があります。代表的な寿司はにぎり寿司です。ほかにも、手巻き寿司やちらし寿司があります。近年では、価格の手頃さから回転寿司の店が人気になってきました。

和菓子

The main ingredients of **traditional Japanese sweets** are rice and small red beans. There are several kinds of sweets, such as unbaked, dried, and baked.

和菓子の主な材料は米と小豆です。生菓子、干菓子、焼き菓子のようにさまざまな種類があります。

日本の文化

相撲

Sumo has a long history, and also appears in Japanese myth. It is now an international sport, and there are many foreign wrestlers.

相撲には長い歴史があり日本神話にも登場します。現在では国際的なスポーツになり、外国人力士も多くいます。

歌舞伎

Kabuki was started in the early 17th century, and developed in the Edo period. In present-day *kabuki*, all of the performers are men.

歌舞伎は17世紀初期に始まり、江戸時代に発展しました。現代の歌舞伎では、演者は全員男性です。

茶道

Japanese tea ceremony has been greatly influenced by Zen Buddhism. The host serves the tea, and the guests appreciate the hospitality of the host. This interaction is the heart of the ceremony.

茶道は禅仏教の影響を強く受けています。主人が茶を出し、客人はそのもてなしに感謝する。このやりとりが重要です。

着物

The formal ***kimono*** is now usually worn only on special occasions, such as wedding ceremonies or funerals. However, a simple style of *kimono* called *yukata* is still worn at summer festivals and when staying at traditional-style hotels.

現代では、正式な着物は結婚式や葬式など特別な機会にのみ着るものになりました。しかし、浴衣という簡素な着物は夏祭りや伝統的な旅館に泊まるときなどに使われます。

漫画

Manga covers various topics such as sports, school life, love, history, business, war, and social issues. Its readers range from small children to adults. There are many TV dramas and movies, anime or live-action, based on manga. Manga is a major source of entertainment in Japan.

マンガはスポーツ、学校生活、恋愛、歴史、ビジネス、戦争、社会問題など様々なテーマを扱っています。小さな子どもから大人まで幅広い読者をもちます。マンガを原作としたアニメや実写のドラマや映画も多数あります。マンガは日本のエンターテインメントを担う存在です。

柔道

In **judo**, two people fight each other using techniques of throwing, holding, and attacking weak points. It became an official Olympic event for the first time at the Tokyo Olympic Games in 1964.

柔道では、投げ技や押さえ込みや当て身を使って2人の人間が戦います。1964年の東京オリンピックで初めて正式種目になりました。

カラオケ

Karaoke literally means "empty orchestra." People sing along to a music track played by a machine. It is popular not only in Japan but also in many other countries. Karaoke boxes, or karaoke booths, where anyone can easily enjoy karaoke, are found all over Japan.

カラオケの文字通りの意味は「空のオーケストラ」で、機械から出る音楽に合わせて歌います。日本だけでなく世界中で人気があり、簡単にカラオケができるカラオケボックスは日本中にあります。

参考文献：森口稔 編著、William S. Pfeiffer 英文校閲『英語で案内する　日本の伝統・大衆文化辞典』(2018：三省堂)

場所や動きを伝える表現

動き方　over, along, across, around

over the river
川をわたって

along the river
川に沿って

across the river
川をわたって

around the rock
岩の周りで

※ over は弓のような形で上を超えて行くイメージで、across は平面を横切るイメージです。橋について言う場合は、橋の形ではなく、「上を渡って行く」イメージの場合は over で、「横切って向こう側に行く」イメージの場合は across で表現されます。

くっついている／離れている　on, off

get **on** the train　電車に乗る

get **off** the train　電車を降りる

※ on は電車にくっついている（乗っている）こと、off は電車から離れる（降りる）ことを表します。

行く／帰ってくる　from, to, back

go **from** London **to** Paris by plane
飛行機でロンドンからパリへ行く

go **back** to London by train
電車でロンドンへ帰る

※ back はもといた場所に戻ることを表します。

上下の方向　up, down

a drone flying **up**
上に上がっていくドローン

a drone flying **down**
下に下がってくるドローン

～の間　between, among

a path **between** trees
木々の間の道

a house **among** trees
木に囲まれた家

※ between は 2 つのものの間、among は 3 つ以上のものの間で囲まれたような状態を表します。a path between trees は、両側の 2 つの並木の間に道があることを表しています。

15

場所　in, on, at

a desk and a chair **in** the room
部屋の中の机といす

books **on** the desk
机の上の本

a light **on** the ceiling
天井のライト

a switch **on** the wall
壁についているスイッチ

a boy **at** the door
ドアのところの男の子

※ on は「上」に限らず、接していることを表します。books on the desk のように安定しやすい「上」を表すことが多いのですが、on the ceiling や on the wall のように「上」でない位置で接していることもあります。

内と外　in, inside, out, out of, outside, into

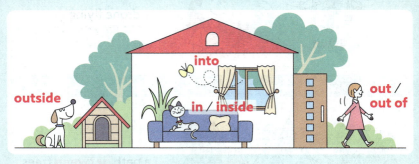

a cat **in** [**inside**] the house　家の中のねこ

a girl going **out** (**of** the house)　（家から）出て行く女の子

a dog **outside** the house　家の外の犬

a butterfly coming **into** the house　家の中に入ってくるちょう

※ 内側の場所は in（または inside）で、外側の場所は outside で表します。inside は「囲まれた場所の内側」ということを強調します。
※ 内側に入る動きは into で、外側に出る動きは out（「〜から」を表す場合は out of）で表します。

近いものと遠いもの　near, by, away

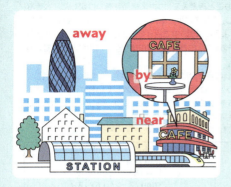

a cafe near the station
　駅の近くのカフェ

a table by the window
　窓のそばのテーブル

a famous building 10 minutes away from the station
　駅から 10 分離れた有名なビル

※ by は near よりも近く「すぐそば」を表します。

上と下　on, over, under, above

a cake on the table
　テーブルの上のケーキ

The cat jumped over the table.
　ねこがテーブルの上を飛び越えた。

a dog under the table
　テーブルの下の犬

a light above [over] the table
　テーブルの上のライト

※ on は接していることを表します。above も over も上の位置を表しますが、over は上から覆うイメージが基本にあるため、a light over the table は光がテーブル全体を照らすイメージが感じられます。

※ 上を越えていく動きは over のみが表します。

※ under は over の反対で真下で覆われたような位置を表します。

※ below は above の反対で下の位置を表しますが、普通は高いところからの眼下や水面の下や川下など、もう少し規模が大きい場合に使います。

カナ発音の読み方

＊この辞典では，発音記号になれていない人のことを考えて，カナ文字発音をつけました．大きな
カナ文字は主に母音（ぼいん）をふくむ音を表し，上つきの小さなカナ文字は子音（しいん）を表します．
母音とは，日本語の「ア・イ・ウ・エ・オ」のように，口の中で舌・くちびる・歯などにじゃまされ
ないで出てくる，声をともなった音（おん），子音とは，のどから出る息や声が，口内のどこかでじゃ
まされて出てくる音のことです．

＊/す・ず・ふ・る・ぐ/などのひらがなは，子音の書き分けを表しています．

＊太い文字はその音を強く発音する，すなわちアクセントがあることを表しています．

＊カナ文字/ア/では/æ/ /ʌ/ /ɑ/ /ə/のちがいを表すことができません．ですからあくまでもカナは
参考にして，実際のつづりと音の関係を覚えるようにしてください．

＊下の表はカナ発音とそれに対応する発音記号とを示したものです．

母音		例
/ア/	/æ/	**add** /アド/ **carry** /キャリ/
	/ʌ/	**uncle** /アンクる/ **rough** /らふ/
	/ɑ/	**watch** /ワチ/ **knock** /ナク/
	/ə/	**across** /アクロース/ **career** /カリア/
/アー/	/ɑ:/	**father** /ふァーざ/ **calm** /カーム/
	/ɑ:r/	**sharp** /シャープ/ **heart** /ハート/
/ア〜/	/ə:r/	**early** /ア〜リ/ **girl** /ガ〜る/
		person /パ〜スン/
/アイ/	/ai/	**ice** /アイス/ **eye** /アイ/ **buy** /バイ/
/アウ/	/au/	**loud** /らウド/ **down** /ダウン/
/イ/	/i/	**image** /イメヂ/ **busy** /ビズィ/
/イア/	/iər/	**ear** /イア/ **here** /ヒア/
/イー/	/i:/	**eat** /イート/ **see** /スィー/
/ウ/	/u/	**pull** /プる/ **look** /るク/
/ウア/	/uər/	**poor** /プア/ **tour** /トゥア/
		sure /シュア/
/ウー/	/u:/	**moon** /ムーン/ **lose** /るーズ/
		true /トルー/
/エ/	/e/	**egg** /エグ/ **bread** /ブレド/
		friend /ふレンド/
/エア/	/eər/	**air** /エア/ **care** /ケア/
		there /ぜア/
/エイ/	/ei/	**age** /エイヂ/ **break** /ブレイク/
		pay /ペイ/
/オイ/	/ɔi/	**joy** /ヂョイ/ **boil** /ボイる/
/オウ/	/ou/	**old** /オウるド/ **know** /ノウ/
/オー/	/ɔ:/	**call** /コーる/ **abroad** /アブロード/
	/ɔ:r/	**order** /オーダ/ **warm** /ウォーム/
子音		例
/ク/	/k/	**cook** /クク/ **count** /カウント/
		keep /キープ/ **quick** /クウィク/
/グ/	/g/	**egg** /エグ/ **gate** /ゲイト/
		guide /ガイド/
/ヂ/	/dʒ/	**page** /ペイヂ/ **judge** /ヂャヂ/
/シュ/	/ʃ/	**dish** /ディシュ/ **machine** /マシーン/
		show /ショウ/
/ジュ/	/ʒ/	**rouge** /ルージュ/ **measure** /メジャ/

/す/	/θ/	**bath** /バす/ **thank** /さンク/
		thin /すィン/
/ス/	/s/	**loss** /ろース/ **peace** /ピース/
		soon /スーン/ **city** /スィティ/
/ず/	/ð/	**smooth** /スムーず/ **there** /ぜア/
/ズ/	/z/	**rise** /ライズ/ **music** /ミューズィク/
		zoo /ズー/
/チ/	/tʃ/	**much** /マチ/ **choose** /チューズ/
		chin /チン/ **nature** /ネイチャ/
/ツ/	/ts/	**statesman** /ステイツマン/
/ヅ/	/dz/	**goods** /グツ/
/ト/	/t/	**eat** /イート/ **tea** /ティー/
		potato /ポテイトウ/
/ド/	/d/	**read** /リード/ **dinner** /ディナ/
		date /デイト/
/ヌ, ン/	/n/	**channel** /チャヌる/ **noon** /ヌーン/
		need /ニード/
/ふ/	/f/	**half** /ハふ/ **food** /ふード/
		photo /ふォウトウ/ **few** /ふュー/
/ブ/	/b/	**tub** /タブ/ **book** /ブク/
		build /ビるド/
/プ/	/p/	**keep** /キープ/ **pull** /プる/
		paper /ペイパ/
/ヴ/	/v/	**live** /リヴ/ **visit** /ヴィズィト/
		voice /ヴォイス/
/ホ/	/h/	**when** /(ホ)ウェン/ **house** /ハウス/
		hair /ヘア/
/ム, ン/	/m/	**calm** /カーム/ **moon** /ムーン/
		mother /マざ/ **number** /ナンバ/
/る/	/l/	**mail** /メイる/ **look** /るク/
		low /ろウ/ **sleep** /スリープ/
/ル/	/r/	**rule** /ルーる/ **row** /ロウ/
		reach /リーチ/
/ン(ぐ)/	/ŋ/	**bring** /ブリンぐ/ **drink** /ドリンク/
		finger /ふィンガ/
/イ/	/j/	**year** /イア/ **yard** /ヤード/
/ウ/	/w/	**wood** /ウド/ **way** /ウェイ/
		want /ワント/ **quiz** /クウィズ/

第12版 はしがき

『初級クラウン和英辞典』が5年ぶりに新しくなり，『ジュニアクラウン中学和英辞典』として生まれ変わりました．見出し語や用例の中から古いものや難しいと思われるものを削除し，新しい小学校，中学校の英語教科書を詳しく調べて，内容を全面的に見直しました．今回の改訂で紙面をオールカラーに一新し，さらなる見やすさを追求しました．

『ジュニアクラウン中学和英辞典』の特徴は下記の通りです．

1. 意味マップ

最重要語は英語の訳語と一緒に囲みで表示することにより，訳語の選択肢を見やすく，選びやすくしています．

2. 基本形

本文のまえに英語表現の基本となる，よく使われる動詞などの形を特別なコラムで示しました．「基本形まとめ」のページもありますので，すぐに調べたいときはここを確認してください．

3. 多彩なコラム

表現活動に重要な類語の使い分けを示す「使い分け」，気をつけたい日本語と英語の表現の違いを表す「注意しよう」，気がつきにくい和製英語などを解説する「カタカナ語」のほか，「文法・語法」「日本紹介」など，学習の助けになる情報をコラムにして示しています．

4. 豊富な用例

11回の改訂を経てブラッシュアップされた用例を豊富に収録しています．ぜひ，声に出しながら読んで英語力を高めてください．

この辞書は日本語に対応する，より自然でより正確な英語を示す，という「和英辞典」本来の目的はもちろん，中学生が自分から進んで総合的に英語力を高められるよう編集されています．

初版編者である河村重治郎先生（1887-1972）と，後継者である田島伸悟先生（1932-2010）は，「ひざをつき合わせて生徒に英語を教えたい」という気持ちでこの辞書を執筆されました．両先生の心は，この辞書のすみずみにいつまでも生きています．

2021年　秋

三省堂編修所

◎ この辞典のしくみ

総収録項目

この辞典は，以下のように全体で約 23,000 の語句を収録しました．

　主見出し　約 11,000 語
　派生語・慣用表現・基本形などの中見出し
　　約 12,000 語

総収録用例

この辞典は，以下のように全体で約 19,200 の豊富な用例を収録しました．

　本文用例　約 18,000
　付録等の会話例　約 1,200

見出し語

太い活字であいうえお順にならんでいます．長音「ー」については，たとえばアーケードは「ああけえど」と考えてください．また，おつりは「つり」をひいてください．
見出し語のうちでとくに重要な語(約 820 語)については，大きな赤い活字でしめしました．
英語の訳語が➤のあとにくるものと番号付きのものがあります．

カナ発音

訳語のあとにカナ発音を / / でしめしました．日本語と違い英語は強弱がだいじですので，強く発音するところは太字でしめしました．くわしくは「カナ発音の読みかた」を見てください．

イラスト

とくに似通ったことばのちがいをしめします．

同音異義語

おなじ音の見出しがあるときは，**あう**¹，**あう**²のように，肩付き数字で区別しました．

あかるい 明るい
➤ **light** /ライト/
➤ (きらきら) **bright** /ブライト/
➤ (陽気な) **cheerful** /チアふる/
明るく **brightly**
明るくする，明るくなる **brighten** (up), **lighten**, **light up**
・明るい部屋 a light room
・明るい朝 a bright morning
・明るいうちに (→暗くなる前に) before dark
・外はまだ明るい It is still light outside.
・メアリーはいつも明るい
Mary is always cheerful.
・その花があるので部屋が明るくみえる
The room looks cheerful with the flowers.
・その手紙を読むと，彼女の顔は明るくなった
Her face lighted [lit] up when she read the letter.

bright / cheerful

あき¹ 秋
➤ 《米》**fall** /ふォーる/, 《英》**autumn** /オータム/
・秋には in fall [autumn]
・今年の[去年の，来年の]秋(に) this [last, next] fall
・2017年の秋に in the fall of 2017 (読み方: twenty seventeen)
・秋晴れの日に on a fine fall day
あき² (空間) **space** /スペイス/; (余地) **room**
あき… **vacant** /ヴェイカント/; **empty** /エンプティ/

いってきます
　注意しよう
英語には日本語の「行って来ます」「行ってらっしゃい」にあたる表現はない．学校や会社に出かける時は "See you later." (またあとで)とか "I'm off to

---

略記号とロゴ

(複) 名詞の複数形

《話》話しことば

《動物》《虫》…それぞれのジャンルのことば

✕ まちがった表現

ひゆ ひゆを使った表現

参考ことわざ 例文に近い意味をあらわすことわざ

《米》アメリカ用法

《英》イギリス用法

→ 解説・注記

 会話例

ことわざ 見出し語を含むことわざ，または
　　　　 ことわざのような表現

おもう 思う
❶ (考える) think; (信じる) believe
❷ (予期する) expect
❶ (考える) think /ㇲィンㇰ/; (信じる) believe /ビリーヴ/

基本形
　…と思う
　　think (that) 〜
　A のことを思う
　　think of A

・私はそう思います　I think so.
・私は雨が降ると思う[雨は降らないと思う]
I think it will rain [I don't think it will rain].

文法・語法
「雨は降らないと思う」を ×I *think* it will *not* rain. といわない．英語ではふつう否定語を前に置く

・私はそれはいい映画だと思った
I thought it was a good movie. → 主節の動詞が過去 (thought) の時は「時制の一致」で，従属節の動詞も過去 (was) になる

・私はいつもあなたのことを思っています
I am always thinking of [about] you.

・私はこの夏オーストラリアへ行こうかと思っている
→ 現在進行形 I am thinking of going to Australia this summer.

おもな chief /チーふ/
　おもに chiefly, mainly /メインリ/
・その国のおもな産物　the chief products of the country

おおみそか 大晦日　***O-misoka***, New Year's Eve /イアㇰ゙ イーヴ/

日本を紹介しよう

古い年を送り新しい年を迎えるために，大晦日にはいろいろな事が行われます．除夜の鐘(かね)もその一つです．除夜の鐘は全国の寺でつかれます．お寺の鐘は私たちの 108 の煩悩(ぼんのう)を払うために 108 回つかれます
Various ceremonies are held on *O-misoka*, New Year's Eve, to mark the end of the old year and the beginning of the new. *Joya-no-kane* is one of them. It is held at Buddhist temples all over the country. The temple bell is rung 108 times to drive out

---

訳語
太い活字でしめしました．意味が違うものは，重要語では ❶❷❸…のようにしめしてあります．それ以外は ;(セミコロン)，または ,(カンマ)で区切っています．さらに中見出し（ ）で分類してあります．

日本語と違い，英語ではある名詞が数えられるか数えられないかをきっちり区別します．数えられる名詞には細い活字で，a, an をしめしました．

基本形
英語表現の基本となる，よく使われる動詞などのかたちを特別なコラムでしめしました．ABC などの記号は名詞，代名詞，形容詞などが置きかわります．vii 〜 x ページに「**基本形まとめ**」をのせましたので早見表として活用してください．

カッコ
（ ）は省略してもいいことをしめしています．
[ ] は前にある語句と置き換えが可能であることを示しています．

例文
例文のはじまりには小さい丸印（・）をつけました．ある例文を英語でいうと何通りかある場合は，/(スラッシュ)で区切ってしめしました．

派生語
見出し語の派生語についてはすこし小さい活字でしめしました．使い分けは中見出し（ ）で区別しています．

コラム
学習に役立つコラムをたくさんのせました．くわしくは下を見てください．

コラム

日常会話

日本文化の紹介

注意しよう
日本語と英語の発想のちがい

カタカナ語！
英語圏で通じにくい日本でつくられた英語

使い分け
似通ったことばのちがい

英語を使うときの注意

文法・語法
英作文のときのことばの使用上の注意

◎ コラム インデックス

● 基本形

あげる
あそぶ　遊ぶ
あたる　当たる
ありがとう
ある[1]
あんないする　案内する
いう　言う
いる[1]
いる[3]
いれる　入れる
うつ　打つ, 撃つ
うまれる　生まれる
うる　売る
えらぶ　選ぶ
おおう　覆う
おくる[2]　送る
おくれる　遅れる
おこる[2]
おしえる　教える
おそれる　恐れる
おどろく　驚く
おぼえている　覚えている
おもう　思う
か[3]　…か
かう[2]　買う
かえす　返す
かえる[2]　変える, 換える, 替える
かかる
かける[3]　掛ける
かす　貸す
かんじる　感じる
きく[1]　聞く
きこえる　聞こえる
きたい[1]　期待
きめる　決める
こたえる[1]　答える
さがす　探す, 捜す
させる　…させる
さんせい[1]　賛成
したい[2]　…したい
しなさい　…しなさい
しゅっぱつ　出発
しょうかい[1]　紹介
しる[2]　知る, 知っている
しんじる　信じる

すごす　過ごす
する[1]
すわる
せいこう　成功
たのむ　頼む
つく[2]　着く
つくる　作る, 造る
でした　…でした
です　…です
てつだう　手伝う
とても
とる　取る, 採る, 捕る, 撮る
なあ　…なあ
なおす　治す, 直す
なげる　投げる
なる[4]　…になる
なんと[2], なんて
に[3]　…に
のこす　残す
はじめる　始める
はなす[1]　話す
まちがう　間違う, 間違える
まつ　待つ
みえる　見える
みせる　見せる
みつける　見つける
みる　見る
もし　もし…なら
もってくる　持って来る
もらう
やくそく　約束
やめる
ような　(…の)ような[に]
よぶ　呼ぶ
よむ　読む
らしい　…らしい

● 日本紹介

うどん
おおみそか　大晦日
おぼん　お盆
かぶき　歌舞伎
カラオケ
しちごさん　七五三
じゃんけん
じゅうにし　十二支

しょうがつ　正月
すもう　相撲
せつぶん　節分
そば　蕎麦
たなばた　七夕
たんごのせっく　端午の節句
のう[3]　能
ひなまつり　雛祭り

● 注意しよう

いただきます
いってきます
うそ
おかず
かく[5]
かまう
こ[2]　…個
こうしき[1]　硬式
ごちそうさま
サービス
ぜんりゃく　前略
はい[3]
はな[2]　鼻

● カタカナ語！

アンダースロー
イメージ
エルサイズ　Lサイズ
エルディーケー　…LDK
オービー　OB
ゴールインする
コンセント
ジュース
スーパー
タレント
でんし　電子
トレーナー
バーゲンセール
ブーム
フライドポテト
フリーダイヤル
フロント
ベスト[1]
ヘディング
マスコミ
マニア

マンション
リサイクル
リンス
レジ
ワンピース

● 文法・語法
あいづち　相づちを打つ
あに　兄
いく　行く
おもう　思う
かぜ¹　風
ぎちょう　議長
くる　来る
すき³　好きである
すこし　少し
せいと　生徒
だいすき　…が大好きだ
たがい　互い
ちかい³　近い
です　…です
と³　…と
ときどき　時々

● 使い分け
あいだ　間
あう²　合う
あし　足
あつめる　集める
ある²　ある…
いう　言う
いえ　家
うえ　上
うたがう　疑う
えらぶ　選ぶ
える　得る
おおきい　大きい, 大きな
おく³　置く
おこる¹　起こる
かしこい　賢い
かぶる
がまん　我慢
かりる　借りる
きえる　消える
きく¹　聞く
ぎろん　議論
くに　国
けしき　景色

こうかん¹　交換
こわす　壊す
した¹　下
したい²　…したい
しめる³　締める, 閉める
しゅうかん¹　習慣
すべて
そだてる　育つ
たかい　高い
つく²　着く
つづける　続ける
なおす　治す, 直す
はなす¹　話す
はやい　早い, 速い
へ　…へ
まで　…まで
まなぶ　学ぶ
みつける　見つける
みる　見る
めずらしい　珍しい
もくてき　目的
やくそく　約束
やめる
らしい　…らしい
りょこう　旅行
わかる
わるい　悪い

● 参考
おおそうじ　(家の)大掃除
かい⁵　階
しょくじ　食事
だいがく　大学
ちゅうがく　中学
トイレ
はい³
ばん¹　晩
ホームページ

● 会話
あう¹　会う
ある¹
いいえ
いかが
いけない
いつ
いる³
いる⁴　…している

おしえる　教える
かぞく　家族
がっこう　学校
かね¹　金
きにいる　気に入る
きぶん　気分
ぐあい　具合
けっこう¹　結構
こと²　事
さい¹　歳
じ　…時
じゅぎょう　授業
しゅみ　趣味
しんちょう¹　身長
しんねん²　新年
すき³　好きである
すみません
せ　背
だれ
ちがう　違う
どう³
どういたしまして
どうぞ
どこ
なるほど
パスポート
まにあう　間に合う
みち¹　道
めんどう
やあ
ようだい　容体
ようび　曜日
りょうがえ　両替

● イラスト
あいだ　間
あう²　合う
あがる　上がる
あかるい　明るい
あげる
あじ　味
あたたかい　暖かい, 温かい
あつめる　集める
あらい　荒い, 粗い
あわせる　合わせる
いう　言う
いえ　家
いく　行く

いっぱい	さら　皿	のる¹　乗る
うすい　薄い	した¹　下	はかる　計る, 測る, 量る
うつ　打つ, 撃つ	しめる³　締める, 閉める	はやい　早い, 速い
うつす¹　写す, 映す	しょくじ　食事	ひかる　光る
うら　裏	すう¹　吸う	ひく¹　引く
えがく　描く	すごい	ひくい　低い
おおきい　大きい, 大きな	すこし　少し	ひらく　開く
おしえる　教える	すすむ　進む	ひろがる, ひろげる　広がる, 広
おそい　遅い	すべる　滑る	げる
おりる　降りる	すみません	ふくそう　服装
かかる	する¹	ふる²　振る
かげ　陰, 影	せまい　狭い	ぼう　棒
かむ²	そと　外	まあまあ
からだ	たくさん　たくさん(の)	まえ　前に
かりる　借りる	ちいさい　小さい	まぜる　混ぜる
かわく	つく²　着く	みがく　磨く
き¹　木	つける¹　付ける, 着ける	みる　見る
きく¹　聞く	つれて¹　連れて…	やく⁴　焼く
きつい	でる　出る	やすむ　休む
きゅう⁴　急な	とぶ　飛ぶ, 跳ぶ	やぶる　破る
きょうしつ　教室	とめる¹　止める, 留める	ゆれる　揺れる
きる¹　切る	とる　取る, 採る, 捕る, 撮る	よこ　横
けす　消す	なおす　治す, 直す	よぶ　呼ぶ
こちら	なか¹　中	れつ　列
サイン	ねる¹　寝る	わらう　笑う
さからう　逆らう	のこす　残す	わる　割る
さがる　下がる	のばす　伸ばす, 延ばす	
さす¹　刺す	のむ　飲む	

◎ 基本形まとめ

■ あ

あげる
- A(物)をあげる
  give A
- B(人)に A(物)をあげる
  give B A/ A to B

あそぶ
- A(競技など)をして遊ぶ
  play A
- B(子供など)と遊ぶ
  play with B

あたる
- A(人・物)に当たる
  hit/ strike A
- A(人)の B(からだの部分)に当たる
  hit/ strike A on the B

ありがとう
- A をありがとう.
  Thank you for A.
  Thanks for A.

ある[1] 《存在》
- A(物)がある
  A(単数) **is**/ A(複数) **are** ～
- A(物)がある
  There is A(単数)～
  There are A(複数)～

あんないする
- A(人)を案内する
  guide A
- A(人)を B(場所)へ案内する
  show A to B
- A(人)に B(場所)を案内する
  show A around [into] B

いう
- A(人)に言う
  say/ speak to A
  tell A
- B(物事)を言う
  say/ tell/ speak B
- A(人)に B(物事)を言う
  say/ speak B to A
  tell A B
- 「…」と言う
  say, " ～ "/ say that ～
- A(人)に「…」と言う
  say to A, " ～ "/tell A that ～
- A(人)に…しなさいと言う
  tell A to do

- A(人)に…してくださいと言う
  ask A to do
- A を B と言う
  call A B

いる[1]
- 私は A が要る
  I need/ want A
  A is necessary for me

いる[3] 《所在》
- 私は…にいる
  I am ～
- A(人・動物)は…にいる
  A(単数) **is** ～
  A(複数) **are** ～
- A(人・動物)が…にいる
  There is A(単数) ～
  There are A(複数) ～

いれる
- A を B に入れる
  put A in [into] B

うつ
- A を打つ
  hit A
- A(人)の B(からだの部分)を打つ
  hit A on the B

うまれる
- A(年・月・日)に B(場所)で生まれる
  be born in B in [on] A

うる
- A(品物)を売る
  sell A
- A(品物)を B(人)に C(値段)で売る
  sell B A/ A to B for C

えらぶ
- A を選ぶ
  choose A
- A(人)を B(議長など)に選ぶ
  elect A B
- A(人)のために B(物)を選ぶ
  choose B for A

おくる[2]
- A(品物)を送る
  send A
- B(人)に A(品物)を送る
  send B A/ A to B

おくれる
- A に遅れる
  be late for A

おこる[2]
- A(人)のことをおこる
  get angry with A
- B(人の言動など)のことをおこる
  get angry at B
- A(人)が…したのをおこる
  get angry with A for doing

おしえる
- A を教える
  teach/ tell/ show A
- A(人)に A を教える
  teach/ tell/ show B A
  teach/ tell/ show A to B
- B(人)に…のしかたを教える
  teach (how) to do
  tell/ show B how to do

おそれる
- A を恐れる
  be afraid of A
- …を恐れる
  be afraid that ～
  fear doing/ to do/ that ～

おどろく
- A に驚く
  be surprised at A
- …して驚く
  be surprised to do
- …なので驚く
  be surprised that ～

おぼえている
- A を覚えている
  remember A
- …したのを覚えている
  remember doing
- …ということを覚えている
  remember (that) ～

おもう
- …と思う
  think (that) ～
- A のことを思う
  think of A
- A を B だと思う
  regard/ consider A as B
  consider A to be B

■ か

か³《疑問》
- 君は幸せですか.
  Are you happy?
- 彼女は幸せですか.
  Is she happy?
- 彼女は幸せではありませんか.
  Isn't she happy?
- 君は私を愛しているか.
  Do you love me?
- 彼は私を愛しているか.
  Does he love me?
- 君は私を愛していないのか.
  Don't you love me?
- 君は泳ぐことができるか.
  Can you swim?
- 君は泳ぐことができないのか.
  Can't you swim?
- 彼女はだれですか.
  Who is she?
- 君は何を持っているのですか.
  What do you have?
- 君はいつ行くか.
  When will you go?
- だれがそれをするのか.
  Who will do that?

かう²
- A(物)を買う
  buy A
- B(人)に A(物)を買ってやる
  buy B A/ A for B

かえす
- A(人)に B(物)を返す
  return/ give back B to A
  give B back to A
- C(場所)に B(物)を返す
  return B to C
  put back B/ B back to C
- A(人)に借金を返す
  pay A back
- A(人)に B(金額)を返す
  pay A back B

かえる²
- A を変える
  change A
- A を B に変える
  change/ turn A into B
- A を B に替える
  change A for B

かかる
- A(費用)がかかる
  cost A
- B(人)に A(費用)がかかる
  cost B A
- S(仕事など)が A(時間)かかる
  S take A
- (B(人)が) …するのに A(時間)かかる
  It takes (B) A to do

かす
- A(人)に B(物·金)を貸す
  lend A B/ B to A
- A(人)に B(部屋など)を貸す
  rent B to A/ let B to A

かんじる
- A を[と]感じる
  feel A
- A が…するのを感じる
  feel A do
- A が…しているのを感じる
  feel A doing
- A(物)が B の感じがする
  A feel B
- …と感じる
  feel that ～

きく¹
- A を聞く
  hear/ listen to A
- …ということを聞く
  hear that ～
- A が…するのを聞く
  hear/ listen to A do
- A が…しているのを聞く
  hear/ listen to A doing
- A を聞く
  ask A
- A のことを聞く
  ask about A
- B(人)に A のことを聞く
  ask B about A
- B(人)に A を聞く
  ask B A
- B(人)にいつ[どこで, だれが] …かと聞く
  ask B when [where, who] ～
- B(人)に「…か」と聞く
  ask B, "… ?"
  ask B if ～

きこえる
- A が聞こえる
  hear A

- A が…するのが聞こえる
  hear A do
- A が…しているのが聞こえる
  hear A doing

きたい¹
- A を期待する
  expect A
- B に A を期待する
  expect A of B
- …することを期待する
  expect to do
- A が…することを期待する
  expect A to do/ that A ～

きめる
- …することに決める
  decide to do/ that ～ /
  on doing
  make up one's **mind to do**
- 何を[どこへ, いつ] …するかを決める
  decide what [where,
  when] ～ / to do

こたえる¹
- A(質問·人)に答える
  answer A
- 「…」と答える
  answer, " ～ "/ that ～

■ さ

さがす
- A の中を探す
  search A
- A を探す
  look/ search for A
- B(人·物)を求めて A(場所)を探す
  search/ look in A for B

させる《使役》
- A(人)に[を] …させる
  make A do
- A(人)に[を] …させる
  let A do
- A(人)に…させる
  have A do/ get A to do
- A(物)を…させる
  get/ have A ＋過去分詞

さんせい¹
- A(提案·計画など)に賛成する
  agree to A
- A(人·意見)に賛成する
  agree with A

- …することに賛成する
  agree to do
- …ということに賛成する
  agree that 〜

したい[2] 《欲求・願望》
- …したい
  want/ would like/ hope/ wish to do
- A に…してもらいたい
  want/ would like/ wish A **to** do

しゅっぱつ
- A を出発する
  start from/ leave A
- B へ向かって出発する
  start/ leave for B
- A を出発して B へ向かう
  start from/ leave A **for** B

しょうかい[1]
- A を紹介する
  introduce A
- A を B に紹介する
  introduce A **to** B

しる[2]
- A を知っている
  know A
- A について知っている
  know about [of] A
- …ということを知っている
  know (**that**) 〜
- いつ…かを知っている
  know when 〜
- どこ…かを知っている
  know where 〜
- 何…かを知っている
  know what 〜
- なぜ…かを知っている
  know why 〜

しんじる
- A(人のことばなど)を信じる
  believe A
- B(価値など)を信じる
  believe in B
- …ということを信じる
  believe that 〜

すごす
- A(時)を過ごす
  spend/ pass A
- …をして A(時)を過ごす
  spend/ pass A doing

する[1]
- A(人・物)を B にする
  make A B

すわる
- A にすわる
  sit on [in] A
- A に向かってすわる
  sit at A
- すわって…している
  sit doing

せいこう
- …に成功する
  succeed in 〜
  be **successful in** 〜

■ た

たのむ
- A を[に]頼む
  ask A
- (A に)B をくれと頼む
  ask (A) **for** B
- A に…してくれと頼む
  ask A **to** do

つく[2]
- A に着く
  arrive at [in] A
  reach/ get to A

つくる
- A(物)を作る
  make A
- B(人)に A(物)を作ってあげる
  make B A/ A **for** B
- C(材料)で[から]A(物)をつくる
  make A **from** C
  make A (**out**) **of** C

でした 《過去》
- 彼は先生でした.
  He was a teacher.
- 彼は先生でしたか.
  Was he a teacher?
- 彼は先生ではありませんでした.
  He wasn't a teacher.
- 彼は先生ではなかったのですか.
  Wasn't he a teacher?

です 《現在》
- 彼女は幸せです.
  She is happy.

- 彼女は幸せですか.
  Is she happy?
- 彼女は幸せではありません.
  She isn't happy.
- 彼女は幸せではありませんか.
  Isn't she happy?
- 彼女はそれ以来ずっと幸せです.
  She has been happy since then.

てつだう
- A(人・事)を手伝う
  help A
- A(人)の B(事)を手伝う
  help A **with** B
- A(人)が…するのを手伝う
  help A (**to**) do

とる
- A(物)を B(人)に取ってやる
  hand B A/ A **to** B
  pass B A/ A **to** B
  reach A **for** B/ B A

■ な

なあ
- (今)…であればいいのになあ
  I wish ＋主語＋過去形
- (あの時)…であったらよかったのになあ
  I wish ＋主語＋ **had** ＋過去分詞

なおす
- A(人・病気)を治す
  cure A
- A(人)の B(病気)を治す
  cure A **of** B

なげる
- A を投げる
  throw A
- B を目がけて A を投げる
  throw A **at** B
- B に A を投げる
  throw B A/ A **to** B

なる[4] 《変化》
- A になる
  turn A
- B になる
  turn/ change into [**to**] B

なんと², なんて《驚き》
- **What**（＋形容詞）＋名詞（＋主語＋動詞）!
- **How** ＋形容詞・副詞（＋主語＋動詞）!

のこす
- A を残す
  leave A
- A を B に残す
  leave B A/ A **to** B

■ は

はじめる
- A を始める
  begin/ start A
- …し始める
  begin/ start to do
  begin/ start doing

はなす¹
- A(人)に話す
  speak/ talk to A
  tell A
- B(事)を話す
  speak/ tell B
- A(人)に B(事)のことを話す
  speak/ talk/ tell A **about** B
- A(人)に B(事)を話す
  speak B **to** A
  tell A B/ B **to** A
- A(人)に…だと話す
  tell A **that** ～

■ ま

まちがう
- A を間違う
  mistake A
- A を B と間違う
  mistake A **for** B

まつ
- A を待つ
  wait for A
- A が…するのを待つ
  wait for A **to do**

みえる
- A が見える
  see A/ A **is seen.**
- A が…するのが見える
  see A **do**
- A が…しているのが見える
  see A **doing**

みせる
- A(物)を見せる
  show A
- B(人)に A(物)を見せる
  show B A/ A **to** B

みつける
- A を見つける
  find A
- B(人)に A(物)を見つけてやる
  find B A/ A **for** B

みる
- A を見る
  see/ look at/ watch A
- A が…するのを見る
  see/ look at/ watch A **do**
- A が…しているのを見る
  see/ look at/ watch A **doing**

もし, もし…なら《仮定》
- もし…すれば…だろう
  If ＋主語＋動詞の現在形, 主語 ＋ **will do**（または動詞の現在形）
- もし万一…すれば…だろう
  If ＋主語 ＋ **should do**, 主語 ＋ **will** [**would**] **do**
- もし…なら[だとすれば], …するのだが
  If ＋主語＋動詞の過去形, 主語 ＋ **would** [**should, could**] **do**
- もしも…だったなら…しただろうに
  If ＋主語 ＋ **had** ＋過去分詞, 主語 ＋ **would** [**should, could**] **have** ＋過去分詞

もってくる
- A を持って来る
  bring A
- A を B(人)に持って来る
  bring B A/ A **to** [**for**] B
- A を B(場所)に持って来る
  bring A **to** B

もらう《使役》
- A(人)に…してもらう
  get A **to do/ have** A **do**
- A(人)に…してもらいたい
  want/ would like A **to do**
- A(物・事)を…してもらう
  get/ have A ＋過去分詞
- A(物・事)を…してもらいたい **want** A ＋過去分詞

■ や

やくそく
- A を(あげると)約束する
  promise A
- B(人)に A を(あげると)約束する
  promise B A/ A **to** B
- …すると約束する
  promise to do/ (**that**) ～
- B(人)に…すると約束する
  promise B (**that**) ～

やめる
- A をやめる
  stop A
- …するのをやめる
  stop doing

ような, …のような
- A は B のようだ[ようにみえる]
  A **seem/ look/ appear** (**to be**) B
  A **look like** B
- A は…するようだ
  A **seem to do**
  It seems (**that**) A ＋動詞の現在形
- A は…したようだ
  A **seem to have** ＋過去分詞
  It seems (**that**) A ＋動詞の過去形
  A ＋ **have** ＋過去分詞

よぶ
- A を呼ぶ
  call A
- A を B と呼ぶ
  call A B

よむ
- A を読む
  read A
- B(人)に A を読んでやる
  read B A/ A **to** B

あ ア

あ, あっ Oh; Oh dear! /ディア/, Dear me!, My Goodness! /グドネス/, Oh, no!; (注意をひく場合) Look!
- あ, そうか Oh, I see.
- あっ, 本をうちに置いてきた
Oh dear, I have left my book at home.
- あっ, 戸田がいるよ Look! There's Toda.

ああ (悲しみ・驚き) ah; oh
- ああ, 悲しい Ah, I'm so sad!
- ああ, うれしい Oh, I'm so glad!
- ああ, 痛い Oh, it's so painful! / Oh, it hurts!
- ああ, 君でしたか Oh, is it you?

ああいう → あの (→ あのような)
アーケード an arcade /アーケイド/
アーチ an arch
アーチェリー archery
アーティスティックスイミング 《スポーツ》 artistic swimming /アーティスティク スウィミング/
→ かつてはシンクロナイズドスイミングと呼ばれていた水泳競技
アーティスト (一般に芸術家) an artist; (音楽家) a musician /ミューズィシャン/, (舞踏家) a dancer, (画家) a painter /ペインタ/
アート → げいじゅつ
アーモンド 《植物》 an almond /アーモンド/
アール (面積) an are /アー/

あい 愛, 愛情

➤ **love** /らヴ/ → あいする
愛(情)のこもった **loving** /らヴィング/
- 子供たちに対する母の愛 mother's love for her children
- …に愛情を感じる feel love for [toward] 〜
- …に愛を告白する confess *one's* love to 〜
- 愛情のこもったまなざし a loving glance

あいかぎ 合いかぎ a duplicate key /デュープリケト/, a spare key /スペア/
あいかわらず 相変わらず as usual /ユージュアる/; as 〜 as ever /エヴァ/, (いまだに) still
- 彼は相変わらず学校に遅刻した
He was late for school as usual.
- 彼は相変わらず一生懸命働いていた
He was working as hard as ever.
あいきょう あいきょうのある lovable /らヴァブる/; engaging /インゲイヂング/, (friendly and) charming /チャーミング/

あいけん 愛犬 a pet dog
あいこ あいこで (貸し借りなしで) quits /クウィツ/; (仕返しして) even /イーヴン/
- これであいこだ We are quits [even] now.
あいこく 愛国(心) patriotism /ペイトリオティズム/
- 愛国者 a patriot
あいことば 合い言葉 a password /パスワード/; (標語) a slogan
- 合言葉は何だ Give me the password!
アイコン an icon

あいさつ

➤ **a greeting** /グリーティング/
あいさつする **greet**
- あいさつのことば greetings
- クリスマスのあいさつ Christmas greetings
- 誕生日のあいさつ birthday greetings
- 「おはよう」とあいさつする say "Good morning!"
- 別れのあいさつをする say good-bye
- 彼女は手を振って私にあいさつした
She greeted me by waving her hand.

アイシーティー ICT → information and communication technology の略
あいしょう¹ 愛称 a pet name; a nickname /ニクネイム/
あいしょう² 相性がいい get along well
- 私と彼とは相性がいい I get along well with him. / He and I get along well.
あいじょう 愛情 → あい
あいず 合図 (手まね・身振りなどでする) a sign /サイン/, a motion /モウション/; (信号) a signal /スィグナる/
合図をする make a sign [a signal]; motion
- スタートの合図をする give a signal to start
- 彼は私に出て行くように合図した
He made [gave] a sign for me to go out. / He motioned me to go out.
アイス(キャンディー) 《米》《商標》 a Popsicle /パプスィクる/, 《英》 a lollipop /らリポプ/
アイスクリーム (an) ice cream
アイスコーヒー iced coffee /アイスト/
アイススケート ice-skating

アイスティー

アイススケートをする ice-skate
アイスティー iced tea /アイスト/
アイスホッケー ice hockey /ハキ/
アイスランド Iceland /アイスランド/

あいする 愛する, 愛している

➤ **love**
- われわれは自然を愛する We love nature.
- 私はあなたを愛している I love you. →×I am loving you. と進行形にしない
- 彼らはおたがいに愛しあっている
They love each other. / They are in love (with each other). →後ろの文の love は名詞(愛)
- 彼女はとても音楽を愛している
She loves music very much.
- 彼女はだれからも愛されている →受け身形
She is loved by everybody.
- 日本人は平和を愛する国民です
The Japanese are a peace-loving people.

あいそ あいそのよい friendly /フレンドリ/, pleasant /プレズント/, sociable /ソウシャブる/, affable /アふァブる/, amiable /エイミアブる/
あいそよく pleasantly, sociably, affably, amiably
あいその悪い unfriendly, unpleasant, unsociable; (もてなしが悪い) inhospitable /インハスピタブる/
- あいそのよい女の子 an amiable girl
- …にあいそをつかす be disgusted with ~
- 彼らはあいそよく私を迎えてくれた
They gave me a friendly welcome.

あいだ 間

❶ (期間) **for**; **during**
❷ (二つの間) **between**; (三つ以上の間) **among**

❶ (…の期間) **for**; (期間中に) **during** /デュアリング/; (…している間に) **while** /(ホ)ワイる/

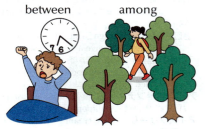

- 長い間 for a long time
- 1週間[1マイル]の間 for a week [a mile]
- 夏休みの間に during the summer vacation
- 私が名古屋にいる間に during my stay in Nagoya / while I am in Nagoya

❷ (二つの間) **between** /ビトウィーン/; (三つ以上の間) **among** /アマング/
- 6時から7時の間に起きる get up between six and seven
- 木々の間を歩き回る walk among the trees
- 私は食事と食事の間にはなにも食べない
I don't eat between meals.

使い分け
during は休暇など「特定の時期・期間」を表す時に用い, for は「期間の長さ」を表す時に, while は「何かをしている・何かが起きている間」を表す時に用いる

あいづち 相づちを打つ (うなずく) nod (to ~, at ~); (ことばで) chime in /チャイム/
- 「なるほど」と彼は相づちを打った
"I see," he chimed in [he said].

文法・語法
相づちの表現には次のようなものがある
なるほど **I see.**
ほんと? **Really?** / **Are [Were] you?**
- I'm sick. —Oh, are you?
Do [Did] you?
- I saw him there. —Did you?
うっそ **No kidding.**
かわいそ **That's bad.**
すごーい **Wow!**

あいて 相手

➤ (勝負などの) an **opponent** /オポウネント/
➤ (競争相手) a **rival** /ライヴァる/
➤ (相棒) a **partner** /パートナ/; (仲間としての) a **companion** /コンパニオン/

相手になる (ゲーム・スポーツなどで) play /プれイ/; (匹敵(ひってき)する) match /マチ/, rival
- 遊び相手 a playmate
- 彼には相談相手がいない
He has no one to consult with.
- 彼は話し相手をほしがっている He wants to have someone to talk to [with].
- ぼくがテニスの相手をしてあげよう
I'll play tennis with you.
- 相撲で彼の相手になる者はこのクラスにはいない
No one in this class matches him in sumo.
- 彼らは相手の気持ちになれない
They are unable to share others' feelings. /

ひゆ They can't put themselves into others' shoes. (相手の靴をはいてみることができない)

アイディア an **idea** /アイディーア/
・アイディアが浮かぶ　have an idea
・それはいいアイディアだ　That's a good idea.
・彼はアイディアが豊富だ　He is full of ideas.

アイティー IT → **information technology** (情報工学)の略
・私の兄は IT 関係の会社に勤めている
My brother works for an IT business firm.

あいている
❶ (開いて) **open**; (からの) **empty** /エンプティ/, **vacant** /ヴェイカント/; (占有されていない) **unoccupied** /アナキュパイド/ → あく²
・あいている戸　an open door
・あいている部屋　an unoccupied ［empty］room / (ホテルなどで予約されていない) a vacant room, a room available
・この座席はあいていますか
Is this seat taken? / Is someone ［anyone］ sitting here?
会話 この辞書はあいていますか (→辞書を使っていますか). ―ええ, あいています
Are you using this dictionary? —No, I am not.
❷ (暇(ひま)で) **free** /フリー/
・私は金曜日の午後はたいていあいています
I am usually free on Friday afternoons.

あいどく 愛読する **read** (a book) **with interest** /ウィズ インタレスト/, **be an admirer of ～** /アドマイアラ/
・愛読書　one's favorite book
・推理小説の愛読者　a lover of detective stories

アイドリングストップ a **stop-start** ［**start-stop**］ **system**
・アイドリングストップをする　stop idling ［the engine］(when the car is not running) → 「アイドリングストップ」は和製英語. idling stop は「停止中もアイドリングしている」という正反対の意味にとられることもある

アイドル an **idol**

あいにく (運悪く) **unfortunately** /アンふォーチュネトリ/; (申し訳ないが) **I am sorry** /サリ/; (がっかりしたことに) **to** one's **disappointment** /ディサポイントメント/
・あいにく雨が降りだした
Unfortunately it began to rain.
・あいにくですが太郎は留守です
I'm sorry, but Taro is not at home.

アイヌ (人) an **Ainu** /アイヌー/

あいま 合間 an **interval** /インタヴる/
・3時間の合間をおいて　at intervals of three hours
・君の勉強の合間に　when you are not studying / between your studies

あいまいな **vague** /ヴェイグ/
・あいまいな返事　a vague answer
・彼の返事はとてもあいまいだった
His answer was very vague.

あいよう 愛用の **favorite** /ふェイヴァリト/
・彼の愛用のバット　his favorite bat

あいらしい 愛らしい **lovely** /らヴリ/, **pretty** /プリティ/, **charming** /チャーミング/, **attractive** /アトラクティヴ/, **cute** /キュート/

アイルランド **Ireland** /アイアランド/
・アイルランドの　Irish
・アイルランド人 (男性) an Irishman (複 -men); (女性) an Irishwoman (複 -women); (すべての人) the Irish → the は省略不可

アイロン an **iron** /アイアン/
アイロンをかける **press**, **iron**
・ワイシャツにアイロンをかける　press ［iron］ a shirt → press のほうがふつう
・アイロン台　an ironing board
・スチームアイロン　a steam iron

あう¹　会う

❶ (人に) **meet**, **see**
❷ (事故に) **meet with**

❶ (人に) **meet** /ミート/, **see** → であう; (会合する) **get together with** /トゥゲざ/
・彼に会う　meet him / see him
・彼によく［時々］会う　often ［sometimes］ see him
・3時に図書館で彼と会う → 「図書館で(場所)+3時に(時間)」の順で言う　meet him in the library at three
・私は駅のホームで森先生によく会う　I often see Mr. Mori on the station platform.
・私はバスで洋子に会った
I met Yoko on the bus.
・30分したらまたここで会おう
Let's meet here again in half an hour.

 会話
君はこのごろ佐藤さんによく会いますか
―いいえ, 全然会いません
Do you often **see** Mr. Sato these days?
—No, I don't **see** him at all.

あう

・会話 あそこにいるあの男の人に会ったことがありますか．—いいえ，ありません［ええ，一度会ったことがあります］→ 現在完了
Have you ever seen that man over there? —No, I've never seen him before. [Yes, I have seen him once.]

・私は長い間［先週の土曜日から］彼に会っていない → 現在完了
I haven't seen him for a long time [since last Saturday].

・私はあなたに会えてうれしい
(初対面のあいさつ) I'm glad to meet you. / (知り合いどうし) I'm glad to see you.

・私はあなたに会えてよかった
(初対面の人と話をしたあとで別れる時に) Nice meeting you. / (久しぶりに知り合いの人と話をしたあとで別れる時に) Nice seeing you.

・この前の日曜日に数人のクラスメートと会った I got together with a few classmates last Sunday.

❷ (事故に) **meet with** /ミート/, **have**; (夕立などに) **be caught** (in ～) /コート/ (受け身形); (経験する) **have**, **experience** /イクスピアリエンス/

・彼は職場へ行く途中で交通事故にあった
On his way to work, he had [met with] a traffic accident.

・私たちは学校からの帰りに夕立にあった
We were caught in a shower on our way home from school.

・ぼくたちは山で道に迷ってひどいめにあった
We were lost in the mountains and had an awful [a terrible] experience.

・私たちの祖父母は戦争中はつらいめにあったそうだ
We hear that our grandparents had [experienced] a hard time during the war.

あう² 合う

➤ (寸法など) **fit**
➤ (調和する) **suit** /スート/, **match** /マチ/, **go with** → にあう，つりあう
➤ (意見が) **agree** /アグリー/
➤ (時計・答えが) **be right** /ライト/, **be correct** /コレクト/

・この靴は君の足に合うでしょう
These shoes will fit (your feet).

・この帽子は君には合わない
This hat does not suit you.

・この帽子はこのドレスに合いますか
Does this hat go with [match] this dress?

・私たちはいつも意見が合いますね We always agree with each other, don't we?

・あの時計は合っていますか
Is that the correct time?

・彼はクラスメートとまったく性格が合わない
He does not feel comfortable in class because he is quite different from his classmates in character. / ひゆ He is a square peg (in a round hole) in the class. (丸い穴に四角い杭‹くい›)

fit

suit

agree with

使い分け

fit は大きさや型が「合う」時に，**match** と **go with** はものとものが「つり合う・似合う」時に，**suit** は色や柄が人に「似合う」時に使う

アウター (上着) **outerwear** /アウターウェア/
・一着の上着 a piece of outerwear → 数えられない名詞

アウト (球技などで) **out**

アウトドア outdoor
・アウトドアスポーツ outdoor sports

アウトプット output

アウトレット (店) an **outlet** (**store**) /(ストー)/, (ショッピングモール) an **outlet mall** /モール/

あえん 亜鉛 **zinc** /ズィンク/
・亜鉛メッキ鋼板 a galvanized steel sheet

あお 青(い)

➤ **blue**; (緑(の)) **green**
➤ (顔色が) **pale** /ペイる/

・青空 the blue sky
・青葉 green leaves
・青信号 a green light
・青い顔 a pale face
・空は見渡す限りの青空だ

The sky is blue all over.
- 彼は青い顔をしている　He looks pale.
- その知らせを聞いて彼は青くなった
He turned pale at the news.

あおぐ (うちわで) **fan** → うちわ
- 火をあおぐ　fan a fire

あおじろい 青白い　**pale** /ペイ^ル/

あおむけに **on** *one's* **back**
- あおむけに寝る　lie on *one's* back
- あおむけに倒れる　fall on *one's* back

あか¹　赤(い)

➤ **red**
- 赤くなる　turn red; (恥(はじ)じて) blush /ブら^{シ}ュ/
- 赤信号　a red light
- モミジの葉は秋に赤くなる
Maple leaves turn red in fall.
- 彼は顔を赤くしておこった
He turned red with anger.
- 彼は恥ずかしくて顔を赤くした
He blushed with [for] shame.

あか² 垢　**dirt** /ダ～^{ト}/
- あかだらけの　dirty

あかじ 赤字　(状態) **the red**; (損失) **a loss**; (不足額) **a deficit** /デふィスィッ^ト/
- 赤字である　be in the red
- 報告書によれば 5 万円の赤字だった　The report showed a loss [a deficit] of ¥50,000.

あかす 明かす　(夜を) **spend**; (秘密を) **let out**; (本心を) **reveal** *one's* **mind** /リヴィー^る マインド/
- 戸外で一夜を明かす　spend the night in the open air / stay outdoors all night
- 彼に秘密を明かす　let out a secret to him

あかちゃん 赤ちゃん　a **baby** /ベイビ/ (複 babies)
- 男[女]の赤ちゃん　a baby boy [girl]

アカデミー アカデミー賞　an **Academy Award** /アウォード/

あかり 明かり　a **light** /ライ^ト/
- 明かりをつける[消す]　turn on [off] the light
- 部屋に明かりをつける　light the room

あがる　上がる

❶ (のぼる) **go up**
❷ (物価などが) **go up, rise**
❸ (進歩する) **make progress, improve**
❹ (興奮する) **get nervous**
❺ (学校に) **enter**

❶ (のぼる) **go up**
- 丘[階段]を上がる　go up the hill [the steps]
- 丘[屋上]へ上がる　go up on the hill [to the roof]
- (2階の)自分の部屋へ上がる　go up to *one's* room
- 2階へ上がる　go upstairs
- 私たちはデパートの屋上に上がった　We went up to the roof of the department store.
- たこは強い風にのってぐんぐん上がっていく → 現在進行形　The kite is going up higher and higher on [with, in] the strong wind.
- 空に大きなたこが上がっている
There is a large kite up in the sky.
- うちの2階に上がると(→2階の部屋からは)富士山がよく見えます　We can see Mt. Fuji well from our upstairs room.
- どうぞお上がりください
Please come (on) in.

❷ (物価・気温などが) **go up, rise**; (料金・給料などが) **be raised** /レイズ^ド/ (受け身形) → 料金・給料・税金など, ある機関で決定されて「上がる」時は受け身形を用いる
- 物価が上がってきている → 現在進行形
Prices are going up [rising].
- きょうは気温が30度まで上がった　The temperature today rose to 30℃ (読み方: thirty degrees centigrade).
- 9月から運賃が上がる → 未来の受け身形　Fares will be raised from September.

❸ (進歩する) **make progress** /プラグレス/, **improve** /インプルーヴ/
- 学校の成績が上がる　improve *one's* school record / get better grades (at school)
- 私は英語の成績が上がった → 現在完了
I've got a better (school) grade in English. / My grade in English has improved.
- 彼女はテニスの腕前(うでまえ)がずいぶん上がった　She has made great progress in tennis.

- 「一生懸命勉強すればきっと成績が上がるよ」と先生がおっしゃった

あかるい　6　six

The teacher said, "If you work hard, your school record [grades] will surely improve."
❹(興奮する) **get nervous** /ナ〜ヴァス/; (舞台などで) **get stage fright** /ステイヂ ふライト/
・入学試験であがってしまいそうだ ➔「…しそうだ(→…することを恐れる)」は I am afraid
I'm afraid I'll get nervous during the entrance examination.
・観客の前に出ると私はあがってしまう
I get stage fright before an audience [when I face an audience].
❺(学校に) **enter** /エンタ/
・学校に上がる　enter a school
・学校に上がっている　be in school
・私の弟はまだ学校に上がっていない
My little brother is not yet in school.

あかるい　明るい

➤ **light** /らイト/
➤ (きらきら) **bright** /ブライト/
➤ (陽気な) **cheerful** /チアふる/
明るく　brightly
明るくする, 明るくなる　brighten (up), **lighten, light up**
・明るい部屋　a light room
・明るい朝　a bright morning
・明るいうちに (→暗くなる前に) before dark
・外はまだ明るい　It is still light outside.
・メアリーはいつも明るい
Mary is always cheerful.
・その花があるので部屋が明るくみえる
The room looks cheerful with the flowers.
・その手紙を読むと, 彼女の顔は明るくなった
Her face lighted [lit] up when she read the letter.

bright / cheerful

明るさ　brightness /ブライトネス/
・画像の明るさを調整する　adjust the brightness of the image
あかんぼう 赤ん坊 ➔ あかちゃん

あき¹　秋

➤ 《米》**fall** /ふォーる/, 《英》**autumn** /オータム/
・秋には　in fall [autumn]
・今年の[去年の, 来年の]秋(に)　this [last, next] fall
・2017年の秋に　in the fall of 2017 (読み方: twenty seventeen)
・秋晴れの日に　on a fine fall day

あき² (空間) **space** /スペイス/; (余地) **room**
あき…　vacant /ヴェイカント/; **empty** /エンプティ/
・空き地　a vacant lot [plot]
・空き缶　an empty can
・空きびん　an empty bottle / an empty (複 empties)
・空き家　an empty [a vacant] house

あきらか　明らかな

➤ **clear** /クリア/, **plain** /プれイン/
明らかに　clearly, plainly
・明らかな事実　a plain fact
・彼がそれをしたことは明らかだ
It is clear [plain] that he did it.
あきらめる　give up
・その計画をあきらめる　give up the plan
・その問題を(解けないと)あきらめる　give up the problem
・あきらめる (→希望を捨てる)にはまだ早い
It is too early to give up hope.
ことわざ あきらめが肝心　For a lost thing, care not. (なくした物は気にするな)

あきる　飽きる

➤ (飽きてくる) **get tired** (of 〜) /タイアド/, **get fed up** (with 〜) /ふェド/
➤ (飽きている) **be tired** (of 〜), **be fed up** (with 〜)
飽きさせる　tire, bore /ボー/
・読書に飽きる　get tired of reading books
・彼の話は長くておもしろくないので私たちは飽きてしまった　As his speech was long and uninteresting, we got tired of it. / (彼の長くおもしろくない話が私たちを飽きさせた) His long uninteresting speech tired [bored] us.

アキレスけん アキレス腱　**Achilles tendon** /アキリーズ テンドン/; (弱点) **one's Achilles heel**
あきれる (驚く) **be amazed** /アメイズド/; (いやになる) **be disgusted** /ディスガステド/
・彼の不誠実には[彼には]あきれた　I am disgusted

seven **7** あける

at his dishonesty [with him].

あく¹ 悪 **evil** /イーヴる/; (悪徳) a **vice** /ヴァイス/

あく²

❶ (店・ドアなどが開く) **open**
❷ (ひまである) **be free**

❶ (店・ドアなどが開く) **open**
•たいていの店は9時にあく
Most stores open at nine o'clock.
•そのドアはあきません. かぎがかかっています　The door won't open. It is locked.
❷ (ひまである) **be free** /ふリー/, **be available** /アヴェイらブる/
•こんどの日曜日, あいてますか
Are you free [available] next Sunday?
❸ (場所が) **become empty** /エンプティ/, **become vacant** /ヴェイカント/
•この席はあきますか
Will this seat become vacant?
❹ (使わなくなる) **have done with** /ダン/, **be through with** /すルー/

アクアラング (商標) **Aqua-Lung** /アークワ らング/; a **scuba set** /スクーバ セト/

あくい 悪意 **ill will**
•私はそれを悪意からしたのではない
I didn't do it from ill will.

あくじ 悪事 (an) **evil** /イーヴる/, (a) **wrong** /ローング/; (犯罪) a **crime** /クライム/
•悪事を働く　do evil [wrong]

あくしゅ 握手 a **handshake** /ハンドシェイク/
握手する　shake hands
•私は彼と握手した　I shook hands with him.
•握手して仲良くしよう
Let's shake hands and be friends.

あくしゅう 悪臭 a **bad smell**
•悪臭を放つ　stink / give out a bad smell

あくじゅんかん 悪循環 a **vicious circle** /ヴィシャス サ〜クる/
•日本経済は悪循環におちいっている　The Japanese economy is caught in a vicious circle.

アクセサリー an **accessory** /アクセソリ/

アクセシビリティ accessibility /アクセスィビリティ/

アクセスする access /アクセス/, (ウェブサイトに) **visit** /ヴィズィット/
•彼女のサイトにアクセスする　access [visit] her website → サイト, ホームページ

アクセル 《米》a **gas pedal** /ギャス ペdる/, 《英》an **accelerator pedal** /アクセらレイター/
•アクセルを踏む　step on the gas

アクセント an **accent** /アクセント/
•第1音節にアクセントをおく　put the accent on the first syllable

あくにん 悪人 a **bad** [**wicked**] **person** /ウィキド/

あくび a **yawn** /ヨーン/
あくびをする　yawn

あくま 悪魔 a **devil** /デヴる/

あくむ 悪夢 a **nightmare** /ナイトメア/
•悪夢を見る　have a nightmare

あくめい 悪名 a **bad reputation** /レピュテイション/
•…で悪名が高い　be notorious for 〜 / have a bad name for 〜

あくやく 悪役 a **villain** /ヴィらン/
•悪役を演じる　play the villain

あくゆう 悪友 a **bad companion** /コンパニョン/; (集合的に) **bad company** /カンパニ/
•悪友と付き合うな　Avoid bad company. / Keep away from bad company.

あくよう …を悪用する　**use 〜 for** a **bad purpose** /パ〜パス/

あぐら あぐらをかく **sit cross-legged** /クロースれグド/

アクロバット (曲芸) **acrobatics** /アクロバティクス/; (かるわざ師) an **acrobat** /アクロバト/

あげあし 揚げ足をとる **find fault with** /ふォーると/

あけのみょうじょう 明けの明星 **the Morning Star**

あける¹

❶ (窓などを) **open**
❷ (場所を) **make room**
❸ (時間を) **spare**
❹ (からにする) **empty**

❶ (窓などを) **open**
•窓[箱]をあける　open a window [a box]
•口を大きくあける　open one's mouth wide
•目を大きくあけて　with one's eyes wide open
↪この open は形容詞(あいている)
•戸をあけておく　keep a door open ↪この open も形容詞
•本の10ページをあけなさい
Open your book(s) to page 10.
•窓をあけてくれませんか
Will you open the window?
•クラス会のためにその日をあけておかなければならない　I must keep the day open for the class party [reunion].

あける

❷(場所を) **make room**; (道を) **make way** /ウェイ/; (穴を) → あな
・私は立っておばあさんに席をあけた
I got [stood] up and made room for an old woman.
・もう一人ぶんあけられませんか Can't you make room for one more person?
・パレードが来るから道をあけてください
Make way for the parade.
❸(時間をさく) **spare** /スペア/
・私のために2, 3分あけられますか
Can you spare me a few minutes? /
Can you spare a few minutes for me?
❹(からにする) **empty** /エンプティ/
・バケツの水をあける empty the water from [out of] a bucket / empty a bucket of (its) water
・グラスをあける empty a glass
・私はやかんのお湯を洗面器にあけた
I emptied the hot water from the kettle into the basin.

あける² 明ける (夜が) **dawn** /ドーン/, **break** /ブレイク/; (年が) **begin** /ビギン/; (つゆが) → つゆ²
・5時ごろには夜が明ける。→ 主語は「夜」でなく「日」または it にする It [(The) Day] dawns around five in the morning.
・夜が明けてきた。→ 現在進行形
The day is dawning [breaking]. /
The sun is rising.
・年が明ける The new year begins.
・明けましておめでとうございます
Happy New Year!

あげる

❶(手・値段などを) **raise**
❷(与える) **give**
❸(旗などを) **put up**
❹(式を) **hold**
❺(学校へ) **send ～ to school**
❻(油で揚げる) **deep-fry**
❼(…してあげる)「…(のため)に…する」のようにいう

❶(手・値段などを) **raise** /レイズ/; (程度を) **raise**, **improve** /インプルーヴ/ → あがる ❸; (引き上げる) **pull up**
・値段を上げる raise prices
・砂ぼこりを上げる raise a cloud of dust
・ぼくの誕生日に母は小遣(こづか)いを上げてくれた On my birthday, Mother raised my allowance.
・発言したい時は手を上げてください Please raise your hand when you want to speak.
・彼は大工の腕前(うでまえ)をあげた
He has improved his skills as a carpenter.
・靴下を上にあげなさい(ずり落ちていますよ)
Pull your socks up. → 《英語》「気を引き締めて頑張れ」の意味にもなる
❷(与える) **give** → あたえる

| 基本形 | A (物)をあげる
　　give A
B (人)に A (物)をあげる
　　give B A
　　give A **to** B |

・私は彼に誕生日のプレゼントをあげた
I gave him a birthday present. /
I gave a birthday present to him.
・その本はとてもおもしろいから君に(それを)あげよう
The book is very interesting, so I'll give it to you. → 目的語が it や them の時は ✗ give you it [them] としない
・これを弟さんにあげてください Please give this to your brother. / This is for your brother.
・彼は来るよ、来なかったら1ドルあげる (→私は彼が来ることに君を相手に1ドルかける)
I bet you a dollar (that) he will come.

give
raise

❸(旗などを) **put up**, **raise**, **hoist** /ホイスト/; (たこを) **fly** /ふライ/
・旗を揚(ぁ)げる put up [raise, hoist] a flag
・たこを揚げる fly a kite
❹(式を) **hold** /ホウるド/; (例を) **give**
・例を挙げる give an example
・彼らは今年の秋に結婚式を挙げる予定です
They are going to hold their wedding this fall.
❺(学校へ) **send ～ to school**
・娘を大学へ上げる send *one's* daughter to college
❻(油で揚げる) **deep-fry** /ディープふライ/

nine 9 **あし**

•魚[ジャガイモ]を揚げる deep-fry fish [potatoes]

❼(…してあげる)「「…(のため)に…する」のようにいう →くれる² ❷

•私は妹に手袋を編んであげた
I knitted gloves for my little sister.

•君にいい辞書を買ってあげよう
I'll buy you a good dictionary. /
I'll buy a good dictionary for you.

•君に電話するように彼に言ってあげようか
Shall I tell him to call you up?

•妹にはやさしくしてあげなさい
Be kind to your little sister(s).

あご a jaw /ヂョー/; (あご先) a chin /チン/

•上[下]あご the upper [lower] jaw

•あごひげ a beard → ひげ

アコーディオン an accordion /アコーディオン/

•アコーディオンをひく play the accordion

あこがれる long for; (崇拝(すうはい)する) adore /アドー/; (尊敬する) admire /アドマイア/

あこがれ (崇拝) adoration /アドレイション/; (称賛) admiration /アドミレイション/

•彼はクラスのみんなのあこがれの的です
He is admired by everybody in our class.

あさ 朝

➤ **a morning**

•朝早く early in the morning

•朝6時に at six in the morning

•6月1日の朝に on the morning of June 1 (読み方: June first)

•月曜日の朝に on Monday morning

•クリスマスの朝に on Christmas morning

•きのう[あした]の朝 yesterday [tomorrow] morning

•朝から晩まで働く work from morning till night

あざ (生まれながらの) a birthmark /バ〜すマーク/; (打ち傷の) a bruise /ブルーズ/

あさい 浅い

➤ (川などが) **shallow** /シャろウ/

➤ (傷が) **slight** /スらイト/, **not serious** /スィアリアス/

➤ (知識・考えが) **superficial** /スーパふィシャる/, **shallow**

•浅い小川 a shallow stream

•それについては私はほんの浅い知識しかありません
I have only a superficial knowledge of it. /
My knowledge of it is quite superficial.

•彼は経験が浅い (→経験を欠く)
He lacks experience.

アサガオ 朝顔 《植物》 a morning glory /グローリ/

あさごはん 朝御飯 breakfast /ブレクふァスト/

•朝御飯の用意をする[を作る] prepare breakfast / get breakfast ready

•朝御飯を食べる have breakfast

•朝御飯ができました Breakfast is ready.

•散歩から戻ってみるとみんな朝御飯を食べていた
When I returned from my walk, all were at breakfast.

あさせ 浅瀬 shallows /シャろウズ/

あさって the day after tomorrow

あさねぼう 朝寝坊 (人) a late riser /れイト ライザ/

朝寝坊する get up late in the morning

•彼は朝寝坊だ He is a late riser. / He always gets up late in the morning.

あさひ 朝日 the morning sun

アザミ 薊 《植物》 a thistle /すィスる/

あさめしまえ 朝飯前 an easy job /イーズィ ヂャブ/

•そんな事は朝飯前だ
That's an easy job. / That's nothing.

あざやか あざやかな (色彩が) bright /ブライト/; (見事な) splendid /スプれンディド/, fine /ふァイン/; (印象が) vivid /ヴィヴィド/

あざやかに (色彩が明るく) brightly; (見事に) splendidly; (生き生きと) vividly

•その絵はあざやかな色彩で描かれている
The picture is painted in bright colors.

•観客は彼のあざやかなプレーに対して拍手(はくしゅ)を送った The spectators gave a big hand for his fine play.

アザラシ 海豹 《動物》 a seal /スィーる/

あされん 朝練 morning club training

あし 足

➤ a foot /ふト/ (麗 feet /ふィート/); (脚) leg; (イヌ・ネコなどの) a paw /ポー/; (タコ・イカなどの) an arm /アーム/

•足の指 a toe

•足の親指 a big toe

•足の裏 a sole

•いすのあし the legs of a chair

•ベッドのあし the foot of a bed

•足を組んで座る sit with *one's* legs crossed

•タコには8本の足がある
An octopus has eight arms.

か さ た な は ま や ら わ あ

アシ

・彼は足が速い[遅い] He walks fast [slowly]. / He is a fast [slow] walker.

使い分け
足首から下の部分を foot, ももの付け根から下全部を leg と言う She often sits with her legs crossed. (彼女はたいてい足を組んで座る) Someone stepped on my foot. (誰かがわたしの足を踏んだ)

アシ 葦 《植物》a **reed** /リード/

あじ 味
➤ a **taste** /テイスト/
味がする **taste**
味をみる **taste**; (試食する) **try** /トライ/
・よい味がする[おいしい] taste good
・苦い(味がする) taste bitter
・味が甘い[すっぱい] taste sweet [sour]
・味が悪い[まずい] taste bad
・このスープはタマネギの味がする
The soup tastes of onion.

アジ 鯵 《魚》a **horse mackerel** /ホース マカレる/
アジア **Asia** /エイジャ/
・アジアの Asian
・アジア人 an Asian
・アジア大陸 the Asian Continent
あしあと 足跡 a **footprint** /ふトプリント/, a **footmark** /ふトマーク/
あしおと 足音 a **footstep** /ふトステプ/

アシカ 《動物》(アシカ・トドの総称) a **sea lion**
あしくび 足首 an **ankle** /アンクる/
アジサイ 紫陽花 《植物》a **hydrangea** /ハイドレインヂャ/

あした
➤ **tomorrow** /トゥマロウ/
・あしたの朝[晩] tomorrow morning [evening]
・あしたまで(夜を越して) overnight
・じゃまたあしたね See you tomorrow.
・あしたの午後また来ます
I will come again tomorrow afternoon.
・この魚[魚肉]はあしたまでもつかな
Will this fish keep overnight?

あしどり 足取り a **step**
あしなみ 足並み **pace** /ペイス/, **step**
・…と足並みをそろえる keep pace [step] with ～
あしぶみ 足踏みする **stamp** /スタンプ/; (体操で) **mark time**; (停滞(ていたい)する) **be at a standstill** /スタンドスティる/
あしもと 足元 *one's* **feet** /ふィート/; *one's* **step**
・足元に気をつけなさい Watch your step!
あじわい 味わい (a) **taste** /テイスト/; (風情(ふぜい)) a **flavor** /ふれイヴァ/
味わいのある **tasteful**; (意味深い) **significant** /スィグニふィカント/
あじわう 味わう **taste** /テイスト/; (楽しむ) **enjoy** /インヂョイ/; (鑑賞(かんしょう)する) **appreciate** /アプリーシエイト/; (経験する) **experience** /イクスピアリエンス/
あずかる 預かる (保管する) **keep** /キープ/; (子供などを) **take care of** /テイク ケア/
・あすまでこのかばんを預かってください
Please keep this bag till tomorrow.
・私は隣の人が買い物に出かけている間お子さんを預かりました I took care of my neighbor's child while she was out shopping.
アズキ 小豆 《植物》an ***adzuki*** **bean** /ビーン/, a **red bean**
あずける 預ける **leave** /リーヴ/; (金などを) **put**, **deposit** /ディパズィト/; (委託(いたく)する) **entrust** /イントラスト/
・銀行に金を預ける put [deposit] money in a bank
・彼女は赤ちゃんを保育園に預けて仕事に行きます
She leaves her baby in a day nursery [entrusts her baby to a day nursery] and goes to work.
アスパラガス 《植物》**asparagus** /アスパラガス/
アスファルト **asphalt** /アスふォーると/

eleven　11　あたえる

あせ 汗 **sweat** /スウェット/
汗をかく **sweat, work up a sweat**
•運動をして汗をかく　work up a sweat from exercise
•彼は汗をかいている　He is in a sweat.

あぜみち あぜ道　**a footpath between rice fields** /ふトパす ビトウィーン ライス ふぃーるヅ/

あせる[1] (我慢できない) **be impatient** /インペイシェント/; (…がなくて困っている) **be pressed for ～** /プレスト/; (はずかしくてどぎまぎする) **be embarrassed** /インバラスト/
•そんなにあせるな　Don't be so impatient.
•今, 時間がなくてちょっとあせってるんだ
I am rather pressed for time now.
•観客の中に母がいるのを見て私はとてもあせった　I was very embarrassed when I found my mother among the audience.

あせる[2] (色が) **fade** /ふェイド/

あそこ あそこの, あそこに　**there** /ぜア/; **over there**
•あそこに見える山が阿蘇山です　The mountain (that) you see over there is Mt. Aso.

あそび　遊び

➤ **play** /プれイ/; (ゲーム) a **game** → あそぶ
•遊び相手[仲間, 友達] (子供同士の) a friend to play with / a playmate
•遊び時間　playtime; (休憩 (きゅうけい)) (a) recess
•遊び道具　a plaything / a toy
•遊びに行く (外へ) go out and play / go out to play; (楽しみ・気晴らしに) go and enjoy oneself; (訪問する) visit; (旅行する) go (on a trip) to ～ / make a trip to ～
•遊びに来る　come and see / come to see
•海岸へ遊びに出かける　go on an outing to the beach
•きのう新宿へ遊びに行った　Yesterday I went and enjoyed myself in Shinjuku.
•今度の日曜日鎌倉へ遊びに行かないか
How about going (on a trip) to Kamakura next Sunday?
•あした遊びに行ってもいいですか
May I come and see you tomorrow? ➜ 相手の方へ「行く」は go でなく come
•いつかうちへ遊びに来いよ
Come and see me sometime.
•私は田舎のおばのところへ遊びに行くつもりです
I'm going to visit my aunt in the country.
•ぼくたちはその遊びが大好きです
We like the game very much.

あそぶ　遊ぶ

❶ (からだを動かして) **play**
❷ (楽しむ) **enjoy** *oneself*
❶ (からだを動かして) **play** /プれイ/

基本形
A (競技・ままごとなど)をして遊ぶ
　play A
B (子供・おもちゃなど)と[で]遊ぶ
　play with B

•庭で遊ぶ　play in the garden
•トランプ[ままごと]をして遊ぶ　play cards [house]
•イヌと遊ぶ　play with a dog
•おもちゃで遊ぶ　play with a toy
•子供たちは運動場で遊んでいる　The children are playing [at play] in the playground.
•外へ行って遊ぼうよ　Let's go out and play.
•鬼ごっこをして遊ぼうよ　Let's play tag.
•弟にはいっしょに遊ぶ友達がいる
My brother has some friends to play with.
ことわざ よく学びよく遊べ
All work and no play makes Jack a dull boy.
(勉強ばかりして遊ばなければジャックはばかな少年になる)

❷ (楽しむ) **have fun, have a good time, enjoy** *oneself* /インヂョイ/, **amuse** *oneself* /アミューズ/
•…をして遊ぶ　enjoy [amuse] oneself (by) doing
•子供たちは絵をかいて遊んでいる
The children are amusing themselves (by) drawing pictures. / The children are having fun drawing pictures.
•私たちはキャンプで歌ったり踊ったりして楽しく遊びました　We had a good time [We enjoyed ourselves] singing and dancing at (the) camp.
❸ (仕事をしないでいる) **be idle** /アイドゥる/; (ぶらぶらしてすごす) **fool around** /ふーる アラウンド/
•彼は働かないでいつも遊んでいる
He doesn't work, and is always idle.
•私たちは1日じゅう海岸で遊んでいた
We spent all day fooling around on the beach.

あたえる　与える

➤ **give** /ギヴ/; (特に審査 (しんさ) などをして) **award** /アウォード/ ➜ give の「基本形」は「あげる」❷参照.

あたたかい 12 twelve

与えられた… given /ギヴン/
・与えられた時間内で within the given time
・読書は私たちに楽しみを与えてくれる
Reading gives us pleasure. /
Reading gives pleasure to us.
・子供におもちゃを与えすぎてはいけません
Don't give children too many toys. /
Don't give too many toys to children.
・佐藤君は弁論大会で最優秀賞を与えられた ➡受け身形 Sato was awarded［given］first prize in the speech contest.
・君たちは与えることを学ばなければいけない ➡「与えること」は to give
You must learn to give.

あたたかい 暖かい, 温かい

❶(気温が) **warm**; (飲み物などが) **hot**
❷(心が) **warmhearted**, (心からの) **hearty**
❶(気温が) **warm** /ウォーム/, (寒さが厳しくない) **mild** /マイルド/; (飲み物などが) **hot**
・暖かい日 a warm day
・温かい飲み物 a hot drink
・暖かくなる get［grow］warm
・だんだん暖かくなってきた
It is getting warmer and warmer.
・(きょうは)暖かいよね It's warm, isn't it?
・今年の冬は例年より暖かい
It is milder this winter than usual.

warm

hot

❷(心が) **warmhearted** /ウォームハーテド/, (心からの) **hearty** /ハーティ/
・温かいもてなしを受ける receive a hearty welcome
・彼は心が広くて温かい
He is generous and warmhearted.
あたたまる 暖まる, 温まる **warm**（**up**）/ウォーム/; (からだが) **warm** one**self**, **get warm**
・部屋がだんだん暖まってきた
The room is warming up.
・火の近くへ来て温まりなさい Come near the

fire and warm yourself［get warm］.
あたためる 暖める, 温める **warm**（**up**）/ウォーム/; (熱くする) **heat** /ヒート/
・部屋を暖める warm［heat］a room
・火に手をかざして温める warm one's hands over a fire
・ピザを電子レンジで温めましょうか
Shall I warm up the pizza in the microwave oven?
あだな あだ名 a **nickname** /ニクネイム/
 あだ名をつける nickname
アダプター an **adapter**, an **adaptor**

あたま 頭

➢ a **head**; (頭髪) **hair**; (頭脳) **brains** /ブレインズ/
・頭のてっぺんからつま先まで from head to foot
・頭から先に水に飛び込む jump into the water headfirst
・頭が痛い(頭痛がする) have a headache; (悩んでいる) be worried
・頭にけがをする injure one's head
・頭を洗う wash one's hair
・ベッドの頭のほう the head of a bed
・頭のよい女性 a bright woman
・頭を働かせる use one's brains［head］
・頭にくる(神経にさわる) get on one's nerves; (立腹する) get angry (with (人), at (事柄)), go mad (at (人), for (理由))
・あいつに「うそつき」と言われてぼくはすごく頭にきた
I went mad at him for calling me "a liar."
・その石が彼の頭に当たった
The stone hit him on the head.
 ことわざ 頭隠(かく)してしり隠さず
He［She］has his［her］head buried in the sand like an ostrich. (ダチョウのように頭を砂に埋めている)

あたらしい 新しい

➢ **new**; (新鮮な) **fresh**
新しく newly; **freshly**
・新しい本 a new book
・新しい卵 a fresh egg
・私たちの新しい先生 our new teacher
・新しく建てた家 a newly built house
・新しくオープンした店 a newly opened store
あたり¹ 当たり (命中・成功) a **hit**; (成功) a **success** /サクセス/; (当たりくじ) a **winning ticket** /ウィニング ティケト/

thirteen **13**

・大当たりをする　make a big hit

あたり² あたりに，あたりを　**about** /アバウト/，**near** /ニア/，**around** /アラウンド/

・あたりを見回す　look about

・このあたりに　near［around］here / in this neighborhood

・彼は注意深くあたりを見回した
He looked carefully around him.

・このあたりに郵便局はありませんか
Is there a post office around here?

あたりちらす 当たり散らす　**be cross with everybody** /エヴリバディ/，**take it out on everybody** →it は怒り・不満の原因になっている「事情」をさす

あたりまえ 当たり前の　（自然な）**natural** /ナチュラる/

・当たり前の事［話］　a matter of course

・子供が遊びたいのは当たり前だ　It is natural that children should like to play.

あたる　当たる

❶（ぶつかる）**hit, strike**
❷（予想などが）**be right**

❶（ぶつかる）**hit, strike** /ストライク/

> 基本形
> A（人・物）に当たる
> 　**hit** A / **strike** A
> A（人）の B（からだの部分）に当たる
> 　**hit** A **on**［**in**］**the** B
> 　**strike** A **on**［**in**］**the** B

・ボールが窓に当たった
The ball hit the window.

・ボールが彼の頭［顔］に当たった
A ball hit him on the head［in the face］. →当たった場所を強調する時は A ball hit his head［face］. のようにいう

❷（予想などが）**be right** /ライト/，**turn out**（**to be**）**right** /ター～ント/，**prove**（**to be**）**right** /プルーヴ/

・天気予報が当たった
The weather forecast was right. / The weather forecast turned out (to be) right.

・雨になるだろうと君が言ったけど当たったね
You said it would rain and you were right.

❸（太陽が）（光を受けるものが主語）**get sun, get sunlight** /サンらイト/；（太陽が主語）**shine upon** /シャイン/，**shine into, be on, be in**

・日の当たる部屋　a sunny room

・この部屋はよく日が当たる［当たらない］
This room is sunny［not sunny］. /

This room gets a lot of［little］sun. / We get a lot of［little］sun in this room.

・ベランダには日がいっぱいに当たっていた →過去進行形
The sun was shining brightly on the veranda. / There was a lot of sun on the veranda.

・花の鉢（はち）を日の当たる所へ出しなさい
Put the potted flower out in the sun.

・顔に日が当たってまぶしい
The glaring［blinding］sun is in my eyes.

❹（火に）**warm** *one*self /ウォーム/

・火にあたる　warm oneself by［at］the fire

・火のそばに来てあたりなさい
Come near the fire and warm yourself.

❺（日にちが）**fall on** /ふォーる/

・今年のクリスマスは日曜日に当たる
Christmas falls on (a) Sunday this year.

❻（等しい）**be equal to** /イークワる/；（相当する）**correspond to** /コーレスパンド/

・1 マイルは 1.6 キロメートルにあたる
One mile is equal to 1.6 km. (読み方: one point six kilometers)

・カメラのレンズは人間の眼にあたる
The lens of a camera corresponds to the human eye.

・日本語の「心」にあたる英語は何ですか
What is the English for the Japanese 'kokoro'?

❼（成功する）**be successful** /サクセスふる/，**be a hit**

・彼女の新曲はとても当たった　Her new song was a big［great］hit. / Her new song was very successful［a big success］.

❽（教室でさされる）**be called on** /コーるド/ →受け身形

・私は英語の時間に 3 回当たった　I was called on three times in English class.

❾（お腹をこわす；食べ物が主語）**upset** *one's* **stomach** /アプセト スタマク/，**disagree** /ディサグリー/；（中毒する；人が主語）**be poisoned** /ポイズンド/（受け身形）

・私はきのうの夜の食べ物にあたった
The food last night upset my stomach. / The food last night disagreed with me.

・彼らはフグにあたった
They were poisoned by globefish.

❿（人につらく）**be hard on** →あたりちらす

・店長は彼にとてもつらく当たった
The store manager was very hard on him.

あちこち **here and there** /ヒア ゼア/；（あたりを）

あちら

around /アラウンド/, **about** /アバウト/; (行ったり来たり) **up and down** /ダウン/
•公園の中をあちこち歩く walk about in the park
•湖のあちこちに小舟が見える I see small boats here and there on the lake.

あちら → あそこ

あつい¹ 厚い

❶ (厚さが) **thick**
❷ (親切な) **kind**

❶ (厚さが) **thick** /スィク/
厚さ thickness
•厚い本 a thick book
•この板は厚さが2センチある
This board is 2 centimeters thick.
•氷はどれくらい厚いのですか
How thick is the ice?
❷ (親切な, 温かい) **kind** /カインド/; **warm** /ウォーム/, **hearty** /ハーティ/
•厚いもてなし a hearty welcome

あつい² 暑い, 熱い

❶ (気温・温度などが) **hot**
❷ (熱烈な) **ardent**

❶ (気温・温度などが) **hot**
暑さ heat /ヒート/
•暑い日 a hot day
•熱い湯 very hot water
•夏の暑さ the heat of summer
•きょうはとても暑い It is very hot today.
•彼は暑がりだから夏はエアコンなしでは暮らせない
He feels the heat and can't go without air conditioning in summer.
•(ふろの)お湯は私には熱すぎます
The bath is too hot for me.
❷ (熱烈な) **ardent** /アーデント/; (激した) **heated** /ヒーテド/
•熱い視線を送る give an ardent look
•その件について熱い議論がたたかわされた
There were heated arguments on that matter.
•私は彼女のやさしさに胸が熱くなった
I was very touched by her kindness.

あつかう 扱う

➤ (人を) **treat** /トリート/, **deal with** /ディーる/
➤ (商品を) **deal in**
➤ (機械・品物などを) **handle** /ハンドる/
•彼を友人として扱う treat him as a friend

•すべての人を公平に扱いなさい
Treat everybody fairly.
•あの男は扱いにくい人だ
He is a difficult man to deal with.
•彼[彼の会社]は中古車を扱っている
He [His company] deals in used cars.
•この品物は丁寧(ていねい)に扱ってください
Please handle this article carefully.

あつかましい 厚かましい **impudent** /インピュデント/, **shameless** /シェイムれス/, **cheeky** /チーキ/

あつぎ 厚着する **wear heavy clothes** /ウェア へヴィ クろウズ/

あつくるしい 暑苦しい → むしあつい

あっけない (短すぎる) **too short, too soon** /スーン/; (物足りない) **not enough** /イナふ/; (簡単すぎる) **too easy** /イーズィ/
•あっけなく終わる be over too soon

あつさ¹ 厚さ → あつい¹
あつさ² 暑さ → あつい²

あっさり あっさりした **simple** /スィンプる/, **plain** /プれイン/; (手短に) **briefly** /ブリーふり/; (簡単に) **easily** /イーズィり/; (いさぎよく) **with good grace** /グレイス/
•あっさりした味 a delicate flavor
•あっさりした食事 a light meal
•彼はあんな難しい問題をあっさり解いてしまった
He solved such a difficult problem quite easily.

あっしゅく 圧縮 **compression** /コンプレション/
圧縮する compress

あっしょう 圧勝する **sweep to (decisive) victory** /スウィープ (ディサイスィヴ) ヴィクトリ/

あっち あっちに, あっちで (**over**) **there** /ぜア/
あっちこっち → あちこち

あっというまに あっという間に **in an instant** /インスタント/

あっとう 圧倒 **overwhelm** /オウヴァ(ホ)ウェるム/
圧倒的な overwhelming
•圧倒的な勝利 an overwhelming victory
•圧倒的多数 an overwhelming majority

アップリケ an **appliqué**
アップルパイ (an) **apple pie**
あつまり 集まり → かい³

あつまる 集まる

❶ (集合する) **gather**
❷ (会合する) **meet**
❸ (お金が) **be collected**

❶(集合する) **gather** /ギャざ/, **get together** /トゥゲざ/, **come together**
・先生の周りに集まる gather around the teacher
・大勢の人がすぐ事故現場に集まった
A crowd of people soon gathered at the scene of the accident.
・大勢の人がその試合を見に集まった
Many people got together to watch the game.
❷(会合する) **meet** /ミート/, **get together**
・図書委員会の会議で集まる meet for a library committee meeting
・集まって旅行の計画を立てようよ Let's meet [get together] and make plans for the trip.
❸(お金が) **be collected** /コれクテド/, **be raised** /レイズド/ →受け身形
・その事業のために100万円集まった
One million yen was collected [raised] for the project. / (彼らはその事業のために100万円を集めた) They collected [raised] 1,000,000 [one million] yen for the project.
❹(関心が) **focus** /ふォウカス/
・原子力発電所の事故に多くの関心が集まっている
Much attention is focused on the accident at a nuclear power plant.

あつめる 集める

❶(物を) **gather**; **collect**
❷(お金を) **collect**

❶(物を) **gather** /ギャざ/; (収集する) **collect** /コれクト/; (呼び集める) **call together** /コーる トゥゲざ/
・たきぎ[情報]を集める gather sticks [information]
・切手を集める collect stamps
・答案を集める collect the (examination) papers
・彼らを(呼び)集める call them together
・彼は趣味(しゅみ)で古銭を集めている
He collects old coins as a hobby. →進行形にしないことに注意
・われわれはキャンプファイアをするためにまきを集めた We gathered wood for our campfire.
・空きびんを全部集めてこっちへ置いてください
Please gather all the empty bottles and put them over here.

❷(お金を) **collect**, **raise** /レイズ/
・寄付を集める raise [collect] money / (要請する) ask for contributions
・町は新しい記念碑をつくるため500万円を集めた
The town collected [raised] 5 million yen for a new monument.

使い分け
gather は散らばっているものを「集める」, **collect** は「きちんと集めて整理し収集する」という意味合いで使う

gather　　　collect

❸(関心を) **draw** /ドロー/, **attract** /アトラクト/
・注目を集める draw attention

あつりょく 圧力 **pressure** /プレシャ/
・それに圧力を加える give [apply] pressure to it

あて¹ 当て (目的) an **aim** /エイム/
当てにする rely on /リらイ/, **depend on** /ディペンド/
当てになる reliable /リらイアブる/, **dependable** /ディペンダブる/
・当てもなく aimlessly
・当てにならない unreliable
・当てがはずれる(失望する) be disappointed
・あまり他人を当てにするな
Don't rely too much upon others.

あて² …あて(の) →あてな
・父あての手紙 a letter addressed to my father
・君あての手紙が来てるよ
There is a letter for you.

あてずっぽう a **guess** /ゲス/
・あてずっぽうで by guess

あてな あて名 an **address** /アドレス/
あて名を書く address → address を名詞として使うと相手の「住所」だけを意味して名前はふくまない;動詞の場合は相手の「名前と住所を書く」こと
・手紙にあて名を書く address a letter
・山田さんにあてて小包にあて名を書く address a parcel to Mr. Yamada
・この手紙のあて名は私ではない
This letter is not addressed to me.
・封筒にあて名をはっきり書きなさい
Write the name and address clearly on the envelope.

あてはまる

あてはまる apply /アプライ/, **be applicable** /アプリカブる/

あてはめる apply
・この規則をすべての場合にあてはめるわけにはいかない　You cannot apply this rule to every case. / This rule does not apply [is not applicable] to every case.

あてる　当てる

➤ (ぶつける) **hit**
➤ (推量する) **guess** /ゲス/
➤ (付ける) **put**
➤ (風・日光に) **expose** /イクスポウズ/
➤ (費用に) **set aside** /アサイド/
➤ (先生が生徒を) **call on** /コーる/

・彼は的に当てた　He hit the mark.
・彼は正しく言い当てた　He guessed right.
・彼は壁に耳を当てた
He put his ear to the wall.
・それを日[風]に当てるな
Don't expose it to the sun [the wind].
・このお金は北海道旅行の費用に当てよう
Let's set this money aside for our trip to Hokkaido.
・あすの英語の時間に当てられなければいいのだが　I hope I won't be called on in the English class tomorrow.

あと¹

❶ (残り) **the others, the rest**
❷ (あとへ) **back, behind**
❸ (あとで) **later**

❶ 《残り・追加》(あとの人たち) **the others** /アざズ/, **the rest** (of them); (あと…) **〜 more** /モー/
・一人はイタリア人でもう一人はドイツ人であとは日本人でした
One was an Italian, another was a German, and the others were Japanese.
・箱の中のリンゴはいいのは三つだけであとは全部くさっていた
Only three of the apples in the box were good. The rest were rotten.
・この仕事を完成するのにあと1週間かかります　It'll take one more week [It'll take another week] to finish this work.
・参加者はあと二人の予定です
We will have two more entries.
❷ 《場所》(あとへ, あとに, あとを) **back, behind** /ビハインド/
・あとを振り向く　look back

・あとに残す　leave behind
・彼らはその少年をあとに残した
They left the boy behind.
❸ 《時間》(あとで, あとから) **later** /れイタ/, **after**
・あとでお目にかかりましょう　I'll see you later.
・あの事件は3日あとに[私たちの会った3日あとに]起きた
The event happened three days later [three days after we met].
・私は君のあとから行きます　I'll come after you.
・トム, その雑誌君のあとで読ませて
After you with the magazine, Tom.

あと² 跡 (しるし) a **mark**; (人・車の通った) a **track**

あとあじ 後味　an **aftertaste** /アふタテイスト/
・後味が悪い[良い]　leave a bad [good] aftertaste

あとかたづけ 後片付けする　**put in order** /オーダ/; (食事の) **clear the table** /クリア/
・部屋の後片付けをする　put a room in order

あとのまつり 後の祭り
・そんなことをしても後の祭りだ　It is too late to do such a thing. / ひゆ Doing such a thing is like shutting the stable door after the horse has run away. (馬が逃げてしまったあとで馬小屋の戸を閉めるようなもの)

アドバイス advice /アドヴァイス/
アドバイスする advise /アドヴァイズ/, **give some advice**

アトピー atopy /アトピ/
・アトピー性皮膚炎　atopic dermatitis /アトピクダ〜マタイティス/

あとまわし 後回しにする　**put off, do later** /れイタ/
・それは後回しにしてもよい
You can do that later. / That can wait. / ひゆ You can put it on the back burner. (ガスこんろで, 後ろの火台に置く)

アトリエ a **studio** /ステューディオウ/
アドリブ an **ad lib** /アドリブ/
あな 穴　a **hole**
・地面に穴を掘(ほ)る　dig a hole in the ground
・壁に穴をあける　make a hole in the wall
・壁の穴からのぞく　look through a hole in the wall

あなうめ 穴埋めする　(損害の) **make up** (for 〜)
・穴埋め問題　fill-in-the blanks questions

アナウンサー an **announcer** /アナウンサ/
アナウンス an **announcement** /アナウンスメント/
アナウンスする announce

あなた →きみ¹
アナログ analog, analogue /アナろーグ/
あに 兄 an **older brother**, an **elder brother**, a **big brother**

> 文法・語法
> 通例兄・弟，姉・妹の区別なしに brother, sister という。《米》ではおもに older，《英》ではおもに elder を使う

・私の一番上の兄 my oldest [eldest] brother
アニメ(ーション) (動画) an **animated cartoon** /アニメイテドカートゥーン/, an **anime** /アニメイ/
・アニメ映画 an animated movie [film]
・テレビの連続アニメ番組 an animated television series, a cartoon
・アニメ製作ソフト animation software
あね 姉 an **older sister**, an **elder sister**, a **big sister** →あに
・私の一番上の姉 my oldest [eldest] sister

あの

➤ **that** (複 **those** /ぞウズ/), **the**
あのような such, like that
あのように like that, in that way
・あの家 that house
・あの人たち those people / they
・あのころ in those days
・父のあの古い帽子 that old hat of my father's
・あの時以来 since that time / since then
・あのような物 a thing like that / such a thing; (複数) those things / such things
・君もあのようにするように努めなければなりません You must try to do like that, too.
・おかあさんにあのような言い方をしてはいけません You should not speak to your mother in that way.
あのう (おねがいしたり，たずねたりする時) **Excuse me.** /イクスキューズ ミ/; (ことばのつなぎとして) **well** /ウェる/; (ことばにつかえた時) **er** /ア〜/
【会話】あのう，この本を借りたいのですが．―はい，どうぞ
Excuse me. May I borrow this book? —Sure.
【会話】君も参加できるんでしょ．―あのう，はっきりしないんです You can join us, can't you? —Well, I'm not sure.
アパート 《米》an **apartment house** /アパートメント ハウス/, an **apartment building** /ビるディング/, 《英》a **block of flats**; (アパートの一世帯が専用する部分)《米》an **apartment**, 《英》a **flat** →マンション

アパルトヘイト apartheid /アパートヘイト/
あばれる play roughly /らふり/, run wild /ワイるド/; (もがく) struggle /ストラグる/
・子供たちが部屋の中をあばれ回っている
The children are playing roughly in the room.
アピールする appeal
・聴衆にアピールする appeal to the audience
・監督は審判の判定を不服としてアピールした The coach appealed (against) the umpire's decision.
アヒル 家鴨 《鳥》a **duck** /ダク/
・アヒルの子 a duckling
・アヒルたちがががあと鳴いた
Ducks said, "Quack, quack."
あびる 浴びる (水を) **bathe** /ベイず/; (日光を) **bask, sunbathe** /サンベイず/; (シャワーを) **take [have] a shower**; (非難を) **come under criticism** /クリティスィズム/
・水を浴びる bathe in the water
・日光を浴びる bask in the sun
・夏は学校から帰って来ると私はシャワーを浴びます
In summer I take a shower when I come back from school.
アブ 虻 《虫》a **horsefly** /ホースふライ/, a **gadfly** /ギャドふライ/
[ことわざ] あぶはちとらず fall between two stools (二つのいすのどちらにもすわれない)
アフターサービス after-sales service /アふタセイるズ/ →「アフターサービス」は和製英語
あぶない 危ない (危険な) **dangerous** /デインヂャラス/ →きけん¹ (→危険な)
・危ない (→気をつけて)! 車がきますよ
Look out! A car is coming.
あぶなく 危なく (もう少しで) **almost** /オーるモウスト/, **nearly** /ニアリ/; (やっと) **narrowly** /ナロウリ/
・彼は危なく車にひかれるところだった
He was almost [nearly] run over by a car.
・彼は危なく2階の窓から落ちるところだった
He nearly fell from the upstairs window.
・彼は危なくおぼれるところだった He narrowly escaped drowning. / He almost drowned.
あぶら 油, 脂 **oil**; (脂肪(しぼう)) **fat**; (半固体の) **grease** /グリース/
脂っこい fatty /ふァティ/
・油を差す [塗る] oil / grease
あぶらえ 油絵 an **oil painting** /ペインティング/
・油絵をかく paint in oils
アブラムシ 油虫 《虫》(木につく) a **plant louse**

アプリ 18 eighteen

/らウス/)(複 lice /らイス/)

アプリ an **app** /アプ/, an **application** /アプリケ
イション/; **a piece of software** /ソーふトウェア/
• アプリを起動する launch an app /ろーンチ/

アフリカ **Africa** /アふリカ/
• アフリカの African
• アフリカ人 an African
• アフリカ大陸 the African Continent

あぶる (肉などを) **broil** /ブロイる/, **grill** /グリる/;
(温める) **warm** /ウォーム/

あふれる **overflow** /オウヴァふろウ/; (人で) **be
overcrowded** (with 〜) /オウヴァクラウデド/
• 水が堤防からあふれる
The water overflows the banks.
• その場所は行楽(こうらく)客であふれていた
The place was overcrowded with holiday-
makers.

あべこべに (上下に) **upside down** /アプサイド ダ
ウン/; (順序が) **the other way around** /アざ ウ
ェイ アラウンド/; (うしろ前に) **back to front** /ふラ
ント/; (裏表に) **inside out** /インサイド/

あま 尼 a **nun** /ナン/, a **sister**
尼寺 a **nunnery** /ナナリ/, a **convent** /カンヴェ
ント/

あまい 甘い

❶ (味・音楽などが) **sweet**
❷ (寛大な) **generous**; (子供などに) **indulgent**
(→ あまやかす)
❸ (考えが) **optimistic**

❶ (味や音楽などが) **sweet** /スウィート/
甘く **sweetly**
甘くする **make sweet**
• 甘いケーキ sweet cakes
• 私は紅茶は甘いのが好きです
I like my tea sweet.
• このみかんは甘い This orange tastes sweet.
• 彼は甘い物が好きだ He is fond of sweet
things. / He has a sweet tooth.
❷ (寛大な) **generous** /チェネラス/; (子供などに)
indulgent /インダるチェント/
• 甘い母親 an indulgent mother
• 太田先生は採点が甘い
Miss Ota is too generous in marking.
• 彼女は子供に甘すぎる
She is too indulgent to her children.
❸ (考えが) **optimistic** /アプティミスティク/, **easy**
/イーズィ/
• 君の考えは甘すぎるよ You are too optimistic.
• 先生を甘くみてはいけない

Never take your teachers for granted.
• 人生はそんなに甘いもんじゃない
Life is not so easy (to live). / **ひゆ** Life is
not a bed of roses. → rose (バラ)は「安楽」の象
徴

あまえる 甘える (赤ん坊のように) **play the baby
to 〜** /プれイ ベイビ/; (頼る) **depend on 〜** /ディ
ペンド/
• 彼の好意に甘えすぎてはいけない
Don't depend too much on his kindness.

あまぐつ 雨靴 **rain boots** /レイン ブーツ/; **rub-
ber boots** /ラバ/

あまだれ 雨だれ **raindrops** /レインドラプス/

アマチュア an **amateur** /アマタ/

あまったるい 甘ったるい **too sweet** /スウィー
ト/; (感傷的な) **mushy** /マシ/

あまど 雨戸 a (sliding) **shutters** /シャタズ/
• 雨戸をあける[しめる] open [close] the shut-
ters

あまのがわ 天の川 **the Milky Way** /ミるキ ウェ
イ/

あまみず 雨水 **rain water** /レイン ウォータ/

あまもり 雨漏り a **leak in the roof** /リーク/
• 雨漏りがする
The roof leaks. / There is a leak in the roof.

あまやかす 甘やかす **spoil** /スポイる/, **indulge**
/インダるヂ/ → あまい ❷
• 子供を甘やかす indulge a child

あまやどり 雨宿りする **take shelter** (**from the
rain**) /シェるタ/
• 夕立がやむまでここで雨宿りしていよう
Let's take shelter here till the shower is over.

あまり¹ 余り **the remainder** /リメインダ/ → の
こり

あまり²

❶ (あまり(に)…すぎる) **too**
❷ (たいして…ない) **not (so) much 〜**, **not
very 〜**
❸ (めったに…ない) **seldom**
❹ (数があまり…ない) **few**; (量があまり…ない)
little

❶ (あまり(に)…すぎる) **too**; (あまり…なので…) →
とても
• それはあまりに長すぎる It is too long.
• この靴は私にはあまりに大きすぎる
These shoes are much too big for me.
• この問題はあまりに難しくて私には解けない
This problem is too difficult for me to solve.
• ケーキをあまり食べてはいけない

You must not eat too much cake.
❷(たいして…ない)**not** (**so**) **much ~** /マチ/, **not very ~** → たいして¹
•冬休みはあまり出かけませんでした I didn't go out much during the winter vacation.
•けさはあまり寒くない
It isn't very cold this morning.
❸(めったに…ない)**seldom** /セるダム/
•彼はあまり病気をしない He is seldom ill.
•こちらは冬でもあまり雪が降りません
It seldom snows here in winter.
❹(数があまり…ない)**few** /フュー/; (量があまり…ない)**little** /リトる/
•そのことを知っている人はあまりいない
Few people know about it.
•私たちの村には娯楽施設があまりない
There are [We have] few amusement facilities in our village.
•私は彼についてはあまり知らない
I don't know much about him. / I know little about him.

あまる 余る **be left**
余らせる leave /リーヴ/
•時間[お金]が少し余っている
There is some time [money] left.
あみ 網 **a net**
網で取る net, catch with nets /キャチ/
•虫取り網 an insect net
•魚を網で取る catch fish in a net / net fish
あみだな 網棚 **a baggage rack** /バゲヂ ラク/, a **luggage rack** /らゲヂ/
あみど 網戸 (窓の) **a window screen** /スクリーン/; (戸口の) **a screen door**
あみばり 編み針 **a crochet hook** /クロウシェイ フク/
あみぼう 編み棒 **a knitting needle** /ニティング ニードる/
あみもの 編み物 **knitting** /ニティング/
編み物をする knit /ニト/
•彼は編み物をしている He is knitting.
あむ 編む **knit** /ニト/; (髪を) **braid** /ブレイド/, **plait** /プれイト/
•毛糸を編んでセーターを作る knit a sweater of wool / knit wool into a sweater
•髪の毛を編む braid one's hair
•祖父は私にセーターを編んでくれた
My grandpa knitted a sweater for me.
•彼女は髪の毛を編んでおさげにしている
She wears her hair in braids.
あめ¹ 《米》**candy**, 《英》**sweets** /スウィーツ/; (あめ

玉) **taffy**, 《英》**toffee, toffy** /タふィ/; (棒についた) a **lollipop** /らりパプ/
•あめをなめる lick a lollipop

あめ² 雨

➤ **rain** /レイン/, **rainfall** /レインふォーる/; (にわか雨) a **shower** /シャウア/
雨の, 雨降りの rainy /レイニ/
雨が降る It rains. → 主語の It はばく然と「天候」を表す
•大雨 heavy [hard] rain
•雨の日に on a rainy day
•雨の中を[に] in the rain
•雨にあう be caught in a rain [a shower]
•6月にはよく雨が降ります It often rains in June. / (私たちは6月にたくさんの雨を持つ) We have a lot of rain in June. / (6月にはたくさんの雨がある) There is a lot of rain in June.
•雨がひどく降っています → 現在進行形
It is raining hard [heavily].
•昨夜は大雨が降った
It rained hard last night. / We had [There was] heavy rain last night.
•それは雨の降る寒い日だった It was a cold and rainy day. → 英語では, 日本語の語順とちがって, cold and rainy というのがふつう
•あしたはどうも雨になりそうだ → 「どうも…しそうだ (→…することを恐れる)」は I'm afraid ～
I'm afraid it will rain tomorrow.
•雨が降りそうです It is going [likely] to rain. / It looks like rain. → 後ろの文の rain は名詞(雨)
•雨がやんだ → 現在完了
It has stopped raining. / The rain is over.
•この3日間[きのうから]雨が降り続いています。→ 現在完了進行形 It has been raining for the past three days [since yesterday].
ことわざ 雨降って地固まる After rain comes fair weather. → 主語は fair weather
アメリカ America; (合衆国) **the United States of America** /ユーナイテド ステイツ/
•アメリカの American
•アメリカ人 an American
•彼はアメリカ人だ He is American. → He is an American. よりもふつうの言い方
あやしい 怪しい (疑わしい) **doubtful** /ダウトふる/; (いかがわしい) **suspicious** /サスピシャス/
•彼が来るかどうか怪しい
I am doubtful of his coming. / It is doubtful whether he will come (or not).
•日曜日の天気は怪しいと思う I am doubtful

あやしむ　20　twenty

about the weather on Sunday.
・怪しい男が家の周りをうろついている
A suspicious-looking man is hanging around the house.

あやしむ 怪しむ（疑う）**doubt** /ダウト/;（…でないかと思う）**suspect** /サスペクト/ → あやしい

あやつりにんぎょう あやつり人形　a **puppet** /パペト/;（芝居）a **puppet show**

あやとり cat's cradle /クレイドる/
・あやとりをする　play cat's cradle

あやまち（過失）a **fault** /ふォーると/,（おもに知的・道徳的誤り）an **error** /エラ/
・あやまちを犯す　make an error

あやまり 誤り（思い違い）a **mistake** /ミステイク/;（おもに知的・道徳的誤り）an **error** → まちがい
誤りをする　**err** /ア〜/, **make** a **mistake**, **make** an **error**
・次の文に誤りがあったら直しなさい
If there are any errors in the following sentence, correct them.

あやまる　謝る

➤ **ask pardon, beg pardon** /パードン/, **apologize** /アポろヂャイズ/

・私は彼に謝った　I asked his pardon. / I told him that I was sorry.
・私は失礼なことをしてすみませんと彼に謝った　I asked his pardon for my rudeness. / I apologized to him for my rudeness.
・お気にさわったら謝ります　If I have offended you, I beg your pardon [I apologize].

あら（驚き）**Oh (dear)!** /(ディア)/, **Dear me!**

あらい 荒い, 粗い **rough** /ラふ/, **coarse** /コース/;（金遣(かねづか)いが）**wasteful** /ウェイストふる/
・ことばが荒い　use rough words
・手ざわりが粗い　feel rough
・彼は金遣いが荒い　He is wasteful in spending money. / He spends money wastefully.

rough　　wasteful

あらいもの 洗い物 → あらう

・食後の洗い物はだれがするのですか
Who washes up after dinner?

あらう　洗う

➤ **wash** → せんたく¹ (→ 洗たくする)

・からだ[顔や手]を洗う　wash *oneself* ⇁× wash *one's* body　としない
・皿を洗う　wash the dishes / do the dishes /（英）wash up
・髪を洗う　wash [shampoo] *one's* hair
・せっけんで手を洗う　wash *one's* hands with soap (and water)
・シャツのしみを洗い落とす　wash the stain out of a shirt
・私は母がお皿を洗うのを手伝います
I help Mother (to) wash the dishes.
・そのしみは洗えばすぐ落ちますよ
The stain will wash out easily.

あらさがし **faultfinding** /ふォーるトふァインディング/, **nitpicking** /ニトピキング/
・…のあらさがしをする　find fault with 〜

あらし 嵐　a **storm** /ストーム/
嵐の　**stormy** /ストーミ/
・嵐の夜に　on a stormy night
・その夜は嵐であった　The night was stormy. / It was a stormy night.

あらす 荒らす（作物・建物などを）**do damage** /ダメヂ/;（金品を奪うためにある場所を）**rob** /ラブ/
・その台風が作物を荒らした　The typhoon did great damage to the crops. / The crops were greatly damaged by the typhoon.

アラスカ **Alaska** /アらスカ/
・アラスカの　Alaskan

あらすじ（小説などの）a **plot** /プらト/

あらそう　争う

➤（口論する）**quarrel** /クウォーれる/;（競(きそ)う）**compete** /コンピート/

争い（口論）a **quarrel**;（競争）a **competition** /カンペティション/;（戦い）a **fight** /ふァイト/
・そのことで私は兄と言い争った
I had a quarrel [I quarreled] with my brother about that matter.
・10チームが優勝を争うことになるだろう　Ten teams will compete for the championship.
・彼は彼女とクラスの首位を争った　He competed with her to be top in the class.

あらためて 改めて（再び）**again** /アゲン/;（あとで）**later** /れイタ/;（別の機会に）**some other time**

・改めてまたお伺(うかが)いいたします　I'll call again.
・くわしいことは改めてお話しします
I will tell you the details some other time.
あらためる　改める　(変える) **change** /チェインヂ/;
(改革する) **reform** /リふォーム/; (直す) **mend**
・町名を改める　change the town name
・計画を改める　change a plan
・行儀を改める　mend *one's* manners
・社会組織を改める　reform the social system
ことわざ　改めるのに遅すぎることはない
It is never too late to mend.
あらっぽい　荒っぽい　**rough** /ラふ/, **violent** /ヴァイオれント/
荒っぽく　**in a rough way, roughly, violently**
・荒っぽいことばを使う　use rough words
アラビア　**Arabia** /アレイビア/
・アラビアの　Arabian / Arabic
・アラビア語　Arabic
・アラビア数字　Arabic numerals
アラブ　アラブ人　an **Arab** /アラブ/
・アラブの国々　Arab countries
あらゆる　→すべて
あられ　**hail** /ヘイる/; (あられ粒) a **hailstone** /ヘイるストウン/
・あられが降る　It hails. → It はばく然と「天候」を表す

あらわす　表す

➤ (示す) **show**
➤ (意味する) **stand for, mean** /ミーン/
➤ (表現する) **express** /イクスプレス/

・このことは彼女がいかに親切であるかを表している
This shows how kind she is.
・青い鳥は幸福を表す
The blue bird stands for happiness.
・画家は自分の感情を絵画に表す　An artist expresses his feelings in his pictures.

あらわれる　現れる

➤ **appear** /アピア/, **turn up** /タ〜ン/, **come out**

現す　(姿を) **appear**; (才能を) **show**
・彼女が舞台に現れると大きな拍手が起こった　There was a great applause when she appeared on the stage.
・霧(きり)が晴れると山々が雄大な姿を現した
The magnificent mountains appeared as the mist cleared up.
・彼はセールスマンとしての才能を現しはじめた　He began to show a talent for business as a salesperson.
アリ　蟻　〈虫〉an **ant** /アント/
ありあわせ　有り合わせの　**ready** /レディ/, **on [to] hand**
・有り合わせのお金　money on hand
ありうる　あり得る　(**be**) **possible** /パスィブる/
・あり得ない　(be) impossible
ありがたい
❶ (親切な) **kind** /カインド/; (幸運な) **fortunate** /ふォーチュネト/, **lucky** /らキ/; (歓迎すべき) **welcome** /ウェるカム/
ありがたいことに　**fortunately, luckily**
・ありがたいお手紙　your kind letter
・ありがたい雨　a welcome rain
・ありがたいことに雨はすぐやんだ
Fortunately the rain soon stopped.
❷ (ありがたく思う) **be thankful; be grateful** /グレイトふる/
ありがたさ　(大切さ) **value** /ヴァリュー/
・人のありがたさはその人がいなくなって初めてわかるものだ
We don't know a person's value until we lose him. / You never miss the water till the well goes dry. (井戸の水が涸(か)れるまでは水のありがたさがわからない)
ありがためいわく　ありがた迷惑だ　**be rather annoying** /ラざ アノイイング/
・彼の親切はぼくにとってありがた迷惑だ
His act of kindness is rather annoying to me.
・新空港は地域住民にとってはありがた迷惑なものだ
 The new airport is a white elephant for the local residents. → white elephant (白い象)は「金のかかるやっかいもの」の意味

ありがとう

➤ **Thank you.** / (くだけた言い方) **Thanks.**

基本形　A をありがとう
　　　Thank you for A.
　　　Thanks for A.

・お手紙[お手伝い]ありがとうございました
Thank you for your letter [help].
・ご招待してくださってどうもありがとうございました　Thank you very much for your invitation [for inviting me]. / It is very kind of you to invite me.
・見送りに来てくれてありがとう
Thanks for coming to see me off.
・ご搭乗(とうじょう)[ご乗車, ご乗船]ありがとうございます (→ようこそお乗りくださいました)

ありそうな

Welcome aboard.
ありそうな likely /ラィクリ/
・それはありそうな話だ That's a likely story.
・こういうことは時々ありそうだ This kind of thing is likely to happen now and then.
・彼がもどって来るなんてありそうもないことだ It is not likely that he will come back.
ありのままに as it is；(隠(かく)さずに) **frankly** /フランクリ/
・ありのままに言えば frankly speaking / to speak frankly / to be frank (with you)
・そのことについてありのままに話してください Tell me about the matter as it is.
・それについて君の思うことをありのままに言ってくれ Tell me frankly what you think about it.
アリバイ an alibi /アらバィ/
・アリバイを証明する prove an alibi
ありふれた (普通の) **common** /カモン/；(見慣れた, 聞き慣れた) **familiar** /ふァミリア/
・ありふれた出来事 a common event
・ありふれた光景 a familiar sight

ある¹

❶ (存在する) **is, are; there is, there are**
❷ (持っている) **have**
❸ (見つける) **find**
❹ (行われる) **be held**; (起こる) **happen**

❶ (存在する) **is, are; there is** /ゼア/, **there are**
→ **いる³**

基本形
A (物)がある
A (単数) **is**. / A (複数) **are**. → A は「君の辞書」のように特定の物
A (物)がある
There is A (単数). / **There are** A (複数). →
A はふつう「1冊の辞書」のように不特定の物

・君の辞書は机の上にある
Your dictionary is on the desk.
・君たちのかばんはこっちにある
Your bags are over here.

この近くに公園がありますか
—いいえ, ありません
Is there a park near here?
—No, **there isn't**.

・机の上に1冊の辞書がある
There is a dictionary on the desk.
・向こうに何本かの大きな木がある

There are some big trees over there.
・昨夜大きな火事があった
There was a big fire last night.
・君のめがねは机の上にあったよ
Your glasses were on the desk.
・机の上[箱の中, ランプのそば]にあるペンは私のです
→「A (場所)にある B (物)」は B on A, B in A, B by A などとする The pen on the desk [in the box, by the lamp] is mine.
❷ (持っている) **have**
・私の家は部屋が五つある Our house has five rooms. / There are five rooms in our house.
❸ (見つける) **find** /ふァィンド/
・次のかどを右に曲がると郵便局があります (→君は郵便局を見つけるでしょう) Turn right at the next corner, and you'll find the post office.
・その箱をあけたら中に時計があった
I opened the box and found a watch in it.
・その四つ葉のクローバーどこにあったの
Where did you find that four-leaf clover?
❹ (行われる) **be held** (受け身形); (起こる) **happen** /ハプン/, **occur** /オカ〜/, **take place** /プレィス/; (火事など) **break out** /ブレィク/
・きのう卒業式があった The graduation (ceremony) was held yesterday.
・先週ここで事故があった An accident happened [occurred] here last week. / There was an accident here last week.
・そこで何があったの
What happened [took place] there?
・ゆうべうちの近所で火事があった
A fire broke out [There was a fire] in my neighborhood last night.
❺ (距離が) **is**; (身長が) **be ~ tall** /トーる/, (長さが) **be ~ long** /ろーンヶ/, (幅(はば)が) **be ~ wide** /ワィド/, (長さ・量などが) **measure** /メジャ/; (重さが) **weigh** /ウェィ/
・ここからその村までは約5キロある It is about five kilometers from here to the village.
会話 君はどのくらい身長がありますか. —私は1メートル70あります How tall are you? —I'm one meter and seventy centimeters tall.
・これは長さ[高さ, 幅]が3メートルある
This is [measures] three meters long [high, across].
会話 君はどれくらい体重がありますか. —ぼくは60キロぐらいあります How much do you weigh? —I weigh about 60 kilograms.
ある² ある… one; some; certain /サ〜トン/
・ある日[朝] one day [morning]

●ある午後遅く one late afternoon
●ある人 a certain person / someone
●ある理由で for some reason
●ある程度まで to a certain [to some] extent
●ある人たちは賛成と言い，ある人たちは反対と言った Some said "Yes," and some [others] said "No."

使い分け
one は不特定の一つをぼかして言う時に，**some** は話し手にとってはっきりわからないものを言う時に，**certain** は話し手にはわかっているが特に言う必要のない，あるいは言いたくない時に使う

参考ことわざ 十人十色(じゅうにんといろ) So many men, so many minds. (人数だけの心がある)

あるいは (または) **or**; (もしかすると) **perhaps** /パハプス/
●お茶あるいはコーヒー tea or coffee
●それは杉田さんかあるいは松田さんかもしれない It may be Mr. Sugita or Mr. Matsuda.
●そう言ったのはあるいは私の父であったかもしれない Perhaps it was my father who said so. / It may have been my father who said so.

アルカリ alkali /アるカらイ/
●アルカリ性の alkaline

あるく 歩く，歩いて行く

➤ **walk** /ウォーク/; **go on foot** /ふト/
●速く[ゆっくり]歩く walk fast [slowly]
●学校へ歩いて行く walk to school / (バスなどでなくて歩いて) go to school on foot
●家へ歩いて帰る walk home ➔ ここでの home は副詞(家へ)なので ✕walk *to* home とならない
●通りを歩いて行く walk along the street
●歩き回る[去る] walk about [away]
●彼は順調に回復していて，あと2，3日もすれば歩き回れるでしょう He's making a good recovery, and will be out and about in a few days.
●私は学校へ歩いて行く I walk to school.
●君は学校へ歩いて行くのですか，バスですか Do you go to school on foot or by bus?
●昼ご飯を食べたら浜辺を歩こうよ Let's walk along [on] the beach after lunch. / Let's go to the beach for a walk after lunch. ➔ 後ろの文の walk は名詞(散歩)
●歩くことは健康にいい ➔ 「歩くこと」は walking Walking is good for the health.
●駅までは歩いてずいぶんある[ちょっとです] ➔ 主語はばく然と「距離」を表す it It is a long [short] walk to the station. ➔ この walk は名詞(歩く距離)
●私の家は駅から歩いて10分です It is a ten-minute walk from the station to my house. / My house is ten minutes' walk from the station. / It takes ten minutes to walk from the station to my house.
●君の家から学校まで歩いてどれくらいかかりますか How long does it take to walk from your house to the school?

アルコール alcohol /アるコホーる/
●アルコールの alcoholic
●アルコール飲料 alcoholic drinks
●アルコールランプ an alcohol burner

アルゼンチン Argentina /アーヂェンティーナ/
●アルゼンチンの Argentine
●アルゼンチン人 an Argentine

アルト alto /アるトウ/
●アルト歌手 an alto (singer)

アルバイト a **part-time job** ➔ 「アルバイト」はドイツ語の Arbeit (労働)から
●アルバイトをする work part-time / have a part-time job

アルバム an **album** /アるバム/

アルファベット alphabet /アるふァベット/
●アルファベット順に in alphabetical order / alphabetically
●次の人名をアルファベット順に並べなさい Arrange the following names in alphabetical order.
●ギリシャ[キリル]文字アルファベット the Greek [Cyrillic] alphabet

アルプス the Alps /アるプス/
●日本アルプス the Japan Alps

アルミ(ニウム) aluminum /アるーミナム/
●アルミかん an aluminum can

あれ¹

❶ (遠くのものをさして) **that** (複 those)
❷ (あの時) **then**
❶ (遠くのものをさして) **that** (複 those /ゾウズ/)
●あれは東京タワーです That is Tokyo Tower.
●あれは何ですか What is that?
❷ (あの時) **then** /ゼン/
●あれからもう1年になる It is a whole year since then. / A whole year has passed since then.

あれ² (驚き) **Oh!** ➔ あら
あれる 荒れる (暴風雨が) **be stormy** /ストーミ/; (波や海が) **be rough** /ラふ/
●お天気は1日じゅう荒れた

It was stormy all day.
・海は荒れていた The sea was stormy [rough].
・会議はかなり荒れた
The meeting was rather stormy.
・私は洗たくで手が荒れている
My hands have got rough with washing.
・きょうは彼は荒れている
He is in a bad mood today. / ひゆ He is like a bear (with a sore head) today. ((頭痛のする)クマのようだ)

アレルギー (an) **allergy** /アらヂ/
アレルギー性の **allergic** /アら～ヂク/
・私は卵を食べるとアレルギーを起こす
I'm allergic to eggs.

あわ (あぶくのかたまり) **foam** /フォウム/; (あぶく) a **bubble** /バブる/; (せっけんの) (a) **lather** /らざ/
あわだつ **foam**: **bubble**: **lather**
・水面にはあわがいっぱい浮かんでいた The surface of the water was covered with foam.
・私たちの希望はあわのように消えた
Our hope vanished like a bubble.

あわせて¹ …に(調子を)合わせて **to** 〜
・私たちはみんな音楽に合わせて踊った
We all danced to the music.

あわせて² (全部で) **in all** → ぜんぶ

あわせる 合わせる

❶ (結合する) **combine**: **put together**
❷ (時刻などを) **set**

❶ (結び付ける) **combine** /コンバイン/; (物を合わせる) **put together** /トゥゲざ/
・二人で力を合わせればそれはきっとできると思う I am sure we can do it if we combine our efforts [we work together].
・彼女は壊(こわ)れた破片を継ぎ合わせようとした She tried to put the broken pieces together.
・私は君ら2人を合わせたより重い I am heavier than both of you put together. → put は過去分詞(合わせられた)

put together

set

❷ (時刻などを) **set**; (意見を) **go along** (with 〜)
・彼は目ざましを5時に合わせておいた
He set the alarm clock for five.
・この件については君(の意見)に合わせましょう I'll go along with you on this matter.

あわてる (うろたえる) **be flustered** /ふらスタド/; (急ぐ) **hurry** /ハ〜リ/; (てんてわんやである) **be in a lather** /らざ/
・あわてて in a fluster / in a hurry / in haste
・あわてて結論を出すな
Don't draw a hasty conclusion. / Don't jump to a conclusion.
・もう2〜3分しかなかったので彼はあわてていた
He was in a fluster as there were only a few minutes left.
・そうあわてるな Don't be in such a hurry.
・私はあわてていて時計を忘れてきた
I left my watch behind in my hurry.
・彼女はパーティーの準備であわてている
She is all in a lather over the preparations for the party.

アワビ 鮑 《貝》 an **abalone** /アバロウニ/, an **ear shell** /イア シェる/

あわれ 哀れ (悲しみ) **sorrow** /サロウ/; (悲惨(ひさん)) **misery** /ミゼリ/
哀れな (悲しい) **sorrowful**; (気の毒な) **pitiful** /ピティふる/; (悲惨な) **miserable** /ミゼラブる/; (心を動かす) **touching** /タチンぐ/
・哀れな物語 a sorrowful story
・彼らは哀れな生活をしている They are living in misery. / They are leading a miserable life.
・私は彼らを哀れに思った
I felt sorrow [felt sorry] for them.

あわれむ 哀れむ **feel sorry** (for 〜) /ふぃーる サリ/, **pity**; (同情する) **sympathize** /スィンパさイズ/
哀れみ (慈悲(じひ)) **mercy** /マ〜スィ/; (哀れ) **pity**; (同情) **sympathy** /スィンパすィ/
・…に哀れみをかける have mercy on 〜 / take pity on 〜 / sympathize with 〜

あん¹ 案 (計画) a **plan**; (提案) a **proposal** /プロポウザる/; (思いつき) an **idea** /アイディーア/; (議案) a **bill**
・それはいい案だ That's a good idea.
・彼はピクニックに行く案を出した
He made a proposal for a picnic.
・国会はその案を可決[否決]した
The Diet passed [rejected] the bill.

あん² 餡 (**sweetened**) **bean paste** /スウィートンド ビーン ペイスト/

アンカー (リレーの) an **anchor** /アンカ/
あんがい 案外 (思っていたよりも) **more than one expected** /モー ザン イクスペクテド/; **unexpectedly** /アネクスペクテドリ/
・英語の試験は案外やさしかった
The English examination was easier than I had expected.
あんき 暗記する **learn by heart** /らーン ハート/, **learn by rote** /ロウト/; (記憶する) **memorize** /メモライズ/
・名文を暗記する　learn famous passages by heart
・教科書の中のすべての単語を暗記する
memorize all the words in the textbook
アンケート a **questionnaire** /クウェスチョネア/
→「アンケート」はフランス語の enquête から
・アンケートを取る　send (out) a questionnaire
・アンケートに答える　fill out a questionnaire
あんごう 暗号 a **cipher** /サイふァ/; (特定の) a **code** /コウド/
あんごうしさん 暗号資産 **a crypto asset** /クリプトウ アセト/; **a cryptocurrency** /クリプトウカーランシ/
アンコール an **encore** /アーンコー/
アンコールする encore
・歌をアンコールする　encore a song
・アンコールを受ける　get an encore
・アンコールに応(こた)えて歌う　sing an encore
・アンコールとして1曲演奏する　play a piece as an encore
あんざん 暗算 **mental arithmetic** /アリすメティク/, **mental calculation** /キャるキュれイション/
暗算する **calculate mentally** /キャるキュれイト/
アンサンブル an **ensemble** /アーンサーンブる/
あんじ 暗示 (手がかり) a **hint**; (ほのめかし) (a) **suggestion** /サヂェスチョン/
暗示する **hint**; **suggest** /サヂェスト/
・暗示を与える　give a hint
・彼は暗示にかかりやすい
He is easily influenced by suggestion.
あんしつ 暗室 a **darkroom** /ダークルーム/
あんしょう[1] 暗唱 **recitation** /レスィテイション/
暗唱する **recite** /リサイト/, **give a recitation**
・英語の詩を暗唱する　recite [give a recitation of] an English poem
あんしょう[2] 暗礁 a (**sunken**) **rock** /(サンクン)/
・暗礁に乗り上げる　strike a rock; (計画などが) come to a deadlock
・その計画は資金難のために暗礁に乗り上げた
That plan came to a deadlock on account of financial difficulty.
あんしょう[3] 暗証番号 **personal identification number** /アイデンティふィケイション/, **PIN number**

あんしん 安心

➤ (a) **relief** /リリーふ/
安心する **feel relieved** /ふィーる リリーヴド/, **be relieved**, **feel easy** /イーズィ/
安心させる **relieve**, **ease** /イーズ/
・私はそれを聞いてすごく安心した
I am much relieved to hear it.
・その知らせは彼を安心させた
The news eased his mind [his anxiety].
・そのことについてはどうぞご安心ください (→心配しないでください) Please don't worry [concern yourself] about it.
アンズ 杏 (植物) an **apricot** /エイプリカト/
あんせい 安静にする **rest**
・先生は私に1～2日ベッドで安静にしていなさいと言った　The doctor told me to rest in bed for a day or two.

あんぜん 安全

➤ **safety** /セイふティ/
安全な **safe**
安全に **safely**, **in safety**
・《標語》安全第一　Safety First.
・安全ベルト　a safety belt
・安全運転　safe driving
・もうこれで安全だ
We are safe [out of danger] now.
・ここなら安全に通りを横切ることができる
You can cross the street in safety here.
あんだ 安打 a **hit**
・安打を打つ　make a hit
アンダースロー an **underhand throw** /アンダハンド すロウ/

カタカナ語！ アンダースロー
×*under throw* では通じない. 日本語の「アンダー」の部分を underhand あるいは underarm にする. 同じように「オーバースロー」は an **overhand throw** あるいは an **overarm throw**.「サイドスロー」は a **sidearm throw** あるいは a **sidehand throw** という

アンダーライン an **underline**
・アンダーラインを引く　underline
あんてい 安定 **stability** /スタビリティ/; (釣(つ)り合い) **balance** /バらンス/
安定する, 安定させる **stabilize** /ステイビらイズ/

アンテナ **26** twenty-six

安定した stable /スティブる/
・安定した職業 a stable job
・物価を安定させる stabilize prices

アンテナ an antenna /アンテナ/
・屋根の上にアンテナを立てる set up an antenna on the roof

あんな → あの (→ あのような)

あんない　案内

➤ (指導) **guidance** /ガイダンス/; (通知) a **notice** /ノウティス/; (招待) **invitation** /インヴィテイション/ → あんないする

・案内係 (ホテルなどの) a receptionist / an information clerk /《掲示》 "Information"; 《劇場・映画館などで座席への》an usher
・電話で案内を呼び出す call Information [Directory Assistance]
・案内書 a handbook / a manual;《観光》a guidebook
・案内人 (観光・登山などの) a guide
・案内図 a guide map
・案内状 (招待状) an invitation (card) / a letter of invitation;(通知状) a notice
・案内所 an information desk / an inquiry office

あんないする　案内する

❶ (連れて行く) **show: guide**
❷ (通知する) **inform**

❶ (連れて行く) **show:** (旅行・登山などで) **guide** /ガイド/; (先に立って) **lead** /リード/

基本形
　A (人)を案内する
　　guide A
　A (人)を B (場所)へ案内する
　A (人)に B (場所)へ案内する
　　show A **to** [**around, though**] B

・彼を連れて東京の下町を案内する show him around the old area in East Tokyo

・旅行者に東京を案内する guide a tourist through Tokyo
・彼を座席[部屋]に案内する show [lead] him to the seat [into the room]
・私たちは彼の書斎(しょさい)へ案内された ➤ 受け身形 We were shown into his study.
・ロンドンは初めてなのです. この店まで案内していただけませんか
I'm a stranger to London. Would you please show me to this shop?

❷ (通知する) **inform** /インふォーム/; (知らせる) **let ～ know** /ノウ/
・次の会合についてはのちほどご案内いたします
We'll inform you of the next meeting later. / We'll let you know later about the next meeting.

❸ (招待する) **invite** /インヴァイト/ → しょうたい¹, まねく

あんのじょう 案の定(…だ) **as I expected** /イクスペクテド/; (…だった) **as I had expected**

あんば あん馬 (競技名) **the pommel horse event** /パマる ホース/, (用具) a **pommel horse, side horse**

アンパイア an umpire /アンパイア/
・彼はアンパイアをつとめた
He acted as an umpire.

アンバランス imbalance /インバらンス/ ➤ unbalance はおもに「精神的な不安定」の意味で使う
・貿易のアンバランス the trade imbalance

あんパン a bean-jam bun /ビーンヂャム バン/

アンプ an amplifier /アンプりファイア/

アンモニア ammonia /アモウニア/

あんらく 安楽 **ease** /イーズ/, **comfort** /カンふォト/

安楽な comfortable /カンふォタブる/
安楽に comfortably, in comfort
・安楽死 mercy killing
・安楽いす an easy chair
・安楽な生活 a comfortable life

い イ

い¹ 胃 a **stomach** /スタマク/
・私は胃が痛い I have a stomachache.
・私は胃が少し痛い
I have a slight pain in my stomach.
・私は胃の具合が悪い

My stomach is out of order.
・私は胃が丈夫だ[弱い]
I have a strong [weak] stomach.

い² …位 (順位) a **place** /プれイス/, a **rank**
・1位になる win first place

・ここ数年, がんは死因の第1位を占めている
Cancer has taken first place as the cause of death for the last few years.

いい → よい → よろしい
・いいですか　Are you all right?
・それでいい　That's all right.
🔷会話 この本を借りてもいいですか. ―いいとも, 1, 2日のうちに返してくれればね
May I borrow this book? ―Sure, if you can return it in a day or two.
・スキーにはこのジャケットでいいだろう[このジャケットではだめだろう]
This jacket will [won't] do for skiing.
・おい, いいかい (→こっちを見よ)
Look here! ＊相手の注意をうながす時の言い方
・いいですか (→覚えておきなさい), 始めはゆっくり走らなければいけません
Remember, at first you must jog slowly.
・もうおやすみなさい ―いい子だから
Go to bed now ―there's a good boy [girl].

いいあてる 言い当てる　**guess** /ゲス/ → あてる
いいあらそう 言い争う (口論する) **quarrel** (with 〜) /クウォーレる/, **have** a **quarrel** (with 〜); (論争する) **argue** (with 〜) /アーギュー/
いいあらわす 言い表す　**express** /イクスプレス/ → あらわす
・感情を音楽で言い表す　express *one's* feelings in music
・夕日はことばでは言い表せないほど美しかった　The sunset was beautiful beyond expression [words]. / The sunset was too beautiful for words.

いいえ

➤ **no** → 「いいえ」の次が肯定の文であれば「いいえ」は yes で表現する

🔷会話 君たちは午前中に英語の授業がありますか. ―いいえ, ありません
Do you have an English lesson in the morning? ―No, we don't.
🔷会話 君たちはきょうは英語の授業はないのですか. ―いいえ, あります　Don't you have an English lesson today? ―Yes, we do.

どうもありがとうございました
―いいえ, どういたしまして
Thank you very much.
―You are welcome. / Not at all.

いいかえす 言い返す　**talk back** /トーク/, **answer back** /アンサ/
いいかえる 言い換える　**say in other words** /セイ アざ ワ〜ヅ/
・言い換えると　in other words / that is (to say)

いいかげん いいかげんな (でたらめな) **random** /ランダム/; (根拠のない) **groundless** /グラウンドれス/; (信用のできない) **unreliable** /アンリらイアブる/; (無責任な) **irresponsible** /イリスパンスィブる/; (ぞんざいな) **sloppy** /スらピ/
いいかげんに　at random
・いいかげんな男　an unreliable [irresponsible] man
・いいかげんな答えをする　give a random answer
・…についていいかげんな話をでっちあげる　spin a half-baked story about 〜
・彼はいつもいいかげんな仕事をする
He always does a sloppy job.
・もういいかげんにしろ
That's enough. (それで十分だ)

いいき いい気になる (得意になる) **be conceited** /コンスィーテド/, **get conceited**
・彼はいい気になっている　He is conceited.

いいこと …をいいことに
・彼は彼女が親切なのをいいことに彼女の本をしょっちゅう借りる　He takes advantage of her kindness and borrows her books too often.

イージスかん イージス艦　an **Aegis ship** /イーぢス シプ/

いいすぎる 言いすぎる　**say too much** /セイ トゥー マチ/
・それは言いすぎだ　It is saying too much.
・彼は現代最大の作家といっても言いすぎではない　It is not too much to say that he is the greatest writer of today.

イースター (復活祭) **Easter**
・イースターを祝う　celebrate Easter

いいつける 言いつける　**order** /オーダ/; **tell**
言いつけ　orders
・彼の言いつけに従う　obey his orders
・言いつけどおりにしなさい　Do as you are told.

いいつたえ 言い伝え → でんせつ
イートインコーナー a dine-in area /ダイン イン エリア/
・コンビニエンスストアのイートインコーナー　the dine-in area in a convenience store → a dine-in area はレストランでの食事をするスペースについても使われる
いいなり 言いなり

いいのがれ

28 twenty-eight

・彼は彼女の言いなりだ
He does just as she tells him. / **ひゆ** He eats out of her hand. (彼女の手から食べる, 彼女が手で与えてくれるものを食べる)

いいのがれ 言い逃れ → いいわけ

いいはる 言い張る **insist** /インスィスト/
・彼はひとりで行くと言い張った
He insisted on going alone. / He insisted that he would go alone.

いいぶん 言い分 *one's* **say** /セイ/, **what** *one* **has to say**
・ぼくの言い分も聞いてくれ Listen to what I have to say. / Let me have my say.
・彼にも言い分がある
What he says is also reasonable.

いいまわし 言い回し an **expression** /イクスプレション/

イーメール (an) **e-mail**, (an) **email** → メール
イーメールを出す **e-mail**, **email**
・イーメールアドレス an e-mail [email] address

いいわけ 言い訳 an **excuse** /イクスキュース/
言い訳する **excuse** *one*self /イクスキューズ/; **make** an **excuse**
・へたな言い訳 a poor excuse
・彼は遅刻の言い訳をした He made an excuse [excused himself] for being late.
・寝ぼうは遅刻の言い訳にならない
Oversleeping is no excuse for being late.

いいん¹ 委員 a **member of** a **committee** /コミティ/
委員会 (組織) a **committee**; (会議) a **committee meeting**
・委員長 the chair [the chairperson] of a committee
・学級委員長 a homeroom president
・委員会は午後3時半に開かれます The committee meeting will be held at 3:30 p.m. / The committee will meet at 3:30 p.m.
・彼はその委員会の委員です He is a member of the committee. / He is on the committee.
・私は何の委員でもありません
I am not on any committee.

いいん² 医院 a **doctor's office** /ダクタズ オーふィス/

いう 言う

❶ **say**; (告げる) **tell**; (話す) **speak, talk**
❷ (…と呼ぶ) **call**

❶ **say** /セイ/; (告げる, 命じる) **tell**; (話す, ものを言う) **speak** /スピーク/, **talk** /トーク/

基本形

A (人)に言う
  say to A / **speak to** A / **tell** A
B (物事)を言う
  say B / **tell** B / **speak** B
A (人)に B (物事)を言う
  say B **to** A / **speak** B **to** A / **tell** A B
「…」と言う
  say, "〜" / say that 〜
A (人)に「…」と言う
  say to A, **"〜" / tell** A **that** 〜
A (人)に…しなさいと言う
  tell A **to** *do*
A (人)に…してくださいと言う
  ask A **to** *do*

・本当のことを言う say [tell] the truth
・彼女にさよならと言う say good-bye to her
・彼女にうそを言う tell her a lie
・…と言われている They [People] say (that) ~. / It is said that ~. → 後ろの例は受け身形
・彼に行け[行くな]と言う tell him to go [not to go]
・彼女に行って[行かないで]くださいと言う
ask her to go [not to go]
・…のことをよく[悪く]言う speak well [ill] of ~
・一般的[率直, 個人的]に言えば Generally [Frankly, Personally] speaking → ふつう文頭に来る
・彼は何を言っているのですか. 彼の言っていることが聞こえません → 前の文は現在進行形 What is he saying? I can't hear him. → him は「彼の言うこと」

使い分け

say: 自分の考えや気持ちをのべる時に使う He says what he believes. (彼は自分の思うことを言う)

mention: ちょっと話に出す, 触れる Don't mention it to anyone else. (それはほかの人には言わないで)

speak: say とほぼ同じように使うが, ことばを発することに重点がある He is speaking to the parrot. (彼はオウムに何か言っている)

tell: 意思や情報を相手に伝えたり, 命令したりする時に使う Tell him to come at once. (彼にすぐ来るように言いなさい)

talk: 打ち解けてしゃべること They are talking over the movie they saw. (彼らは自分たちの見た映画のことを言っています)

call: ものの名称などを言う時に使う We call this a 'top'. (われわれはこれを「コマ」と言う)

・🗣会話 君は彼女に何と言ったのか．―ぼくは何も言ってないよ What did you say to her? ―I said nothing (to her).
・🗣会話 寒くない？―そう言われてみると寒いね Isn't it cold? ―Now that you mention it, it's cold.
・だれがそんなことを言ったの
Who said so? / Who told you so?
・あなたに言われたくないわ That's a bit rich coming from you. → rich は「適当ではない」
ひゆ Look who's talking? (ねえ，だれが言っているの) / ひゆ You're a fine one to talk. (ご立派ね，そんなこと言うなんて) / ひゆ You can talk. (よく言えるわね)

・彼は言うこととすることがちがう
He says one thing and does another.
・だれにも言うなよ．それを秘密にしておけ
Don't tell anybody. Keep it a secret.
・君は私に本当のことを言わなくてはいけない
You must tell me the truth.
・私が言ったようにやりなさい Do as I told you.
・もっとゆっくり[はっきり]言ってください
Please speak more slowly [clearly].
・人の悪口を言ってはいけません
You must not speak ill of others.
・彼にすぐ来るように言いなさい
Tell him to come at once.
・私はそこへ行け[行くな]と言われた →受け身形 I was told to go [not to go] there.
・彼はけちだと言われています
They say [It is said] that he is stingy. /
He is said to be stingy.
・彼は彼女に「私はいそがしい」といつも言う[言った]
He always says [said] to her, "I am busy." / He always tells her that he is busy [told her that he was busy]. →主節の動詞が過去 (told) の時は，「時制の一致」で that 以下の動詞も過去 (was) になる
・彼女は私に「少し待ってちょうだい」と言った
She said to me, "Please wait a little." / She asked me to wait a little.
ことわざ 言うは易(やす)く行うは難(かた)し
Easier said than done.
❷ (…と称する，…と呼ぶ) call /コール/

基本形 A を B と言う
call A B → B は名詞

・「サブ」といわれる少年 a boy called Sabu
・山田さんという男性 a Mr. Yamada / a man called Yamada
・われわれは英語ではこの花を forget-me-not (ワスレナグサ) と言います We call this flower "forget-me-not" in English.
・これは英語で何と言いますか What do you call this in English? / What is this called in English?
・「カバ」は英語で何と言うのですか
What is the English for "kaba"?
いうまでもなく (もちろん) needless to say /ニードれス セイ/, of course /コース/
・言うまでもなくタバコは健康によくありません
Needless to say [Of course], smoking is not good for the health. / It is needless to say [It goes without saying] that smoking is harmful to your health.
・彼は英語は言うまでもなく，フランス語，ドイツ語も話せる He can speak French and German, to say nothing of [not to speak of / not to mention] English.

いえ 家

➤ a house /ハウス/, a home
・家へ帰る[急ぐ] go [hurry] home → この home は副詞(家へ)
・家に帰る途中で on one's way home → この home も副詞
・私は 1 日じゅう家にいた
I stayed [was] at home all day.
・母は買い物に出ていて家におりません Mother is not at home. She is out shopping.
・彼はうちの隣の家に住んでいます
He lives next door to us.

いえがら

使い分け

house: 建物に重点をおいていう時に使う
home: 建物とそこに住む家族をふくめていう時に使い，特に家庭の温かさを暗示する

house / home

いえがら 家柄 (生まれ) **birth** /バ〜ス/; (系統) **lineage** /リニエヂ/
イエス・キリスト Jesus Christ /ヂーザス クライスト/
いえで 家出する **run away from home** /アウェイ/
イエローカード a **yellow card**
いおう 硫黄 **sulfur** /サるふァ/

いか …以下

❶ (数量が) **less than, under, below**; (程度が) **below**
❷ (下記のこと) **the following**; (残り) **the rest**

❶ (数量が) **less than, under** /アンダ/, **below** /ビろウ/; (程度が) **below**
・3時間以下で in less than three hours
・10歳以下の子供は入場できない
Children ten and under are not admitted.
・冬には気温が時々零度以下になる In winter the temperature often falls below zero.
・私の英語の点は平均以下だ
My grade in English is below average.
❷ (下記のこと) **the following** /ふァろウインぐ/; (残り) **the rest**
・以下の例を参考にせよ
Take the following examples into account.
・以下省略 The rest is omitted.
イカ 烏賊 (動物) (ヤリイカ) a **squid** /スクウィド/ (複 同形); (コウイカ) a **cuttlefish** /カトるふィシュ/ (複 同形)

いがい¹ 意外な **unexpected** /アネクスペクテド/
意外に unexpectedly
・結果はまったく意外だった
The result was quite unexpected.
・そんな取り扱いは意外だった
I did not expect such treatment.
・船は意外に早く着いた The ship arrived earlier than I had expected.
・意外にもそのアメリカ人は日本語で演説した
Unexpectedly the American made his speech in Japanese.
いがい² …以外（除いて）**except** /イクセプト/; (その上) **besides** /ビサイヅ/
・彼以外はだれもプールへ行かなかった Nobody went to the swimming pool except him.
・髪の色以外は彼らはよく似ている They look alike except for the color of their hair.
・彼がその朝早く家を出たということ以外は私は何も知らない I know nothing except that he left home early that morning.
・私はこの辞書以外にもう一冊辞書を持っている
I have another dictionary besides this one.
いかいよう 胃かいよう a **stomach ulcer** /スタマク アるサ/

いかが

➤ **how** /ハウ/

・ご家族(のかたがた)はいかがですか
How are your family?
・この色はいかが How do you like this color?
・テニスを1ゲームいかがですか
How about a game of tennis? /
What do you say to a game of tennis?
・きのうのピクニックはいかがでしたか
How did you enjoy your picnic yesterday?

会話

コーヒーはいかがですか
―はい，いただきます
Would you like a cup of coffee?
―Yes, thank you.

いがく 医学 **medicine** /メディスン/; **medical science** /メディカる サイエンス/
・医学部 the medical department (of a university) / a medical school
いかす 生かす (動物などを生かしておく) **keep ～ alive** /アらイヴ/; (活用する) **make use of ～** /ユース/
いかだ a **raft**

thirty-one 31 いきぬき

・いかだで川を下る　raft / go down a river on a raft
・(遊びで)いかだ下りをしに行く　go rafting

いかだいがく 医科大学　a **medical college** /メディカる カれヂ/, a **medical school**

いかに… however /ハウエヴァ/
・いかに一生懸命やってみても君は彼のようにうまくそれをすることはできない　However hard you may try, you cannot do it as well as he.

いかり[1] 怒り　anger /アンガ/
いかり[2] 錨　an anchor /アンカ/
いかる 怒る → おこる[2]
いがん 胃がん　stomach cancer /スタマク キャンサ/

いき[1] 息

➤ **breath** /ブレす/
息をする breathe /ブリーず/
・一息に　in one breath
・息をつく　take breath
・息を吐(は)く　breathe out
・息を切らして　out of breath
・息をのむ　hold *one's* breath
・息をはずませる　gasp
・彼は急いで息を切らしていた
He was breathless from haste.

いき[2] 行き
❶ **going**
・行き来　coming and going
・私は行きは電車で帰りは飛行機にします
I will go by train and return by plane.
❷ (…行き)for 〜, bound for 〜 /バウンド/

いき[3] 意気　spirit /スピリト/
・その意気だ! That's the spirit! → ちょうし❸
いき[4] 粋な　chic /シーク/
いき[5] 生きのよい　fresh
　生きの悪い　stale /ステイる/

いぎ[1] 異議　an objection /オブヂェクション/
　異議を唱(とな)える object /オブヂェクト/, make an objection
・その計画に異議を唱える　object to the plan
・私は彼をパーティーに招くことに異議はありません
I have no objection to inviting him to the party.
・(どなたか)異議はありませんか　Does anyone have an objection? / Is there any objection?

いぎ[2] 意義　(a) meaning /ミーニンぐ/, significance /スィグニふィカンス/
・意義のある　significant
・意義のない　meaningless

いきいき 生き生きした　(新鮮で)fresh; (鮮明で)vivid /ヴィヴィド/; (生気ある)lively /らイヴり/
・草は露(つゆ)をおびて生き生きとしていた
The grass was fresh with dew.
・彼女はいかにも生き生きとしている
She looks quite lively.
・彼はそれを生き生きと描写した
He described it vividly.

いきうめ 生き埋めになる　be buried alive /ベリド アらイヴ/
いきおい 勢い　(力)power /パウア/; (気力)spirits /スピリツ/ → げんき
いきがい 生きがい　(生きる目的)the purpose of *one's* life /パ〜パス らイふ/
・君の生きがいは何ですか
What is the purpose of your life?
・君は生きがいを感じていますか
Do you find your life worth living? → worth living は「生きる価値がある」

いきかえる 生き返る　come to life /らイふ/, revive /リヴァイヴ/
・その魚は水に入れたらまた生き返った
The fish came to life again in water.
・雨が降ってその植物は生き返った
The plant revived after the rain. /
The rain revived the plant.

いきかた 生き方　(いかに生きるべきか)how to live /ハウ リヴ/; (スタイル)*one's* way of living /ウェイ リヴィンぐ/

いきごみ 意気込み　enthusiasm /インすューズィアズム/

いきさき 行き先　*one's* destination /デスティネイション/; where *one* goes /(ホ)ウェア/ → ゆきさき

いきすぎる 行き過ぎる　(極端になる)go too far, go to extremes /イクストリームズ/; (通り過ぎる)go past, go beyond /ビヤンド/ → ゆきすぎる

いきちがい 行き違いになる　(手紙が)cross; (道で)pass without noticing /ウィざウト ノウティスィンぐ/ → ゆきちがい

いきづまる[1] 息詰まるような　(息苦しい)choking /チョウキンぐ/, stifling /スタイふりンぐ/; (試合など)thrilling /すリリンぐ/

いきづまる[2] 行き詰まる　come to a standstill /スタンドスティる/; be at a standstill, be stuck /スタク/ → ゆきづまる

いきどまり 行き止まり → ゆきどまり
いきなり suddenly /サドンり/ → きゅう[4] (→ 急に)
いきぬき 息抜き　(休息)a rest; (気晴らし)relaxation /リーらクセイション/
・息抜きをする　take a rest

いきのこる

・息抜きに散歩する take a walk for relaxation
いきのこる 生き残る **survive** /サヴァイヴ/
・生き残った人 a survivor
・彼は地震にあったが生き残った
He survived the earthquake.
いきもの 生き物 **a creature** /クリーチャ/, **a living thing** /リヴィング スィング/
イギリス (**Great**) **Britain** /(グレイト) ブリテン/, **the United Kingdom** /ユーナイテド キングダム/
・イギリスの British
・イギリス人 a British person; (全体) the British (複数扱い) → an Englishman [Englishwoman] はイングランド人のみをさす
・彼はイギリス人です He is British. → He is a British person. よりふつうの言い方

いきる 生きる

➢ **live** /リヴ/
生きている… **living** /リヴィング/, **live** /ライヴ/, **alive** /アライヴ/ → alive は名詞の前にはつけない
・幸せ[正直]に生きる live happily [honestly] / live a happy [honest] life
・90まで生きる live to (be) ninety
・生きているもの[生き物] a living thing
・生きている[生きた]ゾウ a live elephant
・私たちは21世紀に生きています We live [are living] in the twenty-first century.
・うちのおじいさんはとても長生きしました
My grandfather lived very long [lived to a great age].
・彼女はまだ私の思い出の中に生きている She still lives [is still living] in my memory.
・水がなければ地上の生き物は生きることができないだろう → 仮定法過去 Without water no living thing on earth could live.
・だれでも生きる権利がある
Everyone has a right to live.
・人生は生きる価値がある Life is worth living. →「…する価値がある」は be worth *doing*
・その伝統はこの土地ではまだ生きている
The tradition is still alive in this region.
いきわたる 行き渡る → ゆきわたる

いく 行く

➢ **go**
・学校に行く go to school
・散歩に行く go for a walk
・買い物に行く go shopping
・いっしょに行きましょう Let's go together.
・私は彼に会いに行った I went to see him.

・その時彼らはどこへ行くところでしたか
Where were they going then?
・私のおじはアメリカへ行ってしまった → 現在完了
My uncle has gone to America.
・私は1度ローマへ行ったことがある
I have been to Rome once.
・私は1度も京都へ行ったことがない
I have never been to Kyoto.
・すぐ行きます I'm coming.

文法・語法
ふつう「行く」には **go**,「来る」には **come** を使うが, 人に呼ばれて「すぐ(そちらへ)行きます」のように言う時は相手側に立った物の言い方をするので,「行く」にも **come** を使う

go　come

・お宅への行き方 (→どのようにして君の家に到着できるのか)を教えてください
How can I get to your house?
・博物館へはこの道を行けばよいのですか (→これは博物館への正しい道ですか)
Is this the right road to the museum?
・逗子は東京から簡単に行けるところにある
Zushi is within easy reach of Tokyo.
いくじ[1] 育児 **childcare** /チャイルドケア/
いくじ[2] 意気地のない (根性のない) **gutless** /ガトれス/; (意志の弱い) **spineless** /スパインれス/, **weak-willed** /ウィークウィるド/; (臆病(おくびょう)な) **timid** /ティミド/, **cowardly** /カウアドリ/
意気地なし a **coward**, a **weakling** /ウィークりング/, a **chicken** /チキン/

いくつ

➢ (数) **how many** /ハウ メニ/
➢ (年齢(ねんれい)) **how old**
・あなたの町にはデパートがいくつありますか
How many department stores are there in your town?
🗨会話 あなたのお父さんはいくつですか. ―45歳です How old is your father? ―He is forty-five

(years old).
いくつか(の) some /サム/, several /セヴラる/, a few /ふュー/
いくつでも as many (〜) as you like /らイク/
・いくつでも(リンゴを)持っていっていいよ
You can take as many (apples) as you like.

いくら

❶ (どれくらい) **how much**
❷ (いくら…でも) **however**
❶ (どれくらい) **how much** /ハウ マチ/
・君はお金がいくらほしいのですか
How much money do you want?
 この時計はいくらですか．―9千円です
How much is this watch? ―It's nine thousand yen.
❷ (いくら…でも) **however** /ハウエヴァ/
・いくらやってみても結果は同じだった
However I did it, the result was the same.
・いくらやってみても君は多田のようにはやれない
However hard you may try, you cannot do as well as Tada.
いくらか somewhat /サム(ホ)ワト/; some, (疑問文では) any; a little
・それらはたがいにいくらか違っている
They are somewhat different from each other.
・私はいくらかお金を持っています
I have some money with me.
 きょうはいくらかよろしいですか．―ありがとう，きょうはきのうよりいくらか気分がいいです　Do you feel any better today? ―Thank you. I feel a little better today.
いくらでも as 〜 as you like /らイク/, as 〜 as you want → いくつでも
・君はここにいくらでもいたいだけいていいよ
You can stay here as long as you like.
・お金は君のほしいだけいくらでもあげるよ
I'll give you as much money as you want.
いけ 池　a **pond**
いけがき 生け垣　a **hedge** /ヘヂ/
いけどる 生けどる　**catch alive** /キャチ アらイヴ/
・動物を生けどりにする　catch an animal alive

いけない

❶ (…してはいけない) **must not** do, **don't** do
❷ (…しなくてはいけない) **must** do, **have to** do
❸ (よくない) **bad**
❶ (…してはいけない) **must not** do /マスト/, **don't** do
・この川で泳いではいけない
You must not swim in this river.
・そんなに騒いではいけない
Don't make so much noise.
❷ (…しなくてはいけない) **must** do, **have to** do /ハふトゥ/ → ならない
❸ (よくない) **bad**
・うそをつくなんていけないよ
It is bad to tell a lie.

 会話
熱があるみたいだ
―それはいけないね
I feel I have a fever.
―That's too **bad**.

❹ (…するといけないから) **in case** /ケイス/
・雨が降るといけないからかさを持って行きなさい
Take your umbrella with you in case it rains.
・赤ちゃんが目をさますといけないから静かにしてください　Please be quiet, or the baby will wake. → or は「そうしないと」/ Please be quiet. You will wake the baby.
いけばな 生け花　**flower arrangement** /ふらウア アレインヂメント/ → かどう
・私たちは放課後生け花を習う　We take lessons in flower arrangement after school.
いける 生ける　(花を) **arrange** /アレインヂ/
・花を生ける　arrange flowers

いけん 意見

➤ an **opinion** /オピニョン/; (忠告) **advice** /アドヴァイス/

・この問題について彼は意見を述べた　He gave [expressed] his opinion on this subject.
・彼の意見では君が正しいとのことだ
In his opinion you are right. /
He says that you are right.
・私はあなたの意見に従います　I will follow your advice. / I will do as you tell me.
・彼らはこの点では意見が一致した
They agreed on this point.
いげん 威厳　**dignity** /ディグニティ/
威厳のある　dignified /ディグニふァイド/
・威厳をもって　with dignity
いご 以後　**after**
・私は午後4時以後はたいていうちにいます
I usually stay (at) home after four in the afternoon.

いこい　34

•彼の到着は月曜日以後になるでしょう
His arrival will not be before Monday. /
His arrival will be no earlier than Monday.
いこい 憩い（休息）(a) **rest**
•…にとっての憩いの場　a place［**ひゆ** an oasis］of peace and relaxation for ～
いこう 以降 →いご
イコール equal /イークヮる/
•4足す6イコール10 Four and six equals ten.
いごこち 居心地がよい **comfortable** /カンふォタブる/, **cozy** /コウズィ/, **snug** /スナグ/
•居心地が悪い　uncomfortable
いざ いざという時のために（最悪の場合にそなえて）**for the worst** /ワ～スト/
•いざという時のためにお金をためておきなさい
ひゆ Put money aside for a rainy day. (雨の日のために)
いざこざ a **trouble** /トラブる/
•家庭のいざこざ　family troubles
いさましい 勇ましい **brave** /ブレイヴ/
勇ましく bravely
いさん 遺産（物質的財産）an **inheritance** /インヘリタンス/;（精神的・文化的財産）a **heritage** /ヘリテヂ/
•遺産を相続する　come into an inheritance
•その建造物は1994年にユネスコの世界遺産に指定された
The building was listed as a UNESCO World Heritage site in 1994.

いし¹ 石

➤ (a) **stone** /ストウン/
•石ころだらけの　stony
•石橋　a stone bridge
•…をねらって石を投げる　throw a stone at ～
•その橋は石でできている
The bridge is built of stone.
ことわざ 石橋をたたいて渡る　never run a risk (けっして危険をおかさない)
いし² 意志 (a) **will**
•意志の強い［弱い］人　a person with a strong ［weak］will
•彼は意志が強い He has a strong will.
いし³ 医師 →いしゃ
いじ¹ 意地の悪い **ill-natured** /イるネイチャド/ → いじわる
意地っ張りな willful /ウィるふる/;（強情な）**stubborn** /スタボン/
•意地の悪い人［ことば］ an ill-natured person ［remark］

•意地っ張りな子　a willful［stubborn］child
いじ² 維持 **maintenance** /メインタナンス/
維持する maintain /メインテイン/; **keep**
•健康を維持する最善の方法　the best way to keep your health
いしき 意識 **consciousness** /カンシャスネス/
意識のある conscious;（気づいて）**aware** /アウェア/
意識して consciously
•私はその危険を意識していた
I was conscious［aware］of the danger.
•彼は意識を失った［回復した］
He has lost［regained］his consciousness.
いしだたみ 石畳 **stone pavement** /ストウン ペイヴメント/
いしつぶつ 遺失物取扱所 《米》a **lost-and-found office** /ろーストアンドふァウンド オーふィス/, 《英》a **lost property office** /プラパティ/
いじめる bully /ブリ/; **be hard on, do nasty things to** /ナスティ/;（いやがらせをする）**harass** /ハラス/
いじめ bullying;（いやがらせ）**harassment** /ハラスメント/
•いじめっ子　a bully
•少年をいじめて泣かせる　bully a boy till he cries
•弟をそんなにいじめてはいけません
Don't be so hard on your brother.
•動物をいじめるな（→動物に残酷にするな）
Don't be cruel to animals.
•残念ながら私たちのクラスにはいじめがある
I'm very sorry to say that there is some bullying［harassment］in our class.
•私たちのクラスからいじめをなくそう
Let's try to get rid of bullying［harassment］in our class.
いしや 石屋（石工）a **stonemason** /ストウンメイスン/;（石商）a **stone dealer** /ディーら/

いしゃ 医者

➤ a **doctor** /ダクタ/
•医者に来てもらう　ask a doctor to come
•医者にみてもらう　see a doctor
•医者にみてもらいに行く　go to see a doctor
•手遅れにならないうちに医者に行ってみたほうがいいぞ　You had better go and see the doctor before it is too late.
•私は今医者にかかっています
I'm now under a doctor's care.
いじゅう 移住（外国へ）**emigration** /エミグレイシ

ョン/; (外国から) **immigration** /イミグレイション/

移住する (外国へ) **emigrate** /エミグレイト/; (外国から) **immigrate** /イミグレイト/; (引っ越す) **move** /ムーヴ/

•多くの若者が日本からブラジルへ移住した
A lot of young people emigrated from Japan to Brazil.

いしょ 遺書 (自殺者の) a **suicide letter** [**note**] /スーイサイド/ → ゆいごん

いしょう 衣装 **clothes** /クろウズ/; (芝居の) **costume** /カステューム/

いじょう¹ 異状 **something wrong** /サムすィング ローング/, (疑問文では) **anything wrong** /エニすィング/

•このテレビには何も異状がありません[どこか異状がある]
There is nothing [something] wrong with this TV (set). / Nothing [Something] is wrong with this TV (set).

いじょう² 異常 **abnormality** /アブノーマりティ/
異常な abnormal /アブノーマる/, **unusual** /アニュージュアる/

•異常気象 abnormal [unusual] weather
•4月に雪が降るなんて異常です
It's very unusual to have snow in April.

いじょう³ …以上

➤ (数量が) **more than** /モー ざン/, **over**, **above** /アバヴ/

➤ (程度が) **beyond** /ビヤンド/

•1週間以上前に more than a week ago / over a week ago
•7歳以上の子供 children seven and over / children of seven years and over
•私の英語の点は平均点以上だ
My grade in English is above average.
•今日の話し合いは以上で終わり
That's all for today's discussion.

いしょく¹ 衣食 **food and clothing** /ふード クろウずィング/; (生計) **living** /りヴィング/

•衣食住 food, clothing and shelter
ことわざ 衣食足(た)りて礼節(れいせつ)を知る Well fed, well bred.

いしょく² 移植 **transplant** /トランスプらント/
移植する transplant /トランスプらント/

•心臓移植 a heart transplant

いじる (もてあそぶ) **play with** /プれイ ウィず/; (指でさわる) **finger** /ふィンガ/

•にきびをいじっちゃだめよ
Don't finger your pimples.

いじわる 意地悪な **mean** /ミーン/, **nasty** /ナスティ/; (やさしくない) **unkind** /アンカインド/

…に意地悪をする be mean [**nasty**] **to 〜**: **be unkind to 〜**

…に意地悪を言う say something mean [**nasty**] **to 〜** /セイ サムすィング/, **say something unkind to 〜**

•妹にそんなに意地悪をするな
Don't be so mean [nasty] to your sister.

いしん 維新 **restoration** /レストレイション/

•明治維新 the Meiji Restoration

いじん 偉人 a **great person** /グレイト パ〜スン/

いす

➤ a **chair** /チェア/; (三脚いす) a **stool** /ストゥーる/

•いすにすわる sit on a chair / take a chair; (安楽いすの場合) sit in a chair
•いすから立ち上がる rise from a chair
•祖父はいすにすわって本を読んでいた
Grandfather was reading in a chair.

いずみ 泉 a **spring**, a **fountain** /ふァウンテン/

イスラエル (国) **Israel** /イズリエる/

イスラム(**きょう**) イスラム(教) **Islam** /イスらーム/

•イスラム(教)の Islamic
•イスラム教徒 a Muslim; (集合的に) Islam

いせい 異性 **the opposite sex** /アポズィト/

•異性の友達 a friend of the opposite sex

いせき 遺跡 **ruins** /ルーインズ/, **remains** /リメインズ/, **relics** /レりクス/

いぜん¹ 以前の **former** /ふォーマ/
以前に(**は**) **formerly**, **in former days** /デイズ/; (今から…以前) **ago**, (ばく然と, またはある過去の時から…以前) **before** /ビふォー/; (かつて) **once** /ワンス/

•ずっと以前に long [many years] ago / long before
•以前は彼は音楽の先生でした
Formerly he was a teacher of music.
•この家には以前一人の老人が住んでいた
An old man once lived in this house.

いぜん² 依然として **still**

いそがしい 忙しい

➤ **busy** /ビズィ/

忙しく busily

•忙しい人[日] a busy person [day]
•父は朝から晩まで忙しい
My father is busy from morning till night.

いそぐ 36 thirty-six

•彼は会社で忙しく働いている
He is working busily in the office.
•彼女は宿題で忙しかった
She was busy with her homework.
•彼は試験勉強で忙しい
He is busy preparing for the examination.

いそぐ 急ぐ，急いで行く

➤ **hurry** /ハ～リ/, **make haste** /ヘイスト/
急ぎ **hurry, haste**
急ぎの (短時間の) **hurried** /ハ～リド/, **hasty** /ヘイスティ/, **quick** /クウィク/; (急を要する) **urgent** /ア～ヂェント/
急いで **in a hurry, in haste →** a の有無に注意; → あわてる (→ あわてて)
急いだので **in** one's **hurry**
大急ぎで **in a great hurry**
•学校へ急ぐ，急いで学校へ行く hurry to school / go to school in a hurry / be in a hurry to go to school
•急いで部屋に入る[から出て行く] hurry into [out of] the room
•急いで宿題をすませる hurry through one's homework
•急いで帰宅する[帰る，立ち去る，2 階へ上がる] hurry home [back, away, upstairs]
•急いで朝御飯を食べる have breakfast in a hurry / hurry (through) one's breakfast
•急ぎなさい．さもないと学校に遅れますよ
Hurry up [Make haste, Be quick], or you'll be late for school.
•急いで詰め込んだものだから歯ブラシを忘れてしまった In my hurry to pack, I forgot my toothbrush.
ことわざ 急がば回れ Make haste slowly. (ゆっくり急げ) / (The) More haste, (the) less speed. (急ぎは急ぐほどそれだけ遅くなる)
イソップ『イソップ物語』**Aesop's Fables** /イーソプス ふェイブるズ/
いそん 依存する **depend on** /ディペンド/
いた 板 a **board** /ボード/; (厚板) a **plank** /プらンク/

いたい 痛い

➤ **painful** /ペインふる/; (ひりひりと) **sore** /ソー/
痛み (急に来る鋭い) a **pain**; (ずっと続くにぶい) an **ache** /エイク/
痛む **pain, have a pain, hurt** /ハ～ト/
痛める **pain, hurt, injure** /インヂャ/; (ひねって)

pull
•鋭い[激しい]痛み an **acute** [a **sharp**] **pain**
•ちくちくする痛み a **pricking pain**
•痛み止め a **painkiller**
•背中が痛い have a pain in the back
•のどが痛い have a sore throat
•右[左]足を痛める hurt one's right [left] leg
•背中の筋肉を痛める pull a muscle in one's back
•痛い！ Ouch!
•私はおなか[歯, 頭]が痛い I have a stomachache [a toothache, a headache].
•歯が痛みますか Does your tooth hurt?
•その子はおなかが痛くて泣いている
The child is crying from a pain in the stomach.
いだい 偉大な **great** /グレイト/
いだく 抱く (心に) **have, cherish** /チェリシュ/
•長い間胸に抱いていた望み a long-cherished desire
いたずら mischief /ミスチふ/; (悪ふざけ) a **trick**
いたずらな **mischievous** /ミスチヴァス/
いたずらをする **do mischief**; (一杯食わす) **play a trick** (on ～)
•いたずら電話 crank [prank] calls / (いやがらせ) harassing calls
•いたずら半分に for [in] fun
いただきます

注意しよう
英語には日本語の「いただきます」「ごちそうさま」にあたる表現はない．みんなが食卓にそろったら，だまっていっしょに食べ始める．あるいは Let's eat. (いただきましょう)などという．それに対して家族なら OK，招かれた客なら Thank you. などという．「ごちそうさま」も家族だったら特に何も言わないが，お客なら Thank you for a delicious dinner. (おいしいごちそうをありがとうございました)という．信仰のある家庭では食前食後に Let's say grace. (お祈りをしましょう)といって父親あるいは家族のだれかが感謝のお祈りをすることがある

いただく

❶ (もらう) **have, get**; (取る) **take**
❷ (食べる，飲む) **have**
❶ (もらう) **have, get**; (受納する) **accept** /アクセプト/; (取る) **take**; (受け取る) **receive** /リスィーヴ/
•1 時間休憩(きゅうけい)をいただいてよろしいでしょうか
Can I have an hour's rest?
•私はこのお金をいただくわけにいきません
I can't accept this money.

thirty-seven　37　いちじ

・これをいただいてよろしいですか
May I take this?
・きのう京都の君のお兄さんから手紙をいただいた I received a letter from your brother in Kyoto yesterday.
・2, 3分時間をいただけませんか Can you spare me a few minutes〔a few minutes for me〕?
→ spare は「(時間などを)さく」
❷ (食べる, 飲む) **have**
・お茶を1杯だけいただきます
I will have just a cup of tea.
・安井さんのお宅でとてもおいしいワインをいただいた I was served with very good wine at Mr. Yasui's.
・(食べ物などをすすめられて)もうたくさんいただきました (→もうけっこうです)
No more, thank you.
❸ (…していただけますか) **Would you** *do*? /ウド/; (…していただきたい) **would like to** *do* /らイク/ → もらう ❷
・少々お待ちいただけますか
Would you wait a minute, please?
・この靴を修理していただきたいのですが
I would like to have these shoes repaired.
イタチ 鼬 《動物》a **weasel** /ウィーズる/
　いたちごっこ a **vicious circle** /ヴィシャス サ〜クる/
いたばさみ 板ばさみ a **dilemma** /ディれマ/
いたみ 痛み → いたい
いたむ¹ 痛む → いたい
いたむ² 傷む (食物が) **go bad**; (物が) **be damaged** /ダメヂド/
・傷んでないかどうかにおいをかいでみて
Smell it to see if it has gone bad or not.
・この前の台風で屋根が傷んだ The roof was damaged by the last typhoon.
いためる¹ 痛める → いたい
いためる² (油で) **fry** /ふライ/; (かりかりに) **frizzle** /ふリズる/
イタリア **Italy** /イタり/
・イタリアの Italian
・イタリア語 Italian
・イタリア人 an Italian
・彼女はイタリア人だ She is Italian. → She is an Italian. よりもふつうの言い方
いたるところ 至るところ **everywhere** /エヴリ(ホ)ウェア/; **all over**
・国じゅうの至るところで everywhere in the country / all over the country
いたわる (親切にする) **be kind** (to ～) /カインド/;

(大事にする) **take good care** (of ～) /ケア/
・お年寄りをいたわらなければいけません
You must be kind to old people.
いち¹ 1 (の) **one**
……一 → 形容詞の最上級で表す; → いちばん
・日本一高い山 the highest mountain in Japan
・第1(の) the first (略 1st)

いち² 位置
➤ a **position** /ポジション/
・この地図で君の学校の位置を教えてください
Show me the position of your school on this map. / Show me where your school is on this map.
・位置について, 用意, どん!
《米》On your mark(s), get set, go! / 《英》Ready, steady〔get set〕, go!
いち³ 市 a **market**, a **fair** /ふェア/
・ノミの市 a flea market
・見本市 a trade fair
いちいち **one by one**; **every** /エヴリ/
・いちいち彼らの名前を書く write down their names one by one
・いちいち辞書で単語を調べる look up every word you don't know in the dictionary
・彼はぼくのやる事にいちいちけちをつける
He finds fault with everything I do.
いちいん 一員 a **member**
いちがつ 1月 **January** /ヂャニュアリ/ (略 Jan.) → くがつ
・1月3日に on January 3 (読み方: (the) third)
・ここでは1月でもあまり雪は降りません
We have little snow here even in January.
いちかばちか 一か八か
・一か八かそれをやってみよう
I'll take a chance on it.
・私は一か八かはやめて, いくつかの高校を志願した ひゆ I applied for several high schools, not putting all my eggs in one basket. (一つのかごに自分の卵を全部入れないで)
いちぐん 一軍 (学校のスポーツチームの) a **varsity** (**team**) /ヴァースィティ (ティーム)/
イチゴ 苺 《植物》a **strawberry** /ストローベリ/
・イチゴジャム strawberry jam
いちじ¹ 一時 (かつて) **once** /ワンス/; (しばらくの間) **for a while** /(ホ)ワイる/, **for a time**
　一時的な **temporary** /テンポレリ/
・一時的な人気 a temporary boom
・一時私はそこに住んでいたことがある
I once lived there.

いちじ　38　thirty-eight

・洪水(こうずい)のため, その橋は一時通行止めになった
The flood caused the bridge to be closed to traffic for a while.

いちじ² 一次の　**primary** /プライメリ/, **the first** /ふァ〜スト/; (数学で) **linear** /リニア/

・一次試験　a primary examination
・(競技の)一次予選　the first preliminary game
・一次方程式　a linear equation

イチジク　無花果 《植物》(実) a **fig** /ふィグ/; (木) a **fig tree**

いちたいいち　一対一

・一対一で話し合いをする　have a one-to-one discussion

いちだん　一団　a **group** /グループ/

・一団となって　in a group

いちど　1度

➤ **once** /ワンス/, **one time** → いったん

・1度だけ　only once / just once
・1〜2度　once or twice
・1度に　at one time / at a time / at once
・もう1度　once more
・彼には1度も会ったことがない
I have never seen him.
・私は1度名古屋に行ったことがある
I have been to Nagoya once.
・彼は1度覚えれば決して忘れない　Once he has learned something, he never forgets it.
・オリンピックは4年に1度開かれる
The Olympic Games are held once in four years [every four years].
・1度だけやらせてみてください
Let me try just once.
・もう1度おっしゃってください
I beg your pardon?

いちにち　1日　**a day**

・1日じゅう　all day (long) / the whole day
・1日か2日して　in a day or two
・私たちは1日に3度食事をする
We have three meals a day.
・彼は1日も欠席したことがない
He has not been absent even a day.

いちにん　一任する　**leave 〜 to 〜** /リーヴ/

・その問題を委員会に一任する　leave the matter to the committee

いちにんまえ　一人前

❶ (一人分) **one, one portion** /ポーション/

・すし一人前　one portion of *sushi*
・(レストランで)シーフードスパゲティ一人前ください
One seafood spaghetti, please.

❷ (成人) a **grown-up** /グロウナプ/, an **adult** /アダルト/

一人前になる　(成人する) **come of age** /エイヂ/; (能力・資格の点で) **become full-fledged** /ふるふれヂド/

いちねん　1年　**one year**

・1年じゅう　all the year around
・1〜2年の間　for a year or two
・1年に1度　once a year
・1年生　a first-year pupil [student]

いちば　市場　a **market**

・市場へ買い物に行く　go to market to do some shopping

いちばん　一番

➤ (順位) **the first** → ばん²

一番… → その形容詞や副詞の最上級を用いて表す; → いち¹ (→ …一)

・彼は一番先に来た
He came first. / He was the first to come.
・信濃川は日本で一番長い川です
The Shinano is the longest river in Japan.
・秋は旅行に一番よい季節です
Fall is the best season for trips.
・私は四季の中で春が一番好きです
I like spring best of all the seasons.
・湖はこの辺が一番深い
The lake is deepest here. → 最上級の形容詞でも, ひとつのものの中での最上を表す時は ✕ *the* をつけない

いちぶ　一部　(a) **part**

・一部は　in part / partly
・アジアの一部　a part of Asia
・それは一部は白く一部は青です
It is partly white and partly blue.
・そんな悪い連中はほんの一部にすぎない
〔ひゆ〕Such people are no more than a few bad apples. (2, 3のくさったリンゴがわずかである と同じくらいわずかだ)

いちまい　1枚　a **sheet** /シート/; a **slice** /スライス/

いちみ　一味　(悪者の) a **gang** /ギャング/

・スリの一味　a gang of pickpockets

いちめん　一面に　**all over**

・星は空一面にきらきらと輝いている
The stars are twinkling all over the sky.

いちもくさん　一目散に　**at full speed**

いちもくりょうぜん　一目瞭然の　**crystal clear** /クリスタる クリア/

・これがただごとでないことは一目瞭然だった

It was crystal clear that this was not an ordinary incident.
いちづけ (試験勉強の)一夜づけする **cram** /クラ ム/
・試験のために英語を一夜づけで勉強した
I crammed English for an exam.
イチョウ 銀杏〈植物〉a **ginkgo** /ギンコウ/
いちらんひょう 一覧表 a **list**
いちりゅう 一流の **first-class** /ふァ〜ストクらス/; **foremost** /ふォーモウスト/
・一流のホテル　a first-class hotel / a five-star hotel →star はホテルやレストランの等級を示すのに使われる語で「五つ星」は「最高級」
・当代一流の作家たち　the foremost writers of today
いちりんしゃ 一輪車 a **unicycle** /ユーニサイクる/, a **monocycle** /マノサイクる/
いちるい 1塁 **first base** /ベイス/
・1塁手　a first-base player
・1塁を守る　play first base

いつ

➤ **when** /(ホ)ウェン/

君はいつまた来ますか
―あす来ます
When will you come again?
―I'll come tomorrow.

・君はいつそこへ行ったのですか
When did you go there?
・彼はいつ帰って来るか私は知りません　I don't know when he will return. →when 以下が文の一部になると ×when *will he return* でなく，上のような語順になることに注意
・彼はいつなんどき帰って来るかしれません
He may come back at any moment.
いつか (未来の) **sometime** /サムタイム/, **some day** /サム/; (かつて) **once** /ワンス/; (ばく然と以前) **before** /ビふォー/
・いつかそこへ連れて行ってあげよう
I will take you there some day.
・私はいつかそのことを読んだことがある
I have once read about it.
・私はいつかどこかで彼に会ったことがある
I have seen him somewhere before.
いっか 一家 (家族) a **family**; (家庭) **home**
・一家を支える　support *one's* family
いっかい 1回 →いちど

いつから how long /ハウ/
・彼はいつから病気をしているのですか
How long has he been sick?
・君はいつから日本に来ているのですか
How long have you been in Japan? / When did you come to Japan?
いっき 一気に (中断しないで) **at a stretch** /ストレチ/, **at a sitting** /スィティンぐ/; (短時間で) **at a dash** /ダシュ/, **at a draft** /ドラふト/
・長編小説を一気に読む
read a long novel at a sitting
・彼は一気に先頭に立つとそのままゴールインした
He took the lead at a dash and held it to the finish.
いっけん 一見して **at a glance** /グらンス/
いっこ 1個 **one**, a **piece**
いっこう 一行 a **party**
・魚釣(つ)りの一行　a fishing party
いっさんかたんそ 一酸化炭素 **carbon monoxide** /カーボン モナクサイド/
いっしき 一式 a **set**; (道具・部品などの) a **kit**
いっしゅ 一種 (一つの種類) **a kind** (**of**) /カインド/; (ある意味での) **in a sense** /センス/
・コウモリは哺乳(ほにゅう)動物の一種だ
Bats are a kind of mammal.
・そんなのは一種の詐欺(さぎ)だよ
In a sense, it is a swindle.
いっしゅう 1周 a **round** /ラウンド/; (競技トラックの) a **lap**
・…を1周する　make a round [a lap] of 〜
・私たちはトラックを1周した
We made a lap of the track.
・私は世界1周の旅行がしたい
I'd like to travel around the world.
いっしゅうかん 1週間 a **week**; **for a week**
いっしゅん 一瞬 **a moment** /モウメント/
・一瞬の間[間に]　for [in] a moment
いっしょう 一生 (all) *one's* **life** /らイふ/, *one's* **lifetime** /らイふタイム/
・一生の間　for life
・一生に1度　once in a lifetime
・彼は一生貧乏だった
He was [remained] poor all his life.
・彼は詩を書いて一生を送った
He spent his life writing poems.
いっしょうけんめい 一生懸命に **hard**

いっしょに

➤ **together** /トゥゲざ/; (…といっしょに) **with**
・彼は田舎で両親といっしょに住んでいる

いっすい

He lives in the country with his parents.
- 君もいっしょに音楽会へ行きませんか

Won't you come with us to the concert?
- みんないっしょにこの歌を歌いましょう

Let's all sing this song together.

いっすい 一睡もしない **do not sleep at all** /スリープ/, **do not sleep a wink**

いっせい 一斉に（いっしょに）**all together** /トウゲざ/; (声をそろえて) **with one voice** /ヴォイス/, **in chorus** /コーラス/
- 彼らは一斉に「そうです」と言った They said "Yes" with one voice [in chorus].

いっせきにちょう 一石二鳥
- それは一石二鳥だ That's killing two birds with one stone. / That serves both ends. (二つの目的を果たす)

いっそく 1足 **a pair** /ペア/ → そく
- 靴1足 a pair of shoes

いったい 一体(全体) **on earth** /ア～す/, **in the world** /ワ～るド/
- 一体私はどうしたらいいんだろう

What on earth shall I do?
- 一体だれにそんな事ができるのか

Who in the world can do that?

いったん **once** /ワンス/
- いったん計画を立てたら途中でやめてはいけない

Once you make a plan, you must stick to it.

いっち 一致 **agreement** /アグリーメント/
一致する agree /アグリー/
- この点について彼らは意見が一致した

They agreed on this point.
- 理想と現実はめったに一致しない

Ideals and reality rarely go together.

いっちょういったん 一長一短 **merits and demerits** /メリツ ディメリツ/
- それは一長一短だ

It has its merits and demerits.

いっちょくせん 一直線 **a straight line** /ストレイト/
- 一直線に straight / in a straight line

いっつい 一対 **a pair** /ペア/
- これとあれで一対になっています

This and that make a pair.

いってい 一定の (安定した) **steady** /ステディ/; (決まった) **fixed** /ふィクスト/; (規則的な) **regular** /レギュらｒ/; (不変の) **constant** /カンスタント/
- 一定のリズム a steady rhythm
- 一定の収入を得る get a regular [fixed] income
- この部屋の温度は一定に保たれている

The temperature is kept constant in this room.

いってきます

注意しよう

英語には日本語の「行って来ます」「行ってらっしゃい」にあたる表現はない. 学校や会社に出かける時は "See you later." (またあとで)とか "I'm off to work." (仕事に出かけます), あるいは単に "Good-bye." と言い, それに対しては同じく "See you later." と言ったり, "OK." "Take care." (気をつけて)などと言う

いつでも whenever /(ホ)ウェネヴァ/
- いつでも好きな時にいらっしゃい

Come whenever you like.

いっとう 一等(賞) **(the) first place [prize]** /プらイズ/

いつのまにか before one **knows** /ビふォー ノウズ/
- いつのまにか夏は過ぎ去っていた

Summer had gone before I knew it.

いっぱい

❶ (満ちている) **full**; (1杯分) **a glass (of ～), a cup (of ～)**
❷ (ぎりぎり…まで) **until the end (of ～)**

❶ (満ちている) **full**; (1杯分) (冷たい飲み物) **a glass (of ～)**, (温かい飲み物) **a cup (of ～)**
いっぱいにする fill
- コップ1杯の水 a glass of water → 絵 **A**
- 水を1杯飲む have a drink of water
- スプーン1杯の砂糖 a spoonful of sugar
- バケツ1杯の水 a bucketful of water
- お茶を1杯ください Give me a cup of tea. → 絵 **B**
- このびんに水をいっぱい入れなさい

Fill this bottle with water.
- びんには水がいっぱい入っている

The bottle is full of water.

・彼は元気いっぱいだ He is full of spirit. → 絵 C
・食べ物を口にいっぱい入れて物を言うな
Don't talk with your mouth full.
❷ (ぎりぎり…まで) **until the end (of 〜)** /アンティる/
・今月いっぱい待ってください
Please wait until the end of this month.

いっぱん 一般の **common** /カモン/, **general** /ヂェネラる/
一般に generally, in general
・一般的に言って generally speaking
・一般の人々 people in general
・これらのことばは一般に使われている
These words are in common [general] use.
・これが一般の意見です
This is the general opinion.
・一般に子供は甘い物が好きです Children are generally fond of sweet things.

いっぷく 一服 (タバコを) **a smoke** /スモウク/; (薬を) **a dose** /ドウス/
・毎食後に(薬を)一服飲む take a dose after each meal

いっぺん → いちど
いっぽ 一歩 **a step**
・一歩一歩 step by step

いっぽう 一方 **while** /(ホ)ワイる/; **on the one hand**; (また一方) **on the other hand** /アざ/
一方的な one-sided /ワンサイデド/
・一方通行道路 a one-way street

一方通行の標識 (ニューヨーク)

・一方的な試合 a one-sided game
・彼はとても貧乏ですが一方彼の兄は村一番の金持ちです He is very poor, while his brother is the richest man in the village.

いつまで (どれくらい長く) **how long** /ハウ/
・いつまでそこに滞在(たいざい)するつもりですか
How long are you going to stay there?
・この天気はいつまで続くのだろう
I wonder how long this weather will last.

いつまでも (長い間) **for a long time**; (生きている限り) **as long as I live** /リヴ/; (永久に) **forever** /ふォレヴァ/
・彼はそこにいつまでも立っていた
He stood there for a long time.
・ご親切はいつまでも忘れません
I will never forget your kindness.
・私はいつまでもここにいたい
I want to stay here as long as I live.
・この平和がいつまでも続きますように
I hope this peace will last forever.

いつも

➤ (常に) **always** /オーるウェイズ/; (通例) **usually** /ユージュアり/
・いつものように as usual
・いつもより than usual
・彼の答えがいつも正しいとは限らない
His answers are not always correct.
・日曜日に行くといつも彼はうちにいます
I usually find him at home on Sundays.

いつわ 逸話 **an anecdote** /アネクドウト/
イディオム an idiom /イディオム/
いてざ 射手座 **Sagittarius** /サヂテアリアス/, **the Archer** /アーチャ/
・射手座生まれの人 a Sagittarius / a Sagittarian

いてん 移転 **removal** /リムーヴァる/, **a change of address** /チェインヂ アドレス/
移転する move /ムーヴ/; **change** *one's* **address**

いでん 遺伝 **heredity** /ヘレディティ/
遺伝する inherit /インヘリト/
・遺伝の hereditary
・遺伝子 a gene /ヂーン/
・遺伝子工学 gene engineering
・癖(くせ)はしばしば遺伝する
Habits are often inherited.

いと¹ 糸 (縫(ぬ)い糸) **thread** /すレド/, (織り糸) **yarn** /ヤーン/, (釣(つ)り糸) **a line**: (細ひも) **string**
・糸1本 a piece of thread [string]
・針に糸を通す thread a needle
・それを糸で縫う sew it with a needle and thread

いと² 意図 **an intention** /インテンション/
いど¹ 井戸 **a well**
いど² 緯度 **latitude** /らティテュード/ (略 lat.)
・青森はニューヨーク市とほぼ同じ緯度にあります
Aomori is located at about the same latitude as New York City.

いどう 移動 (a) **movement** /ムーヴメント/
移動する move

いとこ a cousin /カズン/
いどころ 居どころ（住所）an **address** /アドレス/；（どこにいるか）one's **whereabouts** /(ホ)ウェアラバウツ/, **where** one **lives** /(ホ)ウェア リヴズ/
・彼の居どころを知っていますか
Do you know his whereabouts? /
Do you know where he lives [his address]?
いない …以内 **less than** /ザン/; **within** /ウィずィン/
・30分以内に in less than half an hour / within half an hour
・そのホテルはバス停から歩いて2分以内の所にある The hotel is within two minutes' walk of the bus stop.
いなか 田舎 **the country** /カントリ/, **the countryside** /カントリサイド/；（故郷）one's **hometown** /ホウムタウン/, **home**
・田舎へ行く go to [into] the country
・田舎に住んでいる live in the country
・私は都会の生活より田舎の生活のほうが好きだ I like country life better than town life.
・私の田舎は豪雪(ごうせつ)地帯にあります
My hometown is in an area of heavy snowfall.
イナゴ 《虫》a **grasshopper** /グラスハパ/；（大発生するもの）a **locust** /ろウカスト/ → バッタ

空を埋め尽くすイナゴの大群

いなずま 稲妻 (a flash of) **lightning** /らイトニング/
いなびかり **lightning** /らイトニング/
イニシャル an **initial** /イニシャる/

イヌ 犬
➤ a **dog**
・犬小屋 a doghouse / a kennel
・イヌを飼う keep a dog
・イヌが彼にほえついた A dog barked at him.
ことわざ 犬も歩けば棒に当たる The dog that trots about finds a bone. (走り回るイヌは骨を見つける)

イネ 稲《植物》**rice** /ライス/
・稲を栽培(さいばい)する grow rice
・稲を刈(か)る reap rice / harvest rice
いねむり 居眠り a **doze** /ドウズ/
居眠りする doze: **fall into a doze** /フォーる/
イノシシ 猪《動物》a **wild boar** /ワイるド ボー/

いのち 命
➤ (a) **life** /らイふ/ (複) **lives** /らイヴズ/)
・命を失う[ささげる] lose [lay down] one's life
・彼の命を救う save his life
・命知らずの reckless
・命綱 a lifeline
・命がけで(一生懸命) for one's life
・その事故で30人の命が失われた
Thirty lives were lost in the accident.
いのる 祈る **pray** /プレイ/；（食前食後に）**say grace** /セイ グレイス/；（願う）**wish** /ウィシュ/
祈り a **prayer** /プレア/
・私は彼が無事であるように(神に)祈った
I prayed (to God) that he might be safe. /
I prayed (to God) for his safety.
・みなさまのご多幸をお祈りいたします
I wish you will all be happy.
・新しいお仕事のご成功をお祈りします
I wish you success in your new job.
・楽しいご旅行を祈ります
I wish you a pleasant journey.
・彼らは食事の前にお祈りをします
They say grace before meals.
・君の健康を祈って乾杯しよう
Let's drink to your health.
いばら （とげのある低木）a **bramble** /ブランブる/, (a) **thorn** /そーン/
・（苦難に満ちた）いばらの道 a thorny path
いばる 威張る（自慢(じまん)する）**be proud** (of ~) /プラウド/
・そう威張るな Don't be so proud. /
Don't behave as if you are better than me.
・彼は金持ちだと威張っている He is proud that he is rich. / He is proud of being rich.
いはん 違反 (a) **violation** /ヴァイオれイション/；（スピード違反）**speeding** (→ スピード)
違反する violate /ヴァイオれイト/
・交通規則違反 a violation of the traffic regulations / a traffic violation
・交通規則に違反する violate the traffic regulations
いびき a **snore** /スノー/
いびきをかく snore

forty-three 43 **イメージ**

いふく 衣服 **clothes** /クロウズ/; (女性・幼児の) a **dress**; (衣類) **clothing** /クロウディング/ → きもの

イブニングドレス an **evening dress**

イベント an **event** /イヴェント/

いほう 違法の **illegal** /イリーガる/

いま¹ 今

➤ **now** /ナウ/; (現代) **today** /トゥデイ/

今の **present** /プレズント/; (現行の) **current** /カ～レント/

今まで **till now**; (今までずっと) **all this while** /(ホ)ワイる/, **all this time**; (今までに) **ever** /エヴァ/

•たった今 just now / just
•今すぐに right now / at once
•今までのところ(で) so far
•今ごろ about this time
•今ごろには by this time
•今にも at any time / at any moment
•今のうちに before it is too late
•今の首相 the present prime minister
•今の若者 the young people of today
•今の規則 the current regulations
•今それをしなさい Do it now.
•今何時ですか What time is it now?
•私たちは今京都にいます
We are now in Kyoto.
•彼はたった今出て行きました He went out just now. / He has just gone out. →「現在完了」の時は ✕ just now は使わない
•彼らは今ごろは香港に着いたでしょう
They may have reached Hong Kong by this time.
•今ごろはたくさん雨が降ります We have a lot of rain about this time of the year.
•私は去年の今ごろは病気で寝ていました
I was ill in bed about this time last year.
•今にも雨が降りそうだ
It will rain (at) any moment.
•君は今までどこにいたの?
Where have you been (all this while)?
•これは私が今まで読んだうちで一番おもしろい漫画です This is the most interesting comic book I have ever read.

いま² 居間 a **living room** /リヴィング/, a **sitting room** /スィティング/

いまいち a **little** (**more**) /りトる (モー)/, a **bit** (**more**)
•彼の話にはいまいち迫力がない
His speech lacks in punch a bit.

いまいましい **annoying** /アノイイング/, **offensive** /オふェンスィヴ/, **disgusting** /ディスガスティング/

いまさら いまさら…できない **be too late to** do /トゥー れイト/
•私にはいまさらいやとは言えない
It's too late for me to say "No."

いまに **soon** /スーン/, **before long** /ビふォー/
•いまに雪になるぞ
Snow will begin to fall soon.
•いまに見てろ Just you wait and see.

いみ 意味

➤ (a) **meaning** /ミーニング/, a **sense** /センス/

意味する **mean**: (表す) **stand for**

意味のある **meaningful**

意味のない **meaningless** /ミーニングれス/

•ある意味では in a sense
•この[あらゆる]意味で in this [every] sense
•広い[狭い]意味で in a wide [narrow] sense
•「さよなら」は 'Good-bye' という意味です
"Sayonara" means "Good-bye." / The meaning of "Sayonara" is "Good-bye."
•この語はどういう意味ですか
What is the meaning of this word? / What does this word mean?
•日本語の「手」にはいろいろな意味があります
The Japanese word "te" has many different meanings.
•"EU" は「欧州連合」の意味です
"EU" stands for "European Union."
•君のいう「自由」はどういう意味ですか
What do you mean by "freedom"?
•彼女は意味ありげに私にほほえんだ
She smiled at me with meaning. / She gave me a meaningful smile.
•試験のために詰め込み勉強をしても何の意味もない
There is no use (in) cramming for exams.
•田島先生は本当の意味の紳士だ
Mr. Tajima is a gentleman in the true sense of the word.

イミテーション (an) **imitation**

いみん 移民 《移民すること》(外国への) **emigration** /エミグレイション/; (外国からの) **immigration** /イミグレイション/ (→ いじゅう);《人》(外国への) an **emigrant** /エミグラント/; (外国からの) an **immigrant** /イミグラント/

いむしつ 医務室 (学校・会社などの) an **infirmary** /インふァ～マリ/

イメージ an **image** /イメヂ/

か

さ

た

な

は

ま

や

ら

わ

イモ 44 forty-four

・イメージアップする improve *one's* image
・イメージダウンする damage *one's* image

カタカナ語! イメージダウン
日本語ではよく「…ダウン」というが, 要注意。×*image down* では通じない。「それは彼女のイメージダウンになった」は **It damaged her image.** という。同じように「スピードダウン」も ×*speed down* ではだめ。英語では **slow down** という

イモ 芋 (ジャガイモ) a **potato** /ポテイトウ/; (サツマイモ) a **sweet potato** /スウィート/

いもうと 妹 a **younger sister** /ヤンガ/ → あに
・私の一番下の妹 my youngest sister

いや¹ → いいえ

いや² いやな
➤ (不愉快(ゆかい)な) **unpleasant** /アンプれズント/, **dirty** /ダ〜ティ/; (気にくわない) **disagreeable** /ディサグリーアブる/; (すごくいやな) **disgusting** /ディスガスティング/; (味・においなどが) **nasty** /ナスティ/, **bad**

いやだ (きらう) **do not like** /らイク/; (気が向かない) **be unwilling** /アンウィりリング/ → いいえ
いやになる be sick of /スィク/
・いやな天気 unpleasant weather
・いやな人たち disagreeable people
・彼は私にいやな顔をした
He gave me a dirty look.
・これはいやなニュースだ This is bad news.
・これはいやな味だ This tastes nasty.
・私はひとりでそこへ行くのはいやだ
I don't like to go there alone.
・彼らは家へ帰るのをいやがった
They were unwilling to return home.
・こんなもめ事はつくづくいやになった
I am thoroughly sick of trouble like this.
いやいや unwillingly /アンウィりングり/, **against** *one's* **will** /アゲンスト/
いやがらせ harassment /ハラスメント/
・いやがらせをする harass / annoy
・いやがらせ電話 harassing calls
イヤホン (耳の中に入れるもの) **earbuds** /イアバッ/; **earphones** → 通例2つで一組なので複数形
・ワイヤレスイヤホン wireless earbuds [earphones]
いやみ いやみな (意地悪な) **nasty** /ナスティ/; (皮肉な) **sarcastic** /サーキャスティク/
・いやみを言う say a nasty thing / make sarcastic remarks
いやらしい filthy /ふィるすィ/, **dirty** /ダ〜ティ/,

lewd /るード/ → いや²
イヤリング earrings /イアリングズ/
・イヤリングをつける put on earrings
いよいよ (とうとう) **at last** → ますます
・いよいよクリスマスがやって来た
Christmas has come at last.
いよく 意欲 **will, enthusiasm** /インすューズィアズム/
意欲的な enthusiastic /インすューズィアスティク/, **ambitious** /アンビシャス/
いらい¹ 依頼 a **request** /リクウェスト/
依頼する request, ask → たのむ ❶
・彼の依頼で at his request
・君は依頼心が強すぎる
You depend too much on others.
いらい² …以来 **since** /スィンス/, **from** (**on**)
・それ以来ちょうど1週間になります
It is just a week since then.
・私たちは学校を卒業して以来会っておりません
We have not seen each other since we left school.
いらいら いらいらする **be impatient** /インペイシェント/, **be irritated** /イリテイテド/
・私は彼にいらいらしていた
I was feeling irritated with him.
イラク Iraq /イラーク/
・イラクの Iraqi
・イラク人 an Iraqi
イラスト an **illustration** /いらストレイション/
イラストレーター an **illustrator** /いらストレイタ/
いらっしゃい → 場面によって次のような言い方をする
・こっちへいらっしゃい Come here, please. / Come this way, please.
・いらっしゃい, トム。さあ中に入って
Hi, Tom. Please come on in!
・(店員などが)いらっしゃいませ
May [Can] I help you?
イラン Iran /イラン/
・イランの Iranian /イレイニアン/
・イラン人 an Iranian
いりえ 入り江 an **inlet** /インれト/
いりぐち 入り口 an **entrance** /エントランス/; (戸口) a **doorway** /ドーウェイ/, a **door**
・劇場の入り口に at the entrance of the theater
・入り口に立たないでください
Don't stand in the doorway.
・入り口にそれを置いてください
Please put it at the door.

いりょう¹ 衣料 **clothing** /クろウずィンぐ/
いりょう² 医療 **medical care** /メディカる ケア/
・医療施設 medical facilities
・医療費 medical cost
いりょく 威力 **power** /パウア/
・威力のある powerful

いる¹

➤ (必要だ) **need** /ニード/; **be necessary** /ネセセリ/
➤ (ほしい) **want** /ワント/

基本形
私は A がいる
I need A. / **I want** A.
A **is necessary for me.** ➜× *I am necessary* ～としない

・私はお金がいる I need some money.
・海外旅行にはパスポートがいる
We need ［You must have］ a passport to travel abroad. / A passport is necessary to travel ［for traveling］ abroad.
・ほかに何かいりますか
Do you want anything else?
・もしいるならこの本をあげるよ
You can have this book if you want it.
・その仕事を完成するにはどれくらいお金がいりますか How much money do you need ［How much money is necessary］ to complete the work?

いる² 射る **shoot** /シュート/
・矢を射る shoot an arrow

いる³

❶ (存在する) **am; is; are**
❷ (居合わせる) **be present**
❸ (滞在(たいざい)する) **stay**

❶ (存在する) (I が主語) **am**; (3人称単数が主語) **is**; (You または複数が主語) **are**; (命令文・助動詞と共に) **be**; **there is** /ぜア/, **there are**

基本形
私は…にいる
I am ～.
A (人・動物)は…にいる
A (単数) **is** ～. / A (複数) **are** ～. ➜A は「父」「彼ら」「その犬」のように特定のもの
A (人・動物)が…にいる
There is A (単数) ～. / **There are** A (複数) ～. ➜A は「だれか」「(一ぴきの)イヌ」のように不特定のもの

・今私はニューヨークにいます
I am in New York now.

ケン, あなたどこにいるの
―ぼくここにいるよ, ママ
Where **are** you, Ken?
―**I'm** here, Mother.

・そのネコは屋根の上にいる
The cat is on the roof.
・彼は先月はロンドンにいましたが, 今はパリにいます。来月はローマにいるでしょう
He was in London last month, but now he is in Paris and he will be in Rome next month.
・私たちは昨日家にいませんでした
We weren't (at) home yesterday.
・10時にここにいなさい Be here at ten.
・私は10時までここにいます ➜未来
I'll be here till ten.
・彼らは庭にいるかもしれない［にちがいない］
They may ［must］ be in the garden.

君は今までずっとどこにいたの
―ずっと図書館にいました ➜現在完了
Where **have** you **been** (all this while)?
―**I've been** in the library.

・あなたは日本にもうどのくらいいるのですか
How long have you been in Japan?
・門のところに大きなイヌがいる
There is a big dog at the gate.
・戸口にだれかいます
There is someone at the door.
・うちのクラスには20人の男子と15人の女子がいます There are twenty boys and fifteen girls in our class.
・門のところ［車の中, 木の下］にいるイヌはケンのうちのイヌです The dog at the gate ［in the car, under the tree］ is Ken's.

❷ (居合わせる) **be present** /プレズント/
・A のいるところで in the presence of A, in A's presence
・A のいないところで behind A's back
・私は事故が起こった時そこにいました
I was present ［I was there］ when the accident happened.

❸ (しばらくとどまる) **stay** /ステイ/
・私はあしたは家にいる ➜未来のこと
I'll stay (at) home tomorrow.

いる

- 私は 3 日間京都にいた
I stayed in Kyoto for three days.
- 映画が終わるまでいようよ
Let's stay to the end of the movie.
- 私が帰って来るまでここにいなさい
Stay here till I return.
- 迷子にならないようにそのままそこにいなさい →「…しないように」は so that ~ not
Stay where you are so that you don't get lost.
- いつまで日本にいるご予定ですか →「…する予定である」は be going to *do*
How long are you going to stay in Japan?
❹ (持っている) **have**
- ぼくはシカゴにペンフレンドがいる
I have a pen pal in Chicago.

いる[4] …している

❶ (動作を表す場合)「**進行形 (be *do*ing)**」で表す
❶ (動作を表す場合)「**進行形 (be *do*ing)**」で表す.
…している… 「現在分詞 (*do*ing)」で表す.
- 眠っている赤ちゃん a sleeping baby
- 飛んでいる鳥 a flying bird
- 走っているイヌ a running dog
- ベッドで眠っている赤ちゃん a baby sleeping in the bed
- 赤ちゃんはベッドで眠っている
The baby is sleeping in the bed.

君は今何をしているの
―宿題をしています
What **are** you **doing** now?
—I **am doing** my homework.

- 彼[彼ら]は野球をしていた
He was [They were] playing baseball.
- 私は 3 年間英語を学んでいる → 現在完了進行形 I have been learning English for three years.
❷ (状態を表す場合)「愛している」「知っている」などに対応する英語 love, know などはそれ自体が「…している」という状態を表す語であるから進行形にしないのがふつう.
- 彼は彼女をとても愛している
He loves her very much.
- 君は彼を知っているかい Do you know him?
- ケンはからだつきが父親に似ている
Ken resembles his father physically.
❸ (…の状態である) **be**; (…し続ける, …であり続ける) **keep** /キープ/, **remain** /リメイン/ → 特にその

状態を強調する時以外は進行形にしない
- あいて[しまって]いる be open [shut]
- 壊れて[疲れて]いる be broken [tired]
- 静かにして[だまって]いる keep quiet [silent]
- 立ったままでいる keep standing
- 独身でいる remain single
- 窓があいて[壊れて]いる
The window is open [broken].
- 私たちはその後もずっと友達でいた
We remained friends after then.

いるい 衣類 → いふく
イルカ 海豚《動物》a **dolphin** /ダるふィン/
いれかえる 入れ替える **replace** /リプれイス/, **change** /チェインヂ/
入れ替わる **replace**, **change**
- 彼女と席を入れ替わる change seats with her
- 太郎は次郎と入れ替わって 1 塁手をやった
Taro replaced Jiro as first-base player.
いれかわりたちかわり 入れ替わり立ち替わり **one after another** /アナざ/
いれば 入れ歯 a **false tooth** /ふォーるス トゥース/; (一つながりの) a **set of false teeth** /ティーす/
いれもの 入れ物 a **container** /コンテイナ/, a **receptacle** /リセプタクる/; (花びん, バケツなど液体を入れるもの) a **vessel** /ヴェスる/

いれる 入れる

❶ (物を) **put**; (液体を) **pour**
❷ (客などを) **let in**
❸ (お茶などを) **make**

❶ (物を) **put**; (液体を) **pour** /ポー/

基本形 A を B に入れる
put A in [into] B

- 両手をポケットに入れる put *one's* hands in *one's* pockets
- 車をガレージ[お金を銀行]に入れる put *one's* car in the garage [*one's* money into the bank]
- 書類を金庫に入れる[入れておく] put [keep] papers in a safe
- ミルクをパックからグラスに入れる put [pour] milk from a carton into a glass
- 額ぶちに絵を入れる set a picture in a frame
- お皿を食器棚へ入れてください
Put the plates in the cupboard.
❷ (客などを) **let in**; (案内する) **show**
- 彼を部屋に入れる show him into a room
- 私を中に入れてください Please let me in.
- 窓をあけていい空気を入れなさい Open the windows and let in some fresh air.

❸ (お茶などを) **make**
•お茶[コーヒー]を入れる　make tea [coffee]
•彼女は私にお茶を入れてくれた
She made [served] me tea. / She made tea for me. / She served tea to me.
❹ (入学・入会・入場を許す) **admit** /アドミト/
•ぼくはそのクラブに入れてもらった　→受け身形
I was admitted to the club.
•ぼくも仲間に入れてよ　May I join you?
❺ (ふくむ) **include** /インクるード/
•母は買い物のリストに卵を入れた
Mother included eggs on the list of things to buy.　→不定詞 to buy は things を修飾する
•部屋にはケンを入れて[入れないで]10人いた
There were 10 people in the room, including [not including] Ken.

いろ　色

➤ a **color** /カら/

色を塗る　**color**
•にじの七色　all the colors of the rainbow
•色鉛筆(えんぴつ)　a colored pencil
•そのボールペンは何色ですか
What color is that ballpoint pen?
•この T シャツは洗ったら色が落ちた
This T-shirt faded after washing.

いろいろな

❶ (多数の) **many kinds of**; (種々の) **various**
❷ (たくさんの事) **a lot of things**; (あらゆること) **everything**

❶ (多数の) **many kinds of** /カインヅ/; (種々の) **various** /ヴェアリアス/, **different**
•いろいろな花　many kinds of flowers
•われわれは学校でいろいろな教科を勉強する
We study various subjects at school.
❷ (たくさんの事) **a lot of things** /すィンヅス/; (あらゆること) **everything** /エヴリすィング/
•君といろいろ話したい事があるんだ　I have a lot of things to talk about with you.
•いろいろとありがとう　Thanks for everything.
•ニューヨーク滞在中はいろいろとお世話になりました　Thank you very much for everything you've done for me during my stay in New York.

いろじろ　色白である　**have fair skin** /ふェア/, **be fair-skinned** /ふェアスキンド/　→いろ
いろり　a **sunken hearth** /サンクン ハーす/
いわ　岩　(a) **rock**
•岩の, 岩の多い　rocky

いわう　祝う　**celebrate** /セれブレイト/; **congratulate** /コングラチュれイト/
祝い　(催(もよお)し) (a) **celebration** /セれブレイション/; (ことば) **congratulations** /コングラチュれインションズ/
•…を祝って　in celebration of ～
•彼の卒業を祝う　congratulate him on his graduation
イワシ　鰯 (魚) a **sardine** /サーディーン/
いわば　**so to speak** /スピーク/, **as it were** /ワ～/
いわゆる　**what is called** /(ホ)ワト コーるド/, **what you call, what we call, what they call, so-called** /ソウコーるド/
いん　印 (文書の真正を示す印章) a **seal** /スィーる/; (事務に用いる判) a **stamp**
印を押す　**seal**, **put** *one's* **seal to**; **stamp**
いんき　陰気な　**gloomy** /ぐるーミ/
インク　**ink**
•インクのしみ　an ink stain [spot]
イングランド　**England**
•イングランド(人)の　English
•イングランド人 (全体) the English; an Englishman [woman] (複 Englishmen [women])
いんさつ　印刷　**printing** /プリンティング/
印刷する　**print**
•印刷機　a printing press [machine]
•印刷所　a printing office
•このページははっきり印刷されていない
This page is not clearly printed.
いんしゅうんてん　飲酒運転　《米》**drunk driving** /ドランク ドライヴィング/, 《英》**drinking and driving**

いんしょう　印象

➤ an **impression** /インプレション/

印象的な　**impressive** /インプレスィヴ/
印象を与える　**impress** /インプレス/, **give an impression** (on ～), **make an impression** (on ～)
•このことは私の心に深い印象を残した
This fact left a deep impression on my mind.
•彼女の印象はどうでしたか　What was your impression of her? / How did you find her?
•それは私の子供のころのとても印象的な出来事でした　It was a very impressive occasion in my childhood.
いんしょく　飲食　**eating and drinking** /イーティング ドリンキング/　→日本語の順序と逆になる
•飲食物　food and drink
インスタント　(即席の) **instant** /インスタント/
•インスタントコーヒー　instant coffee

インストールする install /インストーる/
インストラクター an instructor /インストラクタ/
インスピレーション an inspiration /インスピレイション/
いんせい 陰性の negative /ネガティヴ/
・インフルエンザの検査結果は陰性だった The flu test result was negative. / I tested negative for the flu.
いんせき 隕石 a meteorite /ミーティアライト/
いんそつ 引率する lead /リード/; (同伴する) accompany /アカンパニ/
引率者 a leader, a person in charge of (the party) /パ〜スン チャーヂ/
インターチェンジ (高速道路の) an interchange /インタチェインヂ/
インターネット the Internet［internet］/インタネット/, the Net
・インターネットで on the Internet
インターハイ The All-Japan Championship for high school students /チャンピオンシブス/
インターバル an interval /インタヴァるス/
インターホン an intercom /インタカム/ → interphone より一般的
・インターホンで話す talk over the intercom
インターン an intern /インタ〜ン/
いんたい 引退 retirement /リタイアメント/
引退する retire /リタイア/
・…から引退する retire from 〜
インタビュー an interview /インタヴュー/
インタビューする interview, have an interview (with 〜)
インチ an inch

いんちき → ごまかす (→ ごまかし)
インディアン a native American /ネイティヴ/
インテリア (室内装飾) interior decoration /インティアリア デコレイション/, interior design /ディザイン/
インド India /インディア/
・インドの Indian
・インド人 an Indian
・インド洋 the Indian Ocean
インドネシア Indonesia /インドニーヂャ/
・インドネシアの Indonesian
・インドネシア人 an Indonesian
インフォメーション (情報) information
インプット input /インプト/
・インプットする input
インフルエンザ influenza /インふるエンザ/, (略形) the flu /ふるー/
・インフルエンザにかかる catch influenza
・彼はインフルで寝込んでいる He is in bed with the flu.
・おからだに気をつけてください。今インフルエンザがはやっていますから Take good care of yourself. Influenza is prevailing.
インフレ(ーション) inflation /インふれイション/
いんよう 引用 quotation /クウォウテイション/
引用する quote /クウォウト/
・引用文 a quotation
・引用符 quotation marks
いんりょう 飲料 a drink
・飲料水 drinking water
いんりょく 引力 (物体間の) attraction /アトラクション/; (地球・太陽の) gravitation /グラヴィテイション/

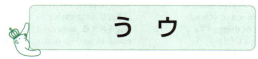

ウィーン Vienna /ヴィエナ/
ウィスキー whisk(e)y /(ホ)ウィスキ/
ウイニングショット a serve［a shot］that determines the result of the game /シャトゥ ディタ〜ミンズ リザるト/ →この意味での「ウイニングショット」は和製英語
ウイルス a virus /ヴァイアラス/
・インフルエンザウイルス the flu virus
・コロナウイルス a coronavirus /コロナヴァイアラス/
・コロナウイルス感染症 coronavirus disease →

2019年に確認された感染症は COVID-19 /コウヴィド ナインティーン/ とも呼ばれる
・コンピューターウイルス a (computer) virus; (有害なソフトウェア) malware /マるウェアー/
ウインク a wink
・…にウィンクする wink at 〜
ウィンタースポーツ a winter sport
ウィンドー a window
ウィンドサーフィン windsurfing /ウィンドサ〜ふぃング/
ウィンドブレーカー a windbreaker /ウィンドブ

forty-nine　49　うき

レイカ/
ウール wool /ウる/
　ウールの woolen /うるン/
ウーロンちゃ ウーロン茶 **oolong** /ウーろーンぐ/

うえ 上

➤（頂上）**the top**
上の upper /アパ/;（年齢が）**older**
上に on; up; above /アバヴ/; **over**
•山の上に　on the top of a mountain
•上の部屋に　in the upper room / in the room upstairs
•地平線の上に　above the horizon
•海の上を飛ぶ　fly over the sea
•あそこの上に何がありますか
What is up there?
•彼は私より年が三つ上です
He is three years older than I am [(話) than me].
•丘の上に家があります
There is a house on the hill.
🐸会話 (エレベーターが)上に行きますか. ―いや, 下です　Is this going up? —No, this is going down.

使い分け

on: 接触を示すが, 必ずしも「上」だけを表さない
He put the book on the desk. (彼は机の上に本を置いた) I put the poster of my favorite baseball player on the wall. (わたしは大好きな野球選手のポスターを壁に貼った)
above: 真上または上の方を指し, 接触はしていない
The birds were flying above the mountains. (その鳥が山の上を飛んでいた)
over: 上におおいかぶさっている状態や上のほうを超えていく動きを表す　接触の有無は問わない. I put a blanket over my baby. (わたしは赤ちゃんに毛布をかけた)

ウェーター a waitperson /ウェイトパ〜スン/, **a server** /サ〜ヴァ/
ウェート weight /ウェイト/
ウエートリフティング weightlifting /ウェイトりふティンぐ/
ウェートレス → ウェーター
ウェーブ（髪の）**wave** /ウェイヴ/
うえき 植木 **a garden plant** /ガードン/
•植木屋　a gardener
•植木鉢　a flowerpot
ウエスト a waist /ウェイスト/
•ウエストが細い[太い]　have a small [large] waist

ウエットティッシュ a（**wet-**）**wipe** /ワイプ/ ➜
「ウエットティッシュ」は和製英語
ウェディング a wedding
•ウェディングドレス　a wedding dress
ウェビナー（ウェブ上で行われる学習会）**a webinar**
/ウェビナー/ ➜ web+seminar から作られた語
•ウェビナーに参加する　attend [participate in] a webinar
うえる¹ 植える　**plant**;（栽培(さいばい)する）**grow** /グロウ/
•庭にバラを植える　plant [grow] roses in the garden;（バラ園をつくる）plant the garden with roses
•私は鉢(はち)にキンセンカの種を植えた
I planted marigold seeds in pots.
うえる² 飢える　**starve** /スターヴ/
　飢え hunger /ハンガ/
•飢え死にする　starve to death / die of hunger
ウォーミングアップ a warm-up /ウォーマプ/
•ウォーミングアップをする　warm up
うおざ 魚座　**Pisces** /パイスィーズ/, **the Fishes** /ふィシズ/
•魚座生まれの人　a Pisces / a Piscean
うがい gargling /ガーグりんぐ/
　うがいする gargle
うかがう¹ 伺う　（訪問する）**visit** /ヴィズィト/
•あすご自宅にうかがいます
I will visit you at your house tomorrow.
うかがう²（たずねる）**ask**
•すみません. おうかがいしたいことがあるのですが
Excuse me. I have something to ask you.
•ちょっとうかがいますが, これは上野行きのバスでしょうか
Excuse me, but is this the bus for Ueno?
うかがう³ 窺う　（機会を）**wait for** /ウェイト/, **watch for** /ワチ/;（観察する）**watch**

うかぶ 浮かぶ

➤（水などに）**float** /ふろウト/
➤（心に）**occur** /オカ〜/
•コルクは水に浮かぶ　Cork floats in water.
•すばらしい考えが彼の頭に浮かんだ
A bright idea occurred to him.
うかべる 浮かべる　**float** /ふろウト/
•ボートを浮かべる　float a boat
•微笑を浮かべて　with a smile
•目に涙を浮かべて　with tears in one's eyes
うかる 受かる　→ ごうかく
うき¹ 浮き　（釣(つ)りの）**a float** /ふろウト/
うき² 雨季　**the rainy season** /レイニ スィーズン/

うきうき 50 fifty

・これらの地方では6月から10月までが雨季です In these regions the rainy season lasts from June to［through］October.
・雨季に入った The rainy season has set in.

うきうき うきうきした **cheerful** /チアふる/, **happy** /ハピ/
うきうきと cheerfully, happily
・私はうきうきしていた
I was very happy. / ひゆ I was floating on air. (空気の上に浮いていた)

会話 彼女, うきうきしてるみたいだね. —デートなんだって She looks happy, doesn't she? —She's going out on a date.

うきぶくろ 浮き袋 a **swimming ring** /スウィミング/, an **inner tube** /イナ テューブ/; (魚の) an **air bladder** /エア ブらダ/

うく 浮く → うかぶ

ウグイス 鶯 (鳥) a **Japanese nightingale** /ナイティンゲイる/

うけいれる 受け入れる **accept** /アクセプト/
・あの病院はいつでも急患(きゅうかん)を受け入れる準備ができている That hospital is always ready to accept emergency cases.
・私は彼らの申し出をありがたく受け入れた
I accepted their offer with thanks.

うけうり 受け売りの **secondhand** /セカンドハンド/
受け売りで secondhand, at second hand

うけざら 受け皿 (容器) a **receptacle** /リセプタクる/; (容器をのせる皿) a **saucer** /ソーサ/

うけつぐ 受け継ぐ **take over, succeed to** /サクスィード/; (性質・遺産などを) **inherit** /インヘリト/
・彼は父のあとを受け継いだ
He succeeded his father.
・彼は父の商売を受け継いだ He took over［succeeded to］his father's business.

うけつける 受け付ける **accept** /アクセプト/; (申込書などを) **receive** /リスィーヴ/
受付 (ホテルなどの) an **information desk** /インふォメイション/, **reception** /リセプション/
・受付係 a receptionist
・受付でお名前を記入してください
Would you sign in at reception?

うけとる 受け取る
➤ **receive** /リスィーヴ/; (承認して) **accept** /アクセプト/

受取(領収書) (a) **receipt** /リスィート/
受取人 a **recipient** /リスィピエント/, a **receiver**
・これはその本の受取(領収書)です

This is a receipt for the book.
・あなたのお手紙はけさ受け取りました
I received your letter this morning.
・こんな高価な贈(おく)り物は受け取れません
I cannot accept such an expensive gift.

うけみ 受け身
❶ **passive** /パスィヴ/;《言語》(受動態) **the passive voice** /パスィヴ ヴォイス/
・受身形の文 a passive sentence
❷《スポーツ》(柔道の) **fall breaking** /ふォーる ブレイキング/

うけもつ 受け持つ **take charge of** /チャーヂ/, **be in charge of**: (教科を) **teach** /ティーチ/ → たんにん
受け持ち charge

うける 受ける
❶ (受け取る) **receive, get**; (応じる) **accept**; (授業などを) **have, take**; (被害などを) **suffer**
❷ (人気を得る) **win popularity**

❶ (受け取る) **receive** /リスィーヴ/, **get**; (応じる) **accept** /アクセプト/; (授業などを) **have, take**; (被害などを) **suffer** /サふァ/
・パーティーに招待を受ける receive an invitation to a party
・英語の授業を受ける have an English lesson
・入学試験を受ける take an entrance examination
・手術を受ける have［undergo］an operation
・大きな損害を受ける suffer great losses
・挑戦を受けて立つ accept a challenge
❷ (人気を得る) **win popularity** /パピュらリティ/, **make a hit**
・そのお笑い芸人の古くさいギャグは全然受けなかった The comedian's old gags didn't make a hit at all.

うごかす 動かす **move** /ムーヴ/; (小さくそっと) **stir** /スタ～/
・君にこの石が動かせますか
Can you move this stone?

うごき 動き (活動) an **activity** /アクティヴィティ/; (傾向(けいこう)) a **trend** /トレンド/
・世界の動き the world trend
・動きがとれない be stuck

うごく 動く
➤ (人・物が) **move** /ムーヴ/
➤ (機械などが) **work** /ワ～ク/, **run**
・動き回る move about
・彼は動くことも□をきくこともできなかった

He could neither move nor speak.
- あの時計は動いていますか

Is that clock working?
- ぼくのおじいさんは 80 歳でまだまだ動き回って元気いっぱいです

My grandfather is still very active at 80.
- すべての機械が動いている[稼動(かどう)中だ]

All the machines are in operation.
- 私がこのプリンターを使うたびに, (つまって)動かなくなる

Every time I use this printer, it jams (up).

ウサギ 兎 《動物》(特にアナウサギ) a **rabbit** /ラビト/; (ノウサギ) a **hare** /ヘア/

ウシ 牛 《動物》(飼い牛・雌牛(めうし)) a **cow** /カウ/; (雄牛(おうし)) a **bull** /ブる/; (荷車用去勢牛) an **ox** (復oxen); (集合的に) **cattle** /キャトる/(複数扱い)
- ウシを飼う keep cows [cattle]
- ウシの乳を絞(しぼ)る milk a cow
- 牛小屋 a cowshed
- ウシがモーと鳴いた The cow mooed.

うしなう 失う

➤ **lose** /るーズ/, (一時的に) **miss**
- 機会を失う lose an opportunity
- 命を失う lose one's life
- 彼は決して希望を失わなかった

He never lost hope.

うしろ 後ろ

➤ **the back**
- 後ろを見る look back
- 後ろから from behind
- 後ろへ backward
- 後ろの席 a back seat
- 私の家の後ろに大きなカシの木がある There is a big oak tree at the back of my house.
- (バスの中で)後ろにお詰めください

Move back, please.
- ぼくは遠ざかる彼女の後ろ姿を見つめていた

I watched her walking away from me.

うしろあし 後ろ足 a **hind leg** /ハインド/
うしろまえ 後ろ前に **back to front** /ふラント/
- 君はセーターを後ろ前に着ているよ

You're wearing your sweater back to front.

うすい 薄い

➤ (厚さが) **thin** /すィン/
➤ (色が) **light** /らイト/, **pale** /ペイる/
➤ (お茶などが) **weak** /ウィーク/
- 薄い氷 thin ice

- 薄いスープ thin soup
- 薄いコーヒー weak coffee
- 薄い青色 light [pale] blue
- パンを薄く切る cut bread into thin slices
- 父の髪の毛はてっぺんがとても薄くなってきました

Father is getting very thin on top.

thin   weak

thick   strong

うずうず …したくてうずうずする **be itching to** do /イチング/, **be impatient to** do /インペイシェント/

うずくまる crouch /クラウチ/, **squat** /スクワト/
うすぐらい 薄暗い **dim** /ディム/, **dusky** /ダスキ/
- 薄暗い所で (→とぼしい光の中で)本を読むのは目に悪い

Reading in poor light is bad for the eyes.
うずまき 渦巻き a **whirlpool** /(ホ)ワ〜るプーる/; (小さな) an **eddy** /エディ/
うずまる 埋まる **be buried** /ベリド/; (おおわれる) **be covered** /カヴァド/ → うまる
うすめる 薄める **thin** [water] **down** /スン/
うずめる 埋める **bury** /ベリ/; (おおう) **cover** /カヴァ/ → うめる

うそ

➤ a **lie** /らイ/
うそをつく lie, **tell** a **lie**
うそつき a **liar** /らイア/
- うそをつくのは悪いことだ

It is wrong to tell a lie.
- それはうそだ It is a lie.
- 君はうそをついている You're lying.
- うそでしょ You're kidding. →「君は冗談を言っている」の意

注意しよう

You're a liar! (君はうそつきだ)というのは, 強い非難のこもったたいへんきついことばなのでめったに使わない. 友達との会話で驚いたときなどの「うっそー!」「冗談でしょ」「まじで?」の意味では You're kidding. のほかに, No kidding!, You must be kidding!, Really? などという

うたう 歌う

> **sing**

歌 a **song**

- いっしょに歌を歌う sing (a song) together
- 彼女に歌を歌ってやる sing her a song / sing a song for her
- ピアノに合わせて［の伴奏で］歌う sing along with [accompanied by] the piano
- 歌を歌って赤ちゃんを寝かしつける sing a baby to sleep →sleep は名詞(眠り)
- 彼女は歌がうまい
She sings beautifully [very well]. / She is a very good singer.
- 私は歌うのはへたですが歌うことは好きです →「歌うこと」は to sing
I like to sing, although I don't sing well.

うたがう 疑う

> **doubt** /ダウト/;（怪しむ）**suspect** /サスペクト/;（疑問に思う）**question** /クウェスチョン/

疑い a **doubt**;（怪しさ）(a) **suspicion** /サスピション/

疑わしい **doubtful** /ダウトふる/; **suspicious** /サスピシャス/

- 疑いもなく without [beyond] doubt
- 私はそれについていろいろ疑いを持っている
I have my doubts about it.
- 彼が来るかどうか疑わしい It is doubtful whether he will come (or not).
- 彼らは彼がそれを盗んだのではないかと疑ったが，無実であることが証明された
They suspected him of stealing it, but he was proved (to be) innocent.
- 私は彼の正直さを疑う I question his honesty.
- 彼は疑い深い He is a skeptic.

使い分け

doubt:「…ではないだろうと思う」ことを意味する I doubt she is telling the truth.（彼女が本当のことを言っているか疑う(彼女は本当のことを言っていないと思う)）
suspect:「…だろうと思う」ことを意味する The detective suspected he was a murderer.（探偵は彼が殺人犯だと思った(彼はどうも殺人犯のようだ)）
question:「（あるものの真実性や良さ，必要性など を)疑問に思う」ことを意味する She questioned whether the drink was good for health.（彼女はその飲み物が健康にいいのか疑問に思った）

うち

① (家) a **house**, a **home**
② (内側) the **inside**

① (家) a **house** /ハウス/, a **home**
うちの （私の）**my**,（私たちの）**our**
うちに （家に）(**at**) **home**, **indoors** /インドーズ/
- うちの学校 our school
- うちに電話する call home →home は副詞(家に)
- 母はうちにいます Mother is in [in the house].
- 私は1日じゅううちにいた
I stayed at home [indoors] all day long.

② (内側) the **inside** /インサイド/
うちに （内側に）**inside**;（中に）**in**;（範囲内に）**within** /ウィずィン/;（期間）**during** /デュアリング/, **while** /(ホ)ワイる/

- 私は1週間のうちに帰って来ます
I will be back within a week.
- 休みのうちにそれを終わらせなければいけません
You must finish it during the holidays.
- 若いうちに一生懸命勉強しなさい
Work hard while you are young.
- その少年たちのうちの一人は英語を話すのがとてもうまかった
One of the boys spoke English very well.
- 10人の少年のうち9人までがそれに賛成した
Nine boys out of ten agreed to it.

うちあける 打ち明ける **confide** /コンふァイド/;（告げる）**tell**
- 友人に秘密を打ち明ける confide a secret to a friend
- 打ち明けて言うと to tell the truth / to be frank with you
- 悩みを人に打ち明けてしまえば，気が楽になるものだ
Tell others about your problem and it won't seem so bad. / A problem shared is a problem halved.（問題が共有されれば問題は半分になる）→英語のことわざ

うちあげる 打ち上げる （ロケットなどを）**send up**, **launch** /ローンチ/;（花火を）**set off**
- 衛星を打ち上げて軌道(きどう)に乗せる
launch a satellite into orbit

うちあわせる 打ち合わせる **make arrangements** (with ~) /アレインヂメント/
打ち合わせ （取り決め）an **arrangement**;（会議）a **meeting** /ミーティング/
- 今度の日曜日に夏の合宿について打ち合わせよう
Let's make arrangements about the summer camp next Sunday.

うちかつ 打ち勝つ **get over; overcome** /オウヴァカム/
- あらゆる困難に打ち勝つ get over [overcome] all difficulties

うちがわ 内側 **the inside** /インサイド/
- 内側も外側も inside and outside
- 戸は内側からかぎがかけてある
The door is locked on [from] the inside.

うちき 内気な **shy** /シャイ/
うちきず 打ち傷 **a bruise** /ブルーズ/
  打ち傷をつける **bruise, get** a **bruise**
うちくだく 打ち砕く **smash** /スマシュ/ → くだく
- 核実験は平和へのわれわれの希望を打ち砕く
Nuclear tests kill our hope for peace.

うちこむ 打ち込む (くぎなどを) **drive** (into ～); (熱中する) **apply** oneself **to** /アプらイ/
- 彼はもっぱらテレビゲームに打ち込んでいる
He is applying himself to video games.

うちとける 打ち解ける **be frank; be unreserved** /アンリザ〜ヴド/
  打ち解けた **frank, unreserved**
  打ち解けて **frankly**
  打ち解けない **reserved, standoffish** /スタンドオーふィシュ/

うちゅう 宇宙
➤ (地球も含めた全世界) **the universe** /ユーニヴァ〜ス/
➤ (大気圏外(けんがい)) **space** /スペイス/
- 宇宙の起源 the origin of the universe
- 宇宙旅行 space travel
- 宇宙旅行をする travel through space
- 宇宙飛行 a space flight
- 宇宙飛行士 an astronaut
- 宇宙ステーション a space station
- 宇宙服 a space suit
- 宇宙船 a spaceship
- 宇宙人 an alien; an extraterrestrial

うちょうてん 有頂天になる **be beside** oneself **with joy** /ビサイド ヂョイ/, **be overjoyed** /オウヴァヂョイド/

うちわ a **fan**
  うちわであおぐ **fan**
- 彼はうちわであおいでいた
He was fanning himself.

うつ 打つ, 撃つ
❶ (たたく) **hit; strike; beat**
❷ (鉄砲を) **shoot**

❶ (たたく, ぶつける) **hit; strike** /ストライク/ → あたる ❶; (連続して) **beat** /ビート/; (打ち込む) **drive** /ドライヴ/

[基本形]
A を打つ
  hit A
A (人)の B (からだの部分)を打つ
  hit A **on** [**in**] **the** B

- ホームランを打つ hit a home run
- げんこつ[棒]でその男を打つ hit [strike, beat] the man with one's fist [a stick]
- 彼の頭を打つ hit him on the head → 頭を強調する時は hit his head
- 太鼓(たいこ)を打つ beat a drum
- くぎを打つ hit [drive] a nail
- 彼は倒れて床で頭を打った
He fell down and hit his head on [against] the floor.
- 私は窓を打つ雨の音を聞いていた
I was listening to the rain beating against [on] the windows.
- その高い木は雷(かみなり)に打たれた → 過去の受け身形
The tall tree was struck by lightning.
[ことわざ] 鉄は熱いうちに打て
Strike while the iron is hot.

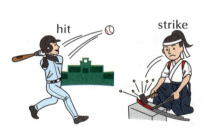

❷ (鉄砲を) **shoot** /シュート/, **fire** /ふアイア/
- 鉄砲を撃つ shoot [fire] a gun
- 的をねらって撃つ shoot at a target
[会話] 手を上げろ. さもないと撃つぞ. —わかった.
撃つな Hands up or I'll shoot. —All right.

うっかり

Don't shoot.
・ハンターたちはライフル銃でクマを撃った
Hunters shot the bear with their rifles.
・クマは頭を撃たれた[撃ち抜かれた] → 過去の受け身形 The bear was shot in [through] the head.
❸ (心を) **move** /ムーヴ/, **impress** /インプレス/, **touch** /タチ/
・その映画は深く私たちの心を打った
The movie moved [touched] us deeply.
・私たちは彼のことばに強く心を打たれた → 過去の受け身形 We were greatly moved [touched, impressed] by his words.
・それは大いに人の胸を打つ話だった
It was a very moving [touching] story.

うっかり (不注意に) **carelessly** /ケアれスリ/; (ぼんやりして) **absent-mindedly** /アブセントマインデドリ/

・うっかり書きあやまって by a slip of the pen
・私はうっかり彼に秘密をもらしてしまった
I carelessly gave him the secret. / I gave away the secret by accident when I met him. / ひゆ I let the cat out of the bag when I met him. → 「中にブタが入っているとごまかして売りつけようとしたが、うっかり袋を開けて中からネコが飛び出してしまった」という話から
・君はなんてうっかり屋なんだろう
How careless you are!
・私はうっかり降りる駅を乗り越して学校に遅刻した
I absent-mindedly went past my stop and was late for school.

うつくしい 美しい

➤ **beautiful** /ビューティふる/
美しく **beautifully**
美しさ **beauty** /ビューティ/
・彼女は声が美しい
She has a beautiful voice.
・(これは)なんて美しい花でしょう
What a beautiful flower (this is)!

うつし 写し a **copy** /カピ/ → コピー

うつす¹ 写す、映す

❶ (写真を) **take a picture**
❷ (文書などを) **copy**
❸ (映写する) **project**

❶ (写真を) **take a picture** /ピクチャ/, **take a photo** /ふォウトウ/, **take a photograph** /ふォウトグラふ/, **photograph**
・彼女の写真を写す take a picture of her / take her picture / photograph her
・写真を写してもらう have *one's* picture taken
・あなたの写真を写してもいいですか May I take your picture? / Can I photograph you?
・彼は自分のカメラで私の写真をたくさん写してくれた He took many pictures [photos] of me with his camera.
・私たちはその丘をバックにして写真を写してもらった We had our picture [photo] taken with the hill as the background.
❷ (文書などを) **copy** /カピ/
・手紙[詩、ページ]を写す copy a letter [a poem, a page]
・われわれはその詩をノートに写した
We copied the poem in our notebooks.
・隣の人の答えを写してはいけない
Don't copy your neighbor's answers.
❸ (反射して映す) **reflect** /リふれクト/; (映写する) **project** /プロチェクト/
・スライドをスクリーンに映す project a slide on [onto] a screen
・画像をスクリーンに映す show an image on the screen
・静かな池が満月を映していた
The still pond reflected the full moon. / (満月が静かな池に映っていた) The full moon was reflected in the still pond.

take / copy

project

うつす² 移す → うつる²

うったえる 訴える

➤ (人・同情などに) **appeal** /アピーる/
➤ (暴力などに) **resort** /リゾート/; (裁判に) **go to law** /ろー/
➤ (痛みなどを) **complain** /コンプれイン/

・武力に訴える appeal to force

- 頭痛を訴える complain of a headache
- 私はみなさんの同情に訴える
I appeal to your sympathy.
- 彼らはそのことで彼を訴えた They went to law against him over the matter.

うっとうしい depressing /ディプレスィングˋ/, **gloomy** /グルーミˋ/; **unpleasant** /アンプˇれズント/

うっとり うっとりした **fascinated** /ふァスィネイテドˇ/, **enchanted** /インチャンテドˇ/
- 観客はそのバレリーナの優雅(ゆうが)な動きにただうっとりしていた
The audience were just enchanted with the graceful movements of the ballerina.

うつぶせに face down /ふェイス ダウン/, on one's face, on one's stomach /スタˇマク/
- うつぶせになる lie on one's stomach / lie (with one's) face down

うつむく hang one's head /ヘド/
- 彼は恥(は)じてうつむいていた
He was hanging his head in shame.

うつりかわり 移り変わり (変化)a **change** /チェインヂˇ/
- 季節の移り変わり the change of seasons

うつる[1] 映る, 写る
❶(反射して見える) **be reflected** /リふれˇクテド/
- 湖に映った富士山 Mt. Fuji reflected in[on] the lake / the reflection of Mt. Fuji in the lake
- 彼はショーウィンドーに映った自分の顔を見た He looked at his face reflected [at his reflection] in the shop window.
❷(写真に) **look** /るˇク/
- この写真のあなたよく写っているじゃない
You look pretty in this picture.

うつる[2] 移る

➤ (移動する) **move** /ムーヴ/
➤ (病気が) **be catching** /キャチングˇ/, **be infectious** /インふェˇクシャス/, **be contagious** /コンテイヂャス/

移す **move**; (病気を) **pass, give**
- 新築の家に移る move into a new house
- インフルエンザは移る病気です Influenza is a catching [an infectious] disease.
- あなたのかぜを子供たちに移さないように気をつけてください Please be careful not to give [pass] your cold to the children.

うで 腕

➤ an **arm** /アーム/

- たがいに腕を組んで arm in arm
- 腕組みをする fold one's arms
- 腕まくりをする pull up one's sleeves
- 腕相撲をする do arm wrestling
- 彼女は腕に買い物かごをさげている She is hanging a shopping basket on her arm.
- 私は彼の腕をつかんだ I took him by the arm.

うでたてふせ 腕立て伏せ **push-up** /プˇシャプ/
- 腕立て伏せをする do push-ups

うでどけい 腕時計 a **wrist watch** /リストˇ ワˇチ/

うでわ 腕輪 (a) **bracelet** /ブˇレイスれト/

うてん 雨天 **rainy weather** /レイニ ウェざˇ/
- 雨天の時は if it rains
- 雨天のために試合は延期された The game was put off on account of the rain.

うとうと うとうとする **nod off, doze off** /ドウˇズ/

うどん udon, **wheat noodles** /(ホ)ウィート ヌードˇるズ/

日本を紹介しよう

うどんはスパゲッティに似ていて、そばより太く、そしてふつう熱いつゆをかけて食べる Udon, wheat noodles, looks like spaghetti, is thicker than soba, and is usually served in hot soup.

ウナギ 鰻 《動物》an **eel** /イーるˇ/
- ウナギのかば焼き broiled eels

うなされる **have** a **nightmare** /ナイトˇメア/

うなずく **nod**
- うなずいて with a nod

うなる (うめく) **groan** /グˇロウン/; (イヌが) **woof** /ウˇふ/

うなり声 a **groan**; (イヌの) a **woof**

ウニ 海胆 《動物》a **sea urchin** /アˇ〜チン/

うぬぼれ **conceit** /コンスィˇート/
うぬぼれている **be conceited**
- 彼はうぬぼれが強い He is full of conceit.
- こんなちっぽけな成功でうぬぼれるんじゃないぞ Don't be conceited after such small success.

うねる (道などが) **wind** /ワインドˇ/; (波が) **roll** /ロウˇる/
- うねる波 rolling waves
- 私たちはうねりくねった小道を歩いて行った
We went along a winding path.

うばう 奪う

➤ (金品を) **rob**; (心・注意を) **absorb** /アブソˇーブ/
- 彼らは私の時計とカメラを奪った
They robbed me of my watch and camera.

うばぐるま 56 fifty-six

→ rob は「人・場所」を目的語にとる
•私は金を全部奪われた
I was robbed of all my money.
•彼はその本にすっかり心を奪われて私のことばが聞こえないらしかった
He was so absorbed in the book that he seemed not to hear my words.

うばぐるま 乳母車 《米》a **baby carriage** /ベイビ キャリヂ/, 《英》a **pram** /プラム/, (折りたたみ式) a **stroller** /ストロウら/, a **pushchair** /プシュチェア/

ウマ 馬 《動物》a **horse** /ホース/
•馬に乗る ride a horse
•馬に乗って行く go on horseback
•馬の子 a colt
•馬小屋 a stable

うまい
➤ **good** (at ～, in ～) → おいしい, じょうず
うまく well
•歌のうまい人 a good singer
•うまくいく(物事が) go well / work out all right; (人と) get along (well) with ～
•彼はテニスがうまい He is a good tennis player. / He is good at tennis.
•彼は私より車の運転がうまい
He is a better driver than I am [《話》than me]. / He can drive a car better than I can [《話》than me].
•彼はとてもうまく英語をしゃべる
He speaks English very well. / He is a good speaker of English.
•彼はとても字がうまい
He writes a very good hand.
•このスープはうまい This soup tastes good.
•彼女は近所の人たちとあまりうまくいっていない
She isn't getting along well with her neighbors.
•そういつもうまい話があるはずはない
ひゆ There's no such thing as a free lunch. (ただの昼めしのようなものはない)
•最後はなにもかもうまくいった
Everything worked out in the end.
参考ことわざ 終わりよければすべてよし All's well that ends well.

うまとび 馬とび(をする) **leapfrog** /リープふラグ/
うまる 埋まる **be buried** /ベリド/; (すきまが) **be filled** /ふィるド/
•たくさんの木の実が枯れ葉の下に埋まっていた We found a large number of nuts buried under

dead leaves.
•会場は熱心なファンで埋まっていた
The hall was filled with enthusiastic fans.

うまれ 生まれ (生まれること, 誕生) **birth** /バ～す/; (…生まれの人) a **native of ～** /ネイティヴ/ → うまれる
生まれつき (性質) **by nature** /ネイチャ/; (生まれた時から) **from birth**
•カリフォルニア生まれの人 a native of California / a native Californian → あとの native は形容詞(…に生まれた)
•生まれながらの役者 a born actor / an actor by birth
•私は生まれつき内気だ I am shy by nature.
•彼女は生まれつき病弱だ
She has been sickly from birth.

うまれる 生まれる
➤ **be born** /ボーン/

基本形 A (年・月・日)に B (場所)で生まれる
be born in B in [on] A → 英語では「場所＋時」の順になる;「年月」の前では in,「日」の前では on

•2005 年[4月1日]に生まれる be born in 2005 [on April 1]
•生まれて初めて for the first time in one's life
•彼らに初めて[今度]生まれた赤ちゃん their first-[new-]born baby
•私は仙台で生まれた[仙台生まれです] I was born in Sendai. / Sendai is my birthplace.
•彼は 2005 年5月1日に東京で生まれた
He was born in Tokyo on May 1 in 2005.
•君はどこでいつ生まれたのですか
Where and when were you born?
•彼らにふたごが生まれた
Twins were born to them.
•これは太宰治の生まれた家です This is the house where Dazai Osamu was born.
•スミスさんの奥さんは来月お子さんがお生まれになるでしょう (→母親になるでしょう)
Mrs. Smith will become a mother next month.

うみ¹ 海
➤ **the sea** /スィー/

海の marine /マリーン/; (海辺の) **seaside** /スィーサイド/
•海の生物(総称的に) marine life
•海の家 a seaside cottage

fifty-seven 57 うりきれる

・海の日　Marine Day
・海へ行く　go to the sea
・海で泳ぐ　swim in the sea
・日本は海に囲まれている
Japan is surrounded by the sea.
・嵐(あらし)のあとで海が荒れている
The sea is rough after the storm.

うみ² (傷などの) **pus** /パス/

うみべ 海辺　**the beach** /ビーチ/, **the seashore** /スィーショー/
・海辺で遊ぶ　play on the beach [the seashore]

うむ¹ 生む　**give birth to** /バ～ス/; (卵を) **lay** /れイ/; (国が偉人などを) **produce** /プロデュース/
・彼女はふたごの女の子を生んだ
She gave birth to twin girls.
・このめんどりはほとんど毎日卵を生みます
This hen lays an egg almost every day.

うむ² (傷などが) **fester** /フェスタ/

ウメ 梅 《植物》an **ume**, a **Japanese apricot** /エイプリカト/
梅干し　an **umeboshi**, **salt plums** /プラムズ/

うめあわせる 埋め合わせる　**make up for**
・健康を失っては何をもってしても埋め合わせることができません
If you lose your health, nothing can make up for it. / Nothing can make up for the loss of your health.

うめく **groan** /グロウン/ → うなる

うめたてる 埋め立てる　**reclaim** /リクれイム/
埋め立て地　(a) **landfill**

うめる 埋める　**bury** /ベリ/; (空白を) **fill**
・その宝物を地中に埋める　bury the treasure in the ground
・適当なことばで空所を埋めなさい
Fill the blanks with suitable words.

うやまう 敬う → そんけい (→ 尊敬する)

うら 裏

➤ **the back**; (服の) **the lining** /らイニング/; (布などの) **the wrong side** /ローング サイド/
➤ (野球の回の) **the bottom** /バトム/
➤ (コインの) **tails** (→ おもて)

・裏口　the back door
・裏庭　the backyard
・裏通り　a back street
・家の裏に　at the back of the house
・上着の裏　the lining of a coat
・(野球で)9回の裏　the bottom of the ninth inning
・裏にも書いてあります(裏側もごらんください)

Please turn over. → P.T.O. と略記する

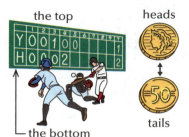

the top / heads / tails / the bottom

うらがえす 裏返す　**turn inside out** /ターン インサイド アウト/, **turn wrong side out** /ローング/
裏返しに **inside out**; (書類など) **face down** /フェイス ダウン/
・靴下を裏返しにはく　wear *one's* socks inside [wrong side] out
・書類を裏返しに置く　put the papers face down

うらぎる 裏切る　**betray** /ビトレイ/
裏切り (a) **betrayal** /ビトレイアる/
裏切り者 a **betrayer**, a **traitor** /トレイタ/
・彼は彼に対する私の信頼を裏切った
He betrayed my trust in him.

うらなう 占う　**tell fortunes** /フォーチュンズ/
占い **fortunetelling** /フォーチュンテリング/
占い師 a **fortuneteller**

うらむ 恨む　**bear** a **grudge** /グラヂ/
恨み a **grudge**
・私は彼になんの恨みも持っていない
I have no grudge against him.

うらやむ **envy** /エンヴィ/, **be envious of** /エンヴィアス/
うらやみ **envy**
・うらやましそうに　enviously
・うらやましがって　out of envy
・私は君がうらやましい　I envy you.

ウラン **uranium** /ユアレイニアム/

ウリ 瓜 《植物》a **melon**
・彼らはうりふたつです　ひゆ　They are as like as two peas. (一つのさやの中の二つの豆のように似ている)

うりきれる 売り切れる　**be sold out** /ソウるド/
掲示　本日売り切れ　Sold out today.
・そのサイズの靴は売り切れました
Shoes of that size are sold out.
・うちではそのサイズは売り切れです
We are sold out of that size.
・(切符売り場などで)もう売り切れました

Sorry, we are sold out.

うりだし 売り出し a **sale** /セイる/
・現在売り出し中 be now on sale
・特価売り出し a bargain sale
・歳末(さいまつ)売り出し the year-end bargain sale

うりば 売り場 (デパートの) a **department** /ディパートメント/; a **section** /セクション/

【会話】食料品売り場はどこですか。—地下1階です Where is the food department? —It's in the first basement.

うりもの 売り物 **goods for sale** /セイる/, **goods on sale**

うる 売る

➤ (売る, 売っている, 売れる) **sell**, (商品を置いている) **have**

> 基本形
> A (品物)を売る
> **sell** A
> A (品物)を B (人)に C (値段)で売る
> **sell** B A **for** [at] C
> **sell** A **to** B **for** [at] C

・彼にバイオリンを売る sell him a violin / sell a violin to him
・それを500円で売る sell it for [at] 500 yen
・あの店はワインを売っている That store sells wine. / They sell wine at that store. / Wine is sold at that store.
・おたくでは切手を売って[置いて]いますか Do you have postage stamps?
・この本はよく[一番よく]売れる This book sells well [best]. / This book is a good [best] seller.
・クーラーがよく[飛ぶように]売れている → 現在進行形 Air conditioners are selling well. / ひゆ Air conditioners are selling like hot cakes. (ホットケーキのように)
・君のバイオリンは少なくとも10万円で売れるだろう Your violin will sell for at least one hundred thousand yen.

うるうどし うるう年 a **leap year** /リープ イア/
うるおう 潤う **moisten** /モイスン/
潤す **moisten**; (化粧品が肌を) **moisturize** /モイスチャライズ/
潤い **moisture** /モイスチャ/

うるさい

❶ (騒々(そうぞう)しい) **noisy**
❷ (好みが) **particular**
❶ (騒々しい) **noisy** /ノイズィ/; (わずらわしい) **an-**

noying /アノイイング/
・うるさい子供たち noisy children
・飛行機の騒音が実にうるさい The noise made by airplanes is very annoying.
・うるさい! (→静かにしろ!) Be quiet!
❷ (好みが) **particular** /パティキュら/, **choosy** /チューズィ/, **fussy** /ふアスィ/
・食べ物にうるさい be particular about food

うるし 漆 (**Japanese**) **lacquer** /らカ/, **japan**

うれしい

➤ **glad** /グらド/, **happy, pleased**
・私はあなたに会えてうれしい I am glad to see you.
・そこで彼に会えるとはうれしかった How happy I was to meet him there!
・うれしいことに, 彼女はパーティーに来てくれた To my delight, she came to the party.
・彼はうれしさのあまり飛び上がった He jumped for joy.

【会話】お若いですね。—ありがとう。うれしいわ You look young. —Thank you. I'm flattered.
→ be flattered は「(ほめことばを言われて)喜ばされる」

うろうろ うろうろする → うろつく
うろこ a **scale** /スケイる/
うろつく **hang around** /アラウンド/, **wander** (**about**) /ワンダ(アバウト)/
・町をうろつく wander (about) the streets

うわー **wow** /ワウ/
うわぎ 上着 (コートもふくむ一般語) a **coat** /コウト/; (腰までの) a **jacket** /チャケト/
うわさ a **rumor** /ルーマ/
うわさする **rumor**
・…といううわさがある There is a rumor [It is rumored] that ～.
【ことわざ】うわさをすれば影とやら Talk of the devil, and here he comes. (悪魔のうわさをすれば, 悪魔が現れるものだ)

うわばき 上ばき (1足) (a **pair of**) **slippers** /(ペア) スリパズ/ → slippers は日本語の「スリッパ」と違って靴の形をしている

うん 運

➤ (運勢) **fortune** /ふォーチュン/; **luck** /らク/
運のよい **fortunate** /ふォーチュネト/; **lucky**
運よく **fortunately**; **luckily**
運の悪い **unfortunate**; **unlucky**
運悪く **unfortunately**; **unluckily**
・運のよい日 a lucky day

fifty-nine   59   えいが

・なんと運のよいことだろう What a good luck! / How lucky I am [you are]!
うんが 運河 a **canal** /カナる/
うんきゅう 運休にする **suspend the service** /サスペンド サ～ヴィス/
うんざり うんざりする（あいそをつかす）**be disgusted (with ～)** /ディスガステド/;（いやになる）**get sick (of ～)** /スィく/
・私は彼の不正直にはうんざりした
I was disgusted with his dishonesty. / His dishonesty disgusted me.
・私はその物語を聞くのはうんざりだ
I am sick of hearing the story. / I have had enough of the story.
うんそう 運送 **transport** /トランスポート/ → ゆそう
・運送店 a freight transporter / a forwarding agent
・運送業 forwarding [freight transport] business
うんちん 運賃（旅客の）a **fare** /フェア/
・バスの運賃 a bus fare
・片道[往復]運賃 a single [return] fare

うんてん 運転
➤（車の）**driving** /ドライヴィング/
➤（機械の）**operation** /アペレイション/
運転する drive; operate /アペレイト/
運転手 a driver
・酔(よ)っ払い運転 《米》drunk driving / 《英》drinking and driving
・自動車を運転する drive a car
・彼は運転がうまい He is a good driver.

うんどう 運動
➤（体育）**exercise** /エクササイズ/
➤（政治的・文化的な）a **movement** /ムーヴメント/, a **campaign** /キャンペイン/
➤（物理）**motion** /モウション/（運動の）**kinetic** /カネティク/
・運動をする take [do] exercise → 一般的に「運動」という時は ✕ an exercise, ✕ exercises としない
・運動会 an athletic meet [meeting]
・運動競技 athletic sports
・運動場 a playground
・運動靴(1足) (a pair of) sneakers [sports shoes]
・運動部 an athletic club
・基金集めの運動を始める start a campaign for funds
・私は毎日腕立て伏せや腹筋運動やその他の運動をします I do push-ups, sit-ups, and other exercises every day.
・ニュートンの運動の法則 Newton's laws of motion
うんめい 運命（宿命）**destiny** /デスティニ/;（おもに悪い）**fate** /フェイト/;（一身上の）a **lot**
・彼は自分の運命に満足している
He is contented with his lot.

え エ

え¹ 絵
➤ a **picture** /ピクチャ/;（ペン・鉛筆(えんぴつ)・クレヨンなどでかいた）a **drawing** /ドローイング/;（絵の具でかいた）a **painting** /ペインティング/
・絵手紙 a card with a picture
・絵日記 a picture diary
・絵文字 a pictograph
・絵をかく draw a picture / paint a picture
・彼は絵をかくことが好きだ
He is fond of painting.
・この絵はだれがかいたのですか
Who painted this picture?
え² 柄 a **handle**;（握(にぎ)り）a **grip**

エアコン（装置）an **air conditioner** /エア コンディショナ/
エアロビクス aerobics /エアロウビクス/
えいえん 永遠 **eternity** /イタ～ニティ/
永遠の eternal /イタ～ヌる/
永遠に eternally; forever /フォレヴァ/

えいが 映画
➤ a **movie** /ムーヴィ/, a **film**;（総称的に）**the movies**
・映画館 《米》a movie theater / 《英》a cinema
・映画スター a film star
・二本立ての映画 a double bill [feature]
・映画を見に行く go to the movies

えいかいわ　60　sixty

・私はきのうヘレンケラーの映画を見に行った
I went to see a movie about Helen Keller yesterday.

えいかいわ 英会話 **conversation in English** /カンヴァセイション/; **conversational English** /カンヴァセイショヌる/

えいきゅう 永久 → えいえん

えいきょう 影響

➤ **influence** /インふるエンス/ → ため ❷

影響を与える　influence, have influence (on ～)

影響を受ける　be influenced

・子供に対する母親の影響　a mother's influence on her children

・彼は生徒たちに大きな影響を与えた
He had a great influence on his students.

・台風の影響で羽田発着の便は全部ストップしている
All air services to and from Haneda have stopped because of the typhoon.

えいぎょう 営業している **be open**

・営業時間　opening hours

掲示 営業時間午前9時から午後5時
Open from 9:00 a.m. to 5:00 p.m.

えいご 英語

➤ **English** → えいぶん, えいやく

・英語を話す国民　an English-speaking people

・英語の授業　an English lesson

・英語の先生　a teacher of English / an English teacher → an English teacher は English のほうを teacher よりも強く発音する; 逆の場合は「イングランド人の先生」の意味になる

・英語の試験　an English exam / an examination in English

・君は英語で手紙が書けますか
Can you write a letter in English?

・この話はやさしい英語で書いてある
This story is written in easy English.

・この花は英語で何と言うのですか
What do you call this flower in English? / What is this flower called in English?

・日本語の「おはよう」に対する英語は何ですか
What is the English for the Japanese word "Ohayo"? / How do you say the Japanese word "Ohayo" in English?

えいこう 栄光 **glory** /グローリ/

えいこく 英国 (**Great**) **Britain** /(グレイト) ブリテン/, **the United Kingdom** /ユーナイテド キングダム/ → イギリス

えいさくぶん 英作文 **English composition** /カンポズィション/

えいじしんぶん 英字新聞 **an English paper** /ペイパ/

えいしゃ 映写する **project** /プロヂェクト/

・映写機　a projector

えいじゅう 永住する **settle down** (**permanently**) /セトる ダウン (パ～マネントり)/

エイズ **AIDS** → **acquired immune deficiency syndrome** (後天性免疫不全症候群)の略

・エイズ患者　an AIDS patient / a person with AIDS

・エイズにかかっている[かかる]　have [get] AIDS

えいせい¹ 衛生 **hygiene** /ハイヂーン/

衛生的な **sanitary** /サニテリ/, **hygienic** /ハイヂェニク/

えいせい² 衛星 **a satellite** /サテライト/

・人工衛星　an artificial satellite

・衛星国[都市]　a satellite state [town]

・衛星放送[中継]　satellite broadcasting [telecast]

・人工衛星を軌道(きどう)に打ち上げる　launch an artificial satellite into orbit

・この番組は東京からニューヨークとロンドンへ衛星生中継されている　This program is being broadcast live via satellite from Tokyo to New York and London.

えいせいほうそう 衛星放送 **satellite broadcasting** /サテライト ブロードキャスティング/, **satellite TV**

えいぞう 映像 (テレビ・映画の) **a picture** /ピクチャ/; (鏡の) **an image** /イメヂ/

エイプリルフール (4月馬鹿の日) **April Fools' Day** /エイプリる ふ～るズ/

えいぶん 英文 (英語) **English**

・英文法　English grammar

・英文和訳　the translation of English into Japanese

えいやく 英訳 **English translation** /トランスれイション/ → やく², やくす

・日本小説の英訳　the English translation of a Japanese novel

・次の和文を英訳せよ　Translate [Put] the following Japanese into English.

えいゆう 英雄 (男) **a hero** /ヒーロウ/; (女) **a heroine** /ヘロウイン/

えいよう 栄養 **nourishment** /ナ～リシュメント/

栄養のある **nourishing, nutritious** /ニュートリシャス/

栄養を与える **nourish** /ナ～リシュ/

えいわ 英和辞典 an **English-Japanese dictionary** /ディクショネリ/

ええ (答え・返事で)→はい³; (ことばにつかえた時) **er** /ア〜/

エース an **ace** /エイス/
・彼はタイガースのエースだ
He is the Tigers' ace pitcher.

ええと let me see →あのう
🗨会話 それはいくらでした？ —ええと, 2,500円でした How much was it? —Let me see, it was two thousand five hundred yen.

えがお 笑顔 a **smile** /スマイる/, a **smiling face** /ふェイス/
・笑顔で with a smile

えがく 描く (ペン・鉛筆(えんぴつ)・クレヨンなどで) **draw** /ドロー/; (絵の具で) **paint** /ペイント/; (描写する) **describe** /ディスクライブ/

draw　　　　paint

えき 駅
➤ a (**railroad**) **station** /(レイるロウド) ステイション/
・駅長 a stationmaster
・駅員 a station employee
・東京駅 Tokyo Station
・駅へ行く道を教えてください
Please show me the way to the station.
・私は次の駅で降ります
I get off at the next station.

エキサイトする get **excited** /イクサイテド/

えきしょうディスプレー 液晶ディスプレー a **liquid crystal display** /リクウィド クリストる ディスプれイ/, an **LCD**

エキスパート an **expert** /エクスパ〜ト/

えきたい 液体 (a) **liquid** /リクウィド/

えきでん 駅伝競走 an *ekiden*, a **long-distance relay road race** /ろーン�グディスタンス リーれイ ロウド レイス/

えきびょう 疫病 **plague** /プれイグ/, **epidemic** /エピデミク/

えくぼ a **dimple** /ディンプる/

エゴイスト an **egoist** /イーゴウイスト/

エコー (超音波を用いた体の検査) (**ultra**)**sonography** /(アるトラ)ソナグラふィ/

えこひいき **partiality** /パーシアリティ/
えこひいきの **partial** /パーシャる/
・えこひいきのない impartial

エコロジー (生態学) **ecology** /イカロヂ/

えさ (飼料) a **feed** /ふィード/; (釣(つ)りの) **bait** /ベイト/

えさをやる, えさを食べる **feed**
・ブタにえさをやる feed the pigs / give the pigs a feed
・ニワトリが庭でえさを食べている
The chickens are feeding in the yard.
・ハトがえさをもらうために舞(ま)い降りて来た
Pigeons came flying down to be fed.

えじき (a) **prey** /プレイ/
・…のえじきになる fall prey to 〜

エジプト **Egypt** /イーヂプト/
・エジプトの Egyptian
・エジプト人 an Egyptian

エスエスディー an **SSD**, a **solid state drive** /サリド ステイト ドライヴ/ →フラッシュメモリーなどの半導体メモリを用いた記憶装置

エスエヌエス (an) **SNS**→ソーシャル・ネットワーキング・サービス

エスオーエス **SOS**
・エスオーエスを発する send out an SOS

エスカレーター an **escalator** /エスカれイタ/
・エスカレーターに乗る (利用する) take an escalator; (動作) get on an escalator

エスキモー an **Eskimo** /エスキモウ/ →今は an **Inuit** /イヌイト/ というほうがふつう

エスケープキー the **escape key** /イスケイプ キー/

エスディージーズ **SDGs** →sustainable development goals /サステイナブる ディヴェろプメント ゴウるズ/ (持続可能な開発目標)を略したもの. 国連が定めた

エスペラント **Esperanto** /エスペラントウ/

えだ 枝 a **branch** /ブランチ/; (大枝) a **bough** /バウ/; (小枝) a **twig** /トウィグ/

えたい 得体の知れない (物) **strange-looking** /ストレインヂるキング/; (人) **mysterious** /ミスティアリアス/
・得体の知れない物[人] a nondescript / (物) a strange-looking object / (人) a mysterious person

エタノール **ethanol** /エさノウる/

エチケット 62 sixty-two

え

エチケット etiquette /エティケト/
- エチケットを守る follow etiquette
- そうすることはエチケットに反する
It is against etiquette to do so.

えっ (聞き返す時) **Sorry?** /サリ/ (↗), **Pardon?** /パードン/ (↗); (軽く驚いて) **huh** /ハ/ (↗), **what** /(ホ)ワト/ (↗)

エックスせん エックス線 **X-rays** /エクスレイズ/
- 胸部のエックス線写真 an X-ray photograph of the lungs

エッセー an essay /エセイ/

エッセンシャルワーカー an essential worker /イセンシャる ワーカ/ → 医療関係、警官、生活必需品の販売、配達など社会を維持していくのに不可欠な仕事をしている人たちのこと

エッチな lecherous /れチャラス/ → 「エッチ」は日本語の *hentai* (変態)の頭文字から
- …をエッチな目つきで見る
give ~ a lecherous look

エネルギー energy /エナヂ/
エネルギーの(ある) energetic /エナヂェティク/
- 原子力エネルギー atomic energy
- 再生可能エネルギー renewable energy /リニューアブる エナヂ/

えのぐ 絵の具 **colors** /カらズ/, **paints** /ペインツ/
- 水彩絵の具 watercolors
- 油絵の具 oils
- 絵の具箱 a paintbox
- 彼は油絵の具で絵をかいた
He painted a picture in oils.

えはがき 絵はがき **a picture postcard** /ピクチャ ポウストカード/

エビ 海老 《動物》(イセエビの類) **a lobster** /らブスタ/; (クルマエビの類) **a prawn** /プローン/; (小エビ) **a shrimp** /シュリンプ/
- エビフライ a fried prawn
ことわざ 海老で鯛(たい)を釣(つ)る throw out a sprat to catch a mackerel (サバをとるためにニシンを投げ与える)

エピソード an episode /エピソウド/

エフエム FM
- エフエム放送 an FM broadcast

えふで 絵筆 **a paintbrush** /ペイントブラシュ/

エプロン an apron /エイプロン/; 《英》(とくに胸当てのあるもの) **a pinafore** /ピナふォー/

エベレスト Mt. Everest /マウント エヴェレスト/ → チベット語名は Chomolungma

エポキシじゅし エポキシ樹脂 **epoxy resin** /エパークシ レズィン/
- エポキシ接着剤 epoxy adhesive [glue]

えほん 絵本 **a picture book** /ピクチャ/

エムアールアイ MRI → **magnetic resonance imaging** (核磁気共鳴画像法)の略. 医療用の画像技術

えもの 獲物 (鳥・獣) **a game**; (魚) **a catch** /キャチ/

えら (魚の) **gills** /ギるズ/

エラー an error /エラ/
- エラーをする make an error

えらい 偉い **great** /グレイト/ → すごい, ひどい
- 彼は偉い科学者になるだろう
He will become a great scientist.
- 偉そうなことを言うな
ひゆ Who do you think you are? (自分がだれだと思っているのか)

えらぶ 選ぶ

➤ **choose** /チューズ/; (よりすぐる) **select** /セれクト/; (選出する) **elect** /イれクト/

基本形
A を選ぶ
　choose A
A (人)を B (議員など)に選ぶ
　elect A B
A (人)のために B (物)を選ぶ
　choose B **for** A

- 本[友達]を選ぶ choose a book [one's friends]
- 大統領[新市長]を選ぶ elect a President [a new mayor]
- たくさんの作品から一番すぐれたものを選ぶ
select the best (from) among many works
- 彼女を議長に選ぶ elect her [choose her as] chair → chair のような役職名の時は ×a, ×the をつけない
- 彼女にすてきなプレゼントを選ぶ choose [select] a nice present for her / choose her a nice present
- コーヒーか紅茶かどちらか選ぶ choose between coffee and tea
- 慎重(しんちょう)に友達を選びなさい Choose your friends carefully. / Be careful in your choice of friends [in choosing your friends].
- 私たちは彼女をクラス委員に選んだ
We elected [chose] her class officer.
- だれが大統領に選ばれるだろうか → 受け身形 Who will be elected President?
- ぼくにいいのを選んでください
Choose me a good one, please. / Choose a good one for me, please.
- 私は父のためにすてきなネクタイを選んだ
I selected a nice tie for my father.

使い分け

choose:「選ぶ」のもっとも広い意味を指す
select: 多くのものの中から一番良いものを慎重に「選ぶ」こと
elect: 選挙などで「選出する」こと

えり 襟 a **collar** /カら/; (返し襟) a **lapel** /らペる/

エリート an **elite** /エリート/ →一人でなく集団をさす
・社会のエリート(たち) the elite of society
・彼女は自分をエリートだと思っている
She considers herself to be one of the elite.

えりごのみ えり好みする **be choosy** (about ~) /チューズィ/, **be particular** (about ~) /パティキュら/

えりまき 襟巻き a **scarf** /スカーふ/
・彼女は襟巻きをしている She has [is wearing] a scarf around her neck.

える 得る

➤ **get**: (望むものを) **obtain** /オブテイン/; (努力して) **gain** /ゲイン/; (報酬として) **earn** /ア～ン/
・職を得る get a job
・いい給料を得る get [earn] a good salary
・そうやってみても君は何も得るものがないだろう
You'll gain nothing by doing so.
・君の苦しい経験から得たものを活用しなさい
Make use of what you've learned from your hard experience.

使い分け

get: 何かを与えられたり, 購入することで「得る」こと, 最も広い意味での「得る」
obtain: 何かを望んで「得る」ことの形式ばった言い方
gain: ある能力や性質など価値のあるものを努力して「得る」
earn: 働くことでお金を「得る」

エルイーディー an **LED** →a light emitting diode /らイト イミティンぐ ダイオウド/ の略
・LED 懐中(かいちゅう)電灯 an LED torch / an LED flashlight

エルサイズ L サイズ **large size**
・L サイズのシャツ a large-sized shirt

カタカナ語！ L サイズ

「L サイズ, M サイズ」を ×L size, ×M size としないこと. 英語では略さずにそれぞれ **large size**, **medium size** という. 形容詞にする時は **large-sized**, **medium-sized** という.「このシャツは L サイズですか」は Is this shirt large size? あるいは Is this a large-sized shirt?

エルディーケー …LDK → 下のコラムを参照

カタカナ語！ LDK

LDK は **l**iving-**d**ining-**k**itchen の頭文字をとったもので居間・食堂・台所に仕切りをおかない部屋のつくりをいうが, これはもちろん和製英語.「私の家は 3LDK です」を My house has 3LDK. といっても通じない. 英語では bedroom の数で間取りを表現するのがふつうだから My house has three bedrooms. といったほうが正しいイメージを伝えることができる

エレキ(ギター) an **electric guitar** /イれクトリク/

エレクトーン an **electric organ** /イれクトリク オーガン/ →Electone は商標名

エレベーター 《米》an **elevator** /エれヴェイタ/, 《英》a **lift**
・エレベーターで上がる[下がる] go up [down] in an elevator

えん¹ 円
❶ (丸) a **circle** /サ～クる/ → わ¹
・円グラフ a circle graph
・円を描く draw a circle
・円になって in a circle
❷ (貨幣(かへい)の単位) **yen** /イェン/ →複数の数字のあとにつけても ×yens としない; ¥という記号を使うこともある

会話 このセーターはいくらですか. —8千円です
How much is this sweater? —It's 8,000 yen [¥8,000].
・円高[円安]で困る人も出るでしょう
The strong [weak] yen will get some (people) into trouble.

えん² 園 → どうぶつえん, ゆうえんち, ようちえん

えん³ 縁を切る (夫婦の) **divorce** /ディヴォース/; (親子の) **disown** /ディスオウン/

えんかい 宴会 a **dinner party** /ディナ パーティ/; (豪華(ごうか)な, スピーチなどのふくまれる正式な) a **banquet** /バンクウェット/

えんかナトリウム 塩化ナトリウム **sodium chloride** /ソウディアム クろーライド/

えんがわ 縁側 a **veranda** /ヴェランダ/

えんがん 沿岸 a **coast** /コウスト/
沿岸の **coastal**
・沿岸を航行する sail along the coast
・太平洋沿岸に on the Pacific coast

えんき 延期 **postponement** /ポウス(ト)ポウンメント/
延期する **postpone** /ポウス(ト)ポウン/, **put off**

えんぎ　64　sixty-four

・会は来週まで延期されるでしょう
The meeting will be postponed ［put off］ till next week.

えんぎ[1] 演技 a **performance** /パフォーマンス/
・すばらしい体操の演技 a splendid gymnastic performance

えんぎ[2] 縁起 an **omen** /オウメン/
・縁起がいい[悪い] be lucky [unlucky]

えんげい[1] 園芸 **gardening** /ガードニング/

えんげい[2] 演芸 **entertainments** /エンタテインメンツ/; (寄席(ょせ)演芸) a **variety show** /ヴァライエティ/
・演芸場 《米》a variety theater / 《英》a music hall, a variety hall

えんげき 演劇 a **drama** /ドラーマ/; (芝居) a **play**

えんさん 塩酸 **hydrochloric acid** /ハイドロウクろーリク アスィド/

えんし 遠視の **longsighted** /ろーングサイテド/, **farsighted** /ふァーサイテド/

エンジニア an **engineer** /エンヂニア/

えんしゅう 円周 **the circumference** /サカンふァレンス/
・円周率 pi /パイ/ → 記号π

えんしゅつ 演出する **direct** /ディレクト/
・演出家 a director

えんじょ 援助 **help**, **assistance** /アスィスタンス/, **aid** /エイド/
援助する **help**, **assist**, **aid**
・援助を求める ask for help [assistance]
・父が亡くなってからおじが経済的援助を与えてくれている
My uncle has been giving us financial help since my father died.

えんじる 演じる **act**, **play** /ブれイ/ → やく[1]
・彼はハムレットの役を演じた
He acted [played] the part of Hamlet.

エンジン an **engine** /エンヂン/
・エンジンをかける[止める] start [stop] the engine

えんしんりょく 遠心力 **centrifugal force** /セントリふュグる ふォース/

えんすい 円錐 a **cone** /コウン/

えんせい 遠征(隊) an **expedition** /エクスペディション/
・ヒマラヤへ遠征する make an expedition to the Himalayas
・(スポーツの)遠征チーム a visiting team
・遠征試合 an away game [match]
・私たちは野球の試合で W 中学に遠征した
We visited W Junior High School to have a

baseball game with them.

えんぜつ 演説 a **speech** /スピーチ/
演説をする **make** a **speech**

えんせん 沿線に **along** a **railroad line** /レイるロウド/, **near** a **railroad line**
・私は東武線の沿線に住んでいます
I live near the Tobu line.

えんそう 演奏 a (**musical**) **performance** /(ミューズィカる) パふォーマンス/
演奏する **perform** /パふォーム/, **play** /ブれイ/
・演奏会 a concert; (個人の) a recital
・演奏者 a player / a performer
・ピアノを演奏する play the piano
・そのバンドは毎週土曜日午後に公園で野外演奏をする The band plays in the open air [gives an open-air performance] in the park every Saturday afternoon.

えんそく 遠足 (主として学校のもの) a **field trip** /ふィーるド トリプ/, a **school trip**; (小旅行一般) an **excursion** /イクスカ〜ジョン/,
遠足に行く **go on** an **excursion**, **make** an **excursion**
・私は学校の遠足で箱根へ行ったことがあります I have been to Hakone on a school excursion.
・私たちは遠足で森に行った We took a field trip to the forest.

えんだん[1] 演壇 a **platform** /ブらトふォーム/, a **podium** /ポウディアム/

えんだん[2] 縁談 (結婚の申し込み) a **proposal of marriage** /プロポウザる マリヂ/

えんちゅう 円柱 a **column** /カらム/

えんちょう[1] 園長 **the head** /ヘド/
・幼稚園の園長 the head of a kindergarten

えんちょう[2] 延長 **extension** /イクステンション/
延長する **extend** /イクステンド/
・(野球で)延長戦に入る go into extra innings
・彼らは滞在(たいざい)をさらに 1 か月延長した
They extended their stay for another month.

えんとう 円筒 a **cylinder** /スィリンダ/

エンドウ 豌豆 《植物》a **pea** /ピー/

えんとつ 煙突 a **chimney** /チムニ/

えんばん 円盤 (競技用)a **discus** /ディスカス/
・円盤投げ the discus throw
・円盤投げ選手 a discus thrower
・空飛ぶ円盤 a flying saucer

えんぴつ 鉛筆

➤ a **pencil** /ペンする/
・鉛筆箱 a pencil case

sixty-five　65　おうえん

- 鉛筆削(けず)り　a pencil sharpener
- 赤[青]鉛筆　a red [blue] pencil
- HB の鉛筆　an HB pencil
- 鉛筆で印をつける　mark with a pencil
- 鉛筆で書く　write with a pencil / (鉛筆書きにする) write in pencil
- 鉛筆を削る　sharpen a pencil

えんぶん 塩分　**salt** /ソールト/

えんまん 円満な (平和的な) **peaceful** /ピースふる/; (幸福な) **happy**; (あいそのよい) **affable** /アふァブる/

- 円満な解決　a peaceful settlement
- 円満な家庭　a peaceful [happy] home

えんりょ 遠慮　**reserve** /リザ〜ヴ/

遠慮する **be reserved** /リザ〜ヴド/

- 遠慮なく　without reserve
- ことば[態度]が遠慮がちだ　be reserved in speech [manners]

掲示 ピクニック区域でのペットの運動はご遠慮ください　Do not exercise pets in picnic areas.

お　オ

お 尾　**a tail** /テイる/

オアシス an **oasis** /オウエイスィス/ (複 **oases** /オウエイスィーズ/)

おあずけ (イヌに向かって) **Stay!** /ステイ/

おい¹ 甥　**a nephew** /ネふュー/

おい² (呼びかける時) **Hi!** /ハイ/; (注意をひく時) **Look!** /るク/

- おい, みんな!　Hi, everybody!
- おい, 太郎, どこへ行くんだい

Hi, Taro! Where are you going?

- おい, それおまえのセーターじゃないよ

Look! That's not your sweater.

おいかける 追いかける　**run after**; **chase** /チェイス/

おいこす 追い越す　**pass**, **overtake** /オウヴァテイク/, **outrun** /アウトラン/; (質・量などで) **excel** /イクセる/, **surpass** /サパス/

掲示 追い越し禁止　《米》No passing. / 《英》No overtaking.

- その車はトラックを追い越そうとした

The car tried to pass the truck.

- テニスの腕前では彼は兄を追い越した　He has excelled [has surpassed] his brother at tennis. / He is better than his brother at tennis.

おいしい

➤ **delicious** /ディリシャス/, **nice** /ナイス/, **good**; 《小児語》**yummy** /ヤミ/

- おいしいケーキ　a delicious cake
- このスープはとてもおいしい

This soup tastes very nice [good].

- おいしーい!　Delicious! / Yummy!
- 両方おいしい思いはできない(どちらかはあきらめなければならない)　You cannot have it both ways. / ひゆ You cannot eat your cake and have it. (ケーキを食べて, そのケーキを持っていることはできない)

おいだす 追い出す　**drive out** /ドライヴ/

- 庭からネコを追い出す　drive a cat out of the garden

おいたち 生い立ち (経歴) one's **personal history** /パ〜ソヌる ヒストリ/; (幼年時代) one's **childhood** /チャイるドフド/

おいつく 追い付く　**catch up** (with 〜) /キャチ/

- 先に行ってくれ. すぐ追い付くから

Go on ahead. I'll soon catch you up [catch up with you].

おいはらう 追い払う　**drive away** /ドライヴ アウェイ/

オイル oil

おう¹ 王　**a king** → 現在の国王は大文字で the King と書く

おう² 追う

➤ (追い求める) **follow** /ふァろウ/ → おいかける

- 流行を追う　follow the fashion
- 時間[仕事]に追われる　be pressed for time [with work]

おう³ 負う (になう) **bear** /ベア/; (責任を) **take** /テイク/ → おかげ

- 背中に重荷を負う　bear a heavy load on one's back
- その事故に対しては会社が全責任を負います

The company will take full responsibility for the accident.

おうえん 応援 (声援) **cheering** /チアリング/, **rooting** /ルーティング/; (助け) **help**

応援する **cheer** /チア/, **root for** /ルート/; (助け

おうかん 王冠 a **crown** /クラウン/
おうぎ 扇（うちわ）a **fan**;（せんす）a **folding fan** /ふォウるディンぐ/ → うちわ
おうきゅう 応急の **first-aid** /ふァ〜ステイド/ → きゅうきゅう
・(負傷などの)応急手当 first aid / first-aid treatment
・負傷者に応急手当をする give first aid [apply first-aid treatment] to a wounded person
おうこく 王国 a **kingdom** /キンぐダム/
おうごん 黄金 **gold**
 黄金の **golden** /ゴウるドン/
・黄金時代 the golden age
おうし 雄牛《動物》a **bull** /ブる/;（去勢された）an **ox**（複）oxen /アクスン/）→ ウシ
おうじ 王子 a **prince**
おうしざ 牡牛座 **Taurus** /トーラス/, **the Bull** /ブる/
・牡牛座生まれの人 a Taurus / a Taurean
おうじょ 王女 a **princess** /プリンセス/
おうしょくじんしゅ 黄色人種 **the yellow race** /イェろウ レイス/
おうじる 応じる（承諾(しょうだく)する）**accept** /アクセプト/;（需要(じゅよう)などに）**meet** /ミート/
 …に応じて **according to ~** /アコーディンぐ/
・事情に応じて according to circumstances
・パーティーの招待に応じる accept an invitation to a party
・時代の要請(ようせい)に応じる
meet the needs of the time
・素材に応じてデザインを決める make designs according to materials
おうしん 往診 a **doctor's visit** (to a patient) /ダクタズ ヴィズィット (ペイシェント)/
・往診する go and see a patient
・往診してもらう have the doctor come and see the patient
おうせつま 応接間 a **parlor** /パーら/, a **drawing room** /ドローインぐ/
おうだん 横断 **crossing** /クロースィンぐ/
 横断する **cross, go across**
・横断歩道 a crosswalk;（白の横平行線で表示してある）a zebra crossing / a street crossing
・道路を横断する cross a street / go across a street
・アメリカを横断する(→沿岸から沿岸まで)旅行する travel America from coast to coast
・走って道路を横断してはいけません
Don't run across a street.
・表示された横断歩道のない所で道路を横断してはいけない You shouldn't cross a street where there is no marked crosswalk.

ニューヨークの横断歩道

おうひ 王妃 a **queen** /クウィーン/
おうふく 往復する **go and return** /リタ〜ン/
・往復切符 《米》a round-trip ticket / 《英》a return ticket
・往復はがき a postcard with a reply-paid postcard attached
・そこへ歩いて行くには往復1時間かかる
It takes an hour to walk there and back.
・私は学校への往復にその橋を渡る I cross the bridge on my way to and from school.
・その二つの村の間をバスが1日3回往復している
A bus makes three round trips a day between the two villages.
おうべい 欧米 **Europe and America** /ユアロプ/
・欧米諸国 countries in Europe and America
・欧米人 Europeans and Americans
おうぼ 応募 (an) **application** /アプりケイション/
 応募する **apply** (for ~) /アプらイ/; **enter** (for ~)
・応募者 an applicant
・その仕事に応募する apply for the job
・懸賞(けんしょう)論文に応募する
enter for the essay contest
オウム 鸚鵡《鳥》a **parrot** /パロト/
おうめん 凹面の **concave** /コンケイヴ/
・凹面鏡 a concave mirror
おうよう 応用 **application** /アプりケイション/
 応用する **apply** /アプらイ/
 応用できる **applicable** /アプりカブる/

sixty-seven　**67**　おおきい

・この原理はこの場合に応用できますか
Can you apply this theory to this case? /
Is this theory applicable to this case?

おうれんず 凹レンズ a **concave lens** /コンケイヴ
れんズ/

おえる　終える

➤ **finish** /ふィニシュ/; **get through** (**with**) /す
ルー/, **be through with**; (仕上げる) **com-
plete** /コンプリート/

・本を読み終える　finish (reading) a book ➔
✕ finish *to read* a book としない
・手紙を書き終える　finish (writing) a letter
・彼は夕食の前に宿題を終えた
He finished his homework before supper.
・君はその仕事を2時間で終えることができますか
Can you complete the work in two hours?
・君はもう宿題を終えたかい ➔ 現在完了
Have you finished your homework yet? /
Are you through with your homework yet?
・その新聞読み終えたら私にください
When you are through with the newspaper,
give it to me, please.

おおあめ 大雨 **heavy rain** /ヘヴィ レイン/
おおい¹ 覆い a **cover** /カヴァ/

おおい²　多い

➤ (数が) **many** /メニ/, **a lot of**
➤ (量が) **much** /マチ/, **a lot of**
➤ (回数が) **frequent** /ふリークウェント/

・そのように言う人が多い　There are many peo-
ple who say so. / Many people say so.
・彼は家族が多い　He has a large family.
・冬になるとこのあたりは雪が多い　We have a lot
of snow [much snow] here in winter.
・この地域にはサクラの木が多い　There are a lot
of [many] cherry trees in this area.
・近ごろは交通事故が多い　There are frequent
traffic accidents these days. / Traffic acci-
dents are frequent these days.
・きょうは交通量[人通り]が多い　There is heavy
traffic today. / The traffic is heavy today.

おおいに 大いに **very much**, **a great deal** /グレ
イト ディーる/
・彼はそのことに大いに関係があると私は思う
I think that he has much [a great deal] to do
with the matter.

おおう　覆う

➤ **cover** /カヴァ/

基本形	
A を覆う	
	cover A
A を B で覆う	
	cover A **with** B
B で覆われている	
	be covered with B

・両手で耳[顔]を覆う　cover *one's* ears [face]
with *one's* hands
・地面は一面雪で覆われている ➔ 受け身形
The ground is covered with snow.
・山の頂上はまもなく雪で覆われるでしょう
The top of the mountain will soon be cov-
ered with snow.
・家具はすっかりほこりで覆われていた
All the furniture was covered with dust.

オーエル an **office worker** ➔ ✕ *OL* (= *office
lady*) は和製英語; office worker は女性にも男性に
も使う

おおがた 大型 a **large size** /らーヂ サイズ/
大型の　large, **big**, **large-sized**

オオカミ 狼 《動物》a **wolf** /ウるふ/ (複 wolves
/ウるヴズ/)

おおかれすくなかれ 多かれ少なかれ **more or
less** /モー れス/

おおきい　大きい, 大きな

➤ (どっしりと大きい) **big**; (広さ・容積が) **large**
/らーヂ/
➤ (偉大な) **great** /グレイト/; (巨大な) **huge**
/ヒューヂ/
➤ (背が高い) **tall**; (幅が) **wide** /ワイド/
➤ (声が) **loud** /らウド/

・われわれの学校の前に大きい木があります
There is a big tree in front of our school.
・世界で一番大きい都市はどこですか
What is the largest city in the world?
・彼女はとても背が高くやせている
She is very tall and slim.

使い分け

ものや規模の大きさを表す時は **big**, **large** どちらも
同じ意味で使えるが, 特に数量が多いことを表す時に
は **large** を使い, 物事の大きさ(重要性)を表す時には
big を使う A large number of tourists come
to Kyoto every year. (毎年たくさんの観光客が京
都を訪れます) The Prime Minister made a big
decision for the change. (その政治家は変革のた
めに大きな決断をした)
huge: 「とても大きい(巨大な)」ことを表す Your
house is huge. (君の家は大きいね)

おおきく

・われわれは大きい声で歌った We sang in a loud voice. / We sang at the top of our voice.
・そんな事は大きなお世話だ(→それは君の仕事ではない) That's none of your business.

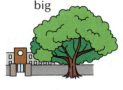
big

tall

loud

おおきく 大きく

➤ (広さ・容積を) **large** /らーヂ/
➤ (幅(はば)を) **wide** /ワイド/, **widely**

大きくする enlarge /インらーヂ/; (音・ガスの火などを) **turn up** /ターン/
大きくなる get bigger /ビガ/, **get larger** /らーヂャ/; (成長する) **grow** (**up**) /グロウ/; (広がる) **spread** /スプレド/
・大きく書く write large
・両手を大きく広げる open one's arms wide
・大きく息を吸う take a deep breath
・テレビの音を大きくしてください
Please turn up the volume on the TV.
・その少女は大きくなって母親そっくりになった The girl grew up to be just like her mother.
・風がとても強かったので火事はどんどん大きくなった The fire spread rapidly because the wind was so strong.

おおきさ 大きさ **size** /サイズ/
・いろいろな大きさの帽子 hats of all sizes
・どういう大きさの靴がお入り用ですか
What size (of) shoes do you want?
・これらは(だいたい)同じ大きさだ
These are (much) the same size.

おおく 多くの **a lot of**; (多数の) **many** /メニ/, **a large number of** /らーヂ ナンバァ/; (多量の) **much** /マチ/ → a lot of は数についても量についても使う
・私にはまだ多くの仕事が残っている
I still have a lot of work to do.
・彼らの多くは君の言うことがわからない
Many of them do not understand you.
・その金の多くは浪費された
Much of the money was wasted.
・多くの人々がその事故で死んだ
A large number of people were killed in the accident.
・だれが一番多くのまちがいをしましたか
Who made (the) most mistakes?
・これらの本の多くは私には用がない
Most of these books are useless to me.

オークション (an) **auction** /オークション/
・…をネットオークションで買う[売る] buy [sell] ~ at online auction

オーケー OK, O.K., okay /オウケイ/, **all right** /ライト/

おおげさ exaggeration /イグザチャレイション/
おおげさに言う exaggerate /イグザチャレイト/
・彼を天才と呼んでもおおげさではない
It is no exaggeration to call him a genius.
・彼は仕事の困難なことをおおげさに言う
He exaggerates the difficulty of the work.
・君の言うことはおおげさだ
You exaggerate.
・彼はつまらない事をおおげさに言っているんじゃないか I think he is making something out of nothing. / ひゆ I think he is making a mountain of a molehill. (モグラ塚を山にしている)

オーケストラ an **orchestra** /オーケストラ/
おおごえ 大声 a **loud voice** /らウド ヴォイス/
・大声で in a loud voice

おおざっぱ 大ざっぱな **broad** /ブロード/
・大ざっぱに言うと broadly / in a broad sense

おおさわぎ 大騒ぎ a **fuss** /ふァス/
・何でもないことに大騒ぎをする make a fuss about nothing
・こうなったからといって大騒ぎすることじゃない
ひゆ This would not be the end of the world. (世の終わりが来るわけじゃない)
・それはつまらない事での大騒ぎにすぎない
ひゆ It's only a tempest in a teapot [《英》a storm in a teacup]. (ティーポット[《英》ティーカップ]の中の嵐)

オーストラリア Australia /オーストレイリャ/
・オーストラリアの Australian
・オーストラリア人 an Australian

オーストリア Austria /オーストリア/
・オーストリアの Austrian
・オーストリア人 an Austrian

sixty-nine　**69**　おか

おおぜい 大勢の **a lot of, many** /メニ/, **a large number of** /らーヂ ナンバ/, **a crowd of** /クラウド/ → おおい², おおく
• 大勢の子供たち　a lot of children / many children / a large number of children
• 大勢の観光客が日光を訪れる
A large number of tourists visit Nikko.

おおそうじ (家の)大掃除 (a) **housecleaning** /ハウスクリーニング/

> **参考** 日本の「大掃除」は年中行事として年末に行われることが多く, 文字どおりには year-end cleaning という. 欧米では大掃除はふつう春に行うことが多く, これを spring-cleaning という

• 大掃除する　clean the whole house

オーダー (食事や品物の注文) an **order** /オーダ/
• ハンバーガーとサラダをオーダーする　place an order for a hamburger and salad / order a hamburger and salad
• オーダーストップ (ラストオーダー) last order [end of service] →「オーダーストップ」は和製英語

オーダーメードの **made-to-order** /メイドトゥオーダ/

オーディオ (装置) **audio equipment** /イクウィプメント/; (システム) an **audio system** /スィステム/

オーディション an **audition**
• (…の)オーディションを受ける
have [go to] an audition (for ～)

オートチャージ **auto refill** /オートリふぃる/, **automatic refilling of** a **prepaid card** /リふぃリング, プリペイド/ →「オートチャージ」は和製英語

オートバイ a **motorcycle** /モウタサイクる/
• オートバイに乗る　ride a motorcycle
• オートバイに乗って行く　go by motorcycle

オートロック (ホテルなどの自動施錠ドア) a **self-locking door** /セるふ らーキング/; (集合住宅の共有玄関開閉システム) an **apartment intercom system with door release** /インタカーム リリース/ →「オートロック」は和製英語

オーナー an **owner**

オーバー → おおげさ
オーバーな **exaggerating** /イグザチャレイティング/

オーバースロー an **overhand** [**overarm**] **throw** /オウヴァハンド[オウヴァアーム]/ → アンダースロー

オーバーワーク **overwork** /オウヴァワ～ク/

オービー OB (卒業生) a **graduate** /グラヂュエト/

> **カタカナ語!** OB
> 日本では男の卒業生を OB, 女の卒業生を OG ということがあるが, 英語では通じない. 英語では男女共に **graduate** という
> 「彼は T 中学の OB だ」は He is a graduate of T Junior High School. という. 学校以外の組織の OB, OG は a **former member** という

オーブン an **oven** /アヴン/

オープンせん オープン戦 (プロ野球などの) a **pre-season game** /プリスィーズン/

おおみそか 大晦日 *O-misoka*, **New Year's Eve** /イアズ イーヴ/

> **日本を紹介しよう**
> 古い年を送り新しい年を迎えるために, 大晦日にはいろいろな事が行われます. 除夜の鐘(かね)もその一つです. 除夜の鐘は全国の寺でつかれます. お寺の鐘は私たちの108の煩悩(ぼんのう)を払うために108回つかれます
> Various ceremonies are held on *O-misoka*, New Year's Eve, to mark the end of the old year and the beginning of the new. *Joya-no-kane* is one of them. It is held at Buddhist temples all over the country. The temple bell is rung 108 times to drive out our 108 sins.

オオムギ 大麦《植物》**barley** /バーリ/

おおめ 大目に見る **overlook** /オウヴァるク/

おおもじ 大文字 a **capital letter** /キャピトる れタ/
• 名を(全部)大文字で書く　write *one's* name in capital letters
• 文を大文字で書き始める　begin a sentence with a capital letter

おおもの 大物 (人間) a **big boss**, a **big wheel** /(ホ)ウィーる/, a **bigwig** /ビグウィグ/

おおやけ 公の **public** /パブリク/
公に **publicly**
公にする **make public**
• この事件は公にされなかった
This event was not made public.

おおらかな (心の広い) **broad-minded** /ブロードマインデド/, (寛大(かんだい)な, 気前のいい) **generous** /ヂェネラス/, (率直な) **unreserved** /アンリザ～ヴド/

オール (かい) an **oar** /オー/

オールスター(の) **all-star**
• オールスターゲーム　all-star games

オーロラ an **aurora** /オーローラ/

おか 丘 a **hill**

おかあさん 70 seventy

- 丘の上に on the hill
- 丘を越えて行く go over a hill

おかあさん a mother /マざ/, (呼びかけ) **mamma** /マーマ/, **mammy** /マミ/, 《米》**mom** /マム/, 《英》**mummy** /マミ/, **mum** /マム/ →はは

おかえり お帰りなさい **Welcome home [back]**. ➡ これは長い旅行などから帰って来た場合の表現で, 学校や会社から帰って来た場合は単に "Hello" または "Hi" などという

おかげ おかげをこうむる **owe** /オウ/
…のおかげで **thanks to ～** /さンクス/, **owing to ～** /オウインぐ/
- 私が今のように健康なのはすべて母のおかげです I owe it all to my mother that I am as healthy as I am now.
- 私の今日あるのはあなたのご援助(えんじょ)のおかげです I owe what I am today to your assistance.
- 彼の助力のおかげで私たちは成功した Thanks to his help we succeeded.

おかしい

➤ (こっけいな) **funny** /ふァニ/; (おもしろい) **amusing** /アミューズィンぐ/, **comical**
➤ (通常でない) **strange** /ストレインヂ/, **unusual** /アニュージュアる/, **odd** /アド/; (調子が悪い) **wrong** /ローンぐ/

- それには別におかしいところはない There is nothing strange about it.
- 君がそのように言うのはおかしい It is strange that you should talk like that.
- 彼の行動は少しおかしい His behavior is rather odd.
- 10月にこんなに台風が多いんておかしい It is unusual that we have so many typhoons in October.
- えい, ちくしょう! エンジンがおかしいぞ Oh, hell! Something is wrong with the engine. ➡ ×*The engine is* wrong. としない
- 君はその上着を着るととてもおかしくみえる You look very funny in that jacket.

おかす¹ 冒す **risk**
- 危険を冒す risk danger / run a risk ➡ a risk は「危険」
- どんな危険を冒しても at any risk
- 彼は生命の危険を冒してそれをした He did it at the risk of his life.

おかす² 犯す, 侵す (罪を) **commit** /コミト/; (法律・権利などを) **violate** /ヴァイオれイト/
- 罪を犯す commit a crime

おかず (料理) a **dish** /ディシュ/

- 日本の朝食はふつうおかずがあまりつきません Commonly there are few dishes for Japanese breakfast.

注意しよう

英語には「主食」に対する「おかず」という区別はない. side dish ということばはあるが, これは主料理の肉などと共に食べる別皿のサラダ類などのこと

おかっぱ **bobbed hair** /バブド ヘア/
- おかっぱ頭の少女 a girl with her hair bobbed short / a bobbed girl

おがむ 拝む (祈る) **pray** /プレイ/; (うやまう) **worship** /ワ～シプ/
- ひざまずいて神を拝む pray to God on *one's* knees

おがわ 小川 a **stream** /ストリーム/

おかわり (話)**seconds**
- おかわりしていい? Is there any seconds?
- (コーヒーなど)おかわり, いかがですか Would you like another cup?

おき¹ 沖に **off the shore** /ショー/; (沖に向かって) **offshore** /オーフショー/
- 沖の方をヨットが走っている There is a yacht sailing off the shore.
- 銚子沖で船が難破した A ship was wrecked off Choshi.

おき² …おきに **every ～** /エヴリ/
- 1日おきに every other day
- 2日おきに every three days [third day]
- 次の文章を1行おきに書きなさい Write the following sentences on every other line.

おきあがる 起き上がる (立ち上がる) **rise to** *one's* **feet** /ライズ ふィート/; (ベッドで) **sit up** (**in** *one's* **bed**)

おきて 掟 a **rule** /ルーる/, a **law** /ろー/

おぎなう 補う **make up** (for ～); (供給する) **supply** /サプらイ/ →ほそく
- 損失を補う make up for a loss
- 必要を補う supply a need
- 空所に適当な語を補え Supply [Fill in] the blanks with suitable words.

おきにいり お気に入り →きにいる

おきはい 置き配 an **unattended delivery** /アンアテンデド ディリヴァリ/ ➡ 荷物などを人が受け取らず, 玄関前に置いて配達すること

おきる 起きる

➤ (ベッドから出る) **get up**; (目をさます) **wake** (**up**) /ウェイク/
➤ (発生する) **happen** /ハプン/, **occur** /オカ～/ →おこす¹

seventy-one 71 **おくる**

お

•彼は毎朝6時に起きる
He gets up at six every morning.
•静かにしなさい. 赤ちゃんが起きますよ
Be quiet. The baby will wake up.
•ゆうべ私は遅くまで起きていた
I stayed up late last night.
•彼はけさ遅く起きてきた
He came down late this morning. → come down (降りてくる)はしばしば「朝食に(2階の寝室から)降りてくる」を意味する
•その自動車事故はいつ, どこで起きたのですか
Where and when did the car accident occur?

おきわすれる 置き忘れる → **おく**³
おく¹ 奥 **the depths** /**デプ**ァス/, **the back**
•森の奥に in the depths of the forest / deep in the forest
•心の奥に at the back of one's mind
•彼の目はめがねの奥で(→後ろで)笑っていた
His eyes were smiling behind his glasses.
おく² 億 **a hundred million** /ハンドレド **ミリョ**ン/
•3億5千万円 three hundred and fifty million yen
•10億 a billion
•100[1,000]億 ten[a hundred]billion

おく³ 置く
➤ **put**:(適切な所に)**place** /**プれ**イス/, **set**:(注意深く)**lay**
➤ (置き忘れる)**leave** /**リ**ーヴ/
•本を机の上に置く put a book on the desk
•時計をたなの上に置く place a clock on the shelf
•テレビをすみに置く set the television in the corner
•彼は玄関に帽子を置いて行った
He left his hat in the hall.

使い分け

put: 一般的な「置く」の意味で用いられる. I put my glasses on my desk. (わたしは眼鏡を机に置いた)
place: 特定または適切な位置に「置く」ことを言う. He placed a strawberry in the center of the cake.
lay: 平たいところに「置く(横たえる)」ことを言う. She laid her baby on the bed. (彼女は赤ちゃんをベッドに寝かせた)

おく⁴ …させておく, …しておく **keep** /**キ**ープ/; (本人がのぞむままに)**leave** /**リ**ーヴ/, **let**

•イヌを静かにさせておく keep a dog quiet
•彼を待たせておく keep him waiting
•窓を開けて[閉めて]おく keep the windows open[shut]
•君をこんなに待たせておいてすみません
I'm sorry I've kept you waiting so long.
•私のことならほっておいてください
Please leave me alone.
•彼らには好きなように思わせておけ
Let them think what they like.

おくがい 屋外の **outdoor** /**ア**ウトドー/ → やがい
屋外で **outdoors** /**ア**ウトドーズ/, **in the open air** /エ ア/
•屋外の遊び an outdoor game
おくさん 奥さん one's **wife** /**ワ**イふ/
•(あなたの)奥さんはお元気ですか
How is your wife? / How is Mrs. ~?
おくじょう 屋上 **the roof** /**ル**ーふ/
•屋上で[から] on[from]the roof
オクターブ octave /**ア**クティヴ/
おくない 屋内の **indoor** /**イ**ンドー/
屋内で **indoors** /**イ**ンドーズ/
•屋内スポーツ indoor sports
おくびょう 臆病 **cowardice** /**カ**ウアディス/, **timidity** /ティ**ミ**ディティ/
臆病な **cowardly** /**カ**ウアドリ/, **timid** /**ティミ**ド/, **yellow**
臆病者 a **coward**
おくやみ お悔やみ **condolences** /コンド**ウ**れンスィズ/
•お父さまのご逝去(せいきょ)を心からお悔やみ申し上げます Please accept my sincere condolences on the death of your father.

おくりもの 贈り物
➤ a **present** /**プ**レゼント/, a **gift**
•誕生日の贈り物 a birthday present[gift]
•彼の誕生日に何か贈り物をあげましょう
Let us give him some present on his birthday.
•彼は私にアルバムを贈り物にくれた
He gave me an album as a present. /
He made me a present of an album.
•これはあなたへの誕生日の贈り物です
This is my present for your birthday.
おくる¹ 贈る **present** /プリ**ゼ**ント/
•彼にアルバムを贈りましょう
Let us present an album to him. /
Let us present him with an album. /
Let us make him a present of an album.

おくる² 送る

① (品物を) **send**
② (人を) **see**; (車で) **drive**
③ (日々を) **lead**

① (品物を) **send**

A (品物)を送る
  send A
B (人)に A (品物)を送る
  send B A / **send** A to B

・小包を送る send a parcel
・彼女に誕生日のカードを送る send her a birthday card / send a birthday card to her
・ミカン一箱お送りいたします I'll send [I'm sending] you a box of tangerines.
・入学案内書を1部送ってくださいませんか
Will you send me a copy of your course brochure?
・本を送っていただいてどうもありがとうございました Thank you for sending me the book.
・この小包は彼から航空郵便で私のところに送られてきた → 受け身形
This parcel was sent to me from him by airmail.

② (人といっしょに行く) **see** /スィー/, **go with**; (車で) **drive** /ドライヴ/; (玄関まで) **see out**; (見送る) **see off**

・彼を家まで送る see him home; (歩いて) walk him home; (車で) drive him home → home は副詞(家へ)
・彼女を戸口まで送る see her (out) to the door
・彼は車で彼女を家まで送った He drove her home. / He took her home in his car.
・そこのかどまで送ります
I'll see [go with] you to the corner.
・家まで送りましょうか
Shall I see you home?
・私たちは彼[おじとおば]を送りに空港へ行きます
We'll go to the airport to see him off [to see off my uncle and aunt].

③ (日々・生活を) **lead** /リード/ → すごす
・幸せな毎日を送る lead [live] a happy life

おくれ 遅れ **delay** /ディレイ/

おくれる 遅れる

① (遅刻する) **be late**
② (事故などで) **be delayed**
③ (時計が) **lose**
④ (進歩などが) **be behind**

① (遅刻する) **be late** /れイト/, **come late**

A に遅れる
  be late for A

・彼女はいつも約束の時間に遅れる
She is always late for her appointments.
・けさ私は学校に5分遅れた I was five minutes late for school this morning.
・太郎は遅れて来た. 次郎はもっと遅れて来た. 三郎は一番遅れて来た Taro came late. Jiro came still later. Saburo came (the) latest.
・遅れてすみません
I'm sorry I'm late. / I'm sorry to be late.
・急ぎなさい. でないと列車に遅れるよ
Hurry up, or you will be late for [will miss] the train.

② (事故などで) **be delayed** /ディれイド/ → 受け身形

・何かの事故で電車が遅れた The train was delayed by some accident. / The train was late [behind time] because of some accident.
・大雨で試合の開始が1時間遅れた
The start of the game was delayed an hour because of the heavy rain. / (大雨が試合の開始を遅らせた) The heavy rain delayed the start of the game an hour.

③ (時計が) **lose** /るーズ/; (遅れている) **be slow** /スろウ/

・君の時計は2分遅れている
Your watch is two minutes slow.

④ (進歩・支払い・仕事などが) **be behind** /ビハインド/, **fall behind** /ふォーる/

・日本は福祉(ふくし)の面で西欧諸国にずっと遅れている
Japan is far behind Western countries in welfare.

おけ (手おけ) a **bucket** /バケト/; (たらい) a **tub** /タブ/

・おけ1杯の水 a bucketful of water
・ふろおけ a bathtub

おこす¹ 起こす

➤ (目をさまさせる) **wake** (**up**) /ウェイク/
➤ (立ち上がらせる) **raise** /レイズ/
➤ (発生させる) **cause** /コーズ/, **bring about** /ブリンぐ アバウト/ → おきる

・問題を起こす cause a trouble
・赤ちゃんを起こさないように静かにしていてください Be quiet so that you won't wake the baby.
・あしたの朝6時に起こしてください

Please call me [wake me up] at six tomorrow morning.

おこす² (火を) **make a fire**

おこたる 怠る **neglect** /ニグ**れ**クト/
- 勉強を怠る neglect *one's* studies
- 注意を怠る be careless

おこない 行い (個々の) an **act**; (総合的に) **conduct** /**カ**ンダクト/
- 恥(は)ずかしい行い a shameful act
- 親切な行い a kind act / an act of kindness
- 君は行いを改めるべきだ
You should mend your conduct.

おこなう 行う

➤ **do**; (実行する) **practice** /プ**ラ**クティス/
➤ (催(もよお)す) **have, hold** /**ホ**ウるド/ → **する¹**

- 言うことはやさしいが行うことは難しい
It is easy to say but hard to do.
- 彼は言っていることを行った
He actually did what he said. /
He practiced what he preached.
- 私たちはその問題について討論を行った
We had a discussion on that question.

おこり 起こり (起源) **the origin** /**オー**リヂン/; (原因) **the cause** /**コー**ズ/

おごり a **treat** /ト**リー**ト/ → おごる

おこりっぽい (短気な) **short-tempered** /ショートテンパド/ → おこる²
- 彼はおこりっぽい
He is short-tempered. / He has a short temper. / He easily gets angry.

おこる¹ 起こる

➤ **take place** /プ**れ**イス/; (偶然に) **happen** /**ハ**プン/, **occur** /オ**カー**/; (突発的に) **break out** /ブ**れ**イク/

- 起こった事を正確に教えてくれ
Tell me exactly what took place.
- こういうことはしばしば起こります
Such a thing often happens.
- 彼に何か起こったのか
Has anything happened to him?
- 昨夜近所で火事が起こった
A fire broke out near my house last night.
- こういうふうに事が進めば戦争が起こるかもしれない If things go on like this, war may break out.
- 今後数十年の間に世界中で多くの自然災害が起こるかもしれない The next few decades would see many natural disasters worldwide. → 「今

後の数十年」という無生物を主語にした英語らしい表現

使い分け

take place: 事前に計画された行事や式典などが「行われる」時に使う The Olympic games take place every four years. (オリンピックは4年に一度開催される)

happen: 事前に計画や予想がされていなかったことが「起こる」時に使う The car accident happened one week ago. (その自動車事故は一週間前に起こった)

occur: happen とほぼ同じ意味だが, やや形式ばっている In Japan, earthquakes occur frequently. (日本ではしばしば地震が発生する)

break out: 火事やけんか, 戦争など好ましくないことが「起こる」こと I wasn't home when the fire broke out. (火事が起きた時, わたしは家にいなかった)

おこる²

➤ **get angry** /**ア**ングリ/, (話) **get mad**; (おこっている) **be angry**, (話) **be mad** → しかる

基本形
A (人)のことをおこる
　get angry with [at] A
B (人の言動など)のことをおこる
　get angry at [about] B
A (人)が…したのをおこる
　get angry with A for *doing*
　get mad at A for *doing*

おこらせる make ~ angry, offend /オ**フェ**ンド/
おこって in anger /**ア**ンガ/, **angrily** /**ア**ングリリ/
- おこった顔つき an angry look
- 彼はすぐおこる He easily gets angry [mad].
- 参考ことわざ 小さななべはすぐ熱くなる A little pot is soon hot.
- 彼はおこった顔をしている[していた]
He looks [looked] angry.
- 彼女は私のことをおこっている
She is angry with me.
- 彼女はばかにされたことをおこっていた
She was angry at being made a fool of.
- 父は私の帰りが遅くなったのをおこった
My father got angry with [mad at] me for coming home late.
- 彼女は私のことばにおこった
She got angry at my words.
- 彼女は何のことでおこっているのですか
What is she angry about?

おごる (ごちそうする) **treat** /ト**リー**ト/, **buy** /**バ**イ/

おさえる 74 seventy-four

・今晩夕食をおごるよ I will treat you to dinner ［buy you dinner］tonight.
・これはぼくのおごりだ
This is on me. / This is my treat.

おさえる 押さえる，抑える （手で）**hold** /ホウるド/；（感情などを）**control** /コントロウる/；（涙などを）**hold back**
・戸を手で押さえてあけておく hold a door open
・怒りを抑える control *one's* anger
・涙を抑える hold back *one's* tears

おさげ お下げ **braids** /ブレイツ/ → かみ³

おさない 幼い （年が小さい）**little，very young** /ヤング/；（子供っぽい）**childish** /チャイるディシュ/；（未熟な）**immature** /イマチュア/
・彼は幼いころ熱湯でやけどをした
He got scalded with boiling water when he was very young.
・彼は年のわりには幼い
He is childish［immature］for his age.

おさななじみ 幼なじみ
・私たちは幼なじみです We have been friends since we were small children.

おさまる 治まる，収まる （静まる）**calm down** /カーム ダウン/；（終わる）**be over**；（解決する）**be settled** /セトるド/，**settle**
・風がおさまった The wind has calmed down.
・嵐がおさまるまで待ちなさい
Wait till the storm is over.
・どうやら天気がおさまったらしい
It seems the weather has settled at last.

おさめる¹ 治める （支配する）**rule** /ルーる/；（統治する）**govern** /ガヴァン/

おさめる² 納める **pay** /ペイ/
・授業料を納める pay *one's* school fees

おじ an **uncle** /アンクる/

おしあう 押し合う **push one another** /プシュ アナざ/，**jostle** /ヂャスる/

おしあける 押しあける **push open** /プシュ/
・ドアを押しあける push a door open

おしあげる 押し上げる **push up** /プシュ/

おしい 惜しい
❶（残念だ）**it is a pity** /ピティ/，**be sorry** /サリ/
・このチャンスを失うのは惜しい
It is a pity to lose this chance.
・あの本をなくして惜しいことをした
I am very sorry to have lost the book.
❷（貴重である，もったいない）**be too good，be too precious** /プレシャス/
・この机を捨てるのは惜しい
This desk is too good to be thrown away.

・ここでの時間をこんなことに使うのは惜しい
My time here is too precious for me to spend on such a thing.

おじいさん （祖父）a **grandfather** /グラン(ド)ふァーざ/；（老人）an **old man** （複 men）

おしいれ 押し入れ a **closet** /クらゼト/

おしえ 教え **teachings** /ティーチンヅズ/；（さしず）**instructions** /インストラクションズ/；（教訓）a **lesson** /れスン/
・教え子 *one's* former pupil［student］
・…に教えを受ける be taught by 〜
・キリストの教え the teachings of Christ
・君たちは両親の教えに従うべきだ You should obey your parents' instructions.
・この物語には一つの教えがある
There is a lesson in this story.

おしえる 教える

➤ （勉強などを）**teach** /ティーチ/
➤ （告げる）**tell**：（示す）**show** → tell：口で教える，show：実際にやってみせて教える，あるいは道など案内して教える

基本形
A を教える
  teach A / **tell A** / **show A**
B（人）に A を教える
  teach B A / **tell B A** / **show B A**
  teach A to B / **tell A to B** / **show A to B**
B（人）に…のしかたを教える
  teach B（**how**）**to** *do*
  tell B how to *do* / **show B how to** *do*

・英語を教える teach English
・私たちに英語を教える teach us English / teach English to us
・彼に駅へ行く道を教える tell［show］him the way to the station
・彼らに泳ぎ方を教える teach them（how）to swim / show them how to swim
・何が起こった［彼がどこにいる，今何時，なぜ雪が降る］かを彼女に教える tell her what happened［where he is, what time it is, why the snow falls］
・私の兄は高校で（英語を）教えています
My brother teaches（English）at a senior high school.
・彼女は今子供たちにピアノを教えています → 現在進行形 She is now teaching（the）piano to children.
・森先生が私たちに英語を教えてくれます

Mr. Mori teaches us English [English to us].
・私たちは森先生に英語を教わっています →受け身形
We are taught English by Mr. Mori.
・あなたの学校ではフランス語を教えていますか（→フランス語が教えられているか(受け身形)） Is French taught at your school?

私に博物館へ行く道を教えてくれませんか
—いいですよ
Please **tell** me the way to the museum.
—Certainly.

・いつ東京にお着きになるか教えてください
Please tell me [let me know] when you will arrive in Tokyo.

teach

show

おじぎ a **bow** /バウ/
 おじぎをする bow, make a bow
・おじぎをして with a bow
・私は彼に丁寧(ていねい)に[軽く]おじぎをした
I made a polite [slight] bow to him.
おじさん (よその) a **man** (複men), a **gentleman** /チェントるマン/ (複-men); (呼びかけ) **Mister!** /ミスタ/, **Sir!** /サ〜/ →おじ
おしたおす 押し倒す **push down** /プシュ ダウン/
おしだす 押し出す **push out** /プシュ/
おしつける 押し付ける **press** (against 〜); (意見・制度などを) **impose** /インポウズ/
・A を B に押し付ける press A against B

・自分の意見を他人に押し付ける
impose *one's* opinion on others
おしっこ 《話》**pee**, 《小児語》**wee-wee** /ウィーウィー/ →しょうべん
・おしっこをする pee / pass water / 《小児語》wee-wee
おしつぶす 押しつぶす **crush** (**down**) /クラシュ (ダウン)/; **press**
おしのける 押しのける **push aside** /プシュ アサイド/; (ひじで押しのけて進む) **elbow** *one's* **way** /エるボウ ウェイ/
おしぼり an *oshibori*; a **wet towel**; (温かいもの) a **hot towel**
おしまい →おわり
・私はもうおしまいだ It's all over with me. / I'm finished.
・これでおしまい? Is this all?
おしむ 惜しむ (残念に思う) **regret** /リグレト/; (金・骨折りを) **spare** /スペア/
・彼の死を惜しむ regret his death
・彼は絶対に勝つために努力を惜しまなかった
He spared no effort to ensure he would win.
おしめ →おむつ
おしゃべり (ぺちゃくちゃと) **chatter** /チャタ/; (友達との楽しい) a **chat** /チャト/
 おしゃべりする chatter; chat, have a chat
 おしゃべりな人 a chatterer, (うわさ話の好きな人) a **gossip** /ガスィプ/; (子供) a **chatterbox**
・お茶を飲みながら彼らは楽しそうにおしゃべりをした They chatted pleasantly [They had a pleasant chat] over a cup of tea.
・仕事をしながらそんなおしゃべりするんじゃない
Don't chatter like that over your work.
・こんな事, 彼女に言わないで. あの人本当におしゃべりなんだから
Don't tell this to her. She's a real gossip.
おしゃれ おしゃれな **fashion-conscious** /ふァションカンシャス/, **fashionable** /ふァショナブる/
・おしゃれをする dress up
おしんこ お新香 *o-shinko*, **pickled vegetables** /ピクるド ヴェヂタブるズ/
おす¹ 雄 a **male** /メイる/
・雄の male / he-
・雄のネコ a male cat / a he-cat / a tomcat

おす² 押す
➤ (前方へ) **push** /プシュ/; (上から下へ力を入れて) **press**
・ボタン[うば車]を押す push a button [a baby carriage]

・紙にスタンプを押す press a stamp on paper
・もっと強く押してくれませんか
Can you push harder?

おせじ (へつらい) **flattery** /ふらタリ/
おせじを言う **flatter**
・彼はすぐおせじに乗る He is easily flattered.

おせち おせち料理 *osechi*. **New Year special dishes** /ニュー イア スペシャる ディシズ/ →しょうがつ

おせっかい (人) **a busybody** /ビズィバディ/
おせっかいな **nosy** /ノウズィ/
・おせっかいをやく poke *one's* nose (into ～)

おせん 汚染 **pollution** /ポるーション/
汚染する **pollute** /ポるート/
・汚染された空気 polluted air
・汚染物質 a pollutant
・大気汚染 air pollution
・環境汚染 environmental pollution
・大都市の大気は自動車の排気ガスですごく汚染されている
The air of big cities is terribly polluted with the exhaust from vehicles.

おそい 遅い

❶ (時刻が) **late**
❷ (速度が) **slow**

late　　　early

fast
　　　slow

❶ (時刻・時期が) **late** /れイト/
遅く **late**
遅くとも **at the latest** /れイテスト/

・遅い朝食 a late breakfast
・遅く起きる get up late
・夜遅くまで起きている stay up (till) late at night / sit up (till) late at night
・午後遅く late in the afternoon
・彼は帰って来るのがとても遅かった
He returned home very late.
・遅くとも2時までにレポートを提出しなければならない I must hand in my paper by two o'clock at the latest.

❷ (速度が) **slow**
遅く **slowly**
・私は走る[歩く]のが遅い
I am a slow runner [walker].

おそう 襲う (敵が) **attack** /アタク/; (天災などが) **hit**
・大地震がその地方を襲った
A big earthquake hit the district.

おそかれはやかれ 遅かれ早かれ **sooner or later** /スーナ れイタ/ →日本語の順と逆

おそらく →たぶん

おそれ 恐れ
❶ (恐怖) **fear** /ふィア/ →おそれる
・…に対して恐れをいだく have a fear of ～ / (…を恐れる) fear ～
❷ (危険) (a) **danger** /デインヂャ/; (可能性) (a) **possibility** /パスィビリティ/; (悪い事のきざし) a **threat** /すレト/
・彼は失明する恐れがある
He is in danger of losing his sight.
・あしたは雨の降る恐れはない
There is no possibility of rain tomorrow.
・その地域で戦争が起こる恐れがある
There is a threat of war in that area. /
There is a possibility that war may break out in that area.

おそれいりますが 恐れ入りますが **Excuse me, but ～** /イクスキューズ/; **I'm sorry to trouble you, but ～** /サリ トラブる/; **Would you mind *do*ing?** /ウド マインド/
・恐れ入りますがこの辺に郵便局がありますか
Excuse me, (but) is there a post office near here?
・恐れ入りますがもう少しつめていただけませんか
Would you mind moving back a little further?

おそれる 恐れる

➤ **be afraid** /アふレイド/, **fear** /ふィア/ →おそれ❶

seventy-seven **77** おちる

基本形
A を恐れる
be afraid of A
…を恐れる
be afraid that ～
fear *do*ing / **fear to** *do*
fear that ～

•私は彼女の感情を傷つけるのを恐れた
I was afraid of hurting her feelings. /
I feared hurting [to hurt] her feelings. /
I was afraid [I feared] that I might hurt her feelings. ➡主節の動詞が過去 (was, feared) なので「時制の一致」で that 以下も過去 (might)
•誤りを犯すことを恐れるな
Don't be afraid of making mistakes.
•恐れるものは何もない
There is nothing to be afraid of [to fear].
•彼は船酔(ょ)いを恐れて船では行かなかった
He did not go by sea for fear of seasickness. / He did not go by sea for fear that he might get seasick.

おそろしい 恐ろしい （こわい） **fearful** /ふィァふる/, （すごくこわい） **dreadful** /ドレドふる/; （ぞっとする） **terrible** /テリブる/

おそわる 教わる → ならう

オゾンそう オゾン層 **the ozone layer** /オウゾウン れイア/
•オゾン層の破壊 destruction of the ozone layer

おたがい お互い → たがい

おだてる → おせじ (→ おせじを言う)

オタマジャクシ （動物）**a tadpole** /タドポウる/

おだやか 穏やかな （波・風が） **calm** /カーム/; （おとなしい） **gentle** /ヂェントる/; （気候が） **mild** /マイるド/

穏やかに （静かに） **calmly, quietly** /クワイエトり/, （やさしく） **gently, softly** /ソふトり/
•穏やかな海[日] a calm sea [day]
•穏やかな天気 mild weather
•穏やかな性質の人 a person of a gentle nature
•穏やかに話す speak quietly

おちこぼれ 落ちこぼれ （中途退学者）**a dropout** /ドラパウト/

おちこむ 落ち込む （元気がなくなる）**be** [**get**] **depressed** /ディプレスト/
•彼は友達とひどい口げんかをして落ち込んでいた
He was rather depressed because he had a nasty quarrel with his friend.
•雨の日は気分が落ち込む
Rainy days get me down.

お

おちつく 落ち着く
➤ （静まる） **be calm** /カーム/, **calm down** /ダウン/; （腰をすえる） **settle** /セトる/
落ち着き calmness /カームネス/
•落ち着いて calmly
•落ち着きのある[ない]少年 a calm [restless] boy
•落ち着きなさい
Be calm. / Calm down. / Take it easy.
•落ち着いて起こったことを話しなさい
Calm down and tell me what happened.
•彼は落ち着いて勉強に取りかかった
He has settled to his study.
•私たちは新居に落ち着きました
We have settled in our new home.
•私は少し気が落ち着かなかった
I was a little nervous.
•そうすれば結果は落ち着くところに落ち着く
ひゆ Then the chips can fall where they may. ➡chip はなたで木を切る時に飛び散る「木片」

おちば 落ち葉 （舞い落ちてくる）**falling leaves** /ふォーリンぐ リーヴズ/; （地面に落ちている）**fallen leaves** /ふォーるン/

おちゃ お茶 **tea** /ティー/ → ちゃ
•お茶を入れる make tea; （ふるまう） serve tea
•お茶を1杯 a cup of tea
•お茶を飲みながら over a cup of tea
•お茶を習う take tea-ceremony lessons
•彼らは居間でお茶を飲んでいる
They are having tea in the living room.
•母は伊藤さんのところへお茶に呼ばれた
My mother was invited to tea at Ms. Ito's.
•彼女は私たちにお茶を入れてくれた
She served us tea.
•お茶をいかがですか Won't you have some tea? / Would you like [How about] a cup of tea?
•お茶をもう1杯いかがですか Won't you have [Would you like] another cup of tea?
•私はお茶は薄(ぅす)い[濃い]ほうが好きです
I like my tea weak [strong].
•そのことはお茶を飲みながら相談しましょう
Let's talk about that over a cup of tea.

おちる 落ちる
❶ （人・物が）**fall; drop**
❷ （試験に）**fail**
❸ （しみなどが）**come out** [**off**]
❹ （コンピューターなどが）**crash**

か

さ

た

な

は

ま

や

ら

わ

おっくう 78 seventy-eight

❶ (人・物が) **fall** /ふォーる/; (ぽとりと) **drop**
- 地面に落ちる fall on [to] the ground
- 川に落ちる fall [drop] into the river
- 木[ベッド, ポケット, 階段, がけ]から落ちる fall from a tree [off a bed, out of a pocket, down the stairs, over a cliff]
- 子供が水に落ちた A child fell into the water.
- 彼はきのう自転車から落ちた
He fell off his bicycle yesterday.
- 彼は階段から落ちてひどくけがをした
He fell down the stairs and was badly hurt.
- 庭の木の葉はすっかり落ちてしまった →現在完了
The leaves of the trees in the garden have all fallen.
- 木から落ちないように注意しなさい
Be careful not to fall from the tree. / (注意しろ, さもないと木から落ちるぞ) Be careful, or you will fall from the tree.
❷ (試験に) **fail** /ふェイる/, 《米》 **flunk** /ふランク/; (成績が) **go down** /ダウン/, **drop**; (人気などが) **decline** /ディクライン/, **fall off**
- 試験に落ちる fail [flunk] an exam
- ケンは5位に落ちた
Ken went down [dropped] to fifth place.
- 今学期は私は英語の成績が落ちてしまった
My grade in English has gone down [has dropped] this term.
- 日本映画の人気は以前よりも落ちた
The popularity of Japanese movies has declined. / Japanese movies have less popularity than before.
❸ (しみなどが) **come out** [**off**]
- このしみは簡単に落ちないだろう
This stain won't come out easily.
❹ (コンピューターなどが反応しなくなる) **crash** /クラシュ/
- サーバーが落ちた The server crashed.
- そのウェブサイトは落ちていた The website was down. / The website went dark.
- コンピューターが落ちてすべての飛行機が飛べなかった A computer crash grounded all the airplanes.

おっくう 億劫な **troublesome** /トラブるサム/
- …するのが億劫だ think it troublesome [too much trouble] to do

おっと 夫 *one's* **husband** /ハズバンド/
オットセイ 《動物》 a **fur seal** /ふァ〜 スィーる/
おっとり おっとりした (のんきな) **easy** /イーズィ/, **easygoing** /イーズィゴウインぐ/, **carefree** /ケアふリー/; (穏やかな) **gentle** /ヂェントる/

おでこ →ひたい

おと 音

➤ a **sound** /サウンド/; (騒音) a **noise** /ノイズ/
- 音を出す make a sound
- 音をたてる make a noise
- 何の音も聞こえない Not a sound is heard.
- 彼は大きな音をたてて戸をしめた He banged the door shut. →bang は「ばたんと…する」

おとうさん a **father** /ふァーざ/; (呼びかけ) **papa, dad, daddy** /ダディ/ →ちち¹
おとうと 弟 a **younger brother** /ヤンガ/ →あに
- 私の一番下の弟 my youngest brother
おどおど おどおどした (臆病(おくびょう)な) **timid** /ティミド/; (神経質な) **nervous** /ナ〜ヴァス/; (落ち着きのない) **restless** /レストれス/, **uneasy** /アニーズィ/
おどおど timidly; nervously
おどおどする get nervous; (まごつく) be embarrassed /インバラスト/
- 私は急に意見を求められておどおどしてしまった I got nervous [was embarrassed] when I was unexpectedly asked to give my opinion.
おどかす (脅迫(きょうはく)する) **threaten** /すレトン/; (こわがらせる) **scare** /スケア/, **frighten** /ふライトン/
おとぎ おとぎ話 a **nursery tale** /ナ〜スリ テイる/, a **fairy tale** /ふェアリ/
おとぎの国 a **fairyland** /ふェアリランド/
おどける **clown** /クらウン/

おとこ 男

➤ a **man** (複 men)
男の **male** /メイる/
男らしい **manly**
男の子 a **boy**
- あの男の人 that man / that gentleman / he
- 男の先生[店員] a male teacher [clerk]
- 男らしく like a man / in a manly way
おとしあな 落とし穴 a **pitfall** /ピトふォーる/
- 落とし穴にはまる fall in a pitfall
おとしだま お年玉 a **New Year's gift** /イアズ/
- おじさんは私にお年玉を5千円くれた
My uncle gave me five thousand yen as a New Year's gift.
おとしもの 落とし物 a **lost article** /アーティクる/, a **piece of lost property** /プラパティ/
- 落とし物預かり所 《米》 a lost-and-found office / 《英》 a lost property office

seventy-nine　79　おどろく

・すみませんが, こちらに落とし物が届いておりませんか　Excuse me, but hasn't there been anything handed in here?

おとす　落とす

➤ **drop**; (失う) **lose** /るース/
➤ (速力を) **slow down** /ダウン/

・財布を落とす　lose a wallet
・どこへ財布を落として来たのかしら　I wonder where I dropped［lost］my wallet.
・1945年に二つの原子爆弾(ばくだん)が広島と長崎に落とされた. ➡受け身形　Two atomic bombs were dropped over Hiroshima and Nagasaki in 1945.
・運転手は赤信号を見てスピードを落とした
The driver slowed down at a red light.

おどす ➡ おどかす
おとずれる 訪れる ➡ ほうもん
おととい **the day before yesterday** /デイ ビふォー イェスタディ/
・おといの朝［夜］に　on the morning［the night］before last
おととし **the year before last** /イア ビふォー/, **two years ago**
・おととしの今ごろ　about this time the year before last［two years ago］

おとな

➤ an **adult** /アダると/; a **grown-up** (**person**) /グロウナプ (パースン)/

・おとなになる　grow up
・おとな1枚, 子供2枚ください　One adult (ticket) and two children, please.
・洋子, 君はおとなになったら何になりたい?
When you grow up, what do you want to be, Yoko?

おとなしい (静かな) **quiet** /クワイエト/; (すなおな) **gentle** /ヂェントる/
・おとなしい子供　a quiet child
・彼女はおとなしくて親切だ
She is gentle and kind.
・おとなしくしなさい(→よい子であれ)
Be a good boy［girl］.
・坊やはなんておとなしい子でしょう
What a good boy you are!

おとめざ 乙女座　**Virgo** /ヴァ〜ゴウ/, **the Virgin** /ヴァ〜ヂン/
・乙女座生まれの人　a Virgo
おどり 踊り ➡ おどる
おどりば 踊り場　(階段の) a **landing** /らンディング/

おとる (…に)劣る　**be inferior** (to ~) /インふィアリア/
・これはそれより質が劣る
This is inferior to that in quality.
おどる 踊る　**dance**
踊り a **dance**; (動作) **dancing**
・踊りのじょうずな人　a good dancer
・踊りの先生　a dancing instructor
・音楽に合わせて踊る　dance to music
おとろえる 衰える　**become weak**; (体力など) **fail** /ふェイる/; (嵐(あらし)など) **abate** /アベイト/
・彼はだんだん健康が衰えてきた
He is failing in health.
・最近私は視力が衰えてきた
My sight has been failing recently.
おどろき 驚き　(びっくり) **surprise** /サプライズ/; (感服・不思議) **wonder** /ワンダ/

おどろく　驚く

❶ (予期しない事で) **be surprised**
❷ (驚嘆(きょうたん)する) **wonder**

❶ (予期しない事で) **be surprised** /サプライズド/
➡ 受け身形

> **基本形**
> A に驚く
> 　**be surprised at** A
> …して驚く
> 　**be surprised to** *do*
> …なので驚く
> 　**be surprised that** ~

驚かす **surprise**
驚くべき **surprising** /サプライズィング/, **jaw-dropping** /ヂョードラピング/
驚いて **in surprise**, **with surprise**
驚いたことには **to** *one's* **surprise**
・ああ, 驚いた!　Oh, I'm surprised!　➡「今驚いている」ので現在時制 / Oh, what a surprise!
・その事が起こっても別に驚かなかった
It came as no surprise.
・私は彼の突然の死を聞いて驚いた
I was surprised at his sudden death. / I was surprised to hear of his sudden death. / (彼の突然の死が私を驚かした) His sudden death surprised me.
・私はロンドンで加藤君に会ってとても驚いた
I was very surprised［It was very surprising］to see Kato in London. / To my great surprise, I saw Kato in London.
・彼は驚いた顔をしたが, 私に対して何も言わなかった

おなじ 80 eighty

He looked surprised, but he said nothing to me. / **ひゆ** He raised his eyebrows but he said nothing to me. → raise *one's* eyebrows は「眉を上げる，目を丸くする」

・実に驚くべきことに彼らは1日に10時間もテレビを見る　It is very surprising that they watch television ten hours a day.

・彼女は驚いて私を見た
She looked at me in surprise.

❷（驚嘆する）**wonder** /ワンダ/

・子供たちは奇術師の手品に驚いた　The children wondered at the magician's tricks.

・そんな事は驚くにあたらない　It's no wonder. → この wonder は名詞（驚き）

・彼が全部の質問に正しく答えたのには驚いた［答えたのは驚くにあたらない］
It is a wonder［No wonder］that he answered all the questions correctly.

おなじ 同じ

➤ **the same** /セイム/; (A と同じくらい…) **as ～ as** A; (等しい) **equal** /イークワる/

同じく → どうよう² (→ 同様に)

・彼らは同じ家に住んでいる
They live in the same house.

・それらは色がまったく同じです
They are exactly the same in color.

・彼は太郎と同じ年です　He is the same age as Taro. / He is as old as Taro.

・彼は太郎と同じくらいの背の高さです
He is almost as tall as Taro. /
He and Taro are almost equal in height.

・彼は私と同じくらい多くの本を持っています
He has as many books as I have ［(話) me］.

・彼と同じ心配が別の科学者によっても述べられている　His concerns are echoed by another scientist. → echo は「同じことを言う」

・相手も同じ人間じゃないか　**ひゆ** One leg at a time. ((人間，だれでもズボンをはく時は)片足ずつ入れてはく) → 前に They put their pants on が省略されている; 強い相手と戦う前にコーチが選手に言うことば

おなら **gas** /ギャス/
おならをする **pass gas**

おに 鬼　a **fiend** /ふィーンド/; (人食い鬼) an **ogre** /オウガ/; (巨人) a **giant** /チャイアント/; (鬼ごっこの) **it**

・鬼のような(残酷(ざんこく)な) fiendish
・鬼ごっこをする play tag
・鬼ごっこをしようよ，ぼくが鬼になるよ

Let's play tag. I'll be it.
ことわざ 鬼のいない間に洗たく
When the cat's away, the mice will play. (ネコがいない時にはネズミが遊ぶ)

おにぎり an **onigiri**, a **rice ball** /ライス/

おねがい お願いする　**ask** → たのむ

・私は彼女にその手紙をトムに渡してくれるようにお願いした
I asked her to hand the letter to Tom.

会話 そのかばんをお持ちしましょうか．一ええ，お願いします　Shall I carry that bag for you? —Yes, please.

・お願いがあるのですが　May I ask you a favor? / May I ask a favor of you? / Will you do me a favor?

・(電話で)太田さんをお願いしたいのですが
May I talk to Ms. Ota, please? /
(I'd like to speak to) Ms. Ota, please.

・伝言をお願いできますか　May I leave a message?

・よろしくお願いします（→前もってお礼を言います）
Thank you in advance for that matter.

おねしょ **bed-wetting** /ベドウェティング/
おねしょをする **wet** *one's* **bed**

おの 斧　an **ax** /アクス/; (小型の) a **hatchet** /ハチェト/

おのおの(の) **each** /イーチ/ → それぞれ

・私たちはおのおの自分の意見を持っている
We each have our own opinion.

おば an **aunt** /アント/

・私は京都のおばから手紙をもらいました
I received a letter from my aunt in Kyoto.

おばあさん (祖母) a **grandmother** /グラン(ド)マざ/; (年取った女性) an **old woman** /ウマン/ (復 women /ウィメン/)

おばけ お化け (幽霊(ゆうれい)) a **ghost** /ゴウスト/; (怪物) a **monster** /マンスタ/

・お化けの出そうな spooky
・お化け屋敷(やしき) a haunted house
・お化けの話 a ghost story
・あの家にはお化けが出るといううわさだ
They say that house is haunted.

おばさん (よその) a **woman** /ウマン/ (復 women /ウィメン/), a **lady** /れイディ/; (呼びかけ) **ma'am** /マム/ → 店で「おばさん，これください」などという時の「おばさん」は Mrs. Smith などと名前を言うのがふつう

おはよう **Good morning!**

・私たちはたがいに「おはよう」と言う
We say "Good morning!" to each other.

おび 帯 *obi*, **a long, broad sash wound around the waist** /ブロード サシュ ワウンド アラウンド ウェイスト/
- 帯を結ぶ[とく] tie [untie] an *obi*

おびえる be scared (at 〜) /スケアド/, **be frightened** (at 〜) /ふライトンド/
- おびえた顔つき a frightened look
- 何もおびえることはない
There is nothing to be scared at.

おひつじざ 牡羊座 **Aries** /エアリーズ/, **the Ram**
- 牡羊座生まれの人 an Aries

おひとよし お人好し **an good-natured soul** /グドネイチャド ソウル/, → soul は「魂, 心」の意味から「人間」を意味するのにも使われる

おひなさま お雛さま **a doll (displayed on the Girls' Festival)** /(ディスプれイド ガーるズ フェスティヴァる)/ → ひなまつり

オフィス an office

おぶう → おんぶ

おべっか flattery /ふらタリ/ → おせじ
おべっかを使う **flatter**
おべっか使い (人) a **flatterer**

オペラ an opera /アペラ/

オペレーター an operator /アペレイタ/

おぼえている 覚えている

➤ **remember** /リメンバ/

| 基本形 | A を覚えている
remember A
…したのを覚えている
remember *doing*
…ということを覚えている
remember (that) 〜 |

- 彼の名前を覚えている remember his name
- 彼のことをとてもよく[かすかに]覚えている remember him very well [vaguely]
- 私が覚えている限りでは as far as I remember
- 手紙を出したのを覚えている remember mailing the letter → remember to mail 〜 は「忘れずに手紙を出す」の意味になる
- 私は彼の顔は覚えているが, 名前を覚えていない I remember his face, but I don't remember [I forgot] his name. →「覚えている」を ×I *am remembering* 〜 と進行形にしない
- 私は彼女がかわいい赤ちゃんのころを覚えている I remember her as a lovely baby.
- 私はいつか大阪で彼に会ったのを覚えている
I remember seeing him once in Osaka. /
I remember (that) I saw him once in Osaka.

おぼえる 覚える

➤ (学ぶ) **learn** /ら〜ン/; (暗記する) **learn by heart** /ハート/, **learn by rote** /ロウト/ → おぼえている

- 私は1日に英語の単語を10個覚えるようにしている I try to learn ten English words by heart a day.
- 彼は覚えるのが速い[遅い]
He is quick [slow] to learn.

おぼれる drown /ドラウン/
- 彼は川に落ちておぼれた[おぼれそうになった] He fell into a river and drowned [almost drowned].
- 彼らは彼がおぼれるのを救った
They saved him from drowning.

おぼん お盆 *O-bon*, **the festival in honor of ancestors** /ふェスティヴァる アナ アンセスタズ/

日本を紹介しよう

お盆というのは仏教の一つの儀式(ぎしき)のようなもので, この時期にこの世へ帰ってくる先祖の霊(れい)をお迎えしてまたお送りするためのものです. お盆には田舎のある人たちは帰郷します. お盆のシーズンには日本中で太鼓(たいこ)の音に合わせて人々がやぐらの周りを踊るのが見られます. *O-bon*, the festival in honor of ancestors, is a kind of Buddhist ceremony to welcome and send off the souls of people's ancestors on their visits to this world in this season. In *O-bon*, people with roots in the countryside go back home. In *O-bon* season you see people dancing around the stage to the sound of a drum all over Japan.

おまいり visit /ヴィズィト/ → さんぱい

おまえ → きみ¹

おまけ a premium /プリーミアム/, **an extra** /エクストラ/

おまけに (更に) **on top of it**; (更に悪いことには) **what is worse** /ワ〜ス/

おまちどおさま お待ちどおさま (→あなたを待たせて申し訳ございません) **I'm sorry to have kept you waiting.** /サリ ウェイティンぺ/; (人に物を渡す時) **Here you are.** (♪)

おまもり お守り **a good luck charm** /らク チャーム/, **a talisman** /タリズマン/

おみくじ a fortune slip /ふォーチュン/
- 神社でおみくじをひく pick a fortune slip at a shrine

おみこし *o-mikoshi*, **a portable shrine** /ポータ

おみや

おみや お宮 a shrine /シュライン/
- お宮参りをする visit a shrine

おむつ 《米》a diaper /ダイパ/, 《英》(baby's) napkin /(ベイビズ) ナプキン/

オムレツ an omelet, an omelette /アムれト/

おめでとう

➤ (あいさつ) **Congratulations!** /コングラチュれイションズ/

- 彼女におめでとうとお伝えください
Give my congratulations to her.
- 新年おめでとう (口で言う時) Happy New Year! / (文字で書く時) A happy New Year!
- クリスマスおめでとう (口で言う時) Merry Christmas! / (文字で書く時) A merry Christmas!
- 花子さん, お誕生日おめでとう
Happy birthday, Hanako!

おもい¹ 重い

➤ (物が) **heavy** /ヘヴィ/; (病気が) **serious** /スィアリアス/; (気分が) **depressed** /ディプレスト/

- 重さ → おもさ
- 重いかばん a heavy bag
- 重い病気 a serious illness
- この箱はどのくらい重いですか
How heavy is this box? /
How much does this box weigh? /
What is the weight of this box?
- これは君が思うほど重くはない. 軽いですよ
This is not so heavy as you think. It is quite light.
- 彼の病気が重くなければよいが
I hope his illness is not serious.
- どうしてかわからないけれど, きょうはとても気が重いの I don't know why, but I feel very depressed today.

おもい² 思い (考え) a **thought** /そート/; (気持ち) **feelings** /ふィーリングズ/; (願望) a **wish**, a **dream** /ドリーム/; (経験) an **experience** /イクスピアリエンス/; (愛情) **love**

- 思いにふける be deep in thought
- 苦しい思いをする have a painful experience
- 事は思いどおりにうまく運んだ
Things went as well as I had expected.
- この思いはだれにもわからない

No one can understand my feelings.
- ついに思いがかなった
At last my dream has come true.

おもいがけない 思いがけない **unexpected** /アネクスペクテド/

思いがけなく unexpectedly

おもいきって 思い切って…する **dare to** do /デア/, **pluck up** (one's) **courage to** do /プらク カ～レヂ/

- ぼくは思い切って塀のてっぺんから飛び降りた I dared to jump down from the top of the wall.
- あなたは思っている事を思い切って言うべきです You should speak out yourself.
- 思い切ってやってみなければ何も得られない
Nothing ventured, nothing gained. ➔「虎穴にけつに入らずんば虎子にじを得ず」に当たる英語のことわざ
- (逃げていないで)もう思い切ってやる時だよ
Now is the time for you to take action. / ひゆ It's about time for you to grasp the nettle. (イラクサをぎゅっとつかむ時) ➔イラクサは荒地に生えるとげのある草

おもいきり 思い切り… **as ～ as** one **can**［**likes**］
- 思い切り大きな声で歌いなさい Sing as loudly as you can. / Sing at the top of your voice.
- きょうは思い切りビーチで遊んでいいよ
Today you can enjoy yourself on the beach as much as you like.

おもいだす 思い出す

➤ **remember** /リメンバ/

思い出させる remind (of ～) /リマインド/, **put in mind** /マインド/

- やっと思い出した Now I remember.
- 失礼ですがお名前が思い出せません
I am sorry I cannot remember your name.
- この写真を見ると君といっしょにあの島で過ごした夏のことを思い出す
This picture reminds me［puts me in mind］of the summer (that) I spent with you on the island.
- 彼の名前がそこまで出かかっているのに思い出せない ひゆ His name is on the tip of my tongue. (舌の先にある)

おもいちがい 思い違い (a) **misunderstanding** /ミスアンダスタンディング/

思い違いをする be mistaken /ミステイクン/
- 君はそれについてまったく思い違いをしている You are entirely mistaken about it. /

eighty-three　83　おもう

ひゆ You're barking up the wrong tree. ((獲物(えもの)の逃げ登った木をまちがえて)猟犬が別の木の根元でほえ立てている)

おもいつき 思いつき　an **idea** /アイディーア/

おもいつく 思いつく　**think of** /**す**ィン**ク**/; (心に浮かぶ) **occur** /オカ～/
•私はその困難を切り抜ける方法を思いついた
I thought of a way out of the difficulty.
•私はすばらしい考えを思いついた
A bright idea occurred to me.

おもいで 思い出　**memories** /メモリズ/
•子供のころの思い出　memories of *one's* childhood

おもいやり 思いやりのある　**considerate** /コンスィダレト/, **thoughtful** /そートふる/
•思いやりのない　inconsiderate / thoughtless
•彼は他人に対して思いやりがある
He is considerate [thoughtful] of others.

おもう　思う

❶ (考える) **think**; (信じる) **believe**
❷ (予期する) **expect**

❶ (考える) **think** /**す**ィン**ク**/; (信じる) **believe** /ビリーヴ/

> **基本形**
> …と思う
> 　**think** (**that**) ～
> Ａ のことを思う
> 　**think of** Ａ

•私はそう思います　I think so.
•私は雨が降ると思う[雨は降らないと思う]
I think it will rain [I don't think it will rain].

> **文法・語法**
> 「雨は降らないと思う」を ×I ***think*** it will ***not*** rain. といわない。英語ではふつう否定語を前に置く

•私はそれはいい映画だと思った
I thought it was a good movie. ➡主節の動詞が過去 (thought) の時は「時制の一致」で, 従属節の動詞も過去 (was) になる
•私はいつもあなたのことを思っています
I am always thinking of [about] you.
•私はこの夏オーストラリアへ行こうかと思っている
➡現在進行形 I am thinking of going to Australia this summer.
•この映画についてどう思いますか
What do you think of this movie?
•君にここで会うとは思わなかった
I never thought that I would see you here. /

I never thought to see you here.
会話 君は彼女がパーティーに来ると思うか。―ああ, 来ると思う[いや, 来ないと思う] Do you think she will come to the party? —Yes, I think so [No, I don't think so].
•これを何だと思いますか
What do you think this is?

> **文法・語法**
> 「これは何ですか」は 'What is this?' だが, 「…と思いますか」を加える時は What など疑問詞のすぐ次に 'do you think' を入れ, is this も this is の語順に返る

•彼はどこに住んでいると思いますか
Where do you think he lives? ➡「彼はどこに住んでいますか」(Where does he live?) に「…と思いますか」(do you think) を加えるとこうなる
•君は幽霊(ゆうれい)がいると思うか
Do you believe in ghosts?

❷ (予期する) **expect** /イクス**ペ**クト/
•君がきょう来るとは思っていなかった
I didn't expect you (to come) today.
•彼にはシンガポールで会えると思っています
I expect to see him in Singapore.

❸ (するつもりだ) **be going to** *do*, **intend** /インテンド/
•私は京都に 1 週間滞在(たいざい)しようと思う
I'm going to stay in Kyoto for a week.
•この本は君にあげようと思っています
This book is intended for you.

❹ (…だといいと思う) **hope**
•あしたお天気だといいと思う
I hope it will be fine tomorrow.

❺ (好ましくないことを予測して) **I'm afraid** /アふレイド/
•私は彼女は病気じゃないかと思う
I'm afraid (that) she is sick.
会話 あすは雨だと思いますか。―そうだと思います
Do you think it will rain tomorrow? —I'm afraid so.

❻ (…かしらと思う) **wonder** /**ワ**ンダ/, **suppose** ➡who, what, which, why, when, where, how, if などと共に用いる
•私は休みにどこへ行こうかと思っているところです
➡現在進行形 I'm just wondering where I should go [where to go] for my holiday.
•彼は自分が本当に彼女を愛しているのだろうかと思った　He wondered if he really loved her.

❼ (みなす) **regard** /リ**ガ**ード/, **consider** /コンスィダ/

おもさ 84 eighty-four

お

基本形	A を B だと思う
	regard A **as** B
	consider A **as** B
	consider A **to be** B ➔ A は(代)名詞; B は 形容詞または名詞

• クラスじゅうが彼女ははにかみ屋だと思っていた
The whole class regarded her as a shy girl.
❽ したいと思う (→ したい²)

おもさ 重さ **weight** /ウェイト/ ➔ おもい¹
重さがある weigh /ウェイ/
• これは重さが 10 キロある
This weighs ten kilograms.
📢会話 その段ボールの重さはどれくらいですか. ─約 1 キロです　How much does the corrugated cardboard weigh? / What is the weight of the corrugated cardboard? —It weighs [is] about one kilogram.

おもしろい

➤ (興味ある) **interesting** /インタレスティング/
➤ (楽しい) **amusing** /アミューズィング/; (はらは らさせる) **exciting** /イクサイティング/
➤ (変わった) **strange** /ストレインヂ/ ➔ かわった
• おもしろい本　an interesting book
• おもしろい話　an amusing story
• おもしろい試合　an exciting game
• 私にはこの本はとてもおもしろい
This book is very interesting for me.
• (読んでみたら)この本はおもしろくなかった
I found this book uninteresting.

おもちゃ a toy /トイ/
• おもちゃ屋　a toy store / a toyshop

おもて 表

➤ (通りの) **the street** /ストリート/
➤ (布などの) **the right side** /ライト サイド/
➤ (野球の回の) **the top**
➤ (コインの) **heads** (人物の頭像がある側)
• 表でボール投げをしてはいけない
Don't play ball on [in] the street.
• この紙はどっちが表ですか
Which is the right side of this paper?
• (野球で)9 回の表　the top of the ninth inning
• 表か裏か　Heads or tails? ➔ コインを投げてどち らの面が上になって落ちたかで勝負する時の言い方

おもな chief /チーふ/
おもに chiefly, mainly /メインリ/
• その国のおもな産物　the chief products of the country

• これが彼女の失敗のおもな理由です
This is the chief reason for her failure.
• それはおもに彼が貧乏だったからです
It is chiefly [mainly] because he was poor.

おもなが 面長　an **oval face** /オウヴる ふェイス/
おもみ ➔ おもさ
おもらし おもらしする　**wet** *oneself* [*one's* **pants**]
おもり a weight /ウェイト/; (釣(つ)り糸の) a **sink-er** /スィンカ/
おもわず 思わず　**in spite of** *oneself* /スパイト/
• 私は思わず笑ってしまった
I laughed in spite of myself.
おもんじる 重んじる　**value** /ヴァリュー/
• 富よりも名誉(めいよ)を重んじる　value honor above wealth

おや 親

➤ (父または母) one's **parent** /ペアレント/; (両 親) one's **parents**
親孝行の filial /ふィリアる/
• 親子　parent and child, father [mother] and son [daughter]
• 彼はとても親孝行だ　He is very filial.
• ベンは娘のことでは親ばかもいいところだ
Ben dotes on his daughter.
おやすみなさい Good night!
• 私は両親に「おやすみなさい」と言って寝ます
I say "Good night!" to my parents and go to bed.
おやつ (軽食) a **snack** /スナク/; (茶菓) **refreshments** /リふレシュメンツ/
おやゆび 親指　(手の) a **thumb** /さム/; (足の) a **big toe** /トウ/

およぐ 泳ぐ

➤ **swim**; (一泳ぎする) **have a swim**
泳ぎ swimming /スウィミング/; (一泳ぎ) **a swim**
• 泳ぎに行く　go swimming / go for a swim
• 泳いで川を渡る　swim (across) the river
• クロールで泳ぐ　do [swim] the crawl
• 50 メートル泳ぐ　swim fifty meters
• 泳ぎ回る　swim about / swim around
• 彼は泳ぎがとてもうまい
He swims very well. / He is a very good swimmer. / He is very good at swimming.
• 彼はクラスの中で一番泳ぎがうまい
He is the best swimmer in our class.
• 私は泳げない　I can't swim. / I don't know how to swim. ➔ how to *do* は「…する方法」

・彼は川の向こう岸まで泳いだ
He swam across the river. /
He swam to the other side of the river.
・海へ泳ぎに行こうよ　Let's go swimming in the sea. ➔ ✕ to the sea としない
Let's go for a swim in the sea. / Let's go to the sea for swimming [a swim].
・君は海で泳いだことがありますか． ➔ 現在完了
Have you ever swum in the sea?

およそ ➔ やく³

オランウータン《動物》an **orangutan** /オーランぐウタン/

オランダ **Holland** /ハらンド/，(公式名) **the Netherlands** /ネざランツ/
・オランダの　Dutch
・オランダ語　Dutch
・オランダ人　a Hollander; (全体) the Dutch

おり(動物を入れる) a **cage** /ケイヂ/

オリーブ《植物》an **olive** /アりヴ/
・オリーブ油　olive oil

オリエンテーリング **orienteering** /オーリエンティアリンぐ/

おりかえし 折り返し (マラソンの折り返し点) **the halfway point** /ハふウェイ/，(郵便)《米》**by return of mail** [《英》**post**] /リターン メイる/
・折り返しご返事ください
Please answer by return of mail.
・折り返しすぐお電話します　I'll call you back soon.

おりがみ 折り紙 *origami*, **paper folding** /ペイパ ふォウるディンぐ/; (折り紙の紙) (a **piece of**) **colored paper for folding** /(ピース) カらド/
・折り紙をする　fold a piece of colored paper / do *origami*
・折り紙でツルを折る　fold a piece of colored paper into a crane

オリジナル **the original**
　オリジナルの　**original**
・これはオリジナルであれらは複製です
This is the original and those are copies.

おりたたむ 折りたたむ **fold** /ふォウるド/
　折りたたみ(式)の　**folding** /ふォウるディンぐ/, **foldaway** /ふォウるドアウェイ/
・車いすを折りたたむ[開く]　fold [unfold, open] a wheelchair
・折りたたみのイス[傘]　a folding chair [umbrella]
・折りたたみ自転車　a fold [folding] bicycle

おりづる 折り鶴 *orizuru*, a **paper crane** /クレイン/

おりまげる 折り曲げる **bend** /ベンド/; (折りたたむ) **fold** /ふォウるド/; (しわくちゃにする) **crush** /クラシュ/
・(郵便物の表などに書いて)折り曲げ厳禁　Do Not Bend / Do Not Crush

おりる 降りる
❶(乗り物から) **get off; get out**
❷(高い所から) **get down; go down**

❶(乗り物から) **get off; get out** (of ～)
・バス[電車, 飛行機, 自転車]を降りる　get off a bus [a train, an airplane, a bicycle]
・車[タクシー, ボート]から降りる　get out of a car [a taxi, a boat]
・東京駅で(電車を)降りる　get off (the train) at Tokyo Station
・学校の前でタクシーを降りる　get out of the taxi in front of the school
・私は次の駅で降ります ➔ (近い未来を表す)現在進行形　I'm getting off at the next stop.
・東京行きの電車に乗って新宿で降りなさい
Take a train for Tokyo and get off at Shinjuku.
・私は駅をまちがえて降りてしまった
I got off (the train) at the wrong station.

❷(高い所から) **get down** /ダウン/; (降りて行く) **go down**; (降りて来る) **come down**; (手足を使ってはい降りる) **climb down** /クライム/
・丘を降りて行く[来る]　go [come] down a hill
・馬から降りる　get down from [get off] a horse
・木[はしご]から降りる　get down from a tree [a ladder] / climb down a tree [a ladder]
・2階から降りて来る　come downstairs
・坂を走って降りる　run down a slope
・階段を急いで降りる　hurry down the stairs
・塀から飛び降りる　jump down from a wall

get off

get down

❸(やめる) **quit** /クウィト/, **leave** /リーヴ/, **give up**

オリンピック

86 eighty-six

・ゲームをおりる quit a game

オリンピック オリンピック **the Olympic Games** /オリンピク/, **Olympiad** /オリンピアド/
・夏季[冬季]オリンピック the Summer［Winter］Olympic Games
・(オリンピック)選手村 the Olympic village
・国際数学オリンピック the International Mathematical Olympiad

おる¹ 折る

➤ (切断する) **break** /ブレイク/; (たたむ) **fold** /ふォウるド/

・枝を折る break a branch
・足(の骨)を折る break *one's* leg
・ページのすみを折る fold down the corner of a page
・紙を二つに折る fold a sheet of paper in two

おる² 織る **weave** /ウィーヴ/
・織機(しょっき)で布を織る weave cloth on a loom
・この布は絹で織ってある
This cloth is woven from silk.

オルガン (パイプオルガン) an **organ** /オーガン/; (足踏(ふみ)オルガン) a **reed organ** /リード/
・オルガンをひく play the organ
・オルガン奏者 an organist

オルゴール a **music box** /ミューズィク/ ➜「オルゴール」はオランダ語の orgel から

おれい ➜れい¹

おれる 折れる **break** /ブレイク/ (➜ おる¹); (譲歩(じょうほ)する) **give in** (to ～)

オレンジ (植物) an **orange** /オーレンヂ/
・オレンジの, オレンジ色(の) orange
・オレンジジュース orange drink; (果汁100パーセントの) orange juice ➜ ジュース
・オレンジの皮をむく peel an orange

おろか 愚かな **foolish** /ふーりシュ/; (単純な) **simple** /スィンプる/
・私はそんなことを信じるほど愚かじゃない
I am not so foolish［simple］as to believe it.

おろし 卸の, 卸で **wholesale** /ホウるセイる/
・卸売り業者 a wholesaler

おろす

➤ (取り降ろす) **take down** /ダウン/; (船・車から荷物を) **unload** /アンろウド/; (乗り物から人を) **let off, drop** (off)
➤ (下げる) **drop, lower** /ろウア/
➤ (預金を) **draw** /ドロー/
➤ (おろしがねで) **grate** /グレイト/

・銀行から2万円おろす

draw 20,000 yen out of the bank
・棚からその箱を降ろしてくれませんか Will you take down the box from the shelf?
・彼らはトラックから荷物を降ろしていた
They were unloading a truck.
・郵便局のところで降ろしてください
Please drop me (off) at the post office.
🗨会話 ブラインドをおろしてもかまいませんか. ―ええ, かまいません Do you mind if I lower the blinds? ―No, not at all.

おわらい お笑い (芸能) **comic-chat entertainment** /カミクチャト エンタテインメント/
・お笑い芸人 a comic-chat entertainer
・テレビのお笑い番組 a TV comic-chat show

おわり 終わり

➤ an **end**, a **close** /クろウズ/ ➜ おわる

(…の)終わりに at the end (of ～), at the close (of ～); **finally** /ふァイナリ/
・今月[物語]の終わりに at the end of this month［the story］
・終わりになる come to an end［a close］
・終わりに近づく draw to an end［a close］
・終わりまで to the end
・始めから終わりまで from beginning to end; (本を) from cover to cover
・夏もそろそろ終わりだ Summer is near its end. / Summer is coming［drawing］to an end. / Summer will soon be over.
・長い夏休みも終わりになった The long summer vacation has come to an end［is over］.
・一度何かを始めたら終わりまでやりなさい
Once you start something, do it to the end.
・きょうはこれで終わり That's all for today.
・彼はもう終わりだ
It's all over with him. / He's finished.
ことわざ 終わりよければすべてよし
All's well that ends well.

おわる 終わる

❶ (続いていたものが) **end, close**
❷ (仕事などが) **finish**

❶ (続いていたものが) **end, close** /クろウズ/, **be over, come to an end** ➜ おわり
・失敗[引き分け]に終わる end in failure［in a draw］
・学校が終わってから after school (is over)
・その映画は3時に始まって5時に終わる
The film begins at 3 o'clock and ends at 5.
・試合は引き分け[われわれの勝利]に終わった

The game ended in a draw [in our victory].

•食事はコーヒーで終わりました

The dinner ended with coffee.

•この会合はすぐ終わるでしょう

This meeting will soon be over.

•学校は終わってもうすぐ夏休みになる　School will soon break up for the summer vacation.

❷ (仕事などが) **finish** /ふィニシュ/; **complete** /コンプリート/ → おえる

おん 恩 (親切) **kindness** /カインドネス/

恩知らずの ungrateful /アングレイtrふる/

•彼に恩返しをする　repay him for his kindness

•ご恩は決して忘れません

I will never forget your kindness.

ことわざ 恩を仇(あだ)で返す　render evil for good (善に対して悪を返す) / bite the hand that feeds him (自分にえさを与えてくれる手をかむ)

おんがく 音楽

➤ **music** /ミューズィク/

•音楽の　musical

•音楽会　a concert; (個人の) a recital

•音楽家　a musician

•音楽室　a music room

•音楽に合わせて踊る　dance to music

•私たちは週に2回音楽の授業がある

We have two music lessons a week.

おんけい 恩恵 a **benefit** /ベネфィット/; (好意) a **favor** /фェイヴァ/

おんし 恩師 *one's* **former teacher** /фォーマ/

おんしつ 温室 a **greenhouse** /グリーンハウス/; (野菜などの) a **hothouse** /ハトハウス/

•温室効果　greenhouse effect

おんじん 恩人 a **benefactor** /ベネфァクタ/

•彼女は私の命の恩人です

I owe my life to her.

おんせいメッセージ 音声メッセージ a **voice-mail** /ヴォイスメイる/

•音声メッセージを残す　leave a voicemail

おんせつ 音節 a **syllable** /スィらブる/

おんせん 温泉 a **hot spring**; (温泉地) **hot springs**, a **hot spring resort** /リゾート/

おんたい 温帯 **the temperate zone** /テンペレトゾウン/

おんだん 温暖な **mild** /マイるド/ → おんわ

•地球温暖化　global warming

おんち 音痴の **tone-deaf** /トウンデф/

•うちの母は方向音痴だ

My mother has no sense of direction.

おんてい 音程 《音楽》(相対音程) **intonation** /イ

ントネイション/, (音と音の間隔) an **interval** /インタヴァる/; (調子) **tune** /テューン/

•音程を良くする　improve intonation

•音程正しく[をはずれて]歌う　sing in [out of] tune

おんど 温度

➤ **temperature** /テンパラチャ/

•温度は何度ですか

What is the temperature?

•温度は室内で摂氏15度です

The temperature is 15℃ (読み方: fifteen degrees centigrade) indoors.

•温度が上がった[下がった]

The temperature has risen [has fallen].

•冬にはしばしば温度が零下(れいか)5度まで下がる　In winter the temperature often falls to 5° below zero.

おんどく 音読する **read aloud** /リード アらウド/

おんどけい 温度計 a **thermometer** /さモメタ/

•セ氏温度計　a centigrade thermometer

•カ氏温度計　a Fahrenheit thermometer

おんどり 雄鶏 《米》a **rooster** /ルースタ/, 《英》a **cock** /カク/ → ニワトリ

おんな 女

➤ a **woman** /ウマン/ (復 women /ウィメン/)

女らしい womanly

女の子 a girl

•女の子らしい　girlish

•女の赤ちゃん　a baby girl

おんぶ おんぶする **put** [**carry**] **on** *one's* **back** /キャリ/

•私が赤ちゃんをおんぶしましょうか

Shall I carry your baby on my back?

おんぷ 音符 a **note** /ノウト/

•全音符　a whole note

•半音符　a half note

•4分音符　a quarter note

•8分音符　an eighth note

オンラインの[で] online

•これらの品物はオンラインで手に入る

These things are available online.

•オンライン授業　an online class, (講義) an online lecture, (連続講座) an online course

おんわ 温和な (気候が) **mild** /マイるド/; (人が) **gentle** /ヂェントる/

•温和な人　a gentle person

•ここは東京よりも気候が温和です

The climate here is milder than in Tokyo.

か カ

か¹ 課
❶ (教科書の) a **lesson** /れスン/
・10課から始めよう
Let's begin [start] with Lesson 10.
・試験の範囲は何課までですか How many lessons will be covered in the test?
❷ (官庁・会社などの) a **section** /セクション/

か² 科
❶ (動植物の) a **family**
・ライオンはネコ科に属する
Lions belong to the cat family.
❷ (学校などの) a **course** /コース/; (病院の) a **department** /ディパートメント/
・外科 the department of surgery
・私の兄は高校の商業科にいます
My brother is in the commercial course at senior high school.

か³ …か
❶❷❸❹ (疑問)
❺ (誘い)
❻ (選択)

❶ (be 動詞をふくむ文の疑問)「〈主語〉はAですか」は **"Be** 〈主語〉 A**?"**; Be は主語の人称と時制により (現在) **Am, Are, Is**; (過去) **Was, Were** と変化する; A は形容詞または名詞; → でした, です

基本形
君は幸せですか
　　Are you happy?
彼女は幸せですか
　　Is she happy?
彼女は幸せではありませんか
　　Isn't she happy?

・君は[彼は]中学生ですか Are you [Is he] a junior high school student?
・君はきのうは病気だったのですか
Were you sick yesterday?
・それは美しいではありませんか
Isn't it beautiful?
・私は委員会のメンバーではないのか
Aren't I [Am I not] a member of the committee? → am の場合は ×*Amn't* I ～ ではなく Aren't I または Am I not ～? とする
・カナダではフランス語が話されていますか
Is French spoken in Canada?

・この近くに公園がありますか
Is there a park near here?
❷ (一般動詞をふくむ文の疑問)「〈主語〉は…するか」は **"Do** 〈主語〉 *do***?"**; Do は主語が3人称単数現在の場合は Does に, 過去の場合は主語に関係なく Did にそれぞれ変化する.

基本形
君は私を愛しているか
　　Do you love me?
彼は私を愛しているか
　　Does he love me?
君は私を愛していないのか
　　Don't you love me?

・君は[彼は]お寿司が好きですか
Do you [Does he] like *sushi*?
・彼は[彼らは]きのう学校へ来ましたか
Did he [they] come to school yesterday?
・君はそのことを知らないのか
Don't you know that?
・マスクをしなさいと言ったでしょう
Didn't I tell you to wear a mask?
❸ (助動詞をふくむ文の疑問)「〈主語〉は…できるか[…してよいか, …するだろうか, など]」は **"Can [May, Will,** *etc.*〕 〈主語〉 *do***?"**.

基本形
君は泳ぐことができるか
　　Can you swim?
君は泳ぐことができないのか
　　Can't you swim?

・君は[彼は]英語を話せますか
Can you [he] speak English?
・入ってもいいですか May I come in?
・私といっしょに来ますか
Will you come with me?
・そのかばんを持ちましょうか
Shall I carry that bag?
・少し待っていただけますか
Could you wait a moment?
・あなたにお願いがあるのですが
Would you do me a favor?
・彼女は本当に泳げないのですか
She really can't swim? (↗) → really をふくむ時はふつう主語+動詞の形のままで文尾を上げる
❹ (疑問詞をふくむ文の疑問) 文の最初に疑問詞 (**who** (だれ), **what** (何), **when** (いつ), **where** (ど

こ), **how** (どのように), **why** (なぜ) など) を置き, そのあとは ❶ ❷ ❸ と同じになる.

基本形
彼女はだれですか
Who is she?
君は何を持っているのですか
What do you have?
君はいつ行くのですか
When will you go?
だれがそれをするのですか
Who will do that?

・彼女の名前は何ですか　What is her name?
・彼はどこに住んでいますか
Where does he live?
・彼がどこに住んでいるか知っていますか
Do you know where he lives? →where ～? が文の一部に組み入れられると主語＋動詞になることに注意
・彼は何本のホームランを打ちましたか
How many home runs did he hit?
・君はいつ日本をたつのですか
When will you leave Japan?
・君はどうしてきのう私に電話をくれなかったのですか　Why didn't you call me yesterday?
・だれがこの花びんを壊(こわ)したのか
Who broke this vase?

❺ (誘い) **Let's** *do*, **shall we?** / **How about ～?** / **What about ～?** / **Won't you** *do*? /ウォウント/ / **Would you like ～?** /ウド/
 トランプをしませんか．一しましょう
Let's play cards, shall we?—Yes, let's.
・コーヒーもう1杯いかがですか　How [What] about another cup of coffee? / Would you like (to have) another cup of coffee?

❻ (あるいは) **or**; (A か B か) **either** A **or** B /イーざ/
・イエスかノーか　yes or no
・たぶん彼はいま京都か奈良にいる
Perhaps he is now in Kyoto or (in) Nara.
・君かぼくかどちらかがまちがっている
Either you are wrong or I am. / (Either) You or I am wrong. →(either) *A* or *B* が主語になる時は動詞は B に一致する
・入って来るか出て行くかどちらかにしなさい
Either come in or go out.

カ 蚊《虫》a **mosquito** /モスキートウ/
・蚊に食われる　be bitten by a mosquito
が¹ 我 **self** /セるふ/
我の強い selfish, obstinate /アブスティネト/
・我を張る　stick to *one's* own opinion

が² …が
❶ (主語の場合)
❷ (目的語の場合)
❸ (しかし) **but**
❹ (そして) **and**

❶ (主語の場合) 名詞を文頭に置いて次に動詞を続けると, その名詞は文の主語になり, 「…が」の意味になる; 人称代名詞の場合は主格 (I, you, he, she, it, we, they) を用いる.
・私が正男にそのことを言ったのです
I told Masao about it.
・そして正男が太郎にそれを伝えたのです
And Masao told it to Taro.
・「こちらがヒル氏です」とその男性が言った
The man said, "This is Mr. Hill."

❷ (目的語の場合) 「夏が好きだ (→夏を好む)」「歯が痛い (→歯痛を持つ)」などの「…が」は英語では動詞の目的語として表される; 動詞のすぐあとに名詞を続けると, その名詞は目的語になる; 人称代名詞の場合は目的格 (me, you, him, her, it, us, them) を用いる; また 「英語がうまい」「耳が遠い」など, 「A に関して…である」と言い換えられる場合は **be ～ at [in, of]** A の形で表す.
・私は夏が好きだ　I like summer.
・私は歯が痛い　I have a toothache.
・彼は英語がうまい　He is good at English.
・その老人は耳が遠かった
The old man was hard of hearing.

❸ (しかし) **but**
・私は彼女が好きだが, 彼女は私が好きじゃない　I like her, but she doesn't like me.

❹ (そして) **and**
・きのう私たちは動物園へ行ったけど, とても楽しかった　Yesterday we went to the zoo and had a very good time.

ガ 蛾《虫》a **moth** /モーす/
があがあ があがあ鳴く (アヒルが) **quack** /クワク/
ガーゼ gauze /ゴーズ/; (傷の手当・マスク用の布) a **gauze patch** /パチ/
カーディガン a **cardigan** /カーディガン/
カーテン a **curtain** /カ～トン/
・レースのカーテン　a lace curtain
・カーテンを引く　draw the curtain → あける場合にも, しめる場合にも用いる; 話しことばでは open the curtain (あける), close the curtain (しめる) も用いられる; なお, 両びらきのカーテンは the curtains と複数形にする
・窓にカーテンをかける　hang a curtain over [at] a window

カード a **card**
- クリスマスカード a Christmas card
- 図書カード a library card
- クレジットカード a (credit) card
- カードを配る[切る] deal [shuffle] cards
- カードをめくる[引く] turn over [draw] a card

ガード
❶ (鉄道の) 《米》a **railroad overpass** /レイるロウド オウヴァパス/, 《英》a **railway overpass** /レイるウェイ/
❷ (スポーツの) the **guard** /ガード/

ガードマン a **guard** /ガード/ ➡「ガードマン」は和製英語

ガードレール a **guardrail** /ガードレイる/

カーナビ a **car navigation system** /ナヴィゲイション/

カーニバル a **carnival** /カーニヴァる/

カーネーション a **carnation** /カーネイション/

カーブ a **curve** /カ〜ヴ/; (道路などの) a **bend**
カーブする curve, **bend**, **make** a **curve**, **make** a **bend**
- 道の急な[ゆるい]カーブ a sharp [gentle] bend
- カーブを曲がる go around a bend [a curve]
- (野球で)カーブを投げる throw [pitch] a curve

カーペット (床全体のもの) a **carpet** /カーペト/; (一部だけをおおうもの) a **rug** /ラグ/
- 居間にカーペットを敷く carpet a living room

カーリング 《スポーツ》 **curling** /カ〜りング/

カール a **curl** /カ〜る/
カールする curl
- カールした髪 curled hair; (自然に) curly hair

ガールスカウト a **girl scout** /スカウト/

ガールフレンド a **girlfriend** /ガ〜るふレンド/ ➡
日本語では「恋人はいないが, ガールフレンドはたくさんいます」のように用いることが多いが, 英語では「恋人」の意味

かい¹ (貝) a **shellfish** /シェるふぃシュ/ (複 同形)
- 貝殻(がら) a shell

かい² (ボートの) an **oar** /オー/; (カヌーなどの) a **paddle** /パドる/
- かいでこぐ pull an oar / paddle

かい³ 会
➤ (会合) a **meeting** /ミーティング/; (親睦(しんぼく)のための小さな集まり) a **get-together** /ゲトトゥゲざ/; (パーティー) a **party**
➤ (同好者の会) a **club**; (団体) a **society** /ソサイエティ/, an **association** /アソウシエイション/
- 歓迎会 a welcome meeting [party]

- お茶の会 a tea party
- 山岳会 an Alpine club
- 英会話研究会 an English speaking society
- 生徒会 a student council
- 会を開く have a meeting [a get-together, a party]
- 会を始める[終える] start [close] a meeting
- あす学校の食堂でちょっとした会をする予定です
We are going to have a small get-together at the school cafeteria tomorrow.

かい⁴ 回
➤ a **time**; (野球の) an **inning** /イニング/; (ボクシングの) a **round** /ラウンド/ ➡ ど
- 1回, 2回, 3回, 4回 once, twice, three times, four times
- 1[2]回め the first [second] time
- そのテレビシリーズの2回め(の話) the second episode of the television series
- (野球で)9回の表[裏] the top [the bottom] of the ninth inning
- (ボクシングで)10回戦 a fight of ten rounds
- 会は月に3回開かれます
The meeting is held three times a month.
- 彼は7回失敗したが8回目に成功した
He failed seven times, but the eighth time he was successful.

かい⁵ 階
➤ (1階, 2階の階) a **floor** /ふろー/; (「…階建て」の階) a **story** /ストーリ/
- 1階 《米》the first floor / 《英》the ground floor

> 参考 2階, 3階, … は 《米》the second floor, the third floor, …, 《英》the first floor, the second floor, …のように 《米》と 《英》では1階ずつずれる

- 3階建ての家 a three-storied [three-story] house
- 階上の[に] upstairs
- 階下の[に] downstairs
- 階上[下]の部屋 an upstairs [a downstairs] room
- 君は2階に寝るのですか
Do you sleep upstairs?
- そのレストランはこのビルの7階にある
The restaurant is on the seventh floor of this building.

ninety-one **91** かいきん

かい⁶ かいがある **be rewarded** /リウォーデド/ →
かち²(→ …の価値がある)
…のかいもなく in spite of ～ /スパイト/
•努力のかいもなく in spite of *one's* efforts
•努力したかいがあった
My efforts were rewarded (with success).

がい 害
➤ **harm** /ハーム/, **injury** /インヂャリ/ → そん
がい

害する be bad, do harm /ハーム/, **injure** /イン
ヂャ/; (感情を) **hurt** /ハ～ト/, **offend** /オふェンド/
害のある harmful /ハームふる/
•害のない harmless
•運動のやりすぎは健康に害になる
Too much exercise is bad for [is harmful to]
the health. / Too much exercise does harm
to the health.
•私は彼の感情を害したらしい
I am afraid I have offended him [have hurt
his feelings].

かいいん 会員 a **member**
•会員証 a membership card

かいえん 開演する **raise the curtain** /レイズ カ～
トン/; **start, begin**
•開演は午後7時です
The curtain rises at 7:00 p.m.

かいおうせい 海王星 **Neptune** /ネプテューン/

かいが 絵画 **pictures** /ピクチャズ/, **paintings** /ペ
インティングズ/

かいかい 開会 **the opening of** a **meeting** /オウ
プニング ミーティング/
開会する open a **meeting**
•開会のあいさつをする give an opening ad-
dress
•開会式 the opening ceremony
•開会は何時ですか
What time will the meeting open?

かいがい 海外の **overseas** /オウヴァスィーズ/,
foreign /ふォーリン/
海外へ overseas /オウヴァスィーズ/, **abroad** /ア
ブロード/
•海外旅行をする make a trip abroad / travel
abroad / make an overseas trip
•海外へ行く go overseas [abroad]
•海外ニュース world news
•これは私たち家族にとって初めての海外旅行です
It's our first family trip overseas.

かいかく 改革 (a) **reform** /リふォーム/
改革する reform
•改革者 a reformer
•社会改革 social reforms
•人が変われば改革も進む
A new broom sweeps well. (新しいほうきはよ
く掃ける) → 英語のことわざ

かいかつ 快活な **cheerful** /チアふる/
•快活に cheerfully

かいかぶる 買いかぶる **think too much of** /す
ィンク マチ/, **overrate** /オウヴァレイト/

かいかん 会館 a **hall** /ホーる/

かいがん 海岸
➤ (波打ち際) **the seashore** /スィーショー/; (浜・
浜辺) **the beach** /ビーチ/; (遊覧・保養地) **the
seaside** /スィーサイド/; (沿岸) **the coast** /コ
ウスト/

•海岸線 a coastline
•海岸を散歩する take a walk along the sea-
shore [the beach]
•海岸で週末を過ごす spend a weekend at the
seaside
•アメリカ西海岸の都市 the cities on the West
Coast of the United States
•子供たちが海岸で貝殻(がら)を拾っている
There are [I see] some children gathering
seashells on the beach.

がいかん 外観 an **appearance** /アピアランス/,
looks /るクス/
•人を外観で判断してはいけない Never judge a
person by his appearances [looks].
参考ことわざ 人は見かけによらぬもの Things are
seldom what they seem. (物事は見かけと実体が
同じことはめったにない)

かいぎ 会議 a **conference** /カンふァレンス/, a
meeting /ミーティング/
•会議室 a conference [meeting] room
•会議を開く hold a conference
•彼らは会議中であった
They were in conference.

かいきゅう 階級 a **class** → classes と複数形を使
うこともある
•上流[中流, 下層]階級 the upper [middle, low-
er] class(es)

かいきょう 海峡 a **channel** /チャヌる/; (小さい) a
strait /ストレイト/, (地名につけて) **～ Straits**
•鳴門海峡 the Naruto Straits

かいきん 皆勤 **perfect attendance** /パ～ふェクト
アテンダンス/

あ
か
さ
た
な
は
ま
や
ら
わ

かいぐん　92　ninety-two

・皆勤賞 a prize for perfect attendance
・私は中学校は皆勤でした I had perfect attendance at junior high school.
かいぐん 海軍 **the navy** /ネイヴィ/
・海軍の naval
・海軍基地 a naval base
かいけい 会計 **accounting** /アカウンティング/
・会計係 an accountant; (レジの) a cashier
・会計簿(ぼ) an account book
・会計報告 a financial report
・(飲食店で)お会計お願いします
《米》Check, please. /
《英》Can I have the ［my］bill, please?
・お会計はいくらですか How much is my bill?
かいけつ 解決 (事件などの) **settlement** /セトるメント/; (問題などの) **solution** /ソるーション/
　解決する **settle** /セトる/; **solve** /サるヴ/
・争いを解決する settle a dispute
・問題を解決する solve a problem
・その事件は解決した The affair is settled.
・それについての簡単な解決策はない
There are no easy solutions for it.
かいけん 会見 an **interview** /インタヴュー/
・記者会見 a press interview［conference］
・…と会見する have an interview with ～ /
meet ～
がいけん 外見 → がいかん
かいこ 解雇 **dismissal** /ディスミサる/
　解雇する **fire** /ふァイア/, **dismiss** /ディスミス/
・彼は解雇された He was fired.
カイコ 蚕 《虫》a **silkworm** /スィるクワ～ム/
かいご 介護 **nursing** /ナ～スィング/, **care** /ケア/
・介護保険 elderly care insurance
・介護制度 nursing care scheme
・老人介護 care for the elderly
・老人を介護する provide care for the elderly /
nurse the elderly
・介護施設 a nursing home; 《英》(小規模なもの)
a care home
かいこう 開校する **open** a **school**
・開校記念日 the anniversary of the foundation of the school / (創立者を記念する日) the
founder's day
かいごう 会合 → かい³
がいこう 外交 (国家間の) **diplomacy** /ディプろウマスィ/; (保険の) **canvassing** /キャンヴァスィング/
　外交官 a **diplomat** /ディプろマト/
・(保険などの)外交員 a canvasser
・外交の diplomatic
・…と外交関係を樹立する establish diplomatic

relations with ～
がいこうてき 外向的な **outgoing** /アウトゴウイング/, **extrovert** /エクストロヴァ～ト/
・彼女は外向的だ She is outgoing. / She is an extrovert. ➜ この extrovert は名詞(外向的な人)

がいこく　外国

➤ a **foreign country** /ふォーリン カントリ/
外国の **foreign**
外国に, 外国へ **abroad** /アブロード/
外国人 a **foreigner** /ふォーリナ/
・外国製の foreign-made
・外国製品 foreign goods
・外国貿易 foreign［international］trade
・外国語 a foreign language
・外国へ行く［に住む］ go［live］abroad
・外国から帰る return from abroad
・私は外国へ行ったことがない
I have never been abroad.
・近ごろは日本にも外国人労働者が少なくない Recently there are not a few foreign guest workers in Japan.
がいこつ 骸骨 a **skeleton** /スケれトン/
かいさい 開催する (催す) **hold** /ホウるド/ → ひらく ❷
・その展覧会は12月15日まで開催されている
The exhibition runs through December 15.
かいさつ 改札口 a **ticket gate** /ティケト ゲイト/
・目白駅の改札口で待っていてください
Please wait for me at the ticket gate in Mejiro Station.
かいさん 解散する (議会が) **dissolve** /ディザるヴ/; (会合などが) **break up** /ブレイク/
かいさんぶつ 海産物 **marine products** /マリーン プラダクツ/
かいし 開始 **beginning** /ビギニング/, **opening** /オウプニング/, **start** → はじめ
　開始する **begin, open, start**

かいしゃ　会社

➤ a **company** /カンパニ/ (会社名には Co. と略記), a **firm** /ふァ～ム/; (企業) 《米》**corporation** /コーポレイション/ (会社名には Inc. と略記), 《英》a **limited company** /リミテド/ (会社名には Co., Ltd. と略記)
➤ (職場) an **office** /オーふィス/
・会社員 a company employee / an office worker
・株式会社 a corporation
・鉄道会社 a railroad company

•ホワイトスター会社 the White Star Co.
•会社に勤める be employed in a company / work for a company
•会社に行く go to work［the office］

かいしゃく 解釈 **interpretation** /インタ〜プリテイション/
解釈する interpret /インタ〜プレト/

かいしゅう 回収する（集める）**collect** /コれクト/; (取り戻す) **recover** /リカヴァ/
•宇宙ロケットは太平洋上で回収された
The space rocket was recovered from the Pacific.

かいじゅう 怪獣 a **monster** /マンスタ/

がいしゅつ 外出する **go out**
外出している **be out**
•母は買い物に外出しています
Mother is out shopping.
•彼は昼食のために外出しています
He is out for lunch.
•私が外出中にだれか来ましたか
Did anyone come while I was out?

がいしゅつきんしれい 外出禁止令 **lockdown** /らクダウン/, a **stay-at-home order** /オーダ/
•夜間外出禁止令 a curfew /カ〜ふュー/

かいじょ 介助（助け）**help**; (補助) **assistance** /アスィスタンス/
•介助犬 a service dog

かいじょう[1] 海上に［で］**on the sea** /スィー/
•海上保安庁 the Maritime Safety Agency
•海上自衛隊 the Maritime Self-Defense Force

かいじょう[2] 会場（会合の場所）a **place of meeting** /プれイス ミーティング/; (会館) a **hall** /ホーる/
•音楽会の会場はどこですか
Where is the concert to be held?
•「それではここで会場からのご質問をいただきます」と議長が言った The chair said that he would now take questions from the floor. ➡ floor は「会場の聴衆席」

かいじょう[3] 開場 **opening** /オウプニング/

がいしょく 外食する **eat out** /イート/

かいしん 改心する（悔い改める）**repent** /リペント/

かいすい 海水 **sea water** /スィー ウォータ/

かいすいよく 海水浴 **sea bathing** /スィー ベイずィング/
•海水浴場 a bathing beach / a seaside resort
•江の島に海水浴に行く go swimming［bathing］in the sea at Enoshima
•海岸はどこも海水浴客でいっぱいです
All the beaches are crowded with bathers.

かいすう 回数 **the number of times** /ナンバ/

かいすうけん 回数券 a **coupon ticket** /クーポン ティケト/; (一つづり) a **book of tickets**

がいする 害する ➡ がい

かいせい[1] 改正 **revision** /リヴィジョン/
改正する revise /リヴァイズ/

かいせい[2] 快晴 **fine weather** /ふァイン ウェざ/, **fair weather** /ふェア/
•きょうは快晴です It is very fine today.

かいせつ 解説（説明・弁明）(an) **explanation** /エクスプらネイション/; (注釈〔ちゅうしゃく〕・論評) a **commentary** /カメンテリ/
解説する explain /イクスプれイン/; **comment** (on 〜) /カメント/
•解説者 a commentator

かいぜん 改善 **improvement** /インプルーヴメント/
改善する improve /インプルーヴ/
•改善の余地が大いにある leave much room for improvement

かいそう[1] 海草 **seaweed** /スィーウィード/

かいそう[2] 改装(する) ➡ リフォーム

かいぞう 改造 **reconstruction** /リーコンストラクション/
改造する reconstruct /リーコンストラクト/

かいそく 快速 (a) **high speed** /ハイ スピード/
•快速の high-speed / fast / rapid
•快速電車 a rapid train

かいぞく 海賊 a **pirate** /パイアレト/
•海賊船 a pirate ship

かいたく 開拓する（耕作する）**cultivate** /カるティヴェイト/; (切り開く) **open up**
開拓者 a **pioneer** /パイオニア/; (入植者) a **settler** /セトら/
•医学の新分野を開拓する
open up a new field in medicine

かいだん[1] 階段 **steps**; (屋内の) (a flight of) **stairs** /(ふらイト) ステアズ/; (手すりもふくめて) a **staircase** /ステアケイス/
•階段を上る［降りる］go up［down］the stairs

かいだん[2] 会談 **talks** /トークス/, an **interview** /インタヴュー/
•パリでの首脳会談 summit talks in Paris
•…と会談する have talks［an interview］with 〜

かいだん[3] 怪談 a **ghost story** /ゴウスト/

ガイダンス guidance /ガイダンス/
•就職ガイダンス vocational guidance

かいちく 改築 **rebuilding** /リービるディング/
改築する rebuild

がいちゅう 害虫 a **harmful insect** /ハームふる インセクト/

かいちゅうでんとう 懐中電灯 《米》a **flashlight** /ふらシュらイト/, 《英》a **torch** /トーチ/

かいちょう 会長 **the president of** a **society** /プレズィデント ソサイエティ/
・彼は生徒会の会長に選ばれた He was chosen president of the student council.

かいつう 開通する **be opened to traffic** /トらふィク/
・新しい橋がまもなく開通するでしょう
The new bridge will be opened to traffic before long.

かいてい[1] 改訂する **revise** /リヴァイズ/
・改訂版 a revised edition

かいてい[2] 海底 **the bottom of the sea** /バトム スィー/
・海底の undersea / submarine
・船は 500 メートルの海底に沈んだ The ship sank 500 meters to the bottom of the sea.

かいてき 快適な（楽な）**comfortable** /カンふォタブる/;（気持のよい）**agreeable** /アグリーアブる/
・快適な家[部屋] a comfortable house [room]

かいてん[1] 回転 **turning** /ターニンぐ/, **rotation** /ロウテイション/, **revolution** /レヴォるーション/
回転する, 回転させる turn /ターン/, **rotate** /ロウテイト/, **revolve** /リヴァるヴ/
・地球の回転（自転）the rotation of the earth;（公転）the revolution of the earth
・回転いす a swivel [revolving] chair
・月は地球の周りを回転する
The moon revolves [rotates, turns, goes, moves] around the earth.
・彼は頭の回転が速い[遅い] He has a quick [dull] mind. / He is sharp-witted [slow-witted].
・(スキー競技などの)回転[大回転] slalom [giant slalom] /スららム/

かいてん[2] 開店 **the opening of** a **store** [a **shop**]
・開店する open [start] a store [a shop]

ガイド（案内人）a **guide**;（団体旅行の）a **courier** /カーリアー/, a **tour conductor** /トゥア コンダクタ/
・ガイドブック a guidebook

かいとう[1] 解答 an **answer** /アンサ/
解答する answer, give an answer (to ～), **make an answer** (to ～)
・解答用紙 an answer sheet
・問題に対する解答 an answer to the question

・彼の解答は正しい[まちがっている]
His answer is correct [wrong].
・その問題に正しく解答をした人はだれもいない No one gave [made] a correct answer to the question. / No one answered the question correctly.

かいとう[2] 回答 a **reply** /リプらイ/, an **answer** /アンサ/
回答する reply, answer
・回答者（クイズ番組の）a panelist;（アンケートの）a respondent

がいとう 街灯 a **street lamp** /ストリート らンプ/

かいぬし 飼い主 a **keeper** /キーパ/;（持ち主）an **owner** /オウナ/

がいはく 外泊する **stay away from home** /ステイ アウェイ/

かいはつ 開発 **development** /ディヴェろプメント/
開発する develop /ディヴェろプ/
・天然資源を開発する develop natural resources
・開発途上(とじょう)国 a developing country [nation]

かいばつ 海抜 …である **be ～ above sea level** /アバヴ スィー れヴる/
・その山は海抜 3 千メートルです The mountain is 3,000 meters above sea level.

かいひ 会費 a **(membership) fee** /(メンバシプ) ふィー/, **dues** /デューズ/

がいぶ 外部 **the outside** /アウトサイド/
・外部の outer / outside

かいふく 回復 (a) **recovery** /リカヴァリ/
回復する recover /リカヴァ/, **get well**;（だんだん）**improve** /インプルーヴ/;（秩序(ちつじょ)などを）**restore** /リストー/
・健康を回復する recover one's health
・(…から)すっかり回復する completely recover (from ～) / make a complete recovery (from ～)
・平和と秩序を回復する restore peace and order
・彼女はまだ病気が回復していない → 現在完了 She hasn't recovered from her illness yet. / She hasn't gotten well yet.
・彼の健康[天候]が回復してきた
His health [The weather] is getting better.

かいぶつ 怪物 a **monster** /マンスタ/

かいほう[1] 開放されている **be open** (to ～)
・このプールは一般に開放されていますか Is this (swimming) pool open to the public?

かいほう[2] 解放する **set free** /ふリー/, **release** /リリース/

ninety-five 95 カウント

かいほう³ 介抱する **look after** /るク アふタ/, **attend on** /アテンド/

かいぼう 解剖 **dissection** /ディセクション/; (解剖学) **anatomy** /アナトミ/

解剖する dissect /ディセクト/

がいむ 外務省[大臣] **the Ministry [Minister] of Foreign Affairs** /ミニストリ [ミニスタ] ふォーリン アふェアズ/

かいもの 買い物

➤ **shopping**/シャピンぐ/

・買い物をする　shop / do *one's* shopping

・うまい[へたな]買い物をする　make a good [bad] bargain

・買い物に行く　go shopping

・買い物かご　a shopping basket

・買い物客　a shopper

・私はあの店でちょっと買い物があります
I have some shopping to do at that store.

・私はきのう姉といっしょに銀座へ買い物に行った　I went shopping in Ginza with my (elder) sister yesterday. ↪×to Ginza としない

がいや 外野 **the outfield** /アウトふぃーるド/

・外野手　an outfielder

・外野席　the outfield stands / the bleachers

がいらいご 外来語 a **loanword** /ろウンワ～ド/

かいりゅう 海流 an **ocean current** /オウシャンカ～レント/

・日本海流　the Japan Current

かいりょう 改良　(an) **improvement** /インプルーヴメント/

改良する improve /インプルーヴ/

・…に改良を加える　improve on ～

がいろ 街路 a **street** /ストリート/

・街路樹　roadside trees

・街路で遊んでは危険だ
It is dangerous to play in the street.

かいわ 会話　(a) **conversation** /カンヴァセイション/, a **talk** /トーク/

・…と会話する　have a conversation [a talk] with ～ / talk with ～

かいん 下院　(一般的な呼び方) **the Lower House** /ろウア ハウス/; 《米》 **the House (of Representatives)** /(レプリゼンタティヴズ)/, 《英》 **the (House of) Commons** /カモンズ/ ➔こっかい

かう¹ 飼う **keep** /キープ/, **have**

・アパートの部屋でペットを飼うことは許されていない　We are not allowed to keep pets in our apartment.

🗨会話 何か動物を飼っていますか. ―うちでは子イヌ

と子ネコを飼っています　Do you have any animals?—We have a puppy and a kitten.

かう² 買う

➤ **buy** /バイ/

> 基本形
> A (物)を買う
> **buy** A
> B (人)に A (物)を買ってやる
> **buy** B A / **buy** A **for** B

・三省堂で本を買う　buy a book at Sanseido

・万年筆を5千円で買う　buy a (fountain) pen for 5,000 yen

・彼女にペンダントを買ってやる　buy her a pendant / buy a pendant for her

・…を現金[クレジット]で買う　buy ～ with cash [on credit]

・彼は弟に時計を買ってやった
He bought his little brother a watch. / He bought a watch for his little brother.

・母がそれ[それら]を私たちに買ってくれました　My mother bought it [them] for us. ↪「A を B に買う」で A が「それ」(it) や「それら」(them) の場合は buy it [them] for B となる

・ぼくは今度の誕生日のお祝いにお父さんからギターを買ってもらうことになっている
Father is going to buy me a guitar [buy a guitar for me] for my next birthday. ↪「B に A を買ってもらう」は英語では「B が A を買ってくれる」と能動態で表現するのがふつう

🗨会話 あなたはこの辞書をいくらで買いましたか (→ この辞書にいくら払ったか). ―私はそれを古本屋でたったの400円で買いました　How much did you pay for this dictionary?—I bought it for only 400 yen at a secondhand bookstore.

・君はそのお金で何を買うつもりですか　What are you going to buy with the money?

・何でもお金で買えるわけではない. ↪受け身形 Not everything can be bought with money.

カウボーイ a **cowboy** /カウボイ/

ガウン a **gown** /ガウン/

カウンセラー a **counselor** /カウンセら/

・学校のカウンセラー　a school counselor

・就職カウンセラー　a career counselor

カウンセリング counseling /カウンセリンぐ/

・カウンセリングを受ける　receive counseling / see a counselor

カウンター a **counter** /カウンタ/

・カウンター席に座る　sit at the counter

カウント a **count** /カウント/

カウントダウン 96 ninety-six

カウントダウン a **countdown** /カウンタウン/

かえす 返す

❶ (物を) **return; give back; put back**
❷ (借金を) **pay back**

❶ (人・場所に) **return** /リタ～ン/; (人に) **give back**; (場所に) **put back**

> 基本形
> A (人) に B (物) を返す
> **return** B to A
> **give back** B to A
> **give** B **back to** A
> C (場所) に B (物) を返す
> **return** B to C
> **put back** B to [on, in] C
> **put** B **back to** [on, in] C

・彼にかぎを返す return the key to him / give the key back [give back the key] to him
・本を棚に返す return a book to the shelf / put a book back [put back a book] on the shelf
・それ[それら]をぼくに返してくれよ Give it [them] back to me. ➔ it, them など代名詞が直接目的語の時は×give back it [them] としない
❷ (借金を) **pay back** /ペイ/

> 基本形
> A (人) に借金を返す
> **pay** A **back**
> A (人) に B (金額) を返す
> **pay** A **back** B

・彼に借金を返す pay him back
・彼に千円返す pay him back 1,000 yen
・君に借りた金はあとで返すよ
I'll pay you back later.
・君はあの (→ぼくの) 5千円いつぼくに返してくれる?
When are you going to pay me back my 5,000 yen?

かえって (反対に) **on the contrary** /カントレリ/; (むしろ) **rather (than)** /ラざ/

カエデ 楓 〈植物〉 a **maple tree** /メイプ ㇽ トリー/

かえり 帰り **return** /リタ～ン/
帰りに **on** one's **way home** /ウェイ/, **on** one's **way back**

・私は帰りに彼に会った
I met him on my way home.
・私は学校への行き帰りに郵便局の前を通る
I pass the post office on my way to and from school.
・私は行きは船で帰りは飛行機にした
I went by ship and returned by plane.
・今夜は帰りが遅くなります

I'll come home late tonight.

かえる¹ 帰る

> **return** /リタ～ン/; (帰って来る) **come back**; (帰って行く) **go back**; (帰って来る) **be back**
> ➔ もどる ➔ return は「帰って来る」,「帰って行く」どちらの意味でも用いられるが, come back, go back に比べてやや堅い表現

・家に帰る return home / come home / go home ➔ home は副詞(家へ)なので×to home としない; come [go] back home とはふつういわない
・キャンプから帰る come back [return] from the camp
・自分の席に帰る go back [return] to one's seat
・彼は昨夜家に帰るのが遅かった
He returned [came] home late last night.
・いつフランスからお帰りになったのですか
When did you come back from France?
🗨会話 お母さんは何時にお帰りですか. ―もう帰っています What time will your mother come back [be back]?—She is already back.
・私はそろそろ帰らなければなりません I must be going now. / I must say good-bye now.
・お帰りなさい ➔ おかえり

かえる² 変える, 換える, 替える

❶ (変える) **change, turn**
❷ (換える, 替える) **change**

❶ (変える) **change** /チェインヂ/, **turn** /タ～ン/
➔ かわる², ➔ こうかん¹ (➔ 交換する), とりかえる

> 基本形
> A を変える
> **change** A
> A を B に変える
> **change** A **into** B / **turn** A **into** B

・住所を変える change one's address
・話題を変える change the subject
・女神はカボチャを金の馬車に変えた
The fairy godmother changed [turned] a pumpkin into a golden coach.
・その数値を3変える change the number by 3
❷ (換える, 替える) **change** ➔ こうかん¹ (➔ 交換する), とりかえる, ➔ りょうがえ (➔ 両替する)

> 基本形
> A を B に換える, A を B に替える
> **change** A **for** B

・…と席を替える change seats with ～
・服を替える change (one's) clothes

•彼は彼の車を外車に替えた
He changed his car for a foreign make.
•円をドルに換えてくださいませんか
Could you change yen into dollars?
•この1ドル札を10セント硬貨に換えてください
Please change this dollar bill for [into] dimes.

かえる[3] (卵が) **hatch** /ハチ/, **be hatched**
•5羽のひよこがかえった
Five chicks were hatched.

カエル 蛙 《動物》 a **frog** /ふラグ/
•ヒキガエル a toad /トウド/

かお 顔

➤ a **face** /ふエイス/; (顔つき) a **look** /るク/
•顔を向き合わせて(すわる) (sit) face to face
•顔を赤らめる blush
•顔をしかめる frown
•うれしそうな[悲しそうな, 怒った, 疲(つか)れた]顔をする look happy [sad, angry, tired]
•顔を見合わせる look at each other
•顔が広い have a lot of acquaintances
•…に顔がきく have influence on ~
•彼はじっと私の顔を見つめた
He looked me in the face.
•彼は顔色が悪い He looks pale.
•私が彼にそのことを話すと彼はびっくりした顔をした When I told him of it, he looked surprised.
•彼はそのことについては何も知らないような顔をしている(実は知っているが)
He looks as if he knew nothing about it.
•窓から顔を出しちゃだめ Don't put your head out of the window. ⇀head は「首から上の部分全部」をさす

かおいろ 顔色 (a) **complexion** /コンプれクション/
•顔色がよい look healthy [well] / have a good complexion
•顔色が悪い look pale
•顔色(表情)を変える change *one's* expression

かおもじ 顔文字 an **emoticon** /イモウティカーン/ ⇀「(^_^)」のように文字の組み合わせで顔のように見えるもの

かおり 香り (よいにおい) **fragrance** /ふレイグランス/ → におい
•香りのよい fragrant

がか 画家 a **painter** /ペインタ/, an **artist** /アーティスト/

かがい 課外授業 an **extra lesson** /エクストラ れスン/
•課外活動 extracurricular activities

かかえる **hold** /ホウるド/, **have**; (かかえて行く) **carry** /キャリ/
•両手に本をかかえる hold [have] books in *one's* arms
•彼はイヌをかかえて道路を横切った
He crossed the road, carrying a dog in his arms.

かかく 価格 → ねだん

かがく[1] 化学 **chemistry** /ケミストリ/
化学の **chemical** /ケミカる/
化学者 a **chemist** /ケミスト/
•化学実験室 a chemical laboratory
•化学式 a chemical formula
•化学反応 (a) chemical reaction
•化学薬品 chemicals

かがく[2] 科学

➤ **science** /サイエンス/
科学的な **scientific** /サイエンティふィク/
科学的に **scientifically**
科学者 a **scientist** /サイエンティスト/
科学技術 **technology** /テクナろヂ/
•科学博物館 a science museum

かがくりょうほう 化学療法 **chemotherapy** /キーモウせラピ/

かかげる 掲げる (旗などを) **hoist** /ホイスト/

かかし a **scarecrow** /スケアクロウ/

かかと a **heel** /ヒーる/
•かかとの高い靴 high-heeled shoes

かがみ 鏡 a **mirror** /ミラ/
•鏡を見る look in the mirror
•鏡に映る be reflected in a mirror
•私は鏡で自分の姿を見た
I looked at myself in the mirror.
•彼女はしょっちゅう鏡ばかり見ている
She is always looking in the mirror.

かがむ **stoop** (**down**) /ストゥープ (ダウン)/

かがやく 輝く **shine** /シャイン/; (明滅(めいめつ)して) **twinkle** /トウィンクる/; (顔などが) **brighten** /ブライトン/, **light up** /らイト/
輝いている **shining, bright, glittering, sparkling, twinkling**
•輝かしい(明るい) bright
•輝く日光 bright sunshine
•きらきら輝く星 a twinkling star
•太陽が輝いている The sun is shining.
•夜空には星が輝いていた
The stars were twinkling in the night sky.

あ か さ た な は ま や ら わ

かかり

・彼らの顔は希望で輝いた
Their faces shone [brightened] with hope.
・そのプレゼントを見た時子供たちの顔が輝いた The children's faces lit up when they saw the presents.
・彼女にはピアニストとしての輝かしい未来がある
She has a bright future as a pianist.

かかり 係 (係の人) **a person in charge** /パ〜スン チャーヂ/; (係である) **be in charge** (of 〜)
・今週は私たちが花壇に水をやる係です We are in charge of watering the flowerbed this week.

かかる

❶ (ぶら下がる) **hang**
❷ (費用が) **cost**
❸ (時間が) **take**
❹ (病気に) **become ill**

❶ (ぶら下がる) **hang** /ハングˊ/ → さがる❷
・壁に絵がかかっている → 現在進行形
A picture is hanging on the wall. /
There is a picture on the wall.

❷ (費用が) **cost**

基本形
A (費用が)がかかる
　　cost A
B (人)にA (費用が)がかかる
　　cost B A

・それには多額の費用がかかる[かかった]
It costs [cost] a lot of money.
・北海道旅行には10万円かかった
The trip to Hokkaido cost me a hundred thousand yen. / It cost me a hundred thousand yen to make a trip to Hokkaido. → It = to make 以下
・(飛行機でハワイに行くには)いくらかかりますか
How much does it cost (to fly to Hawaii)?

❸ (時間が) **take**

基本形
S (仕事など)が A (時間)かかる
　　S **take** A
B (人)が…するのにA (時間)かかる
　　It **takes** (B) A **to** *do*

・その試合は2時間かかった
The game took two hours.
・このような難しい仕事をするのは時間がかかる It takes time to do a difficult job like this.
・彼は宿題を終えるのに4時間かかった
It took him four hours to finish his homework.
・君の家から学校まで歩いてどれくらいかかりますか
How long does it take to walk from your house to (your) school?

❹ (病気に) **become ill** /ビカムˊ/, **fall ill** /ふォーる/, **be taken ill**; (病名が目的語の場合) **suffer from** /サふァァ/
・彼は病気にかかりやすい He falls ill easily. / He is easily taken ill.
・彼はひどい流感にかかっている He is suffering from bad influenza. / He has the flu badly.
❺ (医者に) (**go and**) **see**, **consult** /コンサˊるト/
・君は医者にかからなければいけない
You must see [consult] a doctor.
❻ (成功などが) **depend** (**on**) /ディペンドˊ/
・成功するかどうかは君自身の努力にかかっている
Success depends on your own efforts.
❼ (かぎが) **lock** /らクˊ/; (エンジンなどが) **start**
・彼の背後でひとりでにドアがしまりかぎがかかった
The door shut and locked itself behind him.

かかわらず …にもかかわらず **in spite of 〜** /スパイト/; (**al**)**though** /(オーる)ぞウ/
・彼はお金があるにもかかわらずけちだ
In spite of his wealth, he is stingy. /
Though he is wealthy, he is stingy.

かかわる (関係する) **concern** /コンサ〜ン/, **be concerned with [in]**, **be involved in [with]** /インヴァˊるヴド; インヴォˊるヴド/; (影響する) **affect** /アふェˊクト/
・彼はその事件にかかわっていないらしい
It is said that he is not concerned [involved] in the case.
・そんな事をすると君の名誉にかかわるよ
Such conduct will affect your honor.

かき¹ 夏期, 夏季 **summer** /サマ/, **summertime** /サˊマタイム/

- 夏期学校 a summer school
- 夏期講習 a summer course
- 夏期休暇 the summer vacation

かき[2] 下記の(もの) **the following** /ファロウイング/
- 下記の文を和訳せよ Translate the following sentences into Japanese.
- 彼らの名は下記のとおりです Their names are as follows.

カキ[1] 柿 《植物》a **persimmon** /パ〜スィモン/
- 干しガキ a dried persimmon

カキ[2] 牡蠣 《貝》an **oyster** /オイスタ/

かぎ a **key** /キー/
- かぎをかける **lock** /ラク/
- かぎっ子 a **latchkey kid** /ラチキー/
- かぎをあける unlock
- かぎ穴 a keyhole
- 戸にかぎをかける lock a door
- この戸はかぎがかからない This door doesn't lock.

かきあつめる かき集める (落ち葉などを) **sweep up** /スウィープ/, **rake up** /レイク/; (お金などを) **scrape up** /スクレイプ/

かきかえる 書き替える (書き直す) **rewrite** /リーライト/; (→ かきなおす); (更新(こうしん)する) **renew** /リニュー/
- 運転免許証を書き替える renew one's driver's license

かきかた 書き方 **how to write** /ライト/
- 英語の手紙の書き方 how to write a letter in English

かきこむ 書き込む (余白に) **write in** /ライト/; (書類に) **fill in**; (書き留める) **note** (**down**) /ノウト(ダウン)/
- 彼は彼女の誕生日をノートに書き込んだ He noted down her birthday in his notebook.

かきぞめ 書き初め(をする) (**practice**) **New Year's calligraphy** /(プラクティス) カリグラフィ/

かぎって …に限って
- 彼に限ってそんな事をするはずがない (→彼はそんな事を最もしそうにない人だ) He is the last person to do it.

かきとめ 書留の **registered** /レヂスタド/
- 書留郵便 registered mail
- 書留小包 a registered parcel

かきとり 書き取り **dictation** /ディクテイション/
- 私たちの先生は週に1回私たちのクラスに漢字の書き取りをさせる Our teacher gives a Chinese character quiz to our class once a week.
- あす書き取りがあります There will be a *kanji* quiz tomorrow. / We'll have a *kanji* quiz tomorrow.

かきなおす 書き直す **rewrite** /リーライト/
- レポートを書き直す rewrite a paper

かきね 垣根 (いけがき) a **hedge** /ヘヂ/; (塀) a **fence** /フェンス/

かきまぜる かき混ぜる **mix up** /ミクス/; (卵を) **beat** /ビート/

かきまわす かき回す **stir** /スタ〜/; (戸棚などを) **rummage** /ラメヂ/, **turn over** /タ〜ン/
- コーヒーをスプーンでかき回す stir coffee with a spoon
- (消しゴムをさがして)机の中をかき回す turn everything over in the desk (for an eraser)

かきゅうせい 下級生 a **student in a lower class** /ステューデント ロウア/; (米)(高校までの) a **lower grader** /グレイダ/

かぎょう 家業 one's **family business** /ビズネス/

かぎらない …とは限らない 《部分否定》(いつも…とは限らない) **not always** /オーるウェイズ/; (すべてが…とは限らない) **not all**, **not every** /エヴリ/; (必ずしも…とは限らない) **not necessarily** /ネセセリリ/
- 先生の言うことがいつも正しいとは限らない Teachers are [The teacher is] not always right.
- すべての漫画がよいとは限らない Not all comics are good.
- おもしろい本が必ずしもよい本とは限らない An interesting book is not necessarily a good book.
- チームのメンバーに選ばれたからといって試合に出られるとは限らない To be chosen as a member of the team does not necessarily mean you will play in a game. / To be chosen as a member of the team is one thing, quite another to play in a game. → *A* is one thing, and *B* (is) another は「A と B は別の事」

かぎり 限り

❶ (限度) a **limit**
❷ (…する限り) **as far as 〜; as long as 〜**

❶ (限度) a **limit** /リミト/
- われわれの欲望には限りがない There is no limit to our desires.

❷ (…する限り)(程度) **as far as 〜**; (期間) **as long as 〜**; (できる限り…) **as 〜 as possible** /パスィブ

かぎる

る/, **as ～ as** *one* **can**
• 私の知っている限り as far as I know
• 見渡す限り as far as the eye can reach
• 私の生きている限り as long as I live
• できる限りすぐに as soon as possible / as soon as *one* can
• できる限り早く起きなさい
Get up as early as possible [you can].
❸（…だけ）**only** /オウンリ/, **alone** /アろウン/ → だけ❶

かぎる 限る **limit** /リミト/
• 数を限る limit the number

かく¹ 角 an **angle** /アングる/
• 直角 a right angle
• 三角(形) a triangle
• 四角(形)（正方形）a square /（長方形）a rectangle

かく² 核 a **nucleus** /ニュークリアス/ (複 nuclei /ニュークリアイ/)
• 核の nuclear
• 核兵器 nuclear weapons
• 核実験 a nuclear test

かく³ 欠く **lack**
欠くことのできない **indispensable** /インディスペンサブる/
• 車は現代の生活には欠くことのできないものだ
Cars are indispensable to modern life.

かく⁴ 書く，描(か)く
❶（文章を）**write**;（絵などを）**draw**; **paint**
❶（文字・文などを）**write** /ライト/
• きれいに字を書く write neatly
• 手紙[作文]を書く write a letter [a composition]
• 答えを鉛筆(えんぴつ)[ボールペン]で書く write an answer with a pencil [a ballpoint pen]
• 彼は今手紙を書いています → 現在進行形
He is writing a letter now.
• この物語はやさしい英語で書かれている → 受け身形
This story is written in easy English.
• その手紙には何と書いてありますか
What does the letter say?
• だれがこの本を書いたのですか
Who wrote this book? /（この本の著者はだれですか）Who is the author of this book?
• 君はもうレポートを書きましたか．→ 現在完了
Have you written your paper yet?
• 「右側にお立ちください」と書いた掲示がある
There is a notice saying, "Please stand on the right." → saying は現在分詞(…と書いてある)

で notice を修飾する
❷（鉛筆・ペン・クレヨンで絵・図形を）**draw** /ドロー/;（絵の具で）**paint** /ペイント/
• 地図を描く draw a map
• クレヨンで飛行機の絵を描く draw (a picture of) an airplane with crayons
• 油絵[水彩画]を描く
paint in oils [watercolors]
• 赤いバラの絵を描く
paint (a picture of) a red rose

かく⁵
❶（指などで）**scratch** /スクラチ/
• 頭をかく scratch *one's* head

注意しよう
日本人は失敗やてれかくしのために頭をかくが，西洋人は考え事をしたり，何かが理解できない場合に頭をかく

❷（くまでで）**rake** /レイク/;（シャベルで）**shovel** /シャヴる/
• 落ち葉をかく rake fallen leaves
• 道路の雪をかく shovel [clear] the snow off the road / clear the road of snow

かく⁶ 各… **each** /イーチ/
• 生徒会には各クラスから二人ずつ代表者を送る
Each class sends two representatives to the student council.

かく⁷ 隔… **every other ～** /エヴリ アざ/
• 隔日[週]に every other day [week]

かぐ¹ 家具 **furniture** /ふァ～ニチャ/
• 家具一点 a piece [an article] of furniture → furniture はカーテン・じゅうたんなどを除く家具調度品の総称なので，×a furniture，×furnitures としない．数える時は piece などを使う
• 家具屋（製造）a furniture maker;（販売）a furniture store

かぐ² **smell**;（イヌがくんくん）**sniff** /スニふ/
• ちょっとこの花のにおいをかいでごらんなさい Just smell this flower.
• イヌはその見知らぬ人のにおいをくんくんかいだ
The dog sniffed at the stranger.

がく 額 （金額）a **sum** /サム/;（額ぶち）a **frame** /ふレイム/
• 多額のお金 a large sum of money

かくう 架空の **unreal** /アンリーアる/, **imaginary** /イマヂネリ/, **fictitious** /ふィクティシャス/

かくえき 各駅停車（の電車）a **local (train)** /ろウカる（トレイン）/
• 各駅に停車する stop at every station

がくえんさい 学園祭 a **school festival** /ふェスティヴァる/

がくがく（震える）**shake** /シェイク/, **shiver** /シヴァ/, **tremble** /トレンブる/
•ひざががくがくしている My knees are shaking.
•私は寒くてがくがく震えた
I shivered with the cold.

がくげいかい 学芸会 a **school talent show** /タれント/

かくげん 格言 a **maxim** /マクスィム/; (ことわざ) a **proverb** /プラヴァ〜ブ/

かくご 覚悟する （心の準備をする）**prepare** one**self** /プリペア/, **be prepared**
•私は何事があろうと覚悟している
I am prepared for anything (that may happen). / ひ ゆ I'll pay any price. (どんな代価でも払う)

かくざとう 角砂糖 **lump sugar** /らンプ シュガ/, **cube sugar** /キューブ/
会話 角砂糖をいくつお入れしましょうか. 一二つお願いします How many lumps of sugar (do you want)?―Two lumps, please.

かくじつ 確実な **sure** /シュア/, **certain** /サ〜ン/; (信用できる) **reliable** /リらイアブる/
•確実な方法 a sure method
参考ことわざ あすの百よりきょうの五十 A bird in the hand is worth two in the bush. (手の中の1羽の鳥はやぶの中の2羽の鳥の価値がある)

がくしゃ 学者 a **scholar** /スカら/, a **learned person** /ら〜ネド パ〜スン/, a **person of learning** /ら〜ニング/

がくしゅう 学習 **study** /スタディ/
学習する learn /ら〜ン/, **study** → まなぶ
•学習者 a learner
•学習塾 a private tutoring school
•学習参考書 a study aid
•日本語を学習する外国人がふえている
More and more foreigners are studying Japanese.
•彼は授業中の学習態度がいい[悪い]
He is attentive [inattentive] in class.

かくしん¹ 確信 **firm belief** /ふァ〜ム ビリーふ/; (自信) **confidence** /カンふィデンス/
確信する be sure /シュア/, **strongly believe** /ストローングり ビリーヴ/
•確信を持って with confidence
•君はそれについて確信がありますか
Are you sure of [about] it?
•ガリレオは地球が丸いことを確信していた
Galileo strongly [firmly] believed that the earth was round.

•彼は息子が帰って来ると確信していた He was sure that his son would come back.

かくしん² 革新 **innovation** /イノヴェイション/
革新的な innovative /イノヴェイティヴ/

かくす 隠す
➤ **hide** /ハイド/, **conceal** /コンスィーる/
➤ （秘密にする）**keep secret** /キープ スィークレト/

•その本を引き出しの中に隠す hide the book in the drawer
•感情を隠す hide one's feelings
•それはどこに隠されているのか
Where is it hidden?
•彼は何か重要な事実を私に隠しているにちがいない
He must be hiding some important fact [keeping some important fact secret] from me.

がくせい 学生
➤ a **student** /ステューデント/
•学生服 a school uniform
•学生生活 one's student [school] life
•学生時代に in [during] one's school days

かくだい 拡大する **enlarge** /インらーヂ/; (レンズなどで) **magnify** /マグニふァイ/
•写真を拡大する enlarge a photograph

がくだん 楽団 （管楽器・打楽器主体の）a **band**; (管楽器・弦楽器主体の) an **orchestra** /オーケストラ/

かくちょう 拡張する **enlarge** /インらーヂ/; (広げる) **expand** /イクスパンド/
•校舎を拡張する enlarge a schoolhouse
•事業を拡張する expand one's business

がくちょう 学長 **the president** /プレズィデント/

かくど 角度 an **angle** /アングる/
•ちがった角度から from a different angle
•ちがった角度から （→ちがった見方で）その問題を見る look at the problem in a different light

かくとう 格闘する a **fight** /ふァイト/
格闘技 a combative fight /カンバティヴ/

かくとく 獲得する **get**, **win**, **acquire** /アクワイア/ → える

かくにん 確認する （身元を確かめる）**identify** /アイデンティふァイ/

がくねん 学年 a **year** /イア/; 《米》(高校までの) a **grade** /グレイド/ → ねん¹
•中学の第2学年 the second year of junior high school / the eighth grade
•学年末テスト final examinations
•彼は私より1学年下[上]です He is one year be-

がくひ

hind [ahead of] me (at school).
・新しい学年はアメリカでは9月に始まる
The new school year begins in September in America.
がくひ 学費 **school expenses** /イクスペンセズ/
がくふ 楽譜 **music** /ミューズィク/; (1枚の) a **sheet music** /シート/; (総譜) a **score** /スコー/
・楽譜台 a music stand
・楽譜を見ないで演奏する play without music
がくぶ 学部 a **department** /ディパートメント/
かくめい 革命 a **revolution** /レヴォるーション/
・革命的な revolutionary
・産業革命 the Industrial Revolution
・フランス革命 the French Revolution
・革命を起こす start a revolution
・その国に革命が起こった
A revolution broke out in that country.
がくもん 学問 **learning** /ら～ニング/; (教育) **education** /エデュケイション/
学問のある learned /ら～ネド/, **educated** /エデュケイテド/
・学問のない uneducated
・学問のある人 an educated person / a learned person / a person of learning
がくや 楽屋 (着替え・メイクのための) a **dressing room**; (控え室) a **green room**
がくようひん 学用品 **school things** /すィングズ/, **school supplies** /サプらイズ/
かくり 隔離 **isolation** /アイサれイション/; **quarantine** /クウォーランティーン/
・(感染症に感染した人に必要な)隔離期間 an isolation period
かくりつ 確率 **probability** /プラバビりティ/; (可能性) (a) **possibility** /パスィビりティ/, (a) **chance** → かのう¹ (→ 可能性)
がくりょく 学力 **scholastic ability** /スコらスティク アビりティ/, **scholastic aptitude** /アプティテュード/
・学力テスト an achievement test
・最近の生徒は学力が著しく低下している
Students nowadays have very low scholastic aptitude.
かくれが 隠れ家 a **den** /デン/; (場所) a **hiding place** /ハイディング プれイス/
がくれき 学歴 one's **educational background** /エデュケイショヌる バクグラウンド/, one's **academic background** /アカデミク/
・学歴が高い be highly educated
・学歴詐称(さしょう) a false statement about one's academic background

かくれる 隠れる
➤ **hide** (oneself) /ハイド/
・隠れ場所 a hiding place
・隠れた才能 hidden [potential] talent
・彼は木の陰(かげ)に隠れた
He hid (himself) behind a tree.
・その家は木に隠れて見えない
The house is hidden from view by trees.
かくれんぼう hide-and-seek /ハイダンスィーク/
・かくれんぼうをする play (at) hide-and-seek
がくわり 学割 **discount for students** /ディスカウント ステューデンツ/
・学割定期券 a student-discount season ticket
かけ 賭け a **bet** → かける⁴

かげ 陰, 影
❶ (日陰) **shade**; a **shadow**
❷ (…の後ろに) **behind** ～

shade
shadow

❶ (日陰) **shade** /シェイド/; (輪郭(りんかく)のはっきりした) a **shadow** /シャドウ/
陰にする shade
・木陰で休む rest in the shade of a tree
・道路は葉の茂った樹木で陰になっている
The road is shaded by leafy trees.
・彼女の影が窓に映っている
Her shadow is on the window.
❷ (…の後ろに) **behind** ～ /ビハインド/
・木の陰に隠れる hide (oneself) behind a tree
・陰で (→人の後ろで)人の悪口を言ってはいけない
Don't speak ill of others behind their backs.
がけ a **cliff** /クりフ/
がけくずれ a **landslide** /らンドスらイド/
かけあし 駆け足 a **run** → かける¹
・駆け足で at a run, running
かけい 家計 (家計費) **housekeeping expenses** /ハウスキーピング イクスペンセズ/
・家計が豊かだ[苦しい] be well [badly] off
・家計をやりくりする make both ends meet

・家計簿(ぼ)をつける keep a record of family expenses
かげえ 影絵 a **shadow picture** /シャドウ ピクチャ/
かげき 歌劇 → オペラ
かげぐち 陰口をたたく **speak ill of** *a person* **behind** *his* **back** /スピーク ビハインド/
・人の陰口をたたくな Don't speak ill of others behind their backs.
かけごえ 掛け声 a **call**, a **shout** /シャウト/
かけざん 掛け算 **multiplication** /マるティプりケイション/
掛け算をする **multiply** /マるティプらイ/, **do multiplication** → かける³ ❽
かけじく 掛け軸 a **hanging scroll** /ハンぎングス クロウる/
かけつ 可決する **pass**, **carry** /キャリ/
・決議案は大多数で可決された The resolution was carried [passed] by a large majority.
かけっこ 駆けっこ a **run**, a **race**
かけぶとん 掛け布団 a **quilt** /クウィるト/
かけら (一片) a **piece** /ピース/; (破片) a **fragment** /ふラグメント/
かける¹ 駆ける **run** → はしる
・駆け込む run in
・駆け上がる[降りる] run up [down]
かける² 欠ける (不足する) **lack** /らク/, **be lacking**; (一部が壊(こわ)れる) **chip**, **be chipped** /チプト/
・彼は常識が欠けている
He lacks [is lacking in] common sense.
・君に欠けているのはそれをやりとげようとする強い意志だ What is lacking in you is a strong will to accomplish it.
参考ことわざ 意志のあるところには道がある Where there's a will, there's a way.
・私の大好きなカップのふちが欠けた
The rim of my favorite cup is chipped.

かける³ 掛ける

❶ (つるす) **hang**
❷ (上に置く) **put**; (おおう) **cover**
❸ (ふりかける) **sprinkle**
❹ (時間・費用を) **spend**
❺ (ラジオ・エンジンなどを) **turn on**; **start**
❻ (電話を) **call** (**up**)

❶ (つるす) **hang** /ハンぐ/
・壁に地図を掛ける hang a map on the wall
・コートをハンガーに掛ける hang *one's* coat on a hanger

・彼はその絵を彼の部屋に掛けた
He hung the picture in his room.
❷ (上に置く) **put**; (おおう) (A に B を) **cover** A **with** B, **put** B **on** A, **put** B **over** A
・やかんをガスの火にかける put a kettle on the gas
・テーブルに布をかける cover the table with a cloth
・赤ん坊に毛布をかける put a blanket on [over] a baby
❸ (ふりかける) **sprinkle** /スプリンクる/; (水を) **water** /ウォータ/
・肉に塩とこしょうをかける sprinkle salt and pepper on meat
❹ (時間・費用を) **spend** /スペンド/

> 基本形
> A (時間・金)を B (物・事)にかける
> **spend** A **on** B
> …することに A (時間)をかける
> **spend** A (**in**) *do*ing

・彼女は洋服にお金をかけすぎる
She spends too much (money) on clothes.
・私たちはこの問題をもう少し時間をかけて討議すべきです We should spend more time discussing [to discuss] this problem.
・ゆっくり時間をかけなさい Take your time.
❺ (ラジオなどを) **turn on** /タ〜ン/; (エンジンを) **start** (**up**)
・ラジオをかける turn on the radio
・ラジオをかけたままで勉強する study with the radio on
・エンジンをかける start (up) an engine
❻ (電話を) **call** (**up**) /コーる/; (ことばを) **speak to** /スピーク/
・5時に電話をかけます I'll call you (up) at five.
・きのう帰り道で知らない人に声をかけられた
A stranger spoke to me on my way home yesterday.
❼ (身につける) **put on**, **wear** /ウェア/
・めがねを掛ける[掛けている] put on [wear] glasses
❽ (掛け算をする) **multiply** /マるティプらイ/; (A × B) A **times** B
・6に7を掛けなさい Multiply six by seven.
・5掛ける3は15です →「3によって掛けられた5は15である」のようにいう 5 multiplied by 3 is 15. / Five times three is fifteen.
❾ (面倒を) **trouble** /トラブる/
・ご面倒をおかけしてすみません
I'm sorry I've troubled you so much.

かける　104　one hundred and four

❿ (腰掛ける) **sit** (**down**) /(ダウン)/
•どうぞお掛けください　Please take a seat.

かける⁴ 賭ける　**bet**

かこ　過去

❶ (過去の) **the past**
❷ (過去形) **the past** (**tense**)

❶ **the past** /パスト/
•過去の　past
•過去において　in the past
•過去10年間　for the past 10 years
•過去最高の36,000人　a record high of 36,000 people
•過去を振り返らずに前方を見よ
Don't look back at the past, but look forward!
•私たちは確かに意見が食い違うことはあったが, それはもう過去のことだ
We did have our disagreements, but that is over now. / ひゆ We did have our disagreements, but that's water under the bridge now. (橋の下の(流れ去る)水(のように過ぎ去ったもの))
❷ 《言語》(動詞などの過去形・過去時制) **the past** (**tense**) /テンス/

かご a **basket** /バスケト/; (鳥かご) a **cage** /ケイヂ/
•かご1杯のリンゴ　a basketful of apples

かこう¹ 河口　**the mouth of** a **river** /マウす リヴァ/

かこう² 火口 → ふんか (→ 噴火口)

かこう³ 加工する (食品を) **process** /プラセス/
•加工食品　processed foods

かこう⁴ 囲う　**enclose** /インクロウズ/
囲い　an **enclosure** /インクロウジャ/, **fence** /ふェンス/; (家畜の) a **pen**

かごう 化合 (**chemical**) **combination** /(ケミカる) カンビネイション/
化合する　**combine** /コンバイン/
•化合物　a (chemical) compound
•水は水素と酸素の化合物である　Water is a compound of hydrogen and oxygen.

かこむ 囲む　**surround** /サラウンド/
…に囲まれている　**be surrounded by ～** (人・物), **be surrounded with ～** (物)
•…を囲んですわる　sit around ～
•私たちの国は海に囲まれている
Our country is surrounded by (the) sea.
•その有名な野球選手はたくさんのファンに取り囲まれて立っていた
The famous baseball player was standing surrounded by a lot of his fans.

かさ　傘

➤ (雨傘) an **umbrella** /アンブれら/; (日傘) a **parasol** /パラソーる/
•傘立て　an umbrella stand
•折りたたみ傘　a folding umbrella
•傘をさす　put up [open] an umbrella
•傘をたたむ　fold up [close] an umbrella
•雨が降るといけないから傘を持って行きなさい
Take your umbrella with you in case it rains.
•私の傘に入りなさい　Come under my umbrella.

かさい 火災　a **fire** /ふァイア/ → かじ²
•火災報知機　a fire alarm
•火災保険　fire insurance → ほけん¹

かさかさ (かわいた) **dry** /ドライ/, **parched** /パーチト/; (音をたてる) **rustle** /ラスる/, **make a rustle**
•かさかさしたくちびる　parched lips
•お湯で皿洗いをしたら手がかさかさになった
My hands became dried out after washing the dishes in hot water.

がさがさ (粗(あら)い) **rough** /ラふ/; (音をたてる) **rustle** /ラスる/, **make a rustle** (→ かさかさ)
•手ざわりががさがさする　feel rough

かざぐるま 風車 《米》a **pinwheel** /ピン(ホ)ウィーる/, 《英》a **windmill** /ウィンドミる/

かさなる 重なる　**be piled up** /パイるド/ (受け身形), **lie one upon another** /らイ アナざ/; (一部のみ) **overlap** /オウヴァらプ/; (繰り返す) **repeat** /リピート/; (祭日などが) **fall on** /ふォーる/; (行事が) **coincide** (**with ～**) /コウインサイド/, **clash** (**with ～**) /クらシュ/
重ねる　**pile**, **put one upon another**, **lay one upon another** /れイ/; **overlap**; (繰り返す) **repeat**
•失敗を重ねる　repeat a failure
•机の上にファイルが重なっている
Files are piled up on the desk. /
Files lie one upon another on the desk.
•ここに本を重ねてください
Please pile the books here.
•運悪くこんどの日曜日は彼のリサイタルと私の姉の結婚式が重なっているんだ
Unfortunately, his recital clashes with my sister's wedding next Sunday.

かさばる **bulky** /バるキ/
•かさばった小包　a bulky parcel

かざむき 風向き　**the direction of the wind** /ディレクション ウィンド/

one hundred and five 105 かしら

・南に風向きが変わった
The wind has changed to the south.
・風向きがよい[悪い]
The wind is favorable [unfavorable].

かざる 飾る **decorate** /デコレイト/; **ornament** /オーナメント/
飾り (はなやかな) **decorations** /デコレイションズ/; (美術的な) **ornaments**
・飾りの **decorative** / **ornamental**
・クリスマスの飾りではなやかな商店 a store bright with Christmas decorations
・部屋を花で飾る decorate a room with flowers

かざん 火山 a **volcano** /ヴァ^るケイノウ/
火山の, 火山性の volcanic /ヴァ^るキャニク/
・活火山 an active volcano
・火山の噴火(ふんか) a volcanic eruption
・火山灰 volcanic ash
・火山帯 a volcanic zone

かし¹ 菓子 (菓子類) **confectionery** /コンフェクショネリ/; (あめ) 《米》(a) **candy**, 《英》a **sweet** /スウィート/; (カステラ・ケーキなどの) (a) **cake** /ケイク/
菓子店 a **confectionery**; (パン・ケーキなどを売る) a **bakery** /ベイカリ/; (あめなどを売る) 《米》a **candy store**, 《英》a **sweet shop**

かし² カ氏の **Fahrenheit** /ふぁレンハイト/ (略 F)

かし³ 歌詞 **the words** (of a song) /ワ〜ヅ/; **lyrics** /リリクス/

かし⁴ 貸し… **rental** /レント^る/, **for rent**, 《英》**for hire** /ハイア/
・貸し自転車 a rental bike / a bike for rent [hire]

カシ 樫 《植物》an **oak** /オウク/
・カシの実 an acorn → ドングリ

かじ¹ (船の) a **rudder** /ラダ/
かじを取る steer /スティア/
・かじを取る人 a helmsperson /へ^るムズパ〜スン/, a helmsman, a helmswoman

かじ² 火事 a **fire** /ふァイア/
・山火事 a forest fire
・昨夜うちの近くで火事が起きたがすぐ消し止められた A fire broke out in my neighborhood last night, but it was soon put out.
・彼の家は火事で焼けた
His house was destroyed by fire.
・火事だ! 火事だ! Fire! Fire!
・私たちの学校が火事だ Our school is on fire.

かじ³ 家事 **housework** /ハウスワ〜ク/, **housekeeping** /ハウスキーピング/
家事をする do housework, keep house

・家事をする人 a housekeeper
・家事で忙(いそが)しい be busy with housework
・家事は夫と妻で分担すべきだ Housework should be shared by husband and wife.

がし 餓死 **starvation** /スターヴェイション/
餓死する die of hunger /ダイ ハンガ/, **be starved to death** /スターヴド デす/

かじかむ かじかんだ **numb** /ナム/
・私の指は寒さでかじかんでいる
My fingers are numb with cold.

かしきり 貸し切りの (乗り物など) **chartered** /チャータド/; (部屋など) **reserved** /リザ〜ヴド/

かしこい 賢い **wise** /ワイズ/, **clever** /クれヴァ/, **smart** /スマート/, **bright** /ブライト/, **intelligent** /インテリヂェント/

> **使い分け**
> **wise** は「正しい判断力のある」こと. **clever**, **smart**, **bright** は「頭の回転が速い, 勉強ができる」こと. **intelligent** は「知能の高い」こと → けんめい¹

・彼は賢い He is wise.
・イヌは賢い動物である
Dogs are intelligent animals.
・あの少年は賢そうな顔をしている
That boy looks smart [clever, bright].

かじつ 果実 **fruit** /ふルート/

かしや 貸家 《米》a **house for rent** /ハウス/, 《英》a **house to (be) let**

かしゃ 貨車 《米》a **freight car** /ふレイト/, 《英》a **goods wagon** /グヅ ワゴン/

かしゅ 歌手 a **singer**
・人気歌手 a popular singer

かじゅ 果樹 a **fruit tree** /ふルート トリー/
・果樹園 an orchard

カジュアルな casual /キャジュア^る/

かしゅう 歌集 a **songbook** /ソン^グブク/; (和歌選集) a **waka anthology** /アンそロヂ/

かじゅう 果汁 **fruit juice** /ふルート ヂュース/

かしょ 箇所 (場所) a **place** /プれイス/; (一点) a **point** /ポイント/
・テストで2箇所まちがえる
make two mistakes in a test
・警察は市内10箇所で交通規制を行っている
The police are exercising traffic control at ten points in the city.

かじょう 箇条 (法律などの) an **article** /アーティク^る/; (項目・品目など) an **item** /アイテム/
・箇条書きにする list / itemize

かしら …かしら **I wonder 〜** /ワンダ/
・どうしてこう眠いのかしら

あ

か

さ

た

な

は

ま

や

ら

わ

かしらもじ

I wonder why I am so sleepy.
・私にそれができるかしら
I wonder if I can do it.
・あの音は何かしら
What's that sound, I wonder?

かしらもじ 頭文字（大文字）a **capital letter** /キャピトゥル/;（姓名の）**initials** /イニシャるズ/
・私の頭文字は S.T. です My initials are S.T.

かじる bite /バイト/;（ネズミなどが）**gnaw** /ノー/
・リンゴをかじる bite an apple
・一口かじる have a bite

かす 貸す

❶（物・金を）**lend**
❷（料金をとって）《米》**rent**,《英》**let**

❶（物・金を）**lend**

> 基本形 A（人）に B（物・金）を貸す
> **lend** A B / **lend** B to A

・彼女に本を貸す lend her a book / lend a book to her
・それ[それら]を生徒に貸す lend it [them] to students ➜「A に B を貸す」で B が it または them の場合は lend it [them] to A となる
・彼は私にカメラを貸してくれた He lent me his camera. / He lent his camera to me.
・この辞書を貸してもらえますか
Will you lend me this dictionary? /
（この辞書を借りてもいいですか）Can I borrow this dictionary?
・この箱を運ぶのにちょっと手を貸してくれ
Give [Lend] me a hand with this box.

❷（料金をとって）《米》**rent** (**out**),《英》**let** (**out**)

> 基本形 A（人）に B（部屋など）を貸す
> **rent** B to A / **let** B to A

・ボートを1時間千円で貸す rent a boat at 1,000 yen an hour
・彼は2階の部屋を月5万円で学生に貸している He rents [lets] the rooms upstairs to students at 50,000 yen a month.
・その店は自転車を貸し出している
The store rents out bicycles.

❸（その他）
・トイレを貸してください（→トイレを使ってもいいですか）Can I use the bathroom [toilet]?

かず 数 number /ナンバ/
・数を数える count the number
・一クラスの生徒の数 the number of students in a class

・車の数が年々ふえている The number of cars is increasing year by year.

ガス gas
・天然ガス natural gas
・燃料[排気]ガス fuel [exhaust] gas
・ガスストーブ a gas heater
・ガスレンジ（こんろ）a gas cooking range / a gas stove
・ガス料金 the gas bill [charge]
・ガスをつける[消す] turn on [off] the gas
・なべをガスにかける put a pan on the gas

かすか かすかな **faint** /フェイント/;（ぼんやり）**dim** /ディム/
かすかに **faintly**; **dimly**

カスタネット (a pair of) **castanets** /(ペア) キャスタネツ/

カステラ (a) **sponge cake** /スパンヂ ケイク/ ➜
「カステラ」はポルトガル語の castella から

かずのこ salted herring roe /ソーるテド ヘリングロウ/

かすむ become hazy /ビカム ヘイズィ/;（目が）**be dim**

かすみ (a) **haze** /ヘイズ/
・かすみのかかっている hazy
・彼女の目は涙でかすんだ
Her eyes were dim with tears.

かすりきず かすり傷 **a scratch** /スクラチ/
・かすり傷を負う get a scratch

かすれる（声が）**get hoarse** /ホース/;（字が）**become blurred** /ビカム ブら〜ド/

かぜ¹ 風

> **wind** /ウィンド/;（そよ風）a **breeze** /ブリーズ/

文法・語法
一般的に「風」という時は the wind で、×**a** wind とか ×**winds** としない。ただし「強い」(strong),「冷たい」(cold) のような修飾語がつく時は a strong wind, a cold wind のように a がつく

風のある windy /ウィンディ/
風が吹く blow /ブろウ/
・冷たい風 a cold wind
・風に向かって[の中を]走る run against [in] the wind
・部屋に風を入れる air a room
・きょうは風が強い Today is windy. / It is windy today. ➜It はばく然と「天候」を表す /
The wind is strong today.

•昨夜は風があまりなかった
There was not much wind last night.
•外は風が強く吹いている → 現在進行形
The wind is blowing hard outside. /
It is blowing hard outside.
•風が弱まった[突然やんだ]
The wind died down [stopped suddenly].
•あすは北風が強いでしょう There will be a strong north wind tomorrow.

かぜ² 風邪

➤ a **cold** /コウ**る**ド/; (流感) **influenza** /イン**ふ**ルエンザ/, (the) **flu** /**ふ**るー/

•風邪薬 a cold medicine / (錠剤) a cold pill
•風邪をひく catch (a) cold
•風邪をひいている have a cold
•鼻風邪をひいている have a cold in the head
•…から風邪をうつされる
catch [get] cold from ～
•私はひどい[少し]風邪をひいている
I have a bad [slight] cold.
•風邪をひかないように気をつけなさい
Be careful not to catch (a) cold.
•彼は風邪をひいて寝ている[学校を休んでいる] He is in bed [is absent from school] with a cold.
•風邪がはやっている There's a lot of flu about.

かせい 火星 **Mars** /マーズ/
　火星人 a **Martian** /マーシャン/
かせき 化石 a **fossil** /ふァスる/
•貝の化石 a fossil shell
かせぐ (もうける) **earn** /ア～ン/, **make**
•1日に8千円かせぐ earn [make] 8,000 yen a day
•生活費をかせぐ earn [make] *one's* living /
　ひゆ earn *one's* bread (パン代をかせぐ)
かせつ 仮設の **temporary** /テンポレリ/
•仮設住宅 temporary housing
カセット カセットテープ a **cassette** (**tape**)
かせん 下線を引く **underline** /アンダライン/
かせんじき 河川敷 a **riparian area** /ライペアリアン エアリア/
かそ 過疎の **underpopulated** /アンダパピュれイテド/; (過疎化) **population decline** /パピュれイション ディク**ら**イン/, **depopulation** /ディパピュれイション/
•過疎化を食い止める stop the decline of the population
かそう¹ 仮想 (仮想の) **virtual** /ヴァ～チュアる/
•仮想通貨 a virtual currency /カ～レンスィ/,

(a) cryptocurrency /クリプトウカ～レンスィ/; a crypto asset /アセト/
•仮想現実 virtual reality /リアリティ/
かそう² 仮装 a **fancy dress** /ふァンスィ/
•仮装行列 a fancy dress parade
•…に仮装する dress up as ～ / be disguised as ～
かぞえる 数える **count** /カウント/
•1から100まで数える count from one to a hundred
•数えきれない countless
•数え直す count again / recount
•小銭を数えると1,650円あります
I have one thousand six hundred fifty yen, counting small change.

かぞく 家族

➤ a **family**

•大[小]家族 a large [small] family
•家族の一員 a member of the family
•彼のうちは大家族です
He has a large family. / His family is large.
•彼の家族はみんな早起きです
All his family are early risers. → family を一つの単位と考える時は単数, 家族のメンバーをさす時には複数として扱う

会話
ご家族のみなさんはいかがですか
―おかげさまでみんな元気です
How is your **family**?
—They are all fine, thank you. → このように質問する時の「家族」はふつう単数扱い

•私の家は4人家族です There are four people in my family.
•彼は毎年夏には家族旅行をします
He takes a trip with his family every summer.
•彼女とは家族的な付き合いをしています
She is our family friend.
ガソリン gasoline /ギャソリーン/, (俗に) **gas**, 《英》 **petrol** /ペトロる/
•ガソリンスタンド a service station / a filling station / 《米》a gas station / 《英》a petrol station → 「ガソリンスタンド」は和製英語

かた¹ 肩

➤ a **shoulder** /ショウるダ/

•袋を肩にかついで with a sack on *one's*

かた 108 one hundred and eight

shoulder
・肩をすくめる shrug *one's* shoulders → 困ったり、驚いたり、無関心であることを示す動作
・肩がこる feel stiff in the neck / have a stiff neck → 英語ではふつう neck を使う
・肩幅(はば)が広い[狭(せま)い] have broad [narrow] shoulders
・彼は荷物を肩にかついで行った
He carried the load on his shoulder.
・彼は私の肩をポンとたたいた
He tapped me on the shoulder.

かた[2] 型 (特性) a **type** /タイプ/; (自動車の) **model** /マ`ダ`る/; (大きさ) **size** /サイズ/
型にはまった **stereotyped** /ステレオタイプ`ト`/, **conventional** /コンヴェンショ`ヌ`る/
・いろいろ違った型の人々 people of different types / different types of people
・大[中, 小]型の large-[medium-, small-]sized
・最新型のパソコン a personal computer of the latest type
・1990年型の自動車 a 1990-model car

かた[3] …方 (…気付) **care of** 〜 /ケアロ`ヴ`/ (略 c / o); (方法) a **way** /ウェイ/, **how to** *do* /ハウ/ → しかた
・それをする私のやり方 the way I do it
・泳ぎ方を教える teach how to swim
・君はそれを自分のやり方でやってよい
You may do it in your own way.
・鈴木一郎様方 山田太郎様(手紙の表記)
Mr. Yamada Taro c / o Mr. Suzuki Ichiro

かたい 固い, 硬い, 堅い

➤ (石のように) **hard** /ハード/; (曲がらない) **stiff** /スティ`ふ`/; (堅固な) **firm** /ふァ〜ム/; (肉が) **tough** /タ`ふ`/

固く, 堅く **hard**, **firmly**, **tightly** /タイ`ト`リ/
固くする, 固くなる **harden** /ハードン/; (緊張する) **get nervous** /ナ〜ヴァス/
・硬いベッド a hard bed
・固い結び目 a hard knot
・硬いボール紙 a stiff piece of cardboard
・堅い意志[決意, 約束] a firm will [resolution, promise]
・頭の固い hard-headed / (頑固な) obstinate
・卵を固くゆでる hard-boil an egg
・ひもを固く結ぶ tie a rope tightly
・彼は信念が堅い He is firm in his belief.
・彼女は彼と結婚すると堅く心に決めている
She is firmly resolved to marry him.
・彼は決勝戦をひかえて硬くなった

He got nervous before the finals.

かだい 課題 a **subject** /サ`ブ`チェク`ト`/; (宿題) **homework** /ホウムワ〜`ク`/, an **assignment** /アサインメン`ト`/

かたおもい 片思い **one-sided love** /ワンサイデ`ド`/, **unrequited love** /アンリク`ワ`イテ`ド`/

かたがき 肩書 a **title** /タイ`ト`る/

かたかた (音をたてる) **rattle** /ラ`ト`る/ → がたがた

がたがた (音をたてる) **rattle** /ラ`ト`る/; (震(ふる)える) **shudder** /シャダ/, **shiver** /シヴァ/, **tremble** /`ト`レンブる/
・2階の窓ががたがたいっている
The upper windows are rattling.

かたき 敵 an **enemy** /エネミ/; a **rival** /ライヴァる/

かたくるしい 堅苦しい **formal** /ふォーマ`る`/, **stiff** /スティ`ふ`/
・堅苦しいあいさつはやめましょう
Let's do away with formal greetings.

かたぐるま …を肩車して歩く **carry** 〜 **on** *one's* **shoulders** /キャリ ショウ`る`ダズ/

かたち 形

➤ (輪郭(りんかく)) a **shape** /シェイ`プ`/
➤ (形態) a **form** /ふォーム/
➤ (図形) a **figure** /ふィギャ/

形づくる **shape**, **form**
・ハート[V の字]の形をしたクッキー a heart-shaped [a V-shaped] cookie
・彼の鼻はどんな形ですか What shape is his nose? / What is the shape of his nose?
・それは卵の形をしています It is [has] the shape of an egg. / It is egg-shaped.
・それらは形は同じではない
They are not the same in shape.
・煙はゾウの形になった The smoke took the shape [the form] of an elephant.

かたづける 片付ける

❶ (整頓する) **put** 〜 **in order**
❷ (終わらせる) **finish**

❶ (整頓する) **put** 〜 **in order** /オーダ/, **clear** (**up**) /`ク`リア/, **tidy** (**up**) /タイディ/; (しまう) **put away** /アウェイ/
・片付いている[いない] be in [out of] order
・部屋を片付ける put a room in order / clear up [tidy up] a room
・食卓を片付ける clear the table
・あきびんを片付ける put away empty bottles
❷ (終わらせる) **finish** /ふィニ`シュ`/, **clear up** /`ク`

リア/
・宿題を片付ける finish *one's* homework
・私には片付けなければならない仕事がたくさんある
I have a lot of work to finish [clear up].

カタツムリ 蝸牛 《動物》a **snail** /スネイる/

かたな 刀 a **sword** /ソード/
・刀を抜く draw a sword

かたほう 片方 (片側) **one side** /サイド/; (片方の物) **the other one** /アざ/; (対(つい)の) **one of the pair** /ペア/, **the mate** /メイト/

かたまり a **mass** /マス/; (小さい) a **lump** /らンプ/

かたまる 固まる **harden** /ハードン/

かたみ 形見 a **keepsake** /キープセイク/
・形見として物を取っておく preserve a thing as a keepsake

かたみち 片道 **one-way** /ワンウェイ/
・片道切符 《米》a one-way ticket / 《英》a single (ticket)

かたむき 傾き → けいこう, けいしゃ

かたむく 傾く, 傾ける
❶ (傾斜(けいしゃ)する) **lean** /リーン/, **bend** /ベンド/, **incline** /インクらイン/
・からだを前に傾ける lean [bend, incline] *one's* body forward
・この柱は少し右に傾いている This pillar leans [inclines] a little to the right.
❷ (耳を) **listen** (to ～) /リスン/; (精力を) **devote** *oneself* to /ディヴォウト/
・私は全精力を傾けてこの計画を実行するつもりです I'll devote myself to carrying out this plan.

かためる 固める **harden** /ハードン/

かたよる 偏る **be biased** /バイアスト/
偏った biased
・偏った意見[判断] a biased view [judgment]
・彼の態度は偏っている His attitude is biased.

かたりつぐ 語り継ぐ **tell down the generations** /ダウン ヂェネレイションズ/
・その話は語り継がれている → 受け身形
The story is told down the generations.

かたる 語る → はなす¹

カタログ a **catalog** /キャタろーグ/, a **catalogue**

かだん 花壇 a **flowerbed** /ふらウアベッド/

がたんと
・列車は急にがたんと動き出した[止まった]
The train started [stopped] with a jerk.

かち¹ 勝ち a **victory** /ヴィクトリ/ → かつ
・君の勝ちだ You win.
ことわざ 負けるが勝ち You had better stoop to conquer. (征服するためには腰をかがめなさい)
ことわざ 早い者勝ち First come, first served. (最

初に来た者が最初に食事を出してもらえる)

かち² 価値
➤ (真価) **worth** /ワ～す/
➤ (有用性) **value** /ヴァリュー/
価値のある worthy /ワ～ずィ/; **valuable** /ヴァリュアブる/
価値のない worthless; **valueless**
・…の価値がある be worth ～ / be worthy of ～ / be worth while to *do* [worth while *doing*]
・彼の作品の真の価値を知る人は少ない
Few know the true worth of his works.
・これはほとんど価値のないものだ
This is of little worth [value].
・これは千円の価値がある
This is worth a thousand yen.
・この本は読む価値がある
This book is worth reading.
・彼の行為(こうい)は称賛を受ける価値がある
His conduct is worthy of praise.
・それはやってみる価値がある
It is worth while to give it a try [giving it a try].
・時は金よりも価値がある Time is more valuable [of more value] than money.
・この時計は確かに高価だがそれだけの価値は十分ある This watch is expensive, to be sure, but it is well worth its price.

がち …しがちである **be apt to** *do* /アプト/, **be liable to** *do* /らイアブる/
・私たちは誤りをしがちである
We are apt to make mistakes.

かちかち
❶ (音を出す) **tick** /ティク/, **ticktock** /ティクタク/
・時計のかちかちという音 the ticking [the tick, the ticktock] of a clock
❷ (固い) **hard, stiff** /スティふ/ → がちがち
・彼は頑固(がんこ)で頭がかちかちだ
He is stubborn and hard-headed.

がちがち (固い) **hard**; (緊張した) **tense** /テンス/
・彼は彼女の前でがちがちに緊張して言おうと思っていたことが言えなかった
He was so tense before her that he could not say what he intended to.

かちき 勝ち気な (負けん気の強い) **competitive** /コンペティティヴ/; (積極的な) **aggressive** /アグレスィヴ/

かちく 家畜 a **domestic animal** /ドメスティク アニマる/; (集合的に) **livestock** /らイヴスタク/

かちほこる 勝ち誇る **be triumphant** (over 〜)
/トライアンファント/

勝ち誇って in triumph /トライアンふ/, **triumphantly**

かちゃかちゃ (音をたてる) **clink** /クリンク/, **click** /クリク/

がちゃがちゃ (音をたてる) **clatter** /クらタ/, **clank** /クらンク/

がちゃん (音をたてる) **clank** /クらンク/; (割れる) **crash** /クラシュ/
•花びんが床にがちゃんと落ちた
A vase crashed to the floor.
•彼女はがちゃんと電話を切った(受話器を置いた)
She slammed down the phone.

かちょう 課長 **the section chief** /セクション チーふ/

ガチョウ 鵞鳥 《鳥》a **goose** /グース/ (閥 geese /ギース/)

かつ 勝つ

➤ **win**
•競走[ゲーム]に勝つ win a race [a game]
•トランプで勝つ win at cards
•どっちが勝ったのか Which side won?
•4対3のスコアで私たちが勝った
We won by a score of 4 to 3.

ことわざ 勝てば官軍負ければ賊軍
Losers are always in the wrong. (負けた者はいつも間違っていた者)

カツ ➔ カツレツ

カツオ 鰹 《魚》a **bonito** /ボニートウ/

かっか かっかと, かっかする ➔ おこる[2]
•彼はすぐかっかする
He has a very hot temper.

がっか 学科 (科目) a **subject** /サブヂェクト/; (科) a **department** /ディパートメント/

がつがつ **greedily** /グリーディり/
•がつがつ食う eat greedily / ひゆ eat like a pig (ブタみたいに食べる)

がっかつ 学活 (学級活動) **homeroom activities** /ホウムルーム アクティヴィティズ/

がっかり がっかりさせる **disappoint** /ディサポイント/
がっかりする be disappointed
•その結果は彼をがっかりさせた
The result disappointed him.
•私はそれを聞いて[その結果に]がっかりした
I was disappointed to hear it [at the result].

カツカレー Japanese curry and rice with pork cutlet /ポーク カトれト/

かっき 活気のある **lively** /らイヴり/
•活気のない dull

がっき[1] 学期 a **term** /ターム/; (2学期制の) a **semester** /セメスタ/
•第1[2, 3]学期 the first [second, third] term
•新学期 a new term
•学期末試験 a final examination / an end-of-term examination
•日本の3学期は1月から始まります
In Japan the third term in school begins [starts] in January.

がっき[2] 楽器 a **musical instrument** /ミューズィカる インストルメント/
•弦[管, 打]楽器 a stringed [wind, percussion] instrument
•楽器をひく play a musical instrument

かっきてき 画期的な **epoch-making** /エポクメイキング/

がっきゅう 学級 ➔ クラス

かつぐ carry 〜 on one's **shoulder** /キャリ ショウるダ/, **bear 〜 on** one's **shoulder** /ベア/ ➔ かた[1]

かっこ (丸がっこ) a **parenthesis** /パレンセスィス/ (閥 parentheses /パレンセスィーズ/); (角がっこ) a **bracket** /ブラケト/; (中かっこ) a **brace** /ブレイス/
•かっこの中に解答を書き入れなさい
Write your answer in the parentheses. ➔ かっこは前後2つあるので, ふつうはこのように複数形で用いる

かっこいい fashionable /ふァショナブる/; **cool** /クーる/, **sexy** /セクスィ/, **groovy** /グルーヴィ/
•かっこいい男性 a cool guy

かっこう 格好 ➔ かたち
•格好をつける (気取る) put on airs / (目立とうとする) show off

カッコウ 郭公 《鳥》a **cuckoo** /ククー/

がっこう 学校

➤ (a) **school**
•学校図書館 a school library
•学校新聞 a school paper
•学校給食 the school lunch
•小学校 《米》an elementary school / 《英》a primary school
•中[高等]学校 a junior [senior] high school
•私立[公立]学校 a private [public] school
•音楽[料理]学校 a music [cooking] school
•学校時代 one's school days
•学校の友達 a school friend / a schoolmate / a schoolfellow

・学校教育 school education
・学校へ入る enter school
・学校へ行く[から帰る] go to [come home from] school
・学校で at school
・学校が終わってから after school (is over)
・学校を休む be absent [stay away] from school
・学校[授業]をずる休みする 《米》skip school [classes], play hooky / 《英》play truant → skip a year [a grade]は「1年飛び級する」
・学校を卒業する graduate from school →《英》では大学だけに graduate を用い,それ以外は leave school という
・学校をやめる drop out of [leave] school
・子供を学校に上げる put a child in school
・学校生活を楽しむ enjoy *one's* school life

会話
君はどこの学校へ行っているの?
―東京中学校です
Where do you go to **school**?
―I go to Tokyo Junior High **School**.

・学校は8時半に始まります
School begins at 8:30.
・彼はまだ学校に上がっていない
He is not yet in school.
・あしたは学校がありません
There will be no school tomorrow. / We will have no school tomorrow.
・私は7時にうちを出て学校へ行きます
I leave home for school at seven.

かっさい 喝采 (叫び) **cheers** /チアズ/ → はくしゅ
喝采する cheer
・観客の中から喝采が起こった
Cheers rose from the audience.

がっさく 合作 a **collaboration** /コらボレイション/

かつじ 活字 (a) **type** /タイプ/

がっしゅく 合宿 a **camp**; (運動部の) a **training camp** /トレイニンぐ/
・夏の合宿はどこにしようか
Where shall we have our summer camp?

がっしょう 合唱 a **chorus** /コーラス/
合唱する sing in chorus
・合唱団の一員 a member of the chorus
・混声合唱 a mixed chorus
・合唱コンクール a chorus contest

かっしょく 褐色(の) **brown** /ブラウン/

かっそう 滑走する **glide** /グライド/
・滑走路 a runway

がっそう 合奏 an **ensemble** /アーンサーンブる/
合奏する play in concert /カンサト/

がっちり がっちりした **solid** /サリド/, **firm** /ふァ〜ム/ → しっかり
がっちりと solidly, firmly
・彼らはがっちりと握手(あくしゅ)を交わした
They firmly shook hands with each other.

ガッツ guts /ガツ/
・ガッツポーズをする raise *one's* fist(s) in triumph (勝ってこぶしを突き上げる) →「ガッツポーズ」は和製英語
・寒中水泳だなんてガッツがあるなあ You have guts to swim in this cold weather.

かつて once /ワンス/; (疑問文・否定文または最上級の語に伴う) **ever** /エヴァ/; (かつて…ない) **never** /ネヴァ/
・私はかつてそのことを読んだことがある
I have once read about it.
・君はかつてそこへ行ったことがありますか
Have you ever been there?
・彼はかつて存在した最大の芸術家です
He is the greatest artist that ever lived.

かって 勝手な **selfish** /セるふィシュ/
勝手に (好きなように) **as** *one* **pleases** /プリーゼズ/, **as** *one* **likes** /らイクス/, **as** *one* **wishes** /ウィシズ/; (許可なしに) **without permission** /ウィざウト パミション/, **without leave** /リーヴ/
・彼はあまりにも勝手だ(勝手すぎる)
He is too selfish.
・そんな勝手なことを言うな[するな]
Don't be so selfish.
・勝手にしなさい Do as you please [like, wish]. / (議論などで) Have it your own way.
・夏期講習に出るかどうかは君の勝手だ
It's a matter of your own choice to attend the summer course.
・勝手にこの部屋を使うな
Don't use this room without permission.

カット (削減) a **cut**; (さし絵) a **cut**, an **illustration** /イらストレイション/

かつどう 活動 (an) **activity** /アクティヴィティ/ → かつやく
活動的な active /アクティヴ/
・校内[クラブ]活動 school [club] activities

かっぱ 河童 *kappa*, **a legendary small animal believed to be living in water with a shell on its back and a dish on its head** (河童―川にすんでいると思われている伝説上の小動物で, 背中に

甲羅(こうら), 頭のてっぺんにお皿をのせている)

かっぱ巻き *kappa-maki*, a sushi roll containing cucumber

かっぱつ 活発な **active** /アクティヴ/, **lively** /らイヴリ/
活発に actively

カップ a **cup** → コップ
•優勝カップを獲得する win the cup

カップケーキ a **cupcake** /カプケイク/

カップラーメン cup noodles /ヌードるズ/

カップル a **couple** /カプる/
•新婚のカップル a newly-married couple

がっぺい 合併する **combine** /コンバイン/ (→ごうどう); (会社などが) **merge** /マ〜ヂ/
•その二つの会社は合併した[合併して大会社になった] The two companies merged [merged into a larger one].

かつやく 活躍 **activity** /アクティヴィティ/
活躍する be active /アクティヴ/, **play an active part** (in 〜), **take an active part** (in 〜)
•彼女は女性の権利のための運動でとても活躍している She is very active in the women's rights movement.
•彼は高校時代バスケットボールの選手として活躍した He was a good basketball player at senior high school.

かつよう 活用する
❶ **make use of** /ユース/
•もっと辞書を活用しなさい You should make more use of your dictionary.
❷《言語》**conjugation** /カンヂュゲイション/
•動詞の活用 verb conjugation

かつら a **wig** /ウィグ/; (入れ毛) a **hairpiece** /ヘアピース/
•かつらをつける wear a wig [a hairpiece]

かつりょく 活力 **vitality** /ヴァイタリティ/, **energy** /エナヂ/
活力にあふれた energetic /エナヂェティク/, **full of vitality**

カツレツ a **cutlet** /カトれト/

かてい¹ 仮定 **supposition** /サポズィション/
仮定する suppose /サポウズ/
•このオレンジを地球だと仮定しよう Let us suppose that this orange is the earth.

かてい² 家庭
➤ a **home**; (家族) a **family**
家庭の domestic /ドメスティク/
家庭的な (家庭を愛する) **home-loving** /ホウムらヴィング/; (家事の好きな) **domestic**

•家庭生活 home [family] life
•家庭科(教科) home economics / homemaking
•(先生の)家庭訪問 a home visit by the teacher
•家庭用品 household goods [articles]
•楽しい家庭 a happy home
•家庭内暴力 domestic violence / violence in the family
•家庭事情 family circumstances
•家庭の事情で新しい家に引っ越す move to a new house for family reasons
•彼女は自分の家庭をとても愛している She loves her family very much.
•彼女の夫は家庭的な人です Her husband is a home-loving person [a family man].

かてい³ 過程 a **process** /プラセス/
•発展の過程で in the process of development

かてい⁴ 課程 a **course** /コース/
•中学校の課程を終了する finish a junior high school course

かていきょうし 家庭教師 a **tutor** /テュータ/, a **private teacher** /プライヴェト/
家庭教師をする tutor
•私は数学の家庭教師についている
I have a tutor in mathematics. /
I study mathematics with a tutor.
•彼女はその子供に数学の家庭教師をしてやった
She tutored the child in mathematics.
•彼は週2回英語の家庭教師をしている
He teaches English to private students twice a week.

かていほう 仮定法 **the subjunctive** (**mood**) /サブチャンクティヴ (ムード)/

かど a **corner** /コーナ/
•かどの店 a corner store / a store on the corner → スーパーなどに対して「町のお店」の意味合いもある
•通りのかどに on [at] the corner of a street
•かどを曲がった所に[で] around the corner
•2番目のかどを右へ曲がりなさい
Turn right at the second corner.
•その家はかどを曲がって2軒目です
The house is the second around the corner.

かとう 下等な **low** /ろウ/
•下等動物 lower animals

かどう 華道 *kado*, **the art of flower arranging** /ふらウア アレインヂング/

かどうか …かどうか **if**, **whether** (**or not**) /(ホ)ウェざ/
•私が来られるかどうかわかりません I don't know

if［whether］I can come (or not). ➡ if のほうが whether に比べて口語的; whether の場合 or not は省略されることも多い

• 彼女に私の名前を知っているかどうかきいてごらん Ask her if［whether］she knows my name (or not).

• われわれのチームが勝つかどうかは問題ではない It does not matter if［whether］our team wins (or not). / Whether our team wins (or not) does not matter. ➡「…かどうか」という節が主語になる場合は whether を用い if で置きかえることはできない

かとりせんこう 蚊取り線香 a **mosquito coil** /モスキートウ コイる/

カトリック Catholicism /カさりスィズム/
• カトリックの Catholic

かな …かな ➡ かしら

かなあみ 金網 **wire netting** /ワイア ネティンぐ/

かなう[1]（匹敵（ひってき）する）**match** /マチ/, **equal** /イークワる/ ➡ かなわない
• チェスで彼にかなう者はいない
No one can match him in chess. /
No one is a match for him in chess.
• 料理にかけては彼女にかなう者はいなかった
She had no equal in cooking.

かなう[2]（望みが）**come true** /トルー/, **be realized** /リ（ー）アらイズド/;（道理に）**be reasonable** /リーズナブる/;（目的に）**be suitable** (for 〜) /スータブる/
• ついに彼の夢はかなえられた
His dream came true at last.

かなえる（願いを）**grant** /グラント/
• 彼の願いをかなえる grant him his request

かなかんじへんかん かな漢字変換 《IT》an **input method** /インプト メそド/, an **IME**

かなしい 悲しい

➤ **sad**:（不幸な）**unhappy** /アンハピ/
悲しそうに sadly
悲しみ sadness /サドネス/, **sorrow** /サロウ/
（…を）**悲しむ be sad** (**about** 〜) /(アバウト)/, **feel sad** (**about** 〜) /ふぃーる/
• 悲しい出来事［表情］ a sad event［look］
• 悲しそうにみえる look sad［unhappy］
• 悲しい思いをする feel unhappy
• 悲しみにくれる be overcome with sorrow
• 私の心は悲しみでいっぱいです
My heart is full of sadness.
• 彼女はまだ妹の死をとても悲しんでいる
She is still very sad about her sister's death.

• 彼女は悲しそうな顔をしている. 何か悲しい事でも起こったのかしら She looks sad. I'm afraid something sad happened to her.
• 私とっても悲しい. うちのイヌが死んじゃったの I am very unhappy. My dog died.
• 私たちは彼の死のニュースを聞いて悲しかった We were sad to hear the news of his death.
• 私たちのチームが負けて悲しかった We were sad［unhappy］when our team lost［because our team lost］.
• そのニュースは彼を悲しませた
The news made him sad.

カナダ Canada /キャナダ/
• カナダの Canadian
• カナダ人 a Canadian

かなづち 金づち a **hammer** /ハマ/
• 金づちで打つ hammer / strike with a hammer
• 金づちでくぎを打ち込む drive a nail with a hammer

かなもの 金物 **hardware** /ハードウェア/
• 金物店 a hardware store

かならず 必ず

➤（きっと…する）**not fail to** *do* /ふェイる/;（ぜひとも）**by all means** /ミーンズ/;（きっと）**sure** /シュア/
➤（いつも）**always** /オーるウェイズ/
• 彼は必ず行きます
He is sure to go. / He will not fail to go.
• 必ず来なさい Be sure［Don't fail］to come. / Come by all means.
• 彼は必ず5時に起きる
He always gets up at 5:00.

かならずしも…でない ➡ かぎらない

かなり pretty /プリティ/, **rather** /ラざ/;（相当な）**fairly** /ふェアリ/;（多い）**considerably** /コンスィダラブリ/
かなりの considerable
• かなりたくさん(の) quite a few
• かなり大きな箱 a pretty big box
• かなり大勢の人々 a considerable number of people
• 彼はかなりうまく英語がしゃべれます
He can speak English pretty［fairly］well.
• けさはかなり寒い
It's rather cold this morning.
• うちの近所にはかなりたくさんの外国人がいます
There are quite a few foreigners in my neighborhood.

カナリア 114 one hundred and fourteen

カナリア （鳥）a **canary** /カネアリ/

かなわない → **かなう¹**
・私は彼にはかなわない（→彼は私にはいい相手以上だ）He is more than a match for me.

カニ 蟹 （動物）a **crab** /クラブ/

かにざ 蟹座 **Cancer** /キャンサ/, **the Crab**
・蟹座生まれの人 a Cancer / a Cancerian

かにゅう 加入する **join** /ヂョイン/, **enter**, **become a member** (of ～) /ビカム メンバ/

カヌー a **canoe** /カヌー/

かね¹ 金

➤ **money** /マニ/

金がかかる → **かかる ❷**
・たくさんの金 much［a lot of］money
・いくらかの［わずかの］金 some［a little］money
・金を使う［もうける］ spend［make］money

〔会話〕
君はいくらかお金を持っていますか
—はい，いくらか持っています。［いや，ちっとも持っていません。］
Have you got any **money** with you?
—Yes, I've got some（**money**）with me.
［No, I've got no **money** with me.］

・彼はその仕事に対して君に十分お金を払います He will pay you well for the work.
・君はその仕事に対してお金を払ってもらいましたか Were you paid for the work?
・彼は自分のお金をほとんど本に費やす He spends nearly all his money on books.
・彼は金づかいが荒い He spends money freely. /（浪費する）He is wasteful of money.
ことわざ 金の切れ目が縁の切れ目
Love lasts as long as money endures.（恋も金のあるうちだけ）

かね² 鐘 a **bell**
・鐘を鳴らす ring［sound］a bell

かねもち 金持ちの **rich** /リチ/
・金持ちの人々 the rich / rich people
・彼はとても金持ちだということです I hear that he is very rich. / He is said to be very rich.
・彼は大金持ちになった He became very rich.

かねる 兼ねる （職を）**be ～ at the same time** /セイム タイム/; （用途（ようと）を）**serve both as ～** /サ～ヴ ボウす/
・彼女は生徒会長とクラスの会長とを兼ねている She is the president of the student council and the class president at the same time.

・この部屋は会議室と教室とを兼ねている
This room serves both as a meeting room and a classroom.

かのう¹ 可能な **possible** /パスィブる/
可能性 **possibility** /パスィビリティ/
・この川を泳いで渡ることは可能ですか
Is it possible to swim across this river?
・そうするのが可能だとは私は思わない
I don't think it possible to do so.
・彼の勝利の可能性がいくらかありますか
Is there any possibility of his victory?
・彼が優勝する可能性はまあ［まったく］ない
There is scarcely any［There is no］possibility of his winning the championship.

かのう² かのうする （傷などが）**fester** /ふェスタ/

かのじょ 彼女は，彼女が **she** （複）they）
彼女の her （複）their）
彼女を，彼女に her （複）them）
彼女のもの hers （複）theirs）
彼女自身 herself /ハ～セるふ/ （複）themselves /ぜムセるヴズ/）
・ぼくの彼女 my girlfriend
・私は彼女に本をあげた
I gave her a book. / I gave a book to her.
・彼女に手紙が来ています
Here is a letter for her.
・これは彼女の（もの）です This is hers.
・私の髪は彼女のよりも黒い
My hair is darker than hers.
・私は彼女のあの美しい声を覚えている
I remember that sweet voice of hers.

カバ 河馬 （動物）a **hippopotamus** /ヒポパタマス/, 《話》a **hippo** /ヒポウ/

カバー a **cover**; （本などの）a **jacket** /ヂャケト/
カバーする （補う）**cover**, **make up for** → おぎなう

かばう defend /ディふェンド/

かばん a **bag**
・学校かばん（手に持つ）a school bag; （肩に掛ける）a satchel
・旅行かばん a traveling bag

かはんしん 下半身 **the lower half of** one's **body** /ろウア ハふ バディ/

かはんすう 過半数 a［the］**majority** /マヂョーリティ/
・過半数を得る gain［win］a majority
・私たちのクラスの過半数の生徒はその案に賛成だった A［The］majority［More than half］of the students of our class were for the plan.

かび mold /モウるド/

- かびの生えた　moldy
- かびが生える　go moldy

がびょう　画びょう　《米》a **thumbtack** /サㇺタク/, 《英》a **drawing pin** /ドローインｸﾞ/
- 画びょうでとめる　tack

かびん　花びん　a **vase** /ヴェイス/
- 花びんに美しい花がさしてあります
There are some beautiful flowers in the vase.

かぶ　株　(木の) a **stump** /スタンプ/; (株式) a **stock** /スタク/, a **share** /シェア/
　株主　《米》a **stockholder**, 《英》a **shareholder**

カブ　蕪　《植物》a **turnip** /タ～ニプ/

カフェオレ　(フランス語) **café au lait** /カふェイ オウ れイ/

カフェテリア　a **cafeteria** /キャふェティリア/

がぶがぶ　がぶがぶ飲む　**guzzle** /ガズる/, **gulp (down)** /ガるプ (ダウン)/
- 私はとてものどがかわいていたので水をがぶがぶ飲んだ　I was so thirsty that I gulped down lots of water.

かぶき　歌舞伎　*kabuki*

日本を紹介しよう

歌舞伎は日本の古典演劇です．きらびやかな衣装や手の込んだ舞台装置やおおげさな所作(しょさ)が特色です．歌舞伎座(歌舞伎専門の劇場)が東京の銀座にあって，たくさんの観光客や芝居好きの人々が日本の伝統文化を楽しむために訪れます

Kabuki is a kind of Japanese classical theater. Colorful costumes, elaborate sets and exaggerated gestures are its characteristics. *Kabuki-za* (the special theater house of *kabuki*) is in Ginza, Tokyo, and a lot of tourists and theatergoers visit there to enjoy Japanese traditional culture.

かぶせる　**cover** /カヴァ/　→ かける³ ❷

カプセル　(薬・ロケットなどの) a **capsule** /キャプスる/

かぶと　a **helmet** /へるメト/

カブトムシ　甲虫　《虫》a (**rhinoceros**) **beetle** /ライナセロス ビートる/　→ beetle は甲虫(こうちゅう)一般をさし，カブトムシとは限らない

かぶる

➤ (帽子などを) **put on**; (かぶっている) **wear** /ウェア/; (ふとんなどを) **pull ～ over** *one's* **head** /へド/
➤ (おおわれている) **be covered** (with ～) /カヴァド/

- 帽子をかぶる　put on *one's* hat / put *one's* hat on
- それをかぶる　put it on　→「かぶるもの」がそれ[それら] (it [them]) の場合は必ず put it [them] on となる
- 彼は帽子をかぶった
He put on his hat. / He put his hat on.
- 彼女はあまり帽子をかぶらない
She doesn't wear a hat very often.

使い分け

put on は「かぶる」という動作を表し，**wear** は「かぶっている」状態，または習慣を表す
- 彼は部屋の中でも帽子をかぶっている
He wears a cap even indoors.
- 彼は大きなカウボーイハットをかぶっていた
He was wearing a big cowboy hat. / He had on a big cowboy hat.　→「一時的に身につけている」の意味では wear は進行形にする
- 彼は帽子をかぶって[かぶらないで]出て行った　He went out with [without] a cap on.
- 彼はいつも毛布をかぶって寝る　He always sleeps with a blanket over his head.

かぶれる　(皮膚(ひふ)が) **be poisoned** (with ～) /ポイズンド/

かふん　花粉　**pollen** /パラン/
- 花粉症　hay fever
- 私は今花粉症にかかっている
I'm suffering from hay fever.

かべ　壁　a **wall** /ウォーる/; (障害) a **barrier** /バリア/
- 壁紙　wallpaper
- 壁に絵がかかっています
There is a picture on the wall.
- 私たちはまずことばの壁を乗り越えなければならなかった　First we had to get over the language barrier.
- 話し合いはまた壁にぶつかってしまった
Once again the talks have come to a deadlock.　→ deadlock は「行き詰まり」
ことわざ　壁に耳あり
Walls have ears. / There is a witness everywhere. (いたるところに目撃者がいる)

かへい　貨幣　**money** /マニ/; (硬貨) a **coin** /コイン/; (通貨) **currency** /カ～レンスィ/

かべん　花弁　a **petal** /ぺトる/

カボチャ　南瓜　《植物》a **pumpkin** /パンプキン/

かま¹　釜　an **iron pot** /アイアン パト/

かま²　(農具) a **sickle** /スィクる/

ガマ　蝦蟇　《動物》a **toad** /トウド/

かまう

➤ **care** /ケア/; **mind** /マインド/

かまわない（どうでもよい）**don't care**; （反対しない）**don't mind**

・それが白であろうと黒であろうとかまわない
I don't care whether it is white or black.

・私は雨が降ってもかまわない
I don't care if it rains.

🗨会話 チャンネルを変えてもかまいませんか．―ちっともかまいません　Do you mind if I switch to the other channel? —No, I don't mind at all.
➡変えてほしくない時は，直接的に Yes, I do. またはやわらかい表現で I'd rather you don't. という

・かまわなければ私はここにいます
I'll stay if you don't mind.

・そうしても少しもかまわない（→悪いことはない）
There is no harm in doing so.

・人のことにはかまうな（→自分のことをかまえ）
Mind your own business.

・だれがかまうものか　Who cares?

🗨会話 おじゃましました．―いいえ，おかまいもしませんで

注意しよう
文字どおりの表現は英語にはないので，たとえば次のような言い方をする
I must be leaving. Thank you for a pleasant time.—You are welcome.
（そろそろ失礼します．楽しいひとときをありがとう．―どういたしまして.）

カマキリ 蟷螂《虫》a **(praying) mantis** /(プレイング) マンティス/

かまくら a **snow house** /スノウ ハウス/

かまぼこ 蒲鉾 **(a piece of) steamed fish paste** /スティームド ふィッシュ ペイスト/

・かまぼこ型の屋根　an arched roof

がまん 我慢

➤（気持ち）**patience** /ペイシェンス/; （おもに肉体的）**endurance** /インデュアランス/

我慢する（忍ぶ）**be patient**; （こらえる）**stand** /スタンド/, **put up with** /プト アプ ウィず/, **bear** /ベア/, **endure** /インデュア/

・我慢強く　patiently

・我慢強い人　a person of great patience [endurance]

・痛みを我慢する　endure [bear] a pain

・彼は自分の生徒に対して我慢強い
He is patient with his pupils.

・こういう待遇（たいぐう）にはもう我慢ができない

I can't bear [stand, put up with] this treatment any longer.

使い分け
be patient: やっかいな事柄や行動に対して怒らずに我慢すること
endure: 困難な状況を長期間，文句も言わず我慢すること
bear: 苦痛やつらいことを我慢すること
stand: ひるまずに我慢するの意味，主に **cannot [can't] stand** の形で使われる
put up with: 「（不快なことを）我慢する」意味で使われる，口語表現

かみ¹ 神（男神）a **god**; （女神）a **goddess** /ガデス/; （キリスト教など一神教の）**God**

・神に祈る　pray to God

・神を信じる　believe in God

かみ² 紙 **paper** /ペイパ/

・紙切れ（1枚）a piece of paper / （メモ用紙など）a slip of paper

・紙1枚　a sheet of paper

・紙コップ　a paper cup

・紙くず　wastepaper

・紙くずかご 《米》a wastebasket / 《英》a wastepaper basket

・（牛乳などの）紙パック　a carton

・（人に向かって投げる）紙テープ　a streamer

・紙ふぶき　confetti

かみ³ 髪

➤ **hair** /ヘア/　➡「髪の毛全体」をさす時には a, the をつけたり，複数にしたりしないが，髪の毛の数を問題にする時には a hair, two hairs のようにしてもよい

・髪型　a hairstyle; （とくに女性の）a hairdo

・髪を刈ってもらう　have one's hair cut

・髪をおさげに結っている　wear one's hair in braids

・髪を長くする　grow one's hair long

・髪を長く[短く]している　wear one's hair long [short] / have long [short] hair

・父の髪は白くなったし，母の髪にも少し白いものが見え始めた　My father's hair has turned gray, and I found some gray hairs on my mother's head.

かみいれ 紙入れ　a **wallet** /ワれット/, a **billfold** /ビるふォウるド/

がみがみ がみがみ言う　nag, 《話》**go on**

かみしばい 紙芝居　a **sliding paper picture show** /スらイディング ペイパ ピクチャ ショウ/

かみそり a **razor** /レイザ/
- 電気かみそり an electric razor

かみだな 神棚 a **Shinto altar at home** /シントウ オーるタ/

かみつ 過密 (人口) **overpopulation** /オウヴァパピュれイション/
- 過密(列車)ダイヤ a packed (train) schedule

かみつく 噛み付く → かむ²

かみなり 雷 **thunder** /さンダ/; (いなずま) **lightning** /らイトニング/
- 雷が鳴っている
It is thundering. / Thunder is rolling.

かみやすり 紙やすり **sandpaper** /サン(ド)ペイパ/

かみわざ 神業 **the work of God** /ワーク/; (奇跡(きせき)) a **miracle** /ミラクる/; (離れ業) a **feat** /ふィート/

かむ¹ (鼻を) **blow** *one's* **nose** /ブろウ ノウズ/

かむ² **bite** /バイト/; (食べ物などを) **chew** /チュー/
- 彼はくちびるをかんだ He bit his lip.
- そのイヌが彼の足をかんだ The dog bit his leg.
- 彼はあまり食べ物をかまない He does not chew his food well.

ガム **chewing gum** /チューイング/, (風船ガム) **bubble gum** /バブる/

かめ (容器) a **jar** /ヂャー/

カメ 亀 《動物》(陸ガメ) **tortoise** /トータス/; (海ガメ) a **turtle** /タートる/

かめい 加盟する → かにゅう

カメラ a **camera**

カメラマン (写真家) a **photographer** /ふォタグラふァ/; (映画・テレビの) a **camera operator** /アペレイタ/; (映像作家) a **videographer** /ヴィディアグラふァ〜/
- (スマートフォンなどの)前面[背面]カメラ a front [rear] camera
- ビデオカメラ a video camera; (携帯用録画機能つきの) a camcorder
- ウェブカメラ a web camera, a webcam

カメレオン 《動物》a **chameleon** /カミーリオン/

かめん 仮面 a **mask**
- 仮面をかぶる[脱(ぬ)ぐ] wear [take off] a mask

がめん 画面 a **screen** /スクリーン/; (映像) a **picture** /ピクチャ/
- 50インチのテレビ画面 a 50-inch television screen

カモ 鴨 《鳥》a **wild duck** /ワイるド ダク/

かもく 科目 a **subject** /サブヂェクト/
- 必修科目 a compulsory [required] subject
- 選択科目 an elective (subject)
- 試験科目 the subjects of [for] examination

カモシカ 《動物》an **antelope** /アンテろウプ/

かもしれない …かもしれない
➤ **may** /メイ/
- それは本当かもしれない It may be true.
- 午後は雨が降るかもしれない
It may rain in the afternoon.
- 午後は雨が降るかもしれないと私は思った
I thought it might rain in the afternoon. → 主節の動詞 (thought) が過去だから、それに合わせて従属節の時制も過去形にする
- 今ごろは彼はボストンに着いたかもしれない
He may have reached Boston by now.
- 彼はそれを見たかもしれないと私は思った
I thought he might have seen it.

かもつ 貨物 《米》 **freight** /ふレイト/, 《英》 **goods** /グヅ/; (船の) **cargo** /カーゴウ/
- 貨物列車 《米》a freight train / 《英》a goods train
- 貨物船 a freighter / a cargo boat

カモメ 鴎 《鳥》a **gull** /ガる/

がやがや がやがやした **clamorous** /クらマラス/, **noisy** /ノイズィ/
がやがやと **clamorously**, **noisily**

かやく 火薬 **gunpowder** /ガンパウダ/

かゆい **itchy** /イチ/
- 私は背中がかゆい I feel itchy on my back.

かよう 通う **go**, **attend** /アテンド/; **pass**; (船・バスが) **ply** /プらイ/; (陸上交通機関が) **run**
- 私は自転車[バス]で学校へ通います
I go to school by bicycle [by bus].

かようきょく 歌謡曲 a **popular song**

がようし 画用紙 **drawing paper** /ドローイング ペイパ/
- 画用紙帳 a pad of drawing paper

かようび 火曜日 **Tuesday** /テューズデイ/ (略 Tues.)
- 火曜日に on Tuesday
- 来[先]週の火曜日に next [last] Tuesday / on

から 118 one hundred and eighteen

Tuesday next [last]
・火曜日の朝に on Tuesday morning
から¹ 殻 (クルミ・貝・卵などの) a **shell** /シェ**る**/
から² からの **empty** /エンプティ/
からにする empty
・からの箱 an empty box
・その箱はからっぽだった The box was empty. /
I found the box empty.

から³ …から

❶ (場所・時間・物事) **from, out of, since**
❷ (材料・原料) **from, of, out of**
❸ (理由) **because**

❶ (場所・時間・物事) **from, out of, at, off, with,
since** /スィンス/
・朝から晩まで from morning till night
・部屋から出て行く get out of a room
・バスから降りる get off a bus
・タクシーから降りる get out of a taxi
・テーブルから落ちる fall off a table
・私は彼から何の便(たよ)りも受けていない
I have heard nothing from him.
・ここから駅までどのくらいありますか
How far is it from here to the station?
・窓から顔を出してはいけません
Don't put your head out of the window.
・10ページから始めましょう
Let's begin at page 10.
・彼は門から入った
He entered through [by] the gate.
・物語は彼女の父の死んだことから始まる The story
begins with the death of her father.
・それからちょうど1週間です
It is just a week since then.
・私たちは子供のころからの友達だ We have been
friends since we were children.
❷ (材料・原料) **from, of, out of**
・それは紙から作られる
It is made (out) of paper.
・酒は米から作られる *Sake* is made from rice.
❸ (原因・理由・根拠) **because** /ビコーズ/, **since,
as, from**
・彼は過労から病気になった He became sick
from overwork [because he overworked
himself].
・君がそう言うのだからそれは本当に違いない
Since you say so, it must be true.
・彼は正直だから皆彼が好きです
As he is honest, everybody likes him.
・彼は親切心[好奇心]からそれをした

He did it out of kindness [curiosity].
がら 柄 a **pattern** /パタン/, a **design** /ディザイン/
・
カラー¹ (色) (a) **color**
カラー² (えり) a **collar** /カら/
からい 辛い (ぴりりと) **hot**; (塩辛い) **salty** /ソーる
ティ/
・このカレーは私には辛すぎる
This curry is too hot for me.
カラオケ karaoke /キャリオウキ/
・カラオケボックス a private karaoke room
・カラオケで歌う sing [do] karaoke

日本を紹介しよう

カラオケは文字どおりには「空(から)のオーケストラ」
という意味で, 伴奏だけで歌詞がついていません。
人々は録音された伴奏に合わせて自分の好きな歌を歌
います。
Karaoke literally means 'an empty orches-
tra'—just music and no words. People en-
joy singing their favorite songs to the pre-
recorded backings.

からかう make fun of /ふァン/; (からかっていじ
める) **tease** /ティーズ/
・からかわないでください Don't make fun of
me. / (まさか) No kidding! / ひゆ Don't pull
my leg. (足を引っ張らないで)
からから からからにかわいた **tinder-dry** /ティン
ダドライ/; (のどが) **parched** /パーチト/
がらがら (音をたてる) **rattle** /ラトる/; (声がしわが
れた) **croaky** /クロウキ/; (すいている) **empty** /エ
ンプティ/
・私は風邪をひいて, のどががらがらだ
I've caught a cold and have a croaky
voice. /
ひゆ I've caught a cold and have a frog in
my throat. (のどにカエルがいる)
・劇場はがらがらだった
The theater was almost empty.
がらくた useless things; **junk** /ヂャンク/
・その戸棚にはがらくたがいっぱい詰まっている The
cupboard is full of junk.
・これらの物はまったくのがらくただ
These things are all useless. /
ひゆ These things are all for the birds. (すべ
て小鳥たちにあげてしまうもの)
からし mustard /マスタド/
カラス 烏 (鳥) a **crow** /クロウ/
ガラス glass
・ガラスのケース a glass case

・窓ガラス a windowpane

からだ

➤ a **body** /バディ/
➤ (健康) **health** /ヘるす/

・健康なからだ a healthy body
・からだのがっしりしたスポーツ選手 a solidly-built athlete
・からだを洗う wash *oneself*
・からだをこわす become sick [ill] / fall sick [ill]
・それはからだによい[悪い]
It is good [bad] for the health.
・からだを大事にしてください
Take good care of yourself.

からて 空手 **karate** /カラーティ/
からぶり 空振りする (野球で) **swing and miss** /スウィンぐ/
からまる →まきつく, →もつれる
がらん がらんとした **empty** /エンプティ/, **deserted** /ディザ～テド/
かり¹ 狩り **hunting** /ハンティンぐ/, a **hunt** → りょう³
　狩りをする **hunt**
・狩りをする人 a hunter
・狩りに出かける go hunting / go on a hunt
かり² 借り a **debt** /デト/
・…に借りがある be in debt to ～
かり³ 仮の (臨時の) **temporary** /テンポレリ/, **provisional** /プロヴィジョヌる/; (試験的な) **trial** /トライアる/; (間に合わせの) **makeshift** /メイクシふト/
・仮免許 《米》a learner's license / 《英》a provisional licence
カリ 雁 (鳥) a **wild goose** /ワイるド グース/ (複) **geese** /ギース/
かりいれる 刈り入れる **harvest** /ハーヴェスト/
　刈り入れ **harvesting**
・刈り入れ時に at harvest time
・稲は秋に刈り入れられる
Rice is harvested in fall.
・私たちは今小麦の刈り入れに忙(いそが)しい
We are now busy harvesting wheat.
カリウム potassium /パタシアム/ →「カリウム」はドイツ語に由来する
かりかり かりかりした (歯ざわりが) **crisp** /クリスプ/
・かりかりしたビスケット a crisp biscuit
・かりかりに焼いた肉[ベーコン] crisply grilled meat [bacon]

がりがり (かじる) **gnaw** /ノー/; (やせた) **skinny** /スキニー/, **just skin and bone** (皮と骨だけ)
・彼女はがりがりにやせている
She is just skin and bone.
かりとりき 刈り取り機 a **harvester** /ハーヴェスタ/, a **reaper** /リーパ/; (結束までするもの) a (**reaper-**)**binder** /バインダ/; (草刈り機) a **grass cutter**
かりゅう 下流に (川の) **downstream** /ダウンストリーム/; (橋などの) **below** /ビろウ/
・橋の下流に below the bridge
かりょく 火力の **thermal** /さ～マる/
・火力発電所 a thermal power station

かりる 借りる

➤ **borrow** /バロウ/; (借りがある) **owe** /オウ/; (料金を払って) **hire** /ハイア/, **rent** /レント/
➤ (使用する) **use** /ユーズ/

borrow

rent

use

・彼女は図書館から本を借りた
She borrowed books from the library.
・その画家はしばしば弟から(金を)借りた
The painter often borrowed from his brother.
・君は彼にどれだけ借りているのか
How much do you owe him?
・私は彼に200円借りている
I owe him two hundred yen.
・彼女は郊外(こうがい)に家を借りた
She rented a house in the suburbs.

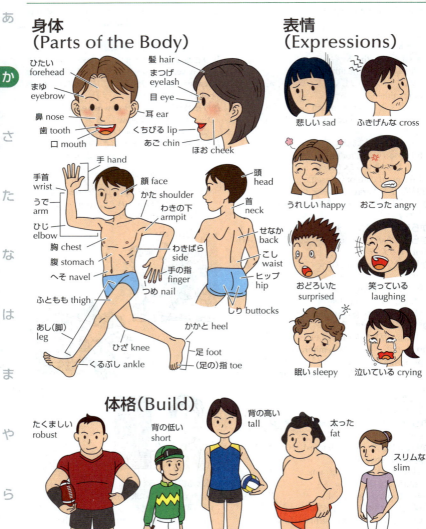

121 かわ

・トイレを借りてもいいですか
May I use the bathroom［toilet］?

使い分け

borrow: お金を払う払わないにかかわらず短期間借りる時に使う
owe: お金を借りていたり, 誰かに何かをしてもらって借りがある状態の時に使う
hire: お金を払ってものや車を短期間借りる時に使う
rent: 家や乗り物を定期的にお金を払って借りる時に使う
use: その場で少し借りる時に使う

かる 刈る（切る）**cut**: (稲・麦などを) **reap** /リープ/, **harvest** /ハーヴェスト/; (芝生(しばぁ)を) **mow** /モウ/
・髪の毛を刈ってもらう have *one's* hair cut
・稲を刈る harvest rice

かるい 軽い

➤ **light** /ライト/; (程度が) **slight** /スライト/
軽く lightly; (程度が) **slightly**; (たやすく) **easily** /イーズィリ/
軽くする, 軽くなる lighten /ライトン/
・軽い荷物[朝食] a light load［breakfast］
・軽い足取りで歩く walk with light steps
・事態を軽く見る take the situation lightly
・軽く100点をとる get full marks easily［without difficulty］
・私は軽いかぜをひいている
I have a slight cold.
・その知らせを聞いて彼女の心は軽くなった
Her heart lightened at the news.
カルシウム calcium /キャるスィアム/
かるた cards /カーヅ/ ➥「カルタ」はポルトガル語の carta から
・かるたをする play cards
カルビ (牛バラ肉) (Korean) **short ribs** /(コリーアン) ショート リブス/ ➥韓国語. galbi, kalbi とも表記される
カルボナーラ 《料理》**carbonara** /カーバナーラ/
かれ 彼は, 彼が **he** (複 they)
彼の his (複 their)
彼を, 彼に him (複 them)
彼のもの his (複 theirs)
彼自身 himself /ヒムセるふ/ (複 themselves /ぜムセるヴズ/)
・私の彼 my boyfriend
・私は彼に本をあげた
I gave him a book. / I gave a book to him.
・これは彼へのプレゼントです
This is a present for him.

・私はこれから彼とテニスをします
I am going to play tennis with him.
・この本は彼の(もの)です
This book is his.
・彼のあのイヌはとても利口です
That dog of his is very clever.
カレイ 鰈 《魚》a **sole** /ソウる/
カレー curry /カ〜リ/
・カレーライス curry and rice
ガレージ a **garage** /ガラージュ/
がれき 瓦礫 **debris** /デブリー/ ➡最後の s は発音しない
・工事現場からがれきを運び出す remove the debris from the construction site
かれら 彼らは, 彼らが **they** ➡かれ, かのじょ
彼らの their
彼らを, 彼らに them
彼らのもの theirs
彼ら自身 themselves /ぜムセるヴズ/
かれる¹ 枯れる **die** /ダイ/; (しおれる) **wither** (**up**) /ウィざ/
枯れた dead /デド/
・枯れ葉[木] dead leaves［trees］
かれる² ➡かすれる
カレンダー a **calendar** /キャれンダ/
かろう 過労 **overwork** /オウヴァワ〜ク/
・過労死する die from overwork
がろう 画廊 a **picture gallery** /ピクチャ ギャらり/
カロリー calorie /キャろリ/
・低カロリーの食事 a low-calorie diet
かろんじる 軽んじる (軽くみる) **make light of** /ライト/

かわ¹ 川

➤ a **river** /リヴァ/; (小川) a **stream** /ストリーム/
・隅田川 《米》the Sumida River /《英》the River Sumida ➡英米ともに River を省略して the Sumida としてもよい
・放課後川へ釣りに行こう
Let's go fishing in the river after school. ➡
✕ go fishing *to* the river としない

かわ² 皮, 革

➤ (皮膚(ひふ)) **skin**; (なめし革) **leather** /れざ/
➤ (果物の) (薄(うす)い) **skin, peel** /ピーる/, (厚い) **rind** /ラインド/; (木の) **bark** /バーク/
➤ (獣の) **hide** /ハイド/, **skin** (➡けがわ)
皮をむく (手・ナイフで) **peel**

あ

か

さ

た

な

は

ま

や

ら

わ

- ミカン[リンゴ, ジャガイモ]の皮をむく peel a tangerine [an apple, a potato]
- 木の皮をはぐ peel the bark off a tree
- 私は石にぶつけてひざの皮をすりむいた
I scraped the skin off my knee against a stone.
- このかばんは革製です
This bag is made of leather.

がわ 側 a **side** /サイド/
- こちら側に on this side
- 向こう側に on the other side
- 君はこの布地の表側と裏側の区別ができますか Can you tell the right side of this cloth from the wrong side?
- 彼は川のこちら側に住んでいる
He lives on this side of the river.
- 紙の片側にだけ書きなさい
Write only on one side of the paper.

かわいい

➤ (きれいな) **pretty** /プリティ/; (愛らしい) **lovely** /ラヴリィ/, **cute** /キュート/, **charming** /チャーミング/, **sweet** /スウィート/
➤ (愛する) **dear** /ディア/

- かわいい小鳥 a pretty little bird
- かわいい服 a lovely dress
- 彼女はとてもかわいい
She is very pretty [lovely, cute].
- とも子は彼らのかわいい娘です
Tomoko is their dear daughter.
- ことわざ かわいい子には旅をさせよ Spare the rod and spoil the child. (むちを控(ひか)えれば子供をだめにする)

かわいがる → あいする
かわいそう かわいそうな **poor** /プア/
かわいそうに思う **feel sorry** (for 〜) /フィーる サリ/, **feel pity** (for 〜) /ピティ/
- かわいそうに! What a pity! / Poor thing!
- かわいそうにその子供は泣きだした
The poor little child began to cry.
- 彼女は泣いている少年をかわいそうに思った
She felt sorry [pity] for the crying boy.

かわいらしい → かわいい
かわかす **dry** /ドライ/
- 火で服をかわかす dry one's clothes by the fire
- 洗たく物を外に出してかわかす hang out the wash to dry

かわく **dry** /ドライ/, **get dry**; (のどが) **get thirsty** /さ〜スティ/

かわいた **dry**; (のどが) **thirsty**
- グランドはもうすっかりかわいた
The playground has now dried out.
- 洗たく物はすぐかわくでしょう
The wash will soon get dry.
- のどがかわいた. 水を1杯ください I'm thirsty. Give me a drink of water, please.

get dry

get thirsty

かわった 変わった (変な) **strange** /ストレインヂ/, **odd** /アド/, **queer** /クウィア/; (目新しい) **new**; (奇抜な) **fantastic** /ファンタスティク/; (めずらしい) **rare** /レア/, **unusual** /アニュージュアる/; (異常な) **unusual**
- 変わった味のお茶 tea with a strange flavor
- これ変わったデザインねえ
What a fantastic design this is!
- やあ, ケン. 何か変わったことでもあるかい
Hi, Ken. What's new?

かわら a **tile** /タイる/
かわりやすい 変わりやすい **changeable** /チェインヂャブる/
- 近ごろは天気が変わりやすい
Weather is changeable these days.

かわる[1] 代わる

➤ **take the place** (of 〜) /プれイス/; (取って代わる) **replace** /リプれイス/

代わり one's **place**
- 彼の代わりに in his place
- だれが井田の代わりをするのか Who will take the place of Ida [Ida's place]?
- 私が彼の代わりにそこへ行きます
I will go there in his place.
- ジョンがボブに代わってピッチャーをした
John replaced Bob as pitcher.

かわる² 変わる

➤ (変化する) **change** /チェインヂ/
➤ (異なる) **differ** /ディふァ/, **be different** /ディふァレント/

・信号は赤から青に変わった　The traffic light changed from red to green.
・彼の容体がよいほうに変わってほしいものだ
I hope his condition will change for the better.
・町並みは昔とはずいぶん変わっている
The streets and houses are quite different from what they used to be.
・それはいつもとまったく変わりがなかった (→まったく同じだった)
It was just like it always had been.

かわるがわる 代わる代わる　**by turns** /ターンズ/
かん¹ 缶 《米》a **can**, 《英》a **tin** /ティン/
・豆1缶, 豆の缶　a can [tin] of beans
・缶ジュース　canned juice
かん² 勘　a **hunch** /ハンチ/ → よかん
・私の勘が当たった[はずれた]
My hunch was right [wrong].
かん³ 管　a **pipe** /パイプ/, a **tube** /テューブ/
かん⁴ 巻 (書物の) a **volume** /ヴァリュム/
・3巻からなる作品　a work of three volumes
がん (病気) **cancer** /キャンサ/
・胃[肺, 乳]がん　stomach [lung, breast] cancer
・がんにかかる　have [suffer from] cancer
・彼は胃がんで今入院している　He has stomach cancer and now in hospital.
ガン 雁 (鳥) → カリ
かんおけ 棺おけ　a **coffin** /コーふィン/
かんか 感化　**influence** /インふるエンス/ → えいきょう
感化する **influence**
がんか 眼科医　an **oculist** /アキュリスト/, an **eye doctor** /ダクタ/

かんがえる 考える

➤ **think** /すィンク/, **consider** /コンスィダ/; (想像する) **imagine** /イマヂン/; (意図する) **intend** /インテンド/ → おもう

考え **thought** /そート/; (意見) an **opinion** /オピニョン/; (思いつき) an **idea** /アイディーア/; (意図・目的) **intention** /インテンション/ → いけん
・私の考えでは　in my opinion
・よく考えてから　after much thought
・よく考えずに　without much thought
・考えなおして　on second thoughts

・考え込んでいる　be lost [deep] in thought
・一つのいい考えが彼の頭に浮かんだ　A good idea came into his mind [occurred to him].
・それはなんていい考えだろう
What a good idea (it is)!
・決定はよく考えてからしなさい
Think well before you decide. / ひゆ Look before you leap. (とぶ前によく見よ) / ひゆ Chew the cud before you decide. → chew the cud は「(ウシなどが)反芻(はんすう)する」
・それが彼の物の考え方です
That is his way of thinking.
・科学的に考えればそんなことはありえないよ
If we consider it scientifically, such a thing cannot happen.
・彼の身になって考えてごらんなさい
Imagine yourself to be in his place. / ひゆ Imagine you were in his shoes. (彼の靴をはいてみたら)
・私は英語を勉強しにアメリカへ行こうかと考えています　I'm thinking of going to America to study English.
・父は私を医者にしようと考えている
Father intends me to be a doctor.

かんかく¹ 間隔 (時間的・空間的) an **interval** /インタヴ る/; (空間的) (a) **space** /スペイス/
・間隔をおいて　at intervals
・2時間[2メートル]の間隔で　at intervals of two hours [two meters]
・語と語の間にもっと間隔をおきなさい
Leave more space between words.
かんかく² 感覚　a **sense** /センス/
感覚の鋭い **sensitive** /センスィティヴ/
・感覚のない　senseless; (まひした) numb
・美[ユーモア]の感覚　a sense of beauty [humor]
・私の指は寒さで感覚がなくなった
My fingers are numb with cold.
かんがっき 管楽器　a **wind instrument** /ウィンドインストルメント/
カンガルー (動物) a **kangaroo** /キャンガルー/
かんかん
❶ (照る) **blaze** /ブれイズ/, **scorch** /スコーチ/
・かんかん照り　torrid heat
❷ (怒る) **be furious** (**with anger**) /ふュアリアス (アンガ)/, **fly into a rage** /ぷらイ レイヂ/
・彼はかんかんに怒った　He was hot with anger.
がんがん (音をたてる) **clang** /クらング/; (頭が痛む) **throb** /すラブ/, **split** /スプりト/
・頭ががんがんする

My head is throbbing [splitting].

かんき 換気 **ventilation** /ヴェンティれイション/
換気する ventilate /ヴェンティれイト/, **air** /エア/
• 部屋の換気をする ventilate [air] a room

かんきゃく 観客 (スポーツなどの) a **spectator** /スペクテイタ/; (集合的に演劇などの) an **audience** /オーディエンス/

かんきょう 環境 (an) **environment** /インヴァイアロンメント/; (周囲) **surroundings** /サラウンディングズ/
• 環境にやさしい eco-friendly
• よい家庭環境 a good home environment
• 美しい自然環境 beautiful natural surroundings
• 環境破壊[保護] environmental disruption [protection]
• 環境問題 green issues →green は「環境(保護)に関する」
• 環境保護活動 green activities
• 環境省[大臣] the Ministry [Minister] of the Environment

かんきり 缶切り 《米》a **can opener** /オウプナ/, 《英》a **tin opener** /ティン/

かんけい 関係

➤ **relation** /リれイション/
…と関係している (つながりがある) **be related to ～** /リれイテド/; (かかわりがある) **have to do with ～**, **concern** /コンサ～ン/; (…に影響を与える) **have a bearing on ～** /ベアリンぐ/
• 父と息子の関係 the relation between father and son
• 国際関係 international relations
• 関係代名詞[副詞] a relative pronoun [adverb]
• 関係者 the person [the people] concerned
掲示 関係者以外立入禁止 (店などで) Staff Only. / (官庁などで) No Unauthorized Entrance.
• 彼の家は私の家と近い関係にある
His family is closely related to mine.
• これらの二つの事はたがいに関係がある These two things are related with [to] each other.
• 彼はその事柄(ことがら)にいくらか[大いに]関係がある
He has something [much] to do with the matter.
• 私と彼とは少しも[ほとんど]関係がない
I have nothing [little] to do with him.
• 世界平和の問題は私たちすべてに関係がある The problem of world peace concerns all of us.

• その問題は世界の平和と安全に関係がある
The issues have a bearing on international peace and security.

かんげい 歓迎 **welcome** /ウェるカム/
歓迎する welcome
• 歓迎会 a welcome party
• 私は彼の家族から心からの歓迎を受けた I received a hearty welcome from his family. / I was heartily welcomed by his family.

かんげき 感激 → かんどう

かんけつ¹ 簡潔な (短い) **short** /ショート/; (ことばが) **brief** /ブリーふ/
簡潔に briefly
• 簡潔に言えば in short / in brief
• 彼の答えは簡潔で要領を得ている
His answer is short [brief] and to the point.

かんけつ² 完結 **completion** /コンプリーション/
• …を完結する complete ～ / finish ～
• …が完結する ～ be completed / ～ be finished

かんげん 還元 《科学》a **reduction** /リダクション/

かんげんがく 管弦楽 **orchestral music** /オーケストラる ミューズィク/
管弦楽団 an orchestra /オーケストラ/

かんご 看護 **nursing** /ナ～スィんぐ/
看護する nurse
• 看護師 a nurse

がんこ 頑固 **obstinacy** /アブスティナスィ/, **stubbornness** /スタボンネス/
頑固な obstinate /アブスティネト/, **stubborn**
頑固に obstinately, stubbornly
• 頑固に抵抗する put up an obstinate [a stubborn] resistance

かんこう 観光 **sightseeing** /サイトスィーインぐ/
• 観光事業 tourist industry / tourism
• 観光案内所 a tourist (information) office
• 観光客 a sightseer / a tourist
• 団体観光客 a tourist group / a group of tourist
• 観光バス a sightseeing bus
• 観光地 the sights / a tourist destination
• 彼は京都へ観光旅行に行った
He went to Kyoto to do the sights.
• 京都は日本における大観光地の一つです
Kyoto is one of the major tourist attractions in Japan. / ひゆ Kyoto is one of the tourist meccas in Japan. →イスラム教の大本山のある Mecca は多くの巡礼者が集まることから, mecca は「多くの人の訪れるあこがれの場所」の意味

かんこく 韓国 **South Korea** /サウす コリーア/

・韓国の South Korean
・韓国人 a Korean
かんさつ 観察 (an) **observation** /アブザヴェイション/
観察する observe /オブザ～ヴ/
・星を観察する observe the stars
・彼は観察の記録をつけている
He keeps record of his observations.
かんさん 換算 (a) **conversion** /コンヴァ～ジョン/
換算する convert /コンヴァ～ト/
・換算表 a conversion table
かんし¹ 冠詞 an **article** /アーティクる/
・定冠詞 a definite article
・不定冠詞 an indefinite article
かんし² 監視する **watch** /ワチ/, **keep (a) watch (on)** /キープ/
・なんとなく監視されているような気がする
I have a feeling I am being watched.
かんじ¹ 漢字 a **Chinese character** /チャイニーズキャラクタ/ ➡ Chinese は単独では /チャイニーズ/ とうしろにアクセントがあるが，名詞の前につくとふつうアクセントは前になる

かんじ² 感じ

➤ a **feeling** /ふィーリング/ ➡ かんじる
感じのいい pleasant /プれズント/, **agreeable** /アグリーアブる/
・何かいい事が起こりそうな感じがする
I have a feeling that something good is going to happen.
・彼女はとても感じのいい人だ
She is a very pleasant [agreeable] person.
がんじつ 元日 **New Year's Day** ➡ しょうがつ
かんして 関して **about** /アバウト/ ➡ ついて❶
・彼はそれに関しては何でも知っている
He knows everything about it.

かんしゃ 感謝

➤ **thanks** /サンクス/
感謝する thank
・感謝に満ちた thankful / grateful
・感謝して thankfully / gratefully
・感謝の気持ちを表す express *one's* thanks
・感謝の手紙 a letter of thanks / a thank-you letter
・感謝状 a testimonial
・(米国の)感謝祭 Thanksgiving Day
・ご親切に対して深く感謝いたします
I thank you deeply for your kindness. /
I am deeply thankful for your kindness.
かんじゃ 患者 a **patient** /ペイシェント/
・入院患者 an inpatient
・外来患者 an outpatient
かんしゅう¹ 観衆 ➡ かんきゃく
かんしゅう² 慣習 ➡ しゅうかん¹
かんじゅせい 感受性 **sensibility** /センスィビリティ/
・(…に対して)感受性が強い be very sensitive (to ～)
がんしょ 願書 an **application** /アプリケイション/
・願書を出す[受け付ける] send in [accept] an application
・C高校へ入学願書を提出する send in the application for admission to C Senior High School
かんしょう¹ 鑑賞 **appreciation** /アプリーシエイション/
鑑賞する appreciate /アプリーシエイト/
・音楽の鑑賞 the appreciation of music
かんしょう² 干渉 **interference** /インタふィアレンス/
干渉する interfere /インタふィア/
・他人の事に干渉してはいけない
Don't interfere in other people's affairs.
参考ことわざ 人は人我(われ)は我 Live and let live.
(自分は自分の生き方をし，人には人の生き方をさせておく)
かんじょう¹ 勘定 (計算) an **account** /アカウント/; (計算書) a **bill**, 《米》 a **check** /チェク/

かんじょう² 感情

➤ (気持ち) **feelings** /ふィーリングズ/
➤ (喜び・怒り・悲しみなどの) **emotion** /イモウション/
・感情的な emotional
・感情の激しい人 a person of strong emotions
・他人の感情を害する hurt other people's feelings
・彼はめったに感情を表さない
He seldom shows his feelings.
・もっと感情を込めて歌いなさい
Sing with more feeling.
がんじょう 頑丈な **strong**, **sturdy** /スタ～ディ/ ➡ じょうぶ
・頑丈な靴 sturdy shoes
かんしょうてき 感傷的な **sentimental** /センティメントる/, **mushy** /マシ/
かんしょく 間食する **eat between meals** /イー

かんじる　126　one hundred and twenty-six

トビトウィーン ミーるズ/
•間食は悪い習慣ですか
Is eating between meals a bad habit?

かんじる　感じる

➤ **feel** /ふィーる/

基本形
A を[と]感じる
　　feel A
A が…するのを感じる
　　feel A do
A が…しているのを感じる
　　feel A doing
A(物)が B の感じがする
　　A **feel** B → B は形容詞
…と感じる
　　feel that ～

•耳に痛みを感じる　feel a pain in one's ear
•幸福だ[寒い, 疲(つか)れた]と感じる　feel happy [cold, tired]
•私は背中に痛みを感じた
I felt a pain in my back.
•私は床が揺れる[揺れている]のを感じた
I felt the floor shake [shaking].
•この紙はざらざらした感じがする
This paper feels rough.
•彼女がそう言った時君はどういうふうに感じたか
How did you feel when she said so?
•どうもあいつは来ない感じがする　I somehow feel (that) he won't come.
•彼はその時彼女はもう自分を愛していないのだと感じた　He then felt that she no longer loved him.

かんしん¹ 感心　**admiration** /アドミレイション/;
(驚嘆(きょうたん)) **wonder** /ワンダ/
感心する　(ほめる) **admire** /アドマイア/; (驚く)
wonder at; (感銘(かんめい)する) **be impressed** /インプレスト/
感心な　**admirable** /アドミラブる/; **wonderful**
•感心して　with admiration / with wonder
•私たちは彼の立派な作品に感心した
We admired [were deeply impressed by] his fine work.

かんしん² 関心　**(an) interest** /インタレスト/
•…に関心がある　be interested in ～
•あなたは環境問題に関心がありますか
Are you interested in green issues?

かんじん 肝心な　→ じゅうよう (→ 重要な)
かんすう 関数　《数学》a **function** /ふァンクション/

かんする 関する　**about** /アバウト/, **on**: (…に関連した) **connected with ～** /コネクテド/
•そういうことに関する私の知識　my knowledge about such matters
•日本史に関する彼の著書　his book on Japanese history
•都市交通に関する諸問題　problems connected with city traffic

かんせい¹　完成

➤ **completion** /コンプリーション/
完成する　(完全な形に) **complete** /コンプリート/;
(仕事が終了する) **finish** /ふィニシュ/
•仕事を完成する　complete [finish] a task
•その建築はまだまだ完成どころではない
The building is far from completion.

かんせい² 歓声　a **cry of joy** /クライ ヂョイ/, a
cheer /チア/
•歓声をあげる　cry for joy

かんぜい 関税　**customs** /カストムズ/, a **tariff** /タリふ/

かんせつ¹ 関節　a **joint** /ヂョイント/
•関節炎　arthritis /アーthライティス/

かんせつ² 間接の　**indirect** /インディレクト/
間接(的)に **indirectly**
•間接的な影響　indirect influence

かんせん¹ 幹線　a **trunk line** /トランク らイン/
•幹線道路　a trunk highway

かんせん² 感染　**infection** /インふェクション/; (接触による) **contagion** /コンテイヂョン/
•感染症　an infectious [a contagious] disease

かんぜん　完全

➤ **perfection** /パふェクション/
完全な **perfect** /パ～ふェクト/
完全に **perfectly**
•彼は自分の仕事を完全に成し遂(と)げた
He did his work perfectly.
•彼の英作文は完全というにはほど遠い　His English composition is far from perfect.

かんそ 簡素な　**simple** /スィンプる/, **plain** /プれイン/

かんそう¹ 乾燥　**dryness** /ドライネス/
乾燥する **dry** →かわかす, かわく
乾燥した **dry**: (土地が不毛に) **arid** /アリド/
•乾燥剤[機]　a dryer / a drier
•乾燥室　a drying room

かんそう² 感想　(印象) **impressions** /インプレションズ/; (意見) an **opinion** /オピニオン/, **remark** /リマーク/; (論評) a **comment** /カメント/

・…について感想を述べる
make remarks about [on] ～
・その映画についての君の感想はどうですか
What are your impressions of the film?
かんぞう 肝臓 a **liver** /リヴァ/
かんそく 観測 (an) **observation** /アブザヴェイション/ → かんさつ
　観測する **observe** /オブザ〜ヴ/
・観測所 an observatory
・天体観測 an astronomical observation
かんたい 寒帯 **the frigid zone** /ふリヂド ゾウン/
かんだい 寛大 **generosity** /ヂェネラスィティ/
　寛大な **generous** /ヂェネラス/
　寛大に **generously**
・山田先生は生徒に寛大です
Mr. Yamada is generous to his pupils.
かんだかい 甲高い **high-pitched** /ハイ ピチト/;
(耳ざわりな) **strident** /ストライデント/
・甲高い声で in a high-pitched voice
かんたん[1] 感嘆文 an **exclamatory sentence** /イクスクらマトーリ センテンス/, an **exclamation** /エクスクらメイション/ → かんしん[1]
・感嘆符 an exclamation mark

かんたん[2] 簡単
➤ (単純) **simplicity** /スィンプリスィティ/
➤ (やさしいこと) **easiness** /イーズィネス/
簡単な (単純な) **simple** /スィンプる/; (やさしい) **easy** /イーズィ/; (短い) **brief** /ブリーふ/
簡単に **simply**; **easily**; **briefly**
・簡単な問題[仕事] a simple question [task]
・簡単なまとめをする give a brief summary
・この本はとても簡単な英語で書いてある This book is written in very simple English.
・このカメラは使い方が簡単だ
This camera is easy to use.
がんたん 元旦 **New Year's Day** /イアズ/ → しょうがつ
かんだんけい 寒暖計 → おんどけい
かんちがい 勘違い a **mistake** /ミステイク/
・A を B と勘違いする mistake [take] *A* for *B*
・私はあの人を君のお父さんと勘違いした
I mistook [took] him for your father.
・君はそのことで勘違いしているよ
You are mistaken about it.
かんちょう[1] 干潮 **the low tide** /ろウ タイド/
かんちょう[2] 官庁 a **government office** /ガヴァンメント オーふィス/
かんづめ 缶詰の 《米》**canned** /キャンド/, 《英》**tinned** /ティンド/

・缶詰類 canned goods [produce]
・果物の缶詰 canned fruit
かんてん 観点 a **point of view** /ポイント ヴュー/, a **viewpoint** /ヴューポイント/; (角度) an **angle** /アングる/
・この観点からすれば from this point of view / from this viewpoint
・歴史的観点から見れば
from a historical point of view / from a historical viewpoint
・その問題を違った観点から考えましょう
Let us consider the matter from a different angle.
かんでん 感電 an **electric shock** /イれクトリク シャク/
かんでんち 乾電池 a **dry battery** /ドライ バテリ/

かんどう 感動
➤ **emotion** /イモウション/
感動させる **move** /ムーヴ/
感動する **be moved**
感動的な **moving**, **touching** /タチンぐ/
・感動的な話 a moving [touching] story
・感動して泣く be moved to tears
・その物語は私を深く感動させた
The story moved me deeply.
・私は彼のことばに深く感動した
I was deeply moved by his words.
かんとうし 間投詞 《文法》an **interjection** /インタヂェクション/
かんとく 監督(者) a **superintendent** /スーパリンテンデント/; (現場の) an **overseer** /オウヴァスィーア/; (映画・テレビの) a **director** /ディレクタ/; (野球などの) a **manager** /マネヂャ/; (試験の)《米》a **proctor** /プラクタ/,《英》an **invigilator** /インヴィヂれイタ/
監督する **superintend**, **supervise** /スーパヴァイズ/; (映画などを) **direct** /ディレクト/; (試験を)《米》**proctor**,《英》**invigilate**; (面倒をみる) **take charge of** /チャーヂ/
・映画監督 a film [movie] director
カントリー(ミュージック) **country music**
かんな a **plane** /プれイン/
　かんなをかける **plane**
カンニング a **cheat** /チート/, **cheating** → 英語で cunning は「ずるい」の意味
　カンニングをする **cheat**
・試験でカンニングをする cheat in an examination
かんねん 観念 (考え) an **idea** /アイディーア/; (感

覚) a **sense** /センス/
•誤った自由の観念 a mistaken idea of liberty
•彼には時間の観念がない
He lacks a sense of time.

かんぱ 寒波 a **cold wave** /コウるド ウェイヴ/

カンパ (資金集め) a **fund-raising campaign** /ふァンドレイズィンぐ キャンペイン/ →「カンパ」は campaign (運動)の意味のロシア語から

かんぱい¹ 乾杯 a **toast** /トウスト/
•…に乾杯する drink (a toast) to ～
•乾杯! Toast! / Cheers! / Bottoms up!
•君の健康を祈って乾杯しよう
Let's drink to your health.

かんぱい² 完敗 a **complete defeat** /コンプリート ディフィート/
•…に完敗する be completely defeated [beaten] by ～

かんばつ a **drought** /ドラウト/
•かんばつに見舞(みま)われる be hit by a drought

がんばる 頑張る (一生懸命やる) **work hard** /ワーク ハード/; (言い張る) **insist on** /インスィスト/
•もっと頑張りなさい Work harder.
•頑張れ (試合中の選手に) Come on! / Stick to it!; (チームに対して) Go, team, go!;(緊張している人に) Take it easy!;(がっかりしている人に) Cheer up! / Pull yourself together!
•私は最後まで頑張ります
ひゆ I'll stay the course. →競技で「最後までコースにとどまる」の意味

かんばん 看板 (文字) a **sign** /サイン/; (板) a **signboard** /サインボード/
•店の看板 a store sign [signboard]

かんぱん 甲板 a **deck** /デク/

かんびょう 看病 →かんご

かんぶ 幹部 an **important member** /インポータント メンバ/;(経営陣) **the management** /マネヂメント/, **the executive** /イグゼキュティヴ/

かんぶん 漢文 (漢文学) **Chinese classics** /チャイニーズ クらスィクス/;(文章) **old Chinese writing** /ライティンぐ/ →Chinese は単独では /チャイニーズ/ とうしろにアクセントがあるが, 名詞の前につくとふつうアクセントは前になる

かんぺき 完璧 **perfection** /パふェクション/
完璧な **perfect** /パ～ふェクト/
完璧に **perfectly**

がんぺき 岸壁 a **quay** /キー/

かんぼく かん木 (野生の) a **bush** /ブシュ/; (手入れのされている) a **shrub** /シュラブ/

カンボジア **Cambodia** /キャンボウディア/
•カンボジア(語)の **Cambodian**
•カンボジア語 **Cambodian**
•カンボジア人 a **Cambodian**

かんまつ 巻末 **the end of** a **book** /ブク/
•問題の解答は巻末にあります
The solutions to the problems are at the end of the book.

かんむり 冠 a **crown** /クラウン/

かんゆう 勧誘 (クラブなどへの) (an) **invitation** /インヴィテイション/
勧誘する **invite** /インヴァイト/

かんらんしゃ 観覧車 **Ferris wheel** /ふェリス (ホ)ウィーる/ →考案者である G.W.G.Ferris の名から

かんらんせき 観覧席 **the stands** /スタンヅ/, **the bleachers** /ブリーチャズ/

かんり 管理 **management** /マネヂメント/
管理する **manage**
•(アパートなどの)管理人 《米》a **janitor** / 《英》a **caretaker**

かんりゅう 寒流 a **cold current** /コウるド カ～レント/

かんりょう 完了 →かんけつ²

かんれん 関連 (a) **relation** /リれイション/, a **connection** /コネクション/ →かんけい

かんわ¹ 緩和する **relieve** /リリーヴ/, **ease** /イーズ/

かんわ² 漢和辞典 a **dictionary of Chinese characters explained in Japanese** /ディクショネリ チャイニーズ キャラクタズ イクスプれインド ヂャパニーズ/ →Chinese の発音については →「かんぶん」の注

き キ

き¹ 木
❶(樹木) a **tree**
❷(木材) **wood**

❶(樹木) a **tree** /トリー/;(低木・かん木) (野生の) a **bush** /ブシュ/, (手入れのされている) a **shrub** /シュラブ/
•高い[低い]木 a tall [short] tree

- 木に登る climb (up) a tree
- あの木に鳥が6羽とまっている
There are six birds in that tree.

❷(木材) **wood** /ウド/, **lumber** /らンバ/, **timber** /ティンバ/

木の, 木で出来た wooden /ウドン/
- 木のいす a wooden chair
- 彼は木で箱を作った He made a box of wood.
- それはプラスチックではありません。木で出来ています That's not plastic—it's wooden.
- 私の家は木で出来ています
My house is is built of wood.

tree　　　wood

き² 気

➤ (気質) a **temper** /テンパ/; (性質) (a) **nature** /ネイチャ/
➤ (心・気持ち) **heart** /ハート/; (意向) a **mind**/マインド/, an **intention** /インテンション/
➤ (注意) **attention** /アテンション/, **care** /ケア/

- 気が短い short-[quick-]tempered / impatient
- 気が長い patient
- 気が荒い violent-tempered
- 気(立て)がいい good-natured
- 気が大きい big-[large-]hearted
- 気が小さい timid
- 気が弱い weak-hearted
- 気が強い (負けん気の強い) competitive; (押しの強い) aggressive
- 気がきいた (表現などが) clever / smart / witty; (贈(おく)り物が) well-chosen
- 気が抜けた (ビールなどが) flat
- よく気が付く attentive
- 気がすすまない unwilling
- 気が変わる change one's mind
- 気が変になる become [go] mad / lose one's mind
- 気の合った like-minded
- (…と)気が合う get along well (with ~)
- 気がめいる get depressed
- 気が散る be distracted
- 気がとがめる feel guilty / have a bad [guilty] conscience
- 気がする, 気がつく, 気に入る, 気にする, (…する)気になる, 気をつける → それぞれの項目を参照
- 気を失う, 気が遠くなる faint
- 気を落ち着ける calm oneself
- 気をもむ, 気が気でない → しんぱい
- 気にさわる (怒る) be offended; (気を悪くさせる) offend / hurt a person's feelings
- それは君の気のせいだよ
That's just your imagination.
- 気を引き締めてかかれ! Brace yourself for it!

ぎ 義… prosthetic /プラスせティク/
- 義手[足] a prosthetic arm [leg]

ギア a gear

きあい 気合 (熱意) spirit /スピリト/ → げんき (→ 元気づける)
- もっと気合を入れてやれ Put more effort into it. / Do it with more spirit. / ひゆ Roll up your shirt sleeves a bit more and do it. (シャツのそでをもう少しまくり上げて) / ひゆ Pull up your socks and do it. (ずり落ちている靴下を引っ張り上げて)

きあつ 気圧 atmospheric pressure /アトモスふェリク プレシャ/
- 高[低]気圧 high [low] atmospheric pressure

ぎあん 議案 a bill
- 議案を提出する introduce [bring in] a bill
- 議案を可決[否決]する pass [reject] a bill

キー a key
- キーレスエントリー (自動車などの) a keyless entry system
- キー配列 (コンピューターのキーボードの文字の並び方) a keyboard layout
- JIS 配列 the JIS (keyboard) layout
- キーを押す press [hit] a key

キーパー (ゴールキーパー) a **goalkeeper** /ゴウるキーパ/

キーボード (パソコンなどの) a **keyboard** /キーボード/; (楽器) a **keyboard, keyboards**

キーホルダー a **key chain** /チェイン/ → 「キーホルダー」は和製英語

きいろ 黄色(の) **yellow** /イェろウ/

ぎいん 議員 (国会議員) a **member of the Diet** /メンバ ダイエト/ (→ こっかい); (町会議員) a **member of the town assembly** /タウン アセンブリ/; (市会議員) a **member of the city assembly**

キウイ 《植物》a kiwi /キーウィ/

きえる 消える

➊ (火・明かりなどが) **go out**
➋ (見えなくなる) **disappear**

➊ (火・明かりなどが) **go out**. (明かり・音などがしだいに) **die away** /ダイ アウェイ/, **fade away** /フェイド/; (消火作業で火事が) **be put out** (受け身形)
・明かり[電灯]が消えた
The light [The electric light] went out.
・こだまは消えていった　The echoes died away.
・火事はすぐ消えた　The fire was soon put out.
➋ (見えなくなる) **disappear** /ディスピア/; (消滅しょうめつする) **vanish** /ヴァニシュ/
・霧(きり)が[人込みの]中へ消える　disappear into the fog [the crowd]
・すべての希望が消えてしまった
All hopes have vanished.
➌ (雪が) **melt away** /メるト/
・雪が消えた　The snow has melted away.

使い分け

disappear と vanish は同じ「消える」を意味するが, 消え方が謎めいていたり突然だったりする場合に vanish を用いる

きおく 記憶(力)

➤ (a) **memory** /メモリ/

記憶する memorize /メモライズ/; (思い起こす) **remember** /リメンバ/; → **おぼえている**
・記憶力がよい[悪い]　have a good [poor] memory
・その事件はまだ私の記憶の中にある
The event is still in my memory.
・彼が交通事故で亡くなって10年たつ. 彼の記憶もだんだんうすれてきた
It's ten years since he was killed in a traffic accident. He is fading from our memories.

参考ことわざ 去る者は日々にうとし　Out of sight, out of mind. (目に見えなくなれば心からも消えていく)

・私が記憶している限りでは彼はそうは言わなかった
As far as I remember, he did not say so.

きおん 気温 → **おんど**

きか[1] 帰化する **become a citizen of** /ビカム スィティズン/, **be naturalized** /ナチュラらイズド/
・彼はアメリカに帰化した
He became a citizen of the United States. / He got American nationality [citizenship]. (アメリカ国籍をとった)

きか[2] 幾何 《数学》**geometry** /ヂアマトリ/

きかい[1] 機械

➤ a **machine** /マシーン/; (集合的に) **machinery** /マシーナリ/

機械の, 機械的な mechanical /メキャニカる/; (自動的な) **automatic** /オートマティク/
機械的に mechanically; automatically
・機械工　a mechanic
・(学校の)機械科　a mechanics course
・機械化する　mechanize
・機械学習　《IT》machine learning

きかい[2] 機会

➤ (偶然の) a **chance**; (好機会) an **opportunity** /アポテューニティ/

・機会を捕らえる[のがす]　take [miss] an opportunity
・こういうよい機会はめったにあるものではない
Such a good chance rarely comes twice.
・あれ以来私は彼に会う機会がなかった
I have had no opportunity to see [of seeing] him since then.

ぎかい 議会 (府・県・市などの) **assembly** /アセンブリ/; (米国の国会) **Congress** /カングレス/; (英国・カナダなどの国会) **Parliament** /パーラメント/ (→ こっかい)
・県[市]議会　the prefectural [city] assembly
・議会政治　parliamentary government

きがえる 着替える **change** *one's* **clothes** /チェインヂ クろウズ/; (寝巻きなどから服に) **get dressed**
着替え spare clothes /スペア/
・上着をぬいでセーターに着替える
change the jacket for a sweater

きかく 企画 → **けいかく**

きかざる 着飾る **dress up**

きがする 気がする

➤ **feel** /ふィーる/
➤ (…したい気がする) **feel like** /らイク/

・私はうちの学校がその野球の試合に勝つような気がする　I feel [I have a feeling] that our school will win the baseball game.
・こんなひどい雨の中を出て行く気がしない
I don't feel like going out in such heavy rain.
・私は外国にいるような気がする
I feel as if I were [《話》was] in a foreign country. → as if ~ には仮定法の動詞を使うので, ×I *am* としない

・彼はまるで王様になったような気がした
He felt as if he had become a king.
きかせる 聞かせる（知らせる）**tell**;（読んで）**read** (to) /リード/;（演奏して）**play** (for ～) /プれイ/;（歌って）**sing** (for ～)
・私たちに何かおもしろいお話を聞かせてください
Please tell us an interesting story.

きがつく 気がつく
❶（感づく）**be aware**;（見いだす）**find**
❷（意識をとりもどす）**come to**

❶（感づく）**be aware** /アウェア/, **become aware** /ビカム/,（目にとまる）**notice** /ノウティス/;（見いだす）**find** /ふァインド/;（ないことに気がつく）**miss**
・彼はこの問題の重要性に気がついていない
He is not aware of the importance of this problem.
・私はたいへんなまちがいを犯したことに気がついた
I became aware that I had made a big mistake.
・私は彼が部屋から出ていったのに気がつかなかった
I did not notice him leave [leaving] the room.
・あなた私が髪型を変えたのに気がついた?
Have you noticed (that) I've changed my hairstyle?
・気がついたらぼくは公園のベンチで寝ていた
I found myself lying on a bench in the park.
・彼女はバスに乗った時財布のないことに気がついた
She missed her purse when she got on the bus.
🗨会話 かぎがないのにいつ気がついたの? ―家に着くまで気がつかなかった When did you miss the key? ―I didn't miss it until I got home.
❷（意識をとりもどす）**come to** (*oneself*), **become conscious** /カンシャス/, **regain** *one's* **consciousness** /リゲイン カンシャスネス/, **recover** *one's* **consciousness** /リカヴァ/ → いしき

きがる 気軽に（すぐに, 進んで）**readily** /レディり/, **willingly** /ウィりングり/
・彼は気軽に私を助けてくれた
He readily helped me.

きかん¹ 気管 a **windpipe** /ウィンドパイプ/
気管支炎 **bronchitis** /ブランカイティス/
きかん² 器官 an **organ** /オーガン/
きかん³ 季刊の **quarterly** /クウォータリ/
・季刊雑誌 a quarterly (magazine)
きかん⁴ 既刊（既刊号）a **back number** /ナンバ/
きかん⁵ 機関（エンジン）an **engine** /エンヂン/

・機関車 a locomotive
・機関士 《米》an engineer /《英》an engine driver
・蒸気[ディーゼル]機関 a steam [Diesel] engine
きかん⁶ 期間 a **period** /ピアリオド/
・短い期間 for a short period
・6月から8月までの期間 a period from June to [through] August
きき 危機 a **crisis** /クライスィス/（複 crises /クライスィーズ/）
危機の **critical** /クリティカる/
・エネルギー[食糧]危機 an energy [a food] crisis
・この危機に際して in this crisis
・危機一髪 by the skin of *one's* teeth（歯の皮一枚で）
・危機一髪という時に at a critical moment
・危機は終わった The crisis is over.
・その動物は絶滅の危機にひんしている
The animal is in danger of extinction.
ききおぼえ 聞き覚えがある
・彼の名前に聞き覚えはあるが、だれだったか思い出せない I've heard his name [His name rings a bell], but I can't remember who he is. → ring a bell は「(記憶の)ベルを鳴らす」
ききかえす 聞き返す **ask back**
ききとる 聞き取る **hear** /ヒア/, **catch** /キャチ/, **follow** /ふァろウ/
聞き取り **listening** /リスニング/
・聞き取りテストを受ける have a listening comprehension test
・議長が何と言ったか聞き取れましたか
Did you follow what the chair said?
ききなおす 聞き直す **ask** a *person* **to say** *something* **again**
・《会話》もう一度言ってください. Excuse me? / Sorry? / Pardon? → I beg your pardon?はかたい表現で、いやみに聞こえる場合もあるので注意
ききめ 効き目 (an) **effect** /イふェクト/
・効き目のある effective
・効き目のない ineffective
・どんなに注意してみても彼にはまるで効き目がない
Warnings have no effect on him. /
 Any warnings to him are (like) water off a duck's back.（アヒルの背から水が(中にしみ込まないで外へ)落ちるようなものだ）
・この薬は肝臓に効き目がある This medicine works well on [for] the liver.
ききゅう¹ 危急 (an) **emergency** /イマ～ヂェンスィ/

ききゅう 132 one hundred and thirty-two

ききゅう² 気球 a **balloon** /バるーン/

ぎぎょう 企業 a **business** /ビズネス/, a **company** /カンパニ/
- 大企業 a big business [company]
- 中小企業 small and medium-sized companies

ぎきょうだい 義兄弟 *one's* **brother-in-law** /ブラざリンろー/ (圏 brothers-in-law)

ぎぎょく 戯曲 →きゃくほん

ききん¹ 飢饉 (a) **famine** /ふァミン/; (欠乏) **shortage** /ショーテヂ/

ききん² 基金 a **fund** /ふァンド/
- われわれのクラブには5万円の基金がある
Our club has a fund of fifty thousand yen.

ききんぞく 貴金属 (金・銀など) **precious metals** /プレシャス メトるズ/; (装身具類) 《米》**jewelry** /ヂューエるリ/, 《英》**jewellery** /ヂューエるリ/
- 貴金属商 《米》a jeweler / 《英》a jeweller
- 貴金属品 a piece of jewelry / 《英》a piece of jewellery

きく¹ 聞く

❶ **hear**; (注意して) **listen to**
❷ (たずねる) **ask**

❶ **hear** /ヒア/; (注意して) **listen** /リスン/; (…のことを耳にする) **hear about ～, hear of ～**; (…を知らされる) **be informed of ～** →きこえる

基本形
A を聞く
　hear A / **listen to** A
…ということを聞く
　hear that ～
A が…するのを聞く
　hear A *do* / **listen to** A *do*
A が…しているのを聞く
　hear A *doing* / **listen to** A *doing*

- 歌 [叫び声] を聞く hear a song [a cry]
- ラジオ [新しい歌] を聞く listen to the radio [to a new song]
- 彼から [ラジオで] その話を聞く hear the story from him [on the radio]
- 彼女が歌う [歌っている] のを聞く hear her sing [singing]
- 彼女がピアノをひく [ひいている] のをじっと聞く listen to her play [playing] the piano
- 私は注意して聞いていたが何も聞こえなかった I listened but couldn't hear anything.
- 私は奇妙な物音を聞いた
I heard a strange sound.
- 彼は毎朝ラジオのニュースを聞く He listens to the news on the radio every morning.
- だれも先生の言うことを聞いていなかった →過去進行形 Nobody was listening to the teacher.
- 彼の言いたいことを聞いてやろう
Let's hear what he has to say. →このように hear を listen to の意味で使うこともある
- ぼくはその話は前に聞いた (ことがある) →現在完了
I've heard the story before.
- 君はジミーが死んだことを聞きましたか
Have you heard that Jimmy is dead?
- 君は彼の病気のことを聞きましたか
Have you heard about his illness?
- 私は彼が英語を話す [話している] のを聞いたことがない →現在完了 I have never heard him speak [speaking] English.
- 彼女はいつも先生が教科書を読むのを注意して聞く
She always listens carefully to the teacher reading the textbook.
- 私は彼の成功を聞いた
I was informed of his success.

使い分け
hear は自然に「聞こえる」という意味で使い, listen (to) は積極的に注意を払って「聞く」という意味で使う

❷ (たずねる) **ask**

基本形
A を聞く
　ask A
A のことを [について] 聞く
　ask about A
B (人) に A のことを聞く
　ask B **about** A
B (人) に A を聞く
　ask B A
B (人) に「いつ [どこで, だれが] …か」と聞く
　ask B **when** [**where**, **who**] ～
B (人) に「…か」と聞く
　ask B, "～?"
　ask B **if** [**whether**] ～

- 道 [時間, 値段] を聞く ask the way [the time, the price]
- 彼女に学校のことを聞く ask her about her school
- 彼に彼女の住所を聞く ask him her address
- 彼に「それは何か」と聞く ask [say to] him, "What is it?" / ask him what it is
- 彼女に「それはペンか」と聞く ask [say to] her, "Is it a pen?" / ask her if [whether] it is a pen

•彼に「私を愛している?」と聞く ask [say to] him, "Do you love me?" / ask him if he loves me

•先生は私に家族のことを聞いた
The teacher asked me about my family.

•私は彼女に彼の電話番号を聞いた
I asked her his phone number.

•ひとりの女性が私に郵便局への道を聞いた An woman asked me the way to the post office.

•彼がだれだか[今何時か]彼女に聞いてごらん
Ask her who he is [what time it is].

•彼女は私に名前は何で,どこから来たかと聞いた
She asked [said to] me, "What is your name? And where do you come from?" / She asked me what my name was and where I came from.

❸ (従う) **obey** /オベイ/, **follow** /ふァろウ/

•君たちは先生の言うことは聞かなければいけない
You must obey your teachers. / You must be obedient to your teachers.

•彼は私の忠告を全然聞かない
He doesn't follow my advice at all.

hear

listen

ask

きく[2] 効く (作用する) **work** /ワ〜ク/, **act**; (…のためになる) **do 〜 good** ➔ ききめ

•この薬は心臓病に効く
This medicine works for heart trouble.

•この薬は頭痛に効く This drug acts against headaches. ➔ against は「…を防ぐように」

•この薬は君に効くだろう
This medicine will do you good.

キク 菊 (植物) a **chrysanthemum** /クリサンせマム/

きぐ 器具 an **appliance** /アプらイアンス/; (一組の装置) an **apparatus** /アパラタス/
•電気器具 an electrical appliance
•暖房器具 a heating apparatus

ぎくり ぎくりとする **be startled** /スタートるド/

きげき 喜劇 a **comedy** /カメディ/
喜劇の,喜劇的な **comic** /カミク/; (こっけいな) **comical**
•喜劇俳優 a comedian

きけん[1] 危険

➤ (状態) (a) **danger** /デインヂャ/; (あるかもしれない) **risk**

危険な **dangerous** /デインヂャラス/; **risky** /リスキ/

•危険信号 a danger signal
•危険な橋[動物] a dangerous bridge [animal]
•危険にさらされている be in danger
•…の危険がある be in danger of 〜
•危険を冒す take [run] a risk
•どんな危険を冒しても at any risk
•われわれはもう危険を脱した
We are out of danger now.

•彼は生命の危険を冒してその仕事を完成した
He accomplished the task at the risk of his life.

•凍りついた道路はドライバーにとって危険だ
Icy roads are a danger to [are dangerous for] drivers.

•その橋はくずれ落ちる危険がある
The bridge is in danger of collapsing.

•これらの鳥は絶滅の危険がある
These birds are in danger of extinction.

•横断歩道のない所で道路を横断することは非常に危険です It is very dangerous to cross a street where there is no crosswalk.

きけん[2] 棄権 (権利などの) **abandonment** /アバンドンメント/; (投票などの) (an) **abstention** /アブステンション/; (競技出場の) (a) **withdrawal** /ウィずドローアる/

棄権する (権利を放棄する) **abandon** /アバンドン/; (採決などを) **abstain** (from 〜) /アブステイン/; (競技の出場を) **withdraw** (from 〜) /ウィずドロー/

•投票を棄権する abstain from voting

きげん[1] 機嫌 **humor** /ヒューマ/ ➔ ふきげん, おせじ

•…の機嫌をとる get on the good side of 〜,

きげん

あ

flatter; (へつらう) fawn on [upon] ～
- 上[不]機嫌で in good [bad] humor
- 機嫌よく cheerfully
- 彼は上機嫌でした He was in good humor. / I found him in good humor.

きげん² 期限 a **time limit** /リミト/, a **deadline** /デドライン/
- 期限に間に合う make [meet] the deadline
- 宿題の提出期限は来週の月曜日です The homework is due next Monday. → due は「到着のはずで, …する予定で」
- レポートの提出期限はいつまでですか When is the deadline for the paper? / When is the paper due?
- 期限が切れているんですが, レポートを提出してもいいでしょうか May I hand in the paper, even though it is overdue?
- 私の定期券は 3 月 31 日で期限が切れる My season ticket expires on March 31.

きげん³ 起源 an **origin** /オーリヂン/
- 文明の起源 the origin of civilization

きげん⁴ 紀元 an **era** /イアラ/
- 紀元前 100 年 100 B.C.
- 西暦紀元 20 年 20 A.D. → A.D.は年代が紀元前と紀元後にまたがる時, または紀元後のごく初期の年にだけつける

きこう¹ 気候 a **climate** /クらイメト/ → てんき
気候変動 **climate change** /チェインヂ/
- 日本は温和な気候です Japan has a mild climate.

きこう² 寄港する **call at** /コーる/, **stop at**

きごう 記号 (しるし) a **mark**; (符号) a **symbol** /スィンボる/, a **sign** /サイン/
- 化学記号 a chemical symbol
- 発音記号 a phonetic symbol [sign]

ぎこう 技巧 (a) **technique** /テクニーク/, a **technical skill** /テクニカる/
- 技巧をこらす make full use of *one's* skill

きこえる 聞こえる

❶ **hear**
❷ (聞くことができる) **can hear**
❸ (…のように聞こえる) **sound**

❶ **hear** /ヒア/; (音が主語) **be heard** /ハ～ド/ (受け身形)

基本形
A が聞こえる
　hear A
A が…するのが聞こえる
　hear A *do*

A が…しているのが聞こえる
　hear A *doing*

- 銃声が聞こえる hear a gunshot
- イヌがほえる[ほえている]のが聞こえる hear a dog bark [barking]
- 彼の聞こえる[聞こえない]ところで within [out of] his hearing
- 聞こえないふりをする pretend not to hear
- 2 階で大きな音が聞こえた
I heard a loud noise upstairs.
- その爆発音は町中に聞こえた
The sound of that explosion was heard everywhere in the town.
- うちのおばあちゃんは耳がよく聞こえない
My grandma doesn't hear well [is hard of hearing].

❷ (聞くことができる) **can hear**; (音が主語) **can be heard** (受け身形)
- 彼は先生の声がよく聞こえなかった
He could not hear the teacher well.
- 私の言っていることが聞こえますか
Can you hear me?
- その爆発音は町のはずれでも聞こえた
The explosion could be heard even at the edge of the town.

❸ (…のように聞こえる) **sound** /サウンド/
- おもしろそうに[変に]聞こえる sound interesting [strange]
- それは本当らしく聞こえる That sounds true. / (もっともらしく) That sounds plausible.
- その考えは外国人には非常に奇妙に聞こえるでしょう That idea will sound very strange to foreigners.

きこく 帰国する **return from abroad** /リタ～ン アブロード/
- 彼は最近帰国したばかりです
He has recently returned from abroad.

きこくしじょ 帰国子女 a **returnee** /リタ～ニー/

ぎこちない **awkward** /オークワド/

きこり 木こり a **woodcutter** /ウドカタ/, 《米》a **lumberjack** /らンバヂャク/

きざ きざな **affected** /アふェクテド/

ぎざぎざ ぎざぎざした **jagged** /ヂャゲド/

きざし a **sign** /サイン/
- …のきざしを見せる show signs of ～

きざむ (細かく) cut. **chop** /チャプ/; (彫る) **carve** /カーヴ/; (心に) **remember** /リメンバ/; (時を) **tick away** /ティク アウェイ/
- 肉を細かくきざむ chop (up) meat (into

one hundred and thirty-five 135 **ぎせい**

きし¹ 岸 (海・湖・大河の) a **shore** /ショー/; (川の) a **bank**
• (船から)岸に上がる go on shore

きし² 騎士 a **knight** /ナイト/

きじ¹ 記事 an **article** /アーティクる/; (新聞の小記事) an **item** /アイテム/
• 園芸に関するよい記事 a good article on gardening
• おもしろい報道記事 an interesting item of news
• 記事をのせる run [carry] an article
• その記事は朝刊にのっていた
That article was in the morning paper.

きじ² 生地 (布) **cloth** /クろーす/; (織り具合) **texture** /テクスチャ/; (洋服地) **material** /マティアリアる/

キジ 雉 《鳥》a **pheasant** /ふェザント/

ぎし 技師 an **engineer** /エンヂニア/
• 土木[電気]技師 a civil [an electrical] engineer

ぎしき 儀式 a **ceremony** /セレモウ二/; (規則的に行われるもの) (a) **ritual** /リチュアる/
• 儀式の ceremonial
• 儀式を行う hold a ceremony

きしつ 気質 a **disposition** /ディスポズィション/

きじつ 期日 **the fixed date** /ふィクスト デイト/; (期限) a **deadline** /デドライン/ → きげん²
• …の期日を決める fix the date for 〜

きしゃ¹ 汽車 a **train** /トレイン/ → れっしゃ

きしゃ² 記者 (新聞記者) a **newspaper reporter** /ニューズペイパ リポータ/; (新聞・雑誌記者) a **journalist** /ヂャ〜ナリスト/
• 記者会見 a press interview [conference]

きしゅ 機種 a **model** /マドる/

きじゅつ 記述 (説明, 描写) a **description** /ディスクリプション/
• その庭園についての描写 a description of the garden
• そのアプリについての説明書 the description of the app

ぎじゅつ 技術 (a) **technique** /テクニーク/; (教科の) **manual training** /マニュアる トレイニング/
技術的な technical /テクニカる/
技術者 an engineer /エンヂニア/, a **technician** /テクニシャン/

きじゅん 基準 a **standard** /スタンダド/, a **basis** /ベイスィス/ (複 bases /ベイスィーズ/)
• …を基準にして on the basis of 〜

きしょう¹ 起床する **get up** → おきる

きしょう² 記章 a **badge** /バヂ/
• (…に)記章をつける wear a badge (on 〜)

きしょう³ 気象 **meteorology** /ミーティオラろヂ/
• 気象台 a meteorological observatory
• 気象庁 the Meteorological Agency / the Weather Bureau
• 気象衛星 a weather satellite
• 異常気象 unusual weather

きしょう⁴ 気性 a **temper** /テンパ/; (気質) a **disposition** /ディスポズィション/
• かっとしやすい気性 a fiery temper

キス a **kiss**
キスをする kiss

きず 傷
➤ (銃・刀による) a **wound** /ウーンド/; (事故による) an **injury** /インヂャリ/

傷つける wound; injure /インヂャ/

傷つく be [get] wounded; be [get] injured
• 切り傷[打ち傷, ひっかき傷] a cut [a bruise, a scratch]
• 傷あと a scar
• 傷ついた wounded
• 傷ついた人々や死んだ人々 the wounded and the dead
• 彼は頭に大きな傷を受けた
He was severely wounded in the head.
• 彼のその行為〈にぃ〉が彼の評判を傷つけた
That conduct of his injured his reputation.

きすう 奇数 an **odd number** /アド ナンバ/

きずく 築く **build** /ビるド/
• れんがで壁を築く build a wall of bricks

きずな 絆 **bonds** /バンヅ/
• 友情の絆 the bonds of friendship

きせい¹ 既製の **ready-made** /レディメイド/
• 既製服 a ready-made suit [dress]

きせい² 帰省 **homecoming** /ホウムカミング/
帰省する go home, come home, return home /リタ〜ン/
• (お盆の)帰省ラッシュ (the Bon holiday) outbound rush

きせい³ 寄生する **live on** /リヴ/
寄生虫 a parasite /パラサイト/

ぎせい 犠牲 (a) **sacrifice** /サクリふァイス/; (代償) **cost**
犠牲にする sacrifice
犠牲者 a victim /ヴィクティム/
• …を犠牲にして at the cost of 〜
• われわれの幸福のために母がどんなに犠牲を払ったか私は時々考える

きせき 136 one hundred and thirty-six

I often think of the great sacrifices that my mother made for our happiness.
・その飛行機事故では500人以上の犠牲者が出た
There were more than 500 victims of the air accident.

きせき 奇跡 a **miracle** /ミラクる/
奇跡的な miraculous /ミラキュらス/
・奇跡を行う work［perform］a miracle
・彼の回復はまったくの奇跡であった
His recovery was a sheer miracle.

きせつ 季節

➤ a **season** /スィーズン/

・季節の seasonal
・季節はずれの unseasonable
・季節風 a seasonal wind
・花の咲(さ)く季節 the season of flowers
・季節にふさわしい天候 seasonable weather
・季節の変わり目に at the turn of the seasons
・カキは今が季節[今は季節はずれ]です
Oysters are now in［out of］season.
・きのうは季節はずれの大雪でした We had an unseasonably heavy snowfall yesterday.
・君はどの季節が一番好きですか
Which season do you like best?
・私はすべての季節のうちで春が一番好きです
I like spring best of all (the) seasons. / I like spring better than all other seasons.

きぜつ 気絶 a **faint** /ふェイント/
気絶する faint
・気絶して倒れる faint / fall down in a faint
きせる 着せる **dress** → きる²
きせん 汽船 a **steamship** /スティームシプ/
・汽船で by steamship
ぎぜん 偽善 **hypocrisy** /ヒパクリスィ/
偽善者 a hypocrite /ヒポクリト/
・偽善的な hypocritical
きそ 基礎 **the foundation** /ふァウンデイション/
基礎的な fundamental /ふァンダメントる/, **basic** /ベイスィク/
・基礎英語 basic English
・基礎を置く［築く］lay the foundation
・現代科学の基礎を築いた人々 those who laid the foundations of modern science
・英語の基礎知識がしっかりしていなければ，英語は上達しません If your basic knowledge of English is not good enough, your English won't improve.
きぞう 寄贈する **present** /プリゼント/, **donate** /ドウネイト/

ぎぞう 偽造する **forge** /ふォーヂ/, **counterfeit** /カウンタふェト/

きそく 規則

➤ a **rule** /ルーる/; (法規) a **regulation** /レギュれイション/

規則的な regular /レギュら/
規則的に regularly
・野球の規則 the rules of baseball
・交通規則 traffic regulations
・規則を守る[破る] observe［break］a rule
・例外のない規則はない
There is no rule without an exception.
・規則正しい生活を送ることは健康の基本である To keep regular hours is basic to good health.
きぞく 貴族 a **noble** /ノウブる/, a **member of the nobility**; an **aristocrat** /アリストクラト/; (貴族階級) **aristocracy** /アリスタクラスィ/; the **nobles**
・貴族的な aristocratic

きた 北

➤ the **north** /ノーす/

・北の north / northern
・北に(方向・位置) north; (方向) to the north; (位置) in the north
・北風 a north wind
・北国 (北部地方) a northern district
・北半球 the Northern Hemisphere
・博多は九州の北にある
Hakata is in the north of Kyushu.
・私たちの町はその山の4キロ北にあります
Our town lies four kilometers north of the mountain.
・この川は北に流れています
This river flows north.
・私の部屋は北に向いている
My room faces north.
ギター a **guitar** /ギター/
・ギターをひく play the guitar
・ギターのうまい人 a good guitarist

きたい¹ 期待

➤ **expectation** /エクスペクテイション/

期待する expect /イクスペクト/

基本形
A を期待する
　　expect A
B に[から] A を期待する
　　expect A of［from］B

…することを期待する
expect to *do*
A が…することを期待する
expect A **to** *do* / **expect that** A ～

•雨を期待する　expect rain
•子供に期待をかけすぎる　expect too much of [from] *one's* child
•期待して[しないで]　in [without] expectation
•期待に反して　against all expectation(s) / contrary to all expectation(s)
•期待でいっぱいである　be full of expectation
•彼の期待にそう　come up to his expectation(s) / meet his expectation(s)
•彼の期待を裏切る　come [fall] short of his expectation(s)
•私は彼から便りがあることを期待している
I expect [am expecting] a letter from him. / I expect to hear from him.
•私は他人から何も期待していない
I don't expect anything of [from] others.
•われわれは君がこの使命を果たすことを期待する
We expect you to carry out this mission.
•彼はもっとよい成績をとることを期待されている →
受け身形 He is expected to get better grades.
•彼女の成績は両親が期待したほどにはよくなかった
Her grades were not as good as her parents (had) expected.
•コンサートは期待どおりでしたか　Did the concert come up to your expectations?
•彼女は期待に反して試験に落ちた　She failed her exam, contrary to expectation(s).
•その野球選手は監督の期待に応(こた)えた
The baseball player lived up to the manager's hopes.

きたい² 気体　(a) **gas**
ぎだい 議題　a **subject for discussion** /サブヂェクト ディスカション/; (委員会などの) an **item on the agenda** /アイテム アヂェンダ/
•これがきょうの最後の議題です
This is the last item on today's agenda.
きたえる 鍛える　(心身を) **train** /トレイン/
•体を鍛える　train *one's* body
きたく 帰宅する　**go home, come home, return home** /リターン/
きたちょうせん 北朝鮮　**North Korea** /コリーア/
きだて 気立て　(a) **nature** /ネイチャ/
　気立てのよい　**good-natured** /グドネイチャド/

きたない 汚い

➤ (よごれている・卑劣な) **dirty** /ダーティ/
➤ (金銭に) **stingy** /スティンヂ/, **mean** /ミーン/
•汚い靴　dirty shoes
•私の足は汚い　My feet are dirty.
•彼は私に汚い手を使った
He played a dirty trick on me.
•彼は金に汚い　He is stingy with his money.
ギタリスト a **guitarist** /ギターリスト/
きたる 来る…　**next, coming**
•来る土曜日に　next Saturday / this coming Saturday
•来るべき選挙　the coming election
•来る25日に　on the 25th (of this month)
きち¹ 機知　**wit** /ウィト/
•機知に富んだ返答　a witty answer
きち² 基地　a **base** /ベイス/
•空軍[海軍]基地　an air [a naval] base
きちっと (正しく) **properly** /プラパリ/; (正確に) **exactly** /イグザクトリ/
•きちっとした服装をしている　be dressed properly
•きちっとした(信頼できる)人　a reliable person
•彼はきちっと私の言いつけどおりにした
He did exactly as I had told him.
•約束はきちっと守りなさい
Don't fail to keep your promise.
きちょう¹ 機長　a **captain** /キャプテン/
きちょう² 貴重な　**precious** /プレシャス/; (価値ある) **valuable** /ヴァリュアブる/
•貴重な時間　precious time
•貴重品　valuables
ぎちょう 議長　a **chair** /チェア/, a **chairperson** /チェアパ～スン/

文法・語法
通常 **chair, chairperson** を用いる. **chairman, chairwoman** が用いられることもある.

•議長席につく　take the chair
•彼女を議長に選ぶ　elect her chairperson
•彼は議長に選ばれた
He was elected chair.
きちょうめんな (be) **good with details** /ディーテイlabルズ/, **careful and precise** /ケアふる プリサイス/; (しばしば悪い意味で) **meticulous** /メティキュらス/; (時間に) **punctual** /パンクチュアる/
きちんと きちんと(した)
❶ (清潔な) **neat** /ニート/; (整然とした) **tidy** /タイディ/
•きちんとした部屋　a neat room
•身なりがきちんとしている　be neat in appear-

ance / be neatly dressed
・彼女の部屋はいつも小ぎれいにきちんとしている
Her room is always neat and tidy.
❷(正確な) **accurate** /アキュレト/, **exact** /イグザクト/; (規則正しい) **regular** /レギュら/; (完全な) **perfect** /パ〜ふェクト/; (正しく) **properly** /プラパり/
・彼女はお金のことはきちんとしている
She is exact with money matters.
・英語の授業にはきちんと出なさい
Attend the English class regularly.
・本を読む時はきちんとすわりなさい
Sit properly when you read a book.

きつい

❶ (きゅうくつな) **tight**
❷ (仕事が) **hard**; (ことばが) **strong**, **harsh**

❶ (きゅうくつな) **tight** /タイト/ → きゅうくつ
きつく tightly
きつくする, きつくなる tighten /タイトン/
・この靴はつま先が少しきつい
These shoes are a little tight near the toes.
・そのコートは背中がきつすぎる
The coat is too tight across the back.
❷ (その他) (仕事が) **hard** /ハード/; (ことばが) **strong**, **harsh** /ハーシュ/; (風が) **strong**; (目が) **sharp** /シャープ/; (顔つきが) **hard-faced** /ハードふェイスト/

tight

hard

きつえん 喫煙 **smoking** /スモウキング/
・喫煙室 a smoking room
掲示 喫煙を禁ず No Smoking.
きっかけ (機会) a **chance**; (手がかり) a **clue** /クる—/
・彼にこのチョコレートを渡すきっかけがあるといいな I hope I will get a chance to hand him this chocolate.
・一つの歌が彼にそのなぞを解くきっかけを与えてくれた A song gave him a clue for solving the mystery.

きっかり sharp /シャープ/, **exactly** /イグザクトり/
・8時きっかりに at eight o'clock sharp / at exactly eight o'clock
きつく → きつい
きづく 気づく → きがつく
キック a **kick**
キックオフ a **kickoff** /キコーふ/
きっさてん 喫茶店 a **tearoom** /ティールーム/, a **coffee shop** /コーふィ シャプ/, a **teahouse** /ティーハウス/, a **coffeehouse** /コーふィハウス/
ぎっしり (…が詰まっている) **be full of ～**, **be filled with ～**
・スケジュールがぎっしり詰まっている
have a tight schedule
・幹線道路はどこも東京へ向かう車でぎっしりだった
Every highway was full of cars heading for Tokyo.
きっちり (堅(かた)く) **firmly** /ふァ〜ムり/, (正しく) **properly** /プラパり/; (ちょうど) **exactly** /イグザクトり/ → きっかり
・ドアをきっちりしめてください
Please shut the door properly.
キッチン a **kitchen** /キチン/
・キッチンカー(屋台の自動車) a food truck ➡ この意味での「キッチンカー」は和製英語
キッチンペーパー (a) **paper towel** /タウエる/, 《英》(a) **kitchen roll**
キツツキ 啄木鳥〚鳥〛a **woodpecker** /ウドペカ/
きって 切手 a (**postage**) **stamp** /(ポウステヂ)/
・切手を集める collect stamps
・切手収集 stamp collecting
・切手収集家 a stamp collector
・私は封筒に切手を張った
I put a stamp on the envelope.

きっと

➤ **surely** /シュアり/, **certainly** /サ〜トンり/; **without fail** /ウィざウト ふェイる/

・きっと…する be sure to *do*
・きっと参ります I'll come without fail.
・きっと彼がそれをしたのだと思います
I am sure he did it.
・きっと雨が降ります I am sure it will rain.
・彼はきっと成功します He is sure to succeed. / I am sure he will succeed.
・彼はきっと成功すると(自分で)思っています
He is sure of success. / He is sure that he will succeed.
・パーティーにはきっといらっしゃい
Be sure [Don't fail] to come to the party.

キツネ 狐 《動物》 a **fox**; (雌(め)ぎつね) a **vixen** /ヴィクスン/

きっぱり **flat(ly)** /ふらト(リ)/; (断固として) **resolutely** /レゾるートり/
•きっぱり断わる refuse flatly
•きっぱりした態度で with a resolute attitude

きっぷ 切符
➤ a **ticket** /ティケト/
•片道切符 《米》a one-way ticket / 《英》a single (ticket)
•往復切符 《米》a round-trip ticket / 《英》a return ticket
•切符自動売機 a ticket (vending) machine
•切符売り場 a ticket office

🗨会話 音楽会の切符を買ってくれましたか. —すみません. 売り切れでした
Did you buy me a ticket for the concert? —I'm sorry. They were sold out.

きてき 汽笛 a (**steam**) **whistle** /(スティーム)(ホ)ウィスる/

きてん 機転 **wit** /ウィト/
•機転がきく be quick-witted / be sharp / be tactful

きどう 軌道 a (**railroad**) **track** /(レイるロウド)/; (天体の) an **orbit** /オービト/
•ロケットを打ち上げて軌道に乗せる launch a rocket into orbit

きどうする 起動する (パソコンなどの電源を入れる) **turn on, start**; (コンピューターの基本ソフトを開始する) **boot** /ブート/; (アプリケーションを開始する) **launch** /ろーンチ/, **start**
•パソコンを起動する start the PC / boot (up) the PC
•アプリを起動する launch an app

きとく 危篤の **critical** /クリティカる/, **dangerous** /デインヂャラス/
•患者(かんじゃ)は危篤状態です The patient is in critical [dangerous] condition.

きどる 気取る **put on airs** /エアズ/
•気取った affected
•気取って affectedly / in an affected manner

きないモード 機内モード **airplane mode** /エアプれイン モウド/

きにいる 気に入る
➤ (人が好む) **like** /らイク/; (満足する) **be pleased** (with ~) /プリーズド/
➤ (物が満足させる) **please** /プリーズ/
気に入った… **favorite** /ふェイヴァリト/

🗨会話
ぼくのプレゼント気に入った?
—ええ, とても気に入ったわ
Do you **like** my present?
—Yes. I **like** it very much.

•私の母はあなたを気に入ったようよ
My mother seems to like you.
•おばあちゃんはその贈(おく)り物がたいへん気に入った
Our grandmother was very (much) pleased with the present.
•この贈り物があなたのお気に入るといいのですが I hope this present will please you.
•私はこの絵が気に入っています
This is my favorite picture.

きにする 気にする
➤ **worry** (about ~) /ワ〜リ/, **care** (about ~) /ケア/, (否定文で) **mind** /マインド/
•(そのことは)気にするな. 万事 OK だ
Don't worry (about that). Everything is fine.

🗨会話 窓ガラスを割ってすみません. —気にしなくていいよ I'm sorry I broke your window. —Never mind. / Forget it.
•私は間違いをしましたが, 気にはしていません I made a mistake, but I don't care.
•彼は試験のことを気にしすぎている
He is worrying too much about the exam.
•私は寒い[暑い]のは気にしません(平気です)
I don't mind the cold [the heat].
•彼は人が何と言おうと[彼女がどこへ行こうと]まったく気にしない He doesn't care a bit what people say [where she goes].

きになる …する気になる **feel like** *do*ing /ふィーる らイク/, **be in the mood to** *do* /ムード/, **be in the mood for ~** →きぶん
•私は勉強する気にならなかった
I didn't feel like studying. / I was not in the mood to study [for study].

きにゅう 記入する **fill in, fill out**
•申込書に記入する fill in [out] an application
•この用紙にお名前を記入してください
Fill in your name on this form.

きぬ 絹 **silk** /スィるク/
•絹のリボン a silk ribbon

きねん 記念
➤ **commemoration**/コメモレイション/
記念する **commemorate** /コメモレイト/

きのう 140 one hundred and forty

・記念の（記念するための, 追悼(ついとう)の）memorial; （記念となる）commemorative
・記念碑(ひ) a monument
・記念日（年ごとの）an anniversary
・記念品 a souvenir; （思い出になるもの）a memento
・記念切手 a commemorative stamp
・記念写真 a souvenir picture［snap］
・私たちは卒業記念に校庭にイチョウの木を植えた We planted a gingko tree in the school yard in commemoration of our graduation.
・この賞はその偉大な作家を記念するために設けられたものです This prize was established to commemorate the great writer.

きのう¹

➤ **yesterday** /イェスタデイ/

・きのうの朝［午後］ yesterday morning［afternoon］
・きのうの晩 last evening［night］
・きのうの新聞 in yesterday's paper
・きのうは私の15歳の誕生日でした
Yesterday was my fifteenth birthday.
・私はきのう学校の食堂で彼女を見かけた
I saw her in the school cafeteria yesterday.
→ 英語ではふつう「場所」+「時間」の順でいう

きのう² 機能 a **function** /ふァンクション/
キノコ （食用）a **mushroom** /マシュルーム/
・毒キノコ a poisonous mushroom / a toadstool
・キノコ狩りに行く go mushrooming → 日本でマッシュルームと呼ばれるキノコは英語では common［white］mushroom などと呼ぶ

きのどく 気の毒な **sorry** /サリ/ → かわいそう
気の毒に思う **feel sorry** /ふィーる/
・彼には気の毒だがそれは彼のミスです
I'm sorry for him, but it's his own fault.
きのみきのまま 着の身着のままで **with nothing but the clothes on** one's **back**
きば （ゾウ・イノシシなどの）a **tusk** /タスク/; （イヌ・オオカミ・ヘビなどの）a **fang** /ふァング/
きばつ 奇抜な （とっぴな）**fantastic** /ふァンタスティク/; （新しい）**novel** /ナヴる/; （独創的な）**original** /オリヂヌる/; （風変わりな）**eccentric** /イクセントリク/
きばらし 気晴らし （a）**recreation** /レクリエイション/, a **pastime** /パスタイム/
・気晴らしに （息抜きに）for recreation; （気分転換に）for a change
きび 黍 《植物》**millet** /ミリト/ → 粟を含む雑穀一般

をさす

きびしい 厳しい

➤ （厳格(げんかく)な）**severe** /スィヴィア/; （規則などを曲げない）**strict** /ストリクト/
➤ （方針や言動などが厳しい）**tough** (on［with］) /タふ/
➤ （程度が強烈(きょうれつ)な）**intense** /インテンス/
厳しく **severely**, **strictly**; **intensely**
・厳しい寒さ［暑さ］ intense cold［heat］
・彼は生徒にたいへん厳しい
He is very severe［strict］with his pupils.
・そういうことについては彼はあまり厳しくない He is not very strict about such matters.
・私たちの先生はやさしいが, 校則を守らない生徒には厳しい Our teacher is kind but is tough with students who don't observe the school regulations.
きひん 気品のある **graceful** /グレイスふる/, **elegant** /エれガント/, **decent** /ディースント/
きびん 機敏な **quick** /クウィク/
機敏に **quickly**
・動作が機敏だ be quick in one's movements
・仕事を機敏にやりなさい
Be quick about［with］your work.
きふ 寄付 a **contribution** /カントリビューション/, a **donation** /ドウネイション/
寄付をする **contribute** /コントリビュート/, **make** a **contribution**, **donate** /ドウネイト/, **make** a **donation**
・私は共同募金(ぼきん)に少しばかり寄付した
I made a small contribution［donation］to the community chest.
・この救済基金にご寄付を願います Your contributions are requested for this relief fund.
ぎふ 義父 （妻または夫の父）a **father-in-law** /ふァーざリンロー/; （まま父）a **stepfather** /ステプふァーざ/
きふじん 貴婦人 a **lady** /れイディ/

きぶん 気分

➤ a **mood** /ムード/
…の気分がする **feel** /ふィーる/
…する気分になる **feel like** doing /らイク/, **be in the mood to** do, **be in the mood for ～** → きになる
・気分がよい［悪い］ feel well［ill］
・愉快(ゆかい)な気分で in a pleasant mood
・お祭り気分で in a holiday mood
・気分転換に for a change

・気分屋 a person of moods

きょうは気分はいかがですか
―おかげさまできょうはたいへん気分がよくなりました
How do you **feel** today?
―I **feel** much better today. Thank you.

・私はちょっと気分が悪い I'm feeling a little unwell. / ひゆ I'm feeling a bit under the weather. (お天気の影響を受けている)
・彼女にふられちゃって、ぼくは泣きたい気分だ I feel like crying because I was dumped by my girlfriend.
・今は遊びたい気分なのです。勉強したくないのです I'm in the mood to play now; I don't want to study.
・気分転換に散歩しましょうか
Shall we take a walk for a change?

きぼ 規模 a **scale** /スケイる/
・大規模に on a large scale

ぎぼ 義母 (妻または夫の母) a **mother-in-law** /マざリンロー/; (まま母) a **stepmother** /ステプマざ/

きぼう 希望

➤ (望み) (a) **hope** /ホウプ/; (願望) (a) **wish** /ウィシュ/ → のぞみ

希望する hope; wish → のぞむ
希望に満ちた hopeful, full of hope
希望のない hopeless

・希望を失う lose (one's) hope
・…の[…する]希望をいだいている be hopeful of ~ / be hopeful that ~
・希望を達成する attain one's wish
・希望どおり as one wishes
・希望に反して against one's wishes
・彼は希望に満ちている He is full of hope. / He is filled with hope.
・私の希望はすべて実現した
All my wishes came true.
・彼の希望はオペラ歌手になることです His hope is that he will become an opera singer.
・その歌手はまだ成功する希望をいだいている
The singer is still hopeful of success [that she will succeed].

きほん 基本 **fundamentals** /ふァンダメントるズ/, **basics** /ベイスィクス/; (基礎) a **basis** /ベイスィス/ (穫 bases /ベイスィーズ/)
基本的な fundamental, basic

基本的に fundamentally, basically
・基本的な問題 a basic issue / ひゆ a bread-and-butter issue (バター付きのパンのように日常生活に欠かせない)
・基本的人権 the fundamental human rights
・英語の基本語彙(ごい) basic vocabulary of English
・君はまず英語の基本を身につけなければならない
You should learn the basics of English first.

きまえ 気前のいい **generous** /ヂェネラス/

きまぐれ 気まぐれな (変わりやすい) **changeable** /チェインヂャブる/; (移り気な) **fickle** /ふィクる/
気まぐれに on a whim /(ホ)ウィム/
・気まぐれな天気 changeable weather
・彼女はとても気まぐれです She is very fickle.

きまじめ 生まじめな **serious** /スィアリアス/; (誠実な) **sincere** /スィンスィア/

きまずい 気まずい **embarrassed** /インバラスト/, **awkward** /オークワド/
・気まずい思いをする feel embarrassed [awkward]

きまつ 期末試験 a **term examination** /タ～ム イグザミネイション/

きまま 気ままな (勝手な) **selfish** /セるふィシュ/; (のんきな) **carefree** /ケアふリー/

きまり 決まり a **rule** /ルーる/ → きそく
・10時前に寝るのが私の決まりです
It is my rule to go to bed before ten.

きまりもんく 決まり文句 a **set expression** /イクスプレション/, a **set phrase** /ふレイズ/

きまりわるい きまり悪い (間が悪い) **awkward** /オークワド/; (恥(は)ずかしい) **embarrassed** /インバラスト/

きまり悪そうに **awkwardly**
・きまりの悪い思いをする feel awkward [embarrassed]

きまる 決まる

❶ (決定される) **be decided**

❶ (決定される) **be decided** /ディサイデド/, **be fixed** /ふィクスト/; (予定されている) **be scheduled** /スケヂューるド/
・学園祭は10月末に行われることが決まった
It was decided that the school festival (should) take place at the end of October. → decide など提案・要求・命令などを表す動詞に続くthat 節では《米》では should を省略して動詞の原形を用いることが多い
・修学旅行の日程はまだ決まっていません
The schedule for the school trip has not

きみ 142 one hundred and forty-two

been decided [fixed] yet.
・会合の日取りはまだ決まっていない
The day of the meeting is not fixed yet.
❷ (よく似合う) **look smart** /るク スマート/
・きょうはきまってるね You look smart today.

きみ¹ 君は, 君が **you** (複 同形)
　君の　your (複 同形)
　君を, 君に　you (複 同形)
　君のもの　yours (複 同形)
　君自身　yourself /ユアセるふ/ (複 yourselves /ユ
　アセるヴズ/)
・私は君に私のアルバムを見せてあげましょう
I'll show you my album.
・ここに君あての手紙が来ています
Here's a letter for you.
・この本は君の(もの)ですか
Is this book yours?
・君たち男の子は庭へ出なさい
You boys go out into the yard.

きみ² 黄身 (卵の) **the yolk** /ヨウク/

きみ³ 気味の悪い **eerie** /イアリ/, **weird** /ウィア
ド/, **creepy** /クリーピ/
・木々は暗がりの中で気味悪くみえた
The trees looked eerie in the dark.

ぎみ …ぎみ (少し) **little** /りトゥる/, **slight** /スらイト/
・彼は疲れぎみだ He is a little too tired.
・このところかぜぎみなんだ
I've had a slight cold these days.

きみどり 黄緑(の) **yellowish green** /イェろウイシ
ュ グリーン/

きみょう 奇妙な → へん²

ぎむ 義務 (立場上の) (a) **duty** /デューティ/; (法的・
道義上の) (an) **obligation** /アブリゲイション/
・親に従うのはわれわれの義務です
It is our duty to obey our parents.
・そうするのは私のクラスに対する私の義務です
To do so is my duty to my class.

ぎむきょういく 義務教育 **compulsory educa-
tion** /コンパるソリ エデュケイション/
・日本では小学校と中学校が義務教育です
Elementary school and junior high school
are compulsory in Japan.

きむずかしい 気難しい **particular** /パティキュ
ら/; **hard to please** /ハード プリーズ/
・彼は気難しい人です He is hard to please.

ぎめい 偽名 a **false name** /ふォーるス/
・…という偽名で under the false name of ～

きめている …することに決めている (習慣にしてい
る) **make it a rule to** do /るーる/; (注意して心が
ける) **make a point of** doing /ポイント/

・父は毎朝散歩することに決めている
My father makes it a rule to go for a walk
every morning.

きめる　決める

❶ (決定する) **decide, set**
❷ (決心する) **decide**
❸ (選ぶ) **choose**

❶ (決定する) **decide** /ディサイド/, **settle** /セト
る/; **fix** /ふィクス/, **set**
・二つのどちらかに決める decide between the
two
・次の会合の日と場所を決める decide on [set,
fix] a date and place for the next meeting
・会合を月曜日に決める arrange the meeting for
Monday
・来週のホームルームに何をするか決めよう
Let's decide what we should do in the home-
room next week.
・私たちはその問題を投票で決めることに賛成した
We agreed to decide [settle] the question by
vote.
・決めるのは君です It's up to you to decide.
・これは君が決める事柄(ことがら)です
This is a matter for you to decide.
❷ (決心する) **decide** /ディサイド/, **make up**
one's **mind** /マインド/

> 基本形
> …することに決める
> 　**decide to** do / **decide that** ～
> 　**decide on** doing
> 　**make up** one's **mind to** do
> 何を[どこへ, いつ]…するかを決める
> 　**decide what** [**where, when**] **to** do /
> 　**decide what** [**where, when**] ～

・医者になる[ならない]ことに決める decide to
[not to] be a doctor
・何をするか[どこへ行くか]決める decide what to
do [where to go] / decide what one should
do [where one should go]
・私は彼と結婚する[しない]ことに決めた. → 現在完了
I have decided to [not to] marry him. / I
have decided that I will [won't] marry
him. / I have made up my mind to [not to]
marry him.
❸ (選ぶ) **choose** /チューズ/, **select** /セれクト/
・私たちはチームの主将を決めなくてはならない We
must choose the captain of our team.

きもち　気持ち

- ➤ feelings /ふィーリングズ/
- ➤ (気分) a **mood** /ムード/ → **きぶん**

気持ちのいい pleasant /プれズント/, **comfortable** /カンふォタブる/, **feel good**

気持ちよく pleasantly, **comfortably**; (喜んで) **willingly** /ウィリングり/

気持ちの悪い unpleasant /アンプれズント/, **uncomfortable** /アンカンふォタブる/

…の気持ちになる feel

- •気持ちのいいベッド[ホテル] a comfortable bed [hotel]
- •気持ちのいい季節[そよ風, 人] a pleasant season [breeze, person]
- •うれしい[悲しい, 恥ずかしい]気持ちになる feel happy [sad, ashamed]
- •君には私の気持ちがわかりますか

Do you understand my feelings? (君は私がどのように感じているかわかりますか) / Do you understand how I feel?

- •湖のそばは涼(すず)しくて気持ちがよかった

It was cool and comfortable by the lake.

きもの 着物 (和服) a **kimono**, a **traditional Japanese robe with wide sleeves** /キモウノウ トラディショヌる チャパニーズ ロウブ ワイド スリーヴズ/; (衣服) **clothes** /クろウズ/; (集合的に) **clothing** /クろウディング/ → **ふく¹, きる²**

- •着物を着る dress (*oneself*)
- •着物を着ている be dressed
- •子供に着物を着せる dress a child
- •着物を脱(ぬ)ぐ take off *one's* clothes
- •着物を着替える change (*one's* clothes)
- •着物姿の若い女性 an young woman in *kimono*
- •彼女は立派な着物を着ている

She is dressed in a fine *kimono*.

- •日本の若い女性は結婚式やお正月などの特別な時以外は着物(和服)を着ません

Japanese young women don't wear *kimonos* except on special occasions such as weddings and New Year's Day.

ぎもん 疑問

❶ (質問) a **question**
❷ (疑い) a **doubt**

❶ (質問) a **question** /クウェスチョン/
- •疑問符 a question [an interrogation] mark
- •疑問文 a question / an interrogative sentence

❷ (疑い) a **doubt** /ダウト/
- •疑問に思う doubt

- •疑問のある doubtful
- •彼が成功するかどうかは疑問です

I doubt if [whether] he will succeed. / I am doubtful of his success. / It is doubtful whether he will succeed. / I have doubts about his success.
- •彼が失敗することには疑問の余地がない

His failure is beyond (all) doubt. / There is no doubt about his failure.

ぎもんぶん 疑問文 an **interrogative sentence** /インタラガティヴ センテンス/
- •疑問符 a question mark

きゃく 客 (訪問客) a **visitor** /ヴィズィタ/; (招待客, 旅館などの客) a **guest** /ゲスト/; (店の) a **customer** /カストマ/
- •きょうの午後数人の客がありました

We had some visitors this afternoon.
- •あの店は客に対して親切です

At that store they are polite to customers.

ぎゃく 逆 (方向) **the contrary** /カントレリ/, **the reverse** /リヴァ〜ス/; (正反対) **the opposite** /アポズィト/

逆の contrary; **opposite**

…を逆にする reverse; (上下を) **turn ～ upside down** /タ〜ン アプサイド ダウン/; (裏表を) **turn ～ inside out** /インサイド アウト/; (後ろ前に) **back to front** /ふラント/; (向きを) **turn ～ around** /アラウンド/; (順序を) **do ～ the other way around** /アざ ウェイ/
- •逆風 a headwind
- •逆効果 a contrary [an opposite] effect
- •それは私が期待していたのとは逆です

It is contrary to what I expected.
- •彼[彼女, 彼ら]と立場が逆になっていたらどうだろう

Suppose you were in his [her, their] place. / ひゆ Suppose you were in his [her, their] shoes. (彼[彼女, 彼ら]の靴をはいたらどうなるだろう)

ことわざ 逆は必ずしも真ならず

The reverse is not always true.

ギャグ a **gag** /ギャグ/
- •ギャグをとばす tell a gag

きゃくしょく 脚色 **dramatization** /ドラマタイゼイション/

脚色する dramatize /ドラマタイズ/

ぎゃくたい 虐待 **cruelty** /クルーエるティ/, **cruel treatment** /トリートメント/, **abuse** /アビュース/

虐待する treat cruelly, **be cruel**, **abuse** /アビューズ/
- •児童[動物]虐待 child [animal] abuse

•動物を虐待してはいけない Don't treat animals cruelly. / Don't be cruel to animals. / Don't abuse animals.

ぎゃくてん 逆転する（立場・形勢を）**reverse** /リヴァ〜ス/
•逆転勝ち a come-from-behind win［victory］
•7回に阪神は巨人を逆転した
ひゆ The Tigers turned the tables on the Giants in the seventh inning. → turn the tables はチェスなど試合で「不利だったテーブルの向きを逆にする」の意味

きゃくほん 脚本 a **script** /スクリプト/, a **scenario** /スィナリオウ/
•脚本家 a dramatist / a playwright / a scenario［script］writer

きゃくま 客間 《米》a **parlor** /パーら/, 《英》a **drawing room** /ドローインぐ/

きゃしゃな slender /スれンダ/, slim, thin /すィン/

キャスター （脚輪）a **caster** /キャスタ/; （ニュースの）a **newscaster** /ニューズキャスタ/, an **anchorperson** /アンカーパ〜スン/

きゃっか 却下 **rejection** /リヂェクション/
却下する reject, turn down /ターン ダウン/

きゃっかんてき 客観的な **objective** /オブヂェクティヴ/
•客観的に objectively

キャッシュ cash
•キャッシュカード a cash card
•コンピューターをキャッシュで買う buy a computer in［with］cash

キャッシュバック a **rebate** /リーベイト/ → 日本語の「リベート」と異なり悪い意味はない．「キャッシュバック」は和製英語

キャッチフレーズ a **catch phrase** /キャチ ふレイズ/

キャッチボール catch → 「キャッチボール」は和製英語
•キャッチボールをする play catch

キャッチホン a **call waiting** /コーる ウェイティンぐ/ → 「キャッチホン」は和製英語

キャッチャー a **catcher** /キャチャ/

キャップ （鉛筆・ペンの）a **cap**

ギャップ a **gap** /ギャプ/

キャビンアテンダント （航空機の客室乗務員）a **flight attendant** /ふライト アテンダント/; （乗務員）(a) **cabin crew** /キャビン クルー/

キャプテン a **captain** /キャプテン/
•君たちのチームのキャプテンはだれですか Who is the captain of your team?

キャベツ 《植物》(a) **cabbage** /キャベヂ/

キャラメル a **caramel** /キャラメる/

ギャラリー a **gallery** /ギャらリ/

キャリア a **career** /カリア/
•教師としてのキャリアがある．have a teaching career

ギャング （集団）a **gang** /ギャンぐ/; （gang の一人）a **gangster** /ギャンぐスタ/
•ギャング映画 a gangster film

キャンセル cancellation /キャンセれイション/ → とりけす（→ 取り消し）
キャンセルする cancel

キャンディー 《米》candy, 《英》sweets /スウィーツ/; （棒の先についた）a lollipop /らリパプ/
•キャンディー一箱 a box of candy［sweets］

キャンバス （画布）canvas /キャンヴァス/

キャンパス （大学の構内）the campus /キャンパス/
•キャンパスで on (the) campus

キャンピングカー a **camper** /キャンパ/, 《米》a **trailer** /トレイら/, 《英》a **caravan** /キャラヴァン/ → 「キャンピングカー」は和製英語

キャンプ a **camp** /キャンプ/
キャンプする camp (out), go into camp
キャンプ場 《米》campground /キャンプグラウンド/, 《英》campsite /キャンプサイト/
•キャンプに行く go camping
•キャンプファイア a campfire

ギャンブル a **gamble** /ギャンブる/
•ギャンブルをする gamble

キャンペーン a **campaign** /キャンペイン/
•交通安全キャンペーンを開始する start a traffic safety campaign

きゅう¹ 級 （クラス）a class; （学年）a year /イア/, 《米》a grade /グレイド/, 《英》a form /ふォーム/; （等級）a class, a grade, a rank /ランク/
•…と同級である be in the same class with ～
•彼女は私より2級上［下］です She is two years［grades, forms］above［below］me.

きゅう² 球 a **globe** /グろウブ/
•球 《数学》a sphere /スふィア/ → 半球は hemisphere

きゅう³ 9(の) **nine** /ナイン/ → く¹

きゅう⁴ 急な

❶ （突然の）**sudden**
❷ （急ぎの）**urgent**
❸ （速い）**rapid**
❹ （傾斜が）**steep**; （曲がりが）**sharp**

❶ （突然の）**sudden** /サドン/

急に **suddenly**:（予告なしに）**without notice** /ウィザウト ノウティス/,（直前の予告で）**at short notice**
- 急に…する **burst out** *doing* / **burst into** ~
- 彼女は急に泣きだした
She burst out crying. / She burst into tears.
- 気温が急に変化するかもしれない There may be a sudden change in temperature.
- そこで道が急に曲がっている
There is a sudden bend in the road there.
- おじが今週末に私の家に来ることになった
My uncle is coming to my house this weekend at short notice.

❷（急ぎの）**urgent** /ア~ヂェント/
- 彼はきのう急な用事で大阪へたった He left for Osaka on some urgent business yesterday.

❸（速い）**rapid** /ラピド/
- 急な流れにかかった橋を渡るのがこわかった
I was afraid of crossing the bridge over a rapid stream.

❹（傾斜が）**steep** /スティープ/;（曲がりが）**sharp** /シャープ/
- 急な斜面(しゃめん)をスキーですべりおりる ski down a steep slope
- 急に左へ曲がる make a sharp turn to the left
- われわれは急な階段を上って行った
We went up the steep steps.

キューアールコード QR コード a **QR code** /キューアー コウド/ ➡ QR コードは商標. QR は quick response（応答が速い）の略
- QR コードを読みこむ scan a QR code

きゅうえん 救援 **relief** /リリーフ/, **rescue** /レスキュー/
- 救援隊 a relief [rescue] party

きゅうか 休暇

➤（休み）《米》a **vacation** /ヴェイケイション/,《英》**holiday(s)** /ハリデイ(ズ)/
➤（休日）a **holiday**
- 夏期休暇 the summer vacation [holidays]
- 正月の休暇 New Year's vacation [holidays]
- 夏の休暇中に during the summer vacation [holidays]
- 休暇をとって…に行く go to ~ on (*one's*) vacation [holidays]
- 4日の休暇をとる take [have] four days' vacation [holiday] / take [have] a vacation [a holiday] of four days
- 有給休暇をとる take [have] a paid holiday
- 私たちは夏には40日の休暇があります
We have a 40 days' vacation in summer.
- 学校は夏期休暇中です
The school is on summer vacation.
- 君は休暇にはどこへ行くつもりですか
Where are you going on your vacation?
- 夏の休暇は楽しかったですか Did you have a nice [pleasant] summer vacation?

きゅうかく 嗅覚 **the sense of smell** /スメる/
きゅうがく 休学する **stay away from school** /ステイ アウェイ/, **take leave of absence from school** /リーヴ アブセンス/
- 彼は高校生の時病気で1年間休学した He stayed away from school for one year during high school because of illness.

きゅうかん 急患 an **emergency case** /イマ~ヂェンスィ ケイス/
きゅうぎ 球技 a **ball game**
- 校内球技大会 an interclass ball game tournament

きゅうきゅう 救急の **first-aid** /ふァ~ストエイド/, **emergency** /イマ~ヂェンスィ/
- 救急車 an ambulance
- 救急病院 an emergency hospital
- 救急箱 a first-aid box

ぎゅうぎゅう（詰める）**pack** /パク/, **stuff** /スタふ/;（すき間なく詰め込む）**jam** /ヂャム/
- かばんに本をぎゅうぎゅう詰め込む jam books into a bag
- ぎゅうぎゅうの満員電車で仕事に行く go to work in jam-packed trains

きゅうぎょう 休業する **close** (a **store**) /クロウズ/;（仕事を一時）**put** ~ **on hold**
掲示 本日休業 Closed Today.

きゅうくつ 窮屈な（狭い）**small** /スモーる/;（きつ

きゅうけい 146 one hundred and forty-six

い) **tight** /タイト/
・このズボンはちょっと窮屈だ
These trousers are a little too tight.

きゅうけい 休憩 (a) **rest**; (仕事・学校などの) a **break** /ブレイク/; (会議・法廷・《米》学校などの) (a) **recess** /リセス/ → やすむ (→休み)
休憩する rest, have a rest
・休憩室 a resting room; (ホテルなどの) a lounge
・お茶[コーヒー]の休憩時間 a tea [coffee] break
・会議は今休憩中です
The meeting is now in recess.
・私たちの学校は昼食時に40分の休憩時間がある
There is a forty minutes' recess [break] at lunchtime in our school.

きゅうげき 急激な **sudden** /サドン/ → きゅう⁴

きゅうこう¹ 急行 (列車) an **express** (**train**) /イクスプレス (トレイン)/
急行する hurry /ハ〜リ/, **rush** /ラシュ/
・特別急行列車 a limited express
・急行料金 express charge(s)
・彼はきのう急行列車で神戸へ行った
He went to Kobe by express yesterday.
・私は東京駅午前8時30分発成田行きの特急に乗りました I took the 8:30 a.m. limited express for Narita from Tokyo Station.
・私たちは駅へ急いだ
We hurried to the station.

きゅうこう² 休校になる **be closed** /クロウズド/
・私たちの学校はインフルエンザの流行のため1週間休校になった
Our school was closed for a week because many students caught influenza.

きゅうこん 球根 a **bulb** /バるブ/

きゅうし 急死 a **sudden death** /サドン デす/
急死する die suddenly /ダイ/

きゅうしき 旧式の **old-fashioned** /オウるドふァションド/, **outdated** /アウトデイテド/
・この機械は今では旧式です
This machine is now old-fashioned.

きゅうじつ 休日 a **holiday** /ハリデイ/

きゅうしゅう 吸収 **absorption** /アブソープション/
吸収する absorb /アブソーブ/; (内容を) **take in**
・このタオルはよく水を吸収する
This towel absorbs water well.
・子供は教えられた事を何でも吸収する Children take in everything they are taught.

きゅうじゅう 90(の) **ninety** /ナインティ/
・第90(の) the ninetieth (略 90th)

・91(の), 92(の), … ninety-one, ninety-two, …
・第91(の), 第92(の), … the ninety-first, the ninety-second, …

きゅうじゅつ 弓術 **archery** /アーチェリ/

きゅうしょ 急所 a **vital part** /ヴァイトる/; (物事の) **the point** /ポイント/; (弱点) a **weak point** /ウィーク/
・彼の話はいつも急所をついている[はずれている]
His talk is always to [off] the point.

きゅうじょ 救助 **rescue** /レスキュー/
救助する rescue
・救助隊 a rescue party
・彼らは彼の救助に出かける用意をしている
They are preparing to go to his rescue.
・彼らは彼がおぼれるのを救助した
They rescued him from drowning.

きゅうじょう 球場 a **baseball stadium** /ベイスボーる ステイディアム/, a **ballpark** /ボーるパーク/
・甲子園球場 the Koshien Stadium

きゅうしょく 給食 a **school meal** /ミーる/; (昼食) **school lunch** /ランチ/
・今週はぼくたちの班が給食の当番だ It's my group's turn to serve school lunch this week.

きゅうしん 球審 **the plate umpire** /プれイト アンパイア/

きゅうじん 求人 a **job offer** /オーふァ/

きゅうしんてき 急進的な **radical** /ラディカる/

きゅうすい 給水 a **water supply** /ウォータ サプらイ/, **water service** /サ〜ヴィス/
・給水車 a water-supply wagon

きゅうせい¹ 旧姓 one's **former name** /ふォーマ/; (女性の結婚前の) one's **maiden name** /メイドン/
旧姓は (女性の) **née** /ネイ/

きゅうせい² 急性の **acute** /アキュート/

きゅうせん 休戦 a **truce** /トルース/; (一時的な) a **ceasefire** /スィースふァイア/

きゅうそく¹ 休息 → きゅうけい

きゅうそく² 急速な **rapid** /ラピド/
急速に rapidly
・彼は英語が急速に進歩している
He is making rapid progress in English.
・私たちの市の人口は急速に増加した The population of our city has rapidly increased.

きゅうでん 宮殿 a **palace** /パれス/

きゅうどう 弓道 **Japanese archery** /アーチェリ/

ぎゅうにく 牛肉 **beef** /ビーふ/

ぎゅうにゅう 牛乳 **milk** /ミるク/

one hundred and forty-seven　147　きょうい

- 牛乳びん　a milk bottle
- 牛乳パック　a milk carton
- 牛乳を配達する　deliver milk
- 牛乳配達(人)　a milk delivery person
- 牛乳をしぼる　milk a cow
- 私は毎朝牛乳をコップ1杯飲む
I drink a glass of milk every morning.

きゅうびょう 急病　**sudden illness** /サドン イるネス/, **sudden sickness** /スィクネス/
- 急病にかかる　be suddenly taken ill
- 急病患者(かんじゃ)　an emergency case

きゅうめい 救命　**life saving** /らイふ セイヴィング/
- 救命胴衣　a life jacket
- 救命ボート　a life boat
- 救命浮き輪　a life buoy

きゅうやくせいしょ 旧約聖書　**the Old Testament** /テスタメント/

きゅうゆ 給油 (燃料の)　**refueling** /リーふューエリング/
給油する　refuel

きゅうゆう[1] 旧友　**an old friend** /ふレンド/
- 私の旧友　an old friend of mine

きゅうゆう[2] 級友　**a classmate** /クらスメイト/
- 彼は私の昔の級友の一人です
He is one of my old classmates.

きゅうよう[1] 休養 (a) **rest** → きゅうけい
休養する　rest, have a rest
- 彼は田舎でゆっくり休養する必要がある
He needs a long rest in the country.

きゅうよう[2] 急用　**urgent business** /ア～ヂェント ビズネス/
- 急用で　on urgent business

キュウリ 胡瓜　《植物》a **cucumber** /キューカンバ/

きゅうりょう[1] 給料 (月給・年給) a **salary** /サらリ/; (時間給・日給・週給) **wages** /ウェイヂズ/;《話》**pay**
- 1か月の給料(月給)　a monthly salary [pay]
- 給料日　a payday
- よい給料をもらう　get [draw] good salary [wages]
- 彼の給料はいくらですか　What is his salary?
- 給料は銀行振り込みです
I get my salary through the bank.

きゅうりょう[2] 丘陵　a **hill** /ヒる/, **heights** /ハイツ/
- 丘陵地帯　hilly areas

ぎゅっと (堅く) **tight(ly)** /タイト(リ)/; (強く) **strongly**

- …をぎゅっとにぎる　have a firm grip on ～

きよい 清い (きれいな) **clean** /クリーン/; (澄(す)んだ) **clear** /クリア/; (純潔な) **pure** /ピュア/
- 清い生活を送る　lead a pure [clean] life

きよう 器用な　**skillful** /スキるふる/; (手先が) **handy** /ハンディ/, **ingenious** /インヂーニアス/
器用に　skillfully
- 彼女は編み物がとても器用だ
She is very skillful in knitting.
- 彼は器用にその古いラジオを修理した
He skillfully repaired the old radio set.

きょう[1]

> **today** /トゥデイ/

- きょうの朝[午後]　this morning [afternoon]
- きょうの新聞　today's paper
- 来週のきょう　today [this day] week
- きょう中に　sometime today / before the day is out
- きょうは彼は欠席です　He is absent today.
- きょうは私の15歳の誕生日です
Today [This] is my 15th birthday.
- きょうは何曜日ですか
What day (of the week) is it today?

【会話】きょうは何日ですか．—6月1日です
What's the date today?—It's June 1.
- きょうぼくは学校の帰りに本屋に寄った
I dropped in at a bookstore on my way from school today. → 英語では「場所」+「時間」の順でいう
- きょうから愛鳥週間です
Bird Week begins today.
- 彼はきょうから1か月休暇をとる予定です　He is going to take a month's vacation from today.

きょう[2] 経　**the Buddhist texts** /ブディスト テクスツ/, **the sutras** /スートラズ/
- 法華経(ほけきょう)　the Lotus Sutra /ろウタス/

ぎょう 行　a **line** /らイン/
- 上[下]から3行目　the third line from the top [the bottom]
- 1行おきに　on every other line
- 10ページの下から5行目から始めます
We will begin at the fifth line from the bottom of page ten.

きょうい[1] 胸囲　a **chest measurement** /チェスト メジャメント/; (女性の) **one's bust** /バスト/
- 彼は胸囲が80センチある
He has a chest measurement of 80 cm. / His chest measurement is 80 cm. /

きょうい 148 one hundred and forty-eight

He measures 80 cm around the chest.

きょうい² 驚異 **wonder** /ワンダ/ → おどろき

驚異的な wonderful

•驚異の思いで in wonder

きょうい³ 脅威 a **threat** /すレト/

•…の脅威にさらされている be under threat of ~

きょういく 教育

➤ **education** /エデュケイション/; (しつけ) **discipline** /ディスィプリン/

教育する educate /エデュケイト/

•教育の, 教育的 educational

•教育のある educated

•学校教育 school education

•家庭教育 home discipline

•義務教育 compulsory education

•教育実習生 a student teacher

•彼女は立派な教育を受けた人です
She is a well-educated man. /
She has had a good education.

•彼は外国で教育を受けた
He was educated abroad.

きょういん 教員 a **teacher** /ティーチャ/

•教員組合 a teachers' union

きょうか¹ 教科 a **subject** /サブヂェクト/

•君はどの教科が一番好きですか
Which subject do you like best?

きょうか² 強化する **strengthen** /ストレンぐすン/

•強化合宿 camp training

きょうかい¹ 教会 a **church** /チャ～チ/

きょうかい² 境界 a **border** /ボーダ/

•境界線 a borderline

•富士山は山梨県と静岡県の境界にそびえている Mt. Fuji rises on the borders of Yamanashi and Shizuoka.

きょうかい³ 協会 an **association** /アソウシエイション/, a **society** /ソサイエティ/

きょうがく 共学 **coeducation** /コウエデュケイション/, **mixed education** /ミクスト エヂュケイション/

•共学の coeducational / mixed

きょうかしょ 教科書 a **textbook** /テクストブク/, a **schoolbook** /スクールブク/

•英語の教科書 an English textbook

きょうぎ 競技 (運動競技) **athletics** /アすれティクス/; (試合) a **contest** /カンテスト/; a **game**, a **match** /マチ/

競技者 (陸上競技の) an **athlete** /アすリート/; (球技の) a **player** /プれイア/

競技会 an **athlete meet** /ミート/

競技場 (競技をする場所) a **field** /ふィーるド/; (観客席をふくむ) a **stadium** /ステイディアム/

•陸上競技 athletic sports

•水泳競技 a swimming contest

•私たちはその競技に参加した
We took part in the game.

ぎょうぎ 行儀 (ふるまい) **behavior** /ビヘイヴィア/; (作法) **manners** /マナズ/

•行儀がよい[悪い] have good [bad] manners

•行儀よくする behave oneself / shape up

•子供たちに行儀を教える teach children good manners

•彼はなんて行儀が悪いんでしょう
What rude manners he has!

きょうきゅう 供給 **supply** /サプらイ/

(B に A を)供給する **supply** (B with A)

•需要(じゅよう)と供給 supply and demand → 英語ではこのように「供給と需要」というのがふつう

•水の供給は十分ですか
Do you get a sufficient supply of water?

•われわれは石油の供給をおもに中東の国々から受けている We get the supply of oil chiefly from Middle East countries.

きょうぐう 境遇 **circumstances** /サ～カムスタンセズ/; a **condition** /コンディション/

•幸福な境遇にある be in favorable circumstances

きょうくん 教訓 a **lesson** /れスン/

教訓的な instructive /インストラクティヴ/

•私たちはこの経験からよい教訓を学んだ
We learned a good lesson from this experience.

•この本はおもしろくもあるしまた教訓的でもある
This book is both interesting and instructive.

きょうけん 狂犬 a **mad dog** /マド/

狂犬病 rabies /レイビーズ/

きょうげん 狂言 (伝統芸能) a **'Kyogen' play** /プれイ/; (仕組んだうそ) a **hoax** /ホウクス/

きょうこう 教皇 **the Pope** /ポウプ/

•教皇庁 the Vatican

きょうさく 凶作 a **bad crop** /クラプ/, a **crop failure** /ふェイリャ/

•今年は農家が米が凶作だった
The farmers had a bad rice crop this year. /
The rice crop was very disappointing to the farmers this year.

きょうさん 共産主義 **communism** /カミュニズム/

•共産主義者 a communist

•共産党 the Communist Party

きょうし 教師 a **teacher** /ティーチャ/

・英語の教師 a teacher of English

・クラスの担任教師 a class teacher

・この学校には英語を教える外国人教師がいます This school has a foreign teacher to teach us English. / There is a foreign teacher in our school who teaches us English.

ぎょうじ 行事 an **event** /イヴェント/; (公式の) a **function** /ふァンクション/

・年中行事 an annual event

きょうしつ 教室 a **classroom** /クらスルーム/

きょうじゅ 教授 (大学の) a **professor** /プロふェサ/ (略 Prof. 〜)

・山田教授 Professor [Prof.] Yamada

・彼はＴ大学の経済学の教授です He is a professor of economics at T University.

ぎょうしょう 行商する **peddle** /ペドる/

・行商人 a peddler

きょうせい 強制 **compulsion** /コンパるション/ **強制する compel** /コンペる/; **force** /ふォース/ **強制的な compulsory** /コンパるソリ/

ぎょうせい 行政 **administration** /アドミニストレイション/; (三権分立の) **the executive** /イグゼキュティヴ/

きょうせいの, ぎむの 強制の, 義務の **compulsory** /コンパるソリ/, **obligatory** /アブリガトーリ/

・義務教育 compulsory education

きょうそう¹ 競走 a **race** /レイス/ **競走する race. run a race**

・ハードル競走 a hurdle race

・100メートル競走 a hundred-meter dash

・私は彼と200メートル競走をした I raced him for 200 meters. / I ran a race with him for 200 meters.

・彼は100メートル競走で1着だった He came first in the 100-meter race.

きょうそう² 競争 a **competition** /カンペティション/ **競争する compete** /コンピート/

・競争の competitive

・競争者[相手] a competitor / (好敵手) a rival

・競争率 the competitive rate

・競争に勝つ[負ける] win [lose] the competition

・彼らはその賞を得ようと互いに競争した They competed with each other for the prize.

きょうぞう 胸像 a **bust** /バスト/

きょうそうきょく 協奏曲 a **concerto** /コンチェアトウ/

きょうそん 共存 **coexistence** /コウイグズィステンス/

共存する coexist /コウイグズィスト/

きょうだい¹

➤ (兄弟) a **brother.** (姉妹) a **sister**

会話 君は何人兄弟がいますか．―私には兄弟が二人います How many brothers do you have?―I have two brothers.

・これは私の兄弟のラケットです This is my brother's racket. / This racket is my brother's.

・彼と彼女はきょうだいです They are brother and sister.

きょうだい² 鏡台 《米》a **dresser** /ドレサ/, 《英》a **dressing table**

きょうだしゃ 強打者 a **hard hitter** /ハード ヒタ/, a **slugger** /スらガ/

きょうだん 教壇 a **platform** /プらトフォーム/

・教壇に上がってクラスの人にあいさつしなさい Go on the platform and address the class.

きょうちょう¹ 強調 **emphasis** /エンふァスィス/ **強調する emphasize** /エンふァサイズ/, **put emphasis on**

・その研究の必要性を強調する put emphasis on [emphasize] the necessity of the study

きょうちょう² 協調 **cooperation** /コウアペレイション/

・…と協調する cooperate with 〜

・協調的な cooperative

きょうつう 共通 **common** /カモン/

・彼らは共通の利害によって結ばれている They are bound together by common interests.

・この欠点は私たちたいがいの者に共通している This fault is common to most of us.

・彼らには共通したところがある[全然ない] They have something [nothing] in common.

きょうてい 協定 an **agreement** /アグリーメント/

きょうど 郷土 one's **hometown** /ホウムタウン/, one's **native place** /ネイティヴ プれイス/ **郷土色 local color** /ろウカる カら/

・彼の作品は郷土色が豊かです His works are rich in local color.

きょうとう 教頭 《米》a **vice-principal** /ヴァイス プリンスィパる/, 《英》a **deputy headmaster** /デピュティ ヘドマスタ/

きょうどう¹ 協同 **cooperation** /コウアペレイション/

・協同組合 a cooperative society

きょうどう² 共同の **joint** /ヂョイント/

・…を共同で使う share (the use of) 〜

教室(In the Classroom)

文房具(Stationery)

151 きょくせん

•…と共同して jointly with ～ / in cooperation with ～

•この部屋は弟と共同です

I share this room with my brother.

きょうどうぼきん 共同募金 **the community chest** /コミュニティ チェスト/

•共同募金にいくらか寄付する make some contribution to the community chest

きょうはく 脅迫 a **threat** /すレト/; a **menace** /メナス/; (ゆすり) a **blackmail** /ブらクメイる/

脅迫する threaten /すレトン/; **menace; blackmail**

脅迫的な threatening

•脅迫状[電話] a threatening letter［call］

きょうふ 恐怖 **fear** /ふィア/, **terror** /テラ/, **horror** /ホーラ/

•死の恐怖 a fear of death

•恐怖映画 a horror movie［film］

•恐怖のあまり泣く cry with［from］fear

きょうほ 競歩 **racewalking** /レイスウォーキンぐ/

きょうみ 興味

➤ **interest** /インタレスト/

興味のある interesting

•(人が)…に興味がある be interested in ～

•私は化学に特に興味がある

I have a special interest in chemistry. / I am specially interested in chemistry.

•そのようなうわさ話には私は興味がない

I have no interest in such a rumor.

•この本が私に歴史に興味を持たせたのです

This book made me interested in history.

•私は興味を持って彼の話に耳を傾けた

I listened to him with interest.

きょうむ 教務主任 a **teacher in charge of the school curriculums** /チャーヂ カリキュらムズ/

きょうゆう 共有する **have ～ in common** /カモン/

•共有財産 common property

きょうよう 教養 **culture** /カるチャ/

教養のある cultured, educated /エヂュケイテド/

•教養のある人 a cultured person / an educated person

きょうり 郷里 one's **birthplace** /バ～すプれイス/, one's **hometown** /ホウムタウン/

きょうりゅう 恐竜 a **dinosaur** /ダイノソー/

きょうりょく[1] 協力 **cooperation** /コウアペレイション/

協力する cooperate /コウアペレイト/

協力的な cooperative /コウアペラティヴ/

•われわれは彼らと協力してその仕事をやり遂(と)げた

We accomplished the work in cooperation with them.

•この仕事を完成するためにたがいに協力しましょう

Let us cooperate with each other to accomplish this work.

きょうりょく[2] 強力な **strong** /ストローンぐ/, **powerful** /パウアふる/

•強力なライバル a powerful rival

きょうれつ 強烈な **intense** /インテンス/; **strong**

•強烈な光 an intense light

ぎょうれつ 行列 a **procession** /プロセション/; (順番を待つ)《米》a **line** /らイン/, 《英》a **queue** /キュー/ →れつ

•行列を作る form a line［a queue］

きょうわ 共和国 a **republic** /リパブりク/

•(米国の)共和党 the Republican Party

きょか 許可 **permission** /パミション/, (同意) a **consent** /コンセント/

許可する permit /パミト/

許可証 a permit /パ～ミト/

•許可なく without permission

•通行許可証 a pass

•保護者[両親]の同意(許可) a guardian's［parental］consent /ガーディアンズ［パレンタる］/

•それをするためには君は先生の許可をもらわなければならない You must ask your teacher's permission to do it.

•彼は君がそこへ行くことを許可してくれるだろう

He will permit you［give you permission］to go there.

ぎょぎょう 漁業 (事業) **fishery** /ふィシャリ/; (魚とり) **fishing** /ふィシンぐ/

•遠洋[近海]漁業 deep-sea［inshore］fisheries

•漁業協同組合 a fishery cooperative

•この人たちは沿岸で漁業を営んで生活している

These people earn their livelihood by fishing near the coast.

きょく 曲 a **tune** /テューン/

•楽しい[悲しい]曲 a merry［melancholy］tune

•これが君の好きな曲ですね

This is your favorite tune, isn't it?

きょくげい 曲芸 an **acrobatic performance** /アクロバティク パふォーマンス/

•曲芸の acrobatic

•曲芸師 an acrobat

きょくせん 曲線 a **curve** /カ～ヴ/

曲線を描く (道路などが曲線になる) **curve**

•紙に曲線を描く draw a curve on paper

きょくたん 極端 **extreme** /イクストリーム/
極端に extremely
- 極端な事をする go to extremes
- 極端な事は避けなさい Avoid extremes.
- 彼のやった事はかなり極端だった
What he did was rather extreme.

きょくとう 極東 **the Far East** /ふァー イースト/
- 極東の一国 one of the countries of the Far East

きょくめん 局面 a **phase** /ふェイズ/
- 局面を打開する break the deadlock → deadlock は「行き詰まり」

ぎょこう 漁港 a **fishing port** /ふィシング ポート/

きょじゃく 虚弱な **sickly** /スィクリ/, **weak** /ウィーク/, **delicate** /デリケト/

きょじゅうしゃ 居住者 a **dweller** /ドウェら/; (住民) an **inhabitant** /インハビタント/

きょしょくしょう (神経性)拒食症 **anorexia nervosa** /アノレクスィア ナ〜ヴォウサ/

きょじん 巨人 a **giant** /チャイアント/

きょぜつ 拒絶 (a) **refusal** /リふューザる/
拒絶する refuse /リふューズ/
- きっぱり拒絶する give a flat refusal

ぎょせん 漁船 a **fishing boat** /ふィシング ボウト/

ぎょそん 漁村 a **fishing village** /ふィシング ヴィれヂ/

きょだい 巨大な **huge** /ヒューヂ/, **gigantic** /ヂャイギャンティク/, **very large** /らーヂ/

ぎょっと ぎょっとする **be shocked** /シャクト/, **start** /スタート/
- 彼女はぎょっとしてその場に立ちすくんだ
Shocked, she stood rooted to the spot.

きょとんと blankly /ブらンクり/
- きょとんとした顔つき a blank look

きょねん 去年 **last year** /イア/
- 去年の夏 last summer
- 去年の12月に in December last year / last December
- 去年の今ごろ about this time last year
- 私は去年大阪で初めて彼に会った I met him at Osaka last year for the first time.
- 私は去年からピアノを習っています I have been taking piano lessons since last year.

きょひ 拒否 (a) **refusal** /リふューザる/
拒否する refuse /リふューズ/
- 登校を拒否する refuse to attend school

ぎょふ 漁夫 → りょうし

きょり 距離 **distance** /ディスタンス/
- 東京と大阪の間の距離は約550キロです
The distance between Tokyo and Osaka is about 550 kilometers.

会話 君の家から学校までどのくらいの距離がありますか。—600メートルくらいです
How far is it from your house to your school?—It's about 600 meters.
- 私の家から学校までは歩いて約15分の距離です It is about fifteen minutes' walk from my house to my school.

きょろきょろ きょろきょろ見回す **look around** /るク アラウンド/

きらい

➤ (強くきらう) **dislike** /ディスらイク/, **hate** /ヘイト/; (好きでない) **do not like**
- 彼は働くことがきらいだ He dislikes working. → ✕dislikes *to work* としない
- 彼女はヘビが大きらいだ She hates snakes.
- 私は野球をするのがきらいです
I don't like playing baseball.
- 彼はそれがきらいらしい
He doesn't seem to like it.

きらきら きらきら光る (金属など) **glitter** /グリタ/; (星など) **twinkle** /トウィンクる/

きらく 気楽 **ease** /イーズ/, **comfort** /カンふォト/
気楽な free and easy /ふリー イーズィ/, **comfortable** /カンふォタブる/
気楽にする make *one***self at home**
- 彼は気楽な生活を送っています
He leads a free and easy life.

きらす 切らす (なくなっている) **be out of**
- 私たちはコーヒーを切らしている
We're out of coffee.

きり¹ (手動の) a **gimlet** /ギムれト/; (電動の) a **drill** /ドリる/

きり² 霧 (a) **fog** /ふァグ/; (fog より薄(うす)い) (a) **mist** /ミスト/
- 霧のかかった foggy / misty
- 霧が晴れた The mist has cleared (away). / The mist has lifted.

きり³ (終わり) an **end**; (限度) a **limit** /リミト/
- 人間の欲望にはきりがない
There's no end [no limit] to human desires.

ぎり 義理 (an) **obligation** /アブリゲイション/
- 義理堅い faithful
- 義理の父[母] *one's* father-[mother-]in-law → ぎふ, ぎぼ
- 義理の兄弟[姉妹] *one's* brother-[sister-]in-law → 複数形は brother [sister] に s がつく; → ぎきょうだい
- そのことで私は彼に義理がある

I am under an obligation to him for it.
きりかえる 切り替える **change** /チェインヂ/, **switch** /スウィチ/
- 方針[頭]を切り替える change *one's* course [*one's* way of thinking]
- 6チャンネルに切り替えてください
Switch over to Channel 6, please.
きりきず 切り傷 a **cut**
ぎりぎり (限界) a **limit** /リミト/
- (期限)ぎりぎりまで until the last moment
- (時間)ぎりぎりに just in time
- (費用が)ぎりぎりである be barely enough
キリギリス 《虫》a **grasshopper** /グラスハパ/
きりさめ 霧雨 a **drizzle** /ドリズる/
- 霧雨が降る It drizzles.
ギリシャ Greece /グリース/
- ギリシャ(人)の Greek
- ギリシャ語(の) Greek
- ギリシャ人 a Greek
キリスト Christ /クライスト/
- イエス・キリスト Jesus Christ
- キリスト教 Christianity / the Christian religion
- キリスト教徒 a Christian
きりたおす 切り倒す **cut down** /ダウン/, **fell** /ふェる/
- 斧(おの)で木を切り倒す cut down [fell] a tree with an ax
きりつ[1] 規律 **discipline** /ディスィプリン/
- 私たちの学校は規律が非常に厳しい
Discipline is very strict in our school.
きりつ[2] 起立する **stand (up)**, **rise** /ライズ/
- 先生が教室に入って来ると子供たちはみんな起立した When the teacher entered the classroom, all the children rose [stood up].
きりつめる 切り詰める **cut down** /ダウン/
- 費用を切り詰める cut down expenses
きりぬく 切り抜く (はさみで) **clip** /クリプ/
切り抜き 《米》a **clipping** /クリピンぐ/, 《英》a **cutting** /カティンぐ/
きりぬける 切り抜ける, 切り抜けさせる **tide over** /タイド/
- 困難を切り抜ける tide over a difficulty
- これだけの金があればあと一月は切り抜けられる (→この金があと一月切り抜けさせてくれる) This money will tide me over another month.
きりふき 霧吹き a **spray** /スプレイ/, a **sprayer** /スプレイア/
きりゅう 気流 an **air current** /エア カ～レント/
きりょく 気力 (体力を伴う) **vigor** /ヴィガ/; (精神的) **spirit** /スピリト/
- 気力の充実した vigorous / spirited
- 気力の欠けている be lacking in vigor [spirit]
キリン 麒麟 《動物》a **giraffe** /ヂラふ/

きる[1] 切る

❶ (刃物で) **cut**
❷ (スイッチを) **turn off**
❸ (電話を) **hang up**, **end a call**

❶ (刃物で) **cut**; (薄(うす)く) **slice** /スらイス/ → きりぬく
- はさみで紙を切る cut a piece of paper with scissors
- 包丁で指を切る cut a finger with a kitchen knife
- 点線に沿って切る cut along the dotted line
- 雑誌の記事を切り抜く cut an article out of the magazine
- タマネギを薄く切る slice an onion
- 布をずたずたに切る cut cloth to [into] pieces

❷ (スイッチを) **turn off** /タ～ン/, **switch off** /スウィチ/
- スイッチが切れている be off
- 電源を切る turn [switch] off the power
- テレビがついてますよ. (それを)切ってください
The TV is on. Please turn it off. → 「切る対象」が「それ」(it), 「それら」(them) の場合の語順は必ず turn it [them] off となる

❸ (電話を) **hang up** /ハンぐ/, **end a call**, **ring off**

❹ (トランプのカードを) **shuffle** /シャふる/
- トランプを配る前によく切ってください
Shuffle the cards well before you deal.

❺ (切符を) **punch** /パンチ/

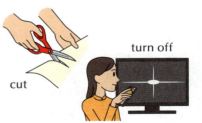

turn off

cut

きる² 着る

➤ (動作) **put on**; (状態) **wear** /ウェア/

着ている be wearing, have ～ on

• セーターを着る put on a sweater / put a sweater on

• それを着る put it on → 「着るもの」が「それ」(it)、「それら」(them) などの場合の語順は必ず put it [them] on となる

• 赤いドレスを着ている be wearing a red dress / have a red dress on

• 彼はスポーツシャツの上に厚いセーターを着た He put on a heavy sweater over his sports shirt.

• 日本の警官は紺の制服を着ている Japanese police officers wear dark blue uniforms. → 「着ている」が習慣を表す時には進行形にしない

• 彼はいつもくたびれたジーンズとシャツを着ているのに、きょうはスーツを着ている He usually wears worn-out jeans and a shirt but today he is wearing a suit [he has a suit on].

• 君はふだん学校に何を着て行きますか What do you usually wear to school?

• 私の父はパジャマを着たままで朝食を食べる My father eats breakfast with his pajamas on [in his pajamas].

• 彼はコートを着ないで雪の中へ出て行った He went out into the snow without an overcoat on.

• 入って来ちゃだめ、いま服を着るところだから Don't come in. I'm getting dressed.

• 彼女は大きくなってドレスがみんな着られなくなった She has grown out of all her dresses.

• 彼女は何を着てもよく似合う Anything looks good [nice] on her.

きれ 切れ (布切れ) **cloth** /クろーす/; (一片) a **piece** /ピース/

• 肉一切れ a piece of meat

• 紙切れ1枚 a piece of paper

きれい きれいな

➤ (かわいい) **pretty** /プリティ/; (美しい) **beautiful** /ビューティふる/

➤ (清潔な) **clean** /クリーン/; (公正な) **fair**

きれいに prettily, beautifully; clean, cleanly

• 彼女はとてもきれいです. しかしお母さんのほうがもっときれいです She is very beautiful, but her mother is more beautiful.

• 手をいつもきれいにしておきなさい Always keep your hands clean.

• 彼女は字がきれいだ She writes a good hand.

• 広間はクリスマスのためにきれいに飾(かざ)りつけられた The hall was beautifully decorated for Christmas.

きれめ 切れ目 (すき間) a **gap** /ギャプ/; (中断) a **break** /ブレイク/; (休止) a **pause** /ポーズ/; (切り口) a **cut end**

ことわざ 金の切れ目が縁の切れ目

Love lasts as long as money endures. (恋も金のあるうちだけ) / ひゆ When poverty comes in at the door, love flies out of the window. (貧乏が戸口から入ってくると、愛は窓から飛び出ていく)

きれる 切れる

❶ (刃物が) **cut**

❷ (切断される) **break**

❶ (刃物が) **cut; be sharp** /シャープ/

• このナイフはよく切れる[切れない] This knife cuts [doesn't cut] well. / This knife is sharp [dull].

• この紙は堅くて小さなはさみでは切れない This paper is too hard to cut with small scissors.

❷ (切断される) **break** /ブレイク/

• ロープはその重みで切れた The rope broke under [with] the weight.

❸ (不足する) **run short** /ショート/; (なくなる) **run out**

• だんだん燃料が切れてきた We are running short of fuel. / The fuel is running short.

• ガソリンが切れて車が止まってしまった The gasoline ran out and the car stopped.

❹ (時間が) **be up, run out**; (期限が) **come to an end, go out of date** /デイト/, **expire** /イクスパイア/

• もう時間切れだ Time is up. / Time has run out.

• ぼくのバスの定期券はあしたで切れる My bus pass expires [goes out of date] tomorrow.

❺ (その他) (頭が) **be sharp**; (電池が) **go dead** /デド/; (電球が) **burn out** /バ～ン/; (電話が) **be cut off, be disconnected** /ディスコネクテド/; (我慢できなくなる) **get impatient** /インペイシェント/, (かっとなる) **lose** *one's* **temper** /ー ズ テンパ/, **fly into a fury** /ふらイ ふュアリ/

• あんなに切れる女性はめったにいない We seldom find such a sharp woman.

• この電池は切れている This battery is dead.

• 話し中に突然電話が切れてしまった While we were talking, the phone was suddenly cut off［went dead］.

•彼にそれを言う時は気をつけろよ. 彼はすぐ切れるから Be careful when you tell it to him. He easily loses his temper.

キロ a **kilo** /キーろウ/

•キログラム a kilogram（略 kg.）
•キロメートル a kilometer（略 km.）
•キロリットル a kiloliter（略 kl.）
•キロワット a kilowatt（略 kw.）

きろく 記録

➤ a **record** /レコド/

記録する record /リコード/

記録的な record /レコド/

•記録係（会議などの）a record keeper;（試合などの）a scorer
•記録映画 a documentary film
•記録保持者 a record holder
•記録的な米の大豊作 a record rice crop
•その事件を記録に留めておく keep the record of the event / keep the event on record
•（競技の）新記録を立てる make［set up］a new record
•世界記録を保持する hold the world record
•毎日の気温の変化の記録をつけておきなさい
Keep a record of changes in temperature of each day.
•高跳びの校内記録はだれが持っていますか
Who holds the school record for the high jump?
•われわれは彼がこの記録を破ることを期待している
We expect him to break this record.
•その事件は記録に載(の)っていない The event is not on record［is not recorded］.

ぎろん 議論（自説を主張し合う）an **argument** /アーギュメント/;（討議）**discussion** /ディスカション/

議論する argue /アーギュー/; **discuss** /ディスカス/

使い分け

argue: 論拠・証拠などを示しながら自分の意見を主張することで, やり合いのふんい気がある
discuss: いろいろな観点から事のよしあしを論じ合うことで友好的のふんい気がある

•その問題について議論する argue about［on］the question / have an argument about［on］the question / discuss the question / have a discussion about［on］the question →×discuss *about* ~ としないこと

きわどい（危険な）**dangerous** /デインヂャらス/, **risky** /リスキ/;（微妙な）**delicate** /デリケト/;（接戦

の）**close** /クろウス/

きをつける 気をつける

➤（用心する）be **careful** /ケアふる/, **watch out** /ワチ/, **mind** /マインド/ →ちゅうい

•ケン, 気をつけて! 塀にもたれちゃだめ! ペンキぬったばかりなんだ Watch out, Ken! Don't lean against the wall! I've just painted it.
•踏み段に［があるから］気をつけなさい
Mind the step.

きん 金(の) **gold** /ゴウるド/

金色の golden /ゴウるドン/

•金貨 a gold coin
•金メダル a gold medal

ぎん 銀(の) **silver** /スィるヴァ/

銀色の silver

•銀貨 a silver coin
•銀メダル a silver medal

きんえん 禁煙する **give up smoking** /スモウキング/

掲示 禁煙 No Smoking.

•禁煙車 a nonsmoking car / a nonsmoker
•禁煙席をお願いします
I prefer the nonsmoking section.

ぎんが 銀河 **the Milky Way** /ミるキ ウェイ/

きんがく 金額 a **sum (of money)** /サム（マニ）/

•少し［多く］の金額 a small［large］sum of money

きんがしんねん 謹賀新年 **A Happy New Year!** /イア/

きんがん 近眼 →きんし¹

きんきゅう 緊急の **urgent** /ア〜ヂェント/

•緊急の事態 an emergency
•緊急の場合は in an emergency / in case of emergency
•緊急の用件 an urgent affair
•緊急の用事で on urgent business

キンギョ 金魚 《魚》a **goldfish** /ゴウるドふィシュ/（複）同形

キング（トランプの）a **king**

きんげん 金言 a **wise saying** /ワイズ セイインぐ/;（格言）a **maxim** /マクスィム/

きんこ 金庫 a **safe** /セイふ/

ぎんこう 銀行 a **bank**

•銀行通帳 a bankbook / a passbook
•銀行口座 a bank account
•銀行員 a bank employee
•銀行にお金を預ける put［deposit］money in the bank
•銀行からお金を引き出す draw［withdraw］

あ

き

さ

た

な

は

ま

や

ら

わ

きんし 156 one hundred and fifty-six

money from the bank

・彼は銀行に多額の預金がある He has a large sum of money［a large deposit］in a bank.

きんし¹ 近視の **near-sighted** /ニアサイテド/

きんし² 禁止 **prohibition** /プロウイビション/
　禁止する prohibit /プロウヒビト/
・このプールでは午後6時以後の水泳は禁止です Swimming in this pool is prohibited after 6 p.m.
・この通りでは駐車が禁止されています Parking is prohibited［is not allowed］on this street.

きんじょ 近所 **the neighborhood** /ネイバフド/
　近所の（近くの）**nearby** /ニアバイ/；（隣の）**neighboring** /ネイバリング/
　近所の人 a **neighbor** /ネイバ/
・近所の川で in a nearby river
・この近所に in this neighborhood / near ［around］here
・私の家の近所に in my neighborhood / near my house
・彼は昨年この近所に引っ越して来ました He moved into this neighborhood last year.

きんじる 禁じる → きんし² (→ 禁止する)

きんせい¹ 均整 **symmetry** /スィメトリ/
・均整のとれた **symmetrical** / well-proportioned

きんせい² 金星 **Venus** /ヴィーナス/

きんせん 金銭 → かね¹

きんぞく 金属 a **metal**
・貴[卑]金属 precious［base］metals
・金属バット a metal (baseball) bat

きんだい 近代 **modern times** /マダン/
　近代の，近代的な modern
　近代化 modernization /マダニゼイション/
　近代化する modernize /マダナイズ/

きんだいごしゅ 近代五種 **modern pentathlon** /マダン ペンタすらん/

きんちょう 緊張 **tension** /テンション/
　緊張した tense /テンス/；（神経質な）**nervous** /ナ～ヴァス/
・その2国間の緊張を緩和(かんわ)する relieve the tension between the two countries
・入試面接では緊張するだろうなあ I'm afraid I'll be nervous at the entrance exam interview.

ギンナン 銀杏 《植物》a **ginkgo nut** /ギンコウ ナト/ → イチョウ

きんにく 筋肉 a **muscle** /マスる/
　筋肉の(たくましい) muscular /マスキュら/

きんねん 近年 **in recent years** /リースント イアズ/, **lately** /れイトり/

きんべん 勤勉 **diligence** /ディリヂェンス/
　勤勉な diligent /ディリヂェント/, **hard-working** /ハードワ～キング/
　勤勉に diligently, with diligence
・彼はとても勤勉です He is very diligent. / He is a hard worker.

きんむ 勤務 **(official) duty** /(オふィシャる) デューティ/
・勤務時間 working hours / office hours
・勤務中である be on duty
・私の兄はこの工場に勤務しています My brother works in this factory.
・あなたのお父さんの勤務先はどこですか Where does your father work?

きんゆう 金融 **finance** /ふァイナンス/, **financing** /ふァイナンシング/
・金融政策 monetary policy
・金融緩和(量的緩和) quantitative easing

きんようび 金曜日 **Friday** /ふライデイ/ (略 Fri.) → かようび

きんろう 勤労 **labor** /れイバ/
・勤労感謝の日 Labor Thanksgiving Day

く ク

く¹ 9(の) **nine**
・第9(の) the ninth (略 9th)
・十中八九(の場合) nine cases out of ten

く² 区 a **ward** /ウォード/
・区役所 a ward office
・千代田区 Chiyoda Ward / Chiyoda-ku → 手紙のあて名として書く時は後者がふつう

・学区 a school district

く³ 句 《文法》a **phrase** /ふレイズ/
・名詞[形容詞, 副詞]句 a noun［an adjective, an adverb］phrase

ぐあい 具合（状態）a **condition** /コンディション/；（方法）a **way** /ウェイ/
・こういう具合に in this way / like this

・私はきょうは具合が悪くて外出できません
I don't feel well, so I can't go out today.
・どうもこのテレビの具合が悪い
Something is wrong with the TV.

きょうは具合はどうですか
―おかげさまできょうはずっと具合がいい
How do you feel today?
―I feel much better today, thank you.

くい 杭（普通の）a **stake** /ステイク/; (建築土台に打ち込む) a **pile** /パイる/; (目じるしなど) a **post**; (テント用) a **peg**
・杭を打つ[抜く] drive in [pull out] a stake [a pile]

クイーン (トランプの) a **queen** /クウィーン/

くいき 区域 a **district** /ディストリクト/, an **area** /エアリア/, a **zone** /ゾウン/

くいしんぼう 食いしん坊 a **big eater** /イータ/

クイズ a **quiz** /クウィズ/; (複 quizzes)
・(テレビなどの)クイズ番組 a quiz program

くいちがう 食い違う **contradict** /カントラディクト/
食い違い a **contradiction** /カントラディクション/, a **discrepancy** /ディスクレパンスィ/
・君の話はぼくの聞いた話と食い違う
Your story contradicts what I've heard.

くいとめる 食い止める **check** /チェク/, **keep in check** /キープ/, **stem** /ステム/, **put a cap on**
・病気の広がるのを食い止める check the spread of a disease / keep the spread of a disease in check
・地球の温暖化を食い止める stem [put a cap on] the progress of global warming

くいる 悔いる → こうかい¹ (→ 後悔する)

くうかん 空間 **space** /スペイス/

くうき 空気
➤ **air** /エア/
➤ (雰囲気) an **atmosphere** /アトモスふィア/
・空気汚染(おせん) air pollution
・空気銃 an air gun
・(タイヤなどの)空気入れ a pump
・タイヤに空気を入れる pump up a tire
・新鮮な空気の中で十分運動をするようにしなさい
Try to take plenty of exercise in the fresh air.
・その新しく来た生徒はクラスの空気になじめなかった The new student couldn't get used to the atmosphere of the class.

ぐうぐう (腹が鳴る) **rumble** /ランブる/; (寝る) **sleep soundly** /スリープ サウンドリ/, **be fast asleep** /アスリープ/ (→ ぐっすり)
・ぐうぐういびきをかく snore loudly

 何の音だろう．―ぼくのおなかがぐうぐう鳴ってるんだ What is that sound?—My stomach is rumbling.

くうぐん 空軍 an **air force** /エア ふォース/
・空軍基地 an air base

くうこう 空港 an **airport** /エアポート/
・空港に着陸する land at an airport
・空港を離陸する leave an airport
・国際空港 an international airport

くうしゃ 空車 (タクシーの) a **vacant cab** /ヴェイカント キャブ/

くうしゅう 空襲 an **air raid** /レイド/

くうしょ 空所 a **blank** /ブランク/
・空所に記入せよ Fill in the blanks.

ぐうすう 偶数 an **even number** /イーヴン ナンバ/

くうせき 空席 a **vacant seat** /ヴェイカント スィート/

ぐうぜん 偶然
➤ a **chance** /チャンス/
➤ (偶然の出来事) an **accident** /アクスィデント/
➤ (偶然の一致) (a) **coincidence** /コウインスィデンス/

偶然に by chance; by accident; by coincidence
偶然…する happen to *do* /ハプン/
・偶然の知り合い a chance acquaintance
・私は偶然彼に会った I met him by chance. / I happened to meet him.
・私たちは偶然同じバスに乗り合わせていた
We happened to be on the same bus.
・部屋には偶然だれもいなかった There happened to be nobody in the room.
・そうしようと思ってたんじゃないんです．それは偶然だったんです I didn't do it on purpose. It was an accident.

くうそう 空想 a **fancy** /ふァンスィ/, a **daydream** /デイドリーム/
空想する fancy, (day)dream
・彼は楽しい空想にふけっていた
He was indulging in a pleasant fancy.
・それは単なる空想にすぎない
It is a mere fancy [nothing but a fancy].

ぐうぞう 偶像 an **idol** /アイドる/

くうちゅう 空中 the **air** /エア/, the **sky** /スカ

くうはく 158 one hundred and fifty-eight

くうはく 空白 a **blank** /ブランク/

くうふく 空腹 **hunger** /ハンガ/
空腹な hungry /ハングリ/
・私はとても空腹です
I am very hungry. / I'm starving.
・彼は空腹らしい He looks hungry.
[ことわざ] 空腹にまずいものなし Hunger is the best sauce. (空腹は最上のソースである)

クーポン a **coupon** /クーパン/

クーラー (エアコン) an **air conditioner** /エア コンディショナ/; (冷却容器) a **cooler** →「エアコン」の意味で使う「クーラー」は和製英語
・クーラーのきいている air-conditioned

ぐうわ 寓話 a **fable** /フェイブる/, an **allegory** /アれゴーリ/

くかく 区画 (区切り) a **division** /ディヴィジョン/; (区域) a **section** /セクション/; (街区) a **block** /ブらク/

くがつ 9月 **September** /セプテンバ/ (略 Sept.)
・9月に in September
・9月20日に on September 20 (読み方: (the) twentieth)
・9月の初めに early in September / at the beginning of September
・9月の中ごろに in [toward] the middle of September
・2学期は9月から始まります
The second term in school begins in September. →「…から」を ✕from ～ としない

くき 茎 a **stalk** /ストーク/, a **stem** /ステム/

くぎ a **nail** /ネイる/
くぎで留める nail (down)
・くぎを打つ[抜く] drive (in) [pull out] a nail
・彼は壁に棚をくぎで打ちつけた
He nailed a shelf on [to] the wall.

くぎぬき くぎ抜き (1丁) (a pair of) **pincers** /(ペア) ピンサズ/

くぎる 区切る (文章を) **punctuate** /パンクチュエイト/; (仕切る) **divide** /ディヴァイド/, **separate** /セパレイト/
区切り a **division** /ディヴィジョン/; (終わり) an **end**, a **stop**; (途切れ) a **pause** /ポーズ/ → とぎれる (→ 途切れ)
・作業に区切りをつける put a stop to work
・部屋を二つに区切る divide the room into two

くぐる (中 を) **go through** /すルー/, **pass through**; (下を) **go under, pass under**; (水中を) **dive into** /ダイヴ/
・トンネルをくぐる go through a tunnel
・ガードをくぐる go under the railway overpass

くさ 草
➤ (牧草になるもの) **grass**; (雑草) a **weed** /ウィード/ → しば
草を取る weed
・(家畜が)草を食う graze
・草の生えている (草地の) grassy; (雑草の多い) weedy
・草の生えている野原 a grassy field
・草だらけの庭 a weedy garden / a garden covered [overgrown] with weeds
・近いうちに庭の草取りをしなければならない
I will have to weed the garden one of these days.
・彼らは草刈りで忙(いそが)しかった
They were busy cutting grass.
・ウシが野原で草を食っていた
Cattle were grazing in the field.

くさい
➤ **smell (bad)** → におう
・この部屋はペンキ[ガス]くさい
This room smells of paint [of gas].
・この魚はくさくなりかけている
This fish has begun to smell.
・この部屋は何かくさい
Something smells in this room.
・何かこげくさい (→何かが燃えているにおいがする)
I smell something burning.
・ああ, くさい What a smell!

くさばな 草花 a **flower** /ふらウア/
・草花を作る grow flowers

くさやきゅう 草野球 **sandlot baseball** /サンドらト/ → sandlot は「子供の遊び場としての空き地」

くさり 鎖 a **chain** /チェイン/
鎖でつなぐ chain, keep ～ on the chain /キープ/ → ひも

くさる 腐る **rot** /ラト/; (食物が) **go bad**
・暑い時は食物は腐りやすい
Food easily goes bad in hot weather.

くし¹ 串 (肉焼き用) a **spit** /スピト/, a **skewer** /スキューア/

くし² a **comb** /コウム/
くしでとかす comb
・くしで髪をとかす comb one's hair

くじ a **lot**; (宝くじ) a **lottery** /らテリ/ → たから (→ 宝くじ)
・くじを引く draw a lot

- くじに当たる[はずれる]　draw a prize [a blank]
- 当たりくじ　a prize ticket
- 外れくじ　a blank
- 議長をくじで決める　choose a chairperson by lots
- くじを引いてだれから行くか決めよう
Let us draw lots and decide who goes first.
- くじに当たった　The lot fell on me.

くじく sprain /スプレイン/
- 彼は歩道ですべって足首をくじいた
He slipped on the sidewalk and sprained his ankle.

くじける (気持ちが) **be disheartened** /ディスハートゥンド/
- 君はたった1回の失敗でくじけてはいけない
You should not be disheartened by a single failure.

クジャク 孔雀 《鳥》(雄(おす)) a **peacock** /ピーカク/; (雌(めす)) a **peahen** /ピーヘン/

くしゃくしゃ (丸める) **crumple** /クランプる/

くしゃみ a **sneeze** /スニーズ/
くしゃみをする → はくしょん
- コショウをかいだらくしゃみが出た
The pepper made me sneeze.

くじょ 駆除する **get rid of** /リドゥ/
- ゴキブリを完全に駆除するのは難しい　It's difficult to get rid of cockroaches completely.

くじょう 苦情 a **complaint** /コンプれイント/
…について苦情を言う　**complain about [of]** ～, **make a complaint about** ～

クジラ 鯨 《動物》a **whale** /(ホ)ウェイる/ → ほげい

くしん 苦心 **pains** /ペインズ/ → くろう
苦心する　**take pains**
- 苦心して　with great pains

くず waste /ウェイスト/, 《米》 trash /トラシュ/, 《英》 rubbish /ラビシュ/ → ごみ
- くずかご　《米》a wastebasket / 《英》 wastepaper basket

くすくす くすくす笑う **giggle** /ギグる/, **chuckle** /チャクる/

ぐずぐず (残っている) **linger** /リンガ/; (のろい) **be slow** /スろウ/; (手間取る) **delay** /ディれイ/; (ちゅうちょする) **hesitate** /ヘズィテイト/; (不平を言う) **grumble** /グランブる/, **complain** /コンプれイン/
- ぐずぐずしないで　without delay / without hesitation
- 彼は他の人々が立ち去ったあとまでぐずぐずしていた　He lingered after other people had left.
- 彼はぐずぐずしないで行動を始めた

He was not slow to take action. /
He took action without hesitation.
- ぐずぐずするな!　Be quick!
- ぐずぐずしてはいられない
There is no time to lose.
- ぐずぐずしてないでとにかくやってごらん. うまくいくかもしれないぞ
Don't hesitate. Do it anyway. You may succeed.

参考ことわざ 案ずるより生むがやすし　You never know what you can do till you try. (やってみるまでは何ができるかわからない)

くすぐる tickle /ティクる/
- 彼の背中をくすぐる　tickle his back
- 鼻がくすぐったい　My nose tickles.

くずす (金を) **change** /チェインヂ/
- この1万円札をくずしてもらえないでしょうか
Will you change (me) this ten-thousand yen bill?

くすぶる (けむる) **smoke** /スモウク/; (いぶる) **smolder** /スモウるダ/

くすり 薬

➤ (一般的に内服薬) (a) **medicine** /メディスン/; (丸薬) a **pill**; (錠剤(じょうざい)) a **tablet** /タブれト/

- 薬屋　《米》a drugstore / 《英》a chemist's shop
- 薬1服　a dose of medicine
- これはかぜにきく薬です
This is a good medicine for a cold.
- 毎食後にこの薬を1服飲みなさい　Take a dose of this medicine after each meal.

くすりゆび 薬指 the **third finger** /さ〜ドゥ ふィンガ/, **the ring finger** → ふつう親指 (thumb) は finger とはいわないので薬指は3番目

くずれる (つぶれる) **give way** /ウェイ/; (壊れる) **break** /ブれイク/; (形が) **get out of shape** /シェイプ/; (ぼろぼろになる) **go to pieces** /ピーセズ/, **crumble** /クランブる/; (倒れる) **fall down** /ふォーる ダウン/, **collapse** /コらプス/
- 晴天続きの天気がくずれだした　The spell of fine weather has begun to break.
- その地震でたくさんの家屋がくずれた　A lot of houses collapsed due to the earthquake.

くせ 癖 (習慣) a **habit** /ハビト/; (やり方) a **way** /ウェイ/
- 悪い癖がつく　fall [get] into a bad habit
- 癖を直す　lose [get rid of] a habit; (他人の癖を) get *a person* out of a habit

くせに 160

- いつもの癖で by force of habit
- あの子にはつめをかむ悪い癖がある The child has a bad habit of biting his nails.
- ほっておきなさい. それが彼の癖です Leave him alone. That's his way.

くせに …のくせに (…にもかかわらず) **though** /ゾウ/, **although** /オー**る**ゾウ/, **in spite of** /スパイト/

- 彼はからだが大きいくせにとても意気地なしだ Though ［Although］he is big, he is a (big) sissy.
- 彼は金持ちのくせにけちだ In spite of being rich ［Although he is rich］, he is a miser.
- それは事実ではない, 君だって知ってるくせに That is not the case, and you know it.

くせん 苦戦 (試合) a **tough game** /タ**ふ**/; (戦い) a **tough battle** /バ**トる**/ ［**fight** /ふァイト/］, an **up-hill battle** ［**fight**］/アプヒる/ → uphill は「上り坂の」

くだ 管 a **tube** /テューブ/

ぐたいてき 具体的な (明確な) **concrete** /カンクリート/; (特定の) **specific** /スペスィふィク/

具体的に concretely; specifically
- 具体的に言うと to be specific / specifically speaking
- 具体的な証拠 concrete evidence
- もっと具体的におっしゃっていただけませんか Would you be more specific?

くだく 砕く, 砕ける **break** /ブレイク/

くたくた くたくたになる (疲(つか)れる) **be exhausted** /イグゾーステド/
- 私は徹夜仕事でもうくたくただ I'm totally exhausted from working all night.

ください

❶ (いただきたい)
- おかわりをください Please give me another helping.
- 手紙をください Please write to me.
- どっちもいいけど, そうね, こちらをください I like them both. Well, I'll take this one. → 店で買い物をする時の言い方

❷ (…してください) **Please** do. /プリーズ/ / **Will you** (**please**) do? / **Would you** (**please**) do? /ウド/ / **Do you mind** doing? /マインド/ / **Would you mind** doing?
- ドアを閉めてください → 次の訳文の順で丁寧(ていねい)になる Please shut the door. / Shut the door, please. / Will you (please) shut the door? / Would you (please) shut the door? / Do ［Would］you mind shutting the door?

くたびれる → つかれる

くだもの 果物
➤ (a) **fruit** /ふルート/
- 果物屋 a fruit store
- 果物の皮をむく peel a fruit
- 私は果物が好きだ I like fruit. → ばく然と「果物全体」をさす時は単数形で冠詞をつけない
- その店ではどんな果物を売っていますか What fruits do they sell at the store? → 果物の種類をいう時は複数形にもなる
- トマトは果物ですか Is a tomato a fruit?
- 君はたくさん果物を食べなければいけません You should eat a lot of ［much］fruit.

くだらない (ばかげた) **ridiculous** /リディキュラス/, **stupid** /ステューピド/, **silly** /スィり/; (おもしろくない) **uninteresting** /アニンタレスティング/; (取るに足らない) **trivial** /トリヴィアる/

くだり 下りの **down** /ダウン/
- 下り列車 a down train

くだりざか 下り坂 a **downward slope** /ダウンワド スろウプ/

下り坂である (人気などが) **decline** /ディクらイン/, **be on the wane** /ウェイン/; (天気が) **change for the worse** /チェインヂ ワ～ス/

くだる 下る **go down** /ダウン/, **descend** /ディセンド/
- 坂を下る go downhill
- 山を下る go down ［descend］a mountain
- ボートで川を下る go down a river in a boat
- 町はその川をもっと下った所にあります The town is situated further down the river.
- ここから道は下り始めます(下り坂になります) Here the road begins to descend ［go down］.

くち 口
➤ a **mouth** /マウす/
- びんの口 the mouth of a bottle
- やかんの口 the spout of a kettle
- 口を開ける[閉める] open ［shut］one's mouth
- …を口に入れる put ～ into one's mouth
- パイプを口にくわえる hold a pipe in one's mouth
- …に口答えをする answer ～ back / talk back to ～
- 口をすべらせる make a slip of the tongue
- 口を出す cut in / ひゆ put one's oar in (自分の櫂(かい)を入れる) / (おせっかいをやく) stick one's nose into ～
- 口のきけない動物 dumb creatures

161 one hundred and sixty-one

くつろぐ

- ・口が悪い have a sharp tongue
- ・口数の少ない[多い] quiet [talkative]
- ・口やかましい nagging
- ・口伝え[口コミ]で by word of mouth
- ・そのうわさは口から口へと広がった

The rumor spread from mouth to mouth.
- ・食べ物を口にいっぱい入れて物を言うな

Don't talk with your mouth full.

ことわざ 良薬は口に苦(にが)し Good medicine is bitter in the mouth. / No rose without a thorn. (とげのないバラはない)
- ・ホワイト夫人はよく自分の息子のことを口にする

Mrs. White often speaks of her son.
- ・彼は腹がたって口もきけなかった He was so angry that he could say nothing. / He was too angry to say anything. / He was speechless with anger.

ことわざ 口は災いの元

Least said, soonest mended. (口数が少なければ, (間違っても)すぐ言い直すことができる)
- ・それが彼の口癖(くちぐせ)だ

That's his pet [favorite] phrase.

ぐち 愚痴 → ふへい

くちばし a **bill** /ビる/; (猛鳥類の湾曲(わんきょく)した) a **beak** /ビーク/

くちびる a **lip** /リプ/
- ・上[下]くちびる the upper [lower] lip
- ・くちびるをとがらせる pout
- ・彼は(黙れというしるしに)指をくちびるに当てた

He put his finger to his lips.

くちぶえ 口笛 a **whistle** /(ホ)ウィスる/

口笛を吹く whistle, blow a **whistle** /ブロウ/
- ・口笛で曲を吹く whistle a tune
- ・口笛を吹いてイヌを呼ぶ whistle for a dog

くちべに 口紅 **rouge** /ルージュ/; (棒状) a **lipstick** /リプスティク/
- ・口紅をつける (動作) put on lipstick

くちょう 口調 a **tone** /トウン/
- ・穏(おだ)やかな[おごそかな]口調で in a gentle [grave] tone

くつ 靴

➤ (短靴) **shoes** /シューズ/; (長靴) **boots** /ブーツ/
- ・靴1足 a pair of shoes [boots]
- ・靴ひも 《米》a shoestring, a shoelace / 《英》a shoelace
- ・靴墨 shoe polish
- ・靴ブラシ a shoe brush
- ・靴べら a shoehorn

- ・靴みがき(人) a shoe-shiner
- ・靴屋 《米》a shoe store / 《英》a shoe shop
- ・運動靴 sneakers
- ・革靴 leather shoes
- ・ゴム長靴 rubber boots
- ・靴 を はく [脱(ぬ)ぐ] put on [take off] one's shoes
- ・靴をはいたままで with one's shoes on
- ・かかとに靴ずれができる get a blister on one's heel
- ・彼は新しい靴をはいている He is wearing new shoes. / He has new shoes on.

くつう 苦痛 → 痛み

クッキー a **cookie** /クキ/, 《英》a **biscuit** /ビスキト/

くっきり **clearly** /クリアリ/

くつした 靴下 (短い) **socks** /サクス/; (長い) **stockings** /スタキングズ/
- ・靴下1足 a pair of socks [stockings]
- ・靴下をはく[脱(ぬ)ぐ] pull on [off] one's socks

クッション a **cushion** /クション/

ぐっすり **soundly** /サウンドリ/, **fast**
- ・赤ん坊は揺りかごの中でぐっすり眠っている

The baby is sleeping soundly in a cradle.

ぐったり (疲(つか)れた) **tired** /タイアド/, **exhausted** /イグゾーステド/; (しおれた) **limp** /リンプ/
- ・ぐったり疲れる be dead tired

くっつく **stick** /スティク/
- ・セロテープが本の表紙にくっついてはがれない

(Some) Scotch tape has stuck on the book cover and won't come off.
- ・あの二人はいつもくっついている

They are always together.

くっつける **join** /ヂョイン/, **put together** /トゥゲざ/; (のりで) **paste** /ペイスト/; (ボンドなどで) **glue** /グる―/, **stick** /スティク/
- ・花びんが割れたけどなんとかくっつけた

The vase broke, but I managed to put it together again.

くってかかる 食ってかかる **fly** /ふらイ/, **let fly**
- ・彼女は私に食ってかかった She let fly at me.

ぐっと (堅く) **tight(ly)** /タイト(リ)/
- ・ぐっと力を込めて with all one's might [strength]

くつろぐ **be at** one's **ease** /イーズ/, **be at home; be comfortable** /カンふォタブる/, **be relaxed** /リらクスト/
- ・どうぞくつろいでください Please make yourself comfortable [at home].
- ・彼はくつろいでひじ掛けいすにすわっていた

あ
く
さ
た
な
は
ま
や
ら
わ

He was sitting at ease in an armchair.

くどい long and repetitive /レペティシャス/

くとうてん 句読点 a **punctuation mark** /パンクチュエイション/

句読点を打つ punctuate /パンクチュエイト/

•この文に適当な句読点を打ちなさい
Punctuate this sentence properly.

くに 国

➤ (国家) a **country** /カントリ/, a **nation** /ネイション/
➤ (地方) a **province** /プラヴィンス/
➤ (故郷) one's **native place** /ネイティヴ プれイス/, one's **hometown** /ホウムタウン/, one's **home village** /ヴィれヂ/

•世界の国々 the countries of the world
•国じゅうで[に] all over the country
•武蔵(むさし)の国 the Province of Musashi
•彼は私たちの国が生んだ最も偉大(いだい)な作家の一人です He is one of the greatest writers that our country has ever produced.
•あなたのお国はどちらですか Where do you come [Where are you] from?

使い分け

country:「国」を指す一般的な語 Japan is an island country. (日本は島国です)

nation: 地理的な「国」のほかにそこに住む人々もふくみ, 国民や文化に重きを置く語 the Japanese nation (日本国民)

state: 政治組織としての「国家」の意味合いが強く, 国際関係など, 政治的な話をする際に用いられる語 an independent state (独立国)

くばる 配る give out, hand out; (分配する) **distribute** /ディストリビュート/; (配達する) **deliver** /ディリヴァ/; (トランプのカードを) **deal** /ディーる/

•先生がテストの問題用紙を生徒に配った
The teacher gave out the tests to her [his] students.

くび 首

❶ a **neck**; (頭) a **head**
❷ (解雇) **dismissal**

❶ (首) a **neck** /ネク/; (頭) a **head** /ヘド/
•太い[細い]首 a thick [slender] neck
•首を伸ばす crane one's head [neck] forward
•窓から首を出す poke [put] one's head out of the window
•首をかしげる tilt one's head to one side
•彼女は彼の首に抱きついた

She put [threw] her arms around his neck.

•私は彼より首から上だけ背が高い I am taller than he is [(話) than him] by a head.
•彼らは地球温暖化をおさえる方法について首をひねっている **ひゆ** They are scratching their heads over [about] how to reduce global warming. → scratch one's head (頭をかく)は一生懸命考える時のしぐさ
•私たちはお会いする日を首を長くして待っています We are looking forward to the day we see you.

❷ (解雇(かいこ)) **dismissal** /ディスミさる/

首にする, 首を切る dismiss /ディスミス/, (話) **fire** /ふァイア/, **sack** /サク/

首になる be dismissed, get [be] fired, get [be] sacked

くびかざり 首飾り a **necklace** /ネクれス/

くびわ 首輪 a **collar** /かラ/

くふう 工夫 a **device** /ディヴァイス/

工夫する devise /ディヴァイズ/

•この製品にはたくさんの工夫がこらしてある
Many original ideas have been put into this product.

くぶん 区分 **division** /ディヴィジョン/

区分する divide /ディヴァイド/

くべつ 区別 **distinction** /ディスティンクション/

区別する distinguish /ディスティングウィシュ/, **tell**

•善悪の区別をする distinguish [tell] good from evil
•君はこの色とその色とを区別できますか
Can you tell this color from that?

くぼみ a **hollow** /ハろウ/; (車などの) a **dent** /デント/

•地面のくぼみ a hollow in the ground

くぼむ くぼんだ **hollow** /ハろウ/, **sunken** /サンクン/

クマ 熊 《動物》a **bear** /ベア/

•シロクマ a polar bear
•ハイイログマ a grizzly bear
•ヒグマ a brown bear

くまで (道具) a **rake** /れイク/

•くまででかく rake

くみ 組

❶ (クラス) a **class**
❷ (集団) a **group**; (団体) a **party**
❸ (対) a **pair**; (一式) a **set**

❶ (クラス) a **class**
•私たちの学校では各学年とも4組あります

There are four classes for each year [grade] at our school.
・私は３年Ａ組です I belong to Class 3A (読み方: three A). / I am in Class 3A.
・毎年組換えがあります
All the classes are reorganized every year.
❷ (集団) a **group** /グループ/; (団体) a **party** /パーティ/
・数組の観光団体 several parties of tourists / several sightseeing parties
・彼らを三つの組に分けなさい
Divide them into three groups.
・四人一組になって分かれてください Please divide yourselves into groups of four.
❸ (対) a **pair** /ペア/; (一式) a **set**
・手袋一組 a pair of gloves
・茶器一組 a tea set
・道具一組 a set of tools
・彼らは二人ずつ組になってその問題を研究した
They studied the problem in pairs.
・隣にすわっている人と組になってください
Please pair up with the person sitting next to you.
❹ (その他)
・このスカートは上着と組になっている
This skirt has a matching jacket.

くみあい 組合（会）an **association** /アソウシエイション/; a **union** /ユーニョン/
・労働組合 《米》a labor union / 《英》a trade union
・生活協同組合 a consumers' cooperative

くみあわせる 組み合わせる **combine** /コンバイン/; **match** /マチ/
組み合わせ **combination** /カンビネイション/; (競技などの) **match**
・仕事と遊びを組み合わせる combine work with pleasure
・紫色は赤と青の組み合わせです The color purple is a combination of red and blue.
・このブルーのシャツはグレーのスカートと組み合わせて着ると映(は)えますよ
This blue shirt will look very attractive if you wear it with a gray skirt.
・この５つの小片を組み合わせて三角形を作りなさい
Make a triangle by putting these five pieces together.
・われわれのチームは彼らのチームと組み合わされた
Our team was matched against theirs.

くみたてる 組み立てる（部品を集めて）**assemble** /アセンブる/, **put together** /トゥゲざ/

組み立て **assembly** /アセンブリ/
・組み立て工場 an assembly plant
・自動車を組み立てる assemble an automobile

くむ¹ (水を) **draw** /ドロー/; (ポンプで) **pump** /パンプ/
・井戸から水をくむ draw water from a well
・ポンプで水をくみ出す pump out water

くむ² 組む
❶ (腕(うで)を) **fold** /ふォウるド/; (足を) **cross** /クロース/
・足を組む cross *one's* legs
・腕を組んで歩く walk arm in arm
❷ (協力する) **cooperate** /コウアペレイト/, **team up** /ティーム アプ/
・私たちは彼らと組んで環境保護のための新しいキャンペーンを始めた
We teamed up with them to begin a new campaign for environmental protection.

くも 雲
➤ a **cloud** /クらウド/
・雲のない cloudless
・雲が出てきた Clouds are gathering. →「状況があやしくなりだした」の意味にもなる
・きょうは晴れて空には雲一つない It is fine today and there is not a cloud in the sky.
・空は雲におおわれて暗い
The sky is dark with clouds.

クモ 蜘蛛《虫》a **spider** /スパイダ/
・クモの巣(す) a spider's web / a cobweb
・クモの巣の張った cobwebbed

くもり 曇り（天気が）**cloudy weather** /クらウディ ウェざ/; (空が) a **cloudy sky** /スカイ/ → くもる
・きょうの天気予報は「曇り, 時々雨」だ
The weather forecast for today is "Cloudy with occasional rain."
・東北地方はあすは曇りでしょう The Tohoku Area will have cloudy skies tomorrow.

くもりガラス 曇りガラス **frosted glass** /ふロースデド/

くもる 曇る **cloud** /クらウド/; (目・ガラスなどが) **dim** /ディム/, **fog up** /ふァグ/; (顔が) **cloud over**
曇った (雲の多い) **cloudy**; (どんよりと) **overcast** /オウヴァキャスト/
・涙で曇った目 eyes dimmed with tears
・きょうは曇っている It is cloudy today.
・空は一面に曇ってきた
The sky is beginning to cloud over.
・彼女の顔は不安で曇った Her face clouded

くやしい 164 one hundred and sixty-four

over［was clouded］with anxiety.

くやしい 悔しい
➤ be［feel］**frustrated** /ふィ‐る/ ふ**ラ**ストレイ
テド/, be［feel］**chagrined** /シャグ**リ**ンド/
・悔しまぎれに out of frustration［chagrin］
・彼は自分の失敗がとても悔しかった He was
deeply chagrined at［by］his failure.
・彼女は自分が悪くないのにお母さんにしかられてと
ても悔しかった She was very（much）frustrat-
ed when her mother scolded her for some-
thing she didn't do.

くやむ 悔やむ **regret** /リグ**レ**ト/;（残念に思う）**be
sorry** /**サ**リ/
・私たちは皆彼の死を悔やんだ
We all regretted his death.
・彼はそうしたことを悔やんでいる
He regrets having done so.

くよくよ くよくよする **worry**（*one***self**）/**ワ**〜
リ/, **be worried**
・くよくよするな. 何でもないことだ
Don't worry. It's nothing.
・そんなことでくよくよしてはいけない
Don't let such a matter worry you. /
You don't need to worry［worry yourself］
about such a matter.
参考ことわざ 心配は身の毒 Care will kill a cat.
（心配は（九つの命を持つといわれる）ネコでも殺す）

くら 蔵, 倉（倉庫）a **warehouse** /**ウェ**アハウス/

くらい¹ 暗い
➤ **dark** /**ダ**ーク/;（陰気（いんき）な）**gloomy** /グ**る**ー
ミ/
・暗い前途（ぜんと） gloomy prospects
・部屋の中は暗い It is dark in the room.
・（だんだん）暗くなってきた It is getting dark.
・暗くなる前に帰って来なければいけませんよ
You must be back before it gets dark.
・彼には人生の暗い面ばかりをながめる傾向（けいこう）があ
る He has a tendency to look only on the
gloomy［dark］side of life.

くらい² 位 a **rank** /**ラ**ンク/
位が…である **rank**
・位が高い[低い] rank high［low］/ have a high
［low］rank
・位が2番目である rank second

くらい³ …くらい
➤ **about** /ア**バ**ウト/, **or so**;（A と同じくらい…）
as ～ as A;（少なくとも）**at least** /**リ**ースト/

・そのお寺は200年くらい前に建てられたものです
The temple was built about two hundred
years ago. /
The temple is about 200 years old.
・それは佐渡くらいの大きさの島です
It is an island about the size of Sado.
・彼は1週間くらいで退院できるでしょう
He will be able to leave the hospital in a
week or so.
・君くらい英語が話せればいいと思うのだが
I wish I could speak English as well as you.
・自分の部屋くらい掃除（そうじ）しなさい
You should at least clean your own room.

グライダー a **glider** /グ**ラ**イダ/

クライマックス a **climax** /ク**ラ**イマクス/
・試合はクライマックスに達した
The game reached its climax.

クラウド 《IT》**the cloud** /ク**ラ**ウド/ ➔ インターネ
ット上のサーバーやデータベース
・クラウドに写真を保存する save photos to the
cloud
・クラウド・コンピューティング cloud computing
➔ インターネット上のコンピューターでデータを処理
すること

クラウドファンディング **crowdfunding** /ク**ラ**
ウドふぁンディング/ ➔ ✕ cloudfunding ではない
・クラウドファンディングで寄付する make a
pledge on a crowdfunding site /プ**れ**ヂ/

グラウンド a **playground** /プ**れ**イグ**ラ**ウンド/
・彼らはグラウンドで野球をしている They are
playing baseball in the playground.

クラクション the **horn** /**ホ**ーン/ ➔「クラクショ
ン」は製造会社の名前

ぐらぐら
❶（煮（に）立つ）**boil** /ボイる/
・お湯がぐらぐら沸いている
The water is boiling.
❷（ゆるんだ）**loose** /る‐ス/, **shaky** /**シェ**イキ/;
（安定していない）**unsteady** /アン**ス**テディ/ ➔ ぐら
つく
・私が登っている間はしごがぐらぐらしないように押
さえていて
Hold the ladder steady while I climb up.

クラゲ 海月 《動物》a **jellyfish** /**ヂェ**りふぃシュ/
（複）同形

クラシック（音楽）**classical music** /ク**ら**スィカる
ミューズィク/

くらす 暮らす **live** /リ**ヴ**/
暮らし（a）**life** /**ら**いふ/;（生計）**livelihood** /**ら**イ
ヴリフド/, **living** /**リ**ヴィンぐ/

- 幸せに[安楽に]暮らす live a happy [comfortable] life / live happily [comfortably]
- 裕福に暮らしている be well off
- 彼らは魚を捕(と)って暮らしをたてています
They earn their living by fishing.
- 彼女はわずかな年金で暮らしている
She lives on a small pension.

クラス
> a **class**
- 料理[理科]のクラス a cooking [science] class
- クラス委員長 a class president
- クラス会 a class meeting / (卒業後の) a class reunion
- クラスメート a classmate
- 彼はクラスで一番背が高い
He is the tallest boy in the class.
- 私たちのクラスは今度の土曜日にハイキングに行く予定です
Our class is going to go hiking [is going on a hike] next Saturday.
- 私たちのクラスの3分の1近くがかぜで休んでいる
Nearly a third of our class is absent with colds.

グラス a **glass** → コップ
グラタン (フランス語) **gratin** /グラートン/
クラッカー (食べ物・おもちゃ) a **cracker** /グラカ/
ぐらつく shake /シェイク/ → ぐらぐら ❷
ぐらついている **shaky** /シェイキ/

クラブ
❶ (団体) a **club**; (スポーツ) a **team**
- 調理クラブ a cooking club
- クラブ員 a member of the club
- クラブ活動 club activities
- 会話 君は何クラブに入っていますか. ―私はバスケットボールクラブに入っています
What club do you belong to? / What club are you in? ―I belong to the basketball team. / I'm in the basketball team. / I'm a member of the basketball team.
❷ (ゴルフの) a (**golf**) **club**; (トランプの) **clubs**
- クラブのジャック the jack of clubs

グラフ a **graph** /グラふ/
- グラフをかく draw [make] a graph
- 折れ線[棒, 円]グラフ a line [bar, circle] graph

くらべる 比べる **compare** /コンペア/
- AとBを比べる compare *A* with *B*
- その2冊を比べるとそのちがいがすぐわかるでしょう If you compare the two books, you will find the difference at once.

くらむ (光で目が) **be dazzled** /ダズるド/
- 金[欲]に目がくらむ be blinded by money [greed]

グラム a **gram** (略 g.)
くらやみ 暗やみ (the) **darkness** /ダークネス/, **the dark**
- ネコは暗やみの中でもよく見える
Cats can see well in the dark.

クラリネット a **clarinet** /クらリネト/
クランクアップ (映画の撮影終了) **wrap-up** /ラプアプ/, **finish shooting** /シューティング/ → 「クランクアップ」は和製英語
クランクイン (映画の撮影開始) **start shooting** →
「クランクイン」は和製英語
グランド → グラウンド
グランドピアノ a **grand piano** /グランド ピアノウ/
クリ 栗 《植物》 (実) a **chestnut** /チェスナト/; (木) a **chestnut** (**tree**)
くりあげる 繰り上げる **move up** /ムーヴ/, **advance** /アドヴァンス/
- パーティーの日取りを1週間繰り上げる move up [advance] the date of the party by one week

クリーニング (ドライクリーニング) (**dry**) **cleaning** /クリーニング/
- クリーニング屋 (人) a (dry) cleaner; (店) a cleaner's / a laundry

クリーム cream /クリーム/
- クリーム色の cream-colored

クリームコロッケ a **croquette with white sauce in it** /クロウケト, ソース/
グリーンピース 《植物》 **green peas** /ピーズ/

くりかえす 繰り返す
> **repeat** /リピート/

繰り返し repetition /レペティション/
- 繰り返して repeatedly
- 繰り返し繰り返し over and over again
- これは君が前に言ったことの繰り返しにすぎない
This is only a repetition of what you said before.
- このような誤りを繰り返さないように注意しなさい
Be careful not to repeat such an error. / Be careful not to make such an error again.
- 私の言うことを繰り返して言いなさい
Repeat what I say. / Repeat after me.
- 私はその1節を何度も繰り返して読んだ
I read the passage over and over again.

くりさげる 繰り下げる **move back** /ムーヴ/, **move down** /ダウン/, **put off**

クリスチャン 166 one hundred and sixty-six

・文化祭は1週間繰り下げられた　The school festival was moved back by one week.

クリスチャン a **Christian** /クリスチャン/

クリスマス **Christmas** /クリスマス/
・クリスマスイブ　Christmas Eve
・クリスマスカード　a Christmas card
・クリスマスの贈(おく)り物　a Christmas present［gift］
・クリスマスツリー　a Christmas tree
・クリスマスキャロル　a Christmas carol
・クリスマスおめでとう　Merry Christmas!
・私はクリスマスの贈り物に腕(うで)時計をもらった　I was given a watch as a Christmas present.

クリックする **click** /クリク/
・ダブルクリックする　double-click
・OK の文字をクリックする　click on 'OK'

クリップ a **clip** /クリプ/
・クリップで留める　clip (up) / clip together
・書類をクリップで留める　clip papers together

グリル a **grill** /グリる/

くる 来る

❶ **come**
❶ **come**: (訪問する) **visit** /ヴィズィト/; (着く) **arrive** /アライヴ/
・(…から)帰って来る　come back (from ～) / return (from ～)
・(道を)やって来る　come along
・入って［出て］来る　come in［out］
・あした遊びに来いよ　Come and see me tomorrow. / Come to see me tomorrow. →《話》では前の文のほうがふつう
・ここへ来てください　Come here, please.
・ゴミ収集車は週2回来る
A garbage truck comes twice a week.
・トラックが私たちのほうに向かって来るよ！ →現在進行形 A truck is coming toward us!
・来週ここにサーカスが来る
The circus is coming here next week. →この進行形は「近い未来」を表す
・私はあしたまた来ます →未来のこと
I'll come again tomorrow.
・どうして彼女はパーティーに来なかったのでしょう？
Why didn't she come to the party?
・冬が去って春が来た →現在完了
Winter is over, and spring has come.
・彼は学校から帰って来たところだ →現在完了
He has just come back from school.
▶会話 彼はもう来ましたか。―いや、まだ来ていません　Has he come?―No, he has not come yet.

・私は図書館へ行って来たところです
I have been to the library.

┌─ **文法・語法** ─────────────────┐
│「…へ行って(帰って)来たところだ」は **have**
│**been to ～** で表現する。**have gone to ～** は
│「…へ行っていまここにはいない」という意味。
│ただし《米話》では「行って来たところだ」の
│意味で have gone to ～ を用いることがある
└────────────────────────────┘

・ブラウン氏は日本へ来たばかりです
Mr. Brown has just arrived in Japan.
・ほら、バス［彼］が来た　Here comes the bus［Here he comes］. →主語が he, she, it, they の場合は come の前に来る
・少年たちは歌を歌いながらやって来た
The boys came along singing a song.
・日本へ来られた目的は何ですか　What is the purpose of your coming［visit］to Japan?
・彼女は昨日私に会いに来た
She came to see me yesterday.
・水［彼女の髪］は彼女の腰のところまできた
The water came (up)［Her hair came (down)］to her waist.
❷ (…になる) **get**, **begin** /ビギン/
・暗くなってきた　It is getting dark.
・雨が降ってきた　It has begun to rain.
・彼の成績が上がってきた
His grades have begun to improve.
❸ (由来する) **come from**
・地名から来ている姓がたくさんある
There are many surnames that come from place names.

くるう 狂う (気が) **go mad**, **become crazy** /クレイズィ/, **become insane** /インセイン/; (機械などの調子が) **get out of order** /オーダ/, **go wrong** /ローング/; (順序が) **be out of order**; (計画が) **be upset** /アプセト/
・狂っている　be mad; be out of order / be wrong
・時間［あの時計］が狂っています
The time［The clock］is not correct.
・これらのカードは順序が狂っている　These cards are out of order［are not in order］.
・大雨のために私たちの計画は狂った
Our plan was upset by a heavy rainfall.

グループ a **group**
・グループを作る　form (into) a group
・グループになって　in a group / in groups
・グループ活動　group activities
・グループ学習　group work / group study

- ごらんなさい，子供たちがあっちこっちにグループになって遊んでいます　Look! The children are playing in groups here and there.

くるくる (回る) **spin** /スピン/, **whirl** /(ホ)ワ〜る/, **rotate** /ロウテイト/; (巻く) **roll** /ロウる/
- ポスターをくるくる丸める　roll up a poster
- こまがくるくる回っている
A top is spinning round and round.

ぐるぐる (回る) **rotate** /ロウテイト/; (旋回(せんかい)する) **circle** /サ〜クる/; (巡(めぐ)る) **go around** /アラウンド/; (巻く) **roll** /ロウる/, **wind** /ワインド/
- 包帯でぐるぐる巻きにされる　be wound up with [in] bandages
- いなくなったネコをさがして近所をぐるぐる歩き回った　I walked around the neighborhood looking for my missing cat.

くるしい　苦しい

➤ **painful** /ペインふる/; **hard** /ハード/

苦しみ suffering(s) /サふァリング(ズ)/; (痛み) (a) **pain**; (困難) **hardship(s)** /ハードシプ(ス)/
苦しむ pain; suffer
苦しめる pain
- 彼は(痛くて)とても苦しんだ
He was in great pain.
- その知らせはきっと君の両親を苦しめるだろう　The news will surely pain your parents.
- 被災地の人々は寒さと食糧不足に苦しんでいる　The people in the stricken district are suffering from cold and lack of food.
- われわれの苦しみは彼らの苦しみに比べれば何でもない　Our sufferings are nothing compared with theirs.
- 君はこれからいろいろなこういう苦しみにあうことを覚悟(かくご)していなければならない
You must be prepared to experience many such hardships.
- 彼はその知らない国で苦しい生活をした
He had a hard life in the strange land.
- 彼は苦しい言い訳をした
ひゆ He bent over backward to apologize.
→ bend over backward は「(体操選手がからだをそらして床に手をつくように)苦しい姿勢を取る」の意味

くるぶし ankle /アンクる/

くるま　車

➤ (乗り物一般) a **vehicle** /ヴィーイクる/; (自動車) a **car**; (荷車) a **cart** /カート/; (車輪) a **wheel** /(ホ)ウィーる/

- 車を引く　pull a cart
- 車を運転する　drive a car
- 車に乗る[を降りる]　get in [out of] a car
- 車に乗せてやる[もらう]　《米》give [get] a ride / 《英》give [get] a lift
- 車で行く　go by car
- …を車で迎えに行く　pick ~ up (in a car)
- 彼は車で会社へ行きます
He goes to his office by car.
- 彼は自分の車に乗せて私をホテルへ連れて行ってくれた　He took me to the hotel in his car.
- 彼は車の運転がうまい　He is a good driver.

くるまいす 車いす　a **wheelchair** /(ホ)ウィーるチェア/

くるまいすラグビー 車いすラグビー　**wheelchair rugby** /(ホ)ウィーるチェアー ラグビ/

クルミ 胡桃　《植物》(実・木) a **walnut** /ウォーるナト/

グルメ a **gourmet** /グアメイ/

くれ 暮れ　(年の) **the end of the year** /イア/

クレープ (フランス語) a **crepe** /クレイプ/

グレープフルーツ 《植物》(a) **grapefruit** /グレイプふルート/

クレーム (不平・不満) **complaint** /コンプれイント/
→ claim は「(当然の権利としての)要求，主張」
- …にクレームをつける　make a complaint about ~

クレーン (建設用などの重機) a **crane** /クレイン/
- クレーンを操縦する　operate a crane

クレジット credit /クレディト/
- クレジットカード　a credit card

くれませんか …してくれませんか　**Will you** *do*? / **Would you** (**please**) *do*? / **Would you mind** *do*ing? → ください ❷ (→ …してください)

クレヨン (a) **crayon** /クレイオン/
- クレヨン画　a drawing in crayon(s)
- クレヨンで絵をかく　draw a picture with crayons

くれる¹　暮れる　**get dark** /ダーク/, **grow dark** /グロウ/
- 冬には5時前に日が暮れる
In winter it gets dark before five.
- 日が暮れてきた　It is getting [growing] dark.
- 日が暮れる前にうちへ着きたい　I want to get home before dark [before it gets dark].

くれる²
❶ (与える) **give** → あげる ❷
- これは私のおじが私にくれた本です
This is a book (that) my uncle gave me.
- おじは私の誕生日に時計をくれた

My uncle gave me a watch [gave a watch to me] for my birthday.

・だれが君にこの時計をくれたのですか

Who gave you this watch?

❷（…してくれる）ふつう「…のために…する」のように表す.

・彼は君のためなら何でもしてくれるでしょう

He will do anything for you.

・母は私たちにケーキを作ってくれた

Mother made some cake for us. / Mother made us some cake.

・彼らは私にとても親切にしてくれた

They were very kind to me.

くろ　黒(い)

➤ **black**: (薄(うす)黒) **dark** /ダーク/

・黒ネコ　a black cat

・黒っぽい服　a dark suit

・黒雲　dark clouds

・私は海岸で真っ黒に日やけした

I got well tanned on the beach.

・あら，パンが黒こげだ

Oh, the bread was burned black!

・彼女は黒い服を着ていた

She was dressed in black.

くろう　苦労

➤ （努力）**pains** /ペインズ/

➤ （めんどう）**trouble(s)** /トラブる(ズ)/; （困難）**difficulty** /ディふィカるティ/

苦労する　take pains, take trouble, have trouble

・…に苦労をかける　cause 〜 trouble

・苦労して[しないで]　with [without] difficulty

・いろいろとご苦労さま

Thank you for everything.

・私は彼を説得するのにずいぶん苦労した

I took great pains to persuade him.

・私は自分の言うことを英語で理解してもらうのにずいぶん苦労した

I had great trouble to make myself understood in English. / I found it very hard to make myself understood in English.

・私の苦労はすべてむだになった

All my troubles have come to nothing.

・時間までに来るのに途中ずいぶん苦労した

I've had a lot of difficulty in getting here on [in] time.

・雨が降っていたので私はタクシーをつかまえるのに苦労した　It was raining and I had a hard time

catching a taxi.

・彼はとても苦労してそのレポートを完成させた　He completed the paper with great difficulty.

くろうと　（専門家）an **expert** /エクスパ〜ト/; （プロ）a **professional** /プロふェショヌる/

クローバー　《植物》a **clover** /クろウヴァ/

・四つ葉のクローバー　a four-leaf clover

グローバルか　グローバル化　**globalization** /グろウバらイゼイション/

・グローバル化の恩恵と弊害　the benefits and drawbacks of globalization

グローバルな　**global** /グろウバる/

グローブ　a **glove** /グらヴ/

クロール　（泳法）the **crawl** (**stroke**) /クろ〜る (ストろウク)/

・クロールで泳ぐ　swim with the crawl / do the crawl

クローン　a **clone** /クろウン/

・クローン羊　a cloned sheep

くろじ　黒字　(a) **profit** /プラふィト/, **the black**

・黒字になる　go into the black / make a profit

くろしお　黒潮　**the Japan Current** /カ〜レント/, **the Black Current**

クロス　（サッカー）**cross** (**the ball**)

クロスワードパズル　a **crossword** (**puzzle**) /クろ〜スワ〜ド パズる/

グロテスクな　**grotesque** /グロウテスク/

くわ　（農具）a **hoe** /ホウ/

クワ　桑　《植物》(木・実) a **mulberry** /マるベリ/

くわえる¹　加える　（加算する）**add** /アド/; （仲間に）**join** /ヂョイン/

・A に B を加える　add *B* to *A*

・全部加えると　in all

・ぼくもチームに加えてください

Please let me join the team.

くわえる²　（口に）**have 〜 in** *one's* **mouth** /マウす/

・…をくわえて　with 〜 in *one's* mouth

クワガタムシ　a **stag beetle** /スタグ ビートる/

くわしい　詳しい　（十分な）**full**; （細かい）**detailed** /ディーテイるド/; （よく知っている）**know 〜 very well** /ノウ/, **be familiar with 〜** /ふぁミリア/

・詳しく　in full / in detail

・詳しい描写　a full [detailed] description

・詳しい説明　a detailed explanation

・新聞にその事故の詳しい記事が出ているよ

There is a full account of the accident in the newspaper.

・詳しく説明してください

Please explain in detail.

けいかい

• 彼はアメリカ映画に詳しい
He is familiar with American movies.

くわだてる 企てる **attempt** /アテンプト/, **make an attempt**
企て an **attempt**

くわわる 加わる **join** /ヂョイン/
• 君も私たちのゲームに加わりませんか
Won't you join us in the game [join in our game]?
• 私はその一行に加わった I joined the party.

くん …君 **Mr. ～** → 英語では友人や年下の者には名前の前に何もつけないのがふつう

ぐん 郡 《米》a **county** /カウンティ/, 《英》**district** /ディストリクト/
• 印旛郡 Imba County / Imba-gun → 手紙のあて名としてはふつう後者を用いる

ぐんかん 軍艦 a **warship** /ウォーシプ/

くんくん くんくんかぐ（イヌが）**sniff** /スニふ/

ぐんぐん (速く) **rapidly** /ラピドり/; (著しく) **remarkably** /りマーカブり/

ぐんしゅう 群衆 a **crowd** /クラウド/
• 私は群衆の間をかきわけて進んだ
I made my way through the crowd.

• 100 人ほどの群衆が彼の周りに集まった
A crowd of about a hundred people gathered around him.

くんしょう 勲章 a **decoration** /デコレイション/

ぐんじん 軍人 a **soldier** /ソウるヂャ/

くんせい 燻製の **smoked** /スモウクト/

ぐんたい 軍隊 an **army** /アーミ/

ぐんとう 群島 a **group of islands** /グループ アイらンヅ/
• ハワイ群島 the Hawaiian Islands

ぐんび 軍備 **armaments** /アーマメンヅ/
• 軍備を縮小[制限]する reduce [limit] armaments
• 軍備縮小 reduction of armaments

くんれん 訓練 **training** /トレイニンぐ/
訓練する **train** /トレイン/
• 私たちは今度の競技に備えて厳しい訓練を受けている We are now under severe training for the coming contest.
• これらのイヌは盲人(もうじん)を導くように[盲導犬として]訓練中です
These dogs are being trained to guide blind people [as guide dogs].

け　ケ

け¹ 毛
➤ (a) **hair** /ヘア/ → かみ³
➤ (動物のやわらかい毛) **fur** /ふァ～/ (→ けがわり); (かたい毛) **bristle** /ブリスる/; (羊毛) **wool** /ウる/
• 毛深い hairy
• 毛のない hairless; (頭のはげた) bald
• 毛が生える[抜ける] hair grows [falls out]
• 3本の髪の毛 three hairs → 「髪の毛全体」をさす時には冠詞をつけたり複数形にしたりしないが, 1本, 2本と数える時には a をつけたり複数形にしたりする. bristle も同様.
• 彼の髪の毛はしらがになった[薄(うす)くなってきている] His hair has turned gray [is growing thin].

け² …家 **the family** /ふァミり/
• 山田家 the Yamada family / the Yamadas

ケアハウス (軽費老人ホーム) a **nursing home for low-income seniors** /ナ～スィンぐ, シーニアーズ/ → 「ケアハウス」は和製英語

ケアホーム a **nursing home** /ナ～スィンぐ/ → 「ケアホーム」は和製英語

げい 芸 (演技) a **performance** /パふォーマンス/; (手品・動物の) a **trick** /トリク/; (すばらしい) a **feat** /ふィート/

けいい 敬意 **respects** /リスペクツ/
• (…に)敬意を表する pay one's respects (to ～)

けいえい 経営 (管理) **management** /マネヂメント/
経営する **run**. **keep** /キープ/, **manage** /マネヂ/
• 経営者 (所有者) an owner; (支配人) a manager
• 商店[ホテル]を経営する run a store [a hotel]

けいえん 敬遠する **keep away from ～** /キープ アウェイ/, **keep ～ at a distance** /ディスタンス/; (野球で) **give a walk** /ウォーク/

けいおんがく 軽音楽 **light music** /らイト ミュージク/

けいか 経過する → たつ³

けいかい¹ 警戒 (警護) **guard** /ガード/; (監視(かんし)) **watch** /ワチ/
警戒する **guard**; **watch**, **keep watch**, **be on**

けいかい 170 one hundred and seventy

the watch
•彼らは津波を警戒していた
They were on the watch ［were keeping watch］ for tsunami ［tidal waves］.
けいかい² 軽快な（服装・足取りなど）**light** /ライト/; (音が) **rhythmical** /リずミカる/

けいかく 計画

➤ a **plan**
計画する plan, make a **plan**
計画的な planned, systematic /スィステマティク/; (意図的な) **intentional** /インテンショヌる/
•計画どおりに　according to the plan / as planned
•計画を実行する［立てる］　carry out ［make］a plan
•君は夏休みの計画をもう立てましたか
Have you made your plans for the summer vacation yet?
•私たちは今年の夏に海外旅行を計画しています　We are planning to go abroad this summer.
•今週末の(あなたの)計画は何ですか
What are your plans for this weekend?
•この春休みは何か計画が␣おありですか
Do you have any plans for this spring vacation?
•私たちの学校では修学旅行は生徒の手によって計画されます
At our school the graduation trip is planned by students.
•新しい団地の建設が今計画中である
The construction of a new housing development is now in the planning stage.
•その計画はうまく行った
That plan worked out well ［all right］.
けいかん 警官　**a police officer** /ポリース オーふィサ/; (集合的に) **the police** (複数扱い)
•警官がその地区を定期的に巡回(じゅんかい)する
The police regularly patrol that area.
けいき 景気（商売の）**business** /ビズネス/
•今は景気がいい　Business is brisk ［good］.
•今は景気が悪い　Business is bad ［poor］.
•景気は上向きになって来ている
Business is picking ［looking］up.
•景気は下り坂だ　Business is slowing down.
・会話 お宅は景気はいかがですか. ―まあまあというところです　How is your business? ―It's only so-so.
•彼はいつも景気のいいことばかり言っている
He always talks big.

けいぐ 敬具　**Yours sincerely** /スィンスィアリ/, **Sincerely yours**

けいけん 経験

➤ (an) **experience** /イクスピアリエンス/
経験する experience. have experience (in ～)
•経験の豊かな　experienced
•経験のない　inexperienced
•私の経験では　in my experience(s)
•経験を積む　gain experience
•経験から学ぶ　learn from experience
•サーカスに行くのはケンには初めての経験だった
Going to the circus was a new experience for Ken.
•彼は英語を教えた経験がたくさんある
He has a lot of experience in teaching English. / He has a lot of experience as a teacher of English.
•彼は経験が浅い (→経験を欠く)
He lacks experience.
•あなたはアルバイトをした［このような仕事に］経験がありますか
Do you have any experience in working part-time ［in this kind of work］?
•彼は世界中を旅行してめずらしい経験をたくさんしました
He had a lot of unusual experiences traveling around the world. ➔ 個々の経験を意味する時は a をつけたり複数形にしたりする
•それが私がテレビに出た初めての経験でした
It was my first experience appearing ［to appear］on TV.
•このことは私自身の経験から言っているのです　I say this from my own experience.
けいこ a **lesson** /れスン/; (練習) **practice** /プラクティス/; (劇の) a **rehearsal** /リハ～サる/
•ピアノのけいこ　a piano lesson
•私はピアノを毎日2時間けいこする　I practice the piano for two hours every day.
けいご 敬語　a **polite expression** /ポらイト イクスプレション/
けいこう 傾向　a **tendency** /テンデンスィ/
…する傾向がある tend to do, **have a tendency to** do; (好ましくない傾向が) **be apt to** do
•彼は何でも大げさに言う傾向がある　He tends ［has a tendency］to exaggerate everything.
•君たちは入学試験の傾向を知って, 必要な対策を立てなければならない
You must know the general scope and nature of the entrance examination and make

けいこうぎょう 軽工業 **light industries** /らイトインダストリズ/

けいこうとう 蛍光灯 **a fluorescent lamp** /ふろーレセント ランプ/

けいこうペン 蛍光ペン **a highlighter** /ハイらイタ/, **a marker pen** /マーカ/

けいこく 警告 **(a) warning** /ウォーニング/
警告する warn, give (a) warning; (要求する) **order** /オーダ/
• その川で泳がないように彼は私たちに警告した He gave us (a) warning against swimming [not to swim] in that river.
• 医師は私にしばらくは激しい運動をしないように警告した The doctor ordered me to avoid heavy exercise for some time.

けいさい 掲載する **carry** /キャリ/, **publish** /パブりシュ/
• たいていの新聞は連載小説を掲載している
Most papers carry a serial story.

けいざい 経済 **economy** /イカノミ/
経済(上)の economic /イーコナミク/
経済的な economical /イーコナミカる/
• 経済的に economically
• 経済学 economics
• 経済学者 an economist
• 経済成長(率) (the rate of) economic growth
• 経済産業省[大臣] the Ministry [Minister] of Economy, Trade and Industry
• 電気ストーブを使うより石油ストーブを使うほうが経済的です It is more economical to use an oil heater than an electric heater.

けいさつ 警察 **the police** /ポリース/ (複数扱い)
• 警察署 a police station
• 警察官 a police officer → けいかん
• 女性警察官 a policewoman (複 -women)
• 警察に届ける report to the police; (持っていく) bring ～ to the police
• 警察は私たちの安全を守ります
The police look after our safety.

けいさん 計算
➤ **calculation** /キャるキュれイション/
➤ (算数の問題) **a sum** /サム/
計算する calculate /キャるキュれイト/; **do sums**
• 計算機 a calculator
• 計算がうまい[速い] be good [quick] at sums
• 彼は頭の中ですばやく計算した
He did a rapid sum in his head [a rapid mental calculation].

necessary preparations.
• その費用は計算すると1千万円になる
The cost is calculated at ¥10,000,000 (読み方: ten million yen).

けいし 軽視する **make [think] light of** /[スィンク] らイト/, **make [think] little of:** (無視する) **neglect** /ニグれクト/
• 最近人命を軽視する傾向がある People tend to think little of human life these days.

けいじ¹ 掲示 **a notice** /ノウティス/
掲示する put up a notice
• 掲示板 《米》a bulletin board / 《英》a notice board

けいじ² 刑事 **a detective** /ディテクティヴ/

けいしき 形式 **a form** /ふォーム/
形式的な, 形式張った formal /ふォーマる/; (心のこもっていない) **perfunctory** /パふァンクトリ/
• 形式張らない informal
• ちゃんとした形式で in due form
• それは単なる形式の問題です
It is a mere matter of form.
• 彼らは形式を重んじすぎる They make too much of forms. / They stick to forms too much.

けいしゃ 傾斜 **a slope** /スろウプ/
傾斜する, 傾斜させる slope, lean /リーン/
• 陸地は海の方へなだらかに傾斜している The land slopes gently down toward the sea.
• この柱は少し右に傾斜している
This pillar leans a little to the right.

げいじゅつ 芸術 **art** /アート/
芸術家 an artist
• 芸術的な artistic
• 芸術作品 a work of art

けいしょく 軽食 **a light meal** /らイト ミーる/, **a snack** /スナク/

けいせい 形勢 **the situation** /スィチュエイション/
• 形勢がわれわれに不利[有利]になった
The situation has become unfavorable [favorable] to us.

けいぞく 継続 **continuation** /コンティニュエイション/
継続する continue /コンティニュー/
• 継続的な (ひんぱんな) continual; (絶え間ない) continuous
• 継続的に continually; continuously
• 私はこの仕事をもう1年継続します
I will continue this work for another year.

けいそつ 軽率な (不注意な) **careless** /ケアれス/; (早まった) **hasty** /ヘイスティ/

けいたい　172　one hundred and seventy-two

軽率に carelessly; hastily
・人のことを軽率に判断してはいけない
Don't judge people hastily.

けいたい 携帯する **carry** /キャリ/
携帯用の **portable** /ポータブる/
・携帯電話 a cellular phone / a cellphone /
《英》a mobile phone / (二つ折りの) a folding
[foldable] phone /ふォウるディング [ふォウるダブ
る] ふォウン/
・必ずパスポートを携帯してください
Be sure to carry your passport with you.

けいてき 警笛 a **horn** /ホーン/, a **siren** /サイア
レン/

けいと 毛糸 **wool** /ウる/; (紡(つむ)いだ糸) **woolen
yarn** /ウるン ヤーン/
・毛糸の woolen
・毛糸でセーターを編む knit a sweater (out) of
wool / knit wool into a sweater

けいど 経度 **longitude** /らンヂテュード/ (略 long.)
・東経30度 Long. 30°E. (読み方: longitude
thirty degrees east)

けいとう 系統 a **system** /スィステム/
・系統的な systematic
・系統的に systematically

げいにん 芸人 an **entertainer** /エンタテイナ/

げいのう 芸能 (娯楽) **entertainment** /エンタテイ
ンメント/
・芸能人 an entertainer / (テレビタレント) a TV
personality
・芸能界 the entertainment world

けいば 競馬 **horse racing** /ホース レイスィング/;
(1回の) a **horse race**
・競馬場 a racetrack / a racecourse

けいはく 軽薄な **frivolous** /ふリヴォらス/

けいひ 経費 → ひよう

けいび 警備 **guard** /ガード/
警備する **guard, stand guard**
・(夜間)警備員 a (night) guard

けいひん 景品 a **premium** /プリーミアム/, 《米》a
giveaway /ギヴァウェイ/, a **gift**; (賞品) a **prize**
/プライズ/

けいべつ 軽蔑 **contempt** /コンテンプト/
軽蔑する **feel contempt for** /ふィーる/, **look
down upon** /るク ダウン/
・軽蔑すべき contemptible
・軽蔑して with contempt
・彼らはそのような行為(こうい)を軽蔑した
They felt contempt for such conduct.

けいほう 警報 an **alarm** /アらーム/
警報を発する **alarm, give an alarm**

・警報器 an alarm
・火災警報 a fire alarm

けいむしょ 刑務所 a **prison** /プリズン/
・彼は殺人罪で刑務所に送られた
He was sent to prison for murder.
・彼は刑務所で服役中だ He is in prison.

けいやく 契約 a **contract** /カントラクト/
契約する **contract** /コントラクト/, **make a con-
tract**

けいゆ …経由で **by way of ～** /ウェイ/, **via ～**
/ヴァイア/
・彼はマイアミ経由でハバナへ行きました
He went to Havana by way of [via] Miami.

けいようし 形容詞 《文法》an **adjective** /アヂェク
ティヴ/

けいりゃく 計略 a **trick**
・私は彼の計略にはまってしまった
I fell for his trick.

けいりゅう 渓流 a **mountain stream** /マウンテ
ン ストリーム/

けいりん 競輪 **bicycle racing** /バイスィクる レイ
スィング/; (1回の) a **bicycle race**

けいれい 敬礼 a **salute** /さるート/
敬礼する **salute**

けいれき 経歴 one's **career** /カリア/, one's
background /バクグラウンド/, one's **personal
history** /パ～ソヌる ヒストリ/
・長い舞台経歴 one's long stage career
・経歴詐称(さしょう) a false statement about one's
career
・彼は外交官として輝かしい経歴を持っている
He has had a brilliant career as a diplomat.
・私は彼の経歴については何も知らない
I know nothing about his background.

けいろうのひ 敬老の日 **Respect-for-the-Aged
Day** /リスペクトふォディエイヂド/

ケーキ (a) **cake** /ケイク/
・ショートケーキ a shortcake
・デコレーションケーキ a party cake / a fancy
cake →「デコレーションケーキ」は和製英語
・クリスマスケーキ a Christmas cake
・バースデーケーキ a birthday cake
・ホットケーキ a pancake / a hot cake
・子供たちはケーキが大好きです Children like
cake very much. → ばく然と「ケーキ」という時は
a をつけたり複数形にしたりしない
・ケーキをもう一ついかがですか
Won't you have another piece of cake? →
「切ったケーキの一切れ」は a piece of cake
・この箱にはケーキが6個入っている There are six

cakes in this box. → 一定の形のケーキを数える時 は a cake, two cakes などとなる

ケース a **case** /ケイス/
• それはケースバイケースだ It depends.

ケーブルカー a **cable car** /ケイブる/

ケーブルテレビ **cable television** /ケイブる テれヴィジョン/
• ケーブルテレビの番組 a cable television program

ゲーム a **game** /ゲイム/
• ゲームセンター an (amusement) arcade
• テレビゲーム a video game
• ゲームをする play a game
• ゲームに勝つ[負ける] win [lose] a game

けが
➤ (事故などによる) an **injury** /インヂャリ/; (銃・刀による) a **wound** /ウーンド/

け が を す る **be injured** /インヂャド/; **be wounded**; **hurt** *oneself* /ハ〜ト/, **be hurt**, **get hurt**
• 軽い[ひどい]けが a slight [serious] injury [wound]
• けが人 an injured [a wounded] person; (集合的に) the injured / the wounded
• 私は指にけがをした I hurt my finger.
• おけがはありませんか Didn't you get hurt?
• 彼は自動車事故で大けがをした
He was badly injured in an auto accident.

げか 外科 **surgery** /サ〜ヂェリ/
• 外科の surgical
• 外科医 a surgeon
• 外科手術を受ける undergo a surgical operation

けがわ 毛皮 (a) **fur** /ふァ〜/; (毛皮の衣服) **furs**
• 毛皮のコート[えり巻き] a fur coat [stole]

げき 劇 a **drama** /ドゥラーマ/; (芝居) a **play** /プれイ/
• 劇的な dramatic
• 劇的に dramatically
• 劇作家 a dramatist
• 劇場 a theater
• 劇団 a theatrical company
• 3幕6場の劇 a play in three acts and six scenes
• 私たちは学園祭で一幕劇を上演した We put on a one-act play at the school festival.
• 私は昨夜劇を見に行った
I went to the theater last evening.
• 彼は何の役でその劇に出るのでしょうか

What is his part in the play?

げきが 劇画 a **comic book** /カミク/

げきせん 激戦 (激しい戦い) a **fierce battle** /ふィアス バトる/

げきれい 激励 **encouragement** /インカ〜レヂメント/

激励する **encourage** /インカ〜レヂ/, **give encouragement to** ～
• お手紙で私たちは大いに激励されました
We were greatly encouraged by your letter. / Your letter gave us great encouragement.

げこう 下校する **go home from school**, **come home from school**
• 下校の途中で on *one's* way home from school

けさ **this morning** /ずィス モーニング/
• けさはとても寒いですね
It's very cold this morning, isn't it?

ケシ 芥子 《植物》 a **poppy** /パピ/

げし 夏至 **the summer solstice** /サるスティス/

けしいん 消印 a **postmark** /ポウストマーク/

けしき 景色 (全体的な) **scenery** /スィーナリ/; (ながめ) a **view** /ヴュー/
• この地方の景色は日本で一番美しいと言われています The scenery of this area is said to be the most beautiful in Japan.
• 窓からの景色は実に美しい The view from the window is very beautiful.
• ここからは湖の景色がもっとよく見えます
You can get a better view of the lake from here.

使い分け
scenery は自然などの風景を表し, view はある地点からのながめを表す

けしゴム 消しゴム an **eraser** /イレイサ/, 《英》a **rubber** /ラバ/
• …を消しゴムで消す rub out ～ with an eraser [a rubber] / erase ～

げしゃ 下車する **get off**
• …で途中下車する stop over [make a stopover] at ～

げしゅく 下宿屋 (食事つきの) a **boarding house** /ボーディング ハウス/; (部屋だけの) a **rooming house** /るーミング/, a **lodging house** /らヂング/
下宿する **board**; **room**, **lodge**
• 下宿人 a boarder / a roomer
• 彼は彼のおじの所に1年間下宿した He lodged with his uncle [at his uncle's] for one year.

げじゅん 下旬に **toward the end of a month**

・私たちは今月の下旬に試験があります
We will have an examination toward the end of this month.

けしょう 化粧 (a) makeup /メイカプ/
化粧する **make up** *one's* **face** /ふェイス/, **put on makeup**
・化粧道具 makeup tools
・化粧品 cosmetics
・おかあさんは急いで化粧した
Mom made her face up hurriedly.

けす 消す
❶ (火を) **put out**
❷ (電灯などを) **turn off**
❸ (文字などを) **erase**

❶ (火を) **put out**, **extinguish** /イクスティングウィシュ/ →ふきけす
・火[ろうそく]を消す put out a fire [a candle]
❷ (電灯・テレビ・ラジオなどを) **turn off** /タ～ン/, **switch off** /スウィチ/; (ガスを) **turn off**
・寝る前に電灯[テレビ, ガス]を消してください
Please turn off the light [the TV, the gas] before you go to bed.
❸ (文字などを) **erase** /イレイス/, 《英》 **rub out** /ラブ/; (線などを引いて) **cross out**
・消しゴムで鉛筆書きのしるしを消す erase pencil marks with a rubber
・黒板を消す erase [clean] the blackboard
・一行全部を線で消す cross out the whole line
❹ (姿を) **disappear** /ディサピア/
・太陽は地平線の下に姿を消した The sun disappeared [sank] below the horizon.

put out

erase

turn off

げすい 下水 **sewage** /スーエヂ/

・下水管 a sewer
ゲスト a **guest**
けずる 削る (木などを) **shave** /シェイヴ/; (とがらせる) **sharpen** /シャープン/; (かんなで) **plane** /プれイン/; (削減(さくげん)する) **reduce** /リデュース/; (費用を) **cut down** /ダウン/
・鉛筆(えんぴつ)を削る sharpen a pencil
・経費を削る cut down expenses

けた 桁
❶ (数字の) a **digit** /ディヂト/, a **figure** /ふィギャ/
・3桁の数 a number of three digits [figures]
❷ (上部構造を支える横材) a **beam** /ビーム/; a **girder** /ガ～ダ/

げた *geta*, **Japanese wooden clogs** /ウドゥン クらグズ/
・げた箱 a shoe cupboard; (棚) shoe shelves
けだかい 気高い **noble** /ノウブる/
けだもの a **beast** /ビースト/
けち (人) a **miser** /マイザ/
けちな (金などに) **stingy** /スティンヂ/; (取るに足りない) **small**, **petty** /ペティ/, **trivial** /トリヴィアる/
けちをつける find fault with /ふァインド ふォーると/
・金持ちはけちになりがちだ
Rich people are apt to be stingy.
・そんなけちなことにかまうな
Never mind such a small matter.
・君の提案にけちをつけるつもりはないよ
ひゆ I don't mean to throw cold water on your suggestions. (冷水を浴びせるつもりはない)
ケチャップ ketchup /ケチャプ/
・…にケチャップをかける put ketchup on ～
けつあつ 血圧 **blood pressure** /ブらド プレシャ/
・血圧が高い[低い] have high [low] blood pressure
けつい 決意 →けっしん
けつえき 血液 **blood** /ブらド/ →ち¹
・血液銀行 a blood bank
・血液型 a blood group [type]
・O型の血液 group [type] O blood
会話 君の血液型は何型ですか. ―A型です What is your blood type?―It's A.

けっか 結果
➤ a **result** /リザるト/; (an) **effect** /イふェクト/
・結果として…になる result in ～
・その結果(として) as a result
・結果的には (最後には) in the end; (事が起こって

からわかったのだが) being wise after the fact
・原因と結果　cause and effect
・結果はどうなろうとも　ひゆ　let the chips fall where they may → chip はなたで木を切る時に飛び散る「木片」
・結果は予期した以上であった
The result was beyond expectation. / The result was better than I had expected.
・期末試験の結果はどうだった?
What were your results in the term exams?
・私の努力からは何の結果も生まれなかった
My efforts resulted in nothing.

けっかく 結核　**tuberculosis** /テュバ～キュろウスィス/ (略 T.B.)
けっかん¹ 血管　a **blood vessel** /ブらドヴェスる/
けっかん² 欠陥　a **defect** /ディフェクト/
　欠陥のある **defective** /ディフェクティヴ/
・欠陥商品　a defective product
げっかん 月刊の　**monthly** /マンすり/
・月刊誌　a monthly (magazine)
げっきゅう 月給　a (**monthly**) **salary** /(マンすり)サらリ/ → きゅうりょう¹
けっきょく 結局　**after all**; (最後には) **in the end, finally** /ふァイナリ/
・結局何事も起こらなかった
Nothing happened after all.
・結局真実が明らかにされた
The truth was brought to light in the end.
げっけい 月経　**menstruation** /メンストルエイション/ → せいり²
・月経周期　a menstrual cycle
ゲッケイジュ 月桂樹　《植物》a **laurel** /ろーレる/
けつごう 結合　**combination** /カンビネイション/
　結合する **combine** /コンバイン/, **knit** (**together**) /ニト(トゥゲざ)/
けっこう¹ 結構
❶ (よい) **nice** /ナイス/, **good**; (容認) **all right** /ライト/
・それで結構です　That's all right.
・安ければ, どんな部屋でも結構です
Any room will do, if it is inexpensive.
❷ (断り) **No, thank you.**

もう1杯紅茶をいかがですか
―もう結構です
Won't you have [How about] another cup of tea?
―**No, thank you.**

❸ (かなり) **fairly** /ふエアリ/, **rather** /らざ/ → かなり
・彼は結構うまく泳げる
He can swim fairly well.
・気をつけて. 結構重たいよ
Be careful. It's rather heavy.
けっこう² 決行する　(計画を) **carry out** /キャリ/; (会などを) **hold** /ホウるド/
・小雨にもかかわらず, 運動会は決行された
The athletic meet was held in spite of drizzly weather.
けっこう³ 欠航する　**be canceled** /キャンセるド/
げっこう 月光　**moonlight** /ムーンライト/
けっこん 結婚　(a) **marriage** /マリヂ/
　(…と)結婚する **marry** (〜) /マリ/, **get married** (**to** 〜)
・(…と)結婚している　be married (to 〜)
・結婚式　a marriage ceremony / a wedding
・結婚記念日　a wedding anniversary
・結婚指輪　a wedding ring
・見合い結婚　an arranged marriage
・恋愛結婚　a love marriage
・正夫と昌子は先月結婚しました　Masao and Masako got married last month.
・あそこのお嬢(じょう)さんたちはみんな結婚しています
All their daughters are married.
・彼女はピアニストと結婚している
She is married to a pianist.
けっさい 決済 (支払い)　**payment** /ペイメント/
・QR コード[スマホ]決済　QR code [mobile] payment
・電子決済　electronic [cashless] payment
けっさく 傑作　a **masterpiece** /マスタピース/
けっして 決して…ない　**never** /ネヴァ/, **by no means** /ミーンズ/, **not at all**
・彼は決してうそをつかない　He never tells a lie.
げっしゃ 月謝　a **monthly tuition fee** /マンすりテューイション ふィー/
げっしゅう 月収　a **monthly income** /マンすりインカム/
けっしょう¹ 結晶　a **crystal** /クリストる/
　結晶する, 結晶させる **crystallize** /クリスタらイズ/
けっしょう² 決勝(戦)　**the final(s)** /ふァイヌる(ズ)/
・準決勝　the semifinal(s)
・準々決勝　the quarterfinal(s)
・決勝(戦)に出場する　play in the finals
けっしょう³ 血漿　**plasma** /プらズマ/
けっしょうばん 血小板　a **platelet** /プれイトれト/
けっしょく 血色
・彼女は血色がいい (→健康な顔色をしている)

She has a healthy color.

げっしょく 月食 a **lunar eclipse** /るーナ イクりプス/ ➡ にっしょく

けっしん 決心

➤ (強い意志) **determination** /ディタ〜ミネイション/

➤ (決意) **resolution** /レゾるーション/

決心する　make up one's **mind** /マインド/; (決心する，決心させる) **determine** /ディタ〜ミン/; **resolve** /リザるヴ/

•彼はそれをもう1度やってみようと決心した
He made up his mind to try it again.

•私はそこへ一人で行こうと決心した
I determined to go [on going] there alone.

•私は君の望むとおりにしようと決心した
I resolved to do as you wish.

•このことがあったので私はそこへ行く決心をした
This determined me to go there.

•私はその計画の実行を堅く決心している　I am fully determined to carry out the plan.

けっせき 欠席

➤ **absence** /アブセンス/

欠席する　be absent /アブセント/, **stay away** /ステイ アウェイ/

•欠席者　an absentee

•欠席届　a notice of absence

•きょうはだれが欠席ですか
Who is absent today?

•彼は学校をよく欠席する[めったに欠席しない] He is often [seldom] absent from school.

•彼は先週の水曜日から学校を欠席しています
He has been absent from school since last Wednesday.

•君は少なくとも2週間は学校を欠席しなければならないでしょう
I am afraid you will have to stay away from school for at least two weeks.

けつだん 決断 (a) **decision** /ディスィジョン/

決断する　decide /ディサイド/, **make up** one's **mind** /マインド/

•決断力に欠けている　be lacking in decision / be indecisive

•彼は決断が速い[遅い]
He is quick [slow] to make decisions.

けってい 決定 **decision** /ディスィジョン/

決定する　decide /ディサイド/ ➡ きめる

•決定的な　decisive

けってん 欠点 a **fault** /ふォーるト/

•欠点のない　faultless

•彼にはこれといって欠点がない
He has no particular fault.

•いろいろ欠点はあるけど私は彼が好きだ
Even with all his faults I like him. / I like him in spite of all his faults.

•自分に欠点のある人は他人の欠点を責めてはいけない(自分に跳ね返ってくる)

ひゆ People who live in glass houses shouldn't throw stones. (ガラスの家に住んでいる人は石を投げてはいけない)

けっとう 決闘 a **duel** /デューエる/

決闘する　duel, **fight** a **duel** /ふァイト/

けっぱく 潔白な **upright** /アプライト/, **pure** /ピュア/; (無実の) **innocent** /イノセント/

げっぷ a **belch** /べるチ/

•げっぷをする　belch

けっぺき 潔癖な (きれいずきな) **particular about cleanliness** /パティキュら クれンリネス/

けつぼう 欠乏 **lack** /らク/; (不足) **shortage** /ショーテヂ/

欠乏する　lack; **be short of** ➡ かく³

•彼らは資金が欠乏している
They are short of fund.

けつまつ 結末 an **end**

げつまつ 月末 **the end of the month** /マンす/

けつゆうびょう 血友病 **hemophilia** /ヒーモふィりア/

血友病患者 a **hemophiliac** /ヒーモふィりアク/

げつようび 月曜日 **Monday** /マンデイ/ (略 Mon.) ➡ かようび

けつろん 結論 a **conclusion** /コンクるージョン/

結論を下す　conclude /コンクるード/

•結論として　in conclusion / to conclude

•急いで結論を下す　draw a hasty conclusion

•私たちはその提案に賛成すべきだという結論に達した　We came to a conclusion that we should agree to the proposal.

•私はそれが一番よい案だと結論を下した
I concluded it to be the best plan.

•その問題についてはまだ結論が出ていない
The problem hasn't reached any conclusion yet. / ひゆ The problem is still up in the air. (空中に浮いている) / ひゆ The jury is still out on the problem. (陪審員たちはまだ席にもどっていない(別室で審議中だ))

けとばす ➡ ける

けなす　abuse /アビューズ/, **speak ill of** /スピーク/, **put ~ down**

ゲノムへんしゅう ゲノム編集 **genome editing**

/ジーノウム エディティング/
・ゲノム編集をしたネズミ a gene-edited rat
けはい 気配 a **sign** /サイン/
・至るところに春の気配が感じられた
There were signs of spring everywhere.
けばけばしい showy /ショウイ/, **glitzy** /グリツィ/
げひん 下品な (俗悪な) **vulgar** /ヴァるガ/; (粗野「そゃな) **coarse** /コース/
・ことばづかいが下品だ use vulgar [coarse] language
けむい smoky /スモウキ/
けむし 毛虫 a **caterpillar** /キャタピら/
けむり 煙 **smoke** /スモウク/; (もやもや) a **cloud** /クらウド/
・火山の煙 the smoke of a volcano
・燃えて煙となる go up in smoke
ことわざ 火のないところに煙は立たない
There is no smoke without fire.
けむる 煙る **smoke** /スモウク/
けもの 獣 a **beast** /ビースト/
げらげら げらげら笑う **roar with laughter** /ローらふタ/, **guffaw** /ガふォー/
げり 下痢 **diarrhea** /ダイアリーア/
・下痢をする have diarrhea
ゲリラ a **guerrilla** /ゲりら/; (隊) **guerrilla troops** /トループス/
ゲリラごうう ゲリラ豪雨 a (**torrential**, **disastrous**) **downpour** /トーレンシャる, ディザストラス, ダウンポー/
ける **kick** /キク/
・ボールをける kick (at) a ball
けれど(も) (しかし) **but**; (…けれど(も)) **though** /ぞウ/; **as**
・変に聞こえるかもしれないけれどそれが本当なのだ
It may sound strange, but (it is) true. / Strange as it may sound, it is true.
・彼は小さな子供だったけれどもこわがらなかった
Though he was a little boy, he was not afraid.
・少し熱があるけれども彼はたいした病気ではないようだ Except for a slight fever he doesn't seem to be very sick.
ゲレンデ a **skiing slope** /スキーインぐ スろウプ/
けろっと けろっとしている (気にしない) **don't care** /ケア/
けわしい (急な) **steep** /スティープ/; (厳しい) **stern** /スターン/, **severe** /スィヴィア/
・けわしい上り a steep ascent
・けわしい顔つき a stern look

けん[1] 軒 a **house** /ハウス/; a **door**
・1軒ごとに from house to house / from door to door
・彼の家はその通りを曲がって3軒目です
His house is the third around the corner.
・彼は私たちの1軒おいて隣に住んでいます
He lives next door but one from us.
けん[2] 県 a **prefecture** /プリーふェクチャ/
・県(立)の prefectural / prefecture-run
・千葉県 Chiba Prefecture
・県立図書館 a prefectural library
・県庁 the prefectural office
・県知事 a governor
・県会(議員) (a member of) the prefectural assembly
けん[3] 件 **the matter** /マタ/
・この件に関しては彼に相談しなさい You should talk with him about this matter.
・新しいソフトに関して電話の問い合わせが10件あった We had ten telephone inquiries for the new software.
けん[4] 剣 a **sword** /ソード/ → けんどう
けん[5] 券 (切符) a **ticket** /ティケト/; (切り取りの) a **coupon** /クーパン/
げん 弦 a **string**: (弓の) a **bowstring** /ボウストリンぐ/
・弦楽器 a stringed instrument
けんい 権威 **authority** /オさリティ/
・権威のある authoritative
・(…の)権威者 an authority (on 〜)
・彼は非常に権威のある歴史家です
He is a historian of great authority.

げんいん 原因

➤ a **cause** /コーズ/
原因となる cause
・原因のない causeless
・原因と結果 cause and effect
・それはどちらが原因でどちらが結果かわからない
You can't say which is the cause and which is the effect. / ひゆ It's a chicken and egg problem. (ニワトリと卵(はどちらが先か)の問題)
・この天気の急激な変化は何が原因ですか
What is the cause of this sudden change of weather? / What caused this sudden change of weather?
・これが原因で彼はたいへん苦労した
This caused him a great deal of trouble.
・寒い天候が不作の原因だ(→不作に対して責任がある) The cold weather is responsible for the

けんえき　178

poor crop.

けんえき 検疫 **quarantine** /クウォーランティーン/
- 検疫中 in ［under］quarantine
- 14日の検疫 a 14-day quarantine

げんえき 現役の **active** /アクティヴ/
- 現役選手 a player on the active list
- 彼は現役で大学に入った He entered the college straight［directly］from high school.

けんえつ 検閲 (an) **inspection** /インスペクション/; (出版物・映画などの) **censorship** /センサシプ/
　検閲する inspect; censor

けんえんけん 嫌煙権 **nonsmoker's rights** /ナンスモウカズ ライツ/

けんか

➤ (口論) a **quarrel** /クウォーレる/
➤ (格闘) a **fight** /ふァイト/; 《話》(なぐり合い・口論) a **set-to**

けんかする quarrel; fight; have a set-to
- けんか好きの quarrelsome
- (…に)けんかをふっかける
pick a quarrel (with ～)
- けんかの仲直りをする make up a quarrel
- 彼はだれとも決してけんかしない
He never quarrels with anyone.
- 君たちは何をけんかしているのか
What are you quarreling about?
- トムとマックはロッカールームでつまらないけんかをした Tom had a little set-to with Mac in the locker room.

げんか 原価 **the cost**

けんがい 圏外 an **out-of-service area** /サ～ヴィス エリア/

げんかい 限界 → げんど

けんがく 見学する **visit** (**for study**) /ヴィズィト (スタディ)/, **make a field trip** (to ～) /ふぃ～るド/
- 博物館を見学する visit a museum for study / make a class trip to a museum
- 私たちのクラスはその工場へ見学に行った
Our class made a field trip to the factory.
- きょうはからだの調子が悪かったので, 体育の授業を見学した
I just watched the physical education class today, because I wasn't well.

げんかく 厳格な → きびしい

けんがん 検眼 an **eye examination** /アイ イグザミネイション/

げんかん 玄関 **the** (**front**) **door** /(ふラント)/, a **porch** /ポーチ/
- 玄関にだれか来ています

There is someone at the door［the porch］.

げんき 元気

➤ (快活) **cheer** /チア/; (気力) **spirit** /スピリト/

元気な cheerful; (元気に跳ね回っている) **frisky** /ふリスキ/

元気に cheerfully

元気づける (励ます) **cheer** (**up**); **encourage** /インカ～レヂ/ → げきれい (→ 激励する)
- 元気な子犬 a frisky puppy
- 病気の友人を元気づける cheer up a sick friend
- ご家族のみなさまはお元気ですか
How is your family?
- 元気を出せ Cheer up!
- 彼はその知らせを聞いて元気づいた
He felt cheered to hear the news.
- お手紙で私は大いに元気づけられました
I am greatly encouraged by your letter.
- 彼は1杯のお茶で元気になった
He refreshed himself with a cup of tea.
- 彼は1週間もすれば元気になって退院するでしょう
He will be well enough to leave the hospital in a week or so.
- 彼は元気者です He is full of spirit.
- 彼はきょうは元気がいい［ない］ He is in high ［low］spirits today. → 「気分」を意味する時は複数形にする
- どうかしたのかい, トム. 元気がないじゃないか
What's the matter, Tom? You look down.

けんきゅう 研究 a **study** /スタディ/, **research** /リーサ～チ/
　研究する study, do research (in ～, on ～, into ～)
- (…の)研究者 a student (of ～)
- 研究所 a research institute; (化学の) a laboratory
- (先生の)研究室 a study / an office
- 歴史の研究 a study of history
- 大学で医学を研究する study medicine at a university
- 彼はマヤ文明の研究をするためにメキシコへ行った
He went to Mexico to do some research on the Maya civilization.

けんきょ 謙虚な **modest** /マデスト/
- 彼女は偉大(いだい)な音楽家ですが, 自分の才能についてはとても謙虚です
Although she is a great musician, she is very modest about her abilities.

けんきん 献金 a **contribution** /カントリビューション/, a **donation** /ドウネイション/

献金する contribute /コントリビュート/, **donate** /ドウネイト/

げんきん 現金 **cash** /キャシュ/
- 現金自動支払機 a cash machine, 《米》an ATM / 《英》a cashpoint
- 現金で払う pay cash / pay in [by] cash

げんご 言語 (a) **language** /ラングウェヂ/
- 第二言語(として) (as) a second language
- 言語学 linguistics
- 言語学者 a linguist

けんこう 健康
➤ **health** /ヘるす/

健康な healthy; (健康によい) **wholesome** /ホウるサム/
- 健康な環境 wholesome surroundings
- 健康診断(しんだん) a (medical) checkup
- 健康診断書 a health certificate
- 健康食品 health food
- 健康である[でない] be in good [poor] health
- 健康診断を受けに医者へ行く go to see a doctor for a checkup
- 健康に十分注意しなさい

Take good care of your health [yourself].
- 歩くことは健康によい

Walking is good for the health.

げんこう 原稿 a **manuscript** /マニュスクリプト/
- (400字詰めの)原稿用紙 a (four-hundred-character) manuscript paper

けんこうしんだん 健康診断 a **checkup** /チェカプ/, a **physical exam** /ふィズィカる イグザム/
- 健康診断でひっかかる fail a physical checkup

げんこうはん 現行犯で **in the act** (of ~)
- 彼は万引きの現行犯で捕まった

He was caught in the act of shoplifting.

けんこくきねんのひ 建国記念の日 **National Founding Day** /ナショヌる ふァウンディンぐ デイ/

げんこつ a **fist** → こぶし

けんさ 検査 an **examination** /イグザミネイション/, **check** /チェク/
検査する examine /イグザミン/, **check**
- 学力検査 an achievement test
- 身体検査 a physical examination
- 私たちは手荷物の検査を受けた

We had our baggage checked [examined].

げんざい 現在
❶ **the present** /プレズント/
- 現在の present
- 現在は at present / now
- 4月1日現在で as of April 1

❷ (言語)(現在時制) **the present (tense)** /テンス/

げんざいかんりょうけい 現在完了形 **the present perfect** /プレズント パ〜ふェクト/

けんさく 検索する (さがす) **search** /サ〜チ/
- 検索エンジン a search engine → インターネット上の情報を検索するウェブサイトのこと

けんさく 原作 **the original work** /オリヂヌる ワ〜ク/
- 原作者 the author

げんさん …原産の **native to ~** /ネイティヴ/
- 原産地 the (original) home
- ココアの原産地 the home of cocoa
- カンガルーはオーストラリア原産だ

Kangaroos are native to Australia.

けんじ 検事 a (**public**) **prosecutor** /(パブリク) プラセキュータ/

げんし¹ 原子 an **atom** /アトム/
- 原子(力)の atomic
- 原子核 a nucleus
- 原子核の nuclear
- 原子力 nuclear energy
- 原子力発電所 a nuclear power plant
- 原子力潜水艦 an atomic submarine / a nuclear-powered submarine
- 原子爆弾 an atomic bomb
- 原子炉(ろ) a nuclear reactor

げんし² 原始の, 原始的な **primitive** /プリミティヴ/
- 原始人 primitive people
- 原始時代 the primitive age
- 原始社会 a primitive society

けんじつ 堅実な **steady** /ステディ/
堅実に steadily

げんじつ 現実 **reality** /リアリティ/
- 現実の real
- 現実的な realistic
- 非現実的な unrealistic

けんじゅう 拳銃 a **pistol** /ピストる/, a **gun**, a **handgun** /ハンドガン/

げんじゅう 厳重な **strict** /ストリクト/
厳重に strictly
- 規則を厳重に守る observe rules strictly / be strict in observing rules

げんじゅうしょ 現住所 one's **present address** /プレズント アドレス/

げんしゅく 厳粛 **solemnity** /ソれムニティ/
厳粛な solemn /サれム/
- 厳粛に solemnly / with solemnity

けんしょう 懸賞 a **prize** /プライズ/
- 懸賞に当たる win a prize
- 懸賞論文 a prize essay

げんしょう　180　one hundred and eighty

げんしょう¹ 現象 a **phenomenon** /フェナメノン/ (働 phenomena /フェナメナ/)
・自然現象 a natural phenomenon

げんしょう² 減少 **decrease** /ディークリース/
減少する decrease /ディクリース/ → へる

げんじょう 現状 **present conditions** /プレズント コンディションズ/
・現状ではそれは不可能だと思います I think it impossible under present conditions.

けんしん 献身 **devotion** /ディヴォウション/
献身する devote *one*self (to ~)
献身的な devoted

けんすい 懸垂 《米》a **chin-up** /チナプ/, 《英》a **pull-up** /プラp/
・懸垂する do chin-ups [pull-ups]

けんせつ 建設 **construction** /コンストラクション/
建設する construct /コンストラクト/, **build** /ビるド/
・建設的な constructive
・建設中 under construction
・建設会社 a construction company
・建設業者 a contractor
・総合建設会社 a general contractor

けんぜん 健全な **sound** /サウンド/, **wholesome** /ホウるサム/
・健全な環境 wholesome surroundings
・健全な読み物 wholesome reading
 ことわざ 健全な精神は健全な身体に宿る
A sound mind in a sound body. → もともとはローマの詩人の詩句の一部で, 原意は「健全な身体に健全な精神が宿ることを神に祈るべきだ」

げんそ 元素 an **element** /エれメント/
・元素記号 an element symbol

げんぞう 現像（写真）**development** /ディヴェろプメント/
現像する develop /ディヴェろプ/

げんそく 原則 a **principle** /プリンスィプる/
・原則として in principle

けんそん modesty /マデスティ/ → けんきょ
けんそんする, けんそん家である be modest
・けんそんして out of modesty / modestly

げんそん 現存の（物）**existing** /イグズィスティング/;（人）**living** /リヴィング/
・現存する最古の木造建築 the oldest existing wooden building

げんだい 現代 **the present** /プレズント/, **the present time [day]** /タイム [デイ]/, **today** /トゥデイ/
・現代の作家たち the writers of today / present-day writers

・現代ではそんなことはだれも信じない
Nobody believes such a thing today.

けんだま 剣玉 *kendama*, **a game of dexterity using a ball attached by a string to a shallow cup**（剣玉―浅い皿にひもでつながっている玉を使う遊びで, 手先の器用さを必要とする）

げんち 現地 **the spot**
・現地時間 local time
・現地報告 a field report
・現地調査をする make a field study

けんちく 建築 **architecture** /アーキテクチャ/
建築する build /ビるド/
・建築家 an architect
・建築物 a building
・彼の家は今建築中です
His house is under construction now. /
His house is being built now.

けんちょう 県庁 → けん²

けんてい 検定する **approve officially** /アプルーヴ オふィシャリ/, **authorize** /オーそライズ/
・検定試験 a license examination

げんど 限度 a **limit** /リミト/;（力の限界）a **limitation** /リミテイション/
・限度に達する[を越える] reach [exceed] the limit
・一定の限度まで to a limited degree
・そこが限度だ That's the limit.
・人の忍耐（にんたい）には限度がある
There are limits to human patience.

けんとう¹ 見当 a **guess** /ゲス/
見当をつける guess
・君は見当違いをしている You guess wrong. /
 ひゆ You are barking up the wrong tree. →
bark up the wrong tree は「猟犬が（獲物のいない）別の木に向かってほえる」

けんとう² 検討 → こうりょ

けんとう³ 拳闘 **boxing** /バクスィング/ → ボクシング

けんとう⁴ 健闘する **put up a good fight** /ふァイト/
・ご健闘を祈る Good luck (to you)!

けんどう 剣道 *kendo*, **Japanese fencing** /ふェンスィング/
・剣道をする do *kendo*
・剣道家 a fencer
・ぼくの兄は剣道3段です
My brother is a third *dan* at *kendo*.
・剣道をする時は竹刀を用い, 面と胴と小手に防具をつけます When we do *kendo*, we use bamboo swords, and wear protectors on the face, the

one hundred and eighty-one　　181　　こ

body and the wrists.
げんば 現場 **the spot, the scene** /スィーン/, **the site** /サイト/
・建設現場　the construction site
・交通事故の現場　the spot of the traffic accident
げんばく 原爆 → げんし¹ (→原子爆弾)
けんびきょう 顕微鏡　a **microscope** /マイクロスコウプ/
・顕微鏡の, 顕微鏡的　microscopic
・100倍の顕微鏡　a microscope of 100 magnifications
・私たちはそれを顕微鏡でよく調べました　We examined it carefully [gave it a careful examination] under the microscope.
けんぶつ 見物　**sightseeing** /サイトスィーインぐ/, a **visit** /ヴィズィト/ → かんこう
　見物する　visit, do the sights /サイツ/
・去年の秋私たちは奈良を見物した　We went to see [did the sights of] Nara last fall.
けんぽう 憲法　a **constitution** /カンスティテューション/
・憲法に合った　constitutional
・憲法違反の　unconstitutional
・憲法に違反する　violate [be against] the constitution
・日本国憲法　the Constitution of Japan
・憲法記念日　Constitution Memorial Day
げんみつ 厳密な　**strict** /ストリクト/
　厳密に　strictly
・厳密に言えば　strictly speaking
けんめい¹ 賢明な　**wise** /ワイズ/
・賢明に　wisely
・君がその提供をことわったのは賢明だった　It was wise of you to refuse the offer.
けんめい² 懸命に　**hard** /ハード/
げんめつ 幻滅　**disillusion(ment)** /ディスィるージョン(メント)/
・…に幻滅する　be disillusioned at ～
けんやく 倹約　**thrift** /すリふト/
　倹約する　save /セイヴ/, **be thrifty**
・倹約家　a thrifty [an economical] person
げんゆ 原油　**crude oil** /クルード/
けんり 権利　(a) **right** /ライト/, (要求する権利) a **claim** /クレイム/
・私たちはすべて生命・自由・幸福に対する権利を持っている　We all have the right to life, liberty, and happiness.
・君にはそのようなことをする権利がない　You have no right to do such a thing.
・彼にはその土地に対する権利はない　He has no claim to the land.
げんり 原理　a **principle** /プリンスィプる/
げんりょう 原料　(a) **material** /マティアリアる/, a **raw material** /ロー/
・これはどんな原料で作られていますか　What (materials) is this made from?
・ワインの原料はブドウです　Wine is made from grapes.
・原油はプラスチックをつくる原料として使われる　Crude oil is used as the raw material for making plastics.
けんりょく 権力　**power** /パウア/; **authority** /オさリティ/
・権力のある　powerful; (権限のある) authorized
・権力者　a person of power
げんろん 言論　**speech** /スピーチ/
・言論の自由　freedom of speech

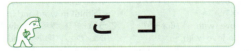

こ¹ 子
❶ a child
❶(人間の) a **child** /チャイるド/ (複 children /チるドレン/) → こども
・男の子　a boy; (息子) a son
・女の子　a girl; (娘) a daughter
❷(動物の) (集合的に) one's **young** /ヤンぐ/; (クマ・キツネ・ライオン・オオカミなどの) a **cub** /カブ/
・クマ[ライオン]の子　a bear [lion] cub
・イヌ[ネコ]の子　a puppy [a kitten]
こ² …個

注意しよう

日本語では名詞によって, …個, …人, …冊, …本のように数え方がちがうが, 英語では数えられない名詞以外は, その名詞の前に one [a, an], two, three…を置き, 二つ以上であれば名詞を複数形にするだけでよい. soap (せっけん), sugar (砂糖) など数えられない物質名詞の場合は, それぞれ「一定の形のかたまり」を表す piece, lump などを用いて piece of

ご 182

soap (せっけんのかたまり)が何個あるかのように表す
- 卵[リンゴ]10個 ten eggs [apples]
- せっけん2個 two pieces [cakes] of soap
- 角砂糖1[3]個 a lump [three lumps] of sugar

ご¹ 語 (単語) a **word** /ワ〜ド/; (言語) a **language** /らングウェヂ/
- この物語は200語の語彙(ごい)で書かれている
This story is written using 200 words.
- あなたは何か国語しゃべれますか
How many languages can you speak?

ご² 5(の) **five** /ふァイヴ/
- 第5(の) the fifth (略 5th)

ご³ 碁 *go*, a **Japanese board game** /ボード ゲイム/
- 碁石 a *go* stone
- 碁盤 a *go* board
- (…と)碁を打つ play *go* (with 〜)

ご⁴ …後 **after**; (…後ずっと) **since** /スィンス/ → のち
- その後 after that / (ever) since / since then
- 3か月後に after three months
- 40分後にここに来なさい
Come here in 40 minutes. ➡ 未来の「…後」という場合具体的な数詞がつくと after ではなく in を用いるのがふつう
- 私は彼が上京して3日後に彼に会った I met him three days after he came up to Tokyo.
- その後私は彼から何の便(たよ)りも受けていません
I've heard nothing from him since then.
- 私はその後ずっとここにいます
I have been here ever since.
- 彼女は高校を卒業後ずっとその会社に勤めている
She has been working at that company since she graduated from senior high school.

コアラ (動物) a **koala** (**bear**) /コウアーら (ベア)/

こい¹ 恋 **love** /らヴ/ → あい
恋する **love**, **fall in love** (with 〜) /ふォーる/
恋している **love**, **be in love** (with 〜)
- 恋人 a sweetheart / a steady; (男性) a boyfriend / a lover; (女性) a girlfriend / a love
- 恋に悩む be lovesick
- 彼はいま同じクラスの女の子に恋をしている
He is in love with a girl in his class.
- 彼らは恋人同士です They love each other. / They are lovers.
ことわざ 恋は盲目 Love is blind.

こい² 濃い
➤ (スープなど) **thick** /すィク/; (茶など) **strong**;

(色が) **dark** /ダーク/
- 濃いスープ thick soup
- 濃い霧(きり) a thick fog
- 濃い青 dark [deep] blue
- このコーヒーは私には濃すぎる
This coffee is too strong for me.

コイ 鯉 (魚) a **carp** /カープ/ (覆 同形)
ごい 語彙 a **vocabulary** /ヴォキャビュラリ/
- 語彙が豊富[貧弱]だ have a rich [poor] vocabulary
- 語彙をふやす build up *one's* vocabulary

こいし 小石 a **pebble** /ペブる/
こいしい 恋しい **miss**, **be sick for** /スィク/; **long for**

こいぬ 子犬 a **puppy** /パピ/
こいのぼり 鯉のぼり a **windsock carp** /ウィンドサク カープ/ → たんごのせっく

コイン a **coin** /コイン/
- コインランドリー 《米》a laundromat /ろーンドロマト/, 《英》a launderette /ろーンドレト/ ➡「コインランドリー」は和製英語
- コインロッカー a coin-operated locker / an automated luggage locker ➡「コインロッカー」は和製英語

こう (こういうふうに) → こういう…
ごう 号 (雑誌などの) **the issue** /イシュー/; (番号) a **number** /ナンバ/
- (…の)今週号 this week's issue (of 〜)
- (…の)8月号 the August issue (of 〜)
- 台風21号が九州に接近しています
Typhoon No.21 is approaching Kyushu.

こうい¹ 行為 (一つの) an **act** /アクト/, (a) **deed** /ディード/; (日常の行動全体) **conduct** /カンダクト/
- 勇敢(ゆうかん)[親切]な行為 an act of bravery [kindness]
- 彼はことばにおいても行為においても誠実です He is faithful in word and in deed.

こうい² 好意, 厚意 **goodwill** /グドウィる/; **favor** /ふェイヴァ/; (親切心) **kindness** /カインドネス/
好意的な **favorable** /ふェイヴァラブる/; (友好的な) **friendly**; (思いやりのある) **kind**
- 彼はこの計画に対して好意的です He is in favor of this plan. / He is favorable to this plan.
- 彼は私に非常に好意的です
He is very friendly to me.
- 彼女は厚意でそうしたのだ
She did so out of kindness.

こうい³ 校医 a **school doctor** /ダクタ/
ごうい 合意 an **agreement** /アグリーメント/
- 合意に達する reach an agreement

183 こうがい

・合意の上で　by mutual agreement

こういう… such ～(as this) /サチ/, **～ like this** /らイク/, **～ of this kind** /カインド/ → こんな
・こういうふうに(して)　like this / in this way / this is how ～
・こういう本　such a book (as this) / a book like this / a book of this kind
・こういうばかげたことは2度と繰り返すな
Don't repeat such a foolish thing (as this).
・こういうふうに線を引きなさい
Draw a line like this.
・こういうふうにして彼は成績を伸ばした
This is how he improved his grades.

こういしょう 後遺症　an **aftereffect** /アふタりふェクト/

ごうう 豪雨　**heavy rain** /ヘヴィ レイン/, a **downpour** /ダウンポー/

こううん 幸運　(運命的)(good) **fortune** /ふォーチュン/; (偶然(ぐうぜん))(good) **luck** /らク/
幸運な fortunate /ふォーチュネト/; **lucky**
幸運にも fortunately, by good fortune; luckily, by good luck
・私は幸運にもそこにいた　It was my good luck to be there. / Luckily I happened to be there. / I had the good luck to be there.
・私は幸運にもコンサートの切符が手に入った
I was lucky enough to get a ticket for the concert.
・幸運を祈ります　Good luck (to you)!

こうえい 光栄　an **honor** /アナ/
・これは私にとって非常に光栄です
This is a great honor to me. /
You do me a great honor.

こうえん¹ 公園　a **park**; (市街地の広場) a **square** /スクウェア/
・上野公園　Ueno Park → 公園名には×*the* をつけない
・国立公園　a national park

こうえん² 後援　**support** /サポート/
後援する (支持する)**support, back (up)**; (資金的に) **sponsor** /スパンサ/
・後援者　a supporter / a backer; a sponsor
・後援会　a supporters' association / a fan club
・候補者を後援する　back up a candidate
・その展覧会はある新聞社の後援で開かれた
The exhibition was sponsored by a newspaper company.

こうえん³ 講演　a **lecture** /れクチャ/
講演する lecture, give a lecture

・講演者　a lecturer / a speaker
・講演会　a lecture meeting

こうえん⁴ 公演　a **performance** /パふォーマンス/
公演する perform /パふォーム/

こうか¹ 効果　an **effect** /イふェクト/
効果的な effective /イふェクティヴ/
・効果のない　ineffective
・…に効果がある[ない]　have an [no] effect on ～
・彼は色彩の対照によってすばらしい効果をあげた
He produced wonderful effects by the contrast of colors.
・効果音　sound effects

こうか² 校歌　a **school song**

こうか³ 硬貨　a **coin** /コイン/

こうが 黄河　**the Huang He** /(ホ)ワング ハ～/, **the Yellow River** /イェろウ リヴァ/

ごうか 豪華な　**gorgeous** /ゴーヂャス/, **deluxe** /デらクス/, **plush** /プらシュ/
・豪華客船　a deluxe liner

こうかい¹ 後悔

➤ regret /リグレト/

後悔する regret; be sorry /サリ/
・私はそうしたことを後悔している　I regret having done so. / I'm sorry I've done so. / I'm sorry for having done so.
・後悔しないようにそんなことはしないほうがいい
You had better not do such a thing so that you won't be sorry afterwards.
・愛とは決して後悔しないこと
Love is never saying sorry.

ことわざ 後悔先に立たず
It's no use crying over spilt milk. (こぼれたミルクをおしんで泣いても何にもならない)

こうかい² 航海　a **voyage** /ヴォイヂ/
航海する voyage, make a voyage
・彼らは世界1周の航海に出た　They started on a voyage around the world.

こうかい³ 公開の　**open, public** /パブリク/
・公開講演[討論]　a public lecture [discussion]
・このプール[図書館]は一般に公開されている
This pool [library] is open to the public.

こうがい¹ 郊外　(近郊の住宅地) **the suburbs** /サバ～ブズ/; (都市の中央から離れた周辺部) **the outskirts** /アウトスカ～ツ/
・郊外の　suburban
・郊外住宅地　a residential suburb
・私は東京の郊外に住んでいる
I live in the suburbs of Tokyo.
・ヒースロー空港はロンドンの郊外にある

こうがい 184 one hundred and eighty-four

Heathrow Airport is on the outskirts of London.

こうがい² 公害 **environmental pollution** /インヴァイアロンメンﾄる ポﾙーション/, a **public nuisance** /パブりク ニュースンス/
・公害を引き起こす cause environmental pollution

ごうがい 号外 an **extra** /エクストラ/

こうかいどう 公会堂 a **public hall** /パブりク ホーる/

こうかがくスモッグ 光化学スモッグ (a) **photochemical smog** /ふォウトウケミカる/

こうがく 工学 **engineering** /エンヂニアリンぐ/
・機械[土木, 遺伝子]工学 mechanical[civil, genetic]engineering

ごうかく 合格する

➤ **pass**
・合格者 a successful candidate
・合格通知 a letter of acceptance
・合格点 a passing mark
・彼は試験に合格した
He passed the examination.
・合格おめでとう! Congratulations on your success with the examination!

こうかん¹ 交換

➤ (an) **exchange** /イクスチェインヂ/
交換する exchange, change, make an exchange: (物々交換する) **trade** /トレイド/

使い分け

exchange も **change** もともに「一時的・永続的に取り替える」ことを意味するが, 特定の目的語をのぞいてふつう **exchange** を用いる. **trade** は「物と物を永続的に交換する」こと

・A(物)をB(物)と交換する exchange A for B / trade A for B
・A(人)とB(物)を交換する exchange B with A
↳ Bは自分のものと相手のものと二つなので必ず複数形になる
・Aと交換にBを与える give B in exchange for A
・意見[手紙]を交換する exchange opinions[letters]
・彼女と日記[切手]を交換する exchange diaries[stamps]with her
・席を交換する change seats
・(ダンスなどで)相手を交換する change partners
・きのう母がぼくにこの靴を買ってくれたのですが, ぼ

くにはちょっと大きいので, もっと小さいのと交換してもらえますか
Yesterday my mother bought me these shoes, but they are a little too large. Can I exchange them for a smaller pair?

こうかん² 好感 a **good impression** /インプレション/
・…に好感を持つ feel friendly toward ~
・好感の持てる pleasant
・彼女の態度は好感が持てる
Her manner is pleasant.

こうがんざい 抗がん剤 an **anti-cancer drug** /アンティ キャンサ ドラグ/

こうき¹ 好機 a **good chance** /チャンス/
・好機をのがす miss[lose]a good chance

こうき² 後期 **the latter half** /らタ ハふ/; (2学期制の) **the second semester** /セメスタ/

こうき³ 校旗 **the school flag**

こうぎ¹ 抗議 a **protest** /プロウテスト/
抗議する **protest** (against ~) /プロテスト/, **make a protest** (against ~)
・彼らは人種差別に抗議した They protested[made a protest]against racial discrimination.

こうぎ² 講義 a **lecture** /れクチャ/

こうきあつ 高気圧 **high atmospheric pressure** /ハイ アトモスふェリク プレシャ/

こうきしん 好奇心 **curiosity** /キュアリアスィティ/
好奇心の強い **curious** /キュアリアス/
・好奇心を持って with curiosity
・好奇心に富んだ少年 a boy full of curiosity
・君は他人の事に対して少し好奇心が強すぎます You are a little too curious about other people's business.

こうきゅう¹ 硬球 a **hard ball** /ハード/

こうきゅう² 高級な (等級が) **high-class** /ハイクらス/; (上質の) **quality** /クワリティ/; (高価な, 料金の高い) **expensive** /イクスペンスィヴ/
・高級レストラン a high-class[an expensive]restaurant
・高級品 quality goods

こうきょ 皇居 **the Imperial Palace** /インピアリアる パれス/
・皇居前広場 the (Imperial) Palace Plaza

こうきょう 公共の **public** /パブりク/
・公共の施設(しせつ) public facilities
・公共料金 public utility charges

こうぎょう¹ 工業 **industry** /インダストリ/
工業の **industrial** /インダストリアる/

185　こうこく

- 工業高等学校　a technical senior high school
- 工業都市　an industrial town
- 京浜工業地帯　the Keihin Industrial District [Belt]
- 日本は世界で最も工業の進んだ国の一つです
Japan is one of the most advanced industrial countries in the world.

こうぎょう² 鉱業　**mining** (**industry**) /マイニンぐ (インダストリ)/

こうきょうがく 交響楽, 交響曲　**a symphony** /スィンふォニ/
- 交響楽団　a symphony orchestra

こうくう 航空　**aviation** /エイヴィエイション/
- 航空機　an aircraft
- 航空郵便で　by airmail
- 航空会社　an airline
- 航空券　an airline ticket

こうけい 光景　**a sight** /サイト/, **a scene** /スィーン/

こうげい 工芸　**industrial arts** /インダストリアるアーツ/

ごうけい 合計　**a total** /トウトる/, **the total amount** /アマウント/
合計…になる　total, amount to ～, be ～ altogether /オーるトゲざ/
- 合計の　total
- 合計はいくらですか　What is the total? / How much is it altogether?
- ここへ来る見物人は年間合計3万人に上る
The visitors here total 30,000 a year.

🔊会話 お勘定(かんじょう)は合計いくらになりますか. —合計1,500円になります　What does the bill amount to?—It amounts to 1,500 yen.

こうげき 攻撃　**an attack** /アタク/, **aggression** /アグレション/
攻撃する　attack, make an attack (on ～); (野球で) **be at bat**
攻撃的な　aggressive
- (スポーツの)攻撃側　the offense
- 彼は演説でわれわれの行動を攻撃した
In his speech he attacked [made an attack on] our action.
- そんなに攻撃的になってはいけない. 彼の立場をもっと考えてあげなさい
Don't be so aggressive. Try to give more consideration to his position.

こうけん 貢献　(a) **contribution** /カントリビューション/
(…に)貢献する　contribute (**to ～**) /コントリビュート/, **make** a **contribution** (**to ～**)

- 科学の進歩に貢献する　contribute [make a contribution] to the progress of science
- このことは世界の平和に大いに貢献するだろう
This will contribute greatly [will make a great contribution] toward the peace of the world.
- 彼はその国の経済の発展に大いに貢献した
He did a great deal for the economic development of the country.

こうげん¹ 高原　**a plateau** /ぷらトウ/ (複 plateaux /ぷらトウズ/), **highlands** /ハイらンづ/, **heights** /ハイツ/

こうげん² 抗原　**an antigen** /アンティジェン/

こうご¹ 口語　**spoken language** /スポウクン らンぐウェヂ/
口語の　spoken, colloquial /コろウクウィアる/
- 口語英語では　in spoken [colloquial] English
- 口語体　a colloquial style

こうご² 交互の　**alternate** /オーるタネト/
- 交互に　alternately / in alternate order

こうこう¹ 孝行　**filial duty** /ふィりアるデューティ/, **filial obedience** /オビーディエンス/
孝行な　filial, dutiful /デューティふる/
- 孝行な息子　a dutiful son
- 彼は孝行心からそれをしたのです
He did it out of filial affection.

こうこう² 高校

➤ **a** (**senior**) **high school** /(スィーニャ) ハイ スクーる/

- 高校に入る　enter senior high school
- 高校に在学中である　be in [at] senior high school
- 高校を卒業する　graduate from senior high school
- 高校入試　a senior high school entrance examination
- 高校生　a senior high school student
- 高校1[2, 3]年生　a first [second, third] year student in [at] senior high school →「若葉高校の」のように固有名詞の場合は at Wakaba Senior High School となる
- 全国高校野球大会　the National Senior High School Baseball Tournament

こうごう 皇后　**an empress** /エンプレス/
- 皇后陛下　Her Majesty (the Empress)

ごうごう (音をたてる) **roar** /ロー/

こうごうせい 光合成　**photosynthesis** /ふォトウスィンさシス/

こうこく 広告　**an advertisement** /アドヴァタイズ

こうさ 186 one hundred and eighty-six

メント/, an **ad** → ラジオ・テレビなどの「広告」は a commercial /コマ〜シャる/ ともいう

広告する　advertise /アドヴァタイズ/
- 広告欄(らん)　an advertisement column
- テレビ広告　a TV commercial
- 広告代理店　an advertising agency

こうさ 交差　**crossing** /クロースィング/
交差する　cross
- (道路上の)交差点　an intersection / a crossing / a crossroads
- ここでその二つの道路が交差している
Here the two roads cross each other.
- 交差点では必ず一時止まりなさい
Be sure to stop for a moment at an intersection [a crossing, a crossroads].

こうざ[1] 講座　a **course** /コース/
- 英語初級講座　the elementary course in English / an English course for beginners
- 英会話のテレビ講座　a television course of conversational English [conversation in English]

こうざ[2] 口座　an **account** /アカウント/
- 銀行預金口座　a bank account
- 銀行に口座を開く　open an account with a bank

こうさい (…と)交際する　**keep company** (with ~) /キープ カンパニ/, **go around** (with ~) /アラウンド/, **be friends** (with ~) /ふレンヅ/
- 交際仲間　company
- よい[悪い]人と交際する　keep good [bad] company
- 彼女は彼と交際している　She keeps company [goes around] with him.

こうさく 工作　**handicraft** /ハンディクラふト/

こうさん 降参　(a) **surrender** /サレンダ/
- 私たちはまだまだ降参なんかしない
(ひゆ) We won't throw in the towel just yet.
→ throw in the towel はボクシングで, 試合中セコンドが自陣の選手の負けを認めてリングにタオルを投げ込むことから「降参する」の意味

こうざん[1] 高山　a **high mountain** /ハイ マウンテン/
- 高山病　mountain sickness

こうざん[2] 鉱山　a **mine** /マイン/

こうし[1] 子牛　a **calf** /キャふ/ (趣) **calves** /キャヴズ/)

こうし[2] 講師　a **lecturer** /れクチャラ/, an **instructor** /インストラクタ/

こうし[3] 公使　a **minister** /ミニスタ/
公使館　a legation /リゲイション/

こうし[4] 公私　**public and private matters** /パブリク プライヴェット マタズ/

こうし[5] 格子 (細い角材などで編んだ) a **lattice** /らティス/; (しま模様) (a) **check**

こうじ 工事　**construction** /コンストラクション/
- 工事現場　a construction site
- 工事中　under construction

こうしき[1] 硬式

> **注意しよう**
> 欧米では硬式がふつうなので, 単に baseball といえば「硬式野球」の意味. それに対して「軟式野球」は rubber-ball baseball /ラバボーる/ のように説明的に表現するしかない. ただし,「軟式テニス」については「日本ソフトテニス連盟」が設立されていて英語名称を Japan Soft Tennis Association とし, 海外でも soft tennis という表現を使っている

こうしき[2] 公式 (数学・化学などの) a **formula** /ふォーミュら/
公式の (正式の) **formal** /ふォーマる/; (公務の, 公認の) **official** /オふィシャる/
公式に　formally; **officially**

こうしつ 皇室　**the Imperial Household** /インピアリアる ハウスホウるド/

こうしゃ[1] 校舎　a **school building** /スクーる ビるディング/; (小さい田舎の学校の) a **schoolhouse** /スクーるハウス/

こうしゃ[2] 後者　**the latter** /らタ/ → ぜんしゃ

こうしゅう[1] 公衆　**the public** /パブリク/
公衆の　public
- 公衆トイレ　a public lavatory
- 公衆電話　a pay phone / (英) a public telephone

こうしゅう[2] 講習　a **course** /コース/
- …の講習を受ける　take a course in ~
- 英語の夏期講習に出席する　attend a summer course in English

こうしょう 交渉　**negotiations** /ニゴウシエイションズ/
交渉する　negotiate /ニゴウシエイト/
- 交渉人　a negotiator
- 交渉に入る　enter into negotiations
- この問題について私たちは他のクラブと交渉中です
We are in negotiations with other clubs on this question.

こうじょう[1] 工場　a **factory** /ふァクトリ/, a **plant**, a **works** /ワ〜クス/ (趣 同形)
- 工場労働者　a factory worker
- 自動車工場　an automobile factory [plant]
- 工場で働く　work at [in] a factory

こうじょう[2] 向上 (改善) **improvement** /インプる

ーヴメント/; (進歩) **progress** /プラグレス/; (地位などの) **rise** /ライズ/
向上する improve; make progress; rise, be raised /レイズド/
向上させる improve, raise, increase /インクリース/
・ここ10年間で彼らの生活水準は非常に向上した Their standard of living has improved greatly in the past decade.
・彼の英語はめざましく向上してきた He is making wonderful progress in English. / His English is showing wonderful progress.
・戦後女性の社会的地位が著しく向上した The social position of woman has risen remarkably since the end of the war.
ごうじょう 強情な → がんこ (→ 頑固な)
こうしん 行進 a **march** /マーチ/; (祝賀・宣伝などの) a **parade** /パレイド/
行進する march; parade
行進曲 a march /マーチ/
・結婚[葬送(そうそう), 軍隊]行進曲 a wedding [funeral, military] march
・行進曲を演奏する play a march
・デモ隊は大通りを行進して行った The demonstrators marched [paraded] along the main street.
こうすい 香水 (a) **perfume** /パ〜フューム/
香水をつける perfume /パフューム/; (からだに) **wear perfume** /ウェア パ〜フューム/
こうずい 洪水 a **flood** /ふらド/
洪水になる, 洪水にする flood
・橋はその洪水で流されてしまった The bridge was carried [washed] away by the flood.
・この地区はよく洪水に見舞(みま)われる This area is frequently flooded. / This area has frequent floods.
こうせい[1] 公正な **fair** /ふェア/, **just** /チャスト/
・公正な判断を下す pass a fair judgment
こうせい[2] 構成 **structure** /ストラクチャ/
構成する form /ふォーム/, **constitute** /カンスティテュート/, **organize** /オーガナイズ/
・文章の構成 a sentence construction [structure]
こうせい[3] 恒星 a **fixed star** /ふィクスト/
こうせい[4] 厚生 **public welfare** /パブリク ウェるふェア/
・厚生労働省[大臣] the Ministry [Minister] of Health, Labor and Welfare
ごうせい 合成 **synthesis** /スィンせスィス/ (複 syntheses /スィンせスィーズ/)
・合成の synthetic

こうせいぶっしつ 抗生物質 an **antibiotic** /アンティバイアーティク/ → 通例 antibiotics と複数形で使われる

こうせき[1] 功績 **merits** /メリツ/ → こうけん
・功績に対して賞を受ける be rewarded for *one's* merits

こうせき[2] 鉱石 (an) **ore** /オー/

こうせん[1] 光線 a **ray** /レイ/; (光) **light** /らイト/
・夕日の光線 the rays of the setting sun

こうせん[2] 鉱泉 a **mineral spring** /ミネラる/

こうぜん 公然の **public** /パブリク/, **open**
・公然と publicly / in public / openly
・公然の秘密 an open secret

こうそ 酵素 an **enzyme** /エンザイム/

こうそう 高層建築 a **high-rise (building)** /ハイライズ (ビるディンぐ)/; (超高層ビル) a **skyscraper** /スカイスクレイパ/

こうぞう 構造 **structure** /ストラクチャ/
構造上の structural /ストラクチュラる/
・社会構造 social structure

こうそく[1] 校則 **school regulations** /レギュれイションズ/
・校則では生徒はすべてバッジをつけなければならない The school regulations require that every student should wear a badge. / The students are required by the school regulations to wear a badge.

こうそく[2] 高速 (a) **high speed** /ハイ スピード/
高速道路 《米》an **expressway** /イクスプレスウェイ/, a **freeway** /ふリーウェイ/, a **superhighway** /スーパハイウェイ/, 《英》a **motorway** /モウタウェイ/ → 日本語では「ハイウェイ」を高速道路の意味で用いるが, 英語の highway は byway (わき道)に対する「幹線道路」のことで「高速道路」のことではない
・高速で at (a) high speed

こうたい[1] 交替 (仕事の) a **shift** /シふト/
交替する → かわる[1]
・3時間交替制 a three-hour shift
・交替で (かわるがわる) by turns / (順番に) in turn
・交替で…する take turns *do*ing
・私たちは交替で車を運転した We took turns driving the car.

こうたい[2] 後退する **retreat** /リトリート/, **move back** /ムーヴ/; (集団から遅れる) **fall behind** /ふォーる ビハインド/

こうたい[3] 抗体 an **antibody** /アンティバディ/ →

こうだい 188 one hundred and eighty-eight

通例 antibodies と複数形で使われる

こうだい 広大な **vast** /ヴァスト/
・広大な草原 a vast stretch of grassland

こうたいし 皇太子 **the Crown Prince** /クラウン プリンス/
・皇太子妃 the Crown Princess

こうたく 光沢 **luster** /らスタ/
光沢のある **lustrous** /らストラス/

こうだん 公団 (公益企業体) a **public corporation** /パブリク コーポレイション/
・公団住宅 a Housing Corporation apartment house

こうちゃ 紅茶 (**black**) **tea** /ティー/ →ちゃ
・紅茶1杯 a cup of tea
・紅茶わん a teacup
・(砂糖を入れないで)紅茶を飲む drink tea (without sugar)
・紅茶をもう1杯いかがですか
Won't you have [How about] another cup of tea?

🗨会話 君は紅茶のどういうのが好きですか. —私は紅茶は甘いほうが好きです How do you like your tea?—I like my tea rather sweet.

こうちょう¹ 校長 a **principal** /プリンスィパる/; (男性) a **headmaster** /ヘドマスタ/; (女性) a **headmistress** /ヘドミストレス/
・校長室 the principal's office

こうちょう² 好調 a **good condition** /コンディション/
・好調である be in good condition

こうつう 交通

➤ **traffic** /トラふィク/
➤ (輸送) **transportation** /トランスポテイション/
・交通規則 traffic regulations [rules]
・交通安全(指導) traffic safety (instruction)
・交通事故 a traffic accident
・交通信号 a traffic signal
・交通標識 a traffic sign
・交通渋滞(じゅうたい) a traffic jam
・交通費 transportation expenses
・交通機関 a means of transportation
・交通違反 violation of traffic regulations
・交通違反をする violate [break] traffic regulations
・交通整理をする direct the traffic
・この道路は交通が激しい There is heavy [a lot of] traffic on this road.
・交通が渋滞する Traffic is tied up.
・その事故で交通は大混乱になった The accident

caused a great confusion in the traffic.
・新しい空港は交通の便がよい[悪い]
The new airport is conveniently [inconveniently] located.

こうつごう 好都合 **convenience** /コンヴィーニエンス/ →つごう
好都合な **convenient**

こうてい¹ 校庭 a **schoolyard** /スクーるヤード/

こうてい² 肯定 **affirmation** /アふァメイション/
肯定する **affirm** /アふァ〜ム/
肯定的な **affirmative** /アふァ〜マティヴ/
・肯定的に affirmatively / in the affirmative
・肯定的な(そうだという)返事 an affirmative answer
・肯定文 an affirmative sentence
・彼の答えは肯定的(そうです)であった His answer was affirmative [in the affirmative].

こうてい³ 皇帝 an **emperor** /エンペラ/

こうてき 公的な (公共の) **public** /パブリク/; (公式の) **official** /オふィシャる/

こうてつ 鋼鉄 **steel** /スティーる/

こうど 高度 (高さ) (a) **height** /ハイト/; (海面からの) an **altitude** /アるティテュード/
高度の (程度が) **high** /ハイ/, **great** /グレイト/
高度に **highly**
・最高度に in the highest degree
・高度の経済成長 high economic growth
・高度1万メートルで飛ぶ fly at an altitude of 10,000 meters

こうとう¹ 高等 (程度が) **high** /ハイ/; (先に進んだ) **advanced** /アドヴァンスト/
・高等教育 higher education
・高等動物 the higher animals
・高等専門学校 (工業系の) a technical college

こうとう² 口頭の **oral** /オーラる/
・口頭で orally
・口頭試験 an oral examination
・口頭練習 an oral drill

こうどう¹ 行動

➤ **action** /アクション/ →こうい¹
行動する **act. take action**
行動的な **active** /アクティヴ/
・…を行動に移す put 〜 into action
・(旅行で)団体行動する travel in a group
・(旅行で)自由行動する have free time

こうどう² 講堂 an **auditorium** /オーディトーリアム/

ごうとう 強盗 a **robber** /ラバ/; (夜建物に忍び込む) a **burglar** /バ〜グら/; (昼間建物に忍び込む) a

house-breaker /ハウスブレイカ/
•銀行強盗をする rob a bank

ごうどう 合同
❶(合同の) **combined** /コンバインド/, **joint** /ヂョイント/
•合同演奏会[公演] a joint concert [performance]
•山田先生が休みだったので，英語は C 組と合同授業だった As Mr. Yamada was absent, we had English with Class C.
•体育は 3 クラス合同授業です
Physical education is given to three classes combined [jointly].
❷《数学》**congruence** /カーングルアンス/
•合同の congruent

こうとうがっこう 高等学校 a (**senior**) **high school** /(スィーニャ) ハイ スクーる/ → こうこう²
•私は第一志望の高等学校に合格した
I was accepted by the (senior) high school of my first choice.

こうどく 購読 **subscription** /サブスクリプション/
購読する subscribe (to ～) /サブスクライブ/
•購読者 a subscriber
•雑誌を 1 年間購読する subscribe to a magazine for one year

こうない 校内で **in the school**
•校内暴力 school violence
•校内バレーボール大会(クラス対抗の) an interclass volleyball tournament
•校内放送で全校生徒に伝える tell all the students over the school PA (system) → PA = public-address system (拡声装置)

こうにん 後任 a **successor** /サクセサ/
•…の後任 a successor to ～

コウノトリ 鸛 (鳥)a **stork** /ストーク/

こうば 工場 → こうじょう¹

こうはい 後輩 one's **junior** /ヂューニア/
•彼女は私のテニス部の後輩です
She is my junior in the tennis club.
•彼は学校で私の 2 年後輩です
He is two years behind me at school. / He is my junior by two years at school. / He is two years my junior at school.

こうばい¹ 勾配 (傾斜(けいしゃ)) a **slope** /スろウプ/; (道路などの) 《米》a **grade** /グレイド/, 《英》a **gradient** /グレイディエント/
•上り[下り]勾配 an up [a down] grade

こうばい² 購買部 (学校の) a **school** (**supply**) **store** /(サプらい) ストー/, a **school shop**
•購買力 a buying power

こうはん 後半 **the latter half** /らタ ハふ/, **the second half** → ぜんはん

こうばん 交番 a **police box** /ポリース～/
•交番で道をたずねる ask the way at a police box

こうひょう¹ 好評 (人気) **popularity** /パピュらりティ/
好評な popular /パピュら/
•その小説は若い人の間でとても好評です
The novel has great popularity [is very popular] among young people.

こうひょう² 公表する **publish** /パブりシュ/, **make public** /パブりク/
•こういう情報は公表されるべきだ
Such information should be made public.

こうふう 校風 **school customs** /カストムズ/; (伝統) **school traditions** /トラディションズ/

こうふく¹ 幸福

➤ **happiness** /ハピネス/
幸福な happy
幸福に happily
•彼らは二人で幸福に暮らしています
They are living happily together.
•彼女はこの上もなく幸福です
She is as happy as she can be.
•彼は幸福な一生を送りました He lived a happy life. / His life was a happy one.

こうふく² 降服 **surrender** /サレンダ/
降服する surrender (to ～); (力に屈(くっ)する) **yield** (to ～) /イーるド/
•敵に降服する surrender [yield] to the enemy

こうぶつ¹ 鉱物 a **mineral** /ミネラる/
•鉱物の mineral

こうぶつ² 好物 (料理) one's **favorite dish** /ふェイヴァリト/; (食べ物) one's **favorite food**
•チーズはネズミの好物だ
Cheese is a favorite food for mice.

こうふん 興奮

➤ **excitement** /イクサイトメント/
興奮させる excite /イクサイト/
興奮する，興奮している get [be] excited
•興奮して excitedly / in excitement
•興奮した口調で in an excited tone
•そう興奮してはいけない Don't get so excited.
•君は何のことでそんなに興奮しているのか
What are you so excited about?
•彼はすぐ興奮する He gets too easily excited.

こうへい 公平 **fairness** /ふェアネス/; (正義) **jus-**

こうほ 190 one hundred and ninety

tice /ヂャスティス/
公平な fair; just
公平に fairly, with fairness; justly, with justice
•彼について公平に言えば to do him justice
•すべての人を公平に扱う treat everyone with fairness

こうほ 候補（候補者）a **candidate** /キャンディデイト/ → りっこうほ
•大統領候補 a candidate for President
•選挙の候補者 a candidate for election
•直木賞候補になる be nominated for the Naoki Prize

こうほう 後方（後ろの位置）the **back, behind** /ビハインド/；(後ろのほうへ) **backward** /バクワド/

ごうほう 合法的な **legal** /リーがる/
•合法的でない illegal

こうま 小馬，子馬（小形の馬）a **pony** /ポウニ/；(馬の子) a **colt** /コウるト/

ごうまん 傲慢な **arrogant** /アロガント/

こうみょう 巧妙な **skillful** /スキるふる/
巧妙に skillfully

こうみりょう 香味料 **spices** /スパイセズ/

こうみんかん 公民館 a **community center** /コミューニティ/

こうむ 公務 **official duties** /オふィシャる デューティズ/
•公務員 a government worker / a public employee [servant]
•彼は国家[地方]公務員です He works for the government [the local government]. / He is a government [local government] employee.

こうむる 被る **suffer** /サふァ/
•その嵐で作物が大きな損害を被った The crops suffered great damage from the storm.

こうもく 項目 an **item** /アイテム/

コウモリ 蝙蝠 《動物》a **bat** /バト/

こうもん 校門 a **school gate** /ゲイト/

ごうもん 拷問 **torture** /トーチャ/
拷問にかける torture, put to torture

こうやく 公約（選挙の）an **election promise** /イれクション プラミス/, an **election pledge** /プれヂ/
•公約を守る keep *one's* election promises [pledges]

こうよう¹ 紅葉する，黄葉する（色とりどりに）**put on autumnal colors** /オータムヌる カらズ/, (赤く) **turn red** /ターン/, (黄色く) **turn yellow** /イェろウ/

こうよう² 公用（役所・会社などの仕事）**official**

business /オふィシャる ビズネス/; (公共の使用) **public use** /パブリク ユース/
•公用語 an official language

こうらく 行楽地 a **holiday resort** /ハリデイ リゾート/
•行楽客 《米》a vacationer / 《英》a holidaymaker

こうり 小売り **retail** /リーテイる/
小売りする retail
•小売りで by retail
•小売商人 a retailer / a retail dealer
•小売店 a retail store /（ある会社の製品を専門に扱う）an outlet
•小売価格 a retail price

ごうり 合理的な **rational** /ラショヌる/
•合理的に rationally
•合理化する rationalize
•合理的に考える think rationally [in a rational way]

こうりつ 公立の **public** /パブリク/
•公立学校 a public school

こうりゅう 交流（交換）(an) **exchange** /イクスチェインヂ/; (接触) **contact** /カンタクト/
•文化交流 cultural exchange [contact]

ごうりゅう 合流する **join** /ヂョイン/
•二つの川は町の数キロ下流で合流する
The two rivers join some kilometers below the town.

こうりょ 考慮 **consideration** /コンスィダレイション/
考慮する consider /コンスィダ/, **take ～ into consideration**
•その問題は目下考慮中です
The question is now under consideration.
•私たちは少数意見も考慮すべきです
We should also consider the opinions of the minority [take the opinions of the minority into consideration].

こうりょく 効力 **effect** /イふェクト/
効力のある effective /イふェクティヴ/
効力のない ineffective /イネふェクティヴ/
•効力を失う[生じる] lose [come into] effect

こうれい 高齢 an **advanced age** /アドヴァンスト エイヂ/
•高齢者 the aged / the elderly
•高齢化社会 an aging society → しょうしか

ごうれい 号令 an **order** /オーダ/, a **command** /コマンド/
•号令をかける give [shout] an order

こうろん 口論 → けんか

こうわ 講和 (平和) **peace** /ピース/
- 講和条約 a peace treaty

こえ 声

➤ a **voice** /ヴォイス/
- 鳥の声 a song / a chirp ➔ さえずる
- (チッチという)虫の声 a chirp
- かん高い[太い, よく通る, しゃがれ]声 a shrill [deep, penetrating, husky] voice
- 大きな[低い]声で in a loud [low] voice
- 声をそろえて in one voice / in chorus
- 声を出して aloud
- 声が出なくなる lose *one's* voice
- 声変わりがする *one's* voice breaks [cracks]
- 彼女は声がいい[悪い]
She has a good [bad] voice.
- もう少し大きな声で話してください Please speak a little louder. / We can't hear you! (しゃべっていることが聞こえません!)
- この文章を声に出して[声を出さないで]読みなさい Read this sentence aloud [silently].
- われわれは声を限りに叫んだ
We cried at the top of our voice.
- 私はフットボールの試合でとても大きな声で叫んだので声が出なくなった I shouted so much at the football game that I lost my voice.

ごえい 護衛する **guard** /ガード/

こえた 肥えた **rich** /リチ/, **fertile** /ふァ〜トる/
- 肥えた土 rich [fertile] soil

こえだ 小枝 a **twig** /トウィグ/ ➔ えだ

こえる 越える, 超える

❶ (歩いて) **go over**; (跳び越す) **clear**
❷ (超過する) **be over**

❶ (歩いて, 跳んで) **go over**, **get over**; **climb over** /クらイム/; (跳び越す) **clear** /クリア/
- 山を越える go over a mountain
- 塀を越える get [climb] over a wall
- (高跳びなどの)バーを越える clear the bar

❷ (超過する) **be over**, **be more than** /モー ざン/, **exceed** /イクスィード/
- 彼は60歳を超えている
He is over [more than] sixty years old.
- 文化祭の参加者の数はわれわれの予想をはるかに超えた The number of participants in the school festival was far greater than we had expected. / The number of participants in the school festival far exceeded our estimate.

❸ (その他)

- 私たちは文化の違いを超えてジェスチャーで意思を伝達することができる We can communicate across cultures with gestures.

ゴーグル (保護めがね) **goggles** /ガーグるズ/

コース a **course** /コース/; (競泳の) a **lane** /れイン/
- ハイキング[ゴルフ]コース a hiking [golf] course
- 英語の初級コース the elementary course in English
- 第4コースを泳ぐ swim in Lane No.4

コーチ a **coach** /コウチ/
コーチする **coach**
- 水泳のコーチ a swimming coach
- 君たちのサッカーチームのコーチはだれですか
Who coaches your soccer team?

コート¹ (テニスの) a **court** /コート/
コート² (洋服) a **coat** /コウト/, an **overcoat** /オウヴァコウト/
- コートを着る[脱(ぬ)ぐ] put on [take off] an overcoat
- 彼女はコートを着て外出した
She went out in her coat.

コード (電気の) a **cord** /コード/

コードレス **cordless** /コードれス/

コーナー (走路の) a **turn** /タ〜ン/; (売り場) a **department** /ディパートメント/
- 第4コーナーを回る round the fourth turn
- (デパートなどで)化粧品コーナーはどこですか
Where is the cosmetics department? ➔ この意味での「コーナー」は和製英語

コーヒー **coffee** /コーふィ/
- コーヒーカップ a coffee cup
- コーヒーメーカー a coffee-maker
- コーヒー豆 coffee beans
- コーヒー店 a coffee shop
- インスタントコーヒー instant coffee
- アイス[ブラック, ミルク]コーヒー ice(d) [black, milk] coffee
- コーヒー1杯 a cup of coffee
- コーヒーを入れる make coffee
- クリームと砂糖を入れてコーヒーを飲む drink [have] coffee with cream and sugar
- もう1杯コーヒーをいかがですか Won't you have [How about] another cup of coffee?
- 私はコーヒーはブラックが好きです
I like my coffee black.
- コーヒーを4つください Four coffees, please. ➔ 喫茶店などで注文する時は, four cups of coffee の意味でこのようにいうことが多い

コーラ 《商標》**Coca-Cola** /コウカコウら/, 《話》**Coke** /コウク/, **cola**

コーラス a **chorus** /コーラス/ → がっしょう

コーラン the **Koran**［**Quran**］/カラーン/

こおり 氷

➤ **ice** /アイス/ → こおる

氷が張る be frozen over /ふロウズン/, **freeze over** /ふリーズ/
•(四角い)氷1個 a cube of ice
•氷のかたまり a lump of ice; (大きな) a block of ice
•氷まくら an ice pillow
•氷水 iced water
•かき氷 shaved ice
•氷砂糖 《米》rock candy / 《英》sugar candy
•氷で…を冷やす cool ~ with ice
•池は厚い氷におおわれている
The pond is covered with thick ice.
•この湖は冬になると一面に氷が張る
This lake is frozen［freezes］over in winter.

こおる 凍る, 凍らせる **freeze** /ふリーズ/
•水はセ氏0度で凍ります
Water freezes at (the temperature of) 0℃ (読み方: zero degrees centigrade).
•水道管が凍っている
The water pipe has frozen (up).
•道路がかちかちに凍っている
The road is frozen hard.
•けさは凍るように寒い
It is freezing cold this morning.

ゴール (サッカーなどの) a **goal** /ゴウる/; (マラソンなどの) a **finish** /ふィニシュ/ → ゴールインする
ゴールする (サッカーなどで) get［make］a goal; (マラソンなどで) finish
•ゴールキーパー a goalkeeper
•ゴールポスト a goalpost

ゴールインする (陸上競技で) finish /ふィニシュ/, **cross the finish line** /らイン/
•100メートル競走で3位でゴールインする finish third in a hundred meter dash

> カタカナ語！ ゴールイン
> ×goal in という英語はない. goal はマラソンの「決勝線」, サッカーなどの「得点」, 努力の「目標」など, すべて名詞としての意味しかない. サッカーの得点場面ではレフリーはただ "Goal!" とだけ叫ぶ

ゴールデンウィーク 'Golden Week' holidays, **a succession of national holidays from April 29th to May 5th** /ハリデイズ サクセションナ ショヌる/

ゴールデンタイム prime time /プライム タイム/
→「ゴールデンタイム」は和製英語

コールドゲーム a called game

ゴールボール 《スポーツ》goalball /ゴウるボーる/
→ パラリンピックの種目名

コオロギ 《虫》a cricket /クリケト/

コーン[1] 《植物》(とうもろこし) corn
•コーンフレーク cornflakes

コーン[2] (アイスクリームのコーン) a cone /コウン/

ごかい 誤解 misunderstanding /ミスアンダスタンディング/
誤解する misunderstand, mistake /ミステイク/
•誤解を生む［解く］ produce［remove］misunderstandings
•彼女は私のことを誤解している
She misunderstands me.
•君は全く誤解しているよ
You've got it all wrong. / ひゆ You've got hold of the wrong end of the stick. (ステッキのにぎりの反対のほうをにぎっている)
•誤解しないでください Don't get me wrong.
•そういう行動は誤解されやすい
Such conduct is liable to be misunderstood.

ごかくけい 五角形 a pentagon /ペンタガン/

こかげ 木陰 → かげ

こがす 焦がす, 焦げる (表面を) scorch /スコーチ/; (黒こげに) burn /バ～ン/
•何か焦げるにおいがする
I smell something burning.

こがた 小型の small /スモーる/, small-sized /スモーる サイズド/, pocket /パケト/
•小型辞書 a pocket dictionary
•小型カメラ a pocket camera
•小型自動車 a small car

ごがつ 5月 May /メイ/ → くがつ
•五月人形 dolls for the Boys' Festival

こがらし 木枯らし a cold winter wind /コウるド ウィンタ ウィンド/

こぎって 小切手 a check /チェク/
•小切手で支払う pay by check

ゴキブリ 《虫》a cockroach /カクロウチ/

こきゅう 呼吸 breath /ブレす/, respiration /レスピレイション/ → いき[1]
呼吸する breathe /ブリーず/
•深呼吸する take a deep breath

こきょう 故郷 (出生地) one's birthplace /バ～すプれイス/, one's native place /ネイティヴ プれイス/, one's home(town) /ホウム(タウン)/ → ここく
•鹿児島が私の故郷です

Kagoshima is my birthplace.
・彼は10年前に故郷を出てアメリカへ行った
He left home for America ten years ago.
・彼は休暇で故郷へ行っています
He has gone home for the holidays.
こぐ row /ロウ/
・ボートをこぐ row a boat
・ボートをこいで川を上る[下る] row up[down] a river
ごく 語句 a phrase /フレイズ/;(語と句) words and phrases /ワーヅ/
こくおう 国王 a king
こくがい 国外の → かいがい
こくぎ 国技 the national sport /ナショヌる スポート/, the national game

こくご 国語
➤ (言語) a language /らングウェヂ/
➤ (母国語) one's mother tongue /タング/ → ぼご
➤ (日本語) Japanese, the Japanese language
・国語辞典 a Japanese dictionary
・彼は国語の先生です
He is a teacher of Japanese.
・彼は何か国語が話せますか
How many languages can he speak?

ごくごく ごくごく飲む gulp (down) /ガるプ (ダウン)/

こくさい 国際的な
➤ (文化面での) international /インタナショヌる/;(政治・経済面での) global /グろウバる/
・国際化 internationalization / globalization
・国際化する internationalize / globalize
・国際会議 an international conference
・国際連合 the United Nations
・国際電話 an international (telephone) call / an overseas call
・国際空港 an international airport
・国際都市 a cosmopolitan city
・国際貢献 (外国への援助) foreign aid; (開発[成長]への関与) a commitment to the development [the growth] of foreign countries

こくさん 国産の home-produced /ホウムプロデュースト/, domestic /ドメスティク/
・国産品 a home product / domestic goods
・(日本の)国産自動車 a domestic automobile / a car of Japanese make / a Japanese car
・国産品のあるものは外国製品よりもすぐれている
Some home products [domestic goods] are better than foreign ones.

こくじん 黒人 (アフリカ系のアメリカ黒人) an **African-American** /アふリカンアメリカン/; a **black**

こくせいちょうさ 国勢調査 a **census** /センサス/
・国勢調査を行う take a census
・国勢調査で日本の人口は何人でしたか What was the population of Japan at the census?

こくせき 国籍 one's **nationality** /ナショナリティ/
・いろいろな国籍の人々がこの町に住んでいます
People of different nationalities live in this town.
🎧会話 あなたはどこの国籍ですか.—イタリアです
What is your nationality? / What nationality are you?—I'm Italian.

こくたい 国体 (国民体育大会) the National Athletic Meet /ナショヌる アすれティク ミート/

こくていこうえん 国定公園 a **quasi-national park** /クウェイザイナショヌる パーク/ → quasi- は「準…」;「国定公園」は「国立公園」に準じる公園

こくど 国土 (土地) land; (国) a **country** /カントリ/
・国土開発 national land development
・国土交通省[大臣] the Ministry [Minister] of Land, Infrastructure and Transport

こくどう 国道 a **national highway [road]** /ナショヌる ハイウェイ [ロウド]/

こくない 国内の home, domestic /ドメスティク/
・国内ニュース domestic news
・彼は国内でも国外でも有名です
He is famous both at home and abroad.

こくはく 告白 (a) **confession** /コンふェション/
告白する confess /コンふェス/, make a confession

こくばん 黒板 a **blackboard** /ブらクボード/, 《米》 a **chalkboard** /チョークボード/
・黒板消し an eraser
・黒板に答えを書く write an answer on the blackboard

こくふく 克服する **overcome** /オウヴァカム/, get over

こくほう 国宝 a **national treasure** /ナショヌる トレジャ/
・人間国宝 a living national treasure

こくみん 国民
➤ (集合的に) a **nation** /ネイション/, a **people** /ピープる/
➤ (一人の) a **citizen** /スィティズン/

こくむ 194

- 国民の national
- 国民性 national characteristics
- 国民総生産 gross national product ➡ GNP
- 日本国民 the Japanese people
- 全世界の国民 the peoples of the whole world ➡ 一つの国の国民であれば a people, 複数の国の国民であれば peoples となる
- 国民体育大会 the National Athletic Meet
- 日本人は礼儀(れいぎ)正しい国民だと言われている The Japanese are said to be a polite nation [people].
- 国民主権 the public sovereignty
- 主権は国民にある. Sovereign power lies with the people.

こくむ 国務 **state affairs** /ステイト アフェアズ/
- 国務大臣 the State Minister
- (米国の)国務長官 the Secretary of State ➡ 日本の外務大臣に当たる

こくもつ 穀物 **cereals** /スィアリアるズ/, 《米》 **grain** /グレイン/, 《英》**corn** /コーン/

ごくらく 極楽 a **paradise** /パラダイス/

こくりつ 国立の **national** /ナショヌる/
- 国立公園 a national park
- 国立博物館 a national museum

こくるい 穀類 ➡こくもつ

こくれん 国連 ➡こくさい (➡国際連合)

コケ 苔 《植物》**moss** /モース/
- コケの生えた mossy

こけこっこー (ニ ワ ト リ の 鳴 き 声) **cock-a-doodle-doo** /カカドゥードるドゥー/

こけし a *kokeshi*, **a wooden doll without limbs** /ウドン ウィずウト リムズ/

こげる 焦げる ➡こがす

ごげん 語源 a **word origin** /ワ〜ド オーリヂン/; an **etymology** /エタマろヂ/ ➡「語源研究」の意味では数えられない

ここ
❶ (場所) **this place**; (ここに, ここへ, ここで) **here**

❶ (場所) **this place** /ずれイス/; (ここに, ここへ, ここで) **here** /ヒア/
- ここいら about [around] here
- ここ東京では here in Tokyo
- ここにカメラがあります Here is a camera.
- 彼はきのうここへ来ました He came here yesterday.
- ここから駅までどのくらいありますか How far is it from here to the station?
- 君はここの人ですか Do you belong here? / (こ

の土地の人ですか) Are you a local here?
- 冬はここは東京より暖かい It is milder here in winter than in Tokyo.
- ここが東京の中心です This is the center of Tokyo. ➡「ここ」が主語になる時は this, this place, this city などとする; here は副詞なので主語になれない
- きょうはここまで That's all for today.
- これは絶対にここだけの話よ Be sure to keep this between you and me.

❷ (過去の期間) **the past ∼** /パスト/, **the last ∼** /らスト: らースト/; (未来の) **the next ∼** /ネクスト/
- ここ2, 3日の間 for the past [the next] few days
- 私はここ2, 3週間体の調子が悪い I have been in bad shape for the past few weeks.

ごご 午後
➤ **afternoon** /アふタヌーン/
- 午後に in the afternoon
- きょうの午後(に) this afternoon
- あすの午後(に) tomorrow afternoon
- 土曜日の午後に on Saturday afternoon
- ある寒い冬の日の午後に on a cold winter afternoon
- 5月5日の午後に on the afternoon of May 5 (読み方: May fifth)
- 午後遅く late in the afternoon
- 午後には雨が降りそうです It is likely to rain in the afternoon.
- 授業は午後3時に終わります School is over at three in the afternoon.
- 私は東京駅午後11時半の列車に乗ります I will take the 11:30 p.m. train from Tokyo Station. ➡このように何時何分を数字で表す時の「午後」は p.m. /ピーエム/ を用いる

ココア cocoa /コウコウ/, (hot) chocolate /チャコれト/
- 熱いココア1杯 a cup of hot cocoa [chocolate]

こごえ 小声 a **low voice** /ろウ ヴォイス/; (ささやき声) a **whisper** /(ホ)ウィスパ/
- 小声で in a low voice

こごえる 凍える (凍(こお)る) **freeze** /ふリーズ/; (感覚を失う) **be numbed** /ナムド/
- 凍え死ぬ be frozen to death
- 私は(寒くて)凍えそうだ I am freezing.

ここく 故国 *one's* **native country** /ネイティヴ カントリ/, *one's* **home country**, *one's* **homeland** /ホウムらンド/

こごち

ここちよい （気持ちよい） **pleasant** /プれズント/, **comfortable** /カンふォタブる/; （さわやかな） **refreshing** /リふレシンぐ/
- 私の家は小さいが住みごこちがよい　My house is small but comfortable (to live in).

こごと 小言 (a) **scolding** /スコウるディンぐ/
小言を言う scold
- 私はかあさんにみっちり小言を言われた
I was given a good scolding by Mom.

こころ 心

➤ （知力・理性）*one's* **mind** /マインド/; （感情・情緒(じょうちょ)）*one's* **heart** /ハート/; （意志）*one's* **will**

- 心は　at heart
- 心から　heartily / from *one's* heart; (心を込めて) with all *one's* heart
- 心からの　hearty
- 心のこもった　cordial
- 心の底から　from the bottom of *one's* heart
- 心の広い[狭い]　broad-[narrow-]minded
- 心の温かい人　a warm-hearted person
- 心の温まる物語　a heart-warming story
- 心細い　be [feel] lonely
- 心ゆくまで　to *one's* heart's content
- 心ならずも　against *one's* will
- …を心にとめる　keep [bear] ～ in mind
- その詩を読んで心の温まる思いがした（→その詩は私の心を温かくした）
The poem warmed my heart.
- 私たちは心から君を歓迎するでしょう
We will give you a hearty welcome.
- 彼は心は決して悪い人ではない
He is not a bad man at heart.
- 旅行は君を心の広い人間にする
Traveling makes you broad-minded.
- 私は心ゆくまでその音楽を楽しんだ
I enjoyed the music to my heart's content.

こころあたり 心当たり an **idea** /アイディーア/
- どこに傘を忘れたかまったく心当たりがありません
I have no idea where I have left my umbrella.

こころがける 心がける **try to** *do* /トライ/
こころがまえ 心構えができている **be prepared** /プリペアド/
- 私は最悪の事態に対する心構えができている
I'm prepared for the worst.

こころづかい 心づかい （思いやり） **thoughtfulness** /そートふるネス/; （配慮(はいりょ)) **consideration** /コンスィダレイション/

こころみる 試みる （努力する、ためしてみる） **try** /トライ/; （くわだてる） **attempt** /アテンプト/ ➔ ためす、やってみる
試み an **attempt**; a **try**, a **trial** /トライある/
- 新しい方法を試みる　try a new method

こころよい 快い **pleasant** /プれズント/ ➔ ここちよい
快く （喜んで） **gladly** /グらドリ/
- 彼は快く私の願いを聞き入れてくれた
He gladly granted me my request.

ごさ 誤差 a **margin of error** /マーヂン エラ/
ござ a **straw mat** /ストロー マト/
- 床にござをしく　spread a straw mat on the floor

こさめ 小雨 a **light rain** /ライト レイン/, **drizzle** /ドリズる/
- 小雨の降る　drizzly / drizzling
- 小雨が降っている　It is drizzling.
- それは小雨の降る寒い日だった
It was a drizzly cold day.

こし 腰

➤ （左右に張り出した部分）the [*one's*] **hips**; （腰のくびれた部分）the [*one's*] **waist** /ウェイスト/

- 腰に手をやって　with *one's* hands on *one's* hips
- 腰が痛い　have (a) backache
- 腰を下ろす　sit down / take a seat
- 腰を曲げる[伸ばす]　bend [stretch] *one*self
- 年を取って腰が曲がる　get bent with age / stoop from old age

こじ 孤児 an **orphan** /オーふァン/
- 彼は5歳の時孤児になった
He was left an orphan at the age of five.

ごし …越しに
- となりの部屋で彼の聞いている音楽が壁越しに聞こえてきた　Through the wall I heard the music he was listening to in the next room.

こじあける こじ開ける （力ずくで）**force ～ open** /ふォース/; （壊(こわ)して）**break ～ open** /ブレイク/
- ドアをこじ開ける　force [break] a door open

こしかけ 腰掛け （いす） a **chair** /チェア/; (三脚) a **stool** /ストゥーる/; （ベンチ） a **bench** /ベンチ/
こしかける 腰掛ける **sit**
- 岩に腰掛ける　sit on a rock
- 背中をまっすぐ伸ばして腰掛けなさい
Sit up straight on a chair.
- いすを引き寄せてもっと食卓に近く腰掛けなさい
Pull up your chair and sit closer to the table.

こじつける 196 one hundred and ninety-six

こじつける strain /ストレイン/
こじつけ (a) **strained interpretation** /インタ～プリテイション/
・それはこじつけだよ
It's a strained interpretation.

ゴシップ a gossip /ガスィプ/
・ゴシップ好きの gossipy

ごじゅう 50(の) fifty /ふィふティ/
・第50(の), 50番め(の) the fiftieth (略 50th)
・51(の), 52(の), 53(の), … fifty-one, fifty-two, fifty-three, …
・第51(の), 第52(の), 第53(の), … the fifty-first, the fifty-second, the fifty-third, …
・59歳の男性 a man aged fifty-nine
・50代の人 a person in his〔her〕fifties
・50歳以上の人びと people over fifty (years old)

ごじゅうしょう 五重唱, 五重奏 a quintet /クウィンテト/

ごじゅうのとう 五重塔 a five-storied pagoda /ふァイヴストーリド パゴウダ/

こしょう¹ 故障

➤ (a) **trouble** /トラブる/, a **breakdown** /ブレイクダウン/

故障する break down, go〔get〕out of order /オーダ/
・エンジンの故障 (an) engine trouble / (a) trouble with the engine
・エンジンが故障した The engine broke down. / We had engine trouble.
・このテレビはどこかが故障している
Something is wrong with this TV set.

こしょう² pepper /ペパ/
・…にこしょうをかける put pepper on ～ / pepper ～

こじれる (問題が) **become〔get〕complicated** /カンプリケイテド/; (病気が) **get worse** /ワ～ス/

こじん 個人

➤ an **individual** /インディヴィヂュアる/

個人的な (個々の) **individual**; (私的な) **personal** /パ～ソナる/, **private** /プライヴェト/
・個人的に individually / personally
・個人差 individual variations
・個人面談 a personal interview
・個人主義 individualism
・個人崇拝 personality cult
・ピアノの個人授業を受ける take a private piano lesson

・私は彼を個人的によく知っています
I know him very well personally.

こす 越す → こえる, ひっこす

こずえ the top of a **tree** /トリー/, a **treetop** /トリータプ/

コスト 《the》**cost**

コスモス 《植物》a **cosmos** /カズモス/

こする rub /ラブ/
・こすり合わせる rub together
・こすり落とす rub off
・こすり込む rub in
・彼はけむり部屋から目をこすりながら出て来た He came out of a smoky room rubbing his eyes.

こせい 個性 individuality /インディヴィヂュアりティ/; (人柄(ひとがら)) **personality** /パ～ソナリティ/
・個性の強い人 a person of strong individuality〔personality〕
・個性がある have a strong individuality〔personality〕
・個性がない lack (in) individuality
・個性を伸ばす develop *one's* individuality〔personality〕

こぜに 小銭 《**small**》**change** /(スモーる) チェインヂ/, **small money** /マニ/
・小銭入れ a coin purse
・私は小銭の持ち合わせがない
I have no small change with me.
・私は小銭も入れて千円持っている I have one thousand yen, counting small change.

ごぜん 午前

➤ **morning** /モーニンぐ/
・午前中に in the morning
・きょう〔あす〕の午前中(に) this〔tomorrow〕morning
・午前中ずっと all morning
・私たちは午前中に4時間授業を受けます
We have four lessons in the morning.
・私たちは11月24日の午前10時に出発します
We start at ten o'clock in the morning of November 24 (読み方: November twenty-fourth).
・私は午前11時30分発青森行きの列車に乗ります
I'm going to take the 11：30 a.m. train for Aomori. → このように何時何分を数字で表す時の「午前」は a.m. /エイエム/ を用いる

こそ …こそ (強調)
・その地位には彼こそ最適任者だ
He is just the right person for the post.
・今度こそ頑張ります This time I will surely

work hard. → This time を強く発音する
こそこそ (内緒(ないしょ)で) **secretly** /スィークレトリ/; (人に気づかれないようにそっと) **stealthily** /ステるスィリ/
・こそこそ内緒話をする (→ささやきして話す) talk in whispers
こたい 固体 a **solid** (**body**) /サリド (バディ)/
・固体の solid
こだい 古代 **ancient times** /エインシェント/
・古代の ancient
・日本の古代史 the ancient history of Japan

こたえ 答え
➤ an **answer** /アンサ/
・…に対する答え an answer to ～
・答えを与える give an answer / answer
・彼の答えは正しい[まちがっている]
His answer is correct [wrong].
・この問題に対する君の答えは何ですか What is your answer to this problem?
・答えがわかったら、手を上げなさい Please raise your hand if you know the answer.
・この問題に関して彼からは何の答えもなかった
I couldn't get any answer from him on this problem.

こたえる¹ 答える
➤ **answer** /アンサ/

基本形
A (質問・人)に答える
　answer A
「…」と答える
　answer, "～" / answer that ～

・「はい」と答える answer "yes"
・彼[彼の質問]に答える answer him [his question]
・「ちょうど10時です」と答える answer, "It's just ten." / answer that it's just ten
・私たちが質問すると先生はいつも答えてくれる
When we ask a question, our teacher always answers.
・「いいえ」と彼は小さな声で答えた
"No," he answered in a small voice.
・だれもその質問に答えられなかった
Nobody could answer that question.
・「知りません」と私は答えた
I answered, "I don't know." /
I answered that I didn't know. → 主節の動詞が過去 (answered) なので「時制の一致」で that 以下の動詞も過去 (didn't) になる

こたえる² 応える (期待に) **meet** /ミート/, **come up to**
・…に応えて in response to ～
・残念ながらあなたの要求に応えることができません
I'm sorry I can't meet your demands.
こたえる³ (胸に) **reach** *one's* **heart** /リーチ ハート/, **touch** *one's* **heart** /タチ/; (からだに) **tell on**; (打撃を与える) **hit**
・君のことばはぼくの胸にこたえた
Your words reached [touched] my heart.
こだま an **echo** /エコウ/
こだまする echo
こだわる (好みなど) **be particular about ～** /パティキュラ アバウト/; (執着する) **stick to ～** /スティク/, **nitpick** /ニトピク/; (気に なる) **be concerned about ～** /コンサ～ンド/
ごちそう (料理) a **dish** /ディシュ/; (食事) a **dinner** /ディナ/
・好きなごちそう one's favorite dish
ごちそうさま

注意しよう
英語では食事そのものに対してお礼を言わないで、帰り際に I've had a wonderful time. (すてきな時間を過ごさせていただきました)などと言う

ごちゃごちゃ ごちゃごちゃした (乱雑な) **untidy** /アンタイディ/; (混乱した) **confused** /コンふューズド/ (→こんらん)
・頭がごちゃごちゃしている
I am utterly confused.
こちょう 誇張 (an) **exaggeration** /イグザチャレイション/
誇張する exaggerate /イグザチャレイト/
・その事実は非常に誇張されている
The fact is much exaggerated.

こちら
➤ (方角) **this way** /ウェイ/
➤ (場所) **here** /ヒア/
➤ (人・物) **this**
・どうぞこちらへ This way, please.
・彼はあちらこちらと見回した
He looked this way and that.
・もしこちらに来るようなことがあったらぜひお寄りください If you happen to come this way, be sure to drop in to see me.
・こちらでは月曜から雨が降り続いています
It has been raining here since Monday.
・(電話で)もしもし、こちらは山田です
Hello, this is Yamada speaking.
・(紹介して)太田さん、こちらは級友の山田君です

こぢんまり こ198 one hundred and ninety-eight

Mr. Ota, this is my classmate, Yamada.

Mr. Ota　　　Yamada

こぢんまり こぢんまりした （居心地のよい）**snug** /スナグ/, **cozy** /コウズィ/; （きちんとした）**neat** /ニート/; （小さくて便利な）**compact** /コンパクト/
•こぢんまりした部屋　a snug little room

こつ a **knack** /ナク/
•…のこつをつかむ　acquire the knack of 〜

こっか¹ 国家　a **nation** /ネイション/
国家の **national** /ナショヌる/
•国家公務員　a government official ［employee］
•国家資格　a government-accredited qualification

こっか² 国歌　a **national anthem** /ナショヌる アンさム/
•私たちは国歌を斉唱(せいしょう)した　We all sang ［joined in］ the national anthem.

こづかい 小遣い　**pocket money** /パケト マニ/; （手当）an **allowance** /アらウアンス/
•私は小遣いを使ってしまった
I am out of pocket money.
•私は小遣いとして月に3千円もらいます
I am allowed three thousand yen a month for pocket money. / I get a monthly allowance of three thousand yen. / My monthly allowance is three thousand yen.

こっかい 国会　（日本の）**the** （**National**）**Diet** /(ナショヌる)ダイエト/; （米国の）**Congress** /カングレス/; （英国の）**Parliament** /パーらメント/
•国会議事堂　（日本の）the Diet building; （米国の）the Capitol; （英国の）the Houses of Parliament
•国会議員　（日本の）a member of the Diet; （米国下院の）a representative; （米国上院の）a senator; （英国下院の）a member of Parliament → じょう

いん （→ 上院議員）

こっき 国旗　a **national flag** /ナショヌる/
•国旗を掲げる［降ろす］　hoist ［lower］ the national flag

こっきょう 国境　**the border** /ボーダ/
•国境を越えて…に入る　cross the border into 〜
•…と国境を接している　be bordered by 〜

コック （料理人）a **cook** /クク/

こっくり こっくりする （うなずく, 居眠りする）**nod** → いねむり

こっけい こっけいな （おかしい）**funny** /ふァニ/; （漫画的な）**comical** /カミカる/

こつこつ
❶ （音をたてる）**click** /クリク/; （たたく）**rap** /ラプ/
•机をこつこつたたく　rap on a desk
❷ （着実に）**steadily** /ステディり/
•こつこつやる人が結局は成功する　Slow but steady people will finally achieve success.
参考ことわざ ローマは1日にしてならず　Rome was not built in a day.

ごつごつ ごつごつした **rough** /ラふ/

こっせつ 骨折　(a) **fracture** /ふラクチャ/
•脚を骨折する　break *one's* leg

こつそしょうしょう 骨粗鬆症　**osteoporosis** /アスティオウポロウスィス/

こっそり （そっと）**stealthily** /ステるすィり/, **by stealth** /ステるす/; （内緒(ないしょ)で）**secretly** /スィークレトり/; （個人的に）**privately** /プライヴェトり/
•こっそり…に入り込む　sneak ［steal］ into 〜
•こっそり…から抜け出す　sneak ［steal］ out of 〜

ごっそり （すっかり）**clean** /クリーン/, **completely** /コンプリートり/

こっち → こちら

こづつみ 小包　a **parcel** /パースる/, a **package** /パケヂ/
•小包郵便で　by parcel post

こっとう 骨董品　a **curio** /キュアリオウ/
•骨董店　a curio shop / an antique shop

コップ a **glass**, a **tumbler** /タンブら/
•コップ1杯の水　a glass of water

こてい 固定する　**fix**
•固定観念　a fixed idea

こてん¹ 古典　**classics** /クらスィクス/
•古典の　classic / classical
•古典文学　classic literature
•古典音楽　classical music

こてん² 個展　a **solo exhibition** /ソウろウ エクスィビション/, a **solo show** /ショウ/

ごてん 御殿　a **palace** /パれス/

こと¹ 琴　a **Japanese harp** /ハープ/

こと² 事

❶ **a thing**; (事柄(ことがら)) **a matter**
❷ (…すること) **to** *do*, *do*ing
❸ (…ということ) **that 〜**
❹ (…したことがある)「**have**＋過去分詞」で表す.
❺ (…することがある) **sometimes**; **often**

❶ a thing /ス**ィ**ンｸﾞ/; (事柄(ことがら)) a matter /マタ/
・私はする事がたくさんあります
I have a lot of things to do.
・それは残念な事だ It is a matter for regret.
・それは笑い事ではありません
It is no laughing matter.
・一度にたくさんの事をしようとしてはいけない. 一度には一つの事をしなさい
Never try to do many things at a time. Do one thing at a time.

❷ (…すること) to *do*, *do*ing
・泳ぐこと to swim / swimming
・テニスをすること to play tennis / playing tennis
・俳優になること to be an actor
・幸福である[になる]こと to be happy
・泳ぐことはとてもやさしいのです
To swim is very easy. / It's very easy to swim. / Swimming is very easy. ➡不定詞to *do* が文の主語として文頭にくる形はあまり用いられず, 形式的な主語 It を先に出す後者の文の形にするのがふつう
・私は野球をすることが好きです I like to play baseball. / I like playing baseball.
・彼女の夢は俳優になることです
Her dream is to be an actor.
・彼は英語を話すことがじょうずです
He is good at speaking English.

❸ (…ということ) that 〜
・君が彼女を愛しているということ that you love her
・君がそれをやったということ that you did it
・私は君がそれをやったことを知っている
I know that you did it.
・君が彼女を愛していることは確かだ
That you love her is certain. /
It is certain that you love her. ➡前の文は形式張った文で, ふつうは形式的な主語 It を文頭に出した後者の形でいう

❹ (…したことがある)「これまでの経験」は「現在完了形 (**have**＋過去分詞)」または「**once**[**ever**]＋過去形」で表現する.

・私は以前パンダを見たことがある I have seen a panda before. / I once saw a panda.
・彼は何度も彼女の家に行ったことがある
He has visited her house many times.
・私は奈良へ行ったことがある I have been to Nara. / I once went to Nara. / 《米》I have gone to Nara. ➡ have gone to 〜 はふつう「…へ行ってしまった, …へ行ってしまって今ここにはいない」の意味であるが,《米》では「…へ行ったことがある」の意味でも用いる
・君はパンダを見たことがありますか
Have you ever seen a panda? /
Did you ever see a panda?

君は今までに外国へ行ったことがありますか
―いいえ, 私は一度も外国へ行ったことがありません
Have you **ever been** abroad?
―No, I **have** never **been** abroad.

❺ (…することがある) (時々) **sometimes** /サムタイムズ/; (しばしば) **often** /オーふン/
・彼女は時々[よく]私たちとテニスをすることがあります She sometimes [often] plays tennis with us.
・彼は時々[よく]学校に遅れることがある
He is sometimes [often] late for school.
・3月の風は2月(の風)と同じくらい寒いこともある
The winds in March can be as cold as in February.

こどう 鼓動 (心臓の) **beating** (**of the heart**) /ビーティンｸﾞ(ハート)/
鼓動する beat /ビート/
・私たちの心臓は1分間に約70回鼓動します
Our hearts beat about seventy times a minute.

ことがら 事柄 ➡こと²

こどく 孤独 **solitude** /サリテュード/; (さびしさ) **loneliness** /ろウンリネス/
孤独な solitary /サリテリ/; **lonely** /ろウンリ/
・孤独な生活を送る live in solitude / live a lonely life

ことし 今年 **this year** /イア/
・今年は例年ほど寒くない It is not so cold this year as in other years. / It is less cold this year than usual.
・今年は豊作が見込まれている
A rich harvest is expected this year.

ことづけ a message /メセヂ/

ことなる 200 two hundred

・私は彼のお母さんにことづけを頼んで来た
I left a message with his mother.
・君は彼に何かことづけはありませんか
Do you have any message for him?

ことなる 異なる **differ** (from ～) /ディふァ/, **be different** (from ～) /ディふァレント/ → ちがう
・人にはそれぞれ異なった習慣がある
People differ in habits. /
Different people have different habits.
・私は彼と意見が異なる
I differ from him in opinion.
・君の意見はこの点で私の意見と異なる Your opinion is different from mine on this point.

ことに **especially** /イスペシャリ/

ごとに …(する)ごとに **every** /エヴリ/
・3日めごとに every third day / every three days
・オリンピックは4年ごとに開かれる The Olympic Games are held every four years.
・彼らはクラスごとに一人の候補者を立てた
They put up a candidate in each class.
・彼は会う人ごとに丁寧(ていねい)におじぎをした
He bowed politely to everyone (that) he met.
・私は彼に会うごとに彼が好きになる
Every time I see him, I like him more.

ことば 言葉

➤ (言語) **language** /らングウェヂ/; (単語) a **word** /ワ〜ド/; (表現) an **expression** /イクスプレション/; (ことばづかい) **speech** /スピーチ/
・話し[書き]ことば spoken [written] language
・ことばづかいが悪い[上品だ] be rough [refined] in speech
・ことばづかいに注意する be careful in one's speech
・ことばを換えて言えば in other words
・その詩人のことばを借りて言えば in the words of the poet
・夕焼けの美しさはことばでは言い表せないほどでした The sunset was beautiful beyond expression.

こども 子供

➤ a **child** /チャイるド/ (複) **children** /チるドレン/
・子供っぽい childish
・子供らしい childlike
・私の子供時代に in my childhood / when I was a child

・彼はもう子供ではない
He is no longer a child.
・私たちは子供のころからの友達です We have been friends since we were children.
・4歳ぐらいの子供がもう少しでトラックにひかれそうになった A little child of about four years old was nearly run over by a truck.

こどものひ 子供の日 **Children's Day** /チるドレンズ デイ/ → たんごのせっく

ことり 小鳥 a **little bird** /りトる バ〜ド/

ことわざ a **proverb** /プラヴァ〜ブ/
・ことわざの proverbial
・「急がば回れ」ということわざがあります
There is a proverb which says "Make haste slowly." / "Make haste slowly," goes the proverb.

ことわる 断る

➤ (拒絶する) **refuse** /リふューズ/; (許しを求める) **ask permission** /パミション/; (通知する) **give notice:** (辞退する) **decline** /ディクらイン/

断り (a) **refusal** /リふューザる/; (許可) **permission**
・なんの断りもなしに without permission
・パーティーへの招待を断る decline an invitation to a party
・願いを断る refuse a request
・私は願いを断られた I was refused my request.
・私は彼の申し出をきっぱり断った
I gave a flat refusal to his offer.

こな 粉 **powder** /パウダ/; (小麦粉) **flour** /ふらウア/
・粉状の powdery
・粉薬 powdered medicine
・粉雪 powdery snow

こなごな
・こなごなに壊れる be broken to pieces

こにもつ 小荷物 a **parcel** /パースる/

コネ(クション) **connections** /コネクションズ/, (a) **pull** /プる/
・(…と)コネがある have pull (with ～)

こねこ 子ネコ a **kitten** /キトン/

こねる **mix up:** (水で) **knead** /ニード/
・だだをこねる be peevish [unreasonable]
・理屈(りくつ)をこねる argue pedantically

この

➤ **this** (複) **these** /ずィーズ/
➤ (最近の) **the past ～**

このような, このように like this
- この辞書 this dictionary
- 彼［君］のこの辞書 this dictionary of his ［yours］
- この1か月の間に during the past month
- この（→ここ）東京に here in Tokyo
- 彼女はこの春結婚します

She is going to get married this spring.
- この3日雨が降り続いています

It has been raining for the past three days.
- 私はそれを自分のこの目で（→自分自身の目で）見たのだ I saw it with my own eyes.

このあいだ この間（先日）**the other day** /アざ デイ/

このごろ（最近）**recently** /リースントり/, **lately** /れイトり/
- このごろはこういう事故が非常に多い

Such accidents are very frequent recently.
- このごろ田中君にお会いになりましたか

Have you seen Tanaka lately?

このは 木の葉 → は¹

このへん この辺 → きんじょ（→ この近所に）

このまえ この前 **last time**; （先日）**the other day** /アざ デイ/
- この前の日曜日に last Sunday / on Sunday last
- 彼はこの前よりもよくできた

He did better than last time.
- この前彼に会った時には彼はとてもうれしそうな顔をしていた Last time I saw him, he looked very happy.

このましい 好ましい **desirable** /ディザイアラブる/
- 好ましくない undesirable

このみ 好み (a) **liking** /らイキンぐ/, (a) **taste** /テイスト/
- 好みに合う suit one's taste / be to one's liking ［taste］
- この色は私の好みに合いません

This color is not to my liking ［taste］.

このむ 好む → すき³

このよ この世 **this world** /ワ～るド/
- この世の（俗世の）worldly; （地上の）earthly /ア～すり/

こばむ 拒む → ことわる

こはるびより 小春日和 an **Indian summer day** /インディアン サマ デイ/, a **nice and warm autumn day** /ナイス ウォーム オータム/

こはん 湖畔 the **lakeside** /れイクサイド/, （岸一般）the **shore** /ショー/

- 湖畔のホテル a lakeside hotel
- そのホテルは湖畔にあります The hotel is by the lake. / The hotel is on the shore of the lake.

ごはん ご飯（飯）**boiled rice** /ボイるド ライス/; （食事）a **meal** /ミーる/
- ご飯をたく cook rice
- 朝［昼］ご飯 breakfast ［lunch］
- 晩ご飯 dinner / supper
- ご飯ですよ

Breakfast ［Lunch, Supper］ is ready.

コピー（写し）a **copy** /カピ/; （広告文案）(**advertising**) **copy** /(アドヴァタイズィンぐ)/
- コピーする copy / make a copy; （特にコピー機で）photocopy
- コピー機 a photocopier
- その手紙のコピーを2部とってくれませんか Will you please make two copies of the letter?

こひつじ 子羊 a **lamb** /らム/

こびと 小人 a **dwarf** /ドウォーふ/

こぶ¹（先天性の）a **lump** /らンプ/; （はれ物）a **bump** /バンプ/; （木の）a **knot** /ナト/

こぶ² 鼓舞する **cheer** /チア/, **stir up** /スタ～/, **encourage** /インカ～レヂ/

ごぶさた
- ごぶさたしております

（手紙で）I'm sorry for my long silence. / I'm sorry for not writing ［not having written］ for so long.
（訪問の際に）I haven't seen you for a long time. / It's been a long time since I visited you the last time.

こぶし a **fist** /ふィスト/ → げんこつ
- 右のこぶしを突き上げる raise one's right fist

こぶり 小降りになる **let up**
- 雨［雪］が小降りになってきた

The rain ［The snow］ is letting up.

会話 雨はどうですか. —ほんの小降りです. すぐやむでしょう How is the rain? —It's just light rain. It'll stop soon.

こふん 古墳 an **old tomb** /トゥーム/

こぶん 古文（日本の古典）**Japanese classics** /クらスィクス/

ゴボウ 牛蒡《植物》a **burdock** /バ～ダク/

こぼす, こぼれる spill /スピる/; （あふれて）**brim over** /ブリム/
- 私はテーブルにお茶をこぼした

I spilled ［spilt］ tea on the table.
- バケツから水をこぼさないように気をつけなさい

Be careful not to spill water from the bucket.

こま a **top**

・こまを回す spin a top
ゴマ 胡麻《植物》sesame /セサミ/
・ゴマをする(おべっかを使う) flatter
コマーシャル a commercial (message) /コマ～シャる(メセヂ)/

こまかい 細かい

➤ (小さな) small /スモーる/; (非常に小さな) fine /ファイン/
➤ (くわしい) detailed /ディーテイるド/; (綿密な) close /クろウス/
➤ (性格が) meticulous /メティキュらス/

細かくする break ～ to pieces /ブレイク ピーセズ/; (お金をくずす) change /チェインヂ/
・細かい字 small letters
・細かい砂[ちり] fine sand[dust]
・細かい説明 a detailed explanation
・5千円札を細かくする change a 5,000-yen note
・彼はすごくお金に細かい
He is very stingy (with his money).

ごまかす deceive /ディスィーヴ/; cheat /チート/
ごまかし (a) deception /ディセプション/; (ずる) a cheat
・巧妙なごまかし a clever deception
・私は彼の外見にごまかされてしまった
I was deceived by his appearance.
・うまいことばにごまかされないように気をつけなさい Be alert not to be cheated by fair words.

こまる 困る

➤ (苦労する) have trouble /トラブる/; (当惑する) be at a loss /ろース/; (苦しむ) suffer /サファ/

・困り事 a trouble
・金に困っている be hard up for money / be badly off
・食べる物や着る物に困っている人たち people suffering from lack of food and clothing
・君の困り事は何ですか What is your trouble?
・彼は困っている少年のことを聞くとすぐその少年を助けに行った When he heard of a boy in trouble, he went at once to help him.
・何もしないでぶらぶらしているとそのうちに困った事になるよ
Idling your time away will get you into trouble. / ひゆ Idling your time away will get you into hot water. (熱いお湯の中に入れる)
・私は返事に困ってしまった
I was at a loss for an answer. /
I was at a loss what answer to make.
・何もあげる物がなくて困りましたね
I'm sorry I've nothing to give you.

ごみ (廃物(はいぶつ)) refuse /レふュース/;《米》trash /トラシュ/,《英》rubbish /ラビシュ/; (室内・街頭・公園などにちらかっている) litter /リタ/; (台所の) garbage /ガーベヂ/
・ごみ箱(公園・道路わきの)《米》a trash can /《英》a dustbin; (台所の)《米》a garbage can /《英》a rubbish bin
・ごみ収集車《米》a garbage truck /《英》a dustcart
・公園にごみを散らかしていってはいけない
Don't leave litter (about) in the park.
掲示 ごみを捨てないでください No Littering

・ごみ処理 waste disposal; waste management

こみいる 込み入った intricate /イントリケト/, complicated /カンプリケイテド/ → ふくざつ
こみち 小道 a path /パす/, trail /トレイる/
・森の小道 a path through a wood
コミュニケーション communication
・彼らの間にはコミュニケーションが欠けています
There is a lack of communication between them.

こむ 込む crowd /クラウド/
込んでいる crowded
・込んでいるバス[街路] a crowded bus [street]
・車の込み合っている道路 a road jammed with cars
・店は買い物客で込んでいる
The store is crowded with shoppers.

ゴム rubber /ラバ/
・ゴム製の rubber
・ゴム長靴[手袋] rubber boots [gloves]
・ゴム印 a rubber stamp
・輪ゴム a rubber band
・消しゴム an eraser /《英》a rubber
・ゴムひも (a piece of) elastic

コムギ 小麦《植物》wheat /(ホ)ウィート/

両

- 小麦粉 flour
- 小麦畑 a wheat field
- 小麦色 light brown
- (肌(はだ)が)小麦色の tanned / suntanned

コメ 米 《植物》**rice** /ライス/
- コメを作る grow rice
- コメを主食にする live on rice

こめかみ a **temple** /テンプる/

コメディアン a **comedian** /コミーディアン/

コメディー a **comedy** /カメディ/

こめる 込める (弾などを) **load** /ろウド/, **charge** /チャーヂ/; (ふくめる) **include** /インクるード/
- 心を込めて with all *one's* heart
- ことばにもっと感情を込めなさい
  Put more feeling into your words.

ごめん ごめんなさい (謝罪) **I'm sorry.** /サリ/; (依頼) **Excuse me.** /イクスキューズ/ → すみません

  ごめんください (呼びかけ) **Hello.** /へろウ/

  🗨会話 遅れてごめんなさい. —気にしなくていいよ
  I'm sorry I'm late.—Never mind.
- ごめんなさい. 少し詰めてもらえますか Excuse me, but would you please move over a bit?
- あんなところへ行くのはごめんだ (→行くのはいやだ). I hate going there.

こもじ 小文字 a **small letter** /スモーる れタ/

こもり 子守 (留守番) **baby-sitting** /ベイビスィティンぐ/; (人) a **baby-sitter** /ベイビスィタ/

  子守をする baby-sit /ベイビスィット/

  子守歌 a **lullaby** /ららバイ/

こもる (部屋・家に) **shut** *oneself* **(up)** /シャト/ (→とじこもる); (充満する) **be filled with** /ふィるド/

こもん 顧問 (助言者) an **adviser** /アドヴァイザ/; (相談相手) a **consultant** /コンサるタント/

こや 小屋 (山小屋など) a **hut** /ハト/; (掘っ建て小屋) a **cabin** /キャビン/; (物置き) a **shed** /シェド/
- 丸太小屋 a log cabin

こやぎ 子ヤギ a **kid**

ごやく 誤訳 **mistranslation** /ミストランスれイション/

  誤訳する mistranslate /ミストランスれイト/, **translate incorrectly** /トランスれイト インコレクトり/

こゆう 固有の (それ本来の) **proper** /プラパ/, (特有の) **peculiar** /ペキューリア/; (独特の) **characteristic** /キャラクタリスティク/
- 固有名詞 a proper noun
- 日本固有の花 flowers peculiar to Japan
- あらゆる動物にはそれぞれ固有の本能がある
  Every animal has its characteristic instincts.

こゆび 小指 (手の) a **little finger** /りトる ふィン

ガ/; (足の) a **little toe** /トウ/

こよう 雇用 (雇用すること) **employment** /インプろイメント/; (人を雇う) **hire** /ハイア/; **employ** /インプろイ/
- 女性の雇用 the employment of women
- 雇用保険 unemployment benefits /アンインプろイメント ベネふィッツ/; unemployment insurance program /インシュ(ア)ランス/

こよみ 暦 a **calendar** /キャれンダ/

こら Hey! /へイ/
- こら, やめなさい Hey, you! Stop that!

こらえる (押さえる) **keep back** /キープ/, **hold back** /ホウるド/; (我慢する) **endure** /インデュア/, **bear** /ベア/; (避(さ)ける) **help** → がまん (→ 我慢する)
- 彼女は涙をこらえることができなかった
  She could not keep [hold] back her tears.
- 私は一生懸命に我慢しようとしたがその苦痛をこらえることができなかった I tried hard, but I could not bear [endure] the pain.
- 私は笑いをこらえきれなかった
  I could not help laughing.

ごらく 娯楽 an **entertainment** /エンタテインメント/, (an) **amusement** /アミューズメント/
- 娯楽番組 an entertainment program
- 娯楽施設 amusement facilities

コラム a **column** /カらム/

ごらん ご覧 **Look!** /るク/
- ごらん, 太陽がのぼって来る
  Look! The sun is rising.
- それごらん(言わないこっちゃない)
  I told you so.

こりつ 孤立 **isolation** /アイサれイション/

  孤立する be isolated (from 〜) /アイソれイテド/

ゴリラ 《動物》a **gorilla** /ゴりら/

こりる 懲りる **learn a lesson** /らーン れスン/
- 私はもうこれに懲りた
  I've learned a lesson from this experience.

こる 凝る
❶(熱中する) **be crazy about** /クレイズィ アバウト/

  凝った (手の込んだ) **elaborate** /イらボレト/, (装飾的に) **fancy** /ふァンスィ/; (気難しい) **particular** /パティキュら/
- 彼は釣(つ)りに凝っている
  He is crazy about fishing.
- 彼女は服装に凝る
  She is particular in [about] dress.
❷(肩が) **have stiff shoulders** /スティふ ショウるダズ/

コルク 　204　　two hundred and four

コルク **cork** /コーク/
- コルクの栓(せん) a cork (stopper)
- コルク抜き a corkscrew

ゴルフ **golf** /ガるふ/
- ゴルフをする golf / play golf
- ゴルフをする人，ゴルファー a golfer
- ゴルフボール[クラブ] a golf ball [club]
- ゴルフ場 a golf course

これ

➤ **this** (複) **these** /ずィーズ/)
- これは私の妹です
This is my younger sister.
- これは金属ですかプラスチックですか
Is this metal or plastic?
- これは何ですか　What is this?
- あなたはこれを買いますか
Are you going to buy this?
- これを彼女に送ってください
Please send this to her.

これから **from now on**, **in** (**the**) **future** /ふューチャ/, **after this**
- これからはもっと注意するようにいたします
I'll be more careful in future.

コレクション a **collection** /これクション/

コレクトコール a **collect call** /これクト/
- 彼にコレクトコールをかける call him collect

これほど → こんな

これら these /ずィーズ/ → これ

ころ (時) **time**: (…の時) **when** /(ホ)ウェン/ → とき
…ごろ (ほぼ) **about** /アバウト/; (近く) **toward** /トード/; (時) **time**
- クリスマスのころに at Christmastime
- 午後6時ごろに at about six o'clock in the evening
- 夕方[今月の末]ごろ toward evening [the end of this month]
- 私の父が子供だったころ when my father was a boy
- 君がこの手紙を受け取るころは私は青森に着いているでしょう By the time you receive this letter, I will be in Aomori.
- 日本では今ごろは雨が多い We have a lot of rain in Japan about this time of the year.
- 新校舎は来年の今ごろまでには出来上がるでしょう The new school building will be completed by this time next year.

ゴロ (野球の) a **grounder** /グラウンダ/

ころがす 転がす，転がる **roll** /ロウる/
- ごろごろ転がす[転がる] roll over and over

- 転がり込む roll in
- 彼らは二人とも小川の中に転がり落ちた
Both of them rolled into the stream.

ころころ (太った) **plump** /ブランプ/; (転がる) **roll** /ロウる/ → ころがす

ごろごろ (雷が鳴る) **roll** /ロウる/, **rumble** /ランブる/; (転がる) **roll** → ころがす
- 雷がごろごろ鳴っている
Thunder is rolling [rumbling].

ころす 殺す **kill**; (殺人を犯す) **murder** /マ〜ダ/

コロッケ *korokke*; a **croquette** /クロウケト/

ころぶ 転ぶ **fall** (**over**) /ふォーる/; (つまずいて) **trip** (over 〜) /トリプ/, **stumble** (over 〜) /スタンブる/
- 転ばないように気をつけなさい．道はすべるよ
Take care not to fall. The road is slippery.

ことわざ 転ばぬ先の杖(つえ)
Look before you leap. (よく見てから跳(と)べ)

ころもがえ 衣替えをする **change to summer** [**winter**] **clothes** /チェインヂ サマ [ウィンタ] クろウズ/

コロン a **colon** → 句読点の一つ(:)

こわい

❶ (人をこわがらせる) **fearful**, **scary**
❷ (厳格な) **strict**

❶ (人をこわがらせる) **fearful** /ふィアるる/, **scaring** /スケアリンぐ/, **scary** /スケアリ/, **frightening** /ふライトニンぐ/ → おそろしい

(…を)こわがる, (…が)こわい **fear** (〜), **be afraid** (**of** 〜) /アふレイド/, **be frightened** (**of** 〜) /ふライトンド/
- こわくて…できない be afraid to *do*
- あの映画はものすごくこわかった
That movie was very scary.
- あいつはこわがりだよ．自分の影にも驚くんだから He is easily scared. He's even afraid of his own shadow.
- 彼女は小さいのでカエルがこわかった She was a small girl and was afraid of frogs.
- 私はこわくてそれにさわれない
I am afraid to touch it.

❷ (厳格な) **strict** /ストリクト/; **severe** /スィヴィア/; **stern** /スタ〜ン/; (おこってものすごい) **fierce** /ふィアス/
- こわい顔つき a stern [fierce] look
- 私たちの先生は怠け者の生徒にはとてもこわい Our teacher is very strict [severe] with idle students.

こわごわ **timidly** /ティミドリ/; (用心深く) **cau-**

tiously /コーシャスリ/

こわす 壊す

❶ (破壊する) **break**; **smash**; **destroy**
❶ **break** /ブレイク/; (こなごなに) **smash** /スマシュ/; (破壊する) **destroy** /ディストロイ/
壊れる **break**, **smash**; (機械などが) **break down** /ダウン/, **get**[**be**] **out of order** /オーダ/
壊れた… **broken** /ブロウクン/; **smashed**
・…を壊して開ける　break ~ open
・家を壊す　pull[break] down a house
・壊れた窓[時計]　a broken window[watch]
・ガラスは壊れやすい　Glass breaks easily. / Glass is easy to break.
・その皿は床に落ちてこなごなに壊れた
The dish broke into pieces when it fell on the floor. / The dish smashed on the floor.
・彼は金庫を壊して開けた
He broke the safe open.
・この茶わんは壊れています. だれが壊したのかしら
This cup is broken. I wonder who broke it.
・私の自転車は壊れてしまった. ➚現在完了
My bike has broken down.
❷ (その他)
・からだをこわす　damage[ruin] *one's* health
・胃をこわす　have stomach trouble

使い分け

break: 「壊す」の一般的な語
smash: 暴力的にまたは大きな音を立てて粉々に「壊す」
destroy: 直すことまたは存在することができないほどに「壊す」こと. The storm destroyed the building. (その嵐は建物を壊した)
damage: 何かに「損傷を与える」こと The earthquake damaged our house. (その地震はわたしたちの家に損傷を与えた)
ruin: 何かを傷つけて「台無しにする」こと Eating too much sugar can ruin our health. (砂糖を食べすぎることはわたしたちの健康を台無しにしかねない)

こん 紺(の) **dark blue** /ダーク ブるー/
・私たちの学校の制服の色は紺です
Our school uniform is dark blue.
こんかい 今回　→こんど
こんがり こんがり焼く（パンを）**toast** /トウスト/; (肌(はだ)を) **tan** /タン/
・こんがり焼けた肌　brown tanned skin
こんき 根気　**patience** /ペイシェンス/, **perseverance** /パ〜セヴィアランス/

根気のある　**patient** /ペイシェント/, **persevering** /パ〜セヴィアリング/
・根気よく　patiently / perseveringly
・根気よく…する　persevere in[with] ~
・君は根気がない　You are lacking in patience[perseverance].
こんきょ 根拠　**evidence** /エヴィデンス/; **grounds** /グラウンツ/
・根拠地　a base
・どんな根拠で君はそんなことを言うのか
On what grounds do you say so?
・それを信じる科学的根拠がない　We have no scientific evidence to believe it.
コンクール a **contest** /カンテスト/ → コンテスト
➚「コンクール」はフランス語の concours から
コンクリート **concrete** /カンクリート/
・コンクリートの歩道　a concrete sidewalk
・鉄筋コンクリートの建物　a reinforced concrete building
こんげつ 今月　**this month** /マンす/
・『月刊 SSD』の今月号　the current issue of *The SSD Monthly*
・今月の15日に　on the 15th of this month
・今月の初めに　early this month / at the beginning of this month
・今月の半(なか)ばに　in the middle of this month
・今月の終わりごろに　late this month / toward the end of this month
・今月末に　at the end of this month
・今月中に　during this month / before the end of this month
・私は今月15歳になります
I'll be fifteen (years old) this month.
・今月はたいへん忙(いそが)しかった
I have been very busy this month.
こんご 今後　**in (the) future** /ふューチャ/; (今からずっと) **from now on**
・今後何が起こるかわからない　We cannot tell what will happen in the future.
・今後私は彼と仲良しになります
I will be friends with him from now on.
・彼は今後3年間ロンドンに滞在します
He will be in London for the next three years.
こんごう 混合　**mixture** /ミクスチャ/
混合する　**mix** → まざる, まぜる
・混合物　a mixture
・混合ダブルス　a mixed doubles
コンサート a **concert** /カンサト/
こんざつ 混雑する　→こむ

コンサルタント 206 two hundred and six

コンサルタント a **consultant** /コンサ*る*タント/

こんしゅう 今週 **this week** /ウィーク/
• 『ニューズウィーク』の今週号 the current issue of *Newsweek*
• 今週の水曜日に on Wednesday this week
• 今週中に during this week
• 今週の初めに early this week / at the beginning of this week
• 今週の半ばに in the middle of this week
• 今週の終わりに this weekend
• 私は今週は午後は暇(ひま)です
I am free in the afternoon this week.
• 今週いつかまた参ります
I'll come again some day this week.

こんじょう 根性 (気性) (a) **nature** /ネイチャ/; (頑張り) **guts** /ガッ/
• 根性が悪い be ill-natured
• 根性のない人 a person with no guts
• その山に登るには相当な根性がいる
Climbing that mountain takes a lot of guts.
• 彼女には根性がある。どんなにつらくても絶対にあきらめないんだから
She has guts. Whatever hardships she may go through, she never gives up.

こんせい 混声の **mixed** /ミクスト/
• 混声合唱 a mixed chorus

こんぜつ 根絶 **eradication** /イラディケイション/
根絶する eradicate /イラディケイト/

こんせん 混線する **get** [**be**] **crossed** /クロースト/

コンセンサス a **consensus** (**of opinion**) /(オピニョン)/

コンセント an (**electrical**) **outlet** /(イれクトリカる)アウトれト/

┌─────────────────────────┐
カタカナ語！ コンセント

「電気の差し込み口」を日本語で「コンセント」というが、これでは通じない。単に outlet だけでもいいが、お店の「アウトレット」と誤解されるおそれのある時は an electrical outlet という。壁に取り付けてあるものは a wall outlet ともいう
└─────────────────────────┘
• トースターをコンセントにつなぐ plug in a toaster to an outlet

コンソメ (フランス語) **consommé** /カンソメイ/
コンダクター a **conductor** /コンダクタ/
コンタクトレンズ a **contact lens** /カンタクト れンズ/, **contacts**
• コンタクトレンズをはめている wear contact lenses

こんだて 献立 a **menu** /メニュー/

こんちゅう 昆虫 an **insect** /インセクト/
• 昆虫を採集する collect insects

コンディショナー conditioner → リンス

コンディション condition /コンディション/
• コンディションがいい[悪い] be in good [bad] condition

コンテスト a **contest** /カンテスト/
• スピーチコンテスト a speech contest
• コンテストで1位になる win first prize in a contest
• 来月の中ごろコンテストが行われます
The contest will be held about the middle of next month.
• 君はコンテストに参加しますか
Are you going to take part in the contest?

コンテナ a **container** /コンテイナ/

こんど 今度

➤ **this time**; (次に) **next time**
今度の next /ネクスト/, **coming** /カミング/; (新しい) **new**
• 今度の日曜日に next Sunday / on Sunday next
• 今度の試験 the coming examination
• 私たちの今度の先生 our new teacher
• 彼は今度は成功した This time he succeeded.
• 今度それについてもっとよく話し合いましょう
Let's discuss it more fully next time.
• 今度彼に会ったらそう言ってください When you see him next, please tell him so.
• 今度来る時は妹さんを連れていらっしゃい
Bring your sister with you next time you come.
• さて今度は第2の問題です
Now, let's take the second question.

こんどう 混同 **confusion** /コンふュージョン/
混同する (ごっちゃにする) **confuse** /コンふューズ/; (A を B と取りちがえる) **take** A **for** B, **mistake** A **for** B /ミステイク/
• この二つの事はよく混同される
These two things are often confused.

コントラスト contrast /カントラスト/
• コントラストを調整する adjust the contrast

コントロールキー the control key /コントロウる キー/

コントロール(する) control /コントロウる/

こんな

➤ **such** /サチ/, **like this** /らイク/
• こんなふうに in this way / like this
• それはちょっとこんなふうな物でした
It was something like this.

- こんなすばらしい景色を私は見たことがない
I have never seen such a fine view.
- こんなに暖かい日は冬には珍しい
Such a warm day [A warm day like this] is rare in winter.
- こんなに早く来ても私は1番ではなかった
Though I came so early, I was not the first to come.
- こんなに説明しても君にはわからないの?
Though I try so hard to explain, you don't understand, do you?

こんなん 困難 (a) **difficulty** /ディふィカ゜ティ/; (めんどう) (a) **trouble** /トラブる/
困難な difficult, **hard** /ハード/
- 何の困難もなく without any difficulty [trouble]
- 困難と戦う fight with [against] difficulties
- この仕事を1週間以内に完成することは困難だ It is difficult [hard] to finish this work within a week.

こんにち 今日 **today** /トゥデイ/, (近ごろ) **nowadays** /ナウアデイズ/; (現代) **the present** /プレズント/
今日の present-day /プレズント デイ/
- 今日の日本 Japan of today / present-day Japan
- そのころの日本語は今日の日本語とはまるで違っておりました The Japanese language in those days was quite different from the one we speak today.
- 今日ではそういうことを信じる人はだれもいません Nobody believes such things today.
- 今日ではそれはめったに見られません
One seldom sees it nowadays.

こんにちは (午前中) **Good morning!** /モーニング/ / (午後) **Good afternoon!** /アふタヌーン/

コンパ a **party** /パーティ/ →「コンパ」は company (仲間)という語からつくられたもの

コンパクト (化粧用) a **compact** /コンパクト/; (小さい) **compact** /コンパクト/
- コンパクトカー a compact car
- コンパクトデジタルカメラ a compact digital camera

コンパス (1丁) (a pair of) **compasses** /(ペア) カンパセズ/
- コンパスで円をかく draw a circle with compasses

こんばん 今晩 **this evening** /イーヴニング/, **tonight** /トゥナイト/
- 彼は今晩ここへ来ます

He'll be here this evening.
- 今晩は雨になるでしょう
We'll have rain tonight.
- 雨は今晩中降るでしょう
It will rain all night tonight.

こんばんは Good evening! /イーヴニング/

コンビ a **combination** /カンビネイション/
- 彼らは名コンビだ
They make a fine combination.

コンビーフ corned beef /コーンド ビーふ/

コンビニ(エンスストア) a **convenience store** /コンヴィーニエンス ストー/

コンピューター a **computer** /コンピュータ/
- ゲーム用コンピューター a gaming PC

コンプレックス (劣等(れっとう)感) an **inferiority complex** /インふィアリオーリティ/
- …にコンプレックスを持っている have an inferiority complex toward ~

こんぼう こん棒 a **club** /クラブ/
- (スポーツ)こん棒投げ club throw

こんぽん 根本(基盤) a **foundation** /ふァウンデイション/; (基礎) a **basis** /ベイスィス/ (複 bases /ベイスィーズ/)
根本的な fundamental /ふァンダメントる/; **basic**
根本的に fundamentally; **basically**

コンマ a **comma** /カマ/
- コンマを打つ put a comma

こんもり (茂った) **thick** /すィク/; (盛り上がる) **rise** /ライズ/, (積み重ねる) **pile** /パイる/

こんや 今夜 **tonight** /トゥナイト/ → こんばん

こんやく 婚約 an **engagement** /インゲイヂメント/
婚約する be engaged /インゲイヂド/
- 婚約者 (男性) one's fiancé; (女性) one's fiancée → fiancé, fiancée は共に /ふィーアーンセイ/ と発音する
- 婚約指輪 an engagement ring
- 彼らは先週正式に婚約した
They were formally engaged last week.
- 彼女は私の兄と婚約しています
She is engaged to my brother. /
She is my brother's fiancée.

こんらん 混乱 **confusion** /コンふュージョン/
混乱させる confuse /コンふューズ/
混乱する be confused, **get into confusion**
- 混乱して in confusion
- その事故で交通が大混乱した The accident caused great confusion in the traffic.

こんろ a **portable cooking stove** /ポータブる クキング ストウヴ/

さ サ

さ 差 (a) **difference** /ディファレンス/
- その二つには質において大きな差がある［ほとんど差がない］ There is a big difference［is little difference］in quality between the two.
- われわれのチームは1点差で勝った Our team won by one point.

さあ now /ナウ/, well, come, come now
- さあ、ちょっとこれを見てごらん Come now, just have a look at this.
- さあ、みんな外へ出よう Now［Well］, let's all go out.

サーカス a **circus** /サ〜カス/

サーキット a **circuit** /サ〜キト/

サークル (組織された団体) a **group** /グループ/; (同じ趣味を持つ人々の集まり) a **circle** /サ〜クる/
- サークル活動をする participate in group activities
- 読書サークルを作る form a reading circle

ざあざあ (降る) **pour** /ポー/
- 雨がざあざあ降っている It is pouring down with rain.

サード (野球の)→ さんるい

サーバー[1] 《IT》a **server** /サ〜ヴァ/
- ウェブサーバー a web server
- メールサーバー a mail server

サーバー[2] (食品などを取り分けるもの) a **server** /サ〜ヴァ/ → 通例以下のように他の語と組み合わせて用いる
- ケーキ［パイ］サーバー a cake［pie］server
- コーヒーサーバー a coffee server［pot, carafe］
- ウォーターサーバー (装置) a water dispenser; (冷やす機能のあるもの) a water cooler dispenser

サービス service /サ〜ヴィス/
- サービス料 a service charge
- そのホテルはサービスがよいので有名です The hotel is famous for its good service.
- これサービスしておきます You get this for free.

注意しよう
英語では「おまけ」「値引き」の意味での「サービス」に service は用いない。「値引きしてくれませんか？」は Can you give me a discount? などという

サーブ (テニスなどの) **service** /サ〜ヴィス/
サーブする serve
- 今度は君がサーブする番だ It's your turn to serve.

サーファー a **surfer** /サ〜ふァ〜/

サーフィン surfing /サ〜ふィンぐ/
- サーフィンをする surf

サーフボード a **surfboard** /サ〜ふボード/

サーベル (フェンシングなど) a **saber** /セイバ/ → 発音注意. Star Wars のライトセイバーは light saber

サーボ (自動制御) a **servo** /サ〜ヴォウ/
- サーボモーター a servomotor

サーモグラフィー (温度測定装置) **thermography** /さ〜モグラふィ/

サーモスタット (温度調整器) a **thermostat** /さ〜モスタト/

サーモン 《魚》(a) **salmon** /サモン/
- サーモンピンク salmon pink

さい[1] 歳 **a year** /イア/
- 9歳の少年 a boy of nine years / a nine-year-old boy → × nine-years-old としない

君は何歳ですか
―私は15歳です
How old are you?
―I am fifteen **years old**.
彼は君より何歳年上ですか
―彼は私よりも3歳年上です
How many **years older** is he than you are?
―He is three **years older** than I am ［《話》than me］.

- 5歳以下の子供は入場無料です Admission is free for children five and under.
- 彼は70歳で死にました He died at (the age of) seventy.

さい[2] …祭
- 学園祭 a school festival
- (年ごとの)記念祭 the anniversary

サイ 犀 《動物》a **rhinoceros** /ライナセロス/, 《話》**rhino** /ライノウ/, (複 rhinos)

さいあい 最愛の **dearest** /ディアレスト/, **loving** /らヴィンぐ/

さいあく 最悪(の) **the worst** /ワ〜スト/
- 最悪の場合でも at (the) worst
- これはすべてのうちで最悪です This is the worst of all.

さいかい[1] 再開する **reopen** /リオウプン/, re-

sume /リジューム/

さいかい[2] 再会する **meet again** /ミート アゲン/

さいかい[3] 最下位の **last; the lowest**
•最下位になる **come last**

さいがい 災害 a **disaster** /ディザスタ/
•災害を受ける **suffer (from a disaster)**
•災害地 a **stricken district**
•災害を受けた人たちに何か送りましょう
Let us send something to the sufferers to relieve them.
•自然[火山]災害 a natural **disaster**
•災害支援 **disaster relief**

ざいがく 在学する **be in school**
•在学証明書 a **school certificate**
•私の兄は慶応大学に在学しています
My brother is studying at Keio University.

さいぎしん 猜疑心 a **suspicion** /サスピション/

さいきどう 再起動 a **restart** /リスタート/
再起動する restart; reboot /リブート/

さいきん[1] 最近

➤ **recently** /リースントリ/, **lately** /れイトリ/ →
このごろ, ちかごろ

最近の recent
•つい最近まで彼は私の近所に住んでいた
He was living in my neighborhood till quite recently.
•最近彼から便りがありません
I haven't heard from him lately.

さいきん[2] 細菌 **bacteria**（複数形）/バクティアリア/;（微生物）a **microbe** /マイクロウブ/

さいく 細工（手工芸品）a **handiwork** /ハンディワ〜ク/, a **handicraft** /ハンディクラふト/;（高度な技法）**artisanship** /アーティザンシプ/
細工する（作る）**work**;（不正に手を加える）**tamper with ～** /タムパ/

サイクリング cycling /サイクリング/
•私たちは次の日曜日銚子へサイクリングに行くつもりです We are going on a cycling tour to Choshi next Sunday.

サイクル（周期）a **cycle** /サイクる/;（自転車）a **bicycle** /バイスィクる/

さいけつ[1] 採決する **take a vote** /ヴォウト/
•提案を採決する **take a vote on a proposal**

さいけつ[2] 採血する **take blood** /ブらド/

さいげつ 歳月 **years** /イアズ/; **time**
•それ以来10年の歳月が流れた
Ten years have passed since then.

さいけん[1] 再建する **reconstruct** /リーコンストラクト/

さいけん[2] 債権 **bond** /バンド/

ざいこ 在庫 a **stock** /スタク/;《米》an **inventory** /インヴァントーリ/
在庫品 stocks /スタクス/, **goods in stock** → しな
•在庫がある[ない] in［out of］**stock**
•在庫一掃セール a **clearance sale**

さいご 最後

➤（順序）**the last**;（限度）**the limit** /リミト/
•最後に **last** / **for the last time**
•最初から最後まで **from first to last**
•最後まで頑張る **hold on to the last**
•最後の努力を試みる **make** *one's* **last try**
•最後に来たのはだれか **Who came last?** / **Who was the last to come?**
•あしたが最後だ. それ以上は待てない
Tomorrow is the limit. I can't wait any longer.

さいこう 最高の（最も高い）**the highest** /ハイエスト/;（最もよい）**the best**;（権力などが）**supreme** /スプリーム/
•最高限度 (the) **maximum**
•最高気温 **the highest temperature**
•最高裁判所 **the Supreme Court**
•走り高跳びの世界最高記録を持っている **hold the world record for the high jump**
•最高の気分だ **I feel just great.**

さいころ a **die** /ダイ/（《複》**dice** /ダイス/）
•さいころを振る **cast a die**

さいこん 再婚する **get married again** /マリド アゲン/

ざいさん 財産 a **fortune** /ふォーチュン/
•財産を作る **make a fortune**

さいじつ 祭日 → しゅくじつ

さいしゅう[1] 採集 **collection** /コれクション/
採集する collect /コれクト/

さいしゅう[2] 最終(の) **the last**
•（野球の）最終回 **the last inning**
•連続テレビドラマの最終回 **the last episode of a TV drama serial**
•私はもう少しで最終のバスに乗り遅れるところだった I almost missed the last bus.

さいしょ 最初(の)

➤ **the first** /ふァ〜スト/
•最初に **first**;（初めて）**for the first time**
•最初は **at first**
•最初から **from the first**［**the beginning, the start**］
•最初から最後まで **from first to last** / **from be-**

ginning to end

•一番難しいのは最初の3ページです
The most difficult part (of the book) is the first three pages.

•最初に来たのはだれですか　Who came first? / Who was the first to come?

•最初に来たのは消防隊で，その次に警察が来た　The first to come was a fire crew, and next to come were the police.

•最初にここに来た時は私はほんの5歳の少年でした
The first time I came here I was just a boy of five.

さいしょう 最小(の)，最少(の)（大きさが）**the smallest** /スモーれスト/; (量が) **the least** /りースト/

•最小公倍数　the least common multiple
•世界最小の昆(こん)虫　the smallest insect in the world

さいじょう 最上(の) **the best**

さいじょうきゅう 最上級　《文法》**the superlative degree** /スパ〜らティヴ ディグりー/

さいしょうげん 最小限(度) **the minimum** /ミニマム/

•最小限度の　minimum
•最小限にする　minimize

さいしょり 再処理 **reprocessing** /リプラセスィンぐ/

さいしん¹ 最新の **the newest** /ニューイスト/; (最近の) **the latest** /れイテスト/

•最新型の車　the newest [latest] model of car

さいしん² 再診 (2回目) **the second visit (to the doctor)** /セカンド ヴィズィット/; (2回目以降) **follow-up visits** /ふァーろウ アプ/

サイズ size

•いろいろなサイズの靴　shoes of all sizes / all sizes of shoes
•M[L]サイズ　medium [large] size →×M size, ×L size としない; → エルサイズ
•サイズを測る　take the size
•それらは同じサイズです
They are the same size [the same in size].
•お望みのサイズは何番ですか
What size do you want?

さいせい 再生　(録音・録画の) a **replay** /リープれイ/, a **playback** /プれイバク/; (廃品の) **recycling** /リーサイクりンぐ/

再生する　(録音・録画を) **replay**, **play back**; (廃品を) **recycle**

•再生紙　recycled paper
•再生可能エネルギー　renewable energy

ざいせい 財政 **finance** /ふァイナンス/

ざいせき 在籍している **be in school, be on the school register** /レヂスタ/

さいせん¹ 再選する **re-elect** /リー イれクト/

さいせん² 賽銭 an **offering (to the shrine)** /オーふぁりンぐ (シュライン)/

•賽銭箱　an offertory box

さいぜん 最善(の) **the best**

•私は彼を助けるために最善の努力をした
I did my best to help him.

さいぜんせん 最前線 **the front line** /ふラント らイン/

•最前線で働く人々　front-line workers

さいそく 催促する **press** /プレス/, **urge** /ア〜ヂ/

•彼らは私に借金の返済の催促をした
They pressed [urged] me to pay my debt.

サイダー (**soda**) **pop** /(ソウダ) パプ/ → 英語の cider /サイダ/ は「リンゴ酒」の意味

さいだい 最大(の) **the greatest** /グレイテスト/; **the largest** /らーヂェスト/

•最大公約数　the greatest common divisor
•彼は日本が生んだ最大の作家の一人です
He is one of the greatest writers that Japan has ever produced.
•それは今までに日本で建造された最大のタンカーです　It is the largest tanker ever built [that has ever been built] in Japan.

さいだいげん 最大限(度) **the maximum** /マクスィマム/

•最大限の　maximum
•最大限に利用する　make the most of 〜

ざいたく 在宅の **in-home**

•在宅介護　home care, in-home care
•訪問介護士　an in-home caregiver

さいちゅう 最中に **in the middle** (of 〜) /ミドる/; **during** /デュアリンぐ/

•その嵐の最中に　in the middle of [during] the storm

さいてい 最低の　(最も低い) **the lowest** /ろウ エスト/; (最悪の) **the worst** /ワ〜スト/

•最低限(度)　(the) minimum

さいてき 最適な　(**the**) **most suitable** /スータブる/, **ideal** /アイディーアる/, (**the**) **best**

•彼はその仕事に最適だ
He is most suitable for the work.

さいてん 採点 **marking** /マーキンぐ/, **grading** /グレイディンぐ/

採点する **mark**, **grade**

•先生はまだ私たちの答案を採点していない
The teacher has not yet graded our papers.

サイト (インターネット上の) a **website** /ウェブサイ

ト/
・その会社のサイトを見る
visit [see] the company's website
サイド side /サイド/
・サイドテーブル a side table
・(サッカーなどの)サイドバック a side back
・サイドライン side lines
サイドスロー a sidearm throw /サイドアーム スロウ/ → アンダースロー
サイドブレーキ 《米》a parking brake /パーキング ブレイク/, 《英》a handbrake /ハンドブレイク/
・サイドブレーキをかける use the parking brake
→「サイドブレーキ」は和製英語
さいなん 災難 a calamity /カラミティ/; (災害) a disaster /ディザスタ/
ざいにち 在日韓国人 a Korean living in Japan /コリーアン リヴィングぐ/
さいのう 才能 (力量) (an) ability /アビリティ/; (生来(せいらい)の) a talent /タレント/, a flair /ふれア/
才能のある able /エイブる/; talented
・音楽の才能がある少女 a girl with a talent for music
さいばい 栽培する grow /グロウ/
・バラを栽培する grow roses
さいばん 裁判 a trial /トライアる/
裁判する judge /ヂャヂ/
・…を裁判にかける put ~ on trial / bring ~ to trial
・裁判官 a judge
・裁判長 the presiding [chief] judge
・裁判員 a lay [citizen] judge
・裁判員制度 the lay [citizen] judge system
・裁判所 a court (of law)
・家庭[地方]裁判所 a family [district] court
・最高裁判所 the Supreme Court
さいふ 財布 a purse /パ〜ス/; (折りたたみ式) a wallet /ワれト/ → wallet は主に男性用の札入れ
さいほう 裁縫 sewing /ソウインぐ/
さいぼう 細胞 a cell /セる/
・細胞分裂 cell division
さいほうそう 再放送 a rerun /リーラン/
再放送する rerun
さいまつ 歳末 the end of the year /イア/
・歳末大売り出し a year-end sale
さいみん 催眠術 hypnotism /ヒプノティズム/
催眠術をかける hypnotize /ヒプノタイズ/
ざいむ 財務省 the Ministry of Finance /ミニストリ ふィナンス/, 《米》the Treasury (Department) /トレジャリ (ディパートメント)/, 《英》(大蔵省) the Treasury

・財務大臣 the Minister of Finance / 《米》(財務長官) the Secretary of the Treasury / 《英》(大蔵大臣) the Chancellor of the Exchequer
ざいもく 材木 《米》lumber /ランバ/, 《英》timber /ティンバ/
さいよう 採用 adoption /アダプション/; (雇用(こよう)) employment /インプろイメント/
採用する adopt /アダプト/; employ /インプろイ/
さいりょう 最良(の) the best
・外国語を学ぶ最良の方法 the best way to learn a foreign language
ざいりょう 材料 (a) material /マティアリアる/
・建築材料 building materials
サイレン a siren /サイアレン/
・サイレンが鳴る A siren blows.
さいわい 幸い → こううん, → こうふく¹
サイン (合図) a sign /サイン/; (証書などの署名) (a) signature /スィグナチャ/; (著者・芸能人などの) autograph /オートグラふ/
サインする sign
・サインブック an autograph album
・サイン入りブロマイド an autographed photo
・この絵にはある有名な画家のサインがあります This picture bears the signature of a famous artist. / This picture is signed by a famous painter.
・この書類にサインしてください Please sign this paper.
・このボールにサインしてください Could I have your autograph on this ball, please?

signature

autograph

サインペン a felt-tip pen /ふェるト ティプ/
サウスポー a southpaw /サウすポー/
サウナ a sauna /ソーナ/

さえ …さえ
➤ **even** /イーヴン/
…しさえすれば if only ~
…しさえすればよい have only to do
・それは子供にさえできる

さえぎる

Even a child can do it.

・そこは8月でさえ寒かった

It was cold there even in August.

・君さえ来てくれればすべて大丈夫だ Everything will be all right if only you can come.

・君はただ私のあとについて来さえすればよい

You have only to come after me.

さえぎる (中断する) **interrupt** /インタラプト/; (妨（さまた）げる) **obstruct** /オブストラクト/

・倒れた木が道をさえぎった

Fallen trees obstructed the way.

さえずる **sing**; (ちいちいと) **chirp** /チャ〜プ/

・鳥が楽しくちいちいさえずっている

Birds are chirping merrily.

さえる (光・色・音などが)(澄（す）んだ) **clear** /クリア/, (明るい) **bright** /ブライト/; (頭が) **clear-headed** /クリア ヘデド/, **clever** /クレヴァ/, **bright**; (目が) **awake** /アウェイク/

・真夜中まで目がさえている be awake until midnight

・なかなかさえてるね How clever you are!

・なんだか気分がさえない

Somehow I feel depressed.

さお a **pole** /ポウる/; (釣（つ）りざお) a **rod** /ラド/

さか 坂 a **slope** /スろウプ/; (坂道) a **hill**

・坂の上へ uphill

・坂を下って downhill

・ゆるやかな[急な]坂 a gentle [steep] slope

・坂を上る[下る] go up [down] a slope

・道はそこから上り坂[下り坂]になっている

The road slopes up [down] from there.

さかあがり 逆上がり(をする) **(do) forward-upward circling on the bar** /ふォーワド アプワド サ〜クリンぐ バー/

さかい 境 a **border** /ボーダ/ → きょうかい²

・多摩川は東京と川崎の境になっている The Tama River divides Tokyo from Kawasaki.

さかえる 栄える (物質的に) **prosper** /プラスパ/; (芸術などが) **flourish** /ふら〜リシュ/

・それは芸術と文学が栄えた時代であった

It was an age in which art and literature flourished.

さかさまに 逆さまに **upside down** /アプサイド ダウン/; (頭から) **headlong** /ヘドローンぐ/

さがす　探す，捜す

❶ (家の中などを) **search**; (人・物などを) **search for, look for**

❷ (書物などで) **look up**

❹ (見つける) **find**

基本形

A の中を探す
　search A
A を探す
　look for A / **search for** A
B (人・物)を求めて A (場所)を探す
　search A **for** B / **look in** A **for** B

---

❶ (家の中・引き出しの中を) **search** /サ〜チ/; (人・物を) **search for**; (人・物・仕事などを) **look for** /るク/

・カバン[引き出し]の中を探す search a bag [a drawer]

・カバンを探す search [look] for a bag

・仕事を探す look for a job

・かぎがないか引き出しの中を探す search [look in] a drawer for the key

会話 君は何を探しているのですか．—めがねを探しているんだ → 現在進行形

What are you looking for? —I'm looking for my glasses.

・警察はその行方不明の子供を捜している

The police are searching for the missing child.

❷ (書物・地図などで) **look up**

・その店の住所をインターネットで探す search the web for the address of the shop / look up the address of the shop on the web

・地図で博物館を探す look up the museum on a map

❸ (手さぐりで) **feel after** /ふぃ〜る/, **feel for**

・(手さぐりで)スイッチを探す feel after [for] a switch

・私はポケットに手を入れて切符を探した

I felt (around) in my pocket for the ticket.

❹ (見つける) **find (out)** /ふァインド/

・ぼくの帽子を探してくれ Find my cap for me. / Find me my cap, will you?

・君の家を探すのにずいぶん苦労した

I had a lot of difficulty in finding your house.

さかだち 逆立ち a **handstand** /ハンドスタンド/

・逆立ちをする do a handstand / stand on *one's* head [hands]

さかな　魚

➤ a **fish** /ふィシュ/ (**複** 同形); (魚肉) **fish**

・魚釣（つ）り fishing

・魚屋 (人)《米》a fish dealer /《英》a fishmonger; (店)《米》a fish store /《英》a fishmonger's

・魚市場　a fish market
・魚を釣る　fish (with rod and line)
・私は子供のころその川によく魚をとりに行きました
I often went fishing in the river when I was a boy.
・この池ではよく魚が釣れますか
Is there good fishing in this pond?
・私は魚より肉のほうが好きだ
I like meat better than fish.

さかのぼる　go up; (時代を) **trace back** /トレイス/
・川をさかのぼって行く　go up a river; (舟をこいで) row up a river
・その慣習の起源は中世にまでさかのぼることができる　The origin of the custom can be traced back to the Middle Ages.

さかみち　坂道　→さか

さからう　逆らう　(従わない) **disobey** /ディソベイ/; (反抗する) **resist** /リズィスト/
…に逆らって　against ～ /アゲンスト/
・私は流れにそって泳いでいるが彼は流れに逆らって泳いでいる　I'm swimming with the stream, but he's swimming against the stream.

with the stream

against the stream

・彼は両親の意思に逆らって作家になった　He became a writer against his parents' will.
・君は両親に逆らってはいけない
You should not disobey your parents.

さかり　盛り　(花が) **be at their best** /ゼア ベスト/; (人生の) **be in** *one's* **prime** /プライム/; (食べ物が) **be in season** /スィーズン/
・盛りを過ぎる　be past their best / be past *one's* prime / be out of season

さがる　下がる

❶ (低くなる) **fall, go down**
❷ (ぶら下がる) **hang**
❹ (後ろへ) **step back**

❶ (低くなる) **fall** /フォーる/, **go down** /ダウン/
・物価が下がってきた　→現在進行形
Prices are falling [going down].
・温度は零下 (れいか) 5度に下がった
The temperature fell [went down] to five degrees below zero.
・彼の熱は下がった　→現在完了
His fever has fallen [has gone down].

❷ (ぶら下がる) **hang (down)** /ハング/
・シャンデリアが天井から下がっていた　The chandelier was hanging from the ceiling.

❸ (成績が) **get** a **poor grade** /プア グレイド/, **get** a **poor mark** /マーク/, **have** a **poor record** /レコド/; (席次が) **go down, drop** /ドラプ/
・私は英語の成績が下がった
I got a poor grade [mark] in English.
・私は今度の試験で席次が10番下がった
I went down ten places in class standing [rank, rating] after the last exam.

❹ (後ろへ) **step back, move back** /ムーヴ/, **stand back**
・1歩下がれ　Take [Make] a step back.
・「下がって!」と警官が群衆に叫んだ
"Stand back!" called the police officer to the crowd.

fall

step back

さかん¹　盛んな　(栄えている) **prosperous** /プラスペラス/; (心からの) **warm** /ウォーム/
・盛んである　be in full swing
・彼は盛んな喝采 (かっさい) を受けた
He was greeted with loud applause. / He was loudly applauded.

さかん 214 two hundred and fourteen

•われわれは盛んな歓迎を受けた
We received a warm welcome.
•ここは自動車産業の盛んな町です The automobile industry is prosperous in this city.
さかん² 左官 a **plasterer** /プラスタ〜ラ/

さき 先

➤（とがった先）a **point** /ポイント/; （端）an **end**
➤（将来）the **future** /フューチャ/

先に, 先へ（前）**before** /ビフォー/; （前方）**ahead** /アヘド/; （向こう）**beyond** /ビヤンド/; （順序）**before, first** /ふァ〜スト/
•鉛筆(えんぴつ)の先 the point of a pencil
•先のことはわからない
We cannot see the future.
•彼はわれわれみんなの先に立って歩いた
He walked ahead of us all.
•先に行ってください. 私はすぐあとから行きます
Please go ahead. I'll soon follow you.
•その店はその橋の200メートルぐらい先にあります
You will find the store about 200 meters beyond the bridge.
•それはついこの先の通りで起こった
It happened just down the street.
•もし君が電車で行くなら彼らより先にそこに着くでしょう If you go by train, you will get there before them.
•どっちを先にやりましょうか. これですか, それですか Which shall I do first, this or that?
•お先にどうぞ After you!
•「女の方からどうぞお先に」とジョンはほほえみながら言った
"Ladies first," said John with a smile.
さぎ 詐欺(をする) **swindle** /スウィンドる/
•詐欺師 a swindler
サギ 鷺（鳥）a **heron** /ヘロン/
サキソホン a **saxophone** /サクソふォウン/
さきほど 先ほど a (**little**) **while ago** /(リトる) (ホ)ワイる/
•彼は先ほど学校へ出かけました
He left for school a while ago.
さきゅう 砂丘 a (**sand**) **dune** /(サンド) デューン/
さぎょう 作業 **work** /ワ〜ク/ ➔ しごと
•作業時間 (the) working hours
•作業服 (the) working clothes
•作業員 a worker
•彼は作業中です He is at work now.
さく¹ 柵 a **fence** /ふェンス/
•柵をする fence
•その土地は有刺鉄線で柵がしてある

The lot is fenced off with barbed wire.

さく² 咲く

➤（草花が）**bloom** /ブるーム/, **flower** /ふらウア/; （果樹の花が）**blossom** /ブらサム/; **come out, be out**

咲いている be in bloom, be in flower; be in blossom
•ぱっと咲きだす burst into bloom [flower]; burst into blossom
•スミレ[モモの木]は春に花が咲きます
Violets bloom [The peach trees blossom] in the spring.
•こちらでは花はたいてい5月に咲き始めます
Many flowers here begin to come out [to be out] in May.
•公園のサクラ[チューリップ]が今を盛りと咲いています The cherry trees are in full blossom [The tulips are in full bloom] in the park.
さく³（時間を）**spare** /スペア/
•私に2〜3分さいていただけませんか
Can you spare me a few minutes?
さく⁴ 裂く, 裂ける **tear** /テア/, **split** /スプリト/, **rip** /リプ/
•新聞紙を細かく裂く tear a newspaper to pieces
さくいん 索引 an **index** /インデクス/
さくさく さくさくした（歯ざわりが）**crisp** /クリスプ/
•さくさくしたビスケット a crisp biscuit
さくさん 酢酸 **acetic acid** /アシーティク アスィド/
さくし 作詞する **write the words** (**for a song**) /ライト ワ〜ヅ/
•作詞家 a songwriter
さくじつ 昨日 ➔ きのう¹
さくしゃ 作者 a **writer** /ライタ/; （著者）an **author** /オーさ/
•この本の作者はだれですか Who is the author of this book? / Who wrote this book?
さくじょ 削除する **cut, erase** /イレイス/, **delete** /ディリート/
さくせん 作戦（軍事行動）**operations** /アペレイションズ/; （全体的な）(a) **strategy** /ストラテヂ/; （個別的な）**tactics** /タクティクス/
•作戦を立てる work out a strategy
•作戦が見事に成功した
Our tactics were completely successful.
さくねん 昨年 ➔ きょねん
さくひん 作品 a **work** /ワ〜ク/
•文学作品 a literary work

215 two hundred and fifteen

・彼の最近の作品 his latest work
・これはだれの作品ですか Whose work is this?

さくぶん 作文 (a) **composition** /カンポズィション/, an **essay** /エセイ/
・…について作文を書く write a composition [an essay] about ～
・彼の英作文には誤りが少ない There are very few mistakes in his English composition.

さくもつ 作物 a **crop** /クラプ/
・作物は取り入れられた
The crops have been gathered.
・今年の作物はとても出来がよかった
The crops were very good this year. /
We had very good crops this year.

さくや 昨夜 **last night** /ナイト/

サクラ 桜 《植物》(木) a **cherry tree** /チェリトリー/; (花) **cherry blossoms** /ブらサムズ/
・サクラの名所 a place famous [noted] for its cherry blossoms
・土手のサクラが満開です The cherry trees on the banks are in full bloom.

サクラソウ 桜草 《植物》a **primrose** /プリムロウズ/

サクランボ 《植物》a **cherry** /チェリ/

さくりゃく 策略 a **trick** /トリク/

さぐる 探る (調べる) **look into** /るク/, **investigate** /インヴェスティゲイト/; (捜す) **search** /サ～チ/; (手でさわって) **feel** (for ～) /ふぃ～る/; (人の意見などを) **sound out** /サウンド/
・その秘密を探る look into the secret
・この件に関して彼の心の中を探る sound him out on this matter

ザクロ 柘榴 《植物》a **pomegranate** /パムグラネト/

さけ 酒 **drink**, **liquor** /リカ/; (日本酒) *sake* /サーキ/
・酒屋 a liquor store
・酒に酔(よ)う get drunk
・大酒飲み a heavy drinker / a drunkard
・君のお父さんはお酒を召し上がりますか
Does your father drink?

サケ 鮭 (魚) a **salmon** /サモン/ (複 同形)

さけぶ 叫ぶ
➤ **cry** /クライ/, **shout** /シャウト/
叫び a **cry**, a **shout**
・私は助けを求める叫び(声)を聞いた I heard a cry for help. / I heard someone cry for help.
・彼らは喜びの叫びを上げた
They cried for joy.

・彼らはその提案に反対の叫びを上げた
They raised a cry against the proposal.
・彼は彼らに引き返せと大声で叫んだ
He cried [shouted] to them to come back.
・「ノー」と彼らは一斉に叫んだ
"No," they cried in chorus.

さける¹ 避ける **avoid** /アヴォイド/
・避けられない unavoidable
・梅雨どきに旅行するのは避けたほうがよい
You should avoid traveling during the rainy season. ➜ ✕ avoid *to travel* としない
・私たちは納屋に入って嵐を避けた
We took shelter from the storm in a barn.

さける² 裂ける ➜ さく⁴

さげる 下げる
❶ (掛ける) **hang** /ハング/
❷ (低くする) **lower** /ろウア/; (値段を) **reduce** /リデュース/; (賃金などを) **cut down** /ダウン/; (頭を) **bow** /バウ/

ざこう 座高 (胴部) **the length from the top of the head to the buttocks** /れんぐす バトクス/
・座高が高い[低い] have a long [short] body

ササ 笹 《植物》**bamboo grass** /バンブー/; (葉) a **bamboo leaf** /りーふ/

サザエ 栄螺 (貝) a **top shell** /シェる/
・サザエのつぼ焼き a top shell cooked in its shell

ささえる 支える **support** /サポート/; (重さを) **bear** /ベア/
支え (a) **support**
・彼は年老いた母の唯一の支えです He is the only support of [for] his old mother.
・彼は家族を支えるために一生懸命働く
He works hard to support his family.

ささげる **devote** /ディヴォウト/
・彼はこの研究に生涯(しょうがい)をささげた
He devoted his life [himself] to this research.

さざなみ さざ波 a **ripple** /リプる/

ささやく **whisper** /(ホ)ウィスパ/
ささやき a **whisper**
・彼は彼女に[彼女の耳に]何かささやいた
He whispered something to her [in her ear].

ささる 刺さる (突き刺さる) **pierce** /ピアス/; (ひっかかる) **stick** /スティク/
・魚の骨がのどに刺さっている
There is a fish bone stuck in my throat.

さじ a **spoon** /スプーン/ ➜ スプーン
・さじ1杯 a spoonful

さしあげる 差し上げる (与える) **give** ➜ あげる

さしあげる

あ
か
さ
た
な
は
ま
や
ら
わ

❷．あたえる
・(店員が)何を差し上げましょうか
May [Can] I help you?

さしえ 挿絵 an **illustration** /イらストレイション/
・この本は挿絵がいっぱい入っています
This book is full of illustrations [is fully illustrated].

さしかえる 差し替える **replace** /リプれイス/

さしこむ 差し込む
❶ (ことばなどを) **put in**, **insert** /インサ〜ト/; (プラグを) **plug in** /プらグ/
・ポットのコードを電源に差し込んでくれませんか
Could you plug in the thermos bottle, please?
❷ (光が) **shine in** /シャイン/, **come in**

さしず 指図 → めいれい

さしだす 差し出す (提供する) **offer** /オーふァ/; (手を伸ばす) **reach** /リーチ/
・差出人 a sender

さしみ 刺身 **sashimi**; **sliced raw fish** /スらイストロー ふィシュ/

ざしょう 座礁する **run aground** /アグラウンド/

さす[1] 刺す (蚊が) **bite** /バイト/; (ハチなどが) **sting**; (針などでちくりと) **prick** /プリク/; (突き刺す) **stick** /スティク/, **thrust** /すラスト/; (刃物で) **stab**
・蚊に刺される be bitten by a mosquito
・針で指を刺す prick a finger with a needle
・地面に棒を突き刺す stick a pole in the ground

prick

stick

bite

sting

さす[2] 指す (指し示す) **point** /ポイント/, **show** /ショウ/; (先生が生徒を) **call on** /コーる/; (将棋を) **play** /プれイ/
・時計の針は5時を指しています
The hands of the clock show five o'clock.
・この地図でローマを指しなさい
Point out Rome on this map.

さす[3] 差す (日が) **shine** /シャイン/; (傘を) **put up**
・日が差し始めた
The sun has begun to shine.
・私は傘も差さずに雨の中を歩いた I walked in the rain without putting up an umbrella. / (ぬれながら) I walked getting wet in the rain.

さすが (本当に) **indeed** /インディード/, **truly** /トルーリ/; (…さえ) **even** /イーヴン/
・さすがはプロだ He is indeed a professional.
・さすがの彼もついにあきらめなければならなかった
Even he finally had to give up.

さずかる 授かる **be blessed with 〜** /ブれスト/
・彼らは3人の子を授かった
They were blessed with three children.

さずける 授ける → あたえる

サステナビリティー (持続可能性) **sustainability** /サスティナビらティ/

サステナブル (持続可能な) **sustainable** /サスティナブる/
・持続可能な開発目標 Sustainable Development Goals → SDGs と略される

サスペンス suspense /サスペンス/
・サスペンス小説 a novel of suspense

ざせき 座席 a **seat** /スィート/
・座席に着く take a [one's] seat
・私は窓のそばの[最前列の]座席に着いた
I took a seat near the window [in the first row].
・座席は全部ふさがっていた
All the seats were occupied.
・この座席はあいていますか (→ふさがっていますか)
Is this seat occupied [taken]?

させつ 左折する **turn (to the) left** /れふト/

させる …させる

❶ (相手の意志に関係なく) **make**
❷ (相手の望むように) **let**
❸ (頼んで) **have**, **get**

❶ (相手の意志に関係なく) **make**

基本形 A (人)に[を]…させる
make A *do*

・彼を行かせる make him go

•子供たちに自分の部屋をそうじさせる make the children clean their own rooms

•私はむりやり何かを飲まされた ➡ 受け身形
I was made to drink something. ➡ 受け身形の時は to drink のように to 不定詞になる

•どうしても彼の心を変えさせることはできませんでした Nothing could make him change his mind.

❷ (相手の望むように) **let** /れ↑/

> 基本形
> A (人)に[を]…させる
> **let** A *do*

•彼を行かせる let him go
•父は私をパーティーに行かせてくれた[くれないだろう] Father let [won't let] me go to the party.
•彼はそれをだれにも見せない[見せなかった]
He lets [let] nobody see it.
•それをもう一度させてください
Let me try it again.

❸ (頼んで) **have, get**

> 基本形
> A (人)に…させる
> **have** A *do* / **get** A to *do*
> A (物)を…させる
> **get** A+過去分詞
> **have** A+過去分詞

•彼にそれをさせる have him do it / get him to do it
•彼らに荷物を運ばせましょう I'll have them carry [get them to carry] the baggage.
•だれかを手伝いに来させましょう
I'll get someone to come to help.
•この時計を直させましょうか Shall I have [get] this watch mended [fixed]?

さそう 誘う (求める) **ask** /アスク/; (招く) **invite** /インヴァイト/
•私たちは彼も私たちのクラブに加わるように誘った
We asked him to join our club.
•彼は私を食事に誘ってくれた
He invited me to dinner.
•私は毎朝彼を誘って (➡彼の家に寄って)いっしょに学校へ行きます I call at his house every morning and we go to school together.

さそりざ 蠍座 **Scorpio** /スコーピオウ/, **the Scorpion** /スコーピオン/
•蠍座生まれの人 a Scorpio / a Scorpion

さた …さた
•彼は(悪いことをして)警察ざたになっている
He is in trouble with the police.

さだめる 定める ➡きめる

ざだんかい 座談会 a **talk** /トーク/, a **discussion** (**meeting**) /ディスカション (ミーティング)/

さつ¹ 冊 a **book**, a **volume** /ヴァリュム/; (同じ本の) a **copy** /カピ/
•私たちの学校図書館には約3万冊の本がある
Our school library has about thirty thousand volumes [books].
•私はこの辞書を2冊持っているから1冊君にあげよう I have two copies of this dictionary, so I will give one to you.
•私は全部で辞書を3冊持っています
I have three dictionaries in all.

さつ² 札 《米》a **bill**, 《英》a **note** /ノウト/
•1万円札 a 10,000-yen bill
•彼は千円札を差し出しておつりをくれと言った He offered a 1,000-yen bill and asked for change.

ざつ 雑 な (いいかげんな) **slovenly** /スらヴンり/, **sloppy** /スらピ/; (おおざっぱな) **careless** /ケアれス/
•雑な仕事 slovenly [sloppy] work

さつえい 撮影する (写真を) **take** a **picture** /ピクチャ/; (映画を) **film** /ふぃるム/
•撮影所 a (movie) studio

ざつおん 雑音 a **noise** /ノイズ/

さっか 作家 a **writer** /ライタ/
•短編作家 a writer of short stories
•彼は日本における最も有名な作家の一人です
He is one of the most famous writers in Japan.

ざっか 雑貨 **general goods** /チェネラる グヅ/
•雑貨屋 (店) a general [grocery] store; (人) a general dealer / a grocer

サッカー **soccer** /サカ/, 《英》**football** /ふトボーる/

さっかく 錯覚 an **illusion** /イるージョン/
•錯覚を起こす be under an illusion / have an illusion
•A を B と錯覚する mistake *A* for *B* ➡おもいちがい

さっき ➡さきほど

さっきょく 作 曲 **composition** /カンポズィション/
作曲する **compose** /コンポウズ/
•作曲家 a composer
•このソナタはだれが作曲したものですか
Who composed this sonata? /
Whose composition is this sonata?

さっきん 殺菌する **sterilize** /ステリらイズ/
•殺菌剤 a sterilizer

サックス a sax /サクス/ → サキソホン
さっさと quickly /クウィクリ/; fast
- さっさと仕事をしなさい
Be quick about your work.
- さっさと言え Hurry up and say it.

サッシ (窓枠) a sash /サシュ/, a window frame /ウィンドウ ふレイム/
- アルミサッシ an aluminum sash

ざっし 雑誌 a magazine /マガズィーン/
- 月刊雑誌 a monthly (magazine)
- 週刊雑誌 a weekly
- 漫画雑誌 a comic (magazine)
- その雑誌の今月号[5月号] the current issue [the May issue] of the magazine

ざっしゅ 雑種 a mixed breed /ミクスト ブリード/; a cross /クロース/
 雑種の mixed-breed
- 雑種のイヌ a mixed-breed dog

さつじん 殺人 murder /マ〜ダ/
- 殺人犯人 a murderer
- 殺人事件 a case of murder
- 殺人未遂(みすい) an attempted murder
- 殺人を犯す commit a murder

ざっそう 雑草 a weed /ウィード/ → くさ

さっそく at once /ワンス/, right away /ライト アウェイ/
- そのことはさっそく彼に知らせます
I will tell him about it at once.
- 彼はさっそく仕事にとりかかった
He wasted no time [did not waste any time] in beginning his work.

ざつだん 雑談 a chat /チャト/, a small talk /スモーる トーク/; (おしゃべり) a chatter /チャタ/
 雑談する chat, have a chat, have a small talk
- 私たちはお茶を飲んだりお菓子を食べたりしながら楽しく雑談した
We had a pleasant chat over tea and cakes.

さっちゅうざい 殺虫剤 an insecticide /インセクティサイド/

さっと (急に) suddenly /サドンリ/; (すばやく) quickly /クウィクリ/
- さっと通り過ぎる flash by
- さっと立ち上がる spring to one's feet

ざっと roughly /ラふリ/; (手短に) briefly /ブリーふり/; (目を通す) skim through /スキム すルー/; (およそ) about /アバウト/ (→ やく³)
- ざっと説明する explain briefly
- 話はざっと次のとおりです
The story is roughly as follows.

- 父は毎朝出勤前に新聞にざっと目を通します
My father skims through the newspaper every morning before he leaves for his office.

さっとう 殺到 a rush /ラシュ/
 殺到する rush, pour /ポー/
- 問い合わせが事務所に殺到した
Inquiries poured into the office. /
There was a rush of inquiries at the office.
- 買い物客が新しいスーパーマーケットに殺到した
Customers rushed to the new supermarket.

さっぱり さっぱりした (服装が) clean /クリーン/, neat /ニート/; (味が) refreshing /リふレシングゥ/, plain /プれイン/; (気性が) frank: (気分が) fresh /ふレシュ/, refreshed /リふレシュト/
 さっぱり…ない not at all
- さっぱりした服装をする be neatly dressed
- さっぱりした気性の人 a person of frank disposition
- 一眠りしたらさっぱりした
I felt refreshed after a nap.
- どうして彼女がそんなに怒っているのかさっぱりわからない
I cannot understand at all why she is so angry.
- だれがこれをしたか私はさっぱりわからない
I have no idea who did this.

ざっぴ 雑費 expenses for sundries /イクスペンセズ サンドリズ/

さっぷうけい 殺風景な (ものさびしい) dreary /ドリアリ/; (飾(かざ)り気のない) bare /ベア/

サツマイモ 薩摩芋 (植物)a sweet potato /スウィート ポテイトウ/

ざつよう 雑用 (はんぱ仕事) odd jobs /アド/; (家の内外の) chores /チョーズ/

さて → さあ

さておき …はさておき

サトイモ 里芋 《植物》a taro /ターロウ/ (複 taros)

さとう 砂糖 sugar /シュガ/
- 角砂糖 a lump (of sugar)
- 砂糖一さじ a spoonful of sugar
- 砂糖入れ a sugar bowl

 会話 お茶に砂糖をいくつ入れますか. —二つ入れてください
How many lumps (will you have) in your tea? —Two lumps, please.

さどう 茶道 sado, tea ceremony /ティー セレモウニ/

さとる 悟る realize /リ(ー)アらイズ/

サドル a saddle /サどる/

サナギ a **pupa** /ピューパ/ (® **pupae** /ピューピー/)

サバ 鯖 (魚) a **mackerel** /マカレる/ (® 同形)

サバイバルの survival /サヴァイヴァる/

さばく¹ 砂漠 a **desert** /デザト/

砂漠化 desertification /ディザ〜ティふィケイション/
•その地域では砂漠化が一層進むでしょう Desertification will be worsened in that region.

さばく² 裁く **judge** /チャヂ/

さび rust /ラスト/

さびる，さびさせる rust

さびた rusty
•さびたナイフ a rusty knife

さびしい 寂しい

➤ **lonely** /ろウンリ/

寂しがる feel lonely /ふィーる/; (人がいなくなって) **miss** /ミス/
•寂しい生活を送る lead a lonely life
•私はひとりぼっちだったけれど寂しくはなかった I was alone, but I was not lonely.
•彼は寂しがり屋だ He is no loner. ➡ loner は「孤独を好む人」
•あなたがいなくて私はとても寂しい
I miss you very much.
•彼女がいないのでみんな寂しく思った
She was missed by everybody.
•君が行ったあとが寂しくなります
We will miss you after you are gone.

サファイア a sapphire /サふァイア/

サファリパーク a safari park /サふァーリ/

サブスクリプション a subscription /サブスクリプション/
•音楽配信サービスへのサブスクリプション a subscription to a music streaming service
•サブスクリプションを更新[中止]する renew [cancel] a subscription

ざぶとん 座ぶとん a cushion /クション/

さべつ 差別(待遇(たいぐう)) discrimination /ディスクリミネイション/

差別待遇する discriminate /ディスクリミネイト/
•人種差別 racial discrimination

さほう 作法 manners /マナズ/ ➡ ぎょうぎ
•立派な[悪い]作法 good [bad] manners
•食事の作法 table manners
•彼は無作法だ (→作法を知らない)
He has [knows] no manners.

サポーター (応援者) a supporter /サポータ/; (男子スポーツ選手がトランクスの下にはく) an **athlet-**

ic supporter /アすれティク/, a **jockstrap** /チャクストラプ/

サボテン 《植物》 a cactus /キャクタス/ (® cactuses, cacti /キャクタイ/)

サボる (学校を) play hooky /フれイ フキ/, play truant /トルーアント/; (授業を) cut

さま …様 (男性) Mr. Mr. 〜 /ミスタ/; (既婚女性) Mrs. Mrs. 〜 /ミセズ/; (未婚女性) Miss 〜; (女性の既婚・未婚を区別しないで) Ms. Ms. 〜 /ミズ/

さまざま ➡ いろいろな

さます¹ 冷ます，冷める cool /クーる/
•彼に対する彼女の熱は冷めてしまった
Her affection for his has cooled (down).

さます² 覚ます，覚める (目を，目が) wake up /ウェイク/
•その音で私は目が覚めた The noise woke me (up). / I was woken by the sound.
•私は朝7時ごろ目が覚める
I wake at about seven in the morning.
•寝ても覚めても私はそのことを考えます
Waking or sleeping, I think of it.

さまたげる 妨げる hinder /ヒンダ/; (乱す) disturb /ディスタ〜ブ/; (A が何かするのを) prevent A from doing
•進歩を妨げる hinder progress
•町の騒音(そうおん)が私の眠りを妨げます
Street noises disturb my sleep.
•ことばの違いはしばしば国家間の理解を妨げる (→理解にさからって作用する) Differences in languages often work against understanding between nations.

さまよう wander /ワンダ/
•私たちは道に迷って森の中をさまよった
We lost our way and wandered about in the woods.

サミット a summit /サミト/

さむい 寒い

➤ **cold** /コウるド/

寒さ (the) cold
•寒い冬の朝に on a cold winter morning
•寒さで震(ふる)える shiver with cold
•けさはとても寒い
It is very cold this morning.
•日ましにだんだん寒くなってきました
It is getting colder day by day.
•私は寒い．何か温かい飲み物をください
I feel cold. Give me something hot to drink.
•寒い所に立っていないで火のそばに来て暖まりなさい Don't stand in the cold. Come near the

fire and warm yourself.
・冬は東京より長野のほうがずっと寒い
In winter it is much colder in Nagano than in Tokyo.

さむけ 寒け a **chill** /チる/
・寒けがする have a chill

サメ 鮫《魚》a **shark** /シャーク/

さめる¹ (色が) **fade** /フェイド/

さめる² 冷める →さます¹

さめる³ 覚める →さます²

さもないと or (else) /(エる)ス/, **otherwise** /アざワイズ/
・急ぎなさい. さもないとバスに遅れますよ
Hurry up, or (else) you will miss the bus.
・私たちはほとんどずっと走り通した. さもないと学校に遅刻するところだった
We ran nearly all the way; otherwise we would have been late for school.

さや¹ (豆類の) a **pod** /パド/, a **shell** /シェる/

さや² (刀の) a **sheath** /シーす/

さゆう 左右 **right and left** /ライト れフト/
・左右を見る look right and left

さよう 作用 **action** /アクション/
作用する act (on 〜)
・化学作用 chemical action
・酸の作用 the action of acids

さようなら Good-bye! / So long! / See you! / Be seeing you!
・私にさようならを言いに彼女は部屋に入って来た
She came into the room to say good-bye to me.

さら 皿 (料理を盛った大皿) a **dish** /ディシュ/; (dish から料理を取り分ける平皿) a **plate** /プれイト/; (受け皿) a **saucer** /ソーサ/

plate　　saucer　　dish

・(食卓の)皿類 the dishes
・皿を片付けて洗いなさい
Put away the dishes and wash them.

さらいげつ 再来月 **the month after next** /マンす/

さらいしゅう 再来週 **the week after next** /ウィーク/
・再来週の日曜日 the Sunday after next

さらいねん 再来年 **the year after next** /イア/

さらさら (音をたてる) **rustle** /ラスる/; (かわいた) **dry** /ドライ/
・さらさらした粉雪 light powdery snow

ざらざら ざらざらの **rough** /ラふ/
・この布は手ざわりがざらざらする
This cloth feels rough.

さらす
❶ (雨・風に) **expose** /イクスポウズ/
・危険に身をさらす expose oneself to danger
・頭をじかに太陽にさらすのは時には危険である It is sometimes dangerous to expose the bare head to the sun.
❷ (白くする) **bleach** /ブリーチ/

サラダ (a) **salad** /サらド/

さらに still /スティる/, **more** /モー/
・日はさらに短くなるでしょう
The days will grow still shorter.
・彼らはさらに1キロ走った They ran one more kilometer. / They ran another kilometer.

サラブレッド a **thoroughbred** /さ〜ロウブレド/

サラリー a **salary** /サらリ/
・サラリーマン a salaried worker / an office worker →「サラリーマン」は和製英語
・私の父はサラリーマンです
My father is an office worker.

さる 去る **leave** /リーヴ/; (終わる) **be over**
・彼はきのう東京を去ってニューヨークへ向かった
He left Tokyo for New York yesterday.
・冬は去って今は春だ
Winter is over and it is spring now. / Winter is gone and spring has come [is here].

サル 猿《動物》a **monkey** /マンキ/; (尾のない高等な) an **ape** /エイプ/
・あれが有名な三匹のサルの彫刻で,「見ざる, 聞かざる, 言わざる」という格言を表しています That's a famous carving of three monkeys. They represent the saying *mizaru, kikazaru, iwazaru*—see no evil, hear no evil, speak no evil.

ことわざ 猿も木から落ちる Even Homer sometimes nods. (ホメロスでさえ時には居眠りをする)

221 two hundred and twenty-one　　　　　　　　　　　　　　ざんきょう

ざる a (**bamboo**) **basket** /(バンブー) **バ**スケット/

される →れる

さわぐ　騒ぐ

➤ **be noisy** /**ノ**イズィ/, **make a noise** /**ノ**イズ/

騒ぎ（騒音(そうおん)）(a) **noise**; (騒動) a **disturbance** /ディス**タ**～バンス/

騒がしい noisy
・騒がしく　noisily
・騒ぎを起こす［静める］raise ［suppress］a disturbance
・そんなに騒いではいけない　Don't make so much noise. / Don't be so noisy.
・彼らは騒いでいたので私の声が聞こえなかった
They were so noisy［were making so much noise］that they did not hear me.

さわやか さわやかな（新鮮な）**fresh** /ふ**レ**シュ/; (気分をさわやかにする) **refreshing** /リふ**レ**シング/
さわやかにする refresh
・さわやかな朝の空気　fresh morning air

さわる（触(ふ)れる）**touch** /**タ**チ/; (さわって感じる) **feel** /ふぃー**る**/
・展示物にさわってはいけません
Don't touch the exhibits.
・私は彼のひたいにさわってみて熱があることがわかった　I felt his forehead and found that he was feverish.
ことわざ さわらぬ神にたたりなし
Let sleeping dogs lie. (眠っているイヌはそのまま寝かしておけ)

さん¹ 3(の)　**three** /す**リ**ー/
・第3(の)　the third (略 3rd)
・3分の1, 3分の2　one third, two thirds
・3倍, 3回, 3度　→かい⁴, ど❶, ばい
・今はちょうど3時です
It is just three o'clock now.
・私の弟は来月で3歳になります
My brother will be three next month.
・彼はクラスで3番目に背が高い
He is the third tallest boy in the class.
・私はここへ来たのが今度で3度目です
I'm here for the third time. /
This is the third time I've been here.

さん² 酸　(an) **acid** /**ア**スィド/

さん³ …さん　→さま

さんか¹ 参加する　**take part in**, **participate in** /パー**ティ**スィペイト/, **join** /**ヂョ**イン/
・参加者　a person who takes part in ～ / a participant / an entry

・青梅マラソンに参加を申し込む　enter for the Ome marathon race
・サマーキャンプの参加申し込みをする　sign up for summer camp
・このコンテストにはだれが参加するだろうか
Who will take part in this contest?
・君も私たちの旅行に参加してほしい
I hope you will join our tour.

さんか² 酸化　**oxidation** /アクシ**デ**イション/, **oxidization** /アクシダイ**ゼ**イション/

さんかく 三角形　a **triangle** /ト**ラ**イアングる/
・三角定規　a triangle
・正三角形　an equilateral triangle
・二等辺三角形　an isosceles triangle
・三角関数　a trigonometric function

さんがく 山岳部　a **mountaineering club** /マウンテニ**ア**リング/

さんかくすい 三角錐　a **triangular pyramid** /トライアンギュら **ピ**ラミド/, (四面体) a **tetrahedron** /テトラ**ヒ**ードラン/

さんがつ 3月　**March** /**マ**ーチ/ (略 Mar.) →くがつ

さんかん 参観する　**visit** /**ヴィ**ズィト/
・参観者　a visitor
・参観日　《米》an open house / 《英》an open day
・来週の木曜日は参観日です
We'll have open house［open day］at our school next Thursday.
・年に1度親が授業を参観します
Our parents visit our class once a year.
・参観者は展示物に手を触(ふ)れないよう願います　Visitors are requested not to touch the exhibits.

さんぎいん 参議院 (日本の国会) **the House of Councillors** /ハウス **カ**ウンスィらズ/
・参議院議員　a member of the House of Councillors

さんきゃく 三脚 (カメラの) a **tripod** /ト**ラ**イパド/; (いす) a **three-legged stool** /す**リー** れグド ス**トゥ**ーる/

さんきゅう 産休　**maternity leave** /マ**タ**～ナティ **リ**ーヴ/
・産休からの復帰　back from maternity leave
・彼女は産休を取得した　She took maternity leave.

さんぎょう 産業　**industry** /**イ**ンダストリ/
・産業の　industrial
・産業革命　the Industrial Revolution
・産業廃棄物　industrial waste
・自動車産業　the automobile industry
・観光事業は私たちの市のおもな産業です
Tourism is the chief industry of our city.

ざんきょう 残響 (コンサート会場など) **reverbera-**

ざんぎょう

tion /リヴァーバレイション/
ざんぎょう 残業 **overtime work** /オウヴァタイムワ～ク/
・残業する　work overtime
サングラス **sunglasses** /サングらセズ/
ざんげ → こくはく
サンゴ 珊瑚 《動物》 **coral** /コーラる/
・サンゴ島[礁(しょう)]　a coral island [reef]

サンゴ礁の島(モルジブ)

さんこう 参考にする（参照する）**refer to** /リふァ～/, **consult** /コンサるト/; (考えに入れる) **take ～ into account** /テイク アカウント/, **take ～ into consideration** /コンスィダレイション/
・…にとって参考になる　be a help to ～
・ご参考までに　for your information
・参考書(辞書・地図・年鑑・百科事典など)
a reference book
・次の表を参考にして人口問題に関するあなたの意見を800字程度で述べなさい
Give your opinion on the population problem in about 800 words referring to the following table.
・ご意見はたいへん参考になりました
Your suggestion was a great help to us.
・ご意見は十分参考にさせていただきます
We'll take your opinion into full account [consideration].
ざんごう 塹壕 **a trench** /トレンチ/
ざんこく 残酷 **cruelty** /クルーエるティ/
　残酷な **cruel** /クルーエる/
・残酷に　cruelly
・動物に対して残酷なことをしてはいけません
Don't be cruel to animals.
さんじ 惨事 **a disaster** /ディザスタ/, **a tragedy** /トラヂェディ/
・惨事を引き起こす　cause a disaster
さんじゅう¹ 30(の) **thirty** /さ～ティ/
・第30(の)　the thirtieth (略 30th)
・31(の)，32(の)，…　thirty-one, thirty-two, …
・第31(の)，第32(の)，…　the thirty-first, the thirty-second, …
・私の一番上の兄は30歳です
My oldest brother is thirty years old.
・今月の30日は私の誕生日です
The 30th of this month is my birthday.
さんじゅう² 三重の **triple** /トリプる/
さんじゅうしょう 三重唱, 三重奏 **a trio** /トリーオウ/
さんしゅつ 産出する **produce** /プロデュース/
・産出物　a product
・石油産出国　an oil-producing country
・インドは多量の茶を産出する
India produces large quantities of tea.
ざんしょ 残暑 **the heat of late summer** /ヒートれイト/
・残暑お見舞い申し上げます
The heat is lingering this summer. Please take care of yourself. → is lingering は「いつまでもとどまっている」
さんしょう¹ 参照 **reference** /レふァレンス/
・…を参照する　refer to ～
さんしょう² 山椒（香辛料）**Japanese pepper** /ヂャパニーズ ペパ/; 《植物》 **Japanese pepper tree** /トリー/; (中国四川の花椒(かしょう)) **Sichuan pepper** /シチワン/
さんしん 三振 **a strike-out** /ストライカウト/
・三振する　be struck out
さんすう 算数 **arithmetic** /アリすメティク/

さんせい¹ 賛成

➤ (同意) **agreement** /アグリーメント/
➤ (支持) **favor** /ふェイヴァ/
賛成する **agree** /アグリー/; (賛成している) **be in favor, be for**; (認める) **approve** /アプルーヴ/

基本形	
A（提案・計画など）に賛成する	**agree to** A
A（人・意見）に賛成する	**agree with** A
…することに賛成する	**agree to** do
…ということに賛成する	**agree that ～**

・私は君の考えに賛成します
I agree to your idea.
・私はこの点では君に賛成します
I agree with you on this point.
・子供たちはみんなその子犬を飼うことに賛成した
All the children agreed to keep the puppy.
・私たちは記念樹を植えることに賛成した

We agreed to plant a memorial tree. /
We agreed that we should plant a memorial tree.
・父は姉が彼と結婚することに賛成していない
Father doesn't approve of my sister marrying him.
・君はその案に賛成なのですか，反対なのですか Are you for [in favor of] the plan or against it?
・その提案に賛成の人もいるが多くは反対している Some are for the proposal, but many are against it.
・この案に賛成の人は手を上げてください
Those (who are) in favor of this plan, please raise your hands.
・私はその提案に対する賛成演説をした
I made a speech in favor of the proposal.

さんせい² 酸性 **acidity** /アスィディティ/
　酸性の acid /アスィド/
・酸性雨　acid rain

さんそ 酸素 **oxygen** /アクスィヂェン/

ざんだか 残高 **the balance** /バランス/

サンタクロース Santa Claus /サンタ クろーズ/, 《英》**Father Christmas** /クりスマス/

サンダル (1足) (a pair of) **sandals** /(ペアロぶ) サンドるズ/; 《英》(鼻緒のついたゴム製の) **flip-flops** /ふりプ ふらプス/

さんだんとび 三段跳び **triple jump** /トりプる ヂャンプ/

さんち (…の)産地 **a producer** (of ～) /プロデューサ/
・日本では山梨県がブドウの主な産地です
Yamanashi Prefecture is the main producer of grapes in Japan.

さんちょう 山頂 **the top of the mountain** /マウンテン/

サンデー (食べ物) **a sundae** /サンデイ/
・フルーツサンデー　(a) fruit sundae

サンドイッチ a sandwich /サン(ド)ウィチ/
・私は昼食にサンドイッチを食べた
I had some sandwiches for lunch.

ざんねん 残念に思う

➤ (くやしい) **It is too bad** (**that**) ～ /トゥー/; (惜しい) **It is a pity** (**that**) ～ /ピティ/, **regret** /リグレト/, **be sorry** /サリ/

残念なことに to *one's* **regret**
・彼が試験に落ちて残念だ
It's too bad (that) he failed the exam.
・君がそのパーティーに出られないとは残念だ
It's a pity (that) you can't come to the party.
・残念ながらいっしょに行けません
I'm sorry (to say that) I can't go with you.
・それを聞いて残念です
I'm sorry to hear that.
・コンサートに行けなかったのはとても残念です I greatly regret missing [that I missed] the concert.
・とても残念なことに私はその試合を見られませんでした Much to my regret I couldn't see the game.

サンバ samba /サンバ/
さんぱい 参拝 **a visit** /ヴィズィト/
　参拝する visit, pay a visit /ペイ/
・神社に参拝する　pay a visit to a shrine

さんばし 桟橋 **a pier** /ピア/

さんぱつ 散髪 **haircut** /ヘアカト/
　散髪する cut *one's* **hair**

さんぴ 賛否 **the pros and cons** /プろウズ カンズ/
・…の賛否を問う　put ～ to vote

さんびか 賛美歌 **a hymn** /ヒム/

さんぷく 山腹 **a hillside** /ヒるサイド/

さんふじんか 産婦人科 **obstetrics and gynecology** /オブステトりクス ガイネカろヂ/
・産婦人科医　an obstetrician → ふじん¹ (→ 婦人科医)

さんぶつ 産物 **a product** /プらダクト/
・農[海]産物　farm [marine] products
・主要産物　a staple product
・その国は海産物に富んでいる[乏しい]　The country is rich [poor] in marine products.

サンプル a sample /サンプる/
さんぶん 散文 **prose** /プろウズ/

さんぽ 散歩

➤ **a walk** /ウォーク/
散歩する walk, take a walk, have a walk
散歩に出かける go (**out**) **for a walk**
・公園[浜辺]を散歩する　take a walk in the park [on the beach] / walk in the park [on the beach]
・森へ散歩に行く　go for a walk in the woods
・散歩からの帰りに　on *one's* way home from a walk
・私は彼女と公園を散歩した
I took a walk with her in the park.
・彼はイヌを連れて散歩に出かけた
He went (out) for a walk with his dog.
・彼は毎日イヌを散歩させる
He takes his dog for a walk every day.
・いい天気だね．ちょっと散歩に行こうよ

サンマ 224 two hundred and twenty-four

It's a fine day. Let's go for a short walk.
•その公園には美しい散歩道がたくさんある
There are many beautiful walks in the park.
サンマ 秋刀魚 《魚》a (**Pacific**) **saury** /(パシふィ
ク) ソーリ/
さんみゃく 山脈 a **mountain range** /マウンテン
レインヂ/, **mountains**

•ロッキー山脈 the Rocky Mountains
さんりゅう 三流の **third-rate** /さ～ド レイト/
ざんりゅう 残留孤児 a **war-displaced child** /ウ
ォー ディスプれイスト チャイるド/ →こじ
さんりんしゃ 3輪車 a **tricycle** /トライスィクる/
さんるい 3塁 **third base** /さ～ド ベイス/
•3塁手 a third-base player

し シ

し¹ 市 a **city** /スィティ/
•市議会 a city assembly［council］
•市役所 《米》the city hall /《英》the city of-
fice
•市会議員 a member of the city assembly
•市長 a mayor
•市立図書館 a city library
•名古屋市 Nagoya (City) / the city of Nagoya
→ 手紙のあて名では Nagoya-shi がふつう
し² 詩（集合的に）**poetry** /ポウエトリ/;（個々の）a
poem /ポウエム/ →しじん
•詩的な poetic
•詩を朗読する recite a poem
し³ 死 **death** /デす/
し⁴ 4(の) **four** /ふォー/
•第4(の) the fourth（略 4th）
し⁵ 紙（新聞）a **newspaper** /ニューズペイパ/
•日刊紙 a daily newspaper
じ¹ 字 a **character** /キャラクタ/;（アルファベット
の）a **letter** /れタ/;（筆跡(ひっせき)）(a) **hand**
•彼は字がうまい[へただ]
He writes a good［poor］hand.

じ² …時
➤ **o'clock** /オクらク/ →「1時, 2時」などと切り
のよい時刻にだけ o'clock をつけ、「…時…分」
という時の「時」には o'clock をつけない
•1時 one o'clock
•1時半 half past［after］one
•1時15分すぎ a quarter past［after］one
•1時15分前 a quarter to one

《会話》
今何時ですか
—今はちょうど3時です
What time is it now?
—It is just three (**o'clock**) now.

➤ What time is it now? は友だちどうしか家族
の間でいう; 見知らぬ人には Excuse me, but do
you have the time? などという

じ³ …寺 a **temple** /テンプる/
•法隆寺 (the) Horyuji Temple
しあい 試合 a **game**, a **match** /マチ/
•日本対中国の卓球の試合 a table tennis match
between Japan and China
•試合に勝つ win a game［a match］
•試合に負ける lose a game［a match］
•試合に出る play in a game
•私たちはよく彼らのチームと野球の試合をします
We often have a baseball game with their
team.
•6対4で私たちの学校が試合に勝った
The score was 6 to 4 in favor of our
school. / Our school won the game by a
score of 6 to 4.
しあげる 仕上げる **finish** /ふィニシュ/
仕上げ (a) finish
しあさって **two days from tomorrow** /トゥマ
ロウ/
しあわせ →こうふく¹
シーアは シーア派（イスラムの）**Shia** /シーア/;（シ
ーア派の人）a **Shiite** /シーアイト/
シーエム（広告放送）a **commercial** /コマ～シャる/
しいく 飼育する（家畜を）**breed** /ブリード/, **raise**
/レイズ/;（飼う）**keep** /キープ/
シーザーサラダ (a) **Caesar salad** /スィーザ サ
らド/
シーズン a **season** /スィーズン/ →きせつ
•野球[フットボール]のシーズン the baseball
［football］season
シーソー a **seesaw** /スィーソー/
•シーソーをして遊ぶ play［ride］on a seesaw
•シーソーゲーム（接戦）a seesaw game

シイタケ 椎茸 *shiitake*, **a kind of mushroom cultivated on oak logs**［growing on oak trees］/マシュルーム カるティヴェイテド オウク［グロウインぐ］/ → 栽培（さいばい）種の場合は cultivated ～, 自然に生えたものをさす場合は growing ～ という

シーツ a **sheet** /シート/

シーディー (a) **CD** → compact disc の略
・CD をコンピューターに取り込む **rip a CD to**［onto］**a computer**

シート¹（座席）a **seat** /スィート/
・シートベルト **a seat belt**

シート²（切手などの）a **sheet** /シート/

シード シードする **seed** /スィード/
・シード選手 **a seeded player**

ジーパン → ジーンズ

シービーティー CBT（コンピューターを用いた試験）**computer-based testing** /コンピュータ ベイスト テスティンぐ/

ジープ a **jeep**《商標》**Jeep** /ジープ/

シーフード **seafood** /スィーふード/

シール a **sticker** /スティカ/, a **seal**

シーン a **scene** /スィーン/

しいん¹ 子音 a **consonant** /カンソナント/

しいん² 死因 **the cause of** *one's* **death** /コーズ デす/

じいん 寺院 a **temple** /テンプる/

ジーンズ（1着）(a pair of) **jeans** /(ペア) ヂーンズ/

しうんてん 試運転 a **trial run** /トライアる/

シェア a **share** /シェア/
シェアする **share**

しえい 市営の **municipal** /ミューニスィプる/
・市営バス **a city bus**

じえい 自衛 **self-defense** /セるふ ディふェンス/
・自衛上 **in self-defense**
・自衛隊 **the Self-Defense Forces**

シェイプアップ
シェイプアップする（スタイルをよくすること）**get in shape**, **get** *oneself* **into shape** → shape up はふつうこの意味では使われない

シェーバー（電気カミソリ）an **electric shaver** /イれクトリク シェイヴァ/

シェールオイル［ガス］**shale oil**［gas］/シェイる/ → shale は頁岩（けつがん）のこと。通常の油田と異なり頁岩層から取る原油[天然ガス]をこう呼ぶ

ジェスチャー a **gesture** /ヂェスチャ/
・ジェスチャーゲーム（a game of）**charades**
・承知したとジェスチャーで示す **show** *one's* **consent by gesture**

ジェットき ジェット機 a **jet**（**plane**）/ヂェト（プれイン）/

ジェットコースター a **roller coaster** /ロうら コウスタ/ → 「ジェットコースター」は和製英語

シェパード a **German shepherd dog** /ヂャ～マン シェパド/, an **Alsatian** /アるセイシャン/

シェフ（料理人）a **chef** /シェふ/ → フランス語

シェルター（隠れ家, 避難所）a **shelter** /シェるタ/

しえん 支援 **support** /サポート/, **backing** /バキンぐ/
支援する **support**, **back up**

ジェンダー **gender** /ヂェンダー/
・ジェンダーフリーの **gender-neutral**

しお¹ 潮 **the tide** /タイド/
潮が満ちる **flow** /ふろウ/
潮が引く **ebb** /エブ/
・満ち[引き]潮に **at high**［low］**tide**
・今潮が上げている
The tide is flowing now.
・潮は日に2回満ち引きする
The tide ebbs and flows twice a day.
・潮がどんどん引いている
The tide is ebbing fast.
・満ち潮になると海水がずっとこの岩の辺まで来ます
At high tide the sea comes right up to this rock.
・潮力発電 **tidal power**

しお² 塩 **salt** /ソーるト/
・塩づけにする **salt**
・塩辛い **salt** / **salty**
・塩水 **salt water**
・（食卓用）塩入れ **a saltcellar**;（振り出し用）**a salt shaker**
・砂糖二さじと塩一つまみ入れなさい **Put in two spoonfuls of sugar and a pinch of salt.**

しおひがり 潮干狩り **shellfish gathering**（**at low tide**）/シェるふィシュ ギャざリンぐ（ろウ タイド）/
・…へ潮干狩りに行く **go gathering shellfish at ～**

しおり（本にはさむ）a **bookmark** /ブクマーク/;（案内書）a **guide** /ガイド/
・本の50ページにしおりをはさむ **put a bookmark at page 50**
・京都のしおり **a guide to Kyoto**

しおれる **wither**（**up**）/ウィざ/
・しおれた葉 **withered leaves**
・花びんの花がしおれてしまった
The flowers in the vase have withered up.

しか¹ 市価 **the market price** /プライス/

しか² 歯科 **dentistry** /デンティストリ/, **dental surgery** /デントる サ～ヂェリ/ → は²

しか

歯科医 a dentist /デンティスト/
•歯科大学 a dental college

しか³ …しか

➤ (…だけ) **only** /オウンリ/, **alone** /アろウン/
➤ (数) **few** /ふュー/, (量) **little** /りトる/

•私は100円しか持っていません
I have only a hundred yen.
•うちの父にしかそれはできません　Only my father［My father alone］can do it. ／ No one can do it except my father.
•彼は君がいっしょにいる時しか楽しそうでない　He does not look happy except when you are with him. ／ He only looks happy when you are with him.
•私は少ししかお金を持っていない
I have very little money.
•冬にここへ来る人は少ししかいない
Few people come here in winter.

シカ 鹿 《動物》a **deer** /ディア/ (復 同形)

しかい 司会者 (会議の) a **chair** /チェア/; (討論会などの) a **moderator** /マデレイタ/; (祝賀会・テレビなどの) a **master of ceremonies** /セレモウニズ/; an **MC**［emcee］/エムスィー/
司会する **preside** (over ～) /プリザイド/; **act as** (a) **chairperson**, **act as** (a) **master of ceremonies**
•だれが会の司会をするのですか　Who will preside over the meeting? ／ Who will act as chairperson［master of ceremonies］?

しがい 市外　➜ こうがい¹
•市外局番 an area code

しがいせん 紫外線 **ultraviolet rays** /アるトラ ヴァイオれト レイズ/

しかえし 仕返しする **revenge** /リヴェンヂ/; **get even** (with ～) /イーヴン/
•今度あいつに会ったら仕返しをしてやる
I'll get even with him when I see him again.

しかく¹ 四角形 a **square** /スクウェア/
•四角な　square

しかく² 資格 a **qualification** /クワリふィケイション/; (免許) a **license** /らイセンス/
•資格を与える　qualify / license
•資格がある　be qualified / be licensed
•資格のあるホームヘルパー　a licensed home help
•彼はこの職務に必要な資格を持っていない
He has no qualifications for this position.
•彼女は病院看護師の資格がある
She is qualified as a hospital nurse.

しかく³ 視覚 (**the sense of**) **sight** /(センス) サイト/

じかく 自覚する **be conscious** (of ～) /カンシャス/
•彼らは自分たちの欠点を自覚していない
They are not conscious of their own faults.

しかくこうか 視覚効果 **visual effects** /ヴィジュアる イふェクツ/, **VFX**

しかけ 仕掛け (装置) a **device** /ディヴァイス/; (手品などの) a **trick** /トリク/
•これには種も仕掛けもありません
There is no trick in this.

しかし **but**; **however** /ハウエヴァ/　➜ however は文頭・文中・文尾どこに置いてもよい

じかせい 自家製の (食べ物など) **homemade** /ホウムメイド/; (家具など) **handmade** /ハンドメイド/
•このジャムは自家製です
This jam is homemade.

しかた 仕方 a **way** /ウェイ/　➜ かた³, ほうほう
•こういう仕方で　in this way
•そんな仕方ではそれはできません
You cannot do it (in) that way.
•君はそれを自分の仕方でしてよい
You may do it (in) your own way.
•それをするにはいろいろな仕方がある
There are several ways (in which) to do it.

しかたない (ほかに方法がない) **have no choice** /チョイス/; (どうにもならない) **cannot help**; (やむをえない) **be unavoidable** /アナヴォイダブる/

しがち …しがち　➜ がち

しがつ 4月 **April** /エイプリる/ (略 Apr.)
•4月に　in April
•4月の初め［終わり］に　at the beginning［the end］of April
•4月の中ごろに　in the middle of April
•4月8日に　on April 8 (読み方: (the) eighth)

じかつ 自活する **support** oneself /サポート/, **earn** one's (**own**) **living** /ア～ン (オウン) リヴィング/
•彼はアルバイトで自活している
He supports himself［earns his (own) living］by a part-time job.

じかに　➜ ちょくせつ¹ (➜ 直接(に))

ジカねつ ジカ熱 (感染症) **Zika fever** /ズィーカ ふィーヴァ/, **the Zika virus disease** /ヴァイアラス ディズィーズ/

しがみつく **cling** /クリング/
•子供は母親にしがみついた
The child clung to his mother.

しかめる 顔をしかめる (苦痛で) **twist** /トウィスト/;

(不機嫌で) **frown** /ふラウン/; (気に入らなくて)
make a **wry face** /ライ/
- しかめっつら a grimace
- 彼は痛みに顔をしかめていた
His face was twisted with pain. /
He made a grimace of pain.

しかも (その上) **besides** /ビサイヅ/, **moreover**
/モーロウヴァ/; (それなのに) **and** (**yet**) /(イェト)/
- 私は君にこの仕事をしてもらいたい，しかもすぐに I
want you to do this work, and moreover at
once.
- このカメラは小さくて，しかも性能がいい
This camera is small ［compact］ and (yet)
has good quality.

じかようしゃ 自家用車 one's (**own**) **car** /(オウ
ン)/

しかる scold /スコウるド/
- 彼女はいつも子供をしかっている
She is always scolding her children.
- 私は不注意だといってしかられた
I was scolded for being careless.
- そんなことをすると彼にしかられますよ
If you do that, he will scold you.

しがん 志願 (an) **application** /アプリケイション/
志願する apply /アプらイ/
- 志願者 an applicant
- M 高校入学志願者 an applicant for admission
to M Senior High School
- 私はその学校を志願します
I will apply for admission to that school.

じかん 時間

❶ **time**; (60分) an **hour**
❷ (授業) a **lesson**

❶ **time**; (60分) an **hour** /アウア/
- 何時間もの間 for hours
- 1 時間［2 時間］ごとに every hour［two hours］
- 時間ぎめで by the hour
- 時間を守る be punctual
- 時間どおりに on time; (時間表どおりに) on
schedule
- 時間に間に合って in time
- われわれはちょうど時間に間に合った
We were just in time.
- 列車は時間どおりに到着した
The train arrived on time［on schedule］.
- 私には読書する時間がない
I have no time for reading.
- 私はもっと読書の時間がほしい
I wish to have more time for reading.

- もう時間です (→時間切れです) Time is up.
- 時間のたつのは速いものだね
ひゆ Time flies. / Doesn't time fly?
- 学校へ行く時間です
It is time to go to school.
- 歩いてそこへ行くにはずいぶん時間がかかります It
takes a long time to go there on foot. ➔ かか
る ❸
- バスでそこへ行くにはどれくらい時間がかかります
か
How long will it take to go there by bus?
❷ (授業) a **lesson** /れスン/, (a) **class**; (学校の時
限) a **period** /ピアリオド/; (営業などの) **hours**
- 営業時間 business hours
- 私たちは午前中に授業が 4 時間あります
We have four lessons［classes］in the morn-
ing.
- きょうは英語が 2 時間ある
We have two periods of English today.
- 2 時間目は理科です
Science is in the second period. /
We have science (in the) second period.
- 地震があった時には私たちは授業時間中でした The
earthquake occurred while we were in
class.

しかんブラシ 歯間ブラシ a **interdental brush**
/インタ〜デンタる ブラシ/

じかんわり 時間割り a (**class**) **schedule** /スケヂ
ューる/, a **timetable** /タイムテイブる/

しき¹ 式
❶ (儀式) a **ceremony** /セレモウニ/
- 式に参列する attend a ceremony
❷ (化学・数学の公式・式) a **formula** /ふォーミュ
ら/; (方程式・等式) an **equation** /イクウェイジョ
ン/
- 化学式 a chemical formula
- 方程式を解く solve an equation
❸ (方法) a **way** /ウェイ/, a **method** /メそド/;
(様式) (a) **style** /スタイる/
- 洋式の Western-style
- 純日本式の庭園 a garden in purely Japanese
style

しき² 四季 the (**four**) **seasons** /スィーズンズ/
- その風景は四季を通じて変化します
The scenery changes from season to season.
- ここでは四季を通じて花が咲(さ)きます
Flowers bloom here all the year round.
- 四季のうちでどの季節が一番好きですか
Which season do you like best? / Which do
you like best of the four seasons?

しき 228 two hundred and twenty-eight

しき³ 指揮する（軍隊などを） **command** /コマンド/；（楽団を） **conduct** /コンダクト/
・指揮者 a commander; a conductor

じき¹ 時期 a **time**
・この時期になると雨がたくさん降ります We have a lot of rain about this time of the year.
・もっとよい時期が来るまで待ったほうがいいよ You should wait for a better time to come.

じき² 磁器 **china** /チャイナ/；**porcelain** /ポースれン/

じき³ 磁気 **magnetism** /マグネティズム/

しきいし 敷石 a **flagstone** /ふらグストゥン/；**paving stone** /ペイヴィング ストゥン/

しきさい 色彩 a **color** /カら/
・色彩豊かな colorful

しきち 敷地 **the grounds** /グラウンヅ/；（用地）a **site** /サイト/
・学校の敷地 the school grounds
・工場用の敷地 the site for a factory
・あの家は敷地が広い
That house is on a large site.

しきふ 敷布 a **sheet** /シート/

しきゅう¹ 死球 → デッドボール

しきゅう² 至急の **urgent** /ア～ヂェント/
至急に urgently, immediately /イミーディエトり/, **at once** /ワンス/
・彼は至急の用事で大阪へ行きました He went to Osaka on some urgent business.
・至急連絡してください
Please contact me immediately.

じきゅう 時給 **payment by the hour** /ペイメント アウア/
・時給で払う pay hourly

じきゅうじそく 自給自足 **self-sufficiency** /セるふ サふィシェンスィ/
自給自足の self-sufficient /セるふ サふィシェント/
・日本は食糧を自給自足できない
Japan cannot meet all its domestic demands in food on its own.

じきゅうりょく 持久力 **staying power** /ステイイング パウア/

じぎょう 事業 **business** /ビズネス/；a **business enterprise** /エンタプライズ/

しぎょうしき 始業式 **the opening ceremony** /セレモウニ/
・新学年の始業式は4月6日に行われます The opening ceremony of the new school year is to be held on April 6（読み方: (the) sixth）.

しきょうひん 試供品 a **free sample** /ふリー サンプる/

しきり 仕切り a **partition** /パーティション/

しきる 仕切る **divide** /ディヴァイド/

しきん 資金 a **fund** /ふァンド/；（資本金）a **capital** /キャピトる/
・奨学（しょうがく）資金 a scholarship fund
・救済資金 a relief fund
・彼らは資金が欠乏している
They are short of funds.
・資金集め, 資金を募ること fundraising

しく 敷く **lay** /れイ/；（広げる） **spread** /スプレド/
・床にじゅうたんを敷く lay a rug on the floor
・地面にビニールシートを敷く spread a plastic sheet on the ground
・二つの町の間に鉄道を敷く lay a railroad between the two towns

じく 軸 an **axis** /アクスィス/（復 axes **アク**スィーズ）；（心棒）an **axle** /アクスる/

しぐさ （身振り）a **gesture** /チェスチャ/；（振る舞い）a **manner** /マナ/

ジグザグ a **zigzag** /ズィグザグ/
・ジグザグの小道 a zigzag path

しくしく しくしく泣く **sob** /サブ/

ジグソーパズル a **jigsaw puzzle** /ヂグソー パズる/
・ジグソーパズルをする put together［do, assemble, work on］the jigsaw puzzle

シグナル a **signal** /スィグヌる/ → しんごう

しくみ 仕組み (a) **mechanism** /メカニズム/

シクラメン 《植物》 **cyclamen** /スィクらメン/

しけ 時化（嵐）a **storm** /ストーム/
・海がしけている The sea is stormy［rough］.

しけい 死刑 **the death penalty** /デす ペナるティ/
・彼は死刑を宣告された
He was sentenced to death.

しげき 刺激(するもの) a **stimulus** /スティミュらス/（復 stimuli /スティミュらイ/）
刺激する stimulate /スティミュれイト/
・刺激的な stimulative;（おもしろくてわくわくさせる）exciting;（感情をあおるような）sensational
・彼の成功は他の学生たちによい刺激になるでしょう
His success will be a good stimulus to the other students.
・この話は私たちの好奇心を刺激した
This story stimulated our curiosity.

しげみ 茂み a **thicket** /すィケト/, a **bush** /ブシュ/

しける 湿気る **become**［**get**］**damp** /ダンプ/

しげる 茂る **grow thick** /グロウ すィク/
茂った thick

しけん 試験

➤ an **examination** /イグザミネイション/, 《話》an **exam**, a **test**
➤ (実験) a **test**
試験をする examine /イグザミン/, **test**
- 入学試験 an entrance examination
- 筆記試験 a written examination
- 口頭試験 an oral examination
- 学期末試験 a final examination / an end-of-term examination
- 試験科目 an examination subject
- 試験問題 exam [test] questions
- 試験監督 《米》a proctor / 《英》an invigilator
- 試験監督をする 《米》proctor / 《英》invigilate
- 試験勉強をする study [prepare] for an examination
- 試験を受ける take [sit for] an examination
- 私たちは来週英語の試験があります
We will have an English test next week.
- 試験範囲は何ページ[課]から何ページ[課]までですか
From what page [lesson] to what page [lesson] does the exam cover?
- 先週先生は私たちに歴史の試験をしました
The teacher gave us an examination [a test] in history last week.
- 彼はその試験でよい点を取った He received a high score [mark] in the test.
しげん 資源 **resources** /リソーセズ/
- 天然資源に乏しい[富んでいる] be poor [rich] in natural resources
じけん 事件 an **event** /イヴェント/; (訴訟(そしょう)) a **case** /ケイス/
- いろいろな事件が毎日起こる
Various events take place every day.
じげん 次元 (数学で) a **dimension** /ダメンション/; (水準) a **level** /れヴる/ (→ レベル)
- 第4次元 the fourth dimension
- 2[3]次元の two-[three-]dimensional
しけんかん 試験管 a **test tube** /テューブ/
じこ[1] 自己 *one's* **self** /セるふ/ (複 selves /セるヴズ/), *one***self**
- 自己中心の self-centered
- 自己本位の selfish
- 自己満足の (self-)complacent
- 自己流で…する *do* (in) *one's* own way
- 自己を表現する express *oneself*
- 自己紹介させていただきます May I introduce myself? / Let me introduce myself.

じこ[2] 事故
➤ an **accident** /アクスィデント/

- 交通事故 a traffic accident
- 鉄道事故 a railroad accident
- 事故にあう have [meet with] an accident
- 事故でけがする[死ぬ] be injured [be killed] in an accident
- その事故は昨日起こった
The accident happened yesterday.
しこう 思考 **thinking** /すィンキング/, **thought** /そート/
じごう 次号 **the next number** /ナンバ/
じごうじとく 自業自得
- 彼は自業自得さ He is rightly served.
- 自業自得だよ You only have yourself to blame. / You have nobody to blame but yourself.
じこく 時刻 → じかん ❶
じごく 地獄 (a) **hell** /へる/
- その仕事を1日で終わらせようとするのは地獄の苦しみだった It was hell trying to finish the work in a day.
ことわざ 地獄のさたも金次第
Even in hell, money talks. (地獄でも金が物を言う) / Money makes the mare to go. (金は(なかなか言うことをきかない)めす馬をも進ませる)
じこくひょう 時刻表 a **timetable** /タイムテイブる/, a **schedule** /スケデューる/
- 列車時刻表 a train schedule
- その列車は時刻表どおりに到着した
The train arrived on schedule.

しごと 仕事
➤ (職務) **business** /ビズネス/; (作業) **work** /ワ～ク/; (責務) a **responsibility** /リスパンスィビリティ/
➤ (職) a **job**

- 仕事で東京へ行く go to Tokyo on business
- お父さんのお仕事は何ですか What is your father's job? / What does your father do?
- 私はそれを私の一生の仕事にします
I will make it my business in life.
- 父は毎朝7時に仕事に出かける My father leaves for work at 7:00 every morning.
- 私はなすべき仕事がたくさんある
I have a great deal [a lot] of work to do.
- 私はきょうはあまり仕事をしなかった
I did not do much work today.
- 行ってみたら彼は仕事中だった
I found him at work.
- ネコにえさをやるのは私の仕事です
Feeding the cat is my responsibility.

・私はCGのプログラマーの仕事をさがしています I am looking for a job as a CG programmer.

じさ 時差 **time difference** /ディふァレンス/
・時差ぼけ jet lag

じさつ 自殺 (a) **suicide** /スーイサイド/
自殺する commit suicide /コミト/, **kill** *oneself*

じさん 持参する → もっていく, もってくる

じじ¹ 支持 **support** /サポート/; (賛成) **approval** /アプルーヴァる/
支持する support; (賛成) **approve**
・支持者 a supporter
・支持率 an approval rating
・彼女の提案は教師たちにも支持されるだろう
Her proposal will be supported by the teachers, too.
・政府の支持率は14パーセントに下がった
The government's approval rating has fallen to 14 percent.

じじ² 指示 (さし示すこと) **indication** /インディケイション/; (さしず) **directions** /ディレクションズ/, **instructions** /インストラクションズ/
指示する indicate /インディケイト/; **direct** /ディレクト/, **instruct** /インストラクト/
・彼の指示に従う follow his instructions
・指示を与える give instructions

じじ 時事 **current events** /カ～レント イヴェンツ/, **current affairs** /アふェアズ/
・時事問題 current topics
・時事英語 news English

シシケバブ (肉の串焼き) **shish kebab** /シシュ カバーブ/ → 中東を中心に食べられている料理

シシケバブの一例

ししざ 獅子座 **Leo** /リーオウ/, **the Lion** /らイオン/
・獅子座生まれの人 a Leo

しじつ 史実 a **historical fact** /ヒストーリカる ふァクト/; **historical evidence** /エヴィデンス/

じじつ 事実 (a) **fact** /ふァクト/; (真実) **truth** /トルース/
・事実に基づいた話 a story founded on fact
・事実に反する be contrary to the fact(s)
・それは事実ですか作り事ですか
Is it a fact or (a) fiction?
ことわざ 事実は小説よりも奇なり
Truth is stranger than fiction.

ししゃ¹ 支社 a **branch** (**office**) /ブランチ (オーふィス)/

ししゃ² 使者 a **messenger** /メセンヂャ/

ししゃ³ 死者 **the dead** /デド/ → ししょうしゃ

ししゃかい 試写会 a **preview** /プリーヴユー/

じしゃく 磁石 a **magnet** /マグネト/; (方角を知る) a **compass** /カンパス/

ししゃごにゅう 四捨五入する (端数を切り上げる) **round up** /ラウンド アプ/; (端数を切り捨てる) **round down** /ダウン/
・48を四捨五入すると50になる
Forty-eight will be rounded up to fifty.
・32を四捨五入すると30になる
Thirty-two will be rounded down to thirty.

じしゅ 自主的な (他に左右されない) **independent** /インディペンデント/; (自発的な) **voluntary** /ヴァらンテリ/
自主的に independently; voluntarily
・自主的な精神 an independent spirit
・自主トレ(ーニング) voluntary training
・彼は自主性に欠けている
He can't act on his own will or judgment. / He has no guiding principle of his own. / He lacks initiative.

ししゅう¹ 刺しゅう (手芸) **embroidery** /インブロイダリ/
ししゅうする embroider /インブロイダ/
・刺しゅう作品 an embroidery
・シャツに名前を刺しゅうする embroider a name on a shirt
・ハンカチに花の模様をししゅうする embroider a handkerchief with a flower pattern

ししゅう² 詩集 a **book of poems** /ポウエムズ/

しじゅう 40(の) **forty** /ふォーティ/
・第40(の) the fortieth (略 40th)
・41(の), 42(の), … forty-one, forty-two, …
・第41(の), 第42(の), … the forty-first, the forty-second, …

じしゅう 自習する **study** (**for** *oneself*) /スタディ/
・自習時間 a study hour

しじゅうそう 四重奏, 四重唱 a **quartet** /クウォーテト/
・弦楽四重奏 a string quartet

ししゅうびょう 歯周病 **gum** [**periodontal**]

disease /ガム[ペリオウダーンタる] ディズィーズ/

ししゅつ 支出 **expenditure** /イクスペンディチャ/ **支出する spend**: (支払う) **pay** /ペイ/

ししゅんき 思春期 **adolescence** /アドれセンス/
•思春期の **adolescent**

ししょ 司書 a **librarian** /らイブレアリアン/

じしょ¹ 地所 a **lot** (**of land**), a **plot** /プらト/

じしょ² 辞書 a **dictionary** /ディクショネリ/
•英和辞書 an English-Japanese dictionary
•辞書を引く consult a dictionary
•そのことばを皆さんの辞書で調べなさい
Look up the word in your dictionaries.
•そのことばは私の辞書には見当たりません
I cannot find that word in my dictionary.
•新しい単語に出会ったらいつも辞書を引きなさい
Consult your dictionary whenever you meet with a new word.

じじょ 次女 **the** [*one's*] **second daughter** /ドータ/

ししょう 師匠 (先生) a **teacher** /ティーチャ/; (芸事の) a **master** /マスタ/

しじょう 市場 a **market** /マーケト/

じじょう¹ 事情 (状況) **circumstances** /サ~カムスタンセズ/; (事態) a **situation** /スィチュエイション/; (理由) a **reason** /リーズン/; (場合) a **case** /ケイス/
•どんな事情でも under any circumstances
•こういう事情のもとで under these circumstances
•事情の許す限り as far as circumstances allow
•私の場合も事情はまったく同じです
The case is exactly the same with me.

じじょう² 二乗 **square** /スクウェア/, **squared**
•3の二乗は9. The square of 3 is 9. / 3 squared is 9.

しじょうけいざい 市場経済 **market economy** /マーケト イカノミ/

ししょうしゃ 死傷者 **the dead and the wounded** /デド ウーンデド/; **casualties** /キャジュアるティズ/
•この交通事故で死傷者はなかった[多数あった]
There were no casualties [heavy casualties] in this traffic accident.

じしょく 辞職 **resignation** /レズィグネイション/ **辞職する resign** (*one's* **post**) /リザイン/, **quit** (*one's* **job**) /クウィト/
•辞職願を提出する send in *one's* resignation
•彼女は委員を辞職した
She resigned from the committee.
•彼は委員長を辞職した

He resigned his post as chairperson.

じじょでん 自叙伝 an **autobiography** /オートバイアグラふぃ/

ししょばこ 私書箱 a **post-office box** → P.O. Box と略す

しじん 詩人 a **poet** /ポウエト/

じしん¹ 自信 **self-confidence** /せるふ カンふぃデンス/
自信のある confident /カンふぃデント/
•自信ありげに with a confident air
•自信を持って with confidence
•(…に対する)自信がつく gain confidence (in ~)
•私は試験に合格する自信がある
I am confident of passing [that I will pass] the examination.
•自信がなくなった I've lost my confidence.
•自分にもっと自信を持ちなさい
Have more confidence in yourself.

じしん² 自身 **oneself** /ワンセるふ/ → じぶん

じしん³ 地震 an **earthquake** /ア~すクウェイク/
•昨夜地震があった
We had [There was] an earthquake last night.
•今年は地震が多かった
We have had frequent earthquakes this year.
•昨夜小さな地震が三つあった
There were [We felt] three slight earth tremors last night.
•その地震で何軒(けん)かの家に多少の被害があった
Several houses suffered some damage from the earthquake.

じしん⁴ 時針 an **hour hand** /アウア/

じすい 自炊する **cook** *one's* **own meals** /クク オウン ミーるズ/, **cook for** *oneself*

しすう 指数 an **index** (**number**) /インデクス (ナンバ)/
•消費者物価指数 a consumer price index
•株価指数 a stock [share] index
•《数学》指数関数 an exponential function

しずか 静かな
➤ (音・声のない) **silent** /サイれント/; **quiet** /クワイエト/
➤ (海・心などおだやかな) **calm** /カーム/; (動かないでじっとしている) **still** /スティる/ → しずけさ

静かに silently; quietly; calmly
•静かな部屋 a quiet room
•静かな海 a calm sea
•皆さん,静かにしなさい
Be silent [Be quiet], all of you.

しずく 232 two hundred and thirty-two

•あたりは静かであった
It was still [quiet] all around.
•10時過ぎになるとすっかり静かになります
Everything is quiet after ten o'clock.
•食事のあとはしばらく静かにしていなさい
Don't move too much for a while after a meal.

しずく (1滴(てき)) a **drop** /ドラプ/
•しずくがたれる drip
•雨のしずく drops of rain / raindrops

しずけさ 静けさ **silence** /サイレンス/; **quiet** /クワイエト/; **calm** /カーム/; **stillness** /スティるネス/ →しずか
•嵐の前の静けさ the calm before the storm

システム a **system** /スィステム/
•システムエンジニア a systems engineer

じすべり 地滑り a **landslide** /らンドスらイド/

しずまる 静まる, 静める **calm** (**down**) /カーム (ダウン)/
•気を静めなさい Calm yourself! / Be calm!

しずむ 沈む **sink** /スィンク/; (太陽などが) **set**: (気分が) **feel depressed** /ふィーる ディプレスト/
•太陽が西に沈もうとしている
The sun is setting in the west.
•彼女はこのところすごく沈んでいる
She's been deeply depressed these days.

しずめる[1] 沈める **sink**

しずめる[2] 静める →しずまる

しせい 姿勢 a **posture** /パスチャ/; (態度) an **attitude** /アティテュード/
•姿勢が良い[悪い] have a good [poor] posture
•姿勢を正す straighten *oneself*
•すわった姿勢で in a sitting posture

じせい[1] 自制 **self-control** /セるふコントロウる/

じせい[2] 時世, 時勢 (**the**) **times** /タイムズ/ →じだい

じせい[3] 時制 《文法》a **tense** /テンス/

しせき 史跡 a **historic spot** /ヒストーリク/
•京都の周辺にはたくさんの史跡があります
Kyoto has a number of historic spots all around. / Kyoto and its neighborhood are full of historic spots.
•私たちは奈良と京都の史跡巡(めぐ)りをしました We visited the historic spots in Nara and Kyoto one after another. / We made the rounds of the historic spots in Nara and Kyoto.

しせつ[1] 施設 **facilities** /ふァスィリティズ/
•公共施設 public facilities
•村には娯楽施設が少ない There are few amusement facilities in the village.

しせつ[2] 使節 (個人) an **envoy** /エンヴォイ/; (団体) a **mission** /ミション/

しせん[1] 視線 *one's* **eyes** /アイズ/, *one's* **look** /るク/; (ちらっと見ること) a **glance** /グらンス/
•彼は私から視線をそらした
He diverted his eyes (away) from me.
•私は背中に彼の視線を感じた
I felt his eyes on my back. /
I felt he was looking at me from behind.

しせん[2] 支線 a **branch line** /ブランチ らイン/

しぜん 自然

➤ **nature** /ネイチャ/
自然の **natural** /ナチュラる/
自然に **naturally**: (ひとりでに) **by itself** /イトセるふ/

•自然科学 natural science
•自然の法則 the laws of nature
•自然食品 natural food
•自然保護 the conservation [the preservation] of nature
•事を自然の成り行きに任せなさい
Leave (the) things to take their natural course.
•人が子を愛するのは自然です
It is natural for people to love [that people should love] their children.
•彼の英語はとても自然です
His English sounds very natural.

じぜん 慈善 **charity** /チャリティ/
慈善の **charitable** /チャリタブる/
•慈善事業 a charitable project
•慈善音楽会 a charity [benefit] concert

しそう 思想 (a) **thought** /そート/
思想家 a **thinker** /すィンカ/

じそく 時速 **speed per hour** /スピード パ〜 アウア/
•列車は時速200キロで走っています
The train is running at (a speed of) 200 kilometers per hour.

じぞくかのうなしゃかい 持続可能な社会 a **sustainable society** /サステイナブる ソサイエティ/

じぞくする 持続する **continue** /コンティニュー/, (一定期間続く) **last** /らスト/, (一定の質を保つ) **maintain** /メインテイン/

しそん 子孫 a **descendant** /ディセンダント/, *one's* **children and children's children**

じそんしん 自尊心 **pride** /プライド/
自尊心の強い **proud** /プラウド/
•そんなことをすることは私の自尊心が許さない My

pride does not allow me to do such a thing.

した¹ 下

➤ (底) **the bottom** /バトム/

下の (位置・程度が) **lower** /ロウア/; (年が) **younger** /ヤンガ/
下に, 下へ (真下) **under** /アンダ/; (下方) **below** /ビロウ/; (方向) **down** /ダウン/
・下から2行目 the second line from the bottom
・下の部屋に in the room downstairs
・それは一番下の引き出しに入っています
It is in the bottom drawer.
・母は父より3つ下です My mother is three years younger than my father.
・橋の下に白鳥がいる
There is a swan under the bridge.
・橋の下の方(下流)に白鳥がいる
There is a swan below the bridge.

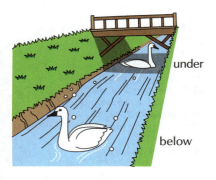

・太陽は地平線の下に沈(しず)んだ
The sun has sunk below the horizon.
・彼の家は坂の下にあります His house is at the foot [the bottom] of the slope.
・彼はクラスで席次が下の方です
He is low in his class standings [ranking].
・下の方に海が見えた
We saw the sea below us.
・あの下の方に赤い屋根が見えるでしょう You can see the red roof down there, can't you?

使い分け

under: あるものの真下や, 覆われた場所の下を意味する
below: あるものより下の方を意味する

した² 舌 a **tongue** /タングˊ/
・舌の先 the tip of *one's* tongue
・舌を出す stick out *one's* tongue

した³ …した, …しました 過去の状態・動作は「動詞の過去形」で表現する. たとえばこの辞典で「行った」「遊んだ」の訳語を知りたい時はその現在形「行く」「遊ぶ」をひいて訳語 **go**, **play** を求め, それを過去形にする.
　動詞には, 原形の語尾に -ed をつけて過去形を作る規則動詞と, この規則以外の変化をして過去形を作る不規則動詞とがある. **go** のような不規則変化をする動詞の場合は, 巻末または後見返しの不規則動詞変化表で過去形を求めればよい. **play** は規則変化する動詞だから, 語尾に -ed をつければ過去形になる.

シダ 羊歯 a **fern** /ファ～ン/
したい¹ 死体 a (**dead**) **body** /(デˊド) バˊディ/

したい² …したい

❶ **want, would like, hope, wish**
❷ **feel like** *do*ing, **be anxious**

❶ **want** /ワント/, **would like** /ウドˊ ライク/, **hope** /ホウプ/, **wish** /ウィˊシユ/ ➔ **したがる**

使い分け

want:「…したい」という希望を表す最もふつうのことば. ただし, 相手に失礼な感じを与えることもあるので, その場合には **would like** を用いる
would like: **want** よりひかえ目で丁寧(ていねい)な表現. 主語が一人称の場合には **would** の代わりに **should** を用いることもある
hope: 実現の可能性がある程度あることを希望する場合に用いるが, **want** よりも「…したい」気持ちは弱い
wish: 実現の可能性があまりないことを希望する場合に用いる

基本形
…したい
want to *do* / **would like to** *do* / **hope to** *do* / **wish to** *do*
A に…してもらいたい
want A **to** *do* / **would like** A **to** *do* / **wish** A **to** *do* ➔ この場合には ✕ *hope* は使えない

・ぼくは野球部に入りたい
I want to join the baseball club.
・きょうは学校へ行きたくない
I don't want to go to school today.
・彼女は大学に行きたいと思っている
She wants to go to college. ➔「…したいと思っている」を ✕ ***think*** **to** *do* としない

しだい 234 two hundred and thirty-four

• 君はその映画を見たいですか
Do you want to see the movie?
• 君はどの高校に行きたいのですか　Which senior high school do you want to go to?
• 君にいますぐ来てもらいたい
I want you to come at once.
• おふたりともパーティーに来ていただきたい
I would［should］like both of you to come to the party.
• 近いうちにお目にかかりたいですね
I hope to see you soon.
• ぼくは子供にもどりたい
I wish to be a child again.
❷（…したい気持ちである）**feel like doing** /ふィーる らイク/, **be anxious** /アンクシャス/ → **きぶん, きもち**
• コーヒーを飲みたい気分だ
I feel like (having) a cup of coffee.

しだい
❶（…するとすぐに）**as soon as** /スーン/
• 天気になりしだい　on the first fine day / as soon as it clears up
• そこへ着きしだい君に電話をかけます
As soon as I get there, I'll give you a call.
❷（…による）**depend on** /ディペンド/
• その成功は君の努力しだいです
The success depends on your efforts.
🔊会話 いつ出かけましょうか. 一状況しだいだね
When shall we start?—It depends.

じたい¹ 事態　a **situation** /スィチュエイシャン/
• （予想される）最高の事態では　in the best-case scenario

じたい² 辞退する　**decline** /ディクらイン/
• 私はせっかくですがと言って彼の申し出を辞退した
I declined his offer with thanks.

じだい 時代
➤ a **period** /ピァリオド/, an **age** /エイヂ/, a **time**;（時世, 時勢）**(the) times**;（歴史の区切り）an **era** /イアラ/ → **じせい²**
• 時代劇　a period drama
• 時代遅れの　old-fashioned / out-of-date
• 明治時代　the Meiji era
• 私の学校時代に　in［during］my school days
• あらゆる時代に　in all ages / throughout the ages
• 私たちはなんてすばらしい時代に生きているのでしょう　What wonderful times we live in!
• ビクトリア時代はビクトリア女王が英国を統治していた時代です

The Victorian Age was the time when Queen Victoria reigned in England.
• SNS で遠い国の人々とすばやく通信を交わすことのできる時代がやって来ました
The time has come when we can communicate very quickly with people in faraway countries by SNS.

しだいに gradually /グラヂュアりィ/ → **だんだん**

したう 慕う　**adore** /アドー/;（尊敬する）**respect** /リスペクト/;（心を引かれる）**be attached to** /アタチト/

したがう 従う（あとについて）**follow** /ふァろウ/;（服従する）**obey** /オベイ/
• 君は彼の忠告に従わないとだめだよ
You had better follow his advice.

したがき 下書き　a **rough copy** /ラふ カピィ/, a **draft** /ドラふト/

したがって 従って
❶（だから）**(and) so, therefore** /ぜアふォー/, **accordingly** /アコーディングりィ/
❷（…に従って）**according to ～** /アコーディングリィ;（それに応じて）**accordingly**
• 彼の考えに従えば　according to his ideas

したがる …したがる, …したがっている　**be keen to do** /キーン/ → **したい²**
• 彼はしきりに外国へ行きたがっている
He is keen to go abroad.

したぎ 下着（シャツ）an **undershirt** /アンダシャ～ト/;（パンツ）**underpants** /アンダパンツ/;（下着類）**underwear** /アンダウェア/

したく 支度（準備）**preparations** /プレパレイショ ンズ/ → **じゅんび**
支度する **get ready** /レディ/
• 子供たちは学校へ行く支度をしています
The children are getting ready for school.
• 母は食事の支度で忙しい(いそがしい)
Mother is busy getting dinner ready.
• 朝食の支度ができました　Breakfast is ready.
• 君は支度ができましたか　Are you ready?

じたく 自宅　one's **home**
• 自宅から自転車で通学する
go to school by bicycle from home

したことがある → **こと² ❹**

したしい 親しい（仲の良い）**friendly** /ふレンドりィ/, **good, close** /クろウス/;（よく知っている）**familiar** /ふァミリア/

親しみ closeness /クろウスネス/, **intimacy** /インティマスィ/;（心安さ）**familiarity** /ふァミリアリティ/
• 親しい友達　a good［close］friend

235 two hundred and thirty-five　　　　　　　　　　　　　　　　しっかり

•…と親しくなる　become friends with ～
•彼女に親しみを感じる　feel close to her
•読書に親しむ　spend much time in reading
•A は B と親しい間柄だ
A is on friendly terms with *B*. / ひゆ *A* is on a first-name basis with *B*. (ファーストネームで呼び合う仲だ)
ことわざ 親しき中にも礼儀あり　A hedge between keeps friendship green. (友人間のかきねは友情を青々とさせておく(枯れさせない))

したじき 下敷き（ノートの）*shitajiki*, a **sheet of plastic (for using under writing paper)** /シート プらスティク (ユーズィング アンダ ライティング ペイパ)/ ➡英米にはこの意味の「下敷き」はない
•…の下敷きになる　be held［caught］under ～

したたる drip
したところで → ところ² ❸
したばき 下履き **outdoor shoes** /アウトドー シューズ/

したまち 下町 **the old area in East Tokyo** /エアリア/ ➡英語の downtown は都市の中心部で，デパート・銀行・商店などが集まっている商業地区をいう
•浅草や上野へ行くと下町情緒が味わえます
You can enjoy the atmosphere of the old Tokyo in Asakusa and Ueno.

じだん 示談 a **private settlement** /プライヴェト セトるメント/

しち 7（の） **seven**
•第7（の）　the seventh (略 7th)
•7分の1, 7分の2　one seventh, two sevenths
•7倍　seven times

じち 自治 **self-government** /セるふ ガヴァンメント/
•自治体　a self-governing body

しちがつ 7月 **July** /デュらイ/ (略 Jul.) → くがつ

しちごさん 七五三 *Shichi-go-san*, **the Seven-Five-Three Festival** /フェスティヴァる/

日本を紹介しよう

七五三は11月15日に行われます。この日には7歳の女の子，5歳の男の子，それから3歳の男の子あるいは女の子たちが晴れ着に着飾(かざ)って神社に参拝します。家族の人たちは子供たちが幸せで健康に成長しますようにとお祈りします
Shichi-go-san, the Seven-Five-Three Festival, is held on November 15. On this day girls of seven, boys of five, and three-year-old boys and girls are dressed in their best clothes and taken to visit local shrines. Families pray their children will grow up

| happy and healthy.

シチメンチョウ 七面鳥《鳥》a **turkey** /タ～キ/

しちや 質屋（人）a **pawnbroker** /ポーンブロウカ/;（店）a **pawnshop** /ポーンシャプ/

しちゃく 試着する **try on** /トライ/
•試着室　a fitting room
•サイズが合うかどうか上着を試着する　try on a jacket for size

シチュー **stew** /ステュー/

しちょう 市長 a **mayor** /メイア/

しちょうかく 視聴覚の **audio-visual** /オーディオ ウ ヴィジュアる/
•視聴覚教材　audio-visual aids / audiovisuals

しちょうしゃ 視聴者（テレビの）a (**television**) **viewer** /ヴューア/, a **televiewer** /テれヴューア/

しちょうりつ 視聴率 a **rating** /レイティング/
•視聴率の高い[低い]テレビ番組　a TV program with a high［low］rating

しつ 質 **quality** /クワリティ/
•質がよい[悪い]　be of good［poor］quality
•それらは質がちがいます
They are different in quality.
•私は量より質を選びます
I prefer quality to quantity.

しっ **hush!** /ハシュ/, **ssh!** /シー/
•しっ, 音をたてないで
Ssh! Don't make any noise.

じつえん 実演（a）**demonstration** /デモンストレイション/;（舞台の）a **stage show** /ステイヂ ショウ/, a (**stage**) **performance** /パふォーマンス/

しっかく 失格する **be disqualified** (from ～) /ディスクワりふぁイド/

しっかり しっかりした（堅実(けんじつ)な）**sound** /サウンド/;（信頼できる）**reliable** /リらイアブる/;（確固とした）**firm** /ふァ～ム/

しっかりと（揺るぎなく）**firmly, sound**;（一生懸命）**hard** /ハード/;（注意深く）**carefully** /ケアふり/
•しっかり建てられている家　a house of sound construction
•それをしっかりつかんでいなさい
Hold it firmly.
•彼女は信念がしっかりしている
She is firm in her belief.
•しっかり働きなさい　Work hard.
•しっかりしなさい(元気を出せ)　Take heart!
•その老人の足取りはまだしっかりしている
The old man's step is still steady.
•彼はしっかりした人ですか
Is he a reliable man?

じっかんする 236

・かぎがしっかりしまっていない
The lock is not secure.
じっかんする 実感する **realize** /リ(ー)アらイズ/
しっき¹ 湿気 → しっけ
しっき² 漆器 **lacquer ware** /らカ ウェア/
しつぎょう 失業 **unemployment** /アネンプろイメント/
・失業者 an unemployed person; (集合的に) the unemployed
・失業率 an unemployment rate
・失業中である be out of work [employment]
じっきょう 実況放送 (テレビの) a **live telecast** /らイヴ テれキャスト/; (ラジオの) a **live broadcast** /ブロードキャスト/
・…を実況放送する telecast [broadcast] 〜 live
しっくい (壁塗りの材料) **plaster** /プらスタ/
じっくり (注意深く) **carefully** /ケアふり/; (十分に) **well**
・じっくりそれを観察する observe it carefully
・じっくり考える think well
・その事はじっくり話し合いましょう
Let's have a good talk about it. / ひ ゆ Let's sit down and discuss it.
しっけ 湿気 (適度の) **moisture** /モイスチャ/; (不快な) **damp** /ダンプ/
湿気のある moist /モイスト/; **damp** /ダンプ/
しつける train /トレイン/, **discipline** /ディスィプリン/; (礼儀作法を教える) **teach manners** /ティーチ マナズ/
しつけ training /トレイニング/; (育ち) **breeding** /ブリーディング/; (規律) **discipline**; (礼儀作法) **manners**
・しつけがよい[悪い] be well-bred [ill-bred]
・彼らは子供に対する家庭のしつけがきびしい
They are strict with their children at home.
しつげん 失言 (口がすべること) a **slip of the tongue** /タング/; (間違った発言) a **verbal gaffe** /ヴァ〜バる ギャふ/
・失言する make a slip of the tongue
じつげん 実現 **realization** /リアりゼイション/
実現する realize /リ(ー)アらイズ/, **come true** /トルー/
・夢を実現する realize *one's* ambition
・彼の夢が実現した His dream came true.
じっけん 実験 an **experiment** /イクスペリメント/
実験する experiment
・実験的 experimental
・実験室 a laboratory / 《略》a lab
・化学の実験をする make [conduct] an experiment in chemistry [a chemical experiment]

しっこい
❶ **persistent** /パスィステント/; (せんさく好きの) **nosy** /ノウズィ/
・今度の風邪(かぜ)はしっこくてなかなか抜けない I haven't recovered completely from my cold yet. It's very persistent.
❷ (食べ物が) **heavy** /ヘヴィ/, (油っこい) **greasy** /グリースィ/, (甘すぎる) **too sweet** /トゥー スウィート/; (色が) **showy** /ショウイ/, **gaudy** /ゴーディ/
じっこう 実行 **practice** /プラクティス/
実行する (実際に行う) **practice**; (実現する) **carry out** /キャリ/
・実行上 in practice / practically
・実行可能 practicable
・言うことを実行する practice what *one* says
・計画[約束]を実行する carry out a plan [a promise]
・その計画はうまく実行できないかもしれない
I'm afraid the plan will not work in practice.
じつざい 実在する **exist** /イグズィスト/
・実在の人物 a real person
じっさい 実際 (現実) **reality** /リアリティ/; (事実) (a) **fact** /ふぁクト/; (実地) **practice** /プラクティス/ → じつは
実際の actual /アクチュアる/, **practical** /プラクティカる/
実際に actually, practically
・その怪物を実際に見た人はいない
No one actually saw the monster.
・私は英語を3年間勉強していますがそれを実際に役だてる機会がありません I have been studying English for three years, but I have no chance to put it to practical use.
しつじ 執事 a **butler** /バトら/
じっし 実施する **bring to effect** /イふェクト/
・実施されている be in effect
・この規則は4月1日以降実施される
This rule will take effect from April 1 (読み方: (the) first).
じっしゃ 実写 a **live action** /らイヴ アクション/
・実写映画 a live-action movie [film] → アニメや CG などを使わず撮影されるもの
じっしゅう 実習 **practical training** /プラクティカる トレイニング/
・学校で料理の実習をする have practical training in cooking at school
じっしゅきょうぎ 十種競技 **decathlon** /ディカすらン/
しっしん¹ 失神 a **faint** /ふェイント/

two hundred and thirty-seven　237　しつもん

失神する faint
・彼女はその恐ろしい光景を見て失神しそうになった
She almost fainted when she saw the terrible sight.

しっしん² 湿疹 a rash /ラシュ/; **eczema** /エグザマ/
・湿疹ができる break out in a rash

じっしんほう 十進法 《数学》 the decimal system /デサマる スィステム/

しっそ 質素な plain /プれイン/, **simple** /スィンプる/
質素に plainly, simply
・質素な生活をする live a simple life
・質素な服装をしている be plainly dressed

しっている 知っている → しる²

しつど 湿度 humidity /ヒューミディティ/
・湿度の高い humid

しっと jealousy /チェらスィ/
しっと深い jealous
・…をしっとしている be jealous of ～
・彼らはしっとからそんなことを言うのだ
They say so from jealousy.

じっと じっとしている keep quiet /キープ クワイエト/, **keep still** /スティる/
・じっと見つめる stare (at ～) / gaze (at ～)
・じっと我慢する be patient
・さあ言ってよ，じっと聞いているから
ひゆ Tell me, I'm all ears. (全身耳になっている)

しっとり しっとりした moist /モイスト/

しつない 室内の indoor /インドー/
室内で，室内に indoors /インドーズ/, **in the room**
・室内ゲーム an indoor game

じつは 実は in fact /ふァクト/, **The fact is that ～.**
・実は彼らは二人とも正しいのです
In fact, they are both right.
・実は彼はそこへ行きたくないのです
The fact is that he doesn't like to go there.

しっぱい 失敗

➤ (a) failure /ふェイリャ/
失敗する fail /ふェイる/, **fall flat** /ふォーる ふらト/
・その試みは失敗であった
The attempt was a failure. / The attempt ended in failure. / The attempt fell flat.
・何回も失敗を重ねたあとで彼はやっと成功した After repeated failures he succeeded at last.
・彼は入学試験に失敗した

He failed the entrance examination.
・彼はまた失敗するんじゃないかしら
I'm afraid he will fail again.
ことわざ 失敗は成功のもと
Failure is the highroad to success.

しっぷ 湿布 a compress /カンプレス/
・脚に湿布をする put a compress on the leg

じつぶつ 実物の real /リーアる/
・その絵は実物そっくりだ
The picture looks as natural as life.
・この肖像は実物大です This is a life-size portrait. / This portrait is as large as life.
・実物を比べてみなければどっちがよいか私にはわかりません
I cannot tell which is better, if I don't compare the things themselves.

しっぺがえし しっぺ返し tit for tat /ティト ふォ タト/
・私は彼にしっぺ返しをくらわせた
I gave him tit for tat. /
ひゆ I gave him a dose of his own medicine. (彼の調合した薬を彼に与えた)

しっぽ a tail /テイる/ ➔ お

しつぼう 失望 disappointment /ディサポイントメント/
失望させる disappoint /ディサポイント/
失望する be disappointed
・私はその結果に失望した
The result disappointed me. /
I was disappointed at the result.
・彼はそれを聞いて失望するでしょう
He will be disappointed to hear it.
・私は彼に失望した
I am disappointed in him.

しつめい 失明する lose *one's* **sight** /るーズ サイト/, **become blind** /ビカム ブらインド/

しつもん 質問

➤ a question /クウェスチョン/
・質問をしてもよいですか
May I ask you a question?
・私は彼にたくさん質問した
I asked him a lot of questions.
・何かもっと質問がありますか
Do you have any more questions (to ask)?
・私はおたずねしたい質問がいくつかあります
I have some questions to ask you.
・この質問にお答えください
Please answer me this question.
・ほかに質問がなければきょうはここまでにします

あ

か

し

た

な

は

ま

や

ら

わ

This is all for today, if you have no other questions.

じつよう 実用の **practical** /プラクティカる/
・実用英語 practical English
・これは実用向きではない
This is not intended for practical use.

じつりょく 実力（能力）**(real) ability** /(リーアる) アビリティ/
・実力のある able / competent
・君がこの本を読めば英語の実力がつくでしょう
This book will develop your ability in English.
・彼は英語の実力がある
He has a good command of English.
・それは君の実力しだいだ
It depends on your ability.

しつれい 失礼な（粗野な）**rude** /ルード/；(無作法な) **impolite** /インポらイト/
・先生に向かってそんな失礼なことばを使ってはいけません You shouldn't use such rude words to your teacher.
・女性より先に部屋に入ることは失礼です
It is impolite to enter a room before a lady.
・これで失礼いたします
I think I must be going.
・失礼ですがお名前はなんとおっしゃいますか
Excuse me, but may I ask [have] your name?
・失礼ですが, それはいくらしました？
How much did it cost if I may ask?

じつれい 実例 **an example** /イグザンプる/
・実例を2～3あげてください
Please give me a few examples.

しつれん 失恋 **disappointed love** /ディサポインテド/, **lost love** /ろースト/
　失恋する be disappointed in love

してい 指定する **appoint** /アポイント/
・指定席 a reserved seat
・指定の時間までに必ず来なさい
Be sure to come by the appointed time.

している → いる⁴
しておく → おく⁴
してき¹ 指摘する **point out** /ポイント/
・彼は私の作文の誤りをいくつか指摘した
He pointed out some mistakes in my composition.

してき² 私的な（内密の）**private** /プライヴェット/；(個人的な) **personal** /パ〜ソヌる/
・他人の私的な事柄にむやみに干渉してはいけない We should not interfere in other people's private affairs.
・これは私の個人的な意見です
This is my personal opinion.

してしまう …してしまう, …してしまった → しまう❷

してつ 私鉄 **a private railroad** /プライヴェット レイるロウド/; (会社) **a private railroad company** /カンパニ/

してもらいたい → したい²
してもらう → もらう❷

してん¹ 支店 **a branch (office)** /ブランチ (オーふィス)/
・支店長 the manager of a branch (office) / a branch manager

してん² 視点 **a point of view** /ポイント ヴュー/, **a viewpoint** /ヴューポイント/; (物の見え方) **light** /らイト/

しでん 市電 《米》 **a streetcar** /ストリートカー/, 《英》 **a tram(car)** /トラム(カー)/

じてん 辞典 → じしょ²

じでん 自伝 **an autobiography** /オートバイアグラふィ/

じてんしゃ 自転車
➤ **a bicycle** /バイスィクる/, 《話》 **a bike** /バイク/

・君は自転車に乗れますか
Can you ride a bicycle?
・私は自転車で通学しています
I go to school by bicycle.
・自転車で学校へ行くのに30分かかります
It takes me half an hour to go to school by bicycle.

しどう 指導 **guidance** /ガイダンス/, **lead** /リード/; (教え) **instruction** /インストラクション/
　指導する guide /ガイド/, **lead**; (教える) **instruct**
・指導者 a leader
・職業指導 vocational guidance
・水泳の指導員 a swimming instructor
・私たちは彼の指導力を頼りにしている
We count on him for leadership.

じどう¹ 児童 **a child** /チャイるド/, (複 **children** /チるドレン/)
　児童向きの juvenile /ヂューヴェナイる/
・児童向きの本 children's books / juvenile books
・児童文学 juvenile literature

じどう² 自動的な **automatic** /オートマティク/
　自動的に automatically
・自動ドア an automatic door
・自動販売機 a vending machine / a slot ma-

chine
- このドアはしめると自動的に鍵(かぎ)がかかります
This door locks automatically when you close it.
- 自動運転自動車　a self-driving car, an autonomous vehicle[car]
- 自動操縦　an autopilot / an automated driving system

じどうし 自動詞　《文法》an **intransitive verb** /イントランスィティヴ ヴァ〜ブ/

じどうしゃ 自動車

➤ 《米》an **automobile** /オートモウビーる/, 《英》a **motorcar** /モウタカー/; (一般に)a **car** → くるま

- 自動車専用道路(高速)《米》an expressway / a superhighway / 《英》a motorway
- 自動車事故　a motor[car] accident
- 自動車教習所　a driving school
- 自動車に乗る　ride in a car
- 自動車に乗せてやる[もらう]《米》give[get] a ride (in a car) /《英》give[get] a lift (in a car)
- 自動車から降りる　get out of a car
- 自動車を運転する　drive a car
- 彼は自動車の運転がうまい　He is a good driver. / He can drive a car very well.
- 彼は親切にも私を自動車で家まで送ってくれた　He was kind enough to drive me home[give me a ride home].
- 自動運転自動車　a self-driving car, an autonomous vehicle[car]
- 電気自動車　an electric car[vehicle]
- 水素[燃料電池, ガソリン, ディーゼル, 太陽光]自動車　a hydrogen[fuel cell, gasoline, diesel, solar] vehicle

しとしと しとしと降る　**drizzle** /ドリズる/
- 1日じゅうしとしと降っている
It has been drizzling all day.

じとじと (しめった) **damp** /ダンプ/, **wet**
- じとじとした天気　sticky[damp] weather

しとやか しとやかな　**graceful** /グレイスふる/
しとやかに　**gracefully**

じどり 自撮り　a **selfie** /セるふィ/

しな 品(品物) an **article** /アーティクる/; (品質) **quality** /クワリティ/
- 品切れである　be out of stock → うりきれる
- 最新の機種は品切れです
The latest model is out of stock. / We are out of stock of the latest model.
- このほうが品は上等です

This is better[superior] in quality.

しない[1] 竹刀　*shinai*, a **bamboo sword** /バンブー ソード/

しない[2] 市内
- 横浜市内に住む　live in the city of Yokohama

しない[3] …しない, …しなかった　→ ない[2]

しなさい …しなさい(命令文) 動詞の原形を文頭に出す; 主語(you)はふつう省略する

基本形
入りなさい。
　　Come in.
静かにしなさい。
　　Be quiet.

- もっと勉強しなさい　Work[Study] harder.
- そこにすぐ行きなさい　Go there at once.
- 昼休みに職員室へ来なさい　Come to the teachers' room during the lunch break.
- 毎日少しずつ単語を覚えなさい
Memorize a few words every day.
- 親切に[おとなしく]しなさい
Be kind[Be a good boy].

しなびる → しおれる

しなもの 品物 → しな

シナリオ (台本) a **script** /スクリプト/, a **screenplay** /スクリーンプれイ/; (筋書き) a **scenario** /スィナリオウ/
- シナリオライター　a script writer, a screenplay writer, a playwright

じなん 次男　**the** [*one's*] **second son**

しにせ 老舗　a **prestigious old store**[**hotel**] /プレスティージャス/

しにものぐるい 死にもの狂いの　**desperate** /デスパレト/

死にもの狂いで　**desperately**

しぬ 死ぬ

➤ (病気・老衰などで) **die** /ダイ/
➤ (戦争・事故などで) **be killed** /キるド/

- 父は数年前がん[過労]で死にました
My father died of cancer[from overwork] several years ago. → 直接的な死因を表す場合に of を, 間接的な死因を表す場合に from を使うのが原則
- 父が死んでから5年たちます
It is five years since my father died. /
My father has been dead for five years.
- 彼は年を取って[若いうちに]死んだ
He died an old man[died young].
- 毎年多数の人が交通事故で死ぬ
A great number of people are killed in traffic

accidents year after year.

じぬし 地主 a **landowner** /ランドオウナ/

シネコン（複数のスクリーンのある映画館）a **multiplex** /マるティプれクス/

しのびこむ 忍び込む **steal in** /スティーる/

しば 芝 **grass**;（芝生(しばふ)）a **lawn** /ろーン/, the **grass** /グラス/ → しばふ
・芝刈(か)り機 a lawn mower

しはい 支配 **rule** /るーる/
支配する **rule**
・支配者 a ruler
・支配人（会社などの）a manager
・…の支配下にある be under the rule of ～

しばい 芝居 a **play** /プれイ/
・芝居を見に行く go to the play [the theater]

じはく 自白 **confession** /コンフェション/
自白する **confess** /コンフェス/ → はくじょう

しばしば often /オーふン/ → oftenの位置は原則として be 動詞，助動詞のあと，一般動詞の前
・彼はしばしば学校を欠席する
He is often absent from school.
・私はしばしば川へ泳ぎに行きます
I often go to the river to swim.

しはつ 始発列車 **the first train** /ふぁ～スト トレイン/
・始発駅 the starting station
・私は始発列車に間に合うように4時に起きた
I got up at four in order to catch the first train.

じはつてき 自発的な **voluntary** /ヴァらンテリ/
自発的に **voluntarily**

しばふ 芝生 a **lawn** /ろーン/, the **grass** /グラス/ → しば
・彼らは芝生に寝ころんでいた
They were lying on the grass.
掲示 芝生に入らないでください
Keep off the grass.

しはらう 支払う **pay** /ペイ/ → はらう
支払い **payment** /ペイメント/
・私は彼に10万円を現金で[小切手で]支払った
I paid him a hundred thousand yen in cash [by check].

しばらく

➤ （ある期間）**for some time** /サム/;（短い間）**for a while** /(ホ)ワイる/;（長い間）**for a long time**
・彼はしばらく学校を欠席しています He has been absent from school for some time.
・しばらくお待ちください
Please wait for a while.

・もうしばらく待ってください
Please wait a little longer.
・私はしばらく彼に会っておりません
I have not seen him for a long time.
・しばらくすると雨が降りだした
It began to rain after a while.
・しばらくですね It's a long time since we last met [since I saw you last].

しばる 縛る **tie (up)** /タイ/
・彼は靴ひもを縛っていた
He was tying his shoestrings [shoelaces].
・私はだれにも縛られて(束縛されて)いない
I'm not controlled by anyone. /
ひゆ I'm not in anybody's pocket.

じはんき 自販機 自動販売機（→ じどう²）

じひ¹ 慈悲 **mercy** /マ～スィ/
慈悲深い **merciful** /マ～スィふる/

じひ² 自費で **at** *one's* **own expense** /オウン イクスペンス/

じびいんこうか 耳鼻咽喉科（病院）an **ENT hospital** /イーエヌティー ハースピタる/;（医師）an **ENT doctor** → ENT は ear, nose, and throat の略

ジビエ（狩猟対象の野生動物の肉）**game**, **game meat** /ゲイム ミート/ → ジビエ（gibier）はフランス語

狩猟対象の野生動物の例

シカ（エゾジカ）
イノシシ
カモ（マガモ）

じひょう 辞表 a **(letter of) resignation** /(れ)タレズィグネイション/

じびょう 持病 a **chronic disease** /クラニック ディズィーズ/

しびれる しびれた **numb** /ナム/, **asleep** /アスリ

two hundred and forty-one　241　しまう

-プ/
・足がしびれた　My feet are asleep.
しぶい 渋い
❶ (味が) **bitter** /ビタ/; (こい) **strong**; (色などが) **subdued and elegant** /サブデュード エれガント/
・このカキは渋い　This persimmon tastes bitter.
❷ (不機嫌な) **sour** /サウア/ → しかめる
・渋い顔をしている　look sour
しぶき **spray** /スプレイ/
しぶとい **tough** /タふ/, **persistent** /パスィステント/, **unyielding** /アンイーるディングぐ/, **die-hard** /ダイ ハード/
シフトキー **the shift key** /シふト キー/

じぶん　自分

➤ *one*self /ワンセるふ/ → 場合に応じて myself, yourself, himself, herself, ourselves, yourselves, themselves のように用いる

・自分の　*one's* own
・自分で　*one*self; for *one*self; by *one*self; (自ら) in person
・自分勝手な　selfish → かって
・彼女は自分の部屋で勉強をしています. →「自分の」は主語と同じ人をさすので、その所有格にする
She is studying in her room.
・自分の辞書を使えよ. これはぼくのだ
Use your own dictionary. This is mine.
・彼は自分で(→自分自身の)食事をつくる
He cooks his own meal. → own はこのように「ほかの人の力を借りないで」の意味で使う
・自分の力ではできないことがある　There are things one cannot do for [by] oneself.
・これは自分の物に取っておきなさい
Keep this for yourself.
・彼は自分でその話を君にするでしょう
He will tell it to you himself.
・彼は自分でやって来るでしょう
He will come in person.
・そんなことは他人の助けによらず自分でしなければいけない　You must do such a thing by yourself, not with the help of others.
・彼は自分は自分という考えだ
 ひゆ He is paddling his own canoe. (自分で自分のカヌーをこいでいる)

しへい 紙幣　**paper money** /ペイパ マニ/, 《米》a **bill**, 《英》a **note** /ノウト/ → さつ²
シベリア **Siberia** /サイビアリア/
・シベリアの　Siberian
しほう¹ 司法　**the judiciary** /ヂュディシエリ/
しほう² 四方に (側) **on all sides** /サイヅ/, **on ev-ery side** /エヴリ/; (方角) **in all directions** /ディレクションズ/
・その湖は四方を山に囲まれている　The lake is surrounded with mountains on all sides.
・彼らは四方八方に逃(に)げた
They fled in all directions.
しぼう¹ 死亡　**death** /デす/
死亡する (病気・老衰などで) **die** /ダイ/; (事故・戦争などで) **be killed** /キるド/ → しぬ
・死亡率　death rate
しぼう² 脂肪　**fat**
しぼう³ 志望する　**wish** /ウィシュ/
・(第1)志望校　the school of *one's* (first) choice
・私は小説家を志望している
I wish to be a novelist.
・君はどういう学校を志望しますか
What school do you wish to enter?
しぼむ (しおれる) **wither** (**up**) /ウィざ/, (閉じる) **close** /クろウズ/
しぼりこむ 絞り込む (選択などを) **whittle down** /(ホ)ウィトる ダウン/
・彼は志望大学をAとBに絞り込んだ　He whittled down his college choice to A or B.
しぼる 絞る (ひねって) **wring** (**out**) /リンぐ/; (ぎゅっと押して) **squeeze** /スクウィーズ/
・レモンを絞る　squeeze a lemon
しほん 資本　**capital** /キャピトる/
・資本家　a capitalist
・資本主義　capitalism
・資本主義国　a capitalist country
しま¹ 島　**an island** /アイランド/
・島の住民　an islander
・島国　an island country
・離れ島　a remote island
・島国根性　the insularity of island people
しま² (もよう) **a stripe** /ストライプ/
　しまの **striped** /ストライプト/
しまい 姉妹　**a sister** /スィスタ/
・義理の姉妹　a sister-in-law (複 sisters-in-law)
・姉妹校[都市]　a sister school [city]
・私には2人の兄弟と3人の姉妹があります
I have two brothers and three sisters.
しまう
❶ (置く, 入れる) **put**; (片付ける) **put away** /アウェイ/
　しまっておく **keep** /キープ/
・彼はそれをカバンにしまった
He put it in his bag.
・彼は書類をこの箱にしまっておく

シマウマ 242 two hundred and forty-two

He keeps his papers in this box.
- 本をしまいなさい Put away your books.
- この本を元の場所にしまいなさい (→返しなさい) Return this book to its place.

❷ (…してしまう, …してしまった) 動詞の完了形 (have [had] + 過去分詞形) で表す
- 雪は解(と)けてしまった
The snow has melted (away).
- 彼は学校へ行ってしまった
He has gone to school.
- 君は宿題をやってしまったの?
Have you finished your homework?
- 私が彼の家に寄った時は彼は学校へ行ってしまっていた When I called at his house, he had gone to school.
- 君が帰って来る時までにはこの仕事を終わらせてしまっているでしょう I will have finished this work by the time you come back.

シマウマ 縞馬 《動物》 a zebra /ズィーブラ/

じまくスーパー 字幕スーパー subtitles /サブタイトるズ/ → スーパー

しましょう → しよう³

しません → ない²

しませんか → か³ ❺

しまつ 始末する (処理する) deal with /ディーる/, take care of /ケア/; (処分する) dispose of /ディスポウズ/

しまった Oh, dear! /ディア/

しまり 締まりのない → ルーズな

しまる 締まる, 閉まる shut /シャト/, close /クろウズ/
- その店は夕方の6時に閉まってしまいます
That store closes at six in the evening.

じまん 自慢 pride /プライド/
自慢する pride oneself (on ~), be proud (of ~) /プラウド/
- 彼は金持ちであることを自慢にしている
He prides himself on being rich. /
He is proud that he is rich.

しみ a blot /ブらト/, a spot /スパト/, a stain /ステイン/; (皮膚(ひふ)の) a blotch /ブらチ/
- しみをつける blot / stain

じみ 地味な (色合いなど) sober /ソウバ/, subdued /サブデュード/
- 地味な色合い sober colors
- 地味な服を着ている be dressed in sober clothes
- このブラウス, あたしに少し地味じゃない?
This blouse is a little too sober for me, isn't it?

しみこむ soak (into ~, through ~) /ソウク/

シミュレーション (a) simulation /スィミュれイション/
- コンピューター・シミュレーション a computer simulation

しみる (ひりひりする) smart /スマート/

しみん 市民 a citizen /スィティズン/
市民の civic /スィヴィク/
- 市民グループ a civic group

じむ 事務 business /ビズネス/; (作業) clerical works /クれリカる ワ～クス/
- 事務所[室] an office
- 事務員 a clerk

ジム a gym /ヂム/

しめい¹ 氏名 a name
- あなたの氏名と住所を教えてくれませんか
Will you give me your name and address?

しめい² 使命 a mission /ミション/
- 使命を果たす carry out one's mission

しめい³ 指名する nominate /ナミネイト/
- 彼は委員会の委員に指名された He was nominated a member of the committee.

しめきり 締め切り (日・時刻) the deadline /デドらイン/; (期限) the time limit /リミト/
- 締め切り日 the closing day
- レポートの締め切りは来週の火曜日です
Next Tuesday is the deadline for your paper. / You must submit [hand in] your paper by next Tuesday.

しめきる 締め切る, 閉め切る
❶ (受け付けなどを) close /クろウズ/
- 申し込みはきのうで締め切りました
The applications closed yesterday.
❷ (窓などを) close, shut /シャト/

じめじめ じめじめした (しめった) damp /ダンプ/; (性格が) sullen /サるン/, gloomy /グるーミ/

しめす 示す show /ショウ/
- 実力を示すよい機会 a good opportunity to show one's ability
- 彼は私に大いに好意を示した
He showed me great favor.
- このことは彼女がいかに親切であるかを示している This shows how kind she is.
- 彼は私たちによい模範を示してくれた
He set [gave] a good example to us.
- 温度計は摂氏30度を示している The thermometer registers 30℃ (読み方: thirty degrees centigrade).

しめる¹ 湿る moisten /モイスン/; get damp
湿った moist /モイスト/; (じめじめ) damp
- 湿った風が吹き始めた A moist wind has begun to blow.

しめる² 占める **occupy** /アキュパイ/
- ブラジルは南米のほぼ半分を占めている
There was a heavy frost last night.
Brazil occupies nearly half of South America.
- 前の席は学生によって占められていた
The front seats were occupied by students.

しめる³ 締める，閉める

❶ (閉じる) **shut**; **close**
❷ (しばる) **tie**

❶ (閉じる) **shut** /シャト/; **close** /クろウズ/
- 窓を閉めてくださいませんか
Will you please shut [close] the window? / Would you mind shutting [closing] the window?
- 窓を閉めておきなさい
Keep the windows shut [closed].
- 後ろのドアを閉めなさい
Shut [Close] the door behind you.

❷ (しばる) **tie** /タイ/; (しっかりと) **fasten** /ふァスン/; (きつく) **tighten** /タイトン/
- 綱を(引き)締める tighten a rope
- 座席のシートベルトをお締めください
Fasten your seat belts.

❸ (その他)
- ねじを締める drive a screw
- ドアのかぎを閉める lock a door

fasten

shut

使い分け

shut と close は同じ「閉める」を表すが，特に shut は素早くきっちり「閉める」時に使う

じめん 地面 **the ground** /グラウンド/
- 地面に寝ころぶ lie on the ground
- 地面に穴を掘る dig a hole in the ground

しも 霜 (a) **frost** /ふロスト/
- 昨夜はひどく霜が降った
There was a heavy frost last night.

じもと 地元の **local** /ろウカる/, **home**
- 地元の人たち local people / locals
- 地元チーム a home team

しもばしら 霜柱 **frost columns in soil** /からムズ ソイる/

しもやけ 霜焼け **chilblains** /チるブれインズ/

しもん 指紋 a **fingerprint** /ふィンガプリント/

しや 視野 **view** /ヴュー/; (見解) an **outlook** /アウトるク/
- 視野が広い[狭い]人 a person with a broad [narrow] outlook
- その島はだんだん私の視野から消えていった
The island gradually went out of my view.

じゃあ → では
- じゃあね，またあした．(あしたまでさようなら)
Good-bye until tomorrow. / (気楽にやれ) Take it easy. See you tomorrow.

ジャージ a **jersey** /ヂャ～ズィ/
ジャーナリスト a **journalist** /ヂャ～ナリスト/
ジャーナリズム **journalism** /ヂャ～ナリズム/
シャープペンシル 《米》 a **mechanical pencil** /メキャニカる/, 《英》 a **propelling pencil** /プロペリング/ → 「シャープペンシル」は和製英語

シャーベット **sherbet** /シャーバト/
しゃいん 社員 an **employee** /インプろイイー/
- 新入社員 a new employee

しゃおんかい 謝恩会 a **thank-you party for teachers** /サンキュー パーティ ティーチャズ/

しゃかい 社会

➤ (a) **society** /ソサイエティ/; (地域社会・共同体) a **community** /コミューニティ/

社会の **social** /ソウシャる/
- 社会的に socially
- 社会生活[問題] social life [problems]
- 農村社会 agricultural communities
- 社会主義 socialism
- 社会主義者 a socialist
- 社会科(教科) social studies
- 今春卒業すると皆さんはそれぞれ社会の新しい一員になります
After leaving school this spring, each of you will be a new member of society.

しゃかいほしょう 社会保障 **welfare** /ウェるふェア/; **welfare programs** /プロウグラムズ/
- 社会保障改革 welfare reform

ジャガイモ じゃが芋 《植物》a **potato** /ポテイトウ/

しゃがむ crouch /クラウチ/

しゃがれる しゃがれた **hoarse** /ホース/, **husky** /ハスキ/
・しゃがれ声で話す **speak in a hoarse voice**

しゃく しゃくにさわる **be annoyed** (with ~, at ~, about ~, by ~) /アノイド/

じゃくおんき 弱音器 (弦楽器などの) a **mute** /ミュート/; (管楽器などの) a **damper** /ダンパ〜/

しやくしょ 市役所 (米) **the city hall**, (英) **the city office**

じゃぐち 蛇口 (米) a **faucet** /ふォーセト/; (英) a **tap**

じゃくてん 弱点 a **weak point** /ウィーク ポイント/

しゃくほう 釈放する **release** /リリース/, **set ~ free** /ふリー/

しゃくや 借家 a **rented house** /レンテド ハウス/

しゃげき 射撃 **shooting** /シューティンぐ/, **firing** /ふァイアリンぐ/
射撃する shoot /シュート/, **fire**

ジャケット a **jacket** /ヂャケト/

しゃこ 車庫 a **garage** /ガラージュ/

しゃこう 社交の **social** /ソウシャる/
・社交的な **sociable**

しゃざい 謝罪 an **apology** /アパろヂ/
謝罪する apologize /アパろヂャイズ/ → あやまる

しゃしょう 車掌 a **conductor** /コンダクタ/; (英) (列車の) a **guard** /ガード/

しゃしん 写真

➤ a **photograph** /ふォウトグラふ/, a **picture** /ピクチャ/, (話) a **photo** /ふォウトウ/
➤ (写真術) **photography** /ふォタグラふィ/
写真機 a **camera** /キャメラ/
・写真家 a **photographer**
・写真をとる **take a picture**[**a photograph**]
・写真をとってもらう[とらせる] **have** one's **picture**[**photograph**] **taken**
・私は写真をとってもらった
I had my picture taken.
・私は彼に写真をとってもらった
I had him take my picture.
・きょうはクラス写真をとってもらう
The class will sit for a photo today.
・写真が私の趣味(しゅみ)です
Photography is my hobby.

ジャズ jazz /ヂャズ/

しやすい → やすい²

しゃせい 写生画 a **sketch** /スケチ/
写生する sketch, **make a sketch** (of ~)

しゃせつ 社説 (新聞の) an **editorial** /エディトーリアる/, (英) a **leader** /リーダ/

しゃたく 社宅 a **company house** /カンパニ ハウス/

しゃちょう 社長 **the president** (of a company) /プレズィデント/ (カンパニ)/

シャツ a **shirt** /シャ〜ト/; (肌(はだ)着) an **undershirt** /アンダシャ〜ト/

しゃっきん 借金 a **debt** /デト/
借金する borrow money /バロウ マニ/
・私は彼に千円借金しています
I owe him a thousand yen. /
I am in debt to him for a thousand yen.

ジャック (トランプの) a **jack** /ヂャク/

しゃっくり a **hiccup** /ヒカプ/
しゃっくりをする hiccup
・しゃっくりが出る **have the hiccups**

シャッター a **shutter** /シャタ/
・(窓などの)シャッターを降ろす **pull down the shutters**
・(カメラの)シャッターを切る **press the shutter**

シャッターチャンス a **right moment**［**time**］**to take** a **picture**
・決定的瞬間 a decisive moment ➡「シャッターチャンス」は和製英語

しゃどう 車道 (街路の) a **roadway** /ロウドウェイ/

シャドーイング (語学学習の方法) **shadowing** /シャドウインぐ/

じゃばら 蛇腹 (a) **bellows** /べろウズ/ ➡ 単数とも複数とも扱われる
・じゃばらのホース a **pleated hose**

じゃぶじゃぶ (水をはねさせる) **splash** /スプらシュ/
・じゃぶじゃぶ顔を洗う **splash** one's **face**

しゃぶる suck /サク/

しゃべる talk /トーク/; (告げる) **tell**; (雑談する) **chat** /チャト/
・彼はあまりしゃべりすぎる He talks too much.
・それを人にしゃべってはいけませんよ
Don't tell it to others.
・授業中はおたがいにしゃべってはいけません
You mustn't talk to each other in class.
・私たちはコーヒーを飲みながらしばらくしゃべった
We chatted［had a chat］over a cup of coffee for some time.

シャベル a **shovel** /シャ ぶる/
・シャベルですくう **shovel**
・シャベルで砂を袋の中に入れる **shovel sand into a bag**

シャボンだま シャボン玉 a **soap bubble** /ソウプ

two hundred and forty-five　245　しゅう

バ**ブ**る/

じゃま じゃま物 an **obstacle** /ア**ブ**スタクる/
　じゃまする (乱す) **disturb** /ディス**タ**～ブ/; (中断する) **interrupt** /インタ**ラ**プト/; (行く手をふさぐ) **get in the way** /**ウェ**イ/; (訪問する) **visit** /**ヴィ**ズィト/, **see** /**スィ**ー/
　•人の話をじゃましてはいけない
　Don't interrupt a person when he is speaking.
　•じゃまをしないでくれ. 私は忙(いそが)しいんだ
　Don't interrupt (me). I am busy.
　•おじゃましました
　I'm afraid I have been disturbing you.
　•自転車をそこに置いておかないでください. じゃまになるから　Don't leave your bicycle there; it will get in the way.
　•帰りにおじゃましてよろしいでしょうか
　May I come to see you on my way home?
ジャム **jam** /**チャ**ム/
　•パンにジャムをつける　spread jam on a slice of bread
しゃめん 斜面 a **slope** /ス**ろ**ウプ/
じゃり 砂利 **gravel** /グ**ラ**ヴェる/
しゃりょう 車両 (乗り物) a **vehicle** /**ヴィ**ーイクる/; (列車の) a **car**. 《英》a **carriage** /**キャ**リヂ/
しゃりん 車輪 a **wheel** /(ホ)**ウィ**ーる/
しゃれ¹ (同音異義語を用いる) a **pun** /**パ**ン/ → じょうだん
　しゃれを言う **pun**. make a **pun**
しゃれ² しゃれた **smart** /ス**マ**ート/
しゃれい 謝礼 (金銭・贈り物) a **reward** /リ**ウォ**ード/; (料金) a **fee** /**ふ**ィー/
じゃれる **play with** /**プ**れイ/
　•子ネコは動いているものにじゃれるのが好きだ　A kitten likes to play with something moving.
シャワー a **shower** /**シャ**ウア/
　•シャワーを浴びる　take a shower
シャワートイレ a **high-tech toilet**. (温水洗浄便座) **an electronic bidet toilet seat** /ビ**デ**イ/; 《商標》Washlet
ジャンク (ガラクタ) **junk** /**チャ**ンク/
　•ジャンクフード　junk food
　•ジャンクメール　junk mail
ジャングル a **jungle** /**チャ**ングる/
　•ジャングルジム　a jungle gym
じゃんけん *janken*

日本を紹介しよう

　じゃんけんというのは指を使うゲームの一種で, 勝ち負けを決めるのに使われます. じゃんけんには三つの

指の形があります. ぐー(石), ちょき(はさみ), ぱー(紙)です. じゃんけんをする人たちは「じゃん, けん, ぽん!」と言い, 「ぽん」ということばと同時に三つの指の形のどれかを示します. ぐーはちょきに勝ちます. はさみは石を切れませんから. ちょきはぱーに勝ちます. はさみは紙を切りますから. ぱーはぐーに勝ちます. 紙は石を包みますから
Janken is a kind of finger game which is used as a way to decide who wins and who loses. There are three finger forms in *janken*: *Gu* (stone), *Choki* (scissors), *Pa* (paper). The players shout "*Jan Ken Pon!*" and on the word "*Pon*", each player shows any one of these three forms. *Gu* beats *Choki* because scissors can't cut stones. *Choki* beats *Pa* because scissors cut paper. *Pa* beats *Gu* because paper wraps stone.

じゃんじゃん
　•じゃんじゃん売れる　**ひ ゆ** sell [go] like hot cakes (ホットケーキのように売れる)
シャンソン a **chanson** /**シャ**ーンゾーン/　→ フランス語
シャンデリア a **chandelier** /シャンデ**リ**ア/
ジャンパー a **jacket** /**チャ**ケト/; a **windbreaker** /**ウィ**ンドブレイカ～/
　ジャンパースカート a **jumper** /**チャ**ンパ/
ジャンプ (a) **jump**
　ジャンプする **jump**. take a **jump**
　•スキージャンプ　ski jumping
シャンプー (a) **shampoo** /シャン**プ**ー/
　シャンプーする **shampoo**
シャンペン **champagne** /シャン**ペ**イン/　→ フランスの地名に由来する
ジャンボ **jumbo** /**チャ**ンボウ/
　ジャンボジェット a **jumbo jet**
ジャンル a **type** /**タ**イプ/, a **genre** /**ジャ**ーンル/
しゅ¹ 朱 **vermilion** /ヴァ～**ミ**リョン/
しゅ² 種 (生物学上の) a **species** /ス**ピ**ーシーズ/
しゅい 首位 the **top**; (競技などの) the **lead** /**リ**ード/
　•競走で首位に立つ　take the lead in a race
じゅい 樹医 a **tree doctor**
しゆう 私有の **private** /プ**ラ**イヴェト/
　•私有物　private property
しゅう¹ 州
❶ (米国の) a **state** /ス**テ**イト/; (英国の) a **county** /**カ**ウンティ/; (…州) ～**shire** /シア/
　•カリフォルニア州　the State of California
❷ (大陸) a **continent** /**カ**ンティネント/
　•五大州　the five continents

しゅう | 246 | two hundred and forty-six

しゅう² 週
➤ a **week** /ウィーク/
- 週末 a weekend → しゅうまつ
- 1週間 for a week
- 1週間で[もすれば] in a week
- 1～2週間で in a week or two / in one or two weeks
- 今[来, 先]週 this [next, last] week
- 来々週 the week after next
- 先々週 the week before last
- 来週[先週]のきょう a week today / this day week
- 来週の日曜日に next Sunday / on Sunday next (week)
- 1週間前に a week ago; (前もって) a week before

しゅう³ …宗 a **sect of Buddhism** /セクト, ブディズム/

じゆう 自由
➤ **freedom** /ふリーダム/
➤ (束縛(そくばく)からの解放, または勝ち取ろうとする自由) **liberty** /リバティ/
自由な free; (自分の意志による) **voluntary** /ヴァらンテリ/
自由に freely; **voluntarily**
- (縛(しば)られた者が)自由になる get loose [free] → のがれる
- 言論の自由 freedom of speech [the press]
- 自由主義 liberalism
- 自由主義的 liberal
- 自由席 an unreserved seat
- (水泳の)100メートル自由形 the 100-meter freestyle
- (ニューヨーク湾(わん)にある)自由の女神像 the Statue of Liberty
- 君は行こうととどまろうと自由だ
You are free to go or stay.
- 図書室の本は自由に使ってよろしい You are free to use the books in the library.

じゅう¹ 10(の) **ten** /テン/
- 第10(の) the tenth (略 10th)
- 10分の1[3] one tenth [three tenths]
- 十中八九 ten to one / nine cases out of ten
- 10代 → じゅうだい²

じゅう² 銃 a **gun** /ガン/; (ライフル銃) a **rifle** /ライふる/
- 空気銃 an air gun
- 機関銃 a machine gun

- 猟銃 a hunting rifle / (散弾銃) a shotgun

じゅう³ …中
➤ (時) **all through** /ザ ルー/, **during** /デュアリンぐ/
➤ (所) **all over**
- その間じゅう during all that time
- 1年じゅう all the year round
- 国[世界]じゅう all over the country [the world]
- ひと晩じゅう雨が激しく降り続いた It had been raining hard all (through the) night.
- 私は日本じゅうを旅行したい
I'd like to travel all over Japan.
- 彼の名は世界じゅうに知られている
His name is known all over the world.

しゅうあつ 重圧 **pressure** /プレシャ/
しゅうい 周囲 (円周) **circumference** /サカンふァレンス/; (環境) **surroundings** /サラウンディンぐズ/
- 周囲を見回す look around
- 周囲にはだれも見当たらなかった
I found nobody around.
- この湖は周囲12キロある This lake is 12 kilometers in circumference.

🗨会話 この木は周囲がどのくらいですか. —それは周囲が7メートルあります How big around is this tree? / How big is this tree around? —It is seven meters around.
- 私は周囲の人と握手(あくしゅ)した
I shook hands all around.

じゅうい 獣医 a **veterinarian** /ヴェテリネアリアン/, 《話》 a **vet** /ヴェト/
- 獣医学校 a veterinary school
じゅういち 11(の) **eleven** /イれヴン/
- 第11(の) the eleventh (略 11th)
じゅういちがつ 11月 **November** /ノウヴェンバ/ (略 Nov.) → くがつ
しゅうかい 集会 (話し合いの) a **meeting** /ミーティンぐ/; (全体の会合) an **assembly** /アセンブり/
- 集会室 a meeting room
- 全校集会 a school assembly
- 集会は来週土曜日の午後開かれます
The meeting will be held on Saturday afternoon next week.
しゅうかく 収穫(物) (集合的に) a **harvest** /ハーヴェスト/; (個々の農産物) a **crop**
収穫する harvest, gather /ギャざ/
- 今年の収穫はよかった[悪かった]
We had a good [bad] harvest this year. / Crops were good [bad] this year.

・うちでは今年はリンゴの収穫(高)がよかった
Our apple crop was very good this year. / We've had a good apple crop this year.
・農夫たちは収穫物の取り入れに忙しかった The farmers were busy gathering crops.

しゅうがくりょこう 修学旅行 a **school trip** /トリプ/, a **graduation trip** /グラデュエイション/
・修学旅行に行く go on a school trip
・私は修学旅行で奈良へ行ったことがある
I once went to Nara on a school trip.

じゅうがつ 10月 **October** /アクトウバ/ (略 Oct.) → くがつ

しゅうかん[1] 習慣 (個人の) a **habit** /ハビト/; (しきたり) a **custom** /カスト厶/ → くせ
・よい習慣を作る form a good habit
・悪い習慣がつく fall into a bad habit
ことわざ 習慣は第2の天性である
Habit is a second nature.

使い分け

habit: 個人的な習慣や癖(くせ)
custom: 社会などの固定化した慣習や風習，しきたり

しゅうかん[2] 週間 a **week** /ウィーク/ → しゅう[2]
・交通安全週間 Traffic Safety Week

しゅうかん[3] 週刊の **weekly** /ウィークリ/
・週刊紙[誌] a weekly / (雑誌) a weekly magazine

しゅうき[1] 周忌 the anniversary of *a person's death* /アニヴァ～サリ デす/

しゅうき[2] 周期 (期間) a **period** /ピアリオド/; (一定の) a **cycle** /サイクる/
・周期的な periodic
・周期的に periodically
・選挙は4年周期で行われる
The election is held every four years.

じゅうき 重機 (建設用大型機械) **heavy equipment**[**machinery**] /ヘヴィ イクウィプメント[マシーナリ]/
・重機1台 a piece of heavy equipment[machinery]

しゅうぎいん 衆議院 the House of Representatives /ハウス レプリゼンタティヴズ/
・衆議院議員 a member of the House of Representatives

しゅうきゅう 週休 a **weekly holiday** /ウィークリ ハリデイ/
・週休2日制 a five-day week

しゅうきょ 住居 a **house** /ハウス/, a **dwelling** /ドウェリング/, a **residence** /レズィデンス/

しゅうきょう 宗教 a **religion** /リリヂョン/

・宗教の[的な] religious
・宗教改革 the Reformation

じゅうぎょういん 従業員 an **employee** /インプろイイー/

しゅうぎょうしき 終業式 the closing ceremony /クろウズィング セレモウニ/
・1学期の終業式 the closing ceremony of the first term

しゅうきん 集金する **collect money** /コれクト マニ/, **collect bills** /ビるズ/

じゅうく 19(の) **nineteen** /ナインティーン/
・第19(の) the nineteenth (略 19th)

シュークリーム a **cream puff** /クリーム パふ/ → 「シュークリーム」はフランス語の chou à la crème から

しゅうげき 襲撃 an **attack** /アタク/ → こうげき
襲撃する **attack** → おそう

じゅうご 15(の) **fifteen** /ふぃふティーン/
・第15(の) the fifteenth (略 15th)

しゅうごう 集合 (a) **gathering** /ギャざリング/
集合する **gather, get together** /トゥゲざ/, **meet (together)** /ミート/
・集合時間 the meeting time / the time when we will meet
・集合場所 the meeting place / the place where we will meet
・私たちは何時にどこへ集合するのですか
Where and when shall we meet (together)?
・先生は私たちに1時に校庭に集合するように言われた The teacher told us to get together in the schoolyard at one.

じゅうごや 十五夜 (満月の夜) a **night of a full moon** /ナイト ムーン/; (仲秋) the **night of the harvest moon** /ハーヴェスト/
・十五夜の月 a full moon / the harvest moon

ジューサー a **juicer** /デューサ/

しゅうさい 秀才 a **bright person** /ブライト/

じゅうさん 13(の) **thirteen** /さ～ティーン/
・第13(の) the thirteenth (略 13th)

しゅうじ 習字 (書道) **calligraphy** /カりグラふィ/; (書き方) **penmanship** /ペンマンシプ/

じゅうし[1] 14(の) **fourteen** /ふォーティーン/
・第14(の) the fourteenth (略 14th)

じゅうし[2] 重視する **put stress** (on ~) /ストレス/, **lay stress** (on ~) /れイ/
・あの高校は入学に際して内申書を重視する
In accepting applicants that senior high school puts stress on their school reports.

じゅうじ 十字形 a **cross** /クろース/
・十字架 a cross

じゅうじぐん 248 two hundred and forty-eight

・十字路(で) (at) a crossroads

じゅうじぐん 十字軍《歴史》(総体として) **Crusaders** /クルーセイダズ/

じゅうしち 17(の) **seventeen** /セヴンティーン/
・第17(の) the seventeenth (略 17th)

じゅうじつ 充実した (完備している) **complete** /コンプリート/; (中身のある) **substantial** /サブスタンシャル/, **full** /ふる/
・充実した生活を送る live a full life / live (life) to the full

しゅうしふ 終止符《米》a **period** /ピアリオド/, 《英》a **full stop**
・(…に)終止符を打つ put a period (to 〜)

しゅうしゅう (a) **collection** /コレクション/
収集する **collect** /コレクト/
・私の趣味(しゅみ)は切手収集です My hobby is collecting stamps [stamp collecting].

じゅうじゅん 従順 **obedience** /オビーディエンス/
従順な **obedient** /オビーディエント/
・従順に obediently

じゅうしょ 住所 one's **address** /アドレス/
・住所録 an address book
・彼に私の住所の変更を通知する notify him of my change of address
・私は彼の住所を知りません
I don't know his address [where he lives].
・ご住所はどちらですか What is your address? / (丁寧(ていねい)に) May I have your address?

じゅうしょう 重傷 (銃刀などによる) a **serious wound** /スィアリアス ウーンド/; (事故などによる) a **serious injury** /インチャリ/
・重傷を負う be seriously wounded [injured]

しゅうしょく 就職する **get** a **job**
・就職試験 an examination for employment
・就職活動をする look [hunt] for a job
・私は学校を卒業したら就職するつもりです
I intend to find a job after leaving school [I leave school].
・先生が私に良い就職口を見つけてくれた
My teacher found me a good position.
・ケンは郵便局に就職した
Ken has got a position in a post office.

じゅうしょく 住職 a **chief priest** (**of the temple**) /チーふ プリースト テンプる/

しゅうじん 囚人 a **prison inmate** /プリズン インメイト/; a **prisoner** /プリズナ/

じゅうしん 重心 **the center of gravity** /グラヴィティ/

ジュース juice /チュース/; (炭酸飲料) **soda** /ソウダ/, **pop** /パプ/, **soda pop**

・オレンジジュース orange juice

カタカナ語! ジュース
日本では清涼飲料をすべて「ジュース」と呼ぶことがあるが英語では果汁100パーセントのものだけを **juice** という. したがって orange **juice** は(果汁100パーセントの)オレンジジュース)で, よく自販機などで売られている. 100パーセントでない「ジュース」は orange **drink**. ふつうの炭酸飲料は **soda**, **pop** あるいは **soda pop** という

しゅうせい 修正する (案などを) **modify** /マディふァイ/; (誤りを) **correct** /コレクト/
・原案を修正する modify the original plan

しゅうぜん 修繕 (a) **repair** /リペア/
修繕する (破損物などを) **repair**, **fix** /ふィクス/; (つくろう) **mend** /メンド/ →なおす❷

じゅうそう 重曹 **bicarb** /バイカーブ/, (**sodium**) **bicarbonate** /(ソウディアム) バイカーボネイト/

じゅうたい¹ 重態である be **seriously sick** /スィアリアスリ スィク/, be **seriously ill** /イる/, be in **serious condition** /コンディション/

じゅうたい² 渋滞 (交通の) a **traffic jam** /トラふィク チャム/
・私の車は交通渋滞に巻き込まれてしまった
My car was caught in a traffic jam.

じゅうだい¹ 重大な (重要な) **important** /イン ポータント/; (大変な) **serious** /スィアリアス/
・重大な事態 a serious situation
・重大な誤りをする make a serious mistake

じゅうだい² 10代 **teens** /ティーンズ/ →英語の teens は語尾に -teen の付く thirteen (13) から nineteen (19) までをさす
・10代の teenage
・10代の人たち teenagers
・私たちは皆10代です We are all in our teens.

じゅうたく 住宅 a (**dwelling**) **house** /(ドウェリング) ハウス/
・住宅問題 a housing problem
・住宅地区 a residential area [quarter]

しゅうだん 集団 a **group** /グループ/
・学生の集団 a group of students
・集団をなして in a group
・集団登校[下校] going to school [leaving school] in groups

じゅうたん (床全体に敷(し)きつめる) a **carpet** /カーペット/; (床の一部をおおう) a **rug** /ラグ/
・床にじゅうたんを敷く lay the floor with carpet

しゅうちゅう 集中(力) **concentration** /カンセントレイション/
集中する **concentrate** /カンセントレイト/; (集ま

じゅうぶん

る) **center** /センタ/
・集中的な（1か所に集中した）concentrated; (短期間に詰め込む) intensive
・集中豪雨 concentrated heavy rain
・私はその仕事の完成に全精力を集中した
I concentrated all my energies on the completion of the task.
・人口は都市に集中する傾向(けいこう)がある
Population tends to concentrate in the cities.
・彼らの話はこの問題に集中した
Their talks centered on this question.

しゅうてん 終点 a **terminal** /タ〜ミヌる/
・バス[鉄道]の終点 a bus [railroad] terminal
・この電車の終点は新宿です
This train service ends at Shinjuku Station.

しゅうでん 終電(車) **the last train** /トレイン/

じゅうてん 重点（強調）**stress** /ストレス/, **emphasis** /エンふァスィス/ (複 emphases /エンふァスィーズ/)
・重点的に intensively
・…に重点をおく put stress [emphasis] on ～ → じゅうし²

じゅうでん 充電する **charge** /チャーヂ/; (再充電する) **recharge** /リチャーヂ/
・充電器 a (battery) charger
・充電式の rechargeable
・スマートフォンを充電する charge a smartphone
・電池を充電する charge a battery

しゅうと a **father-in-law** /ふァーざリンろー/ (複 fathers-in-law) → しゅうとめ

シュート (サッカー・バスケットなどの) a **shot** /シャト/; (野球の) a **screwball** /スクルーボーる/
シュートする shoot /シュート/

じゅうどう 柔道 **judo**
・柔道をする do judo
・ぼくの兄は柔道3段です
My brother is a third *dan* at judo.
・1964年の東京オリンピックで柔道がオリンピック種目に加えられてから柔道は世界中で盛んになりました Judo has become popular all over the world since the Tokyo Olympics in 1964 when it first became part of the Olympic Games.

しゅうどういん 修道院（男子の）a **monastery** /マナステリ/; (女子の) a **convent** /カンヴェント/, a **nunnery** /ナナリ/

しゅうとく 習得する **master** /マスタ/
・英語を習得するのは容易でない
It is not easy to master English.

しゅうとくぶつ 拾得物 a **thing found** /スィンぐ

ふァウンド/ → おとしもの

しゅうとめ a **mother-in-law** /マざリンろー/ (複 mothers-in-law)

じゅうなん 柔軟な **flexible** /ふれクスィブる/
・柔軟体操 calisthenics

じゅうに 12(の) **twelve** /トウェるヴ/
・第12(の) the twelfth (略 12th)

じゅうにがつ 12月 **December** /ディセンバ/ (略 Dec.) → くがつ

じゅうにし 十二支 *junishi*

日本を紹介しよう

十二支は昔の日本で方角や時刻や年を表すのに使った12の動物の名前です．今でも自分の生まれた年をいうのに十二支がよく使われます．その12の動物は子(ね)，丑(うし)，寅(とら)，卯(う)，辰(たつ)，巳(み)，午(うま)，未(ひつじ)，申(さる)，酉(とり)，戌(いぬ)，亥(い)です
Junishi is the names of twelve animals that were used in Japan in olden times to indicate directions, hours, and years. Even today people often use *junishi* to refer to the year when they were born. The twelve animals are: *Ne* (rat), *Ushi* (ox), *Tora* (tiger), *U* (rabbit), *Tatsu* (dragon), *Mi* (snake), *Uma* (horse), *Hitsuji* (sheep), *Saru* (monkey), *Tori* (cock), *Inu* (dog), *I* (boar)

しゅうにゅう 収入 an **income** /インカム/
・収入が多い[少ない] have a large [small] income

しゅうにん 就任する **take office** /オーふィス/

しゅうにん 住人 an **inhabitant** /インハビタント/

しゅうねん 周年 an **anniversary** /アニヴァ〜サリ/
・10周年を祝う celebrate the tenth anniversary

じゅうはち 18(の) **eighteen** /エイティーン/
・第18(の) the eighteenth (略 18th)

じゅうびょう 重病である → じゅうたい¹

しゅうぶん 秋分 **the autumnal equinox** /オータムヌる イークウィナクス/
・秋分の日(祭日) Autumnal Equinox Day

じゅうぶん 十分な
➤ (何かをするのに足りるだけの) **enough** /イナふ/
➤ (ありあまるほどの) **plenty of ～** /プれンティ/
十分に enough; **plentifully**; (完全に) **fully** /ふり/
・十分なお金 enough money
・十分な食糧 plenty of food

・私はそれを買うだけの十分な金を持っていない
I haven't got enough money to buy it.
・ガソリンはあと10キロは十分だ We have enough gasoline for another ten kilometers.
・(もう)十分いただきました
I have had enough, thank you. / No, thank you. I've had plenty.
・列車が到着するまで時間は十分ある There is plenty of time before the train arrives.
・私はそのことには十分気づいていました
I was fully aware of it.

しゅうまつ 週末 a **weekend** /ウィーケンド/
・週末旅行 a weekend trip
・私は週末にはよくそこへ行きます
I often go there on weekends.

じゅうまん 10万 a **hundred thousand** /ハンドレド サウザンド/
・数十万の… hundreds of thousands of 〜

じゅうみん 住民 an **inhabitant** /インハビタント/

じゅうもんじ 十文字 a **cross** /クロース/

しゅうや 終夜の **all-night** /オーる ナイト/
・(交通機関の)終夜運転 all-night service

しゅうゆう 周遊する **make** a **circular tour** /サ〜キュラ トゥア/
・周遊券 a circular ticket

しゅうよう 収容する **hold** /ホウるド/; **accommodate** /アカモデイト/
・収容設備 accommodations
・この部屋は何人収容できるでしょうか
How many people will this room hold?
・その病院は千人の患者(かんじゃ)を収容できる
The hospital can accommodate [has accommodations for] a thousand patients.

じゅうよう 重要

➤ **importance** /インポータンス/

重要な important, of importance
・非常に重要な事 a matter of great importance
・だれがそれをしようとそんなことは重要なことではない It is not important [is of no importance] who will do it. / It doesn't matter who will do it.

しゅうり 修理する **fix** /ふィクス/; (複雑な機械などを) **repair** /リペア/; (簡単な故障などを) **mend** /メンド/
・修理中である be under repair
・このエアコンは修理が必要だ
This air conditioner needs repairing.
・このドアはちゃんとしまらない. 修理してくれませんか This door won't shut properly. Would you mend [fix] it?

しゅうりょう¹ 終了 an **end**, a **close** /クロウズ/ ➔ おわり
終了する end, close, finish /ふィニシュ/ ➔ おわる
・終了式 the closing ceremony of the school year

しゅうりょう² 修了 **completion** /コンプリーション/
修了する complete /コンプリート/, **finish** /ふィニシュ/
・私は第2学年の課程を修了しました
I finished the second-year course.
・私たちは来年の3月までに中学校の課程を修了します We will complete the whole junior high school course by next March.

じゅうりょう 重量 **weight** /ウェイト/ ➔ おもい¹, おもさ
・重量あげ weight lifting

じゅうりょく 重力 **gravity** /グラヴィティ/

じゅうろく 16(の) **sixteen** /スィクスティーン/
・第16(の) the sixteenth (略 16th)

しゅえい 守衛 a **guard** /ガード/

しゅえん 主演する **star** /スター/
・主演者 a star (player)
・この映画の主演はだれですか
Who stars in this film?

しゅかん 主観的 **subjective** /サブヂェクティヴ/
・主観的に subjectively

しゅぎ 主義 a **principle** /プリンスィプる/
・主義として as a principle
・主義にこだわる stick to *one's* principles
・私は間食しない主義です I make it a principle to eat nothing between meals.

じゅぎょう 授業

➤ (個人または集団で受ける) a **lesson** /れスン/; (教室などで受ける集団の) a **class**

・授業参観日 《米》a class open house / 《英》a class open day ➔ さんかん
・授業料 school fees; (大学の) college fees / university fees; (ピアノ・生け花などの) tuition fees
・授業を受ける take [have] a lesson
・数学の授業 a math lesson [class]

君たちは英語の授業は週に何時間ありますか
—私たちは週に5時間英語の授業があります
How many English **lessons** do you have a

week?
—We have five English **lessons** a week.

・授業は50分です
A lesson［A class］lasts fifty minutes.
・戸田先生の歴史の授業はとてもおもしろい
Mr. Toda's history class is very interesting.
・生徒は授業中でした
The students were in class.
・私はぎりぎり授業に間に合った
I was just in time for class.

じゅく 塾　*juku*, **a private after-school class** /プライヴェト/

じゅくご 熟語　**an idiom** /イディオム/, **an idiomatic phrase** /イディオマティク ふレイズ/

しゅくじ 祝辞　**a congratulatory address** /コングラチュらトーリ アドレス/
・祝辞を述べる　make a congratulatory address

しゅくじつ 祝日　**a holiday** /ハリデイ/, **a festival** /ふェスティヴァる/
・国民の祝日　a national holiday

しゅくしょう 縮小　**reduction** /リダクション/
縮小する reduce /リデュース/
・軍備の縮小　the reduction of armaments

じゅくす 熟す　**ripen** /ライプン/
熟した ripe
・ブドウはまだ熟していない
The grapes are not ripe yet.

じゅくすい 熟睡　**a sound sleep** /サウンド スリープ/
熟睡する sleep soundly, sleep well
・私はゆうべは熟睡しました
I slept soundly last night. / I had a sound ［good］sleep last night.

しゅくだい　宿題

➤ **homework** /ホウムワ〜ク/, **an assignment** /アサインメント/

・宿題を出す　assign homework / give an assignment
・宿題をする　do *one's* homework
・先生は私たちに社会科の宿題を出した
The teacher assigned us homework in social studies. / The teacher gave an assignment to us in social studies.
・私はまだ宿題がすんでいません
I have not yet finished my homework.

しゅくでん 祝電　**a congratulatory telegram** /コングラチュらトーリ テれグラム/
・祝電を打つ　send a congratulatory telegram

じゅくどく 熟読　**careful reading** /ケアふる リーディンぐ/
熟読する read carefully /ケアふり/

しゅくはく 宿泊　→とまる²

しゅくふく 祝福する　(幸運を祈る) **wish ～ good luck** /ウィシュ グド らク/; (祝う) **celebrate** /セれブレイト/; (神の恵みを祈る) **bless** /ブれス/

しゅくめい 宿命　うんめい

じゅくれん 熟練　**skill** /スキる/
熟練した skilled
・熟練工　a skilled worker
・熟練のいる仕事　work that requires skill

しゅげい 手芸　**handicraft** /ハンディクラふト/, **manual arts** /マニュアる アーツ/
・手芸品　a handicraft; (非実用的な) a fancywork

しゅけん 主権　**sovereignty** /サヴリンティ/
・主権者　a sovereign

じゅけん　受験する

➤ **take an examination** /イグザミネイション/

・受験生　a candidate for examination
・受験科目　the subjects of examination
・受験番号　an examinee's (seat) number
・受験料　an examination fee
・受験テクニック　test-taking skills
・私は高校の受験準備に忙(いそが)しい
I am busy preparing for the entrance examination of a senior high school.
・彼は受験して合格した　He took the entrance examination and passed it.

しゅご 主語　《文法》**the subject** /サブヂェクト/

じゅこう 受講する　**attend a course** /アテンド コース/
・受講料　a tuition fee
・英語の夏期講座を受講する　attend an English summer course

しゅさい 主催　**auspices** /オースピセズ/, **sponsorship** /スパンサシプ/
主催する sponsor
・主催者　a sponsor
・そのコンテストは教育委員会の主催で行われた　The contest was held under the auspices ［the sponsorship］of the Board of Education.

しゅし¹ 趣旨　(目的) **the purpose** /パ〜パス/, **the object** /アブヂェクト/; (意見) *one's* **opinion** /オピニョン/; (要旨) **the gist** /ヂスト/

しゅし² 種子　**a seed** /スィード/

じゅし 樹脂　**resin** /レズィン/

しゅじゅつ 手術　**an operation** /アペレイション/
・手術を受ける　be operated on / undergo an

しゅしょう 252 two hundred and fifty-two

operation
•外科手術 a surgical operation
•私は盲腸の手術を受けた I was operated on for appendicitis. / I underwent an operation for appendicitis.

しゅしょう¹ 首相 a **prime minister** /プライム ミニスタ/, a **premier** /プレミア/

しゅしょう² 主将 a **captain** /キャプテン/

じゅしょう 受賞する **win** a **prize** /プライズ/, be **awarded** a **prize** /アウォーデド/
•受賞者 a prize winner
•最優秀賞を受賞する win [be awarded] first prize
•大江健三郎氏は1994年度のノーベル文学賞を受賞した Mr. Kenzaburo Oe was awarded the 1994 Nobel Prize in Literature.

しゅしょく 主食 the **staple food** /ステイプる ふード/ → コメ

しゅじん 主人 (雇(やと)い主) an **employer** /インプろイア/, a **master** /マスタ/; (夫) one's **husband** /ハズバンド/

じゅしん 受信する **receive** /リスィーヴ/
•受信機 a receiver
•受信人(手紙の) an addressee
•受信料 license fee

しゅじんこう 主人公 (男性) a **hero** /ヒーロウ/; (女性) a **heroine** /ヘロウイン/

じゅず a **rosary** /ロウザリ/

しゅぞく 種族 a **tribe** /トライブ/
•種族の tribal

しゅだい 主題 (題目) the **subject** /サブヂェクト/; (テーマ) the **theme** /すィーム/

しゅだん 手段
➤ a **means** /ミーンズ/; (頼り) a **resort** /リゾート/
➤ (手続き) a **step**; (方策) a **measure**/メジャ/
•手段を選ばずに by every means
•ありとあらゆる手段を尽(つ)くす take every possible means
•必要な手段を取る take necessary steps [measures]
•最後の手段として as a last resort
•彼にそれをやめさせるためには何か手段を取らなければならない Some steps must be taken to stop him from doing it.

しゅちょう 主張 **insistence** /インスィステンス/
主張する insist /インスィスト/
•それをすると主張する insist on doing it

しゅつえん 出演 **appearance** /アピアランス/

出演する appear /アピア/; **play** /プれイ/
出演者 (個人) a **performer** /パふォーマ/; (全体) **the cast** /キャスト/
•テレビに出演する appear [make one's appearance] on television
•劇に重要な役で出演する play an important part [role] in a play

しゅっか 出火 (火事) a **fire** /ふァイア/
•出火する the fire starts / the fire breaks out
•その災害をもたらした火事はホテルの調理場から出火した The fire that caused the disaster broke out in the kitchen of the hotel.

しゅつがん 出願 → がんしょ

しゅっきん 出勤する **go to** one's **office** /オーふィス/, **go to work** /ワ～ク/

しゅっけつ¹ 出血 **bleeding** /ブリーディング/
出血する bleed /ブリード/

しゅっけつ² 出欠をとる **call the roll** /コーる ロウる/

じゅつご 述語 《文法》a **predicate** /プレディケト/

しゅっこう 出航する **set sail** /セイる/

しゅっこく 出国手続き **departure formalities** /ディパーチャ ふォーマリティズ/
•出国手続きをする go through departure formalities [passport control]

しゅっさん 出産する **give birth to** /バ～す/
•女の子を出産する give birth to a girl

しゅつじょう 出場する **participate** (in ～) /パーティスィペイト/, **take part** (in ～)
•出場者 a participant
•彼は弁論大会に出場して1位になった He participated in the speech contest and won first prize.
•私は障害物競走に出場した I took part in an obstacle race.

しゅっしょう 出生 → しゅっせい

しゅっしん …出身である (地方) **come from** ～, **be from** ～; (学校) **graduate from** ～ /グラヂュエイト/
•出身校 → ぼこう
•出身地 → こきょう
•あなたはどちらのご出身ですか Where do you come from? / Where are you from? / (出身校) What school did you graduate from?
•私は鹿児島の出身です I come from Kagoshima.

じゅっしんほう 十進法 → じっしんほう

しゅっせ 出世 **success in life** /サクセス らいふ/
出世する succeed in life /サクスィード/, **rise in**

the world /ライズ ワ～るド/
•努力しなければ出世はできない
You cannot succeed in life without effort.

しゅっせい 出生 (a) **birth** /バ～す/
•出生率 the birthrate
•日本では近年，出生率が落ちてきています
In Japan the birthrate has been falling ［declining］ in recent years.

しゅっせき 出席

➤ **attendance**/アテンダンス/
出席する attend /アテンド/
出席している be present /プレズント/
•出席簿（ぼ） a (class) roll
•出席をとる call the roll
•会合に出席する attend ［be present at］ a meeting
•きょうは私たちのクラスは全員出席です
Our class has perfect attendance today. / Our class are all present today.
•出席していた人々は彼のことばに深く感動した
Those present were deeply moved by his words.

じゅっちゅうはっく 十中八九 **ten to one, nine cases out of ten** /ケイセズ/

しゅっちょう (…へ)出張する **travel on business** (to ～) /トラヴる ビズネス/, **go to ～ on business**
•父は先週神戸へ出張しました My father went to Kobe on business last week.

しゅっぱつ 出発

➤ **departure**/ディパーチャ/
出発する start /スタート/, **leave** /リーヴ/
出発点 the starting point

> **基本形**
> A を出発する
>   **start from** A / **leave** A
> B へ向かって出発する
>   **start for** B / **leave for** B
> A を出発して B へ向かう
>   **start from** A **for** B / **leave** A **for** B

•(空港の)出発ロビー a departure lounge ➜ この「ロビー」は和製英語
•早く［今晩，8時に，日曜日に，時間どおりに］出発する start early ［tonight, at eight, on Sunday, on time］
•成田を出発する start from Narita / leave Narita
•ロンドンへ向かって出発する start ［leave］ for

London
•飛行機の出発時間 the departure time of a plane
•羽田を午後5時に出発してシカゴへ向かう leave Haneda at 5:00 p.m. for Chicago
•私は来週ドバイへ出発します. ➜ 現在進行形 I'm leaving for Dubai next week. ➜ come, go, leave, arrive などの現在進行形は「近い未来」を示すのに用いられる
•あなたの飛行機は何時に出発しますか
At what time does your plane leave?
•彼女はいつヨーロッパ旅行に出発しますか
When is she going to start on her trip to Europe?
•さあ，出発だ Let's go.
•彼らはまだジャカルタへ出発していません ➜ 現在完了 They haven't left for Jakarta yet.

しゅっぱん¹ 出版 **publication** /パブリケイション/
出版する publish /パブリシュ/
•出版社 a publishing company
•その本は年末までには出版されるでしょう
The book will be published ［will come out］ before the end of this year.

しゅっぱん² 出帆する **sail** /セイる/, **set sail**
しゅっぴ 出費 **expense** /イクスペンス/
しゅっぴん 出品する **exhibit** /イグズィビト/
•出品物 an exhibit
しゅと 首都 **the capital** /キャピトる/, **the metropolis** /メトラポリス/
•首都圏 the metropolitan area
•スペインの首都はどこですか
What is the capital of Spain?
しゅどう 手動の **manual** /マニュアる/
しゅとして 主として **chiefly** /チーふり/, **mainly** /メインり/
•これらの彫刻（ちょうこく）は主として彼の作です
These sculptures are chiefly his work.
ジュニア (息子・二世) **junior** /ヂューニア/
しゅにく 朱肉 a **red** ［**cinnabar**］ **ink pad** /レド ［シナバー］ インク パド/
しゅにん 主任 a **chief** /チーふ/
•英語科の主任教員 the head of the English Department
しゅび 守備 (防備) **defense** /ディふェンス/; (野球の) **fielding** /ふぃーるディング/
守備する defend /ディふェンド/; **field** /ふぃーるド/
•(スポーツの)守備側 the defense / (野球など) the fielding side

しゅふ[1] 主婦, 主夫 a **housewife** /ハウスワイふ/ (複 housewives /ハウスワイヴズ/), a **househusband** /ハウスハズバンド/, a **homemaker** /ホウムメイカ/
しゅふ[2] 首府 → しゅと
じゅふん 授粉 **pollination** /パリネイション/
しゅみ 趣味 (好み) (a) **taste** /テイスト/; (余暇の楽しみ) a **hobby** /ハビ/; (興味) an **interest** /インタレスト/
・音楽の趣味がある have a taste for music

君のお父さんの趣味は何ですか
―バラ作りが父の趣味です
What are your father's **hobbies**?
―Growing roses is my father's **hobby**.
→たずねる時は複数形 (hobbies) を使うのがふつう

・この服は私の趣味に合わない
This dress is not to my taste.
じゅみょう 寿命 **the span of life** /スパン ライふ/, **the lifespan** /らイふスパン/, **the life**
・人間の寿命は80年ぐらいだ The span of human life is about eighty years.
・寿命を縮めるのは仕事ではなくて心配だ It is not work but worry that shortens your life.
しゅもく 種目 (競技の) an **event** /イヴェント/
・フィールド競技種目 field events
・次の種目はハードルです
The next event is a hurdle race.
・私は3種目に出場した
I took part in three events.
じゅもん 呪文 a **spell** /スペる/
・呪文を唱える recite a spell
しゅやく 主役 **the leading part** /リーディング/, **the leading role** /ロウる/ → しゅえん
じゅよ 授与する **give, award** /アウォード/ → しょう[2]
・彼は2015年度のノーベル物理学賞を授与された
He was given [awarded] the 2015 Nobel Prize in Physics.
しゅよう 主要な **main** /メイン/; (産物など) **staple** /ステイプる/
・主要道路 a main road
・主要農産物 the staple farm products
じゅよう 需要 (a) **demand** /ディマンド/
・供給が需要を超える
The supply exceeds the demand.
・それに対する需要が増した
The demand for it has increased.

・雨の日にはタクシーの需要が多い
Taxis are in great demand on rainy days.
しゅりゅう 主流 **the mainstream** /メインストリーム/
しゅりょう 狩猟 **hunting** /ハンティング/, a **hunt** → りょう[3]
・狩猟家 a hunter

しゅるい 種類
➤ a **kind** /カインド/, a **sort** /ソート/; (品種) a **variety** /ヴァライエティ/

・あらゆる種類の物 all kinds of things / things of all kinds
・こういった種類の本 this kind of book / a book of this kind
・これらの種類の木は育てやすい
These kinds of trees are easy to grow.
・この果樹園にはいろいろな種類のリンゴが栽培(さいばい)されている Many kinds of apples are grown in this orchard. / We grow different varieties of apples in this orchard.
・君はどんな種類の果物が一番好きですか
What kind of fruit do you like best?
・これらの貝殻(がら)は同じ種類のものではない
These shells are not (of) the same kind.
・私は海辺で珍しい種類の貝殻を発見した
I found a rare kind of shell on the beach.
しゅわ 手話 **sign language** /サイン らングウェヂ/
じゅわき 受話器 a **receiver** /リスィーヴァ/
・受話器を取る[置く] pick up [put down] the receiver
しゅわん 手腕 **ability** /アビリティ/
手腕のある able /エイブる/
じゅん 順 (順番) a **turn** /タ〜ン/; (順序) **order** /オーダ/ → じゅんじょ, じゅんばん, ばん[2]
・順に[を追って] in order
・アルファベット順に in alphabetical order
・大きさ[年齢]順に in order of size [age]
じゅんい 順位 **ranking** /ランキング/
じゅんえん 順延 → えんき
・試合は雨天順延です In case of rain, the game will be put off till the next fine day.
しゅんかん 瞬間 a **moment** /モウメント/
・次の瞬間には
the next moment / in another moment
・最後の瞬間に at the last moment
・彼は私を見た瞬間に立ち上がった
The moment he saw me, he stood up. →この場合の the moment は接続的な働きをして「…する瞬間に」の意味

じゅんかん 循環 **circulation** /サ〜キュれイション/

じゅんきゅう 準急 a **local express** /ろウカる イクスプレス/

じゅんきょうじゅ 准教授 an **associate professor** /アソウシエト プロふェサ/

じゅんきん 純金 **pure gold** /ピュア ゴウるド/

じゅんけつ 純潔な **pure** /ピュア/

じゅんけっしょう 準決勝 a **semifinal** /セミふァイヌる/
•準決勝に進出する go on to the semifinals ➔一般的に「準決勝戦」という時は2試合あるのでこのように the semifinals という
•私たちのチームは彼らのチームと準決勝で戦うことになっている Our team is to play against theirs in the semifinal.

じゅんし 巡視 **patrol** /パトロウる/
巡視する patrol
•巡視艇(てい) a patrol boat

じゅんじょ 順序 **order** /オーダ/ ➔ じゅん
•一定の順序に in regular order
•順序を逆にして in reverse order

じゅんしん 純真な **pure** /ピュア/; (むじゃきな) **innocent** /イノセント/
•純真な子供 an innocent child

じゅんすい 純粋な **pure** /ピュア/
•純粋に purely

じゅんちょう 順調に **well, in a satisfactory way** /サティスふァクトリ/, **satisfactorily** /サティスふァクトリリ/
•順調に行く go well
•私の仕事は順調です
My work is going well [satisfactorily].
•あなたにとってすべてが順調に行きますように I hope everything will go well with you.

じゅんばん 順番 a **turn** /ターン/; (順序) **order** /オーダ/ ➔ じゅん, じゅんじょ, ばん²
•順番に in turn
•順番を乱して out of turn
•順番を待つ wait one's turn
•各生徒は順番で顕微鏡(けんびきょう)を使う
Each student has a turn at using the microscope. / Each student takes turns using the microscope.
•数人の人が病院で順番を待っていた
Several people were waiting their turn in the doctor's office.

じゅんび 準備 **preparations** /プレパレイションズ/ ➔ ようい
準備する prepare /プリペア/, **get ready** /レディ/
•準備体操 warm-up
•旅行の準備をする make preparations [arrangements] for a trip
•私は期末試験の準備で忙(いそが)しい I am busy preparing for the term examination.
•パーティーのために部屋の準備をしましょう
Let's prepare the room for the party.
•準備はよいか Are you ready?
•出かける準備が出来ています
I'm ready to go.
•その失敗が彼の次の実験の成功を準備することになった **ひゆ** That failure was to pave the way for his success in the next experiment. (成功への道を敷(し)くことになった)

しゅんぶん 春分 **the vernal equinox** /ヴァ〜ヌる イークウィナクス/, **the spring equinox**
•春分の日(祭日) Vernal Equinox Day

じゅんもう 純毛 **pure wool** /ピュア ウる/

じゅんゆうしょう 準優勝 (人・チーム) a **runner-up** /ラナ アプ/ (優) runners-up /ラナズ アプ/

じゅんれい 巡礼 (旅) a **pilgrimage** /ピるグリメヂ/; (人) a **pilgrim** /ピるグリム/

しよう¹ 私用 (用事) **private business** /プライヴェト ビズネス/; (個人用) one's **private use** /ユース/

しよう² 使用 **use** /ユース/
使用する use /ユーズ/
使用者 a **user** /ユーザ/; (雇(やと)い主) an **employer** /インプろイア/
•使用法 use / usage / how to use; (使用上の注意書き) directions (for use)
•このアプリは世界中で広く使われている This app is used widely around the world.
•タイプライターは今使用されていません
Typewriters are now out of use.
•それはいろいろな目的に使用できます
It can be used for various purposes.
•このソフトは使用法をよく読んでから使ってください Read the instructions carefully before you use this application.

しよう³ …しよう, …しましょう

➢ **let us** do; (略形) **let's** do /れツ/
…しようとする **try to** do /トライ/ ➔ こころみる, やってみる
…しようとして **in an effort to** do /エふォト/
…しましょうか **Shall I** do? /シャる/
•野球[競走]をしよう
Let's play baseball [run a race].
•いっしょに歌いましょう Let's sing together.

しょう 256 two hundred and fifty-six

・そのことは彼に言わないでおきましょう
Let's not tell him about it.
🗣会話 彼を助けてやりましょう. ―うん, そうしよう
Let us help him. ―Yes, let's.
・彼はそれをもう一度しようとした
He tried to do it again.
・彼は時間どおりにそれを終わらせようとして一生懸命頑張った He worked hard in an effort to finish it on time.
・あしたまた参りましょうか
Shall I come again tomorrow?
・これをどこに置きましょうか
Where shall I put it?

しょう¹ 章 a **chapter** /チャプタ/
・第1章 the first chapter

しょう² 賞 a **prize** /プライズ/, an **award** /アウォード/
・1等賞 the first prize
・賞を与える award［give］a prize
・賞を取る win［be awarded］a prize → じゅしょう

しょう³ 省 (日本・イギリスの) a **ministry** /ミニストリ/; (アメリカの) a **department** /ディパートメント/
・文部科学省 the Ministry of Education, Culture, Sports, Science and Technology

じよう 滋養 → えいよう

じょう¹ 条 an **article** /アーティクる/
・憲法第9条 the ninth article of the Constitution

じょう² 畳 a **mat**
・8畳の部屋 an eight-mat room

じょういん 上院 (議会の) the **Upper House** /アパ ハウス/, 《米》the **Senate** /セネト/, 《英》the **House of Lords** /ろーヅ/
・上院議員 a member of the Upper House / 《米》a senator / 《英》a member of the House of Lords

じょうえい 上映する **show** /ショウ/
・その映画はみゆき座で上映中だ
That movie is on at the *Miyuki-za*.

じょうえん 上演 a **performance** /パふォーマンス/
上演する perform /パふォーム/, **put on**
・「ハムレット」を上演する perform［put on］*Hamlet*

しょうか¹ 消化 **digestion** /ダイヂェスチョン/
消化する digest /ダイヂェスト/
・消化器 digestive organs
・消化不良を起こす［を起こしている］get［have］

indigestion
・消化しやすい［しにくい］be easy［hard］to digest

しょうか² 消火する **put out the fire** /ふアイア/, **extinguish the fire** /イクスティングウィシュ/
・消火器 a fire extinguisher
・消火栓 a (fire) hydrant / 《米》a fireplug
・消火に手間取った It took a lot of time to put out the fire. / It took a lot of time before the fire was extinguished.
・火事はたちまち消火された The fire was quickly put out［extinguished］.

ショウガ 生姜 《植物》**ginger** /ヂンヂャ/

しょうかい¹ 紹介

➤ (an) **introduction** /イントロダクション/
紹介する introduce /イントロデュース/

> 基本形
> A を紹介する
> **introduce** A
> A を B に紹介する
> **introduce** A **to** B

・自己紹介する introduce *one*self
・紹介状 a letter of introduction; (身元・人物などを保証する) a letter of reference
・彼は客同士をおたがいに紹介した
He introduced the guests (to each other).
・彼女は私を彼女の両親に紹介した
She introduced me to her parents.
・私は彼の友人全部に紹介された → 受け身形
I was introduced to all his friends.
・みなさんに加藤さんをご紹介いたします
I'd like to introduce Mr. Kato to you. → I'd like to *do* は「…したい」
May I introduce Mr. Kato to you? / Let me introduce Mr. Kato to you.
・スミスさん, 私の友達の勝夫君を紹介します
Miss Smith, may I introduce my friend Katsuo? / Miss Smith, this is my friend Katsuo.
・自己紹介いたします. 私は佐藤健です
May I introduce myself? I'm Ken Sato. / Let me introduce myself: my name is Ken Sato.
・彼は私にいい医者を紹介してくれた He referred me to a good doctor. → refer *A* to *B* は「A を B のところへ行かせる」

しょうかい² 商会 a **firm** /ふァ〜ム/
しょうがい¹ 生涯 *one's* **life** /らイふ/ (働 lives /らイヴズ/)
・一生涯 all *one's* life / all through *one's* life

・生涯教育 lifelong education
・彼は生涯この村に住んだ
He lived in this village all his life.
・それは私の生涯で最も幸福な時期であった
It was the happiest period of my life.
・彼女は病人の看護に生涯をささげようと決心した
She made up her mind to devote her life to the care of the sick.

しょうがい² 障害 an **obstacle** /アブスタクる/; (身体・精神の) (a) **disability** /ディサビリティ/
・障害者 a disabled person / (遠回しに) a challenged person
・障害物競走 an obstacle race

しょうがく 少額 **a small amount** (of money) /スモーる アマウント (マニ)/

しょうがくきん 奨学金 a **scholarship** /スカらシプ/
・奨学生 a scholar
・彼は奨学金をもらってアメリカの大学へ行った He went to an American university on a scholarship.

しょうがくせい 小学生 a **schoolchild** /スクーるチャイるド/ (耉) schoolchildren /スクーるチるドレン/)

しょうがつ 正月 (新年) **the New Year** /イア/; (1月) **January** /ヂャニュアリ/ (略 Jan.)
・正月休み the New Year holidays

お正月には日本ではたいていお雑煮やおせち料理を食べます. そして初詣(はつもうで)に出かける人もいます
On New Year's Day people in Japan commonly eat *ozoni* (soup containing rice cakes) and *osechi* (New Year special dishes). Some go out for *hatsumode* (going to a shrine or a temple to pray for their health and happiness in the New Year)

しょうがっこう 小学校 (米) an **elementary school** /エれメンタリ/, (英) a **primary school** /プライメリ/
・私の弟は小学校の5年生です My brother is in the fifth grade in elementary school.

しょうがない → やむをえない
・それはしょうがないことだ Nothing can be done about it. / It cannot be helped.
・彼はしょうがない (→何の役にもたたない) 男だ He is (a) good-for-nothing.

しょうき 正気 **senses** /センセズ/; (気が確かなこと) **sanity** /サニティ/; (意識) **consciousness** /カンシャスネス/;

・正気の (気が確かな) sane; (意識がある) conscious
・正気を失う[取り戻す] lose [regain] *one's* senses [consciousness]
・正気である be in *one's* (right) senses
・正気でない be out of *one's* senses

しょうぎ 将棋 *shogi*. **Japanese chess** /チェス/
・将棋盤 a *shogi* board
・将棋をさす play *shogi*
・将棋がうまい be a good *shogi* player

じょうき 蒸気 **vapor** /ヴェイパ/; (水蒸気) **steam** /スティーム/
・蒸気機関車 a steam locomotive

じょうぎ 定規 a **ruler** /るーら/
・三角定規 a triangle

しょうきゃく 焼却する **incinerate** /インスィネレイト/
・焼却炉 an incinerator

じょうきゃく 乗客 a **passenger** /パセンヂャ/

しょうきゅう¹ 昇級 **promotion** /プロモウション/
・昇級する be promoted

しょうきゅう² 昇給 《米》a **raise** (in salary) /レイズ (サらり)/, 《英》a **rise** (in salary) /ライズ/
・昇給する get a raise [a rise] in salary

じょうきゅう 上級の (レベルが) **advanced** /アドヴァンスト/; (学年が) **senior** /スィーニャ/
上級生 a **senior student** /ステューデント/
・英会話上級コース an advanced course in English conversation
・彼は私より2年上級生です
He is my senior by two years [two years my senior] at school.

しょうぎょう 商業 **commerce** /カマ〜ス/; (商売) **trade** /トレイド/
・商業の commercial
・商業高等学校 a commercial high school
・商業科 the commercial course
・商業英語 business English

じょうきょう¹ 状況 (事情) **circumstances** /サ〜カムスタンセズ/; (情勢) a **situation** /スィチュエイション/; (状態) a **state** /ステイト/
・状況しだいで according to circumstances
・これが私たちの今の状況です
This is our present situation. / This is the situation in which we are now placed.
・現在の状況のもとではその計画はやめたほうがよい
Under present circumstances, you should give up the plan.

じょうきょう² 上京する go to Tokyo. come to Tokyo

しょうきょくてき 258 two hundred and fifty-eight

・彼は 3 日前に上京して来ました
He came to Tokyo three days ago.
・彼は上京して約 1 週間になります
He has been in Tokyo for about a week.

しょうきょくてき 消極的な（反対の）**negative**
/**ネ**ガティヴ/;（積極的でない）**passive** /**パ**スィヴ/;
（進歩的でない）**conservative** /コン**サ**～ヴァティヴ/

しょうきん 賞金 **prize money** /**プ**ライズ **マ**ニ/
・100万円の賞金を獲得する　win a prize of a
million yen

しょうぐん 将軍 a **general** /**チェ**ネラる/;（幕府の）
a **shogun** /**ショ**ウガン/

じょうげ 上下に **up and down** /アパン**ダ**ウン/

しょうけいもじ 象形文字（古代エジプトの文字）a
hieroglyph /**ハ**イアラグリふ/, **hieroglyphics** /ハイ
アラグ**リ**ふィクス/

しょうげき 衝撃 a **shock** → ショック
・衝撃的な　shocking

じょうけん 条件 a **condition** /コン**ディ**ション/
・条件付きの　conditional
・…という条件で　on condition that ～
・条件反射　conditioned reflex
・私はこの条件でその提案に賛成します
I agree to the proposal on this condition.

しょうこ 証拠 (a) **proof** /**プ**るーふ/, **evidence**
/**エ**ヴィデンス/
・証拠は彼に不利だ
The proof is against him.
・彼が有罪だという証拠は何もなかった
There was no evidence for his guiltiness.
・彼がせきをするのはタバコを吸いすぎる証拠だ（→彼
のせきは彼がタバコを吸いすぎることを示す）His
cough shows that he smokes too much.

しょうご 正午 **noon** /**ヌ**ーン/
・正午に　at noon
・正午ごろ　about［around］noon
・正午までに　by noon

しょうこう 将校 an **officer** /**オ**ーふィサ/

しょうごう 称号 a **title** /**タ**イトる/

しょうさい 詳細 **details** /**ディ**ーテイるズ/
　詳細な　detailed
　詳細に　in detail

じょうざい 錠剤 a **tablet** /**タ**ブれト/

しょうさん 称賛 **praise** /**プ**レイズ/;（感心）**admi-
ration** /アドミ**レ**イション/
　称賛する　**praise**; **admire** /アド**マ**イア/
・彼の勇気は大いに称賛された
His courage was greatly admired［praised］.

しょうじ 障子 *shoji*, **a translucent paper
screen door** /ト**ラ**ンスるースント **ペ**イパ ス**ク**リーン/

しょうしか 少子化（出生率の減少）**the falling
birthrate** /**ふォ**ーりンぐ **バ**～すレイト/
・少子高齢化社会　an aging society with a low
birthrate
・いろいろな調査を見ても日本社会の少子高齢化は着
実に進んでいる
Reports show the steady aging of Japanese
society with its shrinking child population.

しょうじき 正直

➤ **honesty** /**ア**ネスティ/
正直な　**honest**
正直に　**honestly**
・正直な少年　an honest boy
・彼は正直そうだ　He looks honest.
・私は彼を正直だと思います
I think he is honest. / I think him honest.
・そこで見たことを正直に話してください
Please tell me honestly what you saw there.
・正直に言ってきょうは外出したくないんだ
Honestly［To be honest］, I don't want to go
out today.
ことわざ 正直は最上の策である
Honesty is the best policy.

じょうしき 常識 **common sense** /**カ**モン **セ**ンス/
・彼は常識を欠いている
He lacks［is lacking in］common sense.
・それは常識です　It is a matter of common sense.

しょうしつ 焼失する **burn down** /**バ**～ン **ダ**ウ
ン/, **be destroyed by fire** /ディス**ト**ロイド ふァイ
ア/
・その家は火事で焼失した（→火で破壊された）
The house was destroyed by fire.

しようしゃ 使用者 a **user** /**ユ**ーザ/

しょうしゃ 商社 a **business firm** /**ビ**ズネス ふァ
～ム/,（貿易会社）a **trading company** /ト**レ**イディ
ンぐ **カ**ンパニ/

じょうしゃ 乗車する（列車・バスに）**get on**, **take**;
（小型車に）**get in** → のる¹ ❶
・乗車券　a ticket → きっぷ
・(スイカなどの)乗車カード　an IC fare card →IC
＝integrated circuit（集積回路）; fare /**ふェ**ア/ は
「運賃」
・列車［バス］に乗車する　get on a train［a bus］/
take a train［a bus］
・タクシーに乗車する　get in a taxi

しょうしゅう 招集する **call** /**コ**ーる/
・会を招集する　call a meeting

じょうじゅん 上旬に **at the beginning of a
month** /ビ**ギ**ニンぐ **マ**ンす/

two hundred and fifty-nine　259　しょうち

・サクラは4月の上旬に咲(さ)くでしょう
Cherry blossoms will be out at the beginning of April [early in April].

しょうじょ 少女 a (**little**) **girl** /(リトる) ガ〜る/
・私の少女時代に in my girlhood / when I was a girl

しょうじょう¹ 賞状 a **certificate of merit** /サティふィケト メリト/, a **testimonial** /テスティモウニアる/

しょうじょう² 症状 a **symptom** /スィンプトM/
・アレルギーの[強い, 弱い]症状 an allergic [a serious, a mild] symptom
・無症状の asymptomatic /エイシM(プ)タマティク/

じょうしょう 上昇する **rise** /ライズ/, **go up**

しょうしん 昇進する → しょうきゅう¹

じょうず　上手な

➤ (熟練した) **skillful** (in 〜, at 〜) /スキるふる/; (うまい) **good** (at 〜, in 〜)

上手に skillfully; well
・上手な大工さん a skillful carpenter
・教え方の上手な先生 a teacher (who is) skillful in teaching / a skillful teacher
・彼はテニスがかなり上手です
He is a pretty good tennis player. / He plays tennis pretty well.
・君らのうちテニスが一番上手なのはだれですか
Who is best at tennis among you? / Who can play tennis best of you all?
・彼は私よりもテニスが上手です
He can play tennis better than I can [《話》than me]. / He is a better tennis player than I am [《話》than me].
・彼は英語をなかなか上手にしゃべることができます
He can speak English pretty well.
・彼はクラスで一番上手に英語をしゃべります
He is the best English speaker in the class.

しょうすう¹ 少数 a **minority** /マイノーリティ/; (a) **few** /ふユー/
少数の (a) **few**
・私たちのうち少数の者はそれを知っていた
A few of us knew it.

しょうすう² 小数 a **decimal** /デスィマる/
・小数点 a decimal point

じょうせい 情勢 → じょうきょう¹

しょうせつ (長編)小説 a **novel** /ナヴる/
・小説家 a novelist
・短編小説 a short story
・推理小説 a detective story

しょうせん 商船 a **merchant ship** /マ〜チャント

シプ/

じょうせん 乗船する **go on board** a **ship** /ボード/, **go aboard** a **ship** /アボード/

しょうせんきょく 小選挙区 (小さな選挙区) a **small constituency** /スモーる コンスティチュエンスィ/; (1区1議席の選挙区) a **single-member** [**single-seat**] **constituency** /スィングる メンバ [スィングる スィート]/

しょうぞう 肖像(画) a **portrait** /ポートレト/

じょうぞう 醸造 **brewing** /ブルーインぐ/
醸造する brew
・醸造所 a brewery

しょうたい¹ 招待 (an) **invitation** /インヴィテイション/
招待する invite /インヴァイト/, (日常語) **ask**
・招待状 an invitation / a letter of invitation / an invitation card
・パーティーへの招待に応じる[を断る] accept [decline] an invitation to a party
・来週いつか彼を夕食に招待しましょう
Let's invite [ask] him to dinner sometime next week. / Let's have him over to dinner sometime next week.

しょうたい² 正体 (生来の性格) one's **true character** /トルー キャラクタ/; (化け物などの) one's **natural shape** /ナチュラる シェイプ/
・正体を現す reveal one's true character [one's natural shape]

じょうたい 状態 a **state** /ステイト/; a **condition** /コンディション/
・お天気の状態がよくなるまで待とう Let us wait till the weather conditions improve.

しょうだく 承諾 **consent** /コンセント/
承諾する consent; (受諾する) **accept** /アクセプト/
・提案を承諾する consent to a proposal
・申し出を承諾する accept an offer

じょうたつ 上達 **progress** /プラグレス/ → しんぽ
上達する progress /プログレス/, **make progress** /プラグレス/ → しんぽ (→ 進歩する)

じょうだん 冗談 a **joke** /チョウク/
冗談を言う joke; (からかう) **kid**
・冗談に as a joke
・冗談のつもりで for a joke
・冗談はさておいて apart from joking
・それは皆冗談です It's all a joke.
・冗談でしょう
You must be joking. / You're kidding.

しょうち 承知する (知っている) **know** /ノウ/; (気づいている) **be aware** (of 〜) /アウェア/

しょうちょう 260 two hundred and sixty

・ご承知のように as you know

・そのことはよく承知しています
I am well aware of it.

・承知しました All right. / Very well.

しょうちょう 象徴 a **symbol** /スィンボる/

象徴的な **symbolic** /スィンバリク/

・…を象徴する be symbolic of ～

・ハトは平和を象徴する
A dove is a symbol [is symbolic] of peace.

しょうてん¹ 商店 a **store** /ストー/, a **shop**

・商店街 a shopping street [area]

・商店へ行く go downtown

しょうてん² 焦点 a **focus** /ふォウカス/ (徴 fo-
cuses, foci /ふォウサイ/)

・物体に焦点を合わせる bring an object into fo-
cus

・焦点が合っている[いない] be in [out of] focus

しょうとう 消灯する **turn off the light** /ターン
オーふ らイト/, **switch off the light** /スウィチ/

・消灯時間 lights-out

しょうどう 衝動 an **impulse** /インパるス/

・衝動買いをする buy on impulse

じょうとう 上等な **good**, **fine** /ふァイン/

しょうどく 消毒 **disinfection** /ディスィンふェク
ション/, **sterilization** /ステリリゼイション/

消毒する **disinfect** /ディスィンふェクト/, **steri-
lize** /ステリらイズ/

・消毒薬 antiseptic; disinfectant; (手に使うもの)
hand sanitizer

しょうとつ 衝突 (a) **collision** /コリジョン/, a
crash /クラシュ/

衝突する **collide** (with ～) /コらイド/, **come
into collision** (with ～), **crash**, **bump** /バンプ/,
run (into ～); (意見などが) **clash** /くらシュ/

・正面衝突 a head-on collision [crash]

・2台のタクシーが衝突した
Two taxis crashed [bumped].

・バスとタクシーの衝突事故があった
There was a collision [a crash] between a
bus and a taxi.

しょうに 小児科 **pediatrics** /ピーディアトリクス/

・小児科医 a children's doctor / a pediatrician

・小児科病院 a children's hospital

しょうにゅうどう 鍾乳洞 a **limestone cave**
/らイムストウン ケイヴ/

しょうにん¹ 承認 **approval** /アプルーヴァる/

承認する **approve** (of ～) /アプルーヴ/

・君たちはこの計画について先生の承認をもらったの
か Have you gotten your teacher's approval
for this plan?

・先生はこの計画を承認しなかった
Our teacher did not approve of this plan.

しょうにん² 商人 a **merchant** /マ～チャント/;
(小売り商人), a **storekeeper** /ストーキーパ/, a
shopkeeper /シャプキーパ/; (ある特定の商品の) a
dealer /ディーら/

しょうにん³ 証人 a **witness** /ウィトネス/

じょうねつ 情熱 **passion** /パション/

情熱的な **passionate** /パショネト/

・情熱的に passionately

・情熱家 a person of a passionate nature

・音楽に対する情熱 one's passion for music

しょうねん 少年 a (**little**) **boy** /(リトる)/

・少年の, 少年らしい boyish

・彼の少年時代に in his boyhood / when he
was a boy

・私は少年のころその川へよく釣(っ)りに行ったもので
す I often went fishing in the river when I
was a boy.

じょうば 乗馬 (**horseback**) **riding** /(ホースバク)
ライディング/

しょうはい 勝敗 (勝つか負けるか) **win or lose**
/ウィン るーズ/

・試合の勝敗を決する decide a match

・勝敗は問題ではない
It doesn't matter whether you win or lose.

・勝敗は時の運だ It's a matter of luck whether
we will win or lose.

しょうばい 商売 **business** /ビズネス/

商売する **deal** (in ～) /ディーる/, **sell**

🈁会話 ご商売はどうですか. ―まあまあというところ
です How is (your) business?―It's just so-so.

・君のおじさんのご商売は何ですか
What is your uncle's business? /
What does your uncle deal in?

・彼は金物の商売をしています He deals in [sells]
hardware. / He is a hardware dealer.

じょうはつ 蒸発 **evaporation** /イヴァポレイショ
ン/

蒸発する, 蒸発させる **evaporate** /イヴァポレイ
ト/

じょうはんしん 上半身 **the upper half of**
one's **body** /アパ ハふ バディ/

しょうひ 消費 **consumption** /コンサンプション/

消費する **consume** /コンス(ュ)ーム/

・消費者 a consumer

・消費税 a consumption tax

しょうひょう 商標 a **trademark** /トレイドマーク/

・商標名 a trade name

しょうひん¹ 商品 a **commodity** /コマディティ/;

(集合的に) **goods** /グッ/, **merchandise** /マ～チャンダイズ/
- 商品券　a gift certificate

しょうひん² 賞品　a **prize** /プライズ/ → しょう²

じょうひん 上品　**elegance** /エレガンス/
上品な **elegant** /エレガント/; (洗練された) **refined** /リファインド/
上品に **elegantly**
- 趣味(しゅみ)[ふるまい]が上品だ　be elegant in taste [manners] / have elegant taste [manners]

しょうぶ 勝負　a **game**
- 勝負に勝つ[負ける]　win [lose] a game
- この勝負は君の勝ちだ　This game is yours.

ショウブ 菖蒲　(植物) an **iris** /アイアリス/

じょうぶ 丈夫な　(強い) **strong**, (がんじょうな) **sturdy** /スタ～ディ/; (健康な) **healthy** /へるすィ/ → けんこう (→ 健康な)
- 厚い丈夫な生地　thick strong cloth
- 丈夫な靴　sturdy shoes
- 彼はいかにも丈夫そうだ
He looks quite healthy.

しょうべん 小便　**urine** /ユアリン/; 《話》(おしっこ) **pee** /ピー/
小便をする **urinate** /ユアリネイト/; pee

じょうほ 譲歩　(a) **concession** /コンセション/
譲歩する **concede** /コンスィード/, **make** a **concession** (to ～)

しょうぼう 消防　**fire fighting** /ファイア ファイティング/
- 消防署　a fire station
- 消防隊　a fire brigade
- 消防自動車　a fire engine / a fire truck
- 消防士　a firefighter
- 消防演習　a fire drill

じょうほう 情報　**information** /インふォメイション/
- 情報科学　information science
- 情報化社会　information-oriented society
- 情報を提供する[集める]　give [gather] information
- この件についてはまだ何の情報も得ておりません　I have gotten no information on this matter so far.

じょうほうかしゃかい 情報化社会　an **information society**

しょうみきげん 賞味期限　《米》**pull date** /プるデイト/, 《英》**sell-by date** /セる バイ/

じょうみゃく 静脈　a **vein** /ヴェイン/

じょうむいん 乗務員　(全体) a **crew** /クルー/; (一人) a **crew member** /メンバ/

しょうめい¹ 証明　**certification** /サ～ティふィケイション/, **proof** /プるーふ/
証明する (保証する) **certify** /サ～ティふァイ/; (立証する) **prove** /プるーヴ/
証明書 a **certificate** /サティふィケット/
- (今や)彼の無実は明白に証明された
His innocence is clearly proved.

しょうめい² 照明　**lighting** /らイティング/
照明する **light** (**up**)
- 照明の悪い部屋　a poorly lit [lighted] room
- 街路は明るく照明されている[照明が悪い]
The streets are well lit up [poorly lit].

しょうめつ 消滅　**disappearance** /ディサピアランス/
消滅する **disappear** /ディサピア/
- これらの生物は自然消滅してしまった
These species died out in the course of time.
- その計画は議論されることもなく、自然消滅した
 The scheme was not discussed and it withered on the vine. (つるになったままでしおれた)

しょうめん 正面　**the front** /ふラント/
正面の **front**
- その建物の正面　the front of the building
- 正面のドア　the front door
- 彼は私の正面にすわっていた　He was seated in front of me. / (テーブルなどをはさんで) He was seated across from me.

しょうもう 消耗　**consumption** /コンサンプション/
消耗する **consume** /コンス(ュ)ーム/; (使い果たす) **use up** /ユーズ/
- 消耗品　a consumable
- 体力を消耗する　consume [use up] *one's* energies

じょうやく 条約　a **treaty** /トリーティ/
- 平和条約　a peace treaty
- 条約を結ぶ　conclude a treaty

しょうゆ 醤油　*shoyu*, **soy sauce** /ソイ ソース/

じょうようしゃ 乗用車　a **car** → くるま

しょうらい 将来

➤ **the future** /ふューチャ/
将来の **future**
- 将来に[は]　in future
- 近い[遠い]将来に　in the near [distant] future
- 将来有望な若者たち　young people of promise / promising young people
- 君は将来何になりたいですか
What do you wish to be in future?

しょうり 勝利 (a) **victory** /ヴィクトリ/
- 勝利者 a **victor**
- …に勝利をおさめる win [gain] a victory over ～

じょうりく 上陸 **landing** /らンディンぐ/
上陸する, 上陸させる land

しょうりゃく 省略 (本の内容などの一部省略) **abridgment** /アブリヂメント/; (語の短縮) **abbreviation** /アブリーヴィエイション/; (そっくり省(はぶ)く) **omission** /オウミション/
省略する abridge /アブリヂ/; **abbreviate** /アブリーヴィエイト/; **omit** /オミト/
- Mt. は mount の省略形です
"Mt." is an abbreviation of "mount."
- この課は省略しよう Let us omit this lesson.

じょうりゅう¹ 上流
❶ (川の上流に) **up the stream** /ストリーム/; (…の上流に) **above** /アバヴ/
- 上流に向かってこぐ row up the stream
- 橋の100メートルぐらい上流でよく魚が釣(つ)れる There is good fishing about 100 meters above the bridge.
❷ (上流階級) **the upper class(es)** /アパ クらス [クらセズ]/

じょうりゅう² 蒸留 **distillation** /ディスティれイション/
蒸留する distill /ディスティる/

しょうりょう 少量の **a little** /リトる/
- 少量のオリーブオイルを加える add a little olive oil

しょうれい¹ 奨励 **encouragement** /インカ～レヂメント/
奨励する encourage /インカ～レヂ/

しょうれい² 症例 **a case** /ケイス/

じょうろ **a watering pot** /ウォータリンぐ/

しょうわ 昭和 *Showa* → へいせい

ショー **a show** /ショウ/

じょおう 女王 **a queen** /クウィーン/
- 女王バチ [アリ] a queen bee [ant]

ショーウィンドー (商店の) **a shop window**; (新車展示などの) **a show window**

ジョーカー (トランプの) **a joker**

ジョーク **a joke** → じょうだん

ショート (遊撃手) **a shortstop** /ショートスタプ/

ショートカット (髪型の) **short haircut** /ヘアカト/ ▲ この意味での「ショートカット」は和製英語; 英語の shortcut は「近道」という意味

ショートケーキ (a) **shortcake** /ショートケイク/

ショートパンツ **shorts** /ショーツ/ ▲「ショートパンツ」は和製英語

ショール **a shawl** /ショーる/

しょか 初夏 **early summer** /ア～リ サマ/
- 初夏に in early summer / early in summer

しょき¹ 初期 **the beginning** /ビギニンぐ/
初期の early /ア～リ/
- 19世紀の初期に at the beginning of the 19th century
- 明治の初期にはこういう物はだれも知らなかった No one knew of such things in the early period of the *Meiji* era.

しょき² 書記 **a secretary** /セクレタリ/
- 書記長 a chief secretary / (政党の) a secretary-general

しょきゅう 初級の **elementary** /エれメンタリ/ → しょほ
- 初級英語 elementary English
- 初級コース an elementary [a beginners'] course

じょきょうじゅ 助教授 **an assistant professor** /アスィスタント プロふェサ/

ジョギング **jogging** /ヂャぎンぐ/
- ジョギングをする jog

しょく 職 **a position** /ポズィション/; **employment** /インプろイメント/; **a job**
- 職を得る [失う] get [lose] a job
- 職を求める seek employment [a job]

しょくいん 職員 **a staff member** /スタふ メンバ/; (全体) **the staff**
- (学校の)職員会議 a staff meeting
- (学校の)職員室 a teachers' room

しょくえん 食塩 **salt** /ソーるト/
食塩水 **a saline solution** /セイらイン ソるーション/

しょくぎょう 職業

➤ an **occupation** /アキュペイション/; (おもに商業) **business** /ビズネス/; (商売または職人の) a **trade** /トレイド/; (学問的) a **profession** /プロふェション/; (長期にわたる専門職) a **career** /カリア/

➤ (仕事) a **job**

- 職業指導 vocational guidance
- 彼の父親の職業は何ですか What is his father's job? / What does his father do?
- 彼の職業は靴屋 [医者] です He is a shoemaker by trade [a doctor by profession].
- 職業には上下の区別はない (→職業はすべて等しく尊敬されるべきものである)
All occupations are equally honorable.

しょくご 食後に **after** a meal /ミーる/
- 食後に少し休む take some rest after a meal

しょくじ 食事

➤ a **meal** /ミーる/; (その日のおもな食事) a **dinner** /ディナ/

参考 1日の中でおもな食事を dinner というが，ふつうは夕食がおもな食事なので朝昼晩の食事をそれぞれ breakfast, lunch, dinner という。ただし昼に dinner を食べた日の夕食は supper という

・軽い食事を取る have [take] a light meal
・食事に呼ばれる be invited [asked] to dinner
・食事中である be at table
・私たちは1日に3度食事をする
We eat [have, take] three meals a day.
・食事をしながら友達と話をするのはとても楽しい It is a great pleasure to chat with friends at table.

breakfast
lunch
dinner

しょくぜん 食前に **before** a **meal** /ビふォー ミーる/
しょくたく 食卓 a (**dining**) **table** /(ダイニング) ティブる/
・食卓につく sit at table
・食卓の上を片付ける clear the table
しょくちゅうしょくぶつ 食虫植物 an **insect-eating** [**carnivorous**] **plant** /インセクト イーティング [カーニヴァラス] プらント/
しょくちゅうどく 食中毒 **food poisoning** /ふード ポイズニング/
しょくどう 食堂 (家庭の) a **dining room** /ダイニング ルーム/; (学校などの) a **dining hall**; (飲食店) an **eating house** /イーティング ハウス/
・食堂車 a dining car
・食堂で軽い食事をしよう Let's have a light meal [a snack] in the dining hall.
しょくにん 職人 (熟練した) a **craftsperson** /クラふツパ～スン/; an **artisan** /アータザン/; a **skilled worker** /スキるド ワ～カ/
・職人芸 craft skills, an artisanship
・腕(うで)のよい[へたな]職人 a good [poor] craftsperson
しょくば 職場 one's **workplace** /ワ～クプれイス/
・職場へ車で通勤する (→車で仕事に行く) go to work in one's car
しょくパン 食パン **bread** /ブれド/ ➔ パン
・食パン1枚 a slice of bread
しょくひ 食費 **food expenses** /ふード イクスペンセズ/; (下宿の) **board** /ボード/
しょくひん 食品 **food** /ふード/

しょくぶつ 植物

➤ a **plant** /プらント/

・植物学 botany
・植物学者 a botanist
・植物園 a botanical garden
・高山植物 an alpine plant
・熱帯植物 a tropical plant
・この種の植物は砂地でよく育つ This kind of plant grows well in (a) sandy soil.
しょくみん 植民地 (政治的支配による) a **colony** /カろニ/; (入植地) a **settlement** /セトるメント/
植民する settle /セトる/
植民地にする colonize /カろナイズ/
・植民者 a colonist / a settler
しょくむ 職務 **duties** /デューティズ/
・職務に忠実である be faithful to one's duties
しょくもつ 食物 **food** /ふード/
しょくよう 食用の **edible** /エディブる/
・食用油 cooking oil
しょくよく 食欲 (an) **appetite** /アペタイト/
・食欲がある[ない] have a good [poor] appetite
・運動すれば食欲が出るでしょう (→運動は君によい食欲を与えるでしょう)
Exercise will give you a good appetite.
しょくりょう 食料，食糧 (食物) **food** /ふード/; (貯蔵用) **provisions** /プロヴィジョンズ/
・食料品 food / edibles / (食料品店で売っている) groceries
・食料品店 a grocery
・食料品商 a grocer
・食糧問題 the food problem
・キャンプ旅行にたくさんの食糧を持って行く take plenty of provisions on a camping trip
・近い将来われわれは食糧危機に見舞(みま)われるだろう

しょくりん 264 two hundred and sixty-four

We are going to have a food shortage crisis in the near future.

しょくりん 植林する **afforest** /アふォーレスト/, **plant trees** /プラント トゥリーズ/
・山腹に植林する plant a hillside with trees

じょげん 助言（忠告）**advice** /アドヴァイス/; (ちょっとした) a **tip** /ティプ/
助言する advise /アドヴァイズ/, **give advice**, **give** a **tip**
・彼に助言を求める ask him for advice

じょこう 徐行する（車が）**drive slowly** /ドゥライヴ スろウリ/; (速度をゆるめる) **slow down** /ダウン/
掲示 近くに学校がある．徐行せよ
School—Drive slowly.

しょさい 書斎 a **study** /スタディ/

じょさんし 助産師 a **midwife** /ミドゥワイふ/ (複 midwives /ミドゥワイヴズ/)

じょし 女子（少女）a **girl** /ガ〜る/; (女性) a **woman** /ウマン/ (複 women /ウィメン/)
・女子生徒 a schoolgirl / a girl student
・女子高校 a girls' senior high school
・女子大学 a women's college
・女子トイレ（学校の）a girls' restroom / (ホテルなどの) the ladies (room)
・クラスの半数は女子です
Half (of) the class are girls.

じょしゅ 助手 an **assistant** /アスィスタント/
助手席（自動車の）**the passenger seat** /パセンヂャ スィート/

しょしゅう 初秋 **early fall** /ア〜り ふォーる/, **early autumn** /オータム/
・初秋に in early fall [autumn] / early in fall [autumn]

しょしゅん 初春 **early spring** /ア〜り/ → はる

じょじょに 徐々に（だんだん）**gradually** /グラヂュアり/; (少しずつ) **little by little** /りトる/

しょしん 初診 **the first medical examination** /メディカる イグザミネイション/; **the first visit (to the doctor)**

しょしんしゃ 初心者 a **beginner** /ビギナ/
・初心者向きの本 a book for beginners
・初心者でもできる仕事 an entry-level job

じょせい 女性 a **woman** /ウマン/ (複 women /ウィメン/)
女性の… woman 〜
・女性らしい feminine
・女性ドライバー a woman driver (複 women drivers)
・女性作家 a woman writer /ウマン ライタ/ (複 women writers /ウィメン/)

・女性詩人 a woman poet

しょせき 書籍 → ほん

しょぞく 所属する **belong** (to 〜) /ビろーンヶ/ → ぞくする

しょたい¹ 所帯（家族）a **family** /ふァミリ/ → かぞく
・彼のところは大所帯だ He has a large family. / His is a large family.

しょたい² 書体 a **font** /ふァーント/

しょち 処置（手段）a **step**; (処理) **disposal** /ディスポウザる/; (手当て) **treatment** /トゥリートメント/
・必要な処置をする take necessary steps
・それは彼の処置に任せろ
Leave the matter at his disposal.
・それに対してどんな処置を取りましょうか
What steps shall I take against it?

しょちゅう 暑中見舞い **summer greetings** /サマ グリーティンヶズ/
・彼に暑中見舞いを出す send him summer greetings / send a card to inquire about his health in the hot season
・暑中お見舞い申し上げます How are you getting along during these hot days?

しょっかく 触覚 **(the sense of) touch** /(センス) タチ/

しょっき 食器 **tableware** /テイブるウェア/
食器棚 a **cupboard** /カボド/
・食卓から食器類をさげる clear the table
・(使った)食器類を洗う do the dishes

ジョッキ a **mug** /マグ/

ショック a **shock** /シャク/
・ショックを与える shock / give a shock
・事故のショックから立ち直る recover from the shock of an accident
・その事件は私たち皆にとって大きなショックだった
The event was [gave] a great shock to all of us.
・彼が失敗したと知って私はひどくショックを受けた
The news of his failure shocked me terribly. / I was terribly shocked to hear the news of his failure.

しょっちゅう（いつも）**always** /オーるウェイズ/; (たびたび) **often** /オーふン/
・うちの車はしょっちゅう故障する
Our car breaks down very [quite] often.

しょっぱい → しお² (→ 塩辛い)

ショッピング **shopping** → かいもの
・ショッピングセンター a shopping center

しょてん 書店 → ほん (→ 本屋)

しょとう¹ 初冬 **early winter** /ア〜り ウィンタ/
・初冬に in early winter / early in winter

しょとう² 初等の **elementary** /エれメンタリ/, **primary** /プライメリ/
・初等教育 elementary［primary］education

しょどう 書道 **calligraphy** /カりグラふィ/

じょどうし 助動詞 《文法》an **auxiliary verb** /オーグズィリアリ ヴァ～ブ/

しょとく 所得 (an) **income** /インカム/ → しゅうにゅう
・所得税 an income tax
・彼は月に20万円の所得がある
He has an income of two hundred thousand yen a month.

しょひょう 書評 a **book review** /リヴュー/

しょぶん 処分 (手放すこと) **disposal** /ディスポウザる/; (処罰) **punishment** /パニシュメント/
処分する dispose (of ～) /ディスポウズ/
・彼は不要の本をどう処分したらよいか考えている
He is thinking of how to dispose of his unwanted books.

じょぶん 序文 a **preface** /プレふェス/

しょほ 初歩 the **elements** /エれメンツ/; **the ABC** /エイビースィー/
初歩的な elementary /エれメンタリ/
・私たちは英文法の初歩を学んでいます
We are learning the elements of English grammar.

しょぼしょぼ (雨が降る) **drizzle** /ドリズる/; (目がかすんだ) **bleary** /ブリアリ/
・ゆうべは寝不足で目がしょぼしょぼする
My eyes are bleary because I didn't have enough sleep last night.

しょみん 庶民 the **common people** /カモン ピープる/

しょめい 署名 (書類などへの) a **signature** /スィグナチャ/; (自著などへのサイン) an **autograph** /オートグラふ/
署名する sign /サイン/; **autograph**
・署名運動 a signature-collecting campaign
・この線の上に署名してください
Please sign your name above this line.

じょめい 除名する **expel** /イクスぺる/, **dismiss** /ディスミス/
・その人物をクラブから除名する expel a member from the club / dismiss a person from the membership of the club

しょもつ 書物 a **book** → ほん

じょや 除夜 **New Year's Eve** /イアズ イーヴ/ → おおみそか
・除夜の鐘(かね) the temple bells ringing on New Year's Eve

しょゆう 所有 **possession** /ポゼション/
所有する possess /ポゼス/; (所有権を持つ) **own** /オウン/
・所有者 a possessor; an owner
・所有物 (持ち物・財産) possessions / things (that) *one* has
・所有格 《文法》the possessive case
・この家はだれが所有しているのですか
Who owns this house? / Who is the owner of this house? / Whose house is this?
・彼はその火事ですべての所有物を失ってしまった
He lost everything he had in the fire.

じょゆう 女優 an **actress** /アクトレス/ →性差のない表現として通常女優にも actor を使う

しょり 処理 (処分) **disposal** /ディスポウザる/; (コンピューターによる) **processing** /プラセスィンぐ/
処理する deal with /ディーる/; (処分する) **dispose** (of ～) /ディスポウズ/; (コンピューターで) **process** /プラセス/
・データ処理 data processing

じょりょく 助力 **help** → えんじょ, → たすける (→ 助け)
助力する help
・助力者 a helper
・ご助力に感謝いたします
I thank you for your kind help.

しょるい 書類 **papers** /ペイパズ/

しょんぼり しょんぼりした **dejected** /ディチェクテド/; (悲しそうな) **sad**
しょんぼりと dejectedly; (悲しそうに) **sadly**
・彼女のしょんぼりした様子が今でも忘れられない I still remember her dejected look.

じらい 地雷 a **landmine** /らンドマイン/, a **mine**

しらが 白髪 (a) **gray hair** /グレイ ヘア/
・白髪頭の gray-headed
・彼の髪の毛は白髪になった
His hair has turned gray.

シラカバ 白樺 《植物》a **white birch** /(ホ)ワイト バ～チ/

しらける　266

しらける 白ける　be spoiled /スポイるド/, be chilled /チるド/

白けた （無感動の）apathetic /アパセティク/
・彼の自慢(じまん)話で集まりは白けてしまった
The gathering was spoiled by his bragging.

しらじらしい obvious /アブヴィアス/, transparent /トランスパレント/
・しらじらしいうそ　an obvious [a transparent] lie

じらす （いらいらさせる）irritate /イリレイト/; （気をもませる）keep 〜 in suspense /サスペンス/ → suspense は「未定の状態」
・もうこれ以上じらさないでよ
Don't keep me in suspense any more.

しらずに 知らずに　unconsciously /アンカンシャスり/
・われわれはしばしば知らずにそういうことをする
We often do such things unconsciously.

しらせ 知らせ　news /ニューズ/
・彼はその知らせを聞いて驚いた
He was surprised at [to hear] the news.

しらせる 知らせる　tell
・だれがそれを君に知らせたか
Who told you that?

しらべ 調べ（調査）(an) examination /イグザミネイション/, (an) investigation /インヴェスティゲイション/; （旋律）melody /メロディ/

> **しらべる**　調べる
> ➤ （正確に）examine /イグザミン/; （正しいかどうか）check /チェク/; （徹底的に）investigate /インヴェスティゲイト/
> ➤ （場所を）search /サ〜チ/
> ➤ （辞書などを）look up /るプ/

・スマホの(故障)を調べてもらう　have a smartphone checked
・辞書で単語を調べる　look up a word in the [a] dictionary
・地図を調べる　consult a map / check a map
・私たちは手荷物[ポケット]を調べられた
We had our baggage examined [our pockets searched].
・私はあらゆるところを調べたがそれを発見できなかった　I searched everywhere, but I could not find it.

シラミ 虱《虫》a louse /らウス/ （複 lice /らイス/）

しらんかお 知らん顔をする（無視する）ignore /イグノー/; （無関心である）be indifferent (to 〜) /インディふァレント/; （知らないふりをする）pretend not to notice /プリテンド ノウティス/

・私が手を振ったのに彼は知らん顔をした
He ignored me when I waved to him.

しり the rear /リア/, the buttocks /バトクス/; （ズボンなどの）the seat /スィート/; （動物の）the rump /ランプ/

しりあい 知り合い　an acquaintance /アクウェインタンス/
・私は彼とはたいした知り合いではありません
I have little acquaintance with him.
・彼は東京に知り合いが多い　He has a large circle of acquaintances in Tokyo.

しりあう 知り合う　make acquaintance (with 〜) /アクウェインタンス/; be acquainted (with 〜) /アクウェインテド/
・君はどこで彼と知り合ったのですか
Where did you make his acquaintance?
・私は君と知り合えてうれしい
I am glad to make your acquaintance.

シリアル cereals /スィアリアるズ/

シリーズ a series /スィアリーズ/ （複 同形）

じりじり （熱気が）fiercely /ふィアスり/; （いらいらして）impatiently /インペイシェントり/

しりぞく 退く（うしろへ下がる）draw back /ドロー/; （退職する）retire /リタイア/
・私は1歩も退きません
I will never give an inch. / ひゆ I will stay the course. → stay the course は「（競馬で）馬が走路を最後まで走り通す」

しりつ[1] 私立の　private /プライヴェト/
・私立学校　a private school

しりつ[2] 市立の　city, municipal /ミューニスィプる/ → し[1]

じりつ 自立する（独立する）become independent /ビカム インディペンデント/, stand on one's own legs /オウン/; （自活する）support oneself /サポート/

しりとり shiritori, a word-chain game /ワ〜ド チェイン ゲイム/

しりもち しりもちをつく　fall on one's buttocks /ふォーる バトクス/, take a pratfall /プラトふォーる/

しりゅう 支流　a tributary /トリビュテリ/, a branch /ブランチ/

しりょ 思慮深い　thoughtful /そートふる/
・思慮のない　thoughtless

しりょう[1] 資料　information /インふォメイション/; data /デイタ/
・その報告書のための資料を集める　collect information [data] for the report

しりょう[2] 飼料 → えさ

しりょく 視力 **eyesight** /アイサイト/, **sight** /サイト/

・視力検査 an eyesight test
・視力がよい[弱い] have good [poor] sight
・鳥はイヌよりも視力がよい
Birds have better sight than dogs.

しる¹ 汁 (果物などの) **juice** /ヂュース/
・汁の多い juicy

しる² 知る, 知っている

➤ **know** /ノウ/; (経験・読書などから知る) **learn**
/ら〜ン/ ➔ おしえる, しらせる, つげる

基本形
A を知っている
  know A
A について知っている
  know about [**of**] A
…ということを知っている
  know (**that**) 〜
いつ…かを知っている
  know when 〜
どこ…かを知っている
  know where 〜
何…かを知っている
  know what 〜
なぜ…かを知っている
  know why 〜

・彼[彼の名前]を知っている know him [his name]
・そのことについて知っている know about it
・彼が正直であることを知っている[知っていた]
know that he is honest [knew that he was honest] ➔ 主節の動詞が過去 (knew) の時は,「時制の一致」で従節の動詞も過去 (was) になる
・彼がいつ[どこから]来たか知っている know when he came [where he came from]
・私の知っている限りでは as far as I know
・君も知ってのとおり as you know
・私の知らないうちに before I knew
会話 彼女病気で寝ているよ. ―ああ知ってるよ
She is ill in bed. ―Yes, I know. ➔「知っている」を ✕ be knowing と進行形にしない
・私は彼をとてもよく知っている
I know him very well.
・私は彼は知っているけど妹さんは知らない
I know him, but I don't know his (younger) sister.
・彼は車については何でも知っている[ほとんど知らない] He knows all [very little] about cars.
・私は彼女の名前[顔]を知っている

I know her by name [by sight].
・その事実はすべての人に知られている ➔ 受け身形
That fact is known to everyone. ➔ ✕ by everyone としない
・彼は博学で[偉大(いだい)な音楽家として]知られている
He is known for his wide knowledge [as a great musician].
・私は彼をずっと以前から[たがいに小さいころから]知っている ➔ 現在完了
I have known him for a long time [since we were little boys].
・チェスのやり方を知っていますか
Do you know how to play chess?
・私たちはだれでも地球が丸いということを知っている We all know (that) the earth is round.
会話 彼はどこ? ―どこにいるか私は知りません
Where is he? ―I don't know (where he is).
・私の知らないうちに彼は部屋を出て行った
He had gone out of the room before I knew.
・その本のことは知っていますが, まだ読んだことがありません I know of the book, but I haven't read it yet. ➔ know of 〜 は, うわさなどによって間接的に「知っている」
・そうじゃないよ, 君だって知ってるくせに
That is not so, and you know it.
・私はそれを経験で知った
I learned it from experience.
・彼の手紙で彼がスペインにいるのを知った I learned from his letter that he was in Spain.
ことわざ 知らぬが仏 Ignorance is bliss. (無知はこの上ない幸いである)

しるこ 汁粉 **shiruko**, **sweetened red-bean soup with a rice cake in it** /スウィートンド レド ビーン スープ ライス ケイク/

しるし (あることを伝える) a **sign** /サイン/; (跡(あと)・目じるし) a **mark** /マーク/; (証拠・記念) a **token** /トウクン/

しるしをつける mark
・この暖かい風は春が近づいて来たしるしです
This warm wind is a sign that spring is near.
・感謝のしるしにこれを差し上げます
I present this to you as a token of thanks.
・この地図ですべての国の首都にしるしをつけなさい
Mark the capitals of all the countries on this map.

シルバーシート a **priority seat** /プライオーリティ スィート/; a **seat for the elderly**, **pregnant**, **or disabled passenger** /エるダり プレグナント ディスエイブるド パセンヂャ/ ➔「シルバーシート」は和製英語; ➔ ゆうせん¹ (➔ 優先席)

しれいかん 司令官 a **commander** /コマンダ/
じれったい (いらいらする) **be irritated** /イリテイテド/, **be impatient** /インペイシェント/
・要点を言えよ。じれったくなるよ
Get to the point. I'm growing impatient.

しれん 試練 (苦労) a **trial** /トライアる/; (試験) a **test**
・人生の試練に耐える stand the trials of life
・こういう試験でわれわれの力量が増すのです
By these trials our ability will increase.

ジレンマ a **dilemma** /ディれマ/
・ジレンマに陥っている be in a dilemma

しろ[1] 白(い)
➤ **white** /(ホ)ワイト/
・白くする whiten / make white
・白黒の写真 a black-and-white photo
・塀を白く塗る paint a fence white
・このユリの花は雪のように白い
This lily is as white as snow.

しろ[2] 城 a **castle** /キャスる/
しろうと an **amateur** /アマタ/; a **layperson** /れイパ～スン/ (複 -people)
・しろうとくさい amateurish
・しろうと画家 an amateur painter

シロクマ 白熊 《動物》a **polar bear** /ポウら ベア/

じろじろ じろじろ見る **stare** (at ～) /ステア/
・…の顔をじろじろ見る stare ～ in the face
シロップ **syrup** /スィラプ/
しろバイ 白バイ a **police motorcycle** /ポリース モウタサイクる/
しろみ 白身 (卵の) **the white of an egg** /(ホ)ワイト エグ/; (魚の) **white flesh** /ふれシュ/
じろりと (鋭く) **piercingly** /ピアスィンぐリ/, **sharply** /シャープリ/
・彼はめがねを下げて私をじろりと見た
He lowered his glasses and looked at me piercingly.
しわ a **wrinkle** /リンクる/
・しわをよせる wrinkle
・しわがよる wrinkle / get [become] wrinkled
・しわのよった wrinkled
・彼は年を取って顔にしわがよってきた
He became wrinkled with age.

しん[1] (果物の) a **core** /コー/; (ろうそく・ランプの) a **wick** /ウィク/; (鉛筆の) **lead** /れド/
しん[2] 真 **truth** /トルーす/
真の **true** /トルー/
真に **truly**
・真の友ならわれわれを見捨てないだろう
A true friend would not forsake us.

しん[3] 新… **new** /ニュー/
・新車 a new car
・新学期 a new term

しんあい 親愛なる **dear** /ディア/
じんい 人為的 **artificial** /アーティふィシャる/
人為的に **artificially**
しんか[1] 真価 (**true**) **worth** /(トルー) ワ～す/, **real value** /リーアる ヴァリュー/ → かち[2]
・彼の真価を知っている者は少ない
There are not many people who know his true worth.
・私にはこの本の真価がわからない I don't understand the real value of this book.

しんか[2] 進化 **evolution** /エヴォるーション/
進化する, 進化させる **evolve** /イヴァるヴ/
・進化論 the theory of evolution
・人間はサルから進化したと昔は考えられた
In the past, people believed that humans evolved from apes.

シンガーソングライター a **singer-songwriter** /スィンガ ソーングライタ/
しんがく 進学する (入学する) **enter** /エンタ/
・私はこの4月に高校へ進学します
I will enter (a) senior high school this April.
・私は大学に進学したいと思っています
I want to go on to college.
じんかく 人格 (性格) **character** /キャラクタ/; (個性・人柄) **personality** /パ〜ソナリティ/
・(高潔な) 人格者 a person of (noble) character
しんがた 新型の **new model** /マドる/, **new style** /スタイる/, **new type** /タイプ/
・この車は最新型です
This car is the latest model.
しんかん 新刊の **newly-published** /ニューりパブリシュト/
・新刊書 a new book
しんかんせん 新幹線 the **bullet train** /ブれと レイン/; the **Shinkansen**

・東海道新幹線 the *Tokaido Shinkansen*
しんぎ 審議する **deliberate** (on ～, over ～) /ディリバラト/, **discuss** /ディスカス/
しんきゅう …に進級する **be promoted to ～** /プロモウテド/, **be moved up to ～** /ムーヴド/
しんきろう 蜃気楼 a **mirage** /ミラージ/
しんきんかん …に親近感を持つ **feel close to ～** /ふィーる クロウス/, **feel affinity for[with] ～** /アふィニティ/
しんぐ 寝具 **bedclothes** /ベドクロウズ/, **bedding** /ベディング/
しんくう 真空 **vacuum** /ヴァキュアム/
・真空管 a vacuum tube
じんぐう 神宮 a (*Shinto*) **shrine** /(シントウ) シュライン/
ジンクス a **jinx** /ヂンク(ク)ス/
シングル (CDなどのシングル盤) a **single** /スィングる/; (独身の) **single**
・シングルス（テニスなどの）a singles
シンクロナイズドスイミング synchronized swimming → アーティスティックスイミング
しんけい 神経 a **nerve** /ナ～ヴ/
神経(質)の nervous /ナ～ヴァス/
・神経質に nervously
・神経衰弱 nervous breakdown
・この仕事は私の神経を疲(つか)れさせます
This work is a strain on my nerves.
・君はその結果に神経質すぎます
You are too nervous about the result.
しんげつ 新月 a **new moon** /ムーン/
しんけん 真剣な **serious** /スィアリアス/
真剣に seriously
・真剣な顔つきをしている look serious
・彼は真剣なのかそれとも単に冗談(じょうだん)を言っているのか私にはわからない
I cannot tell whether he is serious or simply [merely] joking.
・そのことは真剣に考えようよ
Let's consider the matter seriously.
じんけん 人権 **human rights** /ヒューマン ライツ/
・基本的人権 the fundamental human rights
しんげんち 震源地（地震の）**the center of an earthquake** /ア～すクウェイク/
しんこう¹ 信仰 (宗教的) **faith** /ふエイす/; (一般的に) **belief** /ビリーふ/
信仰する believe (in ～) /ビリーヴ/
・信仰深い pious
・キリスト教を信仰する believe in Christianity
しんこう² 進行 **progress** /プラグレス/
進行する progress /プログレス/, **make progress** /プラグレス/
・進行形《文法》the progressive form
・その仕事は進行が速い[遅い]です
The work is making rapid [slow] progress.
・その家の建築は目下進行中です The building of the house is now in progress.
しんごう 信号 a **signal** /スィグネる/
信号を送る signal, give a signal
・鉄道の信号 a railroad signal
・交通信号 a traffic signal
・信号機 a traffic light
・信号を無視する ignore traffic lights
じんこう¹ 人口 **population** /パピュれイション/
・人口の多い populous
・人口密度が高い[低い]地域 a thickly [thinly] populated area
・この市の人口はどれくらいありますか
What is the population of this city?
・この町の人口は約10万です The population of this town is about a hundred thousand. / This town has a population of 100,000.
・郊外の人口の減り方は全く驚異的です
The decrease in the population of the suburbs [in suburban population] is simply amazing.
じんこう² 人工の **artificial** /アーティふィシャる/; (合成の) **synthetic** /スィンセティク/
・人工的に artificially
・人工衛星 an artificial satellite
・人工呼吸 artificial respiration
・人工芝 artificial turf
しんこうけい 進行形 **the progressive** /プログレスィヴ/, **the continuous** /コンティニュアス/
・現在進行形 the present progressive [continuous]
・現在完了進行形 the present perfect progressive [continuous]
・過去進行形 the past progressive [continuous]
じんこうこきゅうき 人工呼吸器 a **ventilator** /ヴェンティれイタ/
しんこきゅう 深呼吸 **deep breathing** /ディープ ブリーずィング/
深呼吸をする take a deep breath /ブレす/
しんこく¹ 申告する (報告する) **report** /リポート/; (税関などで) **declare** /ディクれア/
・申告書 a return
 会話 (入国の際に税関で) 何か申告するものはおありですか．―いいえ，何もありません
Do you have anything to declare? ―No, (I

しんこく 270 two hundred and seventy

have) nothing (to declare).

しんこく² 深刻な **serious** /スィアリアス/
深刻に　seriously
•事態は深刻だ　The situation is serious.
•君はそれをそんなに深刻に考える必要はない
You don't have to take it so seriously.
しんこん 新婚の　**newly-married** /ニューリ マリド/
•新婚夫婦　a newly-married couple
•新婚旅行（a）honeymoon
•北海道へ新婚旅行をする　honeymoon in Hokkaido / go to Hokkaido on *one's* honeymoon
•新婚旅行にはどちらへお出かけになりますか
Where are you going to spend your honeymoon? / Where are you going on your honeymoon?
しんさ 審査（審判）**judging** /チャヂング/;（検査）**examination** /イグザミネイション/
審査する　judge /チャヂ/; **examine** /イグザミン/
•審査員　a judge
•彼はその弁論大会の審査員の一人でした
He was one of the judges at the speech contest.
しんさい 震災 an **earthquake disaster** /ア～すクウェイク ディザスタ/ → じしん³
しんさつ 診察 a **medical examination** /メディカる イグザミネイション/ → しんだん
診察する　examine /イグザミン/
•診察してもらう　get *oneself* examined
•診察室　a consulting room
•君は医者に診察してもらいに行ったほうがいいよ
You had better go to see a doctor.
しんし 紳士 a **gentleman** /チェントるマン/ (複 -men)
•紳士的な　gentlemanly
•紳士服　men's wear
しんしつ 寝室 a **bedroom** /ベドルーム/
しんじつ 真実(性) **truth** /トゥルーす/
真実の　true /トゥルー/
真実に　truly
•彼の言うことには真実がある
There is truth in what he says.
•そのうわさの真実性は疑わしい
The truth of the rumor is doubtful.
•それは社会生活におけると同様に学校においても真実だ　That is［holds］true in school as well as in social life.
しんじゃ 信者 a **believer** /ビリーヴァ/
•キリスト教信者　a believer in Christianity / a

Christian
じんじゃ 神社 a (*Shinto*) **shrine** /(シントウ) シュライン/
•神社にお参りに行く　visit a Shinto shrine to pray
しんじゅ 真珠 a **pearl** /パ～る/
•真珠のネックレス　a pearl necklace
じんしゅ 人種 a **race** /レイス/
•人種的　racial
•人種的に　racially
•人種的偏見(へんけん)　racial prejudices
•人種差別　racial discrimination / racism
•有色人種　the colored races
しんしゅつ 進出する　**move into** /ムーヴ/
•動画ストリーミング事業に進出する
move into the video-streaming business

しんじる 信じる

➤ **believe** /ビリーヴ/

基本形
A (人のことば・報道など)を信じる
　believe A
B (存在・価値など)を信じる
　believe in B
…ということを信じる
　believe that ～

•彼の話［彼の言い訳, 自分の目, そのうわさ］を信じる
believe his story［his excuse, *one's* eyes, the rumor］
•彼の言うことを信じる　believe him / believe what he says
•彼の人柄(ひとがら)を信じる　believe in him
•神(の存在)［民主制(の正しいこと)］を信じる
believe in God［in democracy］
•彼は私の言うことを信じなかった
He didn't believe me［what I said］.
•彼はユーフォーを信じている
He believes in UFOs. ➜「信じている」を ×*be believing* と進行形にしない
•君は本当に幽霊(ゆうれい)を信じているのですか
Do you really believe in ghosts?
•彼らは地球が平らであると信じていた
They believed that the earth was flat. ➜主節の動詞が過去（believed）なので,「時制の一致」でthat 以下の動詞も過去（was）になる
しんしん¹ 心身　**mind and body** /マインド バディ/
•私たちにとって心身の健康ほど大事なものはない
Nothing is more important for us than to be healthy in mind and body.

しんしん² 新進の **rising** /ライズィング/, **up and coming**, **promising** /プラミスィング/
・新進のピアニスト a rising pianist

しんじん 新人 a **newcomer** /ニューカマ/; (1年生) a **first-year pupil** /ふァ〜スト イア ピューピる/, a **first-year student** /スチューデント/; (野球の) a **rookie** /ルキ/; (テレビの) a **new TV star**; (歌手) a **new singing star** /スィンギング/

じんしんじこ 人身事故
・人身事故で列車が遅れた The train was delayed by an accident in which a person was injured［killed］.

しんすい¹ 浸水する **be flooded** /ふらデド/ → **はんらん**¹ (→ **はんらんする**)
・その豪雨のため町じゅうが浸水した All the town was flooded by that heavy rain.

しんすい² 進水させる **launch** /ろーンチ/
・進水式 a launching ceremony

しんせい¹ 神聖な **holy** /ホウリ/; (清められた) **sacred** /セイクレド/

しんせい² 申請する **apply for** /アプらイ/, **make an application for** /アプリケイション/
・申請書 an application

じんせい 人生 **life** /らイふ/
・人生観 a view of life / (人生に対する態度) an attitude towards［to］life
・彼は人生経験が豊かだ
He has seen much of life.
・彼はいつも人生の明るい［暗い］面を見る
He always looks at the bright［gloomy］side of life.
・音楽がなければ人生は味気ないものになるだろう
Without music［If we had no music］, life would be desolate.
　ことわざ 芸術は長く人生は短い
Art is long and life is short.

しんせき 親戚 a **relative** /れらティヴ/, a **relation** /リれイション/
・…と親戚関係にある be related to 〜
・彼は君の親戚ですか
Is he any relation to you?
・彼は私の近い親戚です
He is a near relation of mine.

シンセサイザー a **synthesizer** /スィンセサイザ/

しんせつ¹ 親切
➤ **kindness** /カインドネス/
親切な kind, **nice** /ナイス/
親切に kindly
・おたがいに親切にしなさい

Be kind to each other.
・彼は小さな子供にとても親切です
He is very kind to small children.
・困っている人にはいつも親切にしてあげなければいけません You should always be kind to people in trouble.
　参考ことわざ 情けは人のためならず Kindness brings its own reward. (親切はそれ自身のお返し(親切)を持って来てくれる)
・こんなに遠くまでいっしょに来ていただいて本当にご親切さまです It is very kind of you to come so far with me.
・私が東京にいる間彼は私にいろいろと親切にしてくれた He showed me much kindness while I was in Tokyo.
・彼は親切にも私をお宅まで連れて来てくれました He was kind enough［was so kind as］to bring me to your house. / He kindly brought me to your house.
・もう少し親切にしてやればあの子はきっともっとよい子になります
If you show her a little more kindness, I'm sure she will become a better girl.

しんせつ² 新設の **newly established** /ニューリ イスタブリシュト/
新設する establish
・新設の学校 a newly established school
・私たちの学校は昨年の4月に新設されました
Our school was established in April last year.

しんせん 新鮮な **fresh** /ふレシュ/
・新鮮な野菜［空気］ fresh vegetables［air］

しんぜん 親善 **friendship** /ふレンドシプ/, **goodwill** /グドウィる/
・国際親善 international friendship
・親善試合 a goodwill match
・このことは2国間の親善を増すのに大いに役だつだろう This will do much to promote the friendship between the two countries.

しんそう 真相 **the truth** /トルーす/, **the real fact** /リーアる/

しんぞう 心臓 a **heart** /ハート/
・心臓病 heart disease［trouble］
・心臓発作(ほっさ) heart attack
・心臓まひ heart failure
・心臓移植 a heart transplant
・私は心臓をどきどきさせて部屋に入った
My heart beat quickly as I entered the room.
・私は心臓が止まるんじゃないかと思った
I thought my heart would stop.

じんぞう 272 two hundred and seventy-two

じんぞう¹ 腎臓 a **kidney** /キドニ/

じんぞう² 人造の **artificial** /アーティふィシャる/
→ じんこう²

しんそうがくしゅう 深層学習 《IT》 **deep learning**

しんたい 身体 a **body** /バディ/ → からだ
• 身体検査 a physical examination
• 身体測定 the physical measurements
• 身体障害者 a physically disabled person; (集合的に) the physically disabled
• あした放課後身体検査があります
You will be given a physical examination tomorrow after class.

しんだい 寝台 a **bed**; (列車などの) a **berth** /バ〜す/
• (列車の)寝台車 a sleeping car / a sleeper

じんたい 人体 a **human body** /ヒューマン バディ/

しんたいそう 新体操 **rhythmic gymnastics** /リずミク ヂムナスティクス/

しんだん 診断 (a) **diagnosis** /ダイアグノウスィス/ (複 diagnoses /ダイアグノウスィズ/)
診断する diagnose /ダイアグノウス/
• 診断書 a medical certificate
• 健康診断 a medical examination / a check-up
• 健康診断を受けに医者に行く visit a doctor for a checkup
• 医者は私の病気を肺炎と診断した The doctor diagnosed my illness as pneumonia.

しんちく 新築 **newly-built** /ニューリ ビるト/
• 新築の家 a newly-built house
• 私の家は新築中です My house is now being built. / I'm having a house built.

しんちゅう brass /ブラス/

しんちょう¹ 身長

➤ one's **height** /ハイト/ → せ
• 身長の高い[低い] tall [short]
• 身長を測る measure one's height

〔会話〕
君はどれくらい身長がありますか
—私は身長が160センチです
How **tall** are you?
—I am a hundred and sixty centimeters **tall**.

• 私は君と身長がほぼ同じです I am nearly as tall as you. / We are about the same height.

• 身長は私のほうが彼より2センチ高い
I am two centimeters taller than he is [《話》than him]. / I am taller than he is [《話》than him] by two centimeters.

しんちょう² 慎重な **careful** /ケアふる/ → ようじん

しんてん 親展 (手紙の上書き) **confidential** /カンふィデンシャる/

じんと (感動させる) **touch** /タチ/
• その悲しい曲が胸にじんときた
The sad tune touched me.
• その少女の話を聞いて私はじんときた I felt (deeply) touched by the girl's story.

しんどう¹ 震動 a **tremor** /トレマ/, (a) **vibration** /ヴァイブレイション/, a **shock** /シャク/
震動する shake /シェイク/, **vibrate** /ヴァイブレイト/
• かすかな震動が感じられた
A slight shock [tremor, vibration] was felt.

しんどう² 振動 (振り子などの) a **swing** /スウィング/; (弦などの) **vibration** /ヴァイブレイション/
振動する, 振動させる swing; **vibrate** /ヴァイブレイト/

しんどう³ 神童 a (**child**) **prodigy** /プラディヂ/

じんどう 人道 (人の道) **humanity** /ヒューマニティ/
人道的な humane /ヒューメイン/
• 人道主義 humanitarianism

シンナー (薄め液) **thinner** /すィナ/ → 発音に注意

しんにゅう 侵入 **invasion** /インヴェイジョン/
侵入する invade /インヴェイド/
• 侵入者 an invader
• 国を(外国の)侵入から守る protect the country against invasion

しんにゅうせい 新入生 a **new pupil** /ピューピる/, a **new student** /ステューデント/, a **first-year student** → しんじん

しんにん 新任の **newly appointed** /ニューリ アポインテド/, **new**
• 新任の先生は私たちに英語を教えてくれます
The new teacher teaches us English.

しんねん¹ 信念 (a) **conviction** /コンヴィクション/
• 信念を持っている be convinced
• 信念の強い人 a person of strong conviction
• 私はわれわれが正しいという信念を持っている I am convinced that we are right.

しんねん² 新年 **the New Year** /イア/
• 新年の贈(おく)り物 a New Year gift
• 新年会 a New Year's dinner party

会話

新年おめでとう
—おめでとう
I wish you a happy **New Year**.
—The same to you!

•みなさまお元気で新年をお迎えのことと思います I hope you are all celebrating the New Year in good health.

しんぱい 心配

➤ (思いわずらい) **worry** /ワ〜リ/; (不安) **anxiety** /アング**ザ**イエティ/
➤ (恐れ) **fear** /ふィア/

心配そうな **worried**
心配する **worry** (about 〜), **be worried** (about 〜); (不安を感じる) **be [feel] anxious** (about 〜) /[ふィ〜る] **アン**クシャス/; (恐れる) **fear**, **be afraid** (of 〜) /ア**ふ**レイド/

•君は心配そうな顔をしているね。何か困ったことでもあるの You look worried. Is something wrong?
•私は病気の妹のことが心配です
I feel anxious about my sick sister.
•テストのことがとても心配だ
I feel very uneasy about the test.
•もう帰らないとお母さんが心配するだろう
If we don't go home now, Mother will be anxious about us.
•私の病気のことについては心配しないでください. お医者はなんでもないと言っていますから You don't have to be anxious about my illness. The doctor says it's a very slight case.
•数学で合格点がとれるか心配だ
I'm worried whether I'm going to get a passing mark in mathematics.
•あなたが来てくれないのではないかと心配しました
I was worried you would never come.
•母は心配して私たちを待っているだろう
Mother will be waiting for us anxiously.
•まちがいをしやしないかと心配するな
Don't be afraid of making mistakes.
•嵐の心配はまったくありません
There is not the slightest fear of a storm.

しんぱん 審判 **judgment** /ヂャヂメント/
審判する **judge** /ヂャヂ/
•審判官 a judge
•審判員 (フットボールなどの) a referee; (野球などの) an umpire

しんぴ 神秘 (a) **mystery** /ミステリ/
神秘的な **mysterious** /ミス**ティ**アリアス/
•神秘的に mysteriously
•自然の神秘 the mysteries of nature
しんぴん 新品の (**brand-)new** /(ブランド) ニュー/
•この辞書は新品同様です
This dictionary is as good as new.
しんぷ[1] 新婦 a **bride** /ブライド/
しんぷ[2] 神父 a **father** /ふァ〜ざ/
シンフォニー a **symphony** /スィンふォニ/
じんぶつ 人物 **person** /パ〜スン/, a **character** /キャラクタ/, a **personality** /パ〜ソナリティ/
•重要人物 an important person
•歴史上の人物 a historical character [personality]

しんぶん 新聞

➤ a **newspaper** /ニューズペイパ/, a **paper** /ペイパ/

•きょう[きのう]の新聞 today's [yesterday's] paper
•朝日新聞 the *Asahi*
•新聞記事 a newspaper article
•新聞記者 a newspaper reporter
•新聞社 a newspaper office
•新聞取次店 《米》 a newsdealer / 《英》 a newsagent
•新聞配達(人) a newspaper delivery person
•新聞を配達する deliver newspapers
•君は何新聞を取っていますか
What paper do you take (in)?
•新聞によるとその2隻の船が霧(きり)の中で衝突(しょうとつ)したそうです The newspaper reports that the two ships collided in the fog.
しんぽ 進歩 **progress** /プラグレス/
進歩する **progress** /プログレス/, **make progress** /プラグレス/
進歩的な **progressive** /プログレスィヴ/
•彼は英語がすばらしく進歩した[している]
He has made [is making] wonderful progress in English.
•彼女の英語はあまり進歩していないようだ
Her English seems to be making little progress. / She seems to be making little progress in her English.
しんぼう[1] 辛抱 **patience** /ペイシェンス/ → がまん
•辛抱強い patient
しんぼう[2] 心棒 (車の) an **axle** /アクスる/
しんぼく 親睦 **friendship** /ふレンドシプ/
•親睦会 (集まり) a social gathering; (団体) a

シンポジウム 274 two hundred and seventy-four

friendship association

シンポジウム a **symposium** /スィンポウズィアム/

シンボル a **symbol** /スィンボる/

じんましん hives /ハイヴズ/, a **rash** /ラシュ/
- それを食べるとじんましんになるの
I think it gives me hives.
- 私はからだじゅうにじんましんが出た
I've got a rash all over.

じんみん 人民 **the people** /ピープる/

じんめい 人命 (a) (**human**) **life** /(ヒューマン) らイふ/
- 人命救助で表彰される
be honored for saving a life

しんや 深夜 **midnight** /ミドナイト/
- 深夜に at midnight
- 深夜放送 midnight broadcasting / a midnight program
- 深夜まで起きている sit up late at night

しんやくせいしょ 新約聖書 **the New Testament** /テスタメント/

しんゆう 親友 a **good friend** /ふレンド/, a **close friend** /クろウス/, a **great friend** /グレイト/, a **bosom friend** /ブザム/, *one's* **best friend**
- 太郎と良夫は私の親友です
Taro and Yoshio are great friends of mine.

しんよう 信用 **credit** /クレディト/; (信頼) **trust** /トラスト/
信用する trust: put credit (in 〜), **place credit** (in 〜) /プれイス/
- 彼は信用できる男ではない
He is not a man to be trusted.
- 私は彼の言うことをあまり信用しない I do not place much credit in what he says.

しんらい 信頼 **trust** /トラスト/; (頼み) **reliance** /リらイアンス/
信頼する trust: rely (on 〜) /リらイ/; **put reliance** (on 〜), **place reliance** (on 〜) /プれイス/
- 信頼できる reliable

す 巣 (鳥の) a **nest** /ネスト/; (クモの) a **web** /ウェブ/; (ハチの) a **honeycomb** /ハニコウム/
- (ハチの)巣箱 a beehive
- 巣をつくる (鳥が) build a nest; (クモが) spin a web; (ハチが) build a honeycomb

- 彼は信頼できる男ではない
He is not a man to be relied on.

しんり¹ 真理 **truth** /トルーす/
- 科学的真理 scientific truth

しんり² 心理(学) **psychology** /サイカろヂ/
- 心理学的 psychological
- 心理学者 a psychologist

じんりきしゃ 人力車 a **rickshaw** /リクショー/

しんりゃく 侵略 **aggression** /アグレション/, **invasion** /インヴェイジョン/
侵略する invade /インヴェイド/
- 侵略的な aggressive
- 侵略者 an aggressor / an invader

しんりょうじょ 診療所 a **clinic** /クリニク/

しんりょく 新緑 **fresh green leaves** /リーヴズ/
- 新緑の季節になりました It's the season of fresh green leaves. / Fresh green leaves are now out on the trees.

じんりょく 人力 **human power** /ヒューマン パウア/
- それは人力では不可能です It is beyond human power. / It is humanly impossible.

しんりん 森林 a **wood** /ウド/; a **forest** /ふォーレスト/
- 森林浴をする bask in the woods

しんるい 親類 a **relative** /れらティヴ/ → しんせき

じんるい 人類 **the human race** /ヒューマン レイス/, **humankind** /ヒューマンカインド/
- 人類の幸福のために働く work for the happiness of the human race

しんろ 進路 a **course** /コース/
- 進路を誤る take a wrong course
- 私は卒業後の進路のことで悩んでいる I'm worrying about what to do after graduation.

しんろう 新郎 a **bridegroom** /ブライドグルーム/

しんわ 神話 (一つの) a **myth** /ミす/; (集合的に) **mythology** /ミさろヂ/
- 神話の mythical
- ギリシャ神話 Greek mythology

す ス

- ツバメが家の軒下(のきした)に巣をつくった
Swallows built their nests under the eaves of (dwelling) houses.

す² 酢 **vinegar** /ヴィネガ/

ず 図 (絵) a **picture** /ピクチャ/; (さし絵) an **illus-**

tration /イらストレイション/ → ずひょう
・第1図 Fig. 1 → Fig. は figure の略; 本などで図1, 図2…というときは figure を使う

すあし 素足 **bare feet** /ベア ふィート/
・素足の barefoot(ed)
・素足で歩く walk barefoot

ずあん 図案 a **design** /ディザイン/
・図案をかく design

すいあげる 吸い上げる **pump up** /パンプ/, **suck up** /サク/

スイートピー 《植物》a **sweet pea** /スウィート ピー/

すいえい 水泳 **swimming** /スウィミンぐ/ → およぐ(→ 泳ぎ)
　水泳する swim
・水泳プール a swimming pool
・水泳パンツ swimming trunks
・水泳に行く go swimming / go for a swim
・彼は水泳がうまい He is a good swimmer. / He is good at swimming.

スイカ 西瓜 《植物》a **watermelon** /ウォータメロン/

すいがい 水害 a **flood disaster** /ふらド ディザスタ/
・水害地 a flooded district
・作物は大きな水害を受けた The crops suffered great damage from the flood.

すいがら 吸いがら a **cigarette butt** /スィガレトバト/, a **cigarette stub** /スタブ/
・吸いがらを捨てる throw away a cigarette butt

すいきゅう 水球 **water polo** /ウォータ ポウろウ/

スイギュウ 水牛 《動物》a **water buffalo** /ウォータ バふァろウ/

すいぎん 水銀 **mercury** /マ〜キュリ/
すいげん 水源地 **the source** (**of** a **river**) /ソース (リヴァ)/
・この川はあれらの山が水源地です This river has its source in those mountains.

すいこむ 吸い込む (気体を) **inhale** /インヘイる/;
(液体を) **absorb** /アブソープ/

すいさい 水彩画 a **watercolor** /ウォータカら/
・水彩画をかく paint in watercolors

すいさん 水産物 **marine products** /マリーン プラダクツ/
・水産高等学校 a fisheries high school

すいじ 炊事 **cooking** /クキンぐ/ → りょうり
　炊事する cook /クク/
・炊事用具 cooking utensils
・私は時々母の炊事を手伝います I sometimes help my mother (to) cook meals.

すいしゃ 水車 a **waterwheel** /ウォータ(ホ)ウィーる/

すいじゅん 水準 a **level** /れヴる/; (標準) a **standard** /スタンダド/
・高い[低い]生活水準 a high [low] standard of living
・この点ではわれわれはヨーロッパ諸国と同じ水準です We are on the same level with European nations in this respect.

すいしょう 水晶 **crystal** /クリスたる/
すいじょう 水上で **on the water** /ウォータ/
・水上スキー water-skiing

すいじょうき 水蒸気 (湯からたちのぼる) **steam** /スティーム/; (空気中に浮遊する) **vapor** /ヴェイパ/

スイス Switzerland /スウィツァらンド/
・スイスの Swiss
・スイス人 a Swiss; (全体) the Swiss

すいすい (速く) **swiftly** /スウィふトり/
・エンゼルフィッシュが水槽(すいそう)の中をすいすい泳いでいる Angelfish are swimming swiftly in the aquarium.

すいせい[1] 水星 **Mercury** /マ〜キュリ/
すいせい[2] 彗星 (ほうき星) a **comet** /カメト/
すいせん[1] 垂線 a **perpendicular** /パ〜パンディキュら/
すいせん[2] 推薦 **recommendation** /レコメンデイション/
　推薦する recommend /レコメンド/
・推薦状 a (letter of) recommendation
・推薦入試 an entrance examination for recommended applicants
・推薦入試を受ける sit (for) an entrance examination as a recommended applicant
・今度はどんな本を推薦してくださいますか What book do you recommend me to read next?

スイセン 水仙 《植物》a **narcissus** /ナースィサス/; (ラッパズイセン) a **daffodil** /ダふォディる/

すいせんトイレ 水洗トイレ a (**flush**) **toilet** /(ふ

すいそ　276　two hundred and seventy-six

らジュ）トイれト/

すいそ 水素 **hydrogen** /ハイドロヂェン/
・水素爆弾 a hydrogen bomb / an H-bomb

すいそう¹ 水槽 a **tank**;（魚などを飼う）an **aquarium** /アクウェアリアム/

すいそう² 吹奏 する（鳴らす）**blow** /ブろウ/;（演奏する）**play** /プれイ/
・吹奏楽器 a wind instrument
・吹奏楽団 a brass band
・国歌を吹奏する play the national anthem

すいそく 推測 (a) **guess** /ゲス/
推測する guess, **make** a **guess**, **suppose** /サポウズ/
・それは単なる私の推測にすぎない
It's just my guess.
・私は彼を30歳ぐらいだと推測します
I guess him to be about thirty.

すいぞくかん 水族館 an **aquarium** /アクウェアリアム/

すいちゅう 水中の, 水中に **underwater** /アンダウォータ/
・水中カメラ an underwater camera
・水中めがね（水泳用）swimming goggles

すいちょく 垂直の **vertical** /ヴァ～ティカる/
・垂直に vertically
・垂直線 a vertical line

すいつける 吸い付ける **attract** /アトラクト/
・磁石は鉄を吸い付ける
A magnet attracts iron.

スイッチ a **switch** /スウィチ/
・スイッチを切る［入れる］ switch off［on］/ turn off［on］
・電灯［テレビ］のスイッチを入れてくれませんか Will you switch on the light［the television］?

すいてい 推定 an **estimation** /エスティメイション/
推定する estimate /エスティメイト/

すいでん 水田 a **paddy** (**field**) /パディ（ふィーるド）/, a **rice paddy** /ライス/

すいとう¹ 水筒 a **water bottle** /ウォータ バトる/, a **canteen** /キャンティーン/

すいとう² 出納係 a **teller** /てら/, a **cashier** /キャシア/
出納簿 an **account book** /アカウント/

すいどう 水道 (水) **tap water** /タプ ウォータ/, **running water** /ラニンぐ/, **city water**;（設備）**waterworks** /ウォータワ～クス/, **water supply** /サプらイ/
・水道の蛇口 a faucet / a tap
・水道管 a water pipe

・水道料金 water rates［charges］
・水道を引く have water supplied
・この村にはまだ水道がありません
The village has no water service yet.
・すべての部屋に水道が来ています
Every room has running water.

すいとる 吸い取る（吸収して）**soak up** /ソウク/

すいはんき 炊飯器 a **rice cooker** /ライス クカ/

ずいひつ 随筆 an **essay** /エセイ/
・随筆家 an essayist

すいぶん 水分 **water** /ウォータ/, **moisture** /モイスチャ/;（果物などの）**juice** /ヂュース/
・水分の多い watery / juicy

ずいぶん（非常に）**very** /ヴェリ/; **much** /マチ/ →ひじょうに

すいへい¹ 水兵 a **sailor** /セイら/

すいへい² 水平 **level** /れヴる/
・水平な horizontal;（凹凸のない）level
・水平線（地球上の）the horizon;（水平な線）a horizontal line
・太陽は水平線のかなたに沈しずんだ
The sun has set below［over］the horizon.
・はるか水平線に1隻の船が見えた
I saw a ship far on the horizon.

すいみん 睡眠 (a) **sleep** /スリープ/ →ねむり
・睡眠不足 lack of sleep
・睡眠薬 a sleeping pill
・ゆうべ夜ふかししたので睡眠不足だ I sat up late and didn't get enough sleep last night.

すいめん 水面 **the surface of the water** /サ～ふェス ウォータ/

すいもん 水門 a **sluice** /スるース/, a **floodgate** /ふらッドゲイト/

すいようび 水曜日 **Wednesday** /ウェンズデイ/（略 Wed.）→かようび

すいり 推理 **reasoning** /リーズニンぐ/
推理する reason /リーズン/
・推理力 reasoning power
・推理小説 a mystery / a detective story

すいりょく 水力の **hydraulic** /ハイドローリク/
・水力発電所 a hydropower plant, a hydro-electric power station

スイレン 睡蓮《植物》a **water lily** /ウォータ リリ/

スイング（バットなどの）a **swing** /スウィンぐ/;（音楽の）**swing**

すう¹ 吸う（汁などを）**suck** /サク/;（空気を）**breathe** /ブリーず/;（すする）**sip** /スィプ/;（タバコを）**smoke** /スモウク/
・哺乳びんからミルクを吸う suck milk from a

nursing bottle
・外に出て新鮮な空気を吸いなさい
Go outdoors and breathe some fresh air.

breathe / suck

すう² 数 a **number** /ナンバ/ → すうじ
・彼らは数においては私たち以上です
They exceed us in number.
・私たちの学校の生徒数は600人です
The number of the students in our school is six hundred.

すう³ 数… (あまり多数でない数) **several** /セヴラる/; (ばく然と少数) **a few** /ふュー/; (不定数) **some** /サム/
・数回 several times
・数種類のバラ several kinds of roses
・君が出発する数日前に several days before you start
・数日のうちに in a few days
・数人の子供たち some children

スウェーデン Sweden /スウィードン/
・スウェーデン(人, 語)の Swedish
・スウェーデン人 a Swede; (全体) the Swedes
・スウェーデン語 Swedish

スウェット (上) **sweat shirts** /スウェト シャ～ツ/, (下) **sweat pants** → トレーナー

スウェットスーツ a **sweatsuit** /スウェトスート/

すうがく 数学 **mathematics** /マせマティクス/, 《米話》 **math** /マす/, 《英話》 **maths** /マすス/
・数学の mathematical
・数学者 a mathematician

すうじ 数字 a **figure** /ふィギャ/; (記号) a **numeral** /ニューメラる/
・数字の8 the figure of 8
・アラビア[ローマ]数字 Arabic [Roman] numerals

すうしき 数式 a **formula** /ふォーミュら/; (等式) an **equation** /イクウェイジョン/

ずうずうしい impudent /インピュデント/, **cheeky** /チーキ/

スーツ a **suit** /スート/

スーツケース a **suitcase** /スートケイス/

スーパー (マーケット) a **supermarket** /スーパマーケト/; (映画などの字幕) **subtitles** /サブタイトるズ/

> カタカナ語！ スーパー
> 日本では「スーパーマーケット」や映画の「字幕」のことを「スーパー」というが、この意味で ✗ super といっても通じない. 英語で super というと superintendent /スーパリンテンデント/ を短くしたことばでアパートなどの「管理人」の意味.「字幕つきの映画」は a film with subtitles, あるいは a subtitled film という

すうはい 崇拝 (拝まんばかりの) **worship** /ワ～シプ/; (敬服) **admiration** /アドミレイション/
崇拝する worship; **admire** /アドマイア/
・崇拝者 a worshipper; an admirer

スープ soup /スープ/
・スープ皿[さじ] a soup plate [spoon]
・スープを飲む (スプーンで) eat one's soup; (コップから) drink one's soup

すえ 末 **the end**; (あとで) **after**
・6月の末に at the end of June
・秋の末に late in fall [autumn]
・その年の末近くに near the end of the year
・よく考えた末私はその申し出を断った
I declined the offer after thinking it over.

スエズ スエズ運河 **the Suez Canal** /スーエズ カナる/

すえつける 据え付ける **put in**, **install** /インストーる/

すえっこ 末っ子 **the youngest child** /ヤンゲスト チャイるド/

ずが 図画 **drawing** /ドローインぐ/

スカート a **skirt** /スカ～ト/
・タイトスカート a tight skirt
・プリーツスカート a pleated skirt

スカーフ a **scarf** /スカーふ/
→ 復 scarfs または scarves

ずかい 図解 an **illustration** /イらストレイション/
図解する illustrate /イらストレイト/
・図解入りの本 an illustrated book

ずがいこつ 頭蓋骨 a **skull** /スカる/

スカイダイビング skydiving /スカイダイヴィンぐ/

スカウト a **scout** /スカウト/
スカウトする scout

すがお 素顔 a **face without makeup** /ふェイス ウィざウト メイカプ/
・彼女はお化粧(けしょう)をした時より素顔のほうがよい
She looks better without makeup.

ずかずか ずかずか入る **barge** (into 〜) /バーヂ/
・彼は私の部屋にずかずか入って来た
He barged into my room.

すがすがしい **refreshing** /リふレシング/
・すがすがしい風　a refreshing breeze
・ぐっすり眠ったので気分がすがすがしい
I am refreshed from a good sleep. / A good sleep has refreshed me.

すがた 姿（人の）a **figure** /ふィギャ/; (形) a **form** /ふォーム/; (鏡・水などに映った) a **reflection** /リふれクション/; (外観) an **appearance** /アピアランス/
・その鳥は姿が美しい
The bird has a beautiful form.
・私は水に映る自分の姿を見た
I saw my reflection in the water.
・彼はその会合に姿を見せなかった
He did not show [turn] up at the meeting.
・人をその姿で判断してはいけない　You should not judge people by their appearances.
・蒸気機関はほとんど姿を消した
Steam engines have almost disappeared.

すがる **cling to** /クリング/, **hold on** /ホウるド/; (頼りにする) **depend on** /ディペンド/
・…にすがって歩く　walk on 〜
・その子は母親の手にすがりついた
The child clung to his mother's hand.

ずかん 図鑑　an **illustrated reference book** /イらストレイテド レふァレンス/

スカンク 《動物》a **skunk** /スカンク/

スカンジナビア **Scandinavia** /スキャンディネイヴィア/
スカンジナビア半島　**the Scandinavian Peninsula** /ペニンスら/

すき¹ (すきま) an **opening** /オウプニング/; (余地) **room**; (機会) a **chance** /チャンス/
・彼は私に口をきくすきを与えなかった
He did not give me a chance to speak.

すき² (農具) a **plow** /プらウ/, a **spade** /スペイド/
・すきで耕す　plow

すき³ **好きである**
▶ **like** /らイク/; (やや強い意味) **be fond of** /ふァンド/; (大好き) **love** /らヴ/
好きな **favorite** /ふェイヴァリト/
好きになる　**come to like**, **take to 〜**; (ほれ込む) **fall for 〜**
・私はジャズ［リンゴ］が好きだ
I like jazz [apples].
・彼女はとても音楽が好きだ　She likes music very much. / She is very fond of music.

・私は彼女がとても好きだけど愛してはいない
I like her very much but I don't love her.
・彼女はクラスのだれからも好かれています →受け身形 She is liked by everybody in the class. →不特定多数の人に好かれる場合だけ受け身形になる
・私はクラシックよりジャズのほうが好きだ
I like jazz better than classical music.
・君は野球とサッカーとどちらが好きか　Which do you like better, baseball or soccer?
・すべてのスポーツの中で私は野球が一番好きだ　I like baseball best of all sports.

 会話

どの季節が君は一番好きですか
―春が一番好きです
Which season do you **like** best?
―I **like** spring best.

・私はギターをひくのが好きだ
I like playing the guitar.

文法・語法
like *doing* も like to *do* もほとんど同じ意味であるが，like to *do* は「…したい」と，その時の気持ちを表すのに使い，like *doing* は好みなどを一般的にいうのに使う傾向(けいこう)がある

・私の好きなスポーツは野球です
Baseball is my favorite sport.
・君の好きなようにしなさい　Do as you like.
・どこにでも好きな所へ［いつでも好きな時に］行きなさい　Go wherever [whenever] you like.
・私はコーヒーは濃いのが好きです
I like my coffee strong.
・子供たちは新しい先生がすぐに好きになった
The children soon came to like [took to] their new teacher.
・それで私が彼を好きになったってわけ
That's why I fell for him.
ことわざ 好きこそものの上手なれ　Nothing is hard to a willing mind. (進んでやりたいと思う心にむずかしいものはない)

すぎ …過ぎ
❶ (時間・年齢などが) **past**, **over**
・3時10分過ぎです
It is ten minutes past [after] three.
・彼は40過ぎです　He is past [over] forty.
❷ (程度が) **too** /トゥー/　→すぎる❹
・君は食べすぎだよ　You eat too much.

スギ 杉 《植物》(セイヨウスギ) a **cedar** /スィーダ/; (ニッポンスギ) a **Japanese cedar**

スキー (板一組) (a pair of) **skis** /(ペア) ス**キー**ズ/; (すべること) **skiing** /ス**キー**イン**グ**/

　スキーをする ski /ス**キー**/
　•スキー場　a ski ground
　•ゲレンデスキー　skiing on a (ski) slope [trail, piste]
　•スキーに行く　go skiing
　•(パラ)アルペンスキー　(para-)alpine skiing /(パーラ) ア**る**パイン/
　•クロスカントリースキー　cross-country skiing
　•フリースタイルスキー　freestyle skiing

すききらい 好き嫌い **likes and dislikes** /らイクス ディス**ら**イクス/
　•…の好き嫌いが激しい　be particular about ~

すきずき 好き好き a **matter of taste** /マタ テイスト/
　•それは好き好きです　It's a matter of taste.
　ことわざ タデ食う虫も好き好き
　Tastes differ. (好みは異なるものだ) / There's no accounting for tastes. (人の好みを説明するのは不可能だ)

ずきずき ずきずき痛む **ache** /**エ**イク/, **throb** /す**ラ**ブ/
　•頭がずきずきする　My head is throbbing.

スキット (教育用寸劇) a **skit** /ス**キ**ト/ → skit は「笑いを誘う寸劇」という意味でもよく使われる

スキップ a **skip** /ス**キ**プ/
　•スキップする　skip

すきとおる 透き通った **transparent** /トランス**パ**レント/, **clear** /ク**リ**ア/

すぎない …にすぎない (単に) **only** /**オ**ウンり/
　•それは推測にすぎなかった
　It was only a guess.

すきま すき間 an **opening** /**オ**ウプニング/, a **gap** /**ギャ**プ/; (余地) **room**
　•すき間風　a draft
　•スーツケースにはこのセーターを入れるすき間がないかしら　Is there room for this sweater in the suitcase?

スキャンダル a **scandal** /ス**キャ**ンドる/

スキューバダイビング **scuba diving** /ス**クー**バ ダイヴィング/

スキル (技能) a **skill** /ス**キ**る/

すぎる　過ぎる

❶ (通り過ぎる) **pass**
❷ (時間がたつ) **pass, go by**
❸ (過ぎている) **be past, be over**
❹ (…しすぎる) **too**

❶ (場所を通り過ぎる) **pass**

•郵便局を過ぎたら左へ曲がりなさい
Pass the post office and turn left.

❷ (時間がたつ) **pass, go by**
•時はなんて速く過ぎるのだろう
How quickly time passes!
•卒業してから10年が過ぎた　Ten years have passed since we left school.

❸ (過ぎている, 終わっている) **be past, be over**
•危険は過ぎました　The danger is past. / We are out of danger now.
•冬は過ぎて春が来ました
Winter is over and spring has come.

❹ (…しすぎる) **too** /**トゥー**/
•食べ[飲み, 働き]すぎる　eat [drink, work] too much
•この靴は私には大きすぎる
These shoes are too big for me.
•この本は難しすぎて私には読めない　This book is too difficult for me to read. / This book is so difficult that I cannot read it.
•彼は働きすぎて病気になった　He worked so hard that he made himself sick.

スキンダイビング **skin diving** /ス**キ**ン ダイヴィング/

スキンヘッド a **shaved head** /シェイヴド ヘド/ → この意味の「スキンヘッド」は和製英語

すく (おなかが) **feel hungry** /ふィーる ハングリ/; (場所が) **become less crowded** /れス ク**ラ**ウデド/
•私はずいぶん歩いておなかがすいた
I felt hungry after a long walk.
•バスは昼ごろにはすいてきます　The bus becomes less crowded about noon.

すぐ

❶ (直ちに) **at once, right away, now**; (まもなく) **soon**
❷ (ちょうど) **just**
❸ (簡単に) **easily**
❹ (近い) **near**

❶ (直ちに) **at once** /**ワ**ンス/, **right away** /ライト アウェイ/, **now**; (まもなく) **in no time, soon** /ス**ー**ン/
•…するとすぐ　as soon as ~ / on *do*ing
•…するすぐ前[あと]に　shortly before [after] ~
•すぐここへ来なさい　Come here now [at once].
•すぐ帰ります　I'll be back in no time.
•すぐ暗くなります　It will soon be dark.
•学校が終わったらすぐ帰りなさい
Come back soon after school.

すくい 280 two hundred and eighty

・その薬を飲んだらすぐ気分がよくなりだした
As soon as I took the medicine, I began to feel better.
・その町に着くとすぐ私は母に電話した
On arriving at the town, I called my mother.
→ arriving は動名詞
・それはいい案だ。すぐ実行に移そう
It's a good plan. Let's put it into practice.
参考ことわざ 善は急げ Make hay while the sun shines. (日の照っているうちに干し草をつくれ)
❷ (ちょうど) **just** /ヂャスト/
・今すぐ just now / right away
・君のすぐ前に just in front of you
・すぐ頭の上に just overhead
・私の家はかどを曲がってすぐのところです
My house is just around the corner.
・クリスマスがすぐそこに来ている
ひゆ Christmas is just around the corner. (すぐそこのかどを曲がったところにいる)
❸ (簡単に) **easily** /イーズィリ/
・私はすぐ彼の家を見つけた
I easily found his house. /
I had no difficulty in finding his house.
・こんな晩には油断をするとすぐかぜをひきますよ If you are not careful on such a night, you will easily catch cold.
❹ (近い) **near** /ニア/
・バス停はすぐです。歩いて行きましょう
The bus stop is quite near, so let's walk.
・丸ビルは東京駅から歩いてすぐです
The Marunouchi Building is a short walk from Tokyo Station.
すくい 救い → きゅうじょ
・救いを求めて叫ぶ cry for help
スクイズ (野球で) a **squeeze play** /スクウィーズ プれイ/
すくう¹ 救う (助ける) **help**; (人命などを) **save** /セイヴ/
・彼らは彼がおぼれているのを救った
They saved him from drowning.
すくう² (水・砂などを) **scoop** (**up**) /スクープ/
スクーター a **scooter** /スクータ/; (モーター付き) a **motor scooter** /モウタ/
スクールゾーン a **no-car zone** /ゾウン/ **around a school** → 英米などでの a **school** (**safety**) **zone** は通常速度制限がよりきびしく設定された学校近隣の地域をさす
・この学校のまわりでは、毎日数時間自動車の通行が禁止されている Cars can't enter the area around this school in certain hours of the day.

スクエアダンス a **square dance** /スクウェア/
すくない 少ない
➤ (数が) **few** /ふュー/
➤ (量が) **little** /りトる/
➤ (入れ物の中の量が) **low** /ろウ/
より少ない **fewer: less: lower**
最も少ない **fewest: least** /リースト/; **lowest**
・少なくとも at least
・少なからず not a little
・冬にはここへ来る人は少ない
Few people come here in winter.
・そう言う人は少なくない
Not a few people say so.
・これは実用的価値は少ない
This is of little practical value.
・タンクの中のガソリンは残り少なかった
The gasoline in the tank was low.
・英語を学ぶ人よりフランス語を学ぶ人のほうが少ない Fewer people learn French than English.
・彼に会いに来る人はだんだん少なくなった
Fewer and fewer people came to see him.
・君は少なくとも毎日8時間眠るように努めなければならない
You must try to sleep at least eight hours every day.
すくめる (首を) **duck** /ダク/; (肩を) **shrug** /シュラグ/ (「肩をすくめる」は→ かた¹)
・ボールが頭上に飛んで来たとき私は首をすくめた I ducked as the ball shot over my head.
スクラップ (a) **scrap** /スクラプ/
・スクラップブック a scrapbook
スクラム a **scrum** /スクラム/
・スクラムを組む form a scrum
スクリーン a **screen** /スクリーン/
スクリュー a **screw** /スクルー/, a (**screw**) **propeller** /プロペら/
すぐれる **be better** (**than** ~) /ベタ/, **excel** /イクセる/
・彼は指導力ではクラスの他のだれよりもすぐれている He is better than all his classmates in leadership. / No one in his class can excel him in leadership.
ずけい 図形 《数学》 a (**geometric**) **shape** /(ジアメトリク) シェイプ/, a (**geometric**) **figure** /ふィギャ/
・基本的な図形を学ぶ learn basic geometric shapes
スケート (靴1足) (a pair of) **skates** /(ペア) スケイツ/; (すべること) **skating** /スケイティング/

スケートをする skate
- スケート場　a skating rink
- スケートに行く　go skating

スケートボード (板) a skateboard /スケイトボード/; (遊び) **skateboarding**
- スケートボードをする　skateboard

スケール (a) **scale** /スケイる/
- スケールの大きい[小さい]　large-[small-]scale
- スケールの大きい人　a person of high caliber

スケジュール a **schedule** /スケデュー る/
- スケジュールを組む　schedule / make a schedule
- スケジュールに従って[どおり]　according to schedule

ずけずけ **bluntly** /ブらントり/
- 君はものをずけずけ言いすぎるよ
You speak too bluntly.
- 彼はずけずけものを言うけど根はやさしい人だ　He minces no words, but he is kind at heart.　← mince は「遠回しに言う,加減して言う」

スケッチ a **sketch** /スケチ/
スケッチする sketch
- スケッチブック　a sketchbook

🗨会話 君は何をスケッチしたの？―私は農家をスケッチした　What did you sketch? ―I sketched a farmhouse.

スコア a **score** /スコー/
- スコアブック　a scorebook
- スコアボード　a scoreboard
- …のスコアをつける　keep the score of ～

🗨会話 今スコアは何ですか。―スコアは４対３で私たちが勝って[負けて]います
What is the score now? ―It is 4 to 3 in our favor [against us].

すごい

❶ (恐ろしい) **terrible**; (激しい) **heavy**
❷ (すばらしい) **wonderful**

❶ (恐ろしい) **terrible** /テリブる/; (激しい) **heavy** /ヘヴィ/
すごく **terribly**; **heavily**
- すごい顔つき　a terrible look
- すごい雨　heavy rain
- ゆうべはすごく雨が降った
It rained heavily last night. /
We had heavy rain last night.
- バスはすごいこみ方でした
The bus was terribly crowded.

❷ (すばらしい) **wonderful** /ワンダふる/, (話) **great** /グレイト/; (驚くべき) **amazing** /アメイズィング/

すごく **wonderfully**; **amazingly**
- すごいごちそう　a wonderful dinner
- それはすごいじゃないか
That sounds great!
- 彼は英語がすごく進歩した
He has made amazing progress in English.
- 彼はすごく利口な子です
He is an amazingly [a very] clever child.
- 若い人たちの間の彼の人気はすごいものです
His popularity among young people is simply amazing.

terrible

heavy

wonderful

ずこう 図工 (図画・工作) **arts and crafts** /アーツクラふツ/

すこし 少し

➤ (数が) (a) **few** /ふュー/
➤ (量・程度が) (a) **little** /リトる/ → ちょっと❷
- 少しずつ　little by little
- 私はニューヨークに少し友人がいます
I have a few friends in New York.
- 私はお金を少し持ち合わせています
I have a little money with me.
- 私はこの町には友人が少ししかいない
I have few friends in this town.
- 私はほんの少ししかお金の持ち合わせがない
I have very little money with me.

文法・語法
実際には同数・同量の「少し」でも,それを言う人が「少しはある[いる]」と肯定的に表現する時は a few ～, a little ～ のように a を付け,「少ししかない[いない]」と否定的に表現する時は a を付けない

・私はほんの少ししか英語がしゃべれません
I can speak English only a little.
・きょうは少し寒い It is a little cold today.
・彼は6時少し過ぎに到着した
He arrived a little after six.
・そのお菓子をもう少しください
Give me a little more of that cake.
・私はほんの少しのところでバスに乗り遅れた
I just missed the bus.

すこしも 少しも…ない **not at all**, **not in the least** /リースト/
・私は夕べは少しも眠れなかった
I could not sleep at all last night.
・私は少しも疲(つか)れていません
I am not in the least tired.

すごす 過ごす

➤ **spend** /スペンド/, **pass** /パス/

基本形
A (時)を過ごす
  spend A / **pass** A
…をして A (時)を過ごす
  spend A *doing*
  pass A *doing*

・楽しい時を過ごす have a good [pleasant] time / spend [pass] the time pleasantly
・夏休みを海辺[田舎]で過ごす spend the summer vacation at the beach [in the country]
・旅をして夏を過ごす spend the summer traveling / pass the summer traveling
・夏休みはどうやって[どこで]過ごしましたか
How [Where] did you spend your summer vacation?
・いかがお過ごしですか How have you been these days? / How are you getting along?

スコットランド Scotland /スカトランド/
・スコットランド(人)の Scottish / Scots
・スコットランド人 (男性) a Scotsman (複 -men) / (女性) a Scotswoman (複 -women); (全体) the Scottish

スコップ → シャベル

すこやかな 健やかな **healthy** /へるすぃ/

すごろく *sugoroku*, **a game like backgammon played during the New Year** /バクギャモン プれイド デュアリンぐ イア/ → backgammon はふたりの競技者がさいころを振って, それぞれの持つ15の駒を進める西洋すごろく

すし 寿司 **sushi**
・すし屋 a sushi bar [restaurant]

すじ 筋 (しま) **a stripe** /ストライプ/; (話の) **a plot**; (論理) **logic** /らヂク/
・筋の通った (論理的な) logical; (道理にかなった) reasonable
・筋の通らない illogical; unreasonable
・この話の筋はとても簡単です
The plot of this story is very simple.
・君の言うことは筋が通っていない
There is no logic in what you say.

すしづめ すし詰めの **overcrowded** /オウヴァクラウデド/, **jam-packed** /ヂャム パクト/
・われわれは小さな部屋にすし詰めになった
ひゆ We were packed like sardines in a small room. ((缶詰の)イワシのように)

すす soot /スト/
・すす(だらけ)の sooty

すず[1] 鈴 **a bell** /べる/

すず[2] (金属の) **tin** /ティン/

ススキ 芒 (植物) **Japanese pampas grass** /パンパス グラス/

すすぐ rinse /リンス/
・口をすすぐ rinse *one's* mouth

すずしい 涼しい **cool** /クーる/
・こっちへ入って. この部屋のほうが涼しいよ Come in here. It's cooler in this room.

すすむ 進む

➤ **go** (**forward**) /(ふォーワド)/; (歩く) **walk** /ウォーク/
➤ (進行する) **progress** /プログレス/, **make progress** /プラグレス/
➤ (時計が) **gain** /ゲイン/

・それ以上進むことは不可能であった
It was impossible to go further. / Further progress was impossible.
・最初の交差点までこの道を(それないで)進みなさい
Stay on this road until you come to the first intersection.
・仕事はいっこうに進まないようです
The work seems to make little progress.
・私の時計は1日に2〜3秒進みます
My watch gains a few seconds a day.
・君の時計は少し[2分]進んでいる
Your watch is a little [two minutes] fast.

make progress

gain

すずむ 涼む **get cool** /クーる/
・この木陰(こかげ)にすわって涼もう
Let's sit in the shade here and get cool.
すすめ 勧め (忠告) **advice** /アドヴァイス/; (推薦(すいせん)) **recommendation** /レコメンデイション/
・彼の勧めに従う follow his advice
スズメ 雀 《鳥》 a **sparrow** /スパロウ/
スズメバチ a **hornet** /ホーニト/, a **wasp** /ワスプ/
すすめる¹ 進める (前へ) **advance** /アドヴァンス/, **move forward** /ムーヴ ふォーワド/; (推進する) **further** /ふぁ〜ざ/
・計画を進める further a plan
・時計を10分進める set the clock forward by ten minutes
すすめる² 勧める (忠告する) **advise** /アドヴァイズ/; (推薦(すいせん)する) **recommend** /レコメンド/
・医者は私に運動しすぎないように勧めた
The doctor advised me not to take too much exercise.
・私はこの本を君の年齢(ねんれい)の人みんなに勧めます
I recommend this book to all boys and girls of your age.
スズラン 鈴蘭 《植物》 a **lily of the valley** /りリ ヴァリ/
すずり 硯 an **inkstone** /インクストウン/
すすりなく すすり泣く **sob** /サブ/, **weep** /ウィープ/

すすり泣き a **sob**
すそ a **hem** /ヘム/
・すそを下ろす[上げる] take a hem down [up]
スター a **star**
・映画スター a film star
スタート a **start** → しゅっぱつ
スタートする **start**
・スタートラインに並ぶ line up for the start
スタイリスト (衣装などの専門家) a **wardrobe stylist** /ウォードローブ スタイリスト/; a **fashion coordinator** [**consultant**] /コウオーダネイタ/
スタイル a **style** /スタイる/; (特に女性の体つき) a **figure** /ふィギャ/
・スタイルブック a fashion catalog
・最新流行のスタイル the latest style [fashion]
・スタイルがよい[悪い] have a good [poor] figure
スタジアム a **stadium** /ステイディアム/
スタジオ a **studio** /ステューディオウ/
スタッドレスタイヤ a **non-studded winter tire** /ノン スタディド ウィンタ タイア/
スタッフ the **staff** /スタふ/
・スタッフの一人 a member of the staff
スタミナ **stamina** /スタミナ/
・スタミナがある[ない] have [lack] stamina
スタメン (スターティング・メンバー) the **starting lineup** /スターティンぐ らインプ/
スタント (離れわざ) a **stunt** /スタント/
・スタントマン (代役で離れわざをする人) a stunt double [person] / stunt man [woman]
スタンド
❶ (観覧席) a **stand**. 《米》 **bleachers** /ブリーチャズ/
❷ (売店) a **stand**. a **booth** /ブーす/
❸ (電気スタンド) a **desk lamp** /デスク らンプ/
スタンドプレー a **grandstand play** /グランドスタンド/, a **public relations stunt** /パブリク リれイションズ スタント/
スタンドプレーをする **grandstand**, **do** a **public relations stunt**
スタンプ a **stamp** /スタンプ/
・ゴム印 a rubber stamp
スチーム **steam** /スティーム/
・スチームアイロン a steam iron
スチール¹ (鋼鉄) **steel** /スティーる/
スチール² (盗塁) a **steal** /スティーる/
スチュワーデス→キャビンアテンダント
ずつ (それぞれ) **each** /イーチ/
・ひとつ[ひとり]ずつ one by one
・階段を2段ずつ上る go up the stairs two at a time
・かごいっぱいのバナナが出されてひとり2本ずつ食

べた We were served a basketful of bananas and we had two each.

ずつう 頭痛 a **headache** /ヘデイク/
•私はひどく[少し]頭痛がする
I have a bad [slight] headache.

スツール a **stool** /ストゥーる/

すっかり all, **quite** /クワイト/, **completely** /コンプリートり/
•私はそのことはすっかり忘れてしまった
I have forgotten all about it.
•町の様子がすっかり変わってしまった
The appearance of the town has completely changed.
•彼女はもうすっかりおとなだ
She is grown-up now.
•私が彼の家を出た時はすっかり暗くなっていた It was quite dark when I left his house.
•私はもうすっかり回復しました
I am completely recovered now.

ズッキーニ (a) **zucchini** /ズキーニ/; 《英》(a) **courgette** /コージェト/

すっきり すっきりした（ごてごてしていない）**neat** /ニート/; (はっきりした) **clear** /クリア/; (気分が) **refreshed** /リふレシュト/
•深呼吸をしたら気分がすっきりしますよ
Take a deep breath and you will feel refreshed.
•ちょっと昼寝をするといつもすっきりします（→昼寝は私をすっきりさせる）
A short nap always refreshes me. /
ひゆ A short nap always makes me feel as fresh as a daisy. (ヒナギクのようにすっきりした気分にしてくれる)

すっと
❶(すばやく) **swiftly** /スウィふトり/
❷(気分が軽くなる) **be relieved** /リリーヴド/
•胸のうちをさらけ出したらすっとした
I felt relieved to have opened up my mind.

ずっと
❶(時間) **all the while**
❷(距離) **all the way**
❸(程度) **much**

❶(時間) **all the while** /(ホ)ワイる/, **all the time**
•君は今までずっと何をしていたのですか
What have you been doing all this while?
•私はそれ以来ずっとここに住んでいます
I have lived here ever since.
•先週の日曜日からずっと雨が降ったりやんだりしています It has been raining on and off since

last Sunday.
❷(距離) **all the way** /ウェイ/
•家に帰る道じゅうずっと私はそのことを考えていた
I was thinking of it all the way home.
•列車がとてもこんでいたので私は名古屋からずっと立ち続けでした
The train was so crowded that I had to stand all the way from Nagoya.
❸(程度) **much** /マチ/, **far**
•ずっと夜おそくまで far into the night
•君たちの学校は私たちの学校よりずっと大きい
Your school is much larger than ours.
•君はぼくより英語がずっとじょうずにしゃべれる
You can speak English much better than I can [《話》than me].

すっぱい **sour** /サウア/
•すっぱくなる sour / turn sour

すで 素手で (武器を使わずに) with *one's* **bare hands** /ベア/

ステーキ (a) **steak** /ステイク/

ステージ a **stage** /ステイヂ/

すてき 素敵な **nice** /ナイス/; (すばらしい) **wonderful** /ワンダふる/; (魅力的な) **attractive** /アトラクティヴ/, **charming** /チャーミンぐ/

すてご 捨て子 a **deserted child** /ディザ〜テド チャイるド/, an **abandoned child** /アバンドンド/; (拾い子) a **foundling** /ふァウンドリンぐ/

ステッカー a **sticker** /スティカ/

ステッキ a (**walking**) **stick** /(ウォーキンぐ) スティク/

ステッチ a **stitch** /スティチ/
•クロス[チェイン]ステッチ cross [chain] stitch

すでに **already** /オーるレディ/ → もう ❶

すてる 捨てる **throw** /すロウ/, **dump** /ダンプ/
•ここにごみを捨ててはいけません
Don't throw [dump] rubbish here.
•私はちょうどごみを捨てに行こうとしていたところです I'm just going out to throw away the rubbish.

ステレオ **stereo** /ステレオウ/

ステンレス **stainless steel** /ステインれス スティーる/

スト a **strike** /ストライク/
•ストを行う strike / go on strike
•彼らは賃金値上げのストを決行中です They are on strike demanding higher wages.

ストーカー a **stalker** /ストーカ/

ストーブ a (**space**) **heater** /(スペイス) ヒータ/ →
stove という英語はふつう調理用の「レンジ」の意味で使うことが多い

285 two hundred and eighty-five スピード

・石油[灯油, ガス, 電気]ストーブ an oil [a kerosene, a gas, an electric] heater

ストッキング (1足) (a pair of) **stockings** /(ペア) スタキングズ/ → くつした

ストップ stop
ストップする stop, make a stop
・ストップウォッチ a stopwatch

ストライキ → スト

ストライク (野球で) a **strike** /ストライク/
・スリーボールツーストライク three balls and two strikes

ストライプ a **stripe** /ストライプ/

ストリーミング streaming (**service**) /ストリーミング/
・ストリーミングの動画を見る watch a streaming movie
・動画[音楽]配信 video [audio] streaming (service)

ストレートの straight /ストレイト/

ストレス (a) **stress** /ストレス/
・現代生活のさまざまなストレス the stresses of modern life
・ストレスを解消する get rid of (the) stress
・ストレスを受けている be under stress
・君の頭痛はストレスのせいかもしれない
Your headaches may be caused by stress.
・この仕事はストレスがたまる
This job puts me under stress.

ストレッチ (体操) **stretching exercises** /ストレチング エクササイゼズ/
・ストレッチをする do stretching exercises

ストロー a **straw** /ストロー/
・ストローでレモネードを飲む suck [sip] lemonade through a straw

すな 砂 **sand**
・砂の sandy
・砂浜 a sandy beach
・砂場 a sandpit / a sandbox
・砂時計 a sandglass

すなおな (従順な) **obedient** /オビーディエント/

スナック (食事) a **snack**; (食堂) a **snack bar**; (ポップコーン・ポテトチップスなどの「スナック菓子」) **junk food** /チャンク ふード/

スナップ (写真) a **snap**, a **snapshot** /スナプシャト/

すなわち that is (**to say**) /(セイ)/
・彼は自分の長男, すなわち私の父にその全財産を残した He left all his fortune to his eldest son, that is (to say), to my father.

スニーカー sneakers /スニーカズ/

・私はスニーカーを10足持っている
I have ten pairs of sneakers.

すね a **leg**; (向こうずね) a **shin** /シン/
・親のすねをかじる depend on one's parents / live on [off] one's parents

ずのう 頭脳 **brains** /ブレインズ/

スノーボード (板) a **snowboard** /スノウボード/; (競技) **snowboarding** /スノウボーディング/

スパイ a **spy** /スパイ/

スパイク a **spike** /スパイク/
・スパイクシューズ (a pair of) spikes

スパイス (a) **spice** /スパイス/
スパイスのきいた spicy

スパゲッティ spaghetti /スパゲティ/

すばこ 巣箱 (野鳥の) 《米》a **birdhouse** /バードハウス/, 《英》a **nest box**; (ミツバチの) a **beehive** /ビーハイヴ/

すばしこい quick /クウィク/, **nimble** /ニンブる/

スパッツ leggings /れギングズ/

ずばぬけた outstanding /アウトスタンディング/, **exceptional** /イクセプショヌる/

スパム 《IT》(迷惑メール) **spam** (**email**) /スパム/
・スパムメールを受け取る receive spam

すばやい quick /クウィク/
すばやく quick, quickly
・仕事をすばやくしなさい
Be quick about your work.
・彼は仕事がすばやい He is a quick worker.
・彼はすばやく自分の誤りに気がついた
He was quick to see his mistake.

すばらしい wonderful /ワンダふる/, 《話》 **great** /グレイト/, 《話》 **lovely** /らヴり/
・すばらしく wonderfully
・なんてすばらしい朝でしょう
What a lovely morning!

スピーカー (拡声機) a **speaker** /スピーカ/, a **loudspeaker** /らウドスピーカ/
・スピーカーで over the loudspeaker

スピーチ (演説) a **speech** /スピーチ/ → えんぜつ
・結婚披露宴(ひろうえん)でスピーチをする say a few words at a wedding party

スピード speed /スピード/
・スピードを上げる speed up
・スピードを落とす slow down
・フルスピードで at full speed
・普通の[むちゃな]スピードで at an ordinary [a reckless] speed
・列車は時速200キロのスピードで走っています
The train is running at (a speed of) 200 kilometers an hour.

あ
か
す
た
な
は
ま
や
ら
わ

・彼はスピード違反で罰金を取られた
He was fined for speeding.
・曲がりかどでは車のスピードをゆるめなさい
Slow down (the car) near a turning.

ずひょう 図表 (一般語) a **chart** /チャート/; (構造などの図解) a **diagram** /ダイアグラム/; (グラフ) a **graph** /グラふ/

スプーン a **spoon** /スプーン/
・スプーン1杯 a spoonful
・砂糖スプーン2杯分 two spoonfuls of sugar

ずぶぬれ ずぶぬれになる **get thoroughly wet** /さ〜ロウリ/, **get wet to the skin**, **be drenched** (**to the skin**) /ドレンチト/
・私はにわか雨にあってずぶぬれになって帰った I was caught in a shower and came back thoroughly wet [came back drenched to the skin].

スプレー (a) **spray** /スプレイ/
・スプレーする spray

スプレッド¹ (IT) a **pinch out** /ピンチ アウト/, a **spread** /スプレド/ → タッチスクリーン上で滑らせながら2本の指を広げる動作

スプレッド² (食) (パンなどに塗るもの) a **spread** /スプレド/

スプレッドシート → ひょうけいさんソフト

スペア a **spare** /スペア/
・スペアタイヤ a spare tire

スペイン **Spain** /スペイン/
・スペイン(人)の Spanish
・スペイン語(の) Spanish
・スペイン人 a Spaniard; (全体) the Spanish

スペース (a) **space** /スペイス/ → ばしょ
スペースキー a **space key**
スペースシャトル a **space shuttle** /スペイス シャトる/

スペード (トランプの) **spades** /スペイヅ/
・スペードのエース the ace of spades

すべすべ すべすべした **smooth** /スムーず/
・彼女の手はすべすべしている
Her hands are smooth.

すべて

➤ **all**; **everything** /エヴリスィング/ → みな
すべての **all**; **every** /エヴリ/
・彼らはすべて私の友人です
They are all my friends.
・これがそのことについて私の知っているすべてです
This is all I know about the matter.
・これはすべて私が病気になったためです
This is all because I fell ill.

・すべての鳥が歌えるとは限らない
Not all birds can sing.
・お金ですべての物が買えるわけではない
You cannot buy everything with money.

使い分け

all: ひとまとまりでもばらばらでも「すべて」

every: all と同じ「すべて」を意味するが, ひとまとまりのうちのひとりひとりに焦点を当てているふんい気がある The teacher handed out the tests to every student. (先生はすべての生徒にテストを配布した)

whole: 全体をひとまとまりにみて「すべて」, 必ず単数名詞につく the whole class (クラス全体)

すべらせる **glide** /グらイド/
・スクリーンの上で指を滑らせる glide [slide, swipe] a finger on the screen

すべりだい 滑り台 a **slide** /スらイド/

すべる 滑る

➤ **slide** /スらイド/; (足が) **slip**
・滑りやすい slippery
・うっかり口が滑って by a slip of the tongue → slip は名詞
・そりで坂を滑り降りるのは愉快(ゆかい)だ It is pleasant to slide down a slope on a sled.
・私は凍った歩道で滑った
I slipped on the frozen sidewalk.
・私は足を滑らせて階段から落ちた
My foot slipped and I fell down the stairs.
・床がとても滑りやすいから注意しなさい
Be careful. The floor is very slippery.
・彼は3塁に滑り込んでセーフになった
He slid safely into third base.

slide　　　slip

スペル (つづり) **spelling** /スペリング/ → spell は「(文字を)つづる」

スポーツ a **sport** /スポート/
スポーツをする **do** a **sport**, **engage in** a **sport** /インゲイヂ/, **participate in** a **sport** /パーティス

ィペイト/ � participate は団体競技についていう
- スポーツ選手 an athlete
- スポーツ愛好家 a sports lover [fan]
- スポーツカー a sports car
- スポーツウェア sportswear
- スポーツ新聞[欄(らん)] a sports newspaper [page]
- スポーツ用品店 a sporting goods store
- 君の好きなスポーツは何ですか
What is your favorite sport? /
What kind of sports do you like?

ズボン (1着)《米》(a pair of) **pants** /(ペア)/, 《英》(a pair of) **trousers** /トラウザズ/
スポンサー a **sponsor** /スパンサ/
スポンジ a **sponge** /スパンヂ/
スマート (しゃれた) **stylish** /スタイリシュ/, **smart**; (ほっそりした) **slim** /スリム/, **slender** /スレンダ/
スマートフォン a **smartphone** /スマートふォゥン/
すまい 住まい (家) one's **house** /ハウス/; (住所) one's **address** /アドレス/
すます¹ 済ます (終わらせる) **finish** /ふィニシュ/, **do**; (間に合わせる) **do**
- …なしで済ます do without ～
- 君は宿題を済ませましたか Have you finished [done] your homework?
- 私はまだ宿題を済ませていません I have not finished [done] my homework yet.
- 大きさが十分でないがそれで済ませよう
It isn't large enough, but I'll make it do.
すます² 澄ます (耳を) **listen carefully** /リスン ケアふり/; (気取る) **put on airs** /エアズ/
すまない be sorry /サリ/
- 私はそれをしたことをすまないと思っている
I'm sorry I did it.
スマホ → スマートフォン
すみ¹ 炭 **charcoal** /チャーコウる/
- 炭(火)をおこす make a charcoal fire
すみ² 隅 a **corner** /コーナ/
- 部屋の隅に in the corner of a room
- 隅から隅まで(至るところを) everywhere / ひゆ from stem to stern (船首から船尾まで)
すみ³ 墨 an **ink stick** /インク スティク/; (墨汁) **Indian ink** /インディアン/

すみません
❶ (謝罪) **I'm sorry.**
❷ (呼びかけ) **Excuse me.**
❸ (感謝) **Thank you.**

❶ (謝罪) **I'm sorry.** /サリ/

- 遅くなってすみません
I'm sorry I'm so late.

会話
おじゃましてすみませんでした
—どういたしまして
I'm sorry to have disturbed you.
—That's all right.

❷ (知らない人に話しかけたりする時) **Excuse me.** /イクスキューズ/ ➔ 複数名いるときは Excuse us
- すみませんが時間を教えてくださいませんか
Excuse me, but do you have the time?
❸ (感謝) **Thank you.** (おねがい) **please** /プリーズ/

会話 かばんをお持ちしましょう. —すみません, 助かります
Let me help you with your bag. —Thank you for your help.
- すみませんが明日電話をください
Would you please call me tomorrow?
- すみませんが塩を取っていただけませんか
May I trouble you for [to pass] the salt? ➔ 食卓で隣の人に言うことば

I'm sorry.

Excuse me.

Thank you.

スミレ 菫 《植物》a **violet** /ヴァイオれト/
- スミレ色(の) violet
- 三色スミレ a pansy

すむ¹ 住む, 住んでいる

すむ

live /リヴ/
- 東京[この家, 田舎, 日本]に住む live in Tokyo [this house, the country, Japan]
- スズラン通り[3階, 農場]に住む live on Suzuran Street [the third floor, a farm]
- スズラン通り10番地に住む live at 10 Suzuran Street
- 通りの向こうに[駅の近くに, 教会の隣に, 友人と]住んでいる live across the street [near the station, next to the church, with a friend]
- 彼は吉祥寺のマンションに住んでいる
He lives in an apartment in Kichijoji.
- 今私は祖母のところに住んでいる. → 現在進行形
Now I am living with my grandmother. →「一時的に住んでいる」または「住んでいる」ことを強調する時は進行形で表現する
- 彼はもうここには住んでいません
He doesn't live here any more.
- 彼はどこに住んでいるのですか
Where does he live?
- 彼女はパリに数年住んでいた
She lived in Paris for several years.
- 私たちはここに10年住んでいる → 現在完了または現在完了進行形
We have lived here (for) 10 years. /
We have been living here (for) 10 years.
- ここが彼が10年前に住んでいた家です
This is the house where [in which] he lived ten years ago.

すむ² 済む be finished /ふィニシュト/
- 仕事が済んだらすぐ帰って来なさい Come home as soon as the work is finished.
- その本が済んだら私に2〜3日貸してくれませんか Would you please lend me the book for a couple of days when you have done with it?
- 私は何回かやってみたが失敗した. でもそれで気が済んだ I made several attempts and failed, but I got it out of my system. (それを自分の体外に出した) → system は「身体組織, からだ」

すむ³ 澄む become clear /クリア/, **clear**
- 澄んでいる be clear

スムージー a smoothie /スムーずィ/
- 野菜入りスムージーを作る make a green [vegetable] smoothie
- 季節のスムージー a seasonal smoothie

スムーズな smooth /スムーず/ → th の発音に注意

すもう 相撲 sumo, Japanese traditional wrestling /トラディショヌる レスリンぐ/
- 彼と相撲を取る
do sumo wrestling with him

日本を紹介しよう

相撲は2千年の歴史を持っています. 最近は外国人力士の数もふえてきました
Sumo, Japanese traditional wrestling, has a history of 2,000 years. The number of sumo wrestlers from foreign countries has been increasing in recent years.

スモッグ smog /スマグ/

すやすや すやすや眠る **sleep soundly** /スリープ サウンドり/
- すやすや眠っている be sound asleep

すら …すら **even** /イーヴン/ → さえ
- 子供ですらそのくらいのことは知っている
Even a child knows that much.

スライス a slice /スライス/
- スライスする slice
- スライスされたパン sliced bread

スライダー a slider /スライダ/

スライド a slide /スライド/
- プレゼンテーションのスライドを作る make slides for a presentation
- 顕微鏡用スライド a (microscope) slide
- トロンボーンのスライド the slide of a trombone

ずらす (位置を) **move** /ムーヴ/; (出勤時間などを) **stagger** /スタガ/
- はしごをもう少し壁寄りにずらしてくれますか
Could you move the ladder a little closer to the wall?
- 彼らはラッシュをさけるために出社[退社]時間をずらした They staggered their office hours to avoid the rush.

すらすら (たやすく) **easily** /イーズィり/, **with ease** /イーズ/; (ことばを) **fluently** /ふるーエントり/
- 彼はこの難しい問いにすらすら答えた He answered these difficult questions with ease.
- 彼は英語をすらすらしゃべることができる
He can speak English fluently.

スラックス (1着) (a pair of) **slacks** /(ペア) スラクス/

スラム a slum /スラム/

すらり すらりとした **slender** /スれンダ/
- すらりと長い足 long slender legs
- 彼女はすらりとしている
She has a slender figure.

スランプ a slump /スランプ/
- スランプに陥る[を脱する] fall into [get out of] a slump

すり a pickpocket /ピクパケット/ → する³
- すりに用心しなさい Beware of pickpockets.

スリーディー 3D の　**3D, three-dimensional**
/ディメンシャヌる/
- 3D CG　three-dimensional computer graphics

ずりおちた ずり落ちた（ズボンが）**low-slung** /ろウスらんグ/

すりガラス **frosted glass** /ふローステド/

すりきず すり傷 a **scrape** /スクレイプ/;（すりむけ）a **graze** /グレイズ/

すりきれる すり切れる **wear**（**out**）/ウェア/
すり切れた **worn-out** /ウォーナウト/
- カーテンはひどくすり切れてしまった
The curtains have worn badly.

スリッパ 《米》**scuffs** /スカふス/;《米》（a **pair of**) **scuff slippers** /(ペアロブ) スカふ スリパズ/;《英》(a **pair of**) **mule slippers** /ミューる/ ➡ slipper は
靴ひものない室内履き一般をさす

スリップ
❶（車の）a **skid** /スキド/ ➡ slip（すべる）という英語もあるが, 車の場合は使わない
- （車が）スリップする　skid / go into a skid
❷（女性用下着）a **slip** /スリプ/

すりつぶす（粉にする）**grind down** /グラインド ダウン/;（じゃがいもなどを）**mash** /マシュ/

すりばち すり鉢 an **earthenware mortar** /ア〜ヌンウェア モータ/, a **mortar**
- すり鉢でする　grind in a mortar
- すりこぎ　a wooden pestle

スリムな **slim** /スリム/

スリル a **thrill** /すりる/
- その登山はスリル満点だった
The mountain climbing was full of thrills.

する¹
❶（仕事などを）**do**
❷（演説・約束などを）**make**
❸（ゲーム・スポーツなどを）**play**
❹（…を…にする）**make**

❶（仕事などを）**do** /ドゥ/
- 仕事[宿題]をする　do one's work [homework]
- 料理[洗たく]をする　do the cooking [the washing] / cook [wash]
- あしたの予習をする　do one's lessons for tomorrow
- 悪い[ばかな, おかしな]ことをする　do bad [foolish, funny] things
- 私は夕食前に宿題をしますが, 彼は夕食を食べてから宿題をします
I do my homework before supper, but he does his (homework) after (it).

- 私はきのうはたくさんの仕事をした
I did a lot of work yesterday.
- 私はもう宿題をしてしまった ➡ 現在完了
I have already done my homework.
- きょうの午後は買い物をしよう
I'll do some shopping this afternoon.
- 自分でそれをしなさい　Do it yourself.
- そんなばかなことをするな
Don't do a foolish thing like that.
- きょうはしなければならないことがたくさんある[何もすることがない] I have a lot of things [nothing] to do today. ➡ 不定詞 to do は things, nothing を修飾する
- 君はここで何をしているのですか ➡ 現在進行形
What are you doing here?
- 君は今までずっと何をしていたのですか ➡ 現在完了進行形 What have you been doing (all this while)?
- 君はその小鳥をどうするつもりですか
What are you going to do with the bird? ➡ do with 〜は「…を(どう)する」
- ぼくの傘どうしたの?
What did you do with my umbrella?

❷（演説・約束・訪問などを）**make** /メイク/
- 演説をする　make [give] a speech / speak
- 約束をする　make a promise / promise
- A を訪問する　make [pay] a visit to A / make [pay] A a visit / visit A
- 彼はすばらしい演説をした
He made [gave] a wonderful speech.
- 彼女は9時に帰宅すると約束した
She made a promise [She promised] to be home at nine o'clock.

❸（ゲーム・スポーツなどを）**play** /プれイ/;（柔道などを）**do, practice** /プラクティス/;（参加して行う）**participate in** /パーティスィペイト/
- トランプをする　play cards
- テニスをする　play tennis ➡ スポーツ名の前には ×a, ×the をつけない
- キャッチボールをする　play catch
- 柔道[空手]をする　do [practice] judo [karate]
- 私は団体競技はしたくありません
I don't like participating in team games.

❹（…を…にする）**make**

基本形
A (人・物)を B にする
make A B ➡ B は形容詞または名詞

- 彼を怒らせる　make him angry
- 彼女を主将[会長]にする　make her captain [president]

する

play / do / make her captain

・われわれはユキを主将にした
We made Yuki our captain.
・彼らは彼女をリーダーにした. 彼女はとても嬉しかった They made her their leader. That made her very happy.

❺(値段が) **cost** /コースト/
・この辞書は2千円する
This dictionary costs [is] 2,000 yen.
・その車は1万ドル以上しました[するでしょう] The car cost me [will cost you] more than 10,000 dollars. ➔「支払う人」は cost me [you] のように示す
・それはいくらしますか[しましたか]
How much does [did] it cost?

❻(決める) **decide** /ディ**サ**イド/; (選ぶ) **choose** /チューズ/
・彼女は仕事をやめることにした
She decided to quit her job.
・お昼は何にしましょうか
What shall we have for lunch?
・私たちは山田君を学級委員長にした
We chose Yamada as our class president.

する² (こする) **rub** /ラブ/; (マッチを) **strike** /ストライク/ ➔ こする

する³ (抜き取る) **pick** /ピク/; (ぬすむ) **steal** /スティーる/
・私はポケットのものをすられた
I had my pocket picked.

ずる ずるをする **cheat** /チート/
・彼はトランプ[テスト]でずるをした
He cheated at cards [in the examination].

ずるい (悪賢い) **cunning** /カニング/; (不正な) **unfair** /アンふェア/
・彼はちょっとずるい
He is a bit too cunning.
・あと出しじゃんけんなんてそれはずるいよ
That's not fair, showing your *janken* finger sign late.

するする (すばやく) **nimbly** /ニンブリ/; (なめらかに) **smoothly** /スムーずり/
・するすると木に登る climb nimbly up a tree

するどい 鋭い **sharp** /シャープ/, **keen** /キーン/
・鋭く sharply

するな …するな (否定の命令文) **Don't**＋動詞の原形, **Never**＋動詞の原形 ➔ never のほうが don't よりも強い否定になる; ➔ いけない
・この川で泳ぐな Don't swim in this river.
・今晩彼に電話をするのを忘れるなよ
Don't forget to give him a call tonight.
・気にするな Never mind.
・絶対にこのことを彼女に言うなよ
Never tell this to her.
・時間に遅れるなよ Don't be late.
・そんなに怒るなよ Don't be so angry.

ずるやすみ ずる休みをする (学校を) **play truant** (from school) /プれイ トルーアント/, 《米話》**play hooky** (from school) /フキ/

ずれ (へだたり) a **gap** /ギャプ/; (時間の) a **lag**; (違い) (a) **difference** /ディふァレンス/
・時間のずれ a time lag
・数秒のずれ a lag of several seconds
・世代のずれを埋(う)める bridge the generation gap
・彼の考えと私の考えには大きなずれがある
There is a great gap between his idea and mine.

すれすれ
・すれすれで(…の)時間に間に合う be just in time (for ～)
・鳥が湖面すれすれに飛んだ
The birds skimmed the surface of the lake.

すれちがう pass each other /イーチ アざ/
・この通りは車がすれちがうことができないほど狭い
This street is so narrow that two cars can hardly pass each other.

ずれる (正しい位置から) **slip**; (ピントが) **be out of focus** /ふォウカス/; (タイミングが) **be off**
・この写真はピントがずれている
This picture is out of focus.
・彼はタイミングがずれているからいつもボールを打ちそこなう His timing is off and he always misses a ball.

スローイン a **throw-in** /すロウ イン/
スローガン a **slogan** /スろウガン/

スローな slow /スロウ/
スワイプする swipe /スワイプ/
・右にスワイプする swipe right

すわる

➤ **sit, be seated** /スィーテド/; (腰を下ろす) **sit down** /ダウン/

すわらせる sit, seat

基本形
A にすわる
　sit on [in] A
A に向かってすわる
　sit at A
すわって…している
　sit *doing*

・いすにすわる sit in [on] a chair ➜ ロッキングチェアのようにふかふかしたいすにすわる時は in, 硬いいすにすわる時は on
・床[窓のそば]にすわる sit (down) on the floor [by the window]
・ベンチにすわる sit (down) on a bench
・ひじかけいすにすわる sit in an armchair
・机に向かってすわる sit (down) at a desk
・じっとすわっている sit still

・彼は大きないす[スツール]にすわっていた ➜ 過去進行形 He was sitting [was seated] in a big chair [on a stool].
・彼女はピアノに向かってすわりひきはじめた
She sat (down) at the piano and began to play.
・どうぞおすわりください Please sit down. / Please be seated. ➜ 後ろの文は改まった言い方
・学校では君の隣にはだれがすわってるの
Who sits next to you at school?
・彼は火のそばにすわって新聞を読んでいた
He sat reading a newspaper by the fire.
・私たちは公園のベンチにすわってしばらく話をした
We sat on the park bench talking for some time.
・彼は孫たちに囲まれてすわっていた
He sat surrounded by his grandchildren. ➜ surrounded は surround (囲む)の過去分詞(囲まれて)
・彼は子供を抱き上げて小さないすにすわらせた He lifted the child and sat [seated] him on a little chair.

スンニは スンニ派（イスラムの）**Sunni** /スニ/; (スンニ派の人) a **Sunni**

せ セ

せ 背

❶ (背中) **the back**, *one's* **back**
❷ (身長) *one's* **height** ➜ しんちょう¹

❶ (背中) **the back** /バク/, *one's* **back** ➜ せなか
・いすの背 the back of a chair
・背伸びする stretch up on *one's* toes; (無理をする) do more than *one* can
・彼は窓の方に背を向けて立っていた
He stood with his back to the window.

❷ (身長) *one's* **height** /ハイト/
背の高い tall /トーる/
背の低い short /ショート/

君は背の高さがどれくらいありますか
―私は背の高さが160センチです
How **tall** are you?
―I am a hundred and sixty centimeters **tall**.

君と彼とではどちらが背が高いですか
―彼は私より首だけ背が高い[低い]
Who is **taller**, you or he?
―He is **taller** [**shorter**] than I am 《話》 than me] by a head.

・私は背の高さは君とほぼ同じぐらいだ
I am about as tall as you.
・彼はクラスで一番背の高い少年です
He is the tallest boy in the class.
・彼はその果実に手が届くには少し背が低かった He was a little too short [was not tall enough] to touch the fruit.

せい¹ 性(別) **sex** /セクス/
・性教育 sex education
・男[女]性 the male [female] sex
・性的いやがらせ
sexual harassment
・性別年齢に関係なく
regardless of age or sex

せい

せい² 姓　a **family name** /ふァミリ/, a **last name**

せい³ 生　(a) **life** /らィふ/　→せいし¹
・生と死　life and death

せい⁴ …のせいで　**due to ～** /デュー/, **because of ～** /ビコーズ/, **because ～** →から³ ❸, ため ❷
　…のせいにする　**blame** /ブれィム/
・その事故は運転手の不注意のせいでした　The accident was due to the driver's carelessness.
・その実験が失敗したのは光がやや強すぎたせいです　The experiment failed because the light was a little too strong.
・彼らは失敗を彼のせいにした
They blamed him for the failure.

せい⁵ …製　**～ make**
　…製の　**～-made**
・日本製の自動車　an automobile of Japanese make / an automobile made in Japan / a Japanese-made automobile
・スイス製［外国製］の時計　a Swiss-made [foreign-made] watch
・これは木製でなくプラスチック製です　This is not made of wood. It is made of plastic.

ぜい 税　(a) **tax** /タクス/　→ぜいきん
・税をかける　tax / impose a tax (on ～)
・…の税を納める　pay a tax on ～

せいい 誠意　**sincerity** /スィンセリティ/
　誠意のある　**sincere** /スィンスィア/
・誠意をもって　sincerely / with sincerity

せいいっぱい 精一杯やる　**do** one's **best, try** one's **best** /トラィ/
・彼は私を助けようと精一杯やってくれた
He did [tried] his best to help me.
・私はその仕事を精一杯やった
I did the work as best as I could.
・これだけで精一杯（→これが私ができる最大限）です
This is the most I can do.

せいえん 声援　**cheering** /チアリンぐ/, **rooting** /ルーティンぐ/　→おうえん
　声援する　**cheer, root for**

せいおう 西欧（西ヨーロッパ）**Western Europe** /ウェスタン ユアロプ/; (西洋) **the West** /ウェスト/
・西欧諸国　the Western countries

せいか¹ 聖火　a **sacred torch** /セイクレド トーチ/
・オリンピック聖火　the Olympic torch

せいか² 成果　**the result** /リザるト/, **the fruit** /ふルート/
・成果をあげる［収める］　produce good results
・この成功は彼の努力の成果である
This success is the fruit of his hard work.

せいかい¹ 正解　a **correct answer** /コレクト/
・正解を出す　come up with [give] a correct answer
・これはその問題の正解です
This is the correct answer to the question.
・君の答えは正解です　Your answer is correct.

せいかい² 政界　**the political world** /ポリティカる ワ〜るド/

せいかく¹　性格

➤ **character** /キャラクタ/, **personality** /パ〜ソナリティ/
・性格がきつい［おとなしい］　have a strong [weak] character [personality]
・あの兄弟はまったく性格がちがいます　The brothers are entirely different in character.
・持って生まれた性格は直らないものだ
A person can't change their character. /
ひゆ A leopard can't change its spots. (ヒョウはその斑点を変えることができない)

せいかく²　正確な

➤ **exact** /イグザクト/
➤ (正しい) **correct** /コレクト/
　正確に　**exactly; correctly**
・君はこのことばの正確な意味を知っていますか
Do you know the exact meaning of this word?
・正確な時刻を教えてください
Tell me the correct time.
・正確に言うと, ここへ来るのに1時間23分かかりました　To be exact, it took me an hour and twenty-three minutes to come here.
・これとそれは正確には同じでない
This and that are not exactly the same.

せいがく 声楽　**vocal music** /ヴォウカる ミューズィク/
・声楽家　a vocalist

せいかつ　生活

➤ (暮らし) (a) **life** /らィふ/
➤ (生計) a **living** /リヴィンぐ/, a **livelihood** /らィヴリフド/
➤ (経歴) a **career** /カリア/
　生活する　**live** /リヴ/　→くらす
・学校［家庭］生活　school [home] life
・彼の長い舞台［教師］生活　his long stage [teaching] career
・生活状態　living conditions
・生活費　living expenses

293 せいざ

- 生活水準 the standard of living
- 生活様式 a way of living / a life style
- 幸福な生活を送る lead a happy life
- 生活が楽だ［苦しい］ be well off［badly off］
- こういうことは私たちの日常生活ではごく普通のことです Such matters are quite common in our daily life.
- 私は都会の生活よりも田舎の生活にもっと大きな魅力(みりょく)を感じる Country life is more attractive to me than city life.

ぜいかん 税関 the customs /カストムズ/; (事務所) a custom(s) house /ハウス/
- 税関員 a custom-house officer
- 税関を通るのに時間がかかりますか
Will it take me much time to pass through the customs?

せいき[1] 生気 life /らイふ/
- 生気に満ちた lively / energetic / full of life
- 生気のない lifeless

せいき[2] 世紀 a century /センチュリ/
- 21世紀に in the twenty-first century
- 半世紀以上もの間 for more than half a century

せいき[3] 正規の regular /レギュら/

せいぎ 正義 (the) right /ライト/, justice /ヂャスティス/
- 正義の righteous / just
- 正義感が強い have a strong sense of justice

せいきゅう 請求 a demand /ディマンド/
請求する demand
- 請求書 a bill
- 借金の支払いを請求する demand payment of a debt

せいきょう 生協 (生活協同組合(の売店)) a co-op /コウ アプ/

ぜいきん 税金 (徴収される) (a) tax /タクス/; (徴収された) tax-payers' money → ぜい
- これらの橋の建造にはたくさんの税金が使われた
A lot of tax-payers' money was used in building these bridges.

せいけい[1] 生計 livelihood /らイヴリフド/, living /リヴィンぐ/
- 生計をたてる earn［make］a livelihood / earn［make］a living

せいけい[2] 西経 the west longitude /ウェスト らンヂテュード/ → longitude は long. と略す
- 西経120度 Long. 120°W. (読み方: longitude a hundred and twenty degrees west)

せいけつ 清潔な clean /クリーン/
清潔にする clean

- 清潔に cleanly
- 清潔なシャツを着る wear a clean shirt
- 自分の部屋をいつも清潔にしておきなさい
Always keep your room clean.

せいげん 制限 (数・量の) a limit /リミト/; (行為(こうい)の) a restriction /リストリクション/
制限する limit; restrict /リストリクト/
- 制限のない limitless; free
- 制限速度 a speed limit
- 演説は一人10分に制限されている
Speeches are limited to 10 minutes each.
- 戦前戦中は言論の自由が制限されていた
Freedom of speech was restricted before and during the war.

せいご 正誤表 (a list of) corrections /コレクションズ/

せいこう 成功

➤ **success** /サクセス/

成功する succeed /サクスィード/, be successful /サクセスふる/, have success, win success

基本形
…に成功する
succeed in 〜
be successful in 〜

- 月面着陸に成功する succeed［be successful］in landing on the moon
- 彼［私たちの計画］はついに成功した
He［Our plan］succeeded at last.
- 彼は歌手として成功した He succeeded［was a success］as a singer. / He was a successful singer.
- 彼らはその山の登頂に成功した
They succeeded［were successful］in reaching the top of the mountain.
- パーティーは大成功でした
The party was a great［big］success. / The party was very successful.

ことわざ 失敗は成功のもと
Every failure is a stepping stone［the high-road］to success. (一つ一つの失敗が成功への踏(ふ)み石［幹線道路］になる) / Failure teaches success. (失敗は成功を教えてくれる)

せいこん …に精魂を傾ける throw oneself heart and soul into 〜 /すロウ ハート ソウる/
- 彼は自分の仕事に精魂を傾けた He threw himself heart and soul into his work.

せいざ[1] 星座 a constellation /カンステれイション/; (星占いの) the signs of the zodiac /サインズ ゾウディアク/

せいざ 294 two hundred and ninety-four

・私は水瓶（みずがめ）座です．あなたの星座は何ですか
I'm an Aquarius. What's your sign?

せいざ² 正座する **sit on** *one's* **legs** /れグズ/
・私は正座するとすぐ足がしびれる When I sit on my legs, they soon go to sleep.

せいざい 製材所 《米》a **lumbermill** /らンバミる/, 《英》a **sawmill** /ソーミる/

せいさく¹ 政策 a **policy** /パリスィ/

せいさく² 製作 **production** /プロダクション/
製作する produce /プロデュース/, **make**
・製作者 a producer / a maker
・製作所（工場）a factory / a plant;（手工業の）a workshop

せいさん¹ 生産 **production** /プロダクション/
生産する produce /プロデュース/, **turn out** /タ～ン/
・生産者 a producer
・生産物 a product;（集合的に）produce
・生産高 output
・大量生産 mass production
・国内総生産 gross domestic product（GDPと略される）
・この地方は織物の生産で有名です
This part of the country is famous for its production of textiles.

せいさん² 清算する（貸し借りなど）**settle** /セトる/
・君払っておいてくれる? あとで清算するから
Would you pay it now? I'll settle with you later.
・過去を清算して新しく出発しよう
ひゆ Let's draw a line under the past, and make a fresh start.（過去の下に線を引いて）/
ひゆ Let's turn the page and start with a clean sheet.（ページをめくって新しい紙面から始めよう）

せいさん³ 精算（運賃などの）**adjustment** /アヂャストメント/
精算する adjust

せいし¹ 生死 **life and death** /らイふ デす/
・生死にかかわる問題 a matter of life and death
・彼の生死は不明だ It is not known whether he is alive or dead.

せいし² 制止する（群衆などを）**control** /コントロウる/, **hold in check** /ホウるド チェク/
・警察は群衆を制止してその地域に入らせなかった
The police held the crowd in check and didn't let them enter the area.

せいし³ 製紙工場 a **paper mill** /ペイパ/

せいじ 政治（理論）**politics** /パリティクス/;（統治・政治形態）**government** /ガヴァンメント/

政治家 a **statesperson** /ステイツパ～スン/（複 -people）; a **politician** /パリティシャン/
・政治の political
・民主政治 democratic government
・政治を論じる talk politics

せいしき 正式の **formal** /ふォーマる/
・正式に formally / in due form
・彼は正式に承諾（しょうだく）した
He gave his formal consent.

せいしつ 性質 (a) **nature** /ネイチャ/
・性質のよい[悪い] good[ill]-natured
・あの二人の兄弟はまったくちがった性質を持っている The two brothers are entirely different in nature.

せいじつ 誠実（誠意）**sincerity** /スィンセリティ/;（忠実）**faithfulness** /ふェイすふるネス/
誠実な sincere /スィンスィア/; **faithful**
誠実に sincerely; faithfully
・彼は誠実に約束を守る
He faithfully keeps his promise. /
He is always faithful to his promise.
・彼のこの申し出が誠実なものかどうか私は疑問だ
I am doubtful if this offer of his is really sincere.

せいじゅく 成熟 **maturity** /マチュラティ/
成熟する mature /マチュア/, **come to maturity**
・成熟した mature

せいしゅん 青春 **youth** /ユーす/
・青春時代 *one's* youth [youthful days]
・青春は二度と来ない
Youth comes but once.
・つまらないことに君の青春を浪費するな
Don't waste your youth on trifles.

せいしょ¹ 清書 a **fair copy** /ふェア カピ/
・…を清書する make a good copy of ～

せいしょ² 聖書 **the Bible** /バイブる/
・新[旧]約聖書 the New [Old] Testament

せいしょう 斉唱する **sing in unison** /ユーニスン/

せいじょう 正常 **normality** /ノーマリティ/
正常な normal /ノーマる/
・正常に戻る return to normal

せいじょうき 星条旗 **the Stars and Stripes** /スト ライプス/, ➡ アメリカ合衆国の国旗

せいしょうねん 青少年 **the youth** /ユーす/

せいしん 精神
➤（肉体に対しての）(a) **spirit** /スピリト/;（知的）(a) **mind** /マインド/

精神的な spiritual /スピリチュアる/; **mental** /メントる/

- 精神的に spiritually; mentally
- 精神年齢(ねんれい) mental age
- 精神(心)の健康 mental health
- 精神障害 a mental disorder
- 精神医学 psychiatry
- 精神科医 a psychiatrist
- 精神病患者(かんじゃ) a psychiatric patient
- …に精神を集中する concentrate *one's* mind on ～
- われわれは憲法が書かれた精神を理解しなければいけない We must understand the spirit in which the Constitution was written.

ことわざ 健全な精神が健全な肉体に宿りますように A sound mind in a sound body. →けんぜん

せいじん¹ 成人 a **grown-up** /グロウナプ/, an **adult** /アダるト/

　成人する grow up /グロウ/

- 成人の grown-up / adult
- 成人の日 Coming-of-Age Day
- 成人式 the coming-of-age ceremony
- 彼女は成人して立派な医師になった She grew up to be a good doctor.

せいじん² 聖人 a **saint** /セイント/

せいず 製図 a **drawing** /ドローインぐ/

　製図する draw

せいすう 整数 an **integer** /インティヂャ/

せいぜい (多くとも) **at most**; (よくても) **at best**; (長くとも) **at longest**; (できるだけ) **as ～ as possible** /パスィブる/

- それはせいぜい300円ぐらいでしょう It will be about three hundred yen at most.
- こんどのテストではせいぜい70点ぐらいと思っている I expect only about 70 on this test.
- 私はせいぜい三日しか待てません I can only wait three days at longest.
- せいぜい頑張りなさい Work as hard as possible.

せいせいどうどう 正々堂々の **fair (and square)** /ふェア (スクウェア)/

- 正々堂々と fair / fairly / in a fair manner
- 正々堂々と勝負する play fair [fairly]

せいせき　成績

➤ a (**school**) **record** /レコド/

➤ (点数) a **mark** /マーク/; (評点) a **grade** /グレイド/

- 成績表 a record card
- 彼は学校では成績がよかった

He had good grades at school.

- 私は英語ではたいていよい成績をとっています I usually get good marks in English.
- 彼は優秀な成績で中学校を卒業した He graduated from junior high school with an excellent record.
- 私はクラスの成績は上[下]のほうです I rank high [low] in my class.

せいせんしょくりょうひん 生鮮食品 **perishable foods** /ペリシャブる ふーツ/

せいそう 清掃 →そうじ²

せいぞう 製造する (つくる) **make**; (機械を使って大量に) **manufacture** /マニュふァクチャ/

- 製造所 →こうじょう¹
- 製造業 the manufacturing industry

せいぞん 生存 **existence** /イグズィステンス/; (生き残ること) **survival** /サヴァイヴァる/

　生存する exist /イグズィスト/; (生き残る) **survive** /サヴァイヴ/

- 生存者 (生き残った人) a survivor
- 生存競争 the struggle for existence
- その船の難破で生存者はほとんどいなかった Only a few people survived the shipwreck.

せいたい 生態(学) **ecology** /イカろヂ/

- 生態系 an ecosystem
- (環境汚染による)生態系破壊 ecocide

せいだい 盛大な **grand** /グランド/

- 盛大な宴会(えんかい)を催(もよお)す give a grand banquet
- …に盛大な拍手(はくしゅ)を送る give a big hand to ～

ぜいたく ぜいたく(品) (a) **luxury** /らクシャリ/

- ぜいたくな luxurious
- ぜいたくに暮らす live in luxury
- 私はそんなぜいたくはできません I cannot afford such luxury.
- こうなったらぜいたくは言っていられない

ひゆ Any port in a storm. (嵐の時にはどんな港でも)

せいちょう 成長 **growth** /グロウす/

　成長する grow /グロウ/

- 成長した grown-up
- 彼女は成長して立派な娘になった She has grown into [to be] a fine girl.
- この種の木は砂地には成長しにくい This kind of tree does not grow well in a sandy soil.

せいてつ 製鉄所 an **iron works** /アイアン ワ～クス/, an **iron plant** /プらント/

せいと　生徒

せいど 296 two hundred and ninety-six

➤ a **pupil** /ピューピる/; a **student** /ステューデント/

文法・語法
《米》では「小学生」に pupil を, 「中・高校生」に student を使う. 《英》では「小・中・高校生」に pupil を使う

• 生徒会 a student council
• 生徒会選挙 a student council election
• 生徒総会 a general meeting of the student council
• 生徒手帳 a student pocketbook of the school regulations
• 男子生徒 a schoolboy
• 女子生徒 a schoolgirl

せいど 制度 a **system** /スィステム/
• 新しい教育[学校]制度 a new educational [school] system

せいとう¹ 正当な （公正な） **just** /ヂャスト/; （まちがっていない） **right** /ライト/; （合法的な） **legal** /リーガる/

正当化する justify /ヂャスティふァイ/
• …する正当な理由がある have good reason to *do*
• …を正当に評価する do ～ justice
• 私は自分のしたことを正当化するつもりはありません I'm not going to justify what I did.

せいとう² 政党 a **political party** /ポリティカる パーティ/
• 革新[保守]政党 a progressive ［conservative］ party

せいどう 青銅 **bronze** /ブランズ/

せいとうぼうえい 正当防衛 **legitimate self-defense** /リヂティミット セるふ ディふェンス/
• 正当防衛で in self-defense

せいどく 精読 **careful reading** /ケアふる リーディング/
精読する read carefully
• たくさんの本をぼんやり読むよりは少数の本を精読したほうがよい
It is better to read a few books carefully than to read many books carelessly.

せいとん 整頓 **order** /オーダ/
整頓する put in order
• 部屋はいつもきちんと整頓しておかなければいけない You must always keep your room in good order.

せいなん 西南 **the southwest** /サウすウェスト/
• 西南の southwest / southwestern
• 西南に southwest; （方向）to the southwest;

（位置）in the southwest
• それは東京の西南約50キロのところにある
It is about 50 kilometers southwest of Tokyo.
• それは九州の西南(部)にあります
It is in the southwest of Kyushu.

せいねん¹ 青年 （全体として） **young people** /ヤング ピープる/, **the youth** /ユーす/, **the young**; （男性）a **young man** （屬 men）, a **youth**, （女性）a **young woman** /ウマン/ （屬 women /ウィメン/）
• 彼女の青年時代に in her young days / in her youth
• 彼は青年時代をこの村で過ごした
He spent his young days in this village.

せいねん² 成年 **full age** /ふる エイヂ/
• 成年に達する reach full age / come of age
• (まだ)成年に達していない be under age

せいねんがっぴ 生年月日 **the date of** *one's* **birth** /デイト バ～す/
🗨会話 あなたの生年月日はいつですか. —2015年5月10日です
What is the date of your birth? —It is May 10, 2015. / When were you born? —I was born on May 10, 2015.

せいのう 性能 （エンジンなどの） **performance** /パふォーマンス/; （能率） **efficiency** /イふィシェンスィ/
• 性能のよい efficient

せいのかず 正の数 a **positive number** /パズィティヴ/ ➡ plus number とは言わない

せいひれい …に正比例する **be in direct proportion to ～** /ディレクト プロポーション/

せいひん 製品 a **product** /プラダクト/
• 新製品 a new product
• 国内製品の中には外国製品よりもまさっているものが少なくない
Not a few domestic ［home］ products are better than foreign-made things.

せいふ 政府 **the government** /ガヴァンメント/; （現在の） **the Government**
• 日本政府 the Japanese Government
• 政府高官 a high government official

せいぶ 西部 **the west**; （米国の） **the West**
• 西部の west / western
• その町は九州の西部にある
The town is in the west of Kyushu.

せいふく¹ 制服 a **uniform** /ユーニふォーム/
• 制服を着ている be in uniform
• 制服の少女たち girls in uniform

せいふく² 征服 **conquest** /カンクウェスト/

征服する conquer /カンカ/
・征服者 a conqueror

せいぶつ¹ 生物 **a living thing** /リヴィング スィング/; (集合的に) **life** /らイふ/
・生物学 biology
・生物学者 a biologist
・生物学的 biological
・太陽がなければ地上の生物は生きることができない
Without the sun, no living thing could exist on earth. / Without the sun, life would be impossible on earth.
・海には生物がうようよしている
Life swarms in the sea.

せいぶつ² 静物 (総称) **still life** /スティる らイふ/
・静物画 a still life → ⑲ still lifes

せいぶん 成分 (構成要素) **an ingredient** /イングリーディエント/
・これはいくつかの成分から出来ている
This is made up of several ingredients.

せいべつ 性別 → せい¹

せいぼ¹ 聖母マリア **the Virgin Mary** /ヴァ〜ヂン メアリ/

せいぼ² 歳暮 (贈(おく)り物) **a year-end gift** /イア エンド ギふと/

せいぼう 制帽 **a regulation cap** /レギュれイション/

せいほうけい 正方形 **a square** /スクウェア/
・正方形の square

せいほく 西北 **the northwest** /ノーすウェスト/ → せいなん
・西北の northwest / northwestern
・西北へ[に] northwest / to the northwest

せいみつ 精密 **precision** /プリスィジョン/
精密な precise /プリサイス/
・精密に precisely / with precision
・精密機械 a precision instrument
・心臓の精密検査を受ける have a thorough checkup of *one's* heart
・その機械は驚くほど精密に働く The machine works with surprising precision.

ぜいむしょ 税務署 **a tax office** /オーふィス/

せいめい¹ 生命 **life** /らイふ/ (⑲ lives /らイヴズ/)
・生命保険 life insurance → ほけん¹
・その事故で30人の生命が失われた
Thirty lives were lost in the accident.

せいめい² 姓名 *one's* **full name** /ふる/

せいめい³ 声明 **a statement** /ステイトメント/
声明を出す make a statement
・公式[共同]声明を発表する issue an official [a joint] statement

せいもん 正門 **the front gate** /ふラント ゲイト/, **the main gate** /メイン/ → 扉が2枚あれば gates ということが多い

せいゆう 声優 (アニメなどの) **a voice artist** /ヴォイス アーティスト/, (男性) **a voice actor** [(女性) **actress**] /アクタ [アクトレス]/; (映像のナレーターの) **a voice-over** /ヴォイス オウヴァ/

せいよう¹ 西洋 **the West** /ウェスト/
・西洋の Western
・西洋人 a Westerner / a European
・西洋諸国 the Western countries
・西洋文明 Western civilization

せいよう² 静養 (a) **rest** /レスト/
静養する rest. have a rest. take a rest

せいり¹ 整理 **arrangement** /アレインヂメント/ → せいとん
整理する arrange /アレインヂ/
・整理券 a numbered ticket
・整理番号 a reference number
・図書室の本を整理する arrange the books in the library

せいり² 生理
❶ (体の働き) **physiology** /ふィズィアロヂ/
❷ (女性の) **a period** /ピアリオド/;
・私は今生理です I'm having my period.
・生理痛 period pain

せいりつ 成立する (協定などが) **be concluded** /コンクるーデド/; (組織が) **be formed** /ふォームド/; (国会で法案が) **be given the Diet's approval** /ダイエツ アプルーヴァる/

せいりょういんりょう 清涼飲料 **a soft drink** /ソーふト ドリンク/

せいりょく¹ 勢力 (人を動かす力) **influence** /インふるエンス/; (広い意味で) **power** /パウア/
・勢力のある influential / powerful

せいりょく² 精力 **energy** /エナヂ/
・精力的な energetic
・精力的に energetically / with energy
・彼はこの研究に全精力を集中している He concentrates all his energies on this study.

せいれき 西暦 **the Christian era** /クリスチャン イアラ/; 《略》(年数と共に用いて) A.D.
・西暦476年 A.D. 476

せいれつ 整列する, 整列させる **line up** /らイン/

セーター a sweater /スウェタ/

セーフ (野球で) **safe** /セイふ/

セーラーふく セーラー服 (女子学生の制服) **a sailor-style blouse** /セイラ スタイる ブらウズ/

セーリング 《スポーツ》**sailing** /セイリング/ → ヨットの競技名

セール 298　two hundred and ninety-eight

セール a sale /セイ^る/ → うりだし
セールスマン（男女の区別なく）a **salesperson** /セイるズパースン/ → 外で営業する人だけでなく店員をも意味する
せおよぎ 背泳ぎ **backstroke** /バ^クストロウク/
・背泳ぎをする[で泳ぐ] do (the) backstroke
・背泳ぎで優勝する win the backstroke (race)

せかい　世界

➤ **the world** /ワ～^るド/
・世界的な world-wide
・世界じゅうで all over the world
・世界史 world history
・世界記録 a world record
・第一[二]次世界大戦 World War I [II]（読み方: one [two]）
・世界最高峰 the highest mountain in the world
・世界一周旅行をする
travel around the world
・彼の名は世界的に有名です
His name is known all over the world. / His fame is world-wide.
・世界観（哲学）worldview → 「物語の設定」は the setting of the world (in the story)
せかす（急がせる）**hurry** /ハ～リ/, **rush** /ラ^シュ/
・彼は食事中だからせかせてはいけない
He is eating, so don't hurry him.
・お願いだからせかさないで
Don't rush me, please.
セカンド（野球の）→ にるい
せき¹ 席 a **seat** /スィート/ → ざせき
・席に着く take one's seat
・席を取る get a seat
・…に席を譲（ゆず）る offer one's seat to ～
・…と席を取り換える change seats with ～
・指定席（予約が必要な席）reserved seating only, seats for which a reservation is required [mandatory] / (予約されている席) a reserved seat
・自由席（予約が不要な席）free-seating, seats for which a reservation is not necessary / (予約されていない席) a non-reserved seat, a free seat
ⓘ会話 この席にだれかきますか. —いいえ，あいています Is this seat taken? —No, it's vacant [free].
せき² a **cough** /コー^ふ/
せきをする cough
・せきどめ（ドロップ）a cough drop / (シロップ) cough syrup

・ひどくせきをする have a bad cough
・せきばらいをする clear one's throat
せきがいせん 赤外線 **infrared rays** /イン^ふラレドレイ^ズ/
せきじ 席次 **class standing** /^クラス スタンディン^グ/
せきじゅうじ 赤十字 **the Red Cross** /レ^ド クロース/
・赤十字病院 the Red Cross Hospital
せきしんげつ 赤新月（イスラム教国の赤十字団体）**the Red Crescent** /レ^ド クレスント/
せきたん 石炭 **coal** /コウ^る/
せきどう 赤道 **the equator** /イ^クウェイタ/
・赤道の equatorial

せきにん　責任

➤ **responsibility** /リスパンスィビりティ/; (あやまち) **fault** /^ふォー^るト/
・責任のある responsible
・責任感 a sense of responsibility
・責任者 a person in charge
・…に対して責任を取る take (the) responsibility for ～
・…に対する責任をのがれる dodge [evade] one's responsibility for ～
・責任を果たす fulfill one's responsibility
・自分のした事は自分で責任を取らなければならない
You must take responsibility for what you have done. / ⓘひ You've made your bed and you must lie on it. (自分で寝床を用意したら，そこに寝なければならない)
・この課の責任者はどなたですか
Who's in charge of this section?
・これは彼の責任ではない
This is not his fault.
せきゆ 石油 **oil** /オイ^る/, **petroleum** /ペ^トロウりアム/; (灯火用)《米》**kerosene** /ケロスィーン/, 《英》**paraffin** /パラふィン/
・石油ランプ a kerosene lamp
・石油タンク[ストーブ] an oil tank [heater]
せきり 赤痢 **dysentery** /ディスンテリ/
セクシーな sexy /セ^クスィ/
セクシュアル・ハラスメント sexual harassment /セ^クシュア^る ハラスメント/
せけん 世間 **the world** /ワ～^るド/; (世間の人々) **people** /ピープ^る/
・広く世間を見る see much of the world
・あまり世間を知らない know little of the world
・世間話をする make small talk / have a chat
・それは本当だという世間の評判です

People say that it is true.

せし セ氏 → せっし

せたい 世帯 a **household** /ハウスホウるド/

せだい 世代 a **generation** /ヂェネレイシォン/
- 次の世代 the next［coming］generation
- 若い世代 the younger generation
- 世代間のギャップ a generation gap

せつ¹ 説（意見）an **opinion** /オピニォン/;（学説・理論）a **theory** /すィオリ/
- 自分の説を曲げない stick to *one's* opinion
- 私は君の説に賛成だ
I agree with your opinion.

せつ² 節（文の一節）a **passage** /パセヂ/;（文の段落）a **paragraph** /パラグラふ/;《文法》a **clause** /クろーズ/
- 形容詞[副詞，名詞]節 an adjective [an adverb, a noun] clause
- これは聖書からの一節です
This is a passage from the Bible.
- この記事は三つの節から成り立っている
This article consists of three paragraphs.

せっかい 石灰 **lime** /らイム/
- 石灰水 limewater

せっかく せっかくの（親切な）**kind** /カインド/;（待望の）**long-awaited** /ろーンぐ アウェイティド/
- せっかくですがと言って彼はその招待を辞退した
He declined the invitation with thanks.
- せっかくのご忠告ですが残念ながら私の計画はもう変更できません
Thank you for your kind advice, but I'm afraid I can't change my plan now.
- せっかくの休日も雨でさんざんだった
The long-awaited holiday was spoiled by rainy weather.

せっかち せっかちな **impatient** /インペイシェント/
- せっかちに impatiently

せっきじだい 石器時代 the **Stone Age** /エイヂ/

せっきょう 説教 a **sermon** /サ〜モン/;（訓戒(くんかい)）a **lecture** /れクチャ/
説教する **preach** /プリーチ/; lecture
- 私は行儀(ぎょうぎ)が悪いといってよく父に説教されます
I am often lectured by my father for my poor manners.

せっきょくてき 積極的な **positive** /パズィティヴ/;（活動的な）**active** /アクティヴ/
積極的に **positively**;（活動的に）**actively**
- …に積極的に参加する take an active part in ~
- 彼女は積極的に自分の意見を述べたことがない She has never positively expressed her opinion.

せっきん 接近 **approach** /アプロウチ/
接近する **approach, draw near** /ドゥロー ニア/, **come near, go near** → ちかづく
- そのボートはだんだん接近してきた
The boat came nearer and nearer.

せっく 節句（端午(たんごの)の）the **Boys' Festival** /ふェスティヴァる/;（桃の）the **Girls' Festival, the Doll's Festival** → たんごのせっく, ひなまつり

セックス **sex**
- セックスする have sex (with ~) / make love (with ~, to ~)

せっけい 設計する **plan**;（庭園・都市を）**lay out** /れイ/
- 設計図 a plan
- 私たちの家はその建築家の設計したものです
Our house was planned by that architect.

せっけん soap /ソウプ/
- せっけんで洗う wash with soap and water
- せっけん1個 a cake [a bar] of soap
- 液体[固形]せっけん liquid [solid] soap
- 液体せっけんポンプ, ソープディスペンサー a soap dispenser /ソウプ ディスペンサ/
- このせっけんは落ちが悪い
This soap does not clean well.

ゼッケン（番号）a **player's number** /プれイアズ ナンバ/, an **athlete's number** /アすリーツ/;（布）a **number cloth** /クろーす/
- ゼッケン1番の選手 the player [the athlete] wearing number 1

せっこう 石膏 **plaster** /プらスタ/

ぜっこう 絶好の **very good, the best**
- 春は旅行に絶好の季節です
Spring is the best season for traveling.

せっこつ 接骨医（柔道整復師）a **judo therapist** /セラピスト/
接骨院 a **judo therapist's**

ぜっさん 絶賛 the **highest praise** /ハイエスト プレイズ/
- 絶賛する praise highly

せっし 摂氏の **centigrade** /センティグレイド/, **Celsius** /セるスィアス/（略 C）
- 摂氏温度計 a centigrade thermometer
- 摂氏4度の水 water at 4℃（読み方: four degrees centigrade）

せっしゅ 接種 **inoculation** /イナキュれイション/
接種する **inoculate** /イナキュれイト/
- ジフテリアの予防接種を受ける be inoculated against diphtheria

せっしょく 接触（する）**touch** /タチ/
- マスメディアを通して私たちは世の中と接触してい

せっする 300 three hundred

ます

We are in touch with the world through the mass media.

せっする 接する （境が）**border** (on ～) /ボーダ/; (接触する）**touch** /タチ/
• この2州はたがいに接している
These two states border (on) each other.

せっせい 節制 **temperance** /テンパランス/
• 節制する lead a temperate life

せっせと （懸命に）**hard** /ハード/; （忙（いそが）しく） **busily** /ビズィリ/
• 彼は家族を養うためにせっせと働いた
He worked hard 【ひゆ like a beaver】 to support his family. （ビーバーのように働いた）
• クモがせっせと巣（す）をつくっている
A spider is busy making a cobweb.

せっせん 接戦 （競技などで）a **close game** /クろウス/
接戦する have a **close game**

せつぞく 接続 **connection** /コネクション/
接続する connect /コネクト/
• 接続詞 《文法》a conjunction
• この列車は大阪で博多行きの特急と接続します
This train connects with a limited express for Hakata at Osaka.

ぜったい 絶対の **absolute** /アブソるート/
• 絶対（的）に absolutely
• 絶対に…（し）ない never
• 彼らは君に絶対的信頼をおいている
They have absolute trust in you.
• 彼は絶対にうそをつかない
He never tells a lie.

ぜったいぜつめい 絶体絶命だ **be in a hopeless situation** /ホウプれス スィチュエイション/
• 私はいまや絶対絶命だ 【ひゆ I have my back to the wall now. （背中を壁につけている）

ぜったいち 絶対値 《数学》an **absolute value** /アブソるート ヴァりュー/

せっちゃく 接着性の **adhesive** /アドヒースィヴ/
接着剤 glue /グるー/, **adhesive**

ぜっちょう 絶頂 **the height** /ハイト/
• 当時私たちは幸福の絶頂だった
In those days we lived in perfect happiness ［were at the height of happiness］. / Those were our happiest days.

せってい 設定 **preferences** /プレふァレンスィズ/, **settings** → 通常複数形で用いる
• 変数 chumon を1と設定する set (the variable) chumon to 1

せつでん 節電 （electric）**power saving** /（イれクトリク）パウア セイヴィング/

節電する **save electricity** /セイヴ イれクトリスィティ/

セット
❶ （組）a **set**
• 紅茶［コーヒー］セット a tea［coffee］set
❷ （髪の）a **set**
セットする set
• 髪をセットしてもらう have *one's* hair set
❸ （テニスの）a **set**

せっとく 説得 **persuasion** /パスウェイジョン/
説得する persuade /パスウェイド/; （納得させる） **convince** /コンヴィンス/
• Aを説得して…させる persuade［talk］A into *doing*
• 説得力のある convincing
• われわれのクラブに参加するよう彼を説得してみようよ Let's persuade him to join our club.
• 彼の議論はやや説得力が足りなかった
His argument was not very convincing.

ぜっぱん 絶版の **out of print** /プリント/
• その本は絶版です The book is out of print.

せつび 設備 **equipment** /イクウィプメント/, a **facility** /ふァシリティ/; （収容設備） **accommodation** /アカモデイション/
• …の設備がある have ～ / be equipped［provided］with ～
• 貯蔵設備 a storage facility
• 通信設備 communication equipment
• 設備の立派な［貧弱な］ホテル a hotel with admirable［poor］accommodation

せつぶん 節分 *Setsubun*, **the Eve of the first day of spring**

日本を紹介しよう

節分には冬から春へ季節が移るのを記念して私たちは一つの行事を行います。それは豆まきです。その日の晩日本の多くの家では「福は内! 鬼は外!」と叫びながら家の内や外に豆をまきます
On *Setsubun*, the Eve of the first day of spring, we have a ceremony to mark the time when winter turns into spring. It's a bean-scattering ceremony. That evening in most houses in Japan people throw soybeans around their houses, shouting "Fortune in! Demons out!"

ぜっぺき 絶壁 a **cliff** /クりふ/

ぜつぼう 絶望 **despair** /ディスペア/
絶望する despair (of ～); **lose hope** /るーズ/
絶望的な desperate /デスパレト/; **hopeless** /ホプ

ウプれス/
- …を絶望に追いやる　drive ～ to despair
- 絶望して　in despair
- 絶望的な事態　a hopeless situation
- 私は彼に絶望した
I despaired of him.
- 私は決して絶望しない　I never lose hope.

せつめい　説明

➤ an **explanation** /エクスプらネイション/, an **account** /アカウント/

説明する　explain /イクスプれイン/, **account for**; (述べる) **tell**
- 説明書（機械操作用の）an operating manual
- 説明として　by way of explanation
- この文章の意味の説明ができますか　Can you explain the meaning of this sentence?
- どうしてこういうことがそうちょくちょく起こるのか私たちにだれも説明できなかった
Nobody could explain to us why such things happen so frequently.　→×*explain us* why ～ としない
- 君は欠席の理由を説明しなければならない
You have to account for your absence.
- こういうことは説明できない事です
This kind of thing is beyond explanation.

ぜつめつ　絶滅　extinction /イクスティンクション/
- 絶滅した　extinct
- 絶滅する　become extinct / die out
- 絶滅の危機にひんしている　endangered
- この鳥はほとんど絶滅に近い
This bird is almost extinct. /
This bird is nearing extinction. /
This bird is an endangered species.

せつやく　節約　saving /セイヴィング/, **economy** /イカノミ/

節約する　save /セイヴ/, **economize** (on ～) /イカノマイズ/
- 私は費用を節約するために歩いて行きます
I go on foot to save expenses [money].
- 私たちは光熱費を節約しなければならない
We must economize on light and fuel.

せつりつ　設立　establishment /イスタブリシュメント/, **foundation** /ふァウンデイション/

設立する　establish, **found**
- 私たちの学校は20年前に設立された
Our school was established [founded] twenty years ago.

せとぎわ　瀬戸際　brink /ブリンク/
- 彼はノイローゼになる瀬戸際まで追い込まれた　He was driven to the brink of a nervous breakdown.

せともの　瀬戸物　china /チャイナ/, **pottery** /パテリ/　→じき², とうき²

せなか　背中

➤ a **back**　→ ふつう, *one's* back, the back の形で使う
- 背中合わせに　back to back
- 彼は壁に背中を向けて立っていた
He stood with his back to the wall.
- この上着は背中のところがきつすぎる
This coat is too tight across the back.

せばんごう　背番号　a uniform number /ユーニふォーム ナンバ/

ぜひ　→ かならず
- 君も私たちといっしょにいらっしゃいよ, ぜひとも!
You must come with us! I insist!

せびろ　背広　a (business) suit /(ビズネス) スート/, 《英》 a **lounge suit** /らウンヂ/

せぼね　背骨　the spine /スパイン/, **the backbone** /バクボウン/

せまい　狭い

➤ (幅は_{はば}が) **narrow** /ナロウ/
➤ (面積が) **small** /スモーる/

狭くする　narrow; **make ～ small**
狭くなる　narrow; **become small**
- 狭い通り　a narrow street
- 心の狭い　narrow-minded
- この部屋は私たちの会議には狭すぎる
This room is too small for our meeting.
- その道路はここで急に狭くなる
The road narrows suddenly at this point.

narrow

small

せまる　迫る (要求する) **press**; (近づく) **approach** /アプロウチ/, **draw near** /ドロー ニア/; (攻め寄せる) **close in** (on ～) /クろウズ/
- …に返事を迫る　press ～ for an answer
- 時間が迫っている　Time is pressing.

セミ 302 three hundred and two

・試験が2日後に迫っている The examination is only two days away [off].

セミ 蝉 《虫》a **cicada** /スィカーダ/

ゼミ → セミナー

セミコロン a **semicolon** /セミコウロン/ →句読点のひとつ(;)

セミナー a **seminar** /セミナー/

せめて (少なくとも) **at least** /リースト/

せめる¹ 責める **blame** /ブレイム/
・彼の過失を責める blame him for his mistake

せめる² 攻める → こうげき (→ 攻撃する)

セメント **cement** /セメント/

ゼリー **jelly** /ヂェリ/

せりふ (俳優の) a **line** /ライン/
・せりふを言う say [deliver] one's lines

セルフィー (自分のことを撮った写真) a **selfie** [**selfy**] /セるふィ/
・自分の写真を撮る take a selfie

セルフサービス(の) self-service /セるふ サ〜ヴィス/

セルフタイマー a self-timer /セるふ タイマ/

セレブ a celeb /セれブ/

セレモニー a ceremony /セレモウニ/

ゼロ zero /ズィアロウ/

セロハンテープ 《商標》《米》Scotch tape /スカチ テイプ/, 《英》Sellotape /セろテイプ/

セロファン cellophane /セろふェイン/

セロリ 《植物》celery /セらリ/
・セロリ1本 a stick of celery

せろん 世論 **public opinion** /パブリク オピニョン/
・世論調査 a public opinion poll
・この問題についての世論はどうですか What is the public opinion on this question?

せわ 世話 **care** /ケア/ (→ かいご); (めんどう) **trouble** /トラブる/ (→ てすう, めんどう)
世話する care, take care of 〜
・母は家事や子供の世話で忙(いそが)しい
Mother is busy with taking care of the house and children.
・だれがその子供たちの世話をするのですか
Who takes care of the children?
・子供らはおばの世話になっている
The children are under the care of their aunt.
・大きなお世話だ Mind your own business!

せん¹ 千 a **thousand** /さウザンド/
・何千という… thousands of 〜
・何千となく by thousands / in thousands
・何千という人がその戦争で死んだ

Thousands of people died in the war. / People died in the war by thousands [in thousands].

せん² 線 a **line** /ライン/; (鉄道の番線) a **track** /トラク/, a **platform** /ぷらトフォーム/; (車線) a **lane** /れイン/
・線を引く draw a line
・山手線 the *Yamanote* Line
・4車線の高速道路 a four-lane expressway
・電車は2番線から発車[に到着]します
The train leaves from [arrives at] Track 2.

せん³ 栓 (びんなどの) a **stopper** /スタパ/; (コルクの) a **cork** /コーク/; (王冠) a **bottle cap** /バトる/, a **crown cap** /クラウン/; (水道などの) a **cock** /カク/, a **faucet** /ふォーセト/, a **tap** /タプ/
・栓をする put [fit] a stopper on / cork (a bottle)
・栓を抜く draw a stopper / uncork (a bottle)
・栓抜き (コルク抜き) a corkscrew; (王冠抜き) a bottle opener

ぜん¹ 善 **good**
・善を行う do good
・善悪 good and evil
ことわざ 善は急げ Good things should be done sooner rather than later. (よい事はあとでよりももっと早く[すぐ]なされるべきだ) / (There is) No time like the present. (現在のような[にまさる]時はない)

ぜん² 全… **all, whole** /ホウる/ → ぜんこく
・全日本チーム the all-Japan team
・全世界 all the world / the whole world

ぜん³ 前… **ex-. former** /ふォーマ/
・前大統領A氏 the ex-President Mr. A
・私たちの前校長 our former principal

せんい 繊維 a **fiber** /ふァイバ/
・化学[合成]繊維 chemical [synthetic] fiber

ぜんい 善意 **good intentions** /インテンションズ/
・…を善意からする do out of good intentions
・…を善意に取る take 〜 in good part

せんいん 船員 a **sailor** /セイら/; (集合的に) the **crew** /クルー/
・すべての船員が救助された
All the crew were saved.

ぜんいん 全員 **all** (**the members**) /(メンバズ)/
・全員一致の unanimous
・全員一致で unanimously
・私たちのクラスはきょうは全員出席です
Our class members are all present today.
・その提案にはクラス全員が賛成した
The proposal received the unanimous sup-

port of the class. / The proposal was supported by the whole class.

ぜんかい¹ 前回 **the last time**

ぜんかい² 全快する **recover completely** /リカヴァ コンプリートり/, **be recovered completely**

せんかん 戦艦 a **battleship** /バトるシプ/

せんきょ 選挙 **election** /イれクション/
選挙する elect /イれクト/; (投票する) **vote** /ヴォウト/
・選挙人 an elector; (投票者) a voter
・選挙権 the right to vote
・総選挙 a general election
・補欠選挙 a by-election
・選挙運動 an election campaign
・選挙演説 a campaign speech

せんきょうし 宣教師 a **missionary** /ミショネリ/

せんげつ 先月 **last month** /マンす/
・先月の初めに at the beginning of last month
・先月の半ば[終わり]ごろに about the middle [toward the end] of last month
・この雑誌の先月号 last month's issue of the magazine
・先月はずいぶん雨が降った We had a lot of rain last month.

せんけん 先見の明 **foresight** /ふォーサイト/

せんげん 宣言 **declaration** /デクらレイション/
宣言する declare /ディクれア/
・(米国の)独立宣言 the Declaration of Independence

せんご 戦後(に) **after the war** /ウォー/
・戦後の postwar
・戦後の世界 the postwar world
・女性が選挙権を得たのは戦後になってからです It was after the war that women had the right to vote.
・戦後すでに71年たった Already 71 years have passed since the end of the war.

ぜんご 前後に (方向を示して) **backward and forward** /バクワド ふォーワド/; (位置的に) **before and behind** /ビふォー ビハインド/; (時間的に) **before and after**; (およそ) **about** /アバウト/
・前後に動く move backward and forward
・彼は30歳前後です He is about thirty.

せんこう¹ 線香 an **incense stick** /インセンス スティク/

せんこう² 専攻する (大学で) **major** /メイヂャ/
・専攻科目 a major
・日本史を専攻する major in Japanese history

ぜんこう 全校 **the whole school** /ホウる/
・全校集会 a school assembly

・全校生徒 all the students of the school

ぜんこく 全国 **the whole country** /ホウる カントリ/
・全国的[の] nationwide
・全国に all over the country

センサー a **sensor** /センサ/

せんさい 戦災 **war damage** /ウォー ダミヂ/
・戦災を受ける suffer war damage

せんざい 洗剤 (a) **detergent** /ディタ〜ヂェント/

せんし 戦死する **be killed in battle** /バトる/
・その戦争で何百万という人が戦死した Millions of people were killed in the war.

せんしつ 船室 a **cabin** /キャビン/

せんじつ 先日 **the other day** /アざ デイ/

ぜんじつ (その)前日 **the day before** /デイ ビふォー/
・その前日に私はそこで彼に会った I met him there the day before.
・君が来る前日まで彼はここに滞在(たいざい)していました He was staying here until the day before your arrival.

せんしゃ 戦車 a **tank** /タンク/

ぜんしゃ 前者 **the former** /ふォーマ/

せんしゅ 選手 an **athlete** /アすリート/, a **player** /プれイア/
・野球選手 a baseball player

せんしゅう¹ 先週 **last week** /ウィーク/
・先週の日曜日に last Sunday / on Sunday last
・先週のきのう a week yesterday

せんしゅう² 選集 a **selection** /セれクション/
・詩の選集 a selection of poems

ぜんしゅう 全集 **the complete works** /コンプリート ワ〜クス/
・漱石全集 the complete works of Soseki

せんしゅけん 選手権 (a) **championship** /チャンピオンシプ/; a **title** /タイトる/
・選手権大会 a championship series
・選手権保持者 a champion / a titleholder

せんじゅつ 戦術 **tactics** /タクティクス/

せんじょう 戦場 a **battlefield** /バトるふぃ〜るド/

ぜんしょう¹ 全勝する **win all games**
・その競技会で私たちのチームは全勝した Our team won all its games in the contest.

ぜんしょう² 全焼する **be burnt down** /バ〜ント ダウン/
・その火事で3軒の家が全焼した Three houses were burnt down in the fire.

ぜんしん¹ 前進 **progress** /プラグレス/
前進する progress /プログレス/, **make progress** /プラグレス/, **move forward** /ムーヴ ふォーワド/

ぜんしん

→ すすむ

ぜんしん² 全身　**the whole body** /ホウる バディ/
- 全身に（体じゅう）all over *one's* body
- 彼は全身あざだらけだった
  He had bruises all over his body.

せんしんこく 先進国　a **developed country** /ディヴェろプト カントリ/, a **developed nation** /ネイション/

せんす 扇子　a **folding fan** /ふォウるディング/ → おうぎ

センス （わかる心）a **sense**; （好み）**taste** /テイスト/
- ユーモアのセンス　a sense of humor
- センスがいい［悪い］have good［bad］taste
- 彼女は服のセンスがとてもいい
  She has very good dress sense. /
  She has very good taste in clothes.

せんすい 潜水　**diving** /ダイヴィング/
潜水する **dive**（**into the water**）
- 潜水艦(かん)　a submarine

せんせい¹ 先生

➤ （教師）a **teacher** /ティーチャ/
➤ （医者）a **doctor** /ダクタ/
➤ （呼びかけ）（男性の先生）**sir** /サ〜/, **Mr. 〜**;
  （女性の先生）**Ms.（〜）** /ミズ/, **Miss 〜**, **Mrs. 〜**; （医者）**doctor**, **Dr. 〜**

- 森先生，おはようございます
  Good morning, Mr.［Ms.］Mori!
  🗨会話 太田先生はなんの先生ですか. ―私たちの英語の先生です
  What does Mr. Ota teach you? —He teaches us English.
- 太田先生，先生は何のスポーツがお好きですか　Mr. Ota, what sport are you fond of?
- 先生，私はいつごろ退院できそうでしょうか
  When will I be able to leave the hospital, doctor?

せんせい² 宣誓　an **oath** /オウす/
宣誓する **make**［**swear**］an **oath** /[スウェア]/

ぜんせい 全盛(期)　the **peak of** *one's* **life** /ピークらいふ/, *one's* **best days** /デイズ/
- 彼は今が全盛です
  He is now in his best days.

せんせいじゅつ 占星術　**astrology** /アストラろヂ/

ぜんせかい 全世界(の人々)　**all the world** /ワ〜るド/
- 全世界に　all over the world

せんぜん 戦前(に)　**before the war** /ビふォー ウォー/

ぜんぜん 全然…ない　**not at all** → まったく

- 私は昨夜は全然眠れなかった
  I could not sleep at all［a wink］last night.
- 私は彼のことは全然知らない
  I don't know anything about him. /
  I know nothing about him.

せんぞ 先祖　an **ancestor** /アンセスタ/
- 先祖(伝来)の　ancestral

せんそう 戦争　(a) **war** /ウォー/
- 核戦争　a nuclear war
- 戦争中(である)　(be) at war
- いつ戦争が起こるかもしれない
  War may break out at any time.

ぜんそく **asthma** /アズマ/
- 私はぜんそく(持ち)です
  I suffer from asthma.

ぜんそくりょく 全速力で　**at full speed** /ふるスピード/

センター a **center** /センタ/; （野球の外野）the **center field** /ふィーるド/; （外野手）a **center fielder** /ふィーるダ/

ぜんたい 全体　the **whole** /ホウる/
- 全体の　whole
- それは全体のほんの3分の1だ
  It is only a third of the whole.
- 全体としてその計画はそう悪くない
  As a whole, the plan is not so bad.
- 君は小さな事にこだわっていて，全体が見えていない
  You pay too much attention to details and don't see the big picture. /
  🔵ひゆ You can't see the forest for the trees.
  （個々の木のために森が見えない）

せんたく¹ 洗濯　**washing** /ワシング/, a **wash** /ワシュ/
洗濯する **wash**
- 洗濯物　the washing / the wash / the laundry
- たくさんの洗濯物　a large［big］wash →
  ✕*many* washes としない
- 洗濯屋［クリーニング屋］（人）a clothes-washer, a dry cleaner; （店）a laundry, a (dry) cleaner('s)
- 洗濯機　a washing machine / a washer
- 洗濯ばさみ　a clothes pin [《英》peg]
- このシャツを洗濯してもらいたい
  I want (to have) this shirt washed.
- あなたのシャツは洗濯中です
  Your shirt is in the wash.
- セーターが洗濯で縮んだ
  The sweater shrunk in the wash.
- 母は洗濯物を外に干しています

ぜんぽう

Mother is hanging out the washing [the wash] to dry.
せんたく² 選択(権) **choice** /チョイス/
選択する choose /チューズ/ → えらぶ
・選択科目 an elective
ぜんち 全治 **a complete cure** /コンプリート キュア/
・全治する cure [heal] completely
・全治1か月の傷 an injury which will take a month to heal completely
ぜんちし 前置詞 《文法》**a preposition** /プレポズィション/
センチ(メートル) a **centimeter** /センティミータ/ (略 cm.)
センチメンタルな sentimental /センティメントる/
せんちゃく 先着順に **on a first come first served basis** /ベイスィス/
・入場券は先着順に渡されます
Admission tickets will be given on a first come first served basis.
せんちょう 船長 **a captain** /キャプテン/
ぜんちょう¹ 全長 **the full length** /ふる れンぐす/, **the total length** /トウたる/
・この橋は全長500メートルです The total length of this bridge is five hundred meters. / This bridge is five hundred meters long.
ぜんちょう² 前兆 **an omen** /オウメン/
せんて 先手を打つ **preempt** /プリエンプト/, **forestall** /ふォーストーる/
せんでん 宣伝 **propaganda** /プラパギャンダ/; (広告) **advertisement** /アドヴァタイズメント/, **publicity** /パブリスィティ/
宣伝する propagandize /プラパギャンダイズ/; **advertise** /アドヴァタイズ/
せんと 遷都 **the transfer of the capital** /トランスふァ〜 キャピトる/
セント a cent
ぜんと 前途 **a future** /ふューチャ/
・前途有望な若い男性 a promising young man / a young man of promise
・私たちは前途多難だ
A lot of difficulties lie ahead of us.
せんとう¹ 先頭 **the head** /ヘド/; (競技などの) **the lead** /リード/
・…の先頭に立って歩く walk at the head of 〜
・レースで先頭に立つ take the lead in a race
・(レースで)彼は終始先頭を保った
He kept the lead from start to finish.
せんとう² 銭湯 **a public bath** /パブリク バす/

せんどう¹ 船頭 **a boat driver** [**operator**] /ボウト ドライヴァ [アペレイタ]/
ことわざ 船頭多くして船山に上る
Too many cooks spoil the broth. (料理人が多すぎるとだしをだめにする)
せんどう² 扇動 **agitation** /アヂテイション/
扇動する agitate (for 〜) /アヂテイト/
・扇動者 an agitator
セントラルヒーティング central heating /セントラる ヒーティンぐ/
せんにゅうかん 先入観 **a preconceived idea** /プリーコンスィーヴド アイディーア/; (偏見) **prejudice** /プレヂュディス/
ぜんにん¹ 前任者 **a predecessor** /プリーデセサ/
ぜんにん² 善人 **a good person** /パ〜スン/
せんぬき 栓抜き (コルクの) **a corkscrew** /コークスクルー/; (王冠の) **a bottle opener** /バトる オウプナ/
せんねん 専念する **devote** *oneself* /ディヴォウト/
ぜんねん 前年 **the year before** /イア ビふォー/
・私の祖母は戦争の前年に生まれた
My grandmother was born in the year before the war started.
せんぱい 先輩 **a senior** /スィーニャ/
・彼は学校で私より2年先輩です
He is two years my senior at school.
せんばつ 選抜する **select** /セれクト/, **pick up** /ピク/
・選抜試験 a selective examination
・全国選抜高校野球大会 the National Invitational High School Baseball Tournament
せんぱつ 先発する **start in advance** /アドヴァンス/
・先発メンバー the starting lineup
・先発投手 a starting pitcher
せんばづる 千羽鶴 **a string of paper cranes** /ストリンぐ ペイパ クレインズ/
ぜんはん 前半 **the first half** /ふァ〜スト ハふ/
ぜんぶ 全部(の) **all** → すべて
・全部で in all
・子供は全部で50人いた
There were fifty children in all.
せんぷうき 扇風機 **an electric fan** /イれクトリク/
・扇風機をつける[止める] turn on [off] an electric fan
せんべい *sembei*, **a Japanese cracker** /クラカ/
せんべつ 餞別 **a farewell gift** /ふェアウェる ぎふト/
ぜんぽう 前方 (おもに方向) **forward** /ふォーワド/;

せんぼつ 306 three hundred and six

（おもに位置）**ahead** /アヘド/

・私たちの前方に ahead of us

・1歩前方に進む take a step forward

・前方には何も見えない I see nothing ahead.

せんぼつ 戦没者 **soldiers who have died in** a **war** /ソウ^るヂャズ ダイド ウォー/, **the nation's fallen** /ネイションズ ふォーるン/

ぜんまい a **spring**

・ぜんまい仕掛けのおもちゃ a clockwork toy

せんまん 千万 **ten million** /ミリョン/

・1億2千万円 one hundred and twenty million yen

せんめい 鮮明な（はっきりした）**distinct** /ディスティンクト/; (生き生きした) **vivid** /ヴィヴィド/

・鮮明に distinctly; vividly

・その印象はまだ私の記憶に鮮明です The impression is still vivid in my memory.

ぜんめつ 全滅する **be completely destroyed** /コンプリートり ディストロイド/

せんめん 洗面器 a **basin** /ベイスン/

・洗面台 a washstand; (水を張る部分) a washbasin / a washbowl / a (bathroom) sink

・洗面所 a lavatory / a toilet / a rest room / a bathroom

ぜんめん¹ 前面 **the front** /ふラント/ → しょうめん

ぜんめん² 全面 **the whole surface** /ホウる サ〜ふェス/

・全面的な all-out; (完全な) complete; (徹底的な) sweeping

・全面的に completely; (心から) whole-heartedly

・全面的なシステムの変更が行われた Sweeping changes have been made to the system.

せんもん 専門 a **specialty** /スペシャるティ/

専門にする specialize (in 〜) /スペシャらイズ/

・専門の special

・専門家 a specialist / an expert

・専門学校 a college / a professional school

・…を専門に研究する make a special study of 〜

・兄は小児科が専門です My brother specializes in children's diseases.

・この階は男子服の専門売場です This floor specializes in men's clothes.

ぜんや 前夜 **the night before** /ナイト ビふォー/; (祝祭日の) an **eve** /イーヴ/

・クリスマスの前夜 Christmas Eve

せんやく 先約 a **previous appointment** /プリーヴィアス アポイントメント/, a **previous engagement** /インゲイヂメント/

・…と先約がある have a previous appointment [engagement] with 〜

せんよう …専用である **be for 〜 only** /オウンリ/

・この座席はお年寄り専用です These seats are for old people only.

・この運動場は子供専用だ This playground is for the use of children only.

掲示 非常用専用 For emergency (use) only.

せんりつ 旋律 **melody** /メロディ/

・旋律の美しい melodious

ぜんりゃく 前略

注意しよう

英文の手紙では，日本の手紙の場合のように，時候のあいさつから始める習慣がないので，「前略」にあたる表現もない．ふつう Dear 〜 で始まり，I hope this find you fine.（お元気のことと思います）とか Thank you for your letter.（お手紙ありがとう）などのあと，すぐ用件を述べる

せんりょう¹ 占領 **occupation** /アキュペイション/

占領する occupy /アキュパイ/

・占領軍 an occupation army

せんりょう² 染料 (a) **dye** /ダイ/; (実験用染色剤) (a) **stain** /ステイン/

ぜんりょう 善良な **good**

ぜんりょく 全力で **with all** one's **might** /マイト/

・全力を尽くす do one's best

せんれい¹ 洗礼 **baptism** /バプティズム/

・洗礼名 a Christian name

せんれい² 先例 a **precedent** /プレセデント/

・先例に従う follow a precedent

ぜんれつ 前列 **the front row** /ふラント ロウ/

・前列の席につく take a seat in the front row

せんれん 洗練 **refinement** /リふァインメント/, **sophistication** /ソふィスティケイション/

・洗練された refined / sophisticated

・現代の洗練された女性たち today's sophisticated women

・ことばが洗練されている be refined in speech

せんろ 線路 《米》a **railroad** [《英》**railway**] **line** /レイるロウド [レイるウェイ] らイン/

そ ソ

そう[1] 僧 a (**Buddhist**) **priest** /(ブディスト) プリースト/

そう[2] 層 a **layer** /れイア/
- 厚い岩の層 a thick layer of rock

そう[3] 沿う, 添う
❶ (…に沿って) **along ～** /アろーング/ → そって
❷ (期待などに) **meet** /ミート/
- 残念ですがあなたのご希望にそえません
I'm sorry, but I cannot meet your demands.

そう[4]
❶ (そのように) **so**; (**in**) **that way**, **like that**
❷ (同意) **yes**

❶ (そのように) **so**; (**in**) **that way** /ウェイ/, **like that** /らイク/ → そうすれば
- 私はそう思う I think so.
- 会話 ぼくたち遅刻かな. —そうかもね Are we late? —I'm afraid so. (= I'm afraid we are late.)
- そうですか Is that so?
- そうだそうですね So I hear.
- それは音楽についてもそうです It is so [the same] with music. / So it is with music.
- そう言って彼は出て行った
So saying, he went out.
- もしそうなら君はうちの太郎を知っているにちがいない If so, you must know our Taro.
- 父は農夫でしたが私もそうです
My father was a farmer, and so am I.
- そうやればもっとよくそれができます
You can do it better (in) that way.
- 君はそのことばをそう発音してはいけません
You must not pronounce the word like that.

❷ (同意) **yes**, (否定の疑問に対して) **no** (→ そうです); (軽い疑い・驚きなど) **Is that so?** (→ あいづち)
- 会話 雨が降りだしましたよ. —そう
It has begun raining. —Has it?

ぞう 像 an **image** /イメヂ/; (彫刻(ちょうこく)) a **statue** /スタチュー/

ゾウ 象 《動物》an **elephant** /エれふァント/

そうい 創意 **originality** /オリヂナリティ/
- 創意に富んだ original

そういう (そのような) **such** /サチ/ → そんな
- 私はそういう本は好きじゃない
I don't like such books [such a book].
- 私は紅茶とかコーヒーとかそういう飲み物はきらいです I don't like tea and coffee and such drinks.

ぞうえん 造園 **landscape gardening** /らンドスケイプ ガードニング/
- 造園家 a landscape gardener

そうおん 騒音 (a) **noise** /ノイズ/
- 騒音公害 noise pollution
- 町の騒音 street noises

ぞうか[1] 造花 an **artificial flower** /アーティふィシャる ふらウア/

ぞうか[2] 増加 **increase** /インクリース/
増加する **increase** /インクリース/
- この町の人口は増加しつつあります This town is increasing in population. / The population of this town is on the increase.
- この町の人口は昨年よりも5パーセント増加した
The population of this town shows an increase of 5 percent over that of last year.

そうかい 総会 a **general meeting** /ヂェネラる ミーティング/

そうがく 総額 the **total** /トウトる/, the **sum total** /サム/
総額…になる **total** (**up**) **to ～**, **amount to ～** /アマウント/
- その損失は総額5千万円に上るといわれる
The losses are said to total up to fifty million yen.

そうかん 創刊する **found** /ふァウンド/, **start** /スタート/
- 創刊号 the first issue [number]

ぞうかん 増刊号 an **extra number** /エクストラ ナンバ/

そうがんきょう 双眼鏡 (1台) (a pair of) **binoculars** /(ペア) ビナキュらズ/, **field glasses** /ふィーるド グらセズ/
- 双眼鏡で見る look through binoculars [field glasses]

そうき 早期 an **early stage** /ア〜リ ステイヂ/
- 彼のガンは早期に摘出された His cancer was removed in its early stages. / His cancer was nipped in the bud. (つぼみのうちに摘み取られた)

そうぎ 葬儀 a **funeral** /ふューネラる/ → そうしき
- 葬儀屋 (人) an undertaker / a funeral direc-

そうきゅう 308 three hundred and eight

tor; (店) an undertaker's (office)

そうきゅう 送球する （ボールを投げる）**throw** a **ball** /すロウ/, **make** a **throw**

そうきん 送金 **remittance** /リミタンス/

送金する send money /マニ/, **make** (a) **remittance**

・1万円の送金を受け取る receive a remittance for ten thousand yen

ぞうきん (a) **floorcloth** /ふろークろーす/, a **cloth**

ぞうげ ivory /アイヴォリ/

そうげい 送迎

・(空港の)送迎デッキ an observation deck

・送迎バス （学校の）a school bus / （ホテルの）a courtesy bus

そうげん 草原 **grasslands** /グラスらンツ/

そうこ 倉庫 a **warehouse** /ウェアハウス/

そうごう 総合的な （一般的な）**general** /チェネラる/; （結び合わされた）**integrated** /インテグレイテド/

・総合的に generally

・総合病院 a general hospital

そうごん 荘厳 **solemnity** /ソれムニティ/

荘厳な solemn /サれム/

・荘厳に solemnly / with solemnity

そうさ[1] 捜査 (a) **criminal investigation** /クリミヌる インヴェスティゲイション/; （捜索）(a) **search** /サ〜チ/

捜査する investigate /インヴェスティゲイト/; **search**

・その事件は捜査中である

The case is under investigation.

そうさ[2] 操作 **operation** /アペレイション/

操作する operate /アペレイト/

・私はこの新しい機械の操作の仕方を知りません I don't know how to operate this new machine.

そうさい 総裁 a **president** /プレズィデント/

・日本銀行総裁 the President of the Bank of Japan

そうさく[1] 捜索 (a) **search** /サ〜チ/ → そうさ[1]

捜索する search

・捜索隊 a search party

・家宅捜索する search a house

そうさく[2] 創作(品) (an) **original work** /オリヂヌる ワ〜ク/

創作する create /クリエイト/; （小説を書く）**write** a **novel** /ライト ナヴる/

そうじ[1] 送辞 a **farewell speech** /ふェアウェるスピーチ/

・彼女は在校生を代表して送辞を述べた

She made a farewell speech on behalf of the students.

そうじ[2] 掃除 **cleaning** /クリーニング/; （掃除機の）**vacuuming** /ヴァキュアミング/

掃除する clean /クリーン/; （掃除機で）**vacuum**

・掃除機 a (vacuum) cleaner

・(春の)大掃除 spring-cleaning

・きょうはどの班が教室の掃除ですか

Which group is on duty to clean the classroom today?

・次の日曜日は家の大掃除の予定です

We are going to do our housecleaning next Sunday.

・姉は台所の掃除で母を手伝っています

My sister is helping Mother (to) clean the kitchen.

そうじ[3] 相似 《数学》**similarity** /スィマらリティ/

・相似の similar

そうしき 葬式 a **funeral** /ふューネラる/

・葬式の funeral

・葬式を行う hold a funeral

・私たちはきのう彼の葬式に参列した

We attended his funeral yesterday.

そうしゃ 走者 a **runner** /ラナ/

そうじゅう 操縦する **operate** /アペレイト/; （飛行機を）**fly** /ふらイ/, **pilot** /パイろト/

・操縦者 （飛行機の）a pilot; （機械の）an operator

・(飛行機の)操縦席 a cockpit

・飛行機を操縦する pilot an airplane

そうじゅく 早熟 **precocity** /プリカスィティ/

早熟な precocious /プリコウシャス/

そうしゅん 早春 **early spring** /ア〜リ/

・早春に in early spring / early in spring

ぞうしょ 蔵書 a **library** /らイブラリ/

そうしょく[1] 草食の **herbivorous** /ア[ハ]〜ビヴォラス/ → 発音注意

草食動物 a **herbivore** /ア[ハ]〜ビヴォア/

そうしょく[2] 装飾 → かざる （→ 飾り）

装飾する → かざる

そうしん 送信する **transmit** /トランスミト/, **send**

そうしんぐ 装身具 **accessories** /アクセソリズ/

そうすれば （…しなさい，そうすれば）(命令文＋) **and**; （もしそうなら）**if so** → そう[4]

・急ぎなさい，そうすれば彼に追いつくでしょう

Hurry up, and you'll catch him up.

・彼は午前10時30分の列車に乗ると言っていました．そうすればお昼ごろにはここに着くはずです He said he would take the 10:30 a.m. train. If so, he is sure to arrive here around noon.

ぞうせん 造船 **shipbuilding** /シプビるディング/

- 造船技師 a naval architect
- 造船所 a shipyard
- 造船業 the shipbuilding industry

そうせんきょ 総選挙 a **general election** /ヂェネラる イれクション/

そうそう 早々 **early** /ア〜リ/; (…するとすぐ) **as soon as** /スーン/
- 来月早々 early next month

そうぞう¹ 創造 **creation** /クリエイション/
創造する **create** /クリエイト/

そうぞう² 想像(力) **imagination** /イマヂネイション/
想像する **imagine** /イマヂン/
- 想像上の imaginary
- 想像力に富んだ imaginative
- 想像力を働かせる use *one's* imagination

そうぞうしい 騒々しい **noisy** /ノイズィ/

そうぞく 相続 (財産を) **inheritance** /インヘリタンス/; (家業などを) **succession** /サクセション/
相続する **inherit** /インヘリト/; **succeed to** /サクスィード/
相続人 a **successor**; (男性) an **heir** /エア/, (女性) an **heiress** /エアラス/ → 発音注意
- 彼には財産を相続する者がいない
He has no one to inherit his fortune.

そう(だ) → そうだ

そうだ

❶ seem; sound; look; be likely to *do*
❷ (聞くところによると) I hear

❶ (…のように思われる) **seem** /スィーム/; (…のように聞こえる) **sound** /サウンド/; (…のようにみえる) **look** /るク/; (たぶん…するだろう) **be likely to** *do* /らイクリ/; (もう少しで…するところだった) **nearly** /ニアリ/, **almost** /オーるモウスト/
- 仕事はすごく難しそうだ
The work seems (to be) very difficult.
- 彼らはまったく満足そうだった
They seemed (to be) quite satisfied.
- 私は行かないほうがよさそうだ
It seems better for me not to go.
- それはおもしろそうだ
That sounds interesting.
- 彼らは幸せそうだ They look happy.
- 彼女は今にも泣き出しそうだった She looked as if she was going to cry at any moment.
- 夕立が来そうだ It looks like a shower.
- 午後は雨になりそうだ
It is likely to rain in the afternoon.
- 彼よりも奥さんのほうが私たちに賛成しそうだ His wife is likelier [more likely] to agree with us than him.
- そこは彼が最も行きそうな所 It's the likeliest [the most likely] place for him to go to.
- 彼はうんと言いそうもない
He is not likely to say "Yes."
- 私はもう少しで車にひかれそうになった
I was nearly [almost] run over by a car.

❷ (聞くところによると) **I hear** /ヒア/, **they say** /セイ/
- 彼は今夜は帰って来ないそうです
I hear that he will not come back tonight.
- 彼はとても金持ちだそうだ They say that he is very rich. / He is said to be very rich.

そうたい 早退する (学校を) **leave school before it is over** /リーヴ ビフォー/; (会社を) **leave the office early** /オーふィス ア〜リ/

そうだい 壮大さ **grandeur** /グランヂャ/
壮大な **grand**
- 私たちはその山の壮大なけしきに深く感動した We were deeply impressed with the grandeur of the mountain scenery.

ぞうだい 増大 **enlargement** /インらーヂメント/
増大する **enlarge** /インらーヂ/, **grow** /グロウ/

そうだん 相談 a **talk** /トーク/, **consultation** /カンサるテイション/
相談する **talk** (with 〜), **have** a **talk** (with 〜), **consult** /コンサるト/
- 相談相手 a person to consult with / a person to turn to for advice
- そのことについて彼と相談する talk [have a talk, consult] with him about the matter
- 彼には相談相手がない He has no one to consult with [to turn to for advice].
- 何科にするか私は父と相談してから決めます
I will decide which course to take after consulting with my father.

そうち 装置 (仕掛け) a **device** /ディヴァイス/
- 安全装置 a safety device

ぞうちく 増築 an **enlargement** /インらーヂメント/, an **extension** /イクステンション/
増築する **enlarge** a **house** /インらーヂ ハウス/, **build** an **extension** /ビるド/
- その家は昨年今の大きさに増築された
The house was enlarged to the present size last year.

そうちょう¹ 早朝 **early morning** /ア〜リ/
- 早朝に early in the morning

そうちょう² 総長 a **president** /プレズィデント/
- 東京大学総長 the President of the University

そうです of Tokyo
•(国連などの)事務総長　a secretary-general

そうです **Yes, ～.** /(否定の疑問に対して) **No, ～.**
→ 答えの主語や(代)動詞は質問で用いられている主語や述語動詞に合わせる

【会話】これ君の辞書？ —はい, そうです
Is this your dictionary? —Yes, it is.
【会話】君たち出かけるの？ —はい, そうです
Are you going out? —Yes, we are.
【会話】これ君が作ったの？ —はい, そうです
Did you make this? —Yes, I did.
【会話】彼はそこへ行かなかったの？ —はい, そうです
Didn't he go there? —No, he didn't. → 否定の質問に対して「はい, そうです」という時は, このように否定文になる

そうでもない → それほど (→ それほど…ない)

そうとう 相当な　**considerable** /コンスィダラブる/, **good**
相当する (等しい) **be equal to** /イークワる/; (当たる) **correspond to** /コーレスパンド/ → あたる❻
•相当に　considerably / well / much / quite
•私は駅から相当離れた所に住んでいます
I live a considerable [good] distance from the station.
•きょうはきのうよりも相当寒い
It is much colder today than yesterday.
•1インチは2.54センチに相当する
One inch is equal to 2.54 centimeters.
•自動車のエンジンは人間の心臓に相当する
The engine of a car corresponds to the heart of a human being.

そうどう 騒動 (騒(さわ)ぎ) a **disturbance** /ディスタ～バンス/; (暴動) a **riot** /ライオト/
•騒動を起こす　make a disturbance / raise a riot

そうなん 遭難する　**meet with** a **disaster** /ディザスタ/, **meet with** an **accident** /アクスィデント/
•遭難者　a victim of a disaster [an accident]
•山で遭難する　meet with a disaster on a mountain

ぞうに 雑煮 **zoni**, soup containing rice cakes /スープ コンテイニング ライス ケイクス/ → しょうがつ

そうにゅう 挿入　**insertion** /インサ～ション/
挿入する **insert** /インサ～ト/, **put in**

そうび 装備 (an) **equipment** /イクウィプメント/
装備する **equip**

そうべつ 送別(の) **farewell** /ふェアウェる/
•送別のことば　a farewell address
•送別会　a farewell party

•山田さんのために送別会を開こう　Let us give a farewell party for Mr. Yamada.

そうむ 総務省[大臣] the **Ministry** [**Minister**] of **Internal Affairs and Communications** /ミニストリ [ミニスタ] インタ～ヌる アふェアズ コミューニケイションズ/

ぞうり **zori**, Japanese sandals /サンドるズ/

そうりだいじん 総理大臣 the **Prime Minister** /プライム ミニスタ/

そうりつ 創立　**foundation** /ふァウンデイション/, **establishment** /イスタブリシュメント/ → せつりつ
創立する **found** /ふァウンド/, **establish**
•創立者　a founder
•きょうは私たちの学校の創立20周年の記念日です
Today is the 20th anniversary of the foundation of our school.

そうりょ 僧侶 → そう¹

そうりょう 送料 (運賃) **carriage** /キャリヂ/; (郵便料金) **postage** /ポウステヂ/
•これは送料を入れて[入れないで]2千円になります
This costs 2,000 yen including [not including] postage.

ソウルフード **soul food** /ソウる ふード/; (伝統的郷土料理) a **traditional food of the region** /トラディショヌる リーヂョン/ → 本来は主にアメリカ南部の黒人の伝統料理

そうれい 壮麗な　**grand** /グランド/, **magnificent** /マグニふィセント/

そえぎ 添え木 (医療用) a **splint** /スプリント/
•彼女の脚に添え木をあてる　put a splint on her leg / put her leg in a splint

そえる 添える (つけたす) **add** /アド/
•…に添えて　together with ～
•「そして君もまた」と彼はことばを添えた
"And you, too," he added.

ソーシャルディスタンス (他人との距離をとること) **social distancing** /ソウシャる ディスタンスィング/

ソーシャル・ネットワーキング・サービス **social media** /ソウシャる ミーディア/, a **social networking service** /ネトワ～キング サ～ヴィス/; **SNS**
•SNSに投稿する　create [write, make] a post on an SNS
•SNSに写真をアップする　post a photo on an SNS
•SNSの投稿に「いいね」をする[をはずす]　like [unlike] a post on an SNS
•SNSの投稿に反応する　react to a post on an SNS

three hundred and eleven 311 **そしき**

•SNSの投稿に返信[コメント]する　post a reply [a comment] on the SNS

ソース sauce: 《IT》**source** /ソ〜ス/
•…にソースをかける　put sauce on 〜
•(プログラミングの)ソースコード　source code

ソーセージ (a) **sausage** /ソ〜セヂ/

ソーダ soda /ソウダ/
•ソーダ水　soda water

そく …1足 a **pair of** 〜 /ペア/
•靴[靴下]3足　three pairs of shoes［socks］

ぞくご 俗語(単語・句を総称して) **slang** /スらング/; (単語) a **slang word** /ワ〜ド/

そくし 即死する　be killed on the spot
•彼は交通事故で即死した　He was killed on the spot in a traffic accident.

そくしん 促進する　**promote** /プロモウト/

ぞくする 属する　**belong** (to 〜) /ビろ〜ング/
•このクラブに属している生徒たち　the students belonging［who belong］to this club

そくせき 即席の　**improvised** /インプロヴァイズド/; (飲食物が) **instant** /インスタント/
•即席料理　an instant food / a convenience food

ぞくぞく¹ 続々と　in rapid succession /ラピド サクセション/; (次々と) one after another /アナざ/

ぞくぞく² ぞくぞくする　(寒くて) feel a chill /ふィ〜る チる/; (興奮で) thrill /すりる/
•背中がぞくぞくする　feel a chill in the back
•うれしくてぞくぞくする　thrill with delight

そくたつ 速達　《米》special delivery /スペシャる ディリヴァリ/, 《英》express (delivery) /イクスプレス/

そくてい 測定する → はかる

そくど 速度　speed → スピード

そくとう 即答　a prompt answer /プランプト アンサ/
即答する　answer promptly, give an immediate answer /イミーディエト/

そくどく 速読　rapid reading /ラピド リーディング/
速読する　read rapidly

そくばく 束縛　restraint /リストレイント/
束縛する　restrain

そくほう 速報　a newsflash /ニューズふらシュ/, a news bulletin /ブれティン/
•私は飛行機の墜落(ついらく)事故があったことを速報で知った　I learned by［from］a newsflash that there was a plane crash.

そくめん 側面　a side /サイド/; (一面) an aspect /アスペクト/

そくりょう 測量　a survey /サ〜ヴェイ/

測量する　survey /サ〜ヴェイ/
•測量技師　a surveyor

そくりょく 速力　speed → スピード

ソケット a socket /サケト/, an outlet /アウトれト/ → コンセント, でんげん

そこ¹ 底　the bottom /バトム/; (靴の) the sole /ソウる/
•底知れない　bottomless
•川底　the bottom of a river
•心の底から　from the bottom of one's heart
•ゴム底の［底の厚い］靴　rubber-soled［thick-soled］shoes

そこ²
➤ (場所) the place /プれイス/, that place

そこに, そこへ, そこで　there /ぜア/
•そこここに　here and there
•そこまで(は)　(範囲) so far; (程度) so much
•そこいら　(場所) around［near］there; (程度) or so
•そこは危険です　It is dangerous there.
•そこには昔大きなカシの木があった
There used to be a large oak tree there.
•そこから道路は急になって危険だった
From there the road became steep and dangerous.
•彼女はどこかそこいらに住んでいます
She lives somewhere around there.
•私は1週間かそこいらで帰って来ます
I will be back in a week or so.
•そこまでは仕事は簡単です
So far the work is easy (to do).
•そこまではそれでよい　So far, so good.
•彼にそこまでしてあげることはないと思います　I don't think it necessary for us to do so much for him.

そこく 祖国　one's native land /ネイティヴ/

そこで (だから) (and) so: (それから) then /ぜン/, next /ネクスト/

そこなう …しそこなう　fail to do /ふェイる/, miss
•ボールを受けそこなう　miss［fail to catch］a ball
•7時半のバスに乗りそこなう　miss［fail to catch］the 7:30 bus

そし 阻止する　(中止させる) stop; (妨害する) block /ブらク/

そしき 組織　(an) organization /オーガニゼイション/; (体系) a system /スィステム/
組織する　organize /オーガナイズ/; systematize

あ
か
そ
た
な
は
ま
や
ら
わ

そしつ 312 three hundred and twelve

/スィステマタイズ/
- 組織的な systematic
- 組織的に systematically
- 会を組織する organize a society
- 国連は組織が複雑です The United Nations [The U.N.] has a complex organization.

そしつ 素質(天性) **genius** /チーニアス/; (才能) (a) **talent** /タれント/
- 音楽の素質に富む少女 a girl with a rich genius [a great talent] for music

そして and

そしょう 訴訟 a **lawsuit** /ろースート/
- 訴訟を起こす start a lawsuit (against 〜) / go to law (against 〜) / sue 〜

そせん 祖先 an **ancestor** /アンセスタ/

そそぐ 注ぐ (水を) **pour** /ポー/; (川が) **flow** /ふろウ/ → しゅうちゅう(→集中する)
- ボウルに水を注ぐ pour water into a bowl
- この川は日本海に注ぎます This river flows into the Sea of Japan.

そそっかしい careless /ケアれス/
- 彼はひどくそそっかしい少年だ He is a very careless boy.

そそのかす put up to 〜; (誘惑する) **tempt** a person **to** do /テンプト/
- だれかが彼をそそのかして彼女に電話をかけさせた Someone put him up to calling her up.
- 悪い仲間が彼をそそのかして金を盗ませようとした Bad friends tempted him to steal money.

そだち 育ち **breeding** /ブリーディング/ → はついく
- 育ちのいい人 a person of good breeding
- 育ちざかりの子供 a growing child
- これで彼女の育ちのよくないのがわかる This shows her lack of breeding.

そだつ 育つ
➤ (成長する) **grow** /グロウ/
➤ (養育される) **be bred** /ブレド/, **be brought up** /ブロート/, **be raised** /レイズド/

育てる (動植物を) **breed** /ブリード/; (養育する) **bring up**, **raise**; (植物を) **grow**
- この木は日本ではよく育たない This tree does not grow well in Japan.
- 私は田舎で生まれて田舎で育ちました I was born and bred [raised] in the country.
- 彼女は子供をみんな丈夫で健康に育てた She brought up all her children strong and healthy.
- 彼女は子供をきびしく育てた

She was strict in bringing up her children.

使い分け

breed: 動物や植物を特定の質を目指して「育てる」こと
bring up: 子供を「育てる」こと
raise: 動物や植物を販売目的で「育てる」こと
grow: 植物を「育てる」こと, 動物には用いない

そち 措置 a **measure** /メジャ/, a **step**
- …に対する措置をとる take measures [steps] against 〜

そちら (場所) **there** /ゼア/; (人・物) **that**
- そちらの赤いのを見せてください
Please show me the red one over there.
- こちらが私の姉でそちらがいとこです
This is my sister and that is my cousin.

ぞっか 俗化する(観光地が) **become vulgarized by tourism** /ヴァ るガライズド トゥアリズム/, **become too popular with tourists** /パピュら トゥアリスツ/

そっき 速記 **shorthand** /ショートハンド/, **stenography** /ステナグラふぃ/
速記する write in shorthand
- 速記者 a shorthand writer / a stenographer

そつぎょう 卒業
➤ **graduation** /グラヂュエイション/
卒業する graduate (from 〜) /グラヂュエイト/; **leave school** /リーヴ/; (課程を終える) **finish** /ふィニシュ/
- 卒業生 a graduate
- 卒業アルバム[文集] a graduation album [anthology]
- 卒業証書 a diploma
- 卒業式 a graduation (ceremony) / 《米》a commencement
- 彼はこの3月慶応大学を卒業します He will graduate from Keio University this March.
- 私は学校を卒業したらおじの店で働くつもりです After graduating from [leaving] school, I intend to work in my uncle's store.
- あなたはどちらのご卒業ですか
Where did you graduate from?
- 私は中学を卒業したばかりです
I've just finished junior high (school).

そっきょう 即興 (an) **improvisation** /インプラヴァゼイション/
- 即興演奏する ad-lib, improvise
- 即興で話す speak without a script [notes] / improvise a speech

ソックス (1足) (a pair of) **socks** /(ペア) サクス/
そっくり
❶ (似ている) **be [look] exactly like ～** /[る ク] イグ ザクトリ らイク/, **be the exact image of ～** /イメヂ/
・彼はお父さんそっくりだ He looks exactly like his father. / He is the exact image of his father. / ひゆ He's a chip off the old block. (古い木塊から切りとんだ木っ端)
・ジェーンは姉[妹]とそっくりです
Jane is the double of her sister.
・彼らはそっくりな顔をしている
ひゆ They are like as two peas. ((一つのさやの中の)二つのエンドウのようだ)
❷ (全部) **all, whole** /ホウる/
・彼の財産はそっくりユニセフに寄付された
The whole of his property was donated to UNICEF.
そっせん 率先する **take the lead** /リード/, **be the first** /ふァ～スト/
・彼はいつも率先して教室のそうじをした
He was always the first to start cleaning the classroom.
そっち → そちら
そっちょく 率直な **frank** /ふランク/
・率直に frankly
・率直に言えば frankly speaking / to be frank with you
・君の思うことを率直に話してください
Tell me frankly what you think.
・率直にお答えしましょう
I'll give you a straight answer.
・彼は私にはいつも率直にものを言う
He is always straight with me.
そって …に沿って **along ～** /アろーンぐ/
・川に沿って along the river
・10分ばかりこの道に沿ってまっすぐ行きなさい
Go straight along this road for about ten minutes.
・街路に沿ってずっと木が植えてある
Trees are planted all along the street. / The street is planted with trees all along.
そっと (静かに) **quietly** /クワイエトり/; (やさしく) **gently** /ヂェントり/, **softly** /ソーふトり/; (ひそかに) **secretly** /スィークレトり/
・そのネコはそっとスズメに近づいた
The cat approached a sparrow quietly.
・彼は彼女をそっと腕(うで)に抱いた
He held her gently in his arms.
・彼女はそっと涙をふいて私にほほえみかけた

She wiped her tears secretly and smiled at me.
・どうぞそっとしておいてください
Leave me alone, please.
ぞっと ぞっとする (身震(ぶる)いする) **shudder** /シャダ/; (恐怖などで) **be horrified** /ホーりふァイド/
・私はその話を聞いてぞっとした
I shuddered with horror to hear the story.
・私は背筋がぞっとした
I felt a thrill of terror down my back.
そっとう 卒倒 a **faint** /ふェイント/
卒倒する **faint, fall down in a faint** /ふォーる ダウン/, **go into a faint**
そっぽ (…に)そっぽを向く (無視する) **ignore** /イグノー/
そで a **sleeve** /スリーヴ/; (そで口) a **cuff** /カふ/
・そでをまくり上げる turn [roll] up one's sleeves
・だれかが私のそでを引っ張った
Someone pulled me by the sleeve.

そと 外

➤ (外側) **the outside** /アウトサイド/
➤ (戸外) **the outdoors** /アウトドーズ/

・外の outside / outdoor
・外で[へ] out / outside / outdoors
・外へ出る go out
・外で食事をする(外食する) eat out
・母犬は小屋の外にいますが子犬は小屋の中にいます
The mother dog is outside the doghouse and her puppy is inside (it).

会話 子供たちはどこにいますか. ―外で遊んでいます
Where are the children?―They are playing outdoors.
・外のよい空気の中でたくさん運動しなさい
Take plenty of exercise in the fresh [open] air.
・窓から外へ物をほうってはいけません

そとがわ

314

three hundred and fourteen

・彼は窓の外をながめながら立っていた

Don't throw things out of the window.

He stood looking out of the window.

・彼は家の外で君を待っている

He is waiting for you outside the house.

・外では盛んに雪が降っていた

It was snowing fast outside.

そとがわ 外側 **the outside** /アウト**サイ**ド/ → そと

そなえつける 備え付ける **provide** /プロ**ヴァイ**ド/, **furnish** /ふァ〜ニシュ/

・各部屋にはテレビが備え付けられている

Each room is provided [furnished] with a television set. / Each room has a television set.

そなえもの 供え物 an **offering** /オーふァリング/

・供え物をする make an offering

そなえる 備える (将来に対して用意する) **provide for** /プロ**ヴァイ**ド/, **make provision for** /プロ**ヴィ**ジョン/

・老後に備える make provisions for old age

その

➤ (はっきりさし示して) **that** (徴 **those** /**ゾウ**ズ/)

・その人物 the person / that person

・そのような such / like that

・そのように like that

・君のその帽子 that hat of yours

・私はこの本よりもその本のほうが好きです

I like that book better than this (book).

そのうえ その上 **besides** /ビ**サイ**ヅ/

・出かけるには遅すぎるし, その上私は眠い

It's too late to go; besides, I'm sleepy.

・その上困ったことには雨が降りだした

To make matters worse [What was worse], it began to rain.

そのうち (いつか) **some day** /**サ**ム デイ/; (まもなく) **soon** /**スー**ン/, **before long** /ビふォー **ロー**ング/

・そのうちハイキングに行こうよ

Let's go on a hike some day.

・彼はそのうち戻って来ます

He will be back soon [before long].

そのかわり その代わり **instead** /インス**テ**ド/; (だけど) **but** → かわる¹ (→ 代わり)

・お父さんが来られなければ, その代わりに君が来てもよい If your father can't come, you may come instead.

・あそこのレストランはおいしいけれどその代わりとても高い That restaurant serves tasty dishes, but is very expensive.

そのくせ but, (and) **yet** /イェト/

そのご その後 **after that**; (それ以来) **since (then)** /**スィ**ンス (**ゼ**ン)/

・その後3日たって彼が会いに来た

He came to see me three days after that.

・私はその後彼から何の便りも聞いておりません I have heard nothing from him since (then).

・私は10年前この町に移って来てその後ずっとここにいます I moved to this town ten years ago and have been here ever since.

そのころ (その時代) **in those days** /**ゾウ**ズ デイズ/; (その時) **at that time**

・そのころは私の最も幸福な時代でした

Those were my happiest days.

・そのころはそれがどんなに価値のあるものか私は知らなかった

At that time I did not know how valuable [what a valuable thing] it was.

そのた その他 **the others** /**ア**ざズ/, **the rest** → た²

・その他の the other

・その他の点では私は君に賛成だ

Otherwise I agree with you. /

I agree with you on the other points.

・そのホテルは夏だけ開いてその他は閉じられる The hotel is open only in summer and closed (all) the rest of the year.

・彼女はその他の少女たちと意見が違う

She differs in opinion from the other girls.

そのために → ため ❷ ❸

そのとおり

・そのとおりだ You are right. / That's right.

・私はそのとおりに (→あなたが言ったとおりに)しました I did as you told me to.

そのとき その時 **then** /**ゼ**ン/, **at that time**

・その時は冬でした It was winter then.

・その時は私はそうは思わなかった

At that time I did not think so.

そのば その場で, その場に **on the spot**; (即座に) **there and then** /**ゼ**ア **ゼ**ン/

・その場しのぎの (臨時の) temporary; (間に合わせの) stopgap

・10分後に警察がその場に到着した Ten minutes later the police were on the spot.

・その場で彼は決心した

There and then he made up his mind.

そのへん その辺に **around there** /ア**ラ**ウンド **ゼ**ア/

🗨会話 きょうの新聞はどこだろう. ―どこかその辺で見たような気がするわ

three hundred and fifteen　315　ソラマメ

Where's today's paper? —I think I saw it somewhere around there.
そのほか → そのた
そのまま (あるがままに) **as it is, as they are**; (ひとりに) **alone** /アろウン/
・それ[それら]をそのままにしておきなさい
Leave it as it is [them as they are].
・彼をそのままにしておきなさい
Let [Leave] him alone.
・私はそのままのあなたが好きなの
I like you the way you are.
そのもの (それ自体) **itself** /イトセるふ/
・彼女は親切そのものだ
She is kindness itself.
そば[1] 蕎麦《植物》**buckwheat** /バク(ホ)ウィート/; (食べ物) *soba*, **buckwheat noodles** /ヌードるズ/

日本を紹介しよう

そばはそば粉から作られる. うどんより細く, 熱くして食べてもよいし冷やして食べてもよい
Soba is made from buckwheat. It is thinner than *udon*. It can be either served in hot soup or served chilled.

そば[2] **the side** /サイド/
そばの (近くの) **nearby** /ニアバイ/
そばに **by, near** /ニア/; (わきに) **beside** /ビサイド/
・そばを通る　pass by
・正門のそばのサクラの木　a cherry tree beside the main gate
・窓のそばにいすがあります
There is a chair by the window.
・そのホテルはその湖のそばにあります
The hotel stands by the side of the lake.
・私のそばにすわりなさい
Sit by my side [beside me].
・火のそばに来て温まりなさい
Come near the fire and warm yourself.
・彼はそばの木の陰にかくれた
He hid behind a nearby tree.
・井の頭公園はうちのすぐそばにあります
We live close to Inokashira Park. / ひゆ Inokashira Park is on our doorstep. (戸口の階段に)
そばかす a **freckle** /ふレクる/
そびえる **rise** /ライズ/
そふ 祖父 a **grandfather** /グラン(ド)ふァーざ/
ソファー a **sofa** /ソウふァ/; (中型の) a **settee** /セティー/
ソフトウェア **software** /ソーふトウェア; ソふトウェア/

ソフトクリーム **soft serve** (**ice cream**) /ソーふト サ〜ヴ (アイス クリーム)/; **ice cream cone** /コウン/ →「ソフトクリーム」は和製英語
ソフトドリンク a **soft drink** /ソーふト ドリンク/
ソフトボール (競技) **softball** /ソーふトボーる/; (ボール) a **softball**
・ソフトボールをする　play softball
ソプラノ **soprano** /ソプラノウ/
・ソプラノ歌手　a soprano (singer)
そぼ 祖母 a **grandmother** /グラン(ド)マざ/
そぼく 素朴な **simple** /スィンプる/, **plain** /プれイン/
そまつ 粗末な (貧弱な) **poor** /プア/; (質素な) **simple** /スィンプる/; (みすぼらしい) **shabby** /シャビ/; (粗野(そゃ)な) **rude** /ルード/
粗末にする (むだにする) **waste** /ウェイスト/
・粗末な食事　a simple meal
・粗末な身なりをしている　be shabbily dressed
・時間を粗末にする　waste *one's* time
そまる 染まる **dye** /ダイ/ → そめる
そむく **disobey** /ディソベイ/
・…にそむいて　against ～
・彼の命令にそむく　disobey his order
・父の意志にそむいて彼は歌手になった
He became a singer against his father's will.
そむける (顔を) **turn away** *one's* **face** (from ～) /タ〜ン アウェイ ふェイス/; (目を) **look away** (from ～) /るク/
・彼は私を見ると顔をそむけた　When he saw me, he turned his face away.
そめる 染める **dye** /ダイ/
・髪を薄茶色に染める　dye *one's* hair light brown
そよかぜ そよ風 a **gentle breeze** /チェントる ブリーズ/, a **breath** (**of air**) /ブレす (エア)/
そよそよ **gently** /チェントリ/, **lightly** /らイトリ/
・風がそよそよ吹いている
The wind is blowing gently [lightly].

そら 空
➤ **the sky** /スカイ/; (空中) **the air** /エア/
・青い[くもり]空　a blue [cloudy] sky
・空高く　high up in the sky [the air]
・空は一面の青空だった
The sky was blue all over.
・空模様から判断すると午後は晴れるだろう
Judging from the look of the sky, it will clear up in the afternoon.
ソラマメ 空豆《植物》a **broad bean** /ブロード ビ

そり a sledge /スれヂ/, a sled /スれド/; (馬などに引かせる) a sleigh /スれイ/
• そりに乗って坂をすべり下りる slide down a slope on a sled

そる¹ (ひげなどを) shave /シェイヴ/

そる² (板など) warp /ウォープ/; (からだが後ろに) lean backward /リーン バクワド/
• 胸をそらす throw out *one's* chest

それ

➤ (それは, それが, それを, それに) **it**
➤ (はっきりさし示して) **that**

それの its: that

それらは, それらが they: (はっきりさし示して) those /ぞウズ/

それらを, それらに them: those

それらの their: those
• それは何ですか What is that?
• それでよろしい That's right.
• それは私の靴です
They [Those] are my shoes.

それから then /ゼン/; (次に) next
• 私は7時に朝ご飯を食べ, それから学校へ行く I eat my breakfast at seven and then go to school.
• それから君は何をしましたか
What did you do next?

それくらい so much /マチ/, that much → それだけ
• 私の家族のことはそれくらいにして今度は私たちの学校のことをお話ししましょう
So much for my family. I'll now talk about our school.
• 私は彼のことはそれくらいしか知りません
I know only that much about him.

それぞれ each /イーチ/
• 少年たちはそれぞれ自分の辞書を持っている
Each boy has his own dictionary.
• 私たちはそれぞれリンゴを2個ずつもらった
We were given two apples each.

それだけ all, so much /マチ/, no more than that /モー ざン/
• それだけです That's all.
• きょうはそれだけにしておきましょう
That's all for today.
• 私はそれだけしか持っていません
I have no more than that.
• 今出発すればそれだけ早く着くでしょう
If you start now, you will get there so much

the sooner.

それっきり (最後) the last; (それ以来) since /スィンス/

[会話] もう少しいただけますか. —すみません. それっきりなんです Can I have some more? —Sorry. That was the last.
• 彼は10年前に故郷を出てそれっきり帰っていない He left home ten years ago and he hasn't been there since.

それで → そして, それから, だから, ところで

それでは then /ゼン/
• それではこれは何ですか What is this, then?
• それでは君は彼を知っているはずです
Then you must know him.

それでも but, (and) yet /イェト/, still
• 彼は貧しかったがそれでも満足していた
He was poor, and yet satisfied.
• 勝ちめはないがそれでも全力をつくそう
I have no chance of winning, still I will do my best.

それどころか (それに反して) on the contrary /カントレリ/; (遠くかけ離れて) far from it
それとなく (間接的に) indirectly /インディレクトり/
• それとなく言う hint
• それとなく探る [ひゆ] beat about the bush (やぶの周りをたたいて獲物を狩り出す)
• 私は彼の職業についてそれとなくたずねてみた I asked him indirectly about his occupation.

それとも or
• 紅茶にしますか, それともコーヒーにしますか
Would you like to have tea or coffee?

それなら then /ゼン/; (もしそうなら) if so
[会話] 雨が降りそうだ. —それなら傘を持って行きなさい It looks like rain. —Then take an umbrella with you.
• お忙(いそが)しいですか. それならご都合のよい時に電話をください Are you busy? If so, please call me at your convenience.

それに → そのうえ

それはそうと by the way /ウェイ/

それほど → そんな

それほど…ない not very, 《話》 not really
• それほど疲(つか)れていない I'm not very tired.
[会話] 難しいですか. —それほどでもありません Is it difficult? —Not very [really].

それら → それ

それる (台風が) turn away (to ~) /ターン アウェイ/; (話が) digress (from the subject) /ダイグレス/; (弾が) miss

three hundred and seventeen 317 そんみん

•彼は話がよくわき道にそれる
He often digresses from the subject.

ソロ a **solo** /ソウロウ/

そろい (一式) a **set**
•そろいの uniform
•茶道具ーそろい a tea set
•そろいの柄(がら)の服 clothes of a uniform pattern

そろう (集まる) **get together** /トゥゲざ/; (来る)
come, be here /ヒア/, **be there** /ぜア/
•お正月には家族がみんなそろいます On New
Year's Day all the family get together.
•みんなそろったら出かけよう
When all are here［have come］, let's go.
•(セットになっているものなど)あと一つで全部そろう
One more will make a complete set.

そろえる arrange /アレインヂ/
•(声を)そろえて in chorus［unison］
•名前をアルファベット順にそろえる arrange the
names in alphabetical order
•声をそろえて読む read in chorus

そろそろ (ゆっくり) **slowly** /スろウリ/; (まもなく)
soon /スーン/, **before long** /びふォー ろーンぐ/
•そろそろ歩く walk slowly
•彼はもうそろそろ帰るでしょう
He will be back soon［before long］.
•そろそろ暗くなります It will soon be dark.
•そろそろお昼です It's nearly noon.
•そろそろおいとましなければならない時間です It's
about time I should be going. / I'm afraid I
have to be leaving soon.
•そろそろ寝る時間ですよ
It's time you should go to bed.

ぞろぞろ (群れをなして) **in droves** /ドロウヴズ/

そろばん an **abacus** /アバカス/
•君はそろばんができますか
Can you use an abacus?

そわそわ そわそわした **restless** /レストれス/
•そわそわして restlessly
•その知らせを聞いて彼はそわそわした
On hearing the news, he became restless. /
The news made him restless.

そん 損 (a) **loss** /ろース/
損をする lose /るーズ/, **suffer** a **loss** /サふァ/
•損をして at a loss
•損をする［した］人 a loser
•損得 profit and loss
•私は損をしようと得をしようとかまわない
I don't care whether I gain or lose.
•だれが彼らのうちで一番損をしたのですか
Who was the heaviest loser of them?

そんがい 損害 **damage** /ダミヂ/
•町はその地震で大損害を受けた The town was
heavily damaged by the earthquake.
•その季節はずれの霜(しも)で作物は大損害を受けた
The crops suffered great damage from the
untimely frost.

そんけい 尊敬 **respect** /リスペクト/
尊敬する respect, look up to /るク/, **admire**
/アドマイア/
•尊敬すべき respectable
•彼はすべての人に尊敬されている
He is respected by everyone.
•彼はリーダーとして尊敬されている
He is looked up to as a leader.

そんざい 存在 **existence** /イグズィステンス/
存在する exist /イグズィスト/
•幽霊(ゆうれい)というものは本当に存在するのかしら I
wonder if ghosts really exist.

そんしつ 損失 (a) **loss** /ろース/
•彼の死は国家にとって大きな損失です
His death is a great loss to the nation.

そんちょう¹ 村長 a **village head** /ヴィれヂ ヘド/

そんちょう² 尊重 **respect** /リスペクト/
尊重する respect, think much of /すィンク マヂ/
•他人のプライバシーを尊重する
respect other people's privacy

そんな そんな(に)
➤ (様子などが) **such** /サチ/, **like that** /らイク/
➤ (程度が) **so**
•先生に対してそんな口のきき方をしてはいけません
You should not speak to your teacher like
that.
•私はそんなに大きな魚を見たことがありません I
have never seen such a big fish.
•君はなぜそんなに急いでいるのですか
Why are you in such a hurry?
•そんなに速く歩かないでもっとゆっくり歩いてくだ
さい Don't walk so fast. Please walk more
slowly.
•彼はそんなに具合が悪いのですか Is he so ill?
•私はそんなにたくさんのお金を持っていません I
don't have so much money as that.
•あなた何をそんなに怒っているの
What are you so mad about? ➜ 意味のつながり
の上では about what (何について)であるが, what
は疑問詞なので文頭に出る

そんみん 村民 a **villager** /ヴィれヂャ/; (全体)
the people of the village /ピープる/, **the vil-**
lagers

た　タ

た[1] 田 a **rice field** /ライスふぃーるド/, a **paddy field** /パディ/, a (**rice**) **paddy**
・田植えをする plant a rice field (with rice shoots) / plant rice (shoots) in a paddy

た[2] 他 《二つのうちのもう一方》 **the other** /アざ/; 《いくつかあるうちの一つ》 **another** /アナざ/; 《残り全部》 **the others, the rest** → そのた, ほか
　他の **the other; another; other**
・他の人々　other people; 《残り全部》the others / the other people
・他の例をいくつかあげよう
I'll give some other examples.

た[3] → した[3]

だ → です

ターゲット a **target** /ターゲト/

ダース a **dozen** /ダズン/ (略 doz.)
・鉛筆(えんぴつ)2ダース　two dozen pencils → 名詞の直前では複数でも ×dozen*s* としない

ターミナル 《空港や鉄道・バスなど》 a **terminal** /ターミヌる/ → 通例その路線が始発また終着するところをいう
・ヒースロー空港ターミナル5　Heathrow Airport Terminal 5
・バスターミナル　a bus terminal

ターミナル(ヒースロー空港)

たい[1] 対 **to; against** /アゲンスト/
・スコアは3対1で私たちが勝っていた
The score was three to one in our favor. / We had three points against their one.
・われわれは5対2で試合に勝った
We won the game by a score of 5 to 2.
・あした早稲田対慶応の野球の試合があります
There will be a baseball game between Waseda and Keio universities tomorrow.

たい[2] 隊 a **party** /パーティ/

たい[3] → したい[2]

タイ[1] タイ国 **Thailand** /タイらンド/
・タイ(人, 語)の　Thai
・タイ語　Thai
・タイ人　a Thai

タイ[2] 鯛 《魚》 a **sea bream** /ブリーム/ (複 同形)

だい[1] 代
❶《世代》 a **generation**
❷《乗り物の料金》 a **fare**; 《手数料・使用料》 a **charge**; 《家賃》 (a) **rent**

❶《世代》 a **generation** /ヂェネレイシャン/ → じゅうだい[2], せだい
・代々　from generation to generation
・何代もの間　for many generations
・2000年代に　in the 2000s
・彼は10代[20代]です　He is in his teens [his twenties]. → teens は13歳から19歳までをさす
・エイブラハム・リンカーンはアメリカ第何代の大統領ですか
How many presidents were there in the United States before Abraham Lincoln? / What number president of the United States is Abraham Lincoln?

❷《料金》《乗り物の》 a **fare** /ふエア/; 《手数料・使用料》 a **charge** /チャーヂ/; 《家賃・部屋代》 (a) **rent** /レント/
・バス[タクシー]代　a bus [taxi] fare
・(ホテルの)部屋代はいくらですか
How much is the charge [How much do you charge] for a room? → [　]内の charge は動詞(料金を)請求する)
・このアパート代は月に5万円だ　The rent for this apartment is 50,000 yen a month.

だい[2] 題 《主題》 a **subject** /サブヂェクト/; 《題名》 a **title** /タイトる/
・討論の題　the subject for discussion
・宿題の作文の題　the subject of the composition assignment
・彼は「文化交流」という題で講演した　He spoke on the subject of "Cultural Exchange."
・その映画の題は何ですか
What is the title of the movie?

だい[3] 台 a **stand** /スタンド/
・譜面台　a music stand

だい[4] 第… (番) **number** /ナンバ/ (略 No.)

- 第1, 第2, 第3, … the first, the second, the third, …
- 第1番[号] No.1 (読み方: number one)

だい[5] 大… (大きい) **big**, **great** /グレイト/, **vast** /ヴぁスト/; (熱烈(ねつれつ)な) **ardent** /アーデント/; (深刻な) **serious** /スィアリアス/
- 大都市 a big city
- 大問題 a big [serious] problem
- 大企業 a large company [enterprise]
- 大ファン an ardent fan

ことわざ 大は小をかねる Wide will wear, but tight will tear. (大きい(服)は着られるがきつい(服)ははやぶける)

たいあたり 体当たりする **hurl** *oneself* /ハ〜る/
- 彼はドアに[仕事に]体当たりした He hurled himself at the door [into the work].

タイアップ (業務などの提携) **business partnership** /ビズネス パートナシプ/; (提携商品など) a **tie-in** /タイ イン/

タイアップする tie in
- 映画とタイアップしたおもちゃ[映画関連本] a movie tie-in toy [book]

たいい 大意 **the general idea** /ヂェネラる アイディーア/; (概略) an **outline** /アウトらイン/

たいいく 体育 (教科名) **physical education** /ふィズィカる エデュケイション/, 《略》**P.E.**, 《話》**gym** /ヂム/
- 体育館 a gymnasium
- 体育の日 Health-Sports Day
- 体育祭 a field day / an athletic meet
- きょうの2時限目は体育です I have physical education [gym] (in the) second period today.

だいいち 第1(の) **the first** /ふァ〜スト/
- 第1に first; (何よりも) first of all
- そこの私の第一印象 my first impression of the place
- 第一人者 the leading figure

掲示 安全第一 Safety First.

だいいっぽ 第一歩 **the first step** /ふァ〜スト ステプ/
- 第一歩を踏み出す take the first step

たいいん 退院する **leave (the) hospital** /リーヴ ハスピトる/
- 退院している be out of (the) hospital →《米》では the をつけるのがふつう
- 彼は1週間かそこらでよくなって退院できるでしょう He will get well enough to leave (the) hospital in a week or so.

たいいんれき 太陰暦 **the lunar calendar** /るーナ キャれンダ/

ダイエット (食事制限) a **diet** /ダイエト/
ダイエットする (食事制限する) **diet**, **go on a diet**; (体形を整える) **shape up** /シェイプ/
- ダイエットしている be on a diet
- ダイエットのために走る run to shape up

たいおう 対応する **correspond to** /コーレスパンド/

たいおん 体温 **temperature** /テンパラチャ/
- 体温計 a (clinical) thermometer
- 体温を計る take *one's* temperature
- 彼の体温は平熱よりも少し高い His temperature is slightly above normal.
- 彼の体温は39度まで上がったが午後には平熱になった His temperature rose to 39℃ (読み方: thirty-nine degrees), but it was normal in the afternoon.

たいか[1] 大火 a **big fire** /ふァイア/

たいか[2] 大家 (権威者) an **authority** /オさリティ/; (巨匠) a **great master** /グレイト マスタ/
- 天文学の大家 an authority on astronomy
- 絵の大家 a great master of painting / a great painter

たいかい 大会 a **rally** /らリ/; (会議) a **convention** /コンヴェンション/; (競技) a **meet** /ミート/, a **tournament** /トゥアナメント/, a **competition** /カンペティション/; (総会) a **general meeting** /ヂェネラる/

たいがい mostly /モウストり/; generally /ヂェネラり/, in general → たいてい
たいがいの most

たいかく 体格 **physique** /ふィズィーク/, **build** /ビるド/
- 体格が立派だ[悪い] have a fine [poor] physique [build]
- 私たちは同じような体格をしている We are almost of the same build.

たいがく 退学する **quit school** /クウィト/, **drop out of school**, **leave school** /リーヴ/
- 中途(ちゅうと)退学者 a dropout
- 退学させられる be expelled from school
- その詩人は17歳のときに家庭の事情で退学した The poet quit school at 17 [when she was seventeen] for family reasons.

だいがく 大学

➤ (総合大学) a **university** /ユーニヴァ〜スィティ/; (単科大学) a **college** /カれヂ/

参考 厳密(げんみつ)には総合大学あるいは大学院のある大学が university で, 単科大学あるいは

総合大学の学部が college であるが, そういう区別を意識しないで単に「大学」という場合には university の代わりに college を用いることが多い

•大学生 a college [university] student
•大学院[院生] a graduate school [a graduate student]
•大学入試 a college [university] entrance examination
•4年制[短期]大学 a four-year [a junior] college
•大学へ行く go to college [the university] ➜
「大学での授業」という意味では college に冠詞をつけない
•大学に在学中である be in college [the university]
•大学に入る enter college [the university]
•大学を卒業する graduate from college [the university]
•大学院に進む go on to (a) graduate school
•私の兄は大学で経済学を専攻している
My brother majors in economics at college [the university].

たいかくせん 対角線 a **diagonal line** /ダイアガナる **ライン**/
•対角線を引く draw diagonal lines

たいき 大気 the **atmosphere** /アトモスふィア/
•大気汚染(おせん) air pollution
•大気圏 the (Earth's) atmosphere

たいぎご 対義語 an **antonym** /アントニム/

だいぎし 代議士 (日本の) a **member of the Diet** /メンバ **ダイエ**ト/

だいきらい …が大きらいだ **dislike 〜 very much** /ディスらイク **マ**チ/, **hate 〜** /**ヘ**イト/

たいきん 大金 a **large sum of money** /らーヂ サム マニ/, **a lot of money**

だいきん 代金 a **price** /**プ**ライス/
•(…の)代金を払う pay (for 〜)
•…の代金を受け取る receive (the) money for 〜
•私はその本の代金として2千円払った
I paid two thousand yen for the book.

だいく 大工 a **carpenter** /**カ**ーペンタ/

たいぐう 待遇 **treatment** /**ト**リートメント/
•よい[悪い]待遇を受ける receive good [bad] treatment / be well [badly] treated

たいくつ 退屈な **dull** /**ダ**る/, **boring** /**ボ**ーリング/
退屈させる **bore** /**ボ**ー/
(…に)退屈する **get bored** (with 〜, by 〜), **get tired** (of 〜)
•(おもしろ味のない)退屈な人 a bore

•退屈な晩 a dull evening
•昨夜のパーティーは退屈だった
The party last night was dull.
•彼の話はいつも長くてとても退屈だ
His talk is always long and very boring.
•私は毎日繰り返されるきまった仕事に退屈した
I was bored with the daily routine.

だいけい 台形 a **trapezoid** /トラピゾイド/

たいけん 体験 (an) **experience** /イクスピアリエンス/, (a) **personal experience** /パ〜ソナる/ ➜けいけん
体験する **experience**

だいけん 大検 (大学入学資格検定) **the University Entrance Qualification Examination** /ユーニヴァ〜スィティ エントランス クワりふィケイション イグザミネイション/

たいこ 太鼓 a **drum** /ドラム/
•太鼓をたたく beat a drum

たいこう 対抗する **oppose** /オポウズ/; **rival** /ライヴァる/; (匹敵(ひってき)する) **match** /マチ/; (競争する) **compete** (with 〜) /コンピート/
•クラス対抗リレー競走 an interclass relay race
•学校対抗試合 an interscholastic match

ダイコン 大根 《植物》a **Japanese radish** /ラディシュ/; (ハツカダイコン) a **radish**

たいざい 滞在 a **stay** /ステイ/
滞在する **stay**
•1[2]週間の滞在 a week's [two weeks'] stay
•私のロンドン滞在中に during my stay in London
•パリ[このホテル]に滞在する stay in Paris [at this hotel]

会話 ここにはどのくらい滞在される予定ですか.
—1週間の予定です
How long will you stay [are you going to stay] here?—I'll stay [I'm going to stay] here for a week.
•彼はうちに[そのホテルに]滞在しています ➜ 現在進行形 He is staying with us [at the hotel].
•私はここにもう1週間以上滞在しています ➜ 現在完了進行形
I have been staying here for over a week.
•彼は日本に数日滞在したあと, 香港に行きます
He'll go to Hong Kong after staying in Japan for several days.

だいざい 題材 (素材) **material** /マティアリアる/; (テーマ) a **theme** /すィーム/; (話題) a **topic** /タピク/

たいさく 対策 (措置(そち)) **measures** /メジャズ/
•…の対策を立てる take [work out] measures against 〜

だいさんしゃ 第三者 a **third party** /さ〜ド パーティ/

たいし 大使 an **ambassador** /アンバサダ/
• 大使館 an embassy
• 駐日アメリカ大使 the American Ambassador to Japan
• 東京のイギリス大使館 the British Embassy in Tokyo

たいじ 退治する **get rid of** /リド/, **rid**

だいじ 大事な（重要な）**important** /インポータント/ → じゅうよう, たいせつ

たいした（偉大(いだい)な）**great** /グレイト/;（非常に）**very**, **much** /マチ/;（重大な）**serious** /スィアリアス/
• 彼女はたいした人だ She is a great woman.
• 彼はたいした美男子だ He is very handsome.
• これはたいした問題じゃない
This is not a serious problem.
• 彼の病気はたいしたことはない
His illness is not serious. /
He is not seriously ill.

たいしつ 体質 **constitution** /カンスティテューション/

たいして¹ たいして…ない **not (so) much 〜** /マチ/, **not very 〜**, **not so 〜**
• その知らせを聞いても彼女はたいして驚かなかった
She was not much surprised to hear the news.
• この本はたいしておもしろくない
This book is not very [so] interesting.

たいして²（…に）対して → たいする

たいしゅう 大衆 the **(general) public** /(チェネラる) パブリク/
大衆の **public**:（大衆向きの）**popular** /パピュラ/
• 大衆小説 a popular novel

たいじゅう 体重

➤ one's **weight** /ウェイト/
体重が…ある **weigh** /ウェイ/
• 体重計（家庭用の）a bathroom scale /（病院などの）a weighing machine
• 体重がふえる gain (in) weight / put on weight
• 体重が減る lose weight
▶会話 体重はいくらありますか。—60キロあります
How much do you weigh? —(I weigh) 60 kilos. → ×How heavy are you? としない
• 私は体重がふえてきて今は約60キロだ
I've been gaining (in) weight and now weigh nearly sixty kilograms.

たいしょう¹ 対照 **contrast** /カントラスト/
対照する **contrast** /コントラスト/
• A と B とを対照する contrast A with B
• 彼は兄とは対照的におしゃべりだ
In contrast with his brother he is talkative.
• このデザインの色彩の対照はすごく効果的だ
The contrast of colors in this design is very effective. / The colors are very effectively contrasted in this design.

たいしょう² 対称 **symmetry** /スィメトリ/
対称的な **symmetrical** /スィメトリカる/

たいしょう³ 対象 an **object** /アブチェクト/
• 研究の対象 the object of study
• この雑誌は中学生を対象にしている
This magazine is intended for junior high school students.

たいしょう⁴ 大将（陸・空軍）a **general** /チェネラる/;（海軍）an **admiral** /アドミラる/

たいしょう⁵ 隊商 a **caravan** /キャラヴァン/

たいじょう 退場する（サッカー選手などが）**leave the field** /リーヴ ふぃーるド/;（舞台から）（一人が）**exit** /エグズィト/,（複数の人が）**exeunt** /エクスィアント/

だいじょうぶ 大丈夫（安全な）**safe** /セイふ/;（安全に）**safely**;（確かな）**sure** /シュア/;（確かに）**surely**
• もう大丈夫だ
Now we are safe [out of danger].
• 大丈夫。彼は成功するよ
I am sure he will succeed.
• 大丈夫ですか。顔色がよくありませんよ
Are you all right? You look pale.

たいしょく 退職 **retirement** /リタイアメント/
退職する **retire** /リタイア/
• 退職金 a retirement allowance /（途中(とちゅう)での）a severance allowance

たいしん 耐震の **earthquake resistant** /ア〜すク ウェイク リズィスタント/; **quake-proof** /クウェイク プるーふ/

だいじん 大臣 a **minister** /ミニスタ/

ダイズ 大豆〔植物〕a **soybean** /ソイビーン/

だいすき …が大好きだ **like 〜 very much** /らイク マチ/, **be very fond of 〜** → すき³
大好きな **favorite** /ふェイヴァリト/
• 私の大好きなテレビ番組は歌謡曲の番組です My favorite TV program is a popular song program.

> **文法・語法**
> favorite は「一番好きな」という意味なので ×very をつけたり，比較級・最上級にしたりしない

たいする　　322

・私はあの先生が大好きです
I like the teacher very much.
・彼女は動物が大好きです
She is very fond of animals.

たいする 対する（…に対して）**to**;（…に関して）**for, with**;（…に反対して）**against** /アゲンスト/
・彼女の手紙に対する返事　an answer to her letter
・目上の人に対しては丁寧(ていねい)なことばを使いなさい
Use polite words to older people.
・彼女は私に対してぶあいそうだ
She is unfriendly to［toward］me.
・あなたのご親切に対して感謝します
Thank you for your kindness.
・彼は私に対して腹を立てている
He is angry with me.
・あの先生は生徒に対してきびしすぎる
That teacher is too strict with the students.
・これに対してわれわれは何らかの行動を起こさなければならない
We must take some action against this.

たいせいよう 大西洋 **the Atlantic（Ocean）** /アトランティク（オウシャン）/
たいせき 体積 **volume** /ヴァリュ厶/
・この立方体の体積を求めよ
Find the volume of this cube.

たいせつ　大切な

➤ **important** /インポータント/;（価値のある）**valuable** /ヴァリュアブる/
・大切に思う　value / think much of
・大切にする　take（good）care of
・それはとても大切なことです
It is a very important matter. /
It is very important.
・時間はお金よりも大切なものです
Time is more precious than money.
・君は彼の忠告をもっと大切にすべきだ
You should think more of his advice.
・おからだを大切にしてください
Take good care of yourself.

たいそう 体操 **gymnastics** /ヂムナスティクス/;（運動）**physical exercise** /ふィズィカる エクササイズ/
・体操をする　do physical exercise ➜ 一般的に「体操」という時は ✕ an を付けたり複数形にしたりしない
・体操選手　a gymnast
・ラジオ体操をする　do exercises to the radio

だいたい generally /ヂェネラリ/;（ほとんど）**almost** /オーるモウスト/（➜ ほとんど）;（約）**about**

/アバウト/（➜ やく³）
だいたいの general
・私の言うことがこれでだいたいおわかりと思います
I hope you've gotten the general idea of what I mean.
だいたすう 大多数 **a large majority** /らーヂ マヂョーリティ/
たいだん 対談 **a talk** /トーク/;（会見）**an interview** /インタヴュー/
・…と対談する　talk with ～ / have a talk with ～; have an interview with ～
だいたん 大胆 **boldness** /ボウるドネス/
大胆な **bold**
大胆に **boldly**
だいち¹ 台地 **a plateau** /プらトウ/
だいち² 大地 **the earth** /ア～す/, **the ground** /グラウンド/
たいちょう¹ 体調 **（physical）condition** /（ふィズィカる）コンディション/, **shape** /シェイプ/
・私はきょうは体調がいい
I'm in good condition［shape］today.
・私はここのところ体調をくずしている
I've been out of condition［shape］these days.
たいちょう² 隊長 **a captain** /キャプテン/, **a leader** /リーダ/
タイツ tights /タイツ/

たいてい

➤ （通常）**usually** /ユージュアり/
➤ （大部分）**mostly** /モウストり/
➤ （一般に）**generally** /ヂェネラり/
たいていの most
・たいていの人　most people / people in general
・たいていの場合　in most cases
・私は朝たいてい6時に起きます
I usually［generally］get up at six in the morning.
・日本ではたいていの寺は木造です
Most temples are built of wood in Japan.
・私たちたいていの者は歩いて通学します
Most of us walk to school. ➜ この most は名詞
（たいていの者）

たいど　態度

➤ an **attitude** /アティテュード/;（様子）a **manner** /マナ/
・態度がいい　well-mannered
・態度が悪い　ill-mannered;（無礼な）impolite;

たいへん 大変

(生意気な) impudent /《米話》 sassy /《英話》 cheeky
- 気楽な[ぎこちない]態度で　in an easy [awkward] manner
- この問題に対する彼の態度はどうでしたか
What was his attitude toward this problem?

たいとう 対等な　**equal** /イークワる/

だいどうげい 大道芸　a **street performance** /ストリート パふォーマンス/
- 大道芸人　a street performer

だいとうりょう 大統領　a **president** /プレズィデント/
- 大統領の　presidential
- 大統領選挙　a presidential election
- ケネディ大統領　President Kennedy
- だれが合衆国第50代大統領に選ばれるだろう
Who will be elected the 50th president of the United States?

だいどころ 台所　a **kitchen** /キチン/
- 台所用品　kitchen utensils / kitchenware

タイトル (選手権) a **title** /タイトる/
- タイトルを奪う[失う]　gain [lose] a title

だいなし だいなしにする　**spoil** /スポイる/, **ruin** /ルーイン/
- 大雨でうちの草花はすっかりだいなしだ
The heavy rain ruined our flowers.

ダイナマイト dynamite /ダイナマイト/
ダイナミックな dynamic /ダイナミク/
ダイニング ダイニングルーム　a **dining room** /ダイニンぐ ルーム/
- ダイニングキッチン　a kitchen-diner →「ダイニングキッチン」は和製英語

たいねつ 耐熱の　**heatproof** /ヒートプルーふ/; **heat-resistant** /ヒート リズィスタント/

ダイバー a **diver** /ダイヴァ/

たいばつ 体罰　**corporal punishment** /コーポラる パニシュメント/
- …に体罰を加える　inflict corporal punishment on ～

たいはん 大半　the **greater part** /グレイタ/
- 彼は給料の大半を書物に費やす　He spends the greater part of his salary on books.

たいひ 堆肥　**compost** /カーンポウスト/
たいびょう 大病　a **serious illness** /スィアリアス イるネス/, a **serious sickness** /スィクネス/

だいひょう 代表者　a **representative** /レプリゼンタティヴ/
　代表する　**represent** /レプリゼント/
- …を代表して　on behalf of ～
- 彼は私たちのクラスの代表です

He represents our class. /
He is a representative of our class.
- 私はクラスを代表して彼に礼を述べた
I thanked him on behalf of the class.

ダイビング diving /ダイヴィンぐ/
　ダイビングする　**dive**

タイプ
❶ (型) a **type** → かた²
- 新しいタイプの洗剤　a new type of detergent
- 君はどんなタイプの音楽が一番好き?
What type of music do you like best? /
What type of music is your favorite?
- ぼくの好きな音楽のタイプはボサノバだ. クールで楽しい　The type of music I like is bossa nova—it's cool and exciting.
- 彼は私のタイプじゃないわ　He is not my type.
❷ (タイプライター) a **typewriter** → タイプライター

だいぶ
❶ (非常に) **very**; **much** /マチ/; (たくさん) a **great deal** /グレイト ディーる/
- 私はきょうはだいぶ具合がいい
I feel much better today.
- だいぶ夜がふけてきた
It is getting very late.
- ゆうべはだいぶ雨が降りました
It rained a great deal last night.
❷ (長い間) **(for) a long time**
- だいぶお待ちでしたか
Have you been waiting for a long time?
- 彼が上京してからだいぶたちます
It is [has been] a long time since he came to Tokyo.

たいふう 台風　a **typhoon** /タイふーン/
- 台風15号が東海地方を襲った
Typhoon No.15 struck [hit] the Tokai area.
- 日本では夏の終わりごろによく台風が来る
Typhoons are frequent in late summer in Japan.

だいぶつ 大仏　a **huge statue of Buddha** /ヒュー ヂ スタチュー ブダ/
- 奈良の大仏　the Great Buddha at Nara

だいぶぶん 大部分 (ほとんど) **most** /モウスト/; (大半) the **greater part** /グレイタ/ → たいてい, たいはん, ほとんど

タイプライター a **typewriter** /タイプライタ/
たいへいよう 太平洋　the **Pacific (Ocean)** /パスィふィク (オウシャン)/

たいへん 大変

だいべん

➤ (非常に) **very**; **much** /マチ/ **→** ひじょうに

たいへんな (難しい) **hard** /ハード/; (重大な) **serious** /スィアリアス/

•たいへんな誤りをする　make a serious error

•こんな寒い朝に早く起きるのはたいへんだ

It is hard to get up early on a cold morning like this.

だいべん 大便 **feces** /ふィースィーズ/, **excrement** /エクスクレメント/; (検便用の) one's **stool(s)** /ストゥーる(ズ)/

大便をする **defecate** /デふィケイト/, **empty** one's **bowels** /エンプティ バウるズ/

たいほ 逮捕する **arrest** /アレスト/

•彼は逮捕されて警察に拘留された　He was arrested and taken into police custody.

たいほう 大砲 a **gun** /ガン/

だいほん 台本 (放送用) a **script** /スクリプト/

たいまつ a **torch** /トーチ/

たいまん 怠慢 **neglect** /ニグれクト/

怠慢な **neglectful**

タイミング **timing** /タイミング/

•タイミングがよい[悪い]　be timely［untimely］/ be well［not well］timed

タイムアップ (掛け声) **Time is up!**［**Time's up!**］**→**「タイムアップ」は和製英語

タイムカプセル a **time capsule** /キャプスる/

タイムスリップ a **time slip** /タイム スリプ/; **accidental time travel** /アクスィデンタるタイム トラヴェる/, **unintentional time travel** /アニンテンショヌる/

タイムリーな **timely** /タイムリ/

だいめい 題名 a **title** /タイトる/ **→** だい²

だいめいし 代名詞 《文法》a **pronoun** /プロウナウン/

タイヤ a **tire** /タイア/

•タイヤに空気を入れる　pump up a tire

•パンクしたタイヤを直す　mend［fix］a flat tire **→** パンク

ダイヤ

❶ (鉄道の) a **train schedule** /トレイン スケデューる/

•大雪のためにダイヤが乱れている

The (railroad) schedule has been thrown into disorder by the heavy snowfall.

❷ (宝石) a **diamond** /ダイアモンド/; (トランプ) **diamonds**

•ダイヤの指輪　a diamond ring

•ダイヤのキング　the king of diamonds

ダイヤモンド **→** ダイヤ❷

ダイヤル a **dial** /ダイアる/

•ダイヤルを回す　dial

たいよう¹ 太陽

➤ **the sun** /サン/

太陽の **solar** /ソウら/

•太陽系　the solar system

•太陽熱[エネルギー]　solar heat［energy］

•太陽電池　a solar cell

•太陽光発電　solar power

•太陽光発電所　a solar power plant

•太陽暦　the solar calendar

たいよう² 大洋 an **ocean** /オウシャン/

たいら 平らな (平面的) **flat** /ふらト/; (水平な) **level** /れヴる/

•平らに(する)　level

だいり 代理 a **substitute** /サブスティテュート/; an **agent** /エイヂェント/; (代表) a **representative** /レプリゼンタティヴ/

•彼女の代理として　in her place

•代理店　an agency

たいりく 大陸 a **continent** /カンティネント/

大陸の **continental** /カンティネントる/

•アメリカ大陸(で)　(on) the American Continent

•大陸性気候　continental climate

だいりせき 大理石 **marble** /マーブる/

たいりつ 対立 (a) **confrontation** /カンふランテイション/

対立する **confront** /コンふラント/; (対立している) **be opposed** /オポウズド/; (意見などが) **be quite different** (in ～) /クワイト ディふァレント/

•対立した　opposite

•彼らはたがいに意見が対立している

They are quite different from each other in opinion.

たいりょう¹ 大量の a **large quantity of** /らーヂ クワンティティ/, **a good deal of** /ディーる/ **→** たりょう

•大量に　in (large) quantities

•大量生産　mass production

たいりょう² 大漁 a **good catch** (of fish) /キャチ (ふィシュ)/

たいりょく 体力 **physical strength** /ふィズィカる ストレンぐす/

タイル a **tile** /タイる/

•タイルを張る　tile

ダイレクトメール **direct mail** /ディレクト メイる/

たいわ 対話 a **conversation** /カンヴァセイション/; (作品の中の) a **dialog(ue)** /ダイアローグ/

•…と対話する　have a conversation［a talk］with ～ / talk with ～

たいわん 台湾 **Taiwan** /タイワーン/
・台湾の Taiwanese
・台湾人 a Taiwanese (複 同形)

たうえ 田植え **rice planting** /ライス プらンティング/
・田植えをする plant a rice field

ダウン (羽毛) **down** /ダウン/

ダウンロード (a) **download** /ダウンろウド/
ダウンロードする **download**

だえき 唾液 **saliva** /サらイヴァ/

たえず 絶えず (絶え間なく) **continuously** /コンティニュアスり/, **ceaselessly** /スィースれスり/; (常に) **always** /オーるウェイズ/

たえまない 絶え間ない (連続した) **continuous** /コンティニュアス/; (休みない) **ceaseless** /スィースれス/
・絶え間なく continuously; ceaselessly

たえる 耐える (我慢する) **endure** /インデュア/, **bear** /ベア/, **stand**, **put up with** → がまん (→ 我慢する)
・これらの植物は当地の冬に耐えられるほど強くない
These plants are not strong enough to stand the winter here.

だえん 楕円 an **ellipse** /イリプス/, an **oval** /オウヴる/

たおす 倒す **throw down** /すロウ ダウン/; **fell** /ふェる/
・木を切り倒す fell a tree
・突然の揺(ゆ)れで私は床の上に倒れた (→倒された) I was thrown down on the floor by the sudden jerk.
・彼女は一撃でその男を倒した She felled the man (to the ground) with one blow.

タオル a **towel** /タウエる/
・(ぬれた)手をタオルでふく dry *one's* hands on a towel
・からだをタオルでよく摩擦(まさつ)しなさい
Rub yourself well with a towel.

たおれる 倒れる

❶ (立っているものが) **fall**

❶ (立っているものが) **fall** /ふォーる/; (倒壊する) **collapse** /コラプス/
・地面[床]に倒れる fall down on the ground [the floor]
・…につまずいて倒れる fall [trip] over ~
・嵐で多くの木が倒れた
Many trees fell (down) in the storm.
・地震になれば私の家は倒れるでしょう
My house will fall [collapse] if an earthquake occurs.

❷ (病気などで) 《話》 **be laid up** /れイド/ (受け身形); **break down** /ブレイク ダウン/
・心臓病で倒れる be laid up with a heart disease
・彼はインフルで倒れてしまった → 現在完了
He has been laid up with (the) flu.
・彼は過労で倒れた
His health broke down from overwork.

タカ 鷹 《鳥》a **hawk** /ホーク/

だが → が² ❸

たかい 高い

❶ (高さが) **high, tall**
❷ (値段が) **high, expensive**
❸ (理想・地位などが) **high**

❶ (高さが) **high** /ハイ/, **tall** /トーる/ → 一般的に high は「高い物, 高い位置にある物」, tall は「細長い物・動植物」について用いる

高く (位置が) high
・高い山 a high mountain
・高い窓 (上下が広い) a tall window / (高いところにある) a high window
・高い天井 a high ceiling →「位置」を示しているので ×a *tall* ceiling とはいわない
・あれは日本で一番高い山だ That mountain is higher than any other (mountain) in Japan. / That is the highest mountain in Japan.
・彼は私より10センチ背が高い
He is taller than me by ten centimeters. / He is ten centimeters taller than me.
・鳥は空高く舞(ま)い上がった
The bird flew high up in the sky.

❷ (値段が) **high, high-priced** /ハイ プライスト/, **expensive** /イクスペンスィヴ/
・高くなる (上昇する) rise
・高くつく (費用がかかる) be expensive / cost much
・この値段は高すぎる This price is too high.
・どうしてそんなに高い靴を買ったのですか
Why did you buy such expensive [high-priced] shoes?
・これは高くて買えない This is so expensive that I cannot afford (to buy) it.

使い分け

high は単に「高い」という意味なので「値段が高い」という場合は必ず price と共に用いる. **high-priced, expensive** はそれ自体で「値段が高い」という意味. expensive は「価値が高い」という意味

たがい

をふくんでいるが，high-priced は単に「値段が高い」ことだけを意味している

❸ (理想・地位・程度などが) **high**
高く (評価・程度などが) **highly**
•彼は高い理想を抱(いだ)いている
He has high ideals.
•彼女は教養が高い She is highly educated. /
She is a highly educated person.
•彼は評判が高い He has a high reputation. /
He is highly reputed.
•クラスの友達の間では彼の指導力は高く評価されている His leadership is highly evaluated among his classmates.
❹ (声・温度[熱・圧力などが) **high**
•高い声[熱，圧力] a high voice [fever, pressure]

たがい 互い **each other** /イーチ アざ/, **one another** /アナざ/

文法・語法

each other と **one another** はほとんど同じように使われるが，特定の者同士には **each other** を，一般的にいう時は **one another** を使う傾向がある

互いの **mutual** /ミューチュアる/
互いに **mutually**
•互いに助け合う help each other [one another]
•私たちは互いの心を知り合っている
We know each other's mind.
•彼らは互いに好き合っている
They are fond of each other.
•私たちはよくお互いに贈(おく)り物をやり取りする
We often give presents to one another.
•これは彼ら互いの理解を増すのに役だつでしょう
This will help [serve] to increase their mutual understanding.

たがく 多額 **a large amount** (**of money**) /らーヂ アマウント (マニ)/
•多額の寄付 a large amount [sum of money for] donation

たかくけい 多角形 **a polygon** /パリガン/

たかさ 高さ **height** /ハイト/
•その山は高さ約３キロメートルです
The mountain is about three thousand meters high [in height].

🔊会話 君は背の高さがどのくらいありますか．—160センチです
How tall are you? —(I'm) 160 cm (tall).
•私は彼と背の高さがほぼ同じです
I am about as tall as him. /

He and I are about the same height.

だがし 駄菓子 **junk food** /チャンク ふード/

たかしお 高潮 **a storm** [**tidal**] **surge** /ストーム [タイダる] サ〜ヂ/

たかだい 高台 **heights** /ハイツ/; (丘) **a hill** /ヒる/

だがっき 打楽器 **a percussion instrument** /パカション インストルメント/; (オーケストラなどの打楽器パート) **the percussion**

たかとび 高跳び **the high jump** /ハイ チャンプ/
•走り高跳び the (running) high jump
•棒高跳び the pole vault

たかまる 高まる **rise** /ライズ/, **mount** /マウント/
•人気が高まる rise in popularity
•その計画に対する反対の声が高まってきた
Opposition to the plan mounted.

たかめる 高める **raise** /レイズ/, **heighten** /ハイトン/; (増す) **gather** /ギャざ/
•声を高める raise *one's* voice
•女性の社会的地位を高める raise the social position of women
•教養を高める cultivate *one*self
•これはその効果をいっそう高めるでしょう
This will heighten the effect still more.

たがやす 耕す **cultivate** /カるティヴェイト/, **till** /ティる/; (すきで) **plow** /プらウ/
•土地を耕す cultivate the soil

たから 宝 (a) **treasure** /トレジャ/
宝さがし **a treasure hunt** /ハント/
宝くじ **a lottery** /らテリ/
•宝さがしをする have a treasure hunt

だから (結果を導いて) (**and**) **so**; (原因・理由を示して) (…だから) **as**, **because** /ビコーズ/, **since** /スィンス/ → から³ ❸
•だから君がまちがっていたことがわかるだろう
So you see you were wrong.
•彼はひどいかぜをひいていた. だからきのう学校を休んだのだ He had a bad cold, and so he couldn't come to school yesterday.

たかる (せびる) **beg** /ベグ/, 《米俗》**bum** /バム/
•私は彼に金をたかられた
He begged me for money. /
I was begged for money by him.

たき 滝 **a waterfall** /ウォータふォーる/, **falls** /ふォーるズ/
•華厳(けごん)の滝 Kegon Falls

たきぎ (落ちている小枝) **sticks** /スティクス/; (割り木) **firewood** /ふァイアウッド/
•たきぎを集めて火をたこうよ
Let's gather sticks and make a fire.
•火にたきぎを少しくべてください

Please put some firewood on the fire.
だきしめる 抱き締める **hug** /ハグ/, **embrace** /インブレイス/; (ぎゅっと) **squeeze** /スクウィーズ/ → だく

たきび たき火 a **fire** /ふァイア/; (大がかりな) a **bonfire** /バンふァイア/
・落ち葉でたき火をする make a fire from fallen leaves

だきょう 妥協(案) a **compromise** /カンプロマイズ/

妥協する compromise, make a **compromise**
・…に関して彼と妥協する compromise [make a compromise] with him on ~
・それは有効な妥協案になるかもしれない
ひゆ It could be a useful halfway house. (二つの町の中間にある宿泊所)

たく (飯などを) **boil** /ボイる/, **cook** /クク/; (燃やす) **burn** /バ～ン/; (火をおこす) **make** a **fire** /ふァイア/
・御飯をたく boil [cook] rice

だく 抱く **hold in** *one's* **arms** /ホウるド アームズ/; (抱き締める) **hug** /ハグ/, **embrace** /インブレイス/
・子供を抱いて彼女はそこに立っていた
She stood there with her child in her arms.
・母と娘は抱き合って泣いた Mother and daughter hugged [embraced] each other in tears.
・彼女は母の首に抱きついた
She hugged her mother around her neck.

たくあん pickled radish /ピクるド ラディシュ/

たくさん たくさん(の)

➤ **a lot** (of ~), **a great deal** (of ~) /グレイト ディーる/; (数) **many** /メニ/; (量) **much** /マチ/; (十分) **enough** /イナふ/

much

many

・たくさんの本[水] many books [much water]
・私には仕事がたくさんあります
I have a lot of [a great deal of] work to do.
・それを知っている人はたくさんいます

There are a lot of people who know it. / Many people know it.
・できるだけたくさんの本を読みなさい
Read as many books as you can [as possible].
・そのケーキをあまりたくさん食べてはいけません
Don't eat too much of that cake.
・せっかくですがもうたくさんいただきました
I've had enough, thank you.
・愚痴(ぐち)はもうたくさんだ
I've heard enough of your complaining. / I'm fed up with your complaining.

タクシー a **taxi** /タクスィ/, a **cab** /キャブ/, a **taxicab**
・タクシーの運転手 a taxi driver / a cabdriver
・タクシー乗り場 《米》a taxi stand / 《英》a taxi rank
・タクシー代 a taxi fare
・タクシーに乗る take a taxi [a cab]
・タクシーで行く go by taxi [cab]
・タクシーに乗り込む[から降りる] get into [out of] a taxi
・タクシーをつかまえる get [catch] a cab
・タクシーを呼んでください
Call me a taxi. / Call a taxi for me.

たくじしょ 託児所 a **nursery** /ナ～スリ/
タクト a **baton** /バタン/
たくはい 宅配便 **home delivery service** /ホウム ディリヴァリ サ～ヴィス/
・宅配便で小包を送る send a parcel by home delivery service

たくはいびん 宅配便 a **courier** /カーリアー/; (宅配会社) a **package delivery service** /パケヂ ディリヴァリ サ～ヴィス/
・宅配便で荷物を送る send a package by courier → この場合 courier は無冠詞

たくはいボックス 宅配ボックス a **package delivery box** /パケヂ ディリヴァリ バクス/, a **parcel box** /パースる/

たくましい strong /ストローンぐ/, **robust** /ロウバスト/, **tough** /タふ/

たくわえる 蓄える **store** (**up**) /ストー/, **keep** /キープ/; (節約して) **save** (**up**) /セイヴ/

蓄え a **store**; (貯金) **savings** /セイヴィングズ/
・食糧の蓄え a store of food
・彼らは冬の用意に燃料を蓄えた
They stored up fuel for the winter.

たけ 丈 (長さ) **length** /れンぐす/
・丈が長い[短い] be long [short]

タケ 竹 《植物》a **bamboo** /バンブー/

- たけのこ a bamboo shoot
- 竹ざお a bamboo pole
- 竹馬(に乗る) (walk on) stilts
- 竹やぶ a bamboo thicket
- 竹細工 bamboo work

だけ

❶ (限定・程度) **only**
❷ (差異) **by**

❶ (限定・程度) **only** /オウンリ/, **alone** /アロウン/; **nothing more than** /ナすィング モー ざン/
- その秘密を知っているのは彼だけです
He is the only man that knows the secret. / Only he [He alone] knows the secret.
- われわれはただ自分たちの義務を果たしているだけです We are only doing our duty. / We are doing nothing more than our duty.
- 3年生だけでなく1年生もこのゲームに参加することができます Not only third-year students but also first-year students can take part in this game.
- 私が今持っているお金はこれだけです
This is all the money (that) I have now.
- 私が持っているのはこの小さなバッグだけです
All I have is this small bag.

❷ (差異) **by**
- いすが3個だけ余分だ
There are too many chairs by three. / There are three chairs too many.

たけうま 竹馬 (一組) **stilts** /スティるツ/
だげき 打撃 a **blow** /ブろウ/; (野球などの) **batting** /バティング/
- 彼の死はその家族にとって大打撃であった
His death was a great blow to the family.
たこ¹ a **kite** /カイト/
- たこを揚げる fly a kite
たこ² (手足に出来る) a **callus** /キャらス/
タコ 蛸 (動物) an **octopus** /アクトパス/
ださい → やぼ
だし だし汁 **stock** /スタク/
- 魚[カツオ]だし fish [bonito] stock

たしか 確かな

➤ **sure** /シュア/, **certain** /サ～トン/
➤ (信用できる) **reliable** /リらイアブる/

確かに surely, certainly, to be sure → きっと
- 確かに…だ I am sure [certain] ～
- それは成功に至る最も確かな道です
That is the surest way to success.
- 確かに彼は来ます

I'm sure he will come. / He is sure to come. / He will certainly come. / It is certain that he will come. → 最後の文では sure は使わない
- 番号についてはあまり確かではありません
I'm not quite sure about the number.
- 彼がそれをしたかどうか確かでない
I'm not sure [certain] whether he did it or not.
- 彼は確かにここにいませんでした
He was not here, I'm sure.
- 君は確かにその音を聞いたのだね
Are you sure that you heard the sound?
- 彼は君が思うほど確かな人かしら I wonder if he is so reliable as you think him to be.
- この時計は確かに高価ではあるがそれだけの値うちは十分ある This watch is expensive, to be sure, but it is well worth its price.

たしかめる 確かめる **make sure** /シュア/
- 君はその事実を確かめたほうがよい
You had better make sure of the fact.
たしざん 足し算 **addition** /アディション/
- 足し算をする add
だしゃ 打者 a **batter** /バタ/
- 強打者 a slugger
だじゃれ 駄じゃれ(を言う) (へたな冗談) **(make) a poor joke** /プア ヂョウク/; (ごろ合わせ) **(make) a pun** /パン/
たしょう 多少 (いくらかの) **some** /サム/; (いくらか) **somewhat** /サム(ホ)ワト/; (少しは) **a little** /リトる/
- 彼は多少英語を知っています
He has some knowledge of English.
- 彼は多少英語が話せます
He can speak some English. / He can speak English a little.
- 彼は多少興奮していました
He was somewhat excited.
たす 足す **add** /アド/
- A に B を足す add B to A
- 4足す3は7です Four and three makes seven. / Three plus four is seven.

だす 出す

❶ (取り出す) **take out**
❷ (突き出す) **put out**
❸ (提出する) **hand in; send in**
❹ (送る) **send**; (郵便で) **mail, post**
❺ (飲食物を) **serve**
❶ (取り出す) **take out**; (放つ) **let out**

・(かばんから)辞書を出す　take a dictionary out (of the bag)
・かばんの中のものを全部出しなさい
Take out everything in [from] your bag.
・先生はクラスの生徒に教科書を出しなさいと言った
The teacher told the class to get out their textbooks.
・彼女は小鳥をかごから外へ出してやった
She took the bird out of the cage.
・戸をあけてネコを出してやりなさい　Open the door and let the cat out [let out the cat].
❷ (突き出す) **put out**, **stick out** /スティク/
・医者は私に「舌を出してごらん」と言った
The doctor said to me, "Put [Stick] out your tongue."
・あぶないから窓から顔を出してはいけない
Don't put [stick] your head out of the window. It's dangerous.
❸ (提出する) (手渡す) **hand** [**turn**] **in** /ハンド [タ〜ン]/; (送付する) **send in** /センド/
・作文の宿題をもう出しましたか → 現在完了 Have you handed [turned] in your composition assignment?
・私はまだ願書を出していない
I haven't yet sent in the application.
・あと5分で答案を出しなさい　Hand in your examination papers in five minutes.
❹ (送る) **send**; (郵便で出す) **mail** /メイる/, **post** /ポウスト/; (手紙を書く) **write** /ライト/
・小包は書留で出してください
Please send the parcel by registered mail.
・この手紙を出してくれませんか
Will you mail [post] this letter for me?
・彼に手紙を出したが, 返事がない
I wrote to him, but he hasn't answered.
❺ (提供する) (食事などを) **serve** /サ〜ヴ/; (資金などを) **supply** /サプらイ/
・お茶を出す　serve tea
・彼にコーヒーを出す　serve him with coffee
・団体に資金を出す　supply an organization with funds
・この料理は熱いうちに出さなければいけない
This dish must be served hot.
❻ (…し始める) **begin** /ビギン/, **start**
・赤ちゃんが泣きだした
The baby began crying [to cry].
・雨が降りだしてきた
It has begun [has started] raining.

たすう 多数の　**a lot of** /ア らトヴ/, **many** /メニ/ → おおく, たくさん

・多数決　decision by majority
・多数決によって決める　settle by a majority vote

たすける　助ける

➤ (手伝う) **help**; (救う) **save** /セイヴ/
助かる (救われる) **be saved**
助け **help**
・助けになる　be helpful / be of help
・「助けて! 助けて!」と叫ぶ声が聞こえた
I heard someone cry, "Help! Help!"
・この辞書はたいへん助けになります
This dictionary is very helpful [is of great help, is a great help] to me.
・私はいつも彼の仕事を助けます
I always help him (to) do his work. /
I always help him with his work.
・彼はいつでも進んで他人を助ける
He is always willing to help others. /
ひゆ He is a Good Samaritan. (良きサマリア人だ) ◁《聖書》強盗にあって苦しんでいる人を見て助けたサマリア人の話から
・おぼれる少年を助けるために彼は川に飛び込んだ
He jumped into the river to save a drowning boy.
・ありがとう. たいへん助かりました
Thank you. You've been very helpful. /
Thank you for your kind help.
ことわざ 天は自ら助ける者を助ける
Heaven helps those who help themselves.

たずねる¹　訪ねる

➤ (訪問する) **visit** /ヴィズィト/; (人を) **call on** /コーる/; (場所を) **call at**
・神戸のおばを訪ねる　visit one's aunt in Kobe
・多田さんを事務所に訪ねる　call on Mr. Tada at his office

たずねる² 尋ねる　(質問する) **ask** /アスク/ → きく¹ ❷

だせい 惰性 (慣性) **inertia** /イナ〜シャ/; (習慣) a **habit** /ハビト/
・惰性で　out of [from] habit

ただ¹ ただの (無料の) **free** /ふリー/ → むりょう
・ただで　for nothing / free / for free
・君にただでそれをあげます
You may have it for nothing.
・ただより高い物はない
Nothing is more expensive than something that is free. /
ひゆ There's no such thing as a free lunch. (ただの昼めしなんてものはない)

ただ² ただ(の)

➤ only /オウンリ/; simply /スィンプリ/

- ただ…しさえすればよい have only to *do*
- ただ…でさえあれば if only 〜
- ただ…だけでなくまた… not only 〜 but also 〜
- 彼女はその秘密を知っているただ一人の人です
She is the only person that knows the secret.
- 彼のただ一つの楽しみは読書です
His only pleasure is reading.
- 彼女はただ冗談(じょうだん)を言っていただけです
She was only [simply] joking.
- 君はただ私といっしょに来さえすればよいのだ
You have only to come with me.
- ただ君が来られさえすればそれで万事よいのだ
Everything will be all right if only you can come.
- 彼女はただ作家であるばかりでなく音楽家でもある
She is not only a writer but also a musician.
- 喜んでそれをしたいのだがただあまりに忙しいのでね
I would do it with pleasure, only I am too busy.

だだ だだをこねる (無分別(ふんべつ)である) be unreasonable /アンリーズナブる/; (機嫌が悪い) be in a bad mood /ムード/

- そんなにだだをこねてはいけません
Don't be unreasonable.

ただいま (あいさつ) hello /へろウ/, Hi /ハイ/ → いってきます

- お母さん, ただいま Hello, Mother. / Mother, I am back [I'm home].
- 帰って来たら「ただいま」と言いなさい
Say "Hello," when you get home.

たたえる praise /プれイズ/ → しょうさん (→ 称賛する)

たたかう 戦う fight /ふァイト/; battle /バトる/ 戦い a fight; a battle

- 独立のために戦う fight for independence
- B に味方して A と戦う fight with *B* against *A*

たたく (打つ) strike /ストライク/; (とんとんと) knock /ナク/; (軽く) pat /パト/

- 戸をたたく knock at [on] the door
- だれかが戸をたたくのが聞こえた
I heard someone knock at the door.
- だれかが私の肩をたたいた
Someone patted me on the shoulder.

ただし (しかし) but

ただしい 正しい

➤ (悪くない, 間違っていない) right /ライト/
➤ (誤りのない, 正確な) correct /コレクト/
➤ (正式の, 適切な) proper /プラパ/

- 正しく right / rightly; correctly; properly
- 君の言うことはまったく正しい
You are quite right.
- 君の答えは皆正しい
Your answers are all correct.
- 君がそう考えるのは正しい
It is right that you (should) think so.
- それは外国語を学ぶ正しい方法ではない
That is not the right way to learn a foreign language.
- 私の記憶が正しければこの事件は彼の死後に起こったことです If I remember correctly [If my memory is correct], this event took place after his death.
- (図書館などで)本を元の正しい場所に返しなさい
Return the books to their proper places.
- 私は正しい食卓の作法を知りません
I don't know proper table manners.

たたみ 畳 a *tatami* mat, a straw mat /ストロー/

- 畳の部屋 a *tatami* room
- 2階の畳の部屋は8畳(じょう)です
The *tatami* room upstairs is an 8-mat room.
- 畳というのはわらのマットレスの上にイグサのマットをかぶせたものです
Tatami is made of a thick rice straw mattress covered with woven rush grass.

たたむ fold (up) /ふォウるド/; (テント・帆(ほ) を) strike /ストライク/

- 地図[かさ]をたたむ fold (up) a map [an umbrella]

ただよう 漂う float /ふろウト/

- 白い雲が空に漂っているのが見えた
I saw white clouds floating in the sky.

たち¹ (性質) (a) nature /ネイチャ/ → せいしつ

たち² …たち and others /アざズ/ →同種・同類が2人以上いることを示す「…たち」には複数形を使えばよい. 例: 男の子たち boys / 子供たち children / おとなたち grown-ups / grown-up people

- 太郎や花子たちと遊ぶ play with Taro, Hanako, and other children

たちあがる 立ち上がる stand (up) /スタンド (アプ)/; rise /ライズ/ → たつ²

たちいりきんし 立入禁止 《掲示》Keep off. /キープ/, Keep out.; (入場・進入禁止) No Entry. /エントリ/

掲示 芝生(しばふ)立入禁止 Keep off the grass.

たちいる 立ち入る (干渉(かんしょう)する) interfere

/インタ**ふぃ**ア/

•彼の個人的な事には立ち入らないほうがいいよ
You'd better not interfere in his personal matter. / **ひゆ** You'd better not poke your nose into his personal matter. (鼻を突っ込まないほうがいい)

たちぎき 立ち聞きする （偶然に）**overhear** /オウヴ ァ**ヒ**ア/; （意図的に）**eavesdrop** /**イ**ーヴズドゥラプ/

•彼の話を立ち聞きする overhear him［his words］

たちさる 立ち去る **go away** /ア**ウェ**イ/, **leave** /**リ**ーヴ/

•その場から立ち去る go away from［leave］the place

たちどまる 立ち止まる **stop** /ス**タ**プ/

•私たちは立ち止まって掲示を読んだ
We stopped and read the notice.

たちなおる 立ち直る **recover** /リ**カ**ヴァ/, **get back on** one's **feet**

•彼は失恋の痛手から立ち直った
He recovered from an unhappy love experience.

•悲劇が何度もその都市を襲ったが, そのたびにその都市は立ち直った
Every time tragedy hit, the city got back on its feet.

たちのぼる 立ち上る **rise** /**ラ**イズ/

•煙突から煙が立ち上っている
Smoke is rising from the chimneys.

たちば 立場 a **position** /ポ**ズィ**ション/; （見解）a **standpoint** /**ス**タンドポイント/

•自分の立場を説明する explain one's standpoint

•苦しい立場にある be in a difficult position / **ひゆ** be in the hot seat → hot seat は「（死刑用の）電気椅子」

•私がもし君の立場にあればそうはしないだろう
I would not do so if I were in your position.

•私はそんなふうに言える立場にない
I am not in a position to speak like that.

•これで彼の立場がいっそう苦しくなるだろう
This will make his position more difficult. / This will place him in a more difficult position.

たちまち （一瞬（いっしゅん）のうちに）**in an instant** /**イ**ンスタント/; （急速に）**rapidly** /**ラ**ピドゥリ/

•インフルはたちまち全校に広がった
The flu spread rapidly in the school.

たちむかう 立ち向かう **confront** /カン**ふ**ラント/

ダチョウ 駝鳥 《鳥》an **ostrich** /**ア**ストゥリチ/

たちよみ 立ち読みする **read a book on sale with no intention of buying it** /**リ**ード **セ**イル インテンション バイイング/ → intention は「意図（い と）, （…する）気持ち」

たちよる 立ち寄る **drop in** /ドゥラプ **イ**ン/; （途中でちょっと）**stop by**［**in**］

たつ¹ 竜, 辰 a **dragon** /ドゥ**ラ**ゴン/

たつ² 立つ

➤ **stand**; （立ち上がる）**stand up**

•席を立つ stand up［rise］from one's seat / （立ち去る）leave one's seat

•（人のために）席を立ってやる offer［give］one's seat（to 〜）

•じっと（動かないで）立っている stand still

•立ったまま…する stand doing / do while standing

•そのホテルは丘の上に立っている The hotel stands on a hill. → 建物•木など永続的に立っているものについては進行形を用いない

•子供たちが先生の周りに立っている → 現在進行形 Some children are standing around the teacher.

•列車がとてもこんでいたので私はずっと立っていなければならなかった
The train was so crowded that I had to stand all the way.

•私は立ってそれについて意見を述べた
I stood（up）and gave my opinion on the matter.

•私たちはじっと立って彼の話に聞き入った
We stood still and listened to him.

•彼は立ったままコーヒーを飲んでいた
He stood drinking coffee.

•車のそばに立っている人はケンのお父さんです The man standing by the car is Ken's father.

•そのビルの屋上に大きなネオンサインが立っている
There is a large neon sign on the roof of the building.

たつ³ 経つ （過ぎる）**pass** /**パ**ス/

•時がたつにつれて as time passes［goes on］

•1週間もたてば in a week

•もう少したってから a little later［after］

•時がたつのは早い
Time passes quickly. / Time flies.

•あの事故が起きてから5年たちます
It is five years since that accident （happened）. / Five years have passed since that accident （happened）.

たつ⁴ 建つ **be built** /**ビ**るト/ （受け身形）, **go up**

たつ　332　three hundred and thirty-two

・このあたりでは家がどんどん建っている
Houses are being built [are going up] one after another in this neighborhood. → are being built は現在進行形の受け身形

たつ⁵ (出発する) **leave** /リーヴ/, **start** → しゅっぱつ (→ 出発する)
・成田をたつ　start from Narita
・ハノイへたつ　leave for Hanoi
・日本をたってハノイへ向かう　leave Japan for Hanoi

たつ⁶ 断つ, 絶つ (遮断する) **cut off**: (供給などを) **cut off**: (関係を) **break off** /ブレイク/, **break with**

たっきゅう 卓球 **table tennis** /テイブる テニス/, **ping-pong** /ピン パンぐ/
・卓球をする　play table tennis [ping-pong]

ダッグアウト a **dugout** /ダガウト/
タックル a **tackle** /タクる/
ダッシュ a **dash** /ダシュ/
ダッシュする **dash**, **rush** /ラシュ/
だっしゅつ 脱出する **escape** /イスケイプ/
たつじん 達人 an **expert** /エクスパ〜ト/
たっする 達する (達成する) **achieve** /アチーヴ/, **attain** /アテイン/; (到達する) **reach** /リーチ/, **come to**
・目的を達する　achieve *one's* purpose / attain *one's* goal
・寄付は相当な額に達した
The contributions reached [amounted] to a considerable sum.

たっせい 達成 **achievement** /アチーヴメント/, **attainment** /アテインメント/
達成する **achieve**, **attain**
・人生の目標を達成する　achieve *one's* goal in life
・何かを達成するには犠牲はつきものだ
You cannot get anything without losing something. / ひ ゆ You can't make an omelet without breaking a few eggs. (卵をいくつか割らなければオムレツはつくれない)

だつぜい 脱税する **evade a tax** /イヴェイド タクス/
だっせん 脱線 **derailment** /ディレイるメント/; (話の) **digression** /ダイグレション/
脱線する **go off the track**, **be derailed** /ディレイるド/; (議論など) **digress** /ダイグレス/, **wander** /ワンダ/
たった (ほんの) **only** /オウンリ/, **just** /ヂャスト/
・たった今　just now
タッチ a **touch** /タチ/; (鬼ごっこ・野球で) a **tag**

/タグ/
タッチパッド **touchpad** /タチパド/; a **trackpad** /トラ클パド/
だって → さえ, → なぜ (→ なぜなら), …もまた (→ また² ❷)
たづな 手綱 **reins** /レインズ/, a **bridle** /ブライドる/
タップ a **tap** /タプ/
・スクリーンをタップする　tap the screen
・シングル[ダブル]タップ　a single [double] tap
たっぷり **fully** /ふリ/
たつまき 竜巻 a **tornado** /トーネイドウ/, 《米話》 a **twister** /トゥィスタ/
・きのうこの地域で竜巻が起こった
A tornado occurred in this area yesterday.

たて¹ 縦

➤ **length** /れんぐす/
・縦の　lengthwise / (垂直の) vertical
・縦に　lengthwise / vertically
・それは縦が1メートルで横が50センチあります
It is a meter long [in length] and half a meter wide [in width].
たて² …したての **fresh** /ふレシュ/
・出来たてのパン　fresh [freshly baked] bread
・生みたての卵　a fresh egg
・大学を出たての女性　a young woman fresh from [out of] college
・塗りたてのペンキ　fresh paint.
掲示 ペンキ塗りたて　Wet paint.
たてうり 建て売り住宅 a **ready-built house** /レディ ビるト ハウス/
たてかえる 立て替える (代わって払う) **pay for** /ペイ/
・ちょっと立て替えておいてください. あとで返しますから　Will you pay for me now? I'll repay you later.
たてもの 建物 a **building** /ビるディンぐ/
たてる¹ 建てる **build** /ビるド/
・日本の寺のほとんどは木材で建てられます
Most Japanese temples are built of wood.
たてる² 立てる **stand** /スタンド/; (計画などを) **make**
・かさを壁に立てかける　stand an umbrella against the wall
・計画を立てる　make a plan
だとう 打倒する **overthrow** /オウヴァすロウ/
・打倒…　Down with ～!
たどうし 他動詞 《文法》a **transitive verb** /トランスィティヴ ヴァ〜ブ/

たとえ¹ (例) an **example** /イグザンプる/
・たとえとして as an example
たとえ² たとえ…ても, たとえ…でも **even if, even though** /ぞウ/
・たとえ忙(いそが)しくても彼は来るよ
Even if he is busy, he'll come.
たとえば **for example** /イグザンプる/
・たとえば…のような such as ～
・円高でずいぶん困る人もいる. たとえば日本にいる外国人のことを考えてごらん
Strong yen will bring about a lot of trouble to some people. Take foreigners in Japan for example.
・秋にはいろいろな果物ができる. たとえばナシとかリンゴとかブドウとかミカンとか
In fall we have various fruits, such as pears, apples, grapes, and tangerines.
たとえる **compare** /コンペア/
・人生はしばしば航海にたとえられる
Life is often compared to a voyage.
たな 棚 a **shelf** /シェるふ/, (複) **shelves** /シェるヴズ/; (電車の棚) a **rack** /ラク/, a **baggage [luggage] rack** /バゲヂ [らゲヂ]/
たなばた 七夕 *tanabata*, **the Star Festival** /ふェスティヴァる/

日本を紹介しよう

七夕祭りは七月七日の行事です. この日, 人々は短冊に自分の願い事を書いて, 竹の枝につるします. このお祭りは織姫と彦星の悲しい物語をしのぶ行事なのです. 織姫と彦星は互いに愛し合っておりましたが, 一年に一度, この七月七日にしか会うことができませんでした. ほかの日は天の川が二人を分けていたからです
Tanabata, the Star Festival, is held on July 7. On this day people write their wishes on small pieces of paper and hang them on bamboo trees. The festival is a reminiscence of the sorrowful tale of *Orihime* (Weaving Princess) and *Hikoboshi* (Cow Herder Star). They loved each other very much, but they were not allowed to meet except for only once a year, on July 7. For the rest of the year they remained separated by the *Amanogawa* (River of Heaven: The Milky Way) lying between them.

たに 谷 a **valley** /ヴァり/
たにん 他人 **another** (person) /アナざ (パ～スン)/, **others** /アざズ/, **other people** /ア゜ープる/ → た²

タヌキ 狸 《動物》a **raccoon dog** /ラクーン/
・たぬき寝入り a feigned sleep
ことわざ とらぬたぬきの皮算用(をするな) Don't count your chickens before they are hatched. (かえらぬうちにひよこを数えるな)

たね 種

❶ (種子) a **seed**

❶ (穀類・野菜などの) a **seed** /スィード/; (梅などの) a **stone** /ストウン/; (リンゴなどの) a **pip** /ピプ/
・種をまく sow seed(s)
・畑に(麦の)種をまく sow [plant] the field (with wheat)
・すいかの種を取る remove the seeds from a watermelon
・種なしブドウ seedless grapes
・農民たちは種まきで忙(いそが)しかった
The farmers were busy sowing the fields.
・私はこれらの植物を種から育てた
I raised these plants from seed.
ことわざ まかぬ種は生えぬ No pains, no gains. (苦労がなければ利益もない)

❷ (原因) a **cause** /コーズ/
・彼のからだが弱いことは両親の大きな苦労の種だ
His delicate health is the cause of great trouble to his parents.

❸ (手品の) a **trick** /トリク/
・手品の種を明かす reveal the trick / show how the trick is done

たのしい 楽しい

➤ (幸せな) **happy**; (ここちよい) **pleasant** /プれズント/

楽しく **happily; pleasantly**
楽しいこと a **pleasure** /プれジャ/, **fun**
・あしたは日曜日だから楽しいなあ
I'm happy because tomorrow is Sunday.
・このテレビゲームはとても楽しい
This video game is a lot of fun.
・人生は楽しいことばかりじゃない
ひゆ Life is not all sunny days. (人生は晴れの日ばかりじゃない)
たのしませる 楽しませる **delight** /ディらイト/, **please** /プリーズ/, **entertain** /エンタテイン/, **amuse** /アミューズ/
・音楽でお客を楽しませる entertain *one's* guests with music
たのしみ 楽しみ (a) **pleasure** /プれジャ/; (趣味(しゅみ)) a **hobby** /ハビ/
・楽しみに絵をかく draw [paint] pictures for

たのしむ 334 three hundred and thirty-four

pleasure［as a hobby］
・近いうちにお目にかかるのを楽しみにしています
I look forward to seeing you in the near future.

たのしむ 楽しむ **enjoy** /インヂョイ/, **have a good time**, **have a pleasant time** /プれズント/, **have fun** /ふァン/
・ラジオで音楽を聞いて楽しむ enjoy listening to music on the radio
・きのうは友達とプールへ行って楽しんだ(楽しかった)
I had a good time swimming in a pool with my friends yesterday.
・父は余暇(よか)の楽しみ方を知らない
Dad doesn't know how to enjoy his leisure time.

たのみ 頼み
❶(お願い) a **request** /リクウェスト/; (親切でする行為(こうい)) a **favor** /ふェイヴァ/ → おねがい
・頼みをきいてやる grant a request
・君の頼みというのは何ですか
What is your request? /
What do you want me to do?
・私は君に一つ頼みがあります
I have a favor to ask of you. /
Will you do me a favor? /
May I ask you a favor［ask a favor of you］?
❷(頼り) a **resort** /リゾート/ → たより²
・彼は私たちの頼みの綱です
He is our last resort［only hope］.

たのむ 頼む
❶(お願いする) **ask**
❷(任せる) **leave**
❶(お願いする) **ask** /アスク/ → おねがい

基本形
A を頼む，A に頼む
  ask A
(A に) B をくれと頼む
  ask (A) **for** B
A に…してくれと頼む
  ask A **to** *do*

・彼の助けを頼む ask (for) his help / ask him for help / ask him to help
・彼にスーパーへ行ってくれと頼む ask him to go to the supermarket
・スピーチをするように頼まれる be asked to make a speech
・頼んではみるけど，彼がそれをしてくれるかな
I'll ask him, but I'm not sure he'll do it.
・ぼくは父にカメラを買ってほしいと頼んだ

I asked my father to buy me a camera.
・私はおばから北海道への家族旅行の間留守番をするように頼まれた
I was asked to house-sit by my aunt during her family trip to Hokkaido.
❷(任せる) **leave** /リーヴ/
・この金庫の保管は彼に頼もう
Let's leave this safe in his charge.
・私たちは料理はケンに頼んでパーティーのために部屋の準備をした
We left the cooking to Ken and prepared the room for the party.
❸(注文する) **order** /オーダ/ → ちゅうもん

たのもしい 頼もしい (信頼できる) **reliable** /リらイアブる/; (見込みのある) **promising** /プラミスィング/
・頼もしい人 a reliable person
・頼もしい若者たち promising young people

たば 束 a **bundle** /バンドる/; (同種類の物の小束) a **bunch** /バンチ/
束にする bundle (**up**), **make ～ up into a bundle**; **bunch**
・束にして［になって］ in a bundle［a bunch］
・たきぎの束 a bundle of sticks
・花束 a bunch of flowers / a bouquet

タバコ (パイプ用) **tobacco** /タバコウ/; (紙巻き) a **cigarette** /スィガレト/; (葉巻き) a **cigar** /スィガー/
・タバコを吸う smoke
・タバコをやめる quit［give up］smoking
・タバコ屋 a tobacconist's (shop)
・タバコ1箱 《米》 a pack［《英》 a packet］of cigarettes
・タバコを吸ってもいいですか
May I smoke? / (ご迷惑でしょうか) Do you mind if I smoke?
・この部屋ではタバコはいけないことになっています
Smoking is not allowed in this room.

たはた 田畑 **fields** /ふィーるヅ/
たばねる → たば(→ 束にする)
たび¹ 旅 → りょこう
ことわざ かわいい子には旅をさせよ
Spare the rod and spoil the child. (むちを控(ひか)れば子供をだめにする)

たび² 足袋 *tabi*. **Japanese-style socks** /チャパニーズ スタイる サクス/
・足袋1足 a pair of Japanese-style socks
たび³ …たびに **every time ～** /エヴリ/, **whenever ～** /(ホ)ウェネヴァ/
・私が彼のうちへ行くたびに彼は留守でした

Every time I went to his house, he was out. / Whenever I went to his house, he was out.

・彼はやってみるたびに失敗した

He failed every time he tried.

たびたび often /オーふン/ → しばしば

・私は前よりもたびたび彼に会います

I see him more often than before.

たびびと 旅人 a **traveler** /トラゔら/

ダビング dubbing /ダビン゙/

ダビングする copy /カピ/, **dub** /ダブ/, **make a copy**

タブー a **taboo** /タブー/

だぶだぶ だぶだぶの（**very**）**loose** /るース/;（ふくらんだ）**baggy** /バギ/

・このセーターはだぶだぶだ

This sweater is too loose for me.

・そのズボンはひざの所がだぶだぶだ

The trousers are baggy at the knees.

タフな tough /タふ/

ダブる（日が重なる）**fall on** /ふォーる/;（かち合う）**clash** /クらシュ/

・今週の日曜日には会合が二つダブっている

Two meetings clash this Sunday.

・あいにくですが，その日はクラス会とダブっていてパーティーには出席できません

I'm sorry I can't attend the party because I have a class reunion that day.

ダブル double /ダブる/

・ダブルス（テニス・卓球試合）doubles

・ダブルプレー a double play

タブレット a **tablet** /タぶれット/

タブレットピーシー タブレット PC　a **tablet PC** /タぶれット/

・タブレット PC に絵を描く　draw on a tablet PC

たぶん

➤（ばく然と）**perhaps** /パハプス/, **maybe** /メイビー/

➤（強い可能性）**probably** /プラバブり/

・それはたぶん本当かもしれない

Perhaps［Maybe］it is true. / It may be true.

・彼はたぶん今度は成功するだろう

He will probably succeed this time.

たべすぎる 食べすぎる　**eat too much** /イート トゥー マチ/

・ケーキを食べすぎないようにしなさい

Don't eat too much cake.

たべもの 食べ物　**food** /ふード/; **something to**

eat /サムथिン゙ イート/;（軽い食べ物と飲み物）**refreshments** /リふレシュメンツ/

・何か食べ物がほしい

I want something to eat.

・列車の中で食べ物や飲み物が買えます

You can buy refreshments on the train.

たべる　食べる

➤ **eat** /イート/; **have**

・毎日リンゴを1個食べる　eat an apple every day

・食べるのが速い［遅い］　eat quickly［slowly］

・外で［家で］食べる　eat out［at home］

・ゆっくりよくかんで食べなさい

Eat slowly and chew well.

・君は朝食を何時に食べますか

What time do you have［eat］breakfast?

・だれがケーキを食べたのですか

Who ate the cake?

・昼食に何を食べようか

What shall we have for lunch?

・母は私が昼食に食べるようにサンドイッチを作ってくれた　Mother made some sandwiches for me to eat for lunch.

・私はクッキーを全部食べてしまいました → 現在完了

I have eaten all the cookies.

・私は朝から何も食べていません

I've had nothing since morning.

・この卵はもう食べられない

This egg is no longer edible.

・医者は私に甘い物はすべて食べない（→近づけない）ようにと言った　The doctor told me to keep away from all sweets.

たま（まり）a **ball**;（鉄砲の）a **bullet** /ブれット/;（電球）a **bulb** /バるブ/

・（電気の）たまが切れた　The bulb's gone. / The bulb's burnt out.

ことわざ 玉にきず　There are spots even in the sun.（太陽にもしみがある）

たまご

❶（卵・玉子）an **egg** /エグ/

・ゆで玉子［生卵］　a boiled［raw］egg

・固ゆで［半熟］玉子　a hard-［soft-］boiled egg

・玉子焼き　an egg roll

・いり玉子　scrambled egg

・卵の殻　an eggshell

・卵の黄味［白味］　the yolk［the white］of an egg

・卵形の　egg-shaped / oval

・卵を生む　lay an egg

❷（修行中の者）

•彼は芸術家の卵だ
He is an artist in the making.

たましい 魂 a **soul** /ソウ**ゥ**/
•武士道は日本の魂だといわれた
Bushido was said to be the soul of Japan.

だます (偽(いつわ)って信じさせる) **deceive** /ディスィーヴ/; (ずるをする) **cheat** /チート/
•人をだまして金を奪う cheat a person out of his [her] money
•彼はいつもの手でまたわれわれをだました
He deceived us again with his usual trick.
•私は彼の外見にだまされた
I was deceived by his appearance.
•こんなトリックで私をだまそうとしてもだめだ
You cannot deceive me by such tricks.

たまたま → ぐうぜん

たまつき 玉突き事故 (車の) a **pile-up** /パイらプ/

たまに (時々) **occasionally** /オケイジョナリ/, **on occasion** /オケイジョン/, **once in a while** /ワンス (ホ)ワイる/; (めったに…しない) **seldom** /セるダム/
•ここではたまにしか雪が降りません
It seldom snows here. /
We seldom have snow here. /
We have snow here only occasionally.
•たまには遊びに来てください
Come and see us once in a while.

タマネギ 玉葱 《植物》an **onion** /アニョン/

たまらない (耐えられない) **cannot stand** /キャナト スタンド/; (…したくて) **be dying to** *do* /ダイイング/, **be anxious to** *do* /アンクシャス/; (抑えきれない) **cannot help** (*doing*)
•この暑さはたまらない
I cannot stand this heat.
•私はその映画が見たくてたまらない
I'm dying [anxious] to see the movie.
•私はおかしくてたまらなかった
I could not help laughing.

たまりば たまり場 a **haunt** /ホーント/
•このパブはかつて詩人たちのたまり場だった
This pub was once a haunt of poets.

たまる (ほこりなどが) **collect** /コれクト/ → ためる
•机の上にほこりがたまっている
There is a lot of dust on the desk. /
Dust has collected on the desk.
•夏休みの宿題がたくさんたまっています
I still have a lot of homework to do during (the) summer vacation.
•もう1万円たまりました (→ためて持っている)
I have already saved ten thousand yen.

だまる 黙る **be silent** /サイレント/
•黙らせる hush
•黙りなさい Be silent!
•私たちはしばらく黙ったままでいた
We remained silent for some time.
•その光景を見ながらわれわれは黙って立っていた
We stood silently looking at the scene.
•あなたのイヌを黙らせなさい Hush your dog.
•彼は私たちが困っているのをただ黙って見ていた
He did nothing to help us when we were in trouble. / ひ ゆ He sat on the sideline, just watching us struggle. ((試合に参加しないで)サイドラインに腰を下ろしていた)

ダム a **dam**
•川にダムを作る build a dam across a river

ため

❶ (利益) **good**; **benefit**; (…のために) **for** ～
❷ (…の理由で) **because** (**of** ～)
❸ (…の目的で) **for the sake of** ～

❶ (善・幸せ・利益) **good**; (利益) **benefit** /ベネふィト/; (…のために) **for** ～
ためになる benefit; do good
•このことは君のためを思って言うことだ
I say this for your own good.
•そんなことを言って何のためになるのだ
What is the good of saying that?
•彼はいつも他人のためになることを考えている
He always has the good of others at heart.
•こういう運動は君にはたいへんためになるでしょう
This kind of exercise will do you a lot of good.
•このことは私にとって意外にためになった
This has done me more good than I expected.
•この本は私にたいへんためになったが君が読んでもきっとためになると思う Reading this book has benefited me a great deal and I am sure it will benefit you too.
•私は君のためには何でもします
I will do anything for you.
•みんな少しずつ詰めてくれないか. この子のために席を作ろう Sit closer, everybody. Let's make room for this boy.

❷ (…の理由で) **because** (**of** ～) /ビコーズ/, **on account of** ～ /アカウント/; (その結果) **in consequence** /カンセクウェンス/
•彼は病気のために会に出席できなかった
He could not attend the meeting because he was sick [because of sickness, on account

of sickness].

・そのために君はきのう学校を休んだのか
Is that the reason why you didn't come to school yesterday?

・それはすべて君が先生の忠告に従わなかったためだ
It was all because you did not follow your teacher's advice.

❸ (…の目的で) **for the sake of ～** /セイク/; (その目的で) **for that purpose** /パ～パス/

…するために (in order) to do /(オーダ)/, **so (that) ～ may** do /メイ/

・私は始発列車に乗るために早く起きた
I got up early in order to take the first train [so that I might take the first train].

・君はそのために私を訪ねて来たのですか
Have you come to see me for that purpose?

・わざわざ私のためにそんな事をしないでください
Don't trouble yourself like that for my sake.

・彼は世界平和のため努力している
He works for the cause of world peace.

・ブラウン氏のためにパーティーが開かれた
A party was given in honor of Mr. Brown.

だめ

❶ (役に立たない) **useless**
❷ (…してはいけない) **Don't** do, **must not** do

❶ (役に立たない) **useless** /ユースれス/; (望みのない) **hopeless** /ホウプれス/; (無能な) **good-for-nothing** /グド ふォ ナすィング/

だめにする spoil /スポイる/; (すっかり壊(こわ)す) **ruin** /ルーイン/

・その患者(かんじゃ)はもうだめだということです I hear that the patient is in a hopeless condition.

・私は戸をあけようとしたがだめだった
I tried to open the door, but I couldn't. / I tried in vain to open the door.

・彼はもうだめだ It was all over with him.

・子供に親切にするのはよいが親切すぎてだめにしてはいけない It is good to be kind to children, but you must be careful not to spoil them with too much (of your) kindness.

・雨が多すぎて作物がだめになった
Too much rain has spoiled the crops.

・箱の中身はすっかりだめになっていた
I found the contents of the box completely ruined [spoiled].

・私はだめです(何の役にもたちません)
I'm good for nothing.

❷ (…してはいけない) **Don't** do, **must not** do; (…しなくてはいけない) **must** do

・窓をあけちゃだめ Don't open the window.

・もっと勉強しなくちゃだめ
You must study harder.

ためいき ため息 a **sigh** /サイ/

ため息をつく sigh

・(ほっと)ため息をついて with a sigh (of relief)

ためす 試す **try** /トライ/, **give** a **trial** /トライアる/

試し a **trial**

・試しに on trial

・これを試しに1か月使ってみてください
Please use this for a month on trial. / Please give this a month's trial.

・そのロープは使う前に試してみなければいけないよ
You must try the rope [give the rope a try] before you use it.

ためらう hesitate /ヘズィテイト/

ためらい hesitation /ヘズィテイション/

・ためらって hesitatingly / with hesitation

・ためらわずに without hesitation

・私はひとりでそこへ行くのをためらった
I hesitated about going [to go] there alone.

・ためらわずに思っていることを言いなさい
Say what you think without hesitation. / Don't hesitate to say what you think.

ためる (金を) **save** /セイヴ/; (取っておく) **keep** /キープ/

・私はアルバイトをして3万円ためました
I saved thirty thousand yen by taking a part-time job.

・どうしてそんながらくたをためているんだい?
Why do you keep such junk?

ためんたい 多面体 a **polyhedron** /パーリヒードラン/

たもつ 保つ **keep** /キープ/; (維持(いじ)する) **maintain** /メインテイン/

・健康[からだの平均]を保つ keep *one's* health [*one's* balance]

・治安を保つ maintain peace and order

たようせい 多様性 **diversity** /ダヴァーサティ/

たより¹ 便り (手紙) a **letter** /れタ/; (知らせ) **news** /ニュース/

・…に便りを書く write to ～

・きょう彼から便りがありました
I received a letter from him today. / A letter came from him today.

・しばらく彼から便りがありません
I have not heard from him for some time.

・便りのないのはよい便りだとよくいわれる
It is often said that no news is good news.

たより² 頼り

➤ (信頼) **reliance** /リらイアンス/
➤ (依存) **dependence** /ディペンデンス/

頼りになる reliable /リらイアブる/; **dependable** /ディペンダブる/
- 彼の約束は頼りにならない
  His promises are not reliable [dependable].
- 彼は君が思うほど頼りになる男ではない
  He is not so reliable [dependable] as you think.
- 私たちが頼りにできるのは彼だけです
  He is the only person we can rely on.
- 私は地図を頼りに彼の家をさがし歩いた
  I walked around looking for his house with the help of a map.

たよる 頼る **rely** (on ~) /リらイ/; **depend** (on ~) /ディペンド/
- そんなに兄に頼ってはいけない
  You must not rely [depend] so much on your brother.

たら if → もし
タラ 鱈 《魚》a **cod** /カド/ (複 同形)
タラコ cod roe /ロウ/
たらい a **tub** /タブ/

だらく 堕落 **degradation** /デグレデイション/, **corruption** /コラプション/
堕落する, 堕落させる degrade /ディグレイド/, **corrupt** /コラプト/
- 堕落している be degraded / be corrupt

だらけ (…でいっぱいの) **full of ~** /ふる/; (…でおおわれた) **covered with ~** /カヴァド/
- この作文はまちがいだらけです
  This composition is full of mistakes.
- 彼の靴は泥(どろ)だらけだった
  His shoes were covered with [in] mud.

だらしない (ぞんざいな) **sloppy** /スらピ/, **careless** /ケアれス/
- だらしなく loosely / sloppily / carelessly
- だらしない生活を送る lead a sloppy life
- お金にだらしない be careless about money matters
- 彼はいつもだらしない服装をしている
  He always wears sloppy clothes.

たらす 垂らす **hang down** /ダウン/ → だらっと
たらたら (したたる) **drip** /ドリプ/
だらだら
- だらだらした長話 a long and tedious talk
- だらだら仕事をする work lazily [slowly]
- 会議がだらだら続く The meeting drags on.

- 汗[血]がだらだら流れる
  Sweat [Blood] drips down.

だらっと (垂(た)らす, 垂れる) **hang out** /ハング アウト/, **hang** (**down**) (ダウン)
タラップ (飛行機乗降用) a **ramp** /ランプ/
ダリア 《植物》a **dahlia** /ダリャ/
だりつ 打率 a **batting average** /バティング アヴェレヂ/
たりょう 多量の **a lot of, a good deal of** /ディーる/, **a great deal of** /グレイト/, **a large quantity of** /らーヂ クワンティティ/, **much** /マチ/
- 多量に a good [great] deal / in (large) quantities

たりる 足りる

➤ (十分である) **be enough** /イナふ/
- 足りない be short; (欠ける) lack / be lacking (in ~) → ふそく
- (…が)足りなくなる run short (of ~)
- それを買うには金が足りない
  I don't have enough money to buy it.
- それには千円あれば十分足りるでしょう
  A thousand yen will be quite enough for that.
- 私たちは資金が足りなくなってきた
  We are running short of funds.
- 重量が30グラム足りない
  The weight is thirty grams short.
- この金を全部君にあげてしまうと私のほうがずいぶん足りなくなる If I give you all this money, it will leave me rather short.
- 彼は常識が足りない
  He lacks [is lacking in] common sense.
- この鉢植えは水が足りなくて枯(か)れた
  This potted plant died from lack of water.
- そのことについてはどんなにお礼を言っても言い足りません I cannot thank you enough for that.

たる a **cask** /キャスク/
だるい feel tired /ふィーるド タイアド/, **be dull** /ダる/
- 少し熱があってからだがだるい
  I have a slight fever and feel dull.

たるむ (綱などが) **slacken** /スらクン/; (筋肉・皮膚(ひふ) 精神などが) **become** [**get**] **soft** /ビカム/, **become** [**get**] **flabby** /ふらビ/
たれ (料理の) **sauce** /ソース/

だれ

➤ (だれが) **who** /フー/; (だれの) **whose** /フーズ/; (だれに, だれを) **whom** /フーム/, 《話》

who
だれが…でも **whoever**

会話
あの人はだれですか
—私のおじです
Who is that gentleman?
—He is my uncle.
(ドアのノックに対して)だれ?
—私です
Who is it?
—It's me.

・あれはだれかしら
I wonder who he [she] is.
・彼がだれだか知りません
I don't know who he is.
・これはだれがしたと君は思うか
Who do you think did this?
・これはだれがしたか君は知っていますか
Do you know who did this?
・だれがそう言おうとそれは本当ではない
Whoever may say so, it is not true.
・これはだれの本ですか Whose book is this?
・君はだれに会いたいのですか
Who do you want to see?

だれか someone /サムワン/, somebody /サムバディ/; (疑問) anyone /エニワン/, anybody /エニバディ/
・戸口にだれかいます
There is someone at the door.
・だれかこれを知っていますか
Does anyone know this?

だれでも (どんな人) anyone /エニワン/, anybody /エニバディ/; (みんな) everyone /エヴリワン/, everybody /エヴリバディ/
・それはだれにでもできる
Anybody can do it.
・これをする人にはだれにでもお礼を差し上げます
I will reward anyone who will do this.
・だれでも音楽は好きだ
Everybody loves music.

だれも だれも…ない nobody /ノウバディ/, no one, none /ナン/
・彼らのだれも君のようにはうまく歌えない
None of them can sing so well as you.
・私は彼らのうちのだれも知らない
I don't know any of them. /
I know none of them.

たれる 垂れる hang (down) /(ダウン)/, dangle /ダングる/ → たらたら, だらだら, だらっと

タレント (テレビ・ラジオなどによく出演する有名人) TV [radio] personality /ティーヴィー[レイディオウ] パ～ソナリティ/; (芸能人) an entertainer /エンタテイナ/

カタカナ語! タレント
日本ではテレビやラジオで活躍している人や芸能人を「タレント」というが、英語の talent は「(生まれながらの)才能, あるいはそういう才能を持っている人」の意味。「有名人」の意味では personality とか celebrity /セれブリティ/ といい, 「お笑いタレント」は comic-chat entertainer という

だろう → でしょう
だろうに → もし❸
タワー a tower /タウア/
・タワーマンション a highrise condo(minium) [apartment] → 「タワーマンション」は和製英語
たわし a scrubbing brush /スクラビング ブラシ/
たん phlegm /ふれム/
だん¹ 段 a step /ステプ/; (はしごの) a stair /ステア/
・(はしごの)最上[下]段 the top [bottom] stair
・石段 stone steps
だん² 壇 a platform /ぷらトふォーム/, a podium /ポウディアム/
だんあつ 弾圧 (言論・デモなどに対する) suppression /サプレション/; (人に対する) oppression /オプレション/
弾圧する suppress /サプレス/; oppress /オプレス/
たんい 単位 a unit /ユーニト/; (教科の) a credit /クレディト/
・卒業するにはあと3単位必要だ
I need three credits more to graduate.
たんか¹ 短歌 a tanka, a thirty-one syllable poem /スィるティる ポウエム/
たんか² 担架 a stretcher /ストレチャ/
タンカー a tanker /タンカ/
だんかい 段階 a stage /ステイヂ/, a phase /ふェイズ/
段階的な phased
だんがん 弾丸 a bullet /ブれト/
たんき 短気な short-tempered /ショートテンパド/
・短気を起こす lose *one's* temper
たんきだいがく 短期大学 a junior college /ヂューニア カれヂ/
・T短期大学 T Junior College
たんきょり 短距離競走 a sprint /スプリント/
・短距離走者 a sprinter

タンク 340 three hundred and forty

タンク
❶ (水そう) a **tank** /タンク/
❷ (戦車) a **tank**
タンクトップ a **tank top** /タンク タプ/
だんけつ 団結 **union** /ユーニョン/
団結する union /ユーナイト/
・団結している be united
・彼らは団結してわれわれに反対している
They are united against us.
ことわざ 団結すれば立ち，分かれれば倒れる
United we stand, divided we fall.
たんけん 探検 **exploration** /エクスプロレイション/
探検する explore /イクスプローー/
・探検家 an explorer
・探検隊 an expedition
・南極探検隊 an antarctic expedition / an expedition to the South Pole
・無人島を探検する explore a desert island
たんご 単語 a **word** /ワード/
・英単語 an English word
・英語の単語帳 a notebook for English words
タンゴ a **tango** /タンゴウ/
・タンゴを踊る dance the tango
だんご *dango*, a **dumpling made of rice flour** /ダンプリング メイド ライス ふらウア/
たんこう 炭坑 a **coal mine** /コウる マイン/
・炭坑夫 a coal miner
たんごのせっく 端午の節句 *Tango-no-sekku*, **the Boys' Festival** /ふェスティヴァる/

日本を紹介しよう

端午の節句は５月５日です．男の子のいるうちでは鯉のぼりや五月人形を飾ります．このころになるとあちこちの家の庭で高い竿(さお)から大きな色あざやかな鯉のぼりが泳いでいるのが見られます
Tango-no-sekku, the Boys' Festival, is celebrated on May 5. Families with boys display *koinobori* (windsock carp) and *gogatsu-ningyo* (dolls dressed in *samurai* costume). Around this time you see huge, brightly colored windsock carp flying from high poles in many yards.

たんさん 炭酸 **carbonic acid** /カーバニク アスィド/
・炭酸水 soda water
だんし 男子 (少年) a **boy**; (おとな) a **man** (複 men)
・男子校 a boys' school
たんしゅく 短縮 **reduction** /リダクション/

短縮する (縮小する) **reduce** /リデュース/; (短くする) **shorten** /ショートン/
・夏休みを10日短縮する shorten (the) summer vacation by 10 days
・今週は短縮授業です
We have shorter periods at school this week.
たんじゅん 単純 **simplicity** /スィンプりスィティ/
単純な simple
単純に simply
たんしょ 短所 a **fault** /ふォーるト/ → けってん
だんじょ 男女 **man and woman** /ウマン/ (複 men and women /ウィメン/)
・男女にかかわらず regardless of sex
・老若男女(ろうにゃくなんにょ)の別なく without distinction of age or sex
・男女同権 equal rights for men and women
・男女共学 coeducation
・男女共学の学校 a coeducational school

たんじょう 誕生

➣ (a) **birth** /バ～す/
誕生する be born
誕生日 *one's* **birthday** /バ～すデイ/
・誕生石 a birthstone
・きょうは私の15歳の (→第15回目の)誕生日です
Today is my fifteenth birthday.
・おじは私の誕生日のお祝いに時計をくれた
My uncle gave me a watch for my birthday [as a birthday present].
・彼は今度の誕生日で15歳になります
He will be fifteen years old next birthday.
・誕生日おめでとう Happy Birthday (to you)! / Many happy returns of the day! → これは少し硬い表現で，誕生日カードに書くのによく使われる
たんしん¹ (時計の)短針 **the short hand** /ショート/, **the hour hand** /アウア/
たんしん² 単身で **alone** /アろウン/, **by** *oneself*; (家族と離れて) **leaving** *one's* **family behind** /りーヴィング ビハインド/
・おじは大阪に単身赴任(ふにん)しています
My uncle is working in Osaka, leaving his family behind.
たんす a **chest of drawers** /チェスト ドローズ/; (洋服だんす) a **wardrobe** /ウォードロウブ/
ダンス a **dance** /ダンス/
ダンスをする dance
・ダンスパーティー a dance
・ダンサー a dancer
・社交ダンス a social dance

three hundred and forty-one　341　だんらん

・フォークダンス　a folk dance
・彼女はダンスがうまい　She is a good dancer. / She is good at dancing.

たんすい 淡水　**fresh water** /ふレシュ ウォータ/
・淡水魚　a fresh-water fish

たんすいかぶつ 炭水化物　(a) **carbohydrate** /カーボウハイドレイト/

たんすう 単数　**the singular** /スィンギュら/
・単数名詞　a singular noun

だんせい 男性　a **man** (⑱ men)
・男性的な　manly / masculine

だんぜん 断然　**decidedly** /ディサイデドり/
・彼の作品はみんなのうちで断然最高だ
His work is decidedly the best of all.

たんそ 炭素　**carbon** /カーボン/

たんだい 短大 → たんきだいがく

だんたい 団体　(仲間) a **party** /パーティ/; (集団) a **group** /グループ/, a **body** /バディ/
・団体で　in a group / in groups
・団体競技　a team sport
・団体旅行　a group tour

だんだん **gradually** /グラデュアり/
・だんだん暖かくなってきました
It is getting gradually warmer and warmer.
・それはだんだん成長して大木になった
It gradually grew to be a large tree.

だんち 団地　a **housing development** /ハウズィング ディヴェろプメント/, a **housing estate** /イステイト/

だんちがいへいこうぼう 段違い平行棒　《スポーツ》**uneven bars** /アニーヴン バーズ/

たんちょう¹ 単調　**monotony** /モナトニ/
単調な **monotonous** /モナトナス/

たんちょう² 短調　a **minor key** /マイナ キー/
・ハ短調　C minor

たんてい 探偵　a **detective** /ディテクティヴ/
・探偵小説　a detective story

たんとう¹ 担当(者) a **person in charge** /パ〜スン チャーヂ/
・この仕事の担当はだれですか
Who's (the person) in charge of this task?

たんとう² 短刀　a **dagger** /ダガ/

たんどく 単独で　**alone** /アろウン/

たんなる 単なる　**mere** /ミア/
・単なる偶然の出来事　a mere accident
・それは単なるうわさであればよいが
I hope it is a mere rumor [only a rumor].

たんに 単に　**only** /オウンり/ → ただ² (→ ただ…だけでなくまた…)
・それは単に冗談(じょうだん)にすぎない
It's only a joke. / It's nothing but a joke.
・彼は単に科学者であるだけではなくまたすぐれた音楽家でもあった　He was not only a scientist but also a good musician.

たんにん 担任する　(受け持つ) **take charge** (of 〜) /チャーヂ/; (受け持っている) **be in charge** (of 〜); (教える) **teach** /ティーチ/
・クラス担任の先生　a homeroom teacher
・田島先生が私たちの担任です
Mr. Tajima is our homeroom teacher. / Mr. Tajima takes charge of our class. / Mr. Tajima is (the teacher) in charge of our class.
・だれが君たちの英語の担任ですか
Who teaches you English?

たんぱ 短波　**shortwave** /ショートウェイヴ/
・短波放送　a shortwave broadcast

たんぱくしつ たんぱく質　**protein** /プロウティーン/

タンバリン a **tambourine** /タンバリーン/

たんパン 短パン　**shorts** /ショーツ/

ダンプカー a **dump truck** /ダンプ トラク/ �「ダンプカー」は和製英語

たんぺん 短編小説　a **short story** /ショート ストーリ/
・短編映画　a short film / 《米》a short (movie)
・短編小説作家　a short-story writer

だんぺん 断片　a **fragment** /ふラグメント/
・断片的な　fragmentary
・これらは彼の日記の断片です
These are some fragments from his diary.

たんぼ a **rice field** /ライス ふぃ〜るド/ → た¹

だんぼう 暖房　(room) **heating** /ヒーティング/
暖房する **heat** (a room)
・暖房器具　a heater
📢会話 お宅では暖房には何を使っていますか. うちでは石油[ガス]ストーブを使っています
How do you heat your rooms?—We use oil [gas] heaters.
・この部屋は暖房がよくきいている
This room is well heated.

だんボール 段ボール　**corrugated cardboard** /コールゲイテド カードボード/
・段ボール箱　a corrugated cardboard box

タンポポ 蒲公英　《植物》a **dandelion** /ダンデらイオン/

だんめん 断面　a **section** /セクション/; (横断面) a **cross section**

だんらく 段落　(文章の) a **paragraph** /パラグらふ/

だんらん 団欒　(家庭の) **the comforts of home**

life /カンフォッ/; a warm family gathering /ウォーム ギャざリング/
・私たちは一家団欒の楽しいひとときを持った
We enjoyed a warm family gathering.

だんりゅう 暖流 a **warm current** /ウォーム カ~レント/

だんりょく 弾力 **elasticity** /イーらスティスィティ/
弾力のある elastic /イらスティク/

だんろ 暖炉 a **stove** /ストウヴ/; (作りつけの) a **fireplace** /ふァイアプれイス/; (炉火) **the fire**; (炉ばた) a **hearth** /ハ~す/

ち　チ

ち[1] 血 **blood** /ブらド/
・血が出る bleed
・血を流す shed blood
・血の気のない (青ざめた) pale
・血のように赤い blood-red
・血まみれの bloody
・鼻血が出る bleed from the nose

ち[2] 地 (大地) (**the**) **earth** /ア~す/; (地面) **the ground** /グラウンド/
・天地 heaven and earth

チアガール → チアリーダー → 「チアガール」は和製英語

チアリーダー a **cheerleader** /チアリーダ/

ちあん 治安 **the peace** /ピース/; **public peace and order** /パブリク ピース オーダ/
・治安を維持(いじ)する keep the peace / maintain public peace and order
・治安を乱す break the peace

ちい 地位 a **position** /ポズィション/
・社会的地位の高い人 a person in a high social position

ちいき 地域 (広大な) a **region** /リージョン/; (小さな) an **area** /エリア/
・地域的な regional
・地域社会 a community

ちいさい 小さい

➤ (大きさが) **small** /スモーる/; (小さくてかわいい) **little** /リトる/
➤ (年が) **young** /ヤング/
➤ (声が) **small, low** /ろウ/

・小さい子供たち (からだの小さい) small children / (幼くてかわいい) little children
・小さい(かわいい)子ねこ a little kitten
・小さい家 a small house
・小さい声で話す speak softly / speak in a low [quiet] voice
・彼は年のわりには小さい He is small for his age.

・この靴下はぼくには小さすぎる
These socks are too small for me.
・地球は月よりも大きいが,太陽よりは小さい
The earth is bigger than the moon, but smaller than the sun.
・彼女の子供はまだみんな小さい
Her children are all still little.

small

little

チーズ (a) **cheese** /チーズ/
・チーズケーキ (a) cheesecake
・チーズ4切れ four slices of cheese
・粉チーズ grated cheese
・チーズトースト(1枚) (a piece of) cheese toast
・いろいろな国のチーズ cheeses from many countries → ばく然と「チーズ」という時は数えられない名詞として扱い ×a cheese, ×cheeses としないが, ある形に固められて包装されている場合や種類をいう時は, 数えられる名詞として扱う
・(写真をとる時)はい, チーズ
Say cheese! → /チーズ/ と発音すると口が笑った時の形になるから

チーター (動物)a **cheetah** /チータ/
チーフ a **chief** /チーふ/
チーム a **team** /ティーム/
・野球チーム a baseball team
・チームワーク teamwork
・彼は私たちのチームの一員です
He is a member of our team.

343 ちがい

・各チームには11人の選手がいます
There are eleven players on each team.
・サッカーは個人技よりもチームワークが大事です
Soccer requires good teamwork more than the individual skill of the members.

ちえ 知恵 **wisdom** /ウィズダム/
・知恵の輪　a linked puzzle
・知恵を絞(しぼ)る　rack *one's* brain

チェーン a **chain** /チェイン/
・チェーン店　a chain store

チェス chess /チェス/
・チェスをする　play chess

チェック¹ (点検) a **check** /チェク/
チェックする　check
・チェックインする　check in
・チェックアウトする　check out

チェック² (しま模様) (a) **check** /チェク/

チェロ a **cello** /チェろウ/
・チェロ演奏家[奏者]　a cellist
・チェロを演奏する　play the cello

ちか¹ 地下の **underground** /アンダグラウンド/
・地下で[に]　underground
・地下道　an underground passage / 《英》a subway
・地下室　a basement / (貯蔵所) a cellar
・地下街　an underground shopping mall [center]
・地下鉄　→ ちかてつ

ちか² 地価 (**the**) **price of land** /プライス ランド/
ちかい¹ 誓い　→ ちかう
ちかい² 地階　a **basement** /ベイスメント/

ちかい³ 近い

❶ (距離が) **near, close**
❷ (時間が) **near**

❶ (距離が) **near** /ニア/, **close** /クろウス/
近くの　nearby /ニアバイ/
・私の家は学校に近い
My house is near [close to] the school.
・私の家は彼の家より学校に近い
My house is nearer [closer] to the school than his house.

文法・語法

near は原級では前置詞として用いられることが多いので, near to ～ ということは少ないが, 比較級・最上級では形容詞・副詞として用いられ, **nearer to ～, nearest to ～** と to がつくことが多い

・彼は私たちを近くの遊園地につれて行った

He took us to a nearby amusement park.
📱会話 一番近くの銀行はどこにありますか. ―駅の前にあります　Where is the nearest bank?—It is in front of the station.
・この[駅の]近くに郵便局はありませんか
Is there a post office near here [the station]?
・彼らはうちのすぐ近くに住んでいるからちょいちょい顔を合わせる
I see them very often. They live very close to me. [ひゆ They live just around the corner. (すぐ角を曲がった所に)]
・学校に行くにはこれが一番近い道です
This is the shortest way to the school.

❷ (時間が) **near**
近いうちに　before long /ビふォー/, **shortly** /ショートり/, **soon** /スーン/; (近日中に) **one of these days** /ずィーズ デイズ/
・近い将来に　in the near future
・クリスマスが近い
Christmas is near (at hand).
・期末試験が近い　We are going to have the term examination soon.
・近いうちにお会いしたいと思います
I would like to see you one of these days.
・近くアメリカの大統領が日本を訪れます
The President of the United States will visit Japan shortly.
❸ (ほとんど) **nearly** /ニアり/, **almost** /オーるモウスト/
・彼は90歳に近い
He is nearly [almost] 90 years old.
・もう11時近いのだから早く寝なさい
Go to bed at once—it is nearly [almost] eleven o'clock.
・この宿題をするのに3時間近くかかった
It took me nearly [almost] three hours to do this homework.

ちがい 違い (a) **difference** /ディふァレンス/ → さ, ちがう
違いを生む　make a difference
・AとBの違い　a difference between *A* and *B*
・値段の違い　a difference in price
・その二つの場合に違いはない[いくらか違いがある]
There is no [some] difference between the two cases.
・違いはおもに量です. 品質にはたいした違いはありません
The difference is mainly in quantity. There is not much difference in quality.
・それではたいへんな違いになる

ちがいない

That makes a great difference.
・バスで行っても地下鉄で行っても違いがない
It does not make any difference [It makes no difference] whether you go by bus or by subway.

ちがいない …に違いない **must**
…したに違いない **must have** *done*
・彼の言ったことは本当に違いない
What he said must be true.
・彼女は家のことを考えてさびしがっているに違いない She must be thinking of home and feeling lonely.
・これは宇野の帽子に違いない．ここに忘れていったに違いない
This must be Uno's cap. He must have left it here.

ちかう 誓う **swear** /スウェア/, **swear an oath** /オウす/; **vow** /ヴァウ/, **make a vow**
誓い an **oath**; a **vow**

ちがう 違う
❶ (異なる) **be different**
❷ (まちがっている) **be wrong**

❶ (異なる) **be different** (from ～) /ディファレント/, **differ** (from ～) /ディファ/ (→ ことなる，ちがい); (別の) **different, another** /アナざ/
…と違って ～ **unlike** ～ /アンライク/
・彼の意見は私たちの意見とずいぶん違う
His opinion is very [much] different from ours. → ours=our opinions
・私は君とこの点で意見が違う
I differ from you in opinion on this point.
・彼らは好み[性格]がまったく違う
They are quite different in their tastes [in character].
・彼女はクラスの他の少女たちとちょっと違っている
She is a little different from the other girls in the class.
・だれか違う意見をお持ちの方いませんか
Does anyone have a different opinion [another opinion]?
・ふつうの女の子と違って彼女は甘い物がきらいです
Unlike most girls, she doesn't like sweet things.

❷ (まちがっている) **be wrong** /ローング/; (思い違いをしている) **be mistaken** /ミステイクン/ → まちがう
・その答えは違う That answer is wrong.
会話 この事故の責任は君にある．—それは違います
You're responsible for the accident.—You're

mistaken.
・それは違う（→事実ではない） That is not the case.

あなたは大学生ですか
—いいえ，違います
Are you a college student?
—No, I'm not.
この辞書は彼女のですか
—いいえ，違います
Is this dictionary hers?
—No, it isn't.

ちがく 地学 **geology** /ヂアろヂ/
ちかごろ 近ごろの **recent** /リースント/
近ごろ(は) **recently, lately** /れイトり/, **nowadays** /ナウアデイズ/, **these days** /ずィーズ デイズ/
・近ごろの出来事 a recent event
・近ごろよく彼にお会いになりますか
Do you see him often lately?
・近ごろは天気がたいへん変わりやすい
The weather is very changeable these days.
・近ごろ男の子たちは野球よりもサッカーを好む
Nowadays boys prefer soccer to baseball.

ちかづく 近づく **come near** /ニア/, **draw near** /ドロー/, **approach** /アプロウチ/; (近づいて行く) **go near**
近づける **bring** ～ **close** (to ～) /クろウス/, **put** ～ **close** (to ～)
・春が近づいている
Spring is coming [drawing] near.
・見なさい．ボートがだんだん近づいて来ます
Look! The boat is coming nearer and nearer.
・休暇が終わりに近づいてきた
The vacation is coming to an end.
・クリスマスが近づいている
Christmas is approaching [is near at hand]. /
ひゆ Christmas is just around the corner. (すぐそこの角を曲がった所に来ている)
・あの建物には近づくな
Don't go near the building.
・目をそんなに本に近づけてはいけません Don't bring [put] your eyes so close to the book.

ちかてつ 地下鉄 《米》 a **subway** /サブウェイ/, 《英》 an **underground (railway)** /アンダグラウンド (レイるウェイ)/; (ロンドンの) a **tube** /テューブ/
・地下鉄で行く go by subway

地下鉄の表示(ロンドン). Public Subwayは「公共地下道」

ちかみち 近道 a **shortcut** /ショートカト/
・駅へ行く近道はないでしょうか
Is there [Do you know of] a shortcut to the station?
・駅へ行く一番の近道はこの通りです
The shortest way to the station is this street.

ちかよる 近寄る → ちかづく

ちから 力

❶ (権力・影響力) **power**; (体力) **strength**; (武力・エネルギー) (a) **force**
❷ (能力) **ability**

❶ (権力・影響力) **power** /パウア/; (体力) **strength** /ストレンぐす/; (武力・エネルギー) (a) **force** /ふォース/
・力のある powerful / strong
・力のない powerless / weak
・非常に力の強い人 a person of great strength / a very strong person
・力ずくで by force
・自分の力で for *oneself* / by *one's* own efforts
・それをすることは私の力ではできない It is beyond my power [not in my power] to do it.
・私の力でできることは何でもしてお助けいたします
I will do everything in my power to help you.
・私は力の限りそれをいたします
I will do it to the best of my power.

❷ (能力) **ability** /アビリティ/
・力のある able
・彼にはその仕事をちゃんとやる力がない
He doesn't have the ability to do the job properly. / He is not equal to the job.

❸ (助力) a **help**; (励まし) (an) **encouragement** /インカ〜レヂメント/
・力づける encourage
・あなたの助言は私にとってたいへん力になりました
Your advice was a great help to me.
・ご親切なお手紙をいただき大いに力づけられました
I was greatly encouraged by your kind letter.
・彼は力なく地面に横たわっていた
He lay helpless on the ground.

ちかん¹ 置換 《IT》 **(find and) replace** /(ふァインド) アンド リプれイス/

ちかん² 痴漢 a **molester** /モれスタ/

ちきゅう 地球

➤ **the earth** /ア〜す/, **the globe** /グろウブ/
・地球の global
・地球儀(ぎ) a (terrestrial) globe
・地球の温暖化 global warming
・地球的規模で(全世界的に) on a global scale

ちきゅうかんきょう 地球環境 **the global environment** /グろウバる インヴァイ(ア)ロンメント/
・地球環境を守る protect the global environment

ちぎる tear /テア/
・紙を細かくちぎる tear paper to pieces
・ノートのページをちぎり取る tear off a leaf from a notebook

チキン (とり肉) **chicken** /チキン/

ちく 地区 (区域) a **district** /ディストリクト/; (都市内の特定の) a **quarter** /クウォータ/
・工場[商業]地区 an industrial [a business] district

ちくさん 畜産 **stock raising** /スタク れイズィンぐ/

ちくしょう こん畜生! **Damn it!** /ダム/, **Gosh!** /ガシュ/

ちくちく (感じる) **feel prickly** /ふィ〜る プリクり/; (痛む) **have a sticking pain** /スティキンぐ ペイン/

ちぐはぐな (対でない) **odd** /アド/
・この靴下はちぐはぐだ
These socks do not match. / These are odd socks.

ちけい 地形 **the lay of the land** /れイ/, **the lie of the land** /らイ/

チケット a **ticket** /ティケト/ → きっぷ
・コンサートのチケット a ticket for a concert

ちこく 遅刻 **lateness** /れイトネス/
遅刻する be late (for 〜) /れイト/
・遅刻者 a late comer
・私はけさ学校に5分遅刻した I was five minutes late for school this morning.
・急がないと学校に遅刻するぞ
Hurry up, or we will be late (for school).

ちじ 知事 a **governor** /ガヴァナ/
・神奈川県知事 the Governor of Kanagawa Prefecture

ちしき 知識 **knowledge** /ナれヂ/

ちしま 346 three hundred and forty-six

・知識人 an intellectual
・彼は植物について驚くほどの[少しばかりの]知識を持っている He has a wonderful ［a little］ knowledge of plants.

ちしま 千島列島 the Kuril archipelago /クアリろ アーキぺらゴウ/
・歯舞(はぼまい)と色丹(しこたん)は千島列島の南の端にあります The Habomai islets and Shikotan are at the southern end of the Kuril archipelago.

ちじょう 地上 （大地）(the) earth /ア〜す/; (地面) the ground /グラウンド/
・地上に落下する fall to earth ［to the ground］
・地上15階地下3階のビル a building with fifteen stories above the ground and three under the ground

ちじょうデジタルほうそう 地上デジタル放送 digital TV /ディヂトる ティーヴィー/; digital terrestrial television broadcasting /タレストリアる テリヴィジョン ブロードキャスティング/

ちじん 知人 an acquaintance /アクウェインタンス/
・彼のお父さんは私の父の知人です His father is an acquaintance of my father's.

ちず 地図 （1枚の）a map; (地図帳) an atlas /アトらス/
・日本[世界]地図 a map of Japan ［the world］
・東京の道路地図 a road atlas of Tokyo

ちすじ 血筋 → いえがら

ちせい 知性 intellect /インテれクト/, intelligence /インテリヂェンス/
知性的な （教育があり，知的なものに関心のある）intellectual /インテれクチュアる/; (知能の高い) intelligent /インテリヂェント/

ちそう 地層 a stratum /ストレイタム/ (複 strata /ストレイタ/)

ちたい 地帯 a zone /ゾウン/; (地域) a region /リーヂョン/
・安全地帯 a safety zone
・森林[工業，農林]地帯 forest ［industrial, farming］ regions

ちち¹ 父
➤ a father /ふアーざ/
・父の日 Father's Day

ちち² 乳 milk /ミるク/; (乳房) the breast /プレスト/
・赤ちゃんにお乳を与える breast-feed a baby / suckle a baby / give a baby the breast
・ウシの乳を絞る milk a cow

ちぢこまる 縮こまる be curled up /カ〜るド/

・寒さでからだが縮こまる be curled up with the cold

ちぢむ 縮む shrink /シュリンク/; (短くなる) shorten /ショートン/
縮める shorten
・セーターが洗たくで縮んでしまった The sweater has shrunk in the wash.

ちちゅうかい 地中海 the Mediterranean (Sea) /メディテレイニアン (スィー)/

ちぢれる 縮れる curl /カ〜る/ → カール
縮れた curly

ちつじょ 秩序 order /オーダ/
・秩序正しい orderly
・秩序が乱れている be in disorder

ちっそ 窒素 nitrogen /ナイトロヂェン/

ちっそく 窒息 suffocation /サふォケイション/
窒息させる suffocate /サふォケイト/
・窒息して死ぬ die from suffocation / be suffocated to death

ちっとも → すこしも

チップ
❶ (心づけ) a tip /ティプ/
チップをやる tip
❷ (野球の) a tip

ちてき 知的な intellectual /インテれクチュアる/

ちなむ ちなんで after
・おじいさんにちなんで彼を善太郎と名付ける name him Zentaro after his grandfather

ちねつ 地熱 geothermal energy /ヂーアーさ〜マる エナヂ/
・地熱発電 geothermal power

ちのう 知能 intelligence /インテリヂェンス/
知能の高い intelligent /インテリヂェント/
・知能検査 a mental test; (児童・生徒の) an intelligence test
・知能指数 an intelligence quotient (略 I.Q.)

ちのみご 乳飲み子 a suckling /サクリング/

ちびちび (少しずつ) little by little; (飲む) sip /スィプ/

ちぶさ 乳房 (女性の) the breast /プレスト/; (ウシなどの) an udder /アダ/

チフス typhoid fever /タイふォイド ふィーヴァ/

ちへいせん 地平線 the horizon /ホライズン/
・地平線の上に[下に] above ［below］ the horizon
・地平線のかなたに beyond the horizon

チベット Tibet /ティベト/

ちほう¹ 地方 a region /リーヂョン/, a district /ディストリクト/, an area /エアリア/; (都市に対する) the provinces /プラヴィンセズ/

three hundred and forty-seven　347　チャンス

- 地方の local / regional / provincial
- 地方なまり a regional accent
- 関東地方 the Kanto district

ちほう² 痴呆 → にんちしょう

ちほうこうきょうだんたい 地方公共団体 a **local government** /ろウカる ガヴァンメント/; a **local administration** /アドミニストレイション/

ちめい¹ 地名 a **place name** /プれイス/
- 地名辞典 a dictionary of place names

ちめい² 致命的な **fatal** /ふェイトる/
- 到命的に fatally
- 到命傷 a fatal wound

ちゃ 茶 **tea** /ティー/ → おちゃ ⟶日本では「緑茶」(green tea), 英米では「紅茶」(black tea) をいう
- 茶の湯 tea ceremony
- 茶筒(ちゃづつ) a tea caddy
- 茶を1杯 a cup of tea
- 茶を入れる[出す] make [serve] tea
- 茶は薄(うす)い[濃い]ほうが好きです
I like my tea rather weak [strong].

チャージする
❶ (プリペイドカードなどへお金を入れる) **add money** /アド/, **load** /ろウド/, **reload** /リーるウド/, **charge** (**up**)
- プリペイドカードをチャージする add [load, reload] money onto a prepaid card
❷ (充電する) → じゅうでんする

チャーターする charter /チャータ/
- 遠足にバスをチャーターする charter a bus for an excursion

チャーハン fried rice /ふライド ライス/

チャーミングな charming

チャイム a **chime**
- チャイムが鳴っている
The chimes are ringing.

チャイルドシート a **child-safety carseat** /セイふティ/, (主に座高を上げるもの) a **booster seat** /ブースタ/ ⟶「チャイルドシート」は和製英語

チャイルドロック a **child-safety lock** /セイふティ らク/ ⟶自動車以外の分野でも使われる.「チャイルドロック」は和製英語

ちゃいろ 茶色(の) **brown** /ブラウン/

ちゃかす make fun of /ふァン/
- 人の話をちゃかしてはいけない
Don't make fun of what others say.

ちゃく 着
❶ (服の) a **suit** /スート/
- 服1着 a suit of clothes
❷ (…着になる) **finish** /ふィニシュ/
- 1着になる finish first

ちゃくじつ 着実な **steady** /ステディ/
- 着実に steadily
- 彼は英語が着実に進歩している
He is making steady progress in English.

ちゃくしょく 着色する **color** /カら/; (絵の具・ペンキで) **paint** /ペイント/

ちゃくしん 着信 (かかってくる電話) an **incoming call** /インカミング コーる/; (メッセージ) **arrival of** a **message** /アライヴァる/
- 着信音 a ringtone

ちゃくせき 着席する **take** *one's* **seat** /スィート/, **sit down** /ダウン/
- 御着席ください Please be seated.

ちゃくりく 着陸 (a) **landing** /らンディング/ **着陸する land**
- 不時着陸する make a forced landing / (水上に) ditch
- 無着陸飛行 a nonstop flight
- 飛行場に無事に着陸する make a safe landing on an airfield / land safely on an airfield

ちゃさじ 茶さじ a **teaspoon** /ティースプーン/
- 茶さじ1杯 a teaspoonful

ちゃっかり ちゃっかりした **clever** /クれヴァ/, **shrewd** /シュルード/
- ちゃっかりした子 a shrewd kid

チャック a **zipper** /ズィパ/, a **zip**
- チャックをしめる zip up
- チャックをあける undo a zip(per) / (バッグなどの) zip open

チャット (おしゃべり) **chat** /チャト/
- 友人たちとチャットする
chat with *one's* friends / have a chat with *one's* friends

ちゃのま 茶の間 → いま²

ちやほや ちやほやする (おせじを言う) **flatter** /ふらタ/; (甘やかす) **pamper**

ちゃめ ちゃめな (陽気な) **playful** /プれイふる/; (いたずらな) **impish** /インピシュ/, **mischievous** /ミスチヴァス/

ちゃりん (音) a **plink** /プリンク/
ちゃりんと音が鳴る[を鳴らす] plink

チャレンジ a **challenge** /チャれンヂ/
- チャレンジする challenge

ちゃわん 茶わん (茶飲み) a **teacup** /ティーカプ/; (御飯の) a **rice bowl** /ライス ボウる/

チャンス a **chance** /チャンス/
- チャンスを逃すな Don't miss a good chance.
- 参考ことわざ 善は急げ Make hay while the sun shines. (日の照っているうちに干し草をつくれ)
- 参考ことわざ 鉄は熱いうちに打て Strike while the

ちゃんと 348 three hundred and forty-eight

iron is hot.

ちゃんと → きちんと

チャンネル a channel /チャヌる/
• 8チャンネルに変える turn to Channel 8
• その番組は3チャンネルでやっている
The program is on Channel 3.

チャンピオン a champion /チャンピオン/

ちゅう¹ 注 a note /ノウト/

ちゅう² 中 (中間) the middle /ミドる/; (平均) the average /アヴェレヂ/
• (大きさ・程度など)中くらいの medium
• 中以上[以下]である be above [below] average

ちゅう³ …中

❶ (時間的に…の間に) during; in
❷ (…の最中で) in; (…の状態の下に) under

❶ (時間的に…の間に) during /デュアリンぐ/; (時がたつうちに) in
• 休暇中に during the vacation
• 2～3日中に in a few days
❷ (…の最中で) in; (… の状態の下に) under /アンダ/
• その時私たちは授業中でした
At that time we were in class.
• その道路は修理中でした
The road was under repair.
❸ (…のうちで) out of
• 十中八九は in nine cases out of ten

ちゅうい 注意

➤ (心を向けること) attention /アテンション/; (心づかい) care/ケア/
➤ (警告) warning /ウォーニンぐ/

注意する pay attention to /ペイ/; (気をつける) take care, be careful /ケアふる/; (警告する) warn /ウォーン/
注意深い careful
注意深く carefully
• 注意が足りない careless
• 注意をひく draw [attract] one's attention
• 彼は私の言うことに注意を払わなかった
He paid no attention to [He did not pay any attention to] what I said.
• 歩道がすべるから注意しなさい Take care [Be careful]. The sidewalk is slippery.
• 階段に(つまずかないように)注意しなさい
Watch your step!
• 彼はその川で泳ぐのは危険だと私たちに注意した
He warned us that the river was dangerous

to swim in.

チューインガム chewing gum /チューインぐ ガム/, 《話》gum

ちゅうおう 中央 (中心) the center /センタ/; (中間) the middle /ミドる/
• 中央の central
• 中央アメリカ Central America
• 彼の事務所は市の中央にあります
His office is in the center of the city. /
His office is very central.
• 広場の中央に記念碑(ひ)が立っている
A monument stands in the middle of the square.

ちゅうか 中華料理 Chinese food /チャイニーズ ふード/, Chinese dishes /ディシズ/
• 中華料理店 a Chinese restaurant

ちゅうがえり 宙返り a somersault /サマソーるト/

宙返りする turn a somersault

ちゅうがく 中学

➤ (中学校) a junior high school /チューニア ハイ/
• 中学生 a junior high school boy [girl]
• 中学校の1年生[2年生, 3年生] a first-year [second-year, third-year] student at junior high school

---

🐻 参考 アメリカでは中学校が小学校から続いている場合が多いので, 中学生の学年を表すのに a seventh grader (7年生), an eighth grader (8年生), a ninth grader (9年生)というように小学校の学年から通した表現を使うことが多い. また a tenth grader は日本の高校1年生にあたり, 通し表現を使うことがある

ちゅうかん 中間 the middle /ミドる/
…の中間に in the middle of ～; (二つの間) between ～ /ビトウィーン/; (等距離) halfway (between ～) /ハふウェイ/
• 橋の中間に in the middle of a bridge
• その二つの川の中間に between the two rivers
• 東京と大阪の中間に halfway between Tokyo and Osaka

ちゅうかんしけん 中間試験 a midterm examination /ミdタ～ム イグザミネイション/

ちゅうきゅう 中級の middle-class /ミドるクらス/, intermediate /インタミーディエト/
• 中級英会話コース an intermediate course of conversational English [of conversation in

English]

ちゅうけい 中継(する) **relay** /リーれイ/; (ラジオ・テレビで) **broadcast** /ブロードキャスト/; (テレビで) **telecast** /テれキャスト/

ちゅうげん 中元 (贈(おく)り物) a **midyear gift** /ミドイア ギふト/, a **summer gift** /サマ/

ちゅうこ 中古の **secondhand** /セカンドハンド/, **used** /ユーズド/
・中古車 a used car

ちゅうこく 忠告 **advice** /アドヴァイス/
忠告する advise /アドヴァイズ/
・貴重な忠告 a valuable piece of advice
・彼の忠告に従う follow his advice
・私は君にそこへひとりで行かないように忠告する
I advise you not to go there alone.

ちゅうごく 中国 **China** /チャイナ/
・中国(人, 語)の Chinese
・中国語 Chinese
・中国人 a Chinese (複同形); (全体) the Chinese

ちゅうし 中止する **stop**, **call off** /コーる/
・試合は雨のために中止された The game was stopped [was called off] because of rain.
・大雪で会合は中止です The meeting is off because of the heavy snow.

ちゅうじつ 忠実 **faithfulness** /ふェイすふるネス/
忠実な faithful (to ~)
忠実に faithfully

ちゅうしゃ[1] 注射 (an) **injection** /インヂェクション/, 《話》a **shot** /シャト/
注射する inject /インヂェクト/
・インフルエンザの予防注射を受ける have a shot against influenza

ちゅうしゃ[2] 駐車 **parking** /パーキンぐ/
駐車する park
・駐車場 《米》a parking lot [area] / 《英》a car park
・駐車違反 illegal parking
[掲示] 駐車禁止 No Parking.

ちゅうじゅん 中旬に **about the middle of** a **month** /アバウト ミドる マンす/
・先月の中旬は雨が多かった We had a lot of rain about the middle of last month.

ちゅうしょう 抽象的な **abstract** /アブストラクト/
・抽象的に abstractly
・抽象画 abstract painting

ちゅうしょうきぎょう 中小企業 a **small business** /スモーる ビズネス/, **small and midsize companies** /ミドサイズ カンパニズ/

ちゅうしょく 昼食 **lunch** /らンチ/

・昼食時間 lunch time
・12時半に昼食を食べる have [take] lunch at half past twelve
・昼食にサンドイッチを食べる have some sandwiches for lunch

ちゅうしん 中心 **the center** /センタ/
中心の central /セントラる/
・円の中心 the center of a circle
・劇の中心人物 the central figure in a play
・その会社は東京の中心部にある
The company is in central Tokyo.
・彼の事務所はニューヨークの中心街にある
His office is in downtown New York.

ちゅうすい 虫垂炎 **appendicitis** /アペンディサイティス/

ちゅうせい[1] 中世 **the Middle Ages** /ミドる エイヂェズ/

ちゅうせい[2] 中性の **neutral** /ニュートラる/

ちゅうせいし 中性子 a **neutron** /ニュートラン/

ちゅうせん 抽選する **draw** (**lots**) /ドロー (らツ)/ → くじ
・抽選で決める decide by lot

ちゅうたい 中退する **drop out** (of school) /ドラブ/, **quit school** /クウィト/

ちゅうだん 中断する **interrupt** /インタラプト/

ちゅうちゅう (ネズミが鳴く) **squeak** /スクウィーク/

ちゅうちょ **hesitation** /ヘズィテイション/
ちゅうちょする hesitate /ヘズィテイト/
・ちゅうちょしながら hesitatingly
・ちゅうちょしないで without hesitation

ちゅうと 中途の, 中途で **halfway** /ハふウェイ/ → ちゅうとはんぱ

ちゅうとう 中東 **the Middle East** /ミドる イースト/

ちゅうどく 中毒 **poisoning** /ポイズニンぐ/; (麻薬などの常用) **addiction** /アディクション/
中毒する be poisoned
・(麻薬などの)中毒患者(かんじゃ) an addict
・食中毒にかかる get food poisoning

ちゅうとはんぱ 中途半端な (不完全な) **halfway** /ハふウェイ/; (はっきりしない) **indecisive** /インディサイスィヴ/
・中途半端に by halves

ちゅうねん 中年 **middle age** /ミドる エイヂ/

ちゅうぶ 中部 **the central part** /セントラる/

チューブ a **tube** /テューブ/
・チューブ入りの歯みがき a tube of toothpaste

ちゅうふく 中腹に **halfway up** [**down**] (a **mountain**) /ハふウェイ [ダウン] (マウンテン)/ →

ちゅうもく　350　three hundred and fifty

山を登る方向でいう場合は up，下る方向でいう場合は down

ちゅうもく 注目 **attention** /アテンション/，**notice** /ノウティス/
　…に注目する pay attention to ～
　•…の注目をひく attract the attention of ～
　•注目すべき remarkable / noteworthy

ちゅうもん 注文 an **order** /オーダ/
　注文する order, give an order (for ～)
　•食事を注文する order a dinner
　•カタログを見て注文する order from a catalog(ue)
　•服を注文で作らせる have a suit made to order
　•私はその本をあの書店に注文した
　I ordered the book from that bookstore. /
　I placed an order for the book with that bookstore.

ちゅうりつ 中立 **neutrality** /ニュートラリティ/
　中立の neutral /ニュートラる/
　•(永世)中立国 a (permanently) neutral nation
　•私たちは中立を守るべきだ
　We should remain neutral.

チューリップ 《植物》a **tulip** /テューリプ/

ちゅうりゅう 中流階級 **the middle classes** /ミドる クらセズ/

ちゅうわ 中和する **neutralize** /ニュートラらイズ/

ちゅんちゅん (小鳥が鳴く) **twitter** /トウィタ/，**chirp** /チャ～プ/

ちょう¹ 腸 **the bowels** /バウえるズ/，**the intestines** /インテスティンズ/
　•大[小]腸 the large [small] intestine

ちょう² 兆 a **trillion** /トリリョン/

ちょう³ 超… **super-, ultra-** /アるトラ/
　•超高層ビル a high-rise building
　•超大国 a superpower

チョウ 蝶 《虫》a **butterfly** /バタふらイ/
　蝶ネクタイ a bow tie /ボウ タイ/

ちょういん 調印 **signing** /サイニング/
　調印する sign /サイン/

ちょうおんそく 超音速の **supersonic** /スーパサニク/
　•超音速で飛ぶ fly at supersonic speed

ちょうおんぱ 超音波 **ultrasound** /アるトラサウンド/
　超音波の ultrasonic /アるトラサニク/

ちょうか 超過 **excess** /イクセス/
　超過する exceed /イクスィード/ → こえる ❷
　•輸入[輸出]超過 the excess of imports over exports [exports over imports]

ちょうかく 聴覚 (the sense of) **hearing** /(センス) ヒアリング/ → ちょうりょく²

ちょうかん 朝刊 (新聞の) a **morning edition** /モーニング イディション/

ちょうき 長期の **long-term** /ろーング タ～ム/

ちょうきょり 長距離 (a) **long distance** /ディスタンス/
　•長距離走 long-distance running / (競技) a long-distance race

ちょうこう 兆候 (天候などの) a **sign** /サイン/; (病気の) a **symptom** /スィンプトム/

ちょうこく 彫刻(品) (a) **carving** /カーヴィング/; (彫像・塑像(そぞう)をふくむ) (a) **sculpture** /スカるプチャ/
　彫刻する carve /カーヴ/; **sculpture**
　•彫刻家 a carver / a sculptor
　•仏像の彫刻 a carved image of Buddha
　•木片でクマを彫刻する carve a block of wood into a bear / carve a bear out of a block of wood

ちょうこくとう 彫刻刀 a **carving chisel** /カーヴィング チざる/, a **wood carving knife**

ちょうさ 調査 **investigation** /インヴェスティゲイション/
　調査する look into /るク/, **investigate** /インヴェスティゲイト/
　•調査書(＝内申書) a school report
　•調査してみると on investigation
　•調査中である be under investigation

ちょうし 調子

❶ (音の) **tune**
❷ (体の) **condition**

❶ (音の) **tune** /テューン/
　•調子っぱずれに歌う sing out of tune
❷ (体の) **condition** /コンディション/, **shape** /シェイプ/
　•からだの調子がよい[悪い] be in good condition [out of condition] / be in good [bad] shape
　•君はこの調子では旅行はむりだ
　You cannot travel in this condition.
　•調子はどうですか How are you doing? / (すべての事はいかがですか) How's (＝How is) everything?
❸ (やり方) a **way** /ウェイ/; (意気) the **spirit** /スピリト/; (こつ) the **knack** /ナク/; (速度) **rate** /レイト/
　•その調子で仕事を続けなさい
　Continue (with) your work that way.
　•(選手に向かって)その調子だ!

That's the spirit! / Keep that up!
・調子をのみ込めば簡単だ
Once you get the hang [the knack] of it, it will be easy.
・この調子ではこの仕事はなかなか終わらない
At this rate, it will take a long time to finish this work.
❹ (いきおい・のり)
・あいつは調子のいい奴だ　He is too affable.
・彼はすぐ調子に乗せられる
He is easily carried away.
・彼は口で君に調子を合わせているだけで，本当は賛成していない
He is only paying lip service to you; he doesn't really agree.
ちょうしゅ 聴取者 a **listener** /リスナ/
ちょうしゅう 聴衆 an **audience** /オーディエンス/
・2千人の聴衆　an audience of 2,000 people
・ホールにはたくさんの[少数の]聴衆がいた
There was a large [small] audience in the hall.
ちょうしょ 長所 a **merit** /メリト/; (人の) a **good point** /ポイント/, a **strong point** /ストローンぐト/, a **virtue** /ヴァ～チュー/
・たいがいの子供には何か長所があるものだ
Most boys and girls have some good points.
・勤勉，正直などが彼の長所です
Diligence and honesty are two of his good points.
ちょうじょ 長女 one's **oldest** [《英》**eldest**] **daughter** /オゥるデスト [エるデスト] ドータ/
ちょうじょう 頂上 the **top**; (山頂) the **summit** /サミト/
・キリマンジャロの頂上は1年じゅう雪におおわれています
The top [The summit] of Mt. Kilimanjaro is covered with snow all (the) year round.
ちょうしょく 朝食 → あさごはん
ちょうしん 長針 (時計の) the **long hand**, the **minute hand** /ミニト/
ちょうしんき 聴診器 a **stethoscope** /ステそスコウプ/
ちょうせつ 調節 (抑制) **control** /コントロウる/; (調整) **adjustment** /アヂャストメント/
調節する **control**; **adjust** /アヂャスト/
・この装置によって水の流れが調節されます　The flow of water is controlled by this device.
ちょうせん¹ 挑戦 a **challenge** /チャレンヂ/
挑戦する **challenge**

・挑戦者　a challenger
・挑戦に応じる　take a challenge
・彼は私にチェスの挑戦をした
He challenged me to a game of chess.
ちょうせん² 朝鮮 **Korea** /コリーア/
・朝鮮の　Korean
・朝鮮語　Korean
・朝鮮半島　the Korean Peninsula
・北朝鮮　North Korea
ちょうたんぱ 超短波 **ultrashort waves** /アるトラショート ウェイヴズ/
ちょうちょう¹ 町長 a **mayor** /メイア/
ちょうちょう² 長調 a **major key** /メイヂャ キー/
・イ長調　A major
ちょうちん a **paper lantern** /ペイパ らンタン/
ちょうてん 頂点 the **apex** /エイペクス/; the **peak** /ピーク/
・三角形の頂点　the apex of a triangle
・ラッシュは6時ごろ頂点に達する
The rush reaches its peak around six. / The peak of the rush hour comes at about six.

ちょうど
➤ **just** /ヂャスト/; (正確に) **exactly** /イグザクトりー/

・ちょうど3時です　It is just three o'clock.
・彼はちょうど今来たところです
He came just now. / He has just come.
・それはちょうどこのようなものです
It's just like this.
・それはちょうど私が予想したとおりでした
It was just as I had expected.
・その部屋はちょうど私たち3人が寝るだけの大きさです　The room is just large enough for three of us to sleep in.
・それはちょうど3年前のことでした
It happened exactly three years ago.
ちょうどう 聴導犬 a **hearing dog** /ヒアリンぐ/
ちょうとっきゅう 超特急 a **superexpress** /スーパリクスプレス/
ちょうなん 長男 one's **oldest** [《英》**eldest**] **son** /オゥるデスト [エるデスト] サン/
ちょうのうりょく 超能力 **supernatural power** /スーパナチュラる パウア/
ちょうば 跳馬 (競技名) **vaulting** /ヴォーるティンぐ/; (体操用具) a **vault**, a **vaulting horse** /ホース/
ちょうはつ 長髪 **long hair** /ヘア/

ちょうほうけい 352 three hundred and fifty-two

・長髪にする grow *one's* hair long
・長髪の青年 a young man with long hair

ちょうほうけい 長方形 a **rectangle** /レクタングる/

ちょうまんいん 超満員である **be overcrowded** /オウヴァクラウデド/, **be packed beyond capacity** /パクト ビヤンド カパスィティ/

ちょうみりょう 調味料 (a) **seasoning** /スィーズニング/

ちょうみん 町民（人々）the **townspeople** /タウンズピープる/; **a resident of a town** /レズィデント/

ちょうやく 跳躍 a **jump** /チャンプ/
跳躍する **jump**

ちょうり 調理 **cooking** /クキング/
・調理師 a cook
・調理学校 a cooking school

ちょうりゅう 潮流 a **tidal current** /タイdrる カ〜レント/

ちょうりょく¹ 張力 **tension** /テンション/
・表面張力 surface tension

ちょうりょく² 聴力 **the sense of hearing** /センス ヒアリング/
・聴力検査 a hearing test

ちょうれい 朝礼 a **morning assembly** /モーニング アセンブり/

ちょうわ 調和 **harmony** /ハーモニ/
調和する，調和させる **harmonize** /ハーモナイズ/
・調和のとれた harmonious
・調和して harmoniously
・その二つの色は（たがいに）よく調和している［いない］
The two colors are in good［are out of］harmony (with each other).

チョーク chalk /チョーク/
・チョーク１本 a piece of chalk
・黒板にチョークであなたの名前を書きなさい
Write your name in［with］chalk on the blackboard.

ちょきん¹ 貯金 **savings** /セイヴィングズ/
貯金する **save** /セイヴ/
・貯金通帳 a passbook / a bankbook
・貯金箱 a savings box / a (piggy) bank
・銀行に貯金しておく keep *one's* savings in a bank
・銀行から貯金をおろす draw［withdraw］*one's* savings from a bank
・私は自転車を買うために貯金しようと決めた
I made up my mind to save for a bicycle.

ちょきん² ちょきんと切る **snip** /スニプ/
ちょくせつ 直接の **direct** /ディレクト/

直接(に) **directly**; （人がじかに）**in person** /パ〜スン/
・私は彼が直接やって来るとは思わなかった
I didn't expect he would come in person.

ちょくせん 直線 a **straight line** /ストレイト らイン/
・一直線に in a straight line
・直線コース a straight course
・一直線に彼の家へ向かう go straight to his house / **ひゆ** make a beeline for his house（巣に帰るミツバチのようにまっすぐ進む）
・そこまでは直線距離で約２キロだ
It's about 2 km in a straight line. / **ひゆ** As the crow flies, it's about 2 km.（カラスが飛ぶように（まっすぐ行けば））

ちょくつう 直通の **through** /すルー/
・直通列車 a through train
・この列車は鹿児島へ直通します
This train goes through to Kagoshima.

ちょくめん 直面する **be faced** /ふェイスト/
・私たちは重大な問題に直面した
We were faced with a serious problem.

ちょくやく 直訳 a **literal translation** /リテラるトランスれイション/, a **word-for-word translation** /ワ〜ド ふォ ワ〜ド/
直訳する **translate literally**, **translate word for word**

チョコレート chocolate /チャコれト/
・チョコレート色の chocolate-colored
・板チョコ a bar of chocolate
・チョコレート一箱 a box of chocolates

ちょしゃ 著者 an **author** /オーさ/, a **writer** /らイタ/

ちょしょ 著書 a **book**
・これは日本の歴史に関する彼の著書の一つです
This is one of his books (written) on Japanese history.

ちょすいち 貯水池 a **reservoir** /レザヴワー/
ちょぞう 貯蔵 → たくわえる（→ 蓄え）
ちょっかく 直角 a **right angle** /ライト アングる/
・直角に at right angles
・直角三角形 a right-angled triangle

ちょっかん 直感 **intuition** /インテュイション/
直感の **intuitive** /インテューイティヴ/
・直感的に intuitively / by intuition

チョッキ 《米》a **vest** /ヴェスト/, 《英》a **waistcoat** /ウェイストコウト/

ちょっきゅう 直球 a **straight pitch** /ストレイトピチ/; (速球) a **fastball** /ふァストボーる/

ちょっけい 直径 a **diameter** /ダイアメタ/

•直径が[は] in diameter
•その円の直径はどれくらいありますか
What is the diameter of the circle?
•それは直径が35センチです It measures thirty-five centimeters in diameter.

ちょっこう 直行する **go straight** /ストレイト/, **go direct** /ディレクト/ → **ちょくせん** (→ 一直線に)
•家へ[駅へ]直行する go straight home [to the station]

ちょっと

❶ (時間) **a minute**
❷ (程度) **a little**

❶ (時間) (just) **a minute** /(チャスト) ミニト/, (just) **a moment** /モウメント/; (しばらく) **for a while** /(ホ)ワイる/
•ちょっとお待ちください
Please wait a minute [a moment].
❷ (程度) **a little** /リトる/
•それはちょっと多すぎる
That's a little too much.
•彼はちょっと早口だ
He speaks a little too fast.
❸ (かなり) **pretty** /プリティ/, **rather** /ラざ/
•きょうはちょっと寒いね
It is rather cold today, isn't it?
❹ (その他)
•ちょっとここへ来て Just come here!
•ニューヨークからちょっと手紙をください
Drop me a line from New York.

ちょろちょろ (流れる) **trickle** /トリクる/

ちょんまげ *chonmage*, **a** *samurai*-**style top-knot** /タプナト/
•ちょんまげに結う wear *one's* hair in a *samurai*-style topknot

ちらかす 散らかす (ごみなどを) **litter (up)** /リタ/; (部屋などだらしなく) **leave untidy** /リーヴ アンタイディ/ → **ごみ**
散らかる be littered; (だらしない) **be untidy**, **be in a mess**
•部屋に紙切れを散らかしてはいけない
Don't litter the room with bits of paper.
•道路にはごみが散らかっている
The street is littered with rubbish.
•彼は部屋をいつも散らかしている
He always leaves his room untidy [in a mess].
•彼の部屋はいつも散らかっている
His room is always untidy [in a mess].

ちらし 散らし (広告ビラ) **a handbill** /ハンドビる/,

《米》a **flier** /ふらイア/

ちらちら (雪・花びらなどが舞う) **flutter** /ふらタ/; (光が明滅する) **flicker** /ふりカ/
•雪がちらちら降りだした
Snow has begun fluttering down.
•テレビの画像がちらちらしている
The TV screen is flickering.

ちらばる 散らばる **be scattered** /スキャタド/
•窓ガラスの破片がその辺に散らばった
The fragments of the windowpanes were scattered about.
•川に沿って農家が散らばっている
There are farmhouses scattered along the river.

ちらほら (あちこちで) **here and there** /ヒア ゼア/; (まばらの) **scattering** /スキャタリング/
•サクラがちらほら咲き始めました
Cherry blossoms are beginning to come out here and there.

ちり¹ → **ごみ**, **ほこり**¹
ことわざ ちりも積もれば山となる
Little drops of water make an ocean. (小さな水滴が(集まって)大海になる)

ちり² 地理 **geography** /ヂアグラふィ/
•地理上の geographical
•地理学者 a geographer
•彼はこの辺の地理に明るい
He knows this area very well.

チリ Chile /チリ/

ちりがみ ちり紙 (ティッシュペーパー) a **tissue** /ティシュー/ → tissue paper は(美術品などをくるむ)薄葉紙(うすようし)

ちりとり a **dustpan** /ダストパン/

ちりょう 治療(法) (a) (**medical**) **treatment** /(メディカる) トリートメント/
治療する treat /トリート/
•まだこの病気の治療法はない
There is still no treatment for this disease. / No treatment for this disease has yet been found.
•彼はまだ医者の治療を受けています
He is still under treatment by [from] the doctor.
•このけがは治療をしてもらわなければいけない
You must get treated for this injury.

ちりん → **ちゃりん**

ちる 散る (花が) **fall** /ふォーる/, **be gone** /ゴーン/
•サクラの花が風に散っている
Cherry blossoms are falling in the wind.

ちんぎん 354 three hundred and fifty-four

・花はみな散ってしまった
The flowers are all gone.

ちんぎん 賃金 **wages** /ウェイヂズ/ →きゅうりょう¹

ちんたい 賃貸契約 a **lease** /リース/
・賃貸の rental
・賃貸料 (a) rent / (a) rental
・彼は2年の賃貸契約で部屋を借りている
He has the room on a two-year lease.

ちんつうざい 鎮痛剤 a **painkiller** /ペインキら/

ちんでん 沈殿 **sedimentation** /セディメンテイション/
沈殿する settle /セトる/
・沈殿物 sediment / dregs

チンパンジー 《動物》a **chimpanzee** /チンパンズィー/, a **chimp** /チンプ/

ちんぼつ 沈没する **sink** /スィンク/
・沈没船 a sunken ship

ちんもく 沈黙 **silence** /サイれンス/
・沈黙の silent
・沈黙を守る keep silent［silence］/ remain silent
ことわざ 沈黙は金なり Silence is golden.

ちんれつ 陳列 a **show** /ショウ/, an **exhibition** /エクスィビション/
陳列する exhibit /イグズィビト/
・陳列品 an exhibit
・陳列棚 a showcase
・陳列室 a showroom
・いろいろな製品が会場に陳列されている
Various products are exhibited［on show］in the hall.

つ ツ

ツアー a **tour** /トゥア/; (パック旅行) a **package tour** /パケヂ/

つい¹
❶ (ほんの) **just** /ヂャスト/, **only** /オウンり/
・つい今しがた just now
・つい先週 only last week
❷ (うっかり) **carelessly** /ケアれスり/; (まちがって) **by mistake** /ミステイク/; (思わず) **in spite of one**self /スパイト/
・私はついそのことを彼にしゃべってしまった
I carelessly let him know about it.
・私はつい笑ってしまった
I laughed in spite of myself.

つい² 対 a **pair** /ペア/
・対になる make a pair

ツイート a **tweet** /トゥウィート/
・ツイートする tweet; post a tweet
・彼女はよくツイートする She posts tweets often. / She often tweets.

ついか 追加 an **addition** /アディション/
追加する add /アド/ →くわえる¹
・追加の additional

ついきゅう¹ 追求 **pursuit** /パス(ュ)ート/
追求する pursue /パス(ュ)ー/, **seek after** /スィーク/
・…を追求して in pursuit of ～

ついきゅう² 追及する (きびしく要求する) **press ～ hard** /ハード/; (弁明を求める) **call ～ to account** /アカウント/
・私たちは彼の失敗に対する責任を追及した
We pressed him hard to take the responsibility for his mistake.
・彼はその会議に欠席したことを追及された
He was called to account for his absence from the meeting.

ついし 追試(験) a **makeup exam**［**test**］/メイカプィグザム/
・理科の追試(験)を受ける take a makeup exam in science

ついしん 追伸 a **postscript** /ポウス(ト)スクリプト/ →ふつう P.S. と略す
・その手紙の追伸の中で in a postscript to the letter

ついせき 追跡 **pursuit** /パス(ュ)ート/
追跡する pursue /パス(ュ)ー/, **run after**
・追跡者 a pursuer
・…を追跡して in pursuit of ～

ついたて a **screen** /スクリーン/

ついて …について
❶ (…に関して) **about, on, of**
❶ (…に関して) **about** /アバウト/, **on, of**; **as to** ～; (…に関して言えば) **as for** ～
・…について話す speak about ～
・…について考える think about ～
・…について聞く hear about ～

355 three hundred and fifty-five

つうじる

・…についての本　a book about［on］～
・彼はそれについて何でも知っている
He knows all about it.
・それは何についての話ですか
What is the story about?
・これは美術について書かれた最近の本の1冊です
This is one of the new books (written) on art.
・いつ来るかについては彼は何も言わなかった
He said nothing as to when he would come.
・私について言わせてもらえば, そんなことに興味はないんです　As for me, I'm not interested in such a thing at all.
❷ (…ごとに) **a, per** /パ〜/
・1ダースについて500円　500 yen a［per］dozen

ついで a **chance** /チャンス/
・…するついでがある　have a chance to *do*, happen to *do*
・ついでに (…もまた) too; (それにかかわっている間に) while *one* is at it; (ところで) incidentally / by the way
・何かのついでに　by any chance
・この数字を合計して, ついでに平均値も出してくれませんか　Would you add up these figures, and take the average too?

ついていく ついて行く **follow** /ふァろウ/, **go along** (with ～); (遅れずに) **keep up** (with ～) /キープ/
・英語の授業について行けない　cannot keep up with the English lesson

ついている (運がいい) **lucky** /らキ/
・なんてついてるんだろう　How lucky I am!
・ついてなくて残念でしたね
Bad［Hard, Tough］luck!

ついてくる ついて来る **follow** /ふァろウ/, **come along** (with ～)
・おれについて来い
Come along with me. / Follow me.

ついとう 追悼 **mourning** /モーニング/
　追悼する **mourn** /モーン/
・追悼会　a memorial service

ついとつ …に追突される **be hit ～ from behind** /ビハインド/

ついに **at last**
・彼はついにその仕事を完了した
He has finished the work at last.

ついばむ **pick** (at ～) /ピク/
・(小鳥が)パンくずをついばむ　pick at crumbs

ついほう 追放(する) **exile** /エグザイ-る［エクサイ-る］/

・追放者　an exile

ついやす 費やす **spend** /スペンド/; (要する) **take** → かかる **❷ ❸**, かける³ **❹**
・多くのお金を洋服に費やす　spend a lot of money on clothes
・私はそれを作るのに3時間費やした
I spent three hours making it. /
It took me three hours to make it.

ついらく 墜落 a **fall** /ふォー-る/; (飛行機の) a **crash** /クラシュ/
　墜落する **fall**; **crash**
・飛行機が海に墜落しやしないかと心配だった
I was afraid the airplane might crash into the sea.

ツインテール (髪型) **bunches** /バンチズ/, **pigtails** /ピグテイるズ/

つうか 通過する **pass, go through** /すルー/
・列車はトンネル［駅］を通過した
The train went through the tunnel［passed the station］.
・その議案が国会を通過した
The bill passed［went through］the Diet.

つうがく 通学する **go to school, come to school**
・通学路 (指定されているもの) a designated commute (route) to school / (児童・生徒の通り道) (commuting) routes to school, routes that students［pupils］take to school
・生徒の3分の1は自転車で通学します
A third of the students come to school by bicycle［use bicycles to come to school］.

つうきん 通勤する **go to work** /ワ〜ク/
・通勤者　a commuter
・通勤電車　a commuter train
・通勤時間(帯)　commuting hours
・父はマイカーで通勤してます
My father goes to work in his car.

つうこう 通行 **passage** /パセヂ/
　通行する **pass**
・通行できる　passable
・通行人　a passer-by (⑱ passers-by)
・[掲示] 一方通行　One Way Only.
・[掲示] 通行禁止　No Thoroughfare.

つうしょう 通商(する) **trade** /トレイド/
・通商条約　a trade treaty

つうじる 通じる

❶ (道が) **lead**
❷ (わかる) **understand, get across**
❶ (道が) **lead** /リード/

あ
か
さ
つ
な
は
ま
や
ら
わ

•この道は駅に通じている
This road leads to the station.
❷ (わかる) **understand** /アンダス**タ**ンド/, (物事が主語) **get across** /ア**ク**ロース/
•私にはあの外国人の言うことが通じない
I can't understand what that foreigner says.
•私の話は相手に通じなかった
I could not make myself understood.
•彼が本当に言いたかったことは聴衆に通じなかった
What he really meant didn't get across to the audience.
❸ (精通している) **be familiar** (with ～) /ふァ**ミ**リア/
•彼は中国文学に通じている
He is familiar with Chinese literature.

つうしん 通信 (文書での) **correspondence** /コーレス**パ**ンデンス/; (各種の手段での) **communication** /コミューニ**ケ**イション/
通信する correspond /コーレス**パ**ンド/; **communicate** /コ**ミュ**ーニケイト/
•通信機関 a means of communication
•通信教育 a correspondence course
•通信衛星 a communications satellite
•通信販売 mail order/ (tele) phone order / online shopping
•雪のためそれらの地方との通信は今のところ不可能だ
On account of the snowfall communication with those parts is now impossible.

つうち 通知 (a) **notice** /**ノ**ウティス/
通知する notify /**ノ**ウティふァイ/, **inform** /イン**ふォ**ーム/; **give notice**
•通知表 a school report / a report card
•私は友人たちに住所変更を通知した
I notified my friends of my change of address.
•そのことの通知を私は受けていません
I have gotten no notice of the matter.

つうちょう 通帳 (銀行の) a **passbook** /**パ**スブク/, a **bankbook** /**バ**ンクブク/

つうどく 通読する **read through** /**リ**ード す**ルー**/

つうやく 通訳 **interpretation** /インタ～プリ**テ**イション/, **translation** /トランス**れ**イション/; (人) an **interpreter** /イン**タ**～プレタ/, a **translator** /ト**ラ**ンスれイタ/
通訳する interpret /イン**タ**～プレト/, **translate** /ト**ラ**ンスれイト/
•英語を日本語に通訳する interpret [translate] English into Japanese
•同時通訳 simultaneous interpretation [trans-

lation]
•私たちの通訳をしてくれませんか
Would you please interpret for us?

つうよう 通用する
❶ (ことばが) **be spoken** /ス**ポ**ウクン/, **be understood** /アンダス**トゥ**ド/
•英語は世界中で通用する
English is spoken all over the world.
❷ (切符が) **be good**; (規則・説などが) **hold true** /**ト**ルー/; (お金が) **be current** /**カ**～レント/
•この切符は JR のどの線でも通用します
This ticket is good on any JR line.
•この規則はもう今日では通用しない
This rule does not hold true today.

つうろ 通路 a **passage** /**パ**セヂ/; (座席の間の) an **aisle** /**ア**イる/
•通路側の席 an aisle seat / a seat on the aisle

つうわ 通話 a (**telephone**) **call** /(**テ**れふォウン) **コ**ーる/
•通話料金 the charge for a call

つえ a (**walking**) **stick** /(**ウォ**ーキンぐ) ス**ティ**ク/

つかい お使い (用事) an **errand** /**エ**ランド/; (人) a **messenger** /**メ**センヂャ/
•お使いに行ってくれませんか
Will you go on an errand for me?

つかいかた 使い方 **use** /**ユ**ース/, **how to use** /**ハ**ウ **ユ**ーズ/, **the way to use** /**ウェ**イ **ユ**ーズ/
•それは辞書の正しい使い方ではない
That is not the right way to use a dictionary.
•この薬は使い方を誤ると害になります
This medicine will become harmful if you make wrong use of it [don't make proper use of it].

つかいすて 使い捨ての **disposable** /ディス**ポ**ウザブる/
•使い捨ての(一時利用のための)メールアドレス a throwaway [disposable] email address

つかう 使う

❶ (使用する) **use**
❷ (費やす) **spend**

❶ (使用する) **use** /**ユ**ース/
•鉛筆(えんぴつ)をけずるのにナイフを使う use a knife to sharpen pencils
•このボールペンを使ってもいいですか
May I use this ballpoint pen?
•この村ではまだ石油ランプが使われている ➡受け身形 Oil lamps are still used in this village. / Oil lamps are still in use in this village. ➡後ろの文の use は名詞で /**ユ**ース/ と読む

・こんな旧式の携帯電話はもう使われていない
Such old-fashioned mobiles are no longer used today.

・私はこの辞書を3年間使っています. ➡ 現在完了進行形 I have been using this dictionary for three years.

・国連ではどんなことばが使われていますか
What languages are used at the United Nations?

・この公式を使ってその問題を解きなさい
Use this formula to solve that problem.

・あなたはこの機械の使い方を知っていますか
Do you know how to use this machine?

・この計算機は使いやすい[にくい]
This calculator is easy [hard] to use.

❷ (費やす) **spend** → かける³ ❹
・お金を使いすぎる　spend too much money

・彼女は毎月のお小遣(こづか)いを全部洋服に使ってしまう　She spends all her monthly allowance on clothes.

・先生は時間を十分に使って辞書の使い方を説明してくれた　The teacher spent a lot of time (in) explaining how to use the dictionary.

・いくら使ったの? ➡ 現在完了 How much have you spent?

🗨会話 君はあの金をどう使ったの? ―全部本に使った
How did you spend the money? —I spent all of it on books.

❸ (人を雇う) **employ** /インプ**ロ**イ/
・その会社は人を何人くらい使っているのですか
How many people does the company employ?

・私は人に使われたくない　I wouldn't like to work under someone. / ひゆ I'd rather be my own boss. (自分が自分の社長になりたい)

つかえる 仕える　**serve** /サ〜ヴ/; (世話をする) **wait on** /ウェイト/

つかまえる **catch** /キャチ/; **get hold of** /ホウるド/
・私は彼の腕(うで)をつかまえた
I got hold of his arm. /
I caught him by the arm.

・私は腕をつかまえられた ➡ 受け身形
I was caught by the arm.

・彼女は忙(いそが)しいのでなかなかつかまりません
She is so busy that it's not easy to catch her.

つかまる **hold on** (to 〜) /ホウるド/; (つかまえられる) **be caught** /コート/

つかむ **grasp** /グ**ラ**スプ/; (にぎる) **hold** /ホウるド/
・私はこの文の意味がつかめない

I cannot grasp the meaning of this sentence.

つかる 浸かる　(洪水などで) **be flooded** /ふらデド/

つかれ 疲れ　**fatigue** /ふァ**ティー**グ/; (極度の) **exhaustion** /イグ**ゾー**スチョン/

つかれる　疲れる

➤ **be [get] tired** /**タ**イアド/

・へとへとに疲れる　be tired out

・私は何時間も歩いてとても疲れた
I walked for hours and got very tired.

・私は買い物をして歩いて疲れた
I am tired from walking around shopping.

・彼はすごい勉強で疲れているようだ
He looks tired after studying hard.

・彼らは疲れ切って家に帰った
They returned home tired out.

つき¹　月

❶ (天体) **the moon**
❷ (暦の) a **month**

❶ (天体) **the moon** /**ムー**ン/
・月夜　a moonlight [moonlit] night

・月が明るく空に輝いている
The moon is shining brightly in the sky.

・今夜は月がない
There is no moon tonight.

・月旅行はもう夢ではなく今は現実となった
A journey to the moon is no longer a dream. It is a fact now.

❷ (暦の) a **month** /**マ**ンす/
・月々の　monthly

・月の初め[終わり]に　at the beginning [the end] of the month

・月の半ばごろ　about the middle of the month

・月に1度　once a month

つき² (好運) **luck** /ら*ク*/

つき³ …付きの　**with 〜**
・バス・トイレ付きの部屋　a room with a private bathroom

つき⁴ …につき　**a. per** /パ〜/, **for**
・1ダースにつき500円　500 yen a [per] dozen

・40個につき千円　1,000 yen for 40 pieces

つぎ¹ 継ぎ　a **patch** /パチ/
継ぎをあてる　**patch** (**up**)

つぎ²　次の

➤ **next. following** /ふァ**ろ**ウインぐ/

・次に　next

・次々と　one after another

・この次に　(今度) next time

つきあう | 358 | three hundred and fifty-eight

・次の日曜日に　next Sunday / on Sunday next
・次の文　the next［following］sentence
・次の事［物］the following
・次のかたどうぞ
Next, please.
・私は次に何をしましょうか
What shall I do next?
・この次ここへ来る時にそれを持って来ます
Next time I come here I will bring it.
・その次の日私はまた彼に会った
I met him again the next day［on the following day］.
・当選者は次のとおりです
The winners are as follows.

つきあう 付き合う　**be friends with** /ふレンヅ/, **keep company with** /キープ カンパニ/; (恋人として) **date**; (いっしょに行く) **go［come］along with**
・付き合いのいい　sociable
・彼はだれとでも付き合う
He is friends with everybody. / He gets on with everybody. / He is a good mixer.
・彼は彼女ともう2年間付き合っている
He has been going with her for two years.
・ちょっとコンビニまで付き合ってくれないか
Would you like to come along with me to the convenience store?

つきあたり 突き当たり　**the end**
・廊下(ろうか)の突き当たりに［の］at the end of the corridor

つきあたる 突き当たる　**run against** /アゲンスト/ → しょうとつ (→ 衝突する)
・その道を突き当たったら右に曲がりなさい
When you come to the end of the road, turn right.

つぎあわせる 継ぎ合わせる　**stick together** /スティク トゥゲざ/

つきさす 突き刺す　→ さす¹

つきそう 付き添う　**accompany** /アカンパニ/　付き添い　**attendance** /アテンダンス/
・付き添い人　an attendant
・付き添いの教師　a teacher who accompanies his［her］students
・受験生たちの多くは親に付き添われていた
Most of the candidates were accompanied by their parents.

つきだす 突き出す　(舌・手足などを) **stick out** /スティク/; (押し出す) **push out** /プシュ/; (警察へ) **hand over** (to ～)

つぎつぎ 次々と　**one after another** /アナざ/

・次々と困った事が起こった
There took place one trouble after another.
[参考ことわざ] 一難去ってまた一難　One misfortune comes on the neck of another. (一つの不幸がもう一つの不幸の首について来る)

つきでる 突き出る　**project** /プロヂェクト/
つきとおす 突き通す　**thrust through** /すラスト すルー/, **pierce** /ピアス/
つきひ 月日　**time**
・月日がたつにつれて　as time passes
・月日は矢のように過ぎた
Time passed very quickly. / Time flew.
つきみ 月見をする　**enjoy seeing a full moon** /インヂョイ スィーインぐ ふる ムーン/
つぎめ 継ぎ目　a **joint** /ヂョイント/, a **seam** /スィーム/
つきゆび 突き指する　**sprain** one's **finger** /スプレイン ふぃンガ/
つきる 尽きる　**run out**
つく¹ 付く
❶ (くっつく) **stick** /スティク/ → くっつく
・そでにネコの毛が付いているよ
There are cat's hairs on your sleeve.
❷ (火が) **catch fire** /キャヂ ふァイア/; (あかりが) **come on**
❸ (…が付いている) **with ～** → つき³
・フードが付いているコート　a coat with a hood

つく² 着く
➤ **arrive** /アライヴ/, **reach** /リーチ/, **get**

基本形

A に着く
　arrive at A → 狭(せま)い場所に着く
　arrive in A → 広い場所に着く
　reach A
　get to A

・駅に着く　arrive at［reach, get to］the station
・日本に着く　arrive in Japan
・家に着く　arrive［reach, get］home → この home は副詞(家に)だから ×to［at］home としない
・私たちは夕方の6時に目的地に着きました
We arrived at［reached, got to］our destination at six in the evening.
・君は日暮れ前にそこに着くでしょう　You will get ［reach, arrive］there before dark. → 英語では「場所」を示す副詞は「時間」を示す副詞の前に来るのがふつう
・この飛行機は明朝オーストラリア［シドニー国際空港］に着きます　This airplane will arrive in Aus-

tralia [at Sydney International Airport] tomorrow morning.

arrive in

arrive at

・私たちはロンドンに無事に着きました → 現在完了
We have arrived in London safely.

使い分け

arrive と get はある場所に「着く」ことを意味し，reach は長い時間や労力をかけて「たどり着く」ことを意味する I arrived at [get to] the Narita International Airport at seven in the morning. (わたしは成田空港に朝の7時に着きました) After three hours driving, we finally reached our home. (3時間運転してやっと家に着きました)

つく³ 突く（急に，強く）**thrust** /ｽラスト/; (棒などで) **poke** /ポウク/
つぐ¹ 継ぐ（継承する）**succeed** /サクスィード/
・私は父のあと[父の事業]を継ぐことになっています I am to succeed my father [to succeed to my father's business].
・彼にはあとを継ぐ息子がいません
He has no son to succeed him.
つぐ² pour /ポー/
・お茶をつぐ pour (out) tea
・グラスにはなみなみと (→ふちまで)ビールがつがれた The glass was filled to the brim with beer.
つくえ 机 a **desk** /デスク/
・机に向かう sit at a desk
つくす 尽くす **do** one's best
・最善を尽くす do one's best
・山田氏は町の発展のために大いに尽くした
Mr. Yamada has done a great deal for the development of the town.
つぐなう 償う **make up** (for ～)
つくりなおす 作り直す **remake** /リーメイク/
つくりばなし 作り話 a **made-up story** /メイダプ/, a **myth** /ミす/; (作り事) an **invention** /インヴェンション/

つくる 作る, 造る

❶(製造する) **make**
❷(建てる) **build**

❶(製造する) **make**

基本形
A (物)を作る
　make A
B (人)に A (物)を作ってあげる[くれる]
　make B A / make A for B
C (材料)で[から] A (物)をつくる
　make A from C → 何が材料なのか見ただけでわからない場合
　make A (out) of C → 何が材料なのか見ただけでわかる場合

・ケーキを作る make a cake
・彼女にドレスを作ってあげる make her a dress / make a dress for her → 「B に A を作ってあげる」で A が「それ」(it),「それら」(them) の場合は必ず make it [them] for B となる
・木で箱を造る make a box out of wood
・牛乳からチーズを作る make cheese from milk
・母はケーキを作っています → 現在進行形
Mother is making a cake.
・ぼくは弟にプラモデルを作ってやった I made my little brother a plastic model. / I made a plastic model for my little brother.
・日本の神社はたいてい木で造られています → 受け身形 Most Japanese *Shinto* shrines are made [built] of wood.
・日本酒は米から造る
Sake is made from rice. /
We make sake from rice.
・プラモデルを作ることが彼の趣味(しゅみ)です
Making plastic models is his hobby.
・この模型の船は兄さんが作った (→兄さんによって作られた)ものです This model ship was made by my older brother.
・そんなに小さな人形を作った人はいません → 現在完了
Nobody has ever made such a small doll.

❷(建てる) **build** /ビるド/; **construct** /コンストラクト/
・家をつくる build a house
・ビル[橋]をつくる construct a building [a bridge]

❸(組織する) **organize** /オーガナイズ/
・生徒会[クラブ]を作る organize a student council [a club]

❹ (栽培する) **grow** /グロウ/
・私たちは校庭のすみで野菜を作っている
We grow vegetables in the corner of our schoolyard.
❺ (創作する) **create** /クリエイト/ **write** /ライト/; **compose** /コンポウズ/
・詩を作る　write [compose] a poem
・曲を作る　compose a piece of music
❻ (食事を)(用意する) **prepare** /プリペア/; (熱を用いて調理する) **cook** /クク/
・夕食を作る　make supper / (用意する) prepare supper

つくろう 繕う **mend**

づけ …付 **dated** /デイテド/, **of**
・7月30日付のイスタンブールからのお手紙きょう受け取りました
I received your letter dated [of] July 30 (読み方: (the) thirtieth) from Istanbul today.

つげぐち 告げ口する **tell on**
・だれかが私のことを告げ口したに違いない
Someone must have told on me.

つけくわえる 付け加える **add** /アド/
・彼の話に付け加えるものは何もありません
I have nothing to add to his story.

つけこむ つけ込む **take advantage of** /アドヴァンテデ/
・彼は私の若さ[弱み]につけ込んだ
He took advantage of my youth [weakness].
・子供だと思ってつけ込もうとしてもだめです
You can't take advantage of me just because I am a child.

つけもの 漬物 **pickles** /ピクルズ/

つける¹　付ける, 着ける

❶ **put**; (取り付ける) **fix**
❸ (身につける) **put on, wear**

❶ **put**; (取り付ける) **fix** /フィクス/
・壁に耳をつける　put *one's* ear to the wall
・上着にバッジをつける　fix a badge on *one's* coat
❷ (薬などを) **put, apply** /アプライ/; (しみを) **stain** /ステイン/
・その傷口に軟膏をつけておきなさい
Put some ointment on the cut.
❸ (身につける) **put on, wear** /ウェア/
・イヤリングをつける[つけている]
put on [wear] earrings
❹ (火を) **light** /ライト/; (電気・テレビ・ラジオなどを) **switch on** /スウィチ/, **turn on** /タ～ン/
・ろうそく[タバコ]に火をつける　light a candle [a cigarette]
・テレビ[ガス]をつける
switch on the television [the gas]
❺ (日記などを) **keep** /キープ/, **write in** /ライト/
・日記をつける (毎日) keep a diary / (その日の) write in *one's* diary
❻ (あとを) **follow** /ふァろウ/
・私はつけられていることに気づかなかった
I didn't notice [I was unaware] that I was being followed.

put on

turn on

follow

keep

つける² 漬ける (水などにちょっとつける) **dip**; (浸す) **soak** /ソウク/; (漬物を) **pickle** /ピクる/
・野菜を漬ける　pickle vegetables

つげる 告げる **tell, say** /セイ/
・別れを告げる　say good-bye

つごう　都合

➤ (好都合) **convenience** /コンヴィーニエンス/
都合がよい **be convenient** /コンヴィーニエント/, **suit** /スート/
都合が悪い **be inconvenient** /インコンヴィーニェント/
・もし都合がよければ　if it is convenient for you / if it suits you [your convenience]
・どの列車が君には都合がよいですか
Which train is convenient for you?
・それでご都合はよろしいですか
Will that suit you [your convenience]?
・3時ごろお伺いしたいのですがご都合はよろし

いでしょうか
Will it suit you if I call at about three? / Will it be convenient for you if I come at about three?

ツタ 蔦《植物》**ivy** /アイヴィ/

つたえる 伝える

❶ (知らせる) **tell**; (報道する) **report**
❷ (伝承する) **hand down**

❶ (知らせる) **tell**; (報告する,報道する) **report** /リポート/; (意見・感情などを) **convey** /コンヴェイ/; (よろしくと) **remember** /リメンバ/ (→よろしく)
伝えられるところによれば (報道によれば) **reportedly** /リポーテドリ/; (本当かどうかは確かでないが) **allegedly** /アれヂドリ/

・林から電話があったと彼女にお伝えください
Please tell her that Hayashi called.
・10時に行けないと彼に伝えてくださいませんか
Would you please tell him that I can't be there at ten?
・今あなたに話したことを彼に伝えてください
Please tell him what I've just told you.
・何か彼にお伝えすることがありますか
Shall I give him a message? / Would you like to leave him a message?
・すべての新聞が彼の死を伝えている
All the newspapers report his death.
・彼が会議でそう言ったと伝えられている →受け身形
It is reported that he said that at the meeting.
・ことばでは私の今の気持ちを伝えることはできません Words cannot convey [express] my present feelings.
・どうぞご家族の皆様によろしくお伝えください
Please remember me to all your family.

❷ (伝承する) **hand down** /ダウン/; (外国から風習などを) **introduce** /イントロデュース/
・われわれはこのよい校風を後輩に伝えなければならない We must hand down this good school tradition to our juniors.

❸ (熱・電気などを) **conduct** /コンダクト/
・金属は電気[熱]を伝える
Metals conduct electricity [heat].

つたわる 伝わる

❶ (うわさなどが) **spread**; (意味などが) **be understood, get across**

❶ (うわさなどが) **spread** /スプレド/; (意味などが) **be understood** /アンダストゥド/, **get across** /アクロース/
・その知らせはたちまち町に伝わった
The news spread quickly in the town.
・私の言いたいことが聴衆には伝わらなかったのじゃないか I'm afraid what I meant was not properly understood by the audience. / I'm afraid my intention didn't get across to the audience.

❷ (伝承される) **be handed down** /ダウン/; (紹介される) **be introduced** /イントロデュースト/
・それは明治初年に英国から日本に伝わったものです
It was introduced from Britain into Japan in the early years of Meiji [in early Meiji].

❸ (光・音などが) **travel** /トラヴぁる/
・光は音よりも速く伝わる
Light travels faster than sound.

つち 土

➤ **earth** /ア〜す/; (耕土) **soil** /ソイる/; (地面) **the ground** /グラウンド/

・肥えた[やせた]土 rich [poor] soil
・球根に土をかぶせる cover a bulb with earth
・土を耕す cultivate the soil
・その宝は土に深く埋(う)められた
The treasure was buried deep in the ground.

つつ 筒 a **case** /ケイス/

つづき 続き (連続) (a) **succession** /サクセション/, a **series** /スィアリーズ/; (小説などの) a **sequel** /スィークウェる/, (小説・テレビ番組などの) **serial** /スィアリアる/; (天候の) a **spell** /スペる/
・不幸続き a succession of misfortunes
・これは先月号の物語の続きです
This is the sequel to the last month's story. / This is a story continued from the last month.
・先月は晴天続きでした We had a long spell of fine weather last month.

つつく (指・棒などで) **poke** /ポウク/; (鳥が) **peck** /ペク/
・つついて穴をあける poke a hole

つづく 続く

➤ (継続する) **continue** /コンティニュー/, **last**
➤ (あとに) **follow** /ふァろウ/

・(次号に)続く To be continued.
・1日じゅう雨が降り続いた
The rain continued all day. / It continued raining [to rain] all day.
・(きょうで)1週間雨が降り続いています →現在完了進行形 It has been raining for a week.
・あしたでまる1週間雨が降り続いていることになる

つづける　362　three hundred and sixty-two

→未来完了進行形

It will have been raining for a whole week by tomorrow.
•この雨降りはいつまで続くのでしょう
How long is this wet weather going to last, I wonder?
•彼の演説は3時間も続いた
His speech lasted (for) three hours.
•パーティーは深夜まで続いた
The party went on until midnight.
•幸運が続いてやって来た
One good fortune followed another.
•私のあとに続いて読みなさい　Read after me.

つづける 続ける
➤ **continue** /コンティニュー/, **go on**, **keep** /キープ/
•続けて（切れ目なく）on end / running;（次から次へと連続して）in succession
•5日間も続けて　for five days on end［running］
•仕事を続ける　continue *one's* work / go on with *one's* work / go on working
•どうぞお話を続けてください
Please go on with the story.
•彼女は2時間泣き続けた
She went on［kept］crying for two hours.
•列車がこんでいたので私は東京から名古屋までずっと立ち続けた
The train was so crowded that I had to stand all the way from Tokyo to Nagoya. **→**自分の意志で立っていたのではないので keep standing としない; all the way（ずっと）に「続ける」という意味がふくまれている

使い分け
continue と go on は一般的な「続ける」を意味する語で，keep は長い間「続ける」ことや何度もし「続ける」ことを意味する語 He kept saying 'I love you'.（彼は何度も愛していると言った）

つっこむ 突っ込む（車が）**run into**;（口を）**poke** /ポウク/;（突き刺す）**thrust** /すラスト/;（水に）**plunge** /プランヂ/
•ポケットに手を突っ込んで　with *one's* hands in *one's* pockets
•他人事に首を突っ込む　poke *one's* nose into other people's affairs

ツツジ 躑躅〔植物〕an **azalea** /アゼイリャ/
つつしみ 慎み（謙虚〈けんきょ〉さ）**modesty** /マデスティ/
•慎み深く　modestly

つつしむ 慎む（慎重〈しんちょう〉にする）**be careful** /ケアふる/;（控〈ひか〉える）**abstain** (from 〜) /アブステイン/
•ことばを慎みなさい　Be careful about what you say［your language］.
•激しい運動はしばらく慎むようにと医者に言われた
I was advised by the doctor not to take hard exercise for some time.

つっぱしる 突っ走る **dash** /ダシュ/
•その警官は群衆の中を突っ走って行った
The police officer dashed through the crowd.

つっぱり 突っ張り（すもうの）**arm thrusts** /アームすラスツ/;（強がり）a **bluff** /ブらふ/
　突っ張る　**thrust**; **bluff**

つつみ[1] 堤（土手）a **bank** /バンク/;（堤防）an **embankment** /インバンクメント/
つつみ[2] 包み　a **bundle** /バンドる/, a **package** /パケヂ/
•包み紙　wrapping paper
•包みをほどく　unwrap a bundle［a package］

つつむ 包む **wrap** (up) /ラプ/
•これを紙に包んでください
Please wrap this (up) in paper.
•町は濃い霧〈きり〉に包まれていた
The town was wrapped in a thick mist.
•彼女は赤ちゃんをショールで包んだ
She wrapped her baby in a shawl. /
She wrapped a shawl around her baby.

つづる **spell** /スペる/
　つづり　**spelling** /スペりング/
　会話 その語はどうつづりますか．—b-i-r-d とつづります　How do you spell the word?—We spell it "b-i-r-d."

つとめ[1] 勤め（仕事）**work** /ワ〜ク/;（勤め口）a **job** →つとめる[1]
つとめ[2] 務め　a **duty** /デューティ/ →にんむ
つとめる[1] 勤める **work** /ワ〜ク/
•私の姉は銀行に勤めている
My sister works for a bank.
　会話 お父さんはどこにお勤めですか．—父は自動車工場に勤めています
Where does your father work?—He works in an automobile factory.
つとめる[2] 務める（…として行動する）**act as** 〜
•議長を務める　act as chairperson
つとめる[3] 努める **try** /トライ/
•私たちはその状態を改善しようと努めた
We tried to improve the condition.
•今後はそうするように努めます

つな 綱 a rope /ロウプ/
- 綱引きをする play tug of war
- 綱渡りをする walk on a tightrope

つながり a connection /コネクション/, a link /リンク/; (親類関係) (a) relation /リレイション/

つながる connect /コネクト/, join /ヂョイン/
- この二つの文はつながらないようだ
These two sentences do not seem to connect.
- A 川と B 川はここでつながる
The A river joins the B river at this point.
- ウェブサイトにつながる[接続する] connect to a website
- インターネットにつながらない can't access [connect to] the Internet

つなぐ (結ぶ) tie /タイ/; (合わせる) join /ヂョイン/; (舟を) moor /ムア/; (イヌを) leash /リーシュ/; (接続する) connect /コネクト/
- イヌをつないでおく keep a dog on a leash
- 私たちは丸太をつないでいかだを作った
We tied logs together into a raft.
- 私たちはみんな丸くなって手をつないだ
We all joined hands in a circle.
- われわれは堅い友情でつながれている
We are joined in firm friendship.
- この橋がその二つの市をつないでいます
This bridge connects the two cities.

つなみ 津波 *tsunami*, tidal waves /タイドる ウェイヴズ/

つねに 常に always /オーるウェイズ/
- 彼は常に不平を言っている
He is always complaining.
- 彼は常に朝食前に散歩をしたものだ
He used to take a walk before breakfast.
- 金持ちが常に幸福とは限らない
Rich people are not always happy.

つねる pinch /ピンチ/
- 私はそれが夢ではないかと自分をつねってみた
I pinched myself to make sure that it was not a dream.

つの 角 (ウシなどの) a horn /ホーン/; (シカの) an antler /アントらァ/ → 右の写真

つば spit /スピト/
- つばを吐く spit

ツバキ 椿 《植物》a camellia /カミーリア/

つばさ 翼 a wing /ウィング/

ツバメ 燕 《鳥》a swallow /スワロウ/

つぶ 粒 (穀粒など) a grain /グレイン/; (しずく) a drop /ドラプ/

- 一粒の米 a grain of rice
- 雨粒 a raindrop

つぶす (物を) crush /クラシュ/; (暇(ひま)を) kill; (だめにする) ruin /ルーイン/

つぶれる be crushed; (破産する) go bankrupt /バンクラプト/; be ruined
- 大豆をつぶす crush soybeans
- 暇をつぶす kill time
- 缶(かん)はぺしゃんこにつぶれてしまった
The can was crushed flat.
- その箱はつぶれて変な形になってしまった
The box was crushed out of shape.
- あの店はとうとうつぶれてしまった
The store went bankrupt at last.
- 雨で運動会がつぶれた (→雨が運動会をつぶした)
The rain ruined our athletic meet.
- 私たちはコーヒーショップで1時間つぶした
We killed an hour at a coffee shop.

つぶやく murmur /マ〜マ/
- 「それは変だ」と彼は私の耳もとでつぶやいた
"It's strange," he murmured in my ear.

つぼ a jar /ヂャー/, a pot

つぼみ a bud /バド/
- 木々はつぼみをつけています
The trees are in bud.

つぼめる (狭くする) make narrower /ナロウア/; (かさなど) close /クろウズ/, fold (up) /ふォウるド/; (口を) pucker /パカ/, purse /パ〜ス/, pout /パウト/
- 口をつぼめる pucker [purse, pout] one's lips

つま 妻 one's wife /ワイふ/ (複 wives /ワイヴズ/)

つまさき つま先 tiptoe /ティプトウ/, toe
- 頭のてっぺんからつま先まで from head to toe
- つま先で立つ[歩く] stand [walk] on tiptoe

つまずく stumble /スタンブる/, trip /トリプ/
- 石につまずく stumble [trip] over a stone

つまむ pinch /ピンチ/
- 塩一つまみ a pinch of salt

つまらない

・鼻をつまむ pinch *one's* nose
・私はそれを指でつまんだ
I pinched it between my fingers.

つまらない

❶ (取るに足らない) **trifling**
❷ (退屈な) **boring, dull**

❶ (取るに足らない) **trifling** /トライふリンぐ/
・つまらない物 a trifle
・お誕生日のお祝いにつまらない品を2, 3お送りいたしました
I'm sending you a few small things for your birthday.
・こんなつまらないことでけんかをするのはよせ
Stop quarreling about such a trifling matter.

❷ (退屈な) **boring** /ボーリんぐ/, **dull** /ダる/; (おもしろくない) **uninteresting** /アニンタレスティンぐ/
・この本はとてもつまらなかった This book was very boring [dull, uninteresting].

つまり (要するに) **in short** /ショート/; (すなわち) **that is** (**to say**) /(セイ)/ → すなわち
・つまり私は彼がきらいなのです
In short, I don't like him.
・彼は私のいとこの父、つまり私のおじです
He is my cousin's father, that is to say, my uncle.

つまる 詰まる → つめる

つみ 罪 (法律上の) a **crime** /クライム/; (とくに宗教の教えに反する) a **sin** /スィン/
・罪のある guilty / sinful
・罪のない innocent
・罪のないうそ a white lie
・罪を犯す commit a crime [a sin]

つみき 積み木 a (**building**) **block** /(ビるディんぐ) ブらク/

つむ¹ 積む **pile** /パイる/; (荷物を) **load** /ろウド/
積み重ねる pile up
・机に本を積む pile books on a desk / pile a desk with books
・そのトラックには材木が積んであった
The truck was loaded with lumber.

つむ² 摘む **pick** /ピク/
・野の花を摘む pick wild flowers

つむぐ 紡ぐ **spin** /スピン/

つめ a **nail** /ネイる/; (動物の) a **claw** /クろー/
・つめ切り(1丁) (a pair of) nail-scissors
・指のつめを切る cut [nip] *one's* nails on fingers

づめ …詰めにする (びん詰めに) **bottle** /バトる/; (箱

詰めに) **pack ~ in** a **box** /パク/
・モモを箱詰めにする pack peaches in a box

つめあわせ 詰め合わせ an **assortment** /アソートメント/
詰め合わせの assorted /アソーテド/
・詰め合わせのクッキー assorted cookies

つめこむ 詰め込む → つめる

つめたい 冷たい

➤ (風・水・態度などが) **cold** /コウるド/; (態度が) **unfriendly** /アンふレンドリ/
・冷たく coldly
・冷たくなる grow cold
・外は冷たい風が吹いていた
A cold wind was blowing outside.
・彼らは私を冷たく迎えた
They received me coldly. /
They gave me a cold reception.
・ぼくは仲よくしようとしたが、彼は冷たかった
I tried to be friendly, but he remained unfriendly [**ひゆ** but he gave me the cold shoulder (冷たい肩を向けた)].

つめる 詰める

➤ (箱・かばんなどに) **pack** /パク/; (押し込む) **stuff** /スタふ/, **cram** /クラム/
詰まる be packed, be stuffed; (流通が止まる) **be choked** (**up**) /チョウクト/, **be clogged** /クらグド/
・いらない本を箱に詰める pack a box with unwanted books / pack unwanted books into a box
・袋には古い衣類がいっぱい詰まっている
The bag is stuffed with old clothes.
・かぜをひいて鼻が詰まっている
My nose is stuffed up because of a cold.
・もう少し詰めてすわってください
Sit closer, please.
・(バスの中で)後ろへ詰めてください
Move back, please.

つもり つもりである

➤ (予定である) **be going to** *do*, **plan** /プらン/; (意図する) **intend** /インテンド/, **mean** /ミーン/
・君は休みにどこへ行くつもりですか
Where are you going [are you planning to go] for the holidays?
・父は私を技師にするつもりです
My father intends me to be an engineer.

・彼は行くつもりだったが気が変わった
He meant to go, but he changed his mind.
・君は私をうそつきだと言うつもりか
Do you mean to say I am a liar?
・彼は詩人のつもりでいる
He thinks himself to be a poet.

つもる 積もる **lie** /らイ/
・雪は厚く積もった
Snow lay thick on the ground.
会話 雪はどれくらい積もっていますか．―約30センチです How deep is the snow?—It is about thirty centimeters deep.

つや¹ gloss /グろース/, **luster** /らスタ/, **polish** /パリシュ/
・つやが出る[を出す] gloss / polish
・つやのない dim / dull
・つやのあるなめらかな髪 glossy [sleek] hair

つや² 通夜 a wake /ウェイク/
・…の通夜をする have a wake for ～

つゆ¹ 露 dew /デュー/

つゆ² 梅雨（雨期）the rainy season /レイニィ スィーズン/
・梅雨に入りました
The rainy season has set in.
・梅雨はいつあけますか（→終わりますか）
When will the rainy season be over?

つゆ³（吸い物）soup /スープ/; （果物・肉の）**juice** /ヂュース/

つよい 強い

➤ **strong** /ストローンぐ/; （がんじょうな）**sturdy** /スタ〜ディ/; （程度が）**intense** /インテンス/
強く strongly; （激しく）**hard** /ハード/
強くする make ～ strong, make ～ stronger, strengthen /ストレンぐスン/
・強い光[憎しみ] intense light [hatred]
・彼は君と同じくらい強い
He is as strong as you are.
・彼は私よりもずっと強い
He is much stronger than I [《話》than me].
・彼は私たちみんなのうちで一番強い
He is the strongest of us all.
・風[雨]が強く吹いて[降って]いる
It is blowing [raining] hard.

つよき 強気の aggressive /アグレスィヴ/
つよさ 強さ strength /ストレンぐす/, **power** /パウア/; （光・音・熱などの）**intensity** /インテンスィティ/
つよみ 強み（利点）an advantage /アドヴァンテヂ/

・ボクサーにとって腕(うで)が長いのは大きな強みだ
Long arms are a great advantage for a boxer.
つよめる 強める strengthen /ストレンぐスン/; （程度を）**intensify** /インテンスィふァイ/; （強調する）**emphasize** /エンふァサイズ/, **put emphasis on** /エンふァスィス/
・最後のことばをもっと強めて読みなさい
Put more emphasis on the last word.
・これらのことばはかえって彼の怒りを強めるだけだった These words served only to intensify his anger.

つらい hard /ハード/
・つらい生活を送る lead a hard life
・こんな寒い朝に早く起きるのはつらいことだ
It is hard to get up early on such a cold morning as this.

つらぬく 貫く run through /ラン すルー/
つらら an icicle /アイスィクる/
つり¹ 釣り fishing /ふィシンぐ/
釣りをする fish
・釣り道具 a fishing tackle
・釣りざお[糸] a fishing rod [line]
・釣り舟 a fishing boat
・釣り堀 a fishing pond
・私は釣りが好きです I like fishing.
・この池はよく釣れます
Fishing is good in this pond.
・川へマスを釣りに行こうよ
Let's go fishing for trout in the river.

つり² つり銭 change /チェインヂ/
・はい50円のおつりです
Here's fifty yen change.

つりあう 釣り合う，釣り合わせる balance /バらンス/; （似合う）**match** /マチ/
釣り合い balance
・不釣り合い imbalance
・釣り合いのとれた balanced; matched

つりかわ つり革 a strap /ストラプ/
・つり革につかまる hold on to a strap

つりばし つり橋 a suspension bridge /サスペンション ブリヂ/

つりわ つり輪《スポーツ》rings /リンぐズ/ →体操の競技名

つる¹（弦）a string /ストリンぐ/; （バケツなどの）a **bail** /ベイる/
つる² 釣る fish → つり¹
つる³（首を）hang oneself /ハンぐ/
ツル¹ 鶴《鳥》a crane /クレイン/
ツル² 蔓《植物》a vine /ヴァイン/
つるす hang /ハンぐ/ → かける³ ❶

•天井からランプがつるしてあった
A lamp was hanging from the ceiling.
つるつる つるつるした (すべりやすい) **slippery** /スリパリ/; (なめらかな) **smooth** /スムーず/ → すべる
つるはし a **pickax** /ピカクス/

つれて¹ 連れて…

➤ (連れて行く) **take**
➤ (連れて来る) **bring**
➤ (連れて帰る) **bring back**

•どうか私もいっしょに連れて行ってください
Please take me (along) with you.
•私は毎朝イヌを散歩に連れて行きます
I take my dog for a walk every morning.
•この冬父は私たちをスキーに連れて行ってくれる
Father will take us skiing this winter.
•彼は私たちを連れて歩いて名所を見せてくれた
He took us around and showed us the sights.
•友だちをいっしょに連れて来ていいですか
Can I bring my friend along?

つれて² …につれて **as**
•時がたつにつれて彼はそのことをすっかり忘れた
He forgot all about it as time passed.
•日が高くなるにつれてだんだん暑くなってきた
As the day progressed, it became hotter.

take

bring

つわり morning sickness /モーニンぐ スィクネス/
つんと
❶ (すました) **prim** /プリム/
•つんとすまして primly
❷ (鼻をつくような) **pungent** /パンヂェント/
•つんとくるにおい a pungent smell

て テ

て 手

❶ (手首から先) a **hand**; (腕) an **arm**
❷ (援助(えんじょ)の手) a **hand**; (助け) **help**

❶ (手首から先) a **hand**; (腕) an **arm** → うで
•てのひら[手の甲] the palm [the back] of the hand
•手をつないで hand in hand
•手を上げる raise *one's* hand
•手を握る (こぶしをつくる) close *one's* hand / (人の手を) grasp *a person's* hand / (握手(あくしゅ)する) shake hands (with ~)
•手をたたく clap *one's* hands
•右手ではしを持つ hold chopsticks with *one's* right hand
•彼は両手を前に差し出した
He put both [his] hands forward. /
He held out both [his] hands.
•彼は手にボールを持っている
He has a ball in his hand(s). → hand と単数にすれば「片手に」, hands なら「両手で」
•彼女は両手にいっぱい花をかかえていた
She was holding a lot of flowers in her arms.
•彼女は子供の手を引いて歩いていた
She was leading a child by the hand.
掲示 手を触(ふ)れるな Hands off.
•(イヌなどに)お手！ Shake!
❷ (援助の手) a **hand**; (助け) **help**
•…に手を貸す give [lend] ~ a hand
•手を借りる ask for help
•手が足りない be short of hands
•手があいている be free / be available / have nothing to do
•おそれ入りますがスミスさんは今あなたにお会いで

きません. 彼は今手が離せませんので
I'm afraid Mr. Smith can't see you; he is engaged just now.
❸(その他)
・(トランプの)手がよい[悪い] have a good [bad] hand
・手も足も出ない be helpless
・手に負えない be beyond *one's* control
・手を抜く save (a lot of) labor / ひゆ cut corners (道筋にそって曲がらずに斜めに突っ切る)
・…に手を出す (関係する) have a hand in ~ / (口出しする) poke *one's* nose into ~
・手を引く back out (of ~)
・それは2千円で手に入ります
It is available for ¥2,000.
・彼は自分の手に余るような事をしようとした
He made an attempt to do what was beyond his power. /
ひゆ He bit off more than he could chew. (自分が咀嚼(そしゃく)できる以上のものをかみ取った)

で¹ 出
・彼はW大学の出だ
He is a graduate of W University.
・水の出が悪い The water flow is poor.

で² …で
❶(場所) **at**, **in**
❷(手段・道具) **by**, **with**, **in**, **on**
❸(時間) **in**; **by**; **within**

❶(場所) **at**, **in**
・駅で…に会う meet ~ at the station
・デパートで…を買う buy ~ at a department store
・試験でよい点を取る get good marks in a test
・私は北海道で生まれた
I was born in Hokkaido.
・私はそれをニューヨークのデパートで買いました
I bought it at a department store in New York. ➔ 地理的な場所の場合, in は「広い場所」, at は「せまい場所あるいは特定の場所」
・ここで[そこで]私を待っていなさい
Wait for me here [there]. ➔ here, there は副詞(ここで, そこで)で, すでにその中に「…で」をふくんでいるから ✗ *in* [*at*] here [there] などとしない
・外で遊ぼうよ Let's play outside.
❷(手段・道具) **by**, **with**, **in**, **on**
・郵便[手紙]で by mail [letter]
・バス[自転車]で学校に行く go to school by bus [bicycle]
・鉛筆(えんぴつ)で書く write with a pencil
・水彩で描く paint in watercolors
・英語で話す speak in English
・電話で話す talk on the telephone
・テレビ[ラジオ]で on TV [the radio]
・ギターで…をひく play ~ on the guitar
❸(時間) (…たてば) **in**; (…までには) **by**; (…以内に) **within** /ウィずィン/
・1週間で帰って来る come back in a week
・午前で終わる be over by noon
・1時間で宿題をする do *one's* homework within an hour
❹(原因・理由) **of**, **from**, **with**, **because of**
・がん[老齢(ろうれい), 飢(う)え]で死ぬ
die of cancer [old age, hunger]
・過労で死ぬ die from hard work ➔ 直接的な死因を示す時は of を, 間接的な死因を示す時は from を使うとされるが実際にはそれほど厳密(げんみつ)に区別されていない
・かぜで学校を休む be absent from school with a cold
・試合は雨で延期された
The game was put off because of rain.
❺(材料) (**out**) **of**, **from** ➔ つくる ❶
・材木で家を建てる build a house out of wood
・ブドウでワインを作る make wine from grapes
❻(年齢(ねんれい)・価格・速度・割合) **at**, **for**, **by**
・27歳で結婚する get married at twenty-seven
・それを千円で買う buy it for 1,000 yen
・1ダース300円で卵を売る sell eggs at 300 yen a dozen ➔ 「…につき…円で」の時の「で」には at を使い, 単に金額だけの時は sell eggs for 300 yen のように for を使う
・時速40キロで走る go (at) 40 km an hour
・重量で売る sell by weight

であい 出会い a **meeting** /ミーティング/
・旅行しているといろいろな人とのたくさんの楽しい出会いがある
We have a lot of happy meetings with various people while we are traveling.

であう 出会う **meet** /ミート/; (偶然に) **meet with**, **come across** /アクロース/, **run into**
・私は郵便局の近くで彼に出会った
I met him near the post office.
・私は空港で昔の友人に出会った
I came across [ran into] an old friend of mine at the airport.

てあし 手足 **hands and feet** /ハンツ ふィート/, **hand and foot** /ふト/, **the limbs** /リムズ/

であし 出足 (スタート) a **start** /スタート/; (選挙などの) a **turnout** /タ～ナウト/

てあたりしだい 368 three hundred and sixty-eight

・そのサッカー選手は今シーズンの出足が好調だった
The soccer player made a good start this season.
・選挙の出足はよかった[悪かった]
There was a good [bad] turnout at the polls.

てあたりしだい 手当たりしだい **at random** /ランダム/
・手当たりしだいに本を読む read at random

てあて 手当て (治療(ちりょう)) (a) **treatment** /トリートメント/
手当てをする treat, give treatment (to ～)
・…の手当てをしてもらう receive treatment for ～ / have [get] ～ treated
・その負傷者は病院で手当てを受けた The injured person was treated at the hospital.
・このけがはすぐ手当てをしてもらわなければいけない You should have this injury treated at once.

てあみ 手編み **hand knitting** /ハンド ニティング/

である →です

ていあん 提案 a **proposal** /プロポウザる/, a **suggestion** /サヂェスチョン/
提案する propose /プロポウズ/, **make a proposal**, **suggest** /サヂェスト/, **make a suggestion**
・新しい計画を提案する propose a new plan
・何か提案がありますか
Do you have any suggestions?

ティーシャツ a **T-shirt** /ティー シャ〜ト/

ディーゼル ディーゼル機関 a **diesel engine** /ディーズる エンヂン/

ディーブイディー a **DVD** → digital versatile disk (デジタル多用途ディスク)の略

ディープラーニング (IT) (深層学習) **deep learning** /ディープ らーニング/

ていいん 定員 (募集などの) **the limit** (for applicants) /リミト アプリカンツ/; (座席数) **the seating capacity** /スィーティング カパスィティ/; (乗り物の) **the passenger capacity** /パセンヂャ/
・定員に達する reach the limit
・定員を超過する exceed the limit [the seating capacity, the passenger capacity]; (乗り物が) be overloaded
・この会館の定員は何人でしょうか
What is the seating capacity of this hall?

ティーンエージャー a **teen-ager** /ティーネイヂャ/

ていえん 庭園 a **garden** /ガードン/; a **park** /パーク/

ていか[1] 低下 a **fall** /ふォーる/, a **drop** /ドラプ/

低下する **fall**, **drop**
・気温の低下 a fall [a drop] in temperature
・生徒の学力が低下しているといわれている
It is said the scholastic aptitude of students has fallen [dropped].

ていか[2] 定価 a (**fixed**) **price** /(ふィクスト) プライス/, a **list price** /リスト/, a **regular price** /レギュら/
・定価表 a price list
・この値段は定価の40パーセント引きです
This price is 40% off the regular price.

ていき 定期の **regular** /レギュら/
・定期的に regularly
・定期考査 a regular examination
・定期検診 a regular checkup

ていぎ 定義 a **definition** /デふィニション/
定義する define /ディふァイン/

ていきあつ 低気圧 **low atmospheric pressure** /ろウ アトモスふェリク プレシャ/

ていきけん 定期券 (米) a **commutation ticket** /カミュテイション ティケト/, a **commuter's ticket** /コミュータズ/, (英) a **season ticket** /スィーズン/
・電車[バス, 地下鉄]定期券 a train [a bus, a subway] pass
・定期券使用者 (米) a commuter / (英) a season-ticket holder
・この定期券はもう切れている[8月20日まで使える]
This commuter's [season] ticket is no longer valid [is valid until August 20].

ていきゅうび 定休日 a **regular holiday** /レギュら ハリデイ/
・この辺の商店は毎週火曜が定休日です
The stores in this neighborhood have a regular holiday on Tuesdays.

ていきょう 提供 an **offer** /オーふァ/
提供する offer

テイクアウト a **takeout** /テイカウト/

ディクテーション dictation → かきとり
・ディクテーションをする[がある] give [have] dictation

デイケア day care, daycare /デイ ケア/
・彼は息子をデイケアから引き取った He picked up his son from day care. → 日本語と異なり老人以外を預かるサービスもさす
・デイケアセンター(託児所; 介護施設) a day(-)care center

ていこう 抵抗 **resistance** /リズィスタンス/
抵抗する resist /リズィスト/, **make (a) resistance**, **put up (a) resistance**

・敵の攻撃に強く抵抗する make [put up] a strong resistance to the enemy attack

ていこく¹ 定刻 **the appointed time** /アポインテド/
・定刻に at the appointed time; (予定の時間どおりに) on schedule / on time

ていこく² 帝国 an **empire** /エンパイア/
・帝国主義 imperialism

ていさい 体裁 **appearance** /アピアランス/
・体裁を気にする keep up appearances

ていし 停止 a **stop** /スタプ/; (中止) **suspension** /サスペンション/
停止する **stop**; **suspend** /サスペンド/
・停止信号 a stop sign
・…の販売を停止する stop selling ~

ていじ 定時 =ていこく¹
・定時制高校 a night high school

ていしゃ 停車 a **stop** /スタプ/
停車する **stop**
・停車場 a railroad [《英》 railway] station
・各駅停車の列車 a local (train)
・その列車はこの駅には停車しません
The train does not stop at this station.
・次の停車は立川です
The next stop is Tachikawa.

ていしゅつ 提出する (正式に) **present** /プリゼント/, **submit** /サブミト/, 《話》 **hand** [**turn**] **in** /(タ～ン)/ → だす ❸
・みんなレポートを提出しましたか
Have you all handed [turned] in your papers?

ていしょく 定食 a **set meal** [**menu**] /セト ミール [メニュー]/, a **combo** /カームボウ/
・きょうの定食は何ですか
What's today's lunch set?

ディスカウント a **discount** /ディスカウント/
・ディスカウントショップ a discount store [shop]

ディスカッション (a) **discussion** /ディスカション/
・(…について)ディスカッションをする discuss ~ / have a discussion about ~

ディスクジョッキー a **disk jockey** /ディスク ヂャキ/

ディスコ a **discotheque** /ディスコテク/, 《話》 a **disco** /ディスコウ/

ディズニーランド Disneyland /ディズニらンド/

ディスプレー a (**video, computer**) **display** [**monitor**] /ディスプれイ/

ていせい 訂正 **correction** /コレクション/

訂正する correct /コレクト/
・誤りを訂正する correct errors

ていせん 停戦 a **cease-fire** /スィース ふァイアr/; a **truce** /トルース/

ていたく 邸宅 a **residence** /レズィデンス/, a **mansion** /マンション/

ティッシュペーパー a **tissue** /ティシュー/ → 鼻をかんだり手をふいたりするものには paper をつけない; tissue paper は美術品などを含む「薄葉紙(うすようし)」

ていでん 停電 a **power failure** /パウア ふェイリャ/, a **power cut** /カト/
・昨夜は台風で6時間停電した The electricity went off [There was a power failure] for six hours last night because of the typhoon.

ていど 程度
❶ (度合) **degree** /ディグリー/; (範囲) **extent** /イクステント/
・ある程度まで(は) to some extent
・それは程度問題です It's a matter of degree.
・どの程度君はこの件に関係しているのですか
To what degree are you involved in this matter?
・被害の程度は不明です
The extent of the damage is unknown.
❷ (標準) **standard** /スタンダド/; (等級) a **grade** /グレイド/
・この国の生活程度は高い[低い]
The standard of living is high [low] in this country.

ディナー a **dinner** /ディナ/

ていねい 丁寧な (礼儀(れいぎ)正しい) **polite** /ポらイト/; (念入りな) **careful** /ケアふる/
丁寧に **politely**; **carefully, with care**
・彼らは私にとても丁寧でした
They were very polite to me.
・この本は丁寧に扱ってください
Handle this book carefully [with care].

ていねん 定年 **the age limit** /エイヂ リミト/
・定年で退職する retire (at the age limit)

ていはく 停泊する **come to anchor** /アンカr/
・数隻の船が沖に停泊している
Several ships are lying at anchor off the shore.

デイパック a **daypack** /デイパク/

ディベート a **debate** /ディベイト/

ていへん 底辺 **the base** /ベイス/

ていぼう 堤防 an **embankment** /インバンクメント/, a **bank** /バンク/

ていぼく 低木 a **shrub** /シュラブ/; (低木のしげみ)

ていり 370 three hundred and seventy

a **bush** /ブシュ/

ていり 定理 a **theorem** /**すィ**オレム/

でいり 出入りする **go in and out**
・出入口（戸口）a doorway／（門口）a gateway

ていりゅうじょ 停留所 a **stop** /スタプ/
・バスの停留所 a bus stop
・次の停留所 the next stop

ていれ 手入れをする（修繕(しゅうぜん)する）**repair** /リ**ペ**ア/, **mend** /メンド/;（木・花・髪などを）**trim** /ト**リ**ム/

手入れのよい well-kept /**ウェ**る **ケ**プト/, **in good repair**
・手入れの行き届いた庭 a well-kept garden
・スキーはよく手入れをしておかなければなりません
Skis must be kept in good repair.

ディレクター a **director** /ディ**レ**クタ/
データ data /**デ**イタ/
データベース a **database** /**デ**イタベイス/
デート a **date** /**デ**イト/
・…とデートする have a date with ～
テープ a **tape** /**テ**イプ/;（投げる紙テープ）a (**pa**-per) **streamer** /（**ペ**イパ）**スト**リーマ/

テーブル a **table** /**テ**イブる/
・テーブルクロス a tablecloth
・テーブルにつく sit at the table

テープレコーダー a **tape recorder** /**テ**イプ リ**コ**ーダ/
・テープレコーダーで音楽を録音する tape［tape-record］music

テーマ a **theme** /**すィ**ーム/, a **subject** /**サ**ブヂェクト/ ⤴ theme は「テーマ」と発音しないこと
・私たちの作文のテーマは「私の夢」だ
The theme［The subject］for our composition is "My Dream."

テーマソング a **theme song** /**すィ**ーム/
テーマパーク a **theme park**, an **amusement park**

ておくれ 手遅れになる **be too late** /**れ**イト/;（患者(かんじゃ)などが）**be beyond cure** /ビ**ヤ**ンド **キュ**ア/, **be beyond hope** /**ホ**ウプ/
・手遅れにならないうちに before it is too late
・彼はもう手遅れだ
He is already beyond cure［hope］.

てがかり 手がかり（事件の）a **clue** /ク**る**ー/;（犯人などの）a **trail** /ト**レ**イる/, a **track** /ト**ラ**ク/

でかける 出かける（外へ）**go out**;（出発する）**leave** /**リ**ーヴ/, **start**
出かけている be out
・散歩に出かける go out for a walk
・旅行に出かける go on a journey

・父は用事で出かけています
Father is out on business.
・母は買い物に出かけています
Mother is out shopping.
・私はあす北海道へ出かける予定です
I am going to leave for Hokkaido tomorrow.

てかげん 手加減する
・彼は手加減しないでずばずば物を言う
ひゆ He pulls no punches and minces no words.（打つ手を引っ込めないで）

てかてか てかてかしている **shiny** /**シャ**イニ/, **glistening** /グ**リ**スニング/

でかでか でかでかと（大きな文字で）**in huge let**-ters /**ヒュ**ーヂ/;（大々的に）**in a big way** /**ウェ**イ/;（目立つように）**conspicuously** /コンス**ピ**キュアスり/

てがみ 手紙

➤ a **letter**
・手紙で by letter
・…に手紙を書く write to ～／write a letter to ～
・手紙を出す mail［《英》post］a letter
・6月2日付の彼の手紙を受け取る receive his letter dated［of］June 2
・彼女の手紙に返事を書く answer her letter
・彼は毎週家族に手紙を書いている
He writes（a letter）to his family every week.

てがら 手柄（功績）**credit** /ク**レ**ディト/;（偉業(いぎょう)）a **great achievement** /グ**レ**イト ア**チ**ーヴメント/, a **feat** /**ふィ**ート/
・それは彼の手柄だ
The credit rests with him［goes to him］.

てがる 手軽な（簡単な）**simple** /**スィ**ンプる/;（容易な）**easy** /**イ**ーズィ/
手軽に simply; **easily**
・手軽な食事 a simple meal

てき¹ 敵 an **enemy** /**エ**ネミ/;（競争相手）a **rival** /**ラ**イヴァる/
・暴力は民主政治の敵である
Violence is the enemy of democracy.

てき² …滴 a **drop** /ド**ラ**プ/
・2～3滴の水 a few drops of water

できあがる 出来上がる ➔ かんせい¹（➔ 完成する）

てきい 敵意 **hostility** /ハ**スティ**リティ/
敵意のある hostile /**ハ**ストる/
・…に対して敵意を持つ have a hostile feeling against ～

てきおう 適応する **adapt**（*one*self）/ア**ダ**プト/
・彼は新しい境遇に適応するのに少し時間がかかった

It took him some time to adapt (himself) to the new circumstances.

できごと 出来事 an **occurrence** /オカ〜レンス/; (偶然の) a **happening** /ハプニンぐ/; (重大な) an **event** /イヴェント/
- 本年のおもな出来事　the chief events of the year
- きのうの出来事を話してください

Tell me what happened yesterday.

てきざい 適材適所　the **right person in the right place** /ライト パ〜スン プれイス/
できし 溺死する　**drown** /ドラウン/ → おぼれる
テキスト (教科書) a **textbook** /テクストブク/
てきする 適する (目的にかなう) **suit** /スート/; (ぴったり合う) **be fit** (for 〜) → てきとう
- 適さない　unsuitable / unfit
- 彼はその地位に適さない

He is not fit [is unfit] for the post.

てきせい 適性　(an) **aptitude** /アプティテュード/
- …に対する適性がある　have an aptitude for 〜
- 適性検査　an aptitude test

てきせつ 適切な (ふさわしい) **fitting** /ふィティング/, **suitable** /スータブる/; (正しい) **proper** /プラパ/

できたて 出来たての (新しい) **new**, **fresh** /ふレシュ/; (料理などが) **hot from the oven** /アヴン/

てきど 適度の　**moderate** /マデレト/
てきとう 適当な (ふさわしい) **suitable** /スータブる/; (適度の) **moderate** /マデレト/; (いいかげんな) **random** /ランダム/

てきぱき てきぱきと (さっさと) **promptly** /プランプトり/; (能率的に) **efficiently** /イふィシェントり/; (はっきりと要領よく) **clearly and to the point** /クリアり ポイント/

てきよう 適用　**application** /アプりケイション/ 適用する　**apply** /アプらイ/
- 適用できる　applicable
- この規則はそういう場合には適用できない

You cannot apply this rule to such cases.

できる

❶ (…する能力がある) **can** *do*, **be able to** *do*; (可能である) **be possible**
❷ (上手である) **be good**
❸ (作物などが) **grow**

❶ (…する能力がある) **can** *do*, **be able to** *do* /エイブる/; (可能である) **be possible** /パスィブる/
- できるだけ…　as 〜 as possible [as *one* can]
- できたら　if possible
- 彼は英語を読むことも書くこともできる

He can read and write English.
- 君はこれ以上高く飛ぶことができないのか

Can't you jump higher than this?
- 君は今年はあまりうまく泳ぐことができなかったが来年はもっとよくできます

You could not swim very well this year, but you will be able to do better next year.
- 彼ならその仕事ができる

It is possible for him to do the job. → × *He is possible* to do the job. としない
- あしたの朝はできるだけ早く起きなさい

Get up as early as possible [as you can] tomorrow morning.
- 私はできるだけ速く走った

I ran as fast as I could.
- できたら明日うかがいたいのですが

I would like to visit you tomorrow, if possible.
- 私にできる事は何でもします

I will do everything in my power.

❷ (上手である) **be good**
- 陽子はスケートはできないけど数学はクラスで一番です　Yoko is not good at skating, but she is best in math in our class.

❸ (作物などが) **grow** /グロウ/
- 綿は日本ではよくできない

Cotton does not grow well in Japan.
- 甘い物を食べすぎるとにきびができる

Too many sweets causes pimples.

❹ (その他)
- …することはとてもできない　there is no *do*ing
- 仕事は半分しかできていない

The work is only half done.
- 小さな赤ちゃんはひとりでは何もできない

A little baby is helpless.

てぎわ 手際のよい　→ じょうず
でぐち 出口　an **exit** /エグズィト/, a **way out** /ウェイ/
テクニック (a) **technique** /テクニーク/
てくび 手首　a **wrist** /リスト/
てこ a **lever** /れヴァ/
でこぼこ でこぼこの (平らでない) **uneven** /アニーヴン/; (でこぼこの多い) **rough** /ラふ/; (車ががたがたするような) **bumpy** /バンピ/
デコレーション (a) **decoration** /デコレイション/
- デコレーションケーキ　a fancy cake →「デコレーションケーキ」は和製英語

てごろ 手ごろな (便利な) **handy** /ハンディ/; (適している) **suitable** /スータブる/; (値段が) **reasona-**

てごわい 372 three hundred and seventy-two

・**ble** /リーズナブる/
・手ごろな英語辞書 a handy English dictionary
てごわい 手ごわい **strong** /ストローング/, **tough** /タふ/
テコンドー taekwondo /タイクワンドウ/
デザート (a) **dessert** /ディザ〜ト/
デザイナー a **designer** /ディザイナ/
デザイン a **design** /ディザイン/
　デザインする design
・デザイン学校 a school of design
てさぐり 手探りする **grope** /グロウプ/
・暗やみであちこち手探りする grope about in the dark
・手探りで…を捜す grope for 〜
てさげ 手さげ(袋) a **handbag** /ハンドバッグ/; (買い物袋) a **shopping bag** /シャピング/
てざわり 手ざわり **feel** /ふィーる/, **touch** /タチ/
・手ざわりがよい[悪い] feel good [bad]
でし 弟子 a **pupil** /ピューピる/, a **disciple** /ディサイプる/

でした …でした

➤ (主語が一人称単数・三人称単数の場合) **was 〜**; (主語が一人称複数・二人称・三人称複数の場合) **were 〜** /ワ〜/ → です

基本形
彼は先生でした
　He was a teacher.
彼は先生でしたか
　Was he a teacher?
彼は先生ではありませんでした
　He was not [wasn't] a teacher.
彼は先生ではなかったのですか
　Wasn't he a teacher?

・私は[君は, 彼は, 私たちは]幸せでした
I was [You were, He was, We were] happy.
・私は[私たちは]そのころは学生でした
I was a student [We were students] then.
　会話 あなたは[あなたがたは]彼に親切でしたか. ―いいえ, 親切ではありませんでした
Were you kind to him? ―No, I was [we were] not.
デジタル digital /ディヂトる/
・デジタル時計 a digital watch
てじな 手品 **magic** /マヂク/, a (**conjuring**) **trick** /(カンヂャリング)トリク/
・手品をする conjure
・手品師 a magician / a conjurer
でしゃばり でしゃばりの **forward** /ふォーワド/, **brash** /ブラシュ/

・でしゃばり a busybody / a forward fellow
・そうでしゃばるな Don't be so forward.
てじゅん 手順 **procedure** /プラスィーヂャー/
・正しい手順に従う follow the correct procedure

でしょう …でしょう

❶ (未来) **will**
❷ (…だと思う) **I think 〜**

❶ (未来のことをいう時) **will** → I will, you will, he will などはしばしば I'll, you'll, he'll, また will not は won't と略す
・彼はすぐよくなるでしょう
He will [He'll] soon get well.
　会話 彼はあした来るでしょうか. ―いや, 来ないでしょう Will he come tomorrow? ―No, he will not [won't].
・私は決して君のことを忘れないでしょう
I will never forget you.
❷ (…だと私は思う) **I think 〜** /すィンク/, **I believe 〜** /ビリーヴ/; (きっと) **I'm sure 〜** /シュア/
・彼ならそれができるでしょう
I think [believe] he can do it.
・きっと彼が君に電話したんでしょう
I'm sure he called you.
❸ (念を押す意味で用いる時) → ね⁴

です …です

➤ **be 〜** → でした

文法・語法
「A は B です」は "A be B" となる. be は A と B とを結ぶ働きをする動詞で, 主語 A の種類によって **am, are, is** と変化するがどの場合も「A＝B」の意味になる. たとえば「空 (sky) は青い (blue)」のように「…です」に当たることばがない日本語の場合にも, 英語では The sky is blue. と be 動詞(この場合は is) を入れなくてはいけない. 逆に「君は何を注文したの?」「私はコーヒーです」のように,「…です」があっても「A＝B」でない時は ×**I am coffee.** としてはいけない (「私はコーヒーを注文した」I ordered coffee. とする). be は主語の種類によって次のように変化する

主　語	単　数	複　数
一人称	**am**	
二人称	**are**	**are**
三人称	**is**	

three hundred and seventy-three　373　てつだう

基本形

彼女は幸せです
　She is happy.
彼女は幸せですか
　Is she happy?
彼女は幸せではありません
　She is not［**isn't**］happy.
彼女は幸せではありませんか
　Isn't she happy?
彼女はそれ以来ずっと幸せです
　She has been happy since then.

•私は［君は, 彼は, 私たちは］幸せです
I am［You are, He is, We are］happy.
•私は［私たちは］学生です
I am a student［We are students］.
🗨**会話** あなたは［彼女は］中学生ですか. ―はい, そう
です　Are you［Is she］a junior high school
student?—Yes, I am［she is］.
•ビルはアメリカ人ではありません. カナダ人です
Bill is not［isn't］American. He is Canadian.
•彼はこの1週間ずっと病気です
He has been sick for a week.

てすう 手数(をかける) **trouble** /トラブる/
•お手数ですが帰りがけにこの手紙をポストに入れて
くれませんか
May I trouble you to mail this letter on your
way back?
•こんなに手数をおかけしてすみません
I am sorry to give［cause］you so much
trouble［to trouble you so much］.

デスクトップパソコン a **desktop computer**
/デスクタプ コンピュータ/

テスト a **test** /テスト/
•英語のテストを受ける［する］take［give］a test
in English
•テストでよい点を取る　get a high［good］score
on［in］a test
•テストに合格する　pass a test

てすり 手すり (階段・エスカレーターなどの) a
handrail /ハンドれイる/

てせい 手製の (家具など) **handmade** /ハンドメイ
ド/;(食べ物など) **homemade** /ホウムメイド/
•私の手製の本箱
a bookcase which I made myself / a hand-
made bookcase

てそう 手相 **the lines of the palm** /らインズ パ
ーム/
•手相を見る　read a person's palm

でたらめ nonsense /ナンセンス/
•彼の言うことは皆でたらめだ

What he says is all nonsense.
•でたらめ言うな　No nonsense!

てぢか 手近の **handy** /ハンディ/

てちょう 手帳 a **pocket notebook** /パケト ノウ
トブク/

てつ 鉄 **iron** /アイアン/
•鋼鉄　steel
•鋳鉄(ちゅうてつ) cast iron
•砂鉄　ironsand
•銑鉄(せんてつ) pig［crude］iron
•鉄鉱石　iron ore
•製鉄所　an iron foundry, a steel mill

てつがく 哲学 **philosophy** /ふぃらソふィ/
•哲学的な　philosophical
•哲学者　a philosopher

てっき 鉄器 **ironware** /アイアンウェア/
•鉄器時代　the Iron Age

デッキ (船の) a **deck** /デク/

てっきょ 撤去する (取り除く) **remove** /リムーヴ/;
(違法駐車の車を) **tow away**［**off**］/トウ アウェイ/
•駐車違反車撤去地区　a tow-away zone［area］

てっきょう 鉄橋 an **iron bridge** /アイアン ブリ
ヂ/;(鉄道の) a **railroad**［《英》**railway**］**bridge**
/レイるロウド［レイるウェイ］/

てっきん 鉄筋コンクリート **reinforced concrete**
/リーインふォースト カンクリート/

てづくり 手作りの → てせい

てっこう 鉄鋼 (**iron and**) **steel** /(アイアン) スティ
ーる/

てっこうじょ 鉄工所 an **ironworks** /アイアンワ
～クス/ (🄰 同形)

デッサン a **drawing** /ドローインぐ/, a **sketch** /ス
ケチ/ ➔「デッサン」はフランス語の dessin から

てつだい 手伝い **help**;(人) a **help** → てつだう
•お手伝いさん　a housekeeper
•この仕事をするには何人かの手伝いがいる
I need some help from a few people to do
this work.

てつだう 手伝う
➤ (手伝いをする) **help**

基本形

A (人・事)を手伝う
　help A
A (人)の B (事)を手伝う
　help A **with** B
A (人)が…するのを手伝う
　help A (**to**) **do** ➔《米》では to がない形が
　多く, 《英》では to がある形が多い
•母の手伝いをする　help one's mother

あ

か

さ

て

な

は

ま

や

ら

わ

てつづき

- 彼女の勉強を手伝う help her with her study
- 母が料理をするのを手伝う help one's mother (to) cook
- 私を手伝ってくれませんか
Will you help me?
- 彼は私の宿題を手伝ってくれました
He helped me with my homework.
- ちょっと来てこの机を動かすのを手伝ってくれ
(Just) Come and help me (to) move this desk.
- 私はよく母の家事を手伝わされる
My mother often makes me help her with housework. →「手伝わされる」と受け身形であるが，英文では「母が私に手伝わせる」というのがふつう
- 料理を手伝って (→手を貸して) くれませんか Can you lend me a hand with the cooking?
- 何かお手伝いできることがありますか
Is there anything I can do for you?
- ぼくはこの模型飛行機を作るのを父に手伝ってもらった (→父は私が模型飛行機を作るのを手伝ってくれた)
Father helped me (to) build this model plane. →「…に手伝ってもらう」は英文では「…が手伝ってくれる」と能動態で表現するのがふつう

てつづき 手続き (a) **procedure** /プロスィーチャ/；(形式的な) **formalities** /ふォーマリティズ/
- 入学の手続きをする follow the entrance procedure
- 通関の手続きをする go through the customs formalities

てってい 徹底的(な) **thorough** /さ～ロウ/
徹底的に thoroughly

てつどう 鉄道 《米》a **railroad** /レイるロウド/，《英》a **railway** /レイるウェイ/

デッドボール a **pitch which hits a batter** /ピチ/ (ホ)ウィチ バタ/ → pitch は「投球」；a dead ball はラインの外に出た「ゲーム停止のボール」
- デッドボールを食う be hit by a pitch

てっぺん **the top**
- 頭のてっぺんからつま先まで from head to foot

てつぼう 鉄棒 (体操の) a **horizontal bar** /ホーリザントる バー/
- 鉄棒をする exercise [perform] on a horizontal bar

てっぽう 鉄砲 a **gun** /ガン/；(ライフル銃) a **rifle** /ライふる/

てつや 徹夜する **stay up all night** /ステイ ナイト/
- 私は試験勉強でゆうべ徹夜しました
I stayed up all last night preparing for the examination.

テニス tennis /テニス/
- テニスをする play tennis
- 彼はテニスがうまい
He is a good tennis player. /
He plays tennis very well.

てにもつ 手荷物 《おもに米》**baggage** /バゲヂ/，《おもに英》**luggage** /らゲヂ/
- 手荷物1個 a piece of baggage [luggage]
- 手荷物預かり所 a cloakroom / 《米》a checkroom
- (空港の)手荷物受け取り所 baggage claim (area)

てぬぐい a **towel** /タウエる/

テノール tenor /テナ/
- テノール歌手 a tenor

てのひら a **palm** /パーム/

では (さて) **well, now** /ナウ/；(それなら) **then** /ぜン/
- ではそろそろ失礼します
Well, I'll be going now.
- では私にどうしろというのですか
Well then, what do you want me to do?

デパート a **department store** /ディパートメントストー/
- デパートで買い物をする shop at a department store

てばなす 手放す **part with ～**；(処分する) **dispose** (of ～) /ディスポウズ/

てびき 手引き(書) a **guide** /ガイド/, a **manual** /マニュアる/

デビュー a **debut** /デイビュー/
- デビューする make one's debut

てびょうし 手拍子を打つ **beat time with the hands** /ビート ハンツ/

でぶ (太った) **fat** /ふァト/

てぶくろ 手袋 (1組) (a pair of) **gloves** /(ペア) グらヴズ/
- 手袋をはめる[はめている] pull on [wear] one's gloves
- 手袋を脱(ぬ)ぐ take off one's gloves
- 手袋をはめたままで with gloves on

てぶら 手ぶらで (何も手に持たないで) **with empty hands** /エンプティ ハンツ/；(みやげを持たないで) **without taking any present** /ウィずウト テイキンぐ プレズント/

デフレ(ーション) **deflation** /ディふれイション/

てほん 手本 an **example** /イグザンプる/
- 彼は私たちによいお手本を示した
He gave us a good example.
- 私は君を手本にしよう
I'll follow your example.

てま 手間（時間）**time**; （労力）**labor** /レイバ/, **trouble** /トラブる/
- 手間どる take (much) time
- お手間はとらせません
I'll not take (up) much of your time.

デマ **a false rumor** /ふォーらス ルーマ/ →「デマ」はドイツ語の Demagogie から

でまかせ でまかせを言う **talk at random** /トーク ランダム/
- でまかせの答えを言う make a random answer

てまねき 手招きする **beckon** /ベコン/
- 彼は私に近くへ来いと手招きした
He beckoned me to come near.

でむかえる 出迎える **meet** /ミート/
- 彼は私を駅まで出迎えてくれた
He met me at the station.
- 私たちは空港でスミス氏の出迎えを受けた。 →受け身形
We were met by Mr. Smith at the airport.

でも¹ （しかし）**but**

でも² …でも、…ても
❶ （さえ）**even** /イーヴン/; （どんな）**any** /エニ/
- それは（どんな）子供にでもできる
Even a child [Any child] can do it.
- だれにでもそのちがいはわかります
Anyone will notice the difference.
❷ （たとえ）**even if** /イふ/, **even though** /ぞウ/, **whether ～ or ～** /(ホ)ウェざ/
- たとえ彼が金持ちでもそれは買わないだろう
Even if he were rich, he would not buy it.
- 好きでもきらいでも君はそれをしなければならない
You must do it whether you like it or not.
- 雨が降っても君は行くの?
Are you going even if it rains?

デモ **a demonstration** /デモンストレイション/
- デモをする hold a demonstration

デモクラシー **democracy** /ディマクラスィ/

てもと 手元に **at hand**
- 手元に現金がない have no cash at hand

デュエット **a duet** /デューエト/
デュエットする **duet** (with ～)

てら 寺 **a (Buddhist) temple** /(ブディスト) テンプる/

てらす 照らす **light** (**up**) /ライト/; （輝く）**shine** /シャイン/
- 街灯で通りが明るく照らされている
The streets are well lit (up) by street lamps.
- 月が湖を一面に照らしていた
The moon was shining over the lake.

テラス **a terrace** /テラス/

デラックスな **deluxe** /ダらクス/ →ごうか

デリケートな **delicate** /デリケト/, **sensitive** /センスィティヴ/

てる 照る **shine** /シャイン/

でる 出る
❶ （外へ出る）**go out**
❷ （出発する）**leave, start**
❸ （現れる）**appear**

❶ （外へ出る）**go out, get out**
- ベルが鳴ると同時にみんな教室から出た
Everybody went out of the classroom as soon as the bell rang.
- 彼は散歩に出た
He went out for a walk.
- とっととここから出て行け!
Get out of here!
- 私は彼に出て行けと言った
I showed him the door. (戸口を示した)
ことわざ 出る杭（くい）は打たれる
Envy is the companion of honor. (嫉妬(しっと)は名誉に付き物だ)

❷ （出発する）**leave, start, set out**
- 旅に出る set out on a journey
- 君は朝何時に家を出ますか What time do you leave home in the morning?
- 駅に着いたら列車はもう出たあとだった
The train had already left when I arrived at the station. → had left は過去完了

go out

appear

attend

テレビ　376　three hundred and seventy-six

❸ (現れる) **appear** /アピア/, **come out**
・彼女はドアのうしろから出て来た
She appeared ［came out］ from behind the door.
・あの俳優はよくテレビに出る
That actor often appears on TV.
❹ (出席する) **attend** /アテンド/, **be present at** /プレズント/
・4時間めの英語の授業に出る　attend English in the fourth period
・彼女はその会合に出ていたよ
She was present at the meeting.
❺ (参加する) **take part** (in ～) /パート/, **participate** (in ～) /パーティスィペイト/
・100メートル競走に出る　take part ［participate］ in a hundred-meter dash
❻ (卒業する) **graduate** /グラデュエイト/
・私の父は A 大学を出ました
My father graduated from A University.
・私の兄は C 大学の法学部を出ました
My brother graduated in law at C University.
❼ (その他)
・(人が訪ねて来たので)玄関へ出る　answer the door
・電話に出る　answer a telephone
・このことばはどんな辞書にも出ています
We can find this word in any dictionary.

テレビ

➤ **television** /テレヴィジョン/, 《略》**TV** /ティーヴィー/; (受信機) **a TV set**

・テレビ局　a TV station
・テレビタレント　a TV personality
・テレビゲーム　a video game
・テレビで放送する　televise
・テレビをつける［消す］　turn on ［off］ the television
・テレビを見る　watch television
・テレビでニュースを聞く　hear news over the TV
・テレビで野球の試合を見る　watch a baseball game on television
・私の姉はテレビでフランス語を勉強します
My sister studies French on television.

てれる (恥(は)ずかしがる) **be shy** (about ～) /シャイ/; (間の悪い思いをする) **feel awkward** /ふィーるオークワド/; (どぎまぎする) **be embarrassed** /インバラスト/
・てれや　the bashful type

・てれ隠しに　to hide one's embarrassment
・ぼくはとてもてれてしまった
I was very embarrassed.

テレワーク work from home, telecommuting /テれコミューティング/, **telework** /テれワーク/ ➔
仕事場に行かずに自宅などで働くこと
テロリスト a **terrorist** /テロリスト/
テロ(リズム) **terrorism** /テロリズム/
てわたす 手渡す **hand**
・この手紙を彼に手渡してください
Hand this letter to him, please.
てん¹ 天　the **heavens** /ヘヴンズ/; (空) **the sky** /スカイ/
・天地　heaven and earth

てん² 点

❶ (印) a **dot**; (場所・目盛りなど) a **point** ➔ かんてん
❷ (評点) a **grade, a mark**

❶ (印) a **dot** /ダト/; (場所・目盛りなど) a **point** /ポイント/
・点を打つ　put a dot / dot ➔ dot はふつう「数個の点を打つ」こと
・君はその点が間違っている
You are wrong about ［on］ that point.
❷ (評点) a **grade** /グレイド/, a **mark**; (点数) **points** /ポインツ/
・点をつける(採点する)　grade / mark
・英語の試験で80点を取る　get ［score］ 80 points in the English test
・竹田がクラスで理科の最高点を取った
Takeda got ［scored］ the highest marks for science in the class.
❸ (競技の) a **score** /スコー/; (野球の) a **run**
でんあつ 電圧 **voltage** /ヴォうテヂ/
てんいん 店員 a **clerk** /クラーク/, a **salesclerk** /セイるズクラーク/, a **shop assistant** /アスィスタント/
でんえん 田園　(田舎) **the country** /カントリ/; (田園地方) **the countryside** /カントリサイド/
・田園の　rural
・田園都市　a rural ［garden］ city
でんか¹ 殿下 **His Highness** /ハイネス/ ➔ 直接呼びかける時は Your Highness となる
でんか² 電化 **electrification** /イれクトリふィケイション/
　電化する electrify /イれクトリふァイ/
てんかぶつ 添加物 an **additive** /アディティヴ/
・食品添加物　food additives
・添加物のない　additive-free

three hundred and seventy-seven　377　でんごん

てんき　天気

てんかん 転換（変化）(a) **change** /チェインヂ/
•転換点 a turning point / **ひゆ** a watershed
→watershed は「分水嶺（ぶんすいれい）」; 雨や水の流れる方向を分ける山脈であることから,「転換点・分岐点」の意味

てんき　天気

➤ **weather** /ウェざ/
•よい天気 fine［good］weather
•悪い天気 bad weather
•天気予報 a weather forecast［report］
•天気図 a weather map［chart］
•天気さえよければ if it is fine / if (the) weather permits
•きょうはいい天気ですね
It's a lovely day today, isn't it?
•午後はよい天気になってほしい
I hope it will turn out fine in the afternoon.
•パリでは天気はどうでしたか
How was the weather in Paris? /
What was the weather like in Paris?
•午後から天気はくずれるでしょう
The weather will change for the worse in the afternoon.
•きょうの天気予報は「くもり, 時々雨」です
The weather forecast for today is "Cloudy with occasional rain."
•天気予報が当たった
The weather forecast was right［came true］.

でんき¹ 伝記 a **biography** /バイアグラふィ/, a **life** /らイふ/
•リンカーンの伝記 a life of Lincoln

でんき²　電気

➤ (エネルギーとしての) **electricity** /イれクトリスィティ/
➤ (電灯) an **electric lamp** /イれクトリク らンプ/, an **electric light** /らイト/
•電気の electric
•電気ストーブ an electric heater
•電気毛布 an electric blanket
•電気器具 electrical appliances
•電気スタンド（机に置く）a desk lamp /（床の上に置く）a floor lamp
•電気をつける［消す］turn on［off］the light
•電気自動車 an electric car［vehicle］
•電気分解《理科》electrolysis
•電気を通す conductive

テンキー《IT》a **numeric keypad** /ニュメリク キーパド/, a **number pad**

テンキーパッド →テンキー

でんきさく 電気柵 an **electric fence** /イれクトリク ふェンス/

でんきゅう 電球 an **electric bulb** /イれクトリク バるブ/
•電球が切れた
The (electric) bulb burned out.

てんきょ 転居 **removal** /リムーヴァる/, a **change of address** /チェインヂ アドレス/
転居する move /ムーヴ/, **remove** /リムーヴ/
•転居の通知を出す give notice of one's change of address

てんきん 転勤 **transfer** /トランスふァ〜/
転勤する be transferred to another office /トランスふァ〜ド アナざ オーふィス/

てんぐ 天狗 **tengu, a long-nosed goblin** /ろーンぐ ノウズド ガブリン/

でんぐりがえる でんぐり返る（前転する）**do a somersault** /サマソーるト/;（ひっくり返る）**turn over** /タ〜ン/, **go head over heels** /ヘド ヒーるズ/

てんけい 典型的な **typical** /ティピカる/
•典型的な例 a typical example

てんけん 点検 a **check** /チェク/, (an) **inspection** /インスペクション/ →けんさ, ちょうさ
点検する check, inspect /インスペクト/

でんげん 電源（コンセント）an **outlet** /アウトれト/ →コンセント
•電源を切る shut off the power

てんこ 点呼する **call the roll** /コーる ロウる/

てんこう¹ 天候 →てんき

てんこう² 転校する **change** one's **school** /チェインヂ/, **transfer (to another school)** /トランスふァ〜/
•彼は公立校から私立校へ転校した
He transferred from a public school to a private school.
•彼らは転校生のトムに親切にしてあげている
They are kind to Tom, who has transferred to their school.

でんこう 電光 **electric light** /イれクトリク らイト/;（いなずま）**lightning** /らイトニング/
•電光石火の速さで with lightning speed
•電光掲示板 an electric sign board

てんごく 天国 **heaven** /ヘヴン/

でんごん 伝言 a **message** /メセヂ/
伝言する give a **message**
•伝言を頼んで行く leave a message
•何か(彼に)伝言がございますか
Would you like to leave (him) a message?

てんさい¹ 天才（才能）**genius** /チーニアス/; (人) a **genius**, a **prodigy** /プラディヂ/
- 音楽の天才　a musical genius [prodigy]

てんさい² 天災　**a natural disaster** /ナチュラる ディザスタ/
- 天災は忘れたころにやって来る　Natural disasters strike when we least expect them.

てんし 天使　an **angel** /エインヂェる/

てんじ¹ 点字　**braille** /ブレイる/
- 点字の本　a book in braille
- 点字を読む　read braille

てんじ² 展示　**exhibition** /エクスィビション/ → ちんれつ
　展示する　exhibit /イグズィビト/
- 展示会　an exhibition
- 展示会を開く　hold an exhibition

でんし 電子　an **electron** /イれクトラン/
- 電子の　electronic
- 電子黒板　a digital (interactive) whiteboard
- 教室には電子黒板がある　There is a digital whiteboard in the classroom.
- 電子ブック　an electronic book, an e-book
- 電子メール　an email
- 電子顕微(けんび)鏡　an electron microscope
- 電子工学　electronics
- 電子レンジ　a microwave (oven)

> **カタカナ語！　電子レンジ**
> 日本では調理されている食物を温める器具を「電子レンジ」というが，英語の range は調理をするためのもので，温めるためのものではない。「電子レンジ」は **microwave oven** /マイクロウウェイヴ アヴン/, あるいは **microwave** だけでもよい。「電子レンジでチンする」という動詞も microwave.「それは電子レンジでチンしただけよ」は I just microwaved them.

てんじブロック 点字ブロック　**tactile paving** /タクタる ペイヴィング/　→「触って分かる舗装」の意

点字ブロックの一例

でんしゃ　電車

> a **train** /トレイン/
> (市街・路面電車) a **streetcar** /ストリートカー/, 《英》a **tram** /トラム/

- 電車に乗る[から降りる]　get on [off] a train
- 終電車に乗る[間に合う，乗りそこなう]　take [catch, miss] the last train
- 電車賃　a train fare / (市街電車の) a carfare
- 午後7時発成田行きの電車　the 7:00 p.m. train for Narita
- 次の停車駅で電車を降りよう
Let's get off the train at the next stop.

てんじょう 天井　a **ceiling** /スィーリング/

でんしん 電信　**telegraph** /テれグラふ/

でんせつ 伝説　a **legend** /れヂェンド/
　伝説上の，伝説的な　legendary /れヂェンデリ/, **in legend**
- 伝説で有名な人物　a character famous in legend
- この古池に恐ろしい竜がすんでいたという伝説がある　There is a legend that a terrible dragon lived in this old pond.

てんせん 点線　a **dotted line** /ダテド/

でんせん¹ 伝染 → かんせん²
　伝染させる　transmit /トランスミト/, **pass on**
- 伝染病　an infectious [a contagious] disease

でんせん² 電線　(an) **electric wire** /イれクトリク ワイア/

でんせん³ 伝線　(靴下の)《米》a **run**,《英》a **ladder** /らダ/

てんたい 天体　a **heavenly body** /ヘヴンり バディ/
- 天体望遠鏡　an astronomical telescope

でんたく 電卓　an **electronic calculator** /イれクトラニク キャるキュれイタ/; (ポケット型 a) **pocket calculator** /パケト/

でんち 電池　(ひとつの) **cell** /セる/; (組み合わせた) a **battery** /バテリ/
- この電池は切れている[いない]
This battery is dead [This is a live battery].

でんちゅう 電柱　a **utility pole** /ユーティリティ ポウる/; (電話線用の) a **telephone pole** /テれふォウン/

テント a **tent** /テント/
- テントを張る[たたむ]　pitch [strike] a tent

でんとう¹ 電灯　an **electric lamp** /イれクトリク/, an **electric light** /らイト/
- 電灯をつける[消す]　turn on [off] the light

でんとう² 伝統　**tradition** /トラディション/

three hundred and seventy-nine 379 でんわ

・伝統的な traditional

でんどう 伝道 **mission** /ミション/

でんどうアシストじてんしゃ 電動アシスト自転車 an **electric bike** /イれクトリク バイク/, an **electronically-assisted bicycle** /イれクトリカリ アスィテド/

テントウムシ 天道虫《虫》《米》a **ladybug** /れイ ディバグ/,《英》a **ladybird** /れイディバ～ド/

てんにゅう 転入する → てんこう²

でんねつき 電熱器 an **electric hot plate** /イれ クトリク ハト プれイト/

てんねん 天然 **nature** /ネイチャ/

・天然の natural

・天然記念物 a precious natural product

・天然資源 natural resources

てんのう 天皇 an **emperor** /エンペラ/

・天皇陛下 His Majesty the Emperor

・昭和天皇 (the) Emperor Showa

・天皇誕生日 the Emperor's Birthday

・天皇制 the Emperor system

・天皇杯 the Emperor's Trophy

てんのうせい 天王星 **Uranus** /ユアラナス/

でんぱ 電波 a **radio wave** /レイディオウ ウェイ ヴ/

でんぱじょうたい 電波状態 **signal strength** /ス ィグ ヌる ストレンぐす/

・スマートフォンの電波状態が悪い have bad reception [a bad connection]

てんびんざ 天秤座 **Libra** /リーブラ/, **the Scales** /スケイるズ/

・天秤座生まれの人 a Libra / a Libran

てんぷく 転覆する **be overturned** /オウヴァタ～ ンド/, **be upset** /アプセト/

てんぷら *tempura*, **deep-fried food** /ディープ ふ ライド ふード/

でんぷん starch /スターチ/

・でんぷん質の starchy

テンポ (a) **tempo** /テンポウ/

・速い[ゆっくりした]テンポで at a fast [slow] tempo

・テンポを速める up the tempo → up は動詞(高める)

てんぼう 展望(ながめ) **view** /ヴュー/; (見通し) an **outlook** /アウトるク/

・東京タワーの展望台 the observation floor of Tokyo Tower

・経済的展望は明るくない
The economic outlook is not bright.

でんぽう 電報 a **telegram** /テれグラム/, a **wire** /ワイア/

・電報で by telegram [wire]

・電報を打つ send a telegram / wire

・祝電 a telegram of congratulations

デンマーク Denmark /デンマーク/

・デンマーク(人, 語)の Danish

・デンマーク語 Danish

・デンマーク人 a Dane;(全体)the Danes

てんめつ 点滅する **go on and off**, **come on and off**

てんもん 天文(学) **astronomy** /アストラノミ/

・天文学の astronomical

・天文学者 an astronomer

・天文台 an astronomical observatory

てんらんかい 展覧会 an **exhibition** /エクスィビ ション/

・美術[写真]展覧会
an art [a photo] exhibition

・展覧会を開く
hold an exhibition

・彼の絵は展覧会に出品されている
His picture is (being) shown at the exhibition.

でんりゅう 電流 an **electric current** /イれクトリ ク カ～レント/

・電流がきている[切れている]
The current is on [off].

でんりょく 電力 **electric power** /イれクトリク パ ウア/

・電力会社 an electric power company

でんわ 電話

➤ a **telephone** /テれふォウン/, a **phone** /ふォ ウン/,《米》a **call** /コーる/,《英》a **ring**

電話をかける (tele)**phone**, **call** (up), **ring** (up), **make** a **phone call**,《話》**give** a **call**, **give** a **ring**

・電話番号 a telephone number

・公衆電話 a public [pay] telephone

・電話ボックス《米》a telephone booth /《英》a call box / a telephone box

・電話で彼と話す talk with him on [over] the telephone

・電話に出る answer the phone

・電話を切る end a call / hang up / ring off

・また午後に電話をします I'll call you [give you a call] again in the afternoon.

・君に電話ですよ
There's a call for you. /
You are wanted on the telephone.

・山田から電話があったと(彼に)お伝えください

あ

か

さ

て

な

は

ま

や

ら

わ

Please tell him that Yamada called.
・うるさくしないで，お母さんが電話中よ
Don't make a noise—Mother's on the phone.

・電話を切らずにお待ちください Hold (the line), please.
・固定電話 a fixed phone; (家の電話) a home phone; (地上回線の電話) a landline telephone

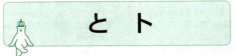

と¹ 戸 a **door** /ドー/
・戸をあける open the door
・戸をしめる close [shut] the door
・戸をたたく knock at [on] the door

と² 都 a **metropolis** /メトラポリス/
・都の, 都立の metropolitan
・都立高校 a Tokyo Metropolitan senior high school
・東京都 Tokyo Metropolis → ふつうは Tokyo だけで使う
・東京都知事 the Governor of Tokyo Metropolis
・都庁 the Metropolitan Government Office
・都議会 the metropolitan assembly
・都電[バス] a metropolitan streetcar [bus]

と³ …と

❶ (A と B) **and**
❷ (…といっしょに) **with ～**

❶ (A と B) **and**; (A か B) **or**
・太郎と次郎 Taro and Jiro
・私とあなたと彼 you, he, and I

文法・語法
英語では二人称，三人称，一人称の順に並べるのがふつう. 3つ以上のものを「と」で結ぶ場合はコンマで区切り，最後の語句の前に and をつける. and の前のコンマはあってもなくてもよい

・トムとジャックとビルは親友です
Tom, Jack and Bill are good friends.
・あなたとあなたのご家族にお会いできるのを楽しみにしています I'm looking forward to seeing you and your family.
・あなたは夏と冬とではどちらが好きですか
Which do you like better, summer or winter?

❷ (…といっしょに) **with ～**, **along with ～**, **together with ～** /トゥゲざ/; (敵対して) **against** /アゲンスト/
・彼と映画に行く go to the movies with him

・その国と戦う fight against [with] that country
・私は去年彼女と同じクラスでした
I was in the same class with her last year.
・私はそれを他の物といっしょに送った
I sent it along with the other things.

❸ (…する時) **when** /(ホ)ウェン/; (ちょうどその時) **just as** /チャスト/ → なると
・君を見ると彼はびっくりするでしょう
When he sees you, he will be surprised.
・部屋を出ようとすると電話が鳴った The telephone rang just as I was leaving the room.
・あの先生は怒ると本当にこわい That teacher is really frightening when he gets mad.
・そのニュースが伝わるとあたりはいっせいに静まり返った The news was met by complete silence. → met は meet (会う, 出迎える)の過去分詞で受け身の文

❹ (もし…ならば) **if**; (…でなければ) **unless** /アンれス/
・君が来ないと彼はがっかりするだろう
If you don't come, he will be disappointed.
・もっと一生懸命練習しないと，一軍に入れないよ
Unless you practice harder, you won't make the varsity team.
・もっと勉強しないと，いい高校に入れませんよ (→…しなさい, さもないと…)
Study harder, or you won't be able to get into a good (senior) high school.

ど 度

❶ (回数) a **time**
❷ (温度・角度) a **degree**

❶ (回数) a **time** /タイム/ → かい⁴
・1度 once
・2度 twice / two times
・3度, 4度, 5度, … three times, four times, five times, …
・いく度も several times / (しばしば) often
・もう1度 once more [again]

・彼は3度試みたがそのたびに失敗した
He tried three times and each time he failed.
・ここへ来たのは今度が3度目です
This is the third time I have been here. / I am here for the third time.
❷ (温度・角度) a **degree** /ディグリー/
・セ氏28度　twenty-eight degrees centigrade
→ 28℃と略記する
・2本の線は45度の角度で交わっている
The two lines cross each other at an angle of 45 degrees.
❸ (その他)
・度が過ぎた　excessive

ドア　a **door** /ドー/ → と¹
とい¹　樋　a **gutter** /ガタ/
とい²　問い　a **question** /クウェスチョン/ → きく¹ ❷, → しつもん
・次の問いに答えなさい
Answer the following questions.
といあわせる　問い合わせる　**inquire** /インクワイア/, **make** an **inquiry** /インクワイアリ/, **ask** /アスク/

問い合わせ　an **inquiry**
・そのことについて佐藤さんに問い合わせてみます
I will make an inquiry about the matter to Mr. Sato. / I will ask Mr. Sato about the matter.
という　(…という人) **a (certain) ~** /(サ〜)トン/; (いわゆる) **so-called** /ソウ コールド/
・太郎という名の少年　a boy named Taro
・彼の友人だという連中　his so-called friends
・スミスさんという方があなたを訪ねて来ましたよ
A (certain) Mr. Smith came to see you.
・いいとも. それが友達というものじゃないか
No problem. That's what friends are for. (友達はそのためにあるもの)
というのは　**because** /ビコーズ/, **for** → なぜ (→ なぜなら)
といし　砥石　a **sharpening stone** /シャープニング/, a **whetstone** /(ホ)ウェトストウン/
ドイツ　**Germany** /チャ〜マニ/
・ドイツ(人,語)の　German
・ドイツ語　German
・ドイツ人　a German; (全体) the Germans
トイレ　《米》a **bathroom** /バスルーム/, 《英》a **toilet** /トイレト/; (学校など公共の建物の) 《米》a **restroom**; (ホテル・公衆トイレの男性用) 《米》**men's room** (略 **Men**), 《英》**the Gentlemen('s)** (略 **the Gents**); (ホテル・公衆トイレの女性用) 《米》**women's room** (略 **Women**), 《英》**the Ladies(')** **room** (略 **the Ladies(')**)
トイレットペーパー　**toilet paper** /ペイパ/; (一巻き) a **toilet roll** /ロウる/
・トイレはどこでしょうか　Where is the bathroom?
・彼はトイレに入っています
He is in the bathroom [the toilet].
・(授業中などに)トイレに行ってもいいですか
May I go to the restroom?

> 参考　欧米の家では浴室にトイレがあることが多いので「トイレ」の意味で bathroom (浴室)をよく使う. 学校・劇場など公共施設の場合は restroom を使う. また,《米》では toilet は便器をイメージさせるので, トイレの場所を聞くときにはあまり使わない

とう¹　等 (等級) a **class**, a **grade** /グレイド/; (…等賞) a **prize** /プライズ/
・1[2]等　the first [second] class
・コンクールで2等になる　take second place in a contest / win second prize in a contest
・競走で3等になる　finish third in the race
とう²　党　a **party** /パーティ/ → せいとう²
とう³　塔　a **tower** /タウア/
とう⁴　…頭　**head** /ヘド/ (複 同形)
・ウシ40頭　40 head of cattle → ×heads としない; 具体的な動物名がくれば, 50 horses (馬50頭)などのようにすればよい
トウ　藤 (植物) a **cane** /ケイン/
・籐いす　a cane chair
どう¹　胴 (人の) a **torso** /トーソウ/, a **trunk** /トランク/; (着物の) **the body** /バディ/
どう²　銅(の)　**copper** /カパ/; (青銅(の)) **bronze** /ブランズ/
・銅メダル　a bronze medal

どう³

➤ **how** /ハウ/
・どういう → どんな
・どういうわけで, どうして → なぜ
・どうしても → とても ❸
・…はどうなるか　what becomes of ~
・どう…すべきか　how to *do*
・どうかして → どうか
・どうでもいい　be of no importance
・きょうは天気はどうでしょうか
How will the weather be today?
・この絵はどうですか(好きですか)
How do you like this picture?

- この絵はどう思いますか(ご意見は)
What do you think of this picture?
- 彼は近ごろどうしていますか
How is he getting along these days?

きょうは(おげんきは)どうですか
—おかげさまで
How are you [do you feel] today?
—I'm fine, thank you.
ご旅行はどうでしたか(楽しかったですか)
—とても楽しかったですよ
How did you enjoy your trip?
—I enjoyed it very much.

- 君はこれをどうやって作りましたか
How did you make this?
- もし彼が留守だったらどうしよう
What shall I do, if I don't find him at home?
- 私はそれをどう教えてよいかわからなかった
I didn't know how to teach it.
- この計画はまだどうなるかわからない
I'm not sure how this plan will be in the end. /
ひゆ This plan is still in the air. (まだ空中にある)
- 君のイヌはどうなりましたか
What has become of your dog? → 現在完了の文; 現在どうなっているかをたずねている
- 鍵(かぎ)をどうした?
What did you do with the key?
- 赤ちゃんはどうかしましたか
Is anything the matter with the baby? / What's the matter with the baby?
- このラジオはどうかしている
Something is wrong with this radio.
- だれが行こうとそんなことはどうでもいい
It's of no importance who goes. / It doesn't matter who goes.
- 彼が泳ぐのがどうだと言いだして, われわれはみんな賛成した
He suggested a swim, and we all agreed.
- それがどうした(そんなことどうだっていいじゃないか, そんなこと知ったことか) So what?
- どうすることもできないものは我慢するしかない
ひゆ What cannot be cured must be endured. (治せないものは我慢しなければならない)
- いまさらどうしようもない
What's done is done. / What's done cannot be undone. (してしまった事は元には戻せない)

- 叫び声が聞こえたね。どうしたんだろう
I heard a shout—what's up?
どう[4] 同… → おなじ
とうあん 答案 (用紙) a **paper** /ペイパ/
- 答案を提出する hand in *one's* paper
- 答案を集める collect the papers
- 答案を採点する mark [grade] papers
- 先生たちは答案の採点で忙(いそが)しい
The teachers are busy marking papers.
とうい 同意する **agree** /アグリー/
どういう **what** /(ホ)ワト/, **how** /ハウ/
- 彼はどういう人ですか
What sort of man is he?
- この野菜はどういうふうに料理するのですか
How do you cook this vegetable?

どういたしまして

➤ (「ありがとう」に対して) **You are welcome.** /ウェるカム/ / **Not at all.** / **Don't mention it.** /メンション/ / **My pleasure.** /プれジャ/ / **Any time.**; (「すみません」に対して) **That's quite all right.** /クワイト ライト/

いろいろとありがとうございます
—どういたしまして
Thank you for everything.
—**You are welcome.**
どうもありがとう
—どういたしまして
Thanks a lot.
—**Any time.**
ごめんどうをおかけしてすみません
—どういたしまして
I'm sorry to trouble you.
—**That's quite all right.**

とういつ 統一 **unity** /ユーニティ/
統一する **unify** /ユーニふァイ/
どういん 動員する **mobilize** /モウバらイズ/; **call out**
- 1万人の観客動員をする draw [attract] an audience of ten thousand
とうおう 東欧 **Eastern Europe** /イースタン ユロプ/
どうか → どうぞ
- どうかして (なんとか) by some means or other
- どうかこうか somehow
とうかいどう 東海道 (街道) **the Tokaido** (high-

way）/ハイウェイ/
- 東海道新幹線 the Tokaido Shinkansen
- 東海道五十三次 the old-time fifty-three stages on the Tokaido

トウガラシ 唐辛子 《植物》**red pepper** /ペパ/

とうき¹ 冬期, 冬季 **winter** /ウィンタ/, **winter-time** /ウィンタタイム/
- 冬期休暇 the winter vacation
- 冬季オリンピック the Winter Olympic Games

とうき² 陶器 **earthenware** /ア～すンウェア/, **pottery** /パテリ/
- 陶器1個 a piece of pottery

とうぎ 討議 (a) **discussion** /ディスカション/
…を討議する, …について討議する **discuss ～** /ディスカス/ ➔ ×discuss *about* ～ としない
- その問題は今討議中です
The question is under discussion.

どうき 動機 a **motive** /モウティヴ/; (動機づけ) (a) **motivation** /モウティヴェイション/

どうぎご 同義語 a **synonym** /スィノニム/

とうきゅう¹ 等級 a **grade** /グレイド/, a **class**
- 等級をつける grade

とうきゅう² 投球 a **throw** /すロウ/; (ピッチャーの) a **pitch** /ピチ/

とうぎゅう 闘牛 a **bullfight** /ブるふァイト/
- 闘牛士 a bullfighter; (最後にとどめを刺す) a matador

どうきゅう 同級 **the same class** /セイム/
- 同級生 a classmate ➔ どうそう
- 私は彼と同級です
I am in the same class with him. /
He and I are in the same class. /
He and I are classmates.

どうきょ 同居する **live with** /リヴ/
- 同居人 a person living with *one* / a room-sharer
- 私はおじの家に同居しています
I live with my uncle [at my uncle's].

とうきょく 当局 **the authorities** /オさリティズ/

どうぐ 道具 a **tool** /トゥーる/; (台所用など) a **utensil** /ユーテンスィる/; (装備品) **equipment** /イクウィプメント/
- 大工道具 a carpenter's tools
- 野球道具 (集合的に) baseball equipment

どうくつ 洞窟 a **cave** /ケイヴ/

とうげ 峠 a **pass** /パス/

とうけい¹ 東経 **the east longitude** /イースト らンヂテュード/
- 東経120度 Long. 120°E. (読み方: longitude a

hundred and twenty degrees east)

とうけい² 統計 **statistics** /スタティスティクス/
- 統計を取る take statistics
- 統計表 a statistical table
- 最近の統計によれば according to the latest statistics

どうけん 同権 **equal rights** /イークワる ライツ/
- 男女は同権である
Men and women have equal rights.

とうこう 登校する **go to school**
- 登校中の子供たち children going to school / children on their way to school
- 登校拒否 school refusal / refusal to go to school
- 自転車で登校する生徒は50人以上おります
There are more than fifty students who come to school by bicycle. /
More than fifty students come to school by bicycle.

どうさ 動作 (動き) **movements** /ムーヴメンツ/; (行動) **action** /アクション/
- 動作がのろい be slow in movement
- 動作中の機械 a machine in action

とうざい 東西 **east and west** /イースト ウェスト/

とうさん 倒産 ➔ はさん

とうし¹ 投資 **investment** /インヴェストメント/ **投資する invest** /インヴェスト/
- 投資者 an investor
- 株に投資する invest (money) in stocks

とうし² 凍死する **be frozen to death** /ふロウズン デす/

とうし³ 闘志 **fight** /ふァイト/
- 闘志が欠けている be lacking in fight
- 闘志満々である be full of fight

とうじ¹ 冬至 **the winter solstice** /ウィンタ サるスティス/

とうじ² 答辞 an **address in reply** /アドレス リプらイ/
- 彼は卒業生を代表して答辞を読んだ
He made an address on behalf of the graduates.

とうじ³ 当時 **in those days** /ぞウズ デイズ/

どうし 動詞 《文法》a **verb** /ヴァ～ブ/
- 自他動詞 an intransitive [a transitive] verb

どうじ 同時に **at the same time** /セイム/; (一時に) **at one time**; (…すると同時に) **as soon as ～** /スーン/, **the moment ～** /モウメント/
- 彼らは同時にゴールインした
They reached the goal at the same time.
- 同時にたくさんのことをやろうと思ってもできない

とうじつ

You can't do many things at one time.

参考ことわざ 二兎(にと)を追う者は一兎(いっと)をも得ず He who hunts two hares catches neither.

・ベルが鳴ると同時に生徒たちは教室の外へ飛び出していった The students rushed out of the classroom as soon as [the moment] the bell rang.

とうじつ 当日(に), 当日は **on that day**

どうして → なぜ

どうしても → とても ❸

とうしゅ 投手 a **pitcher** /ピチャ/
・先発投手 a starting pitcher

とうしょ 投書 a **letter from** a **reader** /れタ リーダ/, a **letter to the editor** /エディタ/
・…に投書する write a letter to ~
・投書欄 the readers' column

とうじょう 登場する (舞台に) **come on (the) stage** /ステイヂ/, **appear on (the) stage** /アピア/
・登場人物 a character

どうじょう 同情 **sympathy** /スィンパスィ/ 同情する **sympathize** (with ~) /スィンパサイズ/
・同情的な sympathetic
・水害の被災者に同情しないではいられない We cannot help sympathizing with the flood victims.

どうしようもない → やむをえない

とうしんだい 等身大の **life-size** /らイふ サイズ/

どうせ → どっちみち, とても ❸

どうせい 同性 **the same sex** /セイム セクス/

とうせん 当選する **be elected** /イれクテド/
・当選者 (選挙の) a winner of an election / a successful candidate
・彼女は委員会の委員長に当選した She was elected chair of the committee.

とうぜん 当然の **natural** /ナチュラる/
・当然(のことながら) naturally
・当然のことである be a matter of course
・子供が遊びたがるのは当然です It is natural that children (should) like to play. → (米)では should を省略して動詞の原形(仮定法現在)を用いるのがふつう
・当然彼はその結果を喜ぶでしょう Naturally he will be pleased with the result.

どうぞ

➤ (頼む時) **please** /プリーズ/; (答える時, すすめる時) **please**, **with pleasure** /プれジャ/, **welcome** /ウェるカム/; (人に物を渡す時) **Here it is. / Here you are.**

・どうぞお入りください Please come in.
・お茶をどうぞ Have a cup of tea. → その人の利益になる事にはふつう please を付けない
・私の本をお使いになりたかったらどれでもどうぞ If you want to use any of my books, you are welcome. / You are welcome to any of my books.

あなたのペンを使わせてくれませんか
―どうぞ
Will you please let me use your pen?
―Yes, **with pleasure**. / Yes, **please** (use it). / Be my guest.

どうそう 同窓生 (学校友だち) a **schoolmate** /スクーるメイト/; (卒業生) a **graduate** /グラデュエイト/, 《米》(男性) an **alumnus** /アらムナス/, (女性) an **alumna** /アらムナ/ (複)(男女共) alumni /アらムナイ/) → オービー
・同窓会 (組織) an alumni association; (会合) an alumni reunion
・私たちは小学校の同窓生です
We were schoolmates in elementary school.
・彼らは大学の同窓生です
They graduated from the same college.

どうぞう 銅像 a **bronze statue** /ブランズ スタチュー/

とうそつ 統率力 **leadership** /リーダシプ/

とうだい 灯台 a **lighthouse** /らイトハウス/
・灯台守 a lighthouse keeper
ことわざ 灯台下(もと)暗し It is always dark just under a lamp. (ランプの真下は暗いもの)

とうたつ 到達する **reach** /リーチ/

とうちゃく 到着 **arrival** /アライヴァる/
到着する **arrive at [in]**, **reach** /リーチ/, **get to** → つく²
・はやぶさ10号は11時4分に20番線に到着します Hayabusa No.10 will arrive at Track No.20 at 11:04 a.m.

どうてん 同点 a **tie** /タイ/
・同点になる tie (with ~)
・きのうの巨人阪神戦は4対4の同点でした The game between the Giants and the Tigers yesterday was a 4-to-4 tie [draw].
・両チームは2対2で同点になった
The two teams were tied at 2 all.

とうとい 尊い **precious** /プレシャス/
・時間ほど尊いものはない Nothing is so precious as [more precious than] time.

385 three hundred and eighty-five / どうも

とうとう at last → ついに

どうどう 堂々とした （壮大(そうだい)な） **grand**; （威厳(いげん)のある） **dignified** /ディグニふァイド/; （立派な） **stately** /ステイトり/
• （競技など）堂々と戦う play fair

どうどうめぐり 堂々めぐりをする **go [run] around in circles** /アラウンド サ〜クるズ/

どうとく 道徳 **morals** /モーラるズ/, **morality** /モラリティ/
• 道徳的な moral
• 社会[公衆]道徳 social [public] morality
• 道徳教育 moral education

とうなん¹ 東南 **the southeast** /サウすイースト/ → せいなん
• 東南の southeast / southeastern
• 東南に （方向・位置）southeast; （方向）to the southeast; （位置）in the southeast
• 東南アジア Southeast Asia

とうなん² 盗難 （盗まれること）(a) **theft** /せふト/; （強奪されること）(a) **robbery** /ラバり/ → ぬすむ
• 盗難にあう （人を主語にして）have 〜 stolen; （物を主語にして）be stolen

どうにか （なんとか）**somehow** /サムハウ/; （やっと）**barely** /ベアり/
どうにか…する manage to *do* /マネヂ/
• 私はどうにか授業に間に合った
I was barely in time for class.
• 箱を壊(こわ)さずにどうにかあけることができた
I managed to open the box without breaking it.
• どうにかしてそのネコを見つけなければならない
Somehow or other, we must find the cat.

とうばん 当番 （義務）**duty** /デューティ/; （順番）**turn** /タ〜ン/
• きょうはだれが当番だ? Who is on duty today?
• きょうの報告を書くのはぼくの当番だ
It is my turn to write the report today.

どうはん 同伴する **accompany** /アカンパニ/, **go with**, **come with**
• 子供たちは保護者同伴でやって来た
The children came accompanied by [came with] their parents.

とうひょう 投票 a **vote** /ヴォウト/, **voting** /ヴォウティング/
投票する vote
• 投票者 a voter
• 投票日 a voting day
• 投票所 a polling place [station]
• 投票用紙 a ballot
• 投票箱 a ballot box

• 記名[無記名]投票 an open [a secret] vote
• 高い[低い]投票率 a high [low] voter turnout
• 投票に行く go to the polls
• …に投票する vote for 〜
• 投票で決める decide by vote(s)
• 電子投票 electronic voting
• 1回目の[決選]投票 the first [final] round of voting
• その提案に賛成[反対]の投票をする vote for [against] the proposal

とうふ 豆腐 *tofu*. **bean curd** /ビーン カ〜ド/

とうぶ 東部 **the east** /イースト/, **the eastern part** /イースタン/
• 私たちの町は千葉県の東部にあります
Our town is (situated) in the eastern part of Chiba Prefecture.

どうふう 同封する **enclose** /インクろウズ/
• 私の家族の写真を同封します
I'm enclosing a picture of my family with this letter.
• 千ドルの小切手を同封いたしましたからお受け取りください
Enclosed please find a check for $1,000.

どうぶつ 動物

➤ an **animal** /アニマる/
• 動物を愛護[虐待(ぎゃくたい)]する be kind [cruel] to animals

どうぶつえん 動物園 a **zoo** /ズー/
• 上野動物園 (the) Ueno Zoo

とうぶん¹ 当分 （今のところ）**for the time being** /ビーインぐ/; （少しの間）**for some time** /サム/

とうぶん² 糖分 **sugar** /シュガ/

とうほく 東北 **the northeast** /ノーすイースト/ → せいなん
• 東北地方 the Tohoku district

どうみゃく 動脈 an **artery** /アーテリ/

とうみん 冬眠 **winter sleep** /ウィンタ スリープ/, **hibernation** /ハイバネイション/
冬眠する hibernate /ハイバネイト/

とうめい 透明な **transparent** /トランスパレント/, **clear** /クリア/
• 透明なビニール袋 a clear plastic bag

どうめい 同盟 an **alliance** /アらイアンス/
• 同盟国 an ally / an allied country
• （…と）同盟する ally *one*self [be allied] (with 〜)

どうめいし 動名詞 a **gerund** /ヂェランド/

どうも
❶ （とても）**very**, **very much** /マチ/

どうもう　386

●お手紙どうもありがとうございました
Thank you very much for your letter.
❷ (どういうものか) **somehow** /サムハウ/; (やや，かなり) **rather** /ラザ/
•私はどうもそれが好きでない
Somehow I don't like it.
•私はどうも数学が苦手だ
I am rather weak in math.

どうもう どう猛な **savage** /サヴェヂ/, **fierce** /ふィアス/

トウモロコシ 玉蜀黍 《植物》《米》**corn** /コーン/, 《英》**maize** /メイズ/

どうやら → たぶん, やっと ❶

とうよう 東洋 **the Orient** /オーリエント/, **the East** /イースト/
•東洋の　Oriental / Eastern
•東洋人　an Oriental
•東洋文明　Oriental [Eastern] civilization

どうよう¹ 童謡 a **children's song** /チるドレンズ/, a **nursery rhyme** /ナ～スリ ライム/

どうよう² …同様 **like ～** /らイク/ → おなじ
•同様に　equally / alike
•私も君同様にこの提案に不賛成だ
I am against the proposal like you.

どうよう³ 動揺する (心が) **be [feel] shocked** /[ふィーる] シャクト/, **be shaken up** /シェイクン/

どうり 道理 **reason** /リーズン/
•道理にかなった　reasonable
•君の言うことには道理がある
There is reason in what you say.
•道理で彼がおこったわけだ (→その事が彼がおこった理由を説明する)
That explains why he got angry.

どうりつ (北海)道立の **Hokkaido prefectural** /プリふェクチュラる/
•道立高校　a Hokkaido prefectural high school

どうりょく 動力 (**motive**) **power** /(モウティヴ) パウア/

とうるい 盗塁 (**base**) **steal** /(ベイス) スティーる/
•盗塁する　steal a base

どうろ 道路 a **road** /ロウド/
•高速(自動車)道路　《米》an expressway / a superhighway / a freeway / 《英》a motorway
•有料(高速)道路　a turnpike (road)
•道路標識　a road sign
•道路地図　a road map
•道路工事 (修理) road repairing / (建設) road construction

とうろく 登録する **register** /レヂスタ/

とうろん 討論 a **discussion** /ディスカション/; (賛成・反対に分かれた) a **debate** /ディベイト/ → とうぎ
…を討論する, …について討論する discuss ～ /ディスカス/; **debate ～, debate about [on] ～**
•討論会　a debate; (ラジオ・テレビなどでの公開の) a forum

どうわ 童話 a **nursery tale** /ナ～スリ テイる/, a **story for children** /ストーリ チるドレン/; (おとぎ話) a **fairy tale** /ふェアリ/

とえい 都営の (**Tokyo**) **Metropolitan** /メトロパリタン/

とおい　遠い

❶ (距離的に) **far, distant**
❷ (時間的に) **far, distant**

❶ (距離的に) **far, distant** /ディスタント/
遠くに, 遠くの far away /アウェイ/, **far off, a long way off, in the distance** /ディスタンス/
•遠い町　a distant town → ×a far town とはふつういわない
•遠くの森　a wood in the distance
•遠い親戚　a distant relative
•遠くから　from far away / from a great distance
•学校は私の家から遠い　The school is a long way (off) [far away] from my house.
•学校は私の家から遠くない
The school is not far from my house.
•ここから次のバス停まではかなり遠い
It is quite a long way from here to the next bus stop.
•道のりはまだ遠い
We still have a long way to go.
•彼の家は私の家よりも駅から遠い
His house is farther away from the station than my house.
•けさは遠くまで散歩した
I took a long walk this morning.
•これは遠くから見た富士山の景色です
This is a distant view of Mt. Fuji.

❷ (時間的に) **far, distant**; (昔の) **olden** /オウるダン/
•遠い昔に　in olden times / far back in the past / in the distant past
•遠い将来に　in the far [distant] future
•世界の人口が2倍になるのもそう遠いことではない
It will not be long before the population in the world doubles.

❸ (その他)

・祖母は耳が遠い
My grandmother is hard of hearing.
とおざかる 遠ざかる **get [go] away** /アウェイ/; (親しくしない) **keep away** /キープ/
…を遠ざける keep ～ away
とおし 通し **through** /すルー/; (番号が) **serial** /スィアリアる/
・通しの切符 a through ticket
・通し番号 serial numbers
どおし …通し **all through** /すルー/; (ずっと…する) **keep** *doing* /キープ/, **remain** *doing* /リメイン/
・夜通し all through the night
・私はそのおかしな映画の間じゅう笑い通しだった
I laughed all through the funny movie.
・1週間雨が降り通しだ
It has been raining for a week.
・列車がとてもこんでいたので東京から名古屋まで私はずっと立ち通しだった The train was so crowded that I had to remain standing all the way from Tokyo to Nagoya.
とおして …を通して **through** /すルー/; (道具・機械などで) **on, over**
・テレビを通して on TV
・私はトムを通して彼女と友だちになった
I became friends with her through Tom.

とおす 通す
❶ (通過させる) **pass**; (部屋に) **show in [into]**
❷ (目を) **look over**

❶ (通過させる) **pass**; (部屋に) **show in [into]** /ショウ/
・穴にひもを通す pass [put] a string through a hole
・そこをどいて私を通してちょうだい
Step aside and let me pass.
・彼を私の部屋に通してください
Please show him into my room.
❷ (目を) **look over** /るク/
・先生は私の英作文に目を通してくれた
My teacher looked over my English composition.
トースター a **toaster** /トウスタ/
トースト toast /トウスト/
・トースト1枚 a piece [slice] of toast
トーテムポール a **totem pole** /ポウる/
ドーナツ a **doughnut** /ドウナト/
トーナメント a **tournament** /トゥアナメント/
とおまわし 遠回しの **indirect** /インディレクト/, **roundabout** /ラウンダバウト/

・遠回しに **indirectly** / **in a roundabout way**
・遠回しに言う **say indirectly** / **hint (at ～)**
とおまわり 遠回り → まわりみち
ドーム a **dome** /ドウム/
・大聖堂のドーム型屋根 the dome of the cathedral
・ドーム(屋根付き)球場 a roofed stadium [ballpark]

教会のドーム型の屋根

とおり 通り a **street** /ストリート/, an **avenue** /アヴェニュー/
・大通り a main street
・通りを歩く walk (along) the street
・私は太郎が通りをやって来るのを見た
I saw Taro coming down the street.
・通りで君はだれに会ったの?
Who did you meet on [in] the street?
どおり …どおり, …とおり (そのように) **as**
・いつもどおりに as usual
・言われたとおりにしなさい
Do as you are told.
・予想どおりに彼が優勝した
He won first prize as we had expected.
・それは今までどおりがいい
I like it just the way it is. → the way it is は「それがそうであるふうに」
とおりすぎる (…のそばを)通り過ぎる **go past** (～), **go by** (～), **pass by** (～)
・彼は私のそばを通り過ぎたが私に気づかなかった
He passed by me, but he didn't notice me.

とおる 通る
❶ (通過する) **pass**
❷ (合格する) **pass**

❶ (通過する) **pass**
…を通って **by way of ～** /ウェイ/ → けいゆ
・森を通る pass through the woods
・公園を通り抜ける go through a park
・…のそばを通る pass by ～
・君は学校へ行く途中郵便局(の前)を通りますか Do you pass the post office on your way to

とかい 388 three hundred and eighty-eight

school?
・私は必ずその道を通って学校へ行きます
I always take that road when I go to school.
・この道を行って通り抜けられますか
Can I get through by this road?
・道には人も車も通っていない
The road is clear of traffic.
❷ (合格する) **pass**
・彼は面接試験に通った　He passed the interview.
・60点以上とらないと試験に通らない
You need 60 points or more to pass the test.
❸ (声が) **carry** /キャリ/
・君の声はよく通る　Your voice carries very well.

とかい 都会　a **city** /スィティ/, a **town** /タウン/
→ とし²
・都会的な (洗練された) refined / sophisticated

トカゲ 蜥蜴 《動物》a **lizard** /リザド/

とかす¹ 溶かす　(液体に入れて) **dissolve** /ディザるヴ/; (熱で) **melt** /メるト/

とかす² (髪を) **comb** /コウム/
・髪をとかす　comb one's hair

とがらせる **sharpen** /シャープン/, **point** /ポイント/; (口を) **pout** /パウト/
とがった **sharp**, **pointed** /ポインテド/

どかん (音) a **bang** /バング/; (音をたてる) **bang**

とき 時

❶ (時間・時点) **time**
❷ (…する時) **when**; (…の間) **while**

❶ (時間・時点) **time** → じかん ❶
・時がたつにつれて　as time passes [goes by]
・時々, 時には, 時おり　sometimes / at times /
now and then → ときどき
・その時　at the time / then
・子供の時　in one's childhood / as a boy [a
girl] / when one was a boy [a girl]
・私が小学校の時から　since my elementary
school days / from the time I was in ele-
mentary school
・楽しく時を過ごす　have a good time
・君はちょうどよい時に来た
You have arrived [come] just at the right
time.
・万一の時にはここに電話してください
Please call this number in time [case] of
emergency.
　ことわざ 時は金なり　Time is money.
❷ (…する時) **when** /(ホ)ウェン/; (…の間) **while**
/(ホ)ワイる/
・外へ行く時は帽子をかぶって行きなさい

Wear your cap when you go out.
・ケンはテレビを見ている時は一言もしゃべりません
Ken does not say a word while he watches
TV.

トキ 朱鷺 《鳥》an **ibis** /アイビス/

どき 土器　an **earthen vessel** /ア～スン ヴェスる/; (集合的に) **earthenware** /ア～スンウェア/

どきっと どきっとさせる　**startle** /スタートる/,
give a person **a start**
・彼が急に現れたのでどきっとした
His sudden appearance gave me a start.
・その知らせを聞いて私はどきっとした
I was startled at the news.

ときどき 時々

➤ **sometimes** /サムタイムズ/, **at times**, **now
and then** /ゼン/ → しばしば

・私は時々落ち込んでしまう
I sometimes feel depressed.
・彼女は時々私に意地悪をする
She is sometimes nasty to me.
・ぼくは時々彼にEメールを送る
I e-mail him sometimes [at times, now and
then].

> **文法・語法**
> 頻度(ひんど)を表す副詞(句)はふつう一般動詞の
> 前, be 動詞のあと, あるいは文の最後または最
> 初に置かれる

どきどき どきどきする　(心臓が) **beat** /ビート/,
pound /パウンド/, **throb** /すラブ/
・心臓をどきどきさせて　with a throbbing heart
・私は心臓がどきどきしていた
My heart was pounding.
・私はテストのことでどきどきしている
I'm nervous about the test. /
　ひゆ I have butterflies in my stomach
about the test. (胃袋の中でチョウがばたばたしてい
る)

ドキュメンタリー a **documentary** /ダキュメン
タリ/

どきょう 度胸　**boldness** /ボウるドネス/
度胸のある **bold**
・度胸のない　timid
・彼にはそれをするだけの度胸があるだろうか
I wonder if he is bold enough [has the bold-
ness] to do it.

とぎれる 途切れる　**pause** /ポーズ/
途切れ (中断) a **break** /ブレイク/; (休止) a **pause**
・途切れなく　without a pause [a break]

•会話がちょっと途切れた There was a momentary pause in the conversation.
とく¹ 得（利益）(a) **profit** /プラﾌｨｯﾄ/
得な profitable /プラﾌｨﾀﾌﾞる/
得をする gain /ゲイン/, **profit**
•それが私にとってどんな得になるのか
How will it profit me? /
What can I gain by doing it?
とく² 解く（問題などを）**solve** /サるヴ/, **work out** /ワーク/;（しばったものを）**untie** /アンタイ/, **undo** /アンドゥー/
解ける be solved; **get untied**, **get undone** /アンダン/
•クロスワードパズルを解く work out a crossword (puzzle)
•その問題は難しくて私には解けない
The problem is too difficult for me to solve.
•この結び目はすぐ解けます
This knot is easily undone [untied].
とぐ（刃物を）**sharpen** /シャープン/
どく¹ 毒 (a) **poison** /ポイズン/
•毒のある poisonous
どく² （場所をあける）**make room**;（じゃまをしないように）**get out of** a person's **way** /ウェイ/;（わきへ）**step aside** /アサイド/
•子供たち, そこをどいてちょうだい
Boys and girls, make room, please.
•彼のじゃまにならないようにどいていなさい
Keep out of his way.

とくい 得意
❶（すぐれた点）one's **forte**
❷（自慢(じまん)）**pride**
❶（すぐれた点）one's **forte** /ﾌｫｰﾄ/
…が得意である be good at ～
•彼は英語が得意です
He is good at English. / English is his forte.
•私は料理が得意でない
I am not good [am poor] at cooking.
❷（自慢）**pride** /プライド/
…を得意がる, …で得意になる be proud of ～ /プラウド/, **be proud that ～**, **take pride in ～**
得意になって, 得意げに proudly
•彼は試験で100点を取ったので得意になっている
He is proud of having got(ten) a hundred in the test. / He is proud that he got a hundred in the test.
とくぎ 特技 one's **special ability** /スペシャる アビリティ/, one's **specialty** /スペシャるティ/
どくさい 独裁 **dictatorship** /ディクテイタシプ/

独裁者 a **dictator** /ディクテイタ/
どくじ 独自性（個性）**individuality** /インディヴィヂュアリティ/;（独創性）**originality** /オリヂナリティ/
独自の one's **own** /オウン/, **of** one's **own** → どくとく
•彼独自のやり方で in his own way
とくしつ 特質 a **characteristic** /キャラクタリスティク/
どくしゃ 読者 a **reader** /リーダ/;（読者数・読者層）**readership** /リーダシプ/
•この雑誌は10万人の読者を持っている
This magazine has a readership of 100,000 (読み方: one hundred thousand).
とくしゅ 特殊 **special** /スペシャる/
•特殊な方法で in a special way
とくしゅう 特集する **feature** /ﾌｨｰﾁｬ/
•(…の)特集号 a special issue (on ～)
•今週号の『タイム』は大統領選挙を特集している
This week's *Time* features the presidential election.
どくしょ 読書 **reading** /リーディンぐ/
読書する read
•読書感想文 a book report
•彼は部屋で読書している
He is reading in his room.
•彼はとても読書家だ He is a great reader.
•私は忙(いそが)しくてあまり読書の時間がない
I am so busy that I don't have much time for reading.
どくしょう 独唱 a **solo** /ソウろウ/
独唱する sing a **solo**
とくしょく 特色 a **characteristic** /キャラクタリスティク/
どくしん 独身の **single** /スィングる/, **unmarried** /アンマリド/
•独身の男性 a bachelor
 彼女は独身ですか結婚しているのですか. —彼女は独身です
Is she single or married?—She is single.
•彼は生涯(しょうがい)独身であった[を続けた]
He remained single all his life.
どくせん 独占（企業による）**monopoly** /モナポリ/
独占する（企業が）**monopolize** /モナポらイズ/;（ほかの人に使わせない）**have ～ to** *oneself*
•兄がこのパソコンを独占している
My brother has this computer to himself.
どくそう¹ 独創性 **originality** /オリヂナリティ/
独創的な original /オリヂヌる/
どくそう² 独奏 a **solo** /ソウろウ/

独奏する play a solo
- 独奏家 a soloist
- 牧洋子のピアノ独奏会 Miss Maki Yoko's piano recital

とくだね 特種（新聞などの）a scoop /スクープ/

とぐち 戸口 a doorway /ドーウェイ/
- 戸口に立たないで
Don't stand in the doorway.

とくちょう 特徴 a characteristic /キャラクタリスティク/, a feature /ふィーチャ/; (人柄の) a personality trait /パーソナリティ トレイト/

特徴的な characteristic
- 彼の身体的な特徴を説明してくれますか
Can you describe his physical characteristics?
- ケンは特徴のない顔をしています
Ken has ordinary looks.
- 控（ひか）え目なのは日本人の特徴の一つです
Modesty is one of the characteristics of Japanese people.

とくてい 特定の specific /スペスィふィク/

とくてん[1] 得点 a point /ポイント/; (競技のスコア) a score /スコー/; (サッカーの) a goal /ゴウる/; (野球の) a run; (試験の) marks /マークス/

得点する score
- 前半に5点得点する score five points in the first half
- 9回の裏にケンのタイムリーヒットで2点得点する score two runs on Ken's well-timed hit in the bottom of the ninth inning

とくてん[2] 特典 a privilege /プリヴィれヂ/

どくとく 独特の（独自の）own /オウン/
- 彼はそれを彼独特の方法で行った
He did it (in) his own way.
- 彼女には彼女独特の魅力（みりょく）がある
She has a charm of her own.

とくに 特に especially /イスペシャリ/, specially /スペシャリ/, particularly /パティキュらり/
- 彼は特に音楽に興味がある
He is particularly interested in music.
- 私は特に言うことはない
I have nothing particular to say.

とくばい 特売 sales /セイるズ/ → バーゲンセール
- 特売品 a bargain
- 特売で…を買う buy ～ at sales

とくはいん 特派員 a correspondent /コーレスパンデント/

とくべつ 特別の special /スペシャる/

特別に especially /イスペシャリ/
- 特別な理由もなく for no special reason

- 特別急行 a limited express → とっきゅう

とくべつきょういく 特別教育活動 extracurricular activities /エクストラカリキュら アクティヴィティズ/

とくべつしえんがっこう 特別支援学校 a special support school /スペシャる サポート スクーる/; a school for the mentally-[physically-] challenged /メンタり [ふィズィカり] チャれンヂド/

とくめい 匿名の anonymous /アナニマス/

匿名で anonymously; (匿名という条件で) on condition of anonymity /コンディション アノニミティ/

どくやく 毒薬 a poison /ポイズン/

とくゆう 特有の peculiar /ペキューリア/; (独自の) one's own /オウン/ → どくとく
- この慣習はこの地方特有のものです
This custom is peculiar to this district. / This is a custom peculiar to this district.

どくりつ 独立 independence /インディペンデンス/

独立した, 独立している independent /インディペンデント/
- 独立心 the spirit of independence
- 独立国 an independent nation [state]
- …から独立する become independent of ～
- 兄は今はまったく父のもとを離れて独立しています
My brother is now quite independent of my father.

どくりょく 独力で for one self (複 one selves) → ひとり (→ ひとりで)

とげ (破片) a splinter /スプリンタ/; (いばらの) a thorn /そーン/; (動植物の表皮の) a prickle /プリクる/, a spine /スパイン/
- 指にとげを刺す get a splinter in one's finger
- サボテンのとげ cactus spines

とけい 時計

➤ (置き時計・掛け時計) a clock /クらク/
➤ (身につける) a watch /ワチ/

- 時計屋 (人) a watchmaker; (店) a watch store / a jeweler's (shop)

会話 君の時計で今何時ですか. —ちょうど2時です
What time is it now by your watch? —It is just two o'clock.
- 私の時計は2分進んで[遅れて]います
My watch is two minutes fast [slow].

とける[1] 解ける → とく[2]

とける[2] 溶ける（液体の中で）dissolve /ディザるヴ/; (熱で) melt /メるト/
- 雪は溶けてしまった

The snow has melted (away).
とげる 遂げる **attain** /アテイン/, **achieve** /ア チーヴ/, **accomplish** /アカンプリシュ/
・目的を遂げる attain *one's* end
どける **remove** /リムーヴ/, **get** [**take**, **put**] ~ **out of** ~
・すみませんがその自転車をどけてくれませんか
Sorry, but would you get the bicycle out of the way?
とこ 床 a **bed** → ふとん
・床に入る(寝る) go to bed
・病気で床についている be sick in bed

どこ

➤ (どこに, どこへ, どこで) **where** /(ホ)**ウェア**/
・どこかで[に] somewhere; (疑問) anywhere
・どこ(に, へ)でも everywhere; (疑問) anywhere
・どこにも…ない not anywhere / nowhere
・どこへお出かけですか
Where are you going?
・あすどこでお会いできますか
Where can I see you tomorrow?
・このにおいはどこから来るのか
Where does this smell come from?
・きのうどこかで彼を見かけた
I saw him somewhere yesterday.

あなたはどこにお住まいですか
—八王子市に住んでおります
Where do you live?
—I live in Hachioji City.
お母さんどこか行った?
—どこへも行ってないよ. 居間にいるよ
Has Mother gone anywhere?
—No, she hasn't gone anywhere. She is in the living room.

会話 どこの州から来られたのですか. —ニューヨーク州からです What state are you from? —I'm from New York.
・私は彼女がどこの国の人か知りません
I don't know what country she is from.
・こういうことはどこの学校にでもあることです
This sort of thing happens in any school.
・君はどこへでも好きな所へ行ってよい
You may go anywhere you like.
・どこへ行ってもここは忘れません
Wherever I may go, I will never forget this place.

とこのま 床の間 *toko-no-ma*, **the traditional alcove in a guest room of a Japanese-style house** /トラディショヌる アるコウヴ/
どこまで how far /ハウ/
・英語はどこまで進みましたか
How far did you [we] go in English? → 同じクラスの場合は we となる
どこまでも (果てしなく) **endlessly** /エンドれスリ/; (最後まで) **to the end**; (徹底的に) **thoroughly** /さ~ロウリ/
とこや 床屋(店) a **barbershop** /バーバシャプ/, a **barber's** (**shop**); (人) a **barber** /バーバ/
ところ¹ 所 a **place** /プれイス/; (住所) an **address** /アドれス/
ことわざ 所変われば品(しな)変わる
So many countries so many customs. (国の数だけならわしの数がある)

ところ²

❶ (…するところだ) **be going to** *do*
❷ (…しているところだ) **be** *do*ing
❸ (…したところだ) **have just** *done*

❶ (…するところだ) **be going to** *do*
・私はちょうど手紙を書こうとしているところです[でした]
I am [was] just going to write a letter.
・私はこれから学校へ行くところです
I am going (to go) to school. / (途中で) I'm on the way to school.
❷ (…しているところだ) **be** *do*ing
・私は今手紙を書いているところです
I'm now writing a letter.
・佐藤さんは何をしているところでしたか
What was Mr. Sato doing?
❸ (…したところだ) **have just** *done* /ヂャスト/ → 《米》では just+過去形 または過去形+just now でも表現する
・私はちょうど宿題が終わったところです
I have just finished my homework. /
I just finished my homework. /
I finished my homework just now.
・私は郵便局へ行ってきたところです
I have been to the post office. → have gone はふつう「行ってしまった(ので今ここにはいない)」の意味になる
❹ (あぶなく…するところだった) → あぶなく
どころか …どころか **far from** ~
・彼は正直どころか大うそつきだ
He is far from (being) honest. He is a big liar.

ところで (さて) **well**: (それはそうと) **by the way** /ウェイ/
・ところでキャッチボールはどうだ
Well, how about playing catch?
・ところで君はそれをどこで手に入れたのか
By the way, where did you get it?

ところどころ here and there /ヒア ゼア/

どさっと (音をたてて) **with a thud** /さド/

とざん 登山 **mountain climbing** /マウンテン クらイミング/
登山する climb a **mountain**: **go mountain climbing**
・登山家 a mountaineer
・この夏は富士登山をするつもりです
I am going to climb Mt. Fuji this summer.

とし[1] 年
➤ (暦の) a **year** /イア/
➤ (年齢(ねんれい)) an **age** /エイヂ/
年を取る grow old /グロウ/
・年取った old / aged
・私が君の年のころに when I was (of) your age
・年がたつにつれて as years go [pass] by
・彼女は年のわりには若くみえる
She looks young for her age.
・私たちは同い年です
We are (of) the same age.
・彼は私より二つ年上[年下]です
He is two years older [younger] than I am [《話》than me]. /
He is two years my senior [junior].
・君もそういう事がわかっていい年だと思うよ
I think you are old enough to understand it.
・君も年を取れば親の今の気持ちがわかるようになるだろう You'll come to understand the present state of your parents' mind as you grow older.

とし[2] 都市 a **city** /スィティ/, a **town** /タウン/
・都市居住者 a city [town] dweller
・都市計画 city planning

としうえ 年上(の人) a **senior** /スィーニャ/ → とし[1]

とじこめる 閉じ込める **shut up** /シャト/
・彼は暗い部屋に閉じ込められた
He was shut up in a dark room.

とじこもる 閉じこもる **shut** *oneself* (**up**) /シャト/
・部屋に閉じこもる shut *oneself* in a room
・家に閉じこもっている stay indoors

としごろ 年ごろ (年齢(ねんれい)) an **age** /エイヂ/

・私が君の年ごろには
when I was (of) your age / when I was as old [young] as you
・彼はもっと分別(ふんべつ)があってもいい年ごろだ
He should be old enough to know better.

としした 年下(の人) a **junior** /ヂューニア/ → とし[1]

として …として **as**
・その結果として as a result
・指導者として as a leader

としては …としては **as for**
・私としては as for me

どしどし (急速に) **rapidly** /ラピドリ/; (矢つぎばやに) **in** (**rapid**) **succession** /サクセション/; (遠慮(えんりょ)なく) **without hesitation** /ウィザウト ヘズィテイション/ → どんどん
・どしどし質問してよい
You needn't hesitate to ask questions.

とじまり 戸締まりをする **lock** a **door** /らク ドー/
・寝る前に必ず戸締まりを確かめなさい
Make sure that the doors are locked before you go to bed.

どしゃぶり どしゃ降り **heavy rain** /ヘヴィ レイン/, a **downpour** /ダウンポー/
・ゆうべはどしゃ降りだった
It rained heavily last night. / We had heavy rain [a downpour] last night.

としょ 図書 **books**
・新刊図書 new books
・(5千円の)図書券 a book coupon [《英》token] (for 5,000 yen)
・図書館[室] a library
・学校図書館 a school library
・図書館から本を借りる borrow a book from the library
・図書館に本を返す return a book to the library

ドジョウ 泥鰌 《魚》a **loach** /ろウチ/
ことわざ 柳の下にいつもどじょうはいない
Good luck does not repeat itself. (幸運は繰り返さない)

としより 年寄り an **old person** /パ〜スン/; (集合的に) **the aged** /エイヂド/, **the old**, **the elderly** /エるダリ/

とじる[1] 閉じる **shut** /シャト/, **close** /クろウズ/ → しめる[1]
・本を閉じる shut [close] a book
・目を閉じて with *one's* eyes shut [closed]

とじる[2] 綴じる **file** /ふァイる/

としん 都心 (大都市の) **the center of** a **city** /センタ スィティ/, **the central part of the city** /セ

three hundred and ninety-three　393　とっきょ

ントラる **パート**/

どしんと (音をたてて) **with a thud** /さド/
・どしんどしんという音　a crashing sound

トス a **toss** /トース/
　トスする **toss**

どせい 土星　**Saturn** /サタン/

とそう 塗装する　**paint** /ペイント/

どそく 土足で　**with** *one's* **shoes on** /シューズ/
　掲示 土足厳禁　No shoes allowed.

どだい 土台　a **foundation** /ふァウンデイション/

とだな 戸棚　a **cupboard** /カボド/

どたばた (さわがしく) **noisily** /ノイズィり/
・(子供が)どたばたはね回る　romp about

とたん …したとたんに　**the moment 〜** /モウメント/, **just as 〜** /ヂャスト/
・そのとたんに　just then / just at that moment
・部屋に入ったとたんに　the moment [just as] I entered a room

トタン **galvanized iron** /ギャるヴァナイズド アイアン/
・トタン屋根　a galvanized iron roof

どたんば 土壇場で　**at the last moment** /モウメント/

とち 土地
❶ (地所) **land** /らンド/; (区画された) a **lot** (**of land**), a **plot** /プらト/; (耕土) **soil** /ソイる/
・土地の人　a local
・土地所有者　a landowner
・土地付きの家　a house with a lot
・彼は郊外に小さな土地を買った　He bought a small piece of land in the suburbs.
❷ (地域) a **locality** /ろウキャリティ/
・土地の新聞　a local paper

とちゅう 途中(で)　**on the way** /ウェイ/, **on** *one's* **way**; (中途) **halfway** /ハふウェイ/
・私が学校からうちへ帰る途中
on my way home from school / when I was coming back from school
・…で途中下車する　stop over at 〜
・それを途中でやめるな
Don't give it up halfway. /
Don't leave it half-done.
・私たちは途中でいっしょに行った
We went together part of the way.

どちら
❶ (選択) **which**
❷ (場所) **where**
❶ (選択) **which** /(ホ)ウィチ/
・(二つのうち)どちらか[も]　either; (否定) neither

・どちらも (両方とも) both
・どちらでも　whichever
・君のペンはどちらですか　Which is your pen?
・どちらが私のペンかわかりません
I can't tell which is my pen.
・コーヒーとお茶とどちらが好きですか
Which do you like better, coffee or tea?
・私はどちらも同じように好きです
I like both of them equally well.
・私はどちらも(両方とも)好きでない
I like neither of them.
・どちらでもよろしい　Either will do.
・どちらの道を行ってもそこへ行けます
You can get there by either way. /
Either way will take you there.
・どちらでも君の好きなほうの本を取りなさい
Take whichever book you like.
・彼は酒もタバコもどちらもやりません(きらいです)
He neither drinks nor smokes. /
He likes neither drinking nor smoking.
・彼らはどちらも自分の案のほうがいいと言っているけど、ぼくはどちらもそんなにいいとは思わない。どっちもどっちだ　They both argue that their plan is better than the other's. But I don't think either is so good. There's little to choose between them.
　参考ことわざ 五十歩百歩　The pot calls the kettle black. (なべがやかんを黒いと言う)
❷ (場所) **where** /(ホ)ウェア/
・どちらへお出かけですか
Where are you going?
・ご住所はどちらですか　What's your address? →
×*Where* is your address? といわない
❸ (その他)
・どちらさまですか (→だれが電話をかけているのですか)　Who's calling, please?

どちらか → か³ ❻

とちる **fluff** /ふらふ/
・せりふをとちる　fluff *one's* lines

とっか 特価　a **bargain price** /バーゲン プライス/
・特価で　at a bargain price

とっかつ 特活 (特別教育活動) → とくべつきょういく

とっきゅう 特急　a **limited express** /リミテド イクスプレス/
・特急で大阪へ行く　go to Osaka by limited express
・博多行きの寝台特急に乗る　take a limited express sleeper for Hakata

とっきょ 特許　a **patent** /パテント/
・特許庁　the Patent Office

あ
か
さ
と
な
は
ま
や
ら
わ

ドック 394 three hundred and ninety-four

•…の特許を受ける get a patent on ～

ドック a **dock** /ダク/
•船はドック入りしている The ship is in dock.
•人間ドック a full [comprehensive] medical check up

とっくに (ずっと前に) **long ago**; (すでに) **already** /オーるレディ/
•私はとっくに宿題をすませました
I finished my homework long ago.

とっくん 特訓 (集中的な) **intensive training** /インテンスィヴ トレイニング/
•英会話の特訓を受ける go through intensive instruction in conversational English

とっけん 特権 a **privilege** /プリヴィれヂ/

とっさ 咄嗟に **quickly** /クウィクリ/

ドッジボール **dodge ball** /ダヂ ボーる/
•ドッジボールをする play dodge ball

どっしり (堂々とした) **imposing** /インポウズィング/; (大きくて重い) **massive** /マスィヴ/

とっしん 突進 a **rush** /ラシュ/, a **dash** /ダシュ/
突進する **rush, dash**

とつぜん 突然(に) **suddenly** /サドンり/, **all of a sudden** /サドン/; (予告なしに) **without notice** /ウィずアウト ノウティス/; (直前の予告で) **at short notice**; (思いがけずに) **unexpectedly** /アネクスペクテドり/ → きゅう⁴ ❶ (→急に)
突然の **sudden; unexpected**
•彼の突然の死 his sudden death
•それはあまりに突然でどうしてよいかわからない
That's too sudden. I don't know what to do.

どっち → どちら

どっちみち **at any rate** /レイト/, **one way or the other** /ウェイ ア ざ/; (結局) **after all**

とって¹ 取っ手 (柄⟨え⟩) a **handle** /ハンドる/; (ドアの) a **knob** /ナブ/

とって² …にとって **for, to**
•このゲームは子供にとっては難しすぎる
This game is too difficult for children.
•しつけは子供にとってたいへん重要です Discipline is very important to [for] children.

とっておく 取っておく (保存する) **keep** /キープ/; (座席などを) **reserve** /リザ〜ヴ/; (別にしておく) **put aside** /アサイド/
•そのお金を緊急の時のために取っておく
put the money aside for emergencies **[ひゆ for rainy days** (雨の日のために)]
•明日のコンサートの席を2つ取っておきました I've reserved two seats for tomorrow's concert.

とってかわる 取って代わる **replace** /リプれイス/

とってくる 取って来る **fetch** /ふェチ/, **go and**

get →「行って…する, …しに行って来る」の go and do は命令文や現在[未来]形の文に使い, 過去の文には使わない

どっと
•人々が劇場からどっと出てきた
The people poured out of the theater.

ドット (点) a **dot** /ダト/

とっぱ 突破 a **breakthrough** /ブレイクすルー/
突破する **break through**

トップ the **top** /タプ/

とつめん 凸面の **convex** /カンヴェクス/

とつレンズ 凸レンズ a **convex lens** /コンヴェクス れンズ/

どて 土手 a **bank** /バンク/

とても

❶ (非常に) **very, quite**
❷ (とても…なので…) **so ～ that ～; such ～ that ～**
❸ (どうしても…ない) **never**

❶ (非常に) **very, quite** /クワイト/
•きょうはとても忙しい⟨いそがしい⟩日だった
I've been very busy today. /
This was quite a busy [a very busy] day.
•そのパーティーはとても楽しかった
I had a terrific time at the party.
•きょうはとても暖かい[涼しい]
It's nice and warm [cool] today. → nice and
A (A は形容詞)は「とても(気持ちよく) A」という意味で, A を強める言い方; nice and は縮めて /ナイスン/ と発音する

❷ (とても…なので…) **so ～ that ～; such ～ that ～**

基本形
とても A なので…
so A that ～ → A は形容詞または副詞
とても B なので…
such B that ～ → B は(形容詞＋)名詞
とても A なので…できない
too A to do → A は形容詞または副詞

•彼はとてもいい人なのでみんなから好かれる
He is so nice that everybody likes him. /
He is such a nice boy that everybody likes him.
•私はとても急いでいたのでドアにかぎをかけるのを忘れた I was in such a hurry that I forgot to lock the door.
•この本はとても難しいので私には読めない
This book is so difficult that I can't read it. /
This book is very difficult, so I can't read

it. / This book is too difficult for me to read.
❸ (どうしても…ない) **never** /ネヴァ/, **not nearly** /ニアリ/
・私はとても君には勝てない
I will never be able to beat you.
・私はとても君のように賢(かしこ)くはない
I am not nearly so clever as you.
・私は彼女にこれ以上待ってくれとはとても頼めない
I dare not ask her to wait any longer.

とどうふけん 都道府県 ➜ 日本には現在1都1道2府43県あるが，英語ではすべて **prefecture** /プリーふェクチャ/
・47都道府県 47 prefectures

とどく 届く **reach** /リーチ/；(到着する) **arrive** /アライヴ/
・手紙はその翌日彼に届いた
The letter reached him the next day.
・私はいつも辞書は(手の)届く所に置く
I always keep my dictionary where I can easily reach it.
・この小包がたった今届きました
This parcel arrived just now.

とどけ 届け **a report** /リポート/, **a notice** /ノウティス/
・欠席届を出す hand in a notice of absence

とどける 届ける
❶ (配達する) **deliver** /ディリヴァ/
・この包みを1個ずつこのあて名に届けてもらいたい
I want you to deliver each of these parcels to these addresses.
❷ (報告する) **report** /リポート/
・君は住所の変更を先生に届けたか
Have you reported your change of address to your teacher?

ととのえる 整える (整とんする) **put in order** /オーダ/；(用意する) **prepare** /プリペア/, **get ready** /レディ/
・旅行の準備を整える prepare［make preparations］for a journey
・家の中はすべてきちんと整えられていた
Everything in the house was (put) in order.

とどまる **stay** /ステイ/；(残る) **remain** /リメイン/
・いつまで君はここにとどまるつもりですか
How long are you going to stay here?
・みんな去ったあとまで彼はしばらくその部屋にとどまっていた
He remained in the room for some time after all the others had left.

とどろく **roar** /ロー/
とどろき **a roar**

・波のとどろき the roar of waves

ドナー **a donor** /ドウナ/

トナカイ 馴鹿 《動物》**a reindeer** /レインディア/ (複) 同形

となり 隣

➤ (隣の) **next**, **next-door** /ネクスト ドー/
・隣に next / next door
・隣の人たち next-door neighbors / people next door
・隣の家 the next-door［next］house
・彼らは私たちの隣に[2軒おいて隣に]住んでいる
They live next door［next door but two］to us.
・隣のお嬢(じょう)さんたちは皆さんピアノがじょうずです
The girls next door are all good pianists.
会話 お母さんどこ．—お隣よ
Where's Mother?—She's next door.
・授業の時ボブは私の隣にすわります
Bob sits next to me in class.

どなる **roar** /ロー/；(叫ぶ) **shout** /シャウト/
・どなって声をからす shout *oneself* hoarse
・私にどなるのはよせ Don't yell at me!

とにかく **anyway** /エニウェイ/, **anyhow** /エニハウ/

どの

➤ (どちらの) **which** /(ホ)ウィチ/ ➜ どちら
➤ (どんな) **any** /エニ/
・どの家が君の家ですか
Which house is yours?
・どの家に彼女は住んでいるのですか
Which house does she live in?
・どの家に彼女が住んでいるか私は知りません
I don't know which house she lives in.
・その本はどの本屋にでもあります
You can get the book at any bookstore.

どのくらい

➤ (量) **how much** /ハウ マチ/
➤ (数) **how many** /メニ/
➤ (長さ) **how long**
➤ (高さ) **how tall** /トール/, **how high** /ハイ/
➤ (深さ) **how deep** /ディープ/
・どのくらいお金が必要なのですか
How much money do you need?
・夏休みにどのくらい映画を見ましたか
How many movies did you see during (the) summer vacation?

- どのくらいアメリカにいらっしゃいましたか
How long were you in America?
- この山はどのくらい高いのですか
How high is this mountain?
- あなたは背の高さがどのくらいありますか
How tall are you?
- この湖はどのくらい深いか私は知りません
I don't know how deep this lake is.

とのさま 殿様 a lord /ろード/
ドバイ Dubai /ドゥーバイ/
とばく 賭博 a gamble /ギャンブる/
とばす 飛ばす
❶(模型飛行機などを) fly /ふらイ/; (吹き飛ばす) blow off /ブろウ/
- 子供たちが模型飛行機を飛ばしていた
There were ［I saw］some children flying model planes.
- 彼は風に帽子を飛ばされた
He had his hat blown off by the wind.
❷(飛ばして読む) skip /スキプ/; (省略する) omit /オミト/
- この課は飛ばそう
Let's skip ［omit］this lesson.
トビ 鳶 (鳥) a kite /カイト/

トビ

とびあがる 飛び上がる (空に) fly up (in the air) /ふらイ (エア)/; (うれしくて跳び上がる) jump up (for joy) /チャンプ (チョイ)/
とびおきる 飛び起きる (ベッドから) jump out of bed /チャンプ/
とびおりる 飛び降りる jump down /チャンプ ダウン/
とびこえる 飛び越える jump over /チャンプ/
- みぞを飛び越える jump over a ditch
とびこみ 飛び込み (競技の) diving /ダイヴィング/
とびこむ 飛び込む (水中へ) jump into /チャンプ/; (頭から) dive into /ダイヴ/
- 川に飛び込む jump into the river; dive into the river
とびだす 飛び出す (走り出る) run out; (勢いよく出る) rush out /ラシュ/

- (部屋から)飛び出す run out (of a room)
- 通りに飛び出す run into the street
- どっと教室から飛び出す rush out of the classroom
とびつく 飛びつく jump at /チャンプ/
- その提案に飛びつく jump at the proposal
トピック a topic /タピク/
とびとびに (読む) skim (through) /スキム (するー)/
とびのる 飛び乗る jump on ［into］ ~ /チャンプ/
- バイクに飛び乗る jump on one's motorbike
- 電車に飛び乗る jump into a train
とびばこ 跳び箱 a (vaulting) horse /(ヴォーるティング) ホース/
- 跳び箱を跳ぶ vault a horse
とびら 扉 a door /ドー/; (本の) a title page /タイトる ペイヂ/

とぶ 飛ぶ，跳ぶ
❶ (鳥・飛行機などが) fly
❷ (跳び越える) jump

❶ (鳥・飛行機などが) fly /ふらイ/; (チョウなどがひらひらと) flutter /ふらタ/
- 高く［低く］飛ぶ fly high ［low］
- 空を飛ぶ fly in the sky
- (飛行機で)ロンドンに飛ぶ fly to London
- 飛行機が空高く飛んでいる →現在進行形
An airplane is flying high up in the sky.
- 白鳥は南へ飛んでいってしまった →現在完了 The swans have flown south.
❷ (はねる，跳び越える) jump (over) /チャンプ/; (手・棒を使って跳び越える) vault (over) /ヴォーると/
- みぞを跳び越える jump ［vault］a ditch
- 私は1メートルちょっとしか跳べません
I can jump only a little over a meter.

fly

jump

どぶ (道路わきの排水用) a ditch /ディチ/; (どぶ川) a narrow river with dirty stagnant water /ダ〜ティ スタグナント/

とほ 徒歩で **on foot** /ふト/
- 徒歩で通学する　walk to school
- そこまで徒歩でどれくらいかかりますか
How long does it take to go there on foot?
- 駅は私の家から徒歩で10分のところにあります
The station is ten minutes' walk from my house.

とほう 途方にくれる **be at a loss** /ろース/
- どうしてよいか私は途方にくれた
I was at a loss (as to) what to do.

どぼく 土木 **civil engineering** /スィヴる エンヂニアリング/
- 土木工事　civil engineering works
- 土木技師　a civil engineer

とぼける (知らないふりをする) **pretend ignorance** /プリテンド イグノランス/, **pretend not to know** /ノウ/, **play dumb** /プれイ ダム/
- とぼけたことを言う　say funny things

とぼしい 乏しい **scanty** /スキャンティ/, **poor** /プア/; (不足している) **short** /ショート/
- 乏しくなる　run short
- 乏しい収入　a scanty income
- この国は天然資源に乏しい
This country is poor in natural resources.
- 私たちは資金がだんだん乏しくなってきた
We are running short of funds.

とぼとぼ とぼとぼ歩く **plod** /プらド/, **trudge** /トラヂ/
- とぼとぼ歩いて行く　plod along〔on〕
- 坂道をとぼとぼ登って行く　trudge up a hill

どま 土間 **doma**, **an earthen-floored hallway** /アーすン ふロード ホーるウェイ/

トマト《植物》**a tomato** /トメイトウ/

とまどう 戸惑う　→こまる, まごつく

とまりがけ 泊まりがけの (1泊の) **overnight** /オウヴァナイト/
- 泊まりがけの旅行　an overnight trip
- 1週間ぐらい泊まりがけで遊びにいらっしゃい
Come and stay with us for about a week.

とまる¹　止まる

❶ **stop**
❷ (鳥などが) **settle**

❶ **stop, come to a stop**; (自動車・電車などが) **pull up** /プる/
- 壁の時計が止まった
The clock on the wall stopped.
- 自動車が彼の家の前で止まった
A car stopped〔pulled up〕in front of his house.

- この列車は各駅に止まりますか
Does this train stop at each station?
- 傷の出血が止まった
The wound stopped bleeding. →×stop *to bleed* としない
- 大雪のために電車が止まった　The railroad service has stopped on account of〔has been interrupted by〕the heavy snowfall.

❷ (鳥などが) **settle** /セトる/; (止まっている) **sit, be**
- スズメが私の手に止まった
A sparrow settled on my hand.
- 2羽のカラスが木の枝に止まっている
Two crows are (sitting) on a tree branch.

❸ (その他) (装置が) **go off**; (痛みが) **go, leave** /リーヴ/
- 冷房が止まった
The air conditioning went off.
- 痛みが止まらない〔止まった〕　The pain won't leave〔is gone〕. → *is gone* は一種の完了形

とまる² 泊まる **stay** /ステイ/ →たいざい (→滞在する)
- ホテル〔北海道〕に泊まる　stay at a hotel〔in Hokkaido〕
- 友達の所へ行って泊まる　visit with a friend
- 私たちは泊まる所がなかった
There was no place for us to stay.
- 彼は私の家に泊まっています
He is staying with us〔staying at my house〕.
→ *stay with* ～は「(人のところ)に泊まる」; *stay at*〔*in*〕～は「(場所)に泊まる」

とみ 富 **wealth** /ウェるす/, **riches** /リチェズ/
とむ …に富む **be rich in** ～ /リチ/
　富んだ **rich**
- 天然資源に富んだ国　a country rich in natural resources

とめる¹　止める, 留める

❶ **stop**; (交通などを) **hold up**
❷ (栓(せん)などをひねって) **turn off, switch off**
❸ (固定する) **fasten**

❶ **stop**; (交通などを) **hold up** /ホウるド/
- Aが…するのを止める　stop *A* from *doing*／stop *A*〔*A's*〕*doing*
- けんかを止める　stop〔break up〕a quarrel〔a fight〕
- 彼がおこって部屋を出て行こうとするのを止める
stop him (from) going out of the room in anger
- どんなことをしても彼を止めることはできません

とめる

Nothing can stop him.
❷ (栓などをひねって) **turn off** /タ〜ン/, **switch off** /スウィチ/
・水道［ガス］を止める　turn off the water [the gas]
・エンジンを止める　switch [turn] off the engine
・そのラジオを止めてくれませんか
Turn [Switch] off the radio, will you?
❸ (固定する) **fasten** /ふァスン/; (びょうで) **tack** /タク/, 《英》**pin**
・掲示を掲示板にびょうで留める　tack [pin] a notice on the bulletin [《英》notice] board

stop

tack

とめる[2] 泊める　**lodge** /らヂ/, **put up**
・今夜泊めてくれませんか
Would you put me up for the night?
とも　友　→ともだち
ともかせぎ　共稼ぎする　→ともばたらき

ともだち　友達
➤ a **friend** /ふレンド/
・男［女］の友達　one's male [female] friend
・私の昔からの友達　my old friend / an old friend of mine
・クラスの友達　one's classmate
・学校の友達　one's schoolmate / one's schoolfellow
・…と友達になる［である］　make [be] friends with 〜
・たくさんの友達を作る　make a lot of friends
・きのう私の友達から電話がかかってきた
I got a call from a friend of mine yesterday.
→「友達」がだれをさしているかが相手にわかっていない場合は my friend と言わずにこのように言う
・これは私の友達の亜紀子さんです
This is my friend Akiko.
・正男と私は親しい友達です
Masao and I are good friends.
・友達になってくれませんか
Will you be friends with me? /

Let's be friends.
・ぼくは彼女と友達になりたい
I want to make friends with her.
・いいとも，友達じゃないか　No problem. You and I are friends [That's what friends are for].
ともなう　伴う　**accompany** /アカンパニ/, **go with**, **come with** →どうはん
・雷鳴にはしばしば大雨が伴う
Heavy rain often accompanies thunder.
・ことばには実行が伴わなければならない
Words have to be supported by actions.
ともに　→いっしょに
ともばたらき　共働きする　**work together to make a living** /ワ〜ク トゥゲざ リヴィング/
・共働きの家庭　a two-income family
・私の家は両親が共働きです
Both my parents have jobs.
どもる　**stammer** /スタマ/, **stutter** /スタタ/
　どもり　(口の) a stammer
どようび　土曜日　**Saturday** /サタデイ/ (略 Sat.) →かようび
トラ　虎　《動物》a tiger /タイガ/
トライ　a try /トライ/
ドライアイス　dry ice /ドライ アイス/
トライアスロン　triathlon /トライアすらン/
トライアングル　a triangle /トライアングる/
ドライバー　(運転者) a **driver** /ドライヴァ/; (ねじ回し) a **screwdriver** /スクルードライヴァ/
ドライブ　a drive /ドライヴ/
・ドライブに行く　go for a drive
・父は時々私たちをドライブに連れて行ってくれる
Father sometimes takes us for a drive.
ドライブイン　(道路沿いで駐車場のあるレストラン) a **roadside restaurant** /ロウドサイド レストラント/; (車に乗ったまま利用できる施設) a **drive-in** /ドライヴイン/
・ドライブインレストラン［映画館］　a drive-in restaurant [theater]
ドライブウェー　(観光のための) a **scenic highway** /スィーニク ハイウェイ/ →英語の driveway は道路から家・ガレージまでの私設道路
ドライヤー　a dryer →drier ともつづる
とらえる　捕らえる　**catch** /キャチ/, **grasp** /グラスプ/; (逮捕する) **arrest** /アレスト/; (機会を) **seize (on)** /スィーズ/
・殺人犯を捕らえる　arrest a murderer
・機会を捕らえる　seize on a chance / grasp an opportunity
トラクター　a tractor /トラクタ/

トラック¹ (貨物自動車)《米》a **truck** /トラク/, 《英》a **lorry** /ろり/

トラック² (競走路) a **track** /トラク/
- トラック競技　track events

ドラッグストア a **drugstore** /ドラグストー/

ドラッグする **drag** /ドラグ/
- アイコンを別のアイコンの上にドラッグする　drag an icon onto another one
- アイコンをゴミ箱へドラッグする　drag an icon into the trash

トラックパッド a **trackpad** /トラクパド/; **touch-pad** /タチパド/

トラブル a **trouble** /トラブる/

ドラマ a **drama** /ドラーマ/, a **play** /プれイ/
- テレビドラマ　a television play

ドラム a **drum** /ドラム/

トランク
❶ (旅行用かばん) a **trunk** /トランク/; (小型の) a **suitcase** /スーツケイス/
❷ (自動車の)《米》a **trunk**, 《英》a **boot** /ブート/

トランシーバー a **walkie-talkie** /ウォーキ トーキ/; **two-way radios** /トゥーウェイ レイディオウズ/

トランジスター a **transistor** /トランズィスタ/

トランスジェンダー **trans**(**gender**) /トランス (ヂェンダ)/; (~の) **transgendered**
- トランスジェンダーの人々　transgender(ed) people

トランプ (**playing**) **cards** /(プれインぐ) カーヅ/ →
trump は「切り札」の意
- トランプ一組　a pack of cards
- トランプをして遊ぶ　play cards / have a game of cards

トランペット a **trumpet** /トランペト/
- トランペットを吹く　blow a trumpet / (演奏する) play the trumpet
- トランペット奏者　a trumpet player

トランポリン a **trampoline** /トランポリーン/

とり 鳥 a **bird** /バ～ド/
- 鳥かご　a (bird) cage
- 鳥小屋 (動物園の) a birdhouse / an aviary
- とり肉　chicken

とりあえず (いまのところ) **for the time being** /ビーインぐ/; (まず) **first of all** /ふァ～スト/; (急いで) **in haste** /ヘイスト/
- とりあえず私が議長をつとめます
I'll be the chair for the time being.
- とりあえず日時を決めよう。ほかのことはあと回しだ
Let's fix the time and date first of all. Other things can wait.

- とりあえずご返事申し上げます
I hasten to answer your letter.

とりあげる 取り上げる (手で) **pick up**, **take up**; (奪う) **take away** /アウェイ/; (問題などを) **take up**; (聞き入れる) **listen to** /リスン/
- 受話器を取り上げる　pick up the receiver
- この問題をホームルームで取り上げてみてはどうでしょう　How about taking this problem up in the homeroom meeting?
- 先生は私の要求を取り上げてくれなかった
The teacher wouldn't listen to my demand.

とりあつかう 取り扱う **treat** /トリート/; (処理する) **deal with** /ディーる/
取り扱い **treatment** /トリートメント/
- 私は彼らから親切な取り扱いを受けた
I received kind treatment from them. /
I was kindly treated by them.

とりいれる 取り入れる **take in**

とりえ → ちょうしょ

トリオ a **trio** /トリーオウ/
- ピアノトリオ(演奏者) a piano trio
- ジャズトリオ　a jazz trio

とりかえす 取り返す **get back**, **take back**; (埋め合わせる) **make up** (**for**)
- 取り返しのつかない　irreparable
- 機会は一度のがせばどうしてそれを取り返すことができよう
Once you have lost an opportunity, how can you take it back?
- 学校を長く休んでしまったので, 遅れた分を取り返すのは大変だ
As I stayed away from school for a long time, I have to work hard to make up (for) the work I missed.
- やってしまったことは取り返しがつかない
What is done cannot be undone.
- 間違えたら, 取り返しがつかない
【ひゆ】 If you make a mistake, you can't turn back the clock. (時計の針を元にもどすことはできない)

とりかえる 取り替える **change** /チェインヂ/; (交換する) **exchange** /イクスチェインヂ/, **replace** /リプれイス/
- パンクしたタイヤを取り替える　change a flat tire
- 古いカレンダーを新しいのと取り替える　replace an old calendar with a new one
- 靴下を新しいのと取り替えなさい
Change your socks for clean ones.
- 座席を取り替えよう
Let's exchange our seats.

とりかかる 取りかかる **begin** /ビギン/, **set about** /アバウト/
•仕事に取りかかる begin to work / set about doing one's work

とりかこむ 取り囲む → かこむ

とりきめ 取り決め (an) **arrangement** /アレインヂメント/

とりくみ 取組 (試合の) a **match** /マチ/
•好取組 a well-matched bout

とりくむ 取り組む **work on** /ワ〜ク/, **tackle** /タクる/
•模型飛行機の製作に取り組む work on a model airplane
•難問に取り組む tackle a difficult problem

とりけす 取り消す **cancel** /キャンセる/, **call off** /コーる/; (ことばを) **take back**
取り消し **cancellation** /キャンセれイション/
•注文[予約]を取り消す cancel an order [a reservation]
•会合を取り消す call off a meeting
•前言を取り消す take back one's words

とりこ a **prisoner** /プリズナ/, a **captive** /キャプティヴ/
•人をとりこにする take a person prisoner [captive]; (魅了する) fascinate a person

とりこわす 取り壊す (家を) **pull down** /プる ダウン/, **demolish** /デマリシュ/
•その小屋は取り壊された
The cottage was pulled down [demolished].

とりさげる 取り下げる (撤回する) **withdraw** /ウィずドロー/

とりざら 取り皿 a **plate** /プれイト/

とりしきる 取り仕切る **manage** /マネヂ/
•この計画を取り仕切っているのはだれですか
Who's managing this project?

とりしまる 取り締まる (管理する) **manage** /マネヂ/, (規制する) **regulate** /レギュれイト/

とりしらべる 取り調べる (調査する) **investigate** /インヴェスティゲイト/, **make an investigation into 〜** /インヴェスティゲイション/; (尋問(じんもん)する) **question** /クウェスチョン/
取り調べ (an) **investigation**; **questioning**
•警察はその動機について容疑者を取り調べ中だ The police are questioning the suspect on his [her] motive.

とりだす 取り出す **take out**
•ポケットからハンカチを取り出す take a handkerchief out of one's pocket

とりたて 取りたての **fresh** /ふレシュ/
•これらの魚は海からの取りたてです

These fish are fresh from the sea.

とりちがえる 取り違える **mistake** /ミステイク/, **misunderstand** /ミスアンダスタンド/
•A と B を取り違える mistake A for B
•その意味を取り違える misunderstand [mistake] its meaning
•それをほかの物と取り違えるはずはない
You cannot mistake that for anything else. / There is no mistaking that for anything else.

とりつ 都立の **metropolitan** /メトロパリタン/
•都立高校 a metropolitan high school

とりつぎ 取次店 an **agency** /エイヂェンスィ/
トリック a **trick** /トリク/

とりつける 取り付ける **fix** /ふィクス/; (装置などを) **install** /インストーる/
•壁に鏡を取り付ける fix a mirror to the wall
•新しいエアコンを取り付ける install a new air conditioner

とりにいく 取りに行く **go to get, go for** →「取りに来る」は go の代わりに come を使う
•人を…を取りに行かせる send a person for 〜
•ケン, 物置きへハンマーを取りに行ってくれ
Go and get a hammer from the storeroom, Ken.

とりのぞく 取り除く **remove** /リムーヴ/, **take away** /アウェイ/, **clear away** /クリア/; (やっかいなものを) **get rid of** /リド/
•やっかい事を取り除く get rid of a trouble

とりはずす 取り外す **remove** /リムーヴ/

とりはだ 鳥肌 **gooseflesh** /グースふれシュ/, **goosebumps** /グース バンプス/
•鳥肌が立つ get gooseflesh

とりひき 取引 **business** /ビズネス/
取引する **do business, have business relations** /リれイションズ/
•うちではあの店とは取引がありません
We have no business relations with that store. / We don't do business with that store.

ドリブルする **dribble** /ドリブる/
トリプルプレー a **triple play** /トリプる プれイ/
トリマー a **groomer** /グルーマ/
とりもどす 取り戻す → とりかえす
とりやめる 取りやめる **cancel** /キャンセる/, **call off** /コーる/
•会合を取りやめる call off a meeting
•コンサートがなぜ取りやめになったのかわかりません I don't know why the concert was canceled.

どりょく 努力

➤ (an) **effort** /**エ**ふォト/
努力する **make** an **effort**, **make efforts**, **try** (to *do*) /**ト**ライ/
・努力家 a hard worker
・努力して[しないで] with [without] effort
・彼は努力しているんですが, もう一息ですね
He is trying hard, but not enough.
・彼らは交通状態を改善しようと努力している
They are making efforts [are trying] to improve the traffic condition.
・私はいろいろ努力したが失敗した
I failed in spite of [I failed after] every effort. / All my efforts were in vain.
とりよせる 取り寄せる → ちゅうもん (→ 注文する)
ドリル (工具) a **drill** /**ド**リる/; (反復学習) (a) **drill**

とる 取る, 採る, 捕る, 撮る

❶ (手で持つ) **take**
❷ (手渡す) **hand**
❸ (得る) **get**
❺ (取っておく) **put aside**
❼ (除く) **take off**
❿ (写真を) **take**

❶ (手で持つ) **take**
・りんごを手に取る take an apple in *one's* hand(s) → 両手でなら hands, 片手でなら hand
・彼女は私の手を取った
She took me by the hand. → She took my hand. ともいえるが, 英語では動作 (take) の対象 (me) をまず出して, そのあとに動作がおよぶ部分 (hand) を示すことが多い

❷ (手渡す) **hand**; (テーブルの上にあるものなどを取って回す) **pass**; (手を伸ばして取って渡す) **reach** /**リー**チ/

基本形
A (物)を B (人)に取ってやる
hand B A / **hand** A **to** B
pass B A / **pass** A **to** B
reach B A / **reach** A **for** B

・彼は私にそのコートを取ってくれた
He handed me the coat [handed the coat to me].
・(食卓で)食塩を取ってください
Pass me the salt [Pass the salt to me], please.
・あの棚の上の本を取ってくれませんか
Reach me (down) that book on the shelf, will you?
・それを取ってください Please hand it to me. / Please pass it to me. / Please reach it for

me. → 目的語 A が「それ」(it) や「それら」(them) の場合は必ず hand [pass] A to B, reach A for B となる

❸ (得る) **get**; (賞などを) **win**; (受け取る) **receive** /リ**スィー**ヴ/; (休暇を) **take**
・彼女は試験でいつもいい点を取る
She always gets good marks in the tests.
・彼はスピーチコンテストで1等賞を取った
He won first prize in the speech contest.
・あなたは運転免許(めんきょ)をいつ取りましたか
When did you get your driver's license?
・彼女は夏に10日の休暇を取った She took ten days' vacation [holiday] in summer.

❹ (捕らえる) **catch** /**キャ**チ/
・彼は朝早く起きてカブト虫を捕りに行った
He got up early and went out to catch beetles.

ことわざ 捕らぬたぬきの皮算用 Don't count your chickens before they are hatched. (ひながかえらないうちに数えるな)

❺ (取っておく) (たくわえておく) **put aside** /ア**サ**イド/; (保存する) **keep** /**キー**プ/, **save** /**セ**イヴ/; (予約する) **reserve** /リ**ザー**ヴ/, **book**
・このお金は夏の旅行に取っておこうよ
Let's put this money aside for our summer trip.
・これらの手紙は全部取っておいてください
Please keep [save] all these letters.
・ホテルは取ったのですが, 列車の座席指定が取れません → 現在完了
I've reserved [booked] a room at the hotel, but not a train seat.

❻ (食べる) **have**, **eat** /**イー**ト/; (摂取(せっしゅ)する) **take**

ドル 402 four hundred and two

・食事はきちんと取らなければいけません
You should have meals regularly.
・あなたは夕食を何時に取りますか
What time do you have supper?
・日本人は脂肪を取りすぎる
The Japanese take too much fat.
❼(除く) **take off, remove** /リムーヴ/
・じゅうたんのしみを取る remove a stain from the carpet
・彼はびんのふたを取ろうとしたが, 取れなかった
He tried to take the cap off the bottle［remove the cap from the bottle］, but it didn't come off.
❽(取り上げる) **take** (**away**) /(アウェイ)/ (→とりあげる); (奪う) **rob** /ラブ/; (盗む) **steal** /スティール/
・彼の手からナイフを取る take a knife out of his hand
❾(時間・場所を) **take** (**up**), **occupy** /アキュパイ/
・この仕事はあまり時間を取らないと思う
I don't think this job will take a lot of time.
・このベッドは場所を取りすぎる
This bed takes (up) too much room［occupies too much space］.
❿(写真を) **take**
・このカメラで私たちの写真を撮ってください
Please take a picture of us with this camera.
・私は学校の正門の前で写真を撮ってもらった
I had my picture taken in front of the school gate.
⓫(その他)
・あなたはどんな新聞や雑誌を取っていますか
What newspapers and magazines do you take?
ドル a **dollar** /ダら/ (記号 $)
トルコ **Turkey** /ターキ/
・トルコ(人, 語)の Turkish
・トルコ語 Turkish
・トルコ人 a Turk; (全体) the Turks
どれ **which** /(ホ)ウィチ/ → どちら❶
・どれでも whichever
・君のペンはどれですか Which is your pen?
・どれでも君の好きなほう[本]を取ってよい
You may take whichever［whichever book］you like.
どれい 奴隷 a **slave** /スれイヴ/
・奴隷制度 slavery
トレードする **trade** /トレイド/
トレードマーク a **trademark** /トレイドマーク/
トレーナー (服) a **sweat shirt** /スウェト シャ～ト/

(→ スウェット); (人) a **trainer** /トレイナ/

カタカナ語！ トレーナー

日本では, training (トレーニング)用の厚手の運動着のことを「トレーナー」などというが, 英語では **sweat shirts** という. 同様に, トレーニング用のパンツは, **sweat pants** という. また日本では,「スウェット」などと呼ぶこともあるが, sweat はたんに「汗」という意味. ちなみに, trainer は運動選手などの「指導者」を意味し, training pants というと, おしめが取れるころの「幼児用パンツ」をさす

トレーニング **training** /トレイニンヶ/, a **workout** /ワ～カウト/
どれくらい → どのくらい
ドレス a **dress** /ドレス/
ドレスメーカー a **dressmaker** /ドレスメイカ/
ドレッシング **dressing** /ドレスィンヶ/
とれる 取れる, 採れる
❶(産出する) (鉱物などが) **be found** /ふァウンド/; (植物などが) **grow** /グロウ/
・この地方では金が採れる
Gold is found in this area.
・沖縄ではリンゴは採れない
Apples don't grow in Okinawa.
❷(造られる) **be made from** /メイド/
・コーン油はとうもろこしから取れる
Corn oil is made from corn.
❸(はずれる, はなれる) **come off**
・ボタンを引っ張らないで. 取れちゃうよ
Don't pull my button. It will come off.
❹(痛みなどが) **be gone** /ゴーン/
・痛みはとれました The pain is gone.
・この頭痛がとれない
I can't get rid of this headache.
トレンド **the trend** /トレンド/
どろ 泥 **mud** /マド/
泥だらけの **muddy** /マディ/
・泥水 muddy water
・はねでズボンが泥だらけになった
My trousers were splashed with mud.
ドローン (無人飛行機) a **drone** /ドロウン/
・ドローンで撮影された動画 a video shot from a drone
ドロップ (あめ玉) a **drop** /ドラプ/
どろどろ (野菜などがやわらかすぎる) **mushy** /マシ/; (泥どろんこの) **muddy** /マディ/; (スープなどが濃い) **thick** /すィク/
トロフィー a **trophy** /トロウふィ/
どろぼう a **thief** /すィーふ/ (國 thieves /すィーヴズ/); (強盗) a **burglar** /バ～グら/

トロンボーン a **trombone** /トゥロンボウン/
どわすれ 度忘れする **slip** *one's* **memory** /スリプ メモリ/, **slip** (**from**) *one's* **mind** /マインド/
・彼の名前を度忘れした
His name slipped (from) my mind. /
I forgot his name for the moment.
・私はよく度忘れする
My memory often fails me.
トン (重さの単位) a **ton**
トンカツ a **pork cutlet** /ポーク カトれト/
どんかん 鈍感な **dull** /ダる/, **insensitive** (to ～) /インセンスィティヴ/
ドングリ 団栗《植物》an **acorn** /エイコーン/
とんち (**ready**) **wit** /(レディ) ウィト/
どんちゃん どんちゃん騒(さわ)ぎをする **have a spree** [**an uproarious time**] /スプリー [アプローリアス]/
とんでもない (相手のいうことを強く否定して) **Certainly not!** /サ〜トンリ/; (…どころか) **Far from it!**
・彼らが親友同士だなんてとんでもない. 敵同士さ
Far from being best friends, they are enemies.
とんとん (たたく) **knock** /ナク/, **tap** /タプ/
・ドアをとんとんたたく
knock on [at] the door / tap on [at] the door
・先生はチョークで黒板をとんとんたたいた
The teacher tapped the blackboard with the chalk. / The teacher tapped the chalk on the blackboard.
どんどん (速く) **rapidly** /ラピドリ/; (継続して) **on and on**; (矢つぎばやに) **in** (**rapid**) **succession** /サクセション/ → どしどし
・どんどん流れる **rush**
・車がどんどん走って来た
Cars came in rapid succession.
・私たちはどんどん走ってついに彼らに追いついた
We ran on and on till we overtook them.

どんな

❶ **what, what kind of ～**
❷ (あらゆる) **any**
❸ (どんな…が…しようとも) **whatever**; (どんなに…しようとも) **however**

❶ **what** /(ホ)ワト/, **what kind of ～** /カインド/, **what sort of ～** /ソート/
・あなたが見た物はどんな形をしていましたか
What shape was the object you saw?
・その人はどんなかたですか
What kind [sort] of man is he?
❷ (あらゆる) **any** /エニ/
・それはどんな子供にもできる
Any child can do it.
・どんな質問をしてもよい
You may ask me any question.
・その金で君はどんな物でも好きなものを買っていい
You may buy anything you like with the money.
・私はあなたを助けるためにはどんなことでもします
I'll do anything to help you.
・どんな人でもこの記録は破れないでしょう
Nobody will be able to break this record. →
否定文では any のつく語句を主語にすることはできないので, この文を ×*Anybody* will *not* ～としない
❸ (どんな…が…しようとも) **whatever** /(ホ)ワトエヴァ/; (どんなに…しようとも) **however** /ハウエヴァ/
・どんな事が起こっても whatever happens [whatever may happen]
・どんな本をあなたが読むにしても whatever book you (may) read
・あなたがどんなに一生懸命勉強しても however hard you (may) study
・どんな事があっても私はそこへ行きます
Whatever [No matter what] happens, I will go there.
・どんなにやってみてもその戸は開かなかった
The door would not open, however hard I tried.
トンネル a **tunnel** /タヌる/
・トンネルを通り抜ける go through a tunnel
どんぶり a **deep bowl** /ディープ ボウる/
・親子丼 *oyakodon*, a bowl of rice topped with chicken and egg
・かつ丼 *katsudon*, a bowl of rice topped with a pork cutlet
・鉄火丼 *tekkadon*, a bowl of rice topped with tuna sashimi
トンボ 蜻蛉《虫》a **dragonfly** /ドラゴンふらイ/
とんぼがえり とんぼ返り a **somersault** /サマソーるト/
とんや 問屋 (店) a **wholesale store** /ホウるセイる ストー/; (人) a **wholesaler** /ホウるセイら/, a **wholesale dealer** /ディーら/
どんより どんよりした **dull** /ダる/
・どんよりした空 a dull sky
・天気は寒くてどんよりしていた
It [The weather] was cold and dull.

な　ナ

な¹ 名

➤ (名前) a **name** →みょうじ
➤ (名声) **fame** /フェイ厶/
名づける name; call /コーる/
・名のない nameless
・そのネコに「タマ」と名をつける name the cat "Tama"
・太郎という名の少年 a boy named Taro / a boy whose name is Taro
・少年の名を呼ぶ call a boy by name
・赤ちゃんにはもう名前をお付けになりましたか
Have you named your baby?
・(訪問客に対して)お名前は
May I ask your name, please?

な² (…する)な →するな

なあ …なあ

❶ (願い) **I wish ～**
❷ (強調・感嘆) **very, much, really** などを使うか，感嘆文で表現する

❶ (かなえられない願い) **I wish ～** /ウィシュ/

| 基本形 | (今)…であればいいのになあ
　　I wish ＋ 主語 ＋ 過去形
(あの時)…であったらよかったのになあ
　　I wish ＋ 主語 ＋ had ＋ 過去分詞 |

・私が鳥だったらいいのになあ．彼女の所に飛んでいけるのに
I wish I was [were] a bird. I could fly to her. ⬈口語では I, he など1・3人称単数主語の時の be 動詞には was を用いる
・ぼくにお兄さんがいればいいのになあ
I wish I had a brother.
・君くらい英語がうまく話せればいいのになあ
I wish I could speak English as well as you.
・夏休みがもっと続けばいいのになあ
I wish the summer vacation would last longer.
・それを買わなければよかったなあ
I wish I had not bought it.

❷ (強調・感嘆) 形容詞・副詞に **very, much** /マチ/, **really** /リ(ー)アリ/ などをつけて強調するか，感嘆文で表現する．→なんと²
・彼女ってほんとに頭がいいなあ

She is really bright.
・びっくりしたなあ I was really surprised.
・彼は走るのが速いなあ
He runs very [really] fast.
・きれいだなあ How beautiful!
・きれいなバラだなあ
What beautiful roses!

ない¹

❶ (存在しない) **be not, there is [are] not ～, there is [are] no ～**
❷ (持っていない) **do not have, have no ～**

❶ (存在しない) **be not, there is [are] not ～** /ゼア/**, there is [are] no ～** →ある¹ ❶, いる³
❶ の「基本形」参照．
・彼はここにはいない He is not [isn't] here.
・私たちはきのうは家にいなかった
We were not [weren't] at home yesterday.
・彼はなぜそこにいなかったのですか
Why wasn't he there?
・月には人はいない
There are no men on the moon.
・そこにはだれもいなかった[何もなかった]
There was nobody [nothing] there.
・その木には葉がなかった
There were no leaves on the tree. /
The tree had no leaves.
・時間がないだろう There won't be time. /
There will be no time.

❷ (持っていない) **do not have, have no ～**
・うちのイヌはしっぽがない Our dog has no tail.
⬈「しっぽ」のようにあるとしても一つしかない物の場合は no＋単数名詞になる
・私のおじいさんは歯がない My grandfather has no teeth. ⬈「歯」のようにあるとしたら二つ以上ある物の場合は no＋複数名詞
・私には兄弟がない
I don't have any brothers. /
I have no brother(s). ⬈「兄弟」のようにあるとしたら単数・複数いずれも考えられる場合はどちらでもよいが，ふつう複数形が多く使われる

ない² …ない

❷ (…しない) **do not**
❺ (だれも…しない) **nobody**

四百五 405 **なおす**

❶ (…ではない) → でした, です

❷ (…しない) **do not, don't**
- 私は彼を知らない I do not [don't] know him.
- 彼は英語を話さない

He does not [doesn't] speak English.
- 私[彼]はきのう学校へ行かなかった I [He] did not [didn't] go to school yesterday.
- 君はなぜきのう来なかったのですか

Why didn't you come yesterday?

❸ (決して…しない) → けっして, ぜんぜん, めったに

❹ (…しないでしょう) → でしょう

❺ (だれも…しない) **nobody** /ノウバディ/, **no one**; (何も…しない) **nothing** /ナすィング/
- だれもそれを知らない

Nobody [No one] knows it.
- 私はそれについては何も知らない

I know nothing about it.

ないか 内科(学) **internal medicine** /インタ～ヌる メディスン/
　内科医 a **physician** /ふィズィシャン/

ないかい 内海 an **inland sea** /インランド スィー/
- 瀬戸内海 the Seto Inland Sea / the Inland Sea of Japan

ないがい 内外に **inside and outside** /インサイド アウトサイド/; (国の) (**both**) **at home and abroad** /(ボウす) アブロード/
- 家の内外に inside and outside the house
- 彼は国の内外に知られています

He is famous both at home and abroad.

ないかく 内閣 a **Cabinet** /キャビネト/
- 内閣総理大臣 the Prime Minister
- 内閣官房長官 the Chief Cabinet Secretary

ないこうてき 内向的な **shy and reticent** /シャイ レティセント/, **introvert** /イントロヴァ～ト/
- 彼女は内向的だ

She is shy and reticent. / She is introvert.

ないしきょう 内視鏡 an **endoscope** /エンドスコウプ/

ないしゅっけつ 内出血 (体内の出血) **internal bleeding** /インタ～ヌる ブリーディング/; (青あざ) a **bruise** /ブルーズ/

ないしょ 内緒 (a) **secret** /スィークレト/ → ひみつ
　内緒の **secret**
　内緒で **secretly, in secret**
- これは内緒です This is a secret. / This is between you and me.
- 内緒で君に話したいことがある I have something to talk about with you in secret. / I want to have a secret [private] talk with you.

ないしん 内心では **at heart** /ハート/

ないしんしょ 内申書 a **school report** /リポート/

ないせん 内戦 a **civil war** /スィヴる ウォー/

ないぞう¹ 内臓 **internal organs** /インタ～ヌる オーガンズ/

ないぞう² 内蔵の (器具が) **built-in** /ビるト イン/

ないで …しないで **without** /ウィずウト/; **not ～ but**
- 考えないでしゃべる speak without thinking
- 私は行かないで家にいました

I didn't go, but stayed at home.

ナイフ a **knife** /ナイふ/ (複 **knives** /ナイヴズ/)

ないぶ 内部 the **inside** /インサイド/
- 内部の inner / inside

ないや 内野 the **infield** /インふぃーるド/
- 内野手 an infielder

ないよう 内容 **content(s)** /カンテント[ツ]/
- 本の内容 the contents of a book

ないらん 内乱 **revolt** /リヴォウるト/ → ないせん

ナイロン **nylon** /ナイらン/
- ナイロンの靴下(1足) (a pair of) nylon stockings

なえ 苗 a **seedling** /スィードリング/

なお **still** /スティる/, **still more** /モー/; (最後に) **last of all**
- そのほうがなお悪い That's still worse.
- 私にはそんなことはなおさらできない

I can still [much] less do it.
- なお必ずノートは持って来ること

Last of all, don't forget to bring your notebooks.

なおさら 尚更 **all the more** /モー/

なおす　治す, 直す

❶ (病気などを) **cure; heal**

❷ (修理する) **repair, mend**

❸ (訂正する) **correct**

❶ (病気を) **cure** /キュア/; (傷を) **heal** /ヒーる/; (治療(ちりょう)する) **treat** /トリート/

基本形	
A (人・病気)を治す	**cure** A
A (人)の B (病気)を治す	**cure** A of B

- 病気[かぜ, 頭痛]を治す cure an illness [a cold, *one's* headache]
- 傷を治す heal a wound
- 病気の子供を治す cure a sick child
- 子供のかぜを治す cure a child of a cold

・彼[その薬]が私の病気を治してくれた
He [That medicine] cured me of my illness.
・かぜを治すには床(とこ)に入って休まなければいけない
To cure a cold you have to stay in bed and rest.
・どんな悩みでも時間が治してくれる
Time is a (great) healer. (時間は(偉大な)医者である) → 英語のことわざ

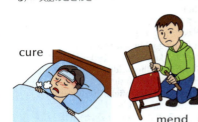

❷ (修理する) **repair** /リペア/, **mend** /メンド/; **fix** /ふィクス/ → しゅうぜん, しゅうり

使い分け
repair はふつう複雑な直し、**mend** は簡単な直しに用いる。**fix** はそのいずれにも用いる

・車[壊(こわ)れた時計]を直す　repair [fix] a car [a broken watch]
・いす[壊れた人形]を直す　mend [fix] a chair [a broken doll]
・このテレビを直してもらいたい。→「A を…してもらう」は have [get] A+過去分詞; 「A を…してもらいたい」は want A+過去分詞
I want to have [get] this TV set repaired. / I want this TV set repaired.
❸ (訂正する) **correct** /コレクト/
・誤りを直す　correct mistakes [errors]
・彼の発音[つづり, 作文]を直す　correct his pronunciation [spelling, composition]
・先生は私たちの答案を直してくれた
The teacher corrected our papers.
・まちがいがあれば直せ
Correct mistakes, if any.
❹ (癖(くせ)を) **break** /ブレイク/, **get out of**, **get rid of**, **cure**
・悪い癖を直す　break [cure] a bad habit / get out [rid] of a bad habit
・子供の悪い癖を直す　cure a child of bad habits
・つめをかむ(自分の)悪い癖を直す　break [cure] the bad habit of biting *one's* nails / get out of the bad habit of biting *one's* nails

・君は怠(なま)け癖を直さなければいけない
You have to get out [rid] of your lazy habits.
❺ (訳す) **translate** /トランスれイト/
・英語を日本語に直す　translate [put] English into Japanese

なおる　治る, 直る
❶ (病気などが) **get well**, **recover**
❷ (修理される) **bet repaired**

❶ (病気・傷が) **get well**, **recover** (from ~) /リカヴァ/, **be cured** (of ~) /キュアド/ (受け身形); (傷が) **heal** /ヒーる/ → なおす ❶
・彼の病気はまもなく治った
He soon got well. / He was soon cured of his illness. / He soon got over his illness.
・彼女はだんだん治ってきています → 現在進行形
She is getting better.
・彼はすっかり病気が治った → 現在完了
He has completely recovered from his illness. / He has completely got(ten) well [got(ten) over his illness].
・次の朝起きてみたらかぜが治っていた
The cold was gone when I woke up the next morning.
・この薬を飲めばせきが治るでしょう (→この薬が君のせきを治すでしょう)
This medicine will cure your cough.
・指の切り傷は2, 3日で治った　The cut on my finger healed (up) in a few days.
❷ (修理される) **be repaired** /リペアド/, **be mended** /メンデド/; **be fixed** /ふィクスト/ → すべて受け身形; → なおす ❷
・テレビはすっかり直りました → 現在完了の受け身形
The TV set has been completely repaired [fixed].
・パンクは私が待っているうちに直った
The flat tire was fixed while I waited.
・この自転車はあしたまでに直りますか
Can you repair this bicycle by tomorrow?
❸ (癖(くせ)が) **break** *oneself* **of** ~ /ブレイク/, **break away from** ~ /アウェイ/, **be cured of** ~ /キュアド/ → なおす ❹
・彼はその悪い癖が直らない (→悪い癖を直すことができない)
He can't break [cure] himself of his bad habit. / He can't break away from his bad habit. / He can't get rid of his bad habit. / He is not cured of his bad habit.
・昔からの習慣はなかなか直らない (→死なない)

Old habits die hard.

なか¹ 中

➤ **the inside** /インサイド/
…の中に, …の中で **in ～, inside ～**; (間に, 間で) **among ～** /アマング/
…の中へ **into ～, in ～**
…の中から **out of ～**
…の中を **through ～** /スルー/
…の中へ入る **enter ～** /エンタ/

•そのびんの中に何が見えますか
What do you see in the bottle?
•中へお入りなさい。そこでは寒いですよ
Come in [inside]. It's cold out there.
•彼はカバンの中から1冊の本を取り出した
He took a book out of the bag.
•日本では家の中へは靴をはいて入りません
We don't enter a house with shoes on in Japan.
•私たちの中では戸田が一番背が高い
Toda is the tallest among us.

in the box

into the box

out of the box

なか² 仲が良い **be good friends** /フレンヅ/

•彼らはたいへん仲が良い
They are good friends.
•私はだれとも仲良くやっていくつもりだ
I intend to be friends with everybody.
•彼らはおたがいにたいへん仲良くやっています
They are getting along very well with each other.
•彼らは前ほど仲が良くなさそうです
I'm afraid they are not such good friends as they used to (be).

ながい 長い, 長く

➤ **long**
長さ **length** /レングす/
•長い間 for a long time
•10年という長い間 for ten long years
•(それを)長い目で見る take a long-range view (of it)
•利根川の長さはどれくらいですか
How long is the Tone River? /
What is the length of the Tone River?
•この川は長さが100キロあります
This river is a hundred kilometers long [in length].
•これとそれとではどちらが長いですか
Which is longer, this or that?
•それをもう少し長くすることはできませんか
Can't you make it a little longer?

ながいき 長生きする **live long** /リヴ/
•皆さんはいつまでもご健康で長生きしてください
I hope you will all remain healthy and live long.

ながいす 長椅子 (木製・金属製の) a **bench** /ベンチ/; (布・革張りの) a **couch** /カウチ/ ➔ いす

ながおしする 長押しする **press and hold** /プレス アンド ホウるド/

ながぐつ 長靴(1足) (a **pair of**) **boots** /(ペア) ブーツ/

なかごろ 中ごろ **about the middle** /アバウト ミドる/
•8月の中ごろ about the middle of August

ながさ 長さ ➔ ながい

ながし 流し (台所の) a **sink**

なかす 泣かす ➔ なかせる

ながす 流す **wash away** /ワシュ アウェイ/; (涙を) **shed** /シェド/ (➔ なみだ)
•大水で橋が流された
The bridge was washed away by the flood.
•さあ, 握手(あくしゅ)してみんな水に流そう(→忘れよう)
Now, let's shake hands and forget it.

なかせる 泣かせる (いじめたりして) **make ～ cry** /クライ/; (感動させて) **move ～ to tears** /ムーヴ ティアズ/
•彼を泣かせる make him cry
•その話はそこにいたすべての人を泣かせた
The story moved everyone there to tears.

ながそで 長袖の **with long sleeves** /スリーヴズ/
•長袖のシャツ a shirt with long sleeves

なかなおり 仲直りする **be friends again** /ふレンヅ アゲン/, **make up with**
•握手(あくしゅ)して仲直りしようじゃないか
Let's shake hands and be friends again.

なかなか

•彼らはすぐ仲直りした
They soon made up with each other.

•彼らは私たちに仲直りしようと申し出た

ひゆ They held out the olive branch to us.
→ olive branch (オリーブの枝)は「平和と和解」の象徴

なかなか (そんなに) **so**; (かなり) **quite** /クワイト/, **pretty** /プリティ/

•こういうことはなかなか簡単にはできないものです
Such things cannot be done so easily.

•彼はなかなかよくやった
He did pretty well.

•バスはなかなか来ないですね
The bus is so long coming, isn't it?

•彼はなかなか来なかった He was a long time in coming. / (彼が来る前が長かった) It was a long time before he came.

•ジャガイモはなかなか煮えない[焼けない]
Potatoes cook slowly.

なかにわ 中庭 a **courtyard** /コートヤード/

ながねん 長年 **for years** /イアズ/

なかば 半ば (半分) **half** /ハ ふ/; (いくぶん) **partly** /パートリ/; (中旬) **the middle** /ミ ドる/ (→ なかごろ)

•その仕事は半ば出来上がっている
The work is half done.

•彼は3月の半ばに[ごろ]上京して来るでしょう
He'll come up to Tokyo in [about] the middle of March.

•彼は30代の半ばです He is in his mid-thirties.

ながびく 長引く **be prolonged** /プロろーンヅド/

•彼の滞在(たいざい)は1週間ほど長引くでしょう
His stay will be prolonged for a week or so. / He will stay another week or so.

なかま 仲間 a **companion** /コンパニョン/; (団体) a **party** /パーティ/

•君も仲間に入りませんか
Would you like to join us?

•ゲームの仲間に入ってもいいですか
May I join in the game?

•彼も仲間に入ってもらってはどうか
How about asking him to join the party?

•私はだれか旅行の仲間がほしい
I want a good companion [someone to go with me] on my trip.

なかまはずれ 仲間はずれ an **outcast** /アウトキャスト/

なかみ 中身 → ないよう

ながめる 眺める **see** /スィー/; **look at** /るク/
眺め a **view** /ヴュー/ → みはらし

•山の眺めのすばらしい部屋 a room with a splendid view of the mountains

•われわれはすばらしい夕焼けを眺めながらしばらくそこにすわっていた We sat there for some time looking at the glorious sunset.

ながもち 長持ちする (続く) **last long**; (使用に耐える) **wear** (**well**) /ウェア/; (機械などが) **stand long use** /ユース/

•この生地は長持ちしないんじゃないかしら
I'm afraid this material won't wear well.

なかゆび 中指 **the middle finger** /ミドる ふィンガ/

なかよし 仲良し a **good friend** /ふレンド/

•…と仲良しになる become good friends with ～

•ぼくたちはけんかしたあとで前よりも仲良しになった We've become better friends since the quarrel.

参考ことわざ 雨降って地固まる After rain comes fair weather. (雨のあとには晴天がやって来る)

ことわざ 二人なら仲良し, 三人になると仲間割れ
Two's company, three's a crowd. (三人はただの群れ)

ながら …ながら

❶ (…の間に) **while**
❷ (それなのに) (**and**) **yet**

❶ (…の間に) **while** /(ホ)ワイる/ → 同時に起こっていることを示すには doing 形を用いても表現できる

•彼らは合唱しながらやって来た
They came along, singing in chorus.

•私は本を読みながら眠ってしまった
While I was reading, I fell asleep. / I fell asleep reading [over my book].

•彼女は編み物をしながら居眠りをしていた
She was nodding over her knitting.

•コーヒーでも飲みながら話そう
Let's talk over a cup of coffee.

❷ (それなのに) (**and**) **yet** /イェト/

•彼は約束しておきながら来なかった
He promised to come, and yet he didn't.

ながれ 流れ

❶ (小川) a **stream** /ストリーム/
❷ (流出) a **flow** /ふろウ/

•絶え間ない水の流れ a constant flow of water

•交通の流れを妨(さまた)げる interfere with the flow of traffic

❸ (その他)

•時の流れ(経過) the lapse of time

•歴史の流れ(推移) the course of history

ながれぼし 流れ星 a **shooting star** /シューティ ング/

ながれる 流れる **flow** /ふろウ/, **run** /ラン/
- この川は南に流れて海に注ぎます
This river flows south into the sea.
- 彼女のほおには涙が流れていた
Tears were running down her cheeks.

なぎ (海の) a **calm** /カーム/ → なぐ

なきごえ 泣き声 (声を上げての) a **cry** /クライ/; (すすり泣きの) a **sob** /サブ/

なきごと 泣き言 → ふへい

なきむし 泣き虫 a **crybaby** /クライベイビ/
- 彼女は泣き虫だ(→すぐ泣く) She cries easily.

なく¹ 泣く

➤ (声を上げて) **cry** /クライ/
➤ (涙を流して) **weep** /ウィープ/
➤ (すすり泣く) **sob** /サブ/

- 彼の死をいたんで泣く cry [weep] over his death
- うれしくて泣く cry [weep] for joy
- わっと泣きだす burst out crying / burst into tears
- 泣きながら答える reply between one's sobs
ことわざ 泣きっつらにハチ One misfortune comes on the neck of another. (不幸は続いてやってくる) → on the neck of ～ は「…にすぐ続いて」

なく² 鳴く (イヌが) **bark** /バーク/; (ネコが) **mew** /ミュー/; (小鳥が) **sing**, **chirp** /チャ～プ/; (おんどりが) **crow** /クロウ/; (カラスが) **caw** /コー/; (ウシが) **moo** /ムー/; (ウマが) **neigh** /ネイ/; (ブタが) **grunt** /グラント/; (ヒツジ・ヤギが) **bleat** /ブリート/; (ネズミが) **squeak** /スクウィーク/

なぐ (海が) **become calm** /カーム/; (風が) **stop**, **die down** /ダイ ダウン/

なぐさめる 慰める **console** /コンソウる/, **comfort** /カンふォト/
慰め **consolation** /カンソれイション/, **comfort**
- …に二言三言慰めのことばをかける
say a few words of comfort to ～
- 悲しみに沈んでいる彼にとって彼女の存在は大きな慰めであった
Her presence was a great consolation [comfort] to him in his grief.
- 彼はだれかが慰めてあげなければならない
He needs to be consoled [comforted].

なくす lose /るーズ/ → うしなう
- 時計が見つからない. どこでなくしたのかしら
My watch is missing. Where have I lost it, I

wonder?

なくてはならない (本質的に欠かせない) **essential** /イセンシャる/, (生死にかかわるほど大切な) **vital** /ヴァイトる/
- 水は生命にとってなくてはならないものだ
Water is essential to life.
- あの選手はわがチームにとってなくてはならない存在だ That player is vital to our team.

なくなる be lost: (見当たらない) be missing /ミスィング/
- 簡単に手に入るものは(大事にしないから)いつの間にかなくなってしまう
Easy come, easy go. → 英語のことわざ

なぐる hit. strike (a blow) /ストライク (ブろウ)/
- 彼は私の顔をなぐった
He struck me a blow on the face.
- 私はなぐり返した I returned the blow.

なげく 嘆く (声を出して) **lament** /らメント/; (悲しむ) **grieve** /グリーヴ/
- 友の死を嘆く lament a friend's death
- 試験の失敗を嘆く grieve over one's failure in the examination
- いまさら嘆いてみても始まらない
It's no use crying over spilt milk. (こぼれたミルクのことを嘆いてもしかたがない(もとのコップに戻るはずがない)) → 英語のことわざ
- そんな事をしたら君の死んだお父さんが嘆くぞ
Your dead father would have been very shocked if you did such a thing. /
ひゆ If you did such a thing, your father would roll over in his grave. (お墓の中で寝返りを打つだろう)

なげだす 投げ出す **throw out** /すロウ/; (あきらめる) **give up** /ギヴ/

なげる 投げる

➤ **throw** /すロウ/; (ぽいと軽く) **toss** /トース/

基本形
A を投げる
  throw A
B を目がけて A を投げる
  throw A at B
B に A を投げる
  throw B A / **throw** A to B

- 石を投げる throw a stone
- 木に石を投げる throw a stone at a tree
- 彼にぽいとリンゴを投げてやる toss him an apple
- ごみを投げ捨てる throw away rubbish
- ピッチャーはキャッチャーに速球を投げた

The pitcher threw a fastball to the catcher.

•窓から紙くずを投げてはいけません

Don't throw paper out of the windows.

なければ …がなければ **without ～** /ウィずウト/, **but for ～**; if it were not for ～ /ワ〜/; if it had not been for ～

•太陽の熱がなければ何物も生きることができない

Without［But for, If it were not for］the heat of the sun, nothing could live.

•君の援助(えんじょ)がなかったら私は成功しなかったでしょう

Without［But for, If it had not been for］your help, I would not have succeeded.

なこうど 仲人 a **go-between** /ゴウ ビトウィーン/

なごやか 和やかな **friendly** /ふレンドり/

•和やかなふんいきで in a friendly atmosphere

なさけ 情け（慈悲(じひ)）**mercy** /マ〜スィ/; (あわれみ) **pity** /ピティ/; (同情) **sympathy** /スィンパすィ/; (親切) **kindness** /カインドネス/

情け深い kind; merciful /マ〜スィふる/

情けない（哀れな）**pitiful** /ピティふる/; (悲惨(ひさん)な) **miserable** /ミゼラブる/

•情けない(気持ちになる) feel miserable

ことわざ 情けは他人(ひと)のためならず

Charitable men lose nothing. (慈悲を行う人は何物も失わない) / He that pities another remembers himself. (他人をあわれむ人は自分のことを思う人である)

ナシ 梨 《植物》a **pear** /ペア/

なしで …なしで **without ～** /ウィずウト/ ➡ なければ

•私は君の助けなしではやって行けない

I cannot do without your help.

なしとげる 成し遂げる **accomplish** /アカンプリシュ/

なじむ ➡ あう2, なれる

ナス 茄子 《植物》an **eggplant** /エグプらント/, 《英》**aubergine** /オウバずーン/

なすりつける (よごす) **smear** /スミア/; (…のせいにする) ➡ せい4

なぜ

➤ **why** /(ホ)ワイ/

なぜなら because /ビコーズ/

🗨会話 なぜ彼は欠席しているのですか. —なぜなら彼はひどいかぜをひいているからです

Why is he absent?—Because he has caught a bad cold.

•なぜ彼は欠席しているのか教えてください

Tell me why he is absent.

🗨会話 私これから出かけます. —なぜ（→何のために）? I am going out. —What for?

•なぜ君はそんなに悲しいの（→何が君をそんなに悲しくするのか）What makes you so sad?

なぜか somehow (or other) /サムハウ (アざ)/

•なぜかぼくはそれがきらいなんだ

Somehow I don't like it.

なぞ 謎（なぞなぞ）a **riddle** /リドる/; (不可解なこと) a **mystery** /ミステリ/, a **puzzle** /パズる/

•なぞをかける ask a riddle

•なぞを解く solve a riddle

なだめる soothe /スーず/; (やさしく言い聞かせる) **coax** /コウクス/

•泣く子をなだめる soothe a crying child

•母親は子供をなだめて一人でそこへ行かせた[行くのをやめさせた]

The mother coaxed her child into［out of］going there alone.

なだらかな gentle /チェントる/

•なだらかな坂 a gentle slope

なだれ a **snowslide** /スノウスらイド/, an **avalanche** /アヴァランチ/

なつ 夏

➤ **summer** /サマ/

•夏には in summer

•夏休み 《米》the summer vacation / 《英》the summer holidays ➡ なつやすみ

•夏祭り a summer festival

•夏まけする be weak from the summer heat

•夏には長い休暇があります

In summer we have a long vacation.

なつかしい dear /ディア/

•私のなつかしいふるさと my dear old home

なつく (人が) **take to**

•うちのイヌはほとんどどんな人にもなつきます

Our dog is friendly with almost everyone.

なづける 名づける ➡ な1

ナッツ a **nut** /ナト/

なっている …することになっている（約束・予定で）**be to** do; (予定・規則などで) **be supposed to** do /サポウズド/

•私たちはあすピクニックに行くことになっています

We are to go on a picnic tomorrow.

•だれがそれをすることになっているのですか

Who was to do that?

•彼は7時にここに来ることになっている

He is supposed to be here at seven.

•君たち, ここでは野球をしてはいけないことになって

411 なま

いるんだ
You are supposed not to play baseball here.

なっとう 納豆 ***natto*, fermented soybeans** /ふァメンテド ソイビーンズ/

なっとく 納得させる **convince** /コンヴィンス/
•彼のことばでは私は納得できない
His words do not convince me.

なつばて 夏ばて → なつ（→ 夏まけする）

なつやすみ 夏休み 《米》**the summer vacation** /サマ ヴェイケイション/，《英》**the summer holidays** /ハリデイズ/
•夏休みに北海道へ行く go to Hokkaido for the summer vacation

ナデシコ 撫子 《植物》**a fringed pink** /ふリンヂド ピンク/

なでる **stroke** /ストロウク/

など …など **and other things** /アざ すィングズ/，**and so forth** /ふォーす/，**and so on. and the like** /らイク/; （人の場合）**and others** → 簡略な記述法としてラテン語の etc. /エトセトラ/ を用いることもできる:, *etc.* のように前にコンマを付け斜体にする; 英文中ではふつう and so forth, and so on などと読む
•ペン，ナイフ，ノートなどを買う buy a pen, a knife, a notebook, and some other things
•私は田中，矢田などといっしょに行った
I went with Tanaka, Yada, and some others [some other friends].

なな 7（の） **seven** /セヴン/
•第7の the seventh（略 7th）
•7分の1，7分の2 one seventh, two sevenths
•7倍 seven times

ななじゅう 70（の） **seventy** /セヴンティ/
•第70（の） the seventieth（略 70th）
•71（の），72（の），… seventy-one, seventy-two, …
•第71（の），第72（の），… the seventy-first, the seventy-second, …
•70歳の老人 an old man [woman] of seventy
•70以上の老人たち old people over seventy

ななしゅきょうぎ 七種競技 **heptathlon** /ヘプタすらン/

ななめ 斜めの **slanting** /スらンティング/
斜めに **aslant** /アスらント/，**at [on] a slant**

なに 何

➤ **what** /（ホ）ワト/

何か **something** /サムすィング/; （疑問文で） **anything** /エニすィング/

何も…ない **nothing** /ナすィング/
•…して何になる What's the use of *do*ing?

📢会話 これは何ですか. ―パソコンです
What is this?—It is a personal computer.
•テーブルの上に何がありますか
What is there on the table? / What do you see on the table?
•テーブルの上に何かありますか
Is there anything on the table? / Do you see anything on the table?
•君は何がほしいの? What do you want?
•（職業をたずねて）あなたは何をなさっているのですか? What do you do?
•君は私に何をしてほしいの?
What do you want me to do?
•この花は何という花ですか What is this flower called? / What do you call this flower?
•何か食べ物をください. ゆうべから何も食べていません Give me something to eat. I have eaten nothing since last night.
•彼は私を助けるために何もしてくれなかった
He did nothing to help me.
•運転もできないのに車なんか持ってて何になるのですか What's the use of having a car if you can't drive?

なにげなく 何気なく （特別な意図もなく）**casually** /キャジュアリ/; （偶然）**by chance** /バイ チャンス/
なにしろ → とにかく
なにもかも 何もかも **everything** /エヴリすィング/，**every. all**
なにより 何より
•私にはカレーライスが何よりのごちそうです
Curry and rice is my favorite.
•お元気だそうで何よりです （→元気だと聞いて私はうれしい）I'm glad to hear that you are well.
•彼は強くて，勇敢（ゆうかん）で，そして何よりも正直です
He is strong, brave, and above all, honest.

ナプキン （食卓用の）**a napkin** /ナプキン/; （生理用）**a sanitary napkin** [**pad**] /サニテリ ナプキン [パド]/

なふだ 名札 （胸につける）**a name card** /カード/
なべ （浅い）**a pan** /パン/; （深い）**a pot** /パト/
•なべもの（料理）a dish cooked in a pot
なま 生の （肉などが）**raw** /ロー/; （放送・演奏などが）**live** /らイヴ/; （クリームなど）**fresh** /ふレシュ/
•生肉 raw meat
•生クリーム fresh cream
•生もの raw food
•生ごみ 《米》garbage / 《英》rubbish
•さかなを生で食べる eat fish raw

なまいき 412 four hundred and twelve

・そのバンドの生演奏を (→バンドが生で演奏するの を) 見る see the band play live
なまいき 生意気 **cheek** /チーク/, **impudence** /インピュデンス/
生意気な **sassy** /サスィ/, **cheeky** /チーキ/, **sau-cy** /ソースィ/, **impudent** /インピュデント/
・生意気な若い男 a saucy young man
・彼は生意気にも私にそれをしないように忠告した
He had the impudence [the cheek] to ad-vise me not to do it. / He was impudent enough to advise me not to do it.
なまえ 名前 a **name** →な¹
なまける 怠ける (のらくらと) **idle** /アイドる/; (ほったらかす) **neglect** /ニグれクト/
・怠けて時を過ごす idle away *one's* time
・私は勉強を怠けていてしかられた
I was scolded for neglecting my studies.
ナマズ 鯰 《魚》 a **catfish** /キャトふぃシュ/ (圈同形)
なまなましい 生々しい **vivid** /ヴィヴィド/
なまにえ 生煮えの **half-boiled** /ハふ ボイるド/, **half-done** /ハふ ダン/, **half-cooked** /ハふ ククト/
なまぬるい lukewarm /るークウォーム/
なまやけ 生焼けの **undercooked** /アンダクックト/; **underdone** /アンダダン/
・生焼けの豚肉を食べるのは安全ではない
Undercooked pork is not safe to eat.
なまり¹ (ことばの) a **provincial accent** /プロヴィンシャる アクセント/
・きついアイルランドなまりで話す speak with a strong Irish accent
なまり² 鉛 **lead** /れド/ →発音注意
なみ¹ 並み (平均) the **average** /アヴェレヂ/
並みの **average**, **common** /カモン/, **usual** /ユージュアる/
・並みでない uncommon / unusual
なみ² 波 a **wave** /ウェイヴ/; (さざ波) a **ripple** /リプる/
・波が高かった The waves were high.
なみき 並木 a **row of trees** /ロウ トリーズ/
並木道 an **avenue** /アヴェニュー/, a **tree-lined street** /トリー らインド ストリート/
なみだ 涙 **tears** /ティアズ/
・涙を流す shed tears
・涙を流して in tears
・涙を浮(う)かべて with tears in *one's* eyes
・彼女は涙もろい She is easily moved to tears.
ナメクジ 蛞蝓 《動物》a **slug** /スらグ/
なめらか なめらかな **smooth** /スムーず/

なめらかに **smoothly**; (流暢(りゅうちょう)に) **fluently** /ふるーエントリ/
なめる **lick** /リク/; (ネコ・イヌなどが水などをぴちゃぴちゃ) **lap** /らプ/
なや 納屋 a **barn** /バーン/
なやみ 悩み (強い) (a) **distress** /ディストレス/; (くよくよ) **worry** /ワ〜リ/
・悩みの種 a **worry** / ひゆ a pain in the neck (首の痛み) / ひゆ a thorn in the side (わき腹にささったとげ)

なやむ 悩む
➤ **be distressed** /ディストレスト/
➤ (くよくよ) **be worried** /ワ〜リド/
➤ (病気で) **suffer from** /サふァ/
悩ます **distress**; **worry**; (困らせる) **bother** /バざ/; (いらいらさせる) **annoy** /アノイ/
・彼は母親の健康のことで悩んでいる
He is distressed by his mother's illness.
・そんなつまらないことでそう悩むな
Don't be worried about trifles like that.
・私は頭痛に悩まされている
I'm suffering from headaches.
・そんなつまらないことで私を悩ませないでくれ
Don't bother me with such a silly thing.
・農家の人々は今年の米の不作で頭を悩ませている
Farmers are worrying about the poor rice crop this year. / ひゆ Farmers are wringing their hands over the poor rice crop this year.
→ wring *one's* hands (手をもみ合わせる)は苦悩を表すしぐさ
なよなよ なよなよした (弱々しい) **feeble** /ふィーブる/; (からだつきがきゃしゃな) **slim and delicate** /スリム デリケト/
なら …なら →もし

ならう 習う
➤ (学ぶ) **learn** /ら〜ン/; (1回習う) **take [have] a lesson** /れスン/, (連続して習う) **take [have] lessons**
・英語を習う learn English
・週に3回ピアノを習う take [have] three piano lessons a week
・水泳を習う learn (how) to swim / take swimming lessons
・私たちは田島先生に英語を習う
We learn English from Mr. Tajima.
・君は週に何時間英語を習いますか
How many English lessons do you have in a week?

four hundred and thirteen **413** なる

・私は毎週森本先生にピアノを習います
I take piano lessons from Ms. Morimoto every week.

・私たちは学校で英語を習っています →現在進行形
We are learning English at school.

・私は英語を3年間習っています →現在完了進行形
I have been learning English for three years.

ことわざ 習うより慣れよ　Practice makes perfect. (練習すれば完全になる)

ならす¹ 鳴らす　**ring** /リング/; **sound** /サウンド/ →なる²

・ベルを鳴らす　ring a bell

・警笛(けいてき)を鳴らす　sound a horn

ならす² 慣らす　(習慣づける) **accustom** /アカスタム/; (鳥獣を) **tame** /テイム/ →なれる

・子供たちを新しい環境に慣らす
accustom the children to the new conditions

・ある種の動物はとても慣らしにくい
Some animals are hard to tame. /
Some animals are not easily tamed.

ならす³ (平らに) **level** /れヴる/

・運動場をならす　level the playground

ならない …ならない

❶ (…しなければならない) **must, have to**
❷ (…してはならない) **must not**

❶ (…しなければならない) **must** /マスト/, **have to** /ハふトゥ/

・君は約束を守らなければならない
You must keep your promise.

・君はそれをやり直さなければならないでしょう
You will have to do it over again. →×will must とは言えないので have to を使う

・私はそれをやり直さなければならなかった
I had to do it over again. →must には過去形がないので have to の過去形 had to を使う

・彼は私にそれを自分でしなければならないと言った
He told me that I must do it myself. →主節の動詞が過去時制 (told) でも従属節の中では must をそのまま使ってよい

・法律によって子供はすべて学校へ通わなければならない (→法律がすべての子供に学校へ通うことを要求する) The law requires all children to attend school.

❷ (…してはならない) **must not**

・君はうそをついてはならない
You must not tell a lie.

ならぶ 並ぶ　(1列に) **stand in a line** /スタンド らイン/, 《米》**line up**, 《英》**queue (up)** /キュー/; (肩を並べて) **stand side by side** /サイド/; (競走

で) **be neck and neck** /ネク/

・子供たちは1列に並ばせられた
The children were made to stand in a line.

・私たちは競技場に入るのに2時間並んで待った　We lined up [queued (up)] for two hours to get into the stadium.

・私たちは並んですわった　We sat side by side.

ならべる 並べる　(1列に) **put in a line** /らイン/; (配列する) **arrange** /アレインヂ/

・ABC 順に名前を並べる　arrange the names in alphabetical order

なりすまし **identity theft** /アイデンティティ せふト/ →theft は「盗(ぬす)み」. 他人の個人情報を盗んでその人のふりをすること

・なりすましを通報する　report identity theft

なりたつ →なる¹

なりゆき 成り行き　**the course** (**of things**) /コース (すィングズ)/

・自然の成り行きで　in the course of nature

・事の成り行きしだいでは　according to the course of events

・事をその自然の成り行きにまかせる　leave a thing to take [run] its natural course

なる¹ 成る　(構成されている) **consist** (**of ~**) /コンスィスト/, **be composed** (**of ~**) /コンポウズド/

・委員会は6人の委員で成っている
The committee consists [is composed] of six members.

なる² 鳴る　(ベルなど) **ring** /リング/; (サイレンなど) **blow** /ブロウ/; (響く) **sound** /サウンド/ →ならす¹

・ベルが鳴っている　The bell is ringing. →There goes the bell. という言い方もある

なる³ (実が) **bear** /ベア/, **have a crop** /クラプ/

なる⁴ …になる

❶ (だんだん) **become, grow**; (すぐに) **get**
❷ (必然的に) **make**
❸ (結果が) **come to ~**; (結局) **turn out**
❻ (変化して) **turn**

❶ (だんだん…になる) **become, be, grow** /グロウ/; (すぐに, 一時的に…になる) **get** →become, be の次には名詞または形容詞が, grow, get の次には形容詞が続く; →なると

・看護師[俳優]になる　become a nurse [an actor]

・寒く[暗く]なる　get cold [dark]

・友達になる　become friends / get to be friends

・大人になる　grow up / become a man [a

なると

414 four hundred and fourteen

woman]
・オタマジャクシは数週間でカエルになる
Tadpoles become frogs in a few weeks.
・私は来月で15歳になります → 未来表現
I'll be fifteen years old next month.
・彼女の願いは歌手になることです
Her wish is to be［become］a singer.
・私は大きくなったら医者になりたい → I want to be［become］a doctor when I grow up.
・君は何になるつもりですか →「…するつもりである」は be going to *do*
What are you going to be?
・冬にはすぐに暗くなる → 主語はばく然と「天候」を示す代名詞 it を使う
It gets［becomes］dark early in winter.
・日ごとにだんだん暖かくなってきた → 現在進行形
It is getting［becoming］warmer and warmer every day. / The days are getting warmer.
・彼女は有名人になった → 現在完了
She has become a famous woman.
・女の子たちは森の中で迷子になった
The girls got lost in the woods.
・ぼくは今年10センチ背が高くなった
I've grown 10 centimeters taller this year.
・その村は大きくなって市になった
The village grew into a city.
・彼女は大きくなって数学者になった
She has grown up to be a mathematician.
・お宅のイヌはどうなりましたか → 現在完了
What has become of your dog?
・父親が亡くなったら子供たちはどうなるんだろう
What will become of the children when their father dies?
❷ (必然的に…になる) **make**
・16＋14は30になる
Sixteen and fourteen make(s) thirty.
・その箱は妹のいい貯金箱になります
The box will make a good (piggy) bank for my little sister.
❸ (結果が…になる) **come to ～, amount to ～** /アマウント/; (…ということがわかる，結局…になる) **turn out** /ターン/
・こういうことになる come to this
・ほとんど［全然］ものにならない come［amount］to little［nothing］
・お勘定(かんじょう)は千円になります
Your bill comes［amounts］to a thousand yen.
・彼はいつかものになるよ．よく働くもの
He will amount to something someday. He's

a hard worker.
・どうしてこういうことになったのですか → 現在完了
How has it come to this?
・それは忘れられない日になった
It turned out to be a memorable day.
・その犯人は最後は刑務所行きとなった
The criminal ended up in prison.
・ゲームはどうなりましたか
How did the game go?
❹ (…するようになる) **come to** *do*, **get to** *do*
・やがて私は彼女を愛するようになった
In time I came to love her.
・その試合は「FA カップ」と呼ばれるようになった
The competition came to be called the "FA Cup."
・どうして君は彼を知るようになったのですか
How did you come［get］to know him?
❺ (経験・練習によって…できるようになる) **learn to** *do* /ラ～ン/
・泳げるようになる learn to swim
・彼女はピアノがひけるようになった
She learned to play the piano.
❻ (変化して…になる) **turn** /ター～ン/, **change** /チェインヂ/

> **基本形**
> A になる
> **turn** A → A は形容詞
> B になる
> **turn into**［to］B
> **change into**［to］B → B は名詞; 根本的な変化には into, 表面的な変化には to を用いる

・赤く［真っ青に］なる turn red［pale］
・氷になる turn［change］into ice
・毛虫はチョウになる
Caterpillars turn［change］into butterflies.
・午後になって雨が雪になった The rain turned into［to］snow in the afternoon.
・交通信号は赤から青になった
The traffic lights turned［changed］from red to green.
なると …になると **when ～** /(ホ)ウェン/, **in ～**
・春［朝］になると when spring［morning］comes / in spring［the morning］
・秋になると葉が黄色くなる
In autumn leaves turn yellow.
なるべく (できるだけ) **as ～ as possible** /パスィブる/; (できることなら) **if possible**
・なるべく急いでそれをしてください
Do it as quickly as possible［as you can］.
・なるべく君自身にそれをやってもらいたい

I want you to do it yourself if possible.

なるほど
❶ (あいづち) **I see.**
❷ (本当に) **really, indeed**
❶ (あいづち) **I see.** /スィー/ → あいづち

すみませんがあしたは1日じゅう忙(いそが)しくてあなたにお会いできません
―なるほど. じゃまたいつか
Sorry, but I can't see you tomorrow. I'm busy all day.
―I see. Then some other time.

❷ (本当に) **really** /リ(ー)アリ/, **indeed** /インディード/, **quite** /クワイト/
・なるほどこの本はおもしろい
This book is really interesting. /
This book is very interesting indeed.
・なるほど君の言うとおりだ
You are quite right.
・彼の案はなるほど理論的にはけっこうだが実際的ではない His plan is theoretically very good indeed, but it's not practical. → ~ indeed, but ~ の使い方に注意

ナレーション narration /ナレイション/
ナレーター a narrator /ナレイタ/
なれなれしい too familiar /ファミリア/, **too friendly** /ふレンドリ/
なれる 慣れる **get [become] used** (to ~) /ユースト/, **get [become] accustomed** (to ~) /アカスタムド/ → ならす²
・慣れている be used [accustomed] (to ~) / be at home (on ~, in ~)
・彼女はこういうつらい仕事に慣れていない
She is not used [accustomed] to this sort of hard work.
・新しい学校に慣れるまで時間がかかりましたか
Did it take you long until you got accustomed to your new school? / ひゆ Did it take you long to find your feet in your new school?
・彼女は表計算ソフトには慣れたものです
She is quite at home in [with, doing] a spreadsheet.
なわ 縄 **a rope** /ロウプ/
なわとび 縄跳び **rope skipping** /ロウプ スキピング/, **rope jumping** /ヂャンピング/
・縄跳びをする skip [jump] rope

・縄跳びの縄 skipping rope / jump(ing) rope

なん 何…
➤ **what ~** /(ホ)ワト/
➤ (数) **how many ~** /ハウ メニ/
➤ (年齢(ねんれい)) **how old**
・何時 what time
・何日 what date
・何曜日 what day (of the week)
・何月 what month
・何人(の) how many (~)
・何回 how many times / how often
・何歳 how old
・何百[千]という… hundreds [thousands] of ~
・あれは何だ What's (=What is) that?

今何時ですか. ―2時半です
Do you have the time?―It is half past two. / It is two thirty. → What time is it? は家族や親しい友人間の言い方

きょうは何曜日ですか. ―水曜日です
What day (of the week) is it today?―It is Wednesday.
・何月に新学年が始まりますか
In what month does the school year begin?
・君の学校には先生が何人いますか
How many teachers are there [do you have] in your school?

あなたは何歳ですか. ―15歳です
How old are you?―I am fifteen (years old).
なんおう 南欧 **Southern Europe** /サざン ユロプ/
なんかん 難関 → こんなん, しょうがい²
なんきゅう 軟球 **a rubber ball** /ラバ/
なんきょく 南極 **the South Pole** /サウす ポウる/ 南極の **Antarctic** /アンタークティク/
・南極大陸[海] the Antarctic Continent [Ocean]
・南極地方 the Antarctic (regions)
・南極探検(隊) an Antarctic expedition
なんきんじょう 南京錠 **a padlock** /パドらク/
なんこう 軟膏 **an ointment** /オイントメント/
なんせい 南西 **the southwest** /サウすウェスト/ → せいなん
・南西の southwest / southwestern
・南西に (方向・位置) southwest; (方向) to the southwest; (位置) in the southwest
ナンセンス nonsense /ナンセンス/
なんだか (どういうものか) **somehow (or other)** /サムハウ (アざ)/
・なんだかきまりが悪い
Somehow I feel awkward.

なんて → なんと²
なんで → なぜ

なんでも　何でも

➤ (無選択) **anything** /エニすィング/
➤ (あらゆること) **everything** /エヴリすィング/

・そのお金で君の好きな物は何でも買ってよい
You can buy anything [whatever] you like with the money.
・君を助けるためには何でもするよ
I will do anything to help you.
・何か食べ物をください. 何でもいいです
Give me something to eat. Anything will do.
・そのことについて彼は何でも知っている
He knows everything about the matter.
・私たちの社会は自由だけど, なんでもありというわけではない　Our society is a free society, but it doesn't follow that you are allowed to do whatever you want to [, but it can't be a free-wheeling one].
・くよくよするな. そんなのなんでもないよ
Don't worry. That's nothing. /
ひゆ Don't worry—it's just one of those things. (それらの中の一つ, よくある事の一つ)

なんと¹　何と

➤ (どのように) **how** /ハウ/

・「はじめまして」は英語で何といいますか
How do you say "hajimemashite" in English?

なんと², なんて

➤ (感嘆) **what** /(ホ)ワット/, **how** /ハウ/

基本形
What (+形容詞)+名詞 (+主語+動詞) **!**
How+形容詞[副詞] (+主語+動詞) **!**

・なんて馬鹿なんだ!　What a fool! / How foolish!
・なんという天気だ!　What weather!
・なんていい考えだ!　What a good idea!
・なんてすてきなんだろう!　How nice!
・彼女はなんて美しい(人な)んだろう!
How beautiful she is! /
What a beautiful woman she is!
・ぼくたちはなんて馬鹿だったんだろう!
What fools we have been!
・彼女はなんて速く走るんだろう!
How fast she runs! / What a fast runner she is!

なんど 何度 → なん (→ 何回)

・何度も　often / many times
・私は何度も何度も呼んだがだれも答えなかった
I called and called, but no one answered.

なんとう 南東 **the southeast** /サウすイースト/ → せいなん
・南東の　southeast / southeastern
・南東に　(方向) southeast; (方向・位置) to the southeast; (位置) in the southeast

なんとか
❶ (どうにか…する) **manage to** *do* /マネヂ/
・駅まで急いだのでなんとか最終列車に間に合った
I hurried to the station and managed to catch the last train.
・それはなんとかなるでしょう
Somehow it will come out all right. /
ひゆ You will cross that bridge when you come to it. (橋のところに来れば橋を渡る)
❷ (なんとかいう人) **Mr.** [**Ms.. Mrs.**] **So-and-so** /ミスタ [ミズ, /ミセズ/] ソウ アンド ソウ/
・きょうなんとかいう人が銀行から見えました
Mr. So-and-so from the bank called today.

なんとなく **somehow** /サムハウ/ → なんだか
・私は彼がなんとなくきらいなんだ
Somehow I don't like him.
・なんとなくあなたが来るような気がした
ひゆ I felt [knew] in my bones you were coming.

なんとも
・父は1時間も歩いて会社に通うのをなんとも思っていない　My father thinks nothing of walking one hour to work.

なんぱ 難破 (a) **shipwreck** /シプレク/
　難破する **be shipwrecked**

ナンバー **number** /ナンバ/ → ばん²

なんぶ 南部 **the southern part** /サざン/; (米国の) **the South** /サウす/
・メキシコは北アメリカの南部にある
Mexico is in the south of North America.

なんべい 南米 **South America** /サウす アメリカ/

なんぽう 南方 → みなみ

なんぼく 南北 **north and south** /ノーす サウす/

なんみん 難民 a **refugee** /レふュヂー/, a **displaced person** /ディスプれイスト パ～スン/; (小舟で脱出する人々) **boat people** /ボウト ピープる/
・難民キャンプ　a refugee camp

なんもん 難問 (むずかしい) a **difficult question** [**problem**] /ディふィカるト クウェスチョン [プラブれム]/; (微妙な) a **delicate problem** /デリケト/

なんよう 南洋 **the South Seas** /サウす スィーズ/
・南洋諸島　the South Sea Islands

に ニ

に¹ 2(の) **two** /トゥー/
- 第2(の) the second (略 2nd)
- 2分の1 a half

に² 荷 **a load** /ロウド/
- 荷を積む load
- 荷を降ろす unload
- この仕事は私には荷が重すぎる
This task is too heavy [much] for me.

に³ …に

❶ (時) **at**; (日) **on**; (月・年) **in**
❷ (小さい場所) **at**; (大きい場所) **in**; (中に) **in**; (上に) **on, above**
❸ (方向) **to, for**
❹ (対象) **to, for**
❺ (…にする)

❶ (時) **at**; (日) **on**; (月・年) **in**
- 5時に at five (o'clock)
- 金曜日の午後に on Friday afternoon
- 2月そうそうに early in February
- 彼女は2015年5月5日の夕方6時に生まれました
She was born at six in the evening on May fifth in 2015.

❷ (小さい場所) **at**; (大きい場所) **in**; (中に) **in**; (上に) **on, above** /アバヴ/
- それを箱の中[棚の上, 戸口]に置く put it in the box [on the shelf, at the door]
- 東京に住む live in Tokyo
- 駅[ニューヨーク]に着く arrive at the station [in New York]

❸ (方向) **to, for**
- 駅に行く道を教えてください
Can you tell me the way to the station?
- 私は明日アメリカにたちます
I am leaving for America tomorrow.

❹ (対象) **to, for** → 「ケンに辞書をあげる」の「…に」は英語では動詞の目的語として表される; 他動詞のすぐあとに名詞を続けると, その名詞は目的語になる; 人称代名詞の場合は目的格 (me, you, him, her, it, us, them) を用いる; 「…に」という意味を前置詞で表す時は動詞の種類によって to または for を用いる
- ぼくはケンに辞書をあげた. ケンはぼくに帽子をくれた
I gave Ken a dictionary and he gave me a

cap. / I gave a dictionary to Ken and he gave a cap to me.
- 彼女は毎週家族に手紙を書いている
She writes her family a letter every week. / She writes (a letter) to her family every week.
- 父は私にカメラを買ってくれた
Father bought me a camera. / Father bought a camera for me.

❺ (…にする) 「彼女をスターにする」「彼女を幸福にする」などの「…に」は英語では動詞の補語(名詞または形容詞)として表される.

> **基本形**
> 私は彼女をスターにする
> **I make her a star.** → star は名詞
> 私は彼女を幸福にする
> **I make her happy.** → happy は形容詞

- 私たちはケンを私たちのキャプテンにした
We made Ken our captain.
- 部屋をいつもきれいにしておきなさい
Always keep your room clean.

にあう 似合う (釣(つ)り合う) **suit** /スート/; (適切である) **be suitable** /スータブる/
- 彼女によく似合う服 a dress that suits her
- そのパーティーに似合う服 clothes (that are) suitable for the party
- そのピンクのドレスは彼女によく似合う
That pink dress suits her very well.
- この赤い帽子は君によく似合う
This red cap looks fine on you.

にえる 煮える **boil** /ボイる/
- 煮え立つ湯 boiling water
- よく煮えている be cooked well / be well-done
- ジャガイモが煮えている
The potatoes are boiling.

におい

➤ **a smell** /スメる/

においがする, においをかぐ smell
- …のにおいがする smell of ～
- いい[いやな]においがする smell sweet [bad]
- 私はひどいかぜをひいているからにおいがわからない
I've got a bad cold and can't smell well. /

におう　418　four hundred and eighteen

I cannot smell things, for I've got a bad cold.

•ちょっとこの花のにおいをかいでごらん

Just smell this flower.

•この家はペンキのにおいがする

This house smells of fresh paint.

•何か焦げるにおいがする

I smell something burning.

におう smell /スメる/ → におい

にかい 2階 《米》**the second floor** /セカンド ふろー/,《英》**the first floor** /ふぁ〜スト/ → かい⁵

•2階建ての家 a two-story [two-storied] house

•2階の[で，へ] upstairs

•2階の部屋 an upstairs room

•2階に上がる go upstairs

•どうぞ2階の私の勉強部屋に上がってください

Please come to my study upstairs. / Please come up to my study.

にがい 苦い **bitter** /ビタ/

•苦い経験 a bitter experience

•この果物は苦い(味がする)

This fruit tastes bitter.

にがおえ 似顔絵 a **portrait** /ポートレト/

にがす 逃がす （放す）**set free** /ふりー/;（取りそこなう）**fail to catch** /ふェイる キャチ/;（機会などを）**miss** /ミス/

•小鳥を逃がしてやる set a bird free / let a bird fly away

•魚を取り逃がす fail to catch a fish

•いいチャンスを逃がす miss a good chance

にがつ 2月 **February** /ふェビュエリ, ふェブルアリ/ （略 Feb.）→ 発音注意 → くがつ

にがて 苦手 （弱点）a **weak point** /ウィーク ポイント/

•英文法が苦手だ be weak in English grammar

•理科は私の最も苦手な教科です

Science is my weakest subject.

ニカブ a **niqab** /ニカブ/

•ニカブを着る wear a niqab → 一部の女性イスラム教徒が使う顔のおおい

にかわ 膠 **animal** [**hide, gelatinous**] **glue**: /アニマる [ハイド ヂェらティナス] グるー/

にがわらい 苦笑い a **bitter smile** /ビタ スマイる/

•苦笑いする smile bitterly; （作り笑いする）force a smile

にきび a **pimple** /ピンプる/, **acne** /アクニ/

•にきびだらけの pimpled

にぎやかな 賑やかな **busy** /ビズィ/;（人込みの）**crowded** /クラウデド/;（活気ある）**lively** /らイヴリ/ → にぎわう

•このにぎやかな通りを避けて裏通りを行こう

Let's avoid this busy street and take the back street.

にぎり 握り （ドアの）a **knob** /ナブ/;（ハンドルの）a **grip** /グリプ/

にぎる 握る **hold** /ホウるド/;（ぎゅっと）**grip** /グリプ/

•彼女の手を握る hold her hand

•両手でロープを握れ

Grip the rope with both hands.

にぎわう become busy /ビズィ/;（人で込みあう）**become crowded** /クラウデド/;（活気づく）**become lively** /らイヴリ/

にく 肉 （動物・果物の）**flesh** /ふれシュ/;（食 肉）**meat** /ミート/

•肉屋 (店) a butcher's; (人) a butcher

•肉牛 beef cattle

にくい¹ 憎い **hateful** /ヘイトふる/

にくい² …しにくい → むずかしい

にくがん 肉眼 **the naked eye** /ネイキド アイ/

•肉眼で with the naked eye

にくしみ 憎しみ **hatred** /ヘイトレド/

にくじゃが 肉じゃが （料理）**potato and meat stew** /ポテイトウ ミート ステュー/

にくしょく 肉食の （人間が）**meat-eating** /ミート イーティング/;（動物が）**flesh-eating** /ふれシュ イーティング/, **carnivorous** /カーニヴォラス/

•肉食動物 a carnivore

にくたい 肉体 **the body** /バディ/

肉体的な bodily /バディり/, **physical** /ふィズィカる/

肉体的に physically

にくばなれ 肉離れ(を起こす) (**have**) **a torn muscle** /トーン マスる/

にくまれぐち 憎まれ口 をきく **say spiteful things** /セイ スパイトふる スィングズ/

にくむ 憎む **hate** /ヘイト/

ことわざ 憎まれっ子世にはばかる

The devil's child has the devil's luck. (悪魔の子には悪魔の運がついている) / An ill weed grows fast. (雑草は早くのびる)

にくらしい 憎らしい **hateful** /ヘイトふる/

にぐるま 荷車 （小型の）a **cart** /カート/;（荷馬車）a **wagon** /ワゴン/

にぐん 二軍 a **minor team** /マイナ ティーム/, a **training team** /トレイニング/;（プロ野球の）a **farm** /ふァーム/;（高校・大学のスポーツチームの）a **junior varsity** /ヂューニア ヴァースィティ/

にげる 逃げる

four hundred and nineteen 419 にちや

➤ **run away** /アウェイ/; (脱出する) **escape** /イスケイプ/, **make** one's **escape**
➤ (鳥が) **fly away** /ふらイ/
・逃げ道 an escape
・彼はくるりと背を向けて逃げた
He turned around and ran away.
・鳥が逃げてしまった
The bird has flown away.
・彼らは窓から逃げた
They escaped [made their escape] through the window.

にこにこ にこにこする **smile** /スマイる/
・にこにこして with a smile
・彼女はにこにこして私にあいさつした
She greeted me with a smile.
・君は何をにこにこしているのですか
What are you smiling at?

にごる 濁る **become muddy** /マディ/
濁った **muddy**

にさん 2, 3の **a few** /ふュー/, **a couple of** /カプる/
・2, 3日前に a few [a couple of] days ago
・2, 3分で in a few minutes

にさんかたんそ 二酸化炭素 **carbon dioxide** /カーボン ダイアクサイド/

にし 西

➤ **the west** → きた
・西日本 West Japan
・西の west / western
・西に (方向・位置) west; (方向) to the west; (位置) in the west

にじ[1] 虹 **a rainbow** /レインボウ/
・にじが空にかかった
A rainbow appeared in the sky.

にじ[2] 二次の **second** /セカンド/
・二次入試 the second entrance exam
・二次面接 the second interview
・第二次世界大戦 World War II (読み方: two) / the Second World War

にしては …にしては **for**
・彼は10歳の少年にしては実に利口だ
He is very clever for a boy of ten.
・安物のカメラにしてはこれはそう悪くない
For a cheap camera, this isn't so bad.

にじむ (ぼやける) **blur** /ブら〜/; (汗・血などで) **become** [**be**] **stained with** /スティンド/
・窓の雨で外の景色がにじんで見えた
Rain on the window blurred the view outside.

・彼のシャツは汗がにじんでいる
His shirt is stained with sweat.

にじゅう[1] 20(の) **twenty** /トウェンティ/
・第20(の) the twentieth (略 20th)
・21(の), 22(の), … twenty-one, twenty-two, …
・第21(の), 第22(の), … the twenty-first, the twenty-second, …
・20代の青年たち young people in their twenties

にじゅう[2] 二重の **double** /ダブる/
・二重にする double
・二重に doubly
・二重奏[唱] a duet

ニシン 鰊 《魚》 a **herring** /ヘリング/

にしんほう 二進法 **the binary system** /バイナリ システム/

ニス ニス(を塗る) **varnish** /ヴァーニシュ/

にせ 偽の (本物でない) **false** /ふォーるス/; (偽造の) **fake** /ふェイク/, **counterfeit** /カウンタふェト/
・にせ物 (模造品) an imitation; (偽造(ぎぞう)物) a counterfeit
・にせ金[コイン, 札] counterfeit money [coin, bill]
・にせダイヤモンド a fake diamond
・にせの報告 a false report

にせい 2世 a **nisei**, a **second generation** /ヂェネレイション/

にせる …に似せる **model after ~** /マドる/
・この庭は竜安寺の庭に似せてある
This garden is modeled after the garden in the Ryoanji Temple.

にたにた にたにた笑う **smirk** /スマ〜ク/

にちえい 日英の **Anglo-Japanese** /アングろウ/
・日英関係 Anglo-Japanese relations

にちじ 日時 **the time and date** /デイト/
・試合の日時を決める fix the time and date for the game

にちじょう 日常(の) **daily** /デイリ/, **everyday** /エヴリデイ/
・日常の出来事 a daily [everyday] occurrence
・日常生活 daily [everyday] life
・日常会話 everyday conversation

にちべい 日米の **Japanese-American**, **Japan-U.S.**
・日米安全保障条約 the Japan-U.S. Security Treaty

にちぼつ 日没 **the sunset** /サンセト/
・日没に[後に] at [after] sunset

にちや 日夜 **day and night** /デイ ナイト/

にちよう 日用の **for daily use** /デイリ ユース/, **for everyday use** /エヴリデイ/
•日用品 articles for daily [everyday] use / daily necessities

にちようだいく 日曜大工（仕事）**do-it-yourself** /ドゥー イト ユアセるふ/, （略）**DIY** /ディーアイワイ/; （人）a **do-it-yourselfer**. a **do-it-yourself carpenter** /カーペンタ/

にちようび 日曜日 **Sunday** /サンデイ/ （略 Sun.） → かようび

にっか 日課 one's **daily work** /デイリ ワ〜ク/; （勉強の）**daily lessons** /れスンズ/

にっかん 日刊の **daily** /デイリ/
•日刊新聞 a daily paper

にっき 日記(帳)
➤ a **diary** /ダイアリ/
•英文で日記をつける（習慣として）keep a diary in English
•私は毎晩寝る前に日記をつける
I write a diary [write in my diary] every night before I go to bed.

にっけい 日系の **Japanese** /ヂャパニーズ/, **of Japanese origin** /オーリヂン/
•日系ブラジル人 a Japanese Brazilian / a Brazilian of Japanese origin

にっこう 日光 **sunlight** /サンらイト/; （直射）**sunshine** /サンシャイン/, **the sun**
•日光の入らない部屋 a room without sunlight
•ぬれたシャツを日光でかわかすため外につるす
hang out a wet shirt to dry in the sun

にっこうよく 日光浴 a **sun bath** /サン バす/
•日光浴をする sunbathe / bathe in the sun

にっこり にっこり笑う **smile** /スマイる/, **grin** /グリン/ → にこにこ
•にっこり笑って with a smile [a grin]

にっしゃびょう 日射病 **sunstroke** /サンストロウク/

にっしょく 日食 a **solar eclipse** /ソウら イクリプス/
•皆既(かいき)[部分]日食 a total [partial] eclipse of the sun

にっすう 日数（**the number of**）**days** /(ナンバ)デイズ/
📢会話 それを仕上げるのにどれくらい日数がかかりますか. —たいして日数はかからないでしょう. おそらく1週間ぐらいでしょう
How many days will it take you to finish it? —It won't take so long—perhaps one week or so.

にっちもさっちも
•にっちもさっちもいかない
ひゆ be in a deadlock / be between a rock and a hard place

にっちゅう 日中 **the daytime** /デイタイム/
•日中に[は] in the daytime / by day

にっちょく 日直（day）**duty** /(デイ) デューティ/
•私はきょうは(クラスの)日直だ
I am on duty today.

にってい 日程（1日の仕事の）a **day's program** /ディズ プろウグラム/, a **day's schedule** /スケヂューる/; （旅行の）an **itinerary** /アイティネレリ/; （議事の）**the agenda** /アヂェンダ/

にっぽん 日本 **Japan** /ヂャパン/
•日本の Japanese
•日本語 Japanese
•日本人 a Japanese （複同形）; （全体）the Japanese
•日本製の Japanese-made
•日本の人口 the population of Japan
•彼は日本初の水泳金メダリストです
He is Japan's first gold medal swimmer.

にとうへんさんかっけい 二等辺三角形 an **isosceles triangle** /アイサーサリーズ トライアングる/

には …には（日）**on**; （時間・場所）**at**, **in**; （…に対して）**to**; （…するためには）（**in order**）**to** do /(オーダ)/ → に³
•おじは土曜日の午後にはたいてい釣(つ)りに行きます
My uncle generally goes fishing on Saturday afternoon.
•上田にはこのことは言わずにおいてください
Don't tell this to Ueda.
•そこへ行くにはこれが一番の近道です
This is the shortest way there.
•そうするにはだいぶお金がかかる
It requires a lot of money to do so.

にばい 2倍 **twice** /トワイス/, **double** /ダブる/ → ばい

にばん 2番（the）**second** /セカンド/ → ばん²
•私は競走で2番だった
I was second in the race.
•彼は2番目にやって来た
He was the second to come.

にぶい 鈍い **dull** /ダる/ → にぶる

にふだ 荷札 a **tag** /タグ/, a **label** /れイブる/
•荷札を付ける put a tag [a label] on / tag

にぶる 鈍る（切れ味・頭などが）**become** [**get**] **dull** /ダる/; （感覚が）**lose** one's **touch** /るーズ タチ/
•しばらく運転しなかったので腕が鈍った

I have lost my touch after a long period of not driving.
にほん 日本 **Japan** /ヂャパン/ → にっぽん
・日本料理 Japanese food [dishes]
にほんかい 日本海 **the Sea of Japan** /スィーヂャパン/
にもつ 荷物 **a load** /ロウド/; (手荷物)《おもに米》**baggage** /バゲヂ/,《おもに英》**luggage** /らゲヂ/
・手荷物3個 three pieces of baggage [luggage]
にゃあにゃあ にゃあにゃあ鳴く（ネコが）**mew** /ミュー/, **miaow** /ミアウ/
にやにや にやにや笑う **smirk** /スマ〜ク/
にやり にやりと笑う **grin** /グリン/
ニュアンス a nuance /ヌーアンス/
にゅういん 入院する **enter a hospital** /エンタ ハスピトる/; **be hospitalized** /ハスピタらイズド/
・入院している be in (a) hospital
・私は入院している友人の見舞(みま)いに行くところです
I am going to visit a friend in (the) hospital. /
I am going to the hospital to see a friend.
にゅうかい 入会する **enter** /エンタ/, **join** /ヂョイン/, **become a member** (of 〜) /メンバ/
・入会金 an admission fee
・クラブに入会を許可される be admitted into a club

にゅうがく 入学
➤ **entrance to [into] a school** /エントランス/, **admission to [into] a school** /アドミション/
入学する enter a school
・入学を許可される be admitted to a school
・入学案内 a course brochure
・入学試験 an entrance examination; a (university [high school, vocational school]) admission test, a test for (high school) admission
・入学金 an entrance fee
・入学式 an entrance ceremony
・入学願書[願書用紙] an application [an application form] for admission
・高校入学志願者 applicants for admission to a senior high school
にゅうがん 乳がん **breast cancer** /ブレスト キャンサ/
にゅうこう 入港 **arrival of** a ship **at port** /アライヴァる ポート/
入港する come into port

にゅうこく 入国 (an) **entry** /エントリ/
・入国カード a landing [an entry] card
・入国手続き entry formalities
ニュージーランド New Zealand /ニュー ズィーランド/
にゅうしゃ 入社する **enter a company** /カンパニ/, **enter a firm** /ふァ〜ム/
・その会社の入社試験を受ける take the company entrance examination
にゅうしょう 入賞する **win a prize** /ウィン プライズ/
にゅうじょう 入場 **entrance** /エントランス/; (許可) **admission** /アドミション/
入場する enter /エンタ/
・入場料 an entrance [admission] fee
・入場券（会場の）an admission ticket /（駅の）a platform ticket
・そのショーの入場料はいくらですか
How much is the admission (fee) to the show?
掲示 入場無料 Admission Free.
掲示 入場お断り No Entrance.

ニュース
➤ **news** /ニューズ/
・いくつかのニュース several items [pieces] of news
・海外[国内]ニュース world [home] news
・ニュース放送 newscast
・ニュースキャスター an anchor, an anchorperson → 英語の a newscaster はラジオ・テレビでニュースを読む人
・ニュース速報《米》a news bulletin /《英》a newsflash
・最新のニュースによれば according to the latest news
・それは私にはまったく新しいニュースだ
It is indeed news to me.
・私たちは毎晩テレビでニュースを見ます
We watch the news programs [We see the news] on TV every evening.
・その事件は世界中の大ニュースになった
ひゆ The event made headlines across the world. (世界中で新聞の見出しになった)
にゅうせん 入選する **be accepted** (for 〜) /アクセプテド/, **be selected** (for 〜) /セれクテド/
・私の絵が展覧会に入選した My painting was accepted [selected] for the exhibition.
にゅうもん 入門する（…の弟子(でし)になる）**be a pupil of 〜** /ピューピる/

ニューヨーク　422　four hundred and twenty-two

あ

・入門書　a beginner's book
ニューヨーク (州) **New York** (**State**) /ニューヨー
ク ステイト/; (市) **New York** (**City**)
にゅうよく 入浴　a **bath** /バす/
　入浴する **take a bath**
・入浴剤　bath oil [salts]

か

によれば …によれば　**according to ~** /アコーディ
ング/
・その報道によれば　according to the report
・米田の話によれば　according to Yoneda
にょろにょろ にょろにょろする　(ヘビなどが)
wriggle (about) /リグる/

さ

にらむ (じろりと) **glare** (at ~) /グれア/; (見つめる)
stare (at ~) /ステア/
・にらみつけて　with a glare
・彼女はその小さな男の子をにらみつけた
She glared at the little boy.
にらめっこ にらめっこをする　**play a staring**
game /プれイ ステアリング ゲイム/

た

にりゅう 二流の　**second-rate** /セカンド レイト/
にる¹ 似る　**resemble** /リゼンブる/; (…のようにみえ
る) **look like** /るク らイク/
・いろいろな点で彼は父親に似ている
He resembles his father in many respects.
・それはちょっと魚に似ています
It looks somewhat like a fish.
・兄[弟]に似ず彼はやさしい
Unlike his brother, he is kind.
・彼らは似た者同士だ
They think and act alike. / They are the
same sort of person. / ひゆ They are birds
of a feather. (同じ羽の鳥だ)
にる² 煮る　**boil** /ボイる/; (料理する) **cook** /クク/;
(ゆっくり煮込む) **stew** /ステュー/ →にえる
・煮つめる　boil down

は

にるい 2塁　**second base** /セカンド ベイス/
・2塁手　a second-base player
・2塁打　a two-base hit
・2塁打を打つ　double / hit a double
・2塁を守る　play second base
にわ 庭 (庭園) a **garden** /ガードン/; (家屋の周囲の
空き地) a **yard** /ヤード/
・庭師　a gardener
・庭にチューリップの球根を植える　plant tulip
bulbs in the garden

ま

や

ら

わ

にわかあめ にわか雨　a **shower** /シャウア/
・にわか雨にあう　be caught in a shower
・今日はときどきにわか雨があるでしょう
There will be occasional showers today.
ニワトリ 鶏 《鳥》a **chicken** /チキン/; (おんどり)

---

a **cock** /カク/, a **rooster** /ルースタ/; (めんどり) a
hen /ヘン/
・ニワトリを飼う　keep hens
・ニワトリはこけこっこーと鳴く
Cocks crow, "Cock-a-doodle-do."

にんき　人気

➤ **popularity** /パピュらリティ/
人気のある **popular** /パピュら/
・人気のない　unpopular
・人気歌手　a popular singer
・人気投票　a popularity contest
・彼は歌手として若い人にとても人気がある
He is very popular among young people as
a singer.
にんぎょ 人魚　a **mermaid** /マ〜メイド/
にんぎょう 人形　a **doll** /ダる/
・あやつり人形　a puppet
・指人形　a hand [glove] puppet
・着せ替え人形　a "Dress-Up" doll
・人形劇　a puppet show

にんげん　人間

➤ a **human being** /ヒューマン ビーイング/
人間の **human**
人間らしく **humanly** /ヒューマンリ/
・人間性　humanity / human nature; (人柄(ひとが
ら)) personality
・人間関係　human relations
・彼は人間味がある (→心の温かい人だ)
He is a warm-hearted person.
にんしき 認識　**recognition** /レコグニション/
にんじょう 人情 (人間本来の感情) **human nature**
/ヒューマン ネイチャ/; (思いやり) **thoughtfulness**
/そートふるネス/ →おもいやり, (親切) **kindness**
/カインドネス/
・それは人情に反する
That's against human nature.
にんしん 妊娠する　**get** [**become**] **pregnant** /プ
レグナント/
ニンジン 人参 《植物》a **carrot** /キャロト/
にんずう 人数　**the number of people** /ナンバ
ピープる/
・会話 クラスの生徒の人数は何人ですか。—約30人
です　How many students are there in a
class?—There are about thirty.
にんそう 人相　**looks** /るクス/
・人相のよくない男　an evil-looking man / a
man with a sinister look
にんたい 忍耐 →がまん

にんちしょう 認知症 **dementia** /ディメンシャ/
→ ぼける ❶
ニンニク 大蒜《植物》 a **garlic** /ガーリク/
にんむ 任務 (務め) a **duty** /デューティ/; (役目) a **part**, a **role** /ロウる/
・それをするのは私の任務だ
It is my duty to do that.
・われわれ一人一人には社会生活において果たすべき重要な任務がある
Each of us has an important part [role] to play in social life.
にんめい 任命 (an) **appointment** /アポイントメント/
任命する appoint /アポイント/
・彼はクラス会長に任命された
He was appointed homeroom president. → 役職を示す語が補語として使われる時は ×a [the] homeroom president としない

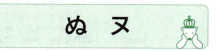

ぬいぐるみ a **stuffed toy** /スタふト トイ/
・ぬいぐるみの人形 a stuffed doll
・ぬいぐるみのクマ a teddy (bear)
ぬいめ 縫い目
❶ (縫い合わせた個所) a **seam** /スィーム/
・縫い目のない seamless
・縫い目のところがほころびる fall [come] apart at the seams
❷ (縫った一針) a **stitch** /スティチ/
ことわざ 今日の一針明日の十針 A stitch in time (saves nine).
ぬいもの 縫い物 **sewing** /ソウイング/
・私は少し縫い物がある
I have some sewing to do.
・彼は窓辺で縫い物をしている
He is sewing by the window.
ぬう 縫う **sew** /ソウ/
・コートにボタンを縫い付ける sew a button on a coat
・彼は文子のドレスを縫っている
He is sewing Fumiko's dress. /
He is sewing a dress for Fumiko.
ヌード ヌードの **nude** /ヌード/
・ヌード写真[絵画, 彫刻] a nude
ヌードル (麺類) **noodles** /ヌードるズ/
ぬか **rice bran** /ライス ブラン/
ことわざ ぬかに釘(くぎ)
All is lost that is given to a fool. (愚か者に与えられるものはすべて失われる)
ぬかす 抜かす (省く) **omit** /オミト/
ぬかる (道が) **be muddy** /マディ/
・道のぬかるみを避(さ)けて歩く avoid muddy places in the road
ぬきうち 抜き打ちの **surprise**; **without notice** /ノウティス/

ぬく 抜く (引き抜く) **pull out** /プる/; (力を入れて) **draw out** /ドロー/
・虫歯を抜いてもらう have [get] a bad tooth pulled out
・(びんの)コルクを抜く draw out a cork

ぬぐ 脱ぐ
➤ **take off**, **remove** /リムーヴ/; (引っ張って) **pull off** /プる/
・コート[帽子]を脱ぐ take off one's coat [hat]
・靴下[手袋]を脱ぐ pull off one's socks [gloves]
・日本の家に入る時は靴を脱がなければならない You must remove [take off] your shoes when you enter a Japanese house.
ぬぐう **wipe** /ワイプ/; **dry** /ドライ/ → ふく³
・涙をぬぐう dry one's tears
・彼はハンカチでひたいをぬぐった
He wiped his forehead with a handkerchief.
・よく靴をぬぐってうちへ入りなさい Wipe your shoes well before you enter the house.
ぬけめ 抜け目のない **shrewd** /シュルード/
抜け目なく **shrewdly**
ぬける 抜ける **come out**
・抜けている be missing
・この本は数ページ抜けている
Some pages are missing in this book.
・この(テントの)くいはなかなか抜けない
This peg won't come out.
・体の力が抜けた
All my strength has gone.
ぬげる 脱げる **come off**
・靴がなかなか脱げないんだ
My shoes won't come off.
ぬし 主 (持ち主) an **owner** /オウナ/; (池・沼など

ぬすみ 盗み (a) **theft** /セフト/, **stealing** /スティーリング/
- 盗み見する steal a glance (at ~)
- 盗み聞きする eavesdrop (on ~)

ぬすむ 盗む **steal** /スティーる/
- 私は時計を盗まれた
I had my watch stolen.

ぬの 布 **cloth** /クローす/
- 布切れ1枚 a piece of cloth

ぬま 沼 (沼地) a **swamp** /スワンプ/, a **marsh** /マーシュ/; a **lake** /れイク/

ぬらす wet /ウェト/ → ぬれる

ぬりえ 塗り絵 **coloring** /カらリング/
- 塗り絵をする color a picture

ぬる 塗る (絵の具・ペンキなどを) **paint** /ペイント/; (油や墨などを) **smear** /スミア/; (色を) **color** /カら/
- 壁を白く塗る paint a wall white → white は形容詞で補語
- 顔に泥(どろ)を塗る smear one's face with mud; (面目をつぶす) disgrace
- パンにバターを塗る spread butter on bread
- これを赤く塗りなさい Color this red.

掲示 ペンキ塗りたて Fresh Paint. / Wet Paint.

ぬるい lukewarm /るークウォーム/, **tepid** /テピド/
- ぬるい湯(ぬるま湯) lukewarm water

ぬるぬる ぬるぬるした **slimy** /スらイミ/

ぬれぎぬ 濡れ衣 a **false accusation** /ふォーるス アキューゼイション/
- 彼は盗みの濡れ衣を着せられた
He was wrongly accused of stealing.

ぬれる **get wet** /ウェト/; (ぐっしょり) **be drenched** /ドレンチト/, **be soaked** /ソウクト/ → ぬらす

ぬれた wet
- ぬれた布切れでそのしみをぬぐいなさい
Wipe off the stain with a wet rag.
- 彼のひたいは汗でぬれていた
His forehead was wet with sweat.
- われわれはにわか雨にあってびしょぬれになった
We were caught in a shower and got thoroughly wet [drenched].

ね ネ

ね¹ 音 a **sound** /サウンド/; (虫の) a **chirp** /チャ～プ/

音をあげる (泣き言を言う) **whine** /(ホ)ワイン/; (不平を言う) **complain** /コンプれイン/; (投げ出す) **give up** /ギヴ/
- ついに彼も音をあげ始めた
Finally he began to whine [complain].

ね² 根 a **root** /ルート/
- 根がつく take root
- 彼は根っからの芸術家だ
He is an artist in every way. / ひゆ (英) He is an artist to his fingertips. (指先まで)

ね³ 値 a **price** /プライス/
- 値上げ 《米》a raise / 《英》a rise
- 値下げ a cut
- 値上げ[下げ]する raise [lower] the price
- 賃金の値上げを要求する demand a raise [a rise] in wages
- 私はそれを高い[安い]値で買った
I bought it at a high [low] price.
- 値が上がる[下がる]
The price goes up [comes down].
- バス代が20パーセント値上げになった
The bus fares have been raised by 20 percent.

ね⁴ …ね
❶(念を押して、…ですね)
❷(念を押して、…ではないですね)
❸(説明などのことばに軽くつける場合) **you know**

❶(…ですね)「君は音楽が好きですね」は「君は音楽が好きです. ちがいますか(好きではありませんか)(You like music, don't you?)」のようにいう.
- いい天気ですね
It's a nice [beautiful] day, isn't it?
- きのうはとても寒かったね
It was very cold yesterday, wasn't it?
- 君は彼を知ってますね
You know him, don't you?

・君は泳げますね
You can swim, can't you?
・君はあしたそこへ行きますね
You'll go there tomorrow, won't you?
❷(…ではないですね)「君は音楽が好きではありませんね」は「君は音楽が好きではありません. ちがいますか(好きですか)(You don't like music, do you?)」のようにいう.
・君はスパイじゃないでしょうね
You aren't a spy, are you?
・彼はそこにいなかったのですね
He wasn't there, was he?
・彼はそのことを知らないでしょうね
He doesn't know about it, does he?
・君はそうは言わなかったよね
You didn't say so, did you?
・その箱の中には何もありませんでしたね
There was nothing in the box, was there?
❸(説明などのことばに軽くつける場合) **you know** /ノウ/
・このへんはあまり雪が降らないでしょ, ね, だからスパイクタイヤはいらないんです
We have very little snow here, you know. So we don't need studded tires.

ネイティブアメリカン a **Native American** /ネイティヴ アメリカン/ → アメリカ先住民をさす

ネイティブスピーカー (母語話者) a **native speaker** /ネイティヴ スピーカ/
・アラビア語のネイティブスピーカー a native speaker of Arabic / an native Arabic speaker

ねいろ 音色 **timbre** /タンバ/
・フルートの音色 the timbre of the flute

ねうち 値打ち → かち²

ねえ (相手の注意をひく時) **look (here)** /ルック(ヒア)/, **you know** /ユ ノウ/, **listen** /リスン/; (お願いする時) **please** /プリーズ/
・ねえ, ケン, 本気でそんなこと言ってるんじゃないでしょうね
Look here, Ken, you don't really mean it.
・ねえ, みんな! Listen, everybody!
・ねえ, 戸をあけてくれる?
Open the door, please.

ネーブル a **navel orange** /ネイヴる オーレンヂ/
ネオン **neon** /ニーアン/
・ネオンサイン a neon sign
ネガ a **negative** /ネガティヴ/

ねがう 願う

➤ (望む) **wish** /ウィシュ/, **desire** /ディザイア/, **hope** /ホウプ/ → たのむ❶

願い (望み) a **wish**, a **desire**
・平和を願う wish [hope] for peace
・幸福になることを願う want [wish, hope, desire] to be happy
・彼女が幸せになることを願う want [wish] her to be happy / hope (that) she will be happy / wish (that) she would be happy
・彼の願いは医者になることです
His desire [wish] is to be a doctor.
・私たちはみんな平和と幸福を願う
We all wish for peace and happiness.
・流れ星を見た時に願い事をすると, 君の願いはかなえられるよ
If you make a wish when you see a shooting star, your wish will come true.
・私たちは君の成功を心から願っている
We are rooting for your success. → root は「応援する」

ねかせる 寝かせる **put to bed**; (眠らせる) **put to sleep** /スリープ/; (横にする) **lay** /レイ/
・子供たちを寝かせる put the children to bed
・赤ちゃんを寝かせる put a baby to sleep

ネギ 葱 《植物》 a **green onion** /アニョン/
ねぎる 値切る **haggle** (over 〜) /ハグる/, **bargain** (with 〜) /バーゲン/, **make a bargain** (with 〜)
・私は値切ってそのハンドバッグを1万円にまけさせた
I haggled over the price of the handbag and was able to bring the price down to 10,000 yen (読み方: ten thousand yen). /
I bargained [made a bargain] with the dealer over the price of the handbag and succeeded in lowering the price to 10,000 yen.

ネクタイ a **necktie** /ネクタイ/, a **tie** /タイ/
・ネクタイをする wear a necktie
・彼はネクタイをしていなかった
He wore no necktie.

ネグリジェ a **negligee** /ネグリジェイ/

ネコ 猫

➤ a **cat**
・ネコはニャーと鳴く Cats mew.
ことわざ 猫に鰹節(かつおぶし)
Give not the wolf the sheep to keep. (オオカミにヒツジの番をさせるな)
ことわざ 猫に小判(こばん)
Cast not pearls before swine. (ブタに真珠を投げ与えるな) → 「価値のわからない者に価値のあるものを与えるな」の意味

ねごと

ねごと 寝言 **sleep talking** /スリープ トーキンぐ/
寝言を言う talk while asleep /トーク (ホ)ワイる アスリープ/, **talk in** *one's* **sleep**
・彼はよく寝言を言う
He often talks in his sleep.

ねこむ 寝込む (ぐっすりと) **be fast asleep** /アスリープ/; (病気で) **be ill in bed, be down** (with ~), **be laid up** (with ~) /れイド/
・うちの家族はみんなインフルで寝込んでいます
All my family are down with the flu.

ねころぶ 寝ころぶ **lie** (**down**) /らイ (ダウン)/
・私たちは草の上に寝ころんだ
We lay down on the grass.
・私は寝ころんでテレビを見ていた
I lay watching television.

ねじ a screw /スクルー/
・ねじを締(し)める[ゆるめる] drive [loosen] a screw

ねじる (ねじを) **screw** /スクルー/; (ひねる) **twist** /トウィスト/, **turn** /ターン/

ねじれ (綱・糸などの) **a kink** /キング/
・ヘッドホンのコードのねじれを直す take kinks out of a headphone cord

ねすごす 寝過ごす **oversleep** /オウヴァスリープ/
・私は寝過ごして列車に乗り遅れてしまった
I overslept and missed the train.

ネズミ 鼠 《動物》**a rat**; (ハツカネズミ) **a mouse** /マウス/ (複 **mice** /マイス/)

ねたむ (うらやましいと思う) **envy** /エンヴィ/, **be envious** (of ~) /エンヴィアス/; (しっとする) **be jealous** (of ~) /チェらス/
ねたみ envy; jealousy /チェらスィ/
・ねたんで out of envy [jealousy]
・人の幸運をねたむなんてけちな根性(こんじょう)だ
It is mean to envy the good fortune of others.

ねだる ask /アスク/

ねだん 値段 **a price** /プライス/ → ね³
値段が…する cost ~ /コースト/
・高い[安い]値段で at a high [low] price
・これを作るのに値段はどれくらいですか
How much does it cost to make this?

ねつ 熱

➤ **heat** /ヒート/
➤ (病気の) **a fever** /ふィーヴァ/
➤ (体温) *one's* **temperature** /テンパラチャ/
・太陽の熱 the heat of the sun
・熱がある have a fever / be feverish
・(からだの)熱を計る take *one's* temperature

・ちょっとおでこにさわらせてみて. 少し熱があるよ
Just let me feel your forehead. You have a slight fever [are a little feverish].
・彼は熱が(平熱に)下がった
His temperature came down.

ねつい 熱意 **eagerness** /イーガネス/
・非常な熱意をもって with great eagerness

ネッカチーフ a neckerchief /ネカチふ/

ねっき 熱気 (熱心) **enthusiasm** /インすューズィアズム/; (興奮) **excitement** /イクサイトメント/
・会場は異様な熱気に包まれていた The hall was filled with unusual enthusiasm [excitement].

ねっきょう 熱狂 **enthusiasm** /インすューズィアズム/
熱狂する get excited /イクサイテド/
熱狂的な enthusiastic /インすューズィアスティク/
・熱狂的に enthusiastically / with enthusiasm

ねつく 寝つく **fall asleep** /ふォーる アスリープ/

ネックレス a necklace /ネクれス/
・真珠(しんじゅ)のネックレスをしている wear a pearl necklace

ねつじょう 熱情 **passion** /パション/
熱情的な passionate /パショネト/
・熱情的に passionately

ねっしん 熱心 **eagerness** /イーガネス/
熱心な eager
熱心に eagerly, with eagerness
・彼はその計画に熱心である
He is eager about the plan.

ねっする 熱する **heat** /ヒート/; (興奮する) **get excited** /イクサイテド/

ねったい 熱帯 **the torrid zone** /タリド ゾウン/; (地方) **the tropics** /トラピクス/
熱帯の tropical /トラピカる/
・熱帯植物[魚] a tropical plant [fish]
・熱帯雨林 a rainforest

ねっちゅう 熱中する **be absorbed** (in ~) /アブソープド/, **be crazy** (about ~) /クレイズィ/, **be mad** (about ~)
・彼は英語の勉強に熱中している
He is absorbed in the study of English.
・彼はプラモデルに熱中している
He's crazy about making plastic models.

ねっちゅうしょう 熱中症 (熱射病) **heat-stroke** /ヒート ストロウク/

ネット (網) **a net** /ネト/; (インターネット) **the Net, the Internet** [**internet**] /インタネト/
・ネットを張る put up a net

four hundred and twenty-seven 427 ねる

- ネットで情報を得る find information on the Net
ねっとう 熱湯 **boiling water** /ボイリング ウォータ/
ネットワーク a **network** /ネトワ〜ク/
ねつぼう 熱望 an **eager desire** /イーガ ディザイア/
　熱望する desire (**eagerly**), **be eager** (to *do*, for 〜), **be anxious** (to *do*, for 〜) /アンクシャス/
- 彼はその地位を熱望しています
He is eager for [to get] the post.
- 彼女はアメリカへ行くことを熱望している
She is eager [anxious] to go to America.
ねどこ 寝床 a **bed** →とこ
- 寝床で in bed
- 寝床で本を読むのはよくない習慣だ
It is a bad habit to read in bed.
ねばならない →ならない ❶
ねばねば ねばねばした **sticky** /スティキ/
ねばり 粘り （粘着(ねんちゃく)性）**stickiness** /スティキネス/; （粘り強さ）**tenacity** /テナスィティ/, **strenuousness** /ストレニュアスネス/
　粘りのある （粘着性のある）**sticky** /スティキ/; （根気のある）**tenacious** /テネイシャス/, **strenuous**
- 粘り強く tenaciously / strenuously
ねびき 値引き a **discount** /ディスカウント/, a **reduction** /リダクション/
ねぶそく 寝不足 **lack of sleep** /らク スリープ/
- 寝不足で気分が悪い be sick from lack of sleep
- 寝不足で頭がふらふらする
I feel dizzy because I didn't have enough sleep [didn't sleep enough] last night.
ねぼう 寝坊 （人）a **late riser** /れイト ライザ/
　寝坊する get up late; （寝過ごす）**oversleep** /オウヴァスリープ/
- けさは寝坊して学校に遅刻した I overslept this morning and was late for school.
ねぼける 寝ぼける **be dazed with sleep** /ディズド スリープ/
- 寝ぼけてしゃべる talk in *one's* sleep
- 寝ぼけまなこで with sleepy [half-sleeping] eyes
- 寝ぼけたことを言うな
Don't talk such nonsense!
ねまき 寝巻き **night clothes** /ナイト クろウズ/; **pajamas** /パヂャーマズ/
ねむい 眠い **sleepy** /スリーピ/
- 眠い目をこする rub *one's* sleepy eyes
- 眠くなる feel drowsy
- 私はとても眠い I'm very sleepy.

- 君は眠そうな顔をしている You look sleepy.
ねむけ 眠気 **sleepiness** /スリーピネス/, a **sleepy spell** →spell は「魔力」
- 眠気をさますために to shake off sleepiness / to get over *one's* sleepy spell
ねむたい 眠たい →ねむい
ねむり 眠り （a）**sleep** /スリープ/
- 深い眠りに落ちる fall into a deep sleep
- 眠り薬 a sleeping pill
- 眠りの浅い[深い]人 a light [heavy] sleeper

ねむる 眠る

➤ **sleep** /スリープ/; （うとうと）**doze** /ドウズ/; （昼間軽く）**take a nap** /ナプ/
➤ （眠り込む）**go** [**get**] **to sleep**, **fall asleep** /ふォーる アスリープ/, **drop off** (**to sleep**) /ドラプ/

眠っている be sleeping, **be asleep**
- ベッドで[パジャマを着て, 横向きに]眠る
sleep in *one's* bed [in *one's* pajamas, on *one's* side]
- 私は毎日8時間眠る
I sleep (for) eight hours every day.
- 私はゆうべはよく眠った
I slept well last night. /
I had a good sleep last night.
- 赤ちゃんはすぐ眠ってしまった
The baby fell asleep [went to sleep, dropped off to sleep] quickly. →sleep は名詞(眠り)
- 私はテレビを見ているうちに眠ってしまった
I fell asleep [went to sleep] while I was watching television.
- 彼は本を読みながらうとうと眠っている
He is dozing [taking a nap] over his book.
- 彼はまだ眠っています
He is still sleeping [asleep].
- （見ると）彼は眠っていた （→彼が眠っているのがわかった）I found him asleep.
ねらう aim (at 〜) /エイム/
ねらい （an）**aim**
- ねらいがはずれる miss *one's* aim
- 彼は的(まと)をねらった
He aimed at the target.
- 彼は何をねらって （→求めて）いるのですか
What is he after?

ねる¹ 寝る

❶ （床(とこ)に入る）**go to bed**; （眠る）**sleep**
❷ （横になる）**lie**
❶ （床に入る）**go to bed**; （眠る）**sleep** /スリープ/

ねる 428

→ ねかせる, ねこむ, ねむる

寝ている (眠っている) **be sleeping, be asleep** /アスリープ/; (床についている) **be in bed, lie in bed** /らイ/; (病気で) **be sick in bed, be ill in bed, be laid up** (with 〜) /れイド/, **be down** (with 〜)

寝ないでいる sit up, stay up /スティ/

・私は毎晩たいてい11時に寝る
I usually go to bed at 11 o'clock every night.

・私はゆうべはいつもより早く寝た
I went to bed earlier than usual last night.

・日曜の朝は私は遅くまで寝ています
I sleep late [I get up late] on Sunday mornings.

・彼はまだ寝ています
He is still sleeping [in bed].

・彼女はかぜをひいて寝ている
She is laid up with a cold. / She is down with a cold.

・彼女は病気でここ2,3日寝ています　→ 現在完了
She has been sick in bed for the past few days.

・寝ながら本を読むのは目に悪い
Reading in bed is bad for the eyes.

・ぼくは一晩中寝ないでレポートを書いた
I sat up all night writing the paper.

❷ (横になる) **lie** (**down**) /(ダウン)/ → ねころぶ

lie on one's back

lie on one's face

・あお向け[うつぶせ, 横向き]に寝る lie on one's back [face, side]

ねる² (粉を) **knead** /ニード/

ねん¹ 年

❶ (暦(こよみ)の) a **year**

❷ (学校の…年) **grade, year**

❶ (暦の) a **year** /イア/

・年に1度 once a year

・年内に before the year is out

・2020年に in 2020 (読み方: twenty twenty)

・令和10年に in the 10th year of Reiwa

・君は平成何年生まれですか
In what year of Heisei were you born?

・この前お会いしてから何年にもなりますね
It is years since I saw you last.

・君は英国に何年いたのですか
How many years have you been in Britain?

❷ (学校の…年) **grade** /グレイド/, **year**

・小学校の3年 the third grade [year] in elementary school

・中学校の2年 the second grade [year] in junior high (school)

・小学校の6年生 a sixth-grade [sixth-year] schoolboy [schoolgirl] / a sixth grader

・中学校の3年生 a third-grade [third-year] junior high student

・(4年制)大学の1[2, 3, 4]年生
a first-[second-, third-, fourth-]year student

ねん² 念入りな **careful** /ケアふる/

念入りに **carefully**

・念のため (確かめるために) to make sure / (万一の場合を考えて) just in case

・念を入れる pay special attention

・念のために私はセーターをもう1着持って来た
I've brought another sweater just in case.

・この仕事には特に念を入れてください I hope you will pay special attention to this work.

ねんが 年賀 **New Year's greetings** /イアズ グリーティングズ/

・年賀状 a New Year's card

ねんかん 年鑑 a **yearbook** /イアブク/

ねんきん 年金 a **pension** /ペンション/

・年金で暮らす live on a pension

・国民年金保険料を払う pay a mandatory state pension premium

ねんげつ 年月 **years** /イアズ/; (時) **time**

ねんざ 捻挫する → くじく

ねんじゅう 年じゅう **throughout the year** /すルーアウト イア/; (いつも) **always** /オーるウェイズ/

ねんしょう 燃焼 **combustion** /コンバスチョン/

・完全[不完全]燃焼 perfect [imperfect] combustion

ねんだい 年代 an **age** /エイヂ/

・1990年代に in the 1990s (読み方: nineteen nineties)

- 年代順の chronological
- 年代順に chronologically / in chronological order

ねんちゅうぎょうじ 年中行事 an **annual event** /アニュアるイヴェント/

ねんど 粘土 **clay** /クレイ/
- 粘土で人形を造る make a doll from clay

ねんぱい 年配の **elderly** /エるダリ/
- 年配の女性 an elderly lady

ねんぴょう 年表 a **chronological table** /クラノらヂカるティブる/

ねんまつ 年末 **the end of the year** /イア/
- 年末売り出し a year-end sale

ねんりょう 燃料 **fuel** /フューエる/
- 燃料電池 a fuel cell
- 化石燃料 fossil fuel

ねんりん 年輪 an **annual ring** /アニュアる/

ねんれい 年齢 → とし¹

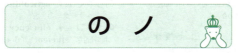

の¹ 野（畑地）a **field** /ふィーるド/; （集合的に）**the fields**
- 野の花 wild flowers
- 野道 a field path

の² …の

❶ (無生物の場合) **of** 〜; (人・動物の場合) **〜's**

❶ (所有) (無生物の場合) **of** 〜; (人・動物の場合) 〜's; (人称代名詞の場合) **my, your, his, her, its, our, their**
- 私[私たち]の車 my [our] car(s)
- 私の靴 my shoes
- 佐藤の靴 Sato's shoes
- 私の母のエプロン my mother's apron
- 私の友達（特定の友達をさして）my friend / (友達の中の一人) a friend of mine
- 君のその車 that car of yours
- 私の父のこの時計 this watch of my father's
- 女性用の靴 ladies' shoes →-s で終わる複数名詞には ' だけをつける
- 机のあし the legs of a desk
- きょう[きのう]の新聞 today's [yesterday's] paper → 時間・距離などを示す名詞は無生物ではあるが 's をつけて「…の」を表す
- 三日間の旅 three days' trip / a three-day trip
- 歩いて15分の距離 fifteen minutes' walk / a fifteen-minute walk
- 太郎と次郎の(共有の)部屋 Taro and Jiro's room → 太郎と次郎がそれぞれ別の部屋を持っている時は Taro's and Jiro's rooms
- 会話 これはだれのコートですか. —私のです Whose coat is this?—It's mine.

❷ 形容詞・名詞の形容詞用法で表す.
- アメリカの少年 an American boy
- 雨の日 a rainy day

- 歴史(上)の事実 a historical fact
- リンゴの木 an apple tree
- 誕生日のプレゼント a birthday present

❸ (…に関する) **in, on, of**
- 歴史の試験 an examination in history / a history examination
- 歴史の本 a book on history / a history book
- 歴史の先生 a teacher of history / a history teacher

❹ (…で出来ている，…で書いてある) **of, in**
- 木の箱 a box made of wood / a wooden box
- 英語の手紙 a letter in English / an English letter

❺ (…にいる[ある]など場所を表す場合) **in, at, on, by, from**
- 神戸のおじ one's uncle in Kobe
- 丘のふもとの家 a house at the foot of a hill
- 海辺のホテル a hotel by the sea
- 棚の本 books on a shelf
- 壁の地図 a map on the wall
- 井戸の水 water from the well

❻ (主格・目的関係を示す場合) **of**
- 彼の母の死 the death of his mother
- アメリカの歴史の研究 the study of American history

❼ (…による) **by**
- ピカソの絵 a picture (painted) by Picasso / Picasso's picture
- 太宰の小説 a novel (written) by Dazai / Dazai's novel

❽ (その他) **of**
- 10歳の少女 a girl of ten / a ten-year-old girl
- あわれみの目つき a look of pity
- 1杯のコーヒー a cup of coffee

ノイローゼ (a) **nervous breakdown** /ナ～ヴァス ブレイクダウン/

のう¹ 脳 **the brain** /ブレイン/
・脳波 brain waves
・脳死 brain death

のう² 能 **talent** /タレント/, **ability** /アビリティ/
・彼は働くことしか能がない
All he can do is work.
ことわざ 能あるタカはつめを隠(かく)す
A talented person knows to be modest. (才能のある人はけんきょであることを知っている)

のう³ 能 (能楽) *No, Noh*

日本を紹介しよう

能は四百年もの歴史を持つ日本の古典演劇です。それは面をつけた主役と面をつけない脇役、そして歌い手と, 鼓を打つ人と, 笛を吹く人から成り立っています。それは三方が観客に開かれている簡素な木の舞台の上で演じられます

Noh is a Japanese classical dramatic art which has a history of some 400 years. It is composed of a main actor with a mask and a second actor without a mask, a chorus, drummers, and a flute player. It is performed on a very simple wooden stage open to the audience on three sides.

のうえん 農園 → のうじょう

のうか 農家 (家) a **farmhouse** /ふァームハウス/; (家族) a **farming family** /ふァーミング ふァミリ/

のうきょう 農協 an **agricultural cooperative society** /アグリカるチュラる コウアペラティヴ ソサイエティ/

のうぎょう 農業 **agriculture** /アグリカるチャ/
・農業の agricultural
・農業高校 an agricultural high school

のうぐ 農具 a **farming tool** /ふァーミング トゥーる/

のうさくぶつ 農作物 **crops** /クラプス/

のうさんぶつ 農産物 **farm produce** /ふァーム プラデュース/, **agricultural produce** /アグリカるチュラる/

のうしゅく 濃縮する **concentrate** /カンセントレイト/

のうじょう 農場 a **farm** /ふァーム/
・農場で働く work on a farm

のうそん 農村 a **farming village** /ふァーミング ヴィれヂ/, a **country village** /カントリ/
・農村地方 a rural district / a countryside

のうち 農地 **farmland** /ふァームらンド/

のうてんき 能天気

・彼らは能天気だ They are too easygoing. /
ひゆ They are fiddling while Rome is burning. (大帝国の首都ローマが燃えているのにバイオリンを弾いている)

ノウハウ know-how /ノウ ハウ/
・園芸のノウハウを持っている人 a person with gardening know-how

のうみん 農民 a **farmer** /ふァーマ/; (小作人) a **peasant** /ペゾント/

のうむ 濃霧 a **thick fog** /すィク ふァグ/

のうやく 農薬 **agricultural chemicals** /アグリカるチュラる ケミカるズ/

のうりつ 能率 **efficiency** /イふィシェンスィ/
能率的な efficient /イふィシェント/
・能率の悪い inefficient

のうりょく　能力

➤ **ability** /アビリティ/

能力のある able /エイブる/, **of ability**
・能力のある(有能な)人 a person of ability
・能力別クラス編成 ability grouping
・…する能力がある be able to *do* / can *do*
・彼にはその差を見分ける能力がなかった
He was not able to [could not] see the distinction.
・自分の能力をこえることはしないほうがいい
You'd better not try to do what is beyond your ability. / ひゆ You'd better not bite off more than you can chew. (かむことのできる以上のもの(かめない分量)をかみ取ろうとするな)

のうりんすいさん 農林水産省[大臣] **the Ministry** [**the Minister**] **of Agriculture, Forestry and Fisheries** /ミニストリ [ミニスタ] アグリカるチャ ふォーレストリ ふィシャリズ/

ノーコメント No comment. /ノウ カメント/

ノースリーブ (そでのない) **sleeveless** /スリーヴれス/ →「ノースリーブ」は和製英語
・ノースリーブのワンピースを着ている wear a sleeveless dress

ノート (帳面) a **notebook** /ノウトブク/; (メモ) a **note** /ノウト/
・英語の授業のノートをとる take notes of the English lesson

ノートパソコン a **laptop** (**PC**) /らプタプ/, a **notebook** (**PC**) → laptop は「ひざの上で使うコンピューター」;「ノートパソコン」は和製英語

ノーベルしょう ノーベル賞 a **Nobel prize** /ノウベる プライズ/
・ノーベル文学[平和]賞 the Nobel Prize in Literature [the Nobel Peace Prize]

・ノーベル賞受賞者　a Nobel prize winner
・ノーベル賞を受賞する　be awarded a Nobel prize

のがす 逃す **miss** /ミス/
のがれる (逃に)げる) **escape** /イスケイプ/; (自由になる) **free** *oneself* (from ～) /ふリー/
のき 軒 **eaves** /イーヴズ/
のこぎり a **saw** /ソー/
・のこぎりで木をひく　saw wood

のこす　残す

❶ (残して去る) **leave**
❷ (とっておく) **save**

❶ (残して去る) **leave** /リーヴ/ → のこる

基本形
A を残す
　leave A
A を B に残す
　leave B A
　leave A **to** B

・大きな財産を残す　leave a large fortune (behind)
・歴史に名を残す　leave a name in history
・彼をひとりだけ後に残す　leave him (all) alone
・彼は妻と3人の子供を残して死んだ
He left (behind) a wife and three children.
・私は彼の机の上にメモを残しておいた
I left a note on his desk.
・おなかがいっぱいだから, ジャガイモを残していい?
I'm full. May I leave these potatoes?
・おじは全財産を私たちに残した
Our uncle left us his entire fortune. /
Our uncle left his entire fortune to us.

❷ (とっておく) **save** /セイヴ/
・チョコレート残しておいてよ
Save me some chocolate. /
Save some chocolate for me.

leave

save

❸ (生徒を) **make** ～ **stay in** [**behind**] /メイク ステイ [ビハインド]/

・彼は放課後残された
He was made to stay in [behind] after school.

のこり 残り **what is left** /(ホ)ワット れふト/; (余り) **the remainder** /リメインダ/; (その他) **the rest**
・これが今月の小遣(こづかい)の残りです
This is the remainder of my pocket money for this month.
・船員のうち5人は救われたが残りは皆溺死(できし)した
Five of the crew were saved, but the rest drowned.

のこる　残る

➤ **remain** /リメイン/, **stay** /ステイ/
➤ (残されている) **be left** /れふト/ (受け身形)

・5から3を引けば2が残る
If you take 3 from 5, 2 remains [you're left with 2].
・その地震ではほんの数軒の家しか残らなかった　After the earthquake only a few houses remained. / Only a few houses survived the earthquake. → survive は「生きのびる」
・その火事のあと私の家は何も[ほとんど]残らなかった
Nothing [Very little] remained of my house after the fire.
・ぼくはここに残ります
I will stay [remain] here.
・パーティーのあと残ってそうじを手伝ってくれますか　Will you remain after the party and help clean up?
・金庫にはお金が少し残っている[全然残っていない]
There is some [no] money left in the safe.
・まだずいぶん仕事が残っているんだ
I still have a lot of job to do.
・彼は独立戦争の英雄として歴史に残るだろう
He will go down in history for a hero of the war of independence.

のせる¹ 乗せる (車に) 《米》 **give a ride** /ライド/, 《英》 **give a lift** /リふト/
・父は毎朝私を学校まで車に乗せて行ってくれます
Father gives me a ride to school every morning. / Father takes me to school in his car every morning.
・乗せてくれてありがとう
Thank you for the ride.

のせる² 載せる (置く) **put**
・花びんを棚の上に載せる　put a vase on the shelf

のぞく¹ 除く (取り除く) **take off**; (はぶく) **omit** /オミト/

のぞく 432 four hundred and thirty-two

…を除いて **except 〜** /イクセプト/ → いがい²
•最後の問題は除いてもよい
You can omit the last question. /
The last question may be omitted. /
You don't need to answer the last question.

のぞく² **peep** /ピープ/; **look** /るク/
•部屋の中をのぞく　peep into a room
•窓から外をのぞく　look out of the window
•窓から中をのぞく　look in at the window

のそのそ **sluggishly** /スらギシュリ/; (だるそうに)
languidly /らングウィドり/

のぞみ　望み

➤ (希望) (a) **hope** /ホウプ/; (願い) a **wish** /ウィ
シュ/; (願望) a **desire** /ディザイア/
•望みのある　hopeful → ゆうぼう (→ 有望な)
•望みのない　hopeless
•最後の瞬間まで彼は望みを失わなかった
He did not lose hope even to the last mo-
ment.
•彼が生きている望みはほとんどない
There is little hope that he is alive. /
It is almost hopeless that he is alive.
•君の望みをかなえてやろう
I will grant you your wish.
•望みは高く持ちなさい
ひゆ Set your sights high. → sights は「銃の照
準器」; 遠くの的をねらうには銃の照準器を上に向ける
ことから

のぞむ 望む **hope** /ホウプ/, **wish** /ウィシュ/, **de-
sire** /ディザイア/
•望ましい　desirable
•われわれはあなたからの援助を望んでおります
We hope for some help from you.

のち 後に **later** /れイタ/, **after**, **afterwards** /ア
ふタワツ/
•(それから) 3日のちに　three days later [after]
•(日記に) 曇りのち晴れ　Cloudy, later fine.

ノック a **knock** /ナク/
　ノックする **knock**
•ドアをノックする　knock at [on] the door
掲示 ノックしないでください　Do Not Disturb.
(じゃましないでください) → 睡眠中などじゃまされた
くない時にホテルの部屋のドアにかける札(ふだ)の文句

ノックアウト a **knockout** /ナカウト/
•ノックアウトする　knock out

のっとる 乗っ取る　(飛行機などを) **hijack** /ハイヂ
ャク/; (会社などを) **take over**

ので　…ので

➤ **as**, **since** /スィンス/, **because** /ビコーズ/ →
から³ ❸
•彼は注意深いのであまりまちがいをしない
As he is careful, he makes few mistakes.
•ロンドンに10年以上もいるので，彼は英語をすらす
ら話す
As he has been in London for more than ten
years, he speaks English very fluently.
•彼がそう言うので私はそれを本当だと思った
Since he said so, I believed it was true.
•彼は病気なので欠席しています
He is absent because he is sick [because of
sickness].
•雨だったので私たちはずっと家の中にいた (→雨が私
たちをずっと家の中にいさせた)
Rain kept us indoors.

のど

➤ a **throat** /すロウト/
のどのかわいた **thirsty** /さ〜スティ/
•のどぼとけ　the Adam's apple
•(素人) のど自慢(じまん)大会　an amateur singing
contest
•のどが痛い　have a sore throat
•水を1杯ください. のどがかわいた
Give me a drink of water. I am thirsty.

のどかな (平和な) **peaceful** /ピースふる/; (天気が
おだやかな) **mild** /マイるド/

のに　…のに

➤ (…の時に) **when** /(ホ)ウェン/; (…である一方)
while /(ホ)ワイる/; (…だけれど) **though** /ぞ
ウ/ → かかわらず
•君は車があるのにどうして歩いて行くの?
Why do you walk when you have a car?
•兄は村で大金持ちの一人なのに，弟の彼はとても貧乏
です
He is very poor, while his brother is one of
the richest men in the village.
•彼は家ですることがたくさんあるのに私の手伝いに
来てくれた
He came to help me (even) though he has a
lot to do at home.

ののしる **call 〜 names** /コーる/, **swear** (at 〜)
/スウェア/
•彼は私をののしった
He called me names. / He swore at me.

のばす　伸ばす, 延ばす

➤ (もっと長く) **lengthen** /れングすン/; (なお遠く

に) **extend** /イクステンド/; (力を入れて) **stretch** /ストレチ/
➤ (予定以上に) **prolong** /プロローンヴ/; (ぐずぐずして) **delay** /ディれイ/
➤ (延期する) **put off, postpone** /ポウス(ト)ポウン/
➤ (成績・能力などを) **improve** /インプルーヴ/
・ズボンのすそを伸ばす lengthen *one's* pants
・腕(うで)を前方に伸ばす stretch *one's* arms forward
・からだを伸ばして草の上に横になる lie stretched on the grass
・滞在(たいざい)を三日間延ばす prolong *one's* stay for three days
・返事を出すのを延ばす delay sending an answer
・会を金曜日まで延ばす put off [postpone] the meeting till Friday
・英語の力を伸ばす improve *one's* ability in English

improve

put off

・私たちはこれ以上決定を延ばすわけにはいかない
We can't delay our decision any longer. /
ひゆ We can't sit on the fence any longer.
(境の塀の上に腰掛けて様子を見ていることはできない)

のはら 野原 **the fields** /ふィーるヅ/ → の¹
のばら 野バラ **a wild rose** /ワイるド ロウズ/
のび 伸びをする **stretch** (*oneself*) /ストレチ/
・彼はあくびをして伸びをした
He yawned and stretched.
のびのび 伸び伸び(と) (自由に) **freely** /ふリーり/; (自然に) **naturally** /ナチュラり/
伸び伸びする (気持ちが) **feel relaxed** /ふィーる リらクスト/, **feel at ease** /イーズ/

のびる 伸びる, 延びる
➤ (長くなる) **lengthen** /れングすン/, **extend** /イクステンド/, **grow** (**long**) /グロウ/
➤ (時間が) **be prolonged** /プロローングド/, **be**

delayed /ディれイド/
➤ (延期される) **be put off, be postponed** /ポウス(ト)ポウンド/
➤ (成績・能力などが) **improve** /インプルーヴ/
・髪が伸びたね。床屋へ行ったほうがいいよ
Your hair has grown. You'd better go to the barber's.
・日がだんだん伸びてきた
The days have begun to grow longer.
・会合は来週の月曜日まで延びたよ
The meeting has been put off [postponed] till next Monday.
・私の英語の成績は今学期ずいぶん伸びた
My English grade has much improved this term.
のぼせる (温かくて) **become [be] (too) warm** /ウォーム/; (夢中になる) **become [be] infatuated** (**with** ~) /インふァチュエイテド/
・ストーブのそばにいるのでのぼせてきた (→顔が熱い) My face is too warm because I'm near the heater.
のぼり 上り **a rise** /ライズ/
上りの up; (上り坂の) **uphill** /アプヒる/
・上り列車 an up train
・上り坂 an uphill (road)
・道はずっと上りだ
The road is uphill all the way.

のぼる 上る, 登る
➤ **rise** /ライズ/, **go up, go on**; (木・山に) **climb** /クらイム/
・山に登る climb a mountain
・石段を登る go up the stone steps
・太陽は東からのぼる
The sun rises in the east.
のみ (道具) **a chisel** /チズる/
ノミ 蚤 (虫) **a flea** /ふリー/
のみこむ 飲み込む **swallow** /スワろウ/
・すっかり飲み込んでしまう swallow up
のみもの 飲み物 **a drink** /ドリンク/, **something to drink** /サムすィングヴ/
・私の一番好きな飲み物はレモネードです
Lemonade is my favorite drink.
のみや 飲み屋 **a bar** /バー/

のむ 飲む
❶ (水などを) **drink; have**
❷ (薬を) **take**
❶ (水などを) **drink** /ドリンク/; **have**
・水を(1杯)飲む drink (a glass of) water

・スープを飲む （スプーンで） eat (*one's*) soup / (カップから直接に) drink (*one's*) soup
・私は牛乳を1杯飲んだ I drank a glass of milk.
・彼はワインをすっかり飲んでしまった →現在完了
He has drunk all the wine.
・お茶をお飲みになりますか
Will [Won't] you have tea?
・この水は飲めますか
Is this water good to drink?
・お茶でも飲みながら話をしましょう
Let's talk over a cup of tea.

🗨会話 君のお父さんは(お酒を)飲みますか．─いいえ，全然飲みません[ええ，すごく飲みます]
Does your father drink? ─No, he never drinks [Yes, he drinks a lot]. →「酒を飲む」は drink だけでよい

❷ (薬を) **take**
・毎食前にこの薬[錠剤]を飲みなさい
Take this medicine [pill] before each meal.
・私は食後に薬を1服飲んだ
I took a dose of medicine after the meal.
・この薬を飲めばかぜがよくなりますよ (→この薬があなたのかぜを治すでしょう)
This medicine will cure you of your cold.
❸ → のみこむ

drink

take

のらいぬ 野良犬 a **stray dog** /ストレイ/
のらねこ 野良猫 a **stray cat** /ストレイ/
のり¹ (物を貼る) **paste** /ペイスト/; (接着剤) **glue** /グるー/
・のりで貼る paste; glue
のり² 海苔 **dried seaweed** /ドライド スィーウィード/
のり³ のりのいい (曲・歌など) **catchy** /キャチ/
・のりのいい曲 a catchy tune
のり⁴ …乗り
・4人乗りの車 a four-seater (car)
・このエレベーターは20人乗りです
This elevator holds 20 people.
のりあげる 乗り上げる (浅瀬に) **run aground** /アグラウンド/
のりおくれる 乗り遅れる (列車などに) **miss**
・急がないと列車に乗り遅れるよ
Hurry up, or you'll miss the train.
のりかえ 乗り換え (a) **transfer** /トランスふァ～/
のりかえる 乗り換える **change trains** /チェインヂトレインズ/, **change cars**, **transfer** /トランスふァ～/
・奈良へ行くにはここで乗り換えなければなりません
You must change trains here to go to Nara.
・私は次の駅でバスに乗り換えます
I transfer to a bus at the next station.
のりくみいん 乗組員 a **member of the crew** /メンバ クルー/; (集合的に) **the crew**
のりこす 乗り越す **ride past** /ライド パスト/, **go beyond** /ビヤンド/
・私はよく駅を乗り越す
I often forget and ride past my station.
のりば 乗り場 (バス停) a **bus stop** /スタプ/, (バス発着所) a **bus station** /ステイション/; (タクシーの)《米》 a **taxi stand** /スタンド/, 《英》 a **taxi rank** /ランク/; (船の) a **landing** /らンディング/, a **wharf** /(ホ)ウォーふ/, a **pier** /ピア/
のりもの 乗り物 a **vehicle** /ヴィーイクる/

のる¹ 乗る

❶ (乗り物に) **get on** [**in**, **into**], **ride**
❷ (物の上に) **get on**

❶ (乗り物に乗り込む) **get on** [**in**, **into**] ～; (乗り物にまたがって) **ride**; (乗って行く) **go by** [**on**] ～; (間に合う) **catch** /キャチ/

ride　　get on　　get on

・電車[バス, 地下鉄]に乗る get on a train [a bus, a subway]
・飛行機[船]に乗る go on board a plane [a

four hundred and thirty-five 435

ship]
•電車[バス, 地下鉄, 飛行機, 船]に乗って行く
go by train [bus, subway, plane, ship] /
take a train [a bus, a subway, a plane, a ship]
•タクシーに乗る take a taxi; (動作) get into a taxi
•馬[バイク, ブランコ]に乗る ride (on) a horse [a motorcycle, a swing]
•…を(車に)乗せてやる give 〜 a ride [《英》a lift]
➡ この ride, lift は名詞(乗ること, 乗せてもらう[あげる]こと); ➡ のせる¹
•(車に)乗せてもらう get [have] a ride [a lift]
•君は馬に乗ったことがありますか ➡ 現在完了 Have you ever ridden a horse?
•私は東京発午後6時30分の青森行きに乗った
I took the 6:30 p.m. train for Aomori from Tokyo Station.
•2番のバスに乗りなさい
Take a Number 2 bus.
•私は自転車[バス]に乗って学校へ行きます
I go to school by bicycle [bus]. /
I ride a bicycle [take a bus] to school.
•私たちは上野でバス[地下鉄]に乗った
We got on a bus [a subway] at Ueno.
•父は私を学校まで車に乗せてくれた
My father gave me a ride to school.
•バスに1時間も乗ればそこへ行けます (→1時間バスに乗ることが君をそこへ連れて行くでしょう)
An hour's ride on a bus will take you there.
•私たちの(乗った)飛行機には約200人乗っていた
There were about two hundred people on board our plane.
•私は最終バスに乗れなかった
I couldn't catch the last bus.
•私たちは3時の列車に乗るためには急がなくては
We must hurry to catch the 3 o'clock train.
•生徒たちの乗ったバスがそばを通り過ぎた
A bus carrying schoolchildren passed by.
❷ (物の上に) **get on**
•彼はいすの上に乗って棚の本を取った
He got on a chair and took the book from the shelf.
❸ (調子・気分など)
•彼はすぐ調子にのる
He is [gets] easily carried away.

🗣会話 カラオケ行かない? 一気がのらないなあ
Why don't we go *karaoke*-singing? —No, I don't feel like it.

のる² 載る

❶ (上に載っている) **be on**
•その書類は彼女の机の上に載っている
That paper is on her desk.
❷ (新聞などに) **appear** /アピア/, **be reported** /リポーテド/ (受け身形); (辞書などに) **be found** /ふァウンド/ (受け身形)
•その事件はきのうの新聞の一面に載っていた
That event appeared [was reported] on the front page of yesterday's paper. / (きのうの新聞は一面でその事件を報じた) Yesterday's paper reported that event on the front page.
•この単語はどの辞書にも載っている
This word is found [given] in any dictionary.
•私たちの学校の記事がきょうの新聞の地方版に載っている
There is an article on our school in the local page of today's newspaper.
•彼の名前はこの名簿(めいぼ)には載っていない
His name is not on [in] this list.

ノルウェー Norway /ノーウェイ/
•ノルウェーの Norwegian
•ノルウェー語 Norwegian
•ノルウェー人 a Norwegian; (全体) the Norwegians

ノルディックふくごう ノルディック複合 《スポーツ》**Nordic combined** /ノーディク カムバインド/

ノルマ a **work quota** /ワ〜ク クウォウタ/ ➡「ノルマ」はロシア語から

のろい (おそい) **slow** /スろウ/
•仕事がのろい be slow in *one's* work

のろう 呪う **curse** /カ〜ス/

のろし 狼煙 a **signal fire**; a **beacon** /ビーコン/

のろのろ slowly /スろウリ/ ➡ ゆっくり❶
•道路がすごく込んでいたので, 2時間ものろのろ運転だった

🟩ひゆ The roads were full of traffic and we had to drive at a snail's pace for two hours.
(カタツムリのペースで)

のんきな (気楽な) **easy** /イーズィ/, **easygoing** /イーズィゴウインぐ/; (心配のない) **carefree** /ケアふリー/; (楽天的な) **optimistic** /アプティミスティク/; (ぼんやりの) **careless** /ケアれス/
•のんきに暮らす live [lead] an easy life

のんびりした relaxed /リらクスト/; **peaceful** /ピースふる/ ➡ のんきな

ノンフィクション nonfiction /ナンふィクション/

ノンプロ a **nonprofessional** /ナンプロふェショヌる/

は ハ

は¹ 葉 (落葉樹の) a **leaf** /リーふ/ (榎 leaves /リーヴズ/); (草・麦などの長い葉) a **blade** /ブれイド/; (松などの針状の葉) a **needle** /ニードる/
- 葉の茂った leafy
- 葉が出かかっている
  The leaves are coming out.

は² 歯
- a **tooth** /トゥーす/ (榎 teeth /ティーす/)
- (歯の) **dental** /デンタる/
- 歯が痛い have a toothache
- 歯が生える cut *one's* teeth
- 歯が抜ける a tooth comes out
- 歯をみがく brush *one's* teeth
- 歯をくいしばる clench *one's* teeth
- 歯を抜いてもらう have a tooth pulled out
- 歯ブラシ a toothbrush
- 歯みがき (チューブ入りの) toothpaste
- 入れ歯 a false tooth; (一そろいの) dentures
- 虫歯 a bad [decayed] tooth
- 前歯[奥歯] a front [back] tooth
- のこぎりの歯 teeth of a saw

は³ 刃 (刃物の) an **edge** /エヂ/; (刀身) a **blade** /ブれイド/
- 安全かみそりの替え刃 a razor blade

は⁴ 派 (流派) a **school**; (党派) a **faction** /ふァクション/
- 派閥の factional

は⁵ …は
❶ (主語の場合)
❷ (目的語の場合)

❶ (主語の場合) 名詞を文頭に置いて次に動詞を続けると，その名詞は文の主語になって，「…は」の意味になる; 人称代名詞の場合は主格 (I, you, he, she, it, we, they) を用いる．→が² ❶
- 私は花びんをテーブルの上に置きました
  I put the vase on the table.
- 花びんはテーブルの上にあります
  The vase is on the table.

❷ (目的語の場合) 「鉛筆(えんぴつ)は持っているが万年筆は持っていない (→鉛筆は持っているが万年筆を持っていない)」の「…は」は英語では動詞の目的語として表される; 動詞のすぐあとに名詞を続けると，その名詞は目的語になる; 人称代名詞の場合は目的格 (me, you, him, her, it, us, them) を用いる．
- 私はバナナは好きじゃありません
  I don't like bananas.
- 私は彼は知らないけど彼の兄さんは知っている
  I don't know him, but I know his brother.

ば 場 (場所) a **place** /プれイス/; (地点・現場) a **spot** /スパト/; (空間) **space** /スペイス/ →ばしょ
- その場で on the spot
- その時その場で then and there
- 公の場で in public

バー a **bar**

ばあい 場合 (実情) a **case** /ケイス/; (事情) **circumstances** /サ〜カムスタンセズ/; (機会) an **occasion** /オケイジョン/
- 多くの場合に in most cases
- どんな場合にも in any case
- 場合によっては according to circumstances
- それは場合によります It depends.
- 雨の場合には遠足は次の土曜日に延ばします
  In case of rain [If it rains], the excursion will be put off till next Saturday.
- 君のその服装はこういう場合にはあまり適当とは言えない Your clothes don't exactly suit the occasion.

はあく 把握する **grasp** /グラスプ/

バーゲンセール sales (at bargain prices) /セイるズ (バーゲン プライセズ)/

> カタカナ語! バーゲンセール
> 英語の bargain には「お買い得品」という意味があるから，そのまま ×*bargain sale* でもよさそうだが，**sales** だけでその意味になる．そのあとに at bargain prices (特別価格での)をつけてもよいが少しくどくなる．「あの店では今冬物のバーゲン中だ」は The winter sales are now on at that store.

バージョン a **version** /ヴァ〜ジョン/
- そのソフトウェアの最新版 the latest version of the software
- 最新版にバージョンアップする update to the latest version →バージョンアップは和製英語

パーセンテージ (a) **percentage** /パセンテヂ/
パーセント **percent** /パセント/ →記号は %
- 人口の7パーセント seven percent [7%] of the population
- うちの学校では40パーセントの生徒が自転車通学だ

In our school forty percent of the students come to school by bicycle. ➜percent of の次の名詞が複数なら複数，単数なら単数として扱う

バーチャル (仮想の) **virtual** /ヴァ〜チュアる/
• 仮想現実 virtual reality
• 仮想現実で恐竜を見せる use virtual reality to show dinosaurs

パーティー a **party** /パーティ/
• パーティーを開く have［give］a party
• 友達をティーパーティーに招く invite［ask］*one's* friends to a tea party

ハート a **heart** /ハート/
• ハート形の heart-shaped
• (トランプの)ハートのクイーン the queen of hearts

パート パート(タイム)の［で］**part-time** /パート タイム/
• パートで働く人 a part-timer / a person who works part-time
• 彼女はその店でパートとして働いている
She is working part-time［as a part-timer］at the store.

ハードウェア hardware /ハードウェア/

バードウォッチング bird-watching /バ〜ド ワチンぐ/

ハードカバー (堅い表紙の本) a **hardcover** /ハードカヴァ/
• ハードカバーの本 a hardcover book

ハードディスク(ドライブ) a **hard drive** /ハード ドライヴ/, a **hard disk drive** /ディスク/
• 外付けハードディスク an external hard drive /エクスタ〜ヌる/
• 内蔵ハードディスク an internal hard drive /インタ〜ヌる/

パートナー a **partner** /パートナ/

ハードル a **hurdle** /ハ〜ドる/
• ハードル競走 the hurdles / the hurdle race
• ハードルを飛び越える clear a hurdle

はあはあ はあはあ言う **pant** /パント/, **gasp** /ギャスプ/

ハーブ a **herb** /ハ〜ブ/

パーフェクト perfect /パ〜フェクト/

ハーフタイム the half time /ハふ タイム/

バーベキュー (器具・料理) a **barbecue** /バーベキュー/
• バーベキューをする have a barbecue

バーベル a **barbell** /バーベる/

パーマ a **perm** /パ〜ム/
• パーマをかけている have a perm

ハーモニカ a **harmonica** /ハーマニカ/, a **mouth organ** /マウす オーガン/

• ハーモニカを吹く play the harmonica

はい[1] 肺 **the lungs** /らンぐズ/ ➜左右両方にあるのでふつうは複数形；「片方の肺」をいう場合は the right［left］lung のように単数形

はい[2] 灰 **ashes** /アシズ/
• 焼けて灰になる be burnt［reduced］to ashes

はい[3]

➤ (問いに対する答え) **yes**; (否定の答えを導く時) **no**

➤ (出席点呼の返事) **Present.** /プレズント/, **Here.** /ヒア/, **Yes.**

➤ (物を渡す時) **Here you are. / Here it is.**

参考 学校での出席点呼の返事には Present ［Here, *etc.*］のあとに, 男の先生に対しては sir, Mr. 〜, 女の先生に対しては Ms., Miss, ma'am, あるいは Ms. 〜, Miss 〜 などを付けてもよい

会話 君はリンゴが好きですか. ―はい, 好きです
Do you like apples?—Yes, I do.

会話 君は行かないのですか. ―はい, 行きません
Aren't you going?—No, I'm not.

注意しよう

英語では質問のしかたにかかわらず, 答えが肯定であれば Yes, 否定であれば No となる.「…しないのですか」という否定の疑問文に対して「します」と答えるとき, 日本語では「いいえ」だが英語では"Yes"となり,「しません」と答えるときは「はい」と"No"になるので, Yes, No の使い方は日本語の「はい」「いいえ」の使い方とは逆になる

Don't you love me?—Yes, I do love you. (あなた私のこと愛していないの?―いや, 愛しているよ)

会話 本田, その辞書を取ってくれ. ―はい, どうぞ
Reach me that dictionary, Honda. —Here you are.

• はい, おつりです Here's your change. ➜Here's 〜. は物を渡す時の言い方で, その場合✕*Here is* 〜. と2語にしない
• 第1問はこれくらいにして, はい次は第2問
So much for the first question. Now for the second.

はい[4] …杯
• 1杯の水 a glass of water ➜冷たい飲み物の場合にはふつう a glass of 〜 を用いる
• 1杯のココア a cup of cocoa ➜温かい飲み物の場合にはふつう a cup of 〜 を用いる
• スプーン3杯の砂糖 three spoonfuls of sugar
• バケツ2杯の砂 two bucketfuls of sand

ばい 倍

➤ (2倍) **twice** /トワイス/, **double** /ダブる/
➤ (…倍) **times**
- 3 [4, 5, …] 倍 three [four, five, …] times
- A の B 倍多い *B* times as many [much] as *A*
→ 「数」をいう時は many,「量」をいう時は much を使う
- 彼は私の倍 [3 倍] の仕事をする
He does twice [three times] as much work as I do [《話》as me].
- 彼は私の倍の給料を取る
He gets double my wages [what I get].
- その川はこの川の5倍の長さがある
That river is five times as long as this one.
- 彼の学校にはぼくらの学校の3倍以上の生徒がいる
His school has more than three times as many students as ours.

パイ (a) **pie** /パイ/
- アップルパイ1切れ a piece of apple pie

バイアスロン biathlon /バイアすらン/

はいいろ 灰色(の) **gray** /グレイ/

ハイウェー 《米》a **freeway** /ふリーウェイ/, an **expressway** /イクスプレスウェイ/,《英》a **motorway** /モウタウェイ/ → 英語で highway は「幹線道路」の意味で, 日本語の「国道・県道」にあたる

英国のモーターウェイ

はいえい 背泳 **backstroke** /バクストロウク/
- 背泳をする do [swim] a backstroke / swim on *one's* back

はいえん 肺炎 **pneumonia** /ニューモウニャ/
- 肺炎にかかる catch pneumonia

パイオニア a **pioneer** /パイオニア/

バイオマス biomass /バイオウマス/

バイオリン a **violin** /ヴァイオリン/
- バイオリンをひく play the violin
- バイオリン奏者 a violinist

ハイカー a **hiker** /ハイカ/

はいがん 肺がん **lung cancer** /らング キャンサ/

はいき 排気ガス **exhaust (gas)** /イグゾースト/

はいきぶつ 廃棄物 **waste** /ウェイスト/
- 産業 [放射性] 廃棄物 industrial [radioactive] waste

はいきょ 廃墟 **ruins** /ルーインズ/
- その城は今は廃墟になっている
The castle is now in ruins.

ばいきん ばい菌 a **germ** /チャ〜ム/, **bacteria** /バクティアリア/ (複数形) → バクテリア

ハイキング a **hike** /ハイク/, **hiking** /ハイキング/
- ハイキングに行く go on a hike / go hiking
- 私は友達と高尾山へハイキングに行った
I went on a hike [went hiking] on Mt. Takao with my friends.

バイキング
❶ (昔の北欧海賊(かいぞく)) (一人) a **Viking** /ヴァイキング/; (全体) the **Vikings**
❷ (料理) **smorgasbord** /スモーガスボード/; (立食式の食事) a **buffet** /ブフェイ/ → この意味での「バイキング」は和製英語

はいく 俳句 a *haiku*, **seventeen-syllable poem** /スィらブる ポウエム/

バイク a **motorcycle** /モウタサイクる/, a **bike** /バイク/ → bike はふつう自転車 (bicycle) の意味であるが, 特に《米》では motorcycle の意味でも使われる

はいけい[1] 背景 a **background** /バックグラウンド/; (舞台の) **scenery** /スィーナリ/
- そのお寺を背景にして私は彼の写真をとった
I took a picture of him with the temple as a background.

はいけい[2] 拝啓 (手紙の文句) **Dear** 〜 /ディア/

はいこう 廃校
- ぼくたちの出た小学校は10年前に廃校になった
Our old elementary school was closed ten years ago.

はいざら 灰皿 an **ashtray** /アシュトレイ/

はいし 廃止 **abolition** /アボリション/
廃止する abolish /アバリシュ/, **do away with** /アウェイ/
- 死刑を廃止する abolish the death penalty
- 消費税を廃止する do away with consumption tax
- あの学校では何年も前に制服を廃止した
They did away with uniforms at that school years ago.

はいしゃ 歯医者 a **dentist** /デンティスト/; (歯科医院) a **dentist's (office)** /(オーふィス)/

ハイジャックする hijack → のっとる

ばいしょう 賠償 **compensation** /カンペンセイション/, **redress** /リドレス/
- 損害賠償 compensation [redress] for damage [loss]

four hundred and thirty-nine　439　はいる

はいすい 排水 **drainage** /ドレイネヂ/
• 排水管 a drain pipe

はいせん¹ 敗戦 (a) **defeat** /ディふィート/ → はいぼく

はいせん² 配線 **wiring** /ワイアリング/
　配線する wire（**up**）

はいたつ 配達

➤ **delivery** /ディリヴァリ/

配達する deliver /ディリヴァ/
• 配達人 a delivery person［worker］;（運転もする人）a delivery driver
• 新聞配達人 a newspaper carrier
• 郵便配達人 a mail［letter］carrier
• 新聞を配達する deliver newspapers
• 買った物を配達してもらう have *one's* purchase delivered
• これらの包みをこの場所へ配達してくれませんか
Will you please deliver these parcels to this address?

バイタリティー vitality /ヴァイタリティ/

はいち 配置 **arrangement** /アレインヂメント/
　配置する arrange /アレインヂ/

ハイツ heights /ハイツ/

ハイテク high-tech /ハイ テク/, **high technology** /テクナろヂ/

ばいてん 売店（屋台）a **stand**;（駅・公園などにある）a **kiosk** /キーアスク/
• 駅の売店 a station kiosk

バイト → アルバイト

パイナップル〔植物〕a **pineapple** /パイナプる/

バイバイ Bye-bye! /バイ バイ/ / **Bye now!** /バイ ナウ/

バイパス a **bypass** /バイパス/

ハイヒール（1足）(a pair of) **high heels** /(ペア) ハイ ヒーるズ/, (a pair of) **high-heeled shoes** /ハイ ヒーるド シューズ/

ハイビジョンテレビ a **high-definition television** /ハイ デふィニション テれヴィジョン/

パイプ a **pipe** /パイプ/;（巻きタバコの）a **cigarette holder** /スィガレト ホウるダ/

パイプオルガン a (**pipe**) **organ** /(パイプ) オーガン/

はいぶつ 廃物 **waste material** /ウェイスト マティアリアる/;（不用品）**junk** /ヂャンク/

ハイブリッドカー a **hybrid car**［**vehicle**］/ハイブリッド カー［**ヴィークる**］/

バイブル the Bible /バイブる/

はいぼく 敗北 (a) **defeat** /ディふィート/
• 敗北をきっする suffer (a) defeat / be defeated

ハイヤー a **limousine** /リムズィーン/,《話》**limo** /リーモウ/

はいやく 配役 **the cast** /キャスト/

はいゆう 俳優（男優）an **actor** /アクタ/,（女優）an **actress** /アクトレス/ ➜ an actor は女優に対しても使われる

ハイライト a **highlight** /ハイらイト/

ばいりつ 倍率 **magnification** /マグニふィケイション/ (→ けんびきょう);（入試の）**the acceptance rate** /アクセプタンス レイト/
• あの高校の入試の倍率は5倍だ
The acceptance rate to that senior high school is 1 in 5.

はいる 入る

❶（中へ）**enter, get in**
❷（加入する）**join**
❸（収容する）**hold, contain**

❶（中へ）**enter** /エンタ/, **get in**;（入って行く）**go in**,（入って来る）**come in**;（侵入(しんにゅう)する）**break in** /ブレイク/
• A に入る enter［get into, go into, come into］A ➜ ✕ enter *into* A としない
• 玄関から家に入る enter the house through［by］the front door
• 窓から家に入る get［break］into the house through the window
• どうぞお入りください Please come in.
• 入ってもいいですか May I come in? ➜「入って行く」であるが, 相手側の視点に立っていうので go ではなく come を用いる
• 小鳥が窓から私の部屋に入って来た A bird came into my room through the window.
• 戸がしまっているので中に入れない
I can't get in because the door is locked.
• 彼の家は昨夜どろぼうに入られた ➜ 過去の受け身形 His house was broken into (by a burglar) last night.

❷（加入する）**join** /ヂョイン/;（加入している）**be a member of ～** /メンバ/, **belong to ～** /ビろーング/;（学校に）**enter**;（会社などに）**get a job with ～, be employed by ～** /インプろイド/
• 私はサッカー部に入った
I joined the soccer club.
• 彼女は放送クラブに入っている
She is a member of［She belongs to］the broadcasting club.
• 彼は第一志望の高校に入った He entered the senior high school of his first choice.
• 私の兄はこの春大学を卒業して, 商社に入りました

パイロット 440 four hundred and forty

My brother graduated from college this spring and got a job with [was employed by] a trading company.

❸ (収容する) **hold** /ホウるド/, **contain** /コンテイン/; (定員として) **have a seating capacity of ～** /スィーティング キャパスィティ/, **seat** /スィート/ ➡ いずれも「入れる物」が主語,「入る人・物」が目的語になる

•この箱には何が入っていますか (→何がこの箱の中にあるか) What's in this box?

•この引き出しには私のシャツが全部入っています (→この引き出しは私のシャツ全部を入れている)
This drawer holds all my shirts.

•このびんにはどれくらいの水が入りますか
How much water can this bottle hold [contain]?

•私たちの学校の講堂には約400人入ります
Our school auditorium has a seating capacity of [Our school auditorium can seat] about 400 people.

❹ (その他) (ふろに) (→ ふろ); (病院に) (→ にゅういん); (得点に) (→ とくてん¹)

•彼は世界のテニスプレーヤーの中のベストテンに入っている He ranks among the top ten tennis players in the world.

パイロット a **pilot** /パイろト/

はう creep /クリープ/
•四つんばいになってはう creep on *one's* hands and knees

バウンド a **bounce** /バウンス/, a **bound** /バウンド/ ➡ bounce のほうがふつう
バウンドする bounce, bound
•ワンバウンドでボールをとる catch a ball on the (first) bounce

ハエ 蠅 《虫》a **fly** /ふらイ/

はえる 生える grow /グロウ/

はおり 羽織 *haori*, a **short** *kimono*-style jacket /ヂャケト/

はか 墓 a **grave** /グレイヴ/, a **tomb** /トゥーム/
•彼の墓参りをする visit his grave
•墓を建てる erect a tomb
•墓場 a graveyard; (教会の) a churchyard; (共同の) a cemetery

ばか (人) a **fool** /ふーる/
ばかな foolish /ふーりシュ/; (知力のない) stupid /ステューピド/; (単純な) simple /スィンプる/; (ばかげた) silly /スィり/; (馬鹿げてこっけいな) ridiculous /リディキュらス/
ばかなこと nonsense /ナンセンス/
•…をばかにする make a fool of ～ / ひゆ

thumb *one's* nose at ～ (親指を鼻に当てて他の指を動かす)
•ばかなまねをする make a fool of *one*self
•ばかな! そんなことがあってたまるか
Nonsense! I can't believe it.
•そんなことを知らないなんて私はなんてばかなんだろう What a fool I am not to know that!
•あんな男を信用するなんて君はばかだなあ
It is foolish of you to trust a fellow like him.
•そんなことを信じるほど私はばかじゃない
I am not so simple as to believe it. /
I know better than to believe it.
•ばかなことを言うのはやめろ
Don't talk nonsense.

はかい 破壊 **destruction** /ディストラクション/
破壊する **destroy** /ディストロイ/
破壊的な **destructive** /ディストラクティヴ/

はがき (官製・私製) a **postcard** /ポウストカード/, (官製) a **postal card** /ポウストる/, a **stamped card** /スタンプト/ ➡ 米国には官製・私製の2種類があるが, 英国には「官製はがき」はない. 「絵はがき」は a postcard または a picture postcard という
•往復はがき a return [reply] postcard
•はがきを出す send a postcard

はがす (丁寧(ていねい)に) **peel off** /ピーる/; (引き裂くように) **tear off** /テア/
•木の皮をはがす peel the bark off a tree

ばかす 化かす **bewitch** /ビウィヂ/

はかせ →はくし²

はかどる **make good progress** /プラグレス/, **get along with**

はかない (つかのまの) **transient** /トランシェント/; (空虚(くうきょ)な) **vain** /ヴェイン/, **empty** /エンプティ/

はがね 鋼 **steel** /スティーる/

ぱかぱか ぱかぱか歩く (馬が) **clip-clop** /クリプクらプ/

はかま 袴 *hakama*, **pleated skirt-like trousers** /プリーテド スカ～ト らイク トラウザズ/

はかり a **balance** /バらンス/, a **scale** /スケイる/, **scales**

ばかり …ばかり

❶ (約) **about, some**
❷ (…だけ) **only**
❸ (ついさっき) **just**

❶ (約) **about** /アバウト/, **some** /サム/
•10年ばかり前に about [some] ten years ago
❷ (…だけ) **only** /オウンり/, **nothing but** /ナthィング/

はくしゅ

・私ばかり責めるな
Don't blame only me [me alone].
・彼女は泣いてばかりいた
She did nothing but cry.
❸ (ついさっき) **just** /ヂャスト/
・私は今もどったばかりです
I've just come back. / I came back just now.
❹ (ほとんど) **almost** /オーるモウスト/; (いつも) **always** /オーるウェイズ/
・彼女は泣かんばかりだった She almost cried.
・不平ばかり言っているんじゃない
Don't be always complaining.
はかる 計る, 測る, 量る (長さ・広さ・容積などを) **measure** /メジャ/; (重さを) **weigh** /ウェイ/; (温度を) **take**
・コートのたけを測る measure the length of a coat
・荷物の重さ[自分の体重]を量る weigh a parcel [oneself]
・彼の体温を計る take his temperature
・こういう楽しみは金では計れないものだ
Such pleasure cannot be measured in money.

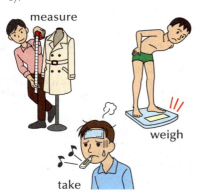
measure
weigh
take

はがれる (ペンキなどが) **peel (off)** /ピーる/; (張った物が) **come off**, (引きちぎられて) **be torn off** /トーン/
・化けの皮がはがれる expose *one's* true color
・ペンキがはがれだした
The paint is beginning to peel (off).
バカンス 《おもに米》**a vacation** /ヴェイケイション/, 《おもに英》**holidays** /ハリデイズ/ → 「バカンス」はフランス語の vacance から
はきけ 吐き気がする **be [feel] sick (to** *one's* **stomach)** /[ふぃーる] スィク (スタマク)/, **feel like**

throwing up /らイク すロウインぐ/, **feel like vomiting** /ヴァミティンぐ/
パキスタン Pakistan /パキスターン/
・パキスタンの Pakistani
・パキスタン人 a Pakistani; (全体) the Pakistanis
はきはき はきはきした (はっきりした) **clear** /クリア/; (あいまいでない) **decisive** /ディサイスィヴ/
・はきはきと clearly; decisively
はく¹ 掃く **sweep** /スウィープ/
・床を掃く sweep the floor
はく² 吐く (つばを) **spit** /スピト/; (食べた物を) **throw up** /すロウ/, **vomit** /ヴァミト/
はく³ (靴・靴下・ズボン・スカートなどを) **put on**; (靴下などを引っ張ってはく) **pull on** /プる/; (ふだん身につけている) **wear** /ウェア/; (一時的に身につけている) **have ~ on**, **be wearing** → きる²
・靴をはく[はいている] put on [wear] *one's* shoes
・靴下をはく pull [put] on stockings
・ジーンズをはいた男の子 a boy in [wearing] jeans
・彼女はいつもジーンズをはいているのに, きょうはスカートをはいている
She usually wears jeans but she is wearing a skirt [has a skirt on] today.
はぐ (取り除く) **take off**; (もぎ取る) **tear off** /テア/ → はがす, はがれる
はくい 白衣 **a white overall** /(ホ)ワイト オウヴァろーる/
はくがい 迫害 **persecution** /パ〜セキューション/
迫害する **persecute** /パ〜セキュート/
・迫害者 a persecutor
はくがく 博学の **learned** /ら〜ネド/
はぐき 歯ぐき **the gums** /ガムズ/
ばくげき 爆撃 **bombing** /バーミンぐ/
爆撃する **bomb** /バム/
・爆撃機 a bomber
ハクサイ 白菜 《植物》**(a) Chinese cabbage** /チャイニーズ キャベヂ/
はくし¹ 白紙 **a blank sheet of paper** /ブランク シート ペイパ/; (答案) **a blank paper**
・答案を白紙で出す hand in a blank paper
はくし² 博士 **a doctor** /ダクタ/ (略 Dr. ~)
・博士号 a doctorate / a doctor's degree
・大場博士 Dr. Oba
はくしゃ 拍車 **a spur** /スパ〜/
・拍車をかける spur
はくしゅ 拍手 **clapping** /クらピンぐ/, **applause** /アプろーズ/
拍手する **clap** (*one's* **hands**)

はくじょう 442 four hundred and forty-two

•…に拍手を送る **give ~ a hand** / **applaud ~**
•彼女が舞台に現れるとみんな拍手した
When she appeared on the stage, they all clapped.
•聴衆は彼を嵐のような拍手で迎えた The audience greeted him with a storm of clapping.
•彼女に盛大な拍手をどうぞ
Give her a big hand.

はくじょう 白状する **own up** (to ~) /**オウン**/, **confess** (to ~) /**カンふェス**/

はくしょく 白色(の) **white** /(ホ)**ワイト**/
•白色人種 the white race

はくしょん 《米》**ahchoo** /**アチュー**/, 《英》**atishoo** /**アティシュー**/ → くしゃみ (sneeze) をした人に対して Bless you! (お大事に), それに対して Thank you. (ありがとう) などと言う

はくじん 白人 **a white** /(ホ)**ワイト**/; (白色人種) **the white race** /**レイス**/

ばくぜん 漠然とした **vague** /**ヴェイグ**/
漠然と **vaguely**
•彼の陳述(ちんじゅつ)はこの点がかなり漠然としている
His statement is rather vague on this point.

ばくだい 莫大な **vast** /**ヴァスト**/
•莫大な金額 a vast sum of money

ばくだん 爆弾 **a bomb** /**バム**/
•爆弾を投下する bomb
•原子爆弾 an atomic bomb
•水素爆弾 a hydrogen bomb

ばくち gambling /**ギャンブリング**/

ハクチョウ 白鳥 《鳥》**a swan** /**スワン**/

バクテリア bacteria /**バクティアリア**/ → bacterium /**バクティアリアム**/ の複数形; 単数で用いられることはまれ

ばくは 爆破する **blast** /**ブらスト**/, **blow up** /**ブろウ**/

ぱくぱく ぱくぱく食べる **gobble** /**ガブる**/, **gobble down** [**up**] /**ダウン**/

はくはつ 白髪 **white hair** /(ホ)**ワイト** ヘア/, **gray hair** /**グレイ**/
白髪の **white-haired, gray-haired**

ばくはつ 爆発 (an) **explosion** /**イクスプろウジョ**ン/; (火山の) (an) **eruption** /**イラプ**ション/
爆発する **explode** /**イクスプろウド**/; (火山が) **erupt** /**イラプト**/
爆発物 an **explosive**

ばくふ 幕府 **shogunate** /**ショウグネト**/
•徳川幕府 the Tokugawa shogunate

はくぶつかん 博物館 **a museum** /**ミューズィーア**ム/

ばくやく 爆薬 an **explosive** /**イクスプろウスィヴ**/

はくらんかい 博覧会 an **exhibition** /**エクスイビ**ション/, 《米》an **exposition** /**エクスポズィ**ション/
•万国博覧会 a world exposition

はくりょく 迫力 **power** /**パウア**/, **punch** /**パン**チ/
•彼の話には迫力がない
His speech has no punch.

はぐるま 歯車 **a cogwheel** /**カグ(ホ)ウィーる**/

はぐれる wander off /**ワンダ**/

ばくろ 暴露する (秘密を) **expose** /**イクスポウズ**/, **disclose** /**ディスクろウズ**/

はけ a brush /**ブラシュ**/

はげ baldness /**ボーるドネス**/; (はげた箇所) **a bald spot** /**スパト**/ → はげる²

はげしい 激しい

➤ (猛烈な) **violent** /**ヴァイオれント**/; (気候など) **severe** /**スィヴィア**/
➤ (感情が) **furious** /**ふュアリアス**/
➤ (雨・雪・交通など) **heavy** /**ヘヴィ**/

激しく **violently; severely; furiously; heavily**
•激しい嵐[地震] a violent storm [earthquake]
•激しい寒さ severe cold
•激しい怒り furious anger
•激しい交通 heavy traffic
•午後遅くなって雨は時々激しくなるでしょう
Late afternoon rain will become heavy at times.

バケツ a bucket /**バケト**/
•バケツ1杯の水 a bucket(ful) of water

はげます 励ます **encourage** /**インカ〜レヂ**/ → げきれい (→ 激励する)
•彼を励ましてもう一度それをやらせます
I'll encourage him to try it again.

はげむ 励む **work hard** /**ワ〜ク ハード**/
•勉強に励む work hard at one's lessons

ばけもの 化け物 (幽霊(ゆうれい)) a **ghost** /**ゴウスト**/; (怪物) a **monster** /**マンスタ**/
•化け物屋敷(やしき) a haunted house

はげる¹ (ペンキ・張った物などが) → はがれる

はげる² はげた (頭が) **bald** /**ボーるド**/; (山などが) **bare** /**ベア**/
•はげ頭 a bald head
•はげ頭の人 a bald man / a bald-headed man
•うちの父はだんだんはげてきた
My dad is going bald.

ばける (…に)化ける **transform** oneself (into ~) /**トランスふォーム**/
•その魔女は若い女性に化けた
The witch transformed herself into a young

four hundred and forty-three　443　はじまる

woman.

はけん 派遣する **send** /センド/, **dispatch** /ディスパチ/
•派遣会社 a temporary employment agency / a staffing agency
•派遣社員 a temp / a temp staff worker

はこ 箱 a **box** /バクス/; (荷造り用・特別に作った容器) a **case** /ケイス/; (中型の紙製容器) a **carton** /カートン/
•マッチ箱 a matchbox
•荷箱 a packing case

はごいた 羽子板 a **battledore** /バトるドー/ → はね (→ 羽根つきをして遊ぶ)

はこぶ 運ぶ

➤ (運搬する) **carry** /キャリ/
•その箱を肩にかついで運ぶ carry the box on one's shoulder
•私は彼女のカバンを2階へ運んでやった
I carried her bag upstairs for her.
•私たちはマイクロバスで空港まで運ばれた (→マイクロバスが私たちを空港まで運んだ)
A minibus carried us to the airport.
•この机は重くて私には運べない
This desk is too heavy for me to carry.
•こんな重いベッドをどうやって2階へ運ぶんだい?
How are you going to carry such a heavy bed upstairs?

バザー a **bazaar** /バザー/
•慈善バザーを行う hold a charity bazaar

ぱさぱさ
•古くなってぱさぱさのパン old and crumbly dry bread → crumbly は「もろい」

はさまる (人・物の間に) **be sandwiched** /サン(ド)ウィチト/; (ドアなどに) **get caught** (in ～) /コート/ → はさむ
•私のスカートが車のドアにはさまってしまった
My skirt got caught in the car door.

はさみ (1丁) (a pair of) **scissors** /(ペア) スィザズ/; (カニ・エビなどの) a **claw** /クろー/
•このはさみでその紙を切ってください
Please cut the paper with these scissors.

はさみうち はさみ打ちにする **attack ～ from both sides** /アタク ボウず サイツ/

はさむ (…の間に) **put** (between ～); **hold** /ホウるド/, **catch** /キャチ/ → はさまる
•2枚のボール紙の間に写真をはさむ
put a photograph between two pieces of cardboard
•箸(はし)で物をはさむ hold a thing with chopsticks

•コートをドアにはさむ catch one's coat in a door

はさん 破産 **bankruptcy** /バンクラプトスィ/
破産する **go bankrupt** /バンクラプト/

はし 箸 **chopsticks** /チャプスティクス/
•箸一ぜん a pair of chopsticks

はし² 橋 a **bridge** /ブリヂ/
•橋を渡る[造る] cross [build] a bridge
•川に橋をかける build a bridge over a river
•橋の下に[下流に] under [below] the bridge
•4月から新しい橋が開通します A new bridge will be open to traffic in April.

はし³ 端 an **end**; (縁) an **edge** /エヂ/; (わき) a **side** /サイド/; (すみ) a **corner** /コーナ/
•端から端まで from end to end / from one end to the other
•道路の端を歩く keep to the side of the road

はじ 恥 (a) **shame** /シェイム/ → はずかしい
恥をかく (きまり悪い思いをする) **embarrass** oneself /インバラス/, **be** [**feel**] **embarrassed**
•恥知らずの shameless
•間違いを訂正することを恥と思ってはいけない No one should think it shameful to correct errors. / No one should feel ashamed to correct errors.

ことわざ 聞くは一時(いっとき)の恥聞かぬは一生の恥
Better to ask the way than go astray. (道に迷うよりは道をたずねたほうがいい)

はしか the **measles** /ミーズるズ/
•はしかにかかる have the measles

はじく (指で) **flip** /ふリプ/; (水などを) **repel** /リペる/

はしご a **ladder** /らダ/ → かいだん¹
•壁にはしごを掛ける set a ladder against the wall
•はしごを登る[下りる] go up [come down] a ladder
•はしごで屋根に上がる get on the roof by means of a ladder

はじまる 始まる

➤ **begin** /ビギン/, **start**; (戦争が) **break out** /ブレイク/; (悪天候・病気・望ましくない事が) **set in**
始まり a **beginning** /ビギニング/, a **start**
•8時[月曜, 9月]から始まる begin at eight [on Monday, in September] → 「…から」を ✕ from ～ としないこと
•パーティーは4時から始まった

はじめ

はじめ 444 four hundred and forty-four

The party began [started] at 4 o'clock.

・私たちの学校では1時間目は8時半に始まる.

The first period begins [starts] at 8:30 at our school.

・学校は何時に始まりますか

What time does your school begin?

会話 日本では学校はいつから始まりますか.―4月からです

When does school begin [start] in Japan?—It begins [starts] in April.

・コンサートはもう始まっている → 現在完了

The concert has already begun [started].

・たいていのおとぎ話は「昔々」で始まる

Most fairy tales begin with "Once upon a time."

・第二次世界大戦は1939年に始まった

World War II (読み方: two) [The Second World War] broke out in 1939.

・日本では梅雨は6月に始まります

In Japan the rainy season sets in in June.

ことわざ うそつきは泥棒(どろぼう)の始まり

He that will lie will steal. (うそをつく人は盗みをする)

はじめ 初め,始め

➤ **beginning** /ビギニング/; (し始め) **start**

・初めは at first

・始めから終わりまで from beginning to end

・来週の初めに at the beginning of next week

・初めからやり直そう

Let's begin again from the start.

・このバラは5月の初めに咲(さ)き始めます

These roses begin to bloom early in May.

・何事も始めが肝心だ

It is important to make a good start in everything. /

ひゆ Well begun is half done. (うまく始められたことは半分終わったことだ)

はじめて 初めて **for the first time** /ふァ〜スト/, **first**

・初めての first

・私は彼とは初めて大阪で会った

I met him in Osaka for the first time. / I first met him in Osaka.

・私が初めてここに来た時は6歳だった

The first time I came here I was six.

・あなたがここに来たのはこれが初めてですか

Is this the first time (that) you have been here?

・私がパリへ来たのはこれが初めてです (→これはパリ

への私の最初の訪問です

This is my first visit to Paris.

・私はここは初めてです

I'm new here. / I'm a stranger here.

はじめまして (初対面のあいさつ) **How do you do?** /ハウ/

はじめる 始める

➤ **begin** /ビギン/, **start**

基本形

A を始める
  begin A / **start** A
…し始める
  begin to do / **start to** do
  begin doing / **start** doing

・おとぎ話を始める begin a fairy tale

・新しい商売を始める start a new business

・この仕事から始める begin with this job

・今すぐ宿題を始めなさい

Begin your homework now.

・3時[第3課]から始めましょう

Let's begin [start] at three o'clock [with Lesson 3]. → 「…から」に ×from 〜 としない

・野球の試合を何時から始めますか

What time are we going to begin [start] the baseball game?

・雨が降り始めた

It began [started] to rain. / It began [started] raining.

・彼は空腹を感じ始めた

He began [started] to feel hungry. → 主語が人で, begin のあとに来る目的語が運動を表す動詞でない場合, あるいは, 主語の意志にかかわりなく起こることである場合には, ふつう began doing ではなく begin [start] to do の形で用いる

・彼の話はうそだと思い始めているんだ → 現在進行形

I'm beginning to feel that his story is a lie. → begin が進行形になると, doing が重なるのをさけるためにふつう begin to do の形をとる

・もう始める時刻です It's time to begin.

ばしゃ 馬車 a **carriage** /キャリヂ/

はしゃぐ **be in good cheer** /チア/

ばしゃばしゃ (水などをはねかける) **splash** /スプらシュ/

・子供たちは楽しそうにプールでばしゃばしゃやっている The children are happily splashing in the pool.

パジャマ 《米》**pajamas** /パヂャーマズ/, 《英》**pyjamas**

ばしゃん ばしゃんと **with a splash** /スプらシュ/

ばじゅつ 馬術 **equestrian** /イクウェストリアン/

ばしょ 場所

➤ a **place** /プれイス/

➤ (空間) **space** /スペイス/; (余地) **room** /ルーム/

・会合の場所を決める　fix a place for the meeting

・本を元の場所に返す　return a book to its place

・(すもうの)春場所　the spring *sumo* tournament

・私たちは水車小屋のある場所へやって来た

We came to (a place) where there was a mill.

・それは場所を取りすぎます

That takes up too much space [room].

はしら 柱　a **pillar** /ピら/

・柱を立てる　set up a pillar

はしりたかとび 走り高跳び　**the high jump** /ハイ ヂャンプ/

はしりはばとび 走り幅跳び　**the long jump** /ろーンぐ ヂャンプ/

はしる 走る

➤ **run**

走らせる　run; (自動車などを) **drive** /ドライヴ/; (船を) **sail** /セイる/

・学校へ走って行く　run to school

・走り去る, 走って逃(に)げる　run off [away]

・階段を走って上がる[下りる]　run up [down] the steps

・走ってもどる　run back

・走って家へ帰る　run (back) home

・走り回る　run around

・走り続ける　run on / keep running

・2キロ走る　run two kilometers

・彼は走るのが速い[遅い]

He is a fast [slow] runner.

・新幹線のぞみは時速300キロで走ります

The Shinkansen Nozomi runs [goes] (at) 300 kilometers an hour.

・彼は100メートルを11秒で走れる

He can run 100 meters in 11 seconds.

・そのバスに乗ろうとして私はフルスピードで走った

I ran at full speed to catch the bus.

・その自動車[船]はゆっくりと走っていた　→ 過去進行形 The car was going [The ship was sailing] slowly.

・あの曲がり角までできるだけ速く走れ

Run to that corner as fast as you can.

・彼は家から駅までずっと走って来た

He came running all the way from home to the station.

・私たちは体育の時間に2千メートル走らされた

The teacher made us run 2,000 meters during the gym class [during gym].

はじる 恥じる　**be** [**feel**] **ashamed** (of 〜) /ふィーる/ アシェイムド/　→ はじ

ハス 蓮 (植物) a **lotus** /ろウタス/

はず …はずである

➤ **be to** *do*; **ought to** *do* /オート/　→ なっている

…**はずがない　can't** /キャント/

・彼は2時には来るはずです

He is to come by two o'clock.

・君はぼくの兄を知っているはずだ

You ought to know my brother.

・手紙は今ごろはもう彼の所へ届いているはずだ

The letter ought to [must] have reached him by now.

・こんなはずではなかった

It was not meant to be this way.

・彼はそんな年であるはずがない

He can't be so old [young] as that.

・私はそれを途中で落としたはずがない

I can't have lost it on the way.

バス¹

➤ a **bus**

・バス停　a bus stop / a bus station

・バス代　a bus fare

・バスに乗る[から降りる]　get on [off] a bus

・バスで行く　take a bus / go by bus

・私はバスの中に傘を忘れてきた

I left my umbrella on the bus.

バス² (浴そう) a **bath** /バす/

バス³ (低音) **bass** /ベイス/

パス a **pass** /パス/

パスする　pass

・ボールを…へパスする　pass the ball to 〜

はずかしい 恥ずかしい

➤ **be ashamed** (of 〜) /アシェイムド/　→ はじ

恥ずかしがる　be bashful /バシュふる/, **be shy** /シャイ/

・だれでも自分の仕事を恥ずかしいと思うような人は私はきらいだ　I don't like anyone who is ashamed of his own work.

・恥ずかしがらないで先生に話してごらん

Don't be shy of speaking to your teacher.

バスケット　446　four hundred and forty-six

バスケット a **basket** /バスケット/ → かご

バスケットボール (競技) **basketball** /バスケトボ
ール/; (ボール) a **basketball**
• バスケットボールをする　play basketball

はずす 外す　(取る) **take off**
• めがねをはずす　take off *one's* glasses
• シャツのボタンをはずす　unbutton a shirt
• 席をはずす　leave *one's* seat

パスタ **pasta** /パースタ/

バスタオル a **bath towel** /タウエる/

パステル (画材) a **pastel stick** /パステる スティク/
• パステル画　a pastel drawing
• パステルカラー　pastels

バスト a **bust** /バスト/

はずべき 恥ずべき **shameful** /シェイムふる/

パスポート a **passport** /パスポート/

会話
パスポートを拝見します
―はい，これです
Your **passport**, please.
―Here you are.

はずむ (ボールなどが) **bounce** /バウンス/; (胸が)
pound /パウンド/, **leap** /リープ/
• このボールはよくはずまない
This ball does not bounce well.
• うれしくて胸がはずむ
My heart is pounding with joy.

パズル a **puzzle** /パズる/
• パズルを解く　solve [work out] a puzzle

はずれ 外れ
❶ (端) **the outskirts** /アウトスカ〜ツ/
• 町はずれに　on the outskirts of the town
❷ (くじの) a **blank** /ブランク/; (期待はずれ) a dis-
appointment /ディサポイントメント/

はずれる 外れる
❶ (はめた物が) **come off**
• ふたはすぐにはずれます
The lid comes off easily.
❷ (的などに) **miss**; (期待などに) **be contrary to**
/カントレリ/; (予想などが) **prove wrong** /プルーヴ
ローング/
• 弾丸は的をはずれた
The shot missed the mark.
• その結果は私の期待はずれだった
The result was contrary to my expectation.
• 天気予報がはずれた
The weather forecast has proved wrong.

パスワード a **password** /パスワ〜ド/

• パスワードを入力する　enter a password

• ワンタイムパスワード　a one-time password
/ワン タイム/, a dynamic password /ダイナミク/

パセリ 《植物》 **parsley** /パースり/

パソコン a **personal computer** /パ〜ソナる コン
ピュータ/

はた 旗 a **flag** /ふらグ/
• 旗ざお　a flagpole / a flagstaff
• 旗を揚(ぁ)げる[降ろす] hoist [take down] a flag
• 彼を歓迎して旗を振る　wave a flag to welcome
him

はだ 肌 **the skin** /スキン/
• 肌着　an undershirt; (肌着類) underwear
• 肌が白い[黒い] have a fair [dark] skin

バター **butter** /バタ/
• パンにバターを塗る　spread butter on bread

パターン a **pattern** /パタン/

はだか 裸の **naked** /ネイキド/
• 裸になる　undress / become naked

はたき a **duster** /ダスタ/

はたけ 畑 a **field** /ふィーるド/
• 畑を耕す　plow the field

はだし **bare feet** /ベア ふィート/
• はだしの[で] barefoot

はたす 果たす　(実行する) **carry out** /キャリ/; (成
しとげる) **accomplish** /アカンプリシュ/
• 目的を果たす　carry out *one's* aim
• 使命を果たす　accomplish *one's* mission

はたち 二十歳 **twenty** (**years old**) /トウェンティ/

ぱたぱた
❶ (動く，動かす) **flap** /ふらプ/
• 強風に旗がぱたぱたはためいていた
The flags were flapping in the strong wind.
❷ (走る(音)) **patter** /パタ/
• 子供たちが階段をぱたぱた下りるのが聞こえた
I heard the children pattering down the
stairs.

バタフライ (泳法) **the butterfly** (**stroke**) /バタふ
らい (ストロウク)/

はたらき 働き　(仕事) **work** /ワ〜ク/; (機能) **func-
tion** /ふァンクション/
• 働き者　a hard worker
• 一家の働き手　a breadwinner
• 神経の働き　the functions of the nerves

はたらく 働く

➤ (労働する) **work** /ワ〜ク/; (機能する) **func-
tion** /ふァンクション/
• 会社[工場，畑，農場]で働く　work in an office
[in a factory, in a field, on a farm]

four hundred and forty-seven 447 **はっきり**

・彼女はよく働く
She works hard. / She is a hard worker.
・君は働きすぎるよ You work too hard.
・私の母は会社で9時から5時まで働きます
My mother works from nine to five in the office.
・私の弟はいま台所で忙(いそが)しく働いている ➡現在進行形 My brother is working busily〔busy working〕in the kitchen.
・彼女のお兄さんはスーパーマーケットでパートタイムで働いている Her brother works at a supermarket as a part-timer.
・彼は5時間働きづめだ(→休みなく働いている) ➡現在完了進行形 He's been working five hours without a rest.
・この装置はうまく動かない
This device does not work〔function〕properly.
・頭を働かせなさい Use your head〔brains〕.

ばたん (音) a **slam** /スらム/
　ばたんと…する slam
・ばたんとふたをしめる slam down the lid
・ばたんと本を下に置く slam a book down / put a book down with a slam
・戸がばたんとしまった
The door slammed shut.

はち¹ 鉢 (植木用) a **flowerpot** /ふらウアパト/
・鉢植え a potted plant

はち² 8(の) **eight** /エイト/
・第8(の) the eighth (略 8th)
・8分の1, 8分の2 one eighth, two eighths

ハチ 蜂 (虫) (ミツバチ) a **bee** /ビー/; (スズメバチ・ジガバチ) a **wasp** /ワスプ/
・ハチの巣(す) a honeycomb
・はちみつ honey
・ハチに刺される be stung by a bee〔a wasp〕

はちがつ 8月 **August** /オーガスト/ (略 Aug.) ➡くがつ

はちじゅう 80(の) **eighty** /エイティ/
・第80(の) the eightieth (略 80th)
・81(の), 82(の), … eighty-one, eighty-two, …
・第81(の), 第82(の), … the eighty-first, the eighty-second, …

ぱちぱち
❶ (音をたてる) **crackle** /クラクる/
❷ (まばたきする) **blink** /ブりンク/
・ぱちぱちまばたきする blink one's eyes

はちまき 鉢巻き a **headband** /ヘドバンド/
・鉢巻きをする[している] put on〔wear〕a head-

band

はちゅうるい 爬虫類 **the reptiles** /レプタイるズ/
・ヘビは爬虫類だ Snakes are reptiles.

はちょう 波長 **wave length** /ウェイヴ れんgrす/

ぱちん (音) a **snap** /スナプ/

ぱちんこ **pachinko**, a **Japanese vertical pinball** /ヴァ〜ティカる ピンボーる/
・ぱちんこをする play pachinko

はつ …発
・午前10時30分の東京発博多行き新幹線のぞみ the 10:30 a.m. Shinkansen Nozomi from Tokyo to Hakata

ばつ¹ 罰 **punishment** /パニシュメント/
　罰する punish /パニシュ/
・罰として as a punishment
・彼はこの愚(おろ)かな行いで罰を受けた
He was punished for this foolish act.

ばつ² ×印 a **cross** /クロース/
・彼は自分の家の場所を示すために地図に×印をつけた He put a cross on the map to show where his house was.

はついく 発育 **growth** /グロウす/
　発育する grow /グロウ/
・発育の速い[遅い]植物 a fast-[slow-]growing plant
・この植物は発育が悪い[よい]
This plant is stunted〔well developed〕.

はつおん 発音 **pronunciation** /プロナンスィエイション/; (明瞭度) **articulation** /アーティキュれイション/
　発音する pronounce /プロナウンス/; (はっきりと) **articulate** /アーティキュれイト/
・発音記号 a phonetic sign〔symbol〕
・この単語はどう発音しますか
How do you pronounce this word?
・彼女の発音はきれいだ Her pronunciation is clear. / She has good articulation.

ハッカ 薄荷 《植物》 **peppermint** /ペパミント/

ハツカネズミ 二十日鼠 《動物》 a **mouse** /マウス/ (複 mice /マイス/)

はっきり はっきりした (明瞭な) **clear** /クりア/; (区別がはっきりした) **distinct** /ディスティンクト/
　はっきりと clearly; distinctly
・私には今でも彼女の姿がはっきりと思い出せる
I still have a clear image of her.
・この点について彼の言うことははっきりしていない
He is not clear on this point.
・彼がそれをしたことははっきりしている
It is clear [ひゆ as clear as day] that he has done it. ➡as clear as day は「昼間と同じくらい

あ
か
さ
た
な
は
ま
や
ら
わ

ばっきん 448 four hundred and forty-eight

明瞭な」

・2つの指紋にははっきりした違いがある

There are distinct differences between the two fingerprints.

ばっきん 罰金 **a fine** /ふァイン/

・罰金千円を科せられる　be fined a thousand yen

・この規則を破ると重い罰金になります

If you break this regulation, you will be heavily fined.

バック (後ろ) **the back** /バク/; (背景) **the background** /バクグラウンド/

バックする **go back**; (後ろ向きに) **go backward** /バクワド/

・(車を)バックさせる　back (a car) / reverse (a car)

バッグ → かばん

パック (包み) **a pack** /パク/; (牛乳・ジュースなどの) **a carton** /カートン/

はっくつ 発掘 (an) **excavation** /エクスカヴェイション/

発掘する **excavate** /エクスカヴェイト/

バックナンバー **a back number** /バク ナンバ/, **a back issue** /イシュー/, **a back copy** /カピ/

バックネット **a backstop** /バクスタプ/ �「バックネット」は和製英語

バックミラー **a rearview mirror** /リアヴュー ミラ/ ➚「バックミラー」和製英語

ばつぐん 抜群の **outstanding** /アウトスタンディング/, **excellent** /エクセレント/

・短距離選手としては彼は抜群です

He is outstanding as a sprinter. / He is an outstanding sprinter.

パッケージ **a package** /パケヂ/

はつげん 発言する **speak** /スピーク/, **say** /セイ/

・発言者　a speaker

・発言権　a voice / the right to speak

・彼は会議でよく発言する

He speaks [says] a lot at meetings.

・私はこの件に関しては発言権がない[ある]

I have no [a] voice in this matter.

はっけん 発見 (a) **discovery** /ディスカヴァリ/

発見する **discover** /ディスカヴァ/, **make a discovery**

・発見者　a discoverer

・夜の火事は発見が遅れがちだ

Fires that break out at night are often discovered too late.

はつこい 初恋 *one's* **first love** /ふァ～スト らヴ/

はっこう 発行 **publication** /パブリケイション/;

(銀行券などの) **issue** /イシュー/

発行する **publish** /パブリシュ/; **issue**

・発行人　a publisher

・発行部数が多い[少ない]　have a large [small] circulation

・学級新聞を発行する　publish a class newspaper

バッジ **a badge** /バヂ/

・バッジをつける　wear a badge

はっしゃ¹ 発車 **departure** /ディパーチャ/

発車する **depart** /ディパート/, **start**, **leave** /リーヴ/

・発車時刻　the hour of departure

会話 この急行は何時に発車しますか. 一午後6時30分に発車します

What time does the express depart?—It departs at 6:30 p.m. (読み方: six thirty p.m.)

・その列車は2番線から発車します　The train will leave from Track [Platform] No.2.

・私が駅に着いた時には列車はちょうど発車したところだった　When I arrived at the station, the train had just left.

はっしゃ² 発射する (ロケットを) **launch** /ローンチ/; (銃を) **fire** /ふァイア/

・発射台　a launching pad

ハッシュタグ 《IT》 **a hashtag** /ハシュタグ/ ➚ツイッターなどで検索用に使われる#(ハッシュマーク)に続く文字列

ハッシュマーク **a hash** (**mark**, **sign**) /ハシュ (マーク, サイン)/; **a number sign** ➚「#」記号. "number"と発音されることもある. 音楽のシャープ記号#と混同しないこと

はっしょうち 発祥地 **the birthplace** /バ～すプれイス/

ばっすい 抜粋 **a selection** /セれクション/

抜粋する **select** /セれクト/

・これらのエッセイは近代作家の作品から抜粋したものです　These essays are selected from the works of modern writers.

ばっする 罰する → ばつ¹

はっせい 発生する (起こる) **occur** /オカ～/, **happen** /ハプン/; (火事・戦争などが) **break out** /ブレイク/; (生物などが) **grow** /グロウ/, **breed** /ブリード/; (電気・熱などが) **be generated** /ヂェネレイテド/ → おこる¹

はっそう 発送する **send out** /センド/

・発送人　a sender

・招待状を発送する　send out invitations

バッタ 《虫》 **a grasshopper** /グラスハパ/; **a locust** /ろウカスト/

・サバクトビバッタ a desert locust →大発生し農業などに被害をもたらすバッタの一種 →イナゴ

バッター 〈野球の〉a **batter** /バタ/
・バッターボックス a batter's box

はったつ 発達(発展) **development** /ディヴェロプメント/, **progress** /プラグレス/; (成長) **growth** /グロウす/
発達する develop /ディヴェロプ/, **make development[progress]; grow** /グロウ/
・IT産業は近年著しい発達を遂(と)げた
The IT industry has made remarkable progress in recent years.

ばったり (音をたてて) **with a thud** /さド/; (偶然) **unexpectedly** /アネクスペクテドリ/
・ばったり会う come across / bump[run] into
・町かどでばったり戸田に出会った
I came across Toda at the street corner.
・私たちは渋谷でばったり会った
We bumped[ran] into each other in Shibuya.

バッティング batting /バティング/
・バッティングの練習をする practice batting

バッテリー 〈野球・電池の〉a **battery** /バテリ/

はつでん 発電する **generate electricity** /ヂェネレイト イれクトリスィティ/
・発電機 a generator
・発電所 a power plant[station]

はってん 発展 **development** /ディヴェロプメント/, **growth** /グロウす/ →はったつ
発展する develop /ディヴェロプ/, **grow** /グロウ/
・発展途上(とじょう)国 a developing country[nation]
・この事件は政治問題に発展するかもしれない
I am afraid this event will develop into a political issue.

はっと はっと驚く **start** /スタート/
はっと驚かす startle /スタートる/
・突然の物音に私ははっとした
I started at the sudden noise. /
The sudden noise made me start. /
The sudden noise startled me.
・私ははっと目を覚ました I awoke with a start.
→start は名詞で「びっくりした時の動作」

バット 〈野球の〉a **bat** /バト/

ぱっと
・彼はぱっと立ち上がった
He jumped to his feet.
・このボタンを押すと箱のふたがぱっと開く
Push this button and the lid of the box springs open. →open は形容詞

・ドアがぱっとあいてボブが部屋にとび込んできた
The door flew open and Bob rushed into the room. →open は形容詞

ハットトリック a **hat trick** /ハト トリク/
・彼は3点目を決めてついにハットトリックを達成した He scored his third goal and made it a hat trick.

はつばい 発売 **sale** /セイる/
・…を発売する put ~ on sale / sell ~
・発売中である be on sale
・この雑誌は毎月いつ発売されますか When is this magazine put on sale each month?

ハッピーエンド a **happy ending** /ハピ エンディング/ →×a happy *end* とはいわない

はっぴょう 発表 (通告) **announcement** /アナウンスメント/; (文書で) **publication** /パブリケイション/; (説明) a **presentation** /プレゼンテイション/
発表する announce /アナウンス/; **publish** /パブリシュ/; **give** a **presentation**
・試験の日程はいつ発表されるのですか
When will the test schedule be announced?
・私の発表はオーストラリアの学校生活についてです
My presentation is about school life in Australia.

はっぽうスチロール 発泡スチロール **polystyrene foam** /パリスタイリーン ふォウム/, 《商標》**Styrofoam** /スタイロふォウム/

はっぽうびじん 八方美人 **everybody's friend** /エヴリバディズ ふレンド/
・彼は八方美人だ He's everybody's friend. / He tries to please everybody.

はつめい 発明 **invention** /インヴェンション/
発明する invent /インヴェント/
・発明者 an inventor
・発明品 an invention
・発明の才を持った少年 a boy with an inventive mind
会話 だれが電話を発明したのですか. ―ベルです (→それはベルによって発明された)
Who invented the telephone? —It was invented by Bell.
ことわざ 必要は発明の母である
Necessity is the mother of invention.

はつもうで 初詣で(をする) (**pay**) a **visit to** a **shrine on New Year's Day** /ヴィズィット シュライン/

はつゆき 初雪 **the first snowfall of the season** /ふァ〜スト スノウふォーる スィーズン/
・きのう北海道に初雪が降った
Hokkaido had its first snowfall of the season

yesterday.

はで 派手な **fancy** /ふァンスィ/, **showy** /ショウイ/; (柄(がら)などが) **loud** /らウド/; (けばけばしい) **glitzy** /グリツィ/
・はでな服装をする　wear fancy clothes

ばてる **be tired out** /タイアド/

ハト 鳩 《鳥》a **pigeon** /ピヂョン/; (小形の) a **dove** /ダヴ/

パトカー a **patrol car** /パトロウる カー/, 《米》a **squad car** /スクワド/

はとば 波止場　a **wharf** /(ホ)ウォーふ/ (覆 wharves /(ホ)ウォーヴズ/)

バドミントン **badminton** /バドミントン/
・バドミントンをする　play badminton

パトロール(する) **patrol** /パトロウる/
・警察官たちがパトロールしていた
The policemen were patrolling [on patrol].

バトン a **baton** /バタン/
・バトントワラー　a baton twirler
・バトンタッチ　a baton pass → 「バトンタッチ」は和製英語

はな¹　花

➤ (一般に) a **flower** /ふらウア/
➤ (果樹の) a **blossom** /ブらサム/
・花が咲(さ)く　bloom
・花が盛りだ　be in full bloom / be at their best
・花を作る　grow flowers
・花を生ける　arrange flowers
・これらの植物は初夏に花が咲く
These plants bloom in early summer.
ことわざ 花よりだんご　Better a good dinner than a fine coat. (すてきな上着よりもおいしい食事のほうがいい)

はな²　鼻

➤ a **nose** /ノウズ/
➤ (象の) a **trunk** /トランク/
鼻の, 鼻声の　**nasal** /ネイザる/
・鼻の穴　a nostril
・鼻が高い[低い]　have a high-bridged [flat] nose

注意しよう
英語では鼻の高さよりも鼻の長さを強く意識するので, a long nose, a short nose という表現はあるが, a high nose, a low nose という表現は一般的ではない

・鼻をほじくる　pick one's nose
・ハンカチで鼻をかむ　blow one's nose into a handkerchief
・鼻声でしゃべる　speak in a nasal tone
・彼は鼻歌を歌いながら仕事をしていた
He was humming a song over his work.
・鼻をかみなさい. はながたれているよ
Blow your nose. It's running.
・彼は鼻血を出している
He has a nosebleed. /
He is bleeding at the nose.

はなし　話

➤ (物語) a **story** /ストーリ/, a **tale** /テイる/
➤ (おしゃべり) (a) **talk** /トーク/, a **chat** /チャト/; (対話) (a) **conversation** /カンヴァセイション/
➤ (演説) a **speech** /スピーチ/; (講演) a **lecture** /れクチャ/; (うわさ) a **rumor** /ルーマ/; (言うこと) what one says /(ホ)ワト セズ/
話をする　talk, chat; speak /スピーク/; tell → はなす¹
…という話だ　They say 〜, I hear 〜 /ヒア/, It is said 〜 /セド/ (受け身形)
・話好きの　talkative
・彼は話がうまい　He is a good speaker.
・彼は話がへただ　He is a poor [bad] speaker.
・午後には太田博士の話があります
There will be a lecture by Dr. Ota in the afternoon.
・話をやめなさい. この教室にはおたがい同士の話が多すぎます　Stop talking. There is too much talking among yourselves in this class.
・それでは話が違う
That's not my understanding.
・何かおもしろいお話をしてください
Tell us an interesting story.
・そんな話を君はどこで聞いて来たの?
Where have you heard that rumor?
・私は彼らの話に耳を傾(かたむ)けた
I listened to their conversation.
・彼の話はまったく信用できない
What he says cannot be relied upon at all.
・隣の部屋でだれかの話し声が聞こえる
I hear someone talking in the next room.
・彼女は結婚しているという話だ　They say [I hear, It is said] (that) she is married.
・(電話が) 話し中です　《米》The line's busy. / 《英》The line's [The number's] engaged.
・彼に電話をかけたら話し中だった
I called him but got the busy signal.
・みんなで話し合ってみようよ. いい解決策が見つかる

かもしれない
Let's talk it over. We may find a good solution to the problem.

参考ことわざ 三人寄れば文殊(もんじゅ)の知恵
Two heads are better than one.

はなしことば 話しことば（「書きことば」に対して）
spoken language /スポウクン ラングウェヂ/;（「文語」に対して）**colloquial language** /コロウクウィアる/

話しことばの **spoken: colloquial**

はなす¹ 話す

➤ **speak** /スピーク/; **talk** /トーク/; **tell** → いう, しゃべる

基本形
A（人）に話す
　speak to A / **talk to** A / **tell** A
B（事）を話す
　speak B / **tell** B
A（人）に B（事）のことを[について]話す
　speak to A **about**［**of, on**］B
　talk to A **about**［**on**］B
　tell A **about**［**of**］B
A（人）に B（事）を話す
　speak B **to** A
　tell A B / **tell** B **to** A
A（人）に…だと話す
　tell A **that ～**

•…に話しかける　speak to ～
•…について話し合う　talk about ～
•彼に私の家族のことを話す　talk to him about my family
•全校生徒に日本の歴史について話す　speak［talk］to the whole school about［on］Japanese history → speak のほうが talk に比べてやや硬い
•彼らに童話を話してやる　tell them a fairy story / tell a fairy story to them
•もっとゆっくり話してください
Please speak more slowly.
•何が起こったのか私に話してくれ
Tell me what happened.
•彼はアメリカ旅行のことを私に話してくれた
He talked to me about his trip to America. / He told me about his trip to America.
•彼女は英語とフランス語が話せる
She can speak English and French.
•その男の子たちは手話で話していた
The boys were talking in sign language.
会話 彼らは何を話しているのですか. —ユーフォーの話をしています → 現在進行形

What are they talking about?—They are talking about a UFO.
•彼は私たちに本当のことを話さなかった
He didn't tell us the truth.
•君に伝えたいことがある
（君に伝えたいことがある）I have something to tell you. /（君と相談したいことがある）I have something to talk over［about］with you.
•あなたが話していた人はだれだったんですか → 「話していた」は過去進行形
Who was that man you were speaking to?
•これが先日私がお話しした島の写真です
This is the picture of the island (which) I spoke about the other day.
•私は通りで外国人に話しかけられた
I was spoken to by a foreigner on the street.

使い分け

speak は「意味と関係なく音を出す」ことから「演説する」まで広い意味を持つが, 内容というよりは「しゃべる」という行為(こうい)に重点がある
talk は「（個人的な, あるいは軽い内容のことがらを）相手と話し合う」という意味が強い
tell は「話の内容を伝える」ことを意味する

はなす² 放す **let go**
•…をつかんでいる手を放す　let go of ～ / loosen one's hold on［of］～ / let go one's hold on［of］～
•私を放して　Let go of me.
•ロープを放すんじゃないぞ
Don't let go your hold on the rope!
はなす³ 離す **separate** /セパレイト/, **part** /パート/
•A を B から離す　separate［part］A from B
•それらを離しておく　keep them apart［away］
•その鳥たちは離しておいたほうがいいよ. しょっちゅうけんかをしているから　You had better keep the birds apart. They are always fighting.
はなたば 花束 a **bunch of flowers** /バンチ ふらウアズ/, a **bouquet** /ブーケイ/
はなぢ 鼻血 **nosebleed** /ノウズブリード/
バナナ 《植物》a **banana** /バナナ/
•バナナの皮　a banana peel
•バナナ一房(ふさ)　a bunch of bananas
•バナナの皮をむく　peel a banana
はなび 花火 **fireworks** /ふァイアワ～クス/
•花火をする（打ち上げ花火を）shoot off fireworks;（爆竹・ねずみ花火などを）set off firecrackers
•花火大会　a fireworks show［display］

はなびら 花びら a **petal** /ペトる/

はなみ 花見に行く **go to see cherry blossoms** /チェリ ブらサムズ/
• お花見(会) a cherry-blossom-viewing party

ハナミズキ 花水木 《植物》a **dogwood** /ドーグウド/

はなむこ 花婿 a **bridegroom** /ブライドグルーム/

はなや 花屋 (人) a **florist** /ふろーリスト/; (店) a **flower shop** /ふらウア/, a **florist's**

はなよめ 花嫁 a **bride** /ブライド/
• 花嫁衣装 a wedding dress

はなれじま 離れ島 a **solitary island** /サリテリ アイらンド/, an **isolated island** /アイソれイテド/

はなればなれ 離れ離れになる **become ［get］ separated** /セパレイテド/

はなれる 離れる (去る) **leave** /リーヴ/
離れた, 離れて distant /ディスタント/; (遠く) **far away** /アウェイ/, **a long way off** /ウェイ/; (少し) **a little way off** /りトる/, **some way off** /サム/
• 彼の家はちょっと離れています
His house is ［He lives］ some way off.

はなわ 花輪 a **wreath** /リーす/; (頭にいただく) a **garland** /ガーらンド/; (ハワイの) a **lei** /れイ/

はにかむ **be shy** /シャイ/; (子供など) **be bashful** /バシュふる/
はにかんで shyly

パニック (a) **panic** /パニク/
• 彼らはパニック状態だった
They were in a panic.

バニラ vanilla /ヴァニら/
• バニラアイスクリーム vanilla ice cream

はね 羽, 羽根 a **feather** /ふェざ/; (翼(つばさ)) a **wing**; (羽根つきの) a **shuttlecock** /シャトるカク/
• 羽根つきをして遊ぶ play battledore and shuttlecock → battledore は「羽子板」

はねかける splash /スプらシュ/

ハネムーン honeymoon /ハニムーン/ → しんこん(→ 新婚旅行)

はねる¹ 跳ねる **jump** /チャンプ/, **spring** /スプリング/; (水などが) **splash** /スプらシュ/, **spatter** /スパター/
• 跳ね回る jump about / (子供などがはしゃいで) romp about
• 跳ね返る spring back / rebound
• ベッドから跳ね起きる jump ［spring］ out of bed

はねる² (自動車などが) **hit**
• 自動車にはねられる be hit by a car

パネル a **panel** /パヌる/

• パネルディスカッション a panel discussion

はは 母

➤ a **mother** /マざ/
• 母のいない motherless
• 母の日 Mother's Day

はば 幅

➤ **width** /ウィドす/

幅の広い wide /ワイド/; (特に面積が) **broad** /ブロード/
• 幅の狭い narrow
• 幅跳び the long jump
• この川は幅が150メートルあります This river is a hundred and fifty meters wide ［in width］.

パパ a **dad** /ダド/, a **daddy** /ダディ/
• 君のパパはどこだい Where is your dad?
• パパ何してるの What are you doing, Daddy?
→ 家族の間では固有名詞のように扱い, 無冠詞大文字で始める

はぶく 省く (省略する) **omit** /オミト/; (節約する) **save** /セイヴ/
• 最初の2章は省きましょう
Let's omit the first two chapters.
• 洗たく機はわれわれから多くの時間と手間を省いてくれる The washing machine saves us a lot of time and trouble.

ハプニング an **unexpected happening** /アネクスペクテド ハプニング/, a **happening**

はブラシ 歯ブラシ a **toothbrush** /トゥーすブラシュ/

バブル a **bubble** /バブる/
• バブル(経済)の崩壊 the collapse of the bubble economy

はへん 破片 a **fragment** /ふラグメント/; (とがった) a **splinter** /スプリンタ/
• 破片になって散らばっている lie in fragments
• 破片を継ぎ合わせる stick the fragments together

はま 浜(辺) the **beach** /ビーチ/
• 浜(辺)で遊ぶ play on the beach

はまき 葉巻 a **cigar** /スィガー/

ハマグリ 蛤 《貝》a **clam** /クらム/

はまる fit: (落ちる) **fall into** /ふォーる/, **get into**
• ふたがうまくはまらない
The lid does not fit well.

はみがき 歯磨き (練り) **toothpaste** /トゥーすペイスト/

ハミング humming /ハミング/
• ハミングする hum

ハム (食用) **ham** /ハム/
- ハムエッグ ham and eggs

ハムスター (動物) a **hamster** /ハムスタ/

はめつ 破滅 **ruin** /ルーイン/
破滅する be ruined

はめる (指輪などを) **put on**; (引っ張ってはめる) **pull on** /プル/; (はめている) **wear** /ウェア/; (窓などをはめ込む) **fit in** /ふィト/
- 指輪をはめる put on a ring
- 網戸をはめる fit in a window screen

ばめん 場面 (舞台の) a **scene** /スィーン/

はやい 早い, 速い

➤ (時間・時期が) **early** /ア〜リ/ → そうき
➤ (速度が) **fast**, **rapid** /ラピド/, **swift** /スウィふト/
➤ (動作が) **quick** /クウィク/

早く, 速く early; (じき) **soon** /スーン/; **fast, rapidly, swiftly; quickly; with (great) speed** /(グレイト) スピード/

fast / early

- 早くても at the earliest
- 速く! Be quick!
- 時が速く過ぎる Time passes quickly.
- ツバメほど速く飛べる鳥がいますか
Can any bird fly as swiftly as a swallow?
- 君は足が速くて私はついて行けない
You walk too fast. I can't follow you.
- 寝るにはまだ早い
It is too early to go to bed.
- 早く帰って来なさい Come back soon.
- 早ければ早いほどよい The sooner, the better.

ことわざ 早い者勝ち
First come, first served. (最初に来た者が最初に食べ物を出してもらえる)

使い分け
early: いつもより早いこと, 時期や時間のはじめの方を表す The train arrived at the station three minutes early. (その電車は駅に3分早く着いた)

fast: 動くスピードの速さを表す a fast train (速い電車)

rapid: 変化の速さを表す a rapid economic growth (急速な経済的成長)

quick: 短い時間で行われる動作の機敏さを表す She is quick to understand. (彼女は理解するのが速い)

はやおき 早起きする **get up early** /ア〜リ/, **rise early** /ライズ/
- 早起きの人 an early riser

ことわざ 早起きは三文の徳
The early bird catches the worm. (早起きの鳥は虫を捕らえる)

はやがてん 早合点 → はやまる

はやくち 早口で言う **speak fast** /スピーク/, **talk fast** /トーク/
- 早口ことば a tongue twister → 英語の例: She sells seashells on the seashore

はやさ 早さ, 速さ **quickness** /クウィクネス/, **rapidity** /ラピディティ/, **swiftness** /スウィふトネス/; (速度) **speed** /スピード/, **velocity** /ヴェラスィティ/ → スピード

はやし 林 (木立ち) **trees** /トリーズ/, a **grove** /グロウヴ/; (森) a **wood** /ウド/

はやね 早寝する **go to bed early** /ア〜リ/
- 早寝早起きをする go to bed early and get up early / keep early hours
- 早寝早起きは健康によい
It is good for the health to keep early hours.

ハヤブサ 隼 《鳥》a **peregrine falcon** /ペレグリン ふォーるコン/

はやまる 早まる (適切なタイミングより早く動く) **be hasty** /ヘイスティ/
早まった overhasty /オウヴァヘイスティ/
- 早まって喜ぶな
He laughs last laughs longest. (最後に笑う者が一番長く笑う) → 英語のことわざ

はやめる 速める **quicken** /クウィクン/
- 歩調を速める quicken one's steps

はやり, はやる → りゅうこう

はら¹ 腹

➤ (腹部) the [one's] **belly** /ベリ/, (胃) the **stomach** /スタマク/ → 「腹部」の意味でも stomach が好まれる

- 腹が痛い have a stomachache
- 腹がたつ get angry
- 腹がへる[へっている] get [be] hungry
- 腹ばいになる lie on one's stomach
- 彼は私にすごく腹をたてた

はら **454** four hundred and fifty-four

He got furiously angry with me.

はら² 原 《野原》a **field** /ふィーるド/ → はらっぱ

バラ 薔薇 《植物》a **rose** /ロウズ/
• バラ色の rosy

はらいもどす 払い戻す **refund** /リふァンド/
払い戻し a **refund** /リーふァンド/

はらう 払う

❶ (お金を) **pay**

❶ (お金を) **pay** /ペイ/
• 勘定(かんじょう)[借金]を払う pay *one's* bill [debt]
• 彼にそのお金を払う pay him the money
• 本の代金として2千円払う pay two thousand yen for a book

❷ (ほこりを) **dust** /ダスト/; (ブラシで) **brush** (**off**) /ブラシュ/
• テーブルのちりを払う dust a table / brush the dust off the table

はらぐろい 腹黒い **crafty** /クラふティ/, **scheming** /スキーミンぐ/
• 彼は見かけは優しそうだが腹黒い男だ
He looks kind but really is crafty. /
ひゆ He is a wolf in sheep's clothing. (ヒツジの皮を着たオオカミ)

パラシュート a **parachute** /パラシュート/

パラソル a **parasol** /パラソーる/
• ビーチパラソル a beach umbrella →×a beach *parasol* とはいわない

バラック (掘っ建て小屋) a **shack** /シャク/; (大きくて粗末な集合住宅) **barracks** /バラクス/

はらっぱ 原っぱ a **field** /ふィーるド/

はらはら はらはらする (不安で) **feel uneasy** /ふィーる アニーズィ/; (興奮・恐怖で) **be thrilled** /すリるド/

ばらばら ばらばらに **to pieces** /ピーセズ/; (別々に) **separately** /セパラトリ/
• ばらばらになる fall [be broken] to pieces
• 彼の一家はばらばらになってしまった
His family was broken up and scattered.

ぱらぱら
❶ (雨が降る(音)) **patter** /パタ/
• 雨がぱらぱら降りだした
The rain began to patter down.
• きのう雨がぱらぱら降った
We had a sprinkling of rain yesterday.
❷ (本をめくる) **thumb through** /さム すルー/
• 辞書をぱらぱらめくる thumb through a dictionary
❸ (振りかける) **sprinkle** /スプリンクる/
• ゆで玉子に塩をぱらぱら振りかける sprinkle salt

on a boiled egg / sprinkle a boiled egg with salt

パラリンピック the **Paralympic Games** /パラリンピク/, **the Paralympics**

ハラル, ハラール halal /はらーる/
• ハラルミート halal meat → イスラムの決まりに則して処理した肉
• ハラルフード halal food

バランス balance /バランス/
• バランスがとれる balance / be balanced / be in balance
• からだのバランスを保つ[失う] keep [lose] *one's* balance

はり 針 (縫(ぬ)い針) a **needle** /ニードる/; (釣(つ)り針) a **hook** /フク/; (ハチなどの) a **sting** /スティンぐ/; (時計の針) a **hand**
• 針の穴 the eye of a needle
• 針に糸を通す thread a needle
• 針仕事 needlework
ことわざ 今日の一針明日の十針 A stitch in time saves nine.
• 指を2針縫ってもらう have two stitches in *one's* finger

パリ Paris /パリス/
• パリ(人)の Parisian
• パリっ子 a Parisian

はりがね 針金 (a) **wire** /ワイア/

ばりき 馬力 **horsepower** /ホースパウア/
• 5馬力のモーター a five-horsepower motor

はりきる 張り切る **be in high spirits** /ハイ スピリツ/, **be full of pep**; (試合などを前にして) **be all fired up** (for ～, about ～) /ふァイアド/

バリケード a **barricade** /バリケイド/
• バリケードを築く barricade

はりつける 張り付ける **paste** /ペイスト/ → はる² ❶

はる¹ 春

➤ **spring**
• 春らしい springlike
• 春に in (the) spring
• 春早く in early spring / early in spring
• 日の輝く春の朝に on a bright spring morning
• 春休み 《米》the spring vacation [《英》holidays]
• 春一番 the first gale of the spring

はる² 張る
❶ (くっつける) **put** /プト/, **stick** /スティク/; (のりで) **paste** /ペイスト/
• 封筒に切手を張る put a stamp on an enve-

lope

・(のりで) A を B に張る　paste *A* to *B*

❷ (ロープなどを) **stretch** /ストレチ/, (ぴんと) **strain** /ストレイン/; (テントを) **pitch** /ピチ/

❸ (根が) **take root** /テイク ルート/, **root** → root は「根を張らせる」という他動詞にも使う

・この精神は彼らの心に堅く根を張っている

This spirit is firmly rooted in their minds.

❹ (その他)

・池に氷が張った

Ice has formed over the pond.

はるか はるか(に) **far, far away** /アウェイ/

・彼の家族ははるか遠い南米におります

His family is far away in South America.

・はるか遠くに飛行機が飛んでいるのが見えた

Far in the distance I saw an airplane flying.

バルコニー a **balcony** /バるコニ/

はるばる all the way /ウェイ/

・彼ははるばる鹿児島からやって来た

He came all the way from Kagoshima.

バルブ (弁) a **valve** /ヴァるヴ/

パルプ pulp /パるプ/

はれ 晴れ **fine weather** /ふァイン ウェざ/ → はれる¹ ❶

・(日記で)晴れ, のちくもり　Fine, cloudy later.

バレエ a **ballet** /バれイ/

パレード a **parade** /パレイド/

バレーボール (競技) **volleyball** /ヴァリボーる/; (ボール) a **volleyball**

・バレーボールをする　play volleyball

・ビーチバレー　beach volleyball

はれぎ 晴れ着 **one's best clothes** /クろウズ/

・晴れ着を着てパーティーに出る　attend a party in *one's* best clothes

はれつ 破裂する **burst** /バ～スト/, **explode** /イクスプろウド/

パレット a **palette** /パれト/

バレリーナ a **ballerina** /バらリーナ/, a **ballet dancer** /バれイ ダンサ/

はれる¹　晴れる

❶ (天気が) **clear**

❶ (天気が) **clear** /クリア/, **turn out fine** /タ～ン ふァイン/

・晴れ上がる　clear up; (霧など) lift

・午後から晴れてほしい

I hope it will turn out fine in the afternoon.

・昼には晴れてきた

It began to clear up at noon.

・霧(きり)は昼ごろまで晴れなかった

The fog did not lift till about noon.

❷ (気分が) (すっきりする) **be refreshed** /リふレシュト/; (元気づく) **be cheered up** /チアド/

・その知らせを聞いて彼は気分が晴れた

He was cheered up by the news. / The news cheered him up.

❸ (疑いなど) **be dispelled** /ディスペるド/

・彼女からの手紙でそれについての彼の疑いは晴れた

His doubts about it were dispelled by her letter. / Her letter dispelled his doubts about it.

はれる² (ふくれる) **swell** /スウェる/

・はれた足　a swollen foot

ばれる be revealed /リヴィーるド/, **be brought to light** /ブロート らイト/

・秘密は全部ばれてしまった　All the secrets have been revealed [brought to light].

バレンタインデー St. Valentine's Day /セイン(ト) ヴァれンタインズ デイ/

ハロウィーン Halloween /ハろウイーン/

パワーハラスメント workplace bullying /ワ～クプれイス ブリイング/, **abuse of power in the workplace** /アビュース/

ハワイ Hawaii /ハワイイー/

・ハワイの　Hawaiian

・ハワイ人　a Hawaiian

・ハワイ諸島　the Hawaiian Islands

はん¹ 半 a **half** /ハぶ/

・7時半　half past seven

・1時間半　an hour and a half

はん² 判 (文書の真正を示す) a **seal** /スィーる/; (事務用に用いる) a **stamp** /スタンプ/

・書類に判を押す　put *one's* seal to [on] a document

はん³ 班 a **group** /グループ/

・班長　a group leader

ばん¹ 晩 an **evening** /イーヴニング/; a **night** /ナイト/

> 参考　evening は日の入りから寝るころまでの時間帯に使い, 日本語の「夕方」よりも長い時間帯を表す. 日没から夜明けまでの時間帯には night を使うが, 国・地域や年齢などによって使い方に幅がある. また Good evening! は「こんばんは」で, Good night! は「おやすみなさい」である

・晩に　in the evening; at night

・一晩じゅう　all night (long) / all through the night

・一晩泊まる　stay for the night / stay overnight

ばん

- あしたの晩(に) tomorrow evening / tomorrow night
- 嵐の晩に on a stormy night
- 8月15日の晩に on the evening of August 15th (読み方: (the) fifteenth)
- こんばんは Good evening!

ばん² 番
- (番号) a **number** /ナンバ/, (…番) **No.** ~ (読み方: number ~)
- (順番) *one's* **turn** /タ～ン/

番をする watch /ワチ/, **look after** /るク/
- 1番, 2番, 3番, … No.1, No.2, No.3, …
- 1番目, 2番目, 3番目, 4番目, … the first, the second, the third, the fourth, …
- 子供の番をする look after the children
- 会話 君は何番ですか. ―12番です
What number are you? ―I'm number twelve.
- 会話 お宅の今度の電話は何番ですか. ―202の1234です
What's your new telephone number? ―It's two-O-two one-two-three-four.
- 今度は君の番だ It's your turn. / ひゆ It's your move. ((チェスの試合で)君が駒を動かす番だ) / ひゆ The ball is in your court. ((こちらが打ったボールは)今君側のコートにある)
- 切符を買って来るから手荷物の番をしてて
Watch (over) the baggage while I go and buy the tickets.

バン (自動車) a **van** /ヴァン/
パン bread /ブレド/; (菓子パン) a **bun** /バン/ → 「パン」はポルトガル語の pão から
- パンくず crumbs
- パン一切れ a slice of bread
- パン1斤 a loaf of bread
- パンにバターをつける spread butter on bread
- パン屋 (人) a baker; (店) a bakery / a baker's (shop)

はんい 範囲 a limit /リミト/, **a range** /レインヂ/
- 100メートルの範囲で within a range of 100m
- …の範囲を限る set limits to ~
- 試験の範囲は1課から10課までです
The examination covers from Lesson 1 to Lesson 10.

はんえい 繁栄 prosperity /プラスペリティ/
繁栄する prosper /プラスパ/
はんが 版画 (木版画) a woodcut /ウドカト/
ハンガー a hanger /ハンガ/

ハンカチ a handkerchief /ハンカチふ/
ハンガリー Hungary /ハンガリ/
- ハンガリー(人, 語)の Hungarian
- ハンガリー語 Hungarian
- ハンガリー人 a Hungarian; (全体) the Hungarians

バンガロー a cabin /キャビン/ → 英語の bungalow は「ベランダのある1階建ての山荘」
はんかん 反感 ill feeling /イる ふィーリング/, **antipathy** /アンティパスィ/
- 彼のふるまいは現地の人々の反感を買った
His behavior caused ill feeling among the people there.

はんきゅう 半球 a hemisphere /ヘミスふィア/
- 北[南]半球 the Northern[Southern] Hemisphere
- 半球の表面積 the area of a hemisphere

パンク a puncture /パンクチャ/, (a) **blowout** /ブろウアウト/
パンクする 《米》have a flat tire /ふらト タイア/, 《英》**have a puncture**
- パンクしたタイヤを直してもらう have a flat tire [a puncture] fixed

ハンググライダー a hang glider /ハングぐらイダ/
ハングする 《IT》(コンピューターなどが応答しなくなる) hang /ハング/, freeze /ふリーズ/
ばんぐみ 番組 a program /プロウグラム/
- 今夜のテレビ番組にはどんなものがありますか
What's [What programs are] on the TV tonight?

はんけい 半径 a radius /レイディアス/ (複 radii /レイディアイ/)
- 半径3センチの円 a circle with a radius of three centimeters
- …から半径3メートル以内に within a radius of three meters from ~

ばんけん 番犬 a watchdog /ワチドーグ/
はんこう 反抗 → ていこう
ばんごう 番号 a number /ナンバ/
- 部屋の番号 a room number
- 受験番号 an examination number
- 電話番号 a telephone number
- 番号順に in numerical order
- 番号をつける number
- 会話 そちらは92-0280ですか. ―いいえ, 番号違いです
Is this 92-0280 (読み方: nine-two O /オウ/-two-eight-O)? ―I'm afraid you have the wrong number.

ばんこく 万国 **all nations** /ネイションズ/; (世界) **the world** /ワ～るド/
- 万国博覧会 a world exposition
- 万国旗 the flags of all nations

ばんごはん 晩御飯 (a) **supper** /サパ/; (a) **dinner** /ディナ/ → dinner は1日のうちで一番ごちそうの出る食事をいうが，ふつうそれが夕食にあたるのでこの語を使う

はんざい 犯罪 a **crime** /クライム/ → つみ
- 犯罪者 a criminal

ばんざい 万歳 **cheers** /チアズ/; (a) **hurrah** /フラー/
- 優勝チームのために万歳を三唱する give three cheers for the winning team
- 万歳！ Hurrah!

ハンサムな handsome /ハンサム/

はんじ 判事 a **judge** /チヂ/

パンジー 《植物》a **pansy** /パンズィ/

はんしゃ 反射 **reflection** /リふれクション/
反射する reflect /リふれクト/
- 白い砂は太陽の熱を反射する
The white sand reflects the sun's heat.

ばんしゅう 晩秋 《米》**late fall** /れイト ふォーる/, 《英》**late autumn** /オータム/
- 晩秋に in late fall / late in autumn

ばんしゅん 晩春 **late spring** /れイト スプリンぐ/
- 晩春に in late spring / late in spring

はんじょう 繁盛 **prosperity** /プラスペリティ/
繁盛する prosper /プラスパ/; (繁盛している) **be prosperous** /プラスペラス/
- 彼は商売が繁盛しているそうです
I hear that his business is very prosperous [he is doing prosperous business].

はんしょく 繁殖 **breeding** /ブリーディンぐ/
繁殖する breed /ブリード/
- 繁殖期 a breeding season

はんする 反する **be contrary** (to ～) /カントレリ/; **be against** /アゲンスト/
- 自分の意志に反して against one's will
- 結果はわれわれの予想に反した
The result was contrary to our expectation.

はんせい 反省 (後悔(こうかい)する) **regret** /リグレト/
反省する (後悔する) **regret**; (振り返ってよく考える) **think over** /すィンク/
- 私は彼にあんな事を言ってしまって反省している
I regret having said such a thing to him.
- 自分がやった[言った]ことを反省しなさい
Think over what you did [said].

はんせん 反戦の **antiwar** /アンティウォー/
- 反戦運動 an antiwar movement

- 反戦主義者 a pacifist

ばんそう 伴奏 **accompaniment** /アカンパニメント/
伴奏する accompany /アカンパニ/
- 伴奏者 an accompanist
- 私はピアノで彼女の歌の伴奏をした
I accompanied her song on the piano.
- 彼女は私のピアノの伴奏で歌った
She sang to my piano accompaniment.

ばんそうこう a **plaster** /プらスタ/
- 切り傷にばんそうこうを張る apply a plaster to a cut

はんそく 反則 a **foul (play)** /ふァウる (プれイ)/
反則をする foul, play foul

パンダ 《動物》a (**giant**) **panda** /(チャイアント) パンダ/

はんたい 反対

➤ (正反対の人・もの) **the opposite** /アポズィト/; (異議) **objection** /オブヂェクション/

反対の opposite; (異議) **contrary** /カントレリ/
反対する be against (～) /アゲンスト/, **object** (to ～) /オブヂェクト/, **make an objection** (to ～)
- 通りの反対側に on the opposite side of the street / (向こう側に) across the street
- われわれとは反対の意見 an opinion contrary to ours
- この提案に反対の人がおりますか
Does anyone object to this plan?
- あした放課後会を開くことに反対はありませんか
Is there any objection to having our meeting tomorrow after school?
- 君が彼らと一緒に行くことに私は反対しない
I have no objection to your going with them.

はんだん 判断

➤ **judgment** /チャヂメント/

判断する judge /チャヂ/
- 結果[外見]で…を判断する judge ～ by the results [a person's looks]
- 彼の言うことから判断すると judging from [by] what he says
- うわさから判断すると彼の病気は軽くなさそうだ
Judging from the rumor, his illness may not be so slight.
- 判断を急いではいけない Don't judge in haste.

参考ことわざ ツバメが1羽来ても夏にはならない
One swallow does not make a summer. → イギリスではアフリカで越冬したツバメたちが(1羽では

なくて)群れをなして帰って来てやっと夏になる

ばんち 番地　a house number /ハウス ナンバ/

パンチ a punch /パンチ/

パンツ (ズボン) 《米》**pants** /パンツ/, 《英》**trousers** /トラウザズ/; (男子用下着) **underpants** /アンダパンツ/; (女子用下着) **panties** /パンティズ/

パンティー → パンツ

パンティーストッキング 《米》**panty hose** /パンティ ホウズ/, 《英》**tights** /タイツ/ →「パンティーストッキング」は和製英語

ハンディキャップ a handicap /ハンディキャプ/

パンデミック (感染症の大流行) a pandemic /パンデミク/

はんてん 斑点　a speckle /スペクる/, a spot /スパト/

バント (野球) a bunt /バント/
　バントする bunt

バンド¹ (楽団) a band /バンド/

バンド² (ベルト) a belt /べると/

はんとう 半島　a peninsula /ペニンスら/
　•半島の peninsular
　•伊豆半島 the Izu Peninsula

ハンドバッグ 《米》a purse /パ〜ス/, 《英》a handbag

ハンドボール (競技) handball /ハンドボーる/; (ボール) a handball
　•ハンドボールをする play handball

ハンドル (取っ手) a handle /ハンドる/; (自動車の) a steering wheel /スティアリング (ホ)ウィーる/; (自転車の) handlebars /ハンドるバーズ/
　•ハンドルを握っている人に話しかけてはいけない
　You shouldn't talk to the person at the wheel.

はんにん 犯人　a criminal /クリミヌる/; (容疑者) a suspect /サスペクト/

ばんにん 番人　a guard /ガード/

ばんねん 晩年　one's later life /れイタ らイふ/
　•彼は晩年幸福でなかった
　He was not happy in his later life. /
　His later life was not a happy one.

はんのう 反応　(a) reaction /リアクション/
　反応する react (to 〜) /リアクト/
　•連鎖反応 a chain reaction
　•君の意見に対する彼の反応はどうでしたか
　What was his reaction to your remarks? /
　How did he react to your remarks?

ばんのう 万能　all-around /オーる アラウンド/
　•万能選手 an all-around athlete
　•万能薬 a cure-all

ハンバーガー a hamburger /ハンバ〜ガ/

ハンバーグ(ステーキ) a hamburger /ハンバ〜ガ/, a hamburg steak /ハンバーグ スティク/

はんばい 販売　a sale /セイる/
　販売する sell /セる/
　•現金販売 a cash sale

ばんぱく 万博 → ばんこく (→ 万国博覧会)

はんぴれい 反比例する be in inverse proportion (to 〜) /インヴァ〜ス プロポーション/

パンフレット a pamphlet /パンふれト/, a brochure /ブロウシュア/ → brochure のほうがふつう

はんぶん 半分　(a) half /ハふ/ (麴 halves /ハヴズ/)
　•彼はリンゴを半分に切って大きいほうの半分を私にくれた He cut the apple into halves and gave me the bigger half.
　•もうほぼ半分道を歩いた
　We have walked about half (of) the way.

ハンマー a hammer /ハマ/
　•ハンマー投げ the hammer throw

ばんめし 晩飯　(a) supper /サパ/; (a) dinner /ディナ/ → ばんごはん
　•晩飯にカレーライスを食べる have curry and rice for supper

はんらん¹ a flood /ふらド/ → こうずい, しんすい¹
　はんらんする flood, overflow /オウヴァふろウ/
　•はんらん地域 the flooded area
　•豪雨のため河川がはんらんした
　Rivers were flooded by the heavy rain.

はんらん² 反乱　(大規模の) a rebellion /リベリョン/; (小さな) a revolt /リヴォウるト/
　•反乱を起こす rise in revolt

ひ　ヒ

ひ¹ 日

❶ (太陽) the sun

❷ (1日) a day

❸ (日取り) a date

❶ (太陽) the sun; (日の光) (the) sun
　•日の当たる, 日当たりのよい sunny
　•日の出[日の入り] sunrise [sunset]

four hundred and fifty-nine　459　ビール

・日暮れに　(日没時に) at sunset; (夕方ごろ) toward evening
・日の当たる[当たらない]場所に　in the sun [the shade]
・日に焼ける　be tanned / be suntanned
・日が昇る[沈(しず)む]　The sun rises [sets].
・日がさんさんと輝いている
The sun is shining bright(ly).
・居間には日がいっぱい差している
There is a lot of sun in the living room.
・私たちの教室は日があまり当たらない[よく当たる]
We get little [a lot of] sun in our classroom. / Our classroom gets little [a lot of] sun.
・海岸で日に当たりすぎてはだめよ
Don't get too much sun at the beach.
・このごろは日が暮れるのが早い
It gets dark early these days.
❷(1日) a **day**; (時間) **time**
・母の日　Mother's Day
・寒い日　a cold day
・いつの日か　one day / some day
・ある日　one day
・日に日に　day by day
・来る日も来る日も　day after day
・私の祖母が死んだ日　the day (when) my grandmother died
・私たちは同じ日に生まれました
We were born on the same day.
・その日は私の誕生日でした
That day was my birthday.
・その日は私は家にいませんでした
I was not (at) home that day.
・日はだんだん長く[短く]なってきた
The days are getting longer [shorter].
・卒業までもうあまり日がない
We have only a few days before graduation.
・日がたつにつれてその記憶も薄(うす)れてゆくでしょう
The memory will fade [go away] as time passes.
❸(日取り) a **date** /デイト/; (期限) a **deadline** /デドらイン/
・次の会合の日を決める　fix the date for the next meeting
・約束の日までにこの仕事を終わらせる　finish this work before the deadline

ひ² 火
➤ **fire** /ふァイア/; (炉(ろ)の) a **fire**
・火がつく　catch fire

・火をつける　(燃やす) set fire (to ～); (点火する) light
・火を消す　put out the fire
・火をおこす　make a fire
・火にやかんをかける　put a kettle on the fire
・手を火にかざす　warm *one's* hands over the fire
ことわざ 火のない所に煙は立たない
There is no smoke without fire.

び 美 **beauty** /ビューティ/
ピアス (肌に密着したもの) **studs** /スタヅ/; (下げるもの) **pierced earrings** /ピアスト イアリンゲズ/
ピアニスト a **pianist** /ピアニスト/
ピアノ a **piano** /ピアノウ/
・ピアノをひく　play the piano
・ピアノを習う[教える]　take [give] piano lessons
ヒアリング → ヒヤリング
ピーアール (広報活動) **public relations** /パブリクリれイションズ/ (単数扱い; 略 PR); (宣伝) **publicity** /パブりスィティ/
ひいおじいさん a **great-grandfather** /グレイトグラン(ド)ふァーざ/
ひいおばあさん a **great-grandmother** /グレイトグラン(ド)マざ/
ビーカー a **beaker** /ビーカー/
ヒーター a **heater** /ヒータ/
・ガス[電気]ヒーター　a gas [an electric] heater
ビーだま ビー玉 a **marble** /マーブる/
・ビー玉遊びをする　play marbles
ビーチパラソル a **beach umbrella** /ビーチ アンブレら/ →×a beach *parasol* とはいわない; parasol は「日がさ」
ピーティーエー a **P. T. A.**, a **PTA**, a **Parent-Teacher Association** /ペアレント ティーチャ アソウシエイション/
・母はうちの学校の PTA 役員をしています
My mother is a member of the PTA executive of our school.
ピーナッツ 《植物》a **peanut** /ピーナト/
ぴいぴい ぴいぴい鳴く　**peep** /ピープ/, **chirp** /チャ～プ/
ピーマン 《植物》a **green pepper** /グリーン ペパ/ →「ピーマン」はフランス語の piment から
ヒイラギ 柊 《植物》**holly** /ハリ/
ビール **beer** /ビア/
・缶ビール　canned [bottled] beer
・ビールびん[缶]　a beer bottle [can]
・ビール1杯[1本]　a glass [a bottle] of beer
・生ビール　draft beer

ビールス a virus /ヴァイアラス/ → ウイルス
ヒーロー a hero /ヒーロウ/
ひえる 冷える（冷たくなる）get cold /コウるド/;（冷たい）cold
ピエロ a clown /クらウン/
びか 美化委員（学校の）a boy [a girl] in charge of keeping the school clean /チャーヂ キーピング クリーン/ → in charge of ～ は「…を担当する」; keep ～ clean は「…をきれいにしておく」
ひがい 被害 damage /ダメヂ/
・被害地 a stricken district [area]
・被害者 a victim;（負傷者）an injured person /（集合的に）the injured
・台風は作物に大きな被害を与えた
The typhoon did great damage to the crops.
・この地方は洪水(こうずい)のために大きな被害を受けた
This district suffered great damage from the flood.
ひかえめ 控え目な（謙虚(けんきょ)な）modest /マデスト/;（適度な）moderate /マデレト/
ひがえり 日帰り旅行 a day's trip /デイズ トリプ/
・…に日帰り旅行をする make a day's trip to ～
ひかがくてき 非科学的 unscientific /アンサイエンティふィク/
ひかく 比較 comparison /コンパリスン/
比較する compare /コンペア/
比較的(に) comparatively /コンパラティヴり/
・比較級《文法》the comparative (degree)
・これと比較すると in comparison with this / compared with this
・A と B を比較する compare A with B
・比較にならないほど beyond comparison
・これはそれとは比較にならない(劣(おと)っている)
This is not to be compared with that.
ひかげ 日陰 the shade /シェイド/
日陰の shady /シェイディ/
・日陰の小道を歩いて行く walk along a shady path
ひがさ 日傘 a parasol /パラソーる/

ひがし 東
➤ **the east** /イースト/ → きた
・東日本 East Japan
・東の east / eastern
・東に（方向・位置）east;（方向）to the east;（位置）in the east
・東日本大震災 Great East Japan Earthquake
・その島の東海岸 the eastern coast of the island
・太陽は東から昇る
The sun rises in the east.
・日本は東は太平洋に面している
Japan faces the Pacific on the east.
ひがた 干潟 tideland(s) /タイドランド[ツ]/
ぴかぴか ぴかぴか光る glitter /グリタ/;（星など）twinkle /トウィンクる/
ぴかぴかの （まばゆい）dazzling /ダズリング/;（真新しい）brand-new /ブラン(ド) ニュー[ヌー]/

ひかり 光
➤ **light** /らイト/
・太陽は私たちに光と熱を与える
The sun gives us light and heat.
・ヘレン・ケラーはすべての人の心に光を与えた Helen Keller gave light to all hearts.
ひかる 光る shine /シャイン/;（きらきら）sparkle /スパークる/, glitter /グリタ/;（星が）twinkle /トウィンクる/;（稲妻が）flash /ふらシュ/
ことわざ きらきら光る物がみな金とは限らない
All is not gold that glitters.

shine　　　twinkle

flash

ひかん 悲観 pessimism /ペシミズム/
悲観的な pessimistic /ペシミスティク/
・悲観論者 a pessimist
ひきあげ 引き上げ（賃金の）《米》a raise /レイズ/,《英》a rise /ライズ/
・賃金の引き上げを要求する demand a raise [a rise] in wages
ひきあげる 引き上げる pull up /プる/;（賃金などを）raise /レイズ/
ひきいる 率いる lead /リード/
ひきうける 引き受ける undertake /アンダテイク/
・彼はその仕事を喜んで引き受けた
He undertook the task willingly.
・彼は気に入らないことはいっさい引き受けません

He does not undertake to do anything that he does not like.

ひきおこす 引き起こす **cause** /コーズ/; (望ましくない事を) **give rise to** /ライズ/; (誘発(ゆうはつ)する) **touch off** /タチ/
・これが私にたいへん面倒な事を引き起こした
This caused me a great deal of trouble.
・この事件は人々の怒りを引き起こした
This incident touched off the anger of people. / ひゆ This incident operated as a lightning rod for the anger of people. (避雷針の働きをした)

ヒキガエル 蟾蜍 《動物》 a **toad** /トウド/
ひきがね 引き金 a **trigger** /トリガ/
・引き金を引く trigger / pull the trigger
ひきこもる 引きこもる **stay indoors** /ステイ インドーズ/
・引きこもり(人) a young shut-in
ひきさがる 引き下がる (退く) **withdraw** /ウィズドロー/
ひきざん 引き算 **subtraction** /サブトラクション/
引き算をする **subtract** /サブトラクト/
ひきしめる 引き締める **tighten** /タイトン/; (気持ちを) **brace** *oneself* (for ～) /ブレイス/
・試験が近いから気を引き締めなさい
Brace yourself for the approaching exam.
ひきずる 引きずる **drag** /ドラグ/
・引きずり出す[込む] drag out [in]
・足を引きずる drag *one's* feet
・足を引きずって歩く drag *oneself* along
ひきだし 引き出し (机などの) a **drawer** /ドロー/
ひきだす 引き出す **pull out** /プる/; (預金を) **draw** /ドロー/, **withdraw** /ウィズドロー/
・銀行から預金を引き出す draw [withdraw] money from a bank
ひきつぐ 引き継ぐ **take over** → そうぞく, → うけつぐ
ひきつける 引き付ける **attract** /アトラクト/
ビキニ (水着) a **bikini** /ビキーニ/
ひきにく ひき肉 **minced meat** /ミンスト ミート/
ひきにげ ひき逃げする **hit and run**
・ひき逃げ運転手 a hit-and-run driver
ひきぬく 引き抜く **pull out** /プる アウト/, (草を) **pull up**; (人材を) **poach** /ポウチ/
ひきのばす 引き伸ばす **enlarge** /インらーヂ/ → のばす
・写真を引き伸ばす enlarge a photograph
ひきはなす 引き離す **outdistance** /アウトディスタンス/
・競走で他を引き離す outdistance the others in a race

ひきょう ひきょうな (こそこそした) **sneaky** /スニーキ/; (卑劣(ひれつ)な) **mean** /ミーン/; (臆病(おくびょう)な) **cowardly** /カウアドリ/; (不正な) **unfair** /アンふェア/ → ずるい

ひきょう者 (こそこそして卑劣な人間) a **sneak** /スニーク/; (臆病者) a **coward** /カウアド/

ひきわけ 引き分け a **draw** /ドロー/, a **tie** /タイ/, a **drawn game** /ドローン/
引き分けになる draw, end in a draw, end in a tie
・(けんかをやめて)引き分けにする call it quits → quits は「おあいこで」(形容詞)

ひく¹ 引く

❶ (引っ張る) pull
❷ (線を) draw
❸ (辞書を) consult
❻ (値段を) give a discount

❶ (引っ張る) **pull** /プる/, **draw** /ドロー/
・ひもを引く pull a string
・くじを引く draw lots
・ブラインドを引き上げる[下ろす] pull up [down] the blinds
・いすをテーブルのほうに引き寄せる draw [pull up] a chair to the table
・ドアを引いてあける pull a door open → open は形容詞(あいている)
・押してはだめです. 引きなさい
Don't push. Pull it.
・カーテンを引いてください
Draw the curtains, please. → カーテンを「しめる」場合にも「あける」場合にも使う
・そりは2頭の馬に引かれていた
The sled was drawn by two horses.
・彼は私の耳を引っ張った
He pulled my ears. /
He pulled me by the ears.

pull
draw

❷ (線を) **draw**

ひく

・直線を引く draw a straight line
❸ (辞書を) **consult** /コンサ**ル**ト/; (単語を調べる) **look up** /**る**ク/; (使う) **use** /ユーズ/
・辞書でこの単語を引きなさい
Look this word up [Look up this word] in your dictionary.
・単語の意味がわからない時は辞書を引きなさい
Consult your dictionary when you don't know the meaning of a word. /
When you don't know the meaning of a word, look it up in your dictionary.
・私はこの英語辞書の引き方がわかりません
I don't know how to use this English dictionary.
❹ (引き算をする) → ひきざん
❺ (ガス・電話などを) **install** /インス**トー**る/, **lay on** /**れ**イ/
・ガスを引く install [lay on] gas
・光ファイバー回線を引く have fiber optic internet [cable] installed [laid (in)]
❻ (値段を) **give** [**make**] **a discount** /ディス**カ**ウント/, **discount**
・15パーセント値段を引きましょう
I'll give [make] you a 15% discount.
・これ以上値段は引けません
We can't discount more than this.
❼ (その他)
・かぜをひく catch (a) cold
・彼の注意を引く attract [draw] his attention
・彼の手を引く lead him by the hand
・潮が引いた The tide ebbed.
・熱が引いた The fever is gone.

ひく² (車で) **run over**; (車が当たる) **hit**
・トラックが彼のイヌをひいた
A truck ran over his dog. /
His dog was run over by a truck.
・車にひかれないように気をつけなさい
Take care not to be run over by a car. /
(車にぶつけられないように) Take care not to be hit by a car.

ひく³ 弾く (楽器を) **play** /**プ**れイ/
・ピアノを弾く play the piano → 「特定の楽器を弾く」という場合は楽器名に the をつける
・ギターでこの曲を弾いてくれませんか
Will you play this tune on the guitar?
・君は何か楽器が弾けますか
Can you play any musical instrument?

ひく⁴ (うすで) **grind** /グ**ラ**インド/; (のこぎりで) **saw** /ソー/
・材木をひいて板にする saw timber into boards

・彼女はトウモロコシをひいて粉にしています
She is grinding the corn into flour.

ひくい 低い

➤ (位置・段階が) **low** /**ろ**ウ/
➤ (身長が) **short**

低く **low**
低くする **lower** /**ろ**ウア/
・低い声で in a low voice
・声を低くする lower *one's* voice
・低いほうの棚 the lower shelf → この lower は low (低い) の比較級
・私はそんなに低い調子では歌えません
I cannot sing so low as that.
・高い棚に辞書があり, 低い棚には花びんがあります
There are dictionaries on the higher shelf and there is a vase on the lower one.
・私は彼より3センチ低い
I am shorter than he is [《話》 than him] by three centimeters. / I am three centimeters shorter than he is [《話》 than him].

short　　　low

ピクニック **a picnic** /**ピ**クニク/
・ピクニック客 a picnicker
・…にピクニックに行く picnic in ~ / go on a picnic in ~ / go picnicking in ~ → picnic に -ed や -ing を付ける時は picnicked, picnicking となる; 上の例の picnicker も同じ

ぴくぴく ぴくぴくする **be jumpy** /**チャ**ンピ/, **be nervous** /**ナ**～ヴァス/, **have the jitters** /**チ**タズ/
・彼はうそがばれるのではないかとびくびくしていた
He was jumpy for fear that his lie might be revealed.

ぴくぴく (動く, 動かす) **twitch** /ト**ウィ**チ/
・君は耳をぴくぴく動かすことができるかい?
Can you twitch your ears?
・魚がまだぴくぴく動いている
The fish is still twitching.

ひぐれ 日暮れ (日没) **sunset** /**サ**ンセト/; (夕方) **an evening** /**イ**ーヴニング/; (たそがれ) **dusk** /**ダ**スク/,

dark /ダーク/
•日暮れ前に before dark〔dusk〕/ before it gets dark → 後ろの文の dark は形容詞(暗い)

ひげ (口ひげ) a **mustache** /マスタシュ/; (あごひげ) a **beard** /ビアド/; (ほおひげ) **whiskers** /(ホ)ウィスカズ/; (猫などの) a **whisker**
•ひげをはやす grow a mustache
•ひげをはやしている have〔wear〕a mustache

ひげき 悲劇 a **tragedy** /トラヂェディ/
悲劇的な **tragic** /トラヂク/

ひけつ¹ 否決 **rejection** /リヂェクション/
否決する **reject** /リヂェクト/
•提案はすべて否決された
All proposals were rejected.

ひけつ² 秘けつ the **secret** /スィークレト/
•彼の成功の秘けつは何だったと君は思いますか
What do you think the secret of his success was?

ひこう¹ 飛行 **flying** /ふらイインぐ/, a **flight** /ふらイト/
飛行場 (空港) an **airport** /エアポート/
飛行船 an **airship** /エアシプ/

ひこう² 非行 **delinquency** /ディリンクウェンスィ/
•非行少年 a juvenile delinquent → 少女をふくむ

ひこうき 飛行機 an **airplane** /エアプれイン/, a **plane** /プれイン/
•飛行機に乗る take a plane; (動作) go on board a plane
•飛行機で福岡へ行く
go to Osaka by plane / fly to Fukuoka

ひこうしき 非公式の **informal** /インふォーマる/, **unofficial** /アノふィシャる/; (個人的な) **private** /プライヴェト/
非公式に **informally, unofficially; privately**

ひざ
➤ a **knee** /ニー/; (すわった時の) a **lap** /らプ/
ひざ掛け 《米》a **lap robe** /ロウブ/, 《英》a **rug** /ラグ/
•ひざを組む cross one's legs
•ひざに…を乗せる hold ~ on〔in〕one's lap → ×laps としない

ビザ a **visa** /ヴィーザ/
•…へのビザを申請する apply for a visa for ~

ピザ pizza /ピーツァ/
•ピザをもう一切れいかがですか
Do you want another piece of pizza?

ひざし 日差し **sunlight** /サンらイト/

ひさしぶり 久しぶりに **after a long time, after a long interval** /インタヴァる/, **after a long absence** /アブセンス/
•久しぶりに兄が京都から帰って来ました
My brother returned home from Kyoto after a long absence.
•久しぶりですね It's a long time since I saw you last. / It's been long since I saw you (last). / I haven't seen you for a long time.

ひざまずく go〔fall〕on one's **knees, kneel** /ニーる/

ひさん 悲惨 (a) **misery** /ミゼリ/
悲惨な **miserable** /ミゼラブる/

ひじ an **elbow** /エるボウ/
ひじ掛けいす an **arm chair** /アーム チェア/
•…にひじをつく rest one's elbow(s) on ~ → 片方のひじなら elbow, 両ひじなら elbows

ひしがた ひし形 a **diamond (shape)** /ダイアモンド (シェイプ)/
•ひし形の diamond-shaped

ビジネス business /ビズネス/
•ビジネスマン an office worker → 英語の business person は社長・重役などの高い地位の人をさす
•ビジネススクール a business school
•ビジネスホテル a budget hotel for business travelers / a no-frills hotel → budget は「安価な」. no-frills は「余分なサービスなしの」.「ビジネスホテル」は和製英語

ひしゃく a **dipper** /ディパ/, a **ladle** /れイドる/

ヒジャブ a **hijab** /ヒジャーブ/
•ヒジャブをつける wear a hijab → 一部の女性イスラム教徒が使うスカーフ

ビジュアル (視覚の) **visual** /ヴィジュアる/

ひじゅう 比重 **specific gravity** /スペスィふィク グラヴィティ/

びじゅつ 美術 **art** /アート/
•美術 (学校の) the art room
•美術館 an art gallery
•美術品 a work of art
•美術展覧会 an art exhibition
•美術的な artistic

ひしょ¹ 秘書 a **secretary** /セクレテリ/

ひしょ² 避暑に行く go (to ~) **for the summer** /サマ/
•避暑地 a summer resort

ひじょう 非常(事態) (an) **emergency** /イマ〜ヂェンスィ/
•非常事態に備える prepare for emergencies
•非常の場合には in case of emergency
•非常口 an emergency exit

びしょう　464　four hundred and sixty-four

・非常階段　emergency stairs / a fire escape

びしょう 微笑　a **smile** /スマイる/

微笑する smile

・微笑して　with a smile

ひじょうしき 非常識　**lack of common sense** /らク カモン センス/

非常識な (分別(ふんべつ)のない) **thoughtless** /そートれス/

・非常識である　lack common sense / be thoughtless

ひじょうに　非常に

➤ (形容詞・副詞・形容詞化した過去分詞を強調する場合) **very** /ヴェリ/; (動詞を強調する場合) (**very**) **much** /マチ/; (過去分詞を強調する場合) **much**; 《話》**awfully** /オーふリ/, **terribly** /テリブリ/

非常に…なので… → とても❷

・非常に美しい女性[おもしろい映画]　a very beautiful woman [interesting movie]

・非常に美しい[おもしろい]　be very beautiful [interesting]

・非常に速く[熱心に, 注意深く]　very fast [hard, carefully]

・彼は非常に頭がいい

He is awfully [terribly] smart.

びしょぬれ びしょぬれになる　**be wet through** /ウェット すルー/, **be wet to the skin** /スキン/ → びしょびしょ

・私は夕立にあってびしょぬれになってしまった

I was caught in a shower and was wet to the skin.

びしょびしょ びしょびしょにする　**soak** /ソウク/, **drench** /ドレンチ/

・私の背中は汗でびしょびしょだ

My back is soaked with sweat.

・雨で服がびしょびしょだ

My clothes are soaked [drenched] by the rain.

ビスケット 《米》a **cracker** /クラカ/, a **cookie** /クキ/, 《英》a **biscuit** /ビスケト/

ヒステリー **hysterics** /ヒステリクス/

・ヒステリーを起こす　go into hysterics

ピストル a **pistol** /ピストる/, a **gun** /ガン/, a re**volver** /リヴァるヴァ/

びせいぶつ 微生物　a **microbe** /マイクロウブ/

ひそかに **secretly** /スィークレトり/, **in secret**

ひそひそ **in a whisper** /(ホ)ウィスパ/, **in a low voice** /ろウ ヴォイス/, **in a hushed voice** /ハシュト/

ひだ a **pleat** /プリート/

ひたい 額　a **forehead** /ふォーヘド/, a **brow** /ブラウ/

ひたす 浸す　**soak** /ソウク/

ビタミン **vitamin** /ヴァイタミン/

・ビタミン剤 (丸薬) vitamin pills

ひたむきな **earnest** /ア〜ネスト/

ひだり　左

➤ **the left** /れふト/ → みぎ

・左の　left

・左利きの　left-handed

・左巻き[左回り]の[に]　counterclockwise

・左の方に　to the left / left

・道路の左側に　on the left side of the road

・左側を通行する　keep to the left

・左に曲がる　turn left [to the left]

・私の左にすわりなさい　Sit on my left.

ぴちゃぴちゃ (なめる, 音をたてる) **lap** /らプ/

・子ネコがミルクをぴちゃぴちゃと全部飲んだ

The kitten lapped up her [his, its] milk.

ひっかかる **catch** (in 〜, on 〜) /キャチ/ → ひっかける

・たこが木にひっかかった

The kite caught in a tree.

ひっかく **scratch** /スクラチ/

・ひっかき傷　a scratch

ひっかける (つるす) **hang** /ハング/; (からませる) **catch** /キャチ/

・上着をかぎにひっかける(つるす) hang a jacket on a hook

・針金に足をひっかける　catch *one's* foot on wire

・私はスカートをくぎにひっかけた (→スカートがくぎにひっかかった) My skirt caught on a nail. → ひっかかる

ひっき 筆記する　**take notes** (of 〜) /ノウツ/

・筆記試験　a written examination

・筆記用具　writing materials

びっくり びっくりする　**be surprised** /サプライズド/ → おどろく

びっくりして in surprise, in alarm /アらーム/

・びっくりさせる物[事] a surprise

・びっくり箱　a jack-in-the-box

・その知らせを聞いて私はびっくりした

I was surprised at [to hear] the news.

・びっくりしたことにはそのお金が全部なくなっていた　To my surprise, I found the money all gone.

・鳥はネコを見るとびっくりして飛び去った　The

four hundred and sixty-five　465　ひつよう

bird flew away in alarm when it saw a cat.

ひっくりかえす ひっくり返す（上下に）**turn upside down** /タ〜ン アプサイド ダウン/;（裏返しに）**turn inside out** /タ〜ン インサイド アウト/;（倒す）**upset** /アプセト/;（転覆(てんぷく)させる）**turn over**
ひっくり返る　get upset
•箱をひっくり返す　turn a box upside down
•立ち上がってはだめだ. ボートがひっくり返るよ
Don't stand up—you'll upset the boat.

ひづけ 日付　a **date** /デイト/
•日付変更線　the (International) Date Line
•日付を書く　date
•サンフランシスコからの10月10日の日付のある手紙を受け取る　get a letter from San Francisco dated October 10（読み方: (the) tenth）

ピッケル an **ice ax** /アイス アクス/

ひっこす 引っ越す　**move** /ムーヴ/
引っ越し　moving /ムーヴィング/
•引っ越し業者　a moving company
•新築の家に引っ越す　move into a new house
•私たちは来月北海道に引っ越すことになりました. 引っ越し先の住所は次のとおりです …
We will move to Hokkaido next month. Our new address is as follows: 〜.

ひっこみじあん 引っ込み思案な（内気な）**shy** /シャイ/;（消極的な）**timid** /ティミド/
•彼女はふだん引っ込み思案なほうではない
She is not usually shy. /
ひゆ She is not usually backward in coming forward.（前へ出るべき時に後ろにさがる）

ひっこむ 引っ込む（退く）**retire** /リタイア/;（家の中に）**stay indoors** /ステイ インドーズ/
•田舎に引っ込む　retire to the country
•1日じゅう家の中に引っ込んでいるのは健康によくない　It is bad for the health to stay indoors all day.

ひっこめる 引っ込める　**pull in** /プる/, **draw in** /ドロー/;（取り消す）**take back**

ヒツジ 羊　《動物》a **sheep** /シープ/（複 同形）
•子ヒツジ　a lamb
•ヒツジ飼い　a shepherd
•ヒツジの群れ　a flock of sheep
•ヒツジの肉　mutton;（子ヒツジの）lamb

ひっし 必死の　**desperate** /デスパレト/
必死に　desperately
•彼は自由になろうと必死にもがいた
He struggled desperately to get free.

ひっしゅう 必修科目　a **required subject** /リクワイアド サブヂェクト/, a **compulsory subject** /コンパるソリ/

ひつじゅひん 必需品（生活の）**everyday needs** /エヴリデイ ニーヅ/, **daily needs** /デイリ/, **the necessities (of life)** /ネセスィティズ（らいふ）/

びっしょりの **all in a sweat** /スウェト/

ひったくり（行為(こうい)）a **snatch** /スナチ/;（犯人）a **snatcher**

ひったくる　snatch /スナチ/

ぴったり
❶（正確に）**exactly** /イグザクトリ/;（申しぶんなく）**perfectly** /パ〜ふェクトリ/
•それらはぴったり同じではない
They are not exactly the same.
•この靴は私にぴったりだ
The shoes fit (me) perfectly.
❷（きつく）**tightly** /タイトリ/;（密着して）**closely** /クろウスり/
•ぴったり彼について行く　follow him closely

ピッチ（速度）**pace** /ペイス/　→英語の pitch は「音の高低の」調子」の意味
•仕事のピッチを上げる［落とす］　speed up ［slow down］the pace of *one's* work

ピッチャー a **pitcher** /ピチャ/
ひってき 匹敵する　→かなう¹

ヒット a **hit**
•ヒットを打つ　hit
•シングルヒット［ツーベースヒット］を打つ
hit a single ［a double］

ひっぱる 引っ張る　**pull** /プる/
•彼女のそでを引っ張る　pull her by the sleeve

ヒップ a **hip**　→左右あるからふつう複数形 hips で用いる

ひつよう 必要

➤（欠かすことができない）**necessity** /ネセスィティ/;（入用）**need** /ニード/
必要な　necessary /ネセセリ/
必要である　be necessary; need /ニード/, **be in need of 〜**
必要とする　need, want
•不必要な　unnecessary; needless
•必要の場合は　in case of need
•必要なら私はここにいましょう
I will stay here if (it is) necessary.
•君はここにいる必要はない
You need not stay here. /
There is no need for you to stay here. /
It is needless for you to stay here.
•この植物は水を必要としている
This plant wants water.
ことわざ 必要は発明の母である

あ

か

さ

た

な

ひ

ま

や

ら

わ

ひてい 466 four hundred and sixty-six

Necessity is the mother of invention.

ひてい 否定（拒否）**denial** /ディナイアる/; （打ち消し）**negation** /ニゲイション/

否定する deny /ディナイ/
- 否定の negative
- 否定文 a negative sentence
- 否定的な（No という）返事をする answer in the negative

ビデオ (a) **video** /ヴィディオウ/
- ビデオカメラ a video camcorder
- テレビ番組をビデオにとる video a television program

ひでり 日照り **dry weather** /ドライ ウェざ/; （長期間の）(a) **drought** /ドラウト/
- 日照り続き a long spell of dry weather

ひと¹ 人
- ➤ （人間）a **human being** /ヒューマン ビーインぐ/
- ➤ （一人の人）a **person** /パ～スン/; （男性）a **man** （複 **men**），（女性）a **woman** （複 **women** /ウィメン/）; （他の人）**another** /アナざ/ ➜ person は男性にも女性にも使う

人々 people /ピープる/; **others** /アざズ/
- 人のよい［悪い］ good［ill］-natured
- 彼はうそを言うような人ではない
He is not a man to tell a lie.
- 彼女はとてもいい人だ
She is a very nice person.
- 人によってはそのにおいをいやがります
Some people do not like the smell.
- 外見によって人を判断してはいけません
You should not judge others by their appearances.
- 人の自転車をだまって使ってはいけない
You shouldn't use another boy's［girl's］bike without asking his［her］permission.
- 居合わせた人々はそのことを聞いて皆びっくりした
Those (who were) present were all surprised to hear it.
- その考えが気に入った人もいたし気に入らない人もいた Some (people) liked the idea, and some ［others］didn't.

ひと² 一… **a ～, one ～**
- 一足(1歩) a step
- 一切れの肉 a piece of meat
- 一口に食べる eat at a mouthful
- 一言(ひとこと)で言えば in a word
- 一晩じゅう all night (long)
- 一とおり ➜ ざっと

- 一握(にぎ)りの砂 a handful of sand
- 一回りする make a round (of ～)
- 一目見る have a look (at ～)
- 一目で at a glance
- 一休みする have a rest

ひどい
- ➤ （激しい）**severe** /スィヴィア/
- ➤ （残酷(ざんこく)な）**cruel** /クルーエる/
- ➤ （風雨が）**heavy** /ヘヴィ/
- ➤ （病気などが）**bad**

ひどく severely; cruelly; heavily; badly
- ひどい地震 a severe earthquake
- ひどい寒さ severe cold
- ひどい雨 heavy rain
- ひどい扱い a cruel treatment
- ひどい頭痛［かぜ］a bad headache［cold］
- ひどいけがをする be badly injured
- ひどくしかられる be severely scolded

ひとがら 人柄 **personality** /パ～ソナリティ/
ひとくち 一口 （一口分）a **mouthful** /マウすふる/，（食べ物一口）a **bite** /バイト/
- あなたのアイスを一口食べさせてくれる?
Can I have a bite of your ice cream?

ひどけい 日時計 a **sundial** /サンダイアる/
ひとごみ 人込み a **crowd (of people)** /クラウド (ピープる)/
- 動物園は子供連れの人たちでたいへんな人込みでした There were large crowds of people with their children in the zoo. / The zoo was crowded with people with their children.
- 私たちは人込みを避(さ)けて裏通りを行った
We avoided the crowd by taking a back street.

ひとごろし 人殺し （行為(こうい)）**murder** /マ～ダ/; （人）a **murderer** /マ～ダラ/
- 人殺しをする commit murder

ひとさしゆび 人さし指 a **forefinger** /ふォーふィンガ/
ひとしい 等しい **equal** /イークワる/, **be equal to**
等しく equally
- この三つの箱を合わせるとあの大きな箱の重さに等しい These three boxes equal［are equal to］that large one in weight.
- X が Y と等しいとしよう Let X be the equal of Y. ➜ この equal は名詞(等しいもの)

ひとじち 人質 a **hostage** /ハステヂ/
- …を人質に取る take［hold］～ (as a) hostage

ひとつ 一つ **one**; （各）**each** /イーチ/
一つの one

four hundred and sixty-seven 467 ひなん

・…の一つ one of ～
・一つずつ one by one
・一組に一つずつ one in each class
・リンゴは一つ100円です
The apples are one hundred yen each.
・たくさんの問題があるけど，一つ一つ片づけよう
There are a lot of problems to solve, but let's take one at a time.

ひとで 人手 **a hand**; (助け) **help**
・人手が足りない be short of hands

ヒトデ 海星 《動物》**a starfish** /スターふィシュ/ (複 同形)

ひとどおり 人通り **traffic** /トラふィク/
・人通りのない通り an empty street
・この通りは人通りが多い[少ない]
There is a lot of [little] traffic on this street.

ひとなつっこい 人なつっこい **friendly** /ふレンドり/, **affable** /アふァブる/

ひとなみ 人並みの (ふつうの) **ordinary** /オーディネリ/, (平均的な) **average** /アヴェレヂ/; (まあまあの) **decent** /ディーセント/
・人並みの生活をする make a decent living

ひとびと 人々 **people** /ピープる/, → ひと¹

ひとまえ 人前で **in company** /カンパニ/, **in public** /パブりク/
・人前で行儀(ぎょうぎ)よくふるまう behave well in company
・人前で大声を出すな Don't shout in public.

ひとみ (瞳孔(どうこう)) **the pupil** (**of the eye**) /ピューピる (アイ)/; (目) **an eye**

ひとめ¹ 人目 **others' eyes** /アざズ アイズ/; (注目) **notice** /ノウティス/, **attention** /アテンション/
・人目をひく attract [come into] notice / attract [come into] attention
・人目につかない場所 a secret place
・人目につかずに without being noticed
・人目を忍んで secretly / in secret
・あなたは人目を気にしすぎるのよ
You are too conscious of others' eyes.
・彼女は真っ赤なドレスを着ていて人目を引いた
She attracted notice in her red dress. / She cut a fine figure in her red dress. → cut a ～ figure は「…の姿で目立つ」

ひとめ² 一目 (見ること) **sight** /サイト/; (ちらっと見ること) **a glance** /グらンス/
・私は一目で彼女に恋をした
I fell in love with her at first sight.
・私は彼が何かよい知らせを持ってきたことが一目でわかった I could tell at a glance that he had some good news.

ひとり

➤ **one person** /パ～スン/, **one**

ひとりで **alone** /アろウン/, **by** *one*self; (独力で) **by** *one*self, **for** *one*self

ひとりでに **by** *one*self
・ひとりずつ one by one
・われわれのひとり one of us
・私はひとりでそこへ行くのはいやだ
I don't like to go there alone.
・この本箱は君がひとりで作ったのですか
Did you make this bookcase by yourself?
・戸はひとりでにしまった
The door shut by itself.
・彼の言うことを信じる人はひとりもいなかった
There was no one who believed him. / No one believed him.
・この村にはひとり暮らしのお年寄りがたくさんいる
There are quite a few elderly people who live alone in this village. → quite a few は「かなりたくさんの」

ひとりごと 独り言を言う **talk to** *one*self /トーク/; (考えていることを無意識に口にする) **think aloud** /すィンク アラウド/

ひとりっこ 一人っ子 **an only child** /オウンり チャイるド/, (一人息子) **an only son** /サン/, (一人娘) **an only daughter** /ドータ/

ひとりぼっち 独りぼっちの **lonely** /ろウンり/

ひな (鳥の) **a chick** /チク/

ひなぎく ひな菊 **a daisy** /デイズィ/

ひなた ひなたで **in the sun** /サン/
・ひなたぼっこをする bask [sit] in the sun

ひなまつり 雛祭り ***Hinamatsuri***, **the Doll's Festival** /ダるズ ふェスティヴァるズ/, **the Girls' Festival**

日本を紹介しよう

雛祭りは女の子のお祭りで3月3日に行われます．女の子のいる家庭ではお人形を飾(かざ)り白酒やひし餅(もち)や桃の花をそなえます．家族の人たちは女の子たちが幸せに健康でそして美しく成長しますようにと願います
Hinamatsuri, the Doll's Festival, is a festival for girls and is celebrated on March 3. People with girls set up a display of dolls in their homes, with *shiro-zake* (white *sake*), *hishimochi* (a kind of rice cake) and peach blossoms. Families pray their girls will grow up happy, healthy and beautiful.

ひなん¹ 非難 **blame** /ブれイム/

非難する blame

📢会話 このことに対して非難されなければならないのはだれだ．—私だ Who is to blame for this? —I am.

・人を非難すれば自分も非難される
The biter is bit. (かみつく人はかみつかれる) → bit は bite (かむ) の古い形の過去分詞; 英語のことわざ

・この事故の責任は彼にあるとして彼は非難されている ひゆ Fingers are being pointed at him as being responsible for the accident. (彼に指がさされている)

ひなん² 避難 refuge /レふューヂ/
避難する take refuge
・…に避難する find refuge in ～
・避難所 a refuge
・避難者[民] a refugee

ビニール plastic /プらスティク/, **vinyl** /ヴァイヌる/
→ vinyl は専門用語で，日常語としては plastic を使う
・ビニール袋 a plastic bag
・ビニールシート a plastic sheet
・ビニールハウス a plastic greenhouse

ひにく 皮肉 (ユーモア・機知をふくむ) **irony** /アイアロニ/; (非難・軽蔑(けいべつ)をふくむ) (a) **sarcasm** /サーキャズム/
・皮肉な ironical; sarcastic
・皮肉屋 an ironical [a sarcastic] person

ひにち 日にち → ひ¹ ❸

ひねくれる be [get] cross /クロース/ → ふくれる
・彼女はひとりで留守番させられてひねくれていた
She was cross that she was left alone at home. /
She was cross at being left alone at home.

ひねる twist /トウィスト/; (栓(せん)などを) **turn** /ターン/, **switch** /スウィッチ/
・スイッチをひねってガスをつける[消す] turn on [off] the gas

ひのいり 日の入り sunset /サンセト/
ひので 日の出 sunrise /サンライズ/
ひのまる 日の丸の旗 the Rising-Sun Flag /ライズィング サン ふらグ/

ひばし 火ばし (1丁) (a pair of) **tongs** /(ペア)トーングズ/

ひばち 火鉢 hibachi, a charcoal brazier /チャーコウる ブレイジャ/

ひばな 火花 a spark /スパーク/
・火花が散る spark

ヒバリ 雲雀 《鳥》a skylark /スカイらーク/
ひはん 批判 criticism /クリティスィズム/
批判する criticize /クリティサイズ/

ひび a crack /クラク/; (皮膚(ひふ)の) **chaps** /チャプス/
・ひびが入る crack / be cracked

ひびく 響く sound /サウンド/; (反響する) **echo** /エコウ/
響き a sound; an echo

ひひょう 批評 criticism /クリティスィズム/
批評する criticize /クリティサイズ/
・批評の critical
・批評家 a critic

ひふ 皮膚 skin /スキン/
・皮膚が弱い have delicate skin
・私は発疹(はっしん)が出たので皮膚科の医者へ行った
I went to a skin specialist about my rash.

びふう 微風 a breeze /ブリーズ/
ビフテキ (a) beefsteak /ビーふステイク/
ピペット a pipette /パイペト/
びぼう 美貌 good looks /るクス/
・美貌の good-looking

ひま 暇

➤ (余暇(よか)) **leisure** /リージャ/, **spare time** /スペア タイム/
➤ (時間) **time**

・暇な時に at *one's* leisure / in *one's* spare time
・暇がある have time to spare; (手があいている) be free / be available
・暇をつぶす kill time
・午後ちょっとお暇でしょうか
Do you have any time to spare this afternoon?
・今お暇でしょうか Are you available now?
・午後はまったく暇です
I will be free all afternoon.
・あなたの一番お暇な時を教えてくれませんか
Will you let me know when you are least busy?

ヒマワリ 向日葵 《植物》a sunflower /サンふらウア/

ひまん 肥満 overweight /オウヴァウェイト/, **obesity** /オウビースィティ/
肥満の overweight, obese /オウビース/
・肥満児 an overweight [obese] child

ひみつ 秘密 a secret /スィークレト/
秘密の secret
秘密に in secret, secretly
・公然の秘密 an open secret
・秘密を守る keep a secret
・秘密をばらす reveal a secret

469 four hundred and sixty-nine

びょういん

•彼に秘密を明かす tell him a secret / let him into a secret

•それを秘密にする[しない] make a [no] secret of it

•それを秘密にしておく keep it secret

•うっかり秘密をもらす **ひ ゆ** let the cat out of the bag (ネコを袋から出す) → ブタの代わりにネコを入れて売ろうとしたが, 売る前にうっかりネコが飛び出してしまった, の意味

びみょう 微妙な **delicate** /デリケト/
　微妙に **delicately**

•青の微妙な色合い a delicate shade of blue

•微妙な問題 a delicate problem

ひめい 悲鳴 a **shriek** /シュリーク/, a **scream** /スクリーム/
　悲鳴をあげる **shriek, scream**

ひも (a) **string** /ストリング/; (string よりも太い) (a) **cord** /コード/; (イヌなどをつなぐ) a **leash** /リーシュ/

•ひもで包みをゆわえる tie up a parcel with a string [a cord]

ひもの 干物 **dried fish** /ドライド ふィシュ/

ひやかす (からかう) **make fun of** /ふァン/, **tease** /ティーズ/

ひゃく 百 **one [a] hundred** /ハンドレド/

•第百(の) the hundredth (略 100th)

•385 three hundred and eighty-five

•試験で百点(満点)をとる get full marks in the exam

ことわざ 百聞は一見にしかず Seeing is believing. (見ることは信じることである—実際に自分の目で見れば本当かどうかわかる)

ひゃくまん 百万 a **million** /ミリョン/

•2千3百万円 twenty-three million yen (¥23,000,000)

ひゃくようばこ 百葉箱 (気象観測機器を入れて屋外に置く箱) a **Stevenson screen** /スティーヴァンスン スクリーン/; a **weather instrument shelter** /ウェざ インストルメント シェるタ/ → Stevenson は発明者の名

ひやけ 日焼け **tan** /タン/, **suntan** /サンタン/
　日焼けする **be [get] tanned, get a suntan**

•彼女はきれいに日焼けしている She is beautifully tanned. / She has gotten a nice suntan.

ひやしちゅうか 冷やし中華そば **Chinese cold noodles** /チャイニーズ コウるド ヌードるズ/

ヒヤシンス 風信子 《植物》a **hyacinth** /ハイアスィンす/

ひやす 冷やす **cool** /クーる/

ひゃっかじてん 百科事典 an **encyclopedia** /イ

ンサイクろピーディア/

ひゃっかてん 百貨店 a **department store** /ディパートメント ストー/

ヒヤリング (聴き取り) **listening** /リスニング/ → リスニング

ひゆ 比喩 a **figure of speech** /ふィギャ スピーチ/; (隠喩) a **metaphor** /メタふォ/ → metaphor は「冷酷な心」を「石の心」というような表現法
　比喩的な **figurative** /ふィギュラティヴ/; **metaphorical** /メタふォリカる/

•比喩的に figuratively; metaphorically

ヒューズ a **fuse** /ふューズ/

•ヒューズが飛んだ The fuse has blown.

ひゅうひゅう ひゅうひゅう吹く (風が) **howl** /ハウる/, **whistle** /(ホ)ウィスる/

•外では冷たい風がひゅうひゅう吹いていた The cold wind was howling outside.

ビュッフェ a **buffet** /ブふェイ/

ひよう 費用 **expenses** /イクスペンセズ/
　費用がかかる **cost** /コースト/

•費用のかかる (高価な) expensive

•学校[旅行]の費用 school [traveling] expenses

•費用を切り詰める cut down expenses

•費用を負担する bear the expenses

•それはどのくらいの費用がかかりますか How much will it cost?

•その建築には3千万円ぐらい費用がかかるだろう The building will cost (you) about thirty million yen.

ひょう¹ 表 a **list** /リスト/; (いろいろな内容を示す数字を並べた) a **table** /テイブる/

•…を表にする make a list of ~; make ~ into a table

•表に載(の)っている be on the list

•時間表 a timetable / a schedule

ひょう² 票 a **vote** /ヴォウト/

ひょう³ 雹 **hail** /ヘイる/; (粒) a **hailstone** /ヘイるストウン/

•雹が降る It hails.

ヒョウ 豹 《動物》a **leopard** /れパド/

びよう 美容 **beauty** /ビューティ/

•美容院 a beauty parlor [salon]

•美容師 a beautician / a hairdresser

びょう¹ 秒 a **second** /セカンド/

•(時計の)秒針 the second hand

•秒読み (a) countdown → びょうよみ

びょう² (物を留める) a **tack** /タク/; (画びょう) 《米》a **thumbtack** /さムタク/, 《英》a **drawing pin** /ドローインぐ/

びょういん 病院 a **hospital** /ハスピトる/ → にゅう

あ

か

さ

た

な

ひ

ま

や

ら

わ

ひょうか いん

ひょうか 評価 an **estimate** /エスティメイト/, **evaluation** /イヴァリュエイション/

評価する **estimate** /エスティメイト/, **evaluate** /イヴァリュエイト/

•5段階評価で4をとる
get four on the five-point scale

•彼は君を高く評価している
He thinks highly [has a high opinion] of you.

ひょうが 氷河 a **glacier** /グれイシャ/

•氷河期 the ice age / the glacial epoch

びょうき 病気

➤ **sickness** /スィクネス/, **illness** /イるネス/; (長期にわたる重い) (a) **disease** /ディスィーズ/

•病気で[の] 《米》 **sick** / 《英》 **ill** ➡ この意味での ill は名詞の前には付けない

•病気になる fall sick [ill]

•病気の人々 sick people / the sick

•病気で寝ている be sick [ill] in bed

•私は2週間病気でした
I have been sick [ill] for two weeks.

•彼は病気のために学校を欠席しています
He is absent from school on account of his sickness [illness].

•彼女は腎臓の病気にかかっている
She's suffering from a disease of the kidneys.

ひょうきんな **funny** /ふァニ/

•ひょうきん者 a funny fellow

ひょうけいさんソフト 表計算ソフト a **spreadsheet** /スプレドシート/

•表計算ソフトに入力する enter the data into a spreadsheet

•表計算ソフトで合計と平均を計算する use a spreadsheet to calculate sums and averages

ひょうげん 表現 **expression** /イクスプレション/

表現する **express** /イクスプレス/

•表現力 one's expressive power

•表現の自由 freedom of expression

•音楽で感情を表現する express one's feelings in music

びょうげんきん 病原菌 a (**disease**) **germ** /(ディズィーズ) チャ～ム/

びょうげんたい 病原体 (菌) **germs** /チャ～ムズ/, a **pathogen** /パさチェン/

ひょうご 標語 a **motto** /マトウ/; a **slogan** /スろウガン/

ひょうさつ 表札 a **doorplate** /ドープれイト/

ひょうざん 氷山 an **iceberg** /アイスバ～グ/

•これは氷山の一角にすぎません
This is only the tip of the iceberg.

ひょうし¹ 拍子 **time** /タイム/

•手で拍子をとる keep [beat] time with the hands

•2[3, 4]拍子で in double [triple, quadruple] time

ひょうし² 表紙 (本の) a **cover** /カヴァ/

ひょうしき 標識 a **sign** /サイン/

•道路[交通]標識 a road [traffic] sign

びょうしつ 病室 a **sickroom** /スィクルーム/; (病院の共同病室) a **ward** /ウォード/

びょうしゃ 描写 **description** /ディスクリプション/

描写する **describe** /ディスクライブ/, **give a description of**

•…を簡単に[くわしく]描写する give a brief [full] description of ～

•この教室の中のことを100語以内で描写しなさい
Describe what you see in this classroom in less than one hundred words.

ひょうじゅん 標準 a **standard** /スタンダド/

•標準に達する[達しない] come up to [fall short of] the standard

ひょうしょう 表彰 a **commendation** /カメンデイション/

表彰する **commend** /コメンド/, **honor** /アナ/

•表彰状 a citation / a testimonial

•表彰式 a commendation ceremony

•(競技の)表彰台(にのぼる) (mount) a winners' podium

•彼は善行に対して表彰された He was commended for his good conduct. / He received a commendation for his good conduct.

ひょうじょう 表情 (an) **expression** /イクスプレション/

•表情に富んだ expressive

•表情に乏しい expressionless

びょうじょう 病状 **the condition** (of a patient) /コンディション (ペイシェント)/

•病状が悪い be in a serious condition

びょうてき 病的な **morbid** /モービド/

ひょうてん¹ 評点 a **grade** /グレイド/

ひょうてん² 氷点 **the freezing point** /ふリーズィング ポイント/

•氷点下10度 ten degrees below the freezing point [below zero]

びょうどう 平等 **equality** /イクワリティ/

平等の **equal** /イークワる/

平等に **equally**

•すべての人を平等に取り扱う treat all people

equally
・人は皆平等に造られている
All men are created equal.

びょうにん 病人 a **sick person** /スィク パ～スン/; (病気の人々) **the sick**, **sick people** /ピープる/

ひょうばん 評判 **reputation** /レピュテイション/
・評判がよい[悪い] have a good [poor] reputation / be well [ill] reputed
・彼はピアノの天才だという評判です
He is reputed to be a born pianist. /
They say that he is a born pianist.

ひょうほん 標本 a **specimen** /スペスィメン/
・珍しいチョウの標本 a specimen of a rare butterfly

ひょうめん 表面 **the surface** /サ～ふェス/
・表面(上)は on the surface
・表面張力 surface tension
・彼の親切は表面だけだ
His kindness is only on the surface.

びょうよみ 秒読み (a) **countdown** /カウントダウン/
秒読みする count down
・秒読み5分前です
It's five minutes to countdown.
・学園祭への秒読みが始まった
The countdown to the school festival has started.

ひょうりゅう 漂流する **drift about** /ドリふト アバウト/

ひょうろん 評論 (a) **criticism** /クリティスィズム/; (書評など) (a) **review** /リヴュー/
・評論家 a critic

ひよけ 日よけ an **awning** /オーニング/

ヒヨコ 雛 a **chick** /チク/

ひょっこり → ぐうぜん, とつぜん

ひょっと ひょっとしたら, ひょっとして **possibly** /パスィブリ/
・ひょっとしたらわれわれは勝つかもしれない
We might possibly win.

ひょろながい ひょろ長い **tall and thin** /トーる スィン/, **lanky** /らンキ/

ひょろひょろ ひょろひょろした (不安定な) **unsteady** /アンステディ/; (やせて弱々しい) **thin and weak** /スィン ウィーク/, **feeble** /ふィーブる/
・ひょろひょろと unsteadily; feebly

ビラ (散らし) a **handbill** /ハンドビる/, (米) a **flier** /ふらイア/; (ポスター) a **poster** /ポウスタ/, a **bill** /ビる/
・ビラを張る post (up) a bill
・ビラをまく distribute handbills

ひらいしん 避雷針 a **lightning rod** /らイトニング/

ひらおよぎ 平泳ぎ **the breaststroke** /ブレストストロウク/
・女子200メートル平泳ぎで優勝する win the women's 200-meter breaststroke

ひらく 開く
❶ (あける, あく) **open**
❷ (会合などを) **give**, **hold**
❸ (花が) **bloom**

❶ (あける, あく) **open** → あける¹ ❶, → あく² ❶
・教科書の45ページを開きなさい
Open your textbooks to [at] page 45.
・その戸を開くとさらに大きい部屋に通じる
The door opens into a larger room.
❷ (会合などを) **give**, **hold** /ホウるド/, **have**
・パーティーを開く give [hold, have] a party
・会を開く hold [have] a meeting
・きょう放課後体育館で全校集会が開かれる → 未来の受け身形
A school assembly will be held at [in] the school gym after school today.

open / hold / bloom

❸ (花が) **bloom** /ブるーム/, **open**, **come out**
・この植物は初夏に花が開く
This plant blooms in early summer.
・つぼみが日の光を受けて開いてきた → 現在進行形
The buds are opening in the sun.

ひらしゃいん 平社員 **one of the rank and file** /ランク アン(ド) ふァイる/, **one of the ranks**; (総称して) **the rank and file**, **the ranks**

ひらたい 平たい **flat** /ふらト/
平たく flatly

ひらひら 472 four hundred and seventy-two

ひらひら ひらひらする **flutter** /ふらタ/
- チョウが花の間をひらひら飛んでいる
Butterflies are fluttering among flowers.
- 花びらがひらひらと舞(ま)い落ちた
Some petals fluttered to the ground.

ピラミッド a **pyramid** /ピラミド/

ヒラメ 鮃 《魚》a **flatfish** /ふらトふィシュ/ (複 同形)

ひらめく flash /ふらシュ/
ひらめき a **flash**
- 一つの考えが私(の胸)にひらめいた
An idea flashed upon me.

びり (最後) **the last**; (下位) **the bottom** /バトム/
- びりはだれでしたか Who was the last?
- 私は数学ではいつもクラスのびりのほうでした
I was always near the bottom of the class in math.

ピリオド 《おもに米》a **period** /ピアリオド/, 《おもに英》a **full stop**

ひりつ 比率 (a) **ratio** /レイショウ/, (a) **proportion** /プロポーション/ → わりあい

ぴりっと ぴりっとした (味が) **piquant** /ピーカント/

ひりひり ひりひりする **smart** /スマート/, **be sore** /ソー/
- 大きな声を出したのでのどがひりひりする
My throat is sore with shouting.

ビリヤード billiards /ビリャヅ/
- ビリヤードをする play billiards

ひりょう 肥料 **fertilizer** /ふァ〜ティらイザ/; (動物由来) **manure** /マニュア/
- 肥料をやる spread［apply］manure / manure; (化学肥料を) spread［apply］fertilizer / fertilize

ひる 昼
➤ **day, the daytime** /デイタイム/
➤ (正午) **noon** /ヌーン/
- 昼の間 by day / in the daytime / during the day
- 昼までに by noon; (前に) before noon
- 昼に (正午に) at noon
- 昼寝(する) (take) an afternoon nap
- 昼ご飯 lunch
- 昼休み a noon recess / a noon［lunch］break / a lunch hour / lunch time
- 私たちの学校は昼休みが40分です
Our school has forty minutes' recess［break］at noon.
- その事については昼休みに話し合いましょう
Let's talk about it at lunch time.

ヒル 蛭 《動物》a **leech** /リーチ/

ビル a **building** /ビるディング/

ひれ (魚の) a **fin** /ふィン/

ヒレ (肉) a **fillet** /ふィれイ, ふィれト/

ひれい 比例 **proportion** /プロポーション/
- …に比例して in proportion to 〜
- 人は必ずしも努力に比例して成功するわけではない
People will not always succeed in proportion to their exertions.

ひれつ 卑劣な **mean** /ミーン/

ひろい 広い
➤ (幅(はば)が) **wide** /ワイド/; (広々と) **broad** /ブロード/
➤ (大きい) **large** /らーヂ/, **big**
- 広く wide(ly)
- 広い道路［川］ a broad road［river］
- 広い部屋 a large room
- 教養の広い人 a person of broad culture
- 戸を広くあける open a door wide
- 🗨会話 その道路はどれくらい広いですか. ―約10メートルです
How wide is that road?—It is about ten meters wide.
- 門が広くあいている The gate is wide open.
- 彼の名は広く知られている
His name is known far and wide.

ひろいもの 拾い物 a **found article** /ふァウンドアーティクる/; (思いがけないもうけ物) a **windfall** /ウィンドふォーる/

ヒロイン a **heroine** /ヘロウイン/

ひろう¹ 疲労 **fatigue** /ふァティーグ/
疲労する → つかれる

ひろう² 拾う (拾い上げる) **pick up** /ピク/; (見つける) **find** /ふァインド/; (集める) **gather** /ギャざ/
- 石を拾う pick up a stone
- 道で財布を拾う find a purse on the road
- ここでタクシーを拾いましょう
Let's get［catch］a taxi here.

ビロード velvet /ヴェるヴェト/

ひろがる, ひろげる 広がる, 広げる (周囲に) **spread** /スプレド/; (長く) **extend** /イクステンド/; (横に) **widen** /ワイドン/; (本・地図など) **open** /オウプン/ → ひろまる, ひろめる
- 木は枝を四方に広げている
The tree spreads its branches all around.
- うちの近くでは道路を広げています
They are widening the streets near my place.
- その鳥の翼(つばさ)はいっぱいに広げると端から端まで

約2メートルある When they are fully extended, the wings of the bird measure about two meters from tip to tip.

extend   open

ひろさ 広さ （幅(はば)) **width** /ウィдす/; **breadth** /ブレдす/ → ひろい
ひろば 広場 （都市内の) a **square** /スクウェア/, a **plaza** /プらーザ/
・皇居前広場 the (Imperial) Palace Plaza
ひろま 広間 （ホテルなどの) a **saloon** /さるーン/
ひろまる 広まる （普及する) **spread** /スプレド/; （流行する) **become popular** /パピュら/; (うわさなど) **get abroad** /アブロード/, **become known** /ノウン/
・そのうわさはたちまち広まった
The rumor spread quickly.
・こういううわさはすぐ広まるものだ
This kind of rumor is quick to get abroad.
参考ことわざ 悪事千里を走る
Bad news travels fast.
参考ことわざ 人の口に戸は立てられぬ
Who can hold men's tongues? （だれが人の舌をおさえておけるか)
・この歌はたちまち若い人達の間に広まった
This song soon became popular among young people.
ひろめる 広める **spread** /スプレд/
・悪いうわさを広める spread a bad rumor
ピロリ ピロリ菌 （胃の中の微生物) (helicobacter) **pylori** /ヘリコバクタ パイろーライ/
ビワ 枇杷 《植物》a **loquat** /ろウクワート/
ひん 品のいい **refined** /リふァインд/, **elegant** /エれガント/, **graceful** /グレイсふる/
・品の悪い vulgar / coarse
びん¹ （液体を入れる) a **bottle** /バтる/; （食品を詰める) a **jar** /ヂャー/
・ワインーびん a bottle of wine
・ジャム二びん two jars of jam
びん² 便
❶ （郵便) 《米》**mail** /メイる/, 《英》**post** /ポウст/

・航空便で by airmail
・次の便で by the next mail [post]
❷ (乗り物の) a **service** /サ～ヴィс/; （飛行機の) a **flight** /ふらイт/
・彼女は102便の飛行機でパリへたった
She left for Paris on Flight 102 （読み方: one-O /オウ/ -two).
She took Flight 102 to Paris.
ピン a **pin**; （ヘアピン) a **hairpin** /ヘアピン/
・ピンで留める pin (up)
びんかん 敏感な **sensitive** /センスィティヴ/
・君は人の批判に対して敏感すぎる
You are too sensitive to criticism.
ピンク(の) **pink** /ピンク/
ひんけつ 貧血(症) **anemia** /アニーミア/
・貧血(症)の anemic
ひんこん 貧困 **poverty** /パヴァティ/
ひんし 品詞 a **part of speech** /パート スピーチ/
ひんしつ 品質 **quality** /クワリティ/ → しつ
・品質がよい[悪い] be good [poor] in quality
ひんじゃく 貧弱な **poor** /プア/
ひんしゅく 顰蹙 （顔をしかめること) **frowning** /ふラウニング/
顰蹙を買う be frowned on [upon]
びんしょう 敏捷な **quick** /クウィク/
ヒンズー ヒンズー教 **Hinduism** /ヒンドゥーイズм/
ピンセット （1丁) (a pair of) **tweezers** /(ペア)トウィーザс/
びんせん （小型の) **note paper** /ノウт ペイパ/; （大型の) **letter paper** /れтア/; （はぎ取り用) a **pad** /パд/, a **tablet** /タブれт/
ピンチ¹ a **pinch** /ピンチ/
・ピンチにおちいる be thrown into a pinch
・ピンチを切り抜ける get out of a pinch
・彼はいまピンチだ He's in a pinch now. / He's in serious trouble. / ひゆ He's on the rope. (ボクシングの試合でロープに追い詰められている)
ピンチ²
❶ (洗たくばさみ) a **clothespin** /クろウзピン/, 《英》a **clothes peg** /クろウзペグ/ → この意味での「ピンチ」は和製英語
❷ （つまむ動作) a **pinch** /ピンチ/; 《IT》(タッチスクリーン上で2本の指ではさむような動作) **pinch in** → 通例画面を縮小する動作. 逆の動作を pinch out または spread という
ヒンディー ヒンディー語 **Hindi** /ヒンディ/
ヒント a **hint** /ヒンт/
ぴんと （直線的に)
・背筋をぴんと伸ばして with *one's* back straight

ピント

- ロープをぴんと張る　stretch a rope tight
- ぴんとこない　I don't quite get it.
- ぴんときた　I had a hunch.

ピント (焦点) (a) **focus** /ふォウカス/; (要点) a **point** /ポイント/
- …にピントを合わせる　bring ～ into focus
- 彼の答えはピントがはずれている
His answer is not to [is off] the point.

ひんぱん 頻繁な **frequent** /ふリークウェント/

頻繁に **frequently**, **often** /オーふン/
びんぼう 貧乏 **poverty** /パヴァティ/
貧乏な **poor** /プア/
- 貧乏な人々　poor people / the poor
- その画家はとても貧乏で絵の具が買えなかった
The painter was so poor that he could not afford (to buy) paints. ／ The painter was too poor to buy paints.

ピンポン **table tennis** /テイブる テニス/

ふ　フ

ふ 府 (行政区) a **prefecture** /プリーふェクチャ/
府(立)の **prefectural** /プリふェクチュラる/
- 大阪府　Osaka Prefecture

ぶ 部 (部分) a **part** /パート/; (部門) a **department** /ディパートメント/; (学校のクラブ) a **club** /クらブ/ (→ クラブ ❶); (冊) a **copy** /カピ/
- 第1部　Part I (読み方: one)
- この本は3部から成っている
This book is composed of three parts.
- この本を3部ください
I want three copies of this book.

ファースト (野球の) → いちるい
ファーストネーム one's **first name** /ふァ〜スト ネイム/
- 彼をファーストネームで呼ぶ　call him by his first name

ぶあいそうな (ことばづかいが) **blunt** /ブらント/; (態度が) **unfriendly** /アンふレンドり/; (社交的でない) **unsociable** /アンソウシャブる/

ファイト (戦い) (a) **fight** /ふァイト/; (頑張れ!) **Come on!** / **Stick to it!** /スティク/ / **Go, team go!** /ティーム/ / **Go for it!**: (みんなで頑張ろう!) **Let's go!**

ファイル a **file** /ふァイる/
ファインプレイ a **fine play** /ふァイン プれイ/
ファウル a **foul** /ふァウる/
- ファウルする　foul
- ファウルボール　a foul ball

ファクトチェック **fact-checking** /ふァクト チェキング/

ファストフード **fast food**
- ファストフード店　a fast-food restaurant / a quick service restaurant

ファスナー a **fastener** /ふァスナ/, a **zipper** /ズィパ/

ファックス (a) **fax** /ふァクス/
ファッション a **fashion** /ふァション/
- ファッションモデル　a fashion model

ふあん 不安 **uneasiness** /アニーズィネス/, **anxiety** /アングザイエティ/
不安な **uneasy** /アニーズィ/, **anxious** /アンクシャス/
- 不安を感じる　feel uneasy
- 両親は息子の将来のことが不安であった
The parents were uneasy [anxious] about their son's future.
- 家の中にひとりでいると私は不安だ　I don't feel secure when I'm alone in the house.

ファン a **fan** /ふァン/
- 野球[映画]ファン　a baseball [movie] fan
- ファンレター　a fan letter; (集合的に) fan mail

ファンクションキー a **function key** /ふァンクション キー/

ふい 不意の **unexpected** /アネクスペクテド/
不意に **unexpectedly**

ブイ a **buoy** /ボイ/
フィート a **foot** /ふト/ (⊛ **feet** /ふィート/) → 略 ft.; 1フィートは約30センチ
- 5フィート5インチ　five feet five inches

フィギュア (人形) a **figure** /ふィギャ/
フィギュアスケート **figure skating** /ふィギャ スケイティング/
フィクション (a) **fiction** /ふィクション/
フィナーレ a **finale** /ふィナリ/
フィリピン the **Philippines** /ふィりピーンズ/
- フィリピンの　Philippine
- フィリピン人の　Philippine / Filipino
- フィリピン人　a Filipino; (全体) the Filipinos

フィルター a **filter** /ふィるタ/
フィルム **film** /ふィるム/

ぶいん 部員 a **member** (of a club) /メンバ/
・私はテニス部の部員です
I am a member of the tennis club. / (テニス部に所属している) I belong to the tennis club.

フィンランド Finland /ふィンらンド/
・フィンランド(人, 語)の Finnish
・フィンランド語 Finnish
・フィンランド人 a Finn; (全体) the Finns

ふう¹ 封 a **seal** /スィーる/
封をする (手紙の) **seal** (a letter)
・手紙の封を切る open a letter

ふう² (方法) a **way** /ウェイ/; (様式) (a) **style** /スタイる/
・こんなふうに in this way
・米国ふうの生活 an American way of life
・彼は私が感じるふうには感じない
He doesn't feel the way I do.
・その町はヨーロッパふうのところがある
The town has a European air.

ふうき 風紀 **discipline** /ディスィプりン/

ふうきり 封切り **release** /りリース/
・封切り映画 a newly released movie

ふうけい 風景 (ながめ) a **view** /ヴュー/; (景色) a **landscape** /らンドスケイプ/
・風景画家 a landscape painter
・この丘からは湖の美しい風景が見られます
From this hill you can have a fine view of the lake.

ふうし 風刺 a **satire** /サタイア/

ふうしゃ 風車 a **windmill** /ウィンドミる/

ふうしゅう 風習 → ふうぞく (→ 風俗習慣)

ふうせん 風船 a **balloon** /バるーン/
・風船ガム bubble gum

ふうそく 風速 **wind speed** /ウィンド スピード/
風速計 → ふうりょく (→ 風力計)
・風速5メートルの風が吹いている
The wind is blowing at 5 meters per second.

ふうぞく 風俗 **manners** /マナズ/
・風俗習慣 manners and customs

ブーツ (1足) (a pair of) **boots** /(ペア) ブーツ/

ふうとう 封筒 an **envelope** /エンヴェろウプ/

ふうふ 夫婦 a **couple** /カプる/, **husband and wife** /ハズバンド ワイふ/
・新婚夫婦 a newly-married couple

ぶうぶう ぶうぶう言う
❶ (不平を) **grumble** (at ~, about ~, over ~) /グランブる/, **complain** (about ~, of ~) /コンプれイン/
❷ (ブタが) **grunt** /グラント/

ブーム (にわか景気) a **boom** /ブーム/; (一時的な流行) a **fad** /ふァード/, a **craze** /クレイズ/
・推理小説がブームを呼んでいる
Detective novels are all the craze.

カタカナ語！ ブーム

英語の boom は「にわか景気」という意味で, 経済現象のことば。社会現象としての「一時的流行」は **fad** あるいは **craze** という。「それはティーンエージャーの間でブームだ」は It's a fad [a craze] among teenagers.

ふうりょく 風力 **wind force** /ウィンド ふォース/
風力計 a **wind gauge** /ゲイヂ/

ふうりょくはつでん 風力発電 **wind power** /ウィンド パウア/

ふうりん 風鈴 a **wind-bell** /ウィンド べる/

プール a (**swimming**) **pool** /(スウィミング) プーる/

ふうん 不運 (a) **misfortune** /ミスふォーチュン/
不運な unfortunate /アンふォーチュネト/
不運にも unfortunately

ふえ 笛 (横笛) a **flute** /ふるート/; (縦笛) a **pipe** /パイプ/; (合図・警告の) a **whistle** /(ホ)ウィスる/

フェア fair /ふェア/
・フェアプレー a fair play
・それはフェアじゃない It's not fair. / ひゆ It's not cricket. (それはクリケットのルールに反している)

フェイクニュース fake news /ふェイク/; **disinformation** /ディスインふォメイション/

フェイスシールド a **face shield** /ふェイス シーるド/

ふえいせい 不衛生な **insanitary** /インサニテリ/
→ えいせい¹ (→ 衛生的な)

フェイント (a) **feint** /ふェイント/
・フェイントをかける feint

フェミニスト a **feminist** /ふェマニスト/

フェリー(ボート) a **ferry** /ふェリ/, a **ferryboat** /ふェリボウト/

ふえる 増える

➤ (数量が) **increase** /インクリース/ → ふやす
➤ (体重など) **gain** /ゲイン/
・この市の人口は昨年1万人ふえて20万人になった
The population of this city increased by 10,000 to 200,000 last year.
・私は体重がふえてきた
I am gaining in weight.

フェンシング fencing /ふェンスィング/

フェンス a **fence** /ふェンス/

フォアボール a **base on balls** /ベイス ボーるズ/
→ 「フォアボール」は和製英語

フォーク　476　four hundred and seventy-six

・フォアボールで出塁する　walk to first base on balls

フォーク a fork /ふォーク/
・ナイフとフォークで食べる　eat with (a) knife and fork

フォークソング a folk song /ふォウク ソーング/
フォークダンス a folk dance /ふォウク ダンス/
フォークボール a forkball /ふォークボーる/
フォースアウト a force-out /ふォース アウト/
フォーム （形）a form /ふォーム/
フカ 鱶 《魚》a shark /シャーク/ （穫 同形）
ぶか 部下 *one's* **subordinate** /サブオーディネト/; an **assistant** /アスィスタント/; a **staff member** /スタふ メンバ/
・…の部下として働く　work under ～

ふかい¹ 深い

➤ **deep** /ディープ/

深く **deep**; (心などに) **deeply**
深さ，深み **depth** /デプす/
深くする **deepen** /ディープン/
[会話] この井戸の深さはどれくらいありますか．
―15メートルくらいです
How deep is this well? / What is the depth of this well?—It is about 15 meters deep.
・この湖の最大の深さは中央部で100メートルです
The greatest depth of this lake is a hundred meters near the middle.
・雪の深さは3メートルあります
Snow lies 3 meters deep on the ground.
・タイムカプセルは地中深く埋(ぅ)められてあった
The time capsule was buried deep in the ground.
・ご親切に対し深く感謝いたします
I am deeply grateful for your kindness.

ふかい² 不快な **unpleasant** /アンプれズント/
・不快指数 the discomfort index

ふかくじつ 不確実な **uncertain** /アンサ〜トン/
ふかし 不可視の **invisible** /インヴィズィブる/
ふかす steam /スティーム/
・ふかしいも　a steamed sweet potato
ぶかつ 部活 **club activities** /クらブ アクティヴィティズ/
ぶかっこう 不格好な **ill-shaped** /いる シェイプト/
ふかのう 不可能 **impossibility** /インパスィビリティ/
不可能な **impossible** /インパスィブる/
・彼がそれをするのは不可能だ
It is impossible for him to do that. ➜× *He is impossible to do that.* としない

ふかんぜん 不完全な **imperfect** /インパ〜ふェクト/
・私の日本史の知識はとても不完全なものだ
My knowledge of Japanese history is very imperfect [is far from perfect].

ぶき 武器 **arms** /アームズ/; a **weapon** /ウェポン/
ふきかえる 吹き替える (映画などを) **dub** /ダブ/
吹き替え **dubbing** /ダビング/
・この映画は日本語に吹き替えられている
This film is dubbed into Japanese.

ふきけす 吹き消す (ろうそくなどを) **blow out** /ブろウ/
ふきげん 不機嫌 **ill humor** /いる ヒューマ/, a **bad mood** /ムード/
不機嫌な **cross**, **moody** /ムーディ/, **sulky** /サるキ/, **sullen** /サるン/
・不機嫌である　be in a bad mood
ふきこむ 吹き込む (風が) **blow in** /ブろウ/; (録音する) **record** /リコード/
ふきそく 不規則な **irregular** /イレギュら/
・不規則動詞　an irregular verb
・不規則な生活をする　work irregular hours; (だらしない) live a slovenly life
・学校の出席が不規則である　be irregular in attendance at school
ふきたおす 吹き倒す **blow down** /ブろウ ダウン/
ふきだす 吹き出す (笑い出す) **burst out laughing** /バ〜スト らふィング/
ふきつ 不吉な **unlucky** /アンらキ/, **sinister** /スィニスタ/, **ominous** /アミナス/
・私は不吉な予感がした
I felt something bad would happen. / I had an ominous presentiment.
ふきとばす 吹き飛ばす **blow off** /ブろウ/, **blow away** /アウェイ/
ふきながし 吹き流し a **streamer** /ストリーマ/, a **windsock** /ウィンドサク/
ぶきみ 不気味な **eerie** /イアリ/, **weird** /ウィアド/
ふきょう 不況 → ふけいき
ぶきよう 不器用な **clumsy** /クらムズィ/
ふきん 布巾 a **dishtowel** /ディシュタウエる/

ふく¹ 服

➤ (衣服) **clothes** /クろウズ/; (上下組になった) a **suit** /スート/; (ワンピース) a **dress** /ドレス/
・たくさんの服　a lot of clothes
・夏物[冬物]の服　summer [winter] clothes
・服を着る　put on *one's* clothes / dress
ふく² 吹く **blow** /ブろウ/
・らっぱ[笛]を吹く　blow a trumpet [a whistle]

four hundred and seventy-seven 477　　　　　　　　　　　ふけいき

•風が強く吹いている
The wind is blowing hard.
•スープを冷ますために吹くのは無作法です. スプーンでかき回しなさい
It is bad manners to blow on your soup to cool it. Stir it with your spoon.
•風に吹かれて木の葉が飛んでいく (→風が空中を通して木の葉を運ぶ)
The wind carries leaves through the air.

ふく³ wipe /ワイプ/; (水分をふき取る) dry /ドライ/
•(こぼれた)ジュースをふき取る wipe off the juice
•(ぬれた)手をタオルでふく dry *one's* (wet) hands on a towel
•ぼろぎれで自転車をふく clean a bicycle with a rag

ふく⁴ 副… vice /ヴァイス/, assistant /アスィスタント/, deputy /デピュティ/
•副大統領[社長, 会長] a vice-president
•副総理 a deputy prime minister
•副会長[委員長, 議長] a vice-chairperson
•副知事 a vice-governor / a deputy governor

フグ 河豚 《魚》a globefish /グロウブふィッシュ/ (機同形)

ふくざつ 複雑な complicated /カンプリケイテド/; (矛盾する) conflicting /カンふリクティング/
複雑にする complicate
•そうすると事が複雑になる
That complicates matters.
•その光景を見て彼らは複雑な気持ちになった (→その光景は彼らに複雑な感情を起こさせた)
The sight has aroused conflicting emotions in them.

ふくさよう 副作用 a side effect /サイド イふェクト/
•副作用がある have a side effect

ふくさんぶつ 副産物 a by-product /バイ プラダクト/

ふくし¹ 副詞 《文法》an adverb /アドヴァ〜ブ/

ふくし² 福祉 welfare /ウェるふェア/
•社会福祉 social welfare
•福祉事業 welfare work
•福祉国家 a welfare state

ふくしゅう¹ 復習(する) review /リヴュー/
•私は1課終わるごとに復習します
After I learn a lesson, I review [make a review of] it.

ふくしゅう² 復讐 (かたき討ち) revenge /リヴェンヂ/
復讐する revenge *one*self (on ～)

ふくじゅう 服従 obedience /オビーディエンス/
服従する obey /オベイ/

ふくすう 複数 plural /プるアラる/

ふくせい 複製(物) a reproduction /リープロダクション/, a replica /レプリカ/

ふくせん 複線 a double track /ダブる トラク/

ふくそう 服装 dress /ドレス/; clothes /クろウズ/
•彼女は立派な[みすぼらしい]服装をしている
She is finely [poorly] dressed.
•服装で人を判断してはいけません
You shouldn't judge people by the way they dress.
•服装には気をつけなさい You should be careful about the way you dress.
参考ことわざ 馬子(まご)にも衣装 Fine feathers make fine birds. (立派な羽は立派な鳥をつくる)

ふくつう 腹痛 a stomachache /スタマクエイク/
•腹痛がする have a stomachache

ふくはんのう 副反応 (ワクチンの) a side effect after vaccination /サイド イふェクト ヴァクシネイション/, an adverse reaction to vaccination /アドヴァ〜ス リアクション/

ふくびき 福引き a lottery /らテリ/

ぶくぶく (あわだつ) bubble /バブる/
•ぶくぶくわき出る[上がる] bubble out [up]

ふくむ 含む (含有(がんゆう)する) contain /コンテイン/; (数に入れる) include /インクるード/
•海水は無機物を含んでいる
Sea water contains minerals.
•この値段には送料が含まれていますか
Does this price include postage?
•主催者も含めて10人のパーティーでした
It was a party of ten, including the hosts.

ふくらはぎ a calf /キャふ/ (機 calves /キャヴズ/)

ふくらます swell /スウェる/; (タイヤ・風船などを) inflate /インふれイト/

ふくらむ swell /スウェる/, be swollen /スウォウるン/

ふくれる (ふくらむ) swell /スウェる/; (ふくれっつらをする) pout /パウト/; (すねる) sulk /サるク/, be [get] cross /クロース/

ふくろ 袋 a bag; (麻袋など) a sack /サク/
袋小路 a blind alley /ブらインド アり/

フクロウ 梟 《鳥》an owl /アウる/

ふくわじゅつ 腹話術 ventriloquism /ヴェントリろクウィズム/
•腹話術師 a ventriloquist

ふけいき 不景気 (a period of) depression /(ピアリオド) ディプレション/
•この不景気を切り抜ける tide over the present

服装と髪型 (Clothing and Hairstyle)

depression

ふけいざい 不経済な **uneconomical** /アニーコナ
ミカる/

ふけつ 不潔な **dirty** /ダ～ティ/

ふける¹ (熱中する) **be absorbed** /アブソーブド/
• 私は取り留めもない空想にふけった
I was absorbed in a fanciful dream.

ふける² (夜が) **be advanced** /アドヴァンスト/
• 夜がだいぶふけた
The night is far advanced.

ふける³ 老ける (年を取る) **grow old** /グロウ/

ふけんこう 不健康な **unhealthy** /アンへるすィ/

ふけんぜん 不健全な **unwholesome** /アンホウる
サム/

ふこう 不幸 **unhappiness** /アンハピネス/; (不運)
(a) **misfortune** /ミスふォーチュン/; (死別) **be-
reavement** /ビリーヴメント/
不幸な unhappy /アンハピ/; (不運な) **unfortu-
nate** /アンふォーチュネト/
不幸なことに unhappily; unfortunately
• 不幸な出来事 an unfortunate event
• ご不幸を心からご同情申し上げます
I deeply sympathize with you in your be-
reavement.

ふごう 符号 **a sign** /サイン/
• プラス[マイナス]の符号 the plus [minus] sign

ふごうかく 不合格 (試験の) **one's failure in** an
examination /ふェイリャ イグザミネイション/
• 試験に不合格になる fail [flunk] an examina-
tion

ふこうへい 不公平 **injustice** /インチャスティス/;
unfairness /アンふェアネス/
不公平な unfair /アンふェア/

ふごうり 不合理な **unreasonable** /アンリーズナ
ブる/

ふさ 房 **a bunch** /バンチ/; (下げ飾り) **a tassel**
/タスる/
• ブドウ一房 a bunch of grapes

ブザー **a buzzer** /バザ/
• ブザーを押す press a buzzer
• ブザーが鳴った There's the buzzer.

ふさい 夫妻 **husband and wife** /ハズバンド ワイ
ふ/
• 佐藤夫妻 Mr. and Mrs. Sato

ふさく 不作 **a poor crop** /プア/
• 今年はリンゴが不作だった
We had a poor crop of apples this year.

ふさぐ (穴などを) **stop** (**up**) /スタプ (アプ)/; (道路な
どを) **block** (**up**) /ブらク/
• 漏(も)れ口をふさぐ stop (up) a leak

• 耳をふさぐ stop one's ears
• 大雪で通りがふさがっている
The streets are blocked by the heavy snow-
fall.

ふざける (冗談(じょうだん)をいう) **joke** /ヂョウク/; (人
と) **have a joke with ～**; (はね回る) **romp
about** /ランプ アバウト/
• ふざけて for fun / for a joke

ふさふさ
• ふさふさしたしっぽ a bushy tail

ぶさほう 無作法 **bad manners** /マナズ/ →さほう
無作法な ill-mannered /イる マナド/, **rude** /ル
ード/
• 食卓にひじをついて食べるのはとても無作法だ
It is extremely bad manners to eat with your
elbows on the table.

ふさわしい **suitable** /スータブる/, **becoming** /ビ
カミング/
• この服はこういう場合にはふさわしくない
These clothes are not suitable for such an
occasion.
• このような行為(こうい)は学生にふさわしくない
Such conduct is not becoming to a student.

ふさんせい 不賛成 **disapproval** /ディサプルーヴ
ァる/
不賛成である disapprove /ディサプルーヴ/
• 私はその提案に不賛成だ I disapprove (of) [I
am against] the proposal.

ふし 節 (木の) **a knot** /ナト/; (歌の) **a tune** /テュ
ーン/

フジ 藤 《植物》 **a wisteria** /ウィスティアリア/

ぶし 武士 **a samurai**, **a warrior** /ウォーリア/

ぶじ 無事 (安全) **safety** /セイふティ/; (平穏(へいおん))
peace /ピース/; (健康) **good health** /へるす/
無事に (帰るなど) **safe** (**and sound**) /(サウンド)/,
safely, in safety
• 無事に暮らしている be living in peace [in
good health]
• うちへ帰ってみると家族がみんな無事だったので安
心した I was glad to find all my family in
good health.
• 地震ではみんな無事でしたからご安心ください I
am glad to tell you that we are all safe after
the earthquake.
• 船は嵐の中を無事に入港した The ship entered
port safely in [through] the storm.

ふしぎ 不思議
➤ (驚異) (a) **wonder** /ワンダ/; (神秘) (a) **mys-
tery** /ミステリ/

ふしぜん 480 four hundred and eighty

不思議な **wonderful** /ワンダふる/; **mysterious** /ミスティアリアス/; (変な) **strange** /ストレインヂ/

不思議に思う **wonder**

・彼がまだもどらないのは不思議だ
It is strange that he has not returned yet.

・どうして君がその点を見落としたのか不思議だ
I wonder why you missed that point.

・5歳の子供にこんな事ができるとは不思議だ
It is wonderful [a wonder] that a child of five can do such a thing.

・なぜこういう現象が時々起きるのか不思議です
It is a mystery why such phenomena happen now and then.

・彼が試験にパスしたからといって何の不思議もない
It is no wonder [It is quite natural] that he passed the examination.

・彼がこの案に反対しても不思議ではない（→驚くことではない）It comes as no surprise that he disagreed to this plan.

ふしぜん 不自然な **unnatural** /アンナチュラる/

ぶしつ 部室 a **clubroom** /くらブルーム/

ふじゆう 不自由 (不便) **inconvenience** /インコンヴィーニエンス/

・体が不自由な physically disabled

・体が不自由な人々 the physically disabled (people)

・彼は右足が不自由だ His right leg is disabled.

・子供のころは彼は何不自由なく暮らした
As a child he did not want for anything. /
He lived in comfort when he was a child.

ふじゅうぶん 不十分な **insufficient** /インサふィシェント/

ふじゅん[1] 不順な (天候など) **unseasonable** /アンスィーズナブる/

ふじゅん[2] 不純な **impure** /インピュア/

ふしょう 負傷 (事故などによる) an **injury** /インヂャリ/; (弾丸・刃物などによる) a **wound** /ウーンド/

負傷する (事故で) **be injured** /インヂャド/; (銃・剣で) **be wounded** /ウーンデド/

・負傷者 an injured [a wounded] person; (集合的に) the injured [wounded]

ふしょうじき 不正直 **dishonesty** /ディスアネスティ/

不正直な **dishonest** /ディスアネスト/

ぶじょく 侮辱 an **insult** /インサるト/

侮辱する **insult** /インサるト/

・侮辱を受ける be insulted / suffer an insult

ふしょくふ 不織布 **nonwoven fabric** /ノンウォウヴン ふァブリク/

・不織布マスク（外科用マスク）a surgical mask

ふしん 不審 (疑わしい) **suspicious** /サスピシャス/; (見なれない) **strange** /ストレインヂ/

・不審物を見つけたら、すぐに知らせてください
Please notify us if you find anything suspicious.

ふじん[1] 婦人 a **woman** /ウマン/ (穢) **women** /ウィメン/

・婦人科 gynecology

・婦人科医 a gynecologist

ふじん[2] …夫人 **Mrs. 〜** /ミセズ/

・本田夫人 Mrs. Honda

・本田さんとそのご夫人 Mr. and Mrs. Honda

ふしんせつ 不親切 **unkindness** /アンカインドネス/ (→しんせつ[1])

不親切な **unkind**

不親切に **unkindly**

ぶすっと

❶ (ふくれる) **sulk** /サるク/

・ぶすっとしている be sulking [in the sulks]

❷ (刺す) **stab** /スタブ/; **stick** /スティク/

・フォークでリンゴをぶすっと刺す stick a fork into an apple

ふすま 襖 *fusuma*, a **paper-covered sliding door** /ペイパ カヴァド スらイディング ドー/

ふせい 不正 (不正直) **dishonesty** /ディスアネスティ/; (悪事) (a) **wrong** /ローング/; (試験の) **cheating** /チーティング/

・不正な手段で by dishonest means

・不正をする do wrong; (試験で) cheat

ふせいかく 不正確 **inaccuracy** /イナキュラスィ/

不正確な **inaccurate** /イナキュレト/

ふせいこう 不成功 (a) **failure** /ふェイリャ/

ふせぐ 防ぐ **prevent** /プリヴェント/; (近づけない) **keep off** /キープ/

・インフルの広がるのを防ぐ prevent the spread of the flu / prevent the flu from spreading

ふせる 伏せる

❶ (身を) **lie down** /らイ ダウン/ ➔ うつぶせに

❷ (表を下にして) **put 〜 face down** /ふェイス/; (さかさまにして) **put 〜 upside down** /アプサイド/

ふせんし 付箋紙 a **sticky note** /スティキ ノウト/, 《商標》a **Post-it** /ポウスティト/

ふせんしょう 不戦勝 a **default victory** /ディふォーるト ヴィクトリ/, a **default win**

・不戦勝する win by default

ぶそう 武装 **armament** /アーマメント/

武装する **arm** /アーム/

・…で武装する arm *oneself* with 〜

・武装中立 armed neutrality

four hundred and eighty-one　481　ふつう

ふそく　不足

➤ **want** /ワント/; **lack** /らク/

不足する　lack; (足りなくなる) **run short** (of 〜)
→ たりる (→ 足りない)

不足している　be short, be lacking, be insufficient /インサフィシェント/

・睡眠不足　lack of sleep
・運動不足が君の太りすぎの原因だ
Lack of exercise is the cause of your overweight.
・時間とお金が不足なので私はその計画をあきらめた
I gave up the plan for lack of time and money.
・私は何も不足がない　I lack nothing.
・彼は経験が不足している
He lacks [is lacking in] experience.
・私たちは資金がだんだん不足してきた
We are running short of funds.
・重量が30グラム不足だ
The weight is thirty grams short.
・野菜の品不足が心配されている
It is feared that the supply of vegetables will not be sufficient.

ふぞく　付属する　**be attached** /アタチト/, **be affiliated** /アフィリエイテド/

・付属品　an attachment
・大阪大学附属病院　Osaka University Medical School Hospital
・T大学付属M高校　M Senior High School affiliated to T University

ふぞろい　不ぞろいの　**uneven** /アニーヴン/

ふた　a **lid** /リド/; (おおい) a **cover** /カヴァ/

ふだ　札　a **card** /カード/; (下げ札) a **tag** /タグ/

ブタ　豚　(動物) a **pig** /ピグ/, a **swine** /スワイン/ (復 同形)

・豚肉　pork
・豚小屋　《米》a pigpen /《英》a pigsty

ことわざ ブタに真珠(を投げ与えるな)
Cast not pearls before swine. →「価値のわからない者に価値のあるものを与えるな」の意味

ぶたい　舞台　the **stage** /ステイヂ/; (映画・小説などの) the **scene** /スィーン/

・舞台に立つ　appear on the stage

ふたご　(ふたごのうちの一人) a **twin** /トウィン/

・ふたごの兄弟[姉妹]　twin brothers [sisters]

ふたござ　双子座　**Gemini** /ヂェミナイ/, the **Twins** /トウィンズ/

・双子座生まれの人　a Gemini / a Geminian

ふたたび　再び　**again** /アゲン/

ふたつ　二つ(の)　**two** /トゥー/

・二つの質問　two questions
・二つに切る　cut in two
・彼女は私たちにリンゴを二つずつくれた
She gave two apples to each of us.

ふたり　**two people** /ピープる/; (ふたり組) a **pair** /ペア/; (男女など) a **couple** /カプる/

・ふたりずつ　two by two
・ふたり一組で　in pairs
・ふたり部屋　a double room

ふだん　**usually** /ユージュアり/

ふだんの　**usual** /ユージュアる/; (毎日の) **everyday** /エヴリデイ/

・ふだん着　everyday clothes / casual clothes
・けさはふだんより1時間早く起きた　I got up an hour earlier than usual this morning.
・彼はふだんどおり8時には仕事をしていた
He was at his work at eight as usual.

ふち　縁　(端) an **edge** /エヂ/; (茶わんなどの) a **brim** /ブリム/; (めがねなどの) a **rim** /リム/; (がけなどの) a **brink** /ブリンク/

・縁までいっぱいである　be full to the brim

ぶち　ぶちのある　**spotted** /スパテド/

・ぶち犬　a spotted dog

ふちゅうい　不注意　**carelessness** /ケアれスネス/

不注意な　careless

不注意に　carelessly

・不注意のために　through carelessness

ぶちょう　部長　the **head of** a **division** [a **department**] /ヘド ディヴィジョン [ディパートメント]/, the **chief of** a **division** [a **department**] /チーふ/

ぶつ　**strike** /ストライク/; (ねらって強く) **hit**; (続けて) **beat** /ビート/ → なぐる

・彼の頭をぶつ　strike him on the head

ふつう¹　普通の

➤ (通例の) **usual** /ユージュアる/; (一般的な) **common** /カモン/; (平均の) **average** /アヴェレヂ/

普通は　usually; commonly

・そういう行いはそれくらいの年の子供にはとても普通なことだ　Such behavior is quite usual with children of that age.
・こういうならわしはこの地方ではまだ普通です
This sort of custom is still common in this part of the country.
・彼はとびぬけて優秀というわけではない. 普通です
He is not outstanding. He is average.

ふつう²　不通である　**be interrupted** /インタラプテ

ふつうか 普通科 a **general course** /ヂェネラる コース/
• T 高校の普通科に進学する go on to the general course of T Senior High School

ぶっか 物価 **prices** /プライセズ/
• 物価が上がってきた[下がってきた]
Prices are going up [falling].
• こちらは東京より物価が安い[高い]
Prices are lower [higher] here than in Tokyo.

ふっかつさい 復活祭 **Easter** /イースタ/

ぶつかる **run** (against 〜), **collide** (with 〜) /コらイド/, **bump** (with 〜, into 〜) /バンプ/; (行事が) **clash** (with 〜) /クらシュ/
• 壁にぶつかる run against a wall
• 2 台の車がぶつかった The two cars collided with [bumped into] each other.
• 夏期学校と合宿とがぶつかる The summer school schedule clashes with the training camp's. ➡ camp's は camp's schedule のこと

ふっきゅう 復旧 (修復) **restoration** /レストレイション/
復旧する (修復する) **restore** /リストー/; (再開する) **resume** /リズーム/
• 中央線はまだ復旧の見通しが立っていない
It is still uncertain when the Chuo Line can resume normal service.

ぶっきょう 仏教 **Buddhism** /ブディズム/
• 仏教の Buddhist
• 仏教徒 a Buddhist

ぶっきらぼうな **blunt** /ブラント/

ふっきん 腹筋運動(をする) **(do) sit-ups** /スィタプス/

ぶつける (投げる) **throw** (at 〜) /すロウ/; (打ち当てる) **knock** (against 〜, on 〜) /ナク/, **bump** (against 〜) /バンプ/
• 柱に頭をぶつける bump one's head against [on] a post
• 二人の少年は頭をこつんとぶつけた
The two boys knocked [bumped] their heads together.

ぶっしつ 物質 **matter** /マタ/; (物を構成する) (a) **substance** /サブスタンス/
• 物質の, 物質的 material
• 物質文明 material civilization
• 宇宙はいろいろな種類の物質から出来ている
The universe is made up of different kinds of matter.
• 氷と水は違った形をしているが同じ物質である

Ice and water are the same substance in different forms.

プッシュホン a **push-button (tele)phone** /プシュ バトン (テれ)ふォウン/ ➡「プッシュホン」は和製英語

ぶつぞう 仏像 an **image of Buddha** /イメヂ ブダ/

ぶったい 物体 a **body** /バディ/, an **object** /アブヂェクト/, (a) **substance** /サブスタンス/

ぶつだん 仏壇 a **household Buddhist altar** /ハウスホウるド ブディスト オーるタ/

ふっとう 沸騰する **boil** /ボイる/
• 沸騰点 the boiling point

ぶっとおし ぶっ通しに **all through** /ずルー/; (立て続けに) **on end**, **running** /ラニンぐ/
• 一晩じゅうぶっ通しに all through the night
• 五日間ぶっ通しに for five days on end [running]

フットボール (競技) **football** /ふトボーる/; (ボール) a **football**
• フットボールをする play football

ぶつぶつ ぶつぶつ言う (不平を言う) **grumble** /グランブる/; (つぶやく) **murmur** /マ〜マ/, **mutter** /マタ/

ぶつり 物理学 **physics** /ふィズィクス/
• 物理学者 a physicist

ふつりあい 不釣り合いの **ill-matched** /イる マチト/

ふで 筆 a **writing brush** /ライティング ブラシュ/
• 筆まめである be a letter writer
• 筆無精(ぶしょう)である be a poor letter writer / be not much of a letter writer

ことわざ 弘法筆を選ばず
Bad workers always blame their tools. (へたな職人は道具に難癖(なんくせ)をつける)

ことわざ 弘法にも筆の誤り
Even Homer sometimes nods. (あの大詩人のホメロスでさえ時には居眠りを(してミスを)する)

ふてい 不定期の **irregular** /イレギュら/, (前もって予定されていない) **non-scheduled** /ナン スケヂュールド/, (ときどき) **occasional** /オケイジョネる/

ふていし 不定詞 《文法》an **infinitive** /インふィニティヴ/

ブティック (フランス語) a **boutique** /ブーティーク/

ふてきとう 不適当な **unsuitable** /アンスータブる/, **unfit** /アンふィト/

ふと (偶然) **by chance** /チャンス/; (突然) **suddenly** /サドンリ/

four hundred and eighty-three　483　ふぼ

・ふと彼は立ち上がって部屋を出て行った
He stood up suddenly and went out of the room.
・ふとある考えが浮かんだ
An idea flashed upon me.

ふとい 太い
➤ **big**, **thick** /すィク/
➤ (文字・線などが) **bold** /ボウるド/
➤ (声が) **deep** /ディープ/
・太さ　thickness
・太い指　a thick finger
・太い縞(しま)　a bold stripe
・彼は首が太く，腕が太く，声も太い　He has a thick neck and big arms and a deep voice.

ブドウ 葡萄 《植物》a **grape** /グレイプ/
・ブドウ房(ふさ)　a bunch of grapes
・ブドウ畑　a vineyard
・ブドウの木[つる]　a grapevine

ふどうさん 不動産 **real estate** /リーアる イスティト/
・不動産屋　a real estate agent

ふどうとく 不道徳 **immorality** /イモラリティ/
不道徳な immoral /イモーラる/

ふとうめい 不透明な **opaque** /オウペイク/; (半透明な) **translucent** /トランスるースント/

ふとくい 不得意な **weak** /ウィーク/, **poor** /プア/
・不得意教科　one's weak subject
・不得意である　be weak [poor, not good] (at ～)

ふところ 懐 **the bosom** /ブザム/; (経済状態＝財布) a **purse** /パ～ス/
・懐が暖かい[寒い]　have a heavy [light] purse

ふともも 太もも a **thigh** /さイ/

ふとる 太る
➤ **grow fat** /グロウ ふァト/, **put on weight** /ウェイト/
太った fat: (太めの) **plump** /プランプ/ ➔ fat は時として差別的な意味を持つので注意
・太りすぎた　overweight
・私はどうも太ってきたらしい
I'm afraid I am getting fat [putting on weight].
・彼女はちょっと太りぎみだ
She is a bit on the plump side.

ふとん 布団 **futon**, **a mattress-quilt set** /マトレス クウィるト/
・私たちは夜になると畳(たたみ)に布団を敷(し)いき昼間はたたんで押し入れにしまいます

We spread our *futon*, a mattress-quilt set, on the *tatami* at night, and fold and store them away in the closet during the day.

フナ 鮒 《魚》a **roach** /ロウチ/ (⑧ 同形)

ふなのり 船乗り a **sailor** /セイら/
・船乗りになる　go to sea / become a sailor

ふなびん 船便で **by sea mail** /スィー メイる/

ふなよい 船酔い **seasickness** /スィースィクネス/
船酔いする get seasick
・船酔いしやすい[しない]人　a poor [good] sailor

ふね 船, 舟 (総称) a **vessel** /ヴェるる/; (小型) a **boat** /ボウト/; (大型) a **ship** /シプ/
・船[舟]で　by ship [boat]
・船[舟]に乗る　go on board a ship [get on a boat]

ふのかず 負の数 a **negative number** /ネガティヴ/ ➔ minus number とは言わない

ふはい 腐敗する ➔ くさる

ふひつよう 不必要な **unnecessary** /アンネセさり/

ふびょうどう 不平等 **inequality** /イニクワリティ/
不平等な unequal /アニークワる/

ぶひん 部品 **parts** /パーツ/

ふぶき 吹雪 a **snowstorm** /スノウストーム/
・大ふぶき　a blizzard

ぶぶん 部分 (a) **part** /パート/
・部分的な　partial
・部分的に　partially
・大部分は　for the most part
・彼らの大部分は学生です
Most of them are students.
・彼の話は一部分は本当だが一部分はうそだ
Part of his story is true and part of it untrue.

ふへい 不平 (a) **complaint** /コンプれイント/
不平を言う complain (of ～) /コンプれイン/
・彼はいつも賃金のことで不平を言っている
He is always complaining of his wages.

ふべん 不便 **inconvenience** /インコンヴィーニエンス/
不便な inconvenient /インコンヴィーニエント/
・不便な思いをする　suffer inconvenience
・他人に不便をかける　cause inconvenience to others / put others to inconvenience

ふべんきょう 不勉強な (なまけている) **lazy** /れイズィ/, **idle** /アイドる/
・落第点を取ったのは私の不勉強のせいです
I flunked all because I didn't study hard.

ふぼ 父母 **one's father and mother** /ふァーざ マざ/, **one's parents** /ペアレンツ/

あ
か
さ
た
な
ふ
ま
や
ら
わ

ふほう 484 four hundred and eighty-four

ふほう 不法な **illegal** /イリーガる/
• 不法行為(こうい) an illegal act
• 不法入国 illegal entry; (居住するための) illegal immigration

ふまじめな frivolous /ふリヴォらス/

ふまん 不満 (a) **dissatisfaction** /ディスサティスふァクション/, (a) **discontent** /ディスコンテント/; (不平) (a) **complaint** /コンプれイント/ → まんぞく
不満な dissatisfied /ディスサティスふァイド/, **discontented** /ディスコンテンテド/
• 私は…について不満である
I'm not satisfied with ~.

ふみきり 踏切 a (**railroad**) **crossing** /(レイるロウド) クロースィング/

ふむ 踏む (軽く) **step** (on ~) /ステプ/; (重く) **tread** (on ~) /トレド/
• 彼の足を踏む step on his foot
• 踏みつぶす tread down
• 踏みにじる tread [trample] ~ under foot; (善意などを傷つける) hurt; (無視する) ignore
• 踏みはずす miss one's step
• ガラスの破片を踏んで (→ガラスの破片の上で)彼は足を切った He cut his foot on a piece of glass.

ふめいよ 不名誉 **dishonor** /ディスアナ/
不名誉な dishonorable /ディスアナラブる/

ふめつ 不滅の **immortal** /イモートる/
• 文豪たちの不滅の作品 immortal works of great writers

ふもう 不毛の (土地が) **barren** /バレン/

ふもと the foot /ふト/
• あの山のふもとの小村 a small village at the foot of the mountain

ふやす 増やす **increase** /インクリース/ → ふえる
• 数を30に[だけ]ふやす increase the number to [by] thirty

ふゆ 冬
➤ winter /ウィンタ/
• 冬に in (the) winter
• 今年[去年]の冬(に) this [last] winter
• 寒い冬の朝に on a cold winter morning
• 冬のスポーツ[服] winter sports [clothes]
• 冬の行楽地(こうらくち) a winter resort

ふゆかい 不愉快な **unpleasant** /アンプれズント/

ふゆやすみ 冬休み 《米》**the winter vacation** /ウィンタ ヴェイケイション/, 《英》**the winter holidays** /ハリデイズ/

ふよう 不用の (役に立たない) **useless** /ユースれス/
• これらの本は今はもう私には不用です
These books are now useless to me.

ぶよう 舞踊 **dancing** /ダンスィング/; a **dance**
• 日本舞踊 Japanese dancing
• 舞踊家 a dancer

ぶようじん 不用心な (安全でない) **unsafe** /アンセイふ/; (不注意な) **careless** /ケアれス/

フライ¹ (野球の) a **fly** /ふライ/

フライ² フライにする (料理で) **fry** /ふライ/
• 魚のフライ fried fish

プライド one's **pride** /プライド/

フライドチキン fried chicken /ふライド チキン/
• フライドチキンひとつ a piece of fried chicken

フライドポテト 《米》**French fries** /ふレンチ ふライズ/, 《英》**chips** /チプス/

━━ カタカナ語！ フライドポテト ━━
英語で fried potato というと「油で揚げたか炒(いた)めたじゃがいも」を指す。「細長く切って揚げたもの」は **French fries**, あるいはイギリスでは単に **chips** という

プライバシー privacy /プライヴァスィ/
• プライバシーの権利を守る protect one's right to privacy

フライパン a **frying pan** /ふライング パン/ → 発音注意. a frypan という語もあるが, a frying pan のほうがふつう

フライング フライングをする **jump the gun** /ヂャンプ ガン/ → a flying start は「助走スタート」の意味

ブラインド a **blind** /ブらインド/, 《米》a **shade** /シェイド/

ブラインドタッチ touch typing /タチ タイピング/

ブラウス a **blouse** /ブらウズ/

プラカード a **placard** /ブらカード/

ぶらさがる ぶら下がる **hang** (down) /ハング (ダウン)/
ぶら下げる hang

ブラシ a **brush** /ブらシュ/
ブラシをかける brush

ブラジャー a **brassiere** /ブラズィア/, 《話》a **bra** /ブラー/ → 現在では bra を使うのがふつう
• ブラジャーをしている[していない] wear a bra [have no bra on]

ブラジル Brazil /ブラズィる/
• ブラジル(人)の Brazilian
• ブラジル人 a Brazilian; (全体) the Brazilians

プラス plus /ブらス/
• プラス記号 a plus sign
• 1プラス3は4である
One plus three is four.
• それでプラスマイナスゼロだ

It evens out advantages and disadvantages. /

ひゆ It's just swings and roundabouts. (振り回して, それがぐるっと回ってくる)

フラスコ a **flask** /ふらスク/

プラスチック(の) **plastic** /プらスティク/

•このカップはプラスチックです

This cup is (made of) plastic.

ブラスバンド a **brass band** /ブラス バンド/; (吹奏楽団) a **wind ensemble [orchestra]** /ウィンド アーンサーンブる [オーケストラ]/

プラタナス (植物) a **plane (tree)** /プれイン (トリー)/

フラダンス hula /フーら/

ぶらつく **ramble** /ランブる/; (散歩する) **take a walk** /ウォーク/; (目的もなくある場所を)(話) **hang around [(英) about]** /アラウンド [アバウト]/

•町をぶらつく ramble about the streets

•午後はショッピングモールをぶらついて過ごした

We spent the afternoon hanging around [about] a shopping mall. / We spent the afternoon hanging out in [at] a shopping mall.

フラッシュ (a) **flash** /ふらシュ/

•フラッシュを使って写真を撮る take a picture using flash

プラットホーム a **platform** /プらトふォーム/

プラネタリウム a **planetarium** /プらネテアリアム/

ふらふら (不安定に) **unsteadily** /アンステディり/

ふらふらする (めまいがする) **feel dizzy** /ふィーるディズィ/; (よろよろする) **stagger** /スタガ/

ぶらぶら

❶ (あてもなく) **aimlessly** /エイムれスり/; (仕事をしないで) **idly** /アイドり/ → ぶらつく

•ぶらぶらと時を過ごす spend one's time idly / idle one's time away → idle は「何もしないで過ごす」

•(1箇所に何もしないで)ぶらぶらしている (話) hang around [(英) about]

❷ (ぶらぶらさせる, ぶらぶらする) **dangle** /ダングる/ → ぶらさがる

•足をぶらぶらさせる dangle one's legs

プラモデル a **plastic model** /プらスティク マドる/

プラン a **plan** /プらン/

•…のプランを立てる make a plan for ~

ふらんき 孵卵器 an **incubator** /インキャベイタ/

ぶらんこ a **swing** /スウィング/

•ぶらんこに乗る sit on [ride in] a swing

フランス France /ふランス/

•フランス(人, 語)の French

•フランス語 French

•フランス人 (男性) a Frenchman (複 -men) / (女性) Frenchwoman (複 -women); (全体) the French

•フランス料理 (食べ物) French food; (料理法) French cuisine

•彼女のおばはフランスの方です

Her aunt is French. → Her aunt is a Frenchwoman. というよりふつうの言い方

ブランデー brandy /ブランディ/

ブランド a **brand** /ブランド/

•ブランド品 a brand name product

ふり¹ ふりをする **pretend** /プリテンド/

•病気のふりをする pretend to be sick [ill]

•私を見ないふりをする

pretend not to see me

•私は目をつぶって眠っているふりをした

I closed my eyes in a pretense of sleep.

•私は彼の兄さんの友人であるふりをした

I pretended that I was his brother's friend.

•彼女は本当に彼が大きらいなわけではないのです. そんなふりをしているだけです She doesn't really hate him. She is only acting.

ふり² 不利 **disadvantage** /ディサドヴァンテヂ/

不利な **disadvantageous** /ディサドヴァンテイヂャス/

フリー フリーの (自由な・手のあいている) **free** /ふリー/; (スポーツで敵にマークされていない) **unmarked** /アンマークト/, **open** /オウプン/

•10番がフリーだ! 10番にパスしろ!

Number 10 is unmarked [open]! Pass him the ball!

フリーター a **casual part-time worker** /キャジュアる パートタイム ワ〜カ/

フリーダイヤル フリーダイヤルの[で] **toll-free** /トウる ふリー/

•フリーダイヤルの電話番号 a toll-free phone number

•フリーダイヤルで…に電話する call toll-free to ~

> **カタカナ語！ フリーダイヤル**
>
> 「無料通話」を日本で「フリーダイヤル」といっているが, 英語では **toll-free** という. toll はもともと道路や橋の「通行料」のことだが, 「通話料」の意味でも使われる. free は「無料の[で]」の意味

プリーツ (スカート) a **pleated skirt** /プリーテド/

フリーマーケット (ノミの市) (a) **flea market** /ふリー マーケト/

ふりかえ 振り替え

・振り替え休日 a substitute holiday
ふりかえる 振り返る **look back** /ろク/
ふりこ 振り子 a **pendulum** /ペンデュラム/
ふりこみ 振り込み (**bank**) **transfer** /(バンク) トランスファ～/
フリスビー (a) **Frisbee** /フリズビー/
プリズム a **prism** /プリズム/
ふりそで 振り袖 *furisode*, **a long-sleeved *kimono*** /ろーング スリーヴド/
フリックにゅうりょく フリック入力 **flick input** /フリク インプト/
・フリック入力する use flick input
ふりむく 振り向く **turn around** /タ～ン アラウンド/, **look back** /ろク/
ふりょう 不良の **bad**, **poor** /プア/
・天候不良 bad weather
・成績不良 one's poor grades
ぶりょく 武力 **military power** /ミリテリ パウア/; (武器) **arms** /アームズ/
・武力に訴(うった)える appeal to arms
プリン (a) **custard pudding** /カスタド プディング/
プリント (配布物) a **handout** /ハンダウト/ →英語の print は「印刷(された文字)」の意味
プリントする print /プリント/
・プリントを配る give out the handouts

ふる¹ 降る
▶ **fall** /フォ―る/ →あめ², ゆき¹
・雨が降っても降らなくても rain or shine
・雨 [雪] が降る It rains [snows]. →Rain [Snow] falls. というより, 天候を表す it を主語にするほうがふつう
・私はきのう雨に降られた
I got caught in the rain yesterday.

ふる² 振る
▶ (波形に) **wave** /ウェイヴ/
▶ (横に) **shake** /シェイク/
▶ (振り子のように) **swing** /スウィング/
▶ (尾を) **wag** /ワグ/
・旗を振る wave a flag
・別れのあいさつに手を振る wave (a hand in) farewell
・頭を(左右に)振る shake one's head
・彼は私たちに手を振っている
He is waving to us.
・腕(うで)を左右に6回振りなさい
Swing your arms right and left six times.
・ほら、ポチがしっぽを振っているよ
Look! Pochi is wagging his tail.

wave / shake / swing / wag

ふる³ (捨てる) **dump** /ダンプ/
・ぼくは彼女にふられた She dumped me.

ふるい 古い
▶ **old** /オウるド/
▶ (もう使っていない) **disused** /ディスユーズド/; (使って古くなった) **secondhand** /セカンドハンド/, **used** /ユーズド/ (→ちゅうこ); (時代遅れで) **out of date** /デイト/
・古いスーツ an old suit
・古着 secondhand clothes
・古い電気ストーブ a disused electric heater
・この表現は今はもう古い
The expression is out of date now.
・それはもう古いよ(過去のものだ)
They are no longer popular. /
ひゆ They are already yesterday's news.
ふるいたつ 奮い立つ →ふんき (→奮起する)
ブルース blues /ブるーズ/
フルーツ fruit /フるート/
フルート a **flute** /ふるート/
・フルートを吹く play the flute
・フルート奏者 a flute player
ふるえる 震える **tremble** /トレンブる/; (寒さで) **shiver** /シヴァ/
・怒りで[こわくて]震える tremble with anger [for fear]
・寒くて震える shiver with cold
ブルカ a **burqa** /バ～カ/ →一部の女性イスラム教

four hundred and eighty-seven　487　ぶん

徒が着る服

ブルガリア Bulgaria /バるゲアリア/
•ブルガリア(人, 語)の　Bulgarian
•ブルガリア語　Bulgarian
•ブルガリア人　a Bulgarian

ふるさと → こきょう

ブルドーザー a **bulldozer** /ブるドウザ/

ブルドッグ a **bulldog** /ブるドーグ/

ブルペン a **bullpen** /ブるペン/

ふるほん 古本　a **secondhand book** /セカンドハンド/
•古本屋　a secondhand bookstore

フレー フレーフレー　**hurrah** /フラー/
•フレーフレー赤組!
Hurrah for the Reds! / Up the Reds!

ブレーキ a **brake** /ブレイク/
•ブレーキをかける　put on the brake

ブレザー(コート) a **blazer** /ブれイザ/

ブレスレット (a) **bracelet** /ブレイスれット/

プレゼン → プレゼンテーション

プレゼンテーション a **presentation** /プレゼンテイション/
•私は英語の授業でプレゼンをした
I made [gave] a presentation to the English class.
•プレゼンソフト　presentation software

プレゼント a **present** /プレズント/

プレッシャー **pressure** /プレシャ/

プレハブ (住宅) a **prefabricated house** /プリーふァブリケイテド ハウス/, 《話》a **prefab** /プリふァブ/

ふれる 触れる　**touch** /タチ/ → さわる

ふろ

➤ a **bath** /バす/

ふろに入る **take a bath**
•ふろ場　a bathroom
•ふろを沸(わ)かす　prepare a bath / heat the bath
•ふろに湯を入れる　run a bath
•おふろが沸きましたよ　Your bath is ready.

プロ a **professional** /プロふェショヌる/
•プロ野球の選手　a professional baseball player

ブローチ a **brooch** /ブロウチ/

ふろく 付録　a **supplement** /サプるメント/

プログラミング 《IT》**programming, programing** /プロウグラミンぐ/
•プログラミングを勉強する　study programming
•プログラミング言語　programming language

プログラム a **program** /プロウグラム/
•われわれの合唱はプログラムの6番めです
Our chorus is the sixth item on the program.

プロジェクター a **projector** /プロヂェクタ/

ふろしき a **furoshiki**, a **wrapping cloth** /ラピング クろーす/
•ふろしき包み　a parcel wrapped in a cloth

ブロック a **block** /ブらク/

ブロッコリー 《植物》**broccoli** /ブラコリ/

フロッピー a **floppy** (**disk**) /ふらピ (ディスク)/

プロパンガス **propane** /プロウペイン/, **bottle gas** /バトる/

プロペラ a **propeller** /プロぺら/; (ヘリコプターの) a **rotor** /ロウタ/

プロポーズ **proposal** /プロポウザる/
プロポーズする **propose**

ブロマイド a **star's picture** /スターズ ピクチャ/
→「ブロマイド」は印画紙 (bromide paper) が由来

プロレス **professional wrestling** /プロふェショヌる レスリンぐ/

ブロンズ **bronze** /ブランズ/ → せいどう

フロント (ホテル・病院・会社などの受付) (the) **reception** /リセプション/

カタカナ語!　フロント

「受付」という英語は **the front desk** ともいう. 日本でいう「フロント」はその desk を省略したものだが, the front とだけいうと「前面, 正面」という意味になる. 英語では **the reception** あるいは **the reception desk** がふつうで, しばしば the をつけないで **reception** という.「受付はどこですか」は Where is reception?

フロントガラス 《米》**windshield** /ウィンドシーるド/, 《英》**windscreen** /ウィンドスクリーン/「フロントガラス」は和製英語

ふわふわ ふわふわした　**fluffy** /ふらふィ/
•ふわふわしたセーター　a fluffy sweater

ふん¹ 分 (時間) a **minute** /ミニト/
•15分　fifteen minutes / a quarter (of an hour)
•30分　thirty minutes / half an hour
•(時計の)分針　the minute [long] hand

ふん² 糞 (鳥・イヌなどの) **droppings** /ドラピンぐズ/

ぶん¹ 分 (部分) a **part** /パート/; (分け前) a **share** /シェア/
•2分の1　a half / one half
•3分の1　a [one] third
•3分の2　two thirds

ぶん² 文 (文法上の) a **sentence** /センテンス/; (書き物) **writing** /ライティンぐ/; (一節) a **passage** /パセヂ/

あ
か
さ
た
な
ふ
ま
や
ら
わ

ふんいき 488 four hundred and eighty-eight

・文がうまい　be a good writer

ふんいき an **atmosphere** /アトモスふィア/

ふんか 噴火 (an) **eruption** /イラプション/

　噴火する **erupt** /イラプト/

・噴火口　a crater

・噴火している　be in eruption

ぶんか 文化 **culture** /カるチャ/

・文化的　cultural

・文化の日(祭日)　Culture Day

・日本の古代文化　ancient Japanese culture

・(学校の)文化祭　a school festival

・文化遺産　cultural heritage

ぶんかい 分 解 **dissolution** /ディソるーション/; (分析) **analysis** /アナりスィス/

　分解する **dissolve** /ディザるヴ/; **analyze** /アナらイズ/

ぶんがく 文学 **literature** /りテラチャ/

　文学の **literary** /りテラリ/

・文学者 (男性)a man of letters / (女性)a woman of letters

・文学作品　a literary work

・日本文学　Japanese literature

ぶんかつ 分割 (a) **division** /ディヴィジョン/

　分割する **divide** /ディヴァイド/

ふんき 奮起させる **rouse** /ラウズ/, **stir up** /スタ〜/

　奮起する **rouse** oneself, **be roused**, **be stirred up**

ぶんきてん 分岐点 a **turning point** /タ〜ニング/; (分水嶺(ぶんすいれい)) a **watershed** /ウォータシェド/

ぶんげい 文芸 **arts and literature** /アーツ リテラチャ/

ぶんこう 分校 a **branch school** /ブランチ/

ぶんごう 文豪 a **great writer** /グレイト ライタ/

ぶんこぼん 文庫本 a **pocket-sized paperback** /パケト サイズド ペイパバク/

ぶんし¹ 分子 (分数の)a **numerator** /ニューメレイタ/; (化学の)a **molecule** /マりキューる/

ぶんし² 分詞 a **participle** /パーティスィプる/

・現在分詞　the present participle

・過去分詞　the past participle

ふんしつ 紛失 **loss** /ろース/

　紛失する (物を)**lose** /るーズ/; (物が)**be missing** /ミスィング/

・紛失物　a lost[missing]article

ぶんしゅう 文集 an **anthology of writings** /アンさろヂ ライティングズ/

・卒業記念文集をつくる　compile an anthology of writings in commemoration of one's grad-

uation

ぶんしょ 文書 a **document** /ダキュメント/

ぶんしょう 文章 → ぶん²

ふんすい 噴水 a **fountain** /ふァウンテン/

ぶんすいれい 分水嶺 a **watershed** /ウォータシェド/

ぶんすう 分数 a **fraction** /ふラクション/

ぶんせき 分析 **analysis** /アナりスィス/

　分析する **analyze** /アナらイズ/

ふんそう¹ 扮装 **makeup** /メイカプ/

ふんそう² 紛争 (論争)a **dispute** /ディスピュート/; (もめ事)a **trouble** /トラブる/

・国境紛争　a border dispute[trouble]

ぶんたい 文体 a **style (of writing)** /スタイる (ライティング)/

・やさしい文体で書いてある　be written in a plain style

ぶんたん 分担 (仕事の)one's **share (of work)** /シェア (ワ〜ク)/

・私は自分の仕事の分担を終えてから戸田の仕事を手伝った

After I did my share of work I helped Toda to do his.

ぶんつう 文通 **correspondence** /コーレスパンデンス/

・たがいに文通する　write to[correspond with]each other / exchange letters

ふんとう 奮闘 a **struggle** /ストラグる/

　奮闘する **struggle**

ぶんどき 分度器 a **protractor** /プロウトラクタ/

ぶんぱい 分配 **distribution** /ディストリビューション/

　分配する **distribute** /ディストリビュート/ → くばる

ぶんぷ 分 布 **distribution** /ディストリビューション/

　分布する **be distributed** /ディストリビューテド/

ぶんぶん ぶんぶん音をたてる **buzz** /バズ/, **hum** /ハム/

・ぶんぶん飛び回るハチたち　buzzing[humming]bees

ふんべつ 分別 **prudence** /プルーデンス/, **good sense** /センス/

　分別のある **prudent** /プルーデント/

・このことで彼がいかに分別のある男であるかがわかる　This shows how prudent he is.

・君くらいの年ならもっと分別があるべきだ

You should know better at your age. → know better は「もっと分別がある」

ぶんぼ 分母 a **denominator** /デナミネイタ/

ぶんぽう 文法 **grammar** /グラマ/
文法(上)の **grammatical** /グラマティカる/
・君の作文には文法上の誤りは一つもない
There are no grammatical mistakes in your composition.
ぶんぼうぐ 文房具 **stationery** /ステイショネリ/
・文房具屋 (人) a stationer; (店) a stationer's
ふんまつ 粉末 (a) **powder** /パウダ/
ぶんめい 文明 **civilization** /スィヴィりゼイション/
・文明国 a civilized country
・文明発祥(はっしょう)の地 the cradle of civilization
・明治の文明開化 the civilization and enlightenment in the Meiji era
ぶんや 分野 a **field** /ふィーるド/
・自然科学の分野 the field of natural science
ぶんり 分離 **separation** /セパレイション/
分離する **separate** /セパレイト/
・A と B を分離する separate A from B
ぶんりょう 分量 **quantity** /クワンティティ/ → りょう¹
ぶんるい 分類 **classification** /クらスィふィケイション/
分類する **classify** /クらスィふァイ/
ぶんれつ 分裂する (グループなどが) **split** /スプりト/; (意見が) **be divided** /ディヴァイデド/

 …へ

❶ (方向) **to, for, toward**
❷ (…の上へ) **on, onto**
❸ (…の中へ) **in, into**

❶ **to**, (…に向かって) **for**, (…の方へ) **toward** /トード/
・学校[教会]へ行く go to school [church]
・アメリカへたつ leave for America
・彼の方へ走って行く run toward him
❷ (…の上へ) **on, onto**
・それらの本を棚へのせる put the books on the shelf
・舞台へ上がる get on the stage
❸ (…の中へ) **in, into**
・ポケットへ手を入れる put *one's* hand in *one's* pocket
・川へ飛び込む jump into a river

使い分け
to はある地点への到着・到達, **for** は行き先, **toward** は方向を示す.

ヘア **hair** /ヘア/
・ヘアブラシ a hairbrush
・ヘアスタイル a hairstyle, a hairdo
・ヘアドライヤー a (hair) dryer, a blow-dryer
・ヘアバンド a hairband; (特に長い髪用) a hair tie, a ponytail holder
・ヘアメイク (hair and) makeup artist
ペア a **pair** /ペア/
・ペアで仕事をする work in pairs
・私はテニスの試合で彼女とペアを組んだ
I was paired with her in the tennis match. → この paired は pair (ペアにする)という動詞の過去分詞

へい 塀 (壁状の) a **wall** /ウォーる/; (板・針金などの) a **fence** /ふェンス/
へいか 陛下 (天皇) **His Majesty** (**the Emperor**) /マチェスティ (エンペラ)/; (皇后) **Her Majesty** (**the Empress**) /(エンプレス)/ → 直接呼びかける時は Your Majesty となる
へいかい 閉会 **the closing** (**of a meeting**) /クろウズィンぐ (ミーティンぐ)/
閉会する **close** a **meeting** /クろウズ/
・閉会のあいさつ a closing address
・閉会式 a closing ceremony
へいき¹ 兵器 a **weapon** /ウェポン/
・核兵器 nuclear weapons
へいき² 平気である (いやがらない) **don't mind** /マインド/; (気にかけない) **don't care** /ケア/
・私は雪の中を歩くのは平気だ
I don't mind walking in the snow.
・私はどんなに寒くても平気だ
I don't mind how cold it is.
・彼が何と言おうと私は平気だ
I don't care what he says.

へいきん 平均
➤ an **average** /アヴェレヂ/
➤ (釣(つ)り合い) **balance** /バらンス/
平均する **take** an **average**, **average**
・平均して on (the) average
・平均以上[以下]で above [below] average

べいぐん

・平均点 the average (mark); (通知表などで段階評価の) grade point average
・平均気温 [身長] the average temperature [height]
・平均寿命 the average length of life
・(からだなどの)平均をとる[失う] keep [lose] one's balance
・この試験の平均点は62点です
The average for this test is 62.
・私は毎日平均8時間の睡眠をとります
I sleep eight hours on (the) average every day. / I have an average of eight hours' sleep every day.
・平均台 a balance beam /ビーム/

べいぐん 米軍 the American [U.S.] forces /アメリカン ふォーセズ/
・米軍基地 an American [a U. S.] military base
・沖縄は,在日米軍の占める土地の75パーセントを提供している
Okinawa provides 75 percent of the land occupied by the U.S. forces in Japan.

へいこう 平行の,平行する parallel /パラれる/
・…と平行して in parallel with ～
・平行線 parallel lines
・平行四辺形 a parallelogram
・(段違い)平行棒 (uneven) parallel bars
・…に平行な線を引く draw a line parallel to ～
・その道路は電車の線路と平行して走っている
The road runs parallel to the railroad.

へいさ 閉鎖(工場・店などの) a **close-down** /クろウズ ダウン/
　閉鎖する close down

べいさく 米作(栽培) the cultivation of rice /カるティヴェイション/; (収穫) the rice crop /クラプ/
・米作地帯 a rice-producing district

へいし 兵士 a soldier /ソウるヂャ/

へいじつ 平日(土曜日・日曜日以外の) a **weekday** /ウィークデイ/
・平日には on weekdays

へいじょう 平常の usual /ユージュアる/
・平常どおり as usual
・平常点で生徒の成績をつける grade [rate] students according to their class participation

へいじょぶん 平叙文 a declarative sentence /ディクらラティヴ センテンス/

へいせい 平成 Heisei
・ぼくの弟は平成25年に生まれた My little brother was born in 2013 [in the 25th year of Heisei]. ➡英語では西暦に直していうほうがよい.

2013 は twenty thirteen と読む

へいたい 兵隊 a soldier /ソウるヂャ/

へいてん 閉店する close /クろウズ/
・閉店時間 the closing time
・店は午後6時閉店です
Our store closes at 6 p.m.

へいねつ 平熱 the normal temperature /ノーマる テンパラチャ/

へいほう 平方 a square /スクウェア/
・2メートル平方 two meters square
・2平方メートル two square meters
・平方根 a square root

へいぼん 平凡な ordinary /オーディネリ/, commonplace /カモンプれイス/, common /カモン/
・平凡な人間 an ordinary person
・平凡な出来事 a common occurrence

へいめん 平面 a plane /プれイン/

へいや 平野 a plain /プれイン/, plains
・関東平野 the Kanto plains

へいわ 平和

➤ **peace** /ピース/

平和な peaceful
・平和に peacefully / in peace
・平和を保つ keep peace
・世界平和のために働く work for world peace
・原子力の平和利用 peaceful uses of nuclear energy

ベーコン bacon /ベイコン/

ページ a page /ペイヂ/
・ページをめくる turn (over) the pages
・5ページをあける open a book to [《英》at] page five
・5ページから始める begin at page five

ベージュ ベージュ色(の) beige /ベイジュ/ ➡フランス語より

ベース a base /ベイス/ ➡るい²

ペース (a) pace /ペイス/
・マイペースで at one's own pace
・(…と)ペースをそろえる keep pace (with ～)

ペースト (a) paste /ペイスト/

ペーパーテスト (筆記試験) a written test /リトン/ ➡英語で a paper test というと「紙質検査」の意味になる

ベール a veil /ヴェイる/

べき

❶ (…べき…)
❷ (…するべきである) (必要・義務) must do; (当然・義務) should do, ought to do

four hundred and ninety-one 491 べっそう

❶(…べき…)「名詞+to 不定詞」で表す.
・なすべき事 something to do
・われわれは学ぶべき事がたくさんある
We have a lot of things to learn.
・私は何をすべきかわからない
I don't know what to do.
❷(…するべきである)(必要・義務) must *do* /マス
ト/;(当然・義務) should *do* /シュド/, ought to
do /オート/
・君はすぐそこへ行くべきだ
You must go there at once.
・君は両親の言うことに従うべきだ
You should [ought to] obey your parents.
・人の感情を傷つけるべきでない
You should not hurt the feelings of others.
・君は彼にそのことを言うべきではなかった →「…す
べきだった」は ought to have *done* You ought
not to have told him about it.
へきが 壁画 a **wall painting** /ウォーる ペインティ
ング/
ペキン 北京 **Beijing** /ベイヂング/
ヘクタール a **hectare** /ヘクテア/
ぺこぺこ
❶(おなかが)
・私はおなかがぺこぺこだ
I'm very hungry. / I'm starving.
❷(頭をさげる) **bow** *one's* **head repeatedly in
a slavish manner** /バウ ヘド リピーテドり スれイ
ヴィシュ マナ/;(へつらう) **flatter** /ふらタ/
へこむ cave in /ケイヴ/
ベジタリアン (菜食主義者) **vegetarian** /ヴェジェ
テアリアン/
ベスト¹ (最善) **the best** /ベスト/
・ベストをつくす do *one's* best
・この本の売り上げはベスト10にランクされている
The sales of this book ranks among the top
ten.

> カタカナ語! ベストテン
>
> 日本ではよく「ベスト…」というが, best は本来
> 「質」についていう. そのまま英語で best を使うの
> は best seller (ベストセラー)くらいのもの.「上位
> …位以内」という時は best のかわりに **top** ~ と
> いう. 上位からの順位そのものをいう時は **number**
> ~ という.「それは1[2, 3]だ」は It ranks
> number one [two, three].

ベスト² (チョッキ) a **vest** /ヴェスト/
ベストセラー a **best seller** /ベスト せら/
へそ a **navel** /ネイヴる/
へた へたな **poor** /プア/
・彼は話しべたです He is a poor speaker.

・彼は歌がへただ He is a poor singer. / He
doesn't sing well.
ペダル a **pedal** /ペだる/
・自転車のペダルを踏む pedal a bicycle
ヘチマ 糸瓜《植物》a **loofah** /るーふァ/
ぺちゃぺちゃ
❶(しゃべる) **chatter** /チャタ/
❷(なめる) **lap** /らプ/
ぺちゃんこ ぺちゃんこの[に] **flat** /ふらト/
・ぺちゃんこのタイヤ a flat tire
・箱をぺちゃんこに押しつぶす crush a box flat

べつ 別

➤(区別) **distinction** /ディスティンクション/;(別
のこと) **another** /アナざ/

別の (違う) **different** /ディふァレント/;(もう一つ
の) **another**;(ほかの) **other** /アざ/
…とは別に (余分に) **in addition** (to ~) /アディ
ション/
…は別として **apart from** ~ /アパート/, **aside
from** ~ /アサイド/
・年齢(ねんれい)男女の別なく regardless [without
distinction] of age and sex
・それを他の物と別にしておく set it apart from
the rest
・基本料金とは別に毎月500円ぐらい払う
pay about 500 yen every month in addition
to the basic charge
・この問題は別として apart from this question
・費用は別として, それはとても時間がかかるだろう
Apart from the cost, it will take a lot of time.
・私はこの色はいやだ. 別の色のを見せてください
I don't like this color. Show me some in dif-
ferent colors.
・別のを試してみよう Let's try another one.
・彼は一方の道を行き私は別の道を行ってどっちが近
道かためしてみた
He took one way and I took another and we
tried to see which was the shorter (way).
・いつかまた別の日においでください
Come again some other day.
・知っていることと教えることは別だ
To know is one thing, to teach (is) another.
べっきょ 別居する **be separated** /セパレイテド/,
live separately /リヴ セパラトり/;(離れて住んでい
る) **live away** (from ~) /アウェイ/, **live apart**
(from ~) /アパート/
べっこう 鼈甲 **tortoise shell** /トータス シェる/
べっそう 別荘 (豪壮(ごうそう)な) a **villa** /ヴィら/;(ふ
つうの) a **vacation house** /ヴェイケイション ハウ

ス/; (簡素な) a **cottage** /カテヂ/

ベッド a **bed** /ベド/; (小児用)《米》a **crib** /クリブ/,《英》a **cot**
• 2 段ベッド　a **bunk** (bed)
• ベッドタウン　a **dormitory** [**bedroom**] **town**

ペット a **pet** /ペト/
ペットボトル a **plastic bottle** /プらスティク バトる/
ヘッドホン **headphones** /ヘドふォウンズ/
ヘッドライト a **headlight** /ヘドらイト/
べつに 別に (特別に) **particularly** /パティキュらり/, **in particular**. **especially** /イスペシャリ/, **specially** /スペシャリ/
• あすは別にすることがない
I have nothing particular to do tomorrow.
• あの本は別におもしろくない
That book is not particularly interesting.
🎤会話 何か彼に伝えることがありますか。—別に
Do you have anything to tell him?—No, (I have) nothing particular (to tell him).

べつべつ 別々の **separate** /セパラト/
別々にする **keep** ~ **separate**
• 別々の家に住む　live in separate houses
• 雄(おす)のカマキリと雌(めす)のカマキリは別々にしておきなさい　Keep male mantises separate from female ones.

へつらう **flatter** /ふらタ/, **play up to** ~ /プれイ/, **fawn upon** ~ /ふォーン/, **curry favor with** ~ /カ～リ ふェイヴァ/ → おせじ
ヘディング **header** /ヘダ/
ヘディングする **head**

> カタカナ語！ ヘディング
>
> heading という英語もあるが，これはふつう「(新聞の)見出し」や「(書物の章の)表題」の意味で使う。日本語でいう「ヘディング」は英語では **header** という。**head** には「ヘディングする」という動詞の意味もあるが，header を「ヘディングする人」という意味で使うことはない

• ヘディングで点を入れる　head the ball into the goal / score a goal with a header → 後ろの文の goal は「得点」

ベテラン a **veteran** /ヴェテラン/ → a veteran は《米》では退役軍人をさすことが多い。「経験豊富な」は experienced を使う
• ベテランの　(経験を積んだ) experienced; (熟練した) expert
• ベテラン教師　an experienced teacher

ベトナム **Vietnam** /ヴィエトナーム/
• ベトナム(人, 語)の　Vietnamese
• ベトナム語　Vietnamese
• ベトナム人　a Vietnamese (複 同形); (全体) the

Vietnamese

へとへと へとへとに疲(つか)れる **be tired out** /タイアド/, **be exhausted** /イグゾーステド/
• 5 時間も歩いたからへとへとだ
I'm tired out after a five-hour walk.
• ぼくはへとへとに (→死ぬほど)疲れている
I'm dead tired.

べとべと (ねばねばする) **sticky** /スティキ/; (ぬれている) **wet** /ウェト/
ペナルティーキック[エリア] a **penalty kick** [**area**] /ペナるティ キク[エリア]/
ペナント a **pennant** /ペナント/
• ペナントレース　a pennant race
べに 紅(をつける) **rouge** /ルージュ/ → くちべに
ベニヤ ベニヤ板 (合板) **plywood** /プらイウド/ → veneer /ヴィニア/ は合板を構成している「単板」のこと
ベネチア **Venice** /ヴェニス/
ヘビ 蛇 《動物》a **snake** /スネイク/
ベビー a **baby** /ベイビ/
• ベビーベッド 《米》a crib / 《英》a cot → 「ベビーベッド」は和製英語
• ベビーシッター　a babysitter
へや 部屋 a **room** /ルーム/
へらす 減らす **lessen** /れスン/, **decrease** /ディクリース/ → へる
ぺらぺら
❶ (流暢(りゅうちょう)に) **fluently** /ふるーエントり/
• ジョンは日本語がぺらぺらだ　John speaks Japanese fluently [fluent Japanese].
• 彼は 3 か国語がぺらぺらだ
He is fluent in three languages.
❷ (ぺらぺらめくる) → ぱらぱら ❷
ベランダ a **veranda** /ヴェランダ/
へり an **edge** /エヂ/, a **border** /ボーダ/; (衣類の) a **hem** /ヘム/ → ふち
ヘリウム **helium** /ヒーリアム/
ペリカン 《鳥》a **pelican** /ペリカン/
ヘリコプター a **helicopter** /ヘリカプタ/
ヘリポート a **heliport** /ヘりポート/

> ## へる　減る
> ➤ **lessen** /れスン/; (特に数量が) **decrease** /ディクリース/ → げんしょう²
> • 学生の数が減ってきた
> The number of students is decreasing.
> • その危険はだいぶ減った
> The danger has lessened considerably.

ベル a **bell** /べる/
• ベルを鳴らす　ring [sound] a bell

ペルー Peru /ペルー/
- ペルー(人)の Peruvian
- ペルー人 a Peruvian; (全体) the Peruvians

ベルギー Belgium /べるヂャム/
- ベルギー(人)の Belgian
- ベルギー人 a Belgian; (全体) the Belgians

ヘルスメーター a bathroom scale /バすルーム スケイる/ → 「ヘルスメーター」は和製英語

ベルト a belt /べるト/
- シートベルトを締(し)める fasten one's seat belt

ヘルメット a helmet /へるメト/

ベルリン Berlin /バ〜リン/

ベレー ベレー帽（フランス語）**a beret** /ベレイ/

へん¹ 辺
❶ (多角形の) **a side** /サイド/
❷ (あたり)→ あたり², きんじょ
- このへんに around here / near here
- あのへんに (over) there

へん² 変な
➤ **strange** /ストレインヂ/; (ふつうでない) **odd** /アド/; (意外な) **funny** /ふァニ/; (変な身なり・容ぼうの) **odd-looking** /アド るキング/
- 変なことを言うようだが strange to say
- それには何も変なところはない
There is nothing strange [odd] about that.
- メイが来なかったのは変だ
It's funny that May didn't come.
- 変顔をする make a funny [comical] face

べん¹ 便 (便利) **convenience** /コンヴィーニエンス/; (設備) **facilities** /ふァスィリティズ/; (交通の) **service** /サ〜ヴィス/ (→ びん² ❷)
- この2つの町の間にはよいバスの便がある
There is good bus service between the two towns.

べん² …弁 (なまり) **an accent** /アクセント/
- 関西弁で話す speak with a Kansai accent

ペン a pen /ペン/
- ペンで書く write with a pen / write in pen
- ペン習字 penmanship
- ペンフレンド a pen pal / (英) a pen friend

へんか 変化 (a) **change** /チェインヂ/
変化する, 変化させる change

べんかい 弁解 **an excuse** /イクスキュース/
弁解する excuse /イクスキューズ/
- 彼は遅刻したことについていろいろ弁解した
He made many excuses for coming late.
- 彼の行動には弁解の余地がない
He has no excuse for his conduct.

へんかきゅう 変化球 **a breaking ball** /ブレイキ

ング/

へんかん 返還 (a) **return** /リタ〜ン/
返還する return

へんかんする 変換する 《IT》(かな漢字変換で) **convert** /コンヴァ〜ト/

ペンキ ペンキ(を塗る) **paint** /ペイント/
- 壁に白くペンキを塗る paint a wall white
- ペンキ屋 a (house) painter
掲示 ペンキ塗りたて! Fresh [Wet] Paint!

べんきょう 勉強(する)
➤ **study** /スタディ/, **work** /ワ〜ク/
- 学校の勉強 schoolwork
- 勉強家 a hard worker
- 勉強部屋 a study
- 試験勉強する study for a test [an exam]
- 数学を勉強する study mathematics
- 一生懸命勉強する study [work] hard
- 毎日2時間勉強する study two hours every day
- 彼は夕食の前に勉強します
He studies before supper.
- もっと一生懸命勉強しなさい
Work [Study] harder. → work には「仕事をする」という意味があるので, 前後関係がはっきりしないと, 「仕事をする」か「勉強する」か不明のこともある
会話 君は1日に何時間勉強しますか. —私は1日に3時間勉強します
How many hours do you study a day? —I study (for) three hours a day.
- 私は3年間英語を勉強している → 現在完了進行形 I have been studying English for three years.

ペンギン 《鳥》 **a penguin** /ペングウィン/

へんけん 偏見 (a) **prejudice** /プレヂュディス/
- 彼はジャズ音楽に対して偏見を持っている
He has a prejudice against jazz music.

べんご 弁護 **pleading** /プリーディング/
弁護する plead (for ～)
- 弁護士 a lawyer
- 弁護士に相談する consult with a lawyer

へんこう 変更 (a) **change** /チェインヂ/
変更する change, make a change
- 時間表に変更はありませんか
Isn't there any change in the schedule?
- 途中で方針を変更するのは賢明ではない
It isn't wise to change your course half-way. /
ひゆ It isn't wise to change your horse in midstream. (中流で馬を乗り換えるのは)

へんさい 返済 **repayment** /リペイメント/
返済する **pay back**, **repay**

へんさち 偏差値 (数学) **deviation value** /ディーヴィエイション ヴァリュー/; (試験の点数) **test scores** /スコーズ/
・あの学校は偏差値が高い
That school requires high test scores to enter. →require は「要求する」

へんじ 返事

➤ an **answer** /アンサ/, a **reply** /リプらイ/

返事をする **answer**, **reply** (to ~)
・手紙に対する返事 an answer [a reply] to a letter
・さっそくご返事いただきお礼申し上げます
Thank you for your prompt answer [reply].

へんしゅう 編集する **edit** /エディト/
・編集者 an editor
・編集長 a chief editor
・編集部[委員会] an editorial staff [committee]

べんじょ 便所 a **lavatory** /らヴァトーリ/, a **toilet** /トイれト/

べんしょう 弁償 **compensation** /カンペンセイション/
弁償する **compensate** (for ~) /カンペンセイト/, **make up** (for ~)

ペンション (西洋風民宿) a **guest house** /ゲスト ハウス/, a **small hotel** /スモーる ホウテる/

へんしん 変身する **change** (into ~) /チェインヂ/, **turn** (into ~) /ターン/, **transform** (into ~) /トランスふォーム/

へんすう 変数 a **variable** /ヴァリアブる/
・変数を A と設定する set the variable to A

へんそう 変装 **disguise** /ディスガイズ/
変装する **disguise** oneself (as ~)

ペンダント a **pendant** /ペンダント/
・ペンダントをしている wear a pendant

ベンチ a **bench**; (野球) a **dugout** /ダガウト/

ペンチ (a pair of) **pliers** /(ペア) プらイアズ/

べんとう 弁当 *bento*; a **box [packed] lunch** /バクス [パクト] らンチ/
・弁当箱 a lunch box

へんとうせん 扁桃腺 **tonsils** /タンスるズ/ →2つあるので複数形でいう
扁桃腺炎 **tonsillitis** /タンスらイティス/

べんぴ 便秘 **constipation** /カンスティペイション/
・私は便秘している I am constipated.

へんぴな **out-of-the-way** /アウトヴ ざ ウェイ/
・へんぴな場所 an out-of-the-way place

べんり 便利な

➤ **convenient** /コンヴィーニエント/; (手ごろで便利な) **handy** /ハンディ/

・便利な道具 a convenient [handy] tool
・バスと地下鉄ではどちらが行くのに便利ですか
Which is more convenient to go by bus or by subway?
・郵便局はうちから便利な所にあります
The post office is at a convenient distance from our house. / Our house is conveniently near the post office.
・このキッチンはなにからなにまで便利に出来ている
Everything is convenient in this kitchen.

べんろん 弁論 **public speaking** /パブリク スピーキング/
・弁論大会 a speech [an oratory] contest

ほ ホ

ほ¹ 穂 an **ear** /イア/
ほ² 帆 a **sail** /セイる/
ほ³ 歩 a **step** /ステプ/
・一歩一歩 step by step
・彼女は一歩も動けなかった
She could not move an inch.

ほあんかん 保安官 a **sheriff** /シェリふ/

ほあんけんさ 保安検査 a **security check** [**screening**] /スィキュアリティ チェク [スクリーニング]/

ほいく 保育する **nurse** /ナ～ス/

・保育園 《米》 a **day care center** / 《英》 a **day nursery** / a **crèche** /クリーシェイ/
・保育士 a **nursery school teacher** / a **child carer**

ボイコット a **boycott** /ボイカト/
ボイコットする **boycott**

ボイラー a **boiler** /ボイら/

ホイル **foil** /ふォイる/
・アルミホイル aluminum foil

ぼいん 母音 a **vowel** /ヴァウエる/

ポインター a **cursor** /カ～サー/, a **mouse**

pointer /マウス ポインタ/ ➔ PC の画面上で入力位置を示すもの．マウスなどで動かす
ポイント（点）a **point** /ポイント/; (要点) the **point**
ポイントカード《米》a **discount**［**club**, **rewards**］**card** /ディスカウント［リウォーヅ］/,《英》a **loyalty card** /ろイアるティ/ ➔「ポイントカード」は和製英語
ほう¹ 法 ➔ ほうほう，➔ ほうりつ

ほう² 方
❶（方向）a **direction**, a **way**
❷（側）a **side**
❸（比較）比較級を使って表す

❶（方向）a **direction** /ディレクション/, a **way** /ウェイ/
…の方へ，…の方に **to**, **toward(s)** /トード［ツ］/
・ドアの方へ行く go to the door / go toward(s) the door
・こちらの方［私の方］を向きなさい
Look this way [toward(s) me].
・橋の方へ5分間ほど歩いて行けば十字路に出ます
Walk about five minutes toward(s) [in the direction of] the bridge, and you will come to a crossing.
・風はどちらの方へ吹いていましたか
Which way [In which direction] was the wind blowing?
・彼は背を私の方に向けてすわった
He sat with his back toward(s) me.
❷（側）a **side** /サイド/
・彼の店はその通りの左の方にある
His shop is on the left side of the street.
・私の方は大丈夫だが君の方はどうだ
We are all right (on our side). How are things going on on your side [with you]?
❸（比較）比較級を使って表す．
…したほうがよい had better *do* ➔ 2人称に対して用いるとかなり強い命令口調になる場合もあるので注意すること；丁寧(ていねい)な表現としては (I think) It might be better for you to *do* などがある
・君のほうが彼より背が高い
You are taller than he is [《話》than him].
・(私たちは)医者を呼んだほうがいい
We had better call the doctor.
・君はうちに残っていたほうがいい(いなさい)
You had better stay at home.
・君はそこへ行かないほうがいい
You had better not go there.
・私は疲(つか)れたので，寝るほうがいいだろう

I'm tired. I may as well go to bed.
ぼう 棒 a **stick** /スティク/; (こん棒) a **club** /クらブ/; (指揮棒) a **baton** /バトン/

ぼういんぼうしょく 暴飲暴食する **eat and drink too much** /イート ドリンク マチ/
ぼうえい 防衛 **defense** /ディふェンス/
防衛する defend /ディふェンド/ ➔ まもる
・防衛省 the Ministry of Defense
・防衛大臣 the Minister of Defense
ぼうえき 貿易 **foreign trade** /ふォーリン トレイド/
・…と貿易する trade with 〜
ぼうえんきょう 望遠鏡 a **telescope** /テれスコウプ/; (双眼鏡) **binoculars** /ビナキュらズ/
・望遠鏡でみる look through a telescope
ほうおう 法王（ローマ法王）**the Pope** /ポウプ/ ➔ きょうこう
ぼうおん 防音の **soundproof** /サウンドプルーふ/
・防音室 a soundproof room
ほうか 放火 **arson** /アースン/
・放火する set fire (to 〜)
ぼうか 防火 **fire prevention** /ふァイア プリヴェンション/
・防火建築 a fireproof building
・防火訓練 a fire drill
・生徒たちは防火訓練をしていた
The pupils were having a fire drill.
ぼうがい 妨害 **obstruction** /オブストラクション/, **interruption** /インタラプション/
妨害する ➔ さまたげる
ほうがく 方角 ➔ ほうこう
ほうかご 放課後 **after school**
・君は放課後何をするつもりですか
What are you going to do after school?

ほうがん 砲丸投げ **the shot put** /シャト プト/
- 砲丸投げ選手 a shot-putter

ぼうかん 傍観する **look on** /る⌒/
- 傍観者 a looker-on (徴 lookers-on)
- 彼はただ傍観していて私たちを助けるために何もしてくれなかった **ひゆ** He just sat［stood, watched］on the sidelines and did nothing to help us. (競技に参加しないでサイドラインに腰を下ろしていた［立っていた，で見ていた］)

ほうがんし 方眼紙 **graph paper** /グラふ ペイパ/

ほうき¹ a **broom** /ブルーム/
- ほうきで掃く **sweep** /スウィープ/

ほうき² 放棄 **abandonment** /アバンドンメント/; (権利・主張の) **renunciation** /リナンスィエイション/
- **放棄する abandon** /アバンドン/, **give up**; (権利・義務などを) **renounce** /リナウンス/
- 戦争放棄 the renunciation of war
- 選挙権を放棄する renounce *one's* right to vote

ぼうぎょ 防御 **defense** /ディふェンス/
- **防御する defend** /ディふェンド/

ぼうグラフ 棒グラフ a **bar graph** /バー グラふ/

ほうけん 封建的 **feudalistic** /ふューダリスティク/
- 封建制度 feudalism / the feudal system

ほうげん 方言 a **dialect** /ダイアれクト/

ぼうけん 冒険 (an) **adventure** /アドヴェンチャ/
- **冒険する risk** /リスク/
- 冒険的な adventurous
- 冒険家 an adventurer
- 冒険心 a spirit of adventure

ほうこう 方向 a **direction** /ディレクション/, a **way** /ウェイ/ → ほう² ❶
- この方向に in this direction
- 方向がわからなくなる lose *one's* sense of direction / cannot find *one's* way
- うちの母は方向音痴だ
My mother has no sense of direction.
- 郵便局はどちらの方向ですか
Which way is the post office?

ぼうこう 暴行 **violence** /ヴァイオれンス/, (an) **outrage** /アウトレイヂ/, (an) **assault** /アソールト/
- …に暴行を加える do violence to ~ / commit an outrage on ~ / make an assault on ~

ほうこく 報告(書) a **report** /リポート/
- **報告する report**
- 報告者 a reporter
- 中間報告 an interim report
- …に事故の［事故についての］報告をする report the accident［on the accident］to ~

- コロンブスはアメリカを発見したことを女王に報告した Columbus reported to the queen that he had discovered America.

ぼうごふく 防護服 **personal protective equipment** /パーソナる プロテクティヴ イクウィプメント/
→ しばしば PPE と略される

ぼうさい 防災 **disaster prevention** /ディザスタ プリヴェンション/
- 防災の日 Disaster Prevention Day
- 防災訓練 a disaster drill

ほうさく 豊作 a **rich harvest** /リチ ハーヴェスト/, (大豊作) a **bumper crop** /バンパ/
- 今年は米の大豊作が予想される The prospects for the rice harvest are very good this year. / A bumper crop of rice is expected this year.
- うちのリンゴは今年は豊作でした
We had a fine crop of apples this year. / Our apple crop was very good this year.

ほうさん ホウ酸 **boric acid** /ボーリク アスィド/

ぼうさん 坊さん a **Buddhist priest** /ブディスト プリースト/

ほうし¹ 奉仕 **service** /サ〜ヴィス/
- **奉仕する serve** /サ〜ヴ/
- 社会に奉仕する serve the public
- 社会奉仕 social service

ほうし² 胞子 a **spore** /スポー/

ほうじ 法事 a **Buddhist service** /ブディスト サ〜ヴィス/
- 祖父の法事 a Buddhist service for *one's* late grandfather

ぼうし¹ 帽子 a **hat** /ハト/; (学生帽・野球帽・水泳帽などのような縁なし) a **cap** /キャプ/
- 帽子をかぶる［脱ぐ］ put on［take off］a cap
- 帽子をかぶったままで with *one's* cap on

ぼうし² 防止 **prevention** /プリヴェンション/
- **防止する prevent** /プリヴェント/ → ふせぐ

ほうじちゃ 焙じ茶 **roasted tea** /ロウステド ティー/

ほうしゃ 放射 **radiation** /レイディエイション/
- **放射する radiate** /レイディエイト/
- 放射状の radial
- 放射能 radioactivity
- 放射能のある radioactive
- 放射線 radioactive rays
- 放射性物質 (a) radioactive material
- 放射能汚染 radioactive pollution
- 放射性廃棄物 radioactive waste

ほうしゅう 報酬 a **reward** /リウォード/
- **報酬を与える reward**
- 彼の協力に対する報酬 a reward for his ser-

ほうしん 方針（主義）a **principle** /プリンスィプる/; (やり方) a **policy** /パリスィ/
・本校の教育方針 the educational principles of this school
・外交方針 a foreign policy

ぼうず 坊主 → ぼうさん; (坊主頭)(つるつるの) a **shaven head** /シェイヴン ヘド/, (短く刈った) a **close-cropped head** /クろウス クラプト/
・坊主にする have *one's* head shaved [cropped short]

ぼうすい 防水の **waterproof** /ウォータプルーふ/

ほうせき 宝石（宝玉）a **gem** /ヂェム/; (装身具) a **jewel** /ヂューエる/
・宝石商 《米》a jeweler /《英》a jeweller
・宝石類 《米》jewelry /《英》jewellery
・宝石箱 a jewel case

ぼうせん 傍線 a **sideline** /サイドライン/

ほうそう¹ 放送

➤ **broadcasting** /ブロードキャスティング/

放送する (ラジオで) **broadcast** /ブロードキャスト/; (テレビで) **telecast** /テれキャスト/, **televise** /テれヴァイズ/
・(ラジオ・テレビで)放送される be on the air
・放送[海外放送]番組 a broadcast [an overseas broadcast] program
・放送局 a broadcasting station
・放送クラブ a broadcasting club
・学校放送 school broadcast
・校内放送 → こうない
・深夜放送 a midnight radio [TV] program
・テレビで実況生放送される be telecast [televised] live
・再放送する rebroadcast
・8時からおもしろいショーが放送されます
An amusing show will be on the air at eight.

ほうそう² 包装 **packing** /パキング/
包装する (荷造りする) **pack**; (包む) **wrap** /ラプ/
・包装紙 wrapping paper

ぼうそうぞく 暴走族（集団）a **motorcycle gang** /モウタサイクる ギャング/; (個人) a **motorcycle gang member**

ほうそく 法則 a **law** /ろー/, a **rule** /るーる/

ほうたい 包帯 a **bandage** /バンデヂ/
包帯をする **bandage**
・彼の腕に包帯をする bandage his arm
・彼の腕の包帯を取る remove a bandage from his arm

ぼうたかとび 棒高跳び **the pole vault** /ポウる ヴォーると/

ぼうちゅうざい 防虫剤 an **insecticide** /インセクティサイド/; (玉の) a **mothball** /モーすボーる/

ほうちょう 包丁 a **kitchen knife** /キチン ナイふ/ (複) knives /ナイヴズ/

ぼうちょう 膨張 **expansion** /イクスパンション/
膨張する **expand** /イクスパンド/

ほうっておく **let alone** /アろウン/, **leave alone** /リーヴ/
・イヌをほうっておきなさい Leave the dog alone.
・そのヘビはほうっておけば(→何もしなければ)何も害をしない The snake will do no harm to you if you do nothing to it.

ぼうっと ぼうっとした
❶(暗くて) **dim** /ディム/; (かすんで) **hazy** /ヘイズィ/
・ぼうっとかすんだ空 a hazy sky
・明かりがぼうっと光っていた
The light was shining dimly.
❷(頭が) **fuzzy** /ふァズィ/
・ぼうっとして fuzzily / in a daze / dazedly
・ぼくは頭がすっかりぼうっとしている
My head is all fuzzy.

ぽうっと (顔が赤くなる) **blush** /ブらシュ/; (心を奪われる) **be carried away** /キャリド アウェイ/
・はずかしくてぽうっとなる blush for [with] shame

ほうてい 法廷 a **court** /コート/

ほうていしき 方程式 an **equation** /イクウェイション/
・方程式を解く solve an equation
・一次方程式 a linear equation /リニア/
・二次方程式を解く solve a quadratic equation /クワードラティク/
・連立方程式 simultaneous equations /サイマるテイニアス/

ほうどう 報道 **news** /ニューズ/, a **report** /リポート/
報道する **report**
・報道機関 a news medium
・報道陣 news reporters
・最近の報道によれば according to the latest news
・ハイチの大地震についてテレビで特別ニュース報道があった
There was a special news report on TV about a huge earthquake in Haiti.

ぼうどう 暴動 a **riot** /ライオト/
・暴動を起こす raise［get up］a riot

ほうにん 放任する **leave alone** /リーヴ アろウン/, **let alone**

ぼうねんかい 忘年会 a **year-end party** /イア エンド パーティ/

ぼうはてい 防波堤 a **breakwater** /ブレイクウォータ/

ぼうはん 防犯 **crime prevention** /クライム プリヴェンション/
・防犯カメラ a security camera / a CCTV camera →CCTV は closed-circuit television（有線テレビ）の略 /（監視カメラ）a surveillance camera
・防犯ベル a burglar alarm

ほうび (報酬(ほうしゅう)) a **reward** /リウォード/;（賞）a **prize** /プライズ/

ほうふ 豊富 **abundance** /アバンダンス/
豊富な abundant /アバンダント/
・豊富に abundantly / in abundance
・その国は天然資源が豊富だ
The country is abundant in natural resources.

ぼうふう 暴風 a **stormy wind** /ストーミ ウィンド/;（強風）a **gale** /ゲイる/
・暴風雨 a storm

ぼうふざい 防腐剤 an **antiseptic** /アンティセプティク/, a **preservative** /プリザ〜ヴァティヴ/

ほうほう 方法
➤（方式）a **method** /メそド/;（やり方）a **way** /ウェイ/;（手段）a **means** /ミーンズ/（榎 同形）
・英語を教える新しい方法 a new method of teaching English
・それを作る方法を教えてくれませんか
Will you please tell me the way［how］to make it?

ほうぼう (あちこち) **here and there** /ヒア ゼア/

ほうむ 法務省[大臣] the **Ministry**［**Minister**］**of Justice** /ミニストリ［ミニスタ］チャスティス/

ほうむる 葬る **bury** /ベリ/

ほうめん 方面 （方角）a **direction** /ディレクション/;（地区）a **quarter** /クウォータ/

ほうもん 訪問 a **visit** /ヴィズィト/; a **call** /コーる/

訪問する visit; **call on**, **pay a call on** /ペイ/
・訪問客 a visitor
・彼を訪問する call on him / pay a call on him
・彼はよく友人たちの訪問を受ける
He is often visited by his friends.

ぼうや 坊や （男の子）a (**little**) **boy** /(リトる)/,（息子）a **son** /サン/;（呼びかけて）(**my**) **boy**, **son**

ほうりだす ほうり出す **throw out** /すロウ/;（見捨てる）**abandon** /アバンドン/, **desert** /ディザ〜ト/;（あきらめる）**give up**

ほうりつ 法律 a **law** /ろー/;（総称）**the law**
・法律を守る[破る] observe［break］the law

ほうりなげる ほうり投げる **throw** /すロウ/;（ひょいと）**chuck** /チャク/, **toss** /トース/

ぼうりょく 暴力 **force** /ふォース/, **violence** /ヴァイオれンス/
・暴力行為(こうい) an act of violence
・暴力団 a gang / gangsters
・暴力団員 a gangster
・暴力に訴(うった)える resort to force［violence］
・…に暴力をふるう do violence to ～
・暴力で by force

ボウリング （ゲーム）**bowling** /ボウリング/
・ボウリング場 a bowling alley
・ボウリングをする bowl

ほうる →なげる

ホウレンソウ 菠薐草 《植物》**spinach** /スピナチ/

ほうろう 放浪する **wander** (**about**) /ワンダ (アバウト)/

ほえる bark /バーク/
・イヌが彼にほえついた A dog barked at him.

ほお a **cheek** /チーク/
・ほおを赤らめる blush

ボーイ （レストランの給仕係）a **server** /サ〜ヴァ/, a **waitperson** /ウェイトパ〜スン/

ボーイスカウト a **boy scout** /スカウト/

ボーイフレンド a **boyfriend** /ボイふレンド/ →英語では「恋人」というニュアンスが強い

ボーク （野球で）a **balk** /ボーク/

ホース a **hose** /ホウズ/ →英語の発音に注意

ポーズ a **pose** /ポウズ/
・ポーズをとる pose
・彼女は写真家のためにいろいろなポーズをとった
She posed in various positions for the photographer.

ポータブル(ラジオ) a **portable** (**radio**) /ポータブる (レイディオウ)/

ボート a **boat** /ボウト/
・ボートをこぐ row a boat
・ボートこぎに行く go for a row
・私たちはボートをこいで流れを下った
We rowed (our boat) down the stream.

ボーナス a **bonus** /ボウナス/

ほおばる
・口にものをほおばったまましゃべってはいけない

Don't speak with your mouth full.
ホーム a **platform** /プらトふォーム/, a **track** /トラク/
- 3番ホームから発車する start from Track No.3

ホームシック **homesickness** /ホウムスィクネス/
- ホームシックにかかる get homesick

ホームドア a **platform door** /プらトふォーム ドー/; (低いもの) **an automatic platform gate** /オートマティク プらトふォーム ゲイト/

ホームドラマ a **situation comedy** /スィチュエイション カメディ/, 《話》a **sitcom** /スィトカム/ → 「ホームドラマ」は和製英語

ホームプレート the **home plate** /ホウム プれイト/

ホームページ a **home page** /ホウム ペイヂ/; a **website** /ウェブサイト/
- ホームページを開設する have [set up] a website

> **参考**　日本語の「ホームページ」はインターネットのあるサイト全体をさすのに使われているが、英語の home page はふつう最初のページのみをさす。全体は website という

ホームベース the **home (base)** /ホウム (ベイス)/, the **home plate** /ホウム プれイト/

ホームヘルパー (老人や病人の世話をする人) a **home health aide** /ホウム へるす エイド/, 《英》**home help** /へるプ/

ホームラン a **home run** /ホウム/, a **homer** /ホウマ/
- 満塁[ツーラン]ホームラン a grand slam [a two-run homer]

ホームルーム (教室) a **homeroom** /ホウムルーム/; (会合) a **homeroom meeting** /ミーティング/

ホームレス a **homeless person** /ホウムれス パ〜スン/; (人々) **homeless people** /ピープる/

ポーランド **Poland** /ポウらンド/
- ポーランド(人, 語)の Polish
- ポーランド語 Polish
- ポーランド人 a Pole; (全体) the Poles

ボーリング → ボウリング

ホール a **hall** /ホーる/

ボール¹ a **ball** /ボーる/

ボール² ボール紙 **cardboard** /カードボード/
　ボール箱 a **carton** /カートン/; a **cardboard box**
- 段ボール紙 corrugated cardboard

ボールペン a **ballpoint (pen)** /ボーるポイント/ → ball pen ともいうがあまりふつうではない

ほか
➤ (ほかの) **another** /アナざ/; **other** /アざ/
➤ (ほかのもの) **the others, the rest** → べつ
➤ (…を除いて) **except ~** /イクセプト/; (さらに) **besides ~** /ビサイヅ/
- 何かほかの本 some other book(s); (疑問・否定) any other book(s)
- 多田のほかみんな all except Tada
- 多田のほか2〜3人 a few besides Tada
- ある者たちは矢田に投票したけれどもほかの者たちはみな多田に投票した
Some voted for Yada, but all the others [all the rest] voted for Tada.
- どこかもっとサービスのよいほかの店へ行こうよ
Let's go to some other store where the service is better.

ぽかぽか¹ (暖かい) **(nice and) warm** /(ナイスン) ウォーム/, **pleasantly warm** /プれズントり/
- だいぶ運動したのでぽかぽかしてきた
I feel nice and warm after a good exercise.
- きょうはぽかぽか陽気ですね
It is pleasantly warm today, isn't it?

ぽかぽか² ぽかぽかなぐる **pummel** /パメる/

ほがらか 朗らかな **cheerful** /チアふる/

ほかん 保管する **keep** /キープ/
- ダイヤを金庫に保管しておく keep the diamond in the safe

ぼき 簿記 **bookkeeping** /ブクキーピング/

ほきゅう 補給 a **supply** /サプらイ/
　補給する **supply**
- 燃料の補給 a supply of fuel

ぼきん 募金 **fund-raising** /ふァンド レイズィング/
- 募金活動 a fund-raising campaign

ぼく → わたし

ほくい 北緯 **the north latitude** /ノーす らティテュード/ → latitude は Lat. と略す
- 北緯35度10分 Lat. 35°10′N. (読み方: latitude thirty-five degrees ten minutes north)

ほくおう 北欧の **Scandinavian** /スキャンディネイヴィアン/
- 北欧諸国 Scandinavian countries

ボクサー a **boxer** /バクサ/

ぼくし 牧師 a **minister** /ミニスタ/; a **clergyman** /クら〜ヂマン/ (複 -men), a **clergywoman** /クら〜ヂウマン/ (複 -women)

ぼくじゅう 墨汁 **India(n) ink** /インディア(ン) インク/, **Chinese ink** /チャイニーズ インク/

ぼくじょう 牧場 a **ranch** /ランチ/; (家畜飼育場) a **stock farm** /スタク ふァーム/; (酪(らく)農場) a

ボクシング 500 five hundred

dairy farm /デアリ/; (放牧場) a **pasture** /パスチャ/; (牧草地) a **meadow** /メドウ/

ボクシング boxing /バクスィング/
• …とボクシングをする box with ~

ほくせい 北西 **the northwest** /ノーすウェスト/ →せいなん
• 北西の northwest / northwestern
• 北西に (方向・位置) northwest; (方向) to the northwest; (位置) in the northwest

ぼくそう 牧草 **grass** /グラス/

ぼくちく 牧畜 **stock farming** /スタク ふァーミング/
• 牧畜業者 a stock farmer

ほくとう 北東 **the northeast** /ノーすイースト/ →せいなん
• 北東の northeast / northeastern
• 北東に (方向・位置) northeast; (方向) to the northeast; (位置) in the northeast

ぼくとう 木刀 a **wooden sword** /ウドン ソード/

ほくとしちせい 北斗七星 《米》**the** (**Big**) **Dipper** /ディパ/, 《英》**the Plough** /プラウ/

ほくぶ 北部 **the north** /ノーす/, **the northern part** /ノーざン パート/
• 北部の north / northern
• …の北部に in the north [the northern part] of ~

ほくべい 北米 **North America** /ノーす アメリカ/

ほくろ a **mole** /モウる/

ほげい 捕鯨 **whaling** /(ホ)ウェイリング/
• 捕鯨船 a whaling ship / a whaler

ほけつ 補欠選手 a **substitute** (**player**) /サブスティテュート (プれイア)/
• 補欠募集 an invitation for filling vacancies
• 補欠選挙 《米》a special election / 《英》a by-election
• 彼はその学校に補欠入学した He was admitted into the school to fill up a vacancy.

ポケット a **pocket** /パケト/
• 手をポケットに入れる put one's hand in one's pocket

ぼける
❶ (頭の働きが) **get dull** /ダる/; (年を取って) **get senile** /スィーナイる/, (年を取ってぼけている) **be in** one's **dotage** /ドウテヂ/
• うちのおじいちゃんはぼけてしまっている My grandpa is in his dotage.
❷ (写真のピントが) **be out of focus** /ふォウカス/
❸ (色が) **fade** /ふェイド/, **shade off** /シェイド/

ほけん¹ 保険(金) **insurance** /インシュアランス/
保険をつける insure /インシュア/

• 保険料 a premium
• 生命[火災]保険 life [fire] insurance
• 失業保険 unemployment insurance
• 傷害[自動車]保険 accident [car] insurance
• 保険会社 an insurance company
• 生命保険には insure oneself [one's life]
• 家に火災保険をつける insure one's house against fire / get an insurance on [for] one's house
• 労働者には失業保険がついている The workers are insured against unemployment.

ほけん² 保健 **health** /へるす/
• 保健所 a health center
• (学校の)保健室 《米》an infirmary / 《英》a sick room
• 保健の先生 a nurse / a matron
• 保健体育 health and physical education

ほご 保護 **protection** /プロテクション/, **preservation** /プレザヴェイション/
保護する protect /プロテクト/
• 保護者 a guardian; (親) one's parent(s)
• A を B から保護する protect A from B

ぼご 母語 one's **native language** /ネイティヴ らングウェヂ/, one's **mother tongue** /マざ タング/
• 英語を母語としている人 a native speaker of English
• 彼は中国語を母語のように話します He speaks Chinese as if it were his mother tongue.

ぼこう 母校 one's **old school**, 《米》one's **alma mater** /アるマ マータ/

ほこうしゃ 歩行者 a **pedestrian** /ペデストリアン/
• 日曜歩行者天国 a Sunday mall

ぼこく 母国 one's **mother country** /マざ カントリ/

ほこり¹ ほこり(を払う) **dust** /ダスト/
• ほこりっぽい dusty
• 砂ぼこり a cloud of dust
• ほこりを立てる[静める] raise [lay] (the) dust
• テーブルのほこりを払う dust a table

ほこり² 誇り **pride** /プライド/
• この図書館は私たちの村の大きな誇りです
This library is a great pride of our village.

ほこる 誇る **be proud** (of ~) /プラウド/
• 誇らしげに proudly

ほころび a **tear** /テア/, a **rip** /リプ/; (大きな) a **rent** /レント/
• ほころびをつくろう mend a tear

ぼさぼさ (髪など伸びほうだいの) **ragged** /ラゲド/; (くしゃくしゃの) **disheveled** /ディシェヴェるド/; (くしを入れてない) **unkempt** /アンケンプト/

ほし 星

➤ a star
- 星の(いっぱい出ている) starry
- 星明かり(の) starlight
- 星月夜 a starlight night

ぼし 母子家庭 a fatherless family /ふァーざれス ふァミリ/

ほしい

➤ want /ワント/
- …してほしい → したい²
- ぼくは新しい自転車がほしい
I want a new bike.
- ぼくの妹はもっと大きな部屋をほしがっています
My sister wants a bigger room.
- 君は誕生日のプレゼントに何がほしいですか
What do you want for your birthday present?
- 何が一番ほしいか言ってごらん
Tell me what you want most.
- 君のほしいものは何でもあげますよ
I will give you anything you want [like].
- 持てば持つほどほしくなるものだ
The appetite grows with eating. (食べるほど食欲は増す) → 英語のことわざ

ほしうらない 星占いをする read one's horoscope /リード ホーロスコウプ/, cast one's horoscope /キャスト/, read one's fortune by the stars /ふォーチュン/

ほしがる → ほしい

ほしくさ 干し草 hay /ヘイ/

ほしぶどう 干しブドウ raisins /レイズンズ/

ほしゅ 保守(主義) conservatism /コンサ〜ヴァティズム/
保守的な conservative /コンサ〜ヴァティヴ/
- 保守主義者 a conservative
- 保守党 a conservative party

ほしゅう¹ 補習の supplementary /サプるメンタリ/
- 補習授業 supplementary lessons
- 私たちは毎週土曜日の午後に2時間補習授業があります We have supplementary lessons for two hours every Saturday afternoon.

ほしゅう² 修修(する) repair /リペア/

ほじゅう 補充 supplement /サプるメント/
補充する supplement
- 補充の supplementary

ぼしゅう 募集する (軍隊・会社などが) recruit /リクルート/; (学校が) accept applications /アクセプト アプリケイションズ/; (寄付金などを) ask for /アスク/, appeal for /アピーる/
- 入学志願者を募集する accept applications for entrance
- 困っている人たちを救うための寄付金を募集する ask [appeal] for contributions to help needy people

ほじょ 補助 (an) assistance /アスィスタンス/
補助する assist /アスィスト/, help /へるプ/
- 補助員 a helper
- 補助犬 an assistance dog
- 補助いす a spare chair
- おじが私の学費を補助してくれます
My uncle helps me with my school expenses.

ほしょう¹ 保証 assurance /アシュランス/; (商品などの) guarantee /ギャランティー/
保証する guarantee; (日常語) assure /アシュア/
- 保証人 a guarantor
- 保証金 (手付金) a deposit
- この時計は1年間の保証付きです
This watch is guaranteed for one year.
- 危険のないことを保証します
I assure you that there is no danger.

ほしょう² 補償 compensation /カンペンセイション/
補償する compensate (for 〜) /カンペンセイト/, make compensation (for 〜)
- …の補償として in [by way of] compensation for 〜

ほす 干す dry /ドライ/; (外気にあてる) air /エア/
- 衣類を干す air clothes
- 彼女は日に干すために洗たく物を外につるす
She hangs out the washing to dry in the sun.

ボス a boss /ボース/

ポスター a poster /ポウスタ/

ポスト 《米》a mailbox /メイるバクス/, 《英》a postbox /ポウストバクス/; (街路にある) 《米》a mailbox, 《英》a pillar-box /ぴらバクス/
ポストに入れる 《米》mail, 《英》post
- 学校へ行く途中忘れずにこの手紙をポストに入れてください Remember to mail this letter on your way to school.

ホストファミリー a host family /ホウスト/

ぼせい 母性 motherhood /マざフド/
- 母性愛 maternal love

ほそい 細い

➤ thin /すィン/
➤ (狭い) narrow /ナロウ/

ほそう | 502 | five hundred and two

- •細い針金　(a) thin wire
- •細い道　a narrow way

ほそう 舗装　**pavement** /ペイヴメント/, **paving** /ペイヴィング/

舗装する **pave** /ペイヴ/, **surface** /サ〜ふェス/
- •舗装道路　a paved road

ほそく 補足する　(付け足す) **add** /アド/; (補う) **supplement** /サプるメント/

ほそながい 細長い　**long and narrow** /ナロウ/; (ほっそりした) **slender** /スれンダ/

ほぞん 保存　**preservation** /プレザヴェイション/

保存する **preserve** /プリザ〜ヴ/; (取っておく) **keep** /キープ/
- •(食べ物が)保存のきく[きかない]　long-lasting, non-perishable [perishable]
- •この国ではいくつかの古代建築物がよく保存されている　Some of the ancient buildings are carefully preserved in this country.
- •この食べ物は保存がきかない
This food spoils fast [easily]. / This food is perishable.
- •ファイルをクラウドに保存する
save files on cloud [online] storage / save files on the cloud
- •データをサーバーに保存する
store data on a server

ポタージュ **potage** /ポウタージュ/; (濃いスープ) **thick soup** /すィック スープ/ → potage は元はフランス語

ホタル 蛍　《虫》a **firefly** /ふァイアふらイ/

ボタン[1] a **button** /バトン/
- •ボタンをかける　button / fasten a button
- •ボタンをはずす　unbutton
- •ボタン穴　a buttonhole

ボタン[2] 《植物》a **peony** /ピーオニ/

ぼち 墓地　a **graveyard** /グレイヴャード/; (共同墓地) a **cemetery** /セメタリ/

ホチキス a **stapler** /ステイプら/
- •ホチキスでとじる　staple
- •ホチキスの針　a staple
- •その書類をホチキスでとじて
Staple the papers. /
Fasten the papers with the stapler.

ほちゅうあみ 捕虫網　an **insect net** /インセクト/

ほちょう 歩調　(a) **pace** /ペイス/
- •歩調を速める[ゆるめる]
quicken [slacken] one's pace
- •(…と)歩調を合わせて歩く
walk in step (with 〜)
- •ゆっくりした[しっかりした]歩調で　at a slow

[steady] pace

ほちょうき 補聴器　a **hearing aid** /ヒアリング エイド/

ほっきょく 北極　the **North Pole** /ノーす ポウる/
- •北極の　arctic
- •北極地方　the arctic regions
- •北極海　the Arctic Ocean
- •北極星　the North Star / the polestar

ホック a **hook** /フク/
- •ホックをかける　hook
- •ホックをはずす　unhook

ホッケー **hockey** /ハキ/

ほっさ 発作　a **fit** /ふィト/
- •発作を起こす　have a fit
- •せきの発作　a fit of coughing

ほっそり ほっそりした　**slender** /スれンダ/, **slim** /スリム/

ボッチャ 《スポーツ》**boccia** /バチャ/ → パラリンピックの種目名

ほっと ほっとする　**be relieved** /リリーヴド/, **feel relieved** /ふィーるド/
- •ほっとため息をつく　sigh with relief / give a sigh of relief
- •私はその知らせを聞いてほっとした
I was relieved to hear the news. /
The news relieved my mind.

ポット (お茶の) a **teapot** /ティーパト/; (コーヒーの) a **coffeepot** /コーふィパト/; (魔法びん) 《商標》a **thermos** /さ〜モス/ → pot だけでは「つぼ、なべ」の意味

ホットケーキ a **hot cake** /ケイク/, a **pancake** /パンケイク/, a **flapjack** /ふらプヂャク/

ほっとする (安心する) **feel relieved** /リリーヴド/

ホットドッグ a **hot dog** /ハト ドーグ/ → 日本の「アメリカンドッグ」は corn dog

ポップコーン **popcorn** /パプコーン/

ポップス **pop music** /ミューズィク/
- •ポップシンガー[ソング]　a pop singer [song]

ほっぽう 北方　→きた

ほつれる (糸などが) **fray** /ふレイ/; (髪が) **become loose** /るース/

ボディー a **body**

ボディーガード a **bodyguard** /バーディガード/

ポテトチップス 《米》**potato chips** /ポテイトウ チプス/, **chips**. 《英》**potato crisps** /クリスプス/ → 《英》ではフレンチフライのことを chips という

ほてる **feel** [**be**] **warm** /ふィーる ウォーム/; (顔が) **flush** /ふらシュ/

ホテル a **hotel** /ホウテる/
- •ホテルに滞在(たいざい)する　stay at a hotel

503 five hundred and three

ぼやけた

・ホテルに部屋を予約する　reserve a room in a hotel
・ホテルでチェックインする　check in at a hotel
・チェックアウトしてホテルを出る　check out of a hotel

ほど

❶ (およそ) **about 〜** /アバウト/, **around 〜** /アラウンド/, **some 〜** /サム/, **〜 or so**
・1週間ほど　about a week / a week or so
・川までは1キロ半ほどです

It is about [around] one kilometer and a half to the river.
・30人ほどの人がその職に応募(おうぼ)した

Some thirty people applied for the post.
・スーパーへ行って卵を10個ほど買って来て

Go to the supermarket and get ten eggs for me. → こういう「ほど」は日本語特有のぼかした言い方だから ✕about ten などと言わない

❷ (…ほど…ではない) **not so 〜 as 〜**
・それは君が思うほど楽な仕事ではない

The work is not so easy as you might think.
❸ (…すればするほど)「the＋比較級, the＋比較級」で表現する.
・多く持てば持つほど欲しくなるものだ

The more you have, the more you want.

🗨会話 この仕事はいつまでにすればよいのですか. ―早ければ早いほどいい

When do you want this work done? —The sooner, the better.

ほどう¹ 歩道 《米》a **sidewalk** /サイドウォーク/, 《英》a **pavement** /ペイヴメント/
ほどう² 補導 **guidance** /ガイダンス/
補導する　**guide** /ガイド/
ほどうきょう 歩道橋 a **pedestrian** (**crossing**) **bridge** /ペデストリアン (クロースィング) ブリヂ/
ほどく untie /アンタイ/, **undo** /アンドゥー/
・小包をほどく　undo a parcel
ほとけ 仏 **the Buddha** /ブダ/; (仏像) a **Buddhist image** /ブディスト イメヂ/
ほどける **come loose** /るース/, **come undone** /アンダン/
ほとりに **on**, **near** /ニア/, **by**
・その川のほとりに住む　live on the river

ほとんど

➤ **almost** /オーるモウスト/, **nearly** /ニアり/, **next to** /ネクスト/

ほとんどの　**most** /モウスト/
ほとんど…ない → めったに
・ほとんど毎日　almost [nearly] every day

・生徒のほとんど全部　almost [nearly] all the students
・生徒のほとんどは自宅通学です

Most (of the) students come to school from their own homes.
・彼は自分の時間をほとんど図書館ですごします

He spends most of his time in the library.
・習慣は身についてしまうとそれを破ることはほとんど不可能だ　If a habit is formed, it is next to impossible to break it.
・その仕事はほとんど終わった(終わったも同然だ)

The job is as good as done.
ポニーテール a **ponytail** /ポウニテイる/
・ポニーテールにする　tie one's hair in a ponytail / do a ponytail
ほにゅう 哺乳動物 a **mammal** /ママる/
哺乳びん　a **nursing bottle** /ナ〜スィング バトる/
ぼにゅう 母乳 **mother's milk** /マざズ/

ほね 骨

➤ a **bone** /ボウン/

・足の骨を折る　break one's leg
・折れた骨を接(つ)ぐ　set a broken bone
ほねおり 骨折り (苦心) **pains** /ペインズ/, **hard work** /ハード ワ〜ク/; (努力) (an) **effort** /エふォト/
(…するのに)骨を折る　take pains (to do); (困る) have difficulty (to do) /ディふィカるティ/; (努力する) make an effort
・あの坂道を自転車で上るのはひどく骨が折れた

It was hard work pedaling up the hill.
ほのお 炎 a **flame** /ふれイム/
ほのめかす hint /ヒント/, **drop** a **hint**
ポピュラー(ソング) a **popular** (**song**) /パピュら (ソーング)/
・ポピュラーミュージック　popular music
ボブスレー 《米》a **bobsled** /バブスれド/, 《英》a **bobsleigh** /バブスれイ/
ポプラ 《植物》a **poplar** /パプら/
ほぼ 保母 → ほいく (→ 保育士)
ほほえましい pleasant /プれズント/
ほほえむ smile /スマイる/
ほほえみ　a **smile**
・…にほほえみかける　smile on 〜
・ほほえみを浮かべて　with a smile
ほめる (称賛する) **praise** /プれイズ/; (これはすばらしいと) **admire** /アドマイア/
・勉強家ですねと少年をほめる　praise a child for his diligence [for being diligent]
ぼやけた (写真などが) **not clear** /クリア/, (ピント

あ
か
さ
た
な
ほ
ま
や
ら
わ

ほら　504　five hundred and four

が合っていない) **out of focus** /ふォウカス/

ほら Look! /るク/
- ほら，バスが来た Look! Here comes a bus.

ほらあな ほら穴 **a cave** /ケイヴ/, **a den** /デン/

ほらふき ほら吹き **a boaster** /ボウスタ/, **a brag-gart** /ブラガト/
- ほらを吹く boast / brag

ボランティア a volunteer（**worker**）/ヴァランティア (ワ〜カ)/
- ボランティア活動をする do volunteer work

ほり 堀 **a moat** /モウト/
- 釣(つ)り堀 a fishing pond

ポリ ポリ… **plastic** /プらスティク/
- ポリ袋[バケツ] a plastic bag [bucket] →「ポリ袋」「ポリバケツ」は和製英語

ほりだしもの 掘り出し物 **a find** /ふァインド/; (お買い得品) **a bargain** /バーゲン/
- ぼくの新しい自転車は掘り出し物だった
  My new bike was a great bargain.

ほりだす 掘り出す **dig out** /ディグ/

ぼりぼり
❶ (かく) **scratch** /スクらチ/
- ぼりぼり頭をかく scratch *one's* head → 英語では疑問にぶち当たった時のしぐさ; 日本語の「首をひねる」にあたる
❷ (かむ) **crunch** /クランチ/

ぽりぽり → ぼりぼり

ほりゅう 保留する **reserve** /リザ〜ヴ/
- …を保留にする(未定にしておく) keep ~ pend-ing / put ~ on hold

ボリューム volume /ヴァりュム/
- ボリュームを下げる[上げる] turn down [up] the volume

ほりょ 捕虜 **a prisoner**（**of war**）/プリズナ (ウォー)/, **a POW**
- 人を捕虜にする take *a person* prisoner

ほる¹ 掘る **dig** /ディグ/
- 穴[トンネル]を掘る dig a hole [a tunnel]
- ジャガイモを掘る dig potatoes

ほる² 彫る **carve** /カーヴ/ → ちょうこく(→ 彫刻する)

ボルト¹ (電圧の単位) a **volt** /ヴォウると/ (略 V.)

ボルト² (金具) a **bolt** /ボウると/

ポルトガル Portugal /ポーチュガる/
- ポルトガル(人, 語)の Portuguese
- ポルトガル語 Portuguese
- ポルトガル人 a Portuguese (複 同形); (全体) the Portuguese

ポルノ pornography /ポーナグラふィ/, 《話》 **por-no** /ポーノウ/

ホルモン hormone /ホーモウン/

ぼろ rags /ラグズ/
- ぼろぼろの (服・布などが) **ragged** /ラゲド/; (靴などがすり減った) **worn-out** /ウォーナウト/
- ぼろを着ている be in rags
- ぼろぼろに裂(さ)ける be torn to rags

ポロシャツ a polo shirt /ポウロウ シャ〜ト/

ほろびる 滅びる → めつぼう(→ 滅亡する)

ほろぼす 滅ぼす **ruin** /ルーイン/
- 身を滅ぼす ruin *oneself*

ほん 本

➤ **a book** /ブク/
- 本箱 a bookcase
- 本立て bookends
- 本棚 a bookshelf (複 -shelves)
- 本屋 (店) 《米》 a bookstore / 《英》 a book-shop; (人) a bookseller
- 私の父の愛読書は東洋史の本です
  My father's favorite books are those on Ori-ental history.
- 本棚に本を入れる put a book on the book-shelf → bookshelf には通例 on を使う
- 彼は本を読みながらこっくりこっくりしていた
  He was nodding over his book.

ぼん¹ 盆 (容器) a **tray** /トレイ/

ぼん² 盆 → おぼん

ほんき 本気の **serious** /スィアリアス/, **earnest** /ア〜ネスト/

本気で seriously, in earnest, earnestly

本気で言う mean /ミーン/
- 君は本気なのかそれともただ冗談(じょうだん)を言っているのか Are you in earnest or simply joking?
- 私は(冗談でなく)本気で言っているんです
  I mean what I say. / I mean it.

ほんごく 本国 *one's* **own country** /オウン カントリ/

ホンコン Hong Kong /ハング カング/

ぼんさい 盆栽 **a potted plant** /パテド プらント/

ほんしつ 本質 **essence** /エセンス/, **essential qualities** /イセンシャる クワリティズ/

本質的な essential, basic

本質的に essentially, basically

ほんしゃ 本社 **the head office** /ヘド オーふィス/, **the main office** /メイン/
- 大阪に本社のある映像制作会社 an Osaka-based video-production company

ほんしゅう 本州 *Honshu*, **the Main Island of Japan** /メイン アイらンド/

ほんしん 本心 *one's* **true mind** /トルー マイン

ド/, one's **real intention** /リーア^る インテンション/ → ほんき

ぼんじん 凡人 an **ordinary person** /オーディネリ パ〜スン/

ほんせき 本籍 one's **legal residence** /リーガる レズィデンス/, one's (**permanent**) **domicile** /(パ〜マネント) ダミサイる/

ほんせん 本線 **the trunk line** /トランク らイン/

ぼんち 盆地 a **basin** /ベイスン/
• 甲府盆地 the Kofu basin

ほんてん 本店 **the head store** /ヘ^ド ストー/, **the main store** /メイン/ → ほんしゃ

ほんど 本土 **the mainland** /メインらンド/

ぽんと ぽんと鳴る, ぽんと…する **pop** /パプ/
• ぽんと音をたてて with a pop → この pop は「ぽんと鳴る音」
• ぽんとびんの栓(せん)[コルク]を抜く pop the cap off [the cork out of] a bottle

ポンド a **pound** /パウンド/ → 記号: £ (貨幣(かへい)単位), lb. (重量単位: 約454グラム)
• 5ポンド10ペンス five pounds ten (pence) / £5.10

ほんとう 本当の

➤ (真実の) **true** /トルー/
➤ (実際の) **real** /リーア^る/

本当に truly; really
• 本当の話 a true story
• 本当のことを言えば to tell the truth
• そのうわさは本当のはずがない
The rumor can't be true.
• ご援助(えんじょ)に対して本当に感謝しております
I am truly thankful to you for your assistance.
• 私は本当は眠っていなかった
I was not really asleep.
• 本当は彼がだれであるかだれも知らなかった
No one knew who he really was.

ほんにん 本人 → じぶん

ほんの only /オウンリ/
• ほんの子供 only a child
• ほんの2〜3日前 only a few days ago
• 私はほんのちょっと遅刻した
I was a little too late.

ほんのう 本能 **instinct** /インスティンクト/
本能的な instinctive /インスティンクティヴ/
• 本能的に instinctively / from instinct

ほんば 本場 (原産地・発祥地) **the home**, **the birthplace** /バ〜すプれイス/

ほんぶ 本部 **the headquarters** /ヘ^ドクウォータズ/

ポンプ a **pump** /パンプ/
• ポンプで水をくみ上げる pump up water

ほんぶり 本降りになる **rain steadily** /レイン スティディリ/

ほんぶん¹ 本分 **duty** /デューティ/

ほんぶん² 本文 **the** (**original**) **text** /(オリヂヌる) テクスト/

ボンベ a **cylinder** /スィリンダ/
• 酸素ボンベカート an oxygen cylinder cart

ぽんぽん (おなか) 《小児語》**tummy** /タミ/

ほんみょう 本名 one's **real name** /リーア^る ネイム/

ほんもの 本物の **genuine** /ヂェニュイン/
• 本物のダイヤ a genuine diamond

ほんや 本屋 → ほん

ほんやく 翻訳 **translation** /トランスれイション/
翻訳する translate /トランスれイト/
• 翻訳家 a translator
• 英語の小説を日本語に翻訳する translate an English novel into Japanese
• シェイクスピアを翻訳で読む read Shakespeare in translation

ぼんやり ぼんやりした
❶ (あいまいな) **vague** /ヴェイグ/ → ぼうっと ❶
• ぼんやりと vaguely
• ぼんやりした輪郭(りんかく) a vague outline
• 彼の言うことはこの点がかなりぼんやりしている
His statement is rather vague on this point.
❷ (放心状態の) be **absent-minded** /アブセント マインデド/, **vacant** /ヴェイカント/ (何もしていない) **idle** /アイドる/ → ぼうっと ❷
• ぼんやりしている being absent-minded, vacant
• ぼんやりした顔つき a vacant look
• 彼はきょうはぼんやりしているようだ
He seems absent-minded today.
• 彼女はドアの前でぼんやりと立っていた She was standing idle at the door.
ぼんやりと vacantly /ヴェイカントリ/, **absent-mindedly** /アブセント マインデドリ/
• 彼はぼんやりまわりを見まわした He looked around vacantly.

ほんらい 本来 (もともとは) **originally** /オリヂナリ/; (本質的には) **essentially** /イセンシャリ/; (生まれつき) **by nature** /ネイチャ/
本来の original; essential; natural /ナチュラる/

ほんるい 本塁 **the home base** /ホウ^ム ベイス/, **the home plate** /プれイト/
• 本塁打 a home run / a homer → ホームラン

ま　マ

ま¹ 間 (部屋) a **room** /ルーム/; (時間) **time**
- …する間もない　have no time to *do*
- 知らない間に　before *one* is aware [*one* knows]
- あっという間に　in an instant

ま² 真… (ちょうど) **right** /ライト/ → まなつ, まふゆ
- 頭の真上に　right overhead
- 橋の真下に　right under the bridge

まあ Oh! /オウ/ / **My!** / **Oh, dear!** /ディア/
- まあ, 花子じゃない!
My! You're Hanako, aren't you?

マーカー → けいこうペン

マーガリン margarine /マーヂャリン/

マーク a **mark** /マーク/
- …にマークする　put a mark on ~

マークシート an **optical answer sheet** /アープティカる アンサ シート/, an **OMR sheet**
- マークシート方式のテスト　an OMR (-based) exam [test] → OMR は optical mark reader (光学式マーク読み取り機)の略

マーケット a **market** /マーケト/
マージャン mahjong /マージャーンぐ/
マーチ a **march** /マーチ/
まあまあ so-so /ソウ ソウ/

📘会話 調子はどう?—まあまあだ
How are you doing?—(It's) Just so-so.
- 彼女の英語はまあまあだ —じょうずではないが, へたでもない　Her English is just fair—not good but not bad either.
- 彼はトップではないが, まあまあの成績をとっている　He is not the top student, but gets decent grades.

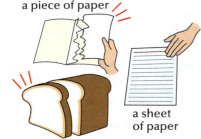

a piece of paper

a sheet of paper

a slice of bread

まい¹ …枚 (紙・ガラスなどの) a **piece of** ~ /ピース/, a **sheet of** ~ /シート/; (パンなどの) a **slice of** ~ /スライス/
- 紙1枚 (形・大きさに関係なく) a piece of paper
- 用紙1枚　a sheet of paper
- (薄く切った)パン1枚　a slice of bread

まい² 毎… **every** ~ /エヴリ/; (…につき) **a**, **per** /パ~/
- 毎朝[週, 月, 日] every morning [week, month, day]
- 毎秒10メートルの速さで　at the speed of 10 meters per [a] second

マイクロバス a **minibus** /ミニバス/, a **microbus** /マイクロウバス/

マイク(ロホン) a **microphone** /マイクロふォウン/
- マイクでしゃべる　speak over the microphone

まいご 迷子 a **lost child** /ろースト チャイるド/ (複 children)
迷子になる be lost, get lost → みち¹
- 彼は人込みの中で迷子になった
He was lost in the crowd.

まいそう 埋葬 **burial** /ベリある/
埋葬する bury /ベリ/
- 彼は青山墓地に埋葬されている
He is buried in the Aoyama Cemetery.

マイナス minus /マイナス/; (マイナス面) (a) **downside** /ダウンサイド/
- マイナス記号　a minus sign
- 10−12=−2
Ten minus twelve is [equals] minus two.

マイペース (速度) *one's* **own pace** /ペイス/; (やり方) *one's* **own way**

マイホーム *one's* **home**

まいる 参る

❶ (神社などへ行く) **visit** /ヴィズィト/, **pay a visit to** ~ → さんぱい

❷ (我慢できない) **can't stand** /スタンド/, **can't bear** /ベア/; (負ける) **be defeated** /ディふィーテド/; (あきらめる) **give up** /ギヴ/
- ジョンは日本の夏のむし暑さに参っている
John can't stand the sticky summer heat in Japan.

❸ (疲れ果てる) **be tired out** /タイアド アウト/, **be exhausted** /イグゾーステド/

マイル a mile /マイる/ → 約1.6km
- 時速100マイルで走る run at (the speed of) a hundred miles an [per] hour

まう 舞う **dance** /ダンス/; (空を飛ぶ) **fly** /ふらイ/; (旋回する) **circle** /サ〜クる/
- 舞い上がる (鳥が) fly up; (木の葉が) whirl up
- 舞い降りる[落ちる] fly [whirl] down

マウス (コンピューターの) a **mouse** /マウス/

マウンテンバイク a **mountain bike** /マウンテン バイク/

マウンド (野球の) a **mound** /マウンド/

まえ 前に

❶ (時間的に) **before; ago**
❷ (場所が) **in front** (of 〜)

❶ (時間的に) (以前, …する前に) **before** /ビふォー/; (今から…前に) **ago** /アゴウ/

…の前に before 〜
前の last, previous /プリーヴィアス/
- 前もって beforehand
- 前にはどこにお住まいでしたか
Where did you live before?
- (行ってみたら)公園は前とはだいぶ違っていた
I found the park quite different from what it was before [from what it used to be].
- 私はここに三日前に着きました
I arrived here three days ago.
- 彼は私が着く三日前にここをたちました
He left here three days before I arrived.
- 授業を始める前に先生は私たちに今度来た転入生を紹介した The teacher introduced a newcomer to us before he began the lesson.
- この前の火曜日の午後君はどこへ行きましたか
Where did you go last Tuesday afternoon?
- 私たちは前の日に学んだことを復習した
We reviewed what we had learned on the previous day.

❷ (場所が) **in front** (of 〜) /ふラント/, **before**
前の **front**

前へ, 前を **forward** /ふォーワド/, **ahead** /アヘド/ → ぜんぽう
- 彼女は門の前に車を止めた
She stopped her car in front of the gate.
- 私は運よく前の席を見つけた
I was lucky enough to find a front seat [a seat in the front row].
- ぼくはイヌの像の前で彼女を待っていたが彼女はイヌの像のうしろでぼくを待っていた I was waiting for her in front of the dog's statue, while she was waiting for me behind it.

behind / in front

- 田中君, 前へ出て君の手品を少し見せてくれ
Come forward, Tanaka, and show us some of your (magic) tricks.

まえあし 前足 (四足動物の) a **forefoot** /ふォーふト/, (四足動物・昆虫の) a **foreleg** /ふォーれグ/

まえうり 前売り an **advance sale** /アドヴァンス セイる/
- 前売り券を買う buy a ticket in advance

まえむき 前向きな (位置が) **facing the front** /ふェイスィング ふラント/; (考え方など) **positive** /パズィティヴ/, **forward-looking** /ふォーワド るキング/
- 前向きにすわる sit facing the front
- 前向きに考える think positively
- 彼はいつも明るくて前向きだ
He is always cheerful and forward-looking.

まかす 負かす **defeat** /ディふィート/, **beat** /ビート/ → まける ❶

まかせる 任せる **leave** /リーヴ/
- そのことは私に任せておいて
Leave the matter to me.
- こういうことは運命に任せるのが一番だ
Such matters are best left to fate.
- その件については成り行きに任せよう Let's leave the matter to take its natural course. / We'll wait and see how the matter goes.

まがる 曲がる

➤ **bend** /ベンド/; (湾曲する) **curve** /カーヴ/
➤ (道を) **turn** /ターン/
➤ (曲がりくねる) **wind** /ワインド/

- (通りの)曲がりかど a (street) corner
- 曲がりくねって流れる川 a winding river
- 橋を渡ると道は左へ曲がる The road bends [curves] to the left beyond the bridge.
- 曲がりかどまでまっすぐに行ってそこから左へ曲がりなさい Go right ahead to the corner and then turn (to the) left.
- 気をつけろよ! この先に急な曲がりがある

Look out! There's a sharp bend ahead.

マカロニ macaroni /マカロウニ/

まき[1] (たきぎ) **firewood** /ふァイアウド/, **wood**; (小枝) a **stick** /スティク/

まき[2] 巻き a **roll** /ロウる/
- フィルム一巻き a roll of film

まきこむ 巻き込む **involve** /インヴァるヴ/; ((…に) 巻き込まれる) **be involved. be caught** (in ~) /コート/
- 私たちはその事件に巻き込まれてしまった We were involved in the incident.
- 私たちの車は交通渋滞に巻き込まれてしまった Our car was caught in a traffic jam.

まきじゃく 巻き尺 a **tape measure** /テイプ メジャ/

まきちらす まき散らす **scatter** /スキャタ/; (水など) **sprinkle** /スプリンクる/

まきつく 巻き付く **twine** (around ~) /トワイン/

まきば 牧場 (放牧地) a **pasture** /パスチャ/; (牧草地) a **meadow** /メドウ/

まぎらわしい 紛らわしい **confusing** /コンふューズィンぐ/
- その区別はすごく紛らわしい The distinction is very confusing.

まぎれる (気持ちが) **be diverted** (with ~) /ディヴァ～テド/; (見えなくなる) **be lost** /ろースト/
- 闇(やみ)にまぎれて under cover of darkness
- その男は地震のどさくさにまぎれて裁判所から脱走した The man escaped from the court house, using the chaos of the quake as cover.

まぎわ …の間際に **just when ~** /チャスト (ホ)ウェン/, **just before ~** /ビふォー/
- 私が学校に出かけようとする間際に彼から電話がかかってきた There was a call from him just when I was leaving for school.
- 閉店間際に私たちはその店に入った We went into the store just before it closed.

まく[1] 巻く (くるくる) **wind** /ワインド/; (転がすように) **roll (up)** /ロウる/; (くるむ) **wrap** /ラプ/; (くくる) **bind** /バインド/
- 紙をくるくると巻く wind paper into a roll
- カーペットを巻く roll up a carpet
- 彼の腕に包帯を巻く bandage his arm / cover his arm with a bandage / put a bandage on his arm

まく[2] (種を) **sow** /ソウ/
- 春に種をまく sow seed in spring
- 畑に麦をまく sow a field with wheat
- ことわざ まかぬ種は生えぬ Nothing comes from nothing. (無からは何も生まれない)

まく[3] (まき散らす) **scatter** /スキャタ/; (水など) **sprinkle** /スプリンクる/ → まきちらす

まく[4] 幕 a **curtain** /カ～トン/; (演劇の) an **act** /アクト/
- 幕を引く draw a curtain
- 一幕劇 a one-act play
- 3幕6場の劇 a play in three acts and six scenes
- 幕が上がる[下りる] The curtain rises [falls].

マグニチュード (地震の強さ) **magnitude** /マグニトゥード/
- マグニチュード7の地震が東海地方を襲った A 7.0 magnitude quake hit the Tokai district. / A quake with a magnitude of 7.0 shook the Tokai district.
- その地震はマグニチュード9.0を記録した The earthquake measured (a magnitude of) 9.0 on the Richter scale. → the Richter scale は米国の地震学者 Richter /リクタ/ が考案した尺度法で, 地震の規模を10段階で示すもの

まくら a **pillow** /ピろウ/
- 水まくら a water pillow
- まくらカバー a pillowcase

まくる roll up /ロウる/
- そでをまくる roll up [roll back] one's sleeves

まぐれ a **fluke** /ふるーク/
- ぼくらはまぐれで勝ったんだ We won by a fluke. / Our victory was a fluke.

マグロ 鮪 (魚)a **tuna** /テューナ/ (徴 同形)

まけ 負け (a) **defeat** /ディふィート/; (試合などの) a **loss** /ろース/

まけおしみ 負け惜しみ **sour grapes** /サウア グレイプス/ → sour grapes は文字どおりには「すっぱいブドウ」の意味;『イソップ物語』でブドウのふさに届かなかったキツネが「あのブドウはどうせすっぱいだろ」と言ったことから「負け惜しみ」の意味で使われる
- 負け惜しみを言う[言わない] be a bad [good] loser
- 彼がそう言うのは負け惜しみだと思うよ I think his saying so is just sour grapes.

まける 負ける
❶ (敗れる) **be defeated** /ディふィーテド/; **lose** /るーズ/
- 試合に負ける lose a game
- テニスの試合で負ける lose a tennis match
- ことわざ 負けるが勝ち Stoop to conquer. (征服するために腰をかがめよ)
❷ (値を) **bring the price down** /ブリンぐ プらイ

five hundred and nine

509

まずい

ス ダウン/, **make a discount** /ディスカウント/
•いくらかまけてくれませんか
Can't you bring the price down a little?
•多少おまけしましょう
I'll make a discount for you.

まげる 曲げる **bend** /ベンド/
•(前かがみに)腰を曲げる　bend over
•それを直角に曲げる　bend it into a right angle
•彼は頑(がん)として自分の意見を曲げようとしなかった
He never changed his opinion. / **ひゆ** He
dug his heels in and would not change his
opinion. → dig one's heels in は「頑として踏み
とどまる」

まご 孫 a **grandchild** /グラン(ド)チャイルド/ (復
-children), (男の) a **grandson** /グラン(ド)サン/,
(女の) a **granddaughter** /グランドータ/

まごころ 真心 (誠実) **sincerity** /スィンセリティ/
•真心をこめて　with all one's heart

まごつく (混乱する) **be confused** /コンフューズ
ド/; (どぎまぎする) **be embarrassed** /インバラス
ト/

まこと → しんじつ

マザーコンプレックス (母親に執着する男の子) a
mama's boy /マーマズ/ → 「マザーコンプレック
ス」は和製英語

まさか (本当に) **really** /リ(ー)アリ/
•まさか彼がそんなことを言うはずがない
He cannot really say such a thing.
•まさか. そんなはずはない
Really? It can't be true.

まさつ 摩擦 **friction** /ふリクション/
摩擦する **rub** /ラブ/

まさに (正確に) **exactly** /イグザクトリ/; (まったく)
quite /クワイト/
•まさに君の言うとおりだ　You're quite right.
•まさにそのとおりだ
Exactly. / That's quite right.

まさる **be better** /ベタ/, **excel** /イクセる/
•健康は富にまさる
Health is better than [is above] wealth.

まざる 混ざる, 交ざる **mix** /ミクス/; (中に) **mingle**
/ミングる/; (ごっちゃに) **get mixed** /ミクスト/; (中
に入る) **join** /ヂョイン/ → まじわる
•油と水は混ざらない　Oil doesn't mix with wa-
ter. / Oil and water don't mix.

まし …よりましだ **be better than ～**
•少しでもあれば何もないよりましだ
Something is better than nothing.
•どちらもよいとは思わないが, どちらかと言えばこっ
ちのほうがましだ　I don't think either is good,

but this is the lesser of two evils. (二つのうち悪
い程度の少ないほう)

マジック
❶ (手品) **magic** /マヂク/
❷ (マジックペン) a **felt-tip pen** /ふェるト ティブ/

マジックテープ 《商標》 **Velcro** /ヴェるクロウ/ →
「マジックテープ」は和製英語

まして **much more** /マチ モー/, **still more** /スティ
る/; (まして…ない) **much less** /れス/, **still less**
•私たちは財産に対する権利がある. まして生命に対す
る権利はなおさらだ　We have a right to our
property, and still more to our life.
•彼は英語が読めない. ましてドイツ語は読めない
He cannot read English, much less German.

まじない (呪文(じゅもん)) a **spell** /スペる/

まじめ まじめな (本気な) **serious** /スィアリアス/;
(熱心な) **earnest** /ア〜ネスト/ → ほんき
まじめに **seriously**; **earnestly**, **in earnest**
•まじめな討論　a serious discussion
•まじめな学生　an earnest student
•彼はまじめに勉強しない
He does not study earnestly.

まじゅつ 魔術 **magic** /マヂク/ → まほう
•魔術師　a magician

まじょ 魔女 a **witch** /ウィチ/

まじる 混じる, 交じる → まざる

まじわる 交わる **mix** /ミクス/, **associate** /アソウ
シエイト/, **mingle** /ミングる/, **keep company**
(with ～) /キープ カンパニ/; (交差する) **cross** /クロ
ース/
•あの少年のグループとは交わるな
Don't mix [associate, keep company] with
that group of boys.
•この二つの線は直角に交わる　These two lines
cross each other at right angles.

ます 増す **increase** /インクリース/, **add to ～** /ア
ド/ → ぞうか²
•数[人口, 大きさ]が増す　increase in number
[population, size]
•この町の人口は急激に増した　The population of
this town has increased rapidly.

マス 鱒 (魚) a **trout** /トラウト/ (復 同形)

まず (第1に) **first** /ふァ〜スト/, **first of all**, **in
the first place** /プれイス/

ますい 麻酔 **anesthesia** /アネスすィーズィア/;
(薬) an **anesthetic** /アネスせティク/
•麻酔からさめる　recover from the anesthesia

まずい (味が) **taste bad** /テイスト/, **do not taste
good**
•このリンゴはまずい

あ

か

さ

た

な

は

ま

や

ら

わ

This apple does not taste good.

マスク a **mask** /マスク/, a **respirator** /レスピレイタ/; (顔の覆い) **face covering** /カヴァリング/
- マスクをする　wear a mask [a respirator]
- マスクをするのを忘れないで　Don't forget to wear your mask.

マスコット a **mascot** /マスコト/

マスコミ (大衆伝達機関) **the** (**mass**) **media** /(マス)ミーディア/; (大衆伝達) **mass communications** /コミューニケイションズ/
- その事件は大いにマスコミの注意を引いた
The incident drew [got] a lot of attention from the media.

> **カタカナ語！　マスコミ**
> 日本では新聞やテレビなど報道機関のことを「マスコミ」というが，これは mass communication を日本流に短くしたことばで，英語では「多くの人々への情報伝達」という意味．伝達する「機関」は **the mass media**，あるいは単に **the media** という．media は「媒体(ばいたい)，手段」の意味

まずしい 貧しい **poor** /プア/; (社会的・経済的に) **deprived** /ディプライヴド/
- 貧しい人々　poor people / the poor
- ハリーの家庭はそれほど貧しくなかった　Harry's family was not very poor.

マスターする **master** /マスタ/

マスタード **mustard** /マスタド/

マスト (帆柱) a **mast** /マスト/

ますます 「比較級＋and＋比較級」で表現する　→ほど❸
- ますます大きく[小さく]なる　grow bigger and bigger [smaller and smaller]

まぜる 混ぜる **mix** /ミクス/; (そっとかき混ぜる) **stir** /スタ〜/　→まざる
- AとBを混ぜる　mix A with B
- コーヒーに砂糖を混ぜる　stir sugar into one's coffee

mix　　　stir

また¹ (人体・木の) a **crotch** /クラチ/; (もも) a **thigh** /サイ/; (ももの付け根) a **groin** /グロイン/
- ふたまた道　a forked road
- 道はここでふたまたに分かれる
Here the road forks.

また²

❶ (再び) **again**
❷ (…もまた) **also**, **too**; (…と同様に) **as well as ～**; (…もまた…ない) **not either**

❶ (再び) **again** /アゲン/
- 多田も佐田もまたかぜをひいて欠席だ
Tada and Sada are absent again with colds.
❷ (…もまた) **also** /オーるソウ/, **too** /トゥー/; (…と同様に) **as well as ～**; (二つとも) **both** /ボウす/; (…もまた…ない) **not either** /イーざ/, **neither** /ニーざ/
- 女子もまた男子と同じにその提案に反対です
The girls as well as the boys are against the proposal.
- 彼は政治家でもあるし，また詩人でもある
He is both a politician and a poet.
- 私にはそのための時間もまた金もない
I have neither time nor money for that.
- 私もまたそう思います
I think so, too. / I also think so.
- 私もまたそう思わない
I don't think so, either.
❸ (その他)
- またあしたね　See you tomorrow. / (あしたまでさようなら) Good-bye until tomorrow.

まだ

❶ (いまだに) **yet**; (ずっといまだに) **still**
❷ (ほんの) **only**

❶ (いまだに) **yet** /イェト/; (ずっといまだに) **still** /スティる/
- 彼はまだ来ていませんか
Hasn't he come yet?
- 🗨️会話 これ食べてもいいですか．—まだまだ
Can I eat this?—Not yet.
- まだ雨が降っている　It's still raining.
❷ (ほんの) **only** /オウンリ/
- そのころは私はまだ子供でした
At that time I was only a child.

またがる **straddle** /ストラドる/; (馬などに) **ride** /ライド/; (広がる) **spread** /スプレド/, **stretch** /ストレチ/
- エベレストはネパールとチベットにまたがっている
Mount Everest straddles Nepal and Tibet.

•この山脈は二つの県にまたがっている
These mountains spread [stretch] over two prefectures.

またぐ step over /ステプ オウヴァ/
•水たまりをまたぐ step over a puddle

または or
•君かまたはぼくがそこへ行かなければならない
(Either) You or I must go there.

まち 町 a **town** /タウン/; (商店の多い繁華街) **downtown** /ダウンタウン/
•町へ行く (田園地区から) go to town; (買い物に) go downtown
•町並み (家の並び) a row of houses in the streets; (通り・建物の様子) the streets and buildings
•町役場 a town hall [office]

まちあいしつ 待合室 a **waiting room** /ウェイティング ルーム/

まちあわせる 待ち合わせる (会う) **meet** /ミート/
•図書館の前で3時に待ち合わせましょう
Let's meet in front of the library at 3 o'clock.

まちうけがめん 待ち受け画面 (スマートフォンなどの) a **lock** [**standby**] **screen** /らク [スタンドバイ] スクリーン/

まぢか 間近に **near** (**at hand**) /ニア/
•試験が間近に迫った The examination is near at hand [is drawing near].

まちがい 間違い
➤ (思い違い) a **mistake** /ミステイク/; (知的・道徳的間違い) an **error** /エラ/ ➔ あやまり

間違いの mistaken /ミステイクン/; **wrong** /ローング/ ➔ まちがう (➔ 間違った)
•間違い電話 the wrong number
•間違いなく without fail
•間違いなく…する be sure to *do* / do not fail to *do*
•私はよくこういうばからしい間違いをする
I often make such foolish mistakes.
•君の作文にはいくつか文法上の間違いがある
I see some grammatical mistakes [errors] in your composition.
•こういう間違いはよくあることです
This kind of mistake is quite common. / Mistakes of this kind are quite common.
•だれでも間違いはするものです
Nobody is so perfect as to make no mistakes.

参考ことわざ 弘法にも筆の誤り Even Homer sometimes nods. (ホメロスも時にはいねむりを(し

てミスを)する)

参考ことわざ あやまつは人の常, 許すは神のわざ To err is human, to forgive is divine. (間違えるのは人間の性質であり, 許すのは神の性質(を示す行為)である)
•間違いなく7時までに来てください
Be sure [Don't fail] to come by seven.
•彼は間違いなくパーティーに来ます
He's sure to come to the party. / I'm sure he will come to the party.

まちがう 間違う, 間違える
➤ **mistake** /ミステイク/, **make a mistake**

間違った mistaken /ミステイクン/; **wrong** /ローング/

間違っている be mistaken; **be wrong**

間違って by mistake

基本形
A を間違う
mistake A
A を B と間違う
mistake A **for** B

•道[時間, 日にち]を間違える mistake the road [the time, the date]
•間違った意見[答え] a mistaken opinion [a wrong answer]
•間違った電車に乗る take [get on] the wrong train
•間違ってダイヤルする dial the wrong number
•間違って彼のタオルを使う[彼のかさを持って行く] use his towel [take his umbrella] by mistake
•私はテスト[英作文]で2か所つづりを間違えた
I made two spelling mistakes on the test [in my English composition].
•私は所番地を間違えて, 違う家に行ってしまった
I mistook the address and went to the wrong house.
•彼女は答えを間違った (→間違った答えをした)
She gave the wrong answer.
•ぼくは君のノートと自分のノートを間違えてしまった I mistook your notebook for mine.
•彼女はふたごのきょうだいとよく間違えられる. なにしろよく似ているから ➔「間違えられる」は受け身形
She is often mistaken for her twin sister because they look exactly alike.
•彼をだれかほかの人と間違えるはずはないよ
There is no mistaking [You can't mistake] him for anybody else. ➔ there is no *do*ing は「…することは不可能だ」
•君は間違っているよ

まちどおしい 512 five hundred and twelve

You are mistaken. / You are wrong.
・その答えは間違っている
That answer is wrong.
・君はここが間違っている. この3が5にならなくちゃ
You are mistaken [You have made a mistake] here. This 3 should be 5.
・君は彼が正直だと考えたのが間違っていたのだ
You were mistaken in thinking that he was honest.

まちどおしい 待ちどおしい → まつ ❷

まつ 待つ
❶(人・順番などを) **wait**
❷(期待する) **expect**: (楽しみにして) **look forward to ~**

❶(人・乗り物・順番などを) **wait** /ウェイト/

基本形
A を待つ
wait for A
A が…するのを待つ
wait for A **to** *do*

・彼 [バス, 順番] を待つ wait for him [a bus, *one's* turn]
・…を寝ないで待つ wait up for ~
・彼が来るのを待つ wait for him to come
・彼女を待たせる keep her waiting
・ちょっと待って Wait a minute.
・彼はバス停でバスを待っている → 現在進行形
He is waiting for a bus at the bus stop.
・**会話** 君はだれを待っているの?—ケン(が来るの)を待っているのです
Who are you waiting for? —I'm waiting for Ken (to come).
・かどのところで君を待ってるよ → 未来進行形
I'll be waiting for you at the street corner.
・私は父の帰宅を待った
I waited for my father to come home.
・もうどれくらいバスを待っているの? → 現在完了進行形
How long have you been waiting for a bus?
・バスを待っている人は並ばなければいけない People waiting for a bus have to stand in line.
・彼が帰るまで食事を待ちましょう
Let's wait for him before eating (dinner). / Let's wait until he returns before we eat dinner.
・友達をそんなに待たせてはいけない
Don't keep your friends waiting so long.
・お待たせしてすみませんでした
I'm sorry to have kept you waiting.

ことわざ 歳月人を待たず
Time and tide wait for none. → tide は昔 time と同じ意味に用いられた
・この病院では1時間以上待つのはふつうです
A wait of more than an hour is common at this hospital. → wait は名詞(待ち時間)
❷(期待する) **expect** /イクスペクト/; (楽しみにして) **look forward to ~** /るク ふォーワド/
・きのう君のことを待っていたんだ
I expected you yesterday.
・君(が来るの)を待っているよ → 未来進行形
I'll be expecting you.
・農家の人たちは雨を待っている
The farmers are looking forward to rain.
・私は夏休み[再会]を待ちこがれています
I'm looking forward to the summer vacation [to seeing you again]. → ×look forward *to see* ~ としない
・待ってましたとばかり彼はその機会をとらえた
He seized the chance with eagerness. /
ひゆ He seized the chance with both hands.
❸(電話で) **hold on** /ホウるド/
・ちょっとお待ちください
Please hold on a minute.
マツ 松 《植物》 a pine (**tree**) /パイン (トリー)/
・松かさ a pinecone
・松 た け *matsutake*, a fragrant Japanese mushroom
・松林 a pine grove
まっか 真っ赤(な)
❶ **red** /レド/; (あざやかな赤) **bright red** /ブライト/; (燃えるような赤) **flaming** [**fiery**] **red** /ふれイミング [ふァイアリ]/
・顔が真っ赤になる become red in the face
・真っ赤になっておこる be red with anger
❷(まったくの) **sheer** /シア/, **downright** /ダウンライト/ → まったく
・真っ赤なうそ a downright [sheer] lie
まっくら 真っ暗な **quite dark** /クワイト ダーク/, **pitch-dark** /ピチ ダーク/
・部屋の中は真っ暗だった
It was quite dark in the room.
まっくろ 真っ黒(な) **black** /ブらク/
まつげ an **eyelash** /アイらシュ/
マッサージ(する) massage /マサージ/
マッサージ師 a **massager** /マサーヂャ/, a **massage therapist** /せラピスト/; (男性) a **masseur** /マスア/, (女性) a **masseuse** /マス~ズ/
まっさいちゅう 真っ最中に **in the middle** (of

five hundred and thirteen　513　まで

~) /ミ**ド**る/. **in the midst** (of ~) /ミ**ド**スト/

・社会科の授業の真っ最中に地震があった
There was an earthquake in the middle of social studies class.

まっさお 真っ青な **deep blue** /ディープ ブ**る**ー/; （顔の色が）(**deadly**) **pale** /(デ**ド**り) **ペ**イる/
・その報道を聞いて彼は真っ青になった
He turned pale at the news.

まっさかさま 真っ逆さまに **headfirst** /**ヘ**ッふァ～スト/, **headlong** /**ヘ**ッろーング/

まっさかり 真っ盛りで（花が）**at its**［**their**］**best** /[ゼア] **ベ**スト/

まっさき 真っ先に（最初に）**first of all** /ふァ～スト/

まっしろ 真っ白な **snow-white** /ス**ノ**ウ (ホ)**ワ**イト/, **as white as snow**

まっすぐ まっすぐ(な) **straight** /ス**ト**レイト/
　まっすぐにする **straighten** /ス**ト**レイトン/, **make ~ straight**
・まっすぐな線　a straight line
・まっすぐ立つ　stand straight
・まっすぐうちへ帰る　go straight home /
　ひゆ　make a beeline for home → beeline は「(ミツバチが巣箱に飛び帰る時のような)一直線」
・四つ角までまっすぐに行ってそこを左に曲がりなさい　Go straight on till you come to a crossroads and then turn (to the) left.

まったく　全く

➤ **quite** /ク**ワ**イト/; (よくよくの) **downright** /**ダ**ウンライト/, **sheer** /**シ**ア/, **mere** /**ミ**ア/
➤ (まったく…ない) (**not**) **at all**
・まったく君の言うとおりだ
You are quite right.
・私は君とまったく同じ意見だ
I quite agree with you.
・あそこで彼に会ったのはまったくの偶然だった
It was a mere accident that I met him there.
・そんな男を信用するなんて君はまったくばかげている　It is downright foolish of you to trust such a fellow.
・そんなことをやろうなんてまったくどうかしている
It is sheer madness to attempt such a thing.
・私は彼をまったく知らない
I don't know him at all.

マッチ[1] a **match** /**マ**チ/
・マッチをつける　strike a match
・マッチ箱　a matchbox

マッチ[2] (試合) a **match** /**マ**チ/

マット a **mat** /**マ**ット/

・ヨガ[運動用]マット　a yoga [exercise, workout] mat
・ドアマット　a doormat
・ランチョンマット　a place [table] mat
・カッターマット　a cutting mat

マットレス a **mattress** /**マ**トレス/

まつばづえ 松葉杖（2本1組）(a pair of) **crutches** /(ペア) ク**ラ**チェズ/
・松葉杖をついて歩く　walk on crutches

まつり 祭り a **festival** /**フェ**スティヴァる/
・毎年の秋祭り　the annual fall [autumn] festival
・もうあとの祭りだ　It is too late now.

まで　…まで

❶ (場所) **to ~**; **as far as ~**
❷ (時間)(…までずっと) **till**; (…までに) **by ~**

❶ (場所) **to ~**; **as far as ~** /ふ**ア**ー/
・ここから中学校までどれくらいありますか
How far is it from here to the Junior High School?
・渋谷までは電車で行ってそれからバスに乗りなさい
Go as far as Shibuya by train, and then take a bus.

❷ (時間) (…までずっと) **till** /**ティ**る/, **until** /アン**ティ**る/; (…までに) **by ~**, **by the time**; (…する前に) **before** /ビ**ふォ**ー/
・いつまで(どれくらい長く) how long
・彼は朝から晩まで忙(いそが)しい
He is busy from morning till night.
・彼は日が暮れるまで畑で働く　He works in the field till it gets dark [until dark].
・会話 (店などにたずねて)何時まであいていますか．—午後10時までです　How late are you open? —Until 10 p.m.
・正午までにここに来てください
Please come here by [before] noon.
・彼らが来るまでにはすべて用意しておかねばならない　All must be ready before [by the time] they come.
・いつまで君はここに滞在する予定ですか
How long are you going to stay here?
・彼女がいつまで待っても彼は帰って来なかった
She waited and waited, but he did not return home.

❸ (程度) **to ~**; **so**［**as**］**far as to** *do*
・腹がたつ時は10まで数えなさい
When (you get) angry, count to ten.
・彼女は彼のことをうそつきだとまで言った
She has gone so far as to say that he is a liar.

あ
か
さ
た
な
は
ま
や
ら
わ

使い分け

until: 継続している動作が終わる時点を示し，ある時まで動作や状態が続くことを言う
till: until と同じ
by: 期限・締め切りが示され，ある時までに動作や状態が完了することを言う
before: ある物事や誰かより前に行うことを言う

まと 的 a **mark** /マーク/; (的・対象) a **target** /ターゲト/; (対象) an **object** /アブヂェクト/; (論点) the **point** /ポイント/
・的を射る[はずす] hit [miss] the mark
・的はずれである be beside the point / be off the mark
・称賛の的 the object of admiration
・非難の的 the target of criticism
・ダーツの的 a dartboard
・(議論などで)的を射ている on point, to the point
・それは時間の浪費にすぎない，と彼は言ったが，それはまことに的を射た表現だ He was right when he called it only a waste of time. / ひゆ He really hit the nail on the head when he said it was only a waste of time. (くぎの頭をたたいた)

まど 窓 a **window** /ウィンドウ/
・窓ガラス a windowpane
・窓口 (切符を売る) a ticket window; (銀行の係) a teller
・窓際の席 a seat by the window; (乗り物の) a window seat
・窓から外を見る look out of the window
・決して窓から物を投げてはいけません You must never throw things out of the window.

まとまる (考えなどが) take **shape** /シェイプ/; (話し合いがつく) be **settled** /セトるド/, **agree** /アグリー/, **reach** an **agreement** /リーチ アグリーメント/, **come to** an **agreement**; (団結している) be in **unity** /ユーニティ/
・それについて何か考えがまとまりましたか Has any idea taken shape concerning it?
・よし，これですべてまとまった Good, that's all settled.
・うちのクラスはよくまとまっている Our class members are in unity with one another. / Our class has a friendly atmosphere. / Our class members are all friendly to one another.

まとめ (要約) a **summary** /サマリ/ (→まとめる ❷); (結論) a **conclusion** /コンクるージョン/ (→けつろん)

まとめる

❶ (一つにする) **put ~ together** /トゥゲざ/; (統一する) **unite** /ユーナイト/; (解決する) **settle** /セトる/
・彼は荷物をまとめて部屋から出て行った He put his things together and went out of the room.
❷ (要約する) **summarize** /サマライズ/, **sum up** /サム/
・この物語を800字以内にまとめなさい Summarize the story within 800 words.
・まとめると，私の言いたいことはこうだ To sum up, my basic message is this. →this は「これから述べること」

マナー manners /マナズ/
・テーブルマナー table manners
・彼はマナーがよい[悪い] He has good [bad] manners.
・(携帯電話などの)マナーモード the silent mode →「マナーモード」は和製英語

まないた まな板 a **cutting board** /カティング ボード/

まなつ 真夏 **midsummer** /ミドサマ/
・暑い真夏のある日に on a hot midsummer day

まなぶ 学ぶ (勉強する) **study** /スタディ/; (勉強したり体験したりして身につける) **learn** /ら～ン/
・私の父は若いころドイツ語を学びました My father studied German when he was young.
・われわれは幼いころに学んだ事はなかなか忘れないものだ We seldom forget what we have learned in our early days.
・君は彼らの経験から教訓を学ぶべきだ You should learn a lesson from their experience. / ひゆ You should take a leaf out of their book. →leaf は「本のページ」

使い分け

study: ある知識を得るために勉強や研究をする過程を指す
learn: 勉強や練習をして知識，技術を身につけることを指す

マニア a **mania** /メイニア/, a (**great**) **love** /(グレイト) らヴ/; (人) a **maniac** /メイニアク/, a (**great**) **lover** /らヴァ/

カタカナ語！ マニア

日本ではよく「…マニア」というが，英語の mania は「病的なほどの好み」だから日常的には a **love**, a **great love** といい，人をさす時は a **lover**, a **great lover** を使うほうがいい。「彼はたいへんなパソコンマニアだ」は He has a great love of computers. / He is a great computer lover.

まにあう 間に合う

❶ **be in time**
❷ (役に立つ) **do**; (十分である) **be enough**

❶ **be in time** (for ～)
・今出発すれば列車に間に合うでしょう
If you start now, you will be in time for the train.
・私はちょうど[やっと]授業に間に合った
I was just [barely] in time for class.
・急がないと列車に間に合わないぞ
Hurry up, or you'll miss the train.
❷ (役に立つ) **do**; (十分である) **be enough** /イナふ/

これで間に合いますか
―うん、それで間に合うだろう
Will this **do**?
—Yes, that'll **do**.

・それには千円あれば間に合うでしょう
One thousand yen will be enough for that.

まにあわせる 間に合わせる **make shift** (with ～) /シふト/, **make do** (with ～); (準備する) **make ～ ready** /レディ/
・古い靴で間に合わせる make do with old shoes
・父が帰って来るまでに夕食を間に合わせましょう
We'll make dinner ready by the time Father comes back home.

マニキュア (ツメに塗る液) **nail polish** /ネイる パりシュ/, **nail varnish** /ヴァーニシュ/ → (a) manicure /マニキュア/ はマニキュアを塗ることを含む手やツメのケア全体をさす

マニュアル a **manual** /マニュアる/
まね imitation /イミテイション/ → まねる
マネージャー a **manager** /マネヂャ/
まねき 招き (an) **invitation** /インヴィテイション/ → しょうたい¹, まねく

まねきねこ 招きねこ a **maneki-neko**, a **welcoming cat** /ウェるカミンぐ/
マネキン a **manikin** /マニキン/
まねく 招く **invite** /インヴァイト/, **ask** /アスク/
・彼を夕食に招く invite [ask] him to dinner
・母はきょう吉田さんの所へお茶に招かれている
Mother is invited [asked] to tea today by the Yoshidas.

まねる imitate /イミテイト/, **copy** /カピ/, 《話》 **copycat** /カピキャト/
まばたき a **wink** /ウィンク/
まばたく wink
まばら まばらな **thin** /すィン/, **sparse** /スパース/
まばらに **thinly**, **sparsely**
まひ paralysis /パラリスィス/
まひさせる **paralyze** /パラライズ/
・交通まひ a traffic jam
・心臓まひ heart failure
まひる 真昼 **broad daylight** /ブロード デイライト/
・真昼に in broad daylight
まぶしい dazzling /ダズリンぐ/
まぶた an **eyelid** /アイリド/
まふゆ 真冬 **midwinter** /ミドウィンタ/
・寒い真冬の日に on a cold midwinter day
マフラー (首に巻く) a **scarf** /スカーふ/ → 《米》では **muffler** といえば車の「消音器」をさすことが多い
・厚いマフラーをして行ったほうがいいよ。外は寒いぞ
You had better wear a thick scarf. It's cold outside.
まほう 魔法 **magic** /マヂク/
・魔法使い a **magician**; (魔女) a **witch** / (男の魔法使い) a **wizard**
まぼろし 幻 a **vision** /ヴィジョン/
ママ 《米》 a **mom** /マム/, 《米小児語》 a **mommy** /マミ/; 《英》 a **mum** /マム/, 《英小児語》 a **mummy** /マミ/
ままごと ままごとをする **play house** /プれイ ハウス/
マムシ 蝮 《動物》 a **viper** /ヴァイパ/
まめ¹ 豆 (いんげん) a **bean** /ビーン/; (えんどう) a **pea** /ピー/; (大豆) a **soybean** /ソイビーン/
まめ² (水ぶくれ) a **blister** /ブりスタ/; (固い) a **corn** /コーン/
まめまき 豆まき *mamemaki*, a **bean-scattering ceremony** /ビーン スキャタリンぐ セレモウニ/ → せつぶん
まもなく soon /スーン/, **before long** /ビふォー ろーング/
・君が出て行ってまもなく彼が来ました
He came soon after you had left.
・彼はまもなく自分のまちがいに気がつくでしょう
He will see his mistake before long. / It will not be long before he sees his mistake.
まもり 守り (a) **defense** /ディふェンス/

まもる 守る

➤ (防衛する) **defend** /ディふェンド/
➤ (保護する) **protect** /プロテクト/
➤ (約束を) **keep** /キープ/
➤ (規則を) **observe** /オブザ〜ヴ/

・自分の国を守る defend *one's* country

まゆ 516 five hundred and sixteen

・自分の利益を守る protect *one's* interests
・約束を守る keep *one's* promise
・彼女は身を守るために空手を習っている
She is learning *karate* to defend herself.
・今ではこういう慣習を守る人は少ない
Few people observe these customs nowadays.

まゆ¹ 眉 an **eyebrow** /アイブラウ/
・まゆをひそめる knit *one's* eyebrows
まゆ² 繭 a (**silk**) **cocoon** /(スィるク) コクーン/

まよう 迷う

➤ (道に) **lose** /るーズ/
➤ (途方に暮れる) **be at a loss** /ろース/
➤ (決心がつかない) **be undecided** /アンディサイデド/

・道に迷う lose *one's* way / be [get] lost
・私はどうしてよいか迷っている
I am at a loss (as to) what to do.
・私はどっちの案を採用してよいか迷っている
I am undecided as to which plan to adopt.
・通りがひどく込み入っているので初めての人はすぐ道に迷います
The streets are so complicated that a stranger will easily get lost.

まよなか 真夜中 **midnight** /ミドナイト/
・真夜中に[ごろ] at [about] midnight
マヨネーズ mayonnaise /メイオネイズ/
マラソン (競走) a **marathon race** /マラそン レイス/
まり a **ball** /ボーる/
まる¹ 丸 a **circle** /サ～クる/; (輪) a **ring** /リング/
丸い **round** /ラウンド/
・丸テーブル a round table
・丸をかく draw a circle
・…を丸で囲む circle ~ / put a circle around ~
・丸くなってすわる sit in a circle [a ring]
・正しいと思う語を丸で囲みなさい
Circle the word which you think is right.
まる² まる… **full** /ふる/, **whole** /ホウる/
・まる1時間 a full hour
・まる1週間 a whole week
・あれからまる1年になる
It is a whole year since then. /
A whole year has passed since then.
まるあんき 丸暗記 **rote learning** /ロウト ら～ニング/
・丸暗記する learn ~ by rote
まるた 丸太 a **log** /ろーグ/

・丸太小屋 a log cabin
まるで
❶ (ちょうど) **just** /ヂャスト/; (あたかも) **as if ～**
・それはまるで雪のようです
It is just like snow.
・私はまるで夢を見ているような気持ちだった
I felt as if I were dreaming.
❷ (まったく) **quite** /クワイト/, **entirely** /インタイアリ/
・この二つの物はまるでちがいます
These two things are entirely different from each other.
・その結果はまるでだめでした The result was quite a failure [a complete failure].
まるばつ ○×式の **true-or-false** /トゥルー オー ふォーるス/; (選択肢が複数ある) **multiple-choice** /マるティプる チョイス/
・○×式問題[テスト] a true-or-false question [test]; a multiple-choice question [test]
まれ まれな **rare** /レア/
まれに **rarely →** めったに
まわす 回す **turn** /タ～ン/; (こまを) **spin** /スピン/; (次々と渡す) **pass** (**around**) /パス (アラウンド)/
・取っ手を回す turn a handle
・こまを回す spin a top
・クッキーを(みんなに)回す pass around the cookies

まわり 回り, 周り

➤ (外周) **circumference** /サカンふァレンス/ →かんきょう, きんじょ

…の周りを, …の周りに around ～ /アラウンド/
・…を一回りする make a round of ~
・その写真の周りを花で飾(かざ)る frame the photograph with flowers
・周りがこんなにうるさくては本が読めない
I can't read with all this noise around.
・湖の周りは約10キロです
The lake is about ten kilometers around.
・われわれはたき火の周りで踊ったり歌ったりした
We danced and sang around the bonfire.
まわりくどい 回りくどい **roundabout** /ラウンダバウト/
・回りくどいことを言っていないで, 要するに何なのよ
Don't talk in a roundabout way. What is it you want to say? / ひゆ Don't beat around the bush—get to the point. (やぶの周りをたたかないで)
まわりみち 回り道 a **roundabout way** /ラウンダバウト ウェイ/, a **long way around** /アラウン

ド/; (道路修理中臨時に設けられた回り道) a **detour** /ディートゥア/
- 道路が修理中で私は回り道をさせられた
The road was under repair and I had to make a detour [to take a roundabout way, to go a long way around, to go out of my way].

まわる 回る （回転する）**turn** /タ～ン/; （くるくる）**spin**; （巡(めぐ)る）**go around** /アラウンド/; （目が）**feel giddy** /ふィー るギディ/

まん[1] 万 **ten thousand** /テン サウザンド/
- 5万 fifty thousand
- 5万5千 fifty-five thousand
- 5万分の1の地図 a map to the scale of 1: 50,000 (読み方: one to fifty thousand)

まん[2] 満… → まる[2]

まんいち 万一 （危急）(an) **emergency** /イマ～ヂェンスィ/; （万一 A が…ならば）**if A should** *do* /シュド/, **in case ～** /ケイス/
- 万一の場合には in case of emergency / in an emergency
- ひょっとして万一失敗でもしたらどうしよう If I should fail by any chance, what shall I do?

まんいん 満員である **be full** /ふル/; **be crowded (to capacity)** /クラウデド (カパスィティ)/; （超満員である）《米話》**be jampacked** /ヂャムパクト/
- 満員電車 a jampacked train
- 講演の始まる前に会場は満員になった
The hall was full before the lecture began.
- バスは満員だった
The bus was crowded to capacity.

まんが 漫画 a **cartoon** /カートゥーン/; （こま続き）a **comic strip** /カミク ストリプ/; （漫画本）a **comic (book)**
- 漫画家 a cartoonist

まんかい 満開 **full bloom** /ふル ブるーム/
- サクラの花が満開だ
The cherry trees are in full bloom. / The cherry blossoms are at their best.

まんげきょう 万華鏡 a **kaleidoscope** /カらイドスコウプ/

まんげつ 満月 a **full moon** /ふル ムーン/

まんじゅう (あんまん) a **bun with bean-jam in** /パン ビーン ヂャム/; (肉まん) a **bun with minced meat in** /ミンスト ミート/

マンション （分譲(ぶんじょう)アパート）《米》（一家族分または建物全体）a **condominium** /カンドミニアム/, 《話》a **condo** /カンドウ/, （賃貸）《米》（一家族分）an **apartment** /アパートメント/, （建物全体）an **apartment house** /ハウス/, 《英》（一家族分）a **flat** /ふラト/, （建物全体）a **block of flats** /ブらク/

> カタカナ語！ マンション
> 英語でいう mansion は部屋が数十もある大邸宅のこと. どんなに高級でも分譲マンションは condominium あるいは condo, そして賃貸マンションは《米》apartment,《英》flat という. だから「ワンルームマンション」を ×one-room mansion といったらびっくりされる. 英語では《米》studio apartment,《英》studio flat, bedsitter あるいは英米ともに単に studio という

まんせい 慢性の **chronic** /クラニク/
まんせき 満席 （掲示）**Full House** /ふル ハウス/, **No Vacant Seat** /ヴェイカント スィート/; （立ち見席だけ）**Standing Only** /スタンディング オウンり/
- 会場は満席だ The hall is full. / All the seats are occupied in the hall.
- パリ行きの(航空機の)便は満席だった
All flights for Paris were fully booked.

まんぞく 満足

➤ **satisfaction** /サティスふァクション/
満足させる satisfy /サティスふァイ/
- 満足な satisfactory
- 満足して with satisfaction
- …に満足する be satisfied with ～
- 彼はほかの物では満足しないでしょう
He will not be satisfied with anything else.
- 彼はすっかり満足してにこにこしながら帰って行った He went away with a smile, quite satisfied.

まんちょう 満潮 **the high tide** /ハイ タイド/
- 満潮に at high tide

マンツーマン （1対1の）**one-to-one** /ワン トゥ ワン/; （スポーツで）**person to person** /パ～スン トゥ パ～スン/
- マンツーマン指導 one-to-one instruction
- マンツーマン守備 person-to-person defense

まんてん 満点 **full marks** /ふル マークス/
- 理科のテストで満点を取る get full marks in [on] a science test
- 彼は500点満点で420点取った
He received 420 out of a possible 500. / He got a score of 420 out of 500.

マント a **cape** /ケイプ/, a **mantle** /マントる/
マンドリン a **mandolin** /マンドリン/
まんなか 真ん中 （両端からの）**the middle** /ミドる/; （中心）**the center** /センタ/
- 真ん中の middle; central
- 池の真ん中に in the middle [the center] of a

まんねんひつ 518 five hundred and eighteen

pond
まんねんひつ 万年筆 a **fountain pen** /ふァウンテン/
まんびき 万引き (人) a **shoplifter** /シャプリふタ/; (行為(こうい)) **shoplifting** /シャプリふティング/
・万引きして捕まる *be caught shoplifting*
マンホール a **manhole** /マンホウる/
まんぽけい 万歩計 a **pedometer** /ピダメタ/

まんまえ 真ん前
・ジャックはゴールの真ん前に立った
Jack stood right in front of the goal.
マンモス (動物) a **mammoth** /マモす/
まんるい 満塁
・満塁ホームラン a grand slam
・ツーアウト満塁だ The bases are full [loaded] with two outs.

み 実 (果実) (a) **fruit** /ふルート/; (堅果) a **nut** /ナト/; (イチゴのようなやわらかい) a **berry** /ベリ/
・実がなる *bear fruit*
みあいけっこん 見合い結婚 an **arranged marriage** /アレインヂド マリヂ/
みあげる 見上げる
❶ (上を見る) **look up** (at 〜) /るク/
・月を見上げる look up at the moon
❷ (感心する) **admire** /アドマイア/
・君の寛大さは見上げたものだ
I admire you for your generosity.
みいだす 見いだす **find** (**out**) /ふァインド/; (発見する) **discover** /ディスカヴァ/
ミイラ a **mummy** /マミ/
 ことわざ ミイラ取りがミイラになる
Many go out for wool and come home shorn. (羊毛を刈り取りに出かけ, 毛を刈られて帰って来る者が多い)
みうしなう 見失う **lose sight of 〜** /るーズ サイト/, **miss** /ミス/
・人込みの中で彼を見失った
I missed him in the crowd.
みうち 身内 (親戚(しんせき)) one's **relatives** /レらティヴズ/
みえ 見えを張る **show off** /ショウ/
・見えのために for show / for appearance' sake

みえる 見える
❶ (目に入る) **see**
❷ (見ることができる) **can see**
❸ (外見が) **look**
❹ (現れる) **show**
❺ (来る) **come**
❶ (目に入る) **see** /スィー/; (物が主語) **be seen** /スィーン/ (受け身形)

基本形
A が見える
 see A / A **is seen**.
A が…するのが見える
 see A **do**
A が…しているのが見える
 see A **doing** / A **is seen doing**.

・見えてくる come into sight
・見えなくなる go out of sight / disappear
・向こうに高い塔(とう)が見える → 主語は「私」
I see a tall tower over there.
・空を見ると無数の星が見えた
I looked at the sky and saw countless stars.
・向こうに見える建物がぼくらの学校です
The building you see over there is our school.
・彼女は目があまりよく見えません
She doesn't see very well.
・彼がその家に入るのが見えた
I saw him go into the house.
・池の中で1ぴきの大きな魚が泳いでいるのが見えた
I saw a big fish swimming in the pond. / A big fish was seen swimming in the pond.
❷ (見ることができる) **can see**; (物が主語) **can be seen** (受け身形)
・ネコは暗い所でも目が見えます
Cats can see in the dark.
・ここからは富士山は見えません
We can't see Mt. Fuji from here. / Mt. Fuji cannot be seen from here.
・電車から海が見えますか
Can I see the sea from the train?
・窓から湖のすばらしい景色が見えますよ
You can get [have] a wonderful view of the lake from the window.
❸ (外見が) **look** /るク/; **look like** /らイク/

・若くⅡふけて]みえる look young [old]
・幸福そうに[本物みたいに]みえる look happy [real]
・君はとても元気そうに[疲(つか)れているように]みえる
You look very well [tired].
・彼は年のわりには[60にしては]若くみえる
He looks young for his age [for sixty].
・彼はその年にはみえない
He doesn't look his age.
・彼は営業職のようにみえる
He looks like a salesperson.
・他人の物はよくみえるものだ
ひゆ The grass is greener on the other side of the fence. (フェンスの反対側の芝生は(自分の庭の芝生より)青くみえる)
❹ (現れる) show /ショウ/, appear /アピア/
・空に星が見えだした
Stars began to appear [to show] in the sky.
❺ (来る) come
・あなたの留守中に佐藤さんとかいう方がみえました
A Mr. Sato came to see you during your absence.
・玄関にどなたかみえてますよ
There is someone at the door.

みおくる 見送る see off /スィー オーふ/
・彼女を見送りに成田へ行って来た
I've been to Narita to see her off.

みおとす 見落とす overlook /オウヴァるク/, miss

みおぼえ 見覚えがある remember seeing ～ (before) /リメンバ スィーインぐ (ビふォー)/ → きおぼえ
・彼の顔には見覚えがある I remember seeing his face somewhere before.
・あの男の人の顔には見覚えがない
That man's face is unfamiliar to me.

みおろす 見下ろす look down (at ～) /るク ダウン/

みかい 未開の uncivilized /アンスィヴィらイズド/; (原始的な) primitive /プリミティヴ/

みかいけつ 未解決の unsolved /アンサるヴド/
・問題は未解決です
The problem is yet unsolved.

みかく 味覚 the (sense of) taste /(センソブ) テイスト/

みがく 磨く
❶ (ぴかぴかに) polish /パリシュ/; (きれいに) clean /クリーン/; (ブラシで) brush /ブラシュ/
・靴をみがく polish [shine] one's shoes
・歯をみがく brush one's teeth

polish

brush

❷ (よくする) improve /インプルーヴ/; (文章などを) refine /リふァイン/
・腕(うで)をみがく improve one's skill

みかけ 見かけ (様子) appearance /アピアランス/; (顔つき) looks /るクス/
・見かけで人を判断する judge a person by his appearances [looks]
・それは見かけ倒しだった
It was not so good as it looked. /
ひゆ It was just window dressing. (ショーウインドーの飾りつけのようなもので実物とは違った)

みかげいし みかげ石 granite /グラニト/

みかた¹ 味方 a friend /ふレンド/; (支持者) a supporter /サポータ/
味方する support /サポート/, back up, side with /サイド/, take sides
・彼女は彼に味方してぼくらに敵対した
She sided with him against us.

みかた² 見方 → かんてん

みかづき 三日月 a crescent (moon) /クレスント (ムーン)/; (新月) a new moon

ミカン 蜜柑 《植物》an orange /オーレンヂ/; (日本ミカン) a tangerine (orange) /タンヂェリーン/

みかんせい 未完成の unfinished /アンふィニシュト/

みき 幹 a (tree) trunk /(トリー) トランク/, a stem /ステム/

みぎ 右

➤ **the right** /ライト/ → ひだり
右の right
右回りに[の] clockwise /クろクワイズ/ →「時計の針のように[な]」の意味
・右へ[に] right / to the right
・右ききの right-handed
・右手 the right hand
・右側に on the right side / on one's right
・右に曲がる turn right [to the right]
・かぎを右に回す turn the key clockwise

ミキサー a **blender** /ブ**れ**ンダ/

ミキサー車 a **concrete**［**cement**］**mixer**（**truck**）/カンク**リ**ート［**セ**メント］**ミ**クサ〜（ト**ラ**ク）/

みぐるしい 見苦しい（体裁(ていさい)の悪い）**ugly** /**ア**グり/, **indecent** /イン**ディ**ースント/;（みすぼらしい）**shabby** /**シャ**ビ/;（不名誉(めいよ)な）**dishonorable** /ディス**ア**ナラブる/

みけねこ 三毛猫 a **tortoise-shell cat** /ト**ー**タスシェる/

みこし *mikoshi*, a **portable shrine** /**ポ**ータブる シュ**ラ**イン/ → おみこし
• 100台ほどのみこしが浅草を練り歩いた
Around 100 *mikoshi* were paraded through the Asakusa district. → 複数形も *mikoshi*

みごと 見事な **fine** /ふ**ァ**イン/, **beautiful** /**ビュ**ーティふる/;（すばらしい）**splendid** /スプ**れ**ンディド/
見事に finely, beautifully; splendidly

みこみ 見込み（望み）**hope** /**ホ**ウプ/;（可能性）**possibility** /パスィ**ビ**りティ/
見込みのある hopeful, promising /プ**ラ**ミスィング/ → ゆうぼう
• 見込みのない hopeless
• 見込みのある青年たち promising youths
• 彼が治る［勝つ］見込みがありますか
Is there any hope of his recovery［winning］?
• 彼が治る［勝つ］見込みはまずない
There is little hope of his recovery［winning］. / His recovery［winning］is almost hopeless. / He is past hope of recovery［winning］.

みこん 未婚の **unmarried** /アン**マ**リド/;（独身の）**single** /ス**ィ**ングる/

ミサ Mass /**マ**ス/
• ミサに出席する go to Mass

ミサイル a **missile** /**ミ**スィる/

みさき 岬 a **cape** /**ケ**イプ/;（断崖(だんがい)になっている）a **promontory** /プ**ラ**モントーリ/

みじかい 短い

➤ **short** /**ショ**ート/
短くする shorten /**ショ**ートン/
• スカートのたけを短くしてもらう have *one's* skirt shortened
• 髪を短くしてもらう have *one's* hair cut short
• 日がだんだん短くなってきた
The days are getting［growing］shorter.

みじめな miserable /**ミ**ゼラブる/
• みじめな生活を送る lead a miserable life
• みじめな思いをする feel miserable
• 私はみじめな気持ちでだれにも会う気がしなかった

I was so miserable that I did not feel like seeing anybody.

みじゅく 未熟な（未発達の）**immature** /イマ**チュ**ア/;（時期が早すぎる）**premature** /プ**リ**ーマ**チュ**ア/;（経験を積んでいない）**inexperienced** /イ**ネ**クスピ**ア**リエンスト/, **green** /グ**リ**ーン/;（技術的に未熟な）**unskilled** /アン**ス**キるド/

みしらぬ 見知らぬ **strange** /スト**レ**インヂ/
• 見知らぬ人 a stranger
• 彼は私のまったく見知らぬ人だ
He is a perfect stranger to me. / I've never seen him before.

ミシン a **sewing machine** /**ソ**ウイング マ**シ**ーン/
• 彼女はミシンで娘の服を縫(ぬ)っていた
She was sewing her daughter's dress on the (sewing) machine.

ミス¹（当たりそこない）a **miss** /**ミ**ス/;（間違い）a **mistake** /ミス**テ**イク/;（過失）a **fault** /ふ**ォ**ーると/, an **error** /**エ**ラ/, a **slip** /ス**リ**プ/
• ミスをする make a mistake［an error］

ミス² ミス… **Miss** /**ミ**ス/ ＋地名など
• 2022年度ミス日本 Miss Japan 2022（読み方: twenty twenty-two）

みず 水

➤ **water** /**ウ**ォータ/
水をまく water
• 芝生(しばふ)に水をまく water the lawn
• 栓(せん)をひねって水を出す［止める］turn on［off］the water
• 水にもぐって泳ぐ swim under water
• 水を1杯飲む drink a glass of water
• 畑が水につかっている
The fields are under water.

みずいろ 水色（の）**light blue** /**ら**イト ブる**ー**/, **pale blue** /**ペ**イる ブる**ー**/

みずうみ 湖 a **lake** /**れ**イク/

みずがめざ 水瓶座 **Aquarius** /ア**ク**ウェ**ア**リアス/, **the Water Bearer** /**ウ**ォータ **ベ**アラ/
• 水瓶座生まれの人 an Aquarius / an Aquarian

みずぎ 水着（女性用）a **swimsuit** /ス**ウ**ィムスート/;（男性用）**swimming trunks** /ス**ウ**ィミング ト**ラ**ンクス/;（水着一般）**swimwear** /ス**ウ**ィムウェア/

みずくさ 水草 a **water plant** /**ウ**ォータ プ**ら**ント/

ミスター ミスター… **Mr.** /**ミ**スタ/ ＋地名・団体名・職業など

みずたま 水玉模様 **polka dots** /**ポ**ウるカ **ダ**ツ/
• 水玉の dotted / spotted

みずたまり 水たまり a **puddle**（**of water**）/**パ**ドる（**ウ**ォータ）/

ミステリー（謎）**mystery** /ミステリ/; (推理小説) a **mystery**, a **detective story** /ディテクティヴ ストーリ/

みすてる 見捨てる **give up**, **abandon** /アバンドン/; **desert** /ディザ〜ト/

みずとり 水鳥 a **water bird** /ウォータ バ〜ド/

みずぶくれ 水ぶくれ a **blister** /ブリスタ/

みずぼうそう 水疱瘡 **chicken pox** /チキン パクス/

みすぼらしい shabby /シャビ/

みせ 店 a **store** /ストー/, a **shop** /シャプ/
- あの店では洋書を売っています
They sell foreign books at that store. / Foreign books are sold at that store. / That store sells foreign books.

みせいねん 未成年 **minority** /マイノーリティ/
- 未成年である be under age
- 未成年者 a minor

みせかける 見せ掛ける **pretend** /プリテンド/

みせびらかす 見せびらかす **show off** /ショウ オフ/

みせもの 見せ物 a **show** /ショウ/

みせる 見せる

❶ **show, produce**

❶ (物を) **show** /ショウ/; (提示する) **produce** /プロデュース/; (見たがっているものを) **let 〜 see** /スィー/

【基本形】
A (物)を見せる
　show A
B (人)に A (物)を見せる
　show B A / **show** A to B

- 切符を見せる show [produce] *one's* ticket
- 彼にその手紙を見せる show him the letter / show the letter to him / let him see the letter
- 君は球場の入り口で券を見せなければいけません You must show [produce] your ticket at the ball park gate.
- 彼は私に切手のコレクションを見せてくれた He showed me his stamp collection. / He showed his stamp collection to me. / He let me see his stamp collection.
- (店で)靴を見せてください Please show me some shoes. / I want to see some shoes, please.
- 彼女の(写っている)写真を何枚か見せてもらった → 過去の受け身形
I was shown some of her photos.
- 私があした町をあちこち見せてあげましょう
I'll show you around the town tomorrow.

❷ (医者に) **see**, **consult** /コンサルト/

- 医者にみせたほうがいいよ
You should see a doctor.
- その子を医者にみせたほうがいいよ
You had better take the child to a doctor.

みそ 味噌 **miso**, **soybean paste** /ソイビーン ペイスト/
- 味噌汁 miso soup

みぞ (掘り割り) a **ditch** /ディチ/; (歩道と車道の間の) a **gutter** /ガタ/

みぞれ sleet /スリート/
- みぞれが降る It sleets.

みたいな → ような

みだし 見出し (標題) a **title** /タイトる/; (新聞記事などの) a **headline** /ヘドらイン/, a **heading** /ヘディング/

みたす 満たす **fill** /ふィる/ (→ みちる ❶); (要求・条件などを) **meet** /ミート/
- びんに水を満たす fill a bottle with water
- 条件を満たす meet the requirements

みだす 乱す (妨(さまた)げる) **disturb** /ディスタ〜ブ/; (順序など) **put 〜 out of order** /オーダ/
乱れる get out of order, be thrown into disorder /すロウン ディスオーダ/
- 突然の大雪で鉄道のダイヤが乱れた
By the sudden heavy snowfall the railroad schedule was thrown into disorder.

みち¹ 道

➤ a **way** /ウェイ/; (道路) a **road** /ロウド/; (通り) a **street** /ストリート/

- 道しるべ a signpost
- 道端に by the roadside
- 道案内 a direction /ディレクション/
- 道案内する give directions; tell *one* the way
- 道に迷う lose *one's* way / be [get] lost
- 図書館へ行く道を教えてください
Will you please show me the way [direct me] to the library?

私は図書館へ行きたいのですが道はこれでよろしいでしょうか
—いいえ，道をまちがえています．今来た道を交差点までもどりパン屋のところを左へ曲がってください
I want to go to the library. Is this the right **way**?
—No, you took the wrong **road**. Go back the **way** you came to the crossroad, and turn left at the bakery.

みち 522 five hundred and twenty-two

・道でだれか知っている人に会いませんでしたか
Didn't you meet anyone (who) you know on the way?

・この辺は道が込み入っているので初めての人はよく迷います The streets are so complicated in this part that strangers often get lost.

・道端には野花が美しく咲(さ)いていた The roadsides were beautiful with wild flowers.

みち² 未知の **unknown** /アンノウン/
・未知の世界 the unknown world

みぢか 身近な（近い）**close** /ク**ロ**ウス/;（よく知っている）**familiar** /ファ**ミ**リア/;（差し迫った）**imminent** /**イ**ミネント/
・私の身近な人々 people close to me

みちくさ 道草を食う **fool around on the way** /ふー**る** アラウンド **ウェ**イ/

みちびく 導く（案内する）**guide** /**ガ**イド/;（先導する）**lead** /**リ**ード/

みちる 満ちる
❶（いっぱいになる）**be filled** (with ～) /ふィる**ド**/
・私の胸は希望に満ちていた
My heart was filled with [was full of] hope.
❷（潮が）**flow** /ふ**ロ**ウ/, **rise** /ラ**イ**ズ/, **come in**

みつ **honey** /**ハ**ニ/;（花の）**nectar** /**ネ**クター/

みつあみ 三つ編み（米）a **braid** /**ブ**レイド/,（英）a **plait** /**プ**れイト/
・彼女は髪を三つ編みにしている
She wears her hair in braids [plaits].

みつかる 見つかる

❶（見つけることができる）**can find**
❷（発見される）**be found**

❶（見つけることができる）**can find** /ふァインド/
・それが見つからない I can't find it.
・私たちは入り口が見つからなかった
We couldn't find the entrance.

❷（発見される）**be found** /ふァウンド/ ➜ 受け身形
・こういう植物は日本では見つからない
Such plants are not found in Japan.
・そのボートは先週の金曜からまだ見つかっていない
The boat has not been found yet [has been missing] since last Friday.

❸（見られる）**be seen** /ス**イ**ーン/;（気づかれる）**be noticed** /ノ**ウ**ティスト/ ➜ 受け身形
・私はゲームセンターに入るのを先生に見つかった
I was seen entering an amusement arcade by my teacher.
・私はだれにも見つからずに近づいた
I got near without being noticed by anybody.

みつける 見つける

➤ **find** /ふァインド/
➤ （隠(かく)されているものを）**discover** /ディス**カ**ヴァ/ → はっけん

基本形 A を見つける
　　　　find A
　　　　B (人)に A (物)を見つけてやる
　　　　find B A / **find** A **for** B

・私は歩道で財布を見つけた
I found a wallet on the sidewalk.
・彼らはついに問題を解決する方法を見つけた
They discovered [found out] a way to solve the problem at last.
・その四つ葉のクローバーどこで見つけたの?
Where did you find that four-leaf clover?
・彼は私によい席を見つけてくれた He found me a good seat. / He found a good seat for me.
・ぼくの傘見つけてよ
Please find my umbrella for me.

使い分け

find は探しているものや人を「見つける」時に, discover は新しい場所や方法を「見つける」時に使う

みっしゅう 密集する（家などが）**stand close together** /ク**ロ**ウス トゥ**ゲ**ざ/;（人口が）**be densely populated** /**デ**ンスり パ**ピュ**れイテド/

ミッションスクール a **mission school** /**ミ**ション/

みっせつ 密接な **close** /ク**ロ**ウス/
　密接に **closely**

みつど 密度 **density** /**デ**ンスィティ/
・人口密度 population density

ミット a **mitt** /**ミ**ト/

みっともない（不名誉(めいよ)な）**dishonorable** /ディス**ア**ナラブる/;（恥(は)ずべき）**shameful** /**シェ**イムふる/;（みすぼらしい）**shabby** /**シャ**ビ/
・そんな事をするなんてみっともないと思わないか
Aren't you ashamed of yourself to do such a thing? / Aren't you ashamed of doing such a thing?

みつばち a **honeybee** /**ハ**ニビー/, a **bee** /**ビ**ー/

みつめる 見つめる（じっと）**gaze** (at ～) /**ゲ**イズ/;（目を見張る）**stare** (at ～) /**ス**テア/
・少年は彼を取り巻く見知らぬ人たちの顔を見つめた
The boy stared at the strange faces that surrounded him.

みつもる 見積もる **estimate** /**エ**スティメイト/
　見積もり an **estimate** /**エ**スティメイト/

• ざっと見積もって at a rough estimate

みつゆ 密輸する **smuggle** /スマグる/

みつりん 密林 a **thick forest** /すィク ふォーレスト/; (熱帯地方の) a **jungle** /ヂャングる/

みてい 未 定 の **undecided** /アンディサイデド/, **pending** /ペンディング/
• 未定である be undecided / be pending

みとおし 見通し
❶ (視界) **visibility** /ヴィズィビリティ/
• 濃い霧(きり)の中で見通しがきかなかった
The visibility was very poor in a thick fog.
❷ (将来の展望) an **outlook** /アウトるク/
• 経済的見通しは明るくない
The economic outlook is not bright.

みとめる 認める (承認する) **admit** /アドミト/; (だれ・何であるとわかる) **recognize** /レコグナイズ/; (…を高く評価する) **think highly of ～** /すィンク ハイり/
• 自分の過失を[自分が間違っていたと]認める
admit one's fault [that one was wrong]
• 彼の作品を認めない think little of his work
• 彼はその車を自分の物だと認めた
He recognized the car as his own.

みどり 緑(の) **green** /グリーン/
• みどりの日 Greenery Day

みとれる 見とれる **look**［**gaze**］**at ～ admiringly** /るク［ゲイズ］アドマイアリングり/

みな 皆

➤ **all**; (人) **everyone** /エヴリワン/, **everybody** /エヴリバディ/; (物事) **everything** /エヴリすィング/

• 皆いっしょに all together
• 彼らは皆よい少年です
They are all good boys.
• うちでは皆元気です
All are well at home.
• われわれはこのことについては皆知っています
We know everything about it.
• 皆さんどうぞこちらへ
Everybody, please come this way.
• 彼は他の少年が皆持っているものを自分もほしいと思った
He wanted to have what every other boy had.
• これというのも皆彼がつまらないうそを言ったからだ This is all because he told a little lie.

みなおす 見直す
❶ (もう一度調べる) **check ～ again** /チェク/
• 答案を提出する前にもう一度見直しなさい Check

your paper again before you hand it in.
❷ (今までよりよく思う) **have a better opinion of ～** /オピニョン/
• これで私は彼を見直した
This made me have a better opinion of him.

みなしご an **orphan** /オーふァン/

みなす think of ～ /すィンク/, **regard** /リガード/; (考える) **consider** /コンスィダ/
• 彼らは彼を自分たちのリーダーとみなした
They thought of［regarded］him as their leader.

みなと 港 (港湾(こうわん)) a **harbor** /ハーバ/; (港町) a **port** /ポート/

みなみ 南

➤ **the south** /サウす/ → きた

• 南の south / southern
• 南に (方向・位置) south; (方向) to the south; (位置) in the south
• 南半球 the Southern Hemisphere
• 鹿児島は九州の南にある
Kagoshima is in the south of Kyushu.
• メキシコはアメリカ合衆国の南にある
Mexico lies south of the United States.

みなもと 源 **the source** /ソース/
• その川はこれらの山にその源を発している
The river rises［takes its source］in these mountains.
• 金銭欲は諸悪の源だ
The love of money is the source of all evils.

みならう 見習う **follow** /ふァろウ/
• 彼に見習う follow his example

みなり 身なり → ふくそう

みなれた 見慣れた **familiar** /ふァミリア/
• 見慣れない unfamiliar
• 見慣れた顔 a familiar face

みにくい 醜い **ugly** /アグり/

ミニスカート a **miniskirt** /ミニスカ〜ト/

ミニチュア a **miniature** /ミニアチャ/

みぬく 見抜く (たくらみ・性格などを) **see through** /スィー すルー/; (心を) **see into**
• 彼のたくらみを見抜く see through his plot

みね 峰 a **peak** /ピーク/, a **summit** /サミト/

ミネラル a **mineral** /ミネらる/
• ミネラルウォーター mineral water

みのがす 見逃す **overlook** /オウヴァるク/
• これらの事実は見逃されがちだ
These facts are apt to be overlooked.

みのる 実る (熟する) **ripen** /ライプン/

みはらし 見晴らし a (**fine**) **view** /(ふァイン) ヴュ

みはり 見張り **watch** /ワチ/, **guard** /ガード/; (人) a **watcher** /ワチャ/, a **guard**

みはる 見張る **watch** /ワチ/, **keep watch** (on 〜) /キープ/ **guard** /ガード/

みぶり 身ぶり a **gesture** /ヂェスチャ/

みぶん 身分 (社会的地位) a **social position** /ソウシャる ポズィション/, a **social status** /ステイタス/; (だれであるということ) **identity** /アイデンティティ/; (資力) **means** /ミーンズ/

• 身分証明書 an identification card / an ID card

• 身分相応[不相応]に暮らす live within [beyond] one's means

みぼうじん 未亡人 a **widow** /ウィドウ/

みほん 見本 a **sample** /サンプる/

• 見本市 a trade fair

みまい 見舞い

• 見舞いの手紙を出す (病人へ) send a get-well card / (被災者) send a letter of sympathy

• 病院へ友人の見舞いに行く

visit a friend at the hospital / go to the hospital to see a sick friend

• 彼は私の病気中毎日見舞いに来てくれた

He came to see me every day while I was sick.

• 台風のお見舞い (救援物資) typhoon relief

みまもる 見守る **watch** /ワチ/

みまわす 見回す **look around** /るク アラウンド/

みまわる 見回る **patrol** /パトロうる/

みまん …未満 **under 〜** /アンダ/

• 18歳未満の方は入場できません

Young people under eighteen years old are not admitted.

みみ 耳

➤ an **ear** /イア/

• 耳たぶ an earlobe

• 耳あか earwax

• 耳かき an ear pick / an earwax remover

• 耳が聞こえない deaf

• あの老人は少し耳が遠いようだ The old man seems to be hard of hearing [a little deaf].

ミミズ 《動物》 an **earthworm** /ア〜すワ〜ム/

みもと 身元 one's **identity** /アイデンティティ/

• 身元を明らかにする identify

• 身元保証人 a guarantor; (照会先) a reference

• 水死人の身元はまだ判明していない The

drowned man has not been identified yet.

• 彼は自分の身元を明かさなかった

He refused to identify himself.

みや 宮 a (**Shinto**) **shrine** /(シントウ) シュライン/

• 赤ちゃんのお宮参りをする take one's newborn baby to a shrine for blessing

みゃく 脈 a **pulse** /パるス/

• 脈をみる feel one's pulse

みやげ (記念品) a **souvenir** /スーヴェニア/; (贈り物) a **gift** /ギふト/, a **present** /プレズント/

• みやげ店 a souvenir shop

• 日本からのおみやげです

Here's a souvenir from Japan.

みやこ 都 a **capital** /キャピトる/

ことわざ 住めば都 There is no place like home. (わが家のような(よい)所はない)

みやぶる 見破る → みぬく

ミュージカル a **musical** /ミューズィカる/

みょうあん 妙案 (よい考え) a **good** [**bright**] **idea** /[ブライト] アイディーア/; (解決策) a **fine solution** /ふァイン ソるーション/

• 成功するための妙案なんてないよ ひゆ There is no magic formula for success. → magic formula は「魔法の呪文 (じゅもん)」

みょうごにち 明後日 **the day after tomorrow** /トゥモロウ/

みょうじ 名字 one's **family** [**last**] **name** /ふァミリ [らスト] ネイム/; (英) **surname** /サ〜ネイム/

• 太郎の名字は山田です

Taro's family name is Yamada.

みょうな 妙な → へん²

みょうばん 明晩 **tomorrow night** /トゥモロウ ナイト/, **tomorrow evening** /イーヴニング/

みらい 未来(の) **future** /ふューチャ/

• 未来に in (the) future

• 未来表現 《言語》 (未来を表す表現) expressions to refer to [to talk about] the future, (未来時制) the future → will, be going to など未来を表す語句

ミリ ミリメートル a **millimeter** /ミリミータ/ (略 mm)

• ミリグラム a milligram (略 mg)

みりょく 魅力 **attraction** /アトラクション/, (a) **charm** /チャーム/

魅力のある, 魅力的な **attractive, charming**

みる 見る

❶ **see**; (注意して) **look at**; (動くものをじっと) **watch**

❷ (調べる) (目を通す) **look over**; (検査する) **ex-**

five hundred and twenty-five　525　みる

amine, check
❸（世話をする）**look after**
❹（ためしに…する）**try**

❶ **see** /スィー/；（注意して）**look** /るク/；（動くものをじっと）**watch** /ワチ/ → みえる ❶

基本形
A を見る
　see A / **look at** A / **watch** A
A が…するのを見る
　see A *do* / **look at** A *do* / **watch** A *do*
A が…しているのを見る
　see A *doing* / **look at** A *doing* / **watch** A *doing*

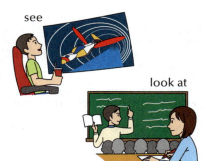

・映画を見る　see a movie [a film]
・黒板を見る　look at the blackboard
・テレビを見る　watch television
・テレビで西部劇を見る
watch [see] a Western on TV
・彼が泳ぐのを見る　see him swim → see *A do* は「A が…するのを(全部)見る」で事実の伝達に力点がある
・彼が泳いでいるのを見る　see him swimming → see *A doing* は「A が…している動作(の途中)を見る」で行為(こうい)の描写に力点がある
・窓から外を見る　look out (of) the window
・…を一目[よく]見る　have a look [a good look] at ~
・…をちらっと見る　glance at ~
・…をざっと見る　run *one's* eyes through ~ / scan ~
・ちょっと見ると　at first sight / at a glance
・見たところ　by [to] all appearances / apparently
・外国人が見た日本　Japan as a foreigner sees it / Japan as seen by [through the eyes of] a foreigner
・十国峠から見た富士　Mt. Fuji as seen from the Jikkoku Pass
・10ページを見なさい　See page 10.
・道を横切る前に左右を見なさい
Look both ways before you cross [before crossing] the street.
・この地図を見てごらん　Look at this map.
・彼は雲をじっと見ているのが好きだ
He likes to watch the clouds.
・私はその映画を先週見ました
I saw that movie last week.
・私はゆうべ彼女の夢を見た（→私は夢の中で彼女を見た）I saw her in a dream last night.
・これらの花は日本ではふつうに見られます → 受け身形 These flowers are commonly seen in Japan.
・この絵はどこかで見たことがある → 現在完了
I have seen this picture somewhere.
・私はパンダを一度も見たことがない
I have never seen a panda.
・これは私が今まで見たうちで最もよい車です(こんないい車は見たことがない)
This is the best car (that) I have ever seen.
・私たちは太陽が沈(しず)んでいくのをじっと見ていた
We watched the sun going down.
・ぼくたちは草の上にすわってサッカーの試合を見ていた → 「すわって…している」は sit *doing*
We sat on the grass watching the soccer game.
・私は彼がその部屋に入るのを見た　I saw him enter the room. /（彼はその部屋に入るのを見られた）
He was seen to enter the room.
・私は子供たちが砂場で遊んでいるのを見た
I saw some children playing in the sandbox. /（子供たちは砂場で遊んでいるのを見られた）
Some children were seen playing in the sandbox.
・彼は私を見て見ないふりをした → 「…するふりをする」は pretend to *do*.
He pretended not to see me.
・ぼくの宿題をちょっと見てくれない?
Will you have a look at my homework?
・だれだか見ていらっしゃい

ミルク　526　five hundred and twenty-six

Go and see who it is.
・私がするのをよく見てそれをまねしなさい
Watch what I do, and copy it.

使い分け

see: 見ようと意識しなくても「見える」こと
look at: 見ようと意識して「見る」こと
watch: 動くものを注意してじっと「見る」こと
stare: 驚きや怒りから、あるものや人を視線を外さずにじろじろと「見る」こと

❷ (調べる) (目を通す) **look over**; (検査する) **examine** /イグ**ザ**ミン/, **check** /チェク/; (辞書などを) **consult** /コン**サ**るト/
・脈をみる　examine [feel] one's pulse
・辞書を見る　consult a dictionary
・私の英作文を見てください
Please look over my English composition.
・私は歯をみてもらわなければならない →「A を…してもらう」は have A+過去分詞
I must have my teeth examined.

❸ (世話をする) **look after**
・母が留守の間私は赤ちゃんをみていた
I looked after the baby while Mother was out.

❹ (ためしに…する) **try** /ト**ラ**イ/, **give a try** → ためす

会話 スカイダイビング、やってみたことあるの?—いいや、でもやってみようかな　Have you ever tried skydiving?—No, but I'll give it a try.

ミルク **milk** /ミ**ル**ク/; (コーヒーに入れる) **cream** /ク**リ**ーム/
・粉ミルク　powdered milk
・私はいつもコーヒーにはミルクを入れます
I always take cream in my coffee.

みわける 見分ける **distinguish** /ディス**ティ**ングウィシュ/, **tell**
・その２つの物を見分ける　distinguish the two things / tell the two things apart

会話 君はヒツジとヤギが見分けられるかね.—さあ、わからないな　Can you distinguish [tell] a sheep from a goat?—Well, I'm not sure.

みわたす 見渡す **look out** (over ～) /る**ク**/; (見晴らす) **have** a **command** /コ**マ**ンド/
・見渡す限り　as far as the eye can see
・この丘からは全市を見渡すことができる
You can look out over [You can see] the whole city from this hill. /
This hill has the command of the whole city.

みんげい 民芸(品) **traditional crafts** (**from the region**) /トラ**ディ**ショヌる ク**ラ**ふツ　**リ**ーヂョン/; **folkcraft** (**articles**) /**ふォ**ウクク**ラ**ふト (**ア**ーティクるズ)/

みんしゅ 民主的 **democratic** /デモク**ラ**ティク/;
民主制, 民主主義 **democracy** /ディ**マ**クラスィ/
・民主国　a democracy
・民主党 (米国の) the Democratic Party

みんしゅう 民衆　**the people** /**ピ**ープる/

みんしゅく 民宿　a **tourist home** /**トゥ**アリスト　**ホ**ウム/, (英) a **guesthouse** /**ゲ**ストハウス/, a **bed and breakfast** /ブレク**ふァ**スト/ (B & B /ビーアンビー/ と略称する)

みんぞく¹ 民族　a **nation** /**ネ**イション/; (人種) a **race** /**レ**イス/; (多民族国家内の) an **ethnic group** /**エ**すニク　グ**ル**ープ/
・民族衣装[音楽, 料理]　ethnic clothes [music, food]
・ユダヤ民族　the Jewish nation
・多民族国家　a multiracial nation
・(一国内の)少数民族　ethnic minorities

みんぞく² 民俗学　**folklore** /**ふォ**ウクロー/
・民俗音楽　folk music

みんな → みな

みんぱく 民泊　**home sharing** /**シェ**アリング/; (家主が不在の時に貸し出すもの) a **vacation rental** /ヴェイ**ケ**イション　**レ**ンタる/
・民泊に宿泊する　staying (in a private room) in a shared home

みんぽう 民放 (民間放送) **commercial broadcasting** /コ**マ**～シャる　ブ**ロ**ードキャスティング/

みんよう 民謡　a **folk song** /**ふォ**ウク/

みんわ 民話　a **folk tale** /**ふォ**ウク　**テ**イる/

む　ム

む 無　**nothing** /**ナ**すィング/
・無から有は生じない
Nothing comes out of nothing.
むいしき 無意識　**unconsciousness** /アン**カ**ンシャスネス/
無意識の **unconscious** /アン**カ**ンシャス/
・無意識に　unconsciously
むいみ 無意味な　**meaningless** /**ミ**ーニングれス/

ムード (気分) (a) **mood** /ムード/; (雰囲気) (an) **atmosphere** /アトモスふィア/

ムールがい ムール貝 a (**blue**) **mussel** /マスる/

むえき 無益な **useless** /ユースれス/ → むだ

むかい 向かいの, 向かいに **opposite** /アポズィット/
- 向かいの家 the opposite house
- 私の家の向かいの家 the house opposite to mine
- 向かい風 a head wind
- 向かい合ってすわる sit face to face
- 私の家はちょうど郵便局の向かいです
My house is just opposite the post office.

むがい 無害な **harmless** /ハームレス/

むかう 向かう (進む) **go** (toward ~), **leave** (for ~) /リーヴ/; (面する) **face** /ふェイス/
- ロンドンをたってニューヨークへ向かう leave London for New York
- 救援(きゅうえん)隊がこちらに向かっているから, もう大丈夫だ The rescue party is coming, and so we will be out of danger soon.

むかえる 迎える

➤ (出迎える) **meet** /ミート/; (歓迎する) **welcome** /ウェるカム/; (あいさつする) **greet** /グリート/; (車で迎えに行く) **pick up** /ピク/

- 友人を迎えに成田へ行く go to Narita to meet a friend
- 彼らは私を温かく迎えてくれた
They welcomed me warmly. /
They gave me a warm welcome.
- 私は門の所で子供たちの元気な「おはようございます」という声に迎えられた
I was greeted at the gate by the children with their cheerful "Good morning, sir!"
- 家まで車で迎えに行くよ
I'll pick you up at your house.

むかし 昔

➤ **in the past** /パスト/; **in the old days** /オウるド デイズ/, **long ago**

➤ (以前) **formerly** /ふォーマリ/, **in former times** /ふォーマ/, **in former days, in days gone by**

昔の old, former, of former days
- 昔…があった there used to be ~
- こういうばからしい昔の慣習は捨てなければならない Such foolish customs of former days should be abandoned.
- 昔この橋の下手(しもて)に水車小屋があった
There used to be a mill below this bridge.

- 昔々おじいさんとおばあさんが住んでいました
Long, long ago there lived an old man and his wife.

むかつく (胃が) **be** [**feel**] **sick to** *one's* **stomach** /[ふィーる] スィク スタマク/; (いやで) **be disgusted** /ディスガステド/
- あいつにはむかつく
I'm disgusted with him.

むかって 向かって (…の方へ) **toward** /トード/, **for**; (逆(さか)らって) **against** /アゲンスト/
- 公園に向かって歩く walk toward the park
- 風に向かって走る run against the wind

ムカデ 百足 《虫》 a **centipede** /センティピード/

むかむか むかむかする (吐(は)き気がする) **be** [**feel**] **queasy** /クウィーズィ/ → はきけ, むかつく
- 私は胃がむかむかした
My stomach was queasy.

むかんかく 無感覚な **insensitive** /インセンスィティヴ/; (まひしている) **numb** /ナム/
- 彼は美に対して無感覚だ
He is insensitive to beauty.
- 寒くて指が無感覚になってしまった
My fingers are numb with cold.

むかんけい 無関係 **no connection** /コネクション/, **nothing to do** (with ~) /ナすィング/
- これとそれとは無関係だ There is no connection between this and that. / This has nothing to do with that.

むかんしん 無関心 **indifference** /インディふァレンス/

無関心である be indifferent (to ~) /インディふァレント/
- 彼女は他人の苦しみにはまったく無関心である
She is quite indifferent to other people's suffering.

むき 向き (方角) a **direction** /ディレクション/ → むく¹
- …向きである (適している) be fit [suitable] for ~; (方角が) face ~
- たがいに向きあう face each other
- 〔会話〕お宅はどっち向きですか。—東向きです
Which way [In what direction] does your house face?—It faces east.

ムギ 麦 《植物》 (小麦) **wheat** /(ホ)ウィート/; (大麦) **barley** /バーリ/
- 麦茶 barley tea
- 麦畑 a wheat field
- 麦わら帽子 a straw hat

むく¹ 向く (見る) **look** /るク/; (向きを変える) **turn** /ターン/; (面する) **face** /ふェイス/; (適する) **be**

むく 528 five hundred and twenty-eight

suited /スーテド/
・後ろを向く（振り返る）look back; （背中を向ける）turn *one's* back
・こっちを向きなさい Look this way.

会話 君の部屋はどっちに向いていますか。―西に向いています Which way [In what direction] does your room face?—It faces west.
・彼は先生に向いていない
He is not suited for [to be] a teacher.

むく² （手・ナイフで）**peel** /ピーる/
・ミカン[リンゴ]の皮をむく peel a tangerine [an apple]

むくいる 報いる **reward** /リウォード/

むくち 無口な **reticent** /レティスント/, **taciturn** /タスィターン/, **silent** /サイレント/
・彼は無口だ He doesn't talk much. / He is a man of few words.

むけ …向けの **for ～**
・子供向けの本 books for children

むけいぶんかいさん 無形文化遺産 **intangible cultural heritage** /インタンジブる カるチャラる ヘリテヂ/

むける 向ける **turn** /ターン/, **direct** /ディレクト/; （ねらいをつけて）**point** /ポイント/
・この点にもっと注意を向けなければいけません
You must turn more attention to this point.
・彼は私たちの方へカメラを向けた
He directed his camera toward us [pointed his camera at us].

むげん 無限 **infinity** /インふィニティ/
　無限の **infinite** /インふィニト/, **limitless** /リミトれス/, **unlimited** /アンリミテド/
　無限に **infinitely**, **without limitation** /リミテイション/

むこ 婿 （娘の夫）a **son-in-law** /サニンろー/ （徴 sons-in-law）; （花婿）a **bridegroom** /ブライドグルーム/

むこう¹ 向こうに
➤ **over there** /オウヴァ ゼア/
➤ （…のかなたに）**beyond** /ビヤンド/
➤ （横断した所に）**across** /アクロース/
➤ （…を越えた所に）**over**
　向こうの **over there**; （反対側の）**opposite** /アポズィト/
・はるか向こうに far in the distance
・山の向こうに beyond the mountains
・向こう岸[側] the opposite bank [side]
・彼は川の向こうの村に住んでいる
He lives in a village across [over] the river.

むこう² 無効の **invalid** /インヴァリド/, **null (and void)** /ナる （ヴォイド）/
・この定期券は期限が切れているから無効だ
This season pass is invalid [no good], because it has expired.

むごん 無言 **silence** /サイレンス/
　無言の **silent** /サイレント/

むざい 無罪 **innocence** /イノセンス/
　無罪の **innocent** /イノセント/, **not guilty** /ギるティ/

むし¹ 虫 （昆虫）an **insect** /インセクト/; （甲虫（こうちゅう））a **beetle** /ビートる/; （毛虫）a **caterpillar** /キャタピら/; （うじ虫）a **worm** /ワーム/; （くだけて）a **bug**
・虫よけ （皮膚に塗るもの）an insect [bug] repellent, a bug spray; （衣類用）a moth ball, a moth repellent

むし² 無視する **ignore** /イグノー/, **disregard** /ディスリガード/, **defy** /ディふァイ/
・規則を無視する defy the rules
・それはみんな君がお父さんの忠告を無視したためです It is all because you ignored [disregarded] your father's advice.

むしあつい 蒸し暑い （じとじとと）**sticky** /スティキ/, （むしむしと）**sultry** /サるトリ/
・それは蒸し暑い8月の夕方でした
It was a sultry August evening.

むじつ 無実 **innocence** /イノセンス/
　無実の **innocent** /イノセント/; （いつわりの）**false** /ふォーるス/
・無実の罪で on [under] a false charge

むしば 虫歯 a **bad tooth** /トゥーす/ （徴 teeth /ティーす/）
・虫歯を抜いてもらう have [get] a bad tooth pulled out

むしめがね 虫めがね a **magnifying glass** /マグニふァイング グらス/
・虫めがねで…を見る look at ～ through a magnifying glass

むじゃき 無邪気 **innocence** /イノセンス/
　無邪気な **innocent** /イノセント/
・無邪気に innocently

むじゅうりょく 無重力 **zero gravity** /ズィアロウ グラヴィティ/

むじゅん 矛盾する **be inconsistent** /インコンスィステント/
・彼の言うことと行うこととは矛盾している What he says is inconsistent with what he does.

むじょうけん 無条件の **unconditional** /アンコンディショヌる/

five hundred and twenty-nine　529　むだづかい

・無条件に　unconditionally

むしょく[1] 無職である　**have no occupation** /アキュペイション/; (失業している) **be out of a job** /チャブ/, **be jobless** /チャブれス/

むしょく[2] 無色の　**colorless** /カられス/

むしる　**tear** /テア/; (羽など) **pluck** /プらク/
・髪の毛をかきむしる　tear *one's* hair

むしろ　**rather** /ラざ/; (A よりむしろ B) B **rather than** A, **not so much** A **as** B /マチ/
・そんな所へ行くよりはむしろここにいる　I would rather stay here than go to such a place.
・その色は緑というよりはむしろ青です
The color is blue rather than green.
・彼は学者というよりはむしろテレビタレントだ
He is a TV personality rather than a scholar. / He is not so much a scholar as a TV personality.

むじん　無人の　**uninhabited** /アニンハビテド/; (航空機) **pilotless** /パイロトれス/; (乗り物など) **crewless** /クルーれス/; (人が立ち会わない) **unattended** /アンアテンディド/
・無人島　an uninhabited [a desert] island
・無人航空機　a drone
・無人駅　an unstaffed station

むしんけい　無神経な　**insensitive** (to ～) /インセンスィティヴ/

むす　蒸す　**steam** /スティーム/

むすう　無数の　**numberless** /ナンバれス/, **countless** /カウントれス/

むずかしい 難しい

> **difficult** /ディふィカるト/, **hard** /ハード/; (やりがいのある) **challenging** /チャれンヂング/; (扱いにくい) **delicate** /デリケト/, **touchy** /タチ/

・解くのが難しい問題　a difficult [hard] problem to solve / a problem difficult [hard] to solve
・難しい仕事　a challenging job
・この問題は難しすぎて私には解けない　This problem is too difficult for me to solve. / This problem is so difficult that I can't solve it.
・英語とフランス語では学ぶのにどっちが難しいでしょうか　Which is more difficult to learn, English or French?
・それはかなり難しい問題だ
It's a rather delicate [touchy] issue.

むすこ　息子　*one's* **son** /サン/

むすびつき　結び付き　(関係) (a) **connection** /コネクション/; (連想) (an) **association** /アソウシエイション/

むすびつく　結び付く　**connect** /コネクト/, **be connected** (with ～), **have (a) connection** (with ～) /コネクション/
・この二つの文は結び付かない
These two sentences don't connect.

むすびつける　結び付ける　(しばる) **tie** /タイ/, (しっかり) **fasten** /ふァスン/; (関係づける) **connect** /コネクト/
・A を B に結び付ける　fasten *A* to *B*
・A と B を結び付ける　connect *A* with *B*

むすびめ　結び目　a **knot** /ナト/

むすぶ　結ぶ　**tie** /タイ/; (締結(ていけつ)する) **conclude** /コンクるード/
・靴のひもを結ぶ　tie a shoelace
・結ばれない運命にある恋人たち ひゆ star-crossed lovers (星回りの悪い恋人たち)

むずむず　むずむずする　(かゆい) **have an itch** /イチ/, **feel itchy** /ふィーるイチ/; (くすぐったい) **tickle** /ティクる/
・背中がむずむずする
I have an itch [feel itchy] on my back.
・鼻がむずむずする　My nose tickles.

むすめ　娘　*one's* **daughter** /ドータ/; (少女) a **girl**
・母が娘だった(小さかった)ころに　when Mother was a girl

むぜい　無税の　**tax-free** /タクスふリー/

むせきにん　無責任な　**irresponsible** /イリスパンスィブる/
・彼は無責任だ　He is irresponsible. / He has no sense of responsibility.

むせん　無線の　**wireless** /ワイアれス/; **radio** /レイディオウ/
・無線 LAN　a wireless LAN　→ LAN は local area network の略
・無線接続　a wireless connection
・無線による交信　radio communication
・航空管制官との無線連絡　radio contact with air traffic controllers

むだ　むだな, むだに　**no use** /ユース/, **useless** /ユースれス/; (不成功に) **without success** /ウィずウトサクセス/
・彼に来なさいと言ってもそれはむだだ(どうせ来ない)
It's no use [good] asking him to come. / It's useless to ask him to come.
・われわれの努力はすべてむだだった　All our efforts were of no use [came to nothing].
・私はそれをしようとしたがむだだった
I tried to do it but without success.

むだづかい　a **waste** /ウェイスト/
・そんな事をするのは時間のむだづかいだ

むだん　530　five hundred and thirty

It is a waste of time to do it.
•お金のむだづかいはやめなさい
Don't waste money.
参考ことわざ ばかとお金はすぐ別れる
A fool and his money are soon parted.
参考ことわざ 金のなる木はない
Money does not grow on trees.

むだん 無断で（届けないで）**without notice** /ウィ
ずウト ノウティス/;（許可なしで）**without permis-
sion** /パミション/
•無断欠席する　absent *oneself* without notice
•無断で図書室の本を持ち出してはいけません
You must not take out books from the li-
brary without permission.

むち¹ a **whip** /(ホ)ウィプ/
　むちで打つ　whip

むち² 無知 **ignorance** /イグノランス/
　無知な　ignorant /イグノラント/

むちゃ むちゃな（不当な）**unreasonable** /アンリ
ーズナブる/;（無鉄砲な）**reckless** /レクれス/, **wild**
/ワイるド/;（度を越した）**excessive** /イクセスィヴ/
　**むちゃに　unreasonably; recklessly, wildly,
excessively**

むちゃくりく 無着陸の[で] **nonstop** /ナンスタプ/
•大西洋無着陸横断飛行　a non-stop flight across
the Atlantic

むちゅう 夢中になっている（没頭（ぼっとう）して）**be
absorbed** (in 〜) /アブソーブド/;（熱狂して）**be
crazy** (about 〜) /クレイズィ/
•読書に夢中になっている　be absorbed in reading
•ジャズに夢中になっている　be crazy about jazz
music

むっと むっとする
❶（おこって）**turn sullen** /ターン サるン/, **be of-
fended** /オフェンデド/
•むっとした顔をしている　look sullen / wear a
sullen expression
•彼女は彼のことばにむっとした
She was offended at [by] his words.
❷（暑いうえに風通しが悪くて）**be stuffy** /スタふ
ィ/, **be stifling** /スタイふりング/
•ホールの中はむっとしている
It is stuffy in the hall.

むてっぽう 無鉄砲 **recklessness** /レクれスネス/
　無鉄砲な　reckless
•あいつの無鉄砲にはあきれたよ　I am amazed at
his recklessness.
参考ことわざ ばか者怖いもの知らず
Fools rush in where angels fear to tread. (愚
かな人は天使が踏み込むのを恐れるような場所に飛び

込んでいく）

むでん 無電 → むせん

むてんか 無添加の **additive-free** /アディティヴ ふ
リー/

むとんちゃく 無頓着な（関心のない）**indifferent**
/インディふァレント/;（興味・感情などを示さない）
nonchalant /ナンシャらーント/
•身なりに無頓着である　be indifferent to ap-
pearances

むなしい（実現しない）**vain** /ヴェイン/;（むだな）
useless /ユースれス/
•むなしい希望　(a) vain hope
•むなしい努力　a useless [vain] effort

むね　胸

➤ **the chest** /チェスト/;（前面だけ）**the breast**
/ブレスト/

➤（心臓・心）**one's heart** /ハート/

•胸のポケット　a breast pocket;（内ポケット）an
inside pocket
•胸の回りを測る　take *one's* chest measurement
•ぼくは彼女を見るたびに胸がどきどきする
My heart beats fast whenever I see her.
•被害者のことを思うと胸が痛む
My heart aches for the victims.
•前かがみになるな。胸を張れ
Don't stoop. Throw your shoulders back.

むのう 無能な **incompetent** /インカンペテント/

むのうやく 無農薬の **organic** /オーギャニク/
•無農薬野菜　organic vegetables

むひょうじょう 無表情（である）**(have) a poker
face** /ポウカ ふェイス/ → ポーカー（トランプを使う
ゲーム）をする人は相手に自分の手の内を読まれないた
めに無表情をよそおうことから

むふんべつ 無分別 (an) **indiscretion** /インディス
クレション/
　無分別な　indiscreet /インディスクリート/
•無分別なことをする　commit an indiscretion
•無分別にも…と言う　have the indiscretion to
say 〜

むめんきょ 無免許の **unlicensed** /アンらイセンス
ト/
•無免許運転　driving without a license

むよう 無用の（役に立たない）**useless** /ユースれス/;
（不要の）**unnecessary** /アンネセセリ/

むら 村 a **village** /ヴィれヂ/
•村人　a villager

むらがる 群がる **crowd** /クラウド/;（集まる）
gather /ギャざ/;（鳥などが）**flock** /ふらク/;（昆虫・
子供・観光客などが）**swarm** /スウォーム/

むらさき 紫(の) **purple** /パ〜プる/

むり 無理な

➤ **unreasonable** /アンリーズナブる/
無理に by force /ふォース/
・無理にさせる force
・無理をする（働きすぎる）work too much [hard]
・私たちは無理な要求をしているのではありません
We are not making an unreasonable demand.
・彼らは私に無理に承諾(しょうだく)させようとした
They tried to make me consent by force.
・彼がその要求を拒絶したのは無理もない
It is not unreasonable that he refused the demand.
・彼は無理をして病気になった He has fallen sick because he worked too much.

むりすう 無理数 an **irrational number** /イラシャヌる ナンバ/
むりょう 無料の **free** /ふリー/
掲示 入場無料 Admission Free.
・ここの座席は皆無料です All the seats here are free. / All these are free seats.
むりょく 無力な **powerless** /パウアれス/
むれ 群れ (人の) a **crowd** /クラウド/; (昆虫・人などの) a **swarm** /スウォーム/; (ヒツジ・鳥・人などの) a **flock** /ふらク/; (牛馬などの) a **herd** /ハ〜ド/; (魚の) a **school**, a **shoal** /ショウる/
・群れをなして in crowds / in a swarm / in flocks / in shoals
・人々の群れ a crowd of people
・ヒツジの群れ a flock of sheep
・イルカの群れ a shoal of dolphins

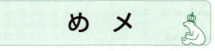

め¹ 目

➤ an **eye** /アイ/; (視力) **eyesight** /アイサイト/
・目医者 an eye doctor / an oculist
・目が見えない be blind / cannot see
・目がよい have good eyesight
・目が悪い have poor [bad] eyesight
・目をさます[めざめる] wake (up)
・目につく catch *one's* eye
・青い目をしたお人形 a doll with blue eyes
・…で目がくらむ *be* dazzled by 〜
・…に目を通す pass [run] *one's* eye over 〜 / look over 〜
・…に(ざっと)目を通す skim [look] over 〜
・彼は絵を見る目が肥えている
He has a keen eye for art.
・私はたいてい朝7時に目がさめます
I usually wake (up) at seven in the morning.
・君のほうがぼくよりずっと目がいい You can see far better than I can [(話) than me].
・この私のレポートにざっと目を通していただきたいんですが I hope you will please look [skim] over this paper of mine.
ことわざ 目は口ほどに物を言う
The eyes have a language everywhere. (目はどこの国へ行ってもことばを持っている)
ことわざ 目くそ鼻くそを笑う
The pot calls the kettle black. (なべがやかんを黒いと言う)

め² 芽 a bud /バド/
芽が出る bud
・うちのバラに芽が出てきた
Our roses have begun to bud.
めあて 目当て (ねらい) an **aim** /エイム/; (意図(いと)) a **purpose** /パ〜パス/; (道しるべ) a **guide** /ガイド/
・彼がそうするのは何の目当てがあるのですか
What is his purpose in doing so?
めい 姪 a **niece** /ニース/
めいあん 名案 a **good idea** /アイディーア/
・それは名案だ That's a good idea.
・私にふと名案が浮かんだ
A good idea struck me [occurred to me, flashed upon me].
めいおうせい 冥王星 **Pluto** /プるートウ/
めいが 名画 (絵画) a **famous picture** /ふェイマス ピクチャ/; (映画) an **excellent film** /エクセれント/
めいかく 明確な (確かな) **definite** /デふィニト/; (明白な) **clear** /クリア/
明確に definitely; clearly
めいきゅう 迷宮 a **labyrinth** /らビリンす/
めいきょく 名曲 (有名な) a **famous piece of music** /ふェイマス ピース ミューズィク/
めいげつ 明月, 名月 → まんげつ

めいげん 名言 a **wise saying** /ワイズ セイイング/

めいさく 名作 → けっさく

めいさん 名産 a **famous product (of a locality)** /ふェイマス プラダクト (ろウキャリティ)/; (特産品) a **specialty** /スペシャるティ/
•当地の名産 a special ［famous］product of this locality / a product for which this locality is famous

めいし¹ 名詞 《文法》a **noun** /ナウン/

めいし² 名刺 a (**visiting**) **card** /(ヴィズィティング) カード/, 《米》a (**calling**) **card** /(コーリング)/

めいしゃ 目医者 → め¹

めいしょ 名所 the **sights** /サイツ/; a **famous place** /ふェイマス プれイス/
•京都の名所を見物する see ［do］the sights of Kyoto
•この公園はサクラの名所です
This park is famous for its cherry blossoms.

めいじる 命じる → めいれい (→ 命令する)

めいしん 迷信 (a) **superstition** /スーパスティション/
•迷信的な，迷信深い superstitious

めいじん 名人 a **master** /マスタ/, a **master hand**; (熟練者) an **expert** /エクスパ〜ト/
•名人の作 the work of a master hand
•スキーの名人 an expert skier

めいせい 名声 **fame** /ふェイム/
•彼は20歳前にピアニストとして名声を博した
He won fame as a pianist before he was twenty years old.

めいちゅう 命中する **hit** /ヒト/
•的に命中する hit the mark

めいぶつ 名物 → めいさん

めいぼ 名簿 a **roll** /ロウる/; (表) a **list** /リスト/
•会員名簿 a list of members
•名簿に載(の)っている be on the list
•名簿を読む (点呼する) call the roll

めいめい(の) **each** /イーチ/ → それぞれ

めいよ 名誉 **honor** /アナ/
•名誉会員［市民］an honorary member ［citizen］
•名誉ある honorable
•名誉にかけて on one's honor
•名誉にかけて…しなければならない be bound in honor to do
•われわれは名誉にかけて彼らの援助(えんじょ)に行かなければならない
We are bound in honor to go to their aid.

めいりょう 明瞭な → はっきり，めいかく

めいる **feel** ［**be**］**depressed** /ふィーる ディプレス

ト/
•雨が降ると私はいつも気持ちがめいってしまう
I am always depressed by rainy weather.

めいれい 命令 an **order** /オーダ/
命令する order

めいれいぶん 命令文 an **imperative sentence** /インペラティヴ センテンス/

めいろ 迷路 a **maze** /メイズ/, a **labyrinth** /らビリンす/

めいろう 明朗な **cheerful** /チアふる/

めいわく 迷惑

➤ (an) **annoyance** /アノイアンス/, a **nuisance** /ニュースンス/
➤ (不便) **inconvenience** /インコンヴィーニエンス/
➤ (面倒) (a) **trouble** /トラブる/
•迷惑メール spam
•他人の迷惑になるようなことはするな
Don't do anything that will cause annoyance ［be a nuisance］to others.
•自転車をとめておく時には他人に迷惑をかけないように注意しなさい
When you park your bike, be careful not to cause inconvenience to others.
•ご迷惑でしょうが，駅までいっしょに行ってくださいませんか
I'm sorry to trouble you, but would you please go to the station with me?
🗨会話 こんなにご迷惑をおかけしてすみません．—どういたしまして I'm sorry to give you so much trouble.—No trouble at all.

めうえ 目上の人 one's **senior** /スィーニャ/, one's **superior** /スピアリア/

メーカー a **maker** /メイカ/, a **manufacturer** /マニュふァクチャラ/

メーキャップ **makeup** /メイカプ/

メーデー **May Day** /メイ デイ/

メートル a **meter** /ミータ/ (略 m)

メール (パソコンでの) **e-mail** /イー メイる/; (携帯電話での) **text messaging** /メセヂング/
メールを送る e-mail; text (message)
•彼は私に毎日メールをくれる
He sends me a text message every day. / He texts me every day.
•メールをチェックする check one's (text) messages
•メールに返信する reply to a message
•メールを転送する forward a message

めかくし 目隠しする **blindfold** /ブらインドふォウ

るド/

めかた 目方 **weight** /ウェイト/
目方を量る，目方がある weigh /ウェイ/
・目方がふえる[減る] gain [lose] weight
・それは目方が重い[軽い]
It is heavy [light].

めがね (a pair of) **glasses** /(ペア) グらスィズ/
・めがねをかける[はずす] put on [take off] glasses
・めがねをかけている wear glasses
・めがねをかけて読む read with glasses
・めがね屋（人）an optician; (店) an optician's (shop)

メガホン a **megaphone** /メガふォウン/
めがみ 女神 a **goddess** /ガデス/
メキシコ Mexico /メクスィコウ/
・メキシコの Mexican
・メキシコ人 a Mexican; (全体) the Mexicans
・メキシコ湾(わん) the Gulf of Mexico

めきめき remarkably /リマーカブリ/
・彼は英語がめきめき上達している
He is making remarkable progress in English.

めぐすり 目薬 **eye drops** /アイ ドラプス/
・(右眼に)目薬をさす apply eye drops (to the right eye)

めぐむ 恵む （神が）**bless** /ブれス/; (人が) **give charity** /チャリティ/
恵み (神の) (a) **blessing** /ブれスィンヶ/; (あわれみ) **mercy** /マ～スィ/; (慈善) **charity**
恵み深い merciful /マ～スィふる/; **charitable** /チャリタブる/
・その女性は恵み深い人で常に周囲の貧しい人々を助けた
The woman was very charitable and always helped the poor people around her.
・お恵みください Have mercy on me!
・私は健康に恵まれている
I am blessed with good health. → この意味での blessed の発音は /ブれスド/

めくる (ページなどを) **turn** /ターン/; (トランプなどを) **turn up**; (はがす) **tear off** /テア/ → はがす，はがれる，ぱらぱら ❷
・本のページをめくる turn the pages of a book

めぐる 巡る **go around** /アラウンド/, **make the round** (of ~)
・巡り会う meet by chance
・巡って来る come around
・春はまたすぐ巡って来ます Spring will soon come around [be here] again.

めざす 目指す **aim** (at ~) /エイム/
・…することを目指す aim at *doing* [to *do*]

めざまし 目覚まし時計 an **alarm** (**clock**) /アらーム (クらク)/
・目覚まし時計を5時にかけておく set the alarm clock for five

めざましい remarkable /リマーカブる/; (すばらしい) **wonderful** /ワンダふる/ → めきめき

めざめる 目覚める **wake** (**up**) /ウェイク/

めし 飯 （たいた）**boiled rice** /ボイるド ライス/, **cooked rice** /ククト/; (食事) a **meal** /ミーる/
・飯をたく boil [cook] rice
・さあ，昼飯にしようか
Well, let's have lunch.

めした 目下の人 *one's* **junior** /ヂューニア/
めしつかい 召し使い a **servant** /サ～ヴァント/
めじるし 目印 （ある場所へたどり着くための）a **landmark** /らンドマーク/; (他と区別するための) an **identification** /アイデンティふィケイション/
・目印にリボンをつける wear a ribbon as an identification

めす 雌 a **female** /ふィーメイる/
・雌の female / she-
・雌ネコ a female cat / a she-cat

めずらしい 珍しい **rare** /レア/, **unusual** /アニュージュアる/
・珍しく unusually
・冬にしてはきょうは珍しく暖かい
Today is unusually warm for a winter day.

> **使い分け**
>
> **rare**: めったにない，まれなこと That animal is rare within this area. (あの動物はこの辺りでは珍しい)
>
> **unusual**: ふつうではない，風変わりなこと Snow is unusual in Okinawa. (沖縄で雪が降ることは珍しい)
>
> **strange**: ふつうとは違うこと，恐ろしさや驚きのニュアンスがふくまれる A strange man was staring at me. (おかしな男がわたしをじろじろと見ていた)

めそめそ めそめそ泣く **sob** /サブ/
・めそめそと sobbingly
・めそめそした声で in a sobbing voice

メダカ 目高 （魚）*medaka*, a **Japanese rice fish**; (観賞用) a **killifish** /キりふィシュ/ (複 同形)

めだつ 目立つ （他と違って）**conspicuous** /コンスピキュアス/; (魅力的な) **striking** /ストライキング/; (際立って) **outstanding** /アウトスタンディング/
・目立たない inconspicuous

めだま

•彼女は赤いセーターを着ていてとても目立った

She was very conspicuous [striking] in her red sweater. / She made a striking figure in her red sweater.

めだま 目玉 an **eyeball** /アイボーる/

•目玉焼き a fried egg

•目玉商品（客寄せの特売品）a loss leader

•卵は（片面焼きの）目玉焼きがいいです

I like my eggs sunny-side up.

メダル a **medal** /メだる/

めちゃめちゃ

❶ めちゃめちゃにする **mess up** /メス/, **make a mess** (of ～); **ruin** /ルーイン/; （器物などを）**shatter** /シャタ/, **smash** /スマシュ/

•めちゃめちゃになる get into a mess; be ruined; be shattered [smashed]

❷ （筋が通らない）**be unreasonable** /アンリーズナブる/; （ばかげている）**be ridiculous** /リディキュらス/

めつき 目つき a **look** /るク/

•疑うような目つきで with a questioning look

メッキ plating /プれイティんぐ/

•金メッキ gilding

•それは銀メッキがしてあった It was plated with silver.

メッセージ a **message** /メセヂ/ → でんごん; 《IT》a **text message** /テクスト/

メッセージアプリ a **messaging app** /メセヂんぐ アプ/, a **messenger** /メセンヂャ/, a **texting app** /テクスティんぐ/

めったに （たまに）**seldom** /セるダム/, **rarely** /レアリ/

•彼はめったにうちへ遊びに来ません

He seldom [rarely] comes to see us.

•彼はめったに病気をしない

He is seldom [rarely] sick.

めつぼう 滅亡 (a) **fall** /ふォーる/, **downfall** /ダウンふォーる/

滅亡する fall, **be overthrown** /オウヴァすロウン/

•国家の滅亡 the fall of a nation

•ローマ帝国の滅亡 the fall of the Roman Empire

メディア → マスコミ

めでたい happy /ハピ/ → おめでとう

•めでたく happily

•芝居はめでたい結末で幕になった

The play closed with a happy ending.

メドレー a **medley** /メドリ/

•メドレーリレー a medley relay

メニュー a **menu** /メニュー/

•メニューを見て昼食を注文する order lunch from the menu

めまい めまいのする **dizzy** /ディズィ/, **giddy** /ギディ/

めまいがする feel dizzy, **feel giddy**

•塔(とう)から下を見るとめまいがした

I felt dizzy [giddy] looking down from the tower.

•暑くてめまいがする

My head is swimming from the heat.

メモ a **note** /ノウト/; a **memo** /メモウ/

•（はぎ取り式）メモ帳 a notepad

•メモ用紙 memo paper

•メモを見ながらスピーチをする make a speech from notes

•このことをメモしておきなさい

Take a note of this. / Note this down.

めもり 目盛り a **scale** /スケイる/

•温度計の目盛り the scale on a thermometer

メリーゴーラウンド a **merry-go-round** /メリゴウ ラウンド/

メリット a **merit** /メリト/

メロディー a **melody** /メろディ/

メロン 《植物》a **melon** /メろン/

めん¹ 面 （お面）a **mask** /マスク/; （顔）a **face** /ふェイス/; （表面）a **surface** /サ〜ふェス/; （側）a **side** /サイド/; （局面）an **aspect** /アスペクト/

•（…と）面と向かって face to face (with ～)

•物事の明るい[暗い]面を見る look on the bright [dark] side of things

•この面を上にしてください（天地無用）

This Side Up.

•この問題にはいろいろな面がある

There are many aspects to this problem.

めん² 綿 **cotton** /カトン/

•綿布[製品] cotton cloth [goods]

めん³ 麺類 **noodles** /ヌードるズ/

めんえき 免疫 **immunity** /イミューニティ/

•免疫の immune

•彼女はその病気に免疫がある She is immunized against that disease.

•集団免疫 herd immunity

•免疫療法 immunotherapy

めんかい 面会 an **interview** /インタヴュー/

面会する have an **interview** (with ～), **meet** /ミート/, **see** /スィー/

•面会人 a visitor / a person who wants to see ～

•面会時間 （病院などの）visiting hours

掲示 面会謝絶 No Visitors.

- 彼に面会を申し込む ask for an interview with him
- ご面会したいという方がお見えです There's someone wanting [who wants] to see you.

めんきょ 免許(証) a **license** /ライセンス/
- 免許を与える **license**
- 自動車運転免許証 《米》a **driver's license** / 《英》a **driving licence**
- 彼は自動車の運転免許を持っている
He is **licensed** to drive a car.

めんじょう 免状 a **diploma** /ディプロウマ/

めんする 面する **face** /フェイス/
- 通りに面した部屋 a room **facing** [that **faces**] the street

めんぜい 免税の[で] **tax-free** /タクスふリー/; **duty-free** /デューティふリー/
- 免税店 a **duty-free** shop
- 免税品 a **duty-free** article / **duty-free** goods

めんせき 面積 an **area** /エアリア/
- 校庭の面積は約2万平方メートルです
The schoolyard is about 20,000 (読み方: twenty thousand) square meters (in area).

めんせつ 面接 an **interview** /インタヴュー/
面接する interview, have an **interview** (with ~)
- 面接試験 an **interview**; (口頭試問) an oral examination

めんだん 面談 an **interview** /インタヴュー/
面談する have an **interview** (with ~)
- あしたは第一志望の高校を決めるための三者面談があります Tomorrow my parent and I will have an interview with my teacher to decide which senior high school I should choose as my first choice.

メンチカツ a **minced-meat cutlet** /ミンストミートカトれト/ → minced は「ひき肉にした，挽(ひ)かれた」

めんどう trouble /トラブる/
めんどうな troublesome /トラブるサム/
- 君にずいぶんめんどうをかける give you much trouble / put you to much trouble
- めんどうをみる → せわ (→ 世話する)

こんなにごめんどうをおかけしてすみません
ーどういたしまして
I'm sorry to give you [to put you to] so much **trouble**.
—No **trouble** at all.

めんどり a **hen** /ヘン/ → ニワトリ
メンバー a **member** /メンバ/
めんぼう 綿棒 a **swab** /スワブ/
めんみつ 綿密な → しょうさい (→ 詳細な)

も モ

も[1] 藻 an **alga** /アるガ/ (複 algae /アるヂー/); (海藻(かいそう)) **seaweed** /スィーウィード/

も[2] …も

❶ **as ~ as ~**
❷ (…さえも) **even**

❶ **as ~ as ~** → また[2] ❷ (→ …もまた)
- 5時間も as long as five hours
- 50人も as many as fifty people
- 歩いてそこへ行くには5時間もかかります
It will take as long as five hours to go there on foot.
- それは5千円もしました
It cost me as much as five thousand yen.

❷ (…さえも) **even** /イーヴン/ → でも[2] ❶
- 私は彼の名を聞いたこともない
I never even heard his name.

もう

❶ (すでに) **already**; (疑問文で) **yet**
❷ (今ごろは) **by now**
❸ (まもなく) **soon**
❹ (さらに) **more, another**

❶ (すでに) **already** /オーるレディ/; (疑問文で) **yet** /イェト/
- 太郎はもう寝ました
Taro has (already) gone to bed.
- 君はもう宿題をやってしまった?
Have you done your homework yet?

❷ (今ごろは) **by now** /ナウ/, **by this time**
- 彼はもう空港についたころです He may have reached the airport by this time.

❸ (まもなく) **soon** /スーン/, **before long** /ビふォー/ → まもなく

もうかる　536　five hundred and thirty-six

•彼はもう帰って来ます
He will be back soon.
❹ (さらに) **more** /モー/, **another** /アナざ/; (もう (これ以上)…ない) **no longer** /ろーンガ/, **no more**
•もう1度　once more / over again
•お茶をもう1杯　another cup of tea
•もう少し　(量) a little more; (数) a few more; (時間) a little longer
•私はもう1週間ここに滞在(たいざい)します
I'll stay here another week.
•水をもう1杯ください
Please give me another glass of water.
•この仕事は完成するのにもう三日かかります
It will take three days more to finish this work.
•私はもう(これ以上)ここには滞在しません
I'll not stay here any longer. /
I'll stay here no longer.
•もう少しお待ちくださいませんか
Won't you please wait a little longer?
•そのお菓子をもう少しください
Please give me a little more of that cake.

もうかる **be profitable** /プラふィタブる/, **be lucrative** /るークラティヴ/
•この仕事はもうかる
There's a lot of money in this job. /
This job is very lucrative.

もうける **make a profit** /プラふィト/
もうけ **a profit** → りえき
•大もうけをする　make a great profit (from ～)

もうしあげる 申し上げる　(言う) **say**, **tell**
•みなさまに申し上げます　Attention, please! →
空港・駅・デパートなどの場内アナウンスのことば

もうしこむ 申し込む　**apply** /アプらイ/
申込(書) **an application** /アプリケイション/
•…を手紙で申し込む　write in for ～
•申込書は今月20日までに事務室へお出しください
Applications should be sent to the office by the 20th of this month.
•彼らは私たちに野球の試合を申し込んだ
They challenged us to a game of baseball.

もうしでる 申し出る　**offer** /オーふァ/; (報告する) **report** /リポート/
•お手伝いしましょうと申し出る　offer to help
•事故を警察に申し出る　report an accident to the police

もうしぶん 申し分ない　(完全な) **perfect** /パ～ふェクト/; (理想的な) **ideal** /アイディーアる/

もうじゅう 猛獣　**a beast of prey** /ビースト プレ

イ/; (野獣) **a wild beast** /ワイるド/

もうしわけ 申し訳 → いいわけ
•申し訳ありません
I am sorry. / I beg your pardon.

もうじん 盲人　**a blind person** /ブらインド パ～スン/; (集合的に) **the blind**

もうすぐ → もう ❸

もうすこし → もう ❹

もうすこしで もう少しで　**almost** /オーるモウスト/, **nearly** /ニアリ/ → あぶなく
•私はもう少しでその魚をつかまえるところだった
I almost caught the fish.
•学校へ来る途中でつまずいてもう少しで転ぶところだった　I tripped and nearly fell on my way to school.

もうちょう 盲腸 → ちゅうすい

もうてん 盲点　**a blind spot** /ブらインド/

もうどうけん 盲導犬　**a guide dog** /ガイド/

もうふ 毛布　**a blanket** /ブらンケト/

もうもう
•もうもうたる湯気(ゆげ)　clouds of steam → ×a steam, ×steams としない

もうもく 盲目　**blindness** /ブらインドネス/
盲目の　**blind**

もうれつ 猛烈な　**violent** /ヴァイオれント/, **terrible** /テリブる/
猛烈に　**violently**, **terribly**, 《話》 **like mad** /マド/
•私は試験に備えて猛烈に勉強した
I studied like mad for an exam.

もうれんしゅう 猛練習する　**train hard** (in ～) /トレイン ハード/

もえる 燃える
➤ **burn** /バ～ン/
•この木はよく燃えない. よくかわいていないから
This wood does not burn well. It is not dry enough.
•小枝はかわいていないからなかなか燃えつかない
The sticks are not dry enough to catch fire easily.
•高い建物が燃えている
The tall building is on fire.

もー もーと鳴く　(ウシが) **moo** /ムー/

モーター **a motor** /モウタ/
•モーターボート　a motorboat; (高速の) a speedboat

モーテル **a motel** /モウテる/

もがく **struggle** /ストラグる/
もがき **a struggle**

five hundred and thirty-seven　537　もし

・雪の中をもがきながら進む　struggle through the snow
・自由になろうともがく　struggle to get free ［to make *one*self free］

もぎ 模擬の　**mock** /マク/
・模擬試験　a mock examination
・模擬店（食べ物の）a snack stand

もくげき 目撃する　**witness** /ウィトネス/
・目撃者　a witness

もくざい 木材 → ざいもく

もくじ 目次　**contents** /カンテンツ/

もくせい¹ 木星　**Jupiter** /チューピタ/

もくせい² 木製の　**wooden** /ウドン/ → もくぞう
・木製のいす　a wooden chair

もくぞう 木造の　**wooden** /ウドン/, **(built) of wood** /(ビるト) ウド/
・木造の橋　a wooden bridge / a bridge built of wood
・日本ではたいていの家が木造です
Most houses in Japan are built of wood.

もくたん 木炭　**charcoal** /チャーコウる/

もくてき　目的

➤（意図〈いと〉）a **purpose** /パ～パス/
➤（ねらい）an **aim** /エイム/, an **object** /アブヂェクト/, an **objective** /オブヂェクティヴ/

目的地 *one's* **destination** /デスティネイション/
・私の人生の目的はだれからも信頼される人間になることです　My aim in life is to be a person who is relied upon by everyone.
・君がこの島を訪ねる目的は何ですか
What is your object ［purpose］ in visiting this island?
・あなたの目的地はどこですか
What is your destination? → × *Where* ～? としない

使い分け

purpose: 行動の理由や意図を指す　The purpose of my life is to help people. （わたしの人生の目的は人助けをすることです）
aim: 実現，達成をしようとしていることを指す　carry out *one's* aim（目的を果たす）
objective: 仕事上で成し遂げようとしていることを指す　The main objective is to satisfy our customers. （主要な目標はお客様を満足させることだ）
goal: どんなに時間がかかったとしても成し遂げたい重要な「目的（目標）」My goal in life is to be an astronaut. （わたしの人生の目標は宇宙飛行士になることです）

もくてきご 目的語　《文法》an **object** /アブヂェクト/

もくとう 黙禱　a **silent prayer** /サイれント プレア/
・1分間の黙禱を捧げる　observe a minute of silence

もくどく 黙読する　**read silently** /リード サイれントり/

もくねじ 木ねじ　a **wood screw** /ウド スクルー/

もくはん 木版（画）a **wood block** (**print**) /ウド ブらク (プリント)/, a **woodcut** /ウドカト/

もくひょう 目標（的）a **mark** /マーク/; （目的）an **object** /アブヂェクト/, an **objective** /オブヂェクティヴ/, an **aim** /エイム/

もくもく
・（煙突・火山などが）もくもくと煙をはく　belch out smoke
・大空に入道雲がもくもくとわき上がった
A towering mass of clouds billowed up into the sky.

もぐもぐ （言う）**mumble** /マンブる/; （食べる）**munch** /マンチ/

もくようび 木曜日　**Thursday** /さ～ズデイ/ （略 Thurs.）→ かようび

モグラ 土竜　《動物》a **mole** /モウる/

もぐる 潜る　**dive** /ダイヴ/
・水にもぐる　dive into the water

モクレン 木蓮　《植物》a **magnolia** /マグノウリャ/

もけい 模型　a **model** /マドる/
・模型ヨット［飛行機］a model yacht［airplane］

モザイク mosaic /モウゼイイク/

もし　もし…なら

❶❷❸ if
❶（現在・未来のことを仮定・想像する場合）

基本形	もし…すれば…だろう
	If＋主語＋動詞の現在形, 主語＋**will** *do*（または動詞の現在形）.
	もし万一…すれば…だろう
	If＋主語＋**should** *do*, 主語＋**will**［**would**］*do*.

・もしあした雨が降れば，ぼくは家にいます
If it rains tomorrow, I'll stay home. → × If it *will rain* としない
・もし必要なら私は早く来られます
If (it is) necessary, I can come early.
・もしきょうの午後ひまなら，ぼくと映画に行きませんか　If you are free this afternoon, would you like to go to the movies with me?

もじ 538 five hundred and thirty-eight

•もし万一あした雨が降れば試合は延期されるだろう
If it should rain tomorrow, the game would be put off.
❷(現在の事実とちがうことを仮定する場合)

| 基本形 | もし…なら[だとすれば]，…するのだが
If + 主語 + 動詞の過去形，主語 + would [should, could, might] do. |

•もしぼくが君なら，それを買うのだが
If I were [was] you, I would buy it. ➔主語が一人称・三人称単数の場合 be 動詞は were を用いるが口語では was も用いられる
•もしぼくに翼(つばさ)があれば，君のところに飛んでいくのだが
If I had wings, I would fly to you.
•もし2万円あれば，テレビゲームが買えるんだけどなあ If I had twenty thousand yen, I could buy a video game.
•もし水がなければ，私たちは生きられないだろう
If it were not for water, we could not live. / Without water, we could not live.
❸(過去の事実とちがうことを仮定する場合)

| 基本形 | もしも…だったなら…しただろうに
If + 主語 + had + 過去分詞，主語 + would [should, could, might] have+過去分詞. |

•もしもう一度やったら，彼は成功したかもしれないのに If he had tried again, he might have succeeded.
•もし雨が降らなかったなら，ぼくたちは野球をしたのだが If it had not rained, we would have played baseball.
•もし君の助けがなかったら私は失敗していたでしょう If it had not been for your help, I would have failed. / Without your help, I would have failed.
もじ 文字 a **letter** /れタ/, a **character** /キャラクタ/ ➔**じ**¹
もしかしたら ➔ひょっと
もしもし (電話で) **Hello.** /へろウ/
もじもじ (はにかんで) **shyly** /シャイリ/; (間が悪そうにぎこちなく) **awkwardly** /オークワドリ/
もしゃ 模写する **copy** /カピ/
もす 燃す ➔もやす
モスク (イスラム教の礼拝所) a **mosque** /マスク/
モスクワ **Moscow** /マスコウ/
もぞう 模造(の) **imitation** /イミテイシ∂ン/
•模造品 an imitation
もたもた もたもたする (のろい) **be tardy** /ターディ/; (ぐずぐずしている) **dillydally** /ディリダリ/

•彼はもたもたしていてなかなかその手紙の返事を書かない He is tardy in answering the letter.
もたれる
❶(寄りかかる) **lean** (against ～, on ～) /リーン/
•壁にもたれる lean against a wall
•机にもたれる lean on a desk
❷(食べ物が) **sit heavily** /へヴィリ/
モダンな **modern** /マダン/
もち (a) **rice cake** /ライス ケイク/
•ぺったんぺったんもちをつく pound steamed rice into cake
もちあげる 持ち上げる **lift** (**up**) /リふト/
•この石は重くて持ち上げられない
This stone is too heavy to lift [to be lifted].
もちあるく 持ち歩く **carry** /キャリ/
もちいる 用いる **use** /ユーズ/ ➔しよう² (➔使用する), つかう
もちかえる 持ち帰る **bring back** /ブリンぐ/; (家へ) **bring home**; (店内で食べないで)《米》**take out**,《英》**take away** /アウェイ/
持ち帰りの 《米》**to go**, **takeout** /テイカウト/, 《英》**takeaway** /テイカウェイ/
•うちの父はよく会社の仕事を家に持ち帰ります
My father often brings back (his) work from the office and does it at home.
•持ち帰りのピザを2枚ください
Give me two takeout pizzas. /
Two pizzas to go [to take out], please.
•これを持ち帰り袋に入れてもらえますか
Will you make a doggy bag for this?
もちこむ 持ち込む **bring in** /ブリンぐ/
•試験には辞書を持ち込んでもよい
You may bring in [may use] your dictionary in the exam.
もちだす 持ち出す **take out**
もちつもたれつ 持つ持たれつ **give-and-take** /ギヴァンド テイク/
•持ち持たれつでいこうよ
I suggest there be some give-and-take. /
ひゆ You scratch my back and I'll scratch yours. (君がぼくの背中をかいてくれれば，ぼくも君の背中をかいてやる)
もちぬし 持ち主 an **owner** /オウナ/
•この土地の持ち主はだれですか
Who is the owner of this land? /
Who owns this land?
もちはこぶ 持ち運ぶ **carry** (**about**) /キャリ (アバウト)/
•持ち運びのできる portable
•この辞書は大きくて持ち運びできない

This dictionary is too big to carry about.

もちもの 持ち物 one's **things** /スィングズ/, one's **belongings** /ビローンギングズ/; (私の, 君の, 彼の, …) **mine, yours, his,** …

会話 これはだれの持ち物ですか. ―私の(持ち物)です Whose is this?―It's mine.

もちろん of course /コース/ → いうまでもなく
・もちろんの事 a matter of course
・もちろん私ひとりで行きます
Of course I'll go alone.

もつ 持つ, 持っている

❶ **have; hold; carry**

❶ (所持している) **have**; (手にしっかり) **hold** /ホウルド/; (身につけている, 持ち運ぶ) **carry** /キャリ/ → 口語では have と同じ意味でしばしば **have got** を用いる

・彼は手にカメラを持っている
He has a camera in his hand.
・彼女は両手で花びんを持っていた → 過去進行形
She was holding a vase in her hands.
・警官はいつも拳銃(けんじゅう)を持っている
A police officer always carries a gun.
・私は妹のかばんを持ってやった
I carried my sister's bag for her.

会話 ペンをお持ちですか. ―すみません, 持っておりません Do you have a pen?―No, I'm sorry I don't.

・かさを持っていますか Do you have an umbrella with you? / Have you got an umbrella with you? → with you をつけると「持ち合わせている」の意味がはっきりする
・ポケットに何を持っているの What do you have [have you got] in your pocket?
・登るからはしごを持ってて
Hold the ladder while I climb.
・(手に)ラケットを持っているあの女の子はだれ?
Who is that girl with a racket (in her hand)?

❷ (所有している) **have, own** /オウン/
・私は自分の自転車を持っている
I have my own bicycle. → この own は「自分自身の」の意味
・彼のおじさんは大きな農場を持っている
His uncle owns a big farm.

❸ (続く) **last** /ラスト/; (使用に耐(た)える) **wear** /ウェア/; (腐(くさ)らない) **keep** /キープ/
・長くもつ last long; (服・靴など) wear well
・この自転車は10年もちました
This bike has lasted for ten years.
・このシャツはとても長もちした

This shirt wore very well.
・この上天気が次の日曜日までもつといいのだが
I hope this good weather will last till next Sunday.
・この肉は一晩[あしたまで]もつでしょうか
Will this meat keep overnight [till tomorrow]?

❹ (先生がクラスを) **have charge of ~** /チャーヂ/, **be in charge of ~**; **take**
・田島先生がぼくたちのクラスを持っている
Mr. Tajima has [is in] charge of our class. / Mr. Tajima is our homeroom teacher.
・ぼくたちのクラスの英語は何先生が持つの
Who takes (charge of) our English class? / Who teaches us English?

❺ (支払う) **pay** /ペイ/
・これは私がもちます I'll pay for this. / (私のおごりです) This is my treat [on me].

もっきん 木琴 **a xylophone** /ザイロふォウン/
もっこう 木工 《米》 **woodworking** /ウドワ～キング/, 《英》 **woodwork**

もったいない
❶ (むだづかいだ) **be a waste** /ウェイスト/
・なんてもったいないことを! What a waste!
・こんな雑誌を買うのはお金がもったいない It is a waste of money to buy a magazine like this.
・その事のためにだけそこへ行くのは時間がもったいない It is a waste of time to go there only for that.

❷ (よすぎる) **be too good** /トゥー/
・彼女は彼にはもったいない
She is too good for him.

もっていく 持って行く

➤ **take; carry** /キャリ/ → take は持って行く「場所・目的」を念頭に置いて用いるが, carry は持って行く「行為(こうい)」そのものに力点がある
・私はそのカバンを2階へ持って行った
I took [carried] the bag upstairs.
・私は小包を郵便局へ持って行った
I took the parcel to the post office.
・お母さん, そのトランクぼくが持って行くよ
I'll carry that trunk for you, Mother.
・かさを持って行きなさい
Take your umbrella along. / Take an umbrella with you.

もってくる 持って来る

➤ **bring** /ブリング/; (行って持って来る) **fetch** /ふェチ/

もってこい 540 five hundred and forty

基本形
A を持って来る
bring A
A を B（人）に持って来る
bring A B / **bring** A to［for］B
A を B（場所）に持って来る
bring A to B

•ぼくはお菓子を持って来るから、君は果物を持って来てよ　I'll bring some candy, and you bring some fruit.
•忘れずにお昼のお弁当を持って来なさい
Don't forget to bring your lunch.
•お昼のお弁当持って来ましたか　→現在完了
Have you brought your lunch?
•私に水を１杯持って来てください
Please bring me a glass of water. /
Please bring a glass of water to［for］me.
•ここへそのいすを持って来なさい
Bring that chair here.
🗨**会話** 新聞どこ？―ここ．―お願い，持って来て
Where is the newspaper? ―Here. ―Please bring it to me. → ×bring *me it* とはいわない
•ハンマーを持って来て
Fetch me the hammer. /
Fetch the hammer for me. /
Go and get the hammer for me.

もってこい もってこいの（最適の）**right** /ライト/
•彼はその仕事にもってこいの人だ
He is the right man for the job.

もっと

➤ 形容詞・副詞の比較級を用いて表す
•もっとたくさん（数）many［a lot］more;（量）much［a lot］more
•もっと気をつけなさい　Be more careful.
•もっと勉強しなさい　Study harder.
•君の学校のことをもっと話してください
Tell me more about your school.
•この植物にはもっと水をやらなければいけない
This plant needs more water.
•もっとしてほしいことありませんか
Is there anything more（that）I can do for you［you want me to do］?

モットー a **motto** /マトウ/

もっとも 最も

➤ ふつうは形容詞・副詞の最上級を用いて表す
•健康は私たちにとって最も大切です
Health is the most valuable thing to us. /
Health is more valuable than anything

else. / Nothing is more valuable than health.
•これは私が今まで見たうちで最も美しい花です
This is the most beautiful flower（that）I have ever seen.
•彼はその仕事に最も適していると私は思います
I think he is the best man for the job.

もっともな reasonable /リーズナブる/
•もっともな言い訳　a reasonable excuse
•彼が息子を自慢(じまん)するのももっともなことだ
It is reasonable that he should be proud of his son. / He may well be proud of his son.

モップ a **mop** /マプ/

もつれる tangle /タングる/, **get tangled**
もつれ a **tangle** → ねじれ
•ひものもつれをほぐす　straighten out tangles in a string
•あなたの髪もつれてるわ
Your hair is tangled［in a tangle］.

もてなす（歓待する）**entertain** /エンタテイン/, **show** ~ **hospitality** /ショウ ハスピタリティ/
もてなし（飲食物などを出して）(a) **hospitality**;（応待）a **reception** /リセプション/;（歓迎）a **welcome** /ウェるカム/
•夕食会で彼らをもてなす　entertain them at［to］dinner
•心のこもったもてなしを受ける　receive hearty hospitality［a hearty reception, a hearty welcome］

もてる be popular（with ~, among ~）/パピュら/
•彼女は男子生徒にもてる
She is popular with［among］boy students.

モデル a **model** /マ*る/
•ファッションモデル　a fashion model
•モデルチェンジ　a model changeover

もと¹ 元（原因）a **cause** /コーズ/;（起源）an **origin** /オーリヂン/;（源）a **source** /ソース/
•その結果、彼は元も子もなくしてしまった
As a result he was cleaned out. /
ひゆ As a result he has killed the goose that lays the golden egg.（金の卵を産むガチョウを殺してしまった）

もと² 元の（以前の）**former** /ふォーマ/;（それ本来の）one's → 人称代名詞の所有格で表す
元は（以前は）**formerly**
•私たちの元の校長先生　our former principal
•それを元通りにする　make it as it was before
•その本を元の所に返しなさい
Return the book to its place.

five hundred and forty-one　541　もはん

モトクロス a **motocross** /モウトウクロウス/
もどす 戻す **return** /リタ～ン/, **put back** → かえす
もとづく 基づく **be based** /ベイスト/
・彼の議論は自分自身の経験に基づくものだ
His argument is based on his own experience.
・君は事実に基づいて議論をするべきだ
You ought to base your argument on fact.

もとめる　求める
➤ (探し求める) **seek** /スィーク/
➤ (要求する) **request** /リクウェスト/; (願う) **ask** (for ～)
・幸福[彼の忠告]を求める　seek happiness [his advice]
・職を求める　seek a job
・返事を求める　request an answer

もともと (初めから) **from the first** /ふァ～スト/, **from the start** /スタート/; (元来) **originally** /オリヂナリ/; (生まれつき) **by nature** /ネイチャ/
もどる 戻る **go back**, **come back**, **return** /リタ～ン/ → かえる¹
・彼は今もどって来たところです
He has just come back [returned].
・彼は旅行からもどって来ています
He is back from his journey.
・さてまた本題にもどりますが，最も重要なことはどうしてその基金を集めるかということです
Now to return to the subject, the most important point is how to raise the funds.

モニター
❶ (装置) a **monitor** /マニタ/
・…をモニター画面で見る　watch ～ on a monitor screen
❷ (テレビ番組の) a **test viewer** /テスト ヴューア/; (商品の) a **tester** /テスタ/

もの　物
➤ a **thing** /すィング/
・何か食べる[読む]物　something to eat [to read]
・そのお金で学校の物を買う　buy school things with that money
・自分の物は持って行きなさい
Take your things with you.
・世の中には金で買えない物がたくさんある
There are many things in the world that you cannot buy [that cannot be bought] with money.

ものおき 物置　a **shed** /シェド/; (部屋) a **storeroom** /ストールーム/
ものおと 物音 → おと
ものおぼえ 物覚えがよい **have a good memory** /メモリ/
・物覚えが悪い　have a bad [poor] memory
ものがたり 物語 a **story** /ストーリ/, a **tale** /テイる/; (寓話(ぐうわ)) a **fable** /ふェイブる/　→ tale は story よりも形式張ったことば
・冒険物語　a story of adventure
・『源氏物語』　The Tale of Genji
・『イソップ物語』　Aesop's Fables
ものごと 物事 **things** /すィングズ/; **matter** /マタ/
ものさし a **rule** /ルーる/, a **ruler** /ルーら/
ものずき 物好きな **curious** /キュアリアス/; (何でも知りたがる) **nosy** /ノウズィ/, **inquisitive** /インクウィズィティヴ/
・物好きに　out of curiosity
・君は物好きすぎる(何でも聞きたがる)
You are too inquisitive.
ものすごい **dreadful** /ドレドふる/, **terrible** /テリブる/, **tremendous** /トレメンダス/
ものすごく → ひじょうに
ものともしない (なんとも思わない) **make** [**think**] **nothing of** /[すィンク] ナすィング/
・彼女は突然の腹痛をものともせず，マラソンを完走した　She made nothing of a sudden stomachache and completed the marathon race.
・彼は大きな危険をものともしなかった (→危険に対して勇敢(ゆうかん)であった)
He was brave in the face of great danger.
ものほし 物干し(場)　a **balcony for drying clothes** /バるコニ ドライインぐ クろウズ/
・物干し用ロープ　a clothesline
ものまね mimicry /ミミクリ/
ものまねする mimic /ミミク/ → -ed や -ing を付ける時は mimicked, mimicking
・彼は佐藤先生のしゃべり方のものまねをした
He mimicked Mr. Sato's way of speaking.
・彼は人のものまねがうまい　He is a good mimic. / He is good at mimicry. → 前の文の mimic は「ものまねをする人」
モノレール a **monorail** /マノレイる/
モバイルバッテリー a **portable charger** /ポータブる チャーチャー/, a **powerbank** /パウア バンク/　→「モバイルバッテリー」は和製英語
もはん 模範　a **model** /マドる/; (例) an **example** /イグザンプる/
模範的な model; exemplary /イグゼンプらリ/
・模範解答　a model answer

もほう 542 five hundred and forty-two

・模範試合 an exhibition game［match］
・彼は私たちに立派な模範を示してくれた. みんなそれにならいましょう
He gave us a good example. Let us follow it.

もほう 模倣 **imitation** /イミテイション/
　模倣する imitate /イミテイト/
・模倣品 an imitation

もみ 籾 (殻付きの米) **paddy** /パディ/; (籾殻) **husks** /ハスクス/

モミ 樅 《植物》a **fir** (**tree**) /ふァ〜 (トリー)/

モミジ 紅葉 《植物》(かえで) a **maple** /メイプる/

もむ (こする) **rub** /ラブ/; (こねるように) **knead** /ニード/; (マッサージをする) **massage** /マサージ/

もめごと もめ事 (a) **trouble** /トラブる/
・家庭のもめ事 a family trouble

もめる …ともめる (ごたごたする) **have** (a) **trouble with ～** /トラブる/; (口論する) **quarrel with ～** /クウォーレる/

もめん 木綿 **cotton** (**cloth**) /カトン (クろーす)/

もも (太もも) a **thigh** /さイ/

モモ 桃(の木) 《植物》a **peach** (**tree**) /ピーチ (トリー)/
　桃色(の) pink /ピンク/

もものせっく 桃の節句 ***Momo-no-sekku*** → ひなまつり

もや (a) **haze** /ヘイズ/
・もやのかかった hazy
・もやがはれた The haze has lifted.

モヤシ 《植物》**bean sprouts** /ビーン スプラウツ/

もやす 燃やす **burn** /バ〜ン/
・ごみを燃やす burn rubbish
・彼はサッカーに情熱を燃やしている
He is ardent in playing soccer.

もよう 模様
❶ (柄(がら)) a **pattern** /パタン/
・ハンカチに花模様をししゅうする embroider a handkerchief with a flower pattern
❷ (様子) a **look** /るク/
・空模様から判断すると午後は雨になりそうだ
From the look of the sky we may have rain in the afternoon.

もよおす 催す **give**, **hold** /ホウるド/
　催し (行事) an **event** /イヴェント/; (パーティー) a **party** /パーティ/; (余興) an **entertainment** /エンタテインメント/
・吉田君の歓迎の催しをする hold［give］a welcome party for Yoshida
・青年たちが村の老人たちの慰安(いあん)の催しを計画している The young people are planning an entertainment for the elderly of the village.

もらう

❶ (受け取る) **get**; **have**; **receive**; (与えられる) **be given**
❷ (説得・依頼して…してもらう) **get**; **have**

❶ (受け取る) **get**; **have**; **receive** /リスィーヴ/; (与えられる) **be given** /ギヴン/ (受け身形); (勝ち取る) **win** /ウィン/
・手紙をもらう get［receive］a letter
・賞をもらう win［get］a prize
・…する許しをもらう get permission［leave］to do
・…から電話をもらう get a call from ～
・私は毎月母から小遣(こづか)いをもらう
I get［receive］my allowance from Mother every month.
・私はきのう彼から手紙をもらった
I received［got, had］a letter from him yesterday.
・私は先日彼から電話をもらった
I got a call from him the other day. /
He called me up the other day.
・姉にこの時計をもらった
I got this watch from my sister. / (姉が私にこの時計をくれた) My sister gave me this watch.
・クリスマスにはすてきなプレゼントがもらえるでしょう You will receive［get, be given］nice presents at Christmas. → will be given は未来の受け身形
・100万円もらったらどうする?
If you were given a million yen, what would you do with it?
・これもらってもいいの? May I have［keep］this?
・10分ほどお時間をもらえますか Can you spare me about ten minutes［spare about ten minutes for me］? → spare は「(時間を)さく」
❷ (説得・依頼して…してもらう) **get**; **have**
(…して)もらいたい **want** /ワント/; (軽く) **like** /らイク/; (丁寧に) **would like** /ウド/, **should like** /シュド/ → したい²

基本形
A (人)に…してもらう
get A **to** *do* / **have** A *do*
A (人)に…してもらいたい
want［**would like**］A **to** *do*
A (物・事)を…してもらう
get［**have**］A＋過去分詞
A (物・事)を…してもらいたい
want A＋過去分詞

・彼に行ってもらう get him to go / have him

go
・写真をとってもらう　get [have] *one's* picture taken
・彼女に行ってもらいたい　want her to go
・写真をとってもらいたい　want *one's* picture taken
・彼女に早く来てもらってくれ　Get her to come early. / Have her come early.
・だれかに手伝ってもらわなければならない
We must get someone to help us. /
We must have someone help us.
・ケンにその会合に行ってもらうように話してみます
I'll try to get Ken to go to the meeting.
・彼にわかってもらうなんてできっこありませんよ
You'll never get him to understand.
・私は虫歯を抜いてもらった
I got [had] a bad tooth pulled [taken] out.
・この時計を直してもらいたい
I want this watch repaired.
❸ 特に頼んでではなく，ある行為(こうい)を受ける時は「…が…する」と能動態で表現することが多い
・私は母にその話をしてもらった (→母が私にその話をした)　My mother told me the story.
・私は母にしてもらった話を覚えている
I remember the story my mother told me.
・この時計は父に買ってもらったものです
My father bought this watch for me. /
My father bought me this watch.

もらす 漏らす（ひそかに）**leak**（**out**）/リーク/；（ばらす）**reveal** /リヴィーる/；（告げる）**tell**
・敵に秘密を漏らす　leak a secret to the enemy

モラル **morals** /モーらるズ/

もり 森（人が日常生活の中でしばしば中に入る）a **wood** /ウド/；（神社の森のような小さな）a **grove** /グろウヴ/；（大森林）a **forest** /ふォーレスト/
・森の中でキャンプする　camp in the wood(s)

もりあがる 盛り上がる
❶（ふくれ上がる）**swell** /スウェる/
❷（盛んになる）**warm up** /ウォーム/
・パーティー［議論］が盛り上がってきた
The party [The arguments] began to warm up.

もる 漏る　**leak** /リーク/；**escape** /イスケイプ/

モルタル mortar /モータ/

モルモット《動物》a **guinea pig** /ギニ/ ➔ 英語のmarmot /マーモト/ は小犬ぐらいの大きさのリス科の動物で，日本でいう「モルモット」とは別種

もれる 漏れる（ガス・液体・秘密などが）**leak**（**out**）/リーク/；（ガス・液体などが）**escape** /イスケイプ/
・秘密は漏れてしまった

The secret has leaked out.
・パイプの穴からガスが漏れた
The gas escaped from the hole in the pipe.
・叫び声が(思わず)彼女のくちびるから漏れた
A cry escaped her lips.

もろい brittle /ブリトる/

もん 門　a **gate** /ゲイト/ ➔ 扉が二つある時は gates とすることが多い
・門番　a doorkeeper / a gatekeeper / a porter
・門のところで[に]　at the gate(s)
・門をあける　open the gate(s)
・門をしめる　close [shut] the gate(s)

もんく 文句 （ことば）**words** /ワ〜ヅ/；（語句）a **phrase** /ふレイズ/；（不平）a **complaint** /コンプれイント/
・文句を言う → ふへい (→ 不平を言う)

もんげん 門限
・あなたの家では門限は何時ですか (→何時までに家に帰っていなければならないか)
What time do you have to be in by?

もんだい　問題

➤ a **question** /クウェスチョン/, a **problem** /プラブれム/
➤ （論争）an **issue** /イシュー/
➤ （題目）a **subject** /サブヂェクト/

・問題集　a collection of questions [problems]
・問題用紙　a question sheet
・問題児　a problem child
・それは単に時間の問題だ
It is only [simply] a question of time.
・それは政治問題に発展しそうだ　I am afraid it will develop into a political issue.
・問題はだれがネコの首に鈴を付けに行くかだった
The question was who would go to hang a bell on the cat's neck.
・この問題は難しくて私には解けない
This problem is so difficult that I cannot solve it. / This problem is too difficult for me to solve.
・この本はこの問題について書かれた最良の本です
This is one of the best books (which are) written on this subject.

もんどう 問答　**questions and answers** /クウェスチョンズ アンサズ/

もんぶかがくしょう 文部科学省［大臣］ the **Ministry** ［**Minister**］ **of Education, Culture, Sports, Science and Technology** /ミニストリ［ミニスタ］エヂュケイション カるチャ スポーツ サイエンス テクナろヂ/

や ヤ

や¹ 矢 an **arrow** /アロウ/
- 矢を射る shoot an arrow

ことわざ 光陰(こういん)矢のごとし
Time flies. (時は飛んで行く) / Time has wings. (時には羽が生えている) → arrow は英語ではふつう「速い」ことではなく, as straight as an arrow のように「まっすぐな」の比喩に使う

や² …や… **〜 and 〜** →と³ ❶
- 彼の机はいつも本やノートで散らかっている
His desk is always messy with books and notebooks.

やあ (呼びかけ) **Hello!** /ヘろウ/, **Hi!** /ハイ/; (驚き) **Oh!** /オウ/

会話
やあ, ジョン, 元気かい
—うん, 君は?
ぼくも元気だ
Hello [**Hi**], John. How are you?
—I'm fine, thank you. And you?
Very well, thank you.

ヤード a **yard** /ヤード/ → 1 ヤードは 0.9144 メートル

やいば 刃 a **blade** /ブれイド/, a **knife** /ナイふ/, a **sword** /ソード/

やえ 八重の **double** /ダブる/
- 八重桜 double cherry blossoms

やおちょう 八百長 a **fix** /ふィクス/
八百長をする **fix**

やおや 八百屋 (人) a **vegetable grocer** /ヴェヂタブる グロウサ/, a **greengrocer** /グリーングロウサ/; (店) a **vegetable store** /ストー/, a **greengrocer's**

やがい 野外の **outdoor** /アウトドー/
野外で **outdoors** /アウトドーズ/, **in the open air** /オウプン エア/
- 野外劇場 an outdoor [open-air] theater
- 野外演奏会 an outdoor concert
- 野外研究 field studies
- 野外スポーツ an outdoor sport
- 野外音楽堂 an amphitheater; an outdoor music venue

やがく 夜学(校) a **night school** /ナイト/, **evening classes** /イーヴニング クらセズ/

やかた 館 a **mansion** /マンション/, a **palace** /パれス/; a **castle** /キャスる/
- 屋形船 a Japanese pleasure boat

やかましい
❶ (さわがしい) **noisy** /ノイズィ/; (音が大きい) **loud** /らウド/
- ああ, やかましい What a noise!
- やかましい! (静かにしろ) Don't be so noisy! / Don't make so much noise! / Be quiet!
- あなたの声が聞こえません. 音楽の音がやかましいのですから
I can't hear you—the music is too loud.
❷ (きびしい) **strict** /ストリクト/; (気難しい) **particular** /パティキュら/
- 母はわたしたちの行儀(ぎょうぎ)にとてもやかましい
Our mother is very strict with us about our manners.
- 父は食べ物[金銭]にとてもやかましい
My father is very particular about his food [about money matters].

やかん¹ a **kettle** /ケトる/
- やかんを火にかける put a kettle on the fire
- やかんが沸(わ)いている The kettle is boiling.

やかん² 夜間に **at [in the] night**; **in the evening**
- 夜間外出禁止令 a curfew

やき¹ 焼き… (オーブンなどで焼いた) **baked** /ベイクト/; (油でいためた) **fried** /ふライド/; (直火(じかび)で焼いた) **grilled** /グリるド/
- 焼きいも a baked sweet potato
- 焼きそば fried noodles
- 焼き鳥 grilled chicken on a bamboo skewer
- 焼き肉[魚] grilled meat [fish]
- 焼きめし fried rice
- 焼き栗 roast chestnuts
- 焼き豚 braised [roast] pork
- 焼き串 a skewer
- 焼き網 a grill, a grid(iron)
- 鉄板焼き *teppanyaki*, meat and vegetables cooked on a hot plate [an iron griddle]
- 焼き印 (木や革など) branding iron
- 焼き切る burn off

やき² …焼 (陶磁器) **pottery** /パテリ/; (磁器) **porcelain** /ポーセリン/
- 伊万里焼 Imari ware [porcelain]
- 信楽焼 Shigaraki ware

ヤギ 山羊《動物》a **goat** /ゴウト/
- 子ヤギ a kid
- ヤギがめーめー鳴いている A goat is bleating.

やきいれ 焼き入れ **quench hardening** /クウェンチ ハーデニング/

やぎざ 山羊座 **Capricorn** /キャプリコーン/, **the Goat** /ゴウト/
- 山羊座生まれの人 a Capricorn / a Capricornian

やきたて 焼きたて
- これらのロールパンは焼きたてです
These rolls are fresh from the oven.

やきなおし 焼き直し (単なる改作) a **rehash** /リーハシュ/

やきもち (しっと) **jealousy** /ヂェらスィ/, **envy** /エンヴィ/
- …にやきもちを焼く be jealous of ~

やきもの 焼き物 (陶磁器) **porcelain** /ポーセリン/, **pottery** /パテリ/; (料理) **grilled [roast] fish [meat]** /グリるド [ロウスト] ふィシュ [ミート]/

やきゅう 野球 **baseball** /ベイスボーる/
- 野球をする play baseball
- 野球選手 a baseball player
- 野球帽 a baseball cap / a ball cap
- 野球場 a baseball ground / a ball park
- テレビで野球の試合を見る watch a baseball game on television

やぎゅう 野牛 a **buffalo** /バふァロウ/, a **bison** /バイスン/

バイソン

やきん 夜勤 **night duty** /ナイト デューティ/; (昼夜交代の) a **night shift** /シふト/
- 夜勤である be on night duty [shift]

やく¹ 役
➤ (役割) a **part** /パート/, a **role** /ロウる/
➤ (務め) **duty** /デューティ/
- 役に立つ be useful [helpful] / be of use [help, service] / do much / go a long way
- 役立つ道具 a useful tool
- …の役を演じる play [act] the part [the role] of ~

- それをすることは私の役です
To do that is my duty. / It is my duty to do that.
- レクリエーションは社会生活において重要な役を持っている
Recreation has an important role in social life.
- あなたのご忠告はたいへん役に立ちました
Your advice helped me a great deal. / Your advice proved to be very helpful to me.
- 少しでもお役に立てばうれしいです
I'll be happy to be of any service [of any help] to you.
- そんな言い訳は何の役にも立ちません
Such excuses are of no use.
- そんな大きな辞書をあげたって彼には何の役にも立たない
Such a big dictionary will be of no use to him. / ひゆ Giving him such a big dictionary is casting pearls before swine. (ブタに真珠を投げ与えるようなものだ)
- この取り決めは両国の親善を促進(そくしん)するのに必ず大いに役立つであろう
This arrangement is sure to do much [to go a long way] toward promoting friendship between the two nations.

やく² 訳 **translation** /トランスれイション/ → やくす
- 訳者 a translator
- 訳本 a translation
- 訳詞 translated lyrics / lyric translation

やく³ 約 (およそ) **about** /アバウト/; (ほぼ) **nearly** /ニアリ/, **almost** /オーるモウスト/
- 約1か月でその仕事は完成するでしょう
The work will be completed in about a month.
- 私は全作業の約3分の2を終わった
I've finished nearly two thirds of the whole task.

やく⁴ 焼く **burn** /バ〜ン/; (肉をあぶる) **roast** /ロウスト/; (肉や魚を焼き網で) **grill** /グリる/; (フライパンで) **fry** /ふライ/; (トーストを作る) **toast** /トウスト/; (パンを作る) **bake** /ベイク/
- 鶏[クリ]を焼く
roast a chicken [chestnuts]
- トウモロコシを(網で)焼く
grill corn
- フライパンで卵を焼く
fry eggs in a pan

やくがく

- パンを焼く toast [bake] bread
- CDを焼く(データを書き込む) burn a CD
- 彼は火事で蔵書を全部焼いてしまった
His entire library was burnt in the fire.

burn　　　roast

grill　　　toast

やくがく 薬学 **pharmacy** /ふァーマスィ/
- (大学の)薬学部 the pharmacy department

やくざいし 薬剤師 a **pharmacist** /ふァーマスィスト/; 《米》a **druggist** /ドラギスト/, 《英》a **chemist** /ケミスト/

やくしゃ 役者（男優）an **actor** /アクタ/, (女優) an **actress** /アクトレス/ → an actor は女優に対しても使われる

やくしょ 役所 a **public office** /パブリック オーふィス/, a **government office** /ガヴァンメント/
- 市役所 a city hall [office]
- 区役所 a ward office

やくす 訳す **translate** /トランスれイト/
- 和文を英語に訳す translate [put] Japanese sentences into English
- この本は英語からフランス語に訳されました
This book was translated from English into French.
- 太宰治の名作のいくつかは外国語に訳されています
Some of Dazai Osamu's best works are translated into foreign languages.
- 次の文を英語に訳しなさい
Put the following sentence into English.

やくそう 薬草 a **medicinal plant** [**herb**] /メディスィヌる プらーント[ハ～ブ]/

やくそく 約束

➤ a **promise** /プラミス/
➤ (人に会う約束) an **appointment** /アポイントメント/, an **engagement** /インゲイヂメント/

約束する promise, make [give] a promise, make [give] an appointment

基本形
A を(あげると)約束する
promise A
B (人)に A を(あげると)約束する
promise B A / **promise** A to B
…すると約束する
promise to *do* / **promise** (**that**) ~
B (人)に…すると約束する
promise B (**that**) ~

- 約束を守る[破る] keep [break] *one's* promise
- …するという約束を果たす make good on the promise to *do*
- その子におもちゃをあげると約束する promise (to give) a toy to the child
- 彼に手伝うことを約束する promise him *one's* help / promise *one's* help to him / promise to help him
- 彼を(車で)迎えに行くと約束する promise [make a promise] to pick him up
- 約束の時間[場所]に at the appointed time [place]
- 約束の日に on the appointed day
- 約束どおりに as promised

🗨会話 私の誕生パーティーに来てくれる?―うん約束するよ Will you come to my birthday party? ―Yes, I promise.

- もう二度としません, 約束します
I promise (that) I won't do it again. /
I won't do it again, I promise (you).
- 父は私にカメラを買ってくれると約束した
Father promised me a camera. /
Father promised a camera to me. /
Father promised me [gave me his promise] (that) he would buy me a camera.
- 彼はここに6時に来ると約束した
He promised to be here at six o'clock. /
He promised that he would be here at six o'clock.
- 約束をしたらそれを破ってはいけません
If you make a promise, you mustn't break it [you must keep it].
- それでは約束がちがいませんか
That's against our promise, isn't it?

🗨会話 ハワイへ行ったらおみやげを買ってくるよ. ―約束よ I'll bring a souvenir from Hawaii for you.―That's a promise.

- 申しわけありません. その日は別の約束があるんです
I'm sorry, but I have another appointment

five hundred and forty-seven　547　ヤシ

［engagement］on that day.

使い分け

promise: 何かをするという「約束」
appointment: 人と会う「約束」
engagement: 特に仕事関連の公式な「約束(取り決め)」

やくだつ 役立つ → やく¹（→ 役に立つ）

やくにん 役人 a **public official** /パブリック オフィシャる/

やくば 役場 a **public office** /パブリック オーフィス/
・町役場 a town hall［office］
・村役場 a village hall［office］

やくひん 薬品 （薬剤）a **medicine** /メディスン/, a **drug** /ドラグ/;（化学薬品）a **chemical** /ケミカる/

やくぶつ 薬物 a **drug** /ドラグ/

やくみ 薬味 → スパイス

やくめ 役目 → やく¹

やくよう 薬用 **medicated** /メディケイティド/; **medicinal** /メディスィヌる/
・薬用せっけん a medicated soap

やくよけ 厄除け（災いから守る）an **amulet** /アミャらト/,（お守り）a **charm** /チャーム/

やくわり 役割 a **part** /パート/, a **role** /ロウる/
→ やく¹
・役割を演じる play a part［a role］
・インターネットは現代生活において重要な役割をする The Internet plays an important role in modern life.

やけ **desperation** /デスパレイション/
・やけになる become［be］desperate

やけど（火の）a **burn** /バ〜ン/;（熱湯の）a **scald** /スコーるド/
　やけどをする **burn**; **scald**
・指にやけどをする burn［scald］*one's* finger

やける 焼ける **burn** /バ〜ン/, **be burnt** /バ〜ント/;（火事で）**be burnt down** /ダウン/;（日に）**be tanned** /タンド/（→ ひやけ）
・焼け死ぬ be burnt to death
・焼け跡（建物）a burnt-down building /（地域）a burnt-down area /（がれきなど）fire debris
・焼け焦げ a burn
・何か焼けるにおいがする
I smell something burning.
・火事で丸太小屋が５つ焼けた
Five log houses were burnt down in the fire.
・最も小さな丸太小屋だけが焼け残りました
Only the smallest log house was untouched by the fire.
・彼女は１週間海岸に行っていて美しく日に焼けても

どって来た　She stayed at the seaside for a week and returned home beautifully tanned.

やこう 夜行（列車）a **night train** /ナイト トレイン/
・夜行で行く take［go by］a night train

やこうとりょう 夜光塗料 **glow-in-dark paint** /グろウ イン ダーク ペイント/, **luminous paint** /るーミナス/

やさい　野菜

➤ (a) **vegetable** /ヴェヂタブる/
・野菜畑 a vegetable field;（家庭菜園）a kitchen garden
・あなたは肉よりも野菜を多く食べなければいけない
You should eat more vegetable than meat. /（肉を食べるのをへらしてもっと野菜を）You should eat less meat and more vegetable.
・うちでは市場に出すために野菜を作っています
We grow vegetables for the market.

やさしい¹

➤（容易な）**easy** /イーズィ/;（簡単な）**simple** /スィンプる/
・このお話はやさしい英語で書いてある
This story is written in easy［plain］English.
・問題はとてもやさしかった
The questions were very easy［simple］.
・フランス語とスペイン語とでは学ぶのにどちらがやさしいでしょうか　Which is easier to learn, French or Spanish?
・この課は前の課よりやさしい
This lesson is easier than the former one.
・これは思ったほどやさしくない
This is not so simple as I expected.
・この問題から始めよう。やさしそうだ
Let's begin with this problem. It looks easy.
・君は(読んでみれば)その本がやさしいのがわかるでしょう　You will find the book easy.

やさしい²　優しい

➤ **gentle** /チェントる/;（親切な）**kind** /カインド/
　優しく **gently**; **kindly**
・優しい声で in a gentle voice
・彼女は優しい目で私を見た
She looked at me with gentle eyes.
・そのおばあさんは私にとても優しくしてくれた
The old lady was very kind to me.
・動物に優しくしなさい　Be kind to animals.

ヤシ 椰子（植物）a **palm** /パーム/;（ココヤシ）a **coconut palm** /コウコナト/
・ココナツ a coconut

やじ

やじ（嘲笑（ちょうしょう）・罵（ば）声）**hooting** /フーティング/, **jeering** /ヂアリング/, **booing** /ブーイング/;（選挙演説者などに対するまぜかえし）**heckling** /ヘクリング/

やじる hoot (at ~), **jeer** (at ~), **boo**; **heckle**

やじうま やじ馬 **an onlooker** /アンルカ/

やしき 屋敷（邸宅）a **residence** /レズィデンス/, a **mansion** /マンション/;（家と敷地（しきち））**the premises** /プレミセズ/

やしなう 養う（家族を）**support** /サポート/, **provide for** /プロヴァイド/;（育てる）**bring up** /ブリング/, **foster** /フォースタ/
・独立心を養う foster independence
・彼は家族を養うために働かなければならない
He must work (in order) to support his family.
・彼は家族をたくさん養っている
He has a large family to provide for.
・彼はおじとおばに養われた
He was brought up by his uncle and aunt.

やじゅう 野獣 **a wild beast** /ワイるド ビースト/

やしょく 夜食（深夜の）**a late-night snack** /れイト ナイト スナク/

やじるし 矢印 **an arrow** /アロウ/
・迷わないはず、矢印に従って行きなさい
You can't get lost—just follow the arrows.

やしん 野心 **(an) ambition** /アンビション/
・野心のある ambitious
・野心作 an ambitious piece of work
・彼は野心家だ He is an ambitious man. / He is ambitious.

やすい¹ 安い, 安く

➤ **cheap** /チープ/;（費用など安く）**at little cost**
・安物 a cheap thing;（集合的に）cheap goods
・安いホテル a low-budget hotel
・物を安く買う[売る] buy [sell] things cheap
・これを安く直してもらえますか
Can you repair this at little cost?
・私は時計を安く直してもらった
They repaired my watch at little cost.
・この靴下は安いわりには持ちがよい
These socks are quite cheap, but they wear well.
ことわざ 安物買いの銭（ぜに）失い Ill ware is never cheap.（粗悪品は安くない）

やすい²（…しやすい）**be apt to** *do* /アプト/;（…にかかりやすい）**be subject to ~** /サブヂェクト/
・こういう単語はつづりをまちがえやすい
We are apt to misspell these words. / These words are apt to be misspelled.
・私はかぜをひきやすい
I easily catch cold. / I am subject to colds.
・この川ははんらんしやすい
This river easily overflows.

やすうり 安売り → バーゲンセール

やすむ 休む

➤（休息する）**rest** /レスト/, **take a rest**;（欠席する）**be absent** /アブセント/;（横になる）**lie (down)** /らイ (ダウン)/;（寝る）**go to bed**;（眠る）**sleep** /スリープ/;（休業する）**close** /クろウズ/

休み（休息）a **rest**;（休日・休暇）a **holiday** /ハリデイ/;（長期の）《米》a **vacation** /ヴェイケイション/,《英》**holidays**;（休み時間）a **break** /ブレイク/, a **recess** /リセス/

be absent

go to bed

have a break

・仕事を休む（会社などを休む）be absent from work;（ひと休みする）rest from work
・学校を休む be absent from school / stay away from school
・きょうは学校が休みです
We have no school today.
・授業と授業の間には10分間の休みがあります
We have a ten-minute recess [break] between periods.
・そのことは昼休みに相談しよう
Let's talk about that during (the) lunch break.

•休みには君はどこへ行くつもりですか
Where are you going for the holiday?
•疲(つか)れた。この木陰(こかげ)でしばらく休もう
We are tired. Let's rest [take a rest] in the shade of this tree for a while.
•私は忙(いそが)しくて休む暇なんてありません
I'm so busy that I have little time to rest.
•ちょっと休んでお茶にしよう
Let's have a break for tea.
•君は疲れたようだ. 早く休んだほうがいい
You look tired. You'd better go to bed early.
•彼を2階へ連れて行って静かに休ませなさい
Take him upstairs and let him lie quietly.
•そのデパートは火曜日が休みです
The department store is closed on Tuesdays.

やすらか 安らかな **peaceful** /ピースふる/
安らかに peacefully
やすらぎ 安らぎ **peace** (**of mind**) /ピース (マインド)/
やすり (鋼鉄製のもの) a (**steel**) **file** /スティーる ふァイる/
•やすりをかける file
•紙やすり sandpaper
•紙やすりをかける sand (down)
やせい 野生の **wild** /ワイるド/
•野生動物 wild animals
やせる **get** [**become**] **thinner** /すィナ/
やせた thin /すィン/; (すらりとした) **slender** /スれンダ/, **slim** /スりム/; (がりがりにやせた) **skinny** /スキニ/
•背の高いやせた青年 a tall, thin young man
•やせがたの少女 a slim girl
•やせた土地 poor [barren] land
やたい 屋台 a (**food**) **stand** [**stall**] /(ふード) スタンド [ストーる]/; (キッチンカー) a **food truck** /トラク/
•屋台のラーメン屋 a ramen stand
やたら (過度に) **too much** /トゥー マチ/; (無差別に) **indiscriminately** /インディスクリミネトり/, **at random** /ランダム/
•やたらに甘い物ばかり食べちゃだめだよ
Don't eat too many sweet things.
やちょう 野鳥 a **wild bird** /ワイるド バ〜ド/
•野鳥観察 bird-watching
•野鳥観察者 a bird-watcher
やちん 家賃 a **house rent** /ハウス レント/
やつ a **fellow** /ふェろウ/, a **guy** /ガイ/ → ふつう good, nice, poor (かわいそうな)などの形容詞と共に使う;「やつは…だ」などの「やつ」は he (彼)を使えばよい

やつあたり 八つ当たりする → あたりちらす
やっか 薬科大学 a **college of pharmacy** /ふァーマスィ/
やっかい 厄介 **trouble** /トラブる/, 《話》a **bind** /バインド/ → めんどう
厄介な troublesome /トラブるサム/
やっきょく 薬局 a **pharmacy** /ふァーマスィ/, 《米》a **drugstore** /ドラグストー/, 《英》a **chemist's shop** /ケミスツ シャプ/; (病院などの) a **dispensary** /ディスペンサリ/

やった (うまくいく) **make it**; (すばらしい) **great** /グレイト/; (喜びの声) **hurrah** /フラー/
•やった! I did it! / I made it! → 自分以外の時, たとえば「君やったね」は You made it!
会話 あしたは箱根へドライブに行こう. ―やった! Let's go for a drive to Hakone tomorrow. ―That sounds great!
会話 (先生)来週はテストをしません. ―(生徒)やった! I'm not going to give you a test next week.―Hurrah!
やっつける → まかす
やっていく **do**, **get along**, **get on**
•…なしでやっていく do without 〜 → なしで
•彼らはおたがいかなりうまくやっています They are getting along pretty well with each other.
やってくる やって来る **come along**, **come down** /ダウン/; (姿を見せる) **turn up** /タ〜ン/, **show up** /ショウ/; (時期が近づく) **come**, **draw near** /ドロー ニア/
•もうすぐ期末試験がやって来ます
The term exam is coming soon.
やってみる **try** /トライ/ → こころみる
•どれくらい跳べるかやってごらん
Try and see how far you can jump.
•それはやってみればできるよ
You can do it if you try.
•私の言うようにやってみなさい
Try to do as I tell you.
•私はいろいろやってみたが成功しなかった
I tried and tried, but did not succeed.

やっと

❶(かろうじて) **just** /ヂャスト/, **barely** /ベアリ/
・私はやっと授業に間に合った
I was just in time for class.
・彼の収入はやっと家族を養える程度のものです
His earnings are barely enough to support his family.
❷(苦労して) **with difficulty** /ディフィカるティ/
・私はやっとのことで彼の家を見つけました
I found his house with some difficulty.
・日の暮れないうちにキャンプ場にたどり着くのがやっとのことだった It was with difficulty that we reached the camp site before dark.
❸(ついに) **at last**
・やっとその日が来た The day has come at last.

やっぱり → やはり

ヤッホー
(遠くにいる人への呼びかけ) **yoo-hoo** /ユーフー/

やど 宿
(宿泊) **lodging** /らヂング/;(宿屋) an **inn** /イン/; a **hotel** /ホウテる/
・ホテルに宿をとる〔泊まる〕 stay at a hotel;(予約する) make reservations at a hotel / book a room at a hotel

やとい 雇い主 an **employer** /インプろイア/
雇い人 an **employee** /インプろイイー/

やとう¹ 雇う
(一時的に) **hire** /ハイア/;(職務として) **employ** /インプろイ/

やとう² 野党 an **opposition party** /アポズィション パーティ/

ヤドカリ a **hermit crab** /ハ〜ミト クラブ/

やどや 宿屋 an **inn** /イン/; a **hotel** /ホウテる/
・宿屋に泊まる stay〔put up〕at an inn

ヤナギ 柳 《植物》a **willow** /ウィろウ/
ことわざ 柳に風 → 逆らわずおだやかに対応すること
No reply is best.(答えないのが一番いい)

やに (木の) **resin** /レズィン/;(目の) **eye discharges** /アイ ディスチャーヂェズ/

やぬし 家主 the **owner of the house** /オウナ ハウス/;(男性) a **landlord** /らンドろード/,(女性) a **landlady** /らンドれイディ/

やね 屋根 a **roof** /ルーふ/
・かやぶきの roofed with Japanese torreya
・かわらぶきの tile-roofed
・スレート〔アスファルトシングル〕ぶきの roofed with cement boards〔asphalt shingles〕

やはり

❶(同様に) **also** /オーるソウ/, **too** /トゥー/;(not) **either** /イーざ/;(それでも) **still** /スティる/
・私もやはりそう思います
I think so, too. / I also think so.
・私もやはり行きません I won't go, either.
❷(A(人)が思ったとおり) **as** A (**have**) **expected** /イクスペクテド/,(実際に) **sure enough** /シュア イナふ/;(結局) **after all**
・彼はやはり成功した
He succeeded as I had expected. / And sure enough, he succeeded.
・君はやはりその集会に出たほうがいいよ
You had better attend the meeting after all.

やばん 野蛮な
(文明的でない) **barbarous** /バーバラス/;(原始的で殺伐な) **savage** /サヴェヂ/

やぶ a **bush** /ブシュ/
ことわざ やぶをつついて蛇を出す
Let sleeping dogs lie.(眠っているイヌは寝かせておけ) / Let well alone.(よい事はそのままにしておけ)

やぶる 破る
(壊にゎす) **break** /ブレイク/;(ちぎる) **tear** /テア/;(負かす) **defeat** /ディふィート/, **beat** /ビート/;(違反する) **violate** /ヴァイオれイト/
・約束〔記録〕を破る break one's promise〔the record〕
・紙〔シャツ〕を破る tear paper〔one's shirt〕

break　　　tear

・社会の規則を破る violate the rules of the society

やぶれる 破れる be **torn** /トーン/
破れた **torn**
・破れたズボン torn trousers

やぼ やぼな,やぼったい
(流行遅れの) **unfashionable** /アンふァショナブる/,(洗練されていない) **unrefined** /アンリふァインド/,《話》**uncool** /アンクーる/

やま 山

❶ a **mountain**
❷(積み重なったもの) a **pile**

❶(高山) a **mountain** /マウンテン/;(低い) a **hill** /ヒる/;(…山) **Mt. ~** /マウント/
・浅間山 Mt. Asama
・山に登る go up〔climb〕a mountain

- 山を下りる go down [climb down] a mountain
- 山の多い地方 a mountainous [hilly] district
- 山登り mountain climbing
- 山道 a mountain path
- 山小屋 a mountain hut
- 山くずれ a landslide / (土石流) debris flow
- 山小屋 a mountain hut
- 山火事 a forest (×mountain) fire
- (折り紙の)山折り a mountain fold
- 彼は山奥の小さな村で育った

He grew up in a little village in the heart of the mountains.

❷ (積み重なったもの) a **pile** /パイる/, a **heap** /ヒープ/

- 本の山 a pile of books
- このキュウリ一山いくらですか

How much is this pile [heap] of cucumbers?

❸ (推測) a **guess** /ゲス/

- 試験の山をかける gamble on exam questions
→ gamble on ～ は「(どうだかわからないが) ～にかける」

やまい 病 → びょうき

ことわざ 病は気から Fancy may kill or cure. (気の持ちようが殺したり治したりする)

やましい やましいと感じる **feel guilty** /ふィーるギるティ/

- 私にはやましいところは何もない

I have nothing to feel guilty about.

やまびこ an **echo** /エコウ/

やまぶし 山伏 a **mountain ascetic** /マウンテン アセティク/ → ascetic は「苦行者」

やみ 闇 (the) **darkness** /ダークネス/, **the dark** → くらやみ

- 闇夜 a dark night
- 闇の中でも目の見える動物がいる

Some animals can see in the dark.

やむ (止まる) **stop** /スタプ/; (終わる) **be over**

- 夕方までには雨はやむでしょう The rain will stop [will be over] before evening. / It will stop raining before evening.

やむをえない (避(さ)けられない) **unavoidable** /アナヴォイダブる/

やむをえず…する **be compelled to** *do* /コンペるド/, **be forced to** *do* /ふォースト/

- やむをえない事情で学校を休む stay away from school through unavoidable circumstances
- インフルのため私たちはやむをえず家の中にいた

We were compelled to stay indoors because of the flu. / The flu compelled us to stay in-doors.

- ぼくはその計画をあきらめたくないけれどやむをえないのだ

I don't want to give up the plan, but I can't help it [it can't be helped].

やめる

❶ (中止する) **stop**
❷ (辞職する) **resign**

❶ (中止する) **stop** /スタプ/, 《米》**quit** /クウィト/; (習慣などを) **give up**

基本形
A をやめる
　stop A
…するのをやめる
　stop *do*ing

- ゲーム[口論]をやめる stop a game [a quarrel]
- タバコをやめる give up smoking
- 口答えをやめなさい

Stop [Quit] talking back.

- やめろよ Stop it. / Cut it out.
- 先生が教室へ入って来ても彼らはおしゃべりをやめなかった

They didn't stop talking even after the teacher entered the classroom.

❷ (辞職する) **resign** /リザイン/, **quit**; (定年で) **retire** /リタイア/

- 65歳で会社をやめる retire from the company at the age of sixty-five
- 彼は学校をやめて, ガソリンスタンドで働いています

He quit school and is working at a gas station.

- 私はクラブをやめたいんです

I want to quit the club.

- (ゲームなどで)ぼくはやめた. 君はずるばかりするんだもの

I quit, because you're always cheating.

使い分け

quit: 理由を問わず仕事をやめる時に使い, 学校を中退したりクラブをやめる時にも使える He quit his job because of a health problem. (彼は健康上の理由で仕事をやめた)

retire 定年や高齢のために仕事をやめる時に使う My grandmother quit her job when she was sixty. (わたしの祖母は60歳の時に定年退職した)

resign: 公式に発表をしてみずから職をやめる時に使う He resigned a member of the Diet. (彼は国会議員を辞職した)

ヤモリ a gecko /ゲコウ/
やや a little /リトる/; a bit /ビト/
ややこしい (複雑な) complicated /カンプリケイテド/; (めんどうな) troublesome /トラブるサム/
やり 槍 a spear /スピア/; (競技用) a javelin /ヂャヴリン/
- やり投げ the javelin throw

やりがい やりがいのある worth doing /ワ~す/, worth one's efforts /エふォツ/
- やりがいのある仕事 a job worth doing
- この仕事はやりがいがある
  This work is worth doing.

やりかた やり方 しかた, → かた³
やりとげる やり遂げる accomplish /アカンプリシュ/, finish /ふィニシュ/
やりなおす やり直す do ~ over again /アゲン/; (学年を) repeat /リピート/

やる
❶ (する) do
❷ (与える) give

❶ (する) do → する¹ ❶
- 私の言うようにやってみなさい
  Try to do as I tell you.
- この手品はたいへんやさしいのでだれにでもやれます This magic trick is so easy that anyone can do it.
- それは決定されたのだ。もうやるしかない
  It is decided. We must do it by all means. / ひゆ The die is cast. (賽(さい)は投げられた)
- 私はやれるだけのことは全部やった
  I did everything (that) I could (do). / I did everything in my power.
  参考ことわざ 人事を尽くして天命を待つ Use the means and God will give the blessing. (手段を尽くせ、そうすれば神は祝福を与えてくださるだろう)

❷ (与える) give → あげる ❷
- この本は君にやろう
  I'll give this book to you.

❸ (行かせる) send /センド/
- 彼を使いにやる send him on an errand
- 子供を学校へやる send one's child to school

やるき やる気 motivation /モウティヴェイション/
  やる気のある motivated
- やる気満々の新人 a highly motivated recruit
- やる気が起きない feel a lack of motivation

やわらかい 柔らかい, 軟らかい soft /ソーふト/; (肉など) tender /テンダ/
- やわらかくする soften
- やわらかに softly

やわらぐ 和らぐ soften /ソーふン/; (風などが) calm down /カーム ダウン/
和らげる (ことばなどを) soften; (怒りなどを) calm; (痛みを) ease /イーズ/
- この軟膏(なんこう)をつけると痛みが和らぐでしょう
  This ointment will ease the pain.
- 彼の冗談でその場の堅苦しい雰囲気が和らいだ
  His joke helped us to relax. / ひゆ His joke broke the ice. (張り詰めた氷を砕いた)

やんわり
- その申し出をやんわり断る decline the offer with thanks

ゆ 湯 hot water /ウォータ/; (ふろ) a bath /バす/
- 湯を沸(わ)かす boil water
- 湯に入る take a bath
- 瞬間湯沸かし器 a tankless water heater
- 湯沸かしポット an electric kettle
- (風呂などの)湯あか scale

ゆあつ 油圧の hydraulic /ハイドローリク/
ゆいいつ 唯一の only /オウンリ/
- 私の唯一の願い my only wish
- これがそこへ行く唯一の道です
  This is the only way to go there.

ゆいごん 遺言 a will /ウィる/
- 遺言をつくる make one's will
- 彼は遺言で少しばかりの遺産をもらった
  He was left a small legacy in a will.

ゆう¹ 言う → いう
ゆう² 結う (髪を) do
- 髪を結ってもらう have one's hair done
- 彼女は日本髪に結っていた
  She had her hair done (in a) Japanese style.

ゆういぎ 有意義な significant /スィグニふィカント/ → ゆうえき
ゆううつ depression /ディプレション/
  ゆううつな depressed /ディプレスト/, gloomy

/グるーミ/
・彼はこのごろゆううつな顔をしている
He looks depressed these days.
・私はその知らせを聞いて[将来のことを思って]ゆううつになった I felt gloomy at the news [about the future].
・雨が降ると私はいつもゆううつだ
I am always depressed by rainy weather. / Rainy weather always depresses me. / Rainy weather always makes me depressed.

ゆうえき 有益な **useful** /ユースふる/, **helpful** /へるプふる/; (教訓的な) **instructive** /インストラクティヴ/
・…を有益に使う make good use of 〜
・お話はたいへん有益でした
Your talk has been very instructive [helpful].

ユーエスビーメモリー USB メモリー a **USB flash drive** /ユーエスビー ふらシュ ドライヴ/, a **thumb drive** /さム/ ▲「USB メモリー」は和製英語

ゆうえつかん 優越感 a **sense of superiority** /センス スピアリオーリティ/
・…に対して優越感を抱く feel superior to 〜

ゆうえんち 遊園地 an **amusement park** /アミューズメント パーク/; (児童公園) a **children's playground** /チるドレンズ プれイグラウンド/

ゆうかい 誘拐する **kidnap** /キドナプ/
・誘拐者 a kidnapper
・3 人の日本人がテロリストたちによって誘拐された
Three Japanese were kidnapped by terrorists.

ゆうがい 有害な **bad, harmful** /ハームふる/; **injurious** /インデュアリアス/ ➔ がい (➔ 害のある)
・タバコはからだに有害です
Smoking is bad to the health.

ゆうがた 夕方

➤ (an) **evening** /イーヴニング/
・夕方に[は] toward evening / in the evening
・夕方早めに early in the evening
・夕方には雪になるでしょう
We'll have snow in the evening.
・夕方になって雪がやんだ It stopped snowing [The snow stopped] toward evening.
・夕方は寒くなりますから早くうちへ帰りなさい
It gets colder toward evening, so be back home early.

ゆうがとう 誘蛾灯 an **insect** [a **moth**] **light trap** /インセクト [モーす] らイト トラプ/

ゆうかん¹ 夕刊 (朝刊紙もある新聞社の)an **evening edition** /イーヴニング イディション/; (夕刊新聞) an **evening paper** /ペイパ/
・この事故は朝日の夕刊に出ている
This accident is reported in the evening edition of the *Asahi*.

ゆうかん² 勇敢 **bravery** /ブレイヴァリ/
勇敢な brave /ブレイヴ/
勇敢に bravely
・勇敢な行為(こうい) a brave deed
・彼は実に勇敢だった He was very brave.

ゆうき 勇気

➤ **courage** /カ〜レヂ/
勇気のある courageous /カレイヂャス/; **brave** /ブレイヴ/
・勇気のない (臆病(おくびょう)な) timid / cowardly
・勇気が欠けている be lacking in courage
・勇気を出す pluck up courage
・勇気づける encourage ➔ はげれい (➔ 激励する)
・こういうことをするのは勇気がいる
It needs [requires] courage to do this kind of work.
・私はそれを両親に打ち明ける勇気がない
I don't have the courage to confess it to my parents.

ゆうぎ 遊戯 (a) **play** /プれイ/

ゆうぐれ 夕暮れ (an) **evening** /イーヴニング/, **dusk** /ダスク/ ➔ ゆうがた
・夕暮れに toward evening / at dusk

ゆうげん 有限の **limited** /リミテド/

ゆうこう¹ 有効な **good, valid** /ヴァリド/
・…を有効に使う make good use of 〜
・この定期券は今月いっぱい有効です
This season pass will be good [valid] until the end of this month.
・君は時間をもっと有効に使わなければだめだ
You should make better use of your time.

ゆうこう² 友好 **friendship** /ふレンドシプ/
・友好的な friendly
・友好関係を深める promote friendly relations (between 〜)
・われわれは友好的な雰囲気(ふんいき)の中で話し合いを持った
We had a talk in a friendly atmosphere.

ゆうざい 有罪の **guilty** /ギるティ/
・有罪の宣告を受ける be declared guilty

ゆうし 有志 a **volunteer** /ヴァランティア/

ゆうしゅう 優秀 **excellence** /エクセれンス/
優秀な excellent /エクセれント/, **good**

・彼はクラスで最優秀の学生の一人です He is one of the best students in the class.

ゆうしょう 優勝 (a) **victory** /ヴィクトリ/, **championship** /チャンピオンシプ/
優勝する win a **victory**, **win** the **championship**; (プロ野球などで) **win** the **pennant** /ペナント/
・優勝者 a champion / a winner
・優勝候補 a favorite
・優勝カップ a championship cup / a trophy
・優勝旗 a championship flag; (プロ野球などの) a pennant
・優勝チーム the winning team
・優勝決定戦 the final(s)
・セントラルリーグでは今シーズンはどのチームが優勝すると思いますか Which team do you think will win the pennant in the Central League this season?

ゆうじょう 友情 **friendship** /ふレンドシプ/
・友情に厚い friendly
・友情のしるしに as a mark of friendship

ゆうしょく 夕食 (簡単な) **supper** /サパ/; (1日の主要な食事としての) **dinner** /ディナ/
・お宅では夕食は何時ですか
What time do you have supper?
・私は夕食にカキフライを食べました
I had fried oysters for supper.
・私はジョーンズさんのうちに夕食に呼ばれている
I am asked to dinner by the Joneses.
・夕食後に私はしばらくテレビを見る
I watch television for some time after supper.

ゆうじん 友人 → ともだち

ゆうせい 優勢な **stronger** /ストローンガ/, **dominant** /ダミナント/
・前半はぼくらのチームが優勢だった Our team was dominant [Our team pressed its opponent] in the first half of the game.

ゆうせん[1] 優先させる **give priority** (to ~) /プライオーリティ/, **do ~ first** /ふァ~スト/
・優先席 a priority seat
・(討議などで)人種差別問題を優先させる give priority to the racial problem
・この仕事を優先させる do this work first

ゆうせん[2] 有線
・有線放送 wire broadcast

ゆうそう 郵送する 《米》**mail** /メイる/, 《英》**post** /ポウスト/; **send by mail, send by post**
・郵送料 postage
・小包を郵送する send a parcel by mail [post]

ゆうだい 雄大さ **grandeur** /グランヂャ/
雄大な grand
・私はその山々の雄大さに打たれた I was struck by the grandeur of the mountains.

ゆうだち 夕立 a **shower** /シャウア/
・私は学校からの帰り道に夕立にあった
I was caught in a shower on my way back from school.

ゆうとう 優等 **excellence** /エクセレンス/, **honors** /アナズ/
・優等生 an honor student

ゆうどく 有毒な **poisonous** /ポイズナス/
・有毒ガス poisonous gases

ユートピア (a) **Utopia** /ユートウピア/
・ユートピアの(ような) Utopian

ゆうのう 有能な **able** /エイブる/, **competent** /カンペテント/; (才能のある) **talented** /タれンテド/
・有能な人 an able [a talented] person / a person of ability

ゆうはん 夕飯 → ゆうしょく

ゆうひ 夕日 the **evening sun** /イーヴニング サン/, the **setting sun** /セティング/

ゆうび 優美 **elegance** /エれガンス/
優美な elegant /エれガント/

ゆうびん 郵便

➤ 《米》 **mail** /メイる/, 《英》 **post** /ポウスト/
・たくさんの郵便物 a lot of [much] mail ➤ ✕ **mails** としない
・郵便で by mail [post]
・郵便切手 a postage stamp
・郵便局 a post office
・郵便配達人 a mail carrier
・郵便はがき a postcard → はがき
・郵便ポスト 《米》a mailbox / 《英》a postbox
・郵便受け 《米》a mailbox / 《英》a letterbox
・郵便番号 《米》a zip code / 《英》a postcode
・郵便料金 postage
・けさは郵便が来るのが遅い
The mail is late this morning.

アメリカの郵便ポスト

ユーフォー a **UFO** /ユーエ**ふ**オウ, ユーふォウ/

ゆうふく 裕福な **well-to-do** /ウェる トゥ ドゥー/, **rich** /リチ/
•裕福である be well-to-do / be rich / be well off

ゆうべ **last night** /ナイト/; **last evening** /イーヴニング/
•兄はゆうべ遅く羽田に着いた
My brother arrived at Haneda late last night.

ゆうべん 雄弁 **eloquence** /エろクウェンス/
雄弁な **eloquent** /エろクウェント/
•雄弁家 an orator / an eloquent speaker

ゆうぼう 有望 a **promise** /プラミス/
有望な **hopeful** /ホウプふる/, **promising**, **full of promise**
•有望な青年たち promising young people
•ピアニストとしての彼の前途(ぜんと)は有望だ
He shows great promise as a pianist. / His future as a pianist seems to be full of promise [hope].

ゆうぼくみん 遊牧民 a **nomad** /ノウマド/

ゆうほどう 遊歩道 a **promenade** /プラームネイド/

ゆうめい 有名な

➤ **famous** /ふェイマス/, **well-known** /ウェるノウン/; (一流の) **prestigious** /プレスティーヂャス/
•有名になる become famous [well-known]
•…で有名である be famous [well-known] for ~
•有名人 a famous [well-known] person / a celebrity
•有名私立高校 a prestigious private high school
•彼女は現代の日本における最も有名な作家の一人です She is one of the most famous [the best-known] writers in Japan today.
•日光は景色の美しさと壮麗(そうれい)な神社で有名です
Nikko is famous for its natural beauty and its magnificent shrines.
•彼女は芸術家としては父親よりも有名になった
As an artist she became more famous than her father.
•彼の本はこの静かな小さな村を有名にした
His book has made this quiet little village famous. / ひゆ His book has put this sleepy little village on the map. (地図に載せた)

ユーモア **humor** /ヒューマ/
•彼にはユーモアがわからない
He has no sense of humor.

•田島先生の話はユーモアがあっておもしろい
Mr. Tajima's talk is full of humor and is very interesting.

ゆうやく 釉薬 **glaze** /グれイズ/

ゆうやけ 夕焼け an **evening glow** /イーヴニング グろウ/

ゆうよ 猶予 (期間) **grace** /グレイス/
•2週間の猶予 two weeks's grace
•AED を使うのに一刻の猶予も許されなかった We had to use the AED without delay.
•一刻の猶予もなかった We had no time to lose.

ゆうよう 有用な **useful** /ユースふる/ ➜ゆうえき

ゆうらん 遊覧 **sightseeing** /サイトスィーイング/ ➜ かんこう
•遊覧船 a sightseeing boat

ゆうり 有利な (好都合な) **advantageous** /アドヴァンテイヂャス/; (有益な) **profitable** /プラふィタブる/
•有利に advantageously; profitably

ゆうりすう 有理数 a **rational number** /ラシャナる ナンバ/

ゆうりょう 有料の (道路・橋など) **toll** /トウる/; (駐車場など) **pay** /ペイ/
•有料道路 a toll road
•有料駐車場 a pay parking lot

ゆうりょく 有力な (影響力のある) **influential** /インふるエンシャる/
•有力者 an influential person / a person of influence
•有力な新聞 an influential newspaper

ゆうれい 幽霊 a **ghost** /ゴウスト/
•幽霊が出る be haunted
•幽霊屋敷(やしき) a haunted house
•その家には幽霊が出るといううわさだった
It was rumored that the house was haunted. / The house was rumored to be haunted.

ユーロ **euro** /ユロウ/ ➜ 複数形は euros; the EU の統一通貨単位; 記号は€

ゆうわく 誘惑 (a) **temptation** /テンプテイション/; (性的な) **seduction** /スィダクション/
誘惑する **tempt** /テンプト/; **seduce** /スィデュース/
•誘惑と戦う resist temptation
•誘惑に打ち勝つ[負ける] overcome [yield to] temptation

ゆか 床 a **floor** /ふろー/
•居間の床にじゅうたんを敷(し)く put a carpet on the living room floor
•床運動 (体操競技) floor exercise
•床板 a floorboard
•床上浸水 flooding above floor level

ゆかい 愉快な **merry** /メリ/, **pleasant** /プレズント/

愉快に merrily, pleasantly
愉快な事[人] fun
・愉快な連中 a merry group
・その流れをボートで下ったらさぞ愉快でしょうね
How pleasant it would be to row down the stream!
・彼は愉快なやつだ He is full of fun. / He is a lot of fun to be with.

ゆかた 浴衣 *yukata*, **a light cotton** *kimono* /ライト カトン/

ゆがむ be distorted /ディストーテド/; (曲がる) **be bent**; (そる) **be warped** /ウォープト/, **warp** /ウォープ/

ゆがめる distort /ディストート/; **bend**; **warp**
・彼の顔は苦痛でゆがんだ
His face was distorted with pain.
・彼の判断は利己心のためにゆがんでいる
His judgment is warped by self-interest.

ゆき¹ 雪

➤ **snow** /スノウ/; (雪降り) **a fall of snow** /ふォーる/, **a snowfall** /スノウふォーる/

・大雪 heavy snow / a heavy snowfall
・初雪 the first snowfall of the season → はつゆき
・雪のように白い be as white as snow
・雪の中を歩く walk in the snow
・雪に閉ざされた snow-bound
・雪の多い地方 a snowy district
・雪国 a snowy country
・雪合戦(をする) (play) snowballing / (have) a snowball fight
・雪だるま a snow figure → a snowman もよく使われる
・雪が降る It snows.
・その山の頂上は1年じゅう雪におおわれている
The top of that mountain is covered with snow all (the) year round.
・午後から雪になるでしょう It will snow [We'll have snow] in the afternoon.
・いつのまにか雨が雪に変わっていた The rain had turned into snow before we knew.
・雪がしきりに降っている
It is snowing thick and fast.
・雪はすっかり解(と)けてしまった
The snow has melted away.

ゆき² 行き
❶ → いき² ❶

❷ (…行き) **for ～**, **bound for ～** /バウンド/
・奈良行きの特急 a limited express (bound) for Nara
・私は上野から午後6時半の成田行きの急行に乗った
I took the 6:30 p.m. express for Narita from Ueno Station.
・この船はどこ行きですか
Where is this ship bound (for)?

ゆきおろし 雪下ろし **roof snow removal** /リムーヴァる/
・屋根の雪下ろしをする remove snow from the roof

ゆきかき 雪かき **snow clearing** /クリアリング/, **snow shoveling** /シャヴェリング/
・歩道の雪かきをする clear snow from the sidewalk

ゆきさき 行き先 *one's* **destination** /デスティネイション/, **where** *one* **goes** /(ホ)ウェア/
・彼は行き先を言わずに出て行った He went out without telling us where he was going.

ゆきすぎる 行き過ぎる (通り過ぎる) **go past**, **go beyond** /ビヤンド/; (極端になる) **go too far** /トゥー ふァー/, **go to extremes** /イクストリームズ/
・彼の校則改革案は少し行き過ぎだった
He went a little too far in his proposal for revising the school regulations.

ゆきちがい 行き違いになる (手紙が) **cross** /クロース/; (人が道に) **pass without noticing** /ウィザウト ノウティスィング/
・私たちは途中で行き違いになった
We passed each other on the way without noticing.

ゆきづまり 行き詰まり **a standstill** /スタンドスティる/

ゆきづまる 行き詰まる **come to a standstill** /スタンドスティる/; **be at a standstill**, **be stuck** /スタク/
・…を行き詰まらせる bring ～ to a standstill

ゆきどまり 行き止まり **a dead end** /デド エンド/

ゆきわたる 行き渡る **go around** /アラウンド/

・全員に行き渡るだけのクッキーがない
There are not enough cookies to go around.

ゆく 行く → いく

ゆくえ 行方 **where** *one* **went** /(ホ)ウェア ウェント/, *one's* **whereabouts** /(ホ)ウェアラバウツ/
・彼の行方はまだわからない
It is not yet known where he has gone. / His whereabouts is still unknown.
・その船はまだ行方不明です
The ship is still missing.

ゆげ 湯気 **steam** /スティーム/
・湯気を出す steam
・温泉から湯気が出ている
The hot spring is steaming.

ゆけつ 輸血 **blood transfusion** /ブらド トランスふュージョン/
輸血する transfuse blood /トランスふューズ/
・患者(かんじゃ)に輸血する transfuse blood into a patient
・私は輸血を受けた
I was given a blood transfusion.

ゆしゅつ 輸出 **export** /エクスポート/ → ゆにゅう
輸出する export /イクスポート/
・輸出品 an export
・日本は世界中に車を輸出している
Japan exports cars all over the world.
・これらのカメラはおもに輸出用に作られる
These cameras are manufactured mainly [chiefly] for export.

ゆすぐ rinse /リンス/; (中を) **wash out** /ワシュ/
・シャツを洗ったらよくゆすぎなさい
After washing the shirt, rinse it out.

ゆすり (恐喝) **blackmail** /ブらクメイる/; (人) a **blackmailer** /ブらクメイら/

ゆする¹ (恐喝する) **blackmail** /ブらクメイる/

ゆする² 揺する **shake** /シェイク/; (前後または左右に) **rock** /ラク/; (ぶらんこで) **swing** /スウィング/
・少年を揺すって起こす shake a boy awake
・赤んぼうを揺すって寝かす rock a baby to sleep
・母親は子供をぶらんこに乗せて静かに揺すった
The mother gently swung a child on a swing.

ゆずる 譲る (渡す) **hand over, give**; (席などを) **offer** /オーふァ/; (道を) **give way to ～**
・彼はその辞書を弟に譲って自分用にもっと大きいのを買った He gave the dictionary to his brother and bought a bigger one for himself.
・彼は席を立ってお年寄りに譲った He stood up and offered his seat to an old man.
・彼は戸口のところでおばあさんに道を譲った

He gave way to an old lady at the door.

ゆせい 油性の (インクなど) **oil-based** /オイる ベイスト/
・油性塗料 oil-based paint
・油性ペン an oil-based marker

ゆそう 輸送 **transportation** /トランスポテイション/, **transport** /トランスポート/
輸送する transport /トランスポート/
・輸送機関 means of transport

ゆたか 豊かな (富んでいる) **rich** /リチ/; (十分な) **plenty of** /プれンティ/
・経験の豊かな先生 a teacher rich in experience / an experienced teacher

ユダヤ Judea /ヂューディーア/
・ユダヤの Jewish
・ユダヤ人 a Jew; (全体) the Jews
・ユダヤ教 Judaism

ゆだん 油断をする **be careless** /ケアれス/ → ようじん
・こんな寒い日には油断をするとかぜをひきますよ
If you are not careful on such a cold day, you will catch cold.
・決して油断をするな

ひゆ Never be off your guard. → フェンシングやボクシングで「ガードを下げるな」の意味

ことわざ 油断大敵
The way to be safe is never to be secure. (安全である方法は大丈夫だと思って安心しないことだ) / The tortoise wins the race while the hare is sleeping. (ウサギが眠っている間にカメが競走に勝つ) / There's many a slip between cup and lip. (茶碗とくちびるの間(のように近い距離)でも間違ってお茶をこぼすことが多い)

ゆたんぽ 湯たんぽ a **hot water bottle** /ハト ウォータ バトる/

ゆっくり

❶ (速度が) **slowly**
❷ (十分に, よく) **well, good**
❸ (くつろいで) **at home**

❶ (速度が) **slowly** /スろウリ/
・ゆっくりやりなさい Take your time.
・もっとゆっくり歩いてください
Please walk more slowly.
・彼の読み方はゆっくりすぎだ
He reads too slowly.

❷ (十分に, よく) **well, good**
・ゆっくり休む[眠る] have a good rest [sleep]
・時間をかけてゆっくり考えなさい
Take your time and think well.

ゆったり 558

❸ (くつろいで) **at home** /ホウ厶/
•ゆっくりして何でも好きな物を召し上がってください Make yourself **at home** and help yourself to anything you like.
•ぼくはおじさんの家ではどうもゆっくりできない I never feel quite relaxed [**at home**] at my uncle's.

ゆったり ゆったりした (ゆるい) **loose** /るース/; (広い) **spacious** /スペイシャス/; (くつろいで) relaxed /りらクスト/
•ゆったりした上着 a **loose** jacket
•ゆったりした部屋 a **spacious** room
•いすにゆったりすわる sit **relaxed** in a chair

ゆでる **boil** /ボイる/
•ゆで玉子 a **boiled** egg

ゆでん 油田 an **oil field** /オイる ふぃーるド/

ゆとり → よゆう
•ゆとりのある教育 education with latitude

ユニークな (唯一の) **unique** /ユーニーク/; (風変わりな) **odd** /アド/, (おかしな) **eccentric** /イクセントリク/

ユニバーサルデザイン **universal design** /ユーニヴァ〜さる ディザイン/

ユニホーム a **uniform** /ユーニふォーム/
•ユニホームを着た選手たち players in uniform

ゆにゅう 輸入 **import** /インポート/ → ゆしゅつ
輸入する **import** /インポート/
•輸入品 an **import**
•輸入業 **import** business
•米国産牛肉の輸入を制限する limit the import of American beef
•われわれはフランスからワインを輸入している We import wine from France.

ユネスコ **UNESCO** → the United Nations Educational, Scientific and Cultural Organization の略

ゆば 湯葉 a **tofu skin** /トウふ スキン/, a **bean curd sheet** /ビーン カ〜ド シート/

ゆび 指

➤ (手の) a **finger** /ふィンガ/
➤ (足の) **toe** /トウ/
•親[人さし, 中, 薬, 小]指 a thumb [a forefinger, a middle finger, a ring finger, a little finger]
•指先 a fingertip
•指人形 a glove doll [puppet]
•指さす point to [at] 〜
•指切りで約束する make a promise by locking each other's little fingers
•彼は指先がとても器用だ

He is very deft with his fingers.

ゆびぬき 指貫 a (**sewing**) **thimble** /(ソウイング) すィンブる/

ゆびわ 指輪 a **ring** /リング/
•指輪をはめている wear a ring

ゆみ 弓 a **bow** /ボウ/
•弓を引く draw a bow
•弓を射る shoot an arrow

ゆめ 夢

➤ a **dream** /ドリーム/

夢を見る **dream, have a dream**
•楽しい[不思議な]夢を見る dream a pleasant [strange] dream
•母の夢を見る dream of one's mother
•夢からさめる wake from a dream
•死んだ兄がよく夢に出てくる (→夢でよく死んだ兄を見る) I often see my dead brother in my dreams.
•私はゆうべ彼に会った夢を見た
I dreamed of seeing him last night.
•海外旅行が私の長い間の夢でした
It has long been my dream to travel abroad.
•君に再び会うなんて夢にも思わなかった
I never dreamed of meeting you again.
•自分がこんなことをするなんて夢にも思わなかったけど, 今私はそうしているのだ I never pictured myself doing it, but now I am (doing it).
•都心の大邸宅に住みたいなんて彼はいつも夢みたいなことを言っている **ひゆ** He is always building castles in the air about having a big house in central Tokyo. →「空中に城を建てる」とは「不可能なことを願う」の意味

ユリ 百合 《植物》a **lily** /リり/
•オニユリ a tiger lily

ゆりかご a **cradle** /クレイドる/
•ゆりかごから墓場まで from the cradle to the grave

ゆるい (衣服・ねじなど) **loose** /るース/; (坂など) **gentle** /チェントる/
•ゆるい坂道をゆっくり歩いて上がる walk up a gentle slope with slow steps
•このねじはゆるい。もっときつく締めなさい
This screw is loose [is not tight enough]. Fasten it tighter.

ゆるし 許し → きょか

ゆるす 許す

➤ (許可する) **permit** /パミト/
➤ (勘弁(かんべん)する) **excuse** /イクスキューズ/, **forgive** /ふォギヴ/

・彼の失敗を許す excuse ［forgive］ his mistake
・子供たちが夜遅くまで起きているのを許す
permit one's children to stay up late
・天気が許せば if the weather permits / weather permitting
・時間が許せば if time permits
・お願い, 私のこと許して Please forgive me.
・遅刻したことをお許しください
Please excuse ［forgive］ me for being late. / Please excuse my being late.
・劇場の中ではタバコは許されていません
Smoking is not permitted in the theater.
・ちょっと気を許すとつけあがる Give them an inch and they'll take a mile. (1インチ譲れば1マイル取られてしまう) → 英語のことわざ

ゆるむ loosen /るースン/, become loose /るース/; (張りが) slacken /スらクン/

ゆるめる loosen; slacken; (速力を) slow down /スろウ ダウン/

ゆるんでいる be loose → ゆるい
・彼の洋服をゆるめて楽にしてあげなさい
Loosen his clothes and let him relax.
・車は急に速力をゆるめて止まりかけた The car suddenly slowed down and began to stop.

ゆるやかな → ゆるい

ゆれる 揺れる shake /シェイク/; (つり下がっているものが) swing /スウィング/; (車ががたんがたんと) jolt /ヂョウるト/; (震(ふる)える) quiver /クウィヴァ/; (船が縦に) pitch /ピチ/, (横に) roll /ロウる/

swing
shake

揺れ a shake; a swing; a jolt; a quiver, a tremor /トレマ/; a pitch, a roll
・私は突然家が揺れるのを感じた
I felt the house suddenly shake.
・風が強く吹いたので枝が激しく揺れた
The wind blew so hard that the branches shook violently.
・バスが激しく揺れたので私はあやうく倒れるところだった The bus jolted so hard that I nearly fell down.
・(地震の)かすかな揺れが1日に20回以上も感じられた A slight tremor was felt more than 20 times in a day.

ゆわかし 湯沸かし器 (ガスの) water heater /ウォータ ヒータ/, 《英》 a geyser /ギーザ/

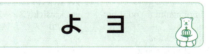
よ ヨ

よ¹ 夜 a night /ナイト/ → よる¹
・夜ふかしする stay up (late at night)
・夜通し all through the night
・夜がふけてきた It's getting late (at night).
・夜が明ける Day dawns ［breaks］.
・夜が明けるとすぐ彼はうちを出た
He left home as soon as day dawned.

よ² 世(の中) the world /ワ〜るド/
・この世 this world
・あの世 the other world / the world to come
・世を去る die
・こういうよい人が世の中にはたくさんいます
There are a great number of such good people in the world.
・ことしも世の中が平和であってほしい
I hope the world will continue (to be) peaceful this year.
・それが世の中ってものだよ
That's the way of the world. /
That's the way things are.

よあけ 夜明け dawn /ドーン/, daybreak /デイブレイク/
・夜明けに［前に］ at ［before］ dawn

よい

❶ good, fine; (正しい) correct
❷ (…してもよい) can do

❶ good, fine /ふァイン/; (正しい) correct /コレクト/; (正しい, 適している) right /ライト/
・よい人たち good people

よいのみょうじょう 560 five hundred and sixty

・よい景色　a fine view
・何か私の読むよい本はありませんか　Don't you have any good books for me to read?
・歩くことは健康によい
Walking is good for the health.
・これは確かによい機会だが私はもっとよい機会を待とう　This is certainly a good chance, but I will wait for a better one.
・君の答えでよい
Your answer is correct [right].
・この靴はサイズはちょうど[ほぼ]よいが色がいやだ
The size of these shoes is just [about] right, but I don't like the color.
・彼が酒を飲んで車を運転したのはよくなかった
He was wrong to drink and drive.
❷ (…してもよい) **can** do, **may** do
…するほうがよい，…したほうがよい　**should** do; **had better** do ➡You had better do. は「忠告・命令」のニュアンスがあるので，目上の人などには言わないほうがよい
…しないほうがよい　**had better not** do
…しなくてもよい　**don't have to** do, **don't need to** do
…だとよい　**hope** /ホウプ/
・英語は国際語と呼ばれてもいい　English can be called an international language.
会話 あなたの自転車をお借りしてもよいですか．—ええ，どうぞ　Can I borrow your bicycle? —Yes, you can [Yes, certainly].
・君はすわってもよい　You may sit down.
・君はもう二度とそこへ行かないほうがいいよ
You should not go there again. / You'd better not go there again.
・それはいい映画だから君も見るといいよ
It's a good movie. You should see it.
・ぼくはどうしたらよいのだろう
What should I do?
・医者を呼んだほうがいいね
We had better call the doctor.
・私たちはもう行ったほうがよくはないですか
Hadn't we [Had we not] better go now?
・君はもうこれ以上ここにいなくてもよい
You don't have [need] to stay here any longer.
・あした天気だとよいが
I hope it will be fine tomorrow.
よいのみょうじょう 宵の明星　**the Evening Star** /イーヴニング/

よう¹ 用

➤ (用事) **business** /ビズネス/
➤ (仕事) **work** /ワーク/
・用があって　on business
・(私に)ご用があったら　if you want me
・ちょっと用があって午後奈良へ行きます　I'll go to Nara on some business this afternoon.
・きょうは用があって1日家にいます
I have some work [something] to do, so I'll stay at home all day.
・ちょっと用があるのですぐ来てくれませんか
I want to speak to you, so would you come over right now?
・先生が君に用があるって
The teacher wants you.
・ご用があったらベルを鳴らしてください
Please ring the bell if you want me.
・あすは何か用がありますか
Do you have anything to do tomorrow? / Are you free tomorrow?
・ご用は何ですか　What do you want me to do? / What can I do for you?
・このほかに何かご用がありませんか
Is there anything else I can do for you?
・私に会いたいのは何のご用でしょうか
What do you want to see me about?
会話 (店員が)ご用をうけたまわっておりますでしょうか．—いいえ，いいんです．見ているだけですから
Are you being served? —No, thank you. I'm just looking.
よう² 酔う　(酒に) **get drunk** /ドランク/; (乗り物に) **get sick (to** one's **stomach)** /スタマク/; (船に) **get seasick** /スィースィク/, (車・電車に) **get carsick** /カースィク/, (飛行機に) **get airsick** /エアスィク/
・酔った男　a drunk man
・彼は酔っている　He is drunk. ➡「酔っていない(しらふ)」は sober
・彼女はワインに酔った
She got drunk on wine.
・(バス[列車]での)乗り物酔い　motion [travel] sickness (on the bus [train])
・飛行機酔い　airsickness
・私は車[船]に乗って酔ってしまった
I got sick in the car [on the boat]. / I got carsick [seasick].
・彼はバスに乗ると必ず酔う
He always gets sick on the bus. / Bus rides always make him sick.
・君は船[飛行機]に酔うたちですか
Do you get seasick [airsick]?

ようい 用意

➤ **preparation(s)** /プレパレイション(ズ)/

用意する prepare /プリペア/, **make preparations**, **get ready** /レディ/
•用意が出来ている be ready
•旅行の用意をする prepare［make preparations, get ready］for *one's* journey
•出発の用意はいいか Are you ready to start?
•朝ごはんの用意が出来ました
Breakfast is ready.
•母は早く起きて私たちのためにごはんの用意をしてくれる Mother gets up early to get breakfast ready for us.

ようが 洋画
❶ (絵画) **Western paintings** /ウェスタン ペインティングズ/
❷ (映画) a **foreign film** /ふォーリン/, a **foreign movie** /ムーヴィ/

ようかい¹ 妖怪 a **monster** /マンスタ/
ようかい² 溶解する →とける²
ようかん 羊かん *yokan*, **sweet bean jelly** /スウィート ビーン ヂェリ/
ようがん 溶岩 **lava** /らーヴァ/
ようき¹ 容器 a **container** /コンテイナ/; a **vessel** /ヴェスる/ →いれもの
ようき² 陽気な (明るい) **cheerful** /チアふる/; (はしゃいだ) **merry** /メリ/
　陽気に cheerfully; **merrily**
•彼はいつも陽気だ
He is always cheerful.

ようぎ 容疑 **suspicion** /サスピション/
　容疑者 a suspect /サスペクト/
•容疑をかけられている be under suspicion

ようきゅう 要求 a **demand** /ディマンド/; (権利としての) a **claim** /クれイム/
　要求する demand; **claim**
•賃上げを要求する demand a raise in wages
•賠償(ばいしょう)を要求する claim compensation
ようぎょう 窯業 **the ceramics industry** /セラミクス インダストリ/
ようけい 養鶏 **poultry farming** /ポウるトリ ふァーミング/
ようけん 用件 (用事) **business** /ビズネス/ →よう¹
•どんなご用件でしょうか
May I ask what this is about?
ようご¹ 用語 (専門) a **term** /タ〜ム/; (語彙(ごい)) a **vocabulary** /ヴォキャビュラリ/
•科学［医学］用語 scientific［medical］terms
•語彙の豊富な作家 a writer with a rich vocabulary

ようご² 養護 **nursing** /ナ〜スィング/
•養護教諭 a school nurse
•養護学校［学級］ a school [a class] for disabled children

ようこうろ 溶鉱炉 (製鉄) a **blast furnace** /ブらスト ふァ〜ネス/

ようこそ Welcome to 〜. /ウェるカム/
•日本［パーティー］にようこそ
Welcome to Japan [the party].

ようさい¹ 洋裁 **dressmaking** /ドレスメイキング/
ようさい² 要塞 a **fort** /ふォート/; (大規模なもの) a **fortress** /ふォートレス/
ようさん 養蚕 **silk farming** /スィるク ふァーミング/; **sericulture** /セリカるチャ/
ようし¹ 養子 an **adopted child** /アダプテド チャイるド/ (働 **children** /チるドレン/)
•養子にする adopt (a child)
•養子になる be adopted
ようし² 要旨 (要点) **the gist** /ヂスト/ (→ようてん); (大要) a **summary** /サマリ/
ようし³ 用紙 a **form** /ふォーム/
•申し込み用紙 an application form
ようし⁴ 陽子 a **proton** /プロウターン/
ようし⁵ 容姿 →すがた
ようじ¹ 幼児 (乳幼児) a **baby** /ベイビ/, an **infant** /インふァント/; (歩ける幼児) a **toddler** /タドら/
ようじ² (つまようじ) a **toothpick** /トゥーすピク/
ようじ³ 用事 →よう¹, →ようけん
ようしき 様式 a **mode** /モウド/
•新しい生活様式 a new mode of life
ようしょ 洋書 (西洋の本) a **Western book** /ウェスタン/; (外国の本) a **foreign book** /ふォーリン/
ようしょく¹ 洋食 **Western dishes** /ウェスタン ディシズ/
ようしょく² 養殖 **culture** /カるチャ/, **farming** /ふァーミング/
•養殖の cultured
•カキの養殖 culture of oysters / oyster farming

ようじん 用心 **用心する beware** (of 〜) /ビウェア/, **take care** /ケア/, **be careful** /ケアふる/
　用心深い careful, cautious /コーシャス/
　用心深く carefully, cautiously
•火に用心しなさい Be careful about fire.
•かぜをひかないように用心しなさい
Take care not to catch cold.
掲示 すりにご用心 Beware of pickpockets!
•転(ころ)ばないように用心して歩きなさい
Walk carefully so you won't fall.

ようす 様子

> (外見) an **outward appearance** /アウトワド アピアランス/, **looks** /るクス/
> (態度) **manner** /マナ/

- 彼の様子から判断する judge from his appearances [looks, manner]
- ちょっと様子をのぞいて来よう I'll just look in and see how things are going on.
- 私たちは(どちらにも決めないで)ずっと様子を見ていた
  ひゆ We have long been sitting on the fence. (境の塀の上に腰を下ろしていた)

ようする 要する (時間を) **take**; (必要とする) **need** /ニード/ → かかる ❸, ひつよう
- こういう仕事は忍耐(にんたい)を要する
  Endurance is needed for this kind of work.

ようするに 要するに (結局) **after all**; (簡単に言うと) **in short** /ショート/
- 要するに彼が悪いのです He is to blame after all.
- 要するに彼は私たちの仲間に入りたいのです
  In short, he wants to join us.

ようせい[1] 養成 (訓練) **training** /トレイニング/
養成する train /トレイン/
- 看護師[俳優]養成所 a training school for nurses [actors]

ようせい[2] 陽性 **positive** /パズィティヴ/
- 彼の検査結果は陽性だった He tested positive.

ようせい[3] 妖精 a **fairy** /ふェアリ/

ようせき 容積 (体積) (a) **volume** /ヴァリュム/; (容量) (a) **capacity** /カパスィティ/
- 400立方メートルの容積 a volume of 400 cubic meters

ようそ 要素 an **element** /エれメント/, a **factor** /ふァクタ/

ようだ (…の)ようだ → ような ❻

ようだい 容体 (患者の) **the condition (of a patient)** /コンディション (ペイシェント)/

会話
おばあさんのご容体はどうですか
—どうも思わしくありません
それはいけませんね
How is your grandmother?
—I'm afraid she is not as good as we wish.
That's too bad.

ようち 幼稚な **childish** /チャイるディシュ/
- 幼稚な意見 a childish remark
- 幼稚なまねはよしなさい Stop being childish!

ようちえん 幼稚園 a **kindergarten** /キンダガートン/
- 幼稚園の先生 a kindergarten teacher
- 幼稚園児 a kindergarten student [《英》pupil]

ようちゅう 幼虫 a **larva** /らーヴァ/ (複 larvae /らーヴィー/)

ようつう 腰痛 **backache** /バクエイク/, **lumbago** /らンベイゴウ/
- 腰痛をわずらう suffer from backache [lumbago]

ようてん 要点 **the point** /ポイント/; (要旨(ようし)) **the gist** /ヂスト/
- 彼の話の要点がはっきりしない
  The point of his talk is not clear.
- 彼の主張は要点をついている
  His argument is to the point.
- 彼の言ったことの要点をちょっと教えてくれ
  Just give me the gist of what he said.

ようと 用途 a **use** /ユース/; (目的) a **purpose** /パ〜パス/
- この缶は何か用途がありますか
  Is there any use for this can?
- それはいろんな用途に使われます
  It can be used for various purposes.

ようとん 養豚 **pig farming** /ピグ ふァーミング/

ような (…の)ような[に]

❶ (…に似た) **like** 〜
❷ (…のとおりに) **as** 〜
❸ (…と同じ程度に) **as** 〜 **as** 〜
❹ (目的) **so that** 〜
❺ (まるで…のように) **as if** 〜
❻ (…のように思える) **seem**; (…のようにみえる) **look**

❶ (…に似た) **like** 〜 /らイク/
- 空飛ぶ円盤(ばん)のようなもの something like a flying saucer
- このように like this / in this way
- あつ子さんは私にとっては姉のような存在だ
  Atsuko is like a sister to me.
- 彼は女の子のようなしゃべり方をする
  He talks like a girl.

❷ (…のとおりに) **as** 〜
- 彼の言うようにすればまちがいないよ Everything will be all right if you do as he says.

❸ (…と同じ程度に) **as** 〜 **as** 〜, **such** 〜 **as** 〜 /サチ/
- 彼のように一生懸命勉強しなさい
  Study as hard as he does [《話》as hard as him].

five hundred and sixty-three 563 ようりょくたい

・私は彼女のように簡単に友達が作れない

I can't make friends as easily as she can [《話》as easily as her].

・私は彼女のように美しい人に会ったことがない

I've never seen such a beautiful woman as her.

❹(目的) **so that ～**, **in order to** *do* /オーダ/ → ため❸(→ …するために)

・彼は試験にパスするように一生懸命勉強した

He studied hard so that he might pass the examination. / He studied hard in order to pass the examination.

・彼は彼女に好かれようと努力した

He tried hard so she might like him.

❺(まるで…のように) **as if ～**

・彼女はフランス人のようにフランス語がしゃべれる

She can speak French as if she were French.

・すべてが夢のような気がする

I feel as if everything were [was] a dream.

❻(…のように思える) **seem** /スィーム/; (…のようにみえる) **look** /るク/, **appear** /アピア/ → らしい❶

基本形	A は B のようだ[ようにみえる, 思える]
	A **seem** (**to be**) B.
	A **look** (**to be**) B. / A **look like** B.
	A **appear** (**to be**) B. ➔ B は形容詞または名詞
	A は…するようだ
	A **seem to** *do*.
	It seems (**that**) A+動詞の現在形.
	A は…したようだ
	A **seem to have**+過去分詞.
	It seems (**that**) A+動詞の過去形(または **have**+過去分詞).

・彼女はとても疲れているようだ

She looks [appears] very tired.

・彼女はどうも病気のようだ. 見たところ顔色が悪いもの She seems (to be) ill because she appears [looks] pale.

・あの大きな木はサクラのようだよ

That big tree looks like a cherry tree.

・彼はすべてを知っているようだった /

It seemed (that) he knew everything.

・彼は私のことを忘れてしまったようだった

He seemed to have forgotten me. / It seemed that he had forgotten me.

ようび 曜日 a **day of the week** /デイ ウィーク/ → かようび

会話

きょうは何曜日ですか

—きょうは火曜日です

What **day of the week** is it today?

—It is Tuesday today. / Today is Tuesday.

ようひん 用品 an **article** /アーティクる/, a **thing** /すィンぐ/; (必要品) a **necessity** /ネセスィティ/, **necessaries** /ネセセリズ/

・学用品 school things

・家庭用品 domestic articles

・台所用品 kitchenware / kitchen utensils

・日用品 daily necessities

ようふく 洋服 **clothes** /クろウズ/; (男女用上下そろい) a **suit** /スート/; (ワンピース) a **dress** /ドレス/; (和服に対して) **Western clothes** /ウェスタン/

・洋服だんす a wardrobe

・母が私に新しい洋服を買ってくれました

Mother bought me a new dress. / Mother bought a new dress for me.

ようぶん 養分 **nourishment** /ナ～リシュメント/

ようほう¹ 用法 (ことばなどの) **usage** /ユーセヂ/; **how to use ～** /ユーズ/ → しよう²(→ 使用法)

・この句の用法を説明してくれますか

Would you explain the usage of this phrase?

ようほう² 養蜂 **beekeeping** /ビーキーピンぐ/

ようぼう 容貌 **looks** /るクス/ → びぼう

ようむいん 用務員 a **janitor** /ヂャニタ/; 《英》a **caretaker** /ケアテイカー/

ようもう 羊毛 **wool** /ウる/

・羊毛(製)の woolen

・羊毛製品 woolen goods

ようやく¹ → やっと

ようやく² 要約 a **summary** /サマリ/

要約する summarize /サマライズ/, **sum up** /サム/

・この物語を400語程度で要約しなさい Summarize [Sum up] this story in about 400 words.

ようりょう¹ 要領

❶(要領がいい)(賢い) **smart** /スマート/; (抜け目がない) **shrewd** /シュルード/

・彼はすべてのことに要領がいい[悪い]

He is smart [clumsy] in everything.

❷(要点) **the point** /ポイント/

・彼の答えは要領を得ていない His answer is not to the point. / His answer is off the point.

ようりょう² 容量 (a) **capacity** /カパスィティ/

ようりょくたい 葉緑体 a **chloroplast** /クろーラプらスト/

あ
か
さ
た
な
は
ま
よ
ら
わ

ヨーグルト **yogurt** /ヨウガト/

ヨーヨー a **yo-yo** /ヨウヨウ/

ヨーロッパ **Europe** /ユアロプ/
- ヨーロッパの European
- ヨーロッパ人 a European
- ヨーロッパ諸国 European countries
- ヨーロッパ連合 the European Union → the EU と略す

よか 余暇 *one's* **leisure time** /リージャ/, *one's* **spare time** /スペア/

ヨガ **yoga** /ヨウガ/
- ヨガをやる practice yoga

よかん 予感 a **hunch** /ハンチ/
- 君がここへ来るような予感がしたんだ
I had a hunch that you'd be here.

よき 予期 **expectation** /エクスペクテイション/
予期する **expect** /イクスペクト/
- 予期に反して contrary to expectation
- 船は私たちが予期していたよりも早く着いた The ship arrived earlier than we had expected.
- その村でこんな親切な扱いを受けるとはわれわれは少しも予期していなかった
We did not expect in the least to receive such kind treatment in the village.

よきょう 余興 (an) **entertainment** /エンタテインメント/
- 余興に by way of entertainment
- 〔会話〕 ほかにどんな余興が用意されているんですか. —たくさんあるよ. ダンス, 物まね, 手品, 腹話術, 人形芝居, その他いろいろ What other entertainments are in store?—There are lots: dancing, mimicry, jugglery, ventriloquism, a puppet show, and many others.

よきん 預金 a **deposit** /ディパズィト/
預金する **deposit**
- 預金通帳 a passbook / a bankbook
- 定期預金 a time deposit
- 普通預金 an ordinary deposit / a demand deposit
- 銀行に預金する deposit [put] money in a bank
- 銀行に預金がある have a bank account
- 預金をおろす withdraw money from the bank

よく¹ 欲 (欲望) (a) **desire** /ディザイア/; (欲張り) **greed** /グリード/
- 欲深い, 欲張りの greedy
- 欲のない (利己心のない) unselfish; (気まえのよい) generous
- 彼は欲張りすぎる He is too greedy.
- 君は欲がなさすぎる

You are too generous [unselfish].

よく²
❶ (十分に; うまく) **well, good**; (きれいに) **clean**
❷ (大いに) **much**; (しばしば) **often**
❸ (注意して) **carefully**

❶ (十分に; うまく; 健康に) **well, good**; (きれいに) **clean** /クリーン/ → よい ❶
- よく眠る sleep well / have a good sleep
- よく英語を話す speak English well
- (病気が)よくなる get well [better]
- (天気が)よくなる improve; (晴れる) clear up
- 彼は英語がよくできる
He is very good at English.
- 彼のことをそんなふうに言うのはよくない
It is not good to speak of him like that.
- 彼は英語よりもフランス語のほうをよく話す
He speaks French better than English.
- 私はあの人のことはよく知らない
I don't know him well. /
I don't know much about him. /
I know little of him.
- この手紙の返事はよく考えてからにしなさい
Think well before you answer this letter.
- 早くよくなってください
I hope you will soon get well.
- 彼は日一日とよくなっています
He is getting better day by day.
- 天気がじきよくなるといいな
I hope the weather will soon clear up.
- 教室の窓をよくふきなさい Wipe clean the windowpanes of the classroom.

❷ (大いに) **much** /マチ/; (しばしば) **often** /オーふン/; (時々) **now and then** /ナウ ゼン/
- 彼によく会う see much of him / often see him
- よくそこへ行く often go there
- 私はよく人の名を忘れる
I often forget people's names.
- こんなけんかはぼくたち2人の間ではよくあることです Such a quarrel is quite common [often happens, happens now and then] between us.
- 子供はよくそんなことをするものだ
Children are apt to do such a thing.
- ぼくにはよくある話さ. 前々から楽しみにしていたハイキングの前日に足首を捻挫(ねんざ)してさ
It's the story of my life — I sprained my ankle just one day before my long-awaited

hiking trip.

❸（注意して）**carefully** /ケアふり/
・よくそれを調べてみる　examine it carefully
・道路を横断する時は左右をよく見なさい　Look carefully both ways before you cross a street.

❹（驚き・感嘆を表す場合）
・よくこんなに早く来られたね
I am surprised that you could come so early.
・よくまた来てくれたねえ
I am glad you came again.

よく³ 翌… **next ～** /ネクスト/
・（その）翌日［週，朝］　(the) next day［week, morning］
・翌々日［週］　two days［weeks］after

よくしつ 浴室　a **bathroom** /バすルーム/
よくじょう 浴場（公衆浴場）(a) **public bath** /パブリク バす/
よくそう 浴槽　a **bathtub** /バすタブ/
よくばり 欲張り　➜ よく¹
よくぼう 欲望　(a) **desire** /ディザイア/
・欲望を抑える　control one's desire

よけい 余計な（不必要な）**unnecessary** /アンネセセリ/，**needless** /ニードれス/；（多すぎる）**too much** /マチ/；（定められているもの以外の）**extra** /エクストラ/

　余計に　too much
・余計な議論　unnecessary［needless］arguing
・100円余計に払う　pay one hundred yen too much
・余計な心配をするな
Don't worry too much about it.
・余計なお世話だ（→自分の仕事をやりなさい）
Mind your own business.

よける（道をあける）**get out of the way** /ウェイ/，**make way**；（離れる）**keep off** /キープ/；（わきへ）**step aside** /アサイド/；（避（さ）ける）**avoid** /アヴォイド/；（ひらりと身をかわす）**dodge** /ダヂ/
・車をよける　get out of the way of a car
・なぐってくるのをよける　dodge the blow
・道の穴ぼこをよけるために彼は注意深く運転した
He drove carefully to avoid the holes in the road.

よげん 予言　**prophecy** /プラふェスィ/
　予言する　prophesy /プラふェサイ/
・予言者　a prophet

よこ 横
➤（側）**the side** /サイド/
➤（幅（はば））**width** /ウィドす/
・横の（水平の）horizontal

・横に　horizontally
・横道　a side street
・横を向く　look aside
・横を見る　look sideways
・頭を横に振る　shake one's head
・横になる　➜ よこたえる（→横たわる）
・ここへ来て私の横にすわりなさい
Come here and sit by my side.

top（上）

height（高さ）

side（側面）

depth（奥行）

width（幅）

よこう 予行演習　a **rehearsal** /リハ～サる/
・卒業式の予行演習をする　have a rehearsal for the graduation ceremony
よこがお 横顔　a **profile** /プロウふァイる/
よこぎる 横切る　**cross, go across** /アクロース/
　横切って　across
・道を横切って走って来る　come running across the road
・道路を横切る時にはよく左右を見なさい　Look carefully both ways when you cross a street.
よこく 予告　a **notice** /ノウティス/
　予告する　announce beforehand /アナウンス ビふォーハンド/
・予告なしに　without notice
・予告編　a trailer
よごす 汚す（しみをつける）**stain** /ステイン/；（きたなく）**soil** /ソイる/，**make ～ dirty** /ダ～ティ/
・インクで指を汚す　stain one's fingers with ink
・泥（どろ）遊びをして手や靴を汚す　soil one's hands and shoes (by) playing with mud
・どうして手や顔をそんなに汚したの？
How have you made your hands and face so dirty?
よこたえる 横たえる　**lay (down)** /れイ（ダウン）/
　横たわる　lie (down) /らイ/，**lay** oneself **down**
・彼は床の上に横たわった
He lay［laid himself］down on the floor.
よこどり 横取りする　**snatch ～ away** /スナチ ア

よこめ 566 five hundred and sixty-six

ウェイ/, take ～ away
•妹のおもちゃを横取りしてはいけません
Don't snatch [take] your sister's toys away.

よこめ 横目 a **sidelong** [**sideways**] **glance** /サイドろーんぐ [**サイドウェイズ**] グらンス/
•彼女は横目使いに私を見た
She gave me a sidelong glance. / She looked at me from the corner of her eye.

よごれ 汚れ **dirt** /ダ～ト/; (しみ) a **stain** /ステイン/
•汚れ物(洗たく物) the washing
•コートの汚れを落とす remove a stain from a coat

よごれる 汚れる **get** [**become**] **dirty** /ダ～ティ/; (しみになる) **be stained** /ステインド/
汚れた (きたない) **dirty**

よさ 良さ → ちょうしょ

よさん 予算 a **budget** /バヂェト/
•…の予算を組む budget for ～
•われわれはきびしい予算でやっている
We are on a tight budget.

ヨシ 葦 《植物》→ アシ

よじのぼる よじ登る **climb** (**up**) /クらイム/

よしゅう 予習する **prepare** (*one's lessons*) /プリペア (れスンズ)/
•ゆうべは映画へ行って予習する時間がなかった
I went to the movies last night and had no time to prepare my lessons.

よじれ → ねじれ

よしん 余震 an **aftershock** /アふタシャク/
•大きな地震のあとでいくつかの余震があった
The big earthquake was followed by a series of aftershocks.

よす → やめる

よせあつめ 寄せ集め (がらくた) **odds and ends** /アヅ エンズ/ → あつめる

よせい 余生 **the rest of** *one's* **life** /らイふ/
•田舎で余生を送る spend the rest of *one's* life in the country

よせがき 寄せ書き (寄せ書きされたもの) (a) **group** (**greeting**) **card** /グるープ (グリーティンぐ) カード/

よせぎざいく 寄木細工 **parquetry** /パーキトリ/
•寄木の床 a parquet floor

よせる 寄せる (引き寄せる) **draw near** /ドロー ニア/; (わきへ) **put aside** /アサイド/
•車をわきへ寄せる pull over
•彼はいすを窓の方へ(引き)寄せた
He drew his chair toward the window.
•荷物をわきへ寄せなさい
Put aside your baggage.

よせん 予選 (競技の) a **preliminary** /プリりミネリ/
•第1[2]次予選 the first [second] preliminary
•予選を通過する get through the preliminaries
•予選ではずされる be eliminated in the preliminaries

よそ よその **another** /アナざ/; **other** /アざ/
•よその人 a stranger
•どこかよその場所で at some other place
•よそ行きの服を着て in *one's* best clothes

よそう¹ 予想 **expectation** /エクスペクテイション/ → よき
予想する **expect** /イクスペクト/
•予想に反して contrary to expectation
•夕方には天気がよくなると予想されます
Fine weather is expected toward evening.
•予想外に準備に時間がかかった The preparation took more time than we had expected.

よそう² (器に盛る) **dish up** /ディシュ/

よそく 予測 (予言) a **prediction** /プレディクション/
•予測する predict
•彼の予測も当たりはずれがあった His predictions were often wrong. / **ひゆ** His crystal ball was often cracked. (彼の水晶球もよくひびが入ることがあった) → crystal ball は占い用の水晶球

よそみ よそ見する **look away** /るク アウェイ/, **look at something else** /サムすィンぐ エるズ/, **take** *one's* **eyes off** ～ /アイズ/
•授業中よそ見してはいけません
You shouldn't take your eyes off your textbook or your teacher in class.

よそよそしい **unfriendly** /アンふレンdrリ/, **standoffish** /スタンドオーふぃシュ/

よたよた → よろよろ

よだれ **slaver** /スらヴァ/; (唾液(だえき)) **saliva** /さらイヴァ/
よだれを流す **slaver**, **water** /ウォータ/
•よだれをたらして with *one's* mouth watering

よち¹ 余地 **room**, **space** /スペイス/ → よゆう
•車にはもう一人乗る余地がありますか
Is there room [space] for another person in the car?
•君は選択の余地を残しておいたほうがいい
You'd better keep your options open. → option は「選択の自由」; keep ～ open は「…を開けたままにしておく」

よち² 予知する **predict** /プリディクト/

よちよち よちよち歩く (赤ちゃんが) **toddle** /タドる/; (アヒルなどが) **waddle** /ワドる/

よつかど 四つ角 a **crossing** /クロースィンぐ/, a **crossroads** /クロースろウヅ/

よっきゅう 欲求 (a) **desire** /ディザイア/ / **欲求不満 frustration** /ふラストレイション/

よって …によって (人) **by ～**:(道具・器具など) **with ～** (→ で² ❷)

ヨット a **yacht** /ヤ▷/:(帆船) a **sailboat** /セイるボウト/ ➔ yacht は通例エンジン付きの大型のもの

よっぱらう 酔っ払う **get drunk** /ドランク/ 酔っ払い a **drunk**, a **drunken man** (鶸 men) [**woman** (鶸 women)] /ドランクン [ウマン]/
•ひどく酔っ払っている **be heavily drunk**
•彼は酔っ払い運転でつかまった
He was arrested for drunk driving.

よてい 予定

➤ a **plan**, a **schedule** /スケデューる/
予定の appointed /アポインテド/, **scheduled**
•夏休みの予定をたてる **make a plan** [a schedule] for the summer vacation
•予定に従って **according to plan** [schedule]
•私は予定の時間に少し遅れてそこに着いた
I got there a little behind the appointed time.
•船は予定の時間に着いた
The ship arrived on time [on schedule].

よとう 与党 **the ruling party** /ルーりンぐ パーティ/, **the government party** /ガヴァンメント/

よなか 夜中 **midnight** /ミドナイト/
•夜中に **at midnight** / **in the middle of the night**

よねつ 予熱 **preheating** /プリヒーティンぐ/

よのなか 世の中 → よ²

よはく 余白 (本などの欄外(らんがい)) a **margin** /マーヂン/;(空白) a **blank** /ブランク/
•余白に君の意見を書いておきなさい
Write your comments in the margin.

よび 予備の **spare** /スペア/

よびかける 呼びかける (声をかける) **call to** /コーる/;(訴える) **appeal to** /アピーる/
•彼に呼びかける **call to him**

よびこう 予備校 a **prep**(**aratory**) **school for entrance examinations** /プリパラトーリ エントランス イグザミネイションズ/, a **cram school** /クラム/

よびだす 呼び出す **call** /コーる/;(駅・デパートなどで) **page** /ペイヂ/
•駅で友人を呼び出してもらった
I had my friend paged at the station.
•お呼び出しを申し上げます. 山田様, 受付までおいでください Paging Mr. Yamada. Would you go to reception, please?

よびりん 呼び鈴 a **bell**:(玄関の) a **doorbell** /ドーべる/

よぶ 呼ぶ

❶(言う, 声をかける) **call**
❸(招待する) **ask**, **invite**

❶(言う, 声をかける) **call** /コーる/

基本形
A を呼ぶ
call A
A を B と呼ぶ
call A B ➔ B は名詞

•彼女の名前を呼ぶ **call her name**
•給仕係を呼ぶ **call a waitperson** [a server]
•彼をジョンと呼ぶ **call him John**
•「デューク」と呼ばれる男 a man called "Duke"
•助けを(求めて)呼ぶ **call for help**
•子供たちを呼び集める **call children together**
•何度呼んでも返事がなかった
I called and called, but no one answered.
•ケン, おかあさんが君を呼んでいるよ Mother is calling you, Ken.
•先生は彼の名前を何回も呼んだ
The teacher called his name many times.
•これからはファーストネームで呼んでください
Please call me by my first name from now on. ➔ 親しい間柄ではファーストネームで呼び合う
•この子犬をデイジーと呼ぶことにしよう
Let's call this puppy Daisy.
•彼は友達にジャンボと呼ばれている ➔ 受け身形 He is called Jumbo by his friends.
•これは英語で何と呼びますか
What do they call this in English? / (これは英語で何と呼ばれますか) What is this called in English?

❷(電話・口頭で来てくれるように言う) **call**;(呼びにやる) **send for** /センド/;(用がある) **want** /ワント/
•医者を呼ぶ **call (for) a doctor** / **call in a doctor** / **call a doctor in**; **send for a doctor** ➔ call in は「家(など)に来てくれるように言う」の意味
•(電話で)タクシーを呼ぶ **call a taxi**
•(電話で)救急車を呼ぶ **call (for) an ambulance**
•警察を呼ぶ **call the police** / **send for the police**
•校長先生は私を校長室に呼んだ
The principal called me to his office.
•タクシーを呼んでください
Call a taxi for me. / Call me a taxi.

・ケン, 下[事務室]で呼んでいるよ
Ken, you are wanted downstairs [in the office].

❸ (招待する) **ask** /アスク/, **invite** /インヴァイト/
・彼を家に呼ぶ ask [invite] him to *one's* house
・私は彼女を夕食に呼ぶつもりです
I'm going to ask her to dinner.
・パーティーにだれを呼ぶつもりですか
Who are you going to invite to the party?
・私は彼女の誕生日に呼ばれている →現在完了の受け身形 I have been invited to her birthday party.

よふかし 夜更かしする **sit up late at night** /レイト ナイト/, **stay up (late at night)** /ステイ/
よふけ 夜更けに **late at night** /レイト ナイト/
・夜更けまで働く work late into night
よぶん 余分の → よけい
よほう 予報 (a) **forecast** /フォーキャスト/
　予報する **forecast**
・天気予報 a weather forecast
・きょうの天気予報はどうですか
What is the weather forecast for today?
よぼう 予防 **prevention** /プリヴェンション/
　予防する **prevent** /プリヴェント/
・予防(法)として by way of prevention
・予防注射 (a) preventive injection; (接種) an inoculation / a vaccination
・予防接種をする inoculate / vaccinate
・インフルエンザの予防接種を受ける get vaccinated for flu / be inoculated against influenza
　ことわざ 予防は治療(ちりょう)にまさる
Prevention is better than cure.
よぼよぼ よぼよぼの (弱っている) **weak** /ウィーク/; (足元がふらつく) **doddery** /ダダリ/
・うちのおじいちゃんは年を取ってよぼよぼだ
My grandfather is old and weak.
・よろよろ歩く老人 a doddery old man
よみがえる 蘇る **come back to life again**
よみもの 読み物 **reading** /リーディング/

よむ 読む
➤ **read** /リード/

基本形
A を読む
　read A
B (人)に A を読んでやる
　read B A / **read** A to B

・本[新聞, 手紙]を読む read a book [a newspaper, a letter] → read だけでも「本を読む」の意味になる
・彼の心[顔色]を読む read his mind [face]
・彼らにおもしろい話を読んでやる read them an interesting story / read an interesting story to them
・…のことを読む read about [of] ~
・小説を読み通す read a novel through
・…を読み終える finish reading ~
・本を読んでやって子供を寝かしつける read a child to sleep
・彼はまだ字が読めない He cannot read yet.
・私は1週間に1冊本を読む
I read one book a week.
・私の父はいつも食事をしながら新聞を読みます My father always reads a newspaper at meals.
・彼女は自分の部屋で本を読んでいます →現在進行形 She is reading in her room.
・君は本を読むことが好きですか
Do you like reading?
・彼女は漫画を読むのが好きだ
She likes to read comics.
・君はこの本を読んだことがありますか →現在完了
Have you ever read this book?
・この童話は子供だけでなくおとなにも読まれている →受け身形 This nursery tale is read not only by children but also by adults. → not only A but (also) B は「A だけでなく B も」
・母は毎晩私たちにお話を読んでくれた
My mother read us a story every night. /
My mother read a story to us every night.
・私は彼の死を新聞で読んで知りました
I read about his death in the newspaper.
・こんなに厚い本を読み終えるには1か月ぐらいかかる It will take about a month to finish reading such a thick book.
・この本は1週間かそこらで読んでしまえますよ
You'll be able to read this book through in a week or so.
・彼はベッドに寝て本を読んでいた He lay in bed reading a book. / He was reading in bed.

five hundred and sixty-nine　569　よる

・彼は本を読みながら（→本の上に）こっくりこっくりしていた　He was nodding over his book.

よめ 嫁 （花嫁）a **bride** /ブライド/; （夫に対して）one's **wife** /ワイふ/ （復 wives /ワイヴズ/）; （息子の妻）one's **daughter-in-law** /ドータリン ろー/ （復 daughters-in-law）

よやく 予約　**reservations** /レザヴェイションズ/; （出版物の）**subscription** /サブスクリプション/; （診察などの）an **appointment** /アポイントメント/
予約する　book, reserve /リザ〜ヴ/, **make reservations**; **subscribe for** /サブスクライブ/
・予約席　a reserved seat
・ホテルの部屋を予約する　book a room［make a reservation for a room］at a hotel
・診察の予約をとる　make an appointment to see the doctor

よゆう 余裕 （余地）**room**; （時間）**time** (**to spare**) /(スペア)/
・（金・時間の）余裕がある　afford
・そんな大勢の入る余裕はありません
There is not enough room for so many.
・私にはそういう仕事をする時間の余裕がない
I have no time (to spare) for such work.

より …より（も）
➤ （比較）**than** /ザン/, **to**
・彼は私より背が高い　He is taller than I am ［《話》than me］.　→口語では意味を取りちがえられるおそれのない限り, than の次にはしばしば人称代名詞の目的格を使う
・彼よりも私のほうがそのことについてはよく知っている　I know about it better than he does ［《話》than him］.
・私は彼よりも君のほうをよく知っている
I know you better than him.
・君のお父さんは私の父より２つ年上です
Your father is two years older than my father.
・降参するより死んだほうがましだと彼は考えた
He thought it would be better to die than surrender. / He thought he would rather die than surrender.
ことわざ 遊び より まず 仕事　Business before pleasure.

よりかかる 寄りかかる　**lean** (**against** 〜, **on** 〜) /リーン/
・壁に寄りかかる　lean against a wall
・私の肩に寄りかかる　lean on my shoulder

よりきる 寄り切る　**muscle out** (**of the ring**) /マスる/

・大関を寄り切る　muscle the *ozeki* wrestler out

よりぬく より抜く （よく比較して）**choose** /チューズ/; （あっさりと）**pick** (**out**) /ピク/; （多数の中から）**select** /セれクト/
・より抜きの　choice

よりみち 寄り道をする （人のところへ）**call on 〜 on the way** /コーる ウェイ/, **drop in on 〜 on the way** /ドラプ/; （本屋などに）**stop at 〜 on the way** /スタプ/
・彼は学校からの帰り道よく友達の家［本屋］に寄り道します
He often drops in on his friend ［stops at a bookstore］on his way from school.

よる¹ 夜
➤ a **night** /ナイト/ → よ¹
・夜に　at night
・夜昼　day and night
・８月15日の夜に　on the night of the 15th of August
・火曜日の夜から水曜日にかけて　overnight Tuesday to Wednesday
・その夜はキャンプしてよく休んだ
We camped for the night and had a good rest.

よる² 寄る （近寄る）**come near** /ニア/, **go near**; （立ち寄る）**drop in** /ドラプ/, **call** (at 〜, on 〜) /コーる/; **stop** (at 〜) → よりみち
・もっとストーブのそばへ寄りなさい
Come nearer to the heater.
・もっとそばに寄ってよく見てください
Please move closer and take a better look.
・こちらへおいでの折はお寄りください
If you happen to come this way, please drop in to see us.
・私は帰りに彼の家に寄るつもりです　I'm going to call at his house on my way back.

よる³ …による
❶ （…しだいである）**depend**
❷ （…が原因である）**be due to, be caused by**
❸ （…に基づいている）**be based on**
❶ （…しだいである）**depend** (on 〜) /ディペンド/
・それは時と場合による　That depends.
・報酬（ほうしゅう）は君の仕事の進み具合による　The reward depends on the amount of work you get through. / I'll pay you according to the amount of work you get through.
❷ （…が原因である）**be due to** /デュー/, **be caused by** /コーズド/

あ

•その事故は彼の不注意によるものだ
The accident was due to [was caused by] his carelessness.
❸(…に基づいている) **be based on** /ベイスト/
•彼の主張は経験によるものだ
His argument is based on experience. / He argues from his experience.

か

よれば …によれば **according to ～** /アコーディング/
•その報道によれば according to the report
•米田の話によれば according to Yoneda

さ

よれよれ よれよれの **worn-out** /ウォーナウト/
•よれよれのセーター a worn-out sweater

よろい an **armor** /アーマ/

た

よろこぶ 喜ぶ

➤ **be glad** /グラド/, **be pleased** /プリーズド/, **be delighted** /ディライテド/

喜ばす please, delight

な

喜び joy /ヂョイ/, **pleasure** /プレジャ/
•喜んで叫ぶ cry for joy
•喜んでお供いたします
I will be delighted to accompany you.
•彼らはそれを聞いたら喜びでしょう
They will be glad to hear that.
•みんなその知らせを聞いて喜んだ
Everybody was delighted at the news.

は

•彼はその贈(おく)り物をたいへん喜びました
He was very much pleased with the present.
•お母さんがすっかり健康そうな顔をして田舎から帰って来たのでみんなとても喜んだ

ま

To their great joy, their mother came back from the country looking perfectly well.
•彼の喜びようといったら(たいへんなものでした)
How pleased he was!

よ

よろしい all right /ライト/ ➔ よい❷(➔…しても よい)
•よろしいですか Are you all right?
•それでよろしい That's all right.

よろしく

ら

❶(よろしく伝える) **remember** /リメンバ/, **give** one's **regards** /リガーヅ/, 《話》**say hello to** /セイ ヘロウ/
•ご家族の皆様によろしくお伝えください
Remember me [Give my best regards] to all your family.
•ビルによろしく伝えてくれ
Please say hello to Bill (for me).

わ

•母からもよろしくとのことです My mother wishes to be remembered to you. / Mother

---

sends her regards to you.
❷(あいさつ・お願い) あいさつの「よろしく」、お願いする時の「よろしく」などに対応する特定の英語表現はない.

会話 はじめまして, ケン. ―よろしく, メイ
How do you do, Ken? ―How do you do, May?
•(新しい友人に対して)よろしくお願いします
I'm happy we can become good friends. (仲良しになれてうれしい)
•留守の間うちのネコをよろしくお願いしたいのですが Would you mind taking care of our cat while we're away?

会話 君のかわりにぼくから彼に電話しておこうか. ―うん, よろしく
Shall I call him for you?―Yes, please.

よろよろ よろよろする **stagger** /スタガ/ ➔ よちよち
•よろよろしながら立ち上がる stagger to one's feet

よろん 世論 **public opinion** /パブリク オピニョオン/
•世論調査 a public opinion poll

よわい 弱い

➤ **weak** /ウィーク/ ➔ にがて
➤ (かすかな) **faint** /フェイント/

弱く, 弱々しく weakly; faintly
•からだの弱い人 a sickly person / a person of delicate health
•気が弱い be timid / be faint-hearted
•意志が弱い weak-willed
•弱い風 a gentle wind
•弱い音[光] a faint sound [light]
•弱々しそうな delicate-looking
•弱くなる grow weaker [fainter] / weaken
•弱くする make weaker [fainter] / weaken
•彼女は数学には強いが英語は弱い
She is strong in math but weak in English.

よわみ 弱み **weakness** /ウィークネス/, a **weak point** /ポイント/
•弱みにつけ込む take advantage of the weakness

よわむし 弱虫 a **coward** /カウアド/

よわる 弱る ➔ よわい(➔弱くなる)

よん 4(の) **four** /フォー/ ➔ し⁴
•4分の1 a quarter / one [a] fourth

よんじゅう 40(の) **forty** /フォーティ/ ➔ しじゅう

よんりんくどう 四輪駆動 (自動車) **four-wheel drive** /フォー (ホ)ウィーる ドライヴ/

ら ラ

ら …ら **and others** /アざ*ズ*/
- 田中ら Tanaka and others

ラーメン *ramen*, **Chinese noodle soup** /チャイニーズ ヌードる スープ/

らい¹ 来… **next** /ネクスト/
- 来月［週，年］ next month［week, year］
- この雨は来週まで降り続きそうだ
  It seems that the rain will continue into next week.
- 私は来月そうそう帰って来ます
  I will be back early next month.

らい² …来 **since** /スィンス/ → いらい²
- 先週来 since last week

らいう 雷雨 a **thunderstorm** /さンダストーム/

ライオン 《動物》a **lion** /らイオン/, (雌《めす》) a **lioness** /らイオネス/

らいきゃく 来客 a **guest** /ゲスト/, a **visitor** /ヴィズィタ/

らいげつ 来月 → らい¹

らいしゅう 来週 → らい¹

ライスカレー **curry and rice** /カ〜リ ライス/

ライセンス a **license** → めんきょ

ライター a (**cigarette**) **lighter** /(スィガレト) らイタ/

ライチョウ 雷鳥 a (**snow**) **grouse** /グラウス/

ライト (野球の) **the right field** /らイト ふィーるド/; (右翼手) a **right fielder**

ライトバン 《米》a **station wagon** /ステイション ワゴン/, 《英》an **estate** (**car**) /イステイト (カー)/
→ 英語の van は「箱型の大きなトラック」;「ライトバン」は和製英語

ライナー (打球, 定期船) a **liner** /らイナ/

らいねん 来年 → らい¹

ライバル a **rival** /らイヴァる/

らいひん 来賓 a **guest** /ゲスト/

ライブ **live**
- ブルーノ・マーズのライブを聴きに行く go to a live performance by Bruno Mars

ライフル a **rifle** /らイふる/

らいむぎ ライ麦 **rye** /らイ/

らいめい 雷鳴 (a roll of) **thunder** /(ロウる) さンダ/

らがん 裸眼 **the naked eye** /ネイキド アイ/

らく 楽な

❶ (やさしい) **easy**
❷ (快適な) **comfortable**

❶ (やさしい) **easy** /イーズィ/
楽に，楽々と **easily** /イーズィリ/, **with ease** /イーズ/
- これは使うのが楽です It is easy to use.
- その本は簡単な英語で書いてあるから皆さんはだれでも楽に読めます The book is written in plain English. So any of you can read it with ease.
- 自転車であの坂を上るのは楽ではなかった
  It was hard［was not easy］to climb the hill by bicycle. / It was hard work pedaling (the bicycle) up the hill.

❷ (快適な) **comfortable** /カンふォタブる/
- 楽に暮らす live in comfort / (裕福である) be well off → あんらく, ゆうふく
- どうぞお楽にしてください Please make yourself comfortable［at home］.

らくえん 楽園 a **paradise** /パラダイス/

らくがき 落書き (乱雑な文字・絵など) a **scribble** /スクリブる/, **scribbling**; (特別の意図もなくぼんやりと書かれたもの・書くこと) a **doodle** /ドゥードる/, **doodling**; (公共の建物の壁などの) **graffiti** /グラふィーティー/ (複数形)
落書きする **scribble**; **doodle**; **mark 〜 with graffiti**
- 壁に落書きするな
  Don't scribble on the wall.
- ノートに落書きをしてはいけません
  Don't make doodles in your notebooks.

らくご 落語 *rakugo*, **comic storytelling** /カミクストーリテりング/
- 落語家 a *rakugo-ka*, a professional comic storyteller

らくしょう 楽勝 a **walkover** /ウォークオウヴァ/, a **walkaway** /ウォーカウェイ/
楽勝する **walk** (**all**) **over**, **walk away** (from 〜)

らくせい 落成 **completion** (of a **building**) /コンプりーション (ビるディング)/
落成する **be completed** /コンプりーテド/
- 落成式 the completion ceremony

らくせん 落選 落選する (選挙で) **lose an election** /るーズ イれクション/, **fail to be elected** /ふェイる イれクテド/; (審査《しんさ》などで) **be rejected** /リヂェクテド/, **be turned down** /タ〜ンド ダウン/

ラクダ 572 five hundred and seventy-two

・落選者 an unsuccessful candidate

ラクダ 駱駝 《動物》 a **camel** /キャメる/

らくだい 落第 **failure** (**in** an **examination**) /ふェイリャ (イグザミネイション)/

　落第する **fail** an **examination** /ふェイる/, 《米話》**flunk** an **examination** /ふらンク/

・落第点 a failing mark

・なまけていると落第してしまいますよ

　If you are idle, you will fail the examination.

らくてん 楽天的な **optimistic** /アプティミスティク/ → らっかん

らくのう 酪農(業) **dairy farming** /デアリ ふァーミング/

・酪農場 a dairy farm

・酪農製品 dairy products

ラグビー **Rugby** (**football**) /ラグビ (ふトボーる)/, **rugger** /ラガ/

らくらい 落雷 a **thunderbolt** /さンダボウるト/

らくらく 楽々と → らく

ラケット (テニス・バドミントンの) a **racket** /ラケット/; (卓球の) 《米》 a **paddle** /パドる/, 《英》 a **bat** /バト/

らしい …らしい

❶ (…のようにみえる, 思える) **look**, **seem**, **appear**

❷ (…にふさわしい) **be like ～**

❶ (…のようにみえる, 思える) **look** /るク/, **seem** /スィーム/, **appear** /アピア/ → みえる ❸, ような ❻

使い分け

上の3語はたがいに混同されて用いられることが多いが, 用法上の傾向(けいこう)を言えば, **look** は「見た目には…のようにみえる」, **seem** は「自分の心には…のように思われる」, **appear** は look と seem を合わせたような語で, 「外観からは…のようにみえる(が実はそうでないかもしれない)」

基本形

A は B らしい
　A **seem** (**to be**) B.
　A **look** (**to be**) B. / A **look like** B.
　A **appear** (**to be**) B. →B は形容詞または名詞

A は…するらしい
　A **seem to** do.
　It seems (**that**) A＋動詞の現在形.

A は…したらしい
　A **seem to have**＋過去分詞.
　It seems (**that**) A＋動詞の過去形(または **have**＋過去分詞).

・彼はどうも病気らしい. 見たところ顔色が悪いもの

　He seems (to be) ill because he appears [looks] pale.

・彼は正直な人らしい He seems (to be) honest.

・彼は疲(つか)れているらしい

　He looks [appears, seems] tired. / It seems [appears] that he is tired.

・彼はそれについて何も知らないらしい

　He seems to know nothing about it. / It seems that he knows nothing about it.

・彼はそれについて何も知らなかったらしい

　He seems to have known nothing about it. / It seems that he knew nothing about it.

・ぼくはどうもかぜをひいたらしい

　I seem to have caught (a) cold. / It seems that I have caught (a) cold.

・どうも中央線で事故があったらしい

　There seems to have been an accident on the Chuo Line.

❷ (…にふさわしい) **be** (**just**) **like ～** /(ヂャスト) らイク/; (典型的な) **typical** /ティピカる/

・アメリカ人らしいアメリカ人 a typical American

・それはいかにも彼らしいことだ

　That's (just) like him!

・1時間も前に来ていたなんていかにも彼らしい It was just like him to be there an hour early.

・こんなに遅れるなんて彼らしくないね

　It's unlike him to be so late.

・学生らしく行動せよ Behave like a student.

・きょうはいかにも春らしいね, ぽかぽかと暖かくて

　Today is a typical spring day, nice and warm.

ラジエーター a **radiator** /レイディエイター/

ラジオ

➤ (放送) **the radio** /レイディオウ/; (受信機) a **radio** (**set**)

・ラジオをつける[消す] turn on [off] the radio

・ラジオの音を大きく[小さく]する turn up [down] the radio

・ラジオを聞く listen to the radio

・ラジオ放送[番組] a radio broadcast [program]

・ラジオ英語講座 a radio English course

・ラジオ放送局 a radio station

・AM[FM]ラジオ放送 AM[FM] broadcasting

・インターネットラジオ放送 Internet radio

・ラジオで音楽を聞く listen to music on the radio

・私はそのニュースをラジオで聞いた
I heard the news on the radio.
・ラジオがついている The radio is on.
ラジオボタン 《IT》a **radio button** /レイディオウ バトン/
ラジカセ a **cassette recorder with a radio** /カセト リコーダ レイディオウ/
ラジコン **radio control** /レイディオウ コントロウる/
・ラジコンの飛行機 a radio-controlled plane
らしんばん 羅針盤 a (**mariner's**) **compass** /(マリナズ) カンパス/

アンティークの船舶用羅針盤

らせん a **spiral** /スパイアラる/
・らせん階段 a spiral staircase
ラッカー **lacquer** /ラカ/
ラッカセイ 落花生 《植物》(a) **peanut** /ピーナト/
らっかん 楽観 **optimism** /アプティミズム/
・楽観的な optimistic → あまい ❸
・楽観論者 an optimist
ラッコ 《動物》a **sea otter** /スィー アタ/
ラッシュアワー **the rush hour** /ラシュ アウア/
・朝夕のラッシュアワー the morning and evening rush hours
・私はラッシュアワーを避(さ)けるために朝早めにうちを出ます I leave home rather early to avoid the rush hour.
らっぱ 《軍隊用》a **bugle** /ビューグる/ → トランペット
ラテン ラテン語(の), ラテン系の **Latin** /らティン/
・ラテンアメリカ Latin America
・ラテン音楽 Latin music
ラベル a **label** /れイブる/
ラベルをはる **label** (on ~), **put a label** (on ~)
→ 動詞 label に -ed や -ing を付ける時, 《英》ではlabelled, labelling となる
ラム (子羊肉) **lamb** /らム/
ラムネ (レモン味の炭酸飲料) **lemon soda** /れモンソウダ/ →「ラムネ」は lemonade /れモネイド/ (レモネード)がなまったものといわれる
られる → れる

らん 欄 a **column** /カらム/; (ページ) a **page** /ペイヂ/
・(新聞の)スポーツ欄 sports columns [pages]
・投書欄 the letters-to-the-editor page
ラン¹ 蘭 《植物》an **orchid** /オーキド/
ラン² **LAN** /らン/ → local area network の略. 限定された場所などでのコンピューターネットワーク
・LAN ケーブル an Ethernet cable /イーさネト/
→ Ethernet は最も多く使われている有線ネットワークの規格の名
らんかん 欄干 a **handrail** /ハンドレイる/
ランキング **ranking** /ランキング/ → ランク
・彼は現在のところランキング第2位だ
He currently holds the number two ranking. / He currently ranks second.
ランク (a) **rank** /ランク/ → ランキング
ランクされている **rank**
・順位表で彼は1位にランクされている
He ranks first in the chart.
ランダムな **random** /ランダム/
ランチ (昼食) **lunch** /ランチ/
・あのレストランでランチを食べよう
Let's have lunch in that restaurant.
らんとう 乱闘 a **scuffle** /スカふる/
乱闘する **scuffle** (with ~)
らんどく 乱読する **read at random** /リード ランダム/
ランドセル a **school backpack** /スクーる バクパク/
ランドリー a **laundry** /ろーンドリ/
ランナー a **runner** /ラナ/
らんにゅう 乱入する **break in** /ブレイク/, **break into**
ランニング **running** /ラニング/
・ランニングホームラン an inside-the-park home run →「ランニングホームラン」は和製英語
ランプ a **lamp** /ランプ/
・石油ランプ a kerosene lamp
らんぼう 乱暴 (暴力) **violence** /ヴァイオれンス/; (粗暴(そぼう)) **rudeness** /ルードネス/; (向こう見ず) **recklessness** /レクれスネス/
乱暴な (荒っぽい) **violent** /ヴァイオれント/; (無礼な) **rude**; (向こう見ずの) **reckless**
・乱暴に violently; rudely; recklessly
らんよう 乱用 (an) **abuse** /アビュース/
乱用する **abuse** /アビューズ/
・ことばの乱用 an abuse of language
・権力の乱用 an abuse of power
・君の特権を乱用してはいけない
Don't abuse your privileges.

り リ

リアクション a **reaction** /リアクション/
リアルな **real** /リ(ー)アる/
リーグ a **league** /リーグ/
- リーグ戦 a league game
- セントラル[パシフィック]リーグ the Central [Pacific] League
- (米国プロ野球の)大リーグ the major league

リーダー (指導者) a **leader** /リーダ/
リーダーシップ **leadership** /リーダシプ/
- その問題を解決するのに彼は強いリーダーシップを発揮した He showed his strong leadership to settle the trouble.

リード¹ (優勢) a **lead** /リード/
リード² (イヌなどをつなぐひも) a **leash** /リーシュ, **lead**
リード³ (管楽器など) a **reed** /リード/
リール (巻き枠) a **spool** /スプーる, **reel** /リーる/
りえき 利益 **good**; (おもに金銭的) a **profit** /プらふィト/; (効用) **use** /ユース/
- 利益のある profitable / lucrative; of use
- 利益のない unprofitable; of no use
- 大きな利益をあげる make a big profit
- こんなことをして何の利益になるのか
What is the use [the good] of doing this?

りか 理科 **science** /サイエンス/
- 私たちの理科の先生 our science teacher

りかい 理解
➤ **understanding** /アンダスタンディング/
理解する **understand** /アンダスタンド/
- 私は彼の言うことが理解できない
I cannot understand him [what he says].
- この1節は難しくて私には理解できない This passage is too difficult for me to understand.
- このことでわれわれはたがいの理解を深めるようになった This made us know each other better.

りがい 利害 an **interest** /インタレスト/
- …に利害関係がある have an interest in ～
りきし 力士 **sumo wrestler** /スーモウ レスら/
りく 陸 **land** /らンド/
リクエスト (a) **request** /リクウェスト/
リクエストする **request**
- 歌をリクエストする request a song / make a request for a song
りくぐん 陸軍 **the army** /アーミ/

りくじょう 陸上競技 《米》 **track and field** /トラク ふィーるド/, 《英》 **athletics** /アすれティクス/
りくつ 理屈 (道理) **reason** /リーズン/; (論理) **logic** /らヂク/
- 理屈に合った reasonable; logical
- 理屈っぽい argumentative / fond of arguing
- 君の言うことは理屈に合っていない
What you say is not reasonable.
リクライニング **reclining** /リクらイニング/
- リクライニングチェア a reclining chair [seat]
りこ 利己的な **selfish** /セるふィッシュ/
- 利己的に selfishly
- 利己主義 egoism
- 利己主義者 an egoist
りこう 利口な **clever** /クれヴァ/, **bright** /ブライト/, **smart** /スマート/
- 彼は利口な少年です
He is a clever [bright, smart] boy.
- そんなふうに言うとは彼は利口だ
It is clever of him to say so.
リコーダー (たて笛) a **recorder** /リコーダ/
リコールする **recall** /リコーる/
りこん 離婚 (a) **divorce** /ディヴォース/
離婚する **be divorced** (from ～), **divorce**
- 彼らは2年前に離婚した
They were divorced two years ago.
リサイクル **recycling** /リーサイクリング/
リサイクルする **recycle** /リーサイクる/
- リサイクルショップ a secondhand shop

カタカナ語！ リサイクルショップ

英語では ✕*recycle shop* といわずに **secondhand shop** という。アメリカでは特に慈善目的のものがあって，それは thrift shop (thrift は「節約」) という。イギリスにも同様なものがあって charity shop と呼ばれる

リサイタル a **recital** /リサイトる/
- ピアノのリサイタルを開く give a piano recital
りし 利子 **interest** /インタレスト/
- 利子をつけて with interest
- 低い利子で金を借りる borrow money at low interest
リス 栗鼠 《動物》a **squirrel** /スクワ～れる/
リスト a **list** /リスト/
- リストアップする list ➤「リストアップ」は和製英

語
・これがコンテストに参加を希望する人の名前のリストです Here is a list of names of people who want to take part in the contest.

リストラ (company) **restructuring** /(カンパニ) リストラクチャリング/
リストラされる lose one's job /るーズ/
リスニング listening /リスニング/
・リスニングテスト a listening comprehension test ➡ comprehension は「理解力」
リズム rhythm /リずム/
・リズムのある rhythmical
りせい 理性 **reason** /リーズン/
理性的な rational /ラショヌる/
・理性を失う lose *one's* reason
りそう 理想 **an ideal** /アイディーアる/
・理想的な ideal
・理想主義 idealism
・理想主義者 an idealist
・理想を実現する realize *one's* ideal
・風のない暖かい日は魚釣(つ)りには理想的だ
A warm windless day is ideal for fishing.
リゾート リゾート地 **a resort** /リゾート/
・夏[冬]のリゾート地 a summer [winter] resort
りそく 利息 ➡ りし
リターンキー the return key /リターン キー/, **the enter key** /エンタ/
リチウム lithium /リティアム/
りつ 率 **a rate** /レイト/
・出生[死亡]率 the birthrate [the death rate]
・3対5の率で at the rate of 3 to 5
リツイート (IT) **retweet** /リトウィート/
りっきょう 陸橋 (車・電車用の) **an overpass** /オウヴァパス/; (歩道橋) **a pedestrian overpass** /ペデストリアン/, **an overhead crossing** /オウヴァヘド クロースィング/
りっけん 立憲の **constitutional** /カンスティテューショヌる/
・立憲制 constitutionalism
・立憲政治 constitutional government
りっこうほ 立候補する **run** (for ~) /ラン/
立候補者 a candidate /キャンディディト/
・生徒会長に立候補する run for the president of the student council
りっしょう 立証する **prove** /プルーヴ/
りったい 立体 **a solid** (**body**) /サりド (バディ)/
・立体交差 grade separation
・立体交差路 (上) an overpass; (下) an underpass; (四つ葉のクローバー形の) a cloverleaf
リットル a liter /リータ/ (略 l.)

りっぱ 立派な
➤ (見事な) **fine** /ふァイン/, **good**; (目を見張るほどすばらしい) **splendid** /スプれンディド/
➤ (尊敬すべき) **respectable** /リスペクタブる/, **honorable** /アナラブる/; (高尚(こうしょう)な) **noble** /ノウブる/
➤ (感心すべき) **admirable** /アドミラブる/
立派に (とてもよく) **very well**; (目を見張るほどすばらしく) **splendidly**; (申しぶんなく) **perfectly** /パ〜ふェクトり/
・立派な作品 an admirable piece of work
・どんな職業でもみんな立派な職業だ
All occupations are equally honorable.
・それは立派な理由だ
That's a good reason.
・彼は自分の責任を立派に果たした
He did his duty perfectly.
りっぽう¹ 立方 **cube** /キューブ/
・立方の cubic
・10立方センチの水 ten cubic centimeters of water
りっぽう² 立法 **legislation** /れヂスれイション/
立法府, 立法機関 a legislature /れヂスれイチャ/
りっぽうたい 立方体 **a cube** /キューブ/
リトマス リトマス試験紙 **litmus paper** /リトマス/
リナックス (IT) **Linux** /リナクス, らイナクス/
リニアモーターカー a maglev train /マグれヴトレイン/ maglev は magnetic levitation (磁気浮上)からの造語.「リニアモーターカー」は英語ではふつうこう呼ばれる
・リニアモーター a linear motor /リニア モウタ/
リハーサル (a) **rehearsal** /リハ〜サる/
りはつ 理髪 **a haircut** /ヘアカト/
・理髪師 a barber
・理髪店 a barbershop / a barber's (shop)
リハビリ rehabilitation /リーア[ハ]ビりテイション/
リハビリをほどこす rehabilitate /リーア[ハ]ビりテイト/
リフォーム (へやなどの改造) **renovation** /レノヴェイション/ ➡ 英語の reform は「(制度などの)改良」の意味
リフォームする redo /リードゥー/, **make** a **renovation**
・うちはキッチンをリフォームした
We've redone the kitchen.
リフト a lift /りふト/
リプライ (IT) (メッセージなどへの返信) a **reply** /リプらイ/

リベート (不法な礼金) a **kickback** /キクバク/; (適法な割戻し金) a **rebate** /リーベイト/

リボン a **ribbon** /リボン/
•髪にリボンを付けた女の子 a girl with a ribbon in her hair

リムジン a **limousine** /リムズィーン/

リモコン remote control /リモウト コントロウる/; (テレビなどの) a **remote**
•リモコンの模型飛行機 a remote-control model plane
•リモコンで…を操作する operate ～ by remote control
•テレビのリモコン a TV remote

リヤカー a **bicycle cart** /バイスィクる カート/ →
「リヤカー」(rear (後ろの)＋car (車)) は和製英語

りゃく 略す →しょうりゃく (→省略する)
•略字 an abbreviation
•略式の informal
•略図 a rough sketch
•略歴 one's brief personal history

りゆう　理由

➤ (a) **reason** /リーズン/ →わけ
•こういう理由で for this reason
•だれか彼の欠席の理由を知っていますか
Does any one of you know (the reason) why he is absent?
•私がそう思うにはそれだけの理由があるのです
I have good reason for thinking so.
•それを信じる十分な理由があります
There is [I have] every reason to believe it.
•そんなことをすればどんな理由があっても君は罰せられるでしょう
If you do such a thing, you will be punished whatever the reason may be.

りゅう 竜 a **dragon** /ドラゴン/

りゅういき 流域 a **basin** /ベイスン/, a **valley** /ヴァり/
•隅田川の流域 the Sumida basin

りゅうがく 留学する **study abroad** /スタディ アブロード/, **go abroad for study**
•留学生 (日本に来ている) a foreign student in Japan / (外国に行っている) a student studying abroad
•交換留学生 an exchange student

りゅうかん 流感 →インフルエンザ

りゅうこう　流行

➤ (はやり) **fashion** /ふァション/, **vogue** /ヴォウグ/

➤ (病気の) **prevalence** /プレヴァれンス/

流行する come into fashion; (病気が) **prevail** /プリヴェイる/
•流行がすたれる go out of fashion [style]
•流行の fashionable; (人気のある) popular
•流行遅れの old-fashioned
•流行語 a word [an expression] in vogue / a trendy word [expression]
•若者たちに流行している歌 a song (which is) popular among young people
•インフルエンザが今この地方で流行している
The flu is prevailing [is prevalent] in this district.

リュージュ 《スポーツ》 **luge** /るージュ/

りゅうせい 流星 a **falling star** /ふォーリング/, a **shooting star** /シューティング/, a **meteor** /ミーティア/

りゅうちょう 流暢な **fluent** /ふるーエント/
流暢に fluently, with fluency /ふるーエンスィ/
•流暢に英語を話す speak English fluently

リューマチ rheumatism /ルーマティズム/

リュック(サック) a **rucksack** /ラクサク/, a **backpack** /バクパク/
•リュックサックを背負って歩く walk [go walking] with a rucksack on one's back / backpack → この backpack は動詞(リュックを背負って旅行する)
•私はリュックを背負って北海道を旅行した
I backpacked [went backpacking] around Hokkaido.

りよう 利用 **use** /ユース/
利用する use /ユーズ/; **make good use of** /ユース/
利用できる available /アヴェイらブる/
•きょうの午後、この部屋は利用できますか
Is this room available this afternoon?

りょう¹ 量 **quantity** /クワンティティ/
•多量に in quantities
•多[少]量の塩 a large [small] quantity of salt

りょう² 寮 a **dormitory** /ドーミトーリ/, 《話》 a **dorm** /ドーム/
•寮生 a boarding student

りょう³ 猟 (狩猟) a **hunt** /ハント/, **hunting**; (銃猟) **shooting** /シューティング/
•猟に行く go on a hunt / go hunting
•猟師 a hunter
•猟犬 a hound
•猟銃 a hunting gun

りょう⁴ 漁 **fishing** /ふィシング/
•海へ漁に出る go out fishing in the sea

・漁師 a fisherman (穆 -men) / a fisherwoman (穆 -women) / (漁業従事者) a fishery worker

りょう[5] 両… **both** /ボウす/
・両側 both sides
・両手 both (*one's*) hands

りょうかい[1] 了解 **understanding** /アンダスタンディング/
了解する understand /アンダスタンド/
・暗黙の了解 a tacit understanding

りょうかい[2] 領海 **territorial waters** /テリトーリアる ウォータズ/

りょうがえ 両替 **exchange** /イクスチェインヂ/
両替する exchange, change
・両替機 a money-changing machine
・この札を小銭に両替してくれませんか Can you change me this bill into small money?
・空港でも両替できますよ
You can change money at the airport, too.

すみませんが円をドルに両替してもらえませんか
—かしこまりました. 何ドル札がよろしいですか
10ドル札にしてください
Sorry, but can you **change** yen into dollars?
—Sure. What kinds of bills would you like?
Ten-dollar bills, please.

りょうきん 料金 （サービスなどに対する）a **charge** /チャーヂ/; (手数料・入場料など) a **fee** /ふィー/; (乗り物の) a **fare** /ふェア/; (通行料金) a **toll** /トウる/; (電気・ガス・水道・電話・ホテルなどの) a **rate** /レイト/
・(高速道路などの)料金所 a tollgate / a tollbooth; (料金所全体) (米) a toll plaza
・公共料金 public utility charges
・手ごろな料金で at a moderate charge
会話 新幹線で東京から新大阪までの料金はいくらぐらいですか. —1万4千円ぐらいでしょう
How much is the fare from Tokyo to Shin-Osaka by (the) Shinkansen?—It's about fourteen thousand yen.

りょうくう 領空 **territorial air** /テリトーリアる エア/

りょうじ 領事 a **consul** /カンスる/
領事館 a **consulate** /カンスュれト/

りょうしき 良識 **good sense** /センス/

りょうしゅう 領収する **receive** /リスィーヴ/
領収書 a **receipt** /リスィート/

りょうしん[1] 両親 *one's* **parents** /ペアレンツ/
・彼はチベット人を両親としてインドで生まれた
He was born in India to Tibetan parents.

りょうしん[2] 良心 **conscience** /カンシェンス/
良心的な conscientious /カンシエンシャス/

りょうど 領土 a **territory** /テリトーリ/
領土の territorial /テリトーリアる/
・領土問題 a territorial issue

りょうほう 両方
➤ **both** /ボウす/
・両方の手でそれを持っていなさい
Hold it with both your hands.
・それは両方とも私のです They are both mine. / Both of them are mine.
・私はその両方とも好きでない
I don't like either of them. /
I like neither of them.
・私はその両方ともは好きでない(片方は好きだが)
I don't like both of them.

りょうようじょ 療養所 a **sanatorium** /サナトーリアム/

りょうり 料理
➤ (作ること) **cooking** /クキング/; (出来上がった) a **dish** /ディシュ/
料理する cook /クク/
・料理人 a cook
・料理店 a restaurant
・料理学校 a cooking school
・料理の本 a cookbook
・彼は料理がなかなかじょうずです
He is a very good cook. /
He can cook very well.
・彼女は料理がへたです
She is a poor cook. / (まったくだめ) ひゆ She can't boil an egg. (卵もゆでられない)

りょうりつ 両立する **go together** /トゥゲざ/, **be compatible** /コンパティブる/
・仕事と遊びは両立しない Business and pleasure do not go together. / Business and pleasure are not compatible [are incompatible].
・勉強とスポーツを両立させるのは難しい
It's hard to do well both in studies and sports.

りょかく 旅客 a **traveler** /トゥラヴら/; (観光客) a **tourist** /トゥアリスト/; (乗客) a **passenger** /パセンヂャ/
・旅客機[列車] a passenger plane [train]

りょかん 旅館 a **hotel** /ホウテる/; (小規模の) an

りょけん　578　five hundred and seventy-eight

inn /イン/ → ホテル
- 旅館に泊まる　put up at an inn / stay at an inn
- 旅館を予約する　make reservations at a hotel

りょけん 旅券　a **passport** /パスポート/

りょこう　旅行

➤ **travel** /トラヴる/, **traveling**: (やや長期の) a **journey** /チャ～ニ/; (短い) a **trip** /トリプ/; (周遊) a **tour** /トゥア/; (海の) a **voyage** /ヴォイエヂ/

旅行する　**travel**; **tour**; **make** a **journey** [a **trip**, a **tour**], **go on** a **journey** [a **trip**, a **tour**]
- 旅行かばん　a travel(ing) bag
- 旅行者　a traveler; (観光客) a tourist
- 旅行案内　a guidebook
- 旅行案内所　a tourist (information) office
- 旅行代理店　a travel agency
- 旅行が好きだ　be fond of traveling
- ヨーロッパ[日本じゅう]を旅行する　travel in Europe [all over Japan]
- 世界一周旅行をする　travel around the world
- 伊豆へバス[自転車]旅行する　make a bus [cycling] trip to Izu
- 1泊旅行をする　take an overnight trip
- 南米旅行に出かける　go on a tour of South America
- 私のヨーロッパ旅行中　during my travel in [through] Europe
- 彼は中国旅行中で留守です
He is away on a journey to China.

使い分け

travel: 「旅行」を指す一般的な語 air travel (飛行機旅行)

journey: 長期の旅行を指し，「旅程，行程」も意味する a three-day journey (3日の行程)

trip: 「短い旅行」を指す語 a school trip (修学旅行)

tour: いくつかの場所を見て回る「周遊旅行」を意味する語 a tour of Tokyo (東京周遊旅行)

voyage: 「(船や宇宙船での)旅行」を意味する語 a voyage around the world (世界一周の航海)

りょひ 旅費 (費用) **traveling expenses** /トラヴリング イクスペンセズ/; (手当) a **traveling allowance** /アらウアンス/

リラックスする **relax** /リらクス/

リリーフ (交替) **relief** /リリーふ/
　リリーフする **relieve** /リリーヴ/

りりく 離陸 **take-off** /テイク オーふ/

離陸する　**take off**

リレー a **relay race** /リーれイ レイス/
- (オリンピックの)聖火リレー　the torch relay

りれき 履歴 one's **personal history** /パ～ソヌる ヒストリ/
履歴書 a **personal history**, (求職用の職務経歴書) 《米》a **résumé** /レズメイ/, 《英》a **curriculum vitae** /カリキュら厶 ヴィータエ/ → résuméは元はフランス語. e の上のアクセント記号に注意
- 通話履歴　a call history

りろん 理論 a **theory** /すィオリ/
理論的な **theoretical** /すィオレティカる/
理論的に **theoretically**

りん 燐 **phosphorus** /ふァースふぉラス/

りんかいがっこう 臨海(夏期)学校 a **seaside summer school** /スィーサイド サマ スクール/

りんかく 輪郭 an **outline** /アウトライン/
輪郭を描く **outline**

りんかんがっこう 林間学校 a **summer school in the woods** /サマ スクーる ウヅ/

りんきおうへん 臨機応変にやる
- 何が起こるか予想もつかないから臨機応変にやるしかないよ
I can't imagine what will happen, so I'll have to play it by ear. → play it by ear はもともとは「(楽譜を見ないで)聞きおぼえで演奏する」の意

りんぎょう 林業 **forestry** /ふォーレストリ/

リンク (スケートの) a **rink** /リンク/

リング (ボクシングなどの) a **ring** /リンぐ/
リングサイド a **ringside** /リンぐサイド/; (席) a **ringside seat** /スィート/

リンゴ 林檎 《植物》an **apple** /アプる/
- リンゴの木　an apple tree

りんじ 臨時の (一時的) **temporary** /テンポレリ/; (特別の) **special** /スペシゃる/
- 臨時列車　a special train

りんしょう 輪唱 a **round** /ラウンド/
- 輪唱する　sing a round

りんじん 隣人 a **neighbor** /ネイバ/

リンス conditioner /コンディショナ/ → コンディショナー

カタカナ語！　リンス

髪をシャンプーしたあとにつける「リンス」は英語で **conditioner** (仕上げ液)という. 「リンスする」は condition. rinse という英語は「すすぎ; すすぐ」という意味で, そのほかにも「染毛剤」という意味がある

リンチ (私刑) a **lynch** /リンチ/; (集団暴行) **group bullying** /グループ ブリインぐ/

・リンチを加える　lynch / bully *a person* in a group

りんり　倫理(学)　**ethics** /エすィクス/
倫理的 ethical /エすィカる/

る　ル

るい¹　類 (種類) a **kind** /カインド/ → しゅるい
・類のない　unique
ことわざ 類は友を呼ぶ　Birds of a feather flock together. (同じ羽の鳥はいっしょに集まる)
るい²　塁 (野球の) a **base** /ベイス/
・1［2, 3］塁を守る　play first［second, third］base
・1［2, 3］塁手　a first-［second-, third-］base player
・2［3］塁打　a double［a triple］/ a two-base［three-base］hit
るいご　類語 a **synonym** /スィノニム/
るいじ　類似 **resemblance** /リゼンブらンス/; (類似点) a **similarity** /スィマらリティ/
るいじんえん　類人猿　an **ape** /エイプ/
ルーキー　a **rookie** /ルキ/
ルーズな (だらしのない) **slovenly** /スらヴンりィ/; (不注意な) **careless** /ケアれス/ → **loose** /るース/ (発音に注意)はふつう「物」について「締まりのない、たるんでいる」の意味で使い、「人」について使うと「性的にふしだらな」の意味になる
・ルーズな生活をする　lead a slovenly life
・彼女はお金にルーズだ
She is careless with money.
・彼は時間にルーズだ　He is not punctual.
ルーズリーフ (ノート) a **loose-leaf notebook** /るース りィふ ノウトブク/; (用紙) **loose-leaf paper** /ペイパ/
ルート (道筋) a **route** /ルート/
ルール a **rule** /るーる/
・ゲームのルール　the rules of the game
・ルールを守る［に従う］　keep［follow］a rule

るす　留守
> **absence** /アブセンス/

・留守にする　be away［gone］
・留守番をする　house-sit / be a house-sitter
・留守番電話 (固定電話) an answering machine / (音声メッセージ) voice mail (service)
・留守中に　in［during］*one's* absence
・母は買い物に行っていて留守です
Mother is out shopping.
・私は2～3日家を留守にします
I'll be away［gone］for a few days.
・いつまでお留守になりますか
How long will you be gone［away］?
・家の者は皆動物園に行って私ひとり留守番でした
My family went to the zoo and I was alone at home.

ルネサンス the **Renaissance** /レネサーンス/
ルビー　a **ruby** /ルービ/
ルポ　a **report** /リポート/; a **documentary** /ダキュメンタリ/

れ　レ

れい¹　礼
❶ (おじぎ) a **bow** /バウ/
礼をする　bow (to ～)
❷ (感謝) **thanks** /さンクス/
礼を言う　thank
・その本(をもらったこと)に対して私は彼に礼を言った
I thanked him for the book.
れい²　例 (見本) an **example** /イグザンプる/; (事例) an **instance** /インスタンス/, a **case** /ケイス/
・例をあげる　give an example
・例をあげると　for example［instance］
・例のごとく　as usual
・こういう例は珍しい
Such cases are rare［unusual］.
・例として先生は吉田松陰の話をしてくれました
Our teacher told us about Yoshida Shoin as an example.
れい³　零　**zero** /ズィアロウ/ → れいてん
・零下30度　thirty degrees below zero
・午前零時　twelve o'clock midnight

れい 580 five hundred and eighty

れい⁴ 霊 **the soul** /ソウる/
• 犠牲者の霊に１分間の黙禱(もくとう)を捧げる observe a minute of silence for (the souls of) the victims

レイアウト (a) **layout** /れイアウト/
レイアウトする lay out

れいえん 霊園 a **cemetery** /セメテリ/

れいか 冷夏 a **cool summer** /クーる サマ/
• 今年の夏は冷夏だった
It was cool this summer.

れいがい 例外 an **exception** /イクセプション/
• 例外なく **without exception**
• どんな規則にも例外はある
There are exceptions to every rule. /
There are no rules without exceptions.
• 私も例外ではなかった
I was no exception.

れいかん 霊感 (an) **inspiration** /インスピレイション/
• 霊感がわく **have an inspiration**

れいぎ 礼儀 **courtesy** /カ～テスィ/; (丁寧(ていねい)) **politeness** /ポらイトネス/; (作法) (good) **manners** /マナズ/; (礼法) **etiquette** /エティケト/
• 礼儀正しい **courteous** / **polite**
• 彼は礼儀を知らない
He has no manners [no etiquette].

れいこく 冷酷な **cruel** /クルーエる/, **cold-hearted** /コウるド ハーテド/

れいしょう 冷笑 a **sneer** /スニア/
冷笑する sneer (at ~)

れいじょう 礼状 a **letter of thanks** /れタ サンクス/, a **thank-you letter** /サンキュー/

れいせい 冷静 **calmness** /カームネス/, **presence of mind** /プレズンス マインド/
冷静な calm /カーム/
冷静に calmly, with calmness
• 冷静さを保つ **keep calm**
• 冷静さを失う **lose** *one's* **presence of mind**

れいせん 冷戦 **the Cold War** /コウるド ウォー/
→ 武力衝突を伴わない戦争. 通例第二次大戦後の東西対立をさす

れいぞう 冷蔵庫 a **refrigerator** /リふリヂェレイタ/, 《話》a **fridge** /ふリヂ/
• 冷蔵する **refrigerate**

れいだい 例題 an **exercise** /エクササイズ/
• 例題をいくつか出す **give exercises**

れいたん 冷淡な **cold** /コウるド/, **cool** /クーる/; (無関心な) **indifferent** /インディふァレント/
冷淡に coldly, coolly

れいてん 零点 **zero** /ズィアロウ/, a **zero mark**

• (競技で)零点の[に] **scoreless**
• 理科で零点を取る **get zero in science**

れいとう 冷凍 **freezing** /ふリーズィンぐ/
冷凍する freeze
• 冷凍食品[肉] **frozen food** [**meat**]

れいねん 例年のように[よりも] **as** [**more than**] **usual** /ユージュアる/, **as** [**more than**] **in other years**
• 今年は例年よりも雪が多いでしょう
We will have more snowfall this year than in other years [than we have each year].

れいはい 礼拝 **worship** /ワ～シプ/; (礼拝式) (a) **service** /サ～ヴィス/
礼拝する worship
• 礼拝堂 a **chapel**

れいぶん 例文 an **example sentence** /イグザンプる センテンス/
• 例文をあげる **give an example sentence**

れいぼう 冷房 **air conditioning** /エア コンディショニンぐ/
冷房する air-condition /エア コンディション/

レイヤー (層, 階層) a **layer** /れイア/

れいわ 令和 → へいせい

レインコート a **raincoat** /レインコウト/

レーサー a **racing car driver** /レイスィンぐ カードライヴァ/

レーザー (光線) a **laser** (**beam**) /れイザ (ビーム)/

レース¹ (編み物) **lace** /れイス/

レース² (競走) a **race** /レイス/

レーズン raisin /レイズン/

レーダー a **radar** /レイダー/

レール a **rail** /レイる/

レーンコート a **raincoat** /レインコウト/

レーンシューズ rain boots /レイン ブーツ/ →
「レーンシューズ」は和製英語

れきし 歴史

➤ **history** /ヒストリ/
• 歴史(上)の **historical**
• 歴史的(に有名)な **historic**
• 歴史的に **historically**
• 歴史家 a **historian**
• 歴史の事実 a **historical fact**
• 歴史上の人物 a **historical personage**
• 歴史小説 a **historical novel**
• 日本の歴史 **Japanese history**
• 彼女はおそらく祖国を救った女性として歴史に名を残すだろう
She will likely go down in history as the woman who saved the country.

ことわざ 歴史は繰り返す History repeats itself.

レギュラーの regular /レギュら/
- レギュラー選手 a regular (player)

レギンス a pair of leggings /れギンぐズ/

レクリエーション recreation /レクリエイション/
- レクリエーションとして for recreation
- レクリエーション施設(しせつ) recreational facilities

レゲエ reggae /レゲイ/

レコード (記録) a record /レコド/ (→ きろく); (音盤) a record, a disk /ディスク/
- レコードをかける play a record
- レコードプレーヤー a record player

レジ (勘定(かんじょう)台) a checkout (counter) /チェカウト (カウンタ)/; (レジ係) a cashier /キャシア/

> **カタカナ語！ レジ**
>
> 日本でいう「レジ」は cash register (金銭登録器) を日本語流に短くしたもの。スーパーなどの「会計場」は checkout あるいは checkout counter という。また「レジ係」を示す cashier ということばも使われる。「レジで支払う」は pay at the checkout (counter) とか pay at the cashier という

レシート (領収書) a receipt /リスィート/ (発音注意. p は発音しない); (レジで印字されるもの)《米》a sales slip /セイるズ スリプ/

レシーバー a receiver /リスィーヴァ/

レジェンド (伝説的人物) a legend /れヂェンド/

レシピ (調理法) a recipe /レスィピ/

レジャー (余暇) leisure /リージャ/; (娯楽) recreation /レクリエイション/

レストラン a restaurant /レストラント/

レスラー a wrestler /レスら/

レスリング wrestling /レスリンぐ/

レタス 《植物》 lettuce /れタス/

れつ 列

➤ (横の) a row /ロウ/; (縦の) a line /らイン/; (順番を待つ)《米》a line,《英》a queue /キュー/

- 一番前の列にすわる sit in the front row
- 列を作る form a line [a queue]
- 列に並ぶ stand in a line [a queue]
- 入場券売り場の前には開場のずっと前から長い列が出来た
A long line [queue] was formed in front of the ticket office long before the theater opened.

a row

a line

レッカー レッカー車 a wrecker /レカ/

れっしゃ 列車 a train /トレイン/
- 列車で by train
- 上り[下り]列車 an up [a down] train
- 博多駅午後5時30分発広島行きの列車に乗る take the 5:30 p.m. train for Hiroshima from Hakata Station

レッスン a lesson /れスン/
- レッスンを受ける take lessons

レッテル a label /れイブる/ → ラベル

れっとう 列島 a chain of islands /チェイン アイらンヅ/, an archipelago /アーキぺらゴウ/
- 日本列島 the Japanese Archipelago / the Japan Islands

れっとうかん 劣等感 an inferiority complex /インフィアリオーリティ コンプれクス/

レバー[1] (肝臓) liver /リヴァ/

レバー[2] (取っ手) a lever /れヴァ/

レパートリー a repertoire /レパトワー/

レフェリー a referee /レふェリー/

レフト (野球の) left field /れふト ふィーるド/; (左翼手) a left fielder /ふィーるダ/

レベル (a) level /れヴる/
- レベルが高い[低い] be on a high [low] level
- レベルが同じである be on the same level
- より高いレベルに達する rise to a higher level

レポーター a reporter /リポータ/

レポート (報告書) a report /リポート/; (研究論文) a paper /ペイパ/ → 学校でいう「レポート」は, ふつう何かについて調べて報告するものだから paper という語を使う
- レポートを提出する hand in a report [a paper]

レモネード lemonade /れモネイド/

レモン 檸檬《植物》a **lemon** /**レ**モン/
・レモンジュース lemon juice

れる …(さ)れる，…られる

❶ 受け身形（**be**＋**過去分詞**）で表現する
❷（可能）**can** do

❶（…は[が]…される）「受け身形（**be**＋**過去分詞**）」で表現する；（…は…を…される）「主語＋**have**＋目的語＋過去分詞」の形で表現する
・彼はクラスメートに好かれています
He is liked by his classmates.
・この番組は毎週金曜日に放送されます
This program is broadcast every Friday.
・この絵は有名な画家によってかかれたものです
This picture is painted by a famous artist.
・その試合は8チャンネルで今晩放送されるでしょう
The game will be televised on Channel 8 this evening.
・私は映画館で財布を盗まれた
I had my purse stolen in the theater.
❷（可能）**can** do
・彼はピアノがひける
He can play the piano.

れんあい 恋愛 **love** /**ラ**ヴ/
・恋愛小説 a love story

れんが (a) **brick** /**ブ**リク/
・れんが造りの家 a brick house / a house built of brick(s)

れんきゅう 連休 **straight holidays** /ストレイト ハリデイズ/
・今月は4日の連休がある
We have four straight holidays this month.
・5月の連休にはどこへ出かけるつもりですか
Where are you planning to go in May during the long holidays ['Golden Week' holidays]?

れんけい 連携 **cooperation** /コウアペレイション/
・…と連携する work in cooperation with ～

れんごう 連合 a **union** /**ユ**ーニョン/
連合軍 the **allied forces** /アライド **フォ**ーセズ/

れんさい 連載される **appear serially** /アピア スィアリアリ/
・連載小説 a serial story

れんさはんのう 連鎖反応 a **chain reaction** /**チ**ェイン リア**ク**ション/
・連鎖反応を引き起こす start a chain reaction

レンジ (電子レンジ) a **microwave (oven)** /**マイ**クロウウェイヴ (**ア**ヴン)/ (→ でんし); (ガスレンジ) a **gas stove** /**ギャ**ス ス**トウ**ヴ/

れんしゅう 練習

➤ **practice** /**プ**ラ**ク**ティス/; (an) **exercise** /**エ**クササイズ/

練習する **practice**
・練習問題(集) an exercise (book)
・練習試合 a practice game [match]
・彼女は毎日ピアノを2時間練習する She practices the piano for two hours every day.
・彼らはバッティングの練習をしていた
They were practicing (at) batting.
・英語をしゃべるということは非常に練習のいることです
Speaking English requires a lot of practice.

レンズ a **lens** /**レ**ンズ/

れんそう 連想 **association** /アソウシエイション/
連想する **associate** /アソウシエイト/
・私は夏というといつも海辺での休日を連想する
I always associate summer with holidays by the sea.
・その絵は私にあの当時を連想させる
The picture reminds me [puts me in mind] of those days.

れんぞく 連続 (a) **succession** /サク**セ**ション/
・連続的な successive; serial
・連続して in succession / successively
・連続殺人犯 a serial killer
・連続五日間 for five successive days / for five days on end / for five days running
・それらの事故はその日に連続して起こった
Those accidents happened in succession on that day.

レンタカー a **rent-a-car** /**レ**ンタカー/
・レンタカーを借りる rent a car

レンタルの **rental** → かし⁴
・レンタル自転車(店) a rental bike (shop)

レントゲン **X-ray** /**エ**クス **レ**イ/
・レントゲン写真 an X-ray photograph

れんぽう 連邦 a **federation** /ふェ**デ**レイシャン/; **union** /**ユ**ーニョン/
・ロシア連邦 the Russian federation

れんめい 連盟 a **league** /**リ**ーグ/

れんらく 連絡 **connection** /コ**ネ**クション/
連絡する **connect** /コ**ネ**クト/, **get in touch with** /**タ**チ/
・連絡船 a ferryboat
・一斉メールでの学校からの連絡 emails from the school mailing list / mailing list messages from the school
・このバスは名古屋駅午前9時10分発ののぞみ11号

に連絡します This bus connects with the superexpress Nozomi No.11 leaving at 9:10 a.m. from Nagoya Station.

・電話で彼と連絡できるでしょうか
Can I get in touch with him over the telephone?

ろ　ロ

ろ¹ 炉　(暖炉) a **fireplace** /ふァイアブれイス/; (溶鉱(ようこう)炉) a **furnace** /ふァ～ネス/
・炉ばたで　by the fireside

ろ² (船の) an **oar** /オー/

ろう **wax** /ワクス/
・ろう人形　a wax doll

ろうか 廊下　a **hallway** /ホーるウェイ/, a **corridor** /コーリダ/

ろうしゃ 聾者　the **deaf people** /デふ ピープる/; **the people with hearing loss** /ウィず ヒアリンぐ ろース/
聾啞者(ろうあしゃ) the **deaf and speech-impaired people** /デふ アンド スピーチ インペアド/
・聾学校　a school for the deaf people

ろうじん 老人　(男性) an **old man** (圏 men), (女性) an **old woman** /ウマン/ (圏 women /ウィメン/); (集合的に) **old people** /ピープる/, **the aged** /エイヂド/, **the old**
・老人ホーム　a nursing home
・老人は尊敬しなければなりません
You must respect old people. /
The aged must be respected.

ろうすい 老衰　**senility** /スィニリティ/
・老衰で死ぬ　die of old age

ろうそく a **candle** /キャンドる/
・ろうそく立て　a candlestick
・ろうそくをともす[吹き消す]　light [blow out] a candle

ろうどう 労働

➤ **labor** /れイバ/

労働する **work** /ワ～ク/
・労働者　a worker; (雇われている人) an employee; (肉体労働者) a laborer
・熟練労働者　a skilled worker
・農場労働者　a farm worker
・季節労働者　a seasonal worker
・労働組合　《米》a labor union / 《英》a trade union
・労働時間　working hours
・労働条件　working conditions

・労働者階級　the working class

ろうどく 朗読する　**read aloud** /リード アらウド/

ろうにん 浪人
❶ (主君のない武士) **ronin**, a **samurai without a lord** /ろード/, a (召しかかえられていない武士) a **warrior without retainment** /ウォーリア ウィずアウト リテインメント/
❷ (大学受験のための)
・私の兄は高校を卒業して今浪人中です
My brother graduated from high school and is now studying for college examinations for next year.

ろうねん 老年　**old age** /オウるド エイヂ/

ろうひ 浪費　(a) **waste** /ウェイスト/ ➔ むだづかい
浪費する **waste**

ろうりょく 労力　**labor** /れイバ/

ろうれい 老齢化社会　an **aging society** /エイヂンぐ ソサイエティ/

ローカルな (地元の) **local** /ろウカる/; (田舎の) **rural** /ルラる/

ロータリー 《米》a **traffic circle** /トらふィク サ～クる/, 《英》a **roundabout** /ラウンダバウト/

ロードショー (映画の封切公開) **(general) release** /(ヂェネラる) リリース/; (初演・初公開) a **premiere** /プリミア/ ➔ 英語の a road show はふつう「巡回興行(こうぎょう)」の意味

ロープ a **rope** /ろウプ/

ロープウェー (ケーブルカー) a **cable car** /ケイブる カー/ ➔ 日本でいう「ロープウェイ」は英語ではこう呼ばれる. ropeway は「ロープを渡して荷物を運ぶ空中ケーブル」の意味

ローマ **Rome** /ろウム/
・ローマの　Roman
・ローマ人　a Roman
・ローマ字　Roman letters
・ローマ数字　Roman numerals
・ローマ教皇(きょうこう)　the Pope

ローラー a **roller** /ろウら/
・ローラースケート　roller skating; (靴) (a pair of) roller skates

ローン a **loan** /ろウン/, (特に家を買うための) a

ろか 584 five hundred and eighty-four

mortgage /モーギヂ/ →t は発音しない
・彼女はローンを組んで家を買った
She took out a mortgage [a loan] to buy a house.
・彼女は住宅ローンを返し終えている.
She has paid off the mortgage.

ろか 濾過 **filtration** /ふぃるトレイション/

ろく 6(の) **six** /スィクス/
・第6(の) the sixth (略 6th)

ろくおん 録音 **recording** /リコーディング/
録音する **record** /リコード/, (特にテープに) **tape** /テイプ/

ろくが 録画 **recording** /リコーディング/
録画する **record** /リコード/, (特に磁気テープに) **videotape** /ヴィデオウテイプ/, **tape**
・テレビ番組を録画する record a TV program [show]

ろくがつ 6月 **June** /ヂューン/ (略 Jun.) →くがつ

ろくじゅう 60(の) **sixty** /スィクスティ/
・第60(の) the sixtieth (略 60th)
・61(の), 62(の), … sixty-one, sixty-two, …
・第61(の), 第62(の), … the sixty-first, the sixty-second, …

ろくでなし (役に立たない人) a **good-for-nothing** /グド ふォ ナすィング/

ロケ(ーション) location /ロウケイション/
・ロケ(ーション)に行く go on location

ロケット a **rocket** /ラケト/
・ロケット砲[弾] a rocket gun [bomb]
・ロケット発射台 a rocket launcher
・ロケットを発射する launch a rocket

ろじ 路地 an **alley** /アリ/

ロシア Russia /ラシャ/
・ロシア(人・語)の Russian
・ロシア語 Russian
・ロシア人 a Russian; (全体) the Russians
・ロシア連邦 the Russian Federation

ろしゅつ 露出 **exposure** /イクスポウジャ/
露出する **expose** /イクスポウズ/

ろせん 路線 a **route** /ルート/
・バス路線 a bus route
・路線バス a route bus

ロッカー a **locker** /ラカ/
・ロッカールーム a locker room

ロックダウン (外出・営業禁止令) **lockdown** /らックダウン/, a **stay-at-home order** /ステイ アト ホウム オーダ/

ロック(ンロール) rock /ラク/, **rock-and-roll** /ラク アンド ロウる/, **rock-'n'-roll** /ラクン ロウる/

ろっこつ 肋骨 a **rib** /リブ/

ろてん 露店 a **roadside stand** /ロウドサイド/

ろてんぶろ 露天風呂 *rotenburo*, an **open-air hot spring** /オウプン エア ハト スプリング/

ロバ 驢馬 《動物》a **donkey** /ダンキ/

ロビー a **lobby** /らビ/

ロボット a **robot** /ロウバト/
・ロボット工学 robotics

ロマンス a **romance** /ロウマンス/

ロマンチックな romantic

ろん 論 →ぎろん

（ことわざ）論より証拠
Proof is better than argument. (証拠は議論にまさる) / The proof of the pudding is in the eating. (プディングのうまいまずいは食べてみなければわからない)

ろんじる 論じる (主張する) **argue** /アーギュー/; (意見を出し合う) **discuss** /ディスカス/
・このことについてはいつかまた十分に論じましょう
Let us discuss this matter more fully some other time. →✕ discuss *about* 〜 としない

ろんせつ 論説 →しゃせつ

ろんそう 論争 a **dispute** /ディスピュート/
論争する **dispute**
・論争点 a point in dispute
・その件について彼と論争する dispute with him on the matter

ロンドン London /らンドン/
・ロンドンっ子 a Londoner

ろんぶん 論文 (小論文) a **paper** /ペイパ/, an **essay** /エセイ/; (学位論文) a **thesis** /すィースィス/ (複 theses /すィースィーズ/)

ろんり 論理(学) **logic** /らヂク/
論理的 **logical** /らヂカる/
・論理的に logically

わ ワ

わ¹ 輪 a **ring** /リング/; (円) a **circle** /サ〜クる/
・輪になってすわる sit in a ring [a circle]

わ² 和 (協調) **harmony** /ハーモニ/
・日本人は仲間の和を大切にする

The Japanese think much of harmony among the members of their group.

わ³, わっ (驚き・喜びの叫び) **boy**, **wow** /ワウ/ → あ, あっ

ワークブック a **workbook** /ワ～クブク/

ワープロソフト a **word processor** /ワ～ド プラセサ/, **word-processing software** /ワ～ド プラセスィング ソーふトウェア/

ワールドカップ the **World Cup** /ワ～るド カプ/

ワイシャツ a **shirt** /シャ～ト/ →「ワイシャツ」は「ホワイトシャツ」(white shirt)からつくられた語
・ワイシャツ姿で in one's shirt sleeves

わいせつな **lewd** /るード/, **dirty** /ダ～ティ/, **obscene** /オブスィーン/

ワイパー (自動車の) a **windscreen wiper** /ウィンドスクリーン ワイパ/

ワイファイ (無線LANの規格) **Wi-Fi** /ワイ ふァイ/

ワイヤレス → むせん

わいろ a **bribe** /ブライブ/
・わいろをやる[取る] offer [take] a bribe

ワイン **wine** /ワイン/
・ワイン1杯[1本] a glass [a bottle] of wine

わえい 和英辞典 a **Japanese-English dictionary** /ヂャパニーズ イングりシュ ディクショネリ/

わかい 若い
➤ **young** /ヤング/

若さ one's **youth** /ユーす/
・君が若いうちに while you are young / in your youthful days
・若いうちに死ぬ die young
・彼女は年の割には若い
She looks young for her age.

ワカサギ 公魚 《魚》a (**pond**) **smelt** /(パンド) スメるト/
・ワカサギ釣りをする fish for pond smelt

わかす 沸かす **boil** /ボイる/ → わく²
・湯を沸かす boil water
・彼女はお茶を入れようとしてお湯を沸かしていた
She was boiling water to make tea [for tea].

わかば 若葉 **new [fresh] leaves** /リーヴズ/

わがまま わがままな **selfish** /セるふィシュ/, **willful** /ウィるふる/
・わがままを通す have one's own way
・彼は何事にもわがままを通そうとする
He will have his own way in everything.

わかもの 若者 (男性) a **young man** /ヤング/ (複) men), a **youth** /ユーす/, (女性) a **young woman** /ウマン/ (複) women /ウィメン/); (全体として)

young people /ピープる/

わからずや (頑固者) an **obstinate person** /アブスティネト パ～スン/, (聞きわけのない人) an **unreasonable person** /アンリーズナブる/

わかりにくい **be hard to understand** /ハード アンダスタンド/

わかりやすい **be easy to understand** /イーズィ アンダスタンド/

わかる
➤ (理解する) **understand** /アンダスタンド/, **see** /スィー/, **make out**; (知る) **know** /ノウ/; (芸術作品などを鑑賞する) **appreciate** /アプリーシエイト/; (見分ける) **identify** /アイデンティふァイ/

・わかりました I see.
・君の言うことはぼくにはわからない I cannot understand what you say [your meaning]. / I can't make heads or tails of your story. (コインの表 (heads) と裏 (tails) の区別がつかない)
・先生は私たちによくわかるようにやさしくゆっくり話してくださいます
Our teacher speaks so simply and slowly that we can understand her [him] easily.
 あなたはパーティーに参加しますか.—まだわかりません Will you join the party?—I don't know.
・彼は太郎がきらいだということが君にどうしてわかるの How do you know [can you tell] that he does not like Taro?
・私はどうしてよいかわからなかった
I was at a loss what to do. (途方 (とほう) に暮れた) /
 I was all at sea. (陸地のめじるしがまったくない公海上にいた)
・彼をどうしてよいか私にはわからない
I don't know what to do with him.
・多くの外国人は歌舞伎のよさがわかります
Many foreigners can appreciate *kabuki*.
・君の傘がどれだかわかりますか
Can you identify your umbrella?
・もし道がわからなかったらだれかに聞きなさい
Ask somebody if you cannot find the way.
・彼女は帰り道がわからなかった
She could not find her way back.
・これからはこういう態度は許しません. わかりましたか I will not tolerate this behavior any longer. Is that clear?
・彼にはユーモアがわからない

わかれ 586

He has no sense of humor.
•それが何についてのことだかわかりますか
Do you have any idea what it is about?
•私のおじさんはワインのよしあしがよくわかる人です My uncle is a good judge of wine.
•彼の話しぶりから彼が関西の人だということがわかる His speech shows that he comes from the Kansai area.
•どちら側が勝つかはわからない(→言うことができない) There is no telling which side will win.
•そのカメラは見たところとてもよさそうだけど, 実際は使ってみないとわからない

ひゆ The camera looks very good, but the proof of the pudding is in the eating. (プディングのおいしいまずいは食べてみないとわからない)

使い分け

understand: 誰かの言っていることや意味するところを「理解・了解する」こと The students understood what the teacher explained. (生徒たちは先生が説明したことを理解した)
see: 誰かが言っていることの趣旨や理由が「わかる」こと I can see why she loves her dog because he is very cute. (どうして彼女が犬を好きなのかわかった, とてもかわいいからだ)
know: あるものについての知識や情報を「知っている」こと She knew the answer of the exam question. (彼女はテスト問題の答えがわかった)

わかれ 別れ (a) **parting** /パーティング/; (さようなら) (a) **good-bye** /グッ バイ/, (a) **farewell** /フェアウェる/
•別れを告げる say good-bye [farewell]
•別れのに手を振る wave a hand in farewell / wave a farewell
わかれみち 別れ道 a **branch road** /ブランチ ロウド/; (十字路) a **crossroads** /クロースロウヅ/

わかれる 別れる, 分かれる

➤ **part** /パート/; (分離される) **be divided** /ディヴァイデド/; (枝状に) **branch** /ブランチ/, (ふたまたに) **fork** /ふォーク/
•君たち二人はどこで別れたの
Where did you two part?
•私は門のところで彼と別れた
I parted from him at the gate.
•私たちは駅で別れた(→別々の方へ行った)
We went our separate ways from the station.
•3年生は三組に分かれている The 3rd year students are divided into three classes.
•ここで道は二つに分かれる

Here the road branches (into two). / Here the road forks.
わき the **side** /サイド/
•わきに[を] aside
•…のわきに beside ～ / by～ / by the side of ～ →そば2
•それをわきに置く put it aside
•わきを見ないでまっすぐ前を見なさい
Don't look aside. Look straight ahead.
わきのした わきの下 the **armpit** /アームピト/
わきばら わき腹 one's **side** /サイド/
•わき腹が痛む have a pain in one's side
わく¹ 枠 a **frame** /ふレイム/; (範囲) a **limit** /リミト/
わく² 沸く (湯が) **boil** /ボイる/ →わかす
•やかんの湯が沸いている The kettle is boiling.
•おふろが沸きました The bath is ready.
わく³ 湧く (泉などが) **gush out** /ガシユ/; (あふれ出る) **well out** /ウェる/
わくせい 惑星 a **planet** /ぷらネト/
ワクチン (a) **vaccine** /ヴァクスィーン/
•ワクチン接種 vaccination
•ワクチンを接種する vaccinate, inoculate
•彼女はインフルエンザのワクチンを接種してもらった She was inoculated [vaccinated] against the flu.
わくわく わくわくする **be** [**get**] **excited** /イクサイテド/, **be thrilled** /すりるド/
•わくわくして excitedly
•飛行機からロッキー山脈が見えると思ってわれわれはわくわくしていた
We were excited in expectation of seeing the Rocky Mountains from the plane.
•私はうれしくて胸がわくわくした
I was thrilled with delight.

わけ

➤ (理由) (a) **reason** /リーズン/ →りゆう
•こういうわけで for this reason
•どういうわけで for what reason / why
•わけなく(容易に) easily / without difficulty
•君がなぜそうしたかそのわけを聞かせてくれ
Let me know the reason why you did so. / Tell me why you did so.
•だから彼が好きなわけ
That's why I fell for him. → fall for ～ は「…に夢中になる」
わけがない …するわけがない →はず (→…はずがない)
わけまえ 分け前 a **share** /シェア/

five hundred and eighty-seven　587　わたりろうか

わけめ 分け目 (髪の)《米》a **part** /パート/, 《英》a **parting** /パーティンぐ/

わける 分ける (分割する) **divide** /ディヴァイド/; (分配する) **share** /シェア/; (分け目をつける) **part** /パート/
・子供たちを性別で二組に分ける　divide the children by sex into two classes
・髪を真ん中［横］で分ける　part one's hair in the middle［at the side］
・その利益は君とぼくで分けよう
Let us share the profit (between you and me).
・君たちで分けなさいと言って彼は私たちに本を何冊かくれた　He gave us some books to be divided among us.

わゴム 輪ゴム a **rubber band** /ラバ バンド/

ワゴン (キャスター付きの) a **wagon** /ワガン/; (自動車) a **station wagon** /ステイション/

わざ (技量) **skill** /スキる/; (妙技) a **feat** /ふィート/ → げい
・彼女のアクロバットのわざは実にすばらしかった
It was wonderful to see her acrobatic feats.

わざと intentionally /インテンショナリ/, **on purpose** /パ～パス/
・彼はわざとそうしたのです　He intentionally did so. / He did so on purpose.

わさび わさび **wasabi**, **Japanese horseradish** /ホースラディシュ/

わざわい 災い → さいなん, ふこう

わざわざ for the special purpose /スペシャる パ～パス/
・わざわざ…する　take the trouble to do
・彼はわざわざ君に会うためにここへ来たのだ
He took the trouble to come here to see you. / He came here for the special purpose of seeing you.
・私のためにわざわざそんなことをしないでください
You need not take so much trouble for my sake. / Please don't trouble yourself like that on my account.
・君が忙(いそが)しければわざわざ来なくてもいいよ
Don't trouble to come if you are busy.

わし 和紙 **washi**; **traditional Japanese paper** /トラディショヌる/

ワシ 鷲 《鳥》an **eagle** /イーグる/

わしょく 和食 (食べ物) **Japanese food** /ヂャパニーズ ふード/; (料理) a **Japanese dish** /ディシュ/; (料理法) **Japanese cuisine** /クウィズィーン/

ワシントン (州) **Washington** /ワシントン/; (市) **Washington, D.C.**

わすれる　忘れる

➤ **forget** /ふォゲト/
➤ (置き忘れる) **leave** (**behind**) /リーヴ (ビハインド)/
・忘れっぽい　forgetful
・忘れ物　a thing left behind
・この手紙を出すのを忘れないでくれ
Don't forget to mail this letter.
・私はその時母が私に言ったことばを決して忘れない
I will never forget the words that my mother said to me then［on that occasion］.
・だれがこのカメラをここに忘れて行ったのだろう
I wonder who left this camera behind here.
・私は毎日英語の単語を10語覚えるけど, すぐ忘れてしまう
ひゆ I learn 10 English words every day, but they go in one ear and out the other. (一方の耳から入って別の方の耳から出ていく)

わた 綿　**cotton** /カトン/; (脱脂綿) **absorbent cotton** /アブソーベント/

わだい 話題　a **topic** /タピク/
・きょうの話題　current topics
・このことに関しては彼は話題が豊富だ　He has a good stock of topics on this subject.
・私たちには共通の話題がたくさんあった　We had a lot of common interests to talk about.

わたがし 綿菓子　a **cotton candy** /カトン キャンディ/

わたし　私は, 私が

➤ **I** (複 we)
私の　**my** (複 our)
私を, 私に　**me** (複 us)
私のもの　**mine** /マイン/ (複 ours)
私自身　**myself** /マイセるふ/ (複 ourselves /アウアセるヴズ/)

会話 だれですか. ―私です　Who is it? ―It's me. ➡「人間」であっても, それがだれであるかわからない時は it を使う
・私の家族は3人—父, 母, そして私です　There are three people in my family—Father, Mother, and myself.

わたしたち 私たちは［が］　**we** → わたし

わたす 渡す (手渡す) **hand**; (引き渡す) **deliver** /ディリヴァ/

わたぼこり 綿ぼこり　**lint** /リント/

わたりどり 渡り鳥　a **bird of passage** /バ～ド パセヂ/, a **migratory bird** /マイグラトーリ/

わたりろうか 渡り廊下　a **passage(way)** /パセヂ

わたる 渡る cross, get across /アクロース/; (水の中を歩いて) wade /ウェイド/
- 橋を渡る cross a bridge
- 舟も橋もなかったので私たちはその川を渡ることができなかった As there was neither a boat nor a bridge, we could not get across the river.
- これらの鳥は秋になると海の向こうから渡って来る These birds come from across the sea every fall.

ワックス ワックス(をぬる) wax /ワクス/

わっと わっと泣きだす burst into tears /バ〜スト ティアズ/; burst out crying /クライイング/

ワット (電力の単位) a watt /ワト/

ワッペン (紋章) an emblem /エンブれム/ → 「ワッペン」はドイツ語の Wappen から

わな a snare /スネア/, a trap /トラプ/
- わなをしかける set a snare [a trap]
- わなにかかる be caught in a snare [a trap]

わなげ 輪投げ(をする) (play) quoits /クウォイツ/

ワニ 鰐 《動物》(アフリカ・アジア産) a crocodile /クラコダイる/; (アメリカ産) an alligator /アリゲイタ/

わびる apologize /アパろヂャイズ/ → あやまる
- 私はあなたにおわびしなければなりません I must apologize to you.

わふく 和服 → きもの

わぶん 和文 Japanese, a Japanese sentence /センテンス/
- 和文を英訳する translate [put] Japanese sentences into English

わへい 和平 peace /ピース/
- 和平交渉 peace negotiations

わめく shout /シャウト/
- 痛いといってわめく shout with pain

わやく …を和訳する translate [put] 〜 into Japanese /トランスれイト/
- 英文を和訳する translate [put] English sentences into Japanese

わら (a) straw /ストロー/
- わらぶき屋根 a thatched roof
- わら人形 a straw figure

わらう 笑う
➤ (声を出して) laugh /らふ/; (ほほえむ) smile /スマイる/ → ほほえむ

笑い a laugh; (ほほえみ) a smile
- 笑い声 laughter
- 笑い話 a funny story / a joke
- どっと笑いだす burst out laughing / burst into laughter
- 大声を出して笑う give a loud laugh
- それは笑い事じゃない It is no laughing matter. / It is not a matter to laugh about.
- このばかばかしい間違いでぼくたちは大笑いした We had a good laugh over this foolish mistake.
- 隣の部屋から笑い声が聞こえてきた
I heard laughter from the next room. / I heard someone laughing in the next room. / Laughter came from the next room.

ことわざ 笑う門(かど)には福来る Laugh and grow fat. (笑えば肥(こ)える)

laugh　　　smile

わり 割 (割合) rate /レイト/; (百分率) percent /パセント/

わりあい 割合 proportion /プロポーション/, ratio /レイショウ/
- 15パーセントの割合で at the rate of 15% (読み方: fifteen percent)
- AとBを3対1の割合で混ぜる mix A and B in the proportion [the ratio] of 3 to 1

わりあてる 割り当てる assign /アサイン/
割り当て assignment /アサインメント/
- 先生はその仕事をわれわれに割り当てた
The teacher assigned the task to us.
- 先生は3人の生徒をその仕事に割り当てた The teacher assigned three students to the task.
- われわれは教室そうじを割り当てられた
We were assigned to the task of cleaning the classroom.

わりかん 割り勘にする share the cost /シェア コースト/, split the cost
- 割り勘にしよう Let's share [split] the cost.

わりこむ 割り込む break in /ブレイク/, cut in
- 列に割り込む 《米》jump the line / 《英》jump the queue
- 彼女はいつも人の話に割り込んでばかりいる
She is always breaking in on other people's conversation.

わりざん 割り算 division /ディヴィジョン/

わりと 割と （比較的）**comparatively** /コンパラティヴリ/, **relatively** /レラティヴリ/; （かなり）**fairly** /フェアリ/, **rather** /ラざ/
- きょうは割と寒い It is rather cold today.
- このカメラは割と安かった
This camera was comparatively cheap.

わりに …の割に **for**
- 値段が安い割にこれはなかなかいいカメラだ
This camera is very good for its price.
- 彼は年の割には若くみえる
He looks young for his age.

わりばし 割り箸 *waribashi*, **jointed-together disposable wooden chopsticks which are split for use** /ヂョインテド トゥゲざ ディスポウザブる チャプスティクス/

わりびき 割引 a **discount** /ディスカウント/, a **reduction** /リダクション/
割引する discount → まける ❷
- 団体割引 a group reduction
- 割引券 a discount ticket ［coupon］
- 割引して売る sell at a discount ［a reduction］
会話 現金だったら割引してもらえますか. —はい. 5パーセント割引になります
Do you allow any discount for cash? —Yes. You can get five percent off.
- 彼は20パーセント割引してくれた
He gave me a discount of 20%.

わる 割る
➤ （壊(こわ)す）**break** /ブレイク/
➤ （分ける）**divide** /ディヴァイド/
- 花びんを割る break a vase
- ガラスが割れている The glass is broken.
- 10割る2は5である
Ten divided by two is five.

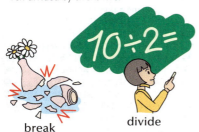

break　　divide

わるい 悪い
➤ **bad**; （間違っている, 故障している）**wrong** /ローング/

- 1日じゅう家の中にいるのは健康に悪いですよ It is bad for your health to stay indoors all day.
- 彼はきのうよりも具合が悪いようだ
He looks worse than yesterday.
- さらに悪いことには雪が降りだした
To make matters worse, it began to snow.
- 悪い事のあとにはよい事が来るものだ
ひゆ After rain comes sunshine. （雨のあとには日が射す）→ ことわざとして使われる
参考ことわざ どの雲も裏側は(太陽に照らされて)銀色に輝いている Every cloud has a silver lining. （銀色の裏地を持っている）→ どんな悪い事にもよい面があるということ
- このラジオにはどこか悪い所がある
There is something wrong with this radio.
- そんなことを言うなんて君が悪かったのだ
It was wrong of you to say so.
- 私が悪いのです I am to blame.

> **使い分け**
> **bad**:「悪い」ということを広く指す a bad habit（悪習慣）
> **wrong**:「間違っている」という意味で用いる a wrong answer（間違った答え）
> **awful**:「とても悪い」という意味で用いる an awful weather（とても悪い天気）

わるがしこい 悪賢い （ずるい）**cunning** /カニング/; （抜け目がない）**shrewd** /シュルード/

わるぎ 悪気 **harm** /ハーム/
- 驚かせてすみませんでした. 悪気はなかったのです
I'm sorry I frightened you; I meant no harm.

わるくち 悪口を言う **speak ill of** /スピーク イる/; （ことばで A (人)を傷つける）**call A names** /コーる/
- 陰(かげ)で人の悪口を言ってはいけない
Don't speak ill of others behind their backs.
- 君がなんて悪口を言おうとぼくは考えを変えないよ
You can call me names, but I won't change my mind.
- 悪口なんていくら言われたって平気さ
ひゆ Words can never hurt me. （ことばはけっして私を傷つけることができない）→ この前に Sticks and stones may break my bones, but（棒や石なら骨が折れるかもしれないけど）を付けて言うことが多い

ワルツ (a) **waltz** /ウォーるツ/

わるふざけ 悪ふざけ a **practical joke** /プラクティカる ヂョウク/
- …に悪ふざけをする play a practical joke on ～

わるもの 悪者 （人々）the **wicked** /ウィキド/ a **wicked person** (愈 people); （悪漢）a **villain** /ヴィらン/

われ 我 (私) **I**; (自分自身) **oneself**
- 我思うゆえに我あり　I think, therefore I am.
- 彼はうれしくて我を忘れた
He was beside himself with joy.
- その時私ははっと我に返った
At that time I suddenly came to myself.

われめ 割れ目　**a crack** /クラク/

われる 割れる　**break** /ブレイク/ → こわす (→ 壊れる)
- 割れやすい　breakable
- それはすぐ割れます　It breaks easily.
- 氷が割れて私は水に落ちた
The ice gave way and I fell into the water.
- 私は頭が割れるように痛い
I've got a splitting headache. → splitting は「裂くような, 割れるような」

われわれ → わたし

わん 湾　**a gulf** /ガるふ/; (gulf より小さい) **a bay** /ベイ/; (入り江) **an inlet** /インれト/
- メキシコ[カリフォルニア]湾　the Gulf of Mexico [California]
- 東京湾　the Bay of Tokyo

ワンサイドゲーム **a one-sided game** /ワン サイデド ゲイム/

わんぱく 腕白な　**naughty** /ノーティ/
- 腕白坊主　a naughty boy

ワンパターンの (同じことばかり) **repetitious** /レペティシャス/
- 祖父の話すことはワンパターンだ　Grandpa's stories always follow the same pattern.

ワンピース **a (one-piece) dress** /(ワン ピース) ドレス/
- ワンピースにしようかしら, それともブラウスとスカートにしようかしら　Shall I wear a dress or a blouse and skirt?

> カタカナ語！ ワンピース
> 「ワンピース」は one-piece dress ともいうが, 一般的には **dress** 1語で使う. dress には「正装」という意味もあるが, 使われる状況から二つの意味が混同されることはまずない

ワンマン
❶ (独裁者) **a dictator** /ディクテイタ/
- ワンマン社長　an authoritarian company president / a corporate dictator
❷ (一人の) **a one-person operation**
- ワンマン運転　a one-person operation / a driver-only operation
- ワンマンショー　a one-person show / a solo performance

わんりょく 腕力 (暴力) **force** /ふォース/
- 腕力で　by force

ワンルームマンション 《米》**a studio (apartment)** /ステューディオウ/, 《英》**a studio (flat)** → ワンルームマンションは和製英語 → マンション

わんわん (イヌの鳴き声) **bowwow** /バウワウ/
わんわんほえる **bowwow, bark** /バーク/

を ヲ

を …を
❶「**他動詞＋名詞**」で表現する
❷「**自動詞＋前置詞＋名詞**」で表現する

❶ (他動詞＋名詞で表現する場合)「プレゼントをあげる」の「…を」は英語では他動詞の目的語として表される; 他動詞のすぐ次に名詞を続けると, その名詞は他動詞の目的語になって,「…を」の意味になる;「彼女にプレゼントをあげる」のように「…に…を…する」の場合には, 動詞＋「…に」の名詞＋「…を」の名詞の形もある;「私を」「彼を」のような人称代名詞の時は, それぞれの目的格 (me, you, him, her, it, us, them) を用いる; → が² ❷, は⁵ ❷
- 私は父をとても愛しています
I love my father very much.
- 父は私にプレゼントをくれた
Father gave a present to me. /
Father gave me a present.
- 私はそれをとても気に入っています
I like it very much.
- 君は何をしているのですか　What are you doing?

❷ (自動詞＋前置詞＋名詞で表現する場合) ❶ の他動詞のように目的語をすぐ次に続けることができない動詞 (＝自動詞) の場合には, 自動詞＋前置詞＋「…を」の名詞の形になる; この場合自動詞によっていろいろな前置詞が使われる; 人称代名詞の場合は, ❶ と同じく目的格の人称代名詞を前置詞の次に続ける
- 彼を見る　look at him
- 空を飛ぶ　fly in the air
- 走って道を渡る　run across a road
- 部屋を見回す　look around a room
- 通りを歩く　walk along the street

Appendix
付録

科目のことば	592
英会話ミニ辞典	595
不規則動詞変化表	608

アメリカ・イギリスほかでよく使われる重さや長さなどの単位 …… 前見返し
主な不規則動詞変化表／主な形容詞・副詞変化表 …… 後見返し

JUNIOR CROWN

科目のことば

各科目に関連する代表的な単語とその英訳をまとめました.

国語　Japanese

随筆	an essay
小説	a novel
詩	a poem; poetry
古文	Japanese classics
漢文	Chinese classics
外来語	a loanword
漢字	a Chinese character; (a) kanji
作文	(a) composition, essay writing
読書感想文	a book report
レポート	a paper
スピーチ	a speech
読解	reading comprehension
文法	grammar

書写　calligraphy

毛筆	a (writing) brush
墨	an ink stick
墨汁	liquid *sumi* ink
すずり	an inkstone
半紙	Japanese calligraphy paper
文鎮	a paperweight

英語　English

リスニング	listening comprehension
会話	(a) conversation
スピーチ	a speech
ディベート	a debate
ディスカッション	(a) discussion
発表	(a) presentation
発音	(a) pronunciation
イントネーション	(an) intonation
品詞	a part of speech
名詞	a noun
代名詞	a pronoun
動詞	a verb
助動詞	an auxiliary (verb)
形容詞	an adjective
副詞	an adverb
冠詞	an article
前置詞	a preposition
接続詞	a conjunction
平叙文	a declarative sentence
疑問文	an interrogative sentence
命令文	an imperative sentence
肯定文	an affirmative sentence
否定文	a negative sentence
一人称	the first person
二人称	the second person
三人称	the third person
現在形	the present (tense)
過去形	the past (tense)
未来表現	the future
受け身	the passive (voice)
能動態	the active (voice)
仮定法	the subjunctive mood
現在進行形	the present progressive
現在完了	the present perfect
不定詞	an infinitive
動名詞	a gerund

数学　math / mathematics

代数	algebra
幾何	geometry
整数	an integer
分数	a fraction
小数	a decimal
小数点	a decimal point
正の数	a positive number
負の数	a negative number
有理数	a rational number
無理数	an irrational number
素数	a prime number
分母	a denominator
分子	a numerator
式	an expression
不等式	an (expression of) inequality
一次方程式	a linear equation
二次方程式	a quadratic equation
連立方程式	simultaneous equations
平方根	a square root
(最小)公倍数	(the lowest) common multiple
(最大)公約数	(the greatest) common divisor

正比例	direct proportion
反比例	inverse proportion
(素)因数分解	factorization (in prime numbers)
一次関数	a linear function
二次関数	a quadratic function
直線	a straight line
面積	(an) area
体積	volume
辺	a side
対角線	a diagonal
円周	(a) circumference
円周率	the ratio of the circumference of a circle to its diameter
合同	congruence
相似	similarity
三平方の定理	the Pythagorean theorem

社会　social studies

地理	geography
日本史	Japanese history
世界史	world history
公民	civics
地図	a map
地形	topography
気候	(a) climate
熱帯	the tropical zone
温帯	the temperate zone
寒帯	the frigid zone
人口	(a) population
文化	(a) culture
交通	transportation
産業	(an) industry
農業	agriculture
水産業	the marine products industry
林業	forestry
工業	industry
商業	commerce
石器時代	the Stone Age
古代	ancient times
中世	medieval times, the Middle Ages
近世	early modern period
近代	late modern period
現代	the present days
政治	politics
経済	economy
民主主義	democracy
国会	(日本などの)the Diet; (アメリカなどの)(the) Congress; (イギリスなどの)Parliament
内閣	the cabinet
裁判所	a court (of justice)
選挙	(an) election
選挙権	the right to vote; suffrage
需要	demand
供給	supply
消費	consumption
雇用	employment
社会保障	social security
持続可能性	sustainability
人権	human rights

理科　science

化学	chemistry
物理	physics
生物	biology
地学	earth science
実験	(an) experiment
試験管	a test tube
ビーカー	a beaker
フラスコ	a flask
アルコールランプ	an alcohol burner
ガスバーナー	a gas burner
顕微鏡	a microscope
分子	a molecule
原子	an atom
電子	an electron
イオン	an ion
元素	an element
周期表	the periodic table
酸	acid
アルカリ	alkali
中和	neutralization
気体	gas
液体	liquid
固体	a solid
水溶液	solution
電流	an electric current
電圧	voltage
細胞	a cell
遺伝	heredity
地形	a configuration

地質	the nature of the soil
天体	heavenly bodies
日食	a solar eclipse
月食	a lunar eclipse
太陽系	the solar system
銀河系	the galactic system

音楽 music

合唱	a chorus
合奏	an ensemble
伴奏	(an) accompaniment
指揮	conducting
メロディ	a melody
ハーモニー	(a) harmony
リズム	(a) rhythm
音色	a tone, timbre
曲	music
歌詞	words; lyrics
楽器	a musical instrument
ピアノ	a piano
リコーダー	a recorder

美術 art

色彩	color
形	shape
モチーフ	a motif
水彩画	a watercolor (painting)
油絵	an oil painting
木版画	a woodcut
スケッチ	a sketch
工芸	a craft
絵の具	colors, paints
彫刻刀	a carving chisel
粘土	clay

技術 technology

木工	woodworking
のこぎり	a saw
のみ	a chisel
やすり	a file; (紙やすり) sandpaper
釘	a nail
研磨	grinding
はんだ	solder
製図	drafting, drawing
回路図	a circuit diagram
プログラミング	programming
情報セキュリティ	information security

家庭 home economics

裁縫	sewing
針	a needle
まち針	a marking pin
糸	a thread
運針	the handling of a needle
アイロン	an iron
調理実習	cooking practice
栄養素	nutrients
食材	an ingredient; foodstuffs
調味料	(a) seasoning; condiments
ゆでる	boil
いためる	fry; stir-fry
煮る	boil
焼く	(直火で) roast; (網で) grill; (オーブンで) bake
蒸す	steam
揚げる	deep-fry

保健 health

発育	growth; development
健康	(good) health
休養	(a) rest
睡眠	(a) sleep
ストレス	(a) stress
衛生	sanitation
感染症	an infectious disease; a contagious disease
がん	(a) cancer
生活習慣病	a lifestyle-related disease
医薬品	(a) medicine
応急手当	first aid
心肺蘇生法	cardiopulmonary resuscitation
自然災害	a natural disaster
避難	evacuation

体育 P.E. / physical education

柔軟体操	calisthenics
器械運動	apparatus gymnastics
陸上競技	track and field
短距離走	a short-distance race
長距離走	a (long-)distance race
ダンス	a dance; dancing
球技	a ball game
水泳	swimming
武道	the martial arts

JUNIOR CROWN

英会話ミニ辞典

Contents

❶ Talking with your friends
友だちに会った時

❷ Words of congratulations
お祝いを言う

❸ Conversations in school
学校生活

❹ Introductions and meeting
紹介と初対面のあいさつ

❺ Talking over the phone
電話をかける

❻ Talking with someone you don't know
見知らぬ人に話す

❼ Asking for and giving directions
道をたずねる・道を教える

❽ Making appointments
会う約束をする

❾ At a restaurant
レストランで

❿ Talking about the weather and natural phenomena
天候・自然現象

⓫ An informal thank-you e-mail
くだけたお礼のメール

♔ この「英会話ミニ辞典」は，みなさんが英語を使う状況を想定してできるだけ身近な話題を取り上げました.

♔ それぞれのページは，比較的長い会話，🐻 TALKING POINT ，🐭RESPONSE で構成されています.

♔ 🐻 TALKING POINT では異なる表現の手引き，🐭RESPONSE では違う展開の短い受け答えなどが示されています.

♔ ここで紹介されている会話例を何度も音読，暗唱し，ぜひ実際に使ってみてください.

❶ Talking with your friends
友だちに会った時

◆久しぶりに会って

Ken: Hi, Martin!
Martin: Hi, Ken! How are you doing?
Ken: Fine, thanks. How about you?
Martin: Thanks, not bad.

ケン：やあ，マーティン．
マーティン：やあ，ケン．元気？
ケン：うん，ありがとう．君は？
マーティン：ありがとう．まずまずだよ．

◆偶然に会って

Ken: Hey, Bob. What are you doing here?
Bob: Oh, hi, Ken. I'm just on my way to the library. What about you?
Ken: I'm waiting for Martin. We're going to play tennis.
Bob: Okay, have a good time! See you tomorrow.
Ken: Yes, see you tomorrow.

ケン：やあ，ボブ．こんなところで何してるの．
ボブ：やあ，ケン．図書館へ行くところなんだ．君は？
ケン：マーティンを待ってるとこ．一緒にテニスをしに行くんだ．
ボブ：そうか，楽しんで来いよ．
またあした．
ケン：うん，あした．

🐻 TALKING POINT

自分が「何かをするつもりの時」，「ことわる時・何かをしなければならない時」の表現もここでは覚えましょう．

🐻 RESPONSE

◆ 何かをするつもりの時

Mayu: I'm thinking of going to the pool this Saturday. Do you want to come?
Meiling: Thanks. That would be great!

マユ：今度の土曜日，プールへ行こうと思ってるの．一緒に来る？
メイリン：ありがとう．いいわね！

◆ ことわる時・何かをしなければならない時

Bob: Let's do our homework together after school.
Martin: Sorry, I have to go to the dentist.

ボブ：放課後，一緒に宿題をしようよ．
マーティン：ごめん，歯医者に行かなくちゃいけないんだ．

❷ Words of congratulations
お祝いを言う

Meiling: Hi, Mayu! I hear you passed the Eiken second grade. Good for you!
Mayu: Oh, hi, Meiling. Yes, thanks, but I think I was lucky.
Meiling: Oh, no, I don't think so. Your English is getting much better.
Mayu: Thanks! By the way, Ken told me that you won first prize in the Japanese Speech Contest. Is it true?
Meiling: Yes, believe it or not!
Mayu: Wow, congratulations to you!
Meiling: Thanks. You know, Ms. Ito helped me with my Japanese pronunciation, and that was really helpful.

メイリン：あら，マユ．英検2級に合格したって聞いたわよ．良かったね！
マユ：こんにちは，メイリン．ありがとう．きっとラッキーだったのよ．
メイリン：ううん，そうじゃないと思う．マユは英語がずいぶんうまくなってきてるもの．
マユ：ありがとう．ところで，ケンから聞いたけど，日本語弁論大会で優勝したって本当？
メイリン：うん，うそみたいだけど．
マユ：わあ，おめでとう！
メイリン：ありがとう．伊藤先生が日本語の発音をみてくださって，とても助かったの．

🗨 TALKING POINT

「おめでとう！」は"Congratulations!"や"Congratulations to you!"と表現します．

🗨 RESPONSE

◆ うれしい時

Meiling: Hi, Ken. You look happy.
Ken: Yes, I got full marks in yesterday's exam.

メイリン：こんにちは，ケン．うれしそうね．
ケン：うん，昨日のテストで満点だったんだ．

❸ Conversations in school
学校生活

Ken: Hi, Bob! How are you enjoying school life in Japan?
Bob: Well, it's certainly different! It seems all the kids wear uniforms in Japanese junior-high schools.
Ken: Well, most of them do. There are a few schools that don't have uniforms, though.
Bob: How about homework? It's a lot, right?

ケン：やあ，ボブ．日本での学校生活はどう？
ボブ：そうだなあ，やっぱり（アメリカとは）違うね．日本の中学の子どもたちはみんな制服を着てるみたいだ．
ケン：うん，だいたいはね．でも制服のない学校も少しあるよ．
ボブ：宿題はどう？ たくさん出るんだろう？

Ken: Hmm, it depends on the teacher. Our English teacher gives us homework every day. By the way, I hear school doesn't start in April in the U.S., right?
Bob: That's right. It starts in September.

ケン：うーん，先生によるね．僕たちの英語の先生は毎日宿題を出すよ．
ところで，アメリカは4月に学校が始まるんじゃないよね．
ボブ：そうだよ．9月に始まるんだ．

TALKING POINT

ここでは相手の「意見を聞く時」と「ためらう時」の表現も学習しましょう．

RESPONSE

◆ 意見を聞く時

Ms. Ito: What's your opinion, Ken?
Ken: I think Martin is right.
Ms. Ito: How do you feel about it, Meiling?
Meiling: I agree with Ken.

伊藤先生：ケン，あなたの意見は？
ケン：マーティンが正しいと思います．
伊藤先生：メイリンはどう思う？
メイリン：ケンに賛成です．

◆ ためらう時

Mr. Sato: What do you think, Martin?
Martin: Er, twenty-three?
Mr. Sato: Wrong! Bob?
Bob: Um, twenty-two!

佐藤先生：マーティン，答えは？
マーティン：ええと，23？
佐藤先生：違うなあ．ボブは？
ボブ：うーん，22！

❹ Introductions and meeting
紹介と初対面のあいさつ

◆ 自己紹介する

Naomi: May I introduce myself? My name is Naomi Jones. I'm a student at Ginza International School.
Emma: Hi, Naomi. Nice to meet you. My name is Emma Miller. I'm in Japan on vacation.
Naomi: How do you do, Emma? Glad to meet you, too.

ナオミ：自己紹介させてください．ナオミ・ジョーンズといいます．銀座インターナショナルスクールの生徒です．
エマ：はじめまして，ナオミ．どうぞよろしく．私はエマ・ミラーといいます．休暇で日本に来ています．
ナオミ：はじめまして，エマ．こちらこそよろしくお願いします．

◆ 人を紹介する

Ken: Ms. Brown, may I introduce my tutor to you? This is Mr. Williams. He gives me

ケン：ブラウン先生，私の家庭教師を紹介させてください．こちらはウィリアムズ先生，英語の個人レッ

	private English lessons. Mr. Williams, this is Ms. Brown. She's the principal of Ginza International School.	スンをお願いしている先生です．ウィリアムズ先生，こちらはブラウン先生．銀座インターナショナルスクールの校長先生です．
Ms. Brown:	How do you do, Mr. Williams? I'm glad to meet you.	ブラウン先生：はじめまして，ウィリアムズ先生．どうぞよろしく．
Mr. Williams:	I'm happy to meet you, too, Ms. Brown.	ウィリアムズ先生：こちらこそよろしくお願いします，ブラウン先生．

◆くだけた調子で人を紹介する

Bob:	Sam, this is Ken. Ken, this is my cousin, Sam.	ボブ：サム，こちらはケン．ケン，こちらは僕のいとこのサム．
Sam:	Hi, Ken. Nice to meet you.	サム：やあ，ケン．よろしく．
Ken:	Hi, Sam.	ケン：やあ，サム．

TALKING POINT

決まった言い方やくだけた調子の言い方など，状況に応じて使い分けましょう．「話に割り込む時」の表現もあわせて覚えましょう．

RESPONSE

「割り込んでごめんなさい」という表現には "Sorry to interrupt." や "May I say something?" があります．

Bob:	We have to finish the homework today. It's due tomorrow.	ボブ：この宿題は今日中にやらなくちゃ．明日提出だから．
Martin:	Yes, we need to hurry!	マーティン：そうだね，急がなくちゃ！
Ken:	Sorry to interrupt, but Mr. Sato said we could hand it in the next week.	ケン：割り込んで悪いけど，佐藤先生が来週の提出でいいっていってたよ．

❺ Talking over the phone
電話をかける

◆友人への電話

Mayu:	Hi, Meiling. What's up?	マユ：こんにちは，メイリン．変わりない？
Meiling:	Oh, hi, Mayu. Not much.	メイリン：あらマユ，変わりないわよ．
Mayu:	You know, my friend from New Zealand is coming to my house next month. He is such a nice guy. Do you want to join us?	マユ：あのね，ニュージーランドの友だちが来月うちに遊びに来るの．すごくすてきな人なのよ．あなたも来ない？
Meiling:	Wow, that sounds great! Absolutely!	メイリン：わあ，いいわね．絶対行くね！

◆友人宅への電話

Mr. Smith: Hello, this is Smith speaking.
Ken: Hi, is that you, Bob?
Mr. Smith: No, it's his father. Is that Ken?
Ken: Oh, hello, Mr. Smith. Yes, it's me.
Mr. Smith: Hold on, Ken. I'll call Bob.
 —— Bob!! Ken's on the phone!!
 —— He's just coming, Ken.
Ken: Thanks, Mr. Smith.

スミス氏：〔受話器を取って〕はい，スミスです．
ケン：やあ，ボブかい？
スミス氏：いや，ボブの父です．ケンだね？
ケン：あ，こんにちは，スミスさん．はい，ケンです．
スミス氏：ちょっと待って，ボブを呼ぶから．
 —— ボブ！！ ケンから電話だよ！！
 —— ケン，ボブは今来るよ．
ケン：ありがとうございます．

◆留守番電話

Machine: You've reached the Ota family. We can't get to the phone right now. Please leave your name and message when you hear the tone and we'll get back to you.
Meiling: Hello, Ken. This is Meiling. Can you give me a call when you get home, please? Bye!

応答メッセージ：はい，太田です．ただいま電話に出ることができません．発信音のあとにお名前とメッセージをお話しください．こちらからお電話いたします．
メイリン：こんにちは，ケン．メイリンです．帰ったらお電話ください．じゃあね．

TALKING POINT

電話をかける	call / call up / give a call to someone / give someone a call / telephone / phone / ring / ring up / give someone a ring
電話を切る	hang up / put down the phone / end a call
電話を切らないでおく	hold on / hold the line / be put on hold
あとで電話をかけ直す	call back / call again / telephone back / phone back / ring back / ring again

RESPONSE

「誰かに許可をもらう時」の表現もあわせて覚えましょう．
…してもいいですか．May I …? / Can I …? / Could I …? / Do you mind if I …? / Would it be all right if I …?

Meiling: Would it be all right if Mayu sleeps over tonight, Mom?
Meiling's mom: Sure. But, make sure if it's okay with her mother.

メイリン：ママ，今夜，マユに泊まってもらってもいい？
メイリンのお母さん：いいわよ．でもマユのお母さんに確かめてね．

six hundred and one 601

❻ Talking with someone you don't know
見知らぬ人に話す

◆不案内の人を助ける

Ken: Can I help you with something?
Stranger: Oh, thank you. I'm looking for a post office around here.
Ken: Post office? Well, go along this street and turn left at the next corner. Walk one block, and you'll find it on your left.
Stranger: Thank you so much.
Ken: It's my pleasure.

ケン：何かお困りですか．
見知らぬ人：あ，すみません．このあたりで郵便局を探しているのですが．
ケン：郵便局ですか．ええと，この道をまっすぐ行って次の角を左に曲がります．1ブロック行くと，左手にあります．
見知らぬ人：ありがとうございました．
ケン：どういたしまして．

◆くだけた調子で

Ken: Need some help?
Stranger: Oh, thanks. I'm looking for a post office near here.
Ken: Okay. Well, carry on this street and turn left at the next corner. Then just walk one block, and you'll find it on your left.
Stranger: Thanks a lot.
Ken: No problem.

ケン：どうかしましたか．
見知らぬ人：あ，どうも．近くの郵便局を探しているのですが．
ケン：ああ，だったら，この道をずっと行って次の角を左に曲がって，1ブロック行くと左手にありますよ．
見知らぬ人：ありがとう．
ケン：どういたしまして．

TALKING POINT

自分が「手助けを申し出る時」の表現をさらに覚えましょう．

RESPONSE

Mayu: Would you like some help with the math homework?
Mayu's sister: Thanks, Mayu. but I want to try to do it by myself.

マユ：数学の宿題を少し手伝おうか？
マユの妹：ありがと，お姉ちゃん．でも自分でやってみるね．

♛　♛　♛

Bob: You look busy, Mom. Is there anything I can do?
Bob's mom: Thanks, Bob. Could you clean up the kitchen a little?

ボブ：忙しそうだね，母さん．何かできることある？
ボブのお母さん：ありがとう，ボブ．台所を少し片付けてもらえる？

❼ Asking for and giving directions
道をたずねる・道を教える

◆見知らぬ通行人に

Ken: Excuse me, but could you tell me the way to East Park Station?
Stranger: Yes. Go straight along this street for two blocks and turn right at the convenience store. You'll see the station ahead of you.
Ken: Thank you very much.
Stranger: You're welcome.

ケン：すみませんが，イーストパーク駅へはどう行ったらいいでしょうか？
見知らぬ人：ええ，この道をまっすぐに2ブロック行って，コンビニの角を右へ曲がります．そうすると正面に駅が見えますよ．
ケン：ありがとうございました．
見知らぬ人：どういたしまして．

◆くだけた調子で

Ken: Excuse me, but can you tell me how to get to East Park Station?
Stranger: Sure. Just go straight along this street for two blocks, then turn right at the convenience store. You'll see the station right in front of you.
Ken: Thanks a lot.
Stranger: Not at all!

ケン：すみませんが，イーストパーク駅へはどう行きますか．
見知らぬ人：ああ．この道をまっすぐに2ブロック行って，コンビニの角を右へ曲がります．そうすると駅は目の前ですよ．
ケン：どうもありがとう．
見知らぬ人：どういたしまして．

🐻 TALKING POINT

"Can you show me the way to ...?"のように"show"を使うと「実際に連れて行っていただけますか」という意味になるので注意が必要です．ここではさらに「ものをたずねる時」や「わからない時」の表現も覚えましょう．

🐾 RESPONSE

◆ものをたずねる時

Meiling: Excuse me, but is there a supermarket around here?
Stranger: Sorry. I'm not from here, either.

メイリン：すみませんが，このへんにスーパーはありませんか．
見知らぬ人：ごめんなさい．私もこのあたりの住民ではないので．

♛ ♛ ♛

Martin: Excuse me, but does this bus go to the museum?
Stranger: No, it doesn't. You need to take bus number 3.

マーティン：すみませんが，このバスは博物館へ行きますか？
見知らぬ人：いえ，違いますよ．3番のバスです．

◆ わからない時

Meiling: What's the time, Bob?
Bob: Sorry, Meiling. I don't have a watch with me.

メイリン：ボブ，いま何時？
ボブ：ごめん，メイリン．時計を持ってないんだ．

❽ Making appointments
会う約束をする

Ken: What are you doing next Sunday, Martin?
Martin: Nothing special.
Ken: How about coming over to my house?
Martin: Thanks. That would be great!
Ken: Do you know the way?
Martin: No, not really.
Ken: Well, just take the Yamanote Line to Ebisu. I'll meet you at the station, east exit. How does one-thirty sound? It should take you about 40 minutes from your place.
Martin: One-thirty sounds fine. Thanks a lot, Ken.
Ken: See you Sunday.

ケン：マーティン，今度の日曜日は何か予定ある？
マーティン：特に何もないよ．
ケン：じゃあ，うちに来ない？
マーティン：ありがとう，いいね！
ケン：道順，わかる？
マーティン：ううん，よくわからない．
ケン：そしたら，山手線で恵比寿まで来て．駅の東口に迎えに行くから．1時30分でどう？君のうちから40分くらいかかると思うよ．
マーティン：1時半で大丈夫だよ．ケン，ありがとう．
ケン：じゃあ，日曜にね．

🐻 TALKING POINT

予定をたずねたり提案をする時の表現には次のようなものがあります．

👑 What are you doing tomorrow [next Monday]?
あした［来週の月曜日］は何をしていますか．

👑 Do you have any plans for tomorrow [next Monday]?
あした［来週の月曜日］は何か予定がありますか．

🐻 RESPONSE

「約束をする時」「都合をたずねる時」「提案をする時」の表現を覚えましょう．

◆ 約束をする時

Meiling's mom: Meiling! Promise me you'll never do that again!
Meiling: I'm sorry, Mom. I promise.

メイリンのお母さん：メイリン．二度とそんなことをしないと約束しなさい．
メイリン：ごめんなさい，ママ．約束します．

◆ 都合をたずねる時

Ken: When would you prefer to go?
Mr. William: Let's go on Saturday morning.

ケン：行くのはいつがいいでしょうか？
ウィリアムズ先生：土曜日の朝にしましょう．

◆ 提案をする時

Bob: Let's go to karaoke tomorrow, Martin.
Martin: Good idea!

ボブ：マーティン，あしたカラオケに行こうよ．
マーティン：いいね！

❾ At a restaurant
レストランで

Waiter: Good evening. A table for three?
Mr. Smith: Yes, please.
Waiter: Right this way.
Mr. Smith: Thank you.
Waiter: Here are your menus. Can I get you some drinks while you're deciding?
Bob: Apple juice, please.
Ken: The same for me.
Mr. Smith: Ginger ale for me, please.
Waiter: Okay, I'll be right back.
Mr. Smith: What would you like, Ken?
Ken: I don't know. There's so much on the menu!
Mr. Smith: Yes. Let's ask what today's special is.

ウェイター：いらっしゃいませ．3名様ですか．
スミス氏：そうです．
ウェイター：こちらへどうぞ．
スミス氏：どうも．
ウェイター：メニューでございます．先にお飲み物をお持ちしましょうか．
ボブ：リンゴジュースをお願いします．
ケン：僕も．
スミス氏：私にはジンジャーエールをお願いします．
ウェイター：かしこまりました．ただいまお持ちします．
スミス氏：ケン，何がいい？
ケン：何にしよう．あんまりたくさんあるものですから．
スミス氏：そうだね．じゃあ，今日のおすすめは何か聞いてみよう．

🐻 TALKING POINT

- …にします． I'd like the … / I'll take the …
- おすすめは何ですか？ What do you recommend? / What's good?

🐻 RESPONSE

ここではさらに「好みをたずねる時」の表現を覚えましょう．

◆ 好みをたずねる時

- …と…とどちらが好きですか． Which do you prefer, … or … ?

six hundred and five　　　　　　　605

　　　　　　　　　　Which do you like better, ... or ... ?
　　　　　　　　　　Do you prefer ... or ... ?
♛ どちらがいいですか.　　　Which do you prefer?

Bob: Which do you prefer, Ken, chicken or white fish?　　　ボブ：ケン，鶏肉と白身魚とどっちがいい？
Ken: I prefer chicken.　　　ケン：鶏肉がいいな.

⑩ Talking about the weather and natural phenomena
天候・自然現象

Mayu: It's a lovely day, isn't it?　　　マユ：いい天気ね.
Martin: Yes, it's beautiful. It's so warm for late November!　　　マーティン：うん，ほんとに．11月末にしては暖かいね.
Mayu: Really? What's the weather like at this time of year in your hometown in America?　　　マユ：そう？ アメリカのマーティンの故郷では，今ごろはどんな天気なの.
Martin: Well, we have a lot of sunny day, but it's a bit colder than Tokyo.　　　マーティン：そうだなあ，晴れの日が多いけど，東京より少し寒いかな.

♛　♛　♛

Meiling: Phew! I can't stand this weather. It's so hot and humid!　　　メイリン：ふう！ この天気には我慢できない．すごく蒸し暑いんだもん.
Ken: Yeah, this is the worst time of year in Tokyo. But don't worry, the rainy season doesn't last long.　　　ケン：ほんと．東京では今ごろが一年で一番ひどいよ．でも安心して，梅雨はそう長くは続かないから.
Meiling: Well, that's good news.　　　メイリン：そうなの，ほっとしたわ.

♛　♛　♛

Martin: What's happening?　　　マーティン：何，これ？！
Ken: Don't worry, Martin. It's just a small earthquake.　　　ケン：大丈夫だよ，マーティン．小さい地震だよ.
Martin: Wow! That was scary!　　　マーティン：ああ，こわかった.
Ken: They often happen here. Usually they're no big deal. That one felt like a two.　　　ケン：地震はよくあるんだ．普通はそんなにたいしたことないよ．さっきのは2ぐらいかな.
Martin: A two?　　　マーティン：2？
Ken: Yes. An earthquake's strength is given a number. Anything over five is pretty strong.　　　ケン：うん．地震の強さは数で表すんだ．5以上だとかなり大きいよ.

TALKING POINT

◆ 基本的な表現

- It's sunny / bright.　晴れている.
- It's rainy / raining / drizzling（霧雨が）/ spitting.（パラパラと）　雨が降っている.
- It's cloudy.　くもっている.
- It's stormy.　暴風雨だ.
- It's thundering / thundery.（雷が来そうだ）　雷が鳴っている.
- It's humid.　むしむしする.
- It's hot.　暑い.
- It's warm / mild.（おだやかな）　暖かい.
- It's cool.　涼しい.
- It's chilly / cold.　寒い.
- It's sleeting.　みぞれが降っている.
- It's snowy / snowing.　雪が降っている.
- It's hailing.　ひょうが降っている.
- It's windy（強く）/ breezy.（そよそよと）　風が吹いている.

◆ 強調表現

- It's pouring down.　土砂降りだ.
- It's blowing a gale.　強風が吹いている.
- It's bittely cold（刺すように）/ freezing cold.（凍るように）　ひどく寒い.

◆ その他

- There was a snowstorm / a blizzard.　ふぶきだった.
- There was a hurricane.　ハリケーンが来た.
- There was a typhoon.　台風が来た.
- There was a whirlwind.　つむじ風が吹いた.
- There was a gale.　強風だった.
- There was a storm.　暴風雨だった.
- There was an avalanche.　なだれがあった.
- There was an earthquake.　地震があった.
- There was a flood.　洪水があった.
- There was a volcanic eruption.　火山が噴火した.

◆ 自然現象

- The rainy season has started.　梅雨に入った.
- The rainy season has ended.　梅雨が明けた.
- It looks like rain.　雨が降っているようだ.
- There's a typhoon heading this way.　台風が来そうだ.
- I'm afraid we're going to have a storm tonight.　今夜は暴風雨になりそうだ.
- The lightning flashed and the thunder rolled.　稲妻が光り, 雷が鳴った.
- It's nice and cool today.　今日は涼しくて気持ちがいい.
- According to the weather forecast, it's going to snow tomorrow.
　　　　　　　　　　　　　　　　　予報ではあしたは雪になるそうだ.

RESPONSE

"I don't care." など「関心がない時」の表現をさらに覚えましょう.

◆ 関心がない時

- 気にしていません. / どうでもいい.　　I don't care. / Who cares? / I couldn't care less.
- それで？　　So what?
- たいしたことないよ.　　It's not such a big deal. / Big deal! (「重大なこと」という意味を反語的に皮肉に言う言い方)

Bob: I heard you bought a brand-new smartphone.

Ken: It's not such a big deal. It was just ten thousand yen.

ボブ：新しいスマホを買ったんだって？

ケン：たいしたことないよ. たった1万円だよ.

⓫ An informal thank-you e-mail
くだけたお礼のメール

Subject: Thank you for everything

Dear Jenny,

Thank you for everything you did to make my stay so pleasant and comfortable. I had a really great time with you and your family! I'll never forget the wonderful things we did and all the interesting people I met. I'm trying to tell my friends and family about all of it. They will be happy to hear the story.

Be sure to let me know well in advance when you come to Japan. I'm looking forward to seeing you again and showing you around Tokyo.

Please say "hi" and "thank you" to your family.

Yours,
Mayu

件名：いろいろと本当にありがとう

ジェニー,

いろいろと本当にありがとう. おかげでとても楽しく快適な旅になりました. ジェニーやご家族とすばらしい時を過ごすことができました. 私たちが経験した楽しいこと, 私が出会ったすてきな人たちのこと, 決して忘れません. 友だちや家族にこの体験を全部話そうと思っています. 喜んでくれるでしょう.

日本に来る時は, きっと前もって知らせてね. また会えるのを楽しみに, そしてジェニーに東京を案内するのを楽しみにしています.

ご家族によろしくお伝えください.

マユ

◎ 不規則動詞変化表 (一部助動詞を含む．赤色の語は特に重要なもの)

現在形(原形)	三単現	過去形	過去分詞	現在分詞
am (be) (〜である)	——	**was**	**been**	being
are (be) (〜である)	——	**were**	**been**	being
arise (起こる)	arises	**arose**	**arisen**	arising
awake (起こす)	awakes	**awoke, awaked**	**awoken, awoke, awaked**	awaking
babysit (子守をする)	babysits	**babysat**	**babysat**	babysitting
bear (産む, 耐える)	bears	**bore**	**born(e)**	bearing
beat (打つ)	beats	**beat**	**beat(en)**	beating
become (〜になる)	becomes	**became**	**become**	becoming
begin (始まる)	begins	**began**	**begun**	beginning
bend (曲げる)	bends	**bent**	**bent**	bending
bet (かける)	bets	**bet(ted)**	**bet(ted)**	betting
bind (しばる)	binds	**bound**	**bound**	binding
bite (かむ)	bites	**bit**	**bitten, bit**	biting
bleed (出血する)	bleeds	**bled**	**bled**	bleeding
blow ((風が)吹く)	blows	**blew**	**blown**	blowing
break (壊す)	breaks	**broke**	**broken**	breaking
breed (育てる)	breeds	**bred**	**bred**	breeding
bring (持って来る)	brings	**brought**	**brought**	bringing
broadcast (放送する)	broadcasts	**broadcast(ed)**	**broadcast(ed)**	broadcasting
build (建てる)	builds	**built**	**built**	building
burn (燃やす)	burns	**burned, burnt**	**burned, burnt**	burning
burst (破裂する)	bursts	**burst**	**burst**	bursting
bust (壊す, 壊れる)	busts	**busted, bust**	**busted, bust**	busting
buy (買う)	buys	**bought**	**bought**	buying
can (〜することができる)	——	**could**	——	——
cast (投げる)	casts	**cast**	**cast**	casting
catch (つかまえる)	catches	**caught**	**caught**	catching
choose (選ぶ)	chooses	**chose**	**chosen**	choosing
cling (しがみつく)	clings	**clung**	**clung**	clinging
come (来る)	comes	**came**	**come**	coming
cost ((金が)かかる)	costs	**cost**	**cost**	costing
creep (はう)	creeps	**crept**	**crept**	creeping
cut (切る)	cuts	**cut**	**cut**	cutting
deal (あつかう)	deals	**dealt**	**dealt**	dealing
die (死ぬ)	dies	**died**	**died**	dying
dig (掘る)	digs	**dug**	**dug**	digging
dive (飛び込む)	dives	**dived, dove**	**dived**	diving
do (する)	does	**did**	**done**	doing

現在形（原形）	三単現	過去形	過去分詞	現在分詞
draw（線を）引く）	draws	**drew**	**drawn**	drawing
dream（夢をみる）	dreams	**dreamed, dreamt**	**dreamed, dreamt**	dreaming
drink（飲む）	drinks	**drank**	**drunk**	drinking
drive（(車を)運転する）	drives	**drove**	**driven**	driving
eat（食べる）	eats	**ate**	**eaten**	eating
fall（落ちる）	falls	**fell**	**fallen**	falling
feed（えさをやる）	feeds	**fed**	**fed**	feeding
feel（(体・心に)感じる）	feels	**felt**	**felt**	feeling
fight（戦う）	fights	**fought**	**fought**	fighting
find（見つける）	finds	**found**	**found**	finding
fit（合う）	fits	**fitted, fit**	**fitted, fit**	fitting
flee（逃げる）	flees	**fled**	**fled**	fleeing
fling（投げつける）	flings	**flung**	**flung**	flinging
fly（飛ぶ）	flies	**flew**	**flown**	flying
forbid（禁じる）	forbids	**forbad(e)**	**forbidden, forbid**	forbidding
forecast（(天気などを)予報する）	forecasts	**forecast(ed)**	**forecast(ed)**	forecasting
forget（忘れる）	forgets	**forgot**	**forgotten, forgot**	forgetting
forgive（(心から)許す）	forgives	**forgave**	**forgiven**	forgiving
freeze（凍る）	freezes	**froze**	**frozen**	freezing
get（手に入れる）	gets	**got**	**got(ten)**	getting
give（あたえる）	gives	**gave**	**given**	giving
go（行く）	goes	**went**	**gone**	going
grind（(粉に)ひく）	grinds	**ground**	**ground**	grinding
grow（成長する）	grows	**grew**	**grown**	growing
hang（かける）	hangs	**hung, hanged**	**hung, hanged**	hanging
have（持っている）	has	**had**	**had**	having
hear（聞こえる）	hears	**heard**	**heard**	hearing
hide（かくれる）	hides	**hid**	**hid(den)**	hiding
hit（打つ）	hits	**hit**	**hit**	hitting
hold（持つ）	holds	**held**	**held**	holding
hurt（傷つける）	hurts	**hurt**	**hurt**	hurting
input（入力する）	inputs	**input, inputted**	**input, inputted**	inputting
is (be)（〜である）	——	**was**	**been**	being
keep（保存する）	keeps	**kept**	**kept**	keeping
kneel（ひざをつく）	kneels	**knelt, kneeled**	**knelt, kneeled**	kneeling
knit（編む）	knits	**knit(ted)**	**knit(ted)**	knitting
know（知っている）	knows	**knew**	**known**	knowing
lay（置く）	lays	**laid**	**laid**	laying
lead（案内する）	leads	**led**	**led**	leading

現在形（原形）	三単現	過去形	過去分詞	現在分詞
leap (跳ぶ)	leaps	leaped, leapt	leaped, leapt	leaping
learn (学ぶ)	learns	learned, learnt	learned, learnt	learning
leave (去る)	leaves	left	left	leaving
lend (貸す)	lends	lent	lent	lending
let (させる)	lets	let	let	letting
lie (うそを言う)	lies	lied	lied	lying
lie (横たわる)	lies	lay	lain	lying
light (明かりをつける)	lights	lighted, lit	lighted, lit	lighting
lose (失う)	loses	lost	lost	losing
make (つくる)	makes	made	made	making
may (〜してもよい)	――	might	――	――
mean (意味する)	means	meant	meant	meaning
meet (会う)	meets	met	met	meeting
mistake (思い違いをする)	mistakes	mistook	mistaken	mistaking
misunderstand (誤解する)	misunderstands	misunderstood	misunderstood	misunderstanding
mow (刈り取る)	mows	mowed	mowed, mown	mowing
output (出力する)	outputs	outputted, output	outputted, output	outputting
overcome (打ち勝つ)	overcomes	overcame	overcome	overcoming
overhear (もれ聞く)	overhears	overheard	overheard	overhearing
oversleep (寝過ごす)	oversleeps	overslept	overslept	oversleeping
overtake (追いつく)	overtakes	overtook	overtaken	overtaking
pay (支払う)	pays	paid	paid	paying
picnic (ピクニックに行く)	picnics	picnicked	picnicked	picnicking
put (置く)	puts	put	put	putting
quit (やめる)	quits	quit(ted)	quit(ted)	quitting
read (読む)	reads	read	read	reading
rebuild (再建する)	rebuilds	rebuilt	rebuilt	rebuilding
rewrite (再び書く)	rewrites	rewrote	rewritten	rewriting
rid (取り除く)	rids	rid(ded)	rid(ded)	ridding
ride (乗る)	rides	rode	ridden	riding
ring ((ベルなどが)鳴る)	rings	rang	rung	ringing
rise (昇る)	rises	rose	risen	rising
run (走る)	runs	ran	run	running
saw (のこぎりで切る)	saws	sawed	sawed, sawn	sawing
say (言う)	says	said	said	saying
see (見る)	sees	saw	seen	seeing
seek (さがす)	seeks	sought	sought	seeking
sell (売る)	sells	sold	sold	selling
send (送る)	sends	sent	sent	sending
set (置く)	sets	set	set	setting

現在形（原形）	三単現	過去形	過去分詞	現在分詞
sew（ぬう）	sews	**sewed**	**sewed, sewn**	sewing
shake（振る）	shakes	**shook**	**shaken**	shaking
shall（〜するでしょう）	——	**should**	——	——
shave（そる）	shaves	**shaved**	**shaved, shaven**	shaving
shed（（涙などを）流す）	sheds	**shed**	**shed**	shedding
shine（光る，磨く）	shines	**shone, shined**	**shone, shined**	shining
shoot（撃つ）	shoots	**shot**	**shot**	shooting
show（見せる）	shows	**showed**	**shown, showed**	showing
shrink（縮む）	shrinks	**shrank, shrunk**	**shrunk, shrunken**	shrinking
shut（閉める）	shuts	**shut**	**shut**	shutting
sing（歌う）	sings	**sang**	**sung**	singing
sink（沈む）	sinks	**sank, sunk**	**sunk**	sinking
sit（座る）	sits	**sat**	**sat**	sitting
sleep（眠る）	sleeps	**slept**	**slept**	sleeping
slide（すべる）	slides	**slid**	**slid**	sliding
smell（においがする）	smells	**smelled, smelt**	**smelled, smelt**	smelling
sow（（種などを）まく）	sows	**sowed**	**sown, sowed**	sowing
speak（話す）	speaks	**spoke**	**spoken**	speaking
speed（急ぐ）	speeds	**sped, speeded**	**sped, speeded**	speeding
spell（（文字を）つづる）	spells	**spelled, spelt**	**spelled, spelt**	spelling
spend（（お金を）使う）	spends	**spent**	**spent**	spending
spill（こぼす）	spills	**spilled, spilt**	**spilled, spilt**	spilling
spin（回す）	spins	**spun**	**spun**	spinning
spit（つばをはく）	spits	**spat, spit**	**spat, spit**	spitting
split（裂く）	splits	**split**	**split**	splitting
spoil（だめにする）	spoils	**spoiled, spoilt**	**spoiled, spoilt**	spoiling
spread（広げる）	spreads	**spread**	**spread**	spreading
spring（跳ぶ）	springs	**sprang, sprung**	**sprung**	springing
stand（立つ）	stands	**stood**	**stood**	standing
steal（盗む）	steals	**stole**	**stolen**	stealing
stick（つきさす）	sticks	**stuck**	**stuck**	sticking
sting（（針で）さす）	stings	**stung**	**stung**	stinging
stride（大またに歩く）	strides	**strode**	**stridden**	striding
strike（打つ）	strikes	**struck**	**struck**	striking
strive（努力する）	strives	**strove, strived**	**striven, strived**	striving
swear（ちかう）	swears	**swore**	**sworn**	swearing
sweep（掃く）	sweeps	**swept**	**swept**	sweeping
swell（ふくらむ）	swells	**swelled**	**swelled, swollen**	swelling
swim（泳ぐ）	swims	**swam**	**swum**	swimming
swing（ゆり動かす）	swings	**swung**	**swung**	swinging

現在形（原形）	三単現	過去形	過去分詞	現在分詞
take（取る）	takes	**took**	**taken**	taking
teach（教える）	teaches	**taught**	**taught**	teaching
tear（裂く）	tears	**tore**	**torn**	tearing
tell（言う）	tells	**told**	**told**	telling
think（考える）	thinks	**thought**	**thought**	thinking
throw（投げる）	throws	**threw**	**thrown**	throwing
thrust（つっこむ）	thrusts	**thrust**	**thrust**	thrusting
tie（結ぶ）	ties	**tied**	**tied**	tying
tread（踏む）	treads	**trod**	**trod(den)**	treading
undergo（経験する）	undergoes	**underwent**	**undergone**	undergoing
understand（理解する）	understands	**understood**	**understood**	understanding
undo（外す）	undoes	**undid**	**undone**	undoing
untie（ほどく, 解く）	unties	**untied**	**untied**	untying
upset（ひっくり返す）	upsets	**upset**	**upset**	upsetting
wake（目が覚める）	wakes	**woke, waked**	**woken, woke, waked**	waking
wear（身に着けている）	wears	**wore**	**worn**	wearing
weave（織る）	weaves	**wove, weaved**	**woven, weaved**	weaving
weep（泣く）	weeps	**wept**	**wept**	weeping
wet（ぬらす）	wets	**wet(ted)**	**wet(ted)**	wetting
will（～するでしょう）	——	**would**	——	——
win（勝つ）	wins	**won**	**won**	winning
wind（巻く）	winds	**wound**	**wound**	winding
withdraw（引っこめる）	withdraws	**withdrew**	**withdrawn**	withdrawing
wring（しぼる）	wrings	**wrung**	**wrung**	wringing
write（書く）	writes	**wrote**	**written**	writing

◎ 形容詞・副詞変化表

原級	比較級	最上級
bad（悪い）	**worse**	**worst**
far（遠い; 遠くに）	**farther** / **further**	**farthest** / **furthest**
good（よい）	**better**	**best**
ill（病気で; 悪く）	**worse**	**worst**
little（小さい; 少し）	**less**	**least**
many（多くの）	**more**	**most**
much（多くの; 大いに）	**more**	**most**
old（古い, 年とった）	**older** / **elder**	**oldest** / **eldest**
well（健康で; うまく）	**better**	**best**

1969年11月 1 日 初 版 発 行	2002年 1 月10日 第 8 版 発 行
1972年 3 月 1 日 第 2 版 発 行	2006年 1 月10日 第 9 版 発 行
1977年11月 1 日 第 3 版 発 行	2012年 1 月10日 第 10 版 発 行
1981年 2 月 1 日 第 4 版 発 行	2017年 1 月10日 第 11 版 発 行
1988年 2 月 1 日 第 5 版 発 行	2022年 1 月10日 第 12 版 発 行
1992年12月 1 日 第 6 版 発 行	2025年 1 月10日 第12版新装版発行
1996年12月 1 日 第 7 版 発 行	

ジュニアクラウン中学和英辞典　第12版
新　装　版

2025年 1 月10日　第 1 刷発行

編　　者	田　島　伸　悟 (たじま・しんご)
	三省堂編修所
発 行 者	株式会社 三省堂　代表者 瀧本多加志
印 刷 者	三省堂印刷株式会社
発 行 所	株式会社 三省堂
	〒102-8371
	東京都千代田区麹町五丁目7番地2
	電　話　　(03) 3230-9411
	https://www.sanseido.co.jp/
	商標登録番号　692809

〈12版新装クラウン中学和英・640 pp.〉

落丁本・乱丁本はお取り替えいたします。

ISBN978-4-385-10844-5

本書の内容に関するお問い合わせは，弊社ホームページの「お問い合わせ」フォーム (https://www.sanseido.co.jp/support/) にて承ります。

> 本書を無断で複写複製することは，著作権法上の例外を除き，禁じられています。また，本書を請負業者等の第三者に依頼してスキャン等によってデジタル化することは，たとえ個人や家庭内での利用であっても一切認められておりません。

アメリカ・イギリスほかで よく使われる重さや 長さなどの単位

※[ ]内は単位名｜記号

温度

摂氏 [degree Celsius｜℃]
(せっし) /ディグリー セるスィアス/

華氏 [
(かし)

$(℃×1.8)+32$
$(℉-32)÷1.8$

0℃=32℉

30℃=86℉

重さ

オンス [ounce｜oz]
/アウンス/

※液量オンス (fl oz) ↓とは別の単位

500g ≒ 17.6oz
1oz ≒ 28.3g

ポンド [pound｜lb]
/パウンド/

I'm 50 kilos.
/キーろウズ/

It's about 110 pounds.
/パウンズ/

1kg ≒ 2lb 3oz
1lb ≒ 0.45kg ／ 1lb = 16oz

体積

液量オンス [fluid ounce｜fl oz]
/ふるーイド アウンス/

※重さのオンス (oz) ↑とは別の単位

350ml ≒ 11.8fl oz（米）
　　　 ≒ 12.3fl oz（英）

1fl oz ≒ 29.6ml（米）
　　　 ≒ 28.4ml（英）

パイント [pint｜pt]
/パイント/

500ml ≒ 1.06pt（米）
　　　 ≒ 0.88pt（英）

1pt　≒ 473ml（米）
　　　 ≒ 568ml（英）

1pt　= 16fl oz（米）
　　　 = 20fl oz（英）